[यू॰ जी॰ सी॰ के नवीनतम पाठ्यक्रम एवं भारतीय विश्वविद्यालयों के बी॰ ए॰ (ऑनर्स) तथा एम॰ ए॰ के पाठ्यक्रमों पर आधृत]

संज्ञानात्मक मनोविज्ञान

(COGNITIVE PSYCHOLOGY)

डॉ॰ अरुण कुमार सिंह

प्रोफेसर एवं पूर्ववर्त्ती विभागाध्यक्ष, (सेवानिवृत्त), स्नातकोत्तर, मनोविज्ञान विभाग एवं
भूतपूर्व निदेशक, मनोवैज्ञानिक शोध एवं सेवा संस्थान,
पटना विश्वविद्यालय, पटना-800 005

मोतीलाल बनारसीदास

दिल्ली • मुम्बई • चेन्नई • कोलकाता
बंगलोर • वाराणसी • पटना

पंचम संशोधित संस्करण : 2017
पुनर्मुद्रण : दिल्ली जनवरी 2008, अगस्त 2008
प्रथम संस्करण : 2002

ISBN: 978-81-208-2737-0 (सजिल्द)
ISBN: 978-81-208-2194-1 (अजिल्द)

मोतीलाल बनारसीदास

41 यू॰ ए॰ बंगलो रोड, जवाहर नगर, दिल्ली 110 007
8 महालक्ष्मी चैम्बर, 22 भुलाभाई देसाई रोड, मुम्बई 400 026
236 नाइंथ मेन III ब्लाक, जयनगर, बंगलूरू 560 011
203 रायपेट्टा हाई रोड, मैलापोर, चेन्नई 600 04
8 कैमेक स्ट्रीट, कोलकाता 700 017
अशोक राजपथ, पटना 800 004
चौक, वाराणसी 221 001

आर.पी. जैन के द्वारा एन ए बी प्रिंटिंग यूनिट,
ए-44, नारायणा, फेज़-1, नई दिल्ली 110 028 में मुद्रित
एवं जे.पी. जैन द्वारा मोतीलाल बनारसीदास
41 यू.ए., बंगलो रोड, जवाहर नगर, दिल्ली-110 007, के लिए प्रकाशित

समर्पण

पत्नी कुमुद रानी
को जिनकी प्रेरणा
पहले की तरह प्रेरित
करती रही हैं।

प्रस्तावना

संज्ञानात्मक मनोविज्ञान (Cognitive Psychology) का उदय आधुनिक मनोविज्ञान की एक महत्त्वपूर्ण स्वतंत्र शाखा के रूप में हुआ है। इसका सबसे बड़ा कारण व्यवहार पर संज्ञानात्मक प्रक्रियाओं का पड़ने वाला स्पष्ट प्रभाव है। इसके महत्त्व एवं प्रभावशीलता को ध्यान में रखते हुए अब मनोविज्ञान की यह शाखा अधिकतर विश्वविद्यालयों के पाठ्यक्रमों का एक अंग बन गया है।

प्रस्तुत पुस्तक *संज्ञानात्मक मनोविज्ञान* संभवतः मनोविज्ञान के इस शाखा की पहली पुस्तक है जो हिन्दी भाषा में लिखी गयी है। इस पुस्तक में कुल आठ अध्याय हैं जो सभी संज्ञानात्मक मनोविज्ञान के विशिष्ट क्षेत्र हैं। छात्रों की आवश्यकताओं को ध्यान में रखते हुए तथ्यों को नवीनतम शोधों के आलोक में व्याख्या करने की कोशिश की गयी है। पुस्तक में वस्तुनिष्ठ प्रश्नों को भी सम्मिलित किया गया है ताकि छात्र अपने अर्जित ज्ञान की सत्यता तथा वैधता की जाँच कर सकें। इतना ही नहीं, पुस्तक में निबंधात्मक प्रश्नों को भी सम्मिलित किया गया है जिससे छात्र यदि चाहें तो इस क्षेत्र में अर्जित ज्ञान के साथ-ही-साथ अपनी संगठनात्मक क्षमता (organizational ability) की भी जाँच कर सकें।

आशा है छात्र एवं शिक्षक बन्धु इस पुस्तक से लाभान्वित होंगे तथा अगले संस्करण को उन्नत बनाने के ख्याल से अपना महत्त्वपूर्ण सुझाव वेहिचक भेजेंगे।

अन्त में मैं उन सभी प्रकाशकों, लेखकों को धन्यवाद देता हूँ जिनकी कृतियों का उपयोग इस पुस्तक के लेखन में हुआ। श्री कमला शंकर सिंह जो मोतीलाल बनारसीदास, पटना शाखा वरीष्ठतम प्रबंधक हैं, की सुझ-बुझ एवं प्रोत्साहन ने लेखन कार्य में अद्भुत प्रेरणा दिया है। अतः मैं उन्हें भी हार्दिक बधाई देता हूँ।

जनवरी, 2002

अरूण कुमार सिंह

पंचम संशोधित संस्करण की भूमिका

संज्ञानात्मक मनोविज्ञान का पाँचवा संशोधित संस्करण आपके हाथ में है। इस संस्करण में पुस्तक के कई अध्यायों में विभिन्न विश्वविद्यालयों के पाठ्यक्रमों को ध्यान में रखते हुए यथासम्भव परिवर्तन एवं परिवर्द्धन किया गया है। उम्मीद है कि इससे छात्रों की आवश्यकताओं की पूर्ति पूर्णरूपेण होगी। संघ लोक सेवा आयोग तथा राज्य लोक सेवा आयोग की पाठ्यक्रमों को ध्यान में रखकर भी यथासम्भव इस पुस्तक के कई भागों में परिवर्तन किया गया है ताकि प्रतियोगिता परीक्षा देने वाले छात्रों को भी पूरा-पूरा लाभ मिल सके।

आशा है कि छात्र एवं शिक्षकबन्धु इस संस्करण से काफी लाभान्वित होंगे और इसे उन्नत बनाने के लिए अपना सुझाव मेरे पास निःसंकोच भेजेंगे। इसके पहले के संस्करण में शिक्षक-बन्धुओं द्वारा दिये गए सुझावों के अनुरूप जहाँ-तहाँ कुछ परिवर्तन भी किये गए हैं।

अरूण कुमार सिंह

जनवरी, 2017

विषय-सूची
(Contents)

अध्याय | पृ० सं०

❑

अध्याय 1

विषय-प्रवेश
(INTRODUCTION)

संज्ञान क्या है?
(What is Cognition?)

संज्ञानात्मक मनोविज्ञान (Cognitive Psychology) के दो अर्थ होते हैं। पहला, कभी-कभी इसे संज्ञान (cognition) के तुल्य समझा जाता है तथा कभी-कभी इससे मनोविज्ञान में एक विशेष तरह के उपागम (approach) का पता चलता है। संज्ञानात्मक उपागम (cognitive approach) को मनोविज्ञान में अन्य दो वर्तमान उपागमों अर्थात् व्यवहारवादी उपागम (behaviouristic approach) तथा मनोवैश्लेषिक उपागम (psychoanalytic approach) से भिन्न किया जाता है। व्यवहारवादी उपागम में वैसे व्यवहारों के अध्ययन पर बल डाला जाता है जो प्रेक्षणीय (observable) होते हैं तथा मनोवैश्लेषिक उपागम में व्यक्ति के भाव (feeling) तथा संवेग (emotion) के अध्ययन पर बल डाला जाता है।

जहाँ तक संज्ञान जो संज्ञानात्मक मनोविज्ञान के तुल्य समझा जाता है, का प्रश्न है, उससे तात्पर्य मानसिक क्रियाओं (mental activities) से होता है। हम लोग अपने ज्ञान (knowledge) को कैसे ग्रहण करते हैं, उसे संचित (store) करते हैं, उसका स्मरण या पुनः प्राप्ति (retrieve) करते हैं तथा उसका उपयोग करते हैं, आदि सभी मानसिक प्रक्रियाएँ संज्ञान में सम्मिलित होतीं हैं। ऐसी मानसिक प्रक्रियाओं में प्रत्यक्षण, स्मृति, ध्यान, प्रतिमा (image) पैटर्न पहचान (pattern recognition) भाषा (language), सम्प्रत्यय निर्माण (concept formation), समस्या समाधान (problem solving), तर्कणा (reasoning) निर्णय लेना (decision making), आदि को सम्मिलित किया जाता है इस तरह से तब संज्ञानात्मक मनोविज्ञान में इन सारी मानसिक प्रक्रियाओं का अध्ययन किया जाता है। इसी अर्थ में संज्ञान को **एटकिन्सन, एटकिन्सन, स्मिथ** एवं **हिलगार्ड**[1] (Atkinson, Atkinson, Smith & Hilgard, 1985) ने परिभाषित करते हुए कहा है, *''संज्ञान से तात्पर्य सूचना संसाधन, स्मृति एवं प्रत्यक्षण की मानसिक प्रक्रियाओं से होता है जिसके सहारे व्यक्ति ज्ञान की प्राप्ति करता है, समस्या का समाधान करता है तथा भविष्य की योजना बनाता है।''*

प्रश्न अब यह उठता है कि हमलोगों को संज्ञान का अध्ययन क्यों करना चाहिए? इस प्रश्न पर यदि हम गौर करें, तो यह स्पष्ट होगा कि संज्ञान का अध्ययन निम्नांकित तीन प्रमुख कारणों से किया जाता है।

(i) मानव मनोविज्ञान (human psychology) के अध्ययन का सबसे महत्त्वपूर्ण भाग संज्ञान (cognition) ही है। आप पिछले कुछ घंटों में क्या कर रहे थे, यदि आप उसपर सोचते हैं तो यह स्पष्ट होगा कि इसमें कुछ ऐसी क्रियाएँ होगी जिनमें प्रत्यक्षण, स्मृति, भाषा (language) तथा अन्य उच्चतर मानसिक प्रक्रियाएँ सम्मिलित नहीं हो। सचमुच में जब आप यह सोच रहे होते हैं कि पिछले कुछ घंटों में क्या किया जा रहा था, तो उसमें भी संज्ञान (cognition) सम्मिलित हो जाता है।

(ii) संज्ञान के अध्ययन का दूसरा प्रमुख कारण यह है कि संज्ञानात्मक मनोविज्ञान के दृष्टिकोणों का प्रभाव मनोविज्ञान के अन्य क्षेत्रों पर सार्थक रूप से पड़ा है। जैसे, निसवेट्ट तथा रॉस्स (Nisbett & Ross, 1980) तथा सैम्पसन (Sampson, 1981) के अनुसार संज्ञानात्मक मनोविज्ञान का प्रभाव समाज मनोविज्ञान (Social Psychology)

---

1. "Cognition refers to the mental processes of perception, memory and information processing by which the individual acquires knowledge, solves problems and plans for future."

—Atkinson, Atkinson, Smith & Hilgard : *Psychology, 1985*, p. 8

पर अच्छा पड़ा है। फोरगस तथा शुलमैन (Forgus & Shulman, 1979) के अनुसार व्यक्तित्व के क्षेत्र का अध्ययन संज्ञानात्मक दृष्टिकोण से प्रायः किया जाता है। इसके अलावा शिक्षा मनोविज्ञान में संज्ञानात्मक दृष्टिकोण का भी अच्छा प्रभाव है जैसा कि रीड एवं हेर्नस्को (Reid & Hrensko, 1981) ने कहा है। जीन पियाजे (Jean Piaget) के संज्ञानात्मक मनोविज्ञान का प्रभाव विकासात्मक मनोविज्ञान (Developmental psychology) पर काफी पड़ा है। बॉल्स (Bolles, 1975), हुल्स, फाऊलर तथा होनिग (Hulse, Fowler & Honig, 1978) के अनुसार पशु सीखना तथा पशु व्यवहार के अध्ययन में भी संज्ञानात्मक मनोविज्ञान के प्रभाव का प्रवेश हो चुका है। अतः संज्ञानात्मक मनोविज्ञान का अध्ययन मनोविज्ञान के अन्य क्षेत्रों के लिए लाभदायक सिद्ध हुआ है।

(iii) संज्ञान के अध्ययन का अंतिम कारण व्यक्तिगत (personal) है। हमलोग प्रतिदिन प्रत्येक क्षण संज्ञान का उपयोग करके ही किसी खास निर्णय पर पहुँचते हैं और व्यवहार करते हैं। इसके अभाव में व्यक्ति का कोई भी व्यवहार न तो उपयुक्त होगा और न ही सही।

अतः संज्ञान का अध्ययन करके संज्ञानात्मक मनोविज्ञान एक महत्त्वपूर्ण एवं प्रभावशाली शाखा के रूप में उभरकर लोगों के सामने आया है।

संज्ञानात्मक मनोविज्ञान की परिभाषा
(Definition of Cognitive Psychology)

संज्ञानात्मक मनोविज्ञान में संज्ञानात्मक प्रक्रियाओं (cognitive processes) का अध्ययन किया जाता है। इस मनोविज्ञान का लक्ष्य (goal) प्रयोग करना तथा ऐसे सिद्धांतों को विकसित करना होता है जिनसे यह व्याख्या हो सके कि मानसिक प्रक्रियाओं को संगठित (organized) कैसे किया जाता है तथा वह किस तरह से कार्य करता है। अब हम यहाँ संज्ञानात्मक मनोविज्ञान के कुछ प्रमुख परिभाषाओं का अवलोकन एवं विश्लेषण करेंगे—

निस्सर[1] (Neisser, 1967) के अनुसार, "संज्ञानात्मक मनोविज्ञान से तात्पर्य सभी प्रक्रियाओं से होता है जिसके सहारे संवेदी निवेश परिवर्तित होता है, छोटा होता है, विस्तृत होता है, संचित होता है, उसकी पुनः प्राप्ति होती है तथा फिर उसका उपयोग किया जाता है।"

वुड एवं **वुड**[2] (Wood & Wood, 1996) के अनुसार, "संज्ञानात्मक मनोविज्ञान एक ऐसी शाखा है जो मानसिक प्रक्रियाओं जैसे स्मृति, समस्या समाधान, सम्प्रत्यय निर्माण, तर्कणा, निर्णय लेना, भाषा तथा प्रत्यक्षण के अध्ययन पर बल डालता है।"

एटकिन्सन, एटकिन्सन, स्मिथ एवं **हिलगार्ड**[3] (Atkinson, Atkinson, Smith & Hilgard, 1985) के अनुसार, "संज्ञानात्मक मनोविज्ञान संज्ञान का वैज्ञानिक अध्ययन है। उसका लक्ष्य प्रयोग करना तथा ऐसे सिद्धांतों का विकास करना होता है जिनसे इस बात की व्याख्या हो कि मानसिक प्रक्रियाओं को किस तरह से संगठित किया जाता है तथा वे किस तरह से कार्य करते हैं।"

सोलसो[4] (2004) के अनुसार, "संज्ञानात्मक मनोविज्ञान चिन्तन मन का वैज्ञानिक अध्ययन है और यह सम्बन्धित

1. "Cognitive Psychology refers to all processes by which the sensory input is transformed, reduced, elaborated, stored, recovered and used." —Neisser : *Cognitive Psychology*, 1967, p. 10
2. "Cognitive Psychology is a speciality that focuses on mental processes such as memory, problem solving, concept formation, reasoning, decision making, language and perception." —Wood & Wood : *The World of Psychology*, 1996, p. 27
3. "Cognitive Psychology is the scientific study of cognition. Its goal is to conduct experiments and develop theories that explain how mental processes are organized and function." —Atkinson, Atkinson, Smith & Hilgard : *Psychology*, 1985, p. 8
4. "Cognitive Psychology is the scientific study of the thinking mind and is concerned with : how we attend to and gain information about the world; how that information is stored and processed by brain and how we solve problems, think and formulate language." —Solso : *The Cognitive Psychology*, 2004, p. 2

होता है : हमलोग संसार के बारे में किस तरह से सूचना प्राप्त करते हैं तथा उसपर ध्यान देते हैं; वैसी सूचनाएँ किस तरह से सम्बन्धित होती हैं और मस्तिष्क द्वारा संसाधित होती हैं और हमलोग किस तरह से समस्याओं के बारे में सोचते हैं, उनका समाधान करते हैं तथा भाषा का निर्माण करते हैं।''

इस परिभाषाओं का यदि हम विश्लेषण करें तो हमें संज्ञानात्मक मनोविज्ञान के बारे में निम्नांकित तथ्य प्राप्त होते हैं—

(i) संज्ञानात्मक मनोविज्ञान में संज्ञानात्मक प्रक्रियाओं (cognitive processes) जिनमें प्रत्यक्षण, स्मृति, समस्या समाधान, सम्प्रत्यय निर्माण, तर्कणा, निर्णय प्रक्रिया, भाषा (language) आदि मुख्य है, का अध्ययन किया जाता है।

(ii) संज्ञानात्मक प्रक्रिया की शुरूआत संवेदी निवेश (sensory input) से होता है। व्यक्ति वातावरण में उपस्थित उद्दीपकों (stimuli) का सबसे पहले प्रत्यक्षण करता है और तब उसके प्रति अनुक्रिया करता है। प्रत्यक्षण एवं ध्यान के माध्यम से ही संवेदी निवेश की प्रक्रिया सम्पन्न होती है।

(iii) संवेदी निवेश (sensory input) को फिर परिवर्तित किया जाता है। दूसरे शब्दों में, यह कहा जा सकता है कि वातावरण के उद्दीपकों से प्राप्त सूचनाओं को संवेदी उपकरण (sensory apparatus) जिसमें ज्ञानेन्द्रियाँ तथा मस्तिष्क मुख्य रूप से सम्मिलित होतीं हैं, बढ़ाकर या घटाकर उनका रूप परिवर्तित कर देता है। संज्ञानात्मक मनोविज्ञानी की भाषा में भौतिक उद्दीपनों (physical stimulation) को तंत्रकीय घटनाओं (neural events) में कूटसंकेतिक (encoded) कर दिया जाता है तथा मस्तिष्क द्वारा उन्हें संसाधित किया जाता है।

(iv) संज्ञानात्मक मनोविज्ञान का मूल उद्देश्य प्रयोग करके इन संज्ञानात्मक प्रक्रियाओं का अध्ययन करना तथा उनके बारे में कुछ ऐसे सिद्धांतों को विकसित करना होता है जिनके माध्यम से इस बात की व्याख्या की जाती है कि मानसिक प्रक्रियाओं को किस तरह संगठित किया जाता है तथा वे किस तरह से कार्य करती हैं। इस सिलसिले में कुछ भाषा का भी सूत्रीकरण किया जाता है।

स्पष्ट हुआ कि संज्ञानात्मक मनोविज्ञान जिसमें मूलतः संज्ञानात्मक प्रक्रियाओं का वैज्ञानिक अध्ययन होता है, एक ऐसी शाखा है जो मानसिक प्रक्रियाओं को ठीक ढंग से विश्लेषित करके उनके संगठन (organization) एवं कार्य की व्याख्या करता है।

संज्ञानात्मक प्रक्रियाओं की विशेषताएँ (Properties of Cognitive Processes)

संज्ञानात्मक मनोविज्ञान में संज्ञानात्मक प्रक्रियाओं (cognitive processes) का वैज्ञानिक अध्ययन किया जाता है। इन प्रक्रियाओं के माध्यम से व्यक्ति वातावरण के भौतिक ऊर्जा (physical energy) को तंत्रकीय ऊर्जा (neural energy) में बदलता है और उसका विशेष अध्ययन करता है। इन संज्ञानात्मक प्रक्रियाओं में प्रत्यक्षण, स्मृति, समस्या समाधान, तर्कणा (reasoning), सम्प्रत्यय निर्माण, निर्णय प्रक्रिया, भाषा आदि प्रमुख हैं। इन संज्ञानात्मक प्रक्रियाओं की कुछ विशेषताएँ हैं जिनका अध्ययन करने पर हम संज्ञानात्मक मनोविज्ञान के स्वरूप को ठीक ढंग से समझ पाते हैं। ऐसी कुछ प्रमुख विशेषताएँ निम्नांकित पाँच हैं।

(i) संज्ञानात्मक प्रक्रियाएँ सभी एक-दूसरे से सम्बन्धित है न कि वे एक-दूसरे से पृथक हैं *(The cognitive processes are all interrelated with one another rather than existing in isolation)*—संज्ञानात्मक प्रक्रिया के विभिन्न तत्त्वों के बीच एक जटिल अंतक्रिया (interaction) होता है। जैसे, सम्प्रत्यय निर्माण (concept formation) के ही प्रक्रिया को ले लिया जाए—मान लिया जाए कि सही सम्प्रत्यय किसी प्रयोग में एक लाल वृत्त (circle) है। प्रयोज्य को कई रंग, आकार (size) आदि की वस्तुएँ दिखलाई जाएगीं। अतः पहले उसे उन वस्तुओं पर ठीक से ध्यान देकर उनका प्रत्यक्षण करना होगा। गत प्रयासों में की गयी अनुक्रियाओं को उसे याद भी रखना होगा और इस दिशा में प्रतिमाओं (imagery) से उसे अच्छी मदद भी मिलेगी। 'वृत्त' 'वर्गाकार', 'हरा', 'पीला' आदि जैसे शब्दों (भाषा) का उपयोग भी आवश्यक होगा। 'सम्प्रत्यय निर्माण के स्वरूप को ध्यान में रखते हुए अन्य संज्ञानात्मक प्रक्रियाएँ जैसे समस्या समाधान, तर्कणा तथा निर्णय प्रक्रिया (decision making) की भी जरूरत पड़ सकती है। कहने का तात्पर्य यह है कि संज्ञानात्मक प्रक्रियाएँ आपस में अंतर्क्रिया करतीं हैं न कि वे एक-दूसरे से स्वतंत्र रहते हुए कार्य करती हैं।

(ii) संज्ञानात्मक प्रक्रियाएँ सक्रिय होतीं हैं न कि निष्क्रिय *(The cognitive processes are active rather* *than passive*)—व्यवहारवादी उपागम में व्यक्ति को एक निष्क्रिय प्राणी समझा जाता है जो वातावरण के उद्दीपकों के सामने आने की प्रतीक्षा करता है और उसके बाद उसके प्रति अनुक्रिया करता है। संज्ञानात्मक उपागम इससे भिन्न है। यहाँ व्यक्ति को वातावरण से भिन्न-भिन्न तरह की सूचनाओं को ग्रहण करने के लिए उत्सुक समझा जाता है। वह नये-नये ज्ञान एवं विकास के लिए सतत् खोज जारी रखता है। पहले की अनुभूतियाँ इस खोज में मदद करती हैं और व्यक्ति के प्रत्यक्षण को प्रभावित भी करता हैं। इस तरह से संज्ञानात्मक प्रक्रियाएँ सक्रिय होतीं हैं न कि निष्क्रिय।

(iii) **संज्ञानात्मक प्रक्रियाएँ दक्ष एवं परिशुद्ध होती है** *(The cognitive processes are efficient and accurate*)—संज्ञानात्मक प्रक्रियाएँ दक्ष एवं परिशुद्ध होतीं हैं। जैसे, जब व्यक्ति किसी पहले याद किये गए पाठ का प्रत्याह्वान (recall) करता है, तो वह कुछ विशेष योजना (strategy) भी इस सिलसिले में अपनाता है। इस योजना से उसमें गलतियाँ भी हो जातीं हैं। परंतु इन गलतियों से फिर वह अपने प्रत्याह्वान में तुरंत सुधार भी कर लेता है। उसी तरह से मानव सूचना संसाधन (human information processing) की कुछ सीमाएँ (limitations) लाभकारी भी सिद्ध हो जातीं हैं। जैसे, हमलोग कभी-कभी यह सोचकर दुःख का अनुभव करते हैं कि कुछ सेंकंड से ज्यादा देर तक हम सूचनाओं को मस्तिष्क में नहीं रख पाये। परंतु सच्चाई यह है कि हम हमेशा के लिए सभी तरह की सूचनाओं को यदि याद रख पाते, तो हमारा स्मृति सूचना अतिभार (information overload) से इतना दब जाता कि उसका कोई फायदा हम नहीं उठा पातें।

(iv) **संज्ञानात्मक प्रक्रियाओं द्वारा धनात्मक सूचनाओं के साथ ऋणात्मक सूचनाओं की तुलना में अधिक उत्तम ढंग से निपटा जाता है** *(The cognitive processes handle positive information better than negative information*)—संज्ञानात्मक प्रक्रियाओं द्वारा धनात्मक सूचनाओं को ऋणात्मक सूचनाओं की तुलना में उत्तम ढंग से निपटा जाता है। जैसे, यदि कोई वाक्य स्वीकारात्मक (affirmative) है (उदाहरणार्थ, राम ईमानदार है) तो उसे हम अस्वीकारात्मक (negative) वाक्य (उदाहरणार्थ, राम बेईमान नहीं है) की तुलना में जल्द समझ लेते हैं। हमलोग सम्प्रत्यय निर्माण (concept formation) के कार्य में उस समय उत्तम निष्पादन दिखलाते हैं जब हम जानते हैं कि आकृतियाँ (figures) सम्प्रत्यय का उदाहरण हैं न कि उस समय जब हम यह जानते हैं कि दी गयी आकृतियाँ सम्प्रत्यय का उदाहरण नहीं हैं। तर्कणा (reasoning) कार्य धनात्मक सूचनाओं की उपस्थिति में ऋणात्मक सूचनाओं की तुलना में तेजी से होता है। अक्सर व्यक्ति उन सभी कार्यों का निष्पादन उत्तम ढंग से करता है जो उसे सुखद अर्थात् सांवेगिक रूप से धनात्मक होते हैं। दुखद सूचना वाले कार्यों पर व्यक्ति का निष्पादन उत्तम नहीं होता है। संक्षेप में तब यही कहा जा सकता है कि हमारे संज्ञानात्मक प्रक्रियाएँ क्या है *(What is)* न कि क्या नहीं है *(What is not)* से निपटने में सक्षम होतीं हैं।

(v) **संज्ञानात्मक प्रक्रियाएँ सामान्यतः प्रत्यक्ष रूप से प्रेक्षणीय नहीं होती है** *(Cognitive processes are generally not directly observable*)—संज्ञानात्मक प्रक्रियाओं का स्वरूप सामान्यतः ऐसा होता है कि हम उन्हें सीधे प्रेक्षण नहीं कर सकते हैं। जैसे, यदि हम किसी को कोई पाठ याद करते हुए या समस्या का समाधान करते हुए या कोई निर्णय करते हुए देखते हैं, तो मात्र देखकर उनमें निहित संज्ञानात्मक प्रक्रियाओं के बारे में अंदाज नहीं लगाया जा सकता है। संज्ञानात्मक प्रक्रियाओं के बारे में जो सूचनाएँ हमलोग एकत्रित करते हैं, उनके आधार पर कोई विशेष मानसिक क्रिया के लिए तैयार की गयी कई व्याख्याओं में से कुछ को अस्वीकृत कर देते हैं परन्तु कुछ को स्वीकृत भी करना पड़ता है। यही कारण है कि एक ही मानसिक क्रिया जैसे विस्मरण की व्याख्या करने के लिए कई सिद्धांतों का प्रतिपादन किया गया है। इस तरह से यह स्पष्ट होता है कि संज्ञानात्मक प्रक्रियाओं का स्वरूप ही कुछ ऐसा होता है कि कोई एक सिद्धांत को स्वीकृत करके अन्य सिद्धांतों को अस्वीकृत करना एक टेढ़ी खीर साबित होता है।

निष्कर्ष यह है कि संज्ञानात्मक प्रक्रियाओं की कुछ अपनी विशेषताएँ होतीं हैं तथा संज्ञानात्मक मनोविज्ञानियों को उनका अध्ययन करते समय उन विशेषताओं को निश्चित रूप से ध्यान में रखना होगा।

संज्ञानात्मक मनोविज्ञान का संक्षिप्त इतिहास
(A Brief History of Cognitive Psychology)

यदि हम संज्ञानात्मक मनोविज्ञान की क्रियाओं एवं कार्यविधियों पर ध्यान दे, तो यह स्पष्ट होगा, कि इसकें अधिकतर क्रियाओं का सम्बन्ध इस मौलिक प्रश्न से जुड़ा हुआ है कि मन में ज्ञान (knowledge) का निरूपण किस तरह से होता

है? इस मौलिक प्रश्न से जुड़े कई प्रश्न हैं जिनपर संज्ञानात्मक मनोविज्ञान में अध्ययन किया जाता है—ज्ञान को किस तरह से अर्जित किया जाता है, संचित किया जाता है तथा उनका उपयोग किया जाता है? चेतना क्या है? तथा किस तरह से चेतन विचारों की उत्पत्ति होती है? प्रत्यक्षण तथा स्मृति का स्वरूप क्या है? चिन्तन क्या है? इनसे सम्बद्ध क्षमताओं का विकास किस तरह से होता है? आदि-आदि।

इन प्रश्नों के अध्ययन के प्रयास में ही संज्ञानात्मक मनोविज्ञान की उत्पत्ति की जड़ छिपी हुई है। जहाँ तक इस मौलिक प्रश्न का कि ज्ञान कहाँ से आता है और वह किस ढंग से मन में निरूपित होता है, सम्बन्ध है, इसके बारे में मूलतः दो तरह के उत्तर सामान्य रूप दिये जाते हैं—

(i) अनुभववादियों (empiricists) का मत है कि व्यक्ति में ज्ञान का अर्जन उनके अनुभूतियों से होता है।

(ii) सहजवादियों (nativists) का मत है कि ज्ञान का अर्जन व्यक्ति के मस्तिष्क के जन्मजात विशेषताओं (innate characteristics) पर आधृत होते हैं।

यद्यपि वैज्ञानिक दृष्टिकोण से इन दोनों विचारधाराओं में से किसी की भी पुष्टि सम्भव नहीं है, परंतु सामान्य विचारधारा इस तथ्य का अवश्य समर्थन करता है कि अनुभूतियों से सूचनाएँ उत्पन्न होतीं हैं और अनुभूतियों को संगठित होने के लिए एक ग्राह्य मस्तिष्क (receptive brain) की जरूरत पड़ती है, जो उन अनुभूतियों से उत्पन्न विचारों से एक अर्थ निकालता है। इस संदर्भ में तब मनोवैज्ञानिकों द्वारा ज्ञान (knowledge) को स्मृति से सूचनाओं का संचयन एवं संगठन होता माना जाता है। संचयन (storage) का पक्ष इस बात पर बल डालता है कि अनुभूतियाँ महत्त्वपूर्ण होतीं है तथा संगठन का पक्ष इस बात पर बल डालता है कि तंत्रिका तंत्र (nervous system) में पहले से मौजूद कुछ संरचनात्मक क्षमता (structural capacity) होती है। इस तरह से ज्ञान की इस व्याख्या से उक्त दोनों तरह के विचारों की सम्पुष्टि होती है।

उक्त मौलिक प्रश्न जिसे संज्ञानात्मक मनोविज्ञान की उत्पत्ति का जड़ माना जाता है, पर आरम्भिक ग्रीक दार्शनिकों ने भी मंथन किया है। जैसे, आरम्भिक ग्रीक दार्शनिक अरस्तू (Aristotle) का मत है कि ज्ञान व्यक्ति के हृदय (heart) में अवस्थित होता है, हालांकि प्लेटो (Plato) का मत था कि ज्ञान का केन्द्र हृदय न होकर मस्तिष्क होता है। पुनर्जागरण दार्शनिकों (Renaissance philosopher) ने भी इस विचारधारा से संतुष्टि दिखलाया कि ज्ञान व्यक्ति के मस्तिष्क में अवस्थित होता है। 18वीं शताब्दी के दौरान कुछ दार्शनिक मनोवैज्ञानिक (Philosopher Psychologists) जैसे जॉर्ज वर्केली, डेविड ह्यूम (David Hume), जेम्स मिल (James Mill) तथा उनके शिष्य जेम्स स्टुआर्ट मिल (James Stuart Mill) ने इस बात पर बल डाला कि ज्ञान का आंतरिक निरूपण (internal representation) तीन प्रकार का होता है—प्रत्यक्ष संवेदी घटनाएँ (direct sensory events) या जिसे 'प्रत्यक्षण ही वास्तविकता है' (Perception is reality) कहा जाता है, स्मृति में संचित घटनाओं या वस्तुओं का धीमा या धुँधला नकल (faint copies) तथा इन धीमे या धुंधले नकल का रूपान्तरण (transformation) जैसा कि हमें साहचर्चित चिन्तन में देखने को मिलता है। आंतरिक निरूपण तथा रूपान्तर का सम्प्रत्यय अपने आप में यह माँग करता है कि आंतरिक निरूपण का कार्य कुछ परिभाषित नियम के अनुकूल होता है तथा इस ढंग का निर्माण एवं रूपान्तर में समय तथा प्रयास भी लगते हैं। यदि गौर से देखा जाए तो इस तरह की पूर्वकल्पना (assumption) संज्ञानात्मक मनोविज्ञान में आजकल किये जा रहे कुछ शोधों का आधार है। जैसे, व्यक्ति का प्रतिक्रिया काल (reaction time) को आंतरिक निरूपण तथा रूपान्तर निर्माण में लगे प्रयास तथा समय का माप समझा जाता है।

19वीं शताब्दी में कुछ दैहिकशास्त्रियों जैसे फेकनर (Fechner) एवं हेल्मोहेल्ज (Helmholtz) तथा कुछ मनोविज्ञानिकों जैसे ब्रेनटानो (Brentano), हेल्महोल्ज (Helmholtz), विलहेल्म वुण्ट (Wilhelm Wundt), जी॰ ई॰ मूलर (G. E. Muller), कूल्पे (Kulpe), हरमान्न इविंगहॉस (Hermann Ebbinghaus), सर फ्रांसिस गाल्टन (Sir Francis Galton), टिचेनर (Titchener) तथा विलियम जेम्स (William James) के प्रयासां के फलस्वरूप मनोविज्ञान दर्शनशास्त्र से अलग होकर एक स्वतंत्र शाखा के रूप में आने का प्रयास करने लगा और 19वीं शताब्दी के उत्तरार्द्ध में ज्ञान का निरूपण (representation) के सिद्धान्त का स्वरूप स्पष्टतः द्विविभाजित (dichotomous) था। मनोवैज्ञानिकों का एक समूह जिनमें अन्य लोगों के अलावा वुण्ट तथा टिचेनर का नाम मशहूर है, ने मानसिक निरूपण (mental representation) की संरचना (structure) पर बल डाला है, जबकि मनोवैज्ञानिकों का दूसरा समूह जिनमें ब्रेनटानो (Brentano) का नाम प्रमुख है, क्रिया (Act) या प्रक्रिया (Process) पर अधिक बल डाला है। ब्रेनटानो ने आंतरिक

निरूपण की संरचना को मनोविज्ञान के लिए महत्त्वपूर्ण नहीं माना है। इन्होंने संज्ञानात्मक क्रियाओं (cognitive acts) जैसे निर्णय करना, तुलना करना, भाव आदि को मनोविज्ञान के अध्ययन का उचित विषय माना। इन दोनों तरह के विचारधाराओं की जाँच के लिए मनोविज्ञान में प्रयोग करने का सिलसिला प्रारम्भ हुआ।

1879 को मनोविज्ञान में वैज्ञानिक मनोविज्ञान का जन्म वर्ष के रूप में माना जाता है क्योंकि इसी साल विलह्वेम वुण्ट (Wilhelm Wundt) ने जर्मनी के लिपजिग विश्वविद्यालय में मानसिक प्रक्रियाओं का अध्ययन करने के लिए एक छोटा-सा प्रयोगशाला खोला था। उसी साल मनोविज्ञान, दर्शनशास्त्र तथा दैहिकशास्त्र (Physiology) से भिन्न एवं स्वतंत्र होकर एक नयी शास्त्र (discipline) के रूप में जन्म लिया। इसके बाद वुण्ट की प्रसिद्धि पूरे संसार में इतनी बढ़ गयी कि संसार के कोने-कोने से लोग आकर वुण्ट के साथ कार्य करना प्रारम्भ कर दिये और हियर्स्ट (Hearst, 1979) के अनुसार वुण्ट के दिशानिर्देश में 186 लोगों ने मनोविज्ञान में पी-एच॰ डी॰ की उपाधि प्राप्त किया।

वुण्ट तथा उनके सहयोगी मानसिक प्रक्रियाओं का अध्ययन अंतर्निरीक्षण विधि (introspection method) से किया करते थे। इस विधि में प्रशिक्षित प्रयोज्य के सामने प्रयोगशाला में एक उद्दीपक शब्द उपस्थित किया जाता था और तब उस शब्द से सम्बन्धित साहचर्यों को उन्हें बताना होता था। उनके द्वारा बतलाये गए साहचर्यों तथा प्रतिमाओं का विश्लेषण करके वुण्ट मानसिक संक्रिया (mental operation) के नियमों के बारे में पता लगाते थे। वुण्ट की यह विधि कई अर्थों में आधुनिक संज्ञानात्मक शोध विधियों से मिलती-जुलती है। वुण्ट ने यह स्पष्ट कर दिया था कि उच्चतर मानसिक प्रक्रियाएँ जैसे चिंतन (thinking), भाषा (language) तथा समस्या समाधान (problem solving) आदि का अध्ययन प्रयोगशाला में अंतर्निरीक्षण विधि द्वारा नहीं किया जा सकता है। परंतु वुण्ट का यह दावा कि चिंतन जैसी मानसिक प्रक्रिया को अंतनिरीक्षण द्वारा अध्ययन नहीं किया जा सकता है, को ओस्वाल्ड कुल्पे (Oswald Kulpe) ने ऊर्जवर्ग विश्वविद्यालय (Wurzburg University) में शोध कार्य करके गलत ठहराया और कहा कि किसी समस्या के समाधान के दौरान प्रयोज्यों के मन में किसी तरह की कोई प्रतिमा (images) नहीं आती है। इसे *प्रतिमारहित चिंतन* (imageless thought) की संज्ञा दी गयी। अन्य मानसिक प्रक्रियाओं का वुण्ट द्वारा अध्ययन किया गया जो आज के संज्ञानात्मक मनोविज्ञान के लिए बरदान साबित हुआ है। जैसे, वुण्ट ने यह बतलाया था कि अवधान (attention) संज्ञान (cognition) का एक महत्त्वपूर्ण भाग होता है। उन्होंने यह भी बतलाया था कि मानसिक घटनाओं (mental events) को एक ऐसा सम्प्रत्यय (concept) के रूप में वर्णन किया जा सकता है जिसका निर्माण व्यक्ति की अनुभूति द्वारा होता है। सम्प्रत्यय विकास (concept formation) के क्षेत्र में किये गए अध्ययन आधुनिक संज्ञानात्मक मनोविज्ञान के नींव के समान हैं। वुण्ट का यह विचार कि मानसिक घटनाएँ (mental events) एक-दूसरे से सम्बन्धित होतीं हैं, आधुनिक समय में अर्थगत स्मृति (semantic memory) के क्षेत्र में किये गए शोधों के लिए प्रेरणा स्रोत साबित हुए हैं। संक्षेप में यह कहा जा सकता है कि वुण्ट तथा उनके सहयोगियों द्वारा किये गए शोध कार्य तथा फिर ऊर्जावर्ग मनोवैज्ञानिकों द्वारा उनके प्रयोगात्मक कार्य को दी गयी चुनौतियाँ आधुनिक संज्ञानात्मक मनोविज्ञान के लिए लाभदायक सिद्ध हुई।

19वीं सदी के अंत तक हालांकि अन्तर्निरीक्षण विधि की महत्ता यूरोप में बनी हुई थी, अमेरिकन इस विधि को एक वैज्ञानिक विधि मानने से हिचकिचा रहे थे। विलियम जेम्स (William James) उस समय के सबसे महत्त्वपूर्ण मनोवैज्ञानिक थे जो इसके जगह पर एक अधिक अनौपचारिक उपागम (informal approach) या विधि का उपयोग पसंद करते थे और उन्होंने अपनी पुस्तक *प्रिंसपुल्स ऑफ साइकोलॉजी* (Principles of Psychology) जिसका प्रकाशन 1880 में किया था, मानव अनुभूतियों का विस्तृत अध्ययन भी प्रस्तुत किया। संज्ञानात्मक मनोविज्ञान के क्षेत्र में उनका सबसे महत्त्वपूर्ण योगदान उनके द्वारा प्रस्तावित स्मृति (memory) का सिद्धांत था जिसमें उन्होंने स्मृति के दो प्रकार बतलाये—प्राथमिक स्मृति (primary memory) तथा गौण स्मृति (secondary memory)। प्राथमिक स्मृति को आजकल लघु कालीन स्मृति (Short-term memory or STM) तथा गौण स्मृति को दीर्घकालीन स्मृति (Long term memory or LTM) कहा जाता है। उनका यह सिद्धांत 90 साल बाद स्मृति के विभिन्न मॉडलों के विकास के लिए प्रेरणा बिंदु बना।

1900 के लगभग प्रयोगशाला मनोवैज्ञानिक अन्तर्निरीक्षण विधि पर खुलकर आपत्ति उठाना प्रारम्भ कर दिये और व्यवहारवाद स्कूल ने तो इस विधि की खटिया खड़ा कर दिया। व्यवहारवाद की स्थापना जे॰ वी॰ वाटसन द्वारा 1913 में किया गया। इस स्कूल ने वस्तुनिष्ठ प्रेक्षण एवं प्रयोगात्मक विधि को ही वैज्ञानिक विधि माना। व्यवहारवादियों का दावा था कि अंतर्निरीक्षण विधि एक अवैज्ञानिक विधि है तथा चेतन (consciousness) अपने आप में इतना अस्पष्ट है कि उसका अध्ययन सम्भव नहीं है। व्यवहारवादियों ने ऐसे पद जैसे प्रतिमा (image), विचार (idea), चिंतन (thought)

को अस्वीकृत कर दिया। चिंतन को व्यवहारवादियों ने मात्र *उपमुखरित सम्भाषण* (subvocal speech) माना है। इसका मतलब यह हुआ कि चिंतन में व्यक्ति अपने आप से बातचीत करता है जिसे अन्य व्यक्तियों द्वारा सुना नहीं जा सकता है।

यद्यपि यह सही है कि व्यवहारवादियों द्वारा मानसिक क्रियाओं (mental activity) के अध्ययन को अस्वीकृत कर दिया गया फिर भी उनलोगों द्वारा वर्तगान संज्ञानात्मक मनोविज्ञान के विकास में सार्थक योगदान किया गया। जैसे, व्यवहारवादियों ने यह बल डाला था कि प्रत्येक सम्प्रत्यय (concept) को सावधानीपूर्वक एवं यथार्थ ढंग से परिभाषित किया जाना चाहिए। उदाहरणार्थ, निष्पादन (performance) को निश्चित रूप वैसे प्रयासों के रूप में परिभाषित किया जाना चाहिए जिसमें चूहों ने भूलभूलैया में सही दौड़ (अर्थात् बिना किसी तरह के गलती किये) लगाया हो। ठीक इसी से प्रेरणा पाकर संज्ञानात्मक मनोविज्ञान में भी यथार्थ परिभाषाओं (precise definitions) पर बल डाला गया है। इतना ही नहीं, व्यवहारवादियों द्वारा अपने शोधों में सिर्फ प्रयोगशाला प्रयोगों पर बल डाला गया है। संज्ञानात्मक मनोविज्ञानियों द्वारा भी ऐसे प्रयोगों पर अधिक बल डाला गया है हालांकि कुछ संज्ञानात्मक मनोविज्ञानी जैसे निस्सेर (Neisser, 1976, 1978) आदि ऐसे भी हैं जिन्होंने यह दावा प्रस्तुत किया है कि संज्ञानात्मक मनोविज्ञान का शोध ऐसा होना चाहिए जिसका सम्बन्ध उन मानसिक क्रियाओं के अध्ययन से भी होना चाहिए जो दिन-प्रतिदिन की जिंदगी में घटित होते हैं।

जबकि व्यवहारवाद अमेरिका में फला-फूला, इस मनोविज्ञान का एक समानांतर स्कूल यूरोप में भी विकसित हुआ जिसे गेस्टाल्ट स्कूल (Gestalt Psychology) कहा गया जिसका मुख्य दावा यह था कि सम्पूर्णता (Whole) इसके अंशों (parts) के योग से कहीं अधिक होता है तथा मनुष्यों में जो वे देखते हैं, को संगठित करने की एक मौलिक प्रवृत्ति होती है। गेस्टाल्टवादियों जिनमें वर्दाइमर (Wertheimer), कोहलर (Kohler) तथा कौफ्का (Koffka) का नाम मुख्य है, ने मानव अनुभूतियों को विभिन्न तत्त्वों में विश्लेषित करने वाला अन्तर्निरीक्षण विधि को जमकर कोसा क्योंकि उनका मत था कि सम्पूर्ण अनुभूति इनके अलग-अलग तत्त्वों के योग से कहीं अधिक होता है। जैसे, एक वर्गाकार आयत मात्र चार बराबर लम्बाई की लकीरों का योग नहीं होता है। गेस्टाल्ट मनोवैज्ञानिकों द्वारा समस्या समाधान में सूझ की भूमिका पर भी बल डाला गया। समस्या समाधान में प्रारम्भ में समस्या के सभी अंश (parts) एक-दूसरे से असम्बन्धित दीखते हैं परंतु अचानक वे एक-दूसरे से मिलकर समस्या का समाधान बन जाते हैं। इन सभी कार्यों का महत्त्व आधुनिक संज्ञानात्मक मनोविज्ञान के लिये काफी है हालांकि स्वयं गेस्टाल्ट सिद्धांत का ही समर्थन काफी कम है।

1950 तथा 1960 वाले दशक में संज्ञानात्मक प्रक्रियाओं के अध्ययन में मनोवैज्ञानिकों द्वारा काफी अभिरुचि दिखलायी जाने लगी। इस अभिरुचि को *संज्ञानात्मक विद्रोह* (cognitive revolution) की संज्ञा दी गयी। इस विद्रोह के पीछे मुख्य पाँच पूर्ववर्त्ती बलों (antecedent forces) को महत्त्वपूर्ण बतलाया गया है जो इस प्रकार है—

(i) मनोवैज्ञानिकों में व्यवहारवादी सम्प्रत्ययों (behaviouristic concepts) से घोर असंतोष उत्पन्न हो रहा था हालांकि ये सारे व्यवहारवादी सम्प्रत्यय एवं नियम उस समय काफी प्रबल थे। लोग यह नहीं समझ पा रहे थे कि जटिल मानव व्यवहार की व्याख्या अधिगम सिद्धांतों के मात्र नियमों एवं सम्प्रत्ययों द्वारा किस प्रकार हो सकता है।

(ii) कम्प्यूटर विज्ञान (Computer Science) तथा संचार विज्ञानों (Communication Sciences) से सूचना संसाधन (information processing) जैसे सम्प्रत्यय का विकास हुआ जिसे मनोवैज्ञानिकों ने मनोविज्ञान के लिए विशेष कर संज्ञानात्मक मनोविज्ञान के लिए काफी उपयोगी समझा। सूचना संसाधन उपागम (information processing approach) अभी संज्ञानात्मक मनोविज्ञान का एक प्रमुख अध्ययन उपागम है। इस उपागम के अनुसार सूचनाओं से विभिन्न अवस्थाओं (states) के एक निश्चित क्रम (sequence) में निपटा जाता है। प्रत्येक अवस्था (stage) में एक खास कार्य होता है, उसके बाद सूचना को अगले अवस्था में संसाधित होने के लिए भेज दिया जाता है। इस तरह से हमारे संवेदी ग्राहकों (receptors) द्वारा पहले सूचनाओं को ग्रहण किया जाता है जो विभिन्न अवस्थाओं का एक निश्चित क्रम से गुजरता है तथा परिवर्तित होता है और अंत में हमलोग उसके प्रति अनुक्रिया करते हैं या फिर उस सूचना को स्मृति में संचित कर लेते हैं। एटकिन्सन तथा शिर्फिन (Atkinson & Shiffrin, 1968) ने एक अत्यधिक महत्त्वपूर्ण सूचना संसाधन मॉडल (information processing model) बनाया है जिसमें सूचना तीन तरह के स्मृति संसाधन अवस्थाओं (memory processing stages) अर्थात् संवेदी स्मृति, लघुकालीन स्मृति तथा दीर्घकालीन स्मृति से होकर गुजरती है। संज्ञानात्मक मनोविज्ञान के क्षेत्र में यह एक महत्त्वपूर्ण मॉडल है।

मिल्लर, गालान्टर एवं प्रिब्राम (Miller, Galanter & Pribram, 1960) ने मानव व्यवहार का एक मॉडल बनाया जिसे *टेस्ट-आपरेट-टेस्ट-एक्जीट मॉडल* (Test-Operate-Test-Exist or TOTE Model) कहा गया है जिसमें व्यक्ति

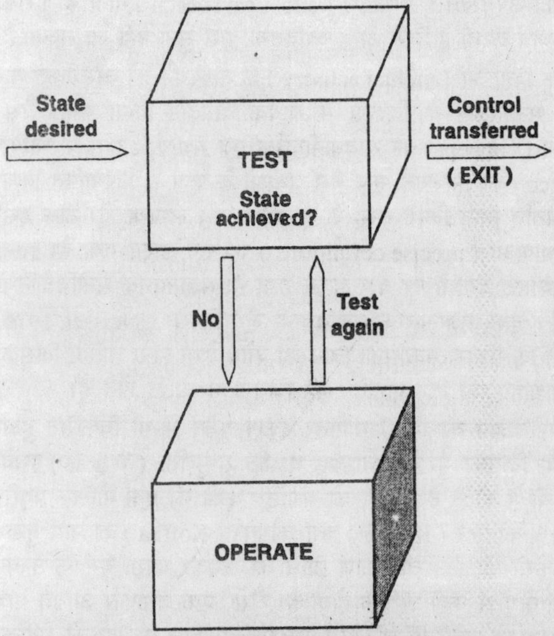

चित्र 1.1 टीओटीई मॉडल (TOTE Model)

को न केवल एक सूचना संसाधक (information processor) के रूप में बल्कि पुनर्निर्वेशन (feedback) के सम्प्रत्यय को भी उसमें संयोजित करके सूचना संसाधन उपागम की व्याख्या में इन लोगों ने चार चांद लगाया है। इस मॉडल को चित्र 1.1 में दिखलाया गया है। TOTE मॉडल की शुरुआत एक वांछित अवस्था (desire state) से प्रारम्भ होती है। जैसे, मान लिया जाए कि आपके आँख के पलक पर एक धूलकण आ गिरा हो जिसे आप तुरंत हटा देना चाहेंगे। इसके लिए पहले एक आरम्भिक जाँच (initial test) करेंगे कि कहीं धूलकण अपने आप हट तो नहीं गया है। अगर ऐसा नहीं हुआ है, तो आप एक विशेष संक्रिया (operation) प्रारम्भ करेंगे (जैसे आँख के पलक का मटमटाना, आदि) ताकि वांछित अवस्था प्राप्त हो जाए। इसके बाद पुनः एक जाँच (Test) करके देखेंगे कि सचमुच में वांछित अवस्था (अर्थात् धूलकण का हटना) प्राप्त हो गयी है या नहीं। यदि वांछित अवस्था प्राप्त हो गयी है, तो फिर व्यक्ति का ध्यान दूसरी क्रियाओं के तरफ चली जाती है या निष्कासित (exist) हो जाती है। TOTE मॉडल वाटसन के अनुबंधित प्रतिवर्त मॉडल (conditioned reflex model) को प्रतिस्थापित कर दिया और सूचना संसाधक के रूप में एक मनुष्य की भूमिका को स्थापित कर दिया।

सूचना संसाधन उपागम अंशतः कम्प्यूटर सादृशता (computer analogy) पर आधारित है। मानव एक कम्प्यूटर के समान होता है जो सूचनाओं को ग्रहण करता है, उसे संसाधित करता है और अंत में एक अनुक्रिया करता है। सूचना संसाधन मॉडल की अभिव्यक्ति प्रायः एक फ्लोचार्ट (Flowchart) के रूप में की जाती है जो एक ऐसा चित्र होता है जिसमें कई वकस (boxes) होते हैं जो तीर (arrow) से सम्बन्धित होते हैं और प्रत्येक बकस द्वारा एक विशेष संसाधन (processing) को दर्शाया जाता है। स्मृति वाले अध्याय में एटकिन्सन तथा शिर्फिन मॉडल को एक ऐसे ही फ्लोचार्ट द्वारा दिखलाया गया है।

(iii) मनोभाषाविज्ञानी (Psycholinguists) जैसे नोम चोमस्की (Noam Chomsky, 1957) ने स्कीन्नर (Skinner, 1936) द्वारा बतलाये गए भाषा ग्रहण (language acquisition) की प्रक्रिया को ठोस प्रयोगात्मक सबूत के साथ अस्वीकृत कर दिया। स्कीन्नर ने इस बात पर बल डाला था कि जैसे व्यक्ति अन्य क्रियाप्रसूत व्यवहारों (operant behaviours) को सीखता है, ठीक उसी तरह से वह भाषा को भी सीखता है। नोम चोमस्की ने स्कीन्नर के इस दावे का खंडन करते हुए कहा है कि भाषा का प्रयोग सीखने में मनोवैज्ञानिक प्रक्रियाओं (psychological processes) का महत्त्वपूर्ण हाथ होता है। उन्होंने विशेष रूप से इस बात पर बल डाला कि भाषा की संरचना की व्याख्या व्यवहारवादी दृष्टिकोण (behaviouristic term) से किया जाना बहुत ही कठिन है। नोम चोमस्की के साथ अन्य मनोभाषाविज्ञानियों ने यह स्पष्ट रूप से कहा है कि मनुष्यों में भाषा सीखने की जन्मजात क्षमता होती है और यह अपने आप में उस व्यवहारवादी दावे का विपरीत है जो यह बतलाता है कि भाषा अर्जित होती है। नोम चोमस्की के इस विचारधारा से आधुनिक संज्ञानात्मक मनोविज्ञानियों को भाषा ग्रहण (language acquisition) की प्रक्रिया का अध्ययन करने तथा शोध करने में काफी मदद मिली है।

(iv) 1950 वाले दशक से स्मृति के क्षेत्र में काफी नये-नये शोध किये गए। शोधकर्त्ताओं जिनमें वॉघ एवं नॉरमैन (Waugh & Norman, 1965), एटकिन्सन एवं शिफ्फ्रीन (Atkinson & Shiffrin, 1968), मुर्डोक (Murdock, 1970) का नाम प्रमुख है, ने स्मृति के विभिन्न प्रकार के होने की सम्भावना जताया, स्मृति के संगठन प्रक्रियाओं पर बल

दिया तथा स्मृति के विभिन्न तरह के मॉडल का भी निर्माण किया। इन सबों की व्याख्या करने में व्यवहारवादी सम्प्रत्यय एवं नियम अपर्याप्त सिद्ध हुए।

(v) जीन पियाजे (Jean Piaget) ने भी संज्ञानात्मक मनोविज्ञान के विकास में महत्त्वपूर्ण भूमिका निभाया है। इन्हें विकासात्मक मनोविज्ञान (Developmental Psychology) के क्षेत्र में एक जाने-माने हस्ती माना गया है जिनका शोध कार्य संज्ञानात्मक मनोविज्ञान के विकास के लिए एक महत्त्वपूर्ण सबब (ground) है। उन्होंने संज्ञानात्मक वर्द्धन (growth) एवं विकास (development) पर काफी बल डाला। संज्ञान का अध्ययन करने वाला प्रमुख उपागम जिसे सूचना संसाधन उपागम (information processing approach) कहा जाता है, में मूलतः वयस्कों के चिंतन प्रक्रियाओं का वर्णन किया गया है। कुछ को जैसे क्लाहर एवं वाल्लेस (Klahr & Wallace, 1976) को छोड़कर सूचना संसाधन उपागम में इस बात की व्याख्या किसी ने भी नहीं की कि बच्चों में होनेवाले विकास के साथ-साथ संज्ञान (cognition) भी किस तरह से परिवर्तित होते रहता है। परंतु पियाजे ने एक विस्तृत सिद्धांत (comprenensive theory) विकसित किया है जिसमें कुछ ऐसे नियम हैं जो संज्ञानात्मक परिवर्तनों की व्याख्या करने में सक्षम रहे हैं।

निष्कर्षतः यह कहा जा सकता है कि संज्ञानात्मक मनोविज्ञान की ऐतिहासिक विकास (historical development) का प्रोत्साहन व्यवहारवादी उपागम के ह्रास से तथा एक आकर्षक विकल्प अर्थात् सूचना संसाधन उपागम (information processing approach) के विकास के परिणामस्वरूप हुआ। संज्ञानात्मक मनोविज्ञान के विकास के लिए कुछ प्रोत्साहन तो मनोविज्ञान से बाहर से भी प्राप्त हुआ है जिनमें कम्प्यूटर विज्ञान, संचार विज्ञान तथा भाषाविज्ञान (linguistics) की भूमिका अहम् बतलायी गयी है। परंतु इसके विकास के लिए अधिकतर प्रोत्साहन मनोविज्ञान के भीतर से ही विशेषकर मानव स्मृति तथा विकासात्मक मनोविज्ञान के क्षेत्र में किये गए शोधों से प्राप्त हुआ।

संज्ञानात्मक मनोविज्ञान के उपागम
(Approaches of Cognitive Psychology)

संज्ञानात्मक मनोविज्ञान में संज्ञानात्मक प्रक्रियाओं का अध्ययन करने के लिए मूलतः निम्नांकित दो तरह के उपागम का प्रयोग किया जाता है—

इन दोनों का वर्णन निम्नांकित हैं—

(1) सूचना संसाधन उपागम (Information processing approach)

(2) सम्बन्धवादी उपागम (Connectionist approach)

(1) सूचना संसाधन उपागम *(Information processing approach)*—संज्ञानात्मक मनोविज्ञान का एक प्रमुख उपागम सूचना संसाधन उपागम (information processing approach) है। इस उपागम की उत्पत्ति की जड़ें (roots) कम्प्यूटर मशीन बतलाया गया है। मनुष्य एक कम्प्यूटर के समान वातावरण से सूचनाओं को ग्रहण करता है, फिर उन्हें एक अवस्था से दूसरी अवस्था होते हुए एक क्रम (sequence) में संसाधित करता है और तब अंत में किसी निर्णय पर पहुँच कर एक खास अनुक्रिया करता है। सूचना संसाधन मनोवैज्ञानिकों के इस दृष्टिकोण को 'कम्प्यूटर रूपक' (Computer Metaphor) कहा जाता है।

सूचना संसाधन उपागम को प्रायः एक अमूर्त्त विश्लेषण (abstract analysis) के रूप में वर्णित किया जाता है। अमूर्त्त विश्लेषण से अर्थ यहाँ यह है कि इस उपागम में तंत्रकीय घटनाओं (neural events) की व्याख्या स्पष्टतः नहीं होती है। मानसिक या संज्ञानात्मक प्रक्रियाएँ इस अर्थ में अमूर्त्त होतीं हैं कि वे यद्यपि तंत्रकीय घटनाओं पर आधृत होतीं हैं परंतु वे अपने आप में तंत्रकीय घटना नहीं होतीं हैं।

सूचना संसाधन प्रक्रिया के दृष्टिकोण से संज्ञानात्मक मनोवैज्ञानिक जो मानसिक प्रक्रियाओं का वर्णन करते हैं, अपने आप की तुलना एक कम्प्यूटर प्रोग्रामर (computer programmer) से की जाती है। कम्प्यूटर प्रोग्रामर का कार्य एक ऐसा प्रोग्राम विकसित करना होता है जिसके सहारे मशीन कुछ खास तरह का परिकलन (calculation) कर सके। प्रोग्राम तैयार करने में प्रोग्रामर मशीन के भीतर एल्क्ट्रोन प्रवाह (electron flow) की चिंता नहीं करता है और न तो मशीन के कोई और भाग के बारे में ही सोचता है। इसका मतलब यह हुआ कि वह कम्प्यूटर मशीन को एक हार्डवेयर (hardware) के रूप में समझता है और उसके भागों (parts) के बारे में बिल्कुल ही नहीं सोचता है। परंतु प्रोग्रामर

आंकड़े संरचना (data structure) तथा उनसे सम्बन्धित परिकलन (calculation) के बारे में अवश्य ही सोचता है। उनका तैयार किया गया यह कार्यक्रम मशीन से स्वतंत्र (independent) होता है। सूचना संसाधन उपागम के समर्थकों की स्थिति भी बहुत कुछ इसी प्रोग्रामर के समान होती है। ऐसे संज्ञानात्मक मनोवैज्ञानिक किसी मानसिक प्रक्रिया के पीछे होने वाले तंत्रकीय आधारों (neural bases) से कोई ताल्लुकात नहीं रखते हैं बल्कि उनका सम्बन्ध केवल इस बात से होता है कि अमुक तरह के सूचना मिलने पर संज्ञानात्मक या मानसिक प्रक्रियाओं का संचालन किस तरह से होता है।

सचमुच में सूचना संसाधन मॉडल में तीन प्रमुख पूर्वकल्पनाएँ (assumptions) होतीं हैं जो इस प्रकार है—

(i) संज्ञान को क्रमिक अवस्थाओं (sequential stages) की एक शृंखला में विश्लेषित करके समझा जा सकता है।

(ii) प्रत्येक अवस्था पर सूचनाओं की प्राप्ति पर अनोखी प्रक्रियाएँ (unique process) संपन्न होतीं हैं। इस मॉडल जो अंतिम अनुक्रिया होती है, वह इन अवस्थाओं में संक्रियाओं (operations) के क्रम का परिणाम होता है। इस संक्रियाओं में प्रत्यक्षण, सूचनाओं का कूटसंकेतन, स्मृति में सूचनाओं का प्रत्याह्वान, संप्रत्यय निर्माण, निर्णयण, भाषा उपस्थिति आदि प्रमुख होते हैं।

(iii) इस मॉडल में प्रत्येक अवस्था अपने गत अवस्थाओं से सूचनाएँ प्राप्त करता है और तब अपना अनूठा कार्य करता है। चूँकि इस मॉडल के सभी तत्त्व एक-दूसरे से किसी-न-किसी ढंग से सम्बद्ध होते हैं, अतः उनकी आरम्भिक अवस्था की शुरूआत की पहचान काफी कठिन हो जाती है।

इस मॉडल द्वारा निम्नांकित दो ऐसे प्रश्न उठाये गए हैं जिनपर संज्ञानात्मक मनोवैज्ञानिकों के बीच अच्छा वाद-विवाद छिड़ा हुआ है। ये दो प्रश्न हैं—

(i) वे कौन-कौन-सी अवस्थाएँ हैं जिनके सहारे सूचनाओं को संसाधित किया जाता है?

(ii) मानव मन में सूचनाएँ किस रूप में उपस्थित होतीं हैं?

संज्ञानात्मक मनोविज्ञानियों द्वारा विभिन्न तरह के शोधों के माध्यम से इन प्रश्नों का उत्तर तो ढूँढा जा रहा है परंतु अभी तक कोई सर्वसम्मत निष्कर्ष पर नहीं पहुँचा गया है।

मास्सारो एवं कोवान (Massaro & Cowan, 1993), पालमर एवं किमची (Palmer & Kimchi, 1996) ने संज्ञानात्मक मनोवैज्ञानिकों द्वारा सूचना संसाधन उपागम का जो उपयोग किया जाता है, उसमें मूलतः निम्नांकित पाँच नियम (principles) होते बतलाया है—

(i) **सूचनात्मक वर्णन** (*Informational description*)—इससे तात्पर्य यह होता है कि वातावरण जिसमें व्यक्ति रहता है तथा उसका मानसिक रूप से संसाधन दोनों का ही निर्धारण सूचनाएँ जो उनमें संचित होतीं हैं, के प्रकार तथा मात्रा से होता है।

(ii) **आवर्त्ती अपघटन** (*Recurrent decomposition*)—इससे तात्पर्य यह होता है कि हमारे संज्ञानात्मक प्रक्रियाएँ सरल से सरल मानसिक प्रक्रियाओं के रूप में एक पदानुक्रम (hierarchy) में सुव्यवस्थित होते हैं तथा सावधानीपूर्वक एवं उत्तम ढंग से किये गये प्रयोगों के माध्यम से हम उस पदानुक्रम को अपघटित करके देख पाते हैं।

(iii) **प्रवाह निरंतरता** (*Flow continuity*)—प्रवाह निरंतरता का नियम (principle) यह बतलाता है कि संसाधित सूचनाएँ हमेशा आगे बढ़ते जातीं हैं अर्थात् एक सरल मानसिक प्रक्रिया से संसाधित होकर फिर दूसरी सरल मानसिक प्रक्रिया से संसाधित होने के लिए आगे बढ़ते जाती हैं।

(iv) **प्रवाह गत्यात्मकता** (*Flow dynamics*)—यह नियम बतलाता है कि सभी मानसिक एवं संज्ञानात्मक प्रक्रियाएँ (cognitive processes) तंत्रकीय तंत्र (neural system) के रासायनिक एवं वैद्युतीय (electrical) घटनाओं के साथ-साथ होती पायी जाती हैं। चूँकि इन स्नायविक या तंत्रकीय प्रक्रियाओं में समय लगता है, इसलिए कोई मानसिक प्रक्रिया तत्काल नहीं हो सकता है। उसमें निश्चित रूप से कुछ समय लग जाता है चाहे वह समय एक सेंकड का हजारवाँ भाग ही क्यों न हो।

(v) **दैहिक मूर्त्तरूप** (*Physical embodiment*)—यह नियम बतलाता है कि सभी संज्ञानात्मक प्रक्रियाएँ एक दैहिक तंत्र में अर्थात् एक स्नायविक तंत्र (neural system) में सम्पन्न होता है। यह अंतिम नियम काफी महत्त्वपूर्ण है और इसे प्रायः वैसे लोगों जो संज्ञान का अध्ययन की शुरूआत प्रथम बार किये होते हैं, द्वारा

उपेक्षा की जाती है। इस आशय (implication) को एक प्रश्न के रूप में इस प्रकार कहा जा सकता है—अगर संज्ञानात्मक प्रक्रियाएँ अमूर्त्त (abstract) हैं, तो किस तरह से ऐसे अमूर्त्त चीज को एक दैहिक तंत्र में रखकर समझा जा सकता है? इस प्रश्न का उत्तर यह है कि दैहिक तंत्र में सूचनाएँ किसी-न-किसी तरह के दैहिक घटनाओं (physical events) द्वारा निरूपित (represent) होतीं हैं। जैसे, यदि आप 'कलम' शब्द सुनते हैं, कलम शब्द का ज्ञान (knowledge) निश्चित रूप से अमूर्त्त (abstract) होता है परंतु इस शब्द का ज्ञान निश्चित रूप से संज्ञानात्मक एवं स्नायविक तंत्रों में एक विशिष्ट तंत्रकीय घटनाओं (neural events) द्वारा निरूपित होता है। इस तरह से शब्दों के ज्ञान को दैहिक तंत्र (physical system) में निरूपण (representation) के रूप में निश्चित रूप से रखा जाता है।

स्पष्ट हुआ कि सूचना संसाधन उपागम द्वारा संज्ञानात्मक प्रक्रियाओं (cognitive processes) का एक अमूर्त्त (abstract) एवं क्रमिक (serial) विश्लेषण होता है। संज्ञानात्मक तंत्र एक प्रमापीय (modular) संगठन के रूप में कार्य करता है जिसमें कई उपइकाइयाँ या अलग-अलग हिस्सा होता है जो एक-दूसरे से भिन्न होता है और स्वतंत्र ढंग से कार्य करता है।

(2) सम्बन्धवादी उपागम *(Connectionist approach)*—सम्बन्धवादी उपागम की ऐतिहासिक जड़ें (historical roots) न्यूरोकम्प्यूटिंग (neurocomputing) में अर्थात् स्नायविक तंत्र (neural system) में निहित है। इसमें मानसिक प्रक्रियाओं का विश्लेषण तंत्रकीय घटनाओं (neural events) तथा उनके आपसी सम्बन्धों पर आधारित होता है। अतः यह कहा जाता है कि सम्बन्धवादी उपागम द्वारा 'मस्तिष्कीय रूपक' (brain metaphor) का दृष्टिकोण अपनाया जाता है। चर्चलैंड (Churchland, 1989) के अनुसार, सम्बन्धवादी उपागम का आधार तंत्रकीय (neural) एवं गणितीय (mathematical) होता है। इस उपागम के समर्थकों का दावा है, जैसा कि रूमेलहार्ट एवं मैकक्लीलैंड (Rumelhart & McClelland, 1986) ने कहा है कि ये लोग अपने मॉडल को अमूर्त्त (abstract) नहीं मानते हैं बल्कि वे यह मानते हैं कि यह मॉडल तंत्रकीय घटनाओं पर आधारित होता है तथा मानसिक प्रक्रियाओं का विश्लेषण उन्हीं घटनाओं के रूप में किया जा सकता है।

सम्बन्धवादी उपागम में मानसिक प्रक्रियाओं का विश्लेषण क्रमिक संसाधन (serial processing) से न होकर समानान्तर संसाधन (prarallel processing) द्वारा होता है। समानान्तर संसाधन की प्रक्रिया में मानसिक प्रक्रियाएँ एक साथ एक से अधिक संज्ञानात्मक कूटसंकेत (cognitive code) में परिवर्तित होतीं हैं न कि एक समय में एक ही संज्ञानात्मक कूटसंकेत से जैसा कि क्रमिक संसाधन की प्रक्रिया में होता है। फेल्डमैन (Feldman, 1985) के अनुसार सम्बन्धवादियों का मुख्य दावा यह भी है कि बहुत सारे सार्थक संज्ञानात्मक प्रक्रियाएँ एक सेंकड के भीतर सम्पन्न कर लिए जा सकते हैं। इस तरह से इस उपागम की मान्यता यह है कि न्यूरोन का अन्य न्यूरोन के साथ एक पदानुक्रमिक सम्बन्ध (hierarchical relationship) नहीं होता है। इसके अतिरिक्त इसमें संज्ञानात्मक तंत्र का स्वरूप प्रमाणीय (modular) नहीं होता है अर्थात् उसे छोटे-छोटे भागों में नहीं बाँटा जा सकता है। प्रत्येक संज्ञानात्मक कार्य में तंत्रकीय (neural) एवं संज्ञानात्मक तंत्र एक सम्पूर्ण इकाई के रूप में कार्य करता है न कि मात्र सहयोगी तत्त्वों के तंत्र के रूप में। इस तरह से मानव मस्तिष्क तथा हमारा संज्ञानात्मक तंत्र एक पूर्ण इकाई के रूप में होकर एक समय में एक से अधिक कार्य करते हैं।

स्पष्ट हुआ कि संज्ञानात्मक प्रक्रियाओं का अध्ययन एवं विश्लेषण के लिए संज्ञानात्मक मनोविज्ञान में दो तरह के उपागम पर बल डाला गया है। संज्ञानात्मक प्रक्रियाओं को ठीक ढंग से समझने के लिए इन दोनों उपागमों के तथ्यों पर विचार करना होगा।

संज्ञानात्मक मनोविज्ञान का कार्यक्षेत्र
(Scope or Domain of Cognitive Psychology)

संज्ञानात्मक मनोविज्ञान का कार्यक्षेत्र विस्तृत है, क्योंकि यह विभिन्न क्षेत्रों से प्रविधियों (techniques) एवं सिद्धान्तो को लेकर अपने विषय-वस्तु अर्थात् संज्ञानात्मक प्रक्रियाओं को अध्ययन करता है। ऐसे विभिन्न क्षेत्रों में निम्नांकित बारह क्षेत्र की पहचान स्पष्ट रूप से की गयी है—

1. संज्ञानात्मक न्यूरोविज्ञान *(Cognitive Neuroscience)*—न्यूरोविज्ञान (neuroscience) तथा संज्ञानात्मक मनोविज्ञान के मिलने से एक नया विज्ञान की उत्पत्ति हुई है, जिसे न्यूरोसंज्ञान (neurocognition) कहा जाता है। इसे

न्यूरोमनोविज्ञान (neuropsychology) या *संज्ञानात्मक न्यूरोविज्ञान* (cognitive neuroscience) भी कहा जाता है। संज्ञानात्मक न्यूरोविज्ञान, न्यूरोविज्ञान तथा संज्ञानात्मक मनोविज्ञान विशेषतः स्मृति, संवेदन, प्रत्यक्षण, समस्या समाधान, भाषा संसाधन आदि से सम्बन्धित सिद्धान्तों एवं उनके जैविक आधारों की व्याख्या करता है, न्यूरोमनोविज्ञानियों के प्रयास के फलस्वरूप ही स्मृति के प्रकार तथा भाषा संसाधन जैसे सम्प्रत्ययों का अध्ययन वैज्ञानिक ढंग से हो पा रहा है। मस्तिष्क का माइक्रोस्कोपिक संरचना विभिन्न तरह की संज्ञानात्मक प्रतिक्रियाओं अर्थात्, स्मृति, प्रत्यक्षण, समस्या समाधान आदि से प्रत्यक्ष रूप से सम्बद्ध दीखते हैं।

2. प्रत्यक्षण *(Perception)*—आधुनिक संज्ञानात्मक मनोविज्ञान में प्रत्यक्षण एक महत्त्वपूर्ण क्षेत्र है, जिसमें संज्ञानात्मक मनोविज्ञानी सक्रिय है। प्रत्यक्षण के क्षेत्र में किये गए प्रयोगों से विभिन्न तरह के संवेदी संकेतों के प्रति मनुष्यों की संवेदनशीलता तथा उन संकेतों की व्याख्या करने का अनूठा ढंगों या तरीकों का पता चलता है। इन अध्ययनों से संज्ञानात्मक मनोविज्ञानी इस निष्कर्ष पर पहुँच सकने में समर्थ हुए हैं कि विभिन्न तरह के प्रत्यक्षण में व्यक्ति के अवधान का सक्रिय हाथ होता है तथा किसी भी उद्दीपक का प्रत्यक्षण तभी सम्भव हो पाता है, जब उद्दीपक की तीव्रता एक खास दहेली (threshold) पर हो।

3. पैटर्न पहचान *(Pattern recognition)*—संज्ञानात्मक मनोविज्ञान में पैटर्न पहचान का क्षेत्र एक महत्त्वपूर्ण कार्यक्षेत्र है, जिसमें ऐसे मनोवैज्ञानिकों का प्रयोगात्मक अध्ययन काफी किया जा रहा है। व्यक्ति अपने पर्यावरणी उद्दीपकों का शायद ही कभी एक एकांकी संवेदी घटना (single sensory event) के रूप में प्रत्यक्षण करता है बल्कि इन उद्दीपकों को वह एक जटिल पैटर्न (complex pattern) के रूप में प्रत्यक्षित करता है। इस तरह पैटर्न पहचान के क्षेत्र में संज्ञानात्मक मनोवैज्ञानिकों द्वारा विशेष तरह का प्रयोग करके उन संज्ञानात्मक प्रक्रियाओं को समझाने की कोशिश की जाती है, जिनके माध्यम से व्यक्ति जटिल उद्दीपक पैटर्न को समझता है तथा उसे वर्गीकृत करता है।

4. अवधान *(Attention)*—अवधान संज्ञानात्मक मनोवैज्ञानिकों का अन्य एक महत्त्वपूर्ण क्षेत्र है। व्यक्ति सिर्फ सूचना इकट्ठा करने वाला एक जीव ही नहीं होता है, बल्कि वह किसी भी समय बहुत सारे सूचनाओं में से कुछ ही सूचना को चुनकर उस पर ध्यान देने में समर्थ होता है। व्यक्ति द्वारा सूचनाओं को संसाधित करने की क्षमता सचमुच में दो स्तरों पर सीमित होता है—संवेदी स्तर (sensory level) तथा संज्ञानात्मक स्तर (cognitive level)। ऐसा देखा गया है कि व्यक्ति के सामने बहुत सारे संवेदी संकेत यदि एक साथ उपस्थित किये जाते हैं, तो वह अतिभारित हो जाता है और उनमें से कुछ को चयनित करके उनपर ध्यान दे पाता है। उसी तरह से व्यक्ति यदि स्मृति में बहुत सारे सूचनाओं को संसाधित करता है, तो वह अतिभारित हो जाता है और तब वह कुछ पर ही ध्यान देकर अंतिम रूप से उन्हें संसाधित करता है।

5. चेतना *(Consciousness)*—चेतना से तात्पर्य बाह्य या आंतरिक परिस्थितियों के वर्तमान बोध या जानकारी (awareness) से होता है। जैसे, यदि आप अभी पढ़ रहे हैं, और सामने दिवाल घड़ी में यदि रात्रि के 10.30 बजे हैं, तो आप इस बाह्य उद्दीपक (external signal) से सचेत (conscious) हैं और यह आपके चेतना में हैं। चेतना का अध्ययन संज्ञानात्मक मनोवैज्ञानिकों के लिए काफी महत्त्वपूर्ण माना गया है, क्योंकि इन अध्ययनों से व्यक्ति के कई संज्ञानात्मक प्रक्रियाओं को समझने में मदद मिलती हैं। चेतना का विशेष रूप से अध्ययन करके संज्ञानात्मक मनोवैज्ञानिकों द्वारा तात्कालिक स्मृति (immediate memroy), नया उद्दीपक (novel stimuli), घोषणात्मक स्मृति (declarative memory), स्मरण (remembering), स्पष्ट संज्ञान (explicit cognitive) आदि को समझने में पर्याप्त मदद मिलती है। सचमुच में संज्ञानात्मक मनोवैज्ञानिक चेतना को दो वर्गों में बाँटकर अध्ययन करते हैं—चेतन वर्ग (conscious group) तथा अचेतन वर्ग (unconscious group)। चेतन वर्ग में तो उक्त चीजों के साथ-साथ तात्कालिक स्मृति, स्मरण, घोषणात्मक स्मृति आदि का अध्ययन किया जाता है तथा अचेतन वर्ग में मूलतः वे दीर्घकालीन स्मृति, कार्यविधि स्मृति (procedural memory), अर्थगत स्मृति (semantic memory), अवचेतन उत्तेजन (subliminal stimulation) स्वतः संसाधन (automatic processing) आदि का अध्ययन करते हैं।

6. स्मृति *(Memory)*—स्मृति एक अन्य क्षेत्र है, जिसमें संज्ञानात्मक मनोवैज्ञानिकों की सक्रियता रही है। इन मनोवैज्ञानिकों का मत है कि स्मृति तथा प्रत्यक्षण साथ-साथ कार्य करके व्यक्ति के संज्ञानात्मक क्षमता को मजबूत करते हैं। मोटे तौर पर स्मृति के दो प्रकार हैं—लघुकालीन स्मृति (Short-term memory) एवं दीर्घकालीन स्मृति (Long-term memory)। लघुकालीन स्मृति में व्यक्ति सूचनाओं को करीब 20 – 30 सेकंड तक ही संचित रख पाता है।

लघुकालीन स्मृति के ठीक-ठाक होने पर व्यक्ति को वार्तालाप (conversation) में काफी सहूलियत होती है। दीर्घकालीन स्मृति में व्यक्ति सूचनाओं को लम्बे समय तक या स्थायी तौर पर संचित करके रखता है। दीर्घकालीन स्मृति में संचित सूचनाओं के माध्यम से व्यक्ति उचित ढंग से किसी घटना की अर्थगत व्याख्या (semantic explanation) कर पाता है। दीर्घकालीन स्मृति की क्षमता (capacity) तथा अवधि (duration) दोनों ही सीमारहित होते हैं। इन दोनों स्मृतियों के अतिरिक्त एक अन्य स्मृति जिसे चलन स्मृति (working memory) कहा जाता है, संज्ञानात्मक मनोवैज्ञानिकों को लिए महत्त्वपूर्ण है। ऐसी स्मृति से तात्पर्य एक ऐसे तंत्र (system) से होता है जिनमें सूचनाओं को तो अल्पकालीन अवधि के लिए संचित की जाती है परंतु इन सूचनाओं को व्यक्ति विभिन्न तरह का संज्ञानात्मक कार्य करते समय उसमें कुछ जोंड़-तोड़ (manipulation) भी करता है। इस तरह से चलन स्मृति सचमुच में एक ऐसा कार्यस्थल (workbench) होता है, जिसमें नयी एवं पुरानी सूचनाओं को सततरूप से संयोजित (combined) एव परिवर्तित (transformed) किया जाता है। इस तरह से चलन स्मृति इस विचार को चुनौती देता है कि STM सिर्फ एक ऐसा बकस (box) नहीं है, जिसमें सूचनाओं को निष्क्रिय रूप से सिर्फ संचित किया जाता है बल्कि यह भी बतलाता है कि चलन स्मृति अन्य संज्ञानात्मक क्रियाओं को संचालित करने में मदद करता है।

7. चिंतन एवं सम्प्रत्यय निर्माण *(Thinking and concept formation)*—चिंतन एवं सम्प्रत्यय-निर्माण दो सम्बन्ध क्षेत्र है, जहाँ संज्ञानात्मक मनोवैज्ञानिकों की सक्रियता काफी रही है। संज्ञानात्मक मनोवैज्ञानिकों द्वारा चिंतन को *संज्ञान का ताज मणि* माना गया है, *(Thinking is the crown jewel of cognition)*। चिंतन एक ऐसी प्रक्रिया होती है, जिसके माध्यम से प्र. ी विभिन्न तरह की मानसिक प्रक्रियाओं जैसे निर्णय प्रक्रिया, तर्कणा, कल्पना क ना तथा समस्या समाधान के अंतर्क्रियाओं (interaction) द्वारा एक नया मानसिक प्रतिनिधित्व (mental representation) निर्मित करता है। सम्प्रत्यय निर्माण या सीखना एक ऐसी प्रक्रिया है, जिसमें व्यक्ति विभिन्न वस्तुओं या विचारों के वर्ग से एक सामान्य गुण का पता लगाता है। इन दोनों क्षेत्रों में संज्ञानात्मक मनोवैज्ञानिकों द्वारा ऐसे प्रयोगात्मक अध्ययन किये गए हैं, जिनसे क्रियाओं अर्थात् नियम अधिगमं (rule learning) साहचर्य (association), प्राक्कल्पना जाँच (hypothesis testing) आदि को समझने में काफी मदद मिलती है।

8. विकासात्मक मनोविज्ञान *(Developmental Psychology)*—विकासात्मक मनोविज्ञान एक अन्य महत्त्वपूर्ण क्षेत्र है, जिसमें संज्ञानात्मक मनोविज्ञानी काफी सक्रिय रहे हैं। विकासात्मक संज्ञानात्मक मनोविज्ञान (Development Cognitive Psychology) के क्षेत्र में किये गए प्रयोगों एवं अध्ययनों से यह स्पष्ट हुआ है कि व्यक्ति की संज्ञानात्मक संरचना (cognitive structure) किस तरह से विकसित होता है। पियाजे (Piaget) द्वारा प्रतिपादित संज्ञानात्मक विकास का सिद्धान्त से यह पता चल पाया है कि व्यक्ति का बौद्धिक वर्द्धन (intellectual growth) जैविक रूप से निर्धारित होता है तथा दो महत्त्वपूर्ण प्रक्रियाओं द्वारा संचालित होता है—अनुकूलन (adptation) जिसमें वातावरण के साथ संज्ञानात्मक समायोजन (cognitive adjustment) सम्मिलित होता है तथा इसमें आत्मसात्करण (assimilation) तथा समायोजन (accomodation) जैसी प्रक्रिया भी सम्मिलित होतीं हैं। पियाजे के अनुसार संज्ञानात्मक विकास की चार अवस्थाएँ (stages) होतीं हैं—*संवेदी-पेशीय* (sensory-motor), *प्राक्संक्रियात्मक* (preoperational) *ठोस संक्रियात्मक* (concrete operational) तथा *औपचारिक संक्रियात्मक* (formal operational)। संज्ञानात्मक विकास किसी एक अवस्था में गुणात्मक (quantitative) तथा रेखीय परिवर्तन (linear change) तथा चारों अवस्थाओं के दौरान होने वाले गुणात्मक परिवर्तनों (qualitative changes) का प्रतिफल होता है। इस जानकारी से संज्ञानात्मक मनोवैज्ञानिकों को व्यक्ति के संज्ञानात्मक विकास के बारे में बहुत सारे पूर्वकथन करने में मदद मिलती है तथा इसका लाभ शिक्षा मनोवैज्ञानिकों को भी होता है। संज्ञानात्मक विकास की एक अन्य महत्त्वपूर्ण व्याख्या भायगोटस्की (Vygotsky) द्वारा की गयी है, जिन्होंने जैविक निर्धारिता (biological determinism) को संज्ञानात्मक विकास का एक उत्तम निर्धारक नहीं माना है और कहा है कि ऐसे विकास में व्यक्ति के प्रशिक्षण तथा अधिगम (learning) की महान भूमिका होती है। चिन्तन एवं भाषा की उत्पत्ति स्वतंत्र रूप से होती है, जिसमें चिंतन तो जैविक रूप से निर्धारित होता है, परंतु भाषा सामाजिक रूप से अर्जित की जाती है।

9. भाषा *(Language)*—संज्ञानात्मक मनोवैज्ञानिकों के लिए भाषा संचार एक ऐसा तंत्र है, जिसमें चिंतन आवाजों (sounds) या संकेतों (symbols) के माध्यम से संचारित होती है। भाषा को अनेक संज्ञानात्मक क्रियाओं (cognitive activities) के लिए महत्त्वपूर्ण माना गया है, जिनमें चिंतन, प्रत्यक्षण, उच्च क्रम संज्ञान (high order cognition) तथा

संचारी कौशल (communicative skill) आदि महत्त्वपूर्ण हैं। आरम्भ में ब्रोका (Broca) तथा वर्निक (Wernicke) जैसे विशेषज्ञों ने अपने-अपने शोधों के आधार पर यह स्पष्ट कर दिया है कि बायाँ प्रमस्तिष्कीय गोलार्द्ध में कुछ ऐसे केन्द्र होते हैं, जो संभाषण उत्पत्ति (speech production) तथा भाषा बोध (language comprehension) जैसे महत्त्वपूर्ण क्रियाओं को नियंत्रित करते हैं। भाषा विकास के बारे में तीन तरह के विचारधारा संज्ञानात्मक मनोवैज्ञानिकों के बीच प्रचलित है। पहली विचारधारा चौमस्की (Chomsky) की है, जिनके अनुसार भाषा एक जन्मजात एवं सार्वत्रिक प्रवृत्ति (propensity) है। दूसरी विचारधारा स्कीन्नर (Skinner) की है, जिनका मत है कि पुनर्बलन के माध्यम से व्यक्ति भाषा को सीखता है, न कि यह एक जन्मजात प्रक्रिया होती है। तीसरी विचारधारा के अनुसार भाषा विकास जैविक परिपक्वता (biological maturity) तथा पर्यावरण के साथ अंतःक्रिया का परिणाम होता है। संज्ञानात्मक मनोवैज्ञानिकों के लिए भाषा का अध्ययन निम्नांकित कुछ कारणों से महत्त्वपूर्ण माना जाता है—

(i) मानव भाषा विकास द्वारा एक अनोखे प्रकार का पृथक्करण (abstraction) का विकास होता है, जो संज्ञानात्मक विकास के लिए आवश्यक है।

(ii) मानव संचार का मुख्य माध्यम भाषा ही होता है।

(iii) भाषा व्यक्ति के प्रत्यक्षण (perception) को प्रभावित है, जिसे संज्ञान का एक महत्त्वपूर्ण पहलू माना गया है। कुछ मनोवैज्ञानिकों का मत है कि व्यक्ति अपने पर्यावरण को किस तरह से प्रत्यक्षण करता है, यह उसके द्वारा उपयोग किये गए भाषा द्वारा काफी हद तक प्रभावित होता है।

(iv) मानव चिंतन तथा समस्या समाधान व्यवहार को मूलतः एक ऐसी प्रक्रिया के रूप में समझी जाती है, जिसमें भाषा सन्निहित होती है।

(v) शब्द, सम्भाषण (speech) तथा अर्थ (semantics) में कई विशिष्ट प्रमस्तिष्कीय क्षेत्र (cerebral hemisphere) सम्मिलित होते हैं और इस तरह से भाषा एवं न्यूरोएनाटोनिकल संरचना के बीच एक अर्थपूर्ण सम्बन्ध स्थापित होता है।

10. प्रतिमावली *(Imagery)*—संज्ञानात्मक मनोवैज्ञानिकों के लिए प्रतिमावली एक महत्त्वपूर्ण कार्यक्षेत्र है। मानसिक प्रतिमावली को परिभाषित करते हुए यह कहा जाता है कि किसी अनुपस्थित वस्तु या घटना का मानसिक चित्रण करना ही मानसिक प्रतिमावली कहलाता है। प्रतिमावली की व्याख्या करने के लिए दो तरह के चित्रण का वर्णन किया गया है—*प्रत्यक्षण चित्रण* (direct representation) तथा *लाक्षणिक चित्रण* (allegorical representation)। सच्चाई यह है कि मानसिक प्रतिमावली का अध्ययन इस तथ्य से संबंधित है कि स्मृति में सूचनाओं का चित्रण किस तरह से होता है। इस तरह के अध्ययन से संज्ञानात्मक मनोवैज्ञानिकों को स्मृति का स्वरूप समझने में मदद मिलती है। स्मृति में सूचनाओं के चित्रण से सम्बन्ध अध्ययनों के परिणामस्वरूप एक महत्त्वपूर्ण प्राक्कल्पना उभर कर लोगों के सामने आया है जिसे द्वै-कूटसंकेत प्राक्कल्पना (dual-coding hypothesis) कहा जाता है, जिसके अनुसार सूचनाओं को स्मृति में शाब्दिक (verbal) तथा काल्पनिक (imaginal) में से किसी एक रूप में या दोनों ही रूप में संचित किया जा सकता है। व्यवहार तथा तंत्रकीय (neurological) आँकड़े इस दावे का समर्थन करते हैं।

11. ज्ञान का निरूपण *(Representation of knowledge)*—सभी तरह के संज्ञान के लिए ज्ञान का निरूपण (representation) को संज्ञानात्मक मनोवैज्ञानिकों द्वारा महत्त्व दी गयी है। ज्ञान का निरूपण से तात्पर्य इस बात से होता है कि सूचनाओं का संकेतीकरण (symbolization) किस तरह से होता है और मस्तिष्क में संचित सूचनाओं के साथ वे किस तरह से संयोजित होती है। संज्ञानात्मक मनोवैज्ञानिकों का मत है कि इस तरह के संज्ञान के दो पहलू होते हैं—मन में ज्ञान का सम्प्रत्यात्मक संकेतीकरण (conceptual representation) तथा वह तरीका जिसके माध्यम से सूचनाएँ मस्तिष्क में संचित तथा संसाधित होतीं हैं। ज्ञान के निरूपण के शोध में मनोवैज्ञानिकों का एक विशेष अभिरुचि का विषय शब्दों तथा भाषाओं का अध्ययन रहा है। इसका एक मुख्य कारण यह है कि मनुष्यों में शाब्दिक विकास अन्य प्रजातियों की तुलना में काफी श्रेष्ठ रहा है। संज्ञानात्मक मनोवैज्ञानिकों के अनुसार इसका दूसरा कारण यह है कि इस अर्थगत संरचना (semantic structure) से हमें यह पता चल पाता है कि मन में किस तरह की सूचनाओं को संचित किया जा सकता है और किस तरह से एक संचित सूचना मन के अन्य पहलुओं से सम्बन्धित होता है।

12. मानव बुद्धि एवं कृत्रिम बुद्धि *(Human Intelligence and Artificial Intelligence)*—मानव बुद्धि एक प्रमुख संज्ञानात्मक प्रक्रिया है, जिनमें कई तरह की मानसिक क्षमताएँ (abilities) सम्मिलित होतीं हैं। सचमुच में यह एक सार्वभौम क्षमता (global capacity) है, जिसके माध्यम से व्यक्ति अपने वातावरण के साथ समायोजन करता है तथा

विवेकशील चिन्तन करता है। सचमुच में मानव बुद्धि ठोस एवं अमूर्त सम्प्रत्ययों को समझने, विचारों एवं वस्तुओं के सम्बन्ध को समझने तथा ज्ञान को अर्थपूर्ण ढंग से उपयोग करने की क्षमता होती है। इस तरह से इसमें कई तरह के संज्ञानात्मक क्षमताएँ सम्मिलित होतीं हैं। यही कारण है कि संज्ञानात्मक मनोवैज्ञानिकों के लिए यह एक चुनौतीपूर्ण सम्प्रत्यय है जिसका गहन अध्ययन किया गया है।

कृत्रिम बुद्धि (artificial intelligence) से मोटे तौर पर उन सभी कम्प्यूटर उत्पन्न उत्पादकों (computer produced output) से होता है, जिसे यदि मानव द्वारा किया जाता तो उसे बुद्धिमत्ता कार्य कहा जाता है। कृत्रिम बुद्धि कम्प्यूटर विज्ञान का ऐसा शाखा है जिनका सम्बन्ध कम्प्यूटर के विकास (हार्डवेयर) तथा कम्प्यूटर कार्यक्रम (सॉफ्टवेयर) से होता है तथा जो मानव संज्ञानात्मक कार्यों का अनुकरण करता है। कृत्रिम बुद्धि के माध्यम से संज्ञानात्मक मनोवैज्ञानिक प्रत्यक्षण, भाषा, समस्या समाधान आदि जैसे मानसिक प्रक्रियाओं का गहन अध्ययन करके उसके स्वरूप की विशिष्ट व्याख्या करते हैं।

स्पष्ट हुआ कि संज्ञानात्मक मनोविज्ञान का कार्यक्षेत्र विस्तृत है। संज्ञानात्मक मनोवैज्ञानिकों का यह प्रयास रहा है कि इन क्षेत्रों का गहन अध्ययन करके उनके स्वरूप को ठीक ढंग से समझा जाए तथा सामान्यीकरण किया जाय।

संज्ञानात्मक मनोविज्ञान की विधियाँ
(Methods of Cognitive Psychology)

संज्ञानात्मक मनोविज्ञान में संज्ञानात्मक प्रक्रियाओं का अध्ययन करने के लिए मुख्यतः दो तरह की विधियों का उपयोग किया जाता है जो इस प्रकार है—

(i) प्रयोगात्मक विधि (Experimental method)

(ii) कम्प्यूटर-आधृत विधि (Computer-based method)

इन दोनों का वर्णन इस प्रकार है—

(i) प्रयोगात्मक विधि *(Experimental method)*—इस विधि में संज्ञानात्मक मनोविज्ञानी कुछ चरों (variables) में परिवर्तन करते हैं और उसके पड़ने वाले प्रभाव के दूसरे चरों पर प्रेक्षण करते हैं। जिन चरों में जोड़-तोड़ (manipulation) या परिवर्तन होता है, उसे *स्वतंत्र* चर (independent variable) तथा जिस चर पर उस परिवर्तन के प्रभाव का प्रेक्षण किया जाता है, उसे *आश्रित* चर (dependent variable) कहा जाता है। संज्ञानात्मक मनोविज्ञानियों द्वारा तो अध्ययन किये जाने वाले आश्रित चरों की सूची लम्बी है, परंतु प्रायः दो तरह की घटनाओं पर वे अधिक बल डालते हैं—

(a) त्रुटियों का पैटर्न (Patterns of errors)

(b) जटिल उद्दीपकों के प्रति प्रतिक्रिया समय (reaction time to complex stimuli)

संज्ञानात्मक प्रक्रियाओं के अध्ययन में संज्ञानात्मक मनोवैज्ञानिकों द्वारा विशेष रूप से यह जानने की कोशिश की जाती है, कि सम्बद्ध मानसिक प्रक्रिया को पूरा करने में व्यक्ति किस तरह का त्रुटि कर रहा है। जैसे, फ्रोमकिन (Fromkin, 1971) तथा गैर्रेट्ट (Garrett, 1982) ने इसे एक सटीक उदाहरण से इस प्रकार समझाया है— मान लिया जाए कि कोई व्यक्ति को किसी सम्भाषण (speech) के एक अंश में 'a current argument' कहना है और उसके बदले में वह गलती से 'an arrent curgument' कहता है। इस ढंग की त्रुटि से हमें सम्भाषण में सम्मिलित संज्ञानात्मक प्रक्रिया के बारे में महत्त्वपूर्ण सूचना मिलती है। इस त्रुटि को ध्यान में रखकर तब यह कहा जा सकता है कि ऐसी त्रुटि पद स्वीच (syllable switch) के वजह से हुई है। 'current' का प्रथम पद 'argument' के प्रथम पद के साथ मिल जाने से यह त्रुटि उत्पन्न हुआ है। इस प्रेक्षण से तब इस निष्कर्ष पर पहुँचा जा सकता है कि मानव मस्तिष्क शब्दों का निर्माण एक-एक पद को संयोजित करके तैयार करता है।

उपस्थित किये गए उद्दीपकों के प्रति प्रतिक्रिया समय का मापन करके भी संज्ञानात्मक प्रक्रिया के बारे में जाना जाता है। मेयर तथा स्केभानेवेल्डट् (Meyer & Schvaneveldt, 1971) के कार्य से इसका एक उत्तम उदाहरण मिलता है। इनका प्राक्कल्पना (hypothesis) यह था कि अर्थ के दृष्टिकोण से सम्बन्धित शब्दों की पहचान असम्बन्धित शब्दों की अपेक्षा तेजी से होता है। अतः इसका प्रतिक्रिया समय अर्थात् सम्बन्धित शब्दों का प्रतिक्रिया समय कम होगा। इस प्राक्कल्पना की जाँच के लिए वे प्रयोज्यों को सम्बन्धित शब्दों तथा असम्बन्धित शब्दों के युग्म (pair) को उपस्थित

किया। प्रयोज्यों को जल्द-से-जल्द यह बतलाना था कि युग्म के दोनों शब्द आपस में साहचर्चित हैं या नहीं। परिणाम में यह पाया गया कि सम्बन्धित शब्दों को प्रयोज्यों ने 85 मिली सेंकंड उन शब्दों की तुलना में नेजी से पहचान कर लिया जो असम्बन्धित थे। इस परिणाम के आधार पर तब हम संज्ञानात्मक प्रक्रिया के बारे में इस निष्कर्ष पर पहुँचते हैं कि किसी शब्द की पहचान से सम्बन्धित शब्दों का पठन (reading) एवं पहचान में मदद मिलती है। इसका तब स्पष्ट मतलब यह हुआ कि शब्दों की पहचान कम-से-कम अंशतः अवश्य ही उनके संदर्भ (context) के अनुसार होता है।

स्पष्ट हुआ कि संज्ञानात्मक मनोवैज्ञानिक त्रुटियों के पैटर्न तथा प्रतिक्रिया काल जैसे सूचकांकों के आधार पर मानसिक प्रक्रियाओं के बारे में महत्त्वपूर्ण निर्णय लेने में सक्षम हो पाते हैं।

(ii) कम्प्यूटर आधृत विधि (*Computer-based method*)—इस विधि में संज्ञानात्मक मनोवैज्ञानिक कम्प्यूटर का उपयोग करके संज्ञानात्मक प्रक्रियाओं एवं सम्बन्धित तंत्रकीय प्रक्रियाओं (neural processes) का अध्ययन करते हैं। इसका उपयोग सूचना संसाधन उपागम के समर्थक तथा सम्बन्धवादी उपागम के समर्थक दोनों ही करते हैं। किसी समस्या के समाधान में सम्मिलित मानसिक प्रक्रियाओं का अध्ययन करने के लिए कम्प्यूटर को विशेष निर्देश दिया जाता है और चूंकि कम्प्यूटर मानव मस्तिष्क के समान कार्य करता है, अतः आसानी से हमें उस मानसिक प्रक्रिया के स्वरूप के बारे में पता चल जाता है।

इस विधि के मुख्य दो लाभ (advantages) बतलाये गए हैं—

(i) इस विधि द्वारा अध्ययन करने में शोधकर्त्ता अपने सिद्धांत को अधिक वस्तुनिष्ठ एवं वैज्ञानिक तरीके से जाँच कर पाते हैं। जब कोई मनोवैज्ञानिक सिद्धांत को कम्प्यूटर प्रोग्राम में बदला जाता है, तो स्पष्टतः उससे यह पता चल जाता है कि उसमें वस्तुनिष्ठता कितनी है।

(ii) कभी-कभी कुछ संज्ञानात्मक कार्य (cognitive tasks) जो आपस में एक-दूसरे से काफी भिन्न दीखते हैं, का अध्ययन कम्प्यूटर के वैसे प्रोग्राम द्वारा आसानी से कर लिए जाते हैं जो प्रोग्राम के आँकड़े (data), संरचना तथा उनके मौलिक संक्रियाओं (basic operations) के ख्याल से समान होते हैं। इससे संज्ञानात्मक मनोवैज्ञानिकों को यह फायदा होता है कि संज्ञान का एक एकीकृत सिद्धांत (unified theory) के विकास की ओर वे ध्यान देने लगते हैं। इसकी पुष्टि लारकीन (Larkin, 2000) ने भी अपने अध्ययन से किया है।

फिर भी इस विधि के कुछ अलाभ (disadvantages) है जो इस प्रकार है—

(i) कुछ लोगों का मत है कि अभी कुछ संज्ञानात्मक प्रक्रियाएँ ऐसी हैं जिनके बारे में बहुत विस्तृत से कुछ पता नहीं है। अतः ऐसी प्रक्रियाओं का अध्ययन कम्प्यूटर प्रोग्राम से करने का कोई सवाल ही नहीं उठता है।

(ii) कुछ आलोचकों का मत है कि हमलोग कैसे निश्चित कर लेते हैं कि कम्प्यूटर स्मृति (computer memory) मानव स्मृति (human memory) से बिल्कुल समान होता है। इन लोगों का मत है कि कम्प्यूटर सिर्फ वही करता है जो उसे करने के लिए कार्यक्रमित (programmed) किया गया है परंतु मानव के साथ इस ढंग का कोई स्पष्ट बंधन नहीं होता है।

(iii) मानव मस्तिष्क का दैहिक आधार कम्प्यूटर के वैद्युतीय क्षेत्र (electrical circuitary) से काफी भिन्न होता है। स्पष्टतः मस्तिष्क एवं कम्प्यूटर दैहिक रूप से एक-दूसरे से काफी भिन्न होते हैं।

स्पष्ट हुआ कि संज्ञानात्मक मनोवैज्ञानिक कई तरह की विधियों का उपयोग करके अपने विषय-वस्तु अर्थात् संज्ञानात्मक प्रक्रियाओं का अध्ययन करते हैं।

परिस्थितिपरक वैधता
(Ecological Validity)

हालांकि संज्ञानात्मक मनोवैज्ञानिक प्रायः प्रयोज्यों के मानसिक प्रक्रियाओं का अध्ययन प्रयोगशाला में ही करते हैं, परंतु 1970 वाले दशक में संज्ञानात्मक मनोविज्ञान के क्षेत्र में किये गए शोधों की परिस्थितिपरक वैधता (ecological validity) को बढ़ाने का एक आंदोलन-सा प्रयास प्रारम्भ हुआ। परिस्थितिकीय वैधता पद को लोकप्रिय बनाने का श्रेय निस्सेर (Neisser, 1976) को जाता है। परिस्थितिपरक वैधता से तात्पर्य संज्ञान के सिद्धांतों के वैसे प्रयासों से होता है जिनके माध्यम से व्यक्तियों के ज्ञान (knowledge) का उपयोग दिन-प्रतिदिन के वास्तविक तथा सांस्कृतिक रूप से सार्थक परिस्थितियों में किया जाता है। हालांकि इस तरह के प्रयास का मतलब यह कदापि नहीं है कि संज्ञानात्मक

मनोविज्ञान में शोधकर्त्ता अपने आप को प्रयोगशाला तक ही सीमित रखें बल्कि अर्थ यह है कि आधुनिक संज्ञानात्मक मनोवैज्ञानिक इस ढंग से भी आँकड़े इकट्ठा करें तथा परिणाम को तैयार करें जिनके माध्यम से यह स्पष्ट रूप से पता चलता हो कि व्यक्ति अपने दिन-प्रतिदिन की वास्तविक जिंदगी में भी संज्ञानात्मक प्रक्रियाओं का उपयोग कर उनका फायदा उठाता हो। जैसे, प्रयोगशाला में संज्ञानात्मक मनोवैज्ञानिक द्वारा यह अध्ययन करना कि व्यक्ति असम्बन्धित शब्दों को किस तरह से याद करता है, के आधार पर मानव स्मृति की क्षमताओं के बारे में सही ढंग से पता नहीं चलता है क्योंकि असम्बन्धित शब्दों को व्यक्ति केवल एक अस्वाभाविक परिस्थिति में ही याद करता है। यहाँ हमलोग की रुचि यह जानना होता है कि लोग किस ढंग से अपने स्मृति तंत्र (memory system) का उपयोग उन परिस्थितियों में करते हैं जिनमें उन्हें स्मृति का उपयोग करना है। इस तरह से एक आधुनिक संज्ञानात्मक मनोवैज्ञानिक इस बात का अध्ययन मे अधिक रुचि दिखलाने लगे हैं कि किसी पाठ्यपुस्तक से किसी अध्याय को व्यक्ति किस तरह से सीखता है, अध्ययन करता है तथा उसे याद करता है न कि इस बात में कि वह असम्बन्धित शब्दों की सूची से जिसे उसे एक बार दिखलाया गया था, कितने शब्दों का प्रत्याह्वान करता है।

निष्कर्ष यह है कि आधुनिक संज्ञानात्मक मनोवैज्ञानिकों द्वारा अपने शोधों एवं प्रयोगों की परिस्थितिपरक वैधता (ecological validity) को बढ़ाने का पूरा-पूरा प्रयास किया जा रहा है ताकि इस मनोविज्ञान की उपयोगिता दिन-प्रतिदिन की वास्तविक परिस्थिति में भी स्पष्ट रूप से साबित हो सके।

अध्याय सारांश — CHAPTER SUMMARY

1. संज्ञान (cognition) से तात्पर्य उन सारी मानसिक प्रक्रियाओं से होता है जो इस बात से सम्बन्धित होता है कि व्यक्ति अपने ज्ञान को कैसे ग्रहण करता है, उसे कैसे संचित करता है, उसका किस तरह से स्मरण या पुनः प्राप्ति करता है तथा अंत में उसका उपयोग किस तरह से करता है।
2. संज्ञानात्मक मनोविज्ञान में संज्ञानात्मक प्रक्रियाओं का वैज्ञानिक अध्ययन किया जाता है।
3. संज्ञानात्मक प्रक्रियाओं (cognitive processes) की पाँच प्रमुख विशेषताओं पर प्रकाश डाला गया है।
4. संज्ञानात्मक मनोविज्ञान का इतिहास की शुरुआत लगभग 120 वर्ष पुरानी है जब विलह्वेम वुण्ट (Wilhelm Wundt) के प्रयासों से मनोविज्ञान का स्वरूप प्रयोगात्मक हुआ तथा मनोविज्ञान, दर्शनशास्त्र तथा शरीरकिया विज्ञान (Physiology) से अलग होकर एक स्वतंत्र शास्त्र के रूप में स्थान पाया। बाद में विलियम जेम्स, व्यवहारवाद, गेस्टाल्ट स्कूल द्वारा भी संज्ञानात्मक मनोविज्ञान के विकास में सार्थक योगदान किया गया। फिर आधुनिक समय में 1960 तथा 1970 वाले दशकों से इस मनोविज्ञान के क्षेत्र में दिन दुगुना रात चौगनी विकास हुआ। इस सिलसिले में कम्प्यूटर विज्ञान तथा संचार विज्ञान की भी अहम् भूमिका रही।
5. संज्ञानात्मक मनोविज्ञान के दो उपागमों की चर्चा की गयी है। सूचना संसाधन उपागम (information processing approach) तथा सम्बन्धवादी उपागम (connectionist approach)।
6. संज्ञानात्मक मनोविज्ञान के कार्यक्षेत्र में बारह विभिन्न क्षेत्रों की पहचान की गयी है।
7. संज्ञानात्मक मनोविज्ञान में प्रयोगात्मक विधि तथा कम्प्यूटर आधृत विधि (computer-based method) का उपयोग अधिक किया जाता है।
8. आजकल आधुनिक संज्ञानात्मक मनोवैज्ञानिकों में अपने शोध एवं प्रयोगों के परिस्थितिपरक वैधता (ecological validity) बढ़ाने की होड़-सा लगा है।

□

अध्याय 2

मूल मनोभौतिकी एवं मनोभौतिकी विधियाँ
(BASIC PSCHOPHYSICS AND PSYCHOPHYSICAL METHODS)

मनोभौतिकी का अर्थ
(Meaning of Psychophysics)

मनोभौतिकी का अंग्रेजी रूपान्तर 'Psychophysics' है जो स्पष्टतः दो पदों (terms) के मिलने से बना है— Psycho + Physics। 'Psycho' पद का अर्थ अनुभूति (experience) से है तथा 'Physics' पद का अर्थ उद्दीपक (stimulus) से है जिससे व्यक्ति में अनुभूति उत्पन्न होते हैं। 1860 में जर्मन भौतिकशास्त्री (Physicist) जी॰टी॰ फेकनर (G. T. Fechner) ने मनोभौतिकी (psychophysics) शब्द का प्रयोग अपनी पुस्तक *एलिमेन्टस ऑफ साइकोफिजिक्स* (Element of Psychophysics) में किया था। उस समय मनोविज्ञान को मूलतः चेतन अनुभूति का विज्ञान (science of conscious experience) माना जाता है और मनोवैज्ञानिकों को ऐसी विधियों की काफी जरूरत थी जिनके द्वारा वे उद्दीपकों (stimuli) एवं उससे उत्पन्न अनुभूतियों के बीच के परिमाणात्मक सम्बन्धों (quantitative relationship) को अध्ययन कर सके। फेकनर ने ऐसी तीन विधियों का प्रतिपादन किया जिनका प्रयोग आज भी प्रयोगात्मक मनोविज्ञान (Experimental psychology) में काफी हो रहा है।

आजकल मनोभौतिकी (psychophysics) को प्रयोगात्मक मनोविज्ञान (exeperimental psychology) की एक शाखा (branch) के रूप में जाना जाता है। मनोदैहिकी को परिभाषित करते हुए यह कहा जाता है कि इस शाखा में उद्दीपक (stimulus) तथा उससे उत्पन्न होने वाले अनुभूतियों (experiences) के परिमाणात्मक सम्बन्धों (quantitative relationship) का अध्ययन किया जाता है। क्या उद्दीपक की तीव्रता (intensity) में वृद्धि होने से अनुभूति (exeperience) में भी तीक्ष्णता आती है? यदि आती है तो क्या उसी अनुपात में या उससे अधिक या कम अनुपात में? इन प्रश्नों का अध्ययन मनोभौतिकी में किया जाता है। उदाहरणस्वरूप, यदि किसी ध्वनि की तीव्रता 100Hz से बढ़कर 200Hz कर दिया जाता है तो क्या इससे उत्पन्न सुनने की अनुभूति पहले से बढ़ाकर दुगुनी हो जाएगी या कम हो जाएगी, आदि। ऐसे प्रश्नों का अध्ययन मनोभौतिकी में करके एक निश्चित निष्कर्ष पर पहुँचा जाता है।

मनोभौतिकी की मूल समस्याएँ
(Basic Problems of Psychophysics)

मनोभौतिकी में उद्दीपकों (stimuli) के गुण (characteristics) तथा उससे उत्पन्न अनुभूतियों (experiences) के सम्बन्धों का अध्ययन किया जाता है। इस तरह के अध्ययन में कुछ समस्याएँ (problems) उत्पन्न हो जातीं हैं। ऐसी समस्याएँ निम्नांकित हैं—

1. अल्पतम उद्दीपकों की पहचान से सम्बन्धित समस्या *(Problems relating to detection of minimal stimuli)*—प्रत्येक ज्ञानेन्द्रिय (sense organ) को उत्तेजित करने के लिए एक न्यूनतम या अल्पतम तीव्रता के उद्दीपक (stimulus) की जरूरत होती है। यदि उद्दीपक इस न्यूनतम तीव्रता का होता है तब तो व्यक्ति इसकी पहचान (detection) कर लेता है। उद्दीपक के इस न्यूनतम स्तर को *सीमान्त उद्दीपक* (threshold stimulus) कहा जाता है। कुछ उद्दीपक की तीव्रता इस सीमान्त उद्दीपक के नीचे या कम होती है तथा कुछ उद्दीपक की तीव्रता इस सीमान्त उद्दीपक से

ऊपर या ज्यादा होती है। पहले प्रकार के उद्दीपक को *अवचेतन उद्दीपन* (subliminal stimulus) तथा दूसरे प्रकार के उद्दीपक को *अधिसीम उद्दीपक* (supraliminal stimulus) कहा जाता है। अल्पतम उद्दीपकों की पहचान से सम्बन्धित अध्ययन करते समय कुछ खास-खास समस्याएँ उत्पन्न होतीं हैं। जैसे—किसी उद्दीपक की पहचान करने के लिए न्यूनतम स्तर (lowest level) कौन-सा होगा? किस तरह के उद्दीपक (stimulus) का अध्ययन उपयुक्त होगा? उद्दीपक का न्यूनतम स्तर कितना हो कि उससे ऊपर के स्तर के उद्दीपक को वह आसानी से पहचान सके तथा नीचे के स्तर के उद्दीपक को वह आसानी से न होने की पहचान कर सके, आदि-आदि। इन समस्याओं की जटिलता इस कारण से और भी बढ़ जाती है कि अनुक्रिया (response) उत्पन्न करने के लिए उद्दीपक का जो अल्पतम स्तर (minimal level) होता है वह परिस्थिति के अनुसार बदलता रहता है। उदाहरणस्वरूप, किसी ध्वनिरोधी कमरा (soundproof room) में साधारण तीव्र ध्वनि को आसानी से सुना जा सकता है परन्तु ऐसा कमरा में जहाँ शोर-गुल काफी हो रहा है उसी ध्वनि को सुनने लायक होने के लिए उसे काफी तीव्र (intense) होना आवश्यक है। उसी तरह से अंधेरे कमरे में हल्का रोशनी को भी हम तुरंत देख लेते हैं परन्तु यदि कमरा में पहले से ही काफी रोशनी है तो उस हल्की रोशनी को सम्भवतः हम देख भी नहीं पाते हैं। ऐसे परिस्थिति में प्रत्येक व्यक्ति के लिए अल्पमत उद्दीपक का स्तर अलग-अलग होता है जिसका निर्धारण करना मनोवैज्ञानिकों के लिए एक काफी कठिन कार्य है।

2. अल्पतम उद्दीपक अन्तर की पहचान से सम्बन्धित समस्या (*Problems relating to detection of minimal stimulus differences*)—मनोदैहिकी की दूसरी समस्या दो उद्दीपकों के बीच के उस न्यूनतम अन्तर (minimal difference) की पहचान से सम्बन्धित है जिसपर व्यक्ति पूरे विश्वास के साथ अनुक्रिया (response) करता है। इस तरह के अन्तर (difference or discrimination) का अध्ययन करने में मनोवैज्ञानिकों के सामने बहुधा यहीं प्रश्न उठता है—एक ही संवेदी क्षेत्र (sensory channel) जैसे दृष्टि क्षेत्र (visual channel) के दो उद्दीपकों जैसे दो भिन्न वाट (watt) के बल्ब की रोशनी (light) के बीच का वह न्यूनतम अन्तर (mimimal difference) कौन-सा है जिसकी पहचान व्यक्ति कर सकता है? वह न्यूनतम अन्तर जिसे पहचाना जा सकता है, को विभेदक सीमान्त (Differential Limen) या संक्षेप में DL कहा जाता है। विभेदक सीमान्त को *न्यूनतम ज्ञेय भेद* (Just Noticeable Difference or JND) भी कहा जाता है। DL ज्ञात करने में कुछ प्रमुख समस्याएँ इस प्रकार की होतीं हैं—एक ही संवेदी क्षेत्र (sensory channel) के दो उद्दीपकों के बीच वह कौन-सा न्यूनतम गुणात्मक (qualitative) या परिमाणात्मक (quantitative) अन्तर है जिसे व्यक्ति प्रत्यक्षण (perceive) कर सकता है? क्या उद्दीपक की तीव्रता (intensities) के प्रसार (range) में अन्तर होने से विभेदक सीमान्त में कमी या वृद्धि होती है? आदि। मनोवैज्ञानिकों ने अपने प्रयोग में यह स्पष्ट रूप से पाया है कि दो उद्दीपकों का न्यूनतम अन्तर (minimum difference) एक परिस्थिति से दूसरी परिस्थिति में भिन्न-भिन्न होता है और इतना ही नहीं, कभी तो एक व्यक्ति से दूसरे व्यक्ति में भी अन्तर होता पाया जाता है। इन कारकों (factors) के चलते न्यूनतम अन्तर (minimal difference) की पहचान से सम्बन्धित समस्या और भी जटिल (complex) हो जाती है।

3. उद्दीपकों के बीच सम्बन्धों के निर्णय से सम्बन्धित समस्या (*Problems relating to the judgement of relations among stimuli*)—एक ही संवेदी क्षेत्र के दो उद्दीपकों (stimuli) के न्यूनतम अन्तर (minimal difference) जिसे व्यक्ति पहचान कर लेता है, के ऊपर के दोनों उद्दीपकों के बीच के सम्बन्ध (relationship) से जुड़े हुए कई समस्याएँ होतीं हैं। जैसे—किस परिस्थिति में व्यक्ति इन दो उद्दीपकों को एक-दूसरे के बराबर होने का प्रत्यक्षण करता है या इन दोनों में किसी एक की तीव्रता (intensity) अधिक या कम होने का प्रत्यक्षण करता है? जब व्यक्ति इन दो उद्दीपकों को गुण (quality) या परिणाम (quantity) के आधार पर तुल्य (equate) करने की कोशिश करता है तो इसमें कितनी त्रुटियाँ (error) होतीं हैं तथा किस प्रकार की त्रुटियाँ होतीं हैं? आदि-आदि।

ऊपर के विवरण से स्पष्ट है कि मनोभौतिकी की अनेक समस्याएँ (problems) हैं। इन समस्याओं के कारण व्यक्ति में उद्दीपक से उत्पन्न होने वाली अनुभूतियाँ (experiences) का अध्ययन ठीक ढंग से नहीं हो पाता है। यद्यपि वैज्ञानिकों ने इन समस्याओं को सुलझाने की कोशिश की है, फिर भी अभी इन्हें पूर्ण सफलता नहीं मिल पाया है।

मनोभौतिकी के कुछ महत्त्वपूर्ण सम्प्रत्यय
(Some Important Concepts of Psychophysics)

मनोभौतिकी के क्षेत्र में कुछ खास-खास ऐसे महत्त्वपूर्ण सम्प्रत्यय (concepts) हैं जिनके बारे में विस्तृत रूप से ज्ञान आवश्यक है। ऐसे कुछ सम्प्रत्यय निम्नांकित हैं—

1. संवेदनशीलता (Sensitivity)
2. देहली या सीमान्त (Threshold)
3. आत्मपरक समता-बिन्दु (Point of subjective equality or PSE)
4. परिवर्त्य त्रुटि तथा सतत त्रुटि (Variable error and Constant error)

इनकी विवेचना निम्नांकित हैं—

1. संवेदनशीलता *(Sensitivity)*—भिन्न-भिन्न तरह के उद्दीपकों (stimulus) के प्रति अनुक्रिया (response) करने के लिए भिन्न-भिन्न तरह के ग्राहक (receptor) या ज्ञानेन्द्रिय (sense organ) हमारे शरीर में है। जैसे—रोशनी के प्रति आँख, ध्वनि के प्रति कान, स्पर्श के प्रति त्वचा, स्वाद के प्रति जीभ तथा गन्ध के प्रति नाक अनुक्रियाशील (responsive) होते हैं। परन्तु हमारे ज्ञानेन्द्रिय की एक सीमित क्षमता (limited capacity) होती है जिसके कारण उद्दीपकों (stimuli) के प्रति एक खास ढंग से तथा चयनात्मक रूप से (selectively) उनके द्वारा अनुक्रिया की जाती है। जैसे—20Hz से 20,000 Hz के ध्वनि तरंग (sound wave) को ही हम सुन सकते हैं। 20Hz से कम तथा 20,000Hz से अधिक की ध्वनि तरंगों के प्रति मानव कान (human ear) अनुक्रियाशील नहीं होता है। ज्ञानेन्द्रियों (sense organs) का उद्दीपकों के प्रति सीमित रूप से तथा चयनात्मक रूप से (selectively) अनुक्रिया (response) करने की क्षमता (capacity) को हम संवेदनशीलता (sensitivity) की संज्ञा देते हैं। संवेदनशीलता दो प्रकार के होते हैं—निरपेक्ष संवेदनशीलता (absolute sensitivity) तथा विभेदक संवेदनशीलता (differential sensitivity)। निरपेक्ष संवेदनशीलता से तात्पर्य उद्दीपक के प्रति जीव (organism) द्वारा अनुक्रिया करने की सीमित क्षमता (limited capacity) से होता है। विभेदक संवेदनशीलता (differential sensitivity) से तात्पर्य उद्दीपकों (stimuli) के बीच गुणात्मक (qualitative) तथा परिमाणात्मक (quantitative) अन्तर (difference) के प्रति अनुक्रिया (response) करने की क्षमता से होता है।

2. देहली या सीमान्त *(Threshold)*—कुछ उद्दीपक इतने कमजोर (weak) होते हैं कि व्यक्ति उसका प्रत्यक्षण (perception) नहीं कर पाता है और फलतः वैसे उद्दीपक व्यक्ति में अनुक्रिया (response) नहीं उत्पन्न कर पाते हैं। कुछ उद्दीपक इतने तीव्र होते हैं कि वे हमेशा अनुक्रिया उत्पन्न करते हैं। इन दोनों तरह के उद्दीपकों (stimuli) के बीच एक सीमा रेखा (boundary line) खींचना सामान्यतः कठिन होता है। फिर भी मनोवैज्ञानिकों को इस कार्य में काफी सफलता मिली है और वे भिन्न-भिन्न संवेदी उद्दीपकों (sensory stimuli) के लिए देहली या सीमान्त (threshold) स्थापित करने में समर्थ हुए हैं। **ब्राऊन** तथा **कुक**[1] (Brown & Cook, 1986) ने देहली को परिभाषित करते हुए कहा है, *''देहली या सीमान्त उद्दीपक तीव्रता के उस स्तर को कहा जाता है जो शारीरिक या मानसिक अनुक्रिया उत्पन्न करता है।''* जब किसी उद्दीपक की तीव्रता का स्तर देहली या सीमान्त (threshold) से ऊपर होता है तो वह स्पष्टतः अनुक्रिया उत्पन्न करता है और जब उद्दीपक की तीव्रता उससे नीचे होती है तो वह अनुक्रिया नहीं उत्पन्न करता है।

सीमान्त या देहली दो तरह के होते हैं—*उद्दीपक सीमान्त* या *निरपेक्ष सीमान्त* (stimulus threshold or absolute threshold) तथा *विभेदक सीमान्त* (differential limen)। निरपेक्ष सीमान्त (absolute threshold) के लिए *RL* शब्द का प्रयोग अधिक किया जाता है जो जर्मन (German) शब्द 'रिज लाईमैन' (Reiz limen) का संक्षिप्त रूप हैं। *RL* से तात्पर्य उस न्यूनतम उद्दीपक मान (minimal stimulus value) से होता है जो व्यक्ति में अनुक्रिया करने में समर्थ होता है। हमारे ज्ञानेन्द्रिय (sense organs) की संवेदनशीलता (sensitivity) में घट-बढ़ (fluctuation) होते रहता है। अतः एक ही व्यक्ति के लिए *RL* हमेशा एक समान नहीं होता है। यही कारण है कि *RL* को मनोवैज्ञानिकों ने सांख्यिकीय रूप से (statistically) परिभाषित करते हुए कहा है कि *RL* वह उद्दीपक मान (stimulus value) है जो 50% प्रयास (trials) में अनुक्रिया उत्पन्न करता है और 50% प्रयास में अनुक्रिया उत्पन्न नहीं करता है। दूसरे शब्दों में, यह कहा जा सकता है कि *RL* कई प्रयासों (trials) में व्यक्ति द्वारा उद्दीपक (stimulus) के बारे में किए निर्णयों (judgements) का माध्य (mean) होता है। उदाहरणस्वरूप, मान लें कि कोई प्रयोगकर्त्ता (experimenter) प्रयोज्य के लिए गए भिन्न-

1. "Threshold can be defined as the level of stimulus intensity at which a physiological or psychological response is produced."
—Brown & Cook : *Introductory Psychology,* 1986, p. 283.

भिन्न ध्वनियों (sound) की तीव्रता का *RL* ज्ञात करना चाहता है। ऐसी परिस्थिति में वह प्रयोज्य के सामने ध्वनि के भिन्न-भिन्न तीव्रता स्तर (intensity level) को उपस्थित कर उसे यह बतलाने के लिए कहेगा कि उसने उस ध्वनि को सुना या नहीं। जब ध्वनि की तीव्रता काफी कम होगी तो प्रयोज्य को ध्वनि सुनाई नहीं देगा। जब ध्वनि की तीव्रता का स्तर थोड़ा और अधिक होगा तो प्रयोज्य को कभी ध्वनि सुनाई देगा और कभी नहीं। यदि ध्वनि की तीव्रता का स्तर और अधिक बढ़ा दी जाती है तो उसे ध्वनि स्पष्टतः सुनाई देगा। इस तरह से प्रयोज्य का निर्णय कई प्रयासों (trials) में प्रयोगकर्त्ता प्राप्त करता है और फिर उसका माध्य (mean) ज्ञात कर लिया जाता है और वही RL कहलाता है।

विभेदक सीमान्त (differential threshold) दूसरा प्रमुख सीमान्त है। एक ही संवेदी क्षेत्र (sensory region) के दो उद्दीपकों का वह न्यूनतम अन्तर (minimal difference) जो 50% प्रयासों (trials) में पहचाना जाता है और 50% प्रयासों में नहीं पहचाना जाता है, विभेदक सीमान्त (differential threshold) कहलाता है। विभेदक सीमान्त को *DL* जो Differential limen का संक्षिप्त रूप है, भी कहा जाता है। विभेदक सीमान्त को न्यूनतम ज्ञेय भेद (just noticeable difference) भी कहा जाता है। **पोस्टमैन** तथा **इगन**[1] (Postman & Egan, 1949) ने *DL* को परिभाषित करते हुए कहा है, *''वह उद्दीपक अंतर जो 50% प्रयास (trials) में भिन्नता निर्णय उत्पन्न करता है, को विभेदक सीमान्त कहा जाता है।''* उदाहरणस्वरूप, अगर प्रयोज्य को दो ध्वनि (sounds) जिसकी आपस की तीव्रता का अन्तर बहुत ही कम है, दिया जाता है तो सम्भवतः वह इस अन्तर को पहचान नहीं कर पाएगा या कभी पहचान कर पाएगा और कभी नहीं। परन्तु यदि इन दोनों ध्वनियों के तीव्रता के अन्तर को अधिक कर दिया जाता है तो वैसी परिस्थिति में वह इस अन्तर को स्पष्टतः पहचान लेगा। इस तरह से प्रयोज्य (subject) या व्यक्ति द्वारा किए गए कई निर्णयों (judgements) का एक माध्य (mean) ज्ञात कर लिया जाता है जो *DL* कहलाता है।

मनोभौतिकी में *RL* तथा *DL* ज्ञात करने के लिए बहुत-सी विधियाँ हैं जिनकी चर्चा अगले अनुच्छेद (section) में की जाएगी।

3. आत्मपरक समता बिन्दु *(Point of subjective equality)*—आत्मपरक समता बिन्दु (point of subjective equality) या जिसे संक्षेप में *PSE* भी कहा जाता है, मनोभौतिकी का एक प्रमुख सम्प्रत्यय (concept) है। जब व्यक्ति किसी बाह्य उद्दीपक (external stimulus) का आकलन (estimation) करता है तो उसके प्रेक्षण (observation) में कुछ-न-कुछ त्रुटियाँ (errors) आ जाती हैं। प्रायः व्यक्ति उद्दीपक का अधिप्राक्कलन (overestimation) या न्यूनप्राक्कलन (underestimation) करता पाया जाता है। इसका स्पष्ट मतलब तब यह हुआ कि प्रत्येक बाह्य उद्दीपक के लिए व्यक्ति के मन में यानी आत्मगत रूप से (subjectively) उसके बराबर का दूसरा उद्दीपक मान होता है। उदाहरणस्वरूप, मूलर-लायर भ्रम (Muller-Lyer illusion) में जब व्यक्ति पंख-रेखा (feather-headed line) को [जो एक परिवर्त्य उद्दीपक (variable stimulus) होता है] तीर-रेखा (arrow-headed line) [जो एक मानक उद्दीपक (standard stimulus) होता है] की लम्बाई के बराबर करने की कोशिश करता है तो वह अपने मन से पंख रेखा की लम्बाई को इस तरह घटाता-बढ़ाता है जो ठीक तीर रेखा की लम्बाई के बराबर उसे लगता है। सच्चाई यह है कि व्यक्ति द्वारा बनायी गयी पंख-रेखा की वास्तविक लम्बाई कभी तो तीर रेखा की लम्बाई से बड़ी और कभी छोटी होती है। इस तरह से व्यक्ति पंख रेखा के एक खास लम्बाई को आत्मगत रूप से (subjectively) तीर रेखा की लम्बाई के बराबर समझता है। इसे ही *आत्मपरक समता बिन्दु*[2] (Point of subjective equality or *PSE*) कहा जाता है। अतः *PSE* परिवर्त्य उद्दीपक (variable stimulus) का वह मान (value) होता है जिसे वह आत्मगत रूप से मानक उद्दीपक (standard stimulus) के बराबर समझता है। मानक उद्दीपक को *बाह्यपरक समता बिन्दु* (Point of objective equality) या *POE* भी कहा जाता है।

4. परिवर्त्य त्रुटि तथा सतत् त्रुटि *(Variable error and Constant error)*—मनोदैहिकी प्रयोगों में ऐसा देखा गया है कि जब एक ही उद्दीपक को समान प्रयोगात्मक परिस्थिति में अक्सर उपस्थित किया जाता है तो व्यक्ति द्वारा उस उद्दीपक की तीव्रता के बारे में दिया गया उत्तर (निर्णय) कई कारणों से समान न होकर परिवर्त्य (variable) अर्थात् भिन्न-भिन्न होते हैं। सच्चाई यह है कि जब उद्दीपक की तीव्रता एक ही है, प्रयोगात्मक परिस्थिति एक है तथा व्यक्ति भी वही है तो उसके द्वारा किया गया निर्णय भी भिन्न-भिन्न प्रयासों (trials) में एक ही होना चाहिए। परंतु ऐसा होता नहीं है। निर्णय में इस तरह की विभिन्नता (variability) को परिवर्त्य त्रुटि (variable error) की संज्ञा दी जाती है। एक

1. "The differential threshold is defined as that stimulus difference which gives rise to judgement of difference in 50% of the time." —Postman & Egan : *Experimental Psychology,* 1949, p. 12.
2. "Point of subjective equality (or PSE) is that value of the variable stimulus which is subjectively perceived to be equal to the standard stimulus." —Author

उदाहरण लीजिए—मान लीजिए की दो उद्दीपदः (stimulus) अर्थात् A और B जो एक-दूसरे से भौतिक रूप से (physically) समरूप (identical) हैं, व्यक्ति के सामने रखा जाता है। ऐसी परिस्थिति में वह कभी तो A को B के समान होता बताएगा और कभी नहीं। इस तरह की त्रुटि को परिवर्त्य त्रुटि (variable error) कहा जाता है। यदि निर्णय (judgement) में अन्तर होने का कारण मात्र परिवर्त्य त्रुटि होता है तो वैसी परिस्थिति में व्यक्ति कभी तो A का न्यूनप्राक्कलन (underestimate) करेगा और कभी अधिप्राक्कलन (overestimate) करता पाया जाता है। परिवर्त्य त्रुटि (variable error) के स्रोत (source) बहुत से हो सकते हैं जिसमें निम्नांकित प्रमुख हैं—

(i) व्यक्ति की संवेदनशीलता (sensitivity) एक समय से दूसरे समय समान नहीं होती है।

(ii) प्रयोगात्मक परिस्थिति कितना भी नियंत्रित क्यों न हो, उद्दीपक के भौतिक गुणों में कुछ-न-कुछ अन्तर आ ही जाता है जिसके कारण व्यक्ति का निर्णय एक प्रयास (trial) से दूसरे प्रयास में परिवर्तित हो जाता है।

(iii) व्यक्ति की मनोवृत्ति (attitude) तथा अभिरुचि (interest) हर समय एक समान नहीं होती है। इसमें परिवर्तन होने से सम्भव है कि उनके निर्णय में भी परिवर्तन आ जाय।

परिवर्त्य त्रुटि (variable error) के अलावा मनोभौतिकी प्रयोग में एक दूसरा त्रुटि जिसे *सतत त्रुटि* (constant error) कहा जाता है, भी होता पाया जाता है। सतत त्रुटि में व्यक्ति के निर्णय में त्रुटि एक निश्चित दिशा (constant direction) में होता है। व्यक्ति उद्दीपक को अगर अधिप्राक्कलन (overestimate) करता है तो हर प्रयास (trial) में अधिप्राक्कलन करेगा और यदि न्यूनप्राक्कलन (underestimate) करता है तो हम प्रयास में न्यूनप्राक्कलन (underestimate) ही करेगा। इस तरह से सतत त्रुटि परिवर्त्य त्रुटि (variable error) से भिन्न है क्योंकि परिवर्त्य त्रुटि में त्रुटि एक दिशा में नहीं होता है अर्थात् कभी अधिप्राक्कलन (overestimation) होता है तो कभी नयूनप्राक्कलन (underestimation)। परन्तु सतत त्रुटि में त्रुटि हमेशा एक निश्चित दिशा में ही होता है। मनोदैहिक प्रयोगों में कई प्रकार की सतत त्रुटि होता पाया जाता है जिसमें समय त्रुटि (time error), स्थान त्रुटि (space error) तथा गति त्रुटि (movement error) प्रधान है। यदि दो उद्दीपकों में से किसी एक को एक खास समय अन्तराल के बाद उपस्थित किया जाता है तो व्यक्ति इस दूसरे उद्दीपक को प्रत्येक प्रयास में या तो अधिप्राक्कलन (overestimate) करता है या न्यूनप्राक्कलन (underestimate) करता है। इसे समय त्रुटि की संज्ञा दी जाती है। जैसे—दो समान तीव्र ध्वनि को ½ सेकेण्ड के अन्तराल (interval) द्वारा अलग कर व्यक्ति के सामने उपस्थित किया जाता है तो वैसी परिस्थिति में सम्भव है व्यक्ति हमेशा दूसरी ध्वनि को पहली ध्वनि की अपेक्षा कम तीव्र (less lound) होने का निर्णय करे। उसी तरह यदि समय अंतराल बढ़ाकर 6 सेकेण्ड कर दिया जाता है तो वैसी परिस्थिति में दूसरी ध्वनि को व्यक्ति पहले ध्वनि की अपेक्षा सम्भव है, अधिक तीव्र समझे। इसे ही समय त्रुटि (time error) की संज्ञा दी जाती है। स्थान त्रुटि (space error) में व्यक्ति के निर्णय में त्रुटि, उद्दीपक के स्थान के कारण होता है। उद्दीपक व्यक्ति के दाएँ या बायें हो सकता है जिसके कारण व्यक्ति उसे अधिप्राक्कलन (overestimate) या न्यूनप्राक्कलन (underestimate) कर सकता है। उसी तरह से गति त्रुटि (movement error) में व्यक्ति के निर्णय में त्रुटि का कारण बाहरी गति (outward movement) हो सकता है (यानि उद्दीपक को भीतर से बाहर ले जाने के कारण हो सकता है) या भीतरी गति (inward movement) हो सकता है (यानी उद्दीपक को बाहर से भीतर की ओर ले जाने के कारण हो सकता है)।

ऊपर वर्णन किए गए तथ्यों से यह स्पष्ट है कि मनोदैहिक प्रयोगों में कुछ त्रुटियाँ भी होतीं हैं। कुछ उपर्युक्त विधियाँ अपनाकर इन त्रुटियों को कम करने का प्रयास मनोवैज्ञानिकों के बीच जारी है।

क्लासिकी मनोभौतिकी की विधियाँ
(Methods of Classical Psychophysics)

जी॰टी॰फेकनर (G. T. Fechner) द्वारा स्थापित मनोभौतिकी तथा उसके मूल तत्त्वों को क्लासिकी मनोभौतिकी (classical psychophysics) कहा जाता है। फेकनर तथा उनके सहयोगियों ने मनोभौतिकी के भिन्न-भिन्न समस्याओं का अध्ययन करने के लिए निम्नांकित तीन विधियों का वर्णन किया है—

1. सीमा विधि (Method of limits)
2. सतत उद्दीपक विधि (Method of constant stimuli)
3. औसत त्रुटि विधि (Method of average error)

इन तीनो विधियों का वर्णन एक-एक करके निम्नांकित हैं—

1. सीमा विधि (*Method of limits*)—मनोदैहिक प्रयोग में सीमा विधि का उपभोग सीमान्त या देहली (threshold)

ज्ञात करने के लिए प्रायः किया जाता है। सीमा विधि का नामकरण क्रेपलिन (Kraeplin) द्वारा 1891 में इसलिए किया गया था क्योंकि इस विधि में व्यक्ति के सामने उद्दीपक (stimulus) का उपस्थित किया जाना वहाँ पर समाप्त हो जाता है जहाँ व्यक्ति उद्दीपक की तीव्रता (या उसके अन्तर) के उस सीमा (limits) पर पहुँच जाता है जहाँ वह अपना निर्णय में परिवर्तन स्पष्ट रूप से कर लेता है। इस विधि द्वारा *RL* और *DL* ज्ञात करने में उद्दीपकों को दो शृंखलाओं (series) में व्यक्ति के सामने उपस्थित किया जाता है—*आरोही शृंखला* (ascending series) तथा *अवरोही शृंखला* (descending series)। आरोही शृंखला (ascending series) में उद्दीपक की तीव्रता (intensity) की शुरूआत एक ऐसी बिन्दु से की जाती है जहाँ प्रयोज्य उद्दीपक का प्रत्यक्षण (perception) नहीं कर पाता है। धीरे-धीरे उसकी तीव्रता को बढ़ाया जाता है और जहाँ पर व्यक्ति उसका स्पष्ट प्रत्यक्षण कर लेता है, उसी शृंखला में फिर आगे प्रयास (trial) नहीं दिया जाता है। उसके बाद फिर अवरोही श्रृंखला (descending series) प्रारम्भ होता है जिसमें पहला प्रयास (trial) में उद्दीपक इतना तीव्र होता है कि उसका स्पष्ट ज्ञान व्यक्ति को होता है। फिर धीरे-धीरे उद्दीपक की तीव्रता कम की जाती है और जहाँ पर व्यक्ति को उद्दीपक की उपस्थिति का ज्ञान नहीं होता है, उससे आगे फिर प्रयास (trial) उसी शृंखला में नहीं दिए जाते हैं। इसके बाद फिर आरोही शृंखला प्रारम्भ होती है जिनके बाद फिर अवरोही शृंखला आती है। इस तरह से बारी-बारी से कई आरोही (ascending) तथा अवरोही शृंखलाओं में व्यक्ति का निर्णय (judgement) प्राप्त किया जाता है। इस विधि द्वारा *RL* और *DL* ज्ञात करने के लिए प्रत्येक प्रयास (trial) में उद्दीपक में न्यूनतम मात्रा (minimum magnitude) में परिवर्तन करके व्यक्ति के सामने उसे उपस्थित किया जाता है। यही कारण है कि गिलफोर्ड (Guilford, 1954) ने इसे *न्यूनतम परिवर्तन* की विधि (method of minimal changes) भी कहा है। इस विधि को न्यूनतम ज्ञेय भेद विधि (method of just noticeable difference) या *क्रमिक खोज विधि* (method of serial exploration) भी कहा गया है।

इस विधि द्वारा *RL* ज्ञात करने का एक उदाहरण तालिका 4-A में दिया गया है। इस तालिका में सीमा विधि द्वारा ध्वनि तीव्रता (sound intensity) के लिए *RL* ज्ञात करने से सम्बन्धित आँकड़ों (data) को एवं फिर उसके आधार पर *RL* का परिकलन (calculation) को दिखलाया गया है।

तालिका 2-A : सीमा विधि द्वारा ध्वनि तीव्रता के लिए RL का निर्धारण करना
(Determination of RL of Sound intensity by Method of limits)

A = Ascending series (आरोही शृंखला) D = Descending series (अवरोही शृंखला)

ध्वनि तीव्रता काल्पनिक इकाई में (In arbitrary units)	A	D	A	D	A	D	A	D	A	D
14		+		+		+		+		+
13		+		+		+		+		+
12		+		+		+		+		+
11		+		+		+		+		+
10		+		+		+		+		+
9		+		+	+	−		+		+
8		+	+	−	−			+	+	+
7	+	+	−		−		+	−	−	−
6	−	−	−		−		−		−	
5	−	−	−		−		−		−	
4	−	−	−		−		−		−	
3	−	−	−		−		−		−	
2	−	−	−		−		−		−	
1	−	−	−		−		−		−	
भिन्न-भिन्न प्रयासों में सीमान्त	6.5	6.5	7.5	8.5	8.5	9.5	6.5	7.5	7.5	7.5

आरोही श्रृंखला का माध्य (Mean of Ascending series) = $\frac{6.5+7.5+8.5+6.5+7.5}{5} = \frac{36.5}{5} = 7.3$

अवरोही श्रृंखला का माध्य (Mean of Descending series) = $\frac{6.5+8.5+9.5+7.5+7.5}{5} = \frac{39.5}{5} = 7.9$

RL (निरपेक्ष सीमान्त = (absolute threshold) = $\frac{7.3+7.9}{2} = \frac{15.2}{2} = 7.6$

भिन्न-भिन्न प्रयासों में प्राप्त सीमान्त मान (threshold value) का मानक विचलन (Standard deviation) = .943

तालिका 2-A में ध्वनि तीव्रता (sound intensity) की इकाई (unit) काल्पनिक (arbitrary) है जो 1 से 14 तक है। इकाई 1 न्यूनतम तीव्रता का संकेत करता है तथा इकाई 14 अधिकतम तीव्रता की ओर संकेत करता है। तालिका में '–' चिह्न द्वारा ध्वनि न सुनने की अनुक्रिया (response) को दिखलाया गया है तथा '+' चिह्न ध्वनि स्पष्ट सुनने की अनुक्रिया को दिखलाया गया है। तालिका 2-A में पाँच आरोही श्रृंखला (ascending series) हैं तथा पाँच अवरोही श्रृंखला (descending series) हैं। प्रत्येक श्रृंखला के ठीक नीचे उस श्रृंखला के सीमान्त मान (threshold value) का ज्ञात कर लिखा गया है। जैसे—पहली श्रृंखला आरोही श्रृंखला की है जिसमें व्यक्ति 6 इकाई तक ध्वनि न सुनने की अनुक्रिया करता है और सातवें इकाई में ध्वनि सुनने की अनुक्रिया करता है। अतः इन दोनों की इकाई इस श्रृंखला का सीमान्त हुआ जो $\frac{6+7}{2}$ 6.5 के बराबर हुआ। इसी तरह से अन्य 9 श्रृंखलाओं का माध्य या सीमान्त ज्ञात किया गया है। सभी आरोही श्रृंखलाओं का माध्य (mean) तथा सभी अवरोही श्रृंखलाओं का माध्य अलग-अलग ज्ञात किया गया है जो क्रमशः 7.3 तथा 7.9 हैं। इन दोनों का माध्य *RL* है जो 7.6 है। सभी 10 श्रृंखलाओं में प्राप्त सीमान्तों (threshold) का मानक विचलन (standard deviation) .943 है, जो परिवर्त्य त्रुटि (variable error) की ओर संकेत करता है। मानक विचलन के मान (value) जो .943 है, को देखने से ऐसा लगता है कि प्रयोज्य (subject) के निर्णय में कुछ ऐसी त्रुटियाँ हुई हैं जिनका कारण सम्भवतः उसकी अभिरुचि (interest) तथा अभिप्रेरण (motivation) में क्षणिक परिवर्तन है।

सीमा विधि (method of limits) में दो सतत् त्रुटि (constant error) भी होते हैं। वे हैं—*अभ्यसन त्रुटि* (error of habituation) तथा *प्रत्याशा त्रुटि* (error of expectation)। अभ्यसन त्रुटि में प्रयोज्य (subject) को एक निश्चित अनुक्रिया करने की आदत-सी बन जाती है हालाँकि उद्दीपक की तीव्रता में इतना स्पष्ट परिवर्तन हो जाता है कि उसे वह अनुक्रिया न कर दूसरी अनुक्रिया करना चाहिए था। जैसे—अवरोही श्रृंखला (descending series) में प्रयोज्य को बार-बार 'हाँ' कहने का तथा आरोही श्रृंखला (ascending series) में बार-बार नहीं कहने की आदत हो जाती है। इसके कारण उसके निर्णय में अभ्यसन त्रुटि (error of habituation) होता है जिसका परिणाम यह होता है कि आरोही श्रृंखला (ascending series) का माध्य (mean) आरोही श्रृंखला (descending series) के माध्य (mean) से ज्यादा होता है। प्रत्याशा त्रुटि (error of expectation) अभ्यसन त्रुटि के ठीक विपरीत होता है। इसमें व्यक्ति अपनी अनुक्रिया में परिवर्तन थोड़ा जल्द इस उम्मीद (expectation) में कर देता है कि उद्दीपक की तीवता में परिवर्तन हो ही गया होगा। इस त्रुटि का स्पष्ट प्रभाव यह होता है कि अवरोही श्रृंखला (descending series) का माध्य (mean) आरोही श्रृंखला (ascending series) के माध्य से अधिक होता है। तालिका 2-A में हम देखते हैं कि अवरोही श्रृंखला का माध्य (mean) 7.9 है तथा आरोही श्रृंखला का माध्य 7.3 है। अतः प्रयोज्य का निर्णय स्पष्टतः प्रत्याशा त्रुटि (error of expectation) से ग्रसित है। हालाँकि इस त्रुटि की मात्रा .6 है जो बहुत ही कम है।

सीमा विधि (method of limits) द्वारा *DL* ज्ञात करने का एक उदाहरण तालिका 2-B में दिया गया है। इस तालिका में वजन उठाने (weight lifting) के प्रयोग से सम्बन्धित आँकड़े दिए गए हैं और उन आँकड़ों (data) के आधार पर *DL* ज्ञात किया गया है। *DL* ज्ञात करने के लिए दो तरह के उद्दीपक (stimulus) लिए जाते हैं।

तालिका 2-B : सीमा विधि द्वारा वजन उठाने के DL का निर्धारण
(Determination of DL for Weight lifting by Method of limits)

A = आरोही शृंखला (Ascending series) D = अवरोही शृंखला (Descending series)

तुलनात्मक उद्दीपक (Comparative stimulus) in grams	A	D	A	D	A	D	A	D	A	D
125		+		+		+				
120		+		+		+		+		+
115		+		+		+		+		+
110	+	+	+	=	+	+		+		+
105	=	+	=	=	=	+	+	=	+	=
मानक उद्दीपक→ 100	=	=	=	–	=	=	=	=	=	=
95	–	=	–		–	=	=	–	=	–
90	–	–			–	–	–		–	
85	–		–		–		–		–	
80	–		–		–		–		–	
75	–		–		–					
ऊपरी सीमान्त: (Upper threshold)	107.5	102.5	107.5	112.5	107.5	102.5	102.5	107.5	102.5	107.5
निचली सीमान्त : (Lower threshold)	97.5	92.5	97.5	102.5	97.5	92.5	92.5	97.5	92.5	97.5
दोनों सामान्तों का माध्य (mean) :	102.5	97.5	102.5	107.5	102.5	97.5	97.5	102.5	97.5	102.5

ऊपरी सीमान्तों का माध्य (Mean of upper threshold) = $\frac{1060}{10} = 106$ ग्राम

निचली सीमान्तों का माध्य (Mean of lower threshold) = $\frac{960}{10} = 96$ ग्राम

अनिश्चितता का अन्तराल (Interval of uncertainty) = 106-96 = 10 ग्राम

विभेदक सीमान्त (Difference limen) = $\frac{\text{Interval of uncertainty}}{2} = \frac{10}{2} = 5$ ग्राम

आत्मपरक समता बिन्दु (Point of subjective equality) = $\frac{106+96}{2} = \frac{202}{2} = 101$ ग्राम

सतत् त्रुटि (Constant error) = PSE –Standard = 101 – 100 = 1 ग्राम

आरोही शृंखला का माध्य (Mean of ascending series) = 100.5 ग्राम

अवरोही शृंखला का माध्य (Mean of descending series) = 101.5 ग्राम

एक तरह का उद्दीपक तो वह होता है जिसे प्रत्येक प्रयास (trial) में प्रयोज्य के सामने बदल-बदल कर रखा जाता है। ऐसे उद्दीपक को *तुलनात्मक उद्दीपक* (comparative stimulus) या संक्षेप में C_0 कहा जाता है। तालिका 2.B में C_0 की संख्या 11 है जो 75 से लेकर 125 ग्राम के परास (range) में हैं। दूसरे तरह का उद्दीपक वह होता है जिसका मान (value) हमेशा एक समान बना होता है। इस तरह के उद्दीपक को मानक उद्दीपक (standard stimulus) की संज्ञा दी

जाती है। इसे संक्षेप में St कहा जाता है। तालिका 2-B में मानक उद्दीपक 100 ग्राम का है। प्रत्येक प्रयास में S_t तथा C_o दोनों को व्यक्ति के सामने रखा जाता है जिसे बारी-बारी से उठाकर उसे बताना होता है कि C_o मानक उद्दीपक अर्थात S_t की तुलना में बराबर (equal), हल्का (light) या भारी (heavier) है। उत्तर 'बराबर' मिलने पर तालिका में '=' का चिह्न, हल्का मिलने पर '–' का चिह्न तथा भारी मिलने पर '+' का चिह्न दिया जाता है। उदाहरणस्वरूप, पहली शृंखला जो आरोही शृंखला (ascending series) है, को लिया जाय। पहला प्रयास में C_o 75 ग्राम का है जिसे 100 ग्राम (S_t) के साथ उपस्थित करने पर व्यक्ति C_o को S_t की तुलना में हल्का बतलाया है। अतः उसके उत्तर को '–' चिह्न द्वारा संकेतिक किया गया है। दूसरा प्रयास में C_o 80 ग्राम का है जिसे भी वह S_t की तुलना में हल्का समझता है। फलतः उसके उत्तर को '–' चिह्न द्वारा दिखलाया गया है। उसी तरह जब 100 ग्राम के C_o को 100 ग्राम के St के साथ व्यक्ति के सामने दिया जाता है तो व्यक्ति C_o को S_t के बराबर समझता है जिसे बराबर के चिह्न (=) द्वारा तालिका में दिखलाया गया। व्यक्ति अपना उत्तर में पहली बार परिवर्तन 100 ग्राम के C_o पर करता है। जब 105 ग्राम के C_o को मानक उद्दीपक (standard stimulus) के साथ उपस्थित किया जाता है तो भी व्यक्ति उसे बराबर ही समझता है परन्तु जब C_o को 110 ग्राम के St के साथ दिया जाता है तो वैसी अवस्था में C_o को वह भारी समझता है जिसे '+' के चिह्न द्वारा तालिका में दिखलाया गया है। व्यक्ति ने इस तरह से अपने उत्तर में दूसरी बार परिवर्तन किया। आरोही शृंखला (ascending series) में पहली बार व्यक्ति जब उत्तर 'हल्का' से 'बराबर' में परिवर्तन करता है तो इसे निचली सीमान्त (lower threshold) कहा जाता है। पहली आरोही शृंखला में निचली सीमान्त 97.5 ग्राम है क्योंकि व्यक्ति अपना उत्तर 95 ग्राम और 100 ग्राम के बीच में ही परिवर्तन किया है जिसका माध्य $\frac{95+100}{2} = 97.5$ है। इसी शृंखला में जब वह अपना उत्तर दूसरी बार 'बराबर' से भारी में परिवर्तन करता है तो उसे ऊपरी सीमान्त (upper threshold) कहा जाता है। इस शृंखला में ऊपरी सीमान्त 107.5 है क्योंकि व्यक्ति अपना उत्तर 105 ग्राम तथा 110 ग्राम के बीच में ही परिवर्तन किया है जिसका माध्य $\frac{105+110}{2} = 107.5$ है। अवरोही क्रम (descending series) में ठीक इसके विपरीत होता है। जब पहली बार व्यक्ति अपना उत्तर 'भारी' से 'बराबर' में परिवर्तन करता है तो यह ऊपरी सीमान्त (upper threshold) होता है जो पहला अवरोही शृंखला में 102.5 है तथा उसी तरह से जब दूसरी बार वह अपना उत्तर 'बराबर' से हल्का में परिवर्तन करता है तो यह निचली सीमान्त (lower threshold) होता है जो पहला अवरोही शृंखला में 92.5 है।

तालिका 2.B को गौर पूर्वक देखने से यह स्पष्ट हो जाता है कि व्यक्ति द्वारा दिए गए उत्तरों को तीन भागों में बाँटा जा सकता है—ऊपरी भाग (upper part), निचली भाग (lower part) तथा बीच का भाग (middle part)। ऊपरी भाग में भारी होने का निर्णय अर्थात '+' का निर्णय है, निचली भाग में हल्का होने का निर्णय अर्थात '–' का निर्णय है तथा बीच का भाग में '=' का निर्णय है। बीच का भाग को अनिश्चितता का अन्तराल (interval of uncertainty) कहा जाता है जिसे संक्षेप में IU भी कहा जाता है। ज्ञात किया जाने वाला *DL* इसी *IU* का आधा (half) होता है। ऊपरी सीमान्तों का माध्य (106 ग्राम) तथा निचली सीमान्तों का माध्य (96 ग्राम) है। इन दोनों माध्यों का अन्तर *IU* कहलाता है जिसे दो से भाग देने पर *DL* प्राप्त हो जाता है जो तालिका 2.B में 5 है। 5 ग्राम का *DL* से इस बात का पता चलता है कि व्यक्ति C_o तथा St के अंतर का ठीक-ठाक प्रत्यक्षण कर सकता है यदि C_o को 5 ग्राम के अन्तर से बढ़ाया या घटाया जाता है। *IU* की मध्यबिन्दु (middle point) अर्थात $\frac{106+96}{2} = 101$ को PSE कहा जाता है। PSE तथा S_t के अन्तर को सतत् त्रुटि (constant error) कहा जाता है जो धनात्मक (positive) भी हो सकता है या ऋणात्मक (negative) भी हो सकता है। सतत त्रुटि = PSE-S_t होता है। धनात्मक सतत् त्रुटि द्वारा अधिप्राक्कलन (overestimation) तथा ऋणात्मक सतत् त्रुटि द्वारा न्यूनप्राक्कलन (underestimation) ज्ञात होता है। तालिका 2.2 में CE = 1 जो धनात्मक है जिसका मतलब हुआ कि प्रयोज्य ने औसत रूप से 100 ग्राम के मानक उद्दीपक (standard stimulus) का अधिप्राक्कलन (overestimation) किया है। इस तालिका में आरोही शृंखला (ascending series) का माध्य (mean) 100.5 ग्राम है तथा अवरोही शृंखला (descending series) का माध्य 101.5 है। अवरोही शृंखला के माध्य का अधिक होना स्पष्टतः इस बात का संकेत मिलता है कि व्यक्ति का निर्णय औसत रूप से प्रत्याशा त्रुटि (error of expectation) द्वारा प्रभावित हुआ है।

2. सतत् उद्दीपक विधि *(Method of Constant Stimuli)*—मनोदैहिकी का दूसरा प्रमुख विधि सतत् उद्दीपक है जिसे *सही तथा गलत केसेज की विधि* (method of right and wrong cases) या *बारंबारता की विधि* (method of frequency) भी कहा जाता है। इस विधि द्वारा भी *RL* तथा *DL* ज्ञात किया जाता है। इस विधि द्वारा *RL* ज्ञात करने के लिए उद्दीपक (stimulus) के भिन्न-भिन्न मानों (values) का प्रयोज्य (subject) या व्यक्ति के सामने यादृच्छिक क्रम (random order) में उपस्थित किया जाता है और प्रत्येक बार व्यक्ति को यह बताना होता है कि उसने उद्दीपक का प्रत्यक्षण (perception) किया है या नहीं। सतत् उद्दीपक विधि (method of constant stimuli) इस तरह से सीमा विधि से भिन्न है क्योंकि सीमा विधि में उद्दीपकों को व्यक्ति के सामने यादृच्छिक क्रम (random order) में नहीं बल्कि एक निश्चित क्रम (fixed order) यानी आरोही क्रम (ascending series) या अवरोही क्रम (descending series) में उपस्थित किया जाता है। सतत् उद्दीपक विधि में यद्यपि उद्दीपक के भिन्न-भिन्न मानों (values) को व्यक्ति के सामने यादृच्छिक रूप से उपस्थित किया जाता है फिर भी उद्दीपक के प्रत्येक मान (value) को पूरे प्रयोग (experiment) के दौरान कई बार एक ऐसा पुर्वनिश्चित क्रम (predetermined order) में उपस्थित किया जाता है जिसका पता प्रयोज्य (subject) को नहीं होता है। चूँकि इस पूर्वनिश्चित क्रम का पता प्रयोज्य को नहीं होता है और न तो वह इसका अंदाज ही लगा पाता है, इसलिए उसके मन में किसी प्रकार की पूर्वधारणा नहीं बन पाती है। फलतः उसका निर्णय अधिक विश्वसनीय (reliable) हो पाता है। तालिका 2-C में सतत् उद्दीपक विधि द्वारा *RL* ज्ञात करने का एक उदाहरण दिया गया है। इस तालिका में सबसे बाईं ओर ध्वनि की तीव्रता हर्जटोन (Hertztone or Hz) में दिखलाया गया है। प्रत्येक उद्दीपक मान (stimulus value) के आपस का अन्तर 2Hz है। प्रत्येक उद्दीपक को यानी सभी 10 उद्दीपक को प्रयोज्य के सामने सौ-सौ बार उपस्थित किया गया है। प्रयोज्य को प्रत्येक बार यह बतलाना होता है कि उसने ध्वनि सुना या नहीं। प्रत्येक उद्दीपक मान को 100 बार उपस्थित करने पर वह कितने बार ध्वनि को सुना और कितने बार ध्वनि को नहीं सुना, को अनुपात (proportion) में बदलकर तालिका में लिखा गया है। *P* द्वारा ध्वनि सुनने का अनुपात तथा *d* द्वारा ध्वनि नहीं सुनने के अनुपात को दिखलाया गया है।

सतत उद्दीपक विधि में *RL* कई तरीकों या विधियों से ज्ञात किया जाता है जिसमें वुडवर्थ (Woodworth, 1938) द्वारा प्रतिपादित संकलन विधि (Summation method) अधिक प्रचलित है। जिसका एक नमूना तालिका 2-C में दिखलाया गया है।

तालिका 2-C : ध्वनि के लिए संकलन विधि द्वारा *RL* ज्ञात करना
(Determination of RL of Sound intensities by Summation method)

आँकड़े काल्पनिक हैं (Data are hypothetical)

ध्वनि तीव्रता Hz में (Sound intensity in Hz)	*P* (proportion of time heard)	*d* (proportion of time not heard)	C_p	C_d
50	.98	.02	4.36	.02
48	.80	.20	3.38	.22
46	.70	.30	2.58	.52
44	.65	.35	1.88	.87
42	.43	.57	1.23	1.44
40	.30	.70	.80	2.14
38	.20	.80	.50	2.84
36	.15	.85	.30	3.72
34	.12	.88	.15	4.67
32	.3	.97	.3	5.64
योग	**4.36**	**5.64**	**15.21**	**22.25**

$SI = 52$ (assumed)
$M = Sl - .5i - i\ Sum\ p$
$= 5.2 - (.5)(2) - (2)(4.36)$
$= 52 - 1 - 8.72 = 42.\ 28$

$S_0 = 30$ (assumed)
$M = S_o + .5i + Sum\ d$
$= 30 + (.5)(2) + (2)(5.64)$
$= 30 + 1 + 11.28 = 42.28$

उसी तरह दूसरा सूत्र (formula) से :

M = Apical value - $i/2 - i$ sum p
= 52 – 2/2 – 2 (4.36)
= 52 –1 – 8.72 = 42.28

M = Basal value + $i/2$ sum d
= 32 + 2/2 + 2 (5.64)
= 30 + 1 + 11.28 = 42.28

$\sigma = i\sqrt{2\, sum\, cp - (sum\, p)^2 - sum\, P}$

$= 2\sqrt{2(15.21) - (4.36)^2 - 4.36} = 5.31$

$\sigma = i\sqrt{2\, sum\, cd - (sum\, d)^2 - sum\, d}$

$= 2\sqrt{2(22.25) - (5.64)^2 - 5.64} = 5.31$

इस विधि का प्रयोग वहाँ होता है जहाँ अन्तस्थ अनुपात (terminal proportion) को 0 या 1.00 के रूप में व्यक्त करना सम्भव होता है या जहाँ यह कल्पना (assumed) किया जा सकता है कि आगे आने वाला (next) अन्तस्थ अनुपात (terminal proportion) 0 या 1.00 ही होगा। संकलन विधि (summation method) में माध्य जिसे RL कहा जाता है निकालने का सूत्र इस प्रकार है—

$M = Sl - .5i - i\ sum\ p$ सूत्र ... (1)

$M = S_o + .5i + i\ sum\ d$ सूत्र ... (2)

जहाँ,

Sl = उद्दीपक का वह मान जहाँ $p = 1.00$ होता है (या अगर जहाँ $p = 1.00$ नहीं होता है तो अगला उद्दीपक मान पर $p = 1.00$ माना जा सकता है)

i = उद्दीपक मान का आपसी अन्तर (step interval of stimulus value)

p = उच्चतर या धनात्मक निर्णय श्रेणी में निर्णय का अनुपात (proportion of judgement in higher or positive judgement category)

So = उद्दीपक मान जहाँ $d = o$ होता है या अगर जहाँ ($d = o$) नहीं होता है तो अगला उद्दीपक मान पर ($d = o$) माना जा सकता है।

ऊपर के सूत्रों को ध्यान से देखने पर यह स्पष्ट हो जाता है कि सूत्र 1 द्वारा माध्य या *RL* को *P* के आधार पर सूत्र -2 द्वारा माध्य या *RL* को *d* के आधार पर ज्ञात किया जाता है। चूँकि *P* तथा *d* एक ही अनुपात को व्यक्त करने के दो तरीके हैं अतः इन दोनों विधियों द्वारा परिकलित (calculated) *RL* एक ही होगा (तालिका 2-C देखें) जब *RL* सूत्र 1 द्वारा ज्ञात किया जाता है तो σ (standard deviation) सूत्र 3 द्वारा तथा जब *RL* सूत्र 2 द्वारा ज्ञात किया जाता है तो सूत्र 3 तथा सूत्र 4 इस प्रकार है—

$\sigma = i\sqrt{2\, sum\, cp - (sum\, p)^2 - sum\, p}$ सूत्र ... (3)

$\sigma = i\sqrt{2\, sum\, cd - (sum\, d)^2 - sum\, d}$ सूत्र ... (4)

जहाँ,

σ = मानक विचलन (standard deviation)

cp = कम से अधिक मान (value) के *p*. का संचयी योग (cumulated sum of proportions P from low to high values)

cd = कम से अधिक मान (value) के *d* का संचयी योग (cumulated sum of proportions d from low to high values)

सूत्र 3 तथा सूत्र 4 के अन्य चिह्नों (symbols) का अर्थ सूत्र 1 तथा सूत्र 2 के ही समान है;

कुछ लोगों ने सूत्र 1 को सूत्र 5 तथा सूत्र 2 को सूत्र 6 के रूप में भी व्यक्त किए हैं। सूत्र 5 तथा सूत्र 6 इस प्रकार हैं—

M = Apical value – $i/2 - i$ sum p सूत्र ... (5)

M = Basal value + $i/2$ + sum d सूत्र ... (6)

जहाँ,

Apical value = वह उद्दीपक मान (stimulus value) होता है जहाँ पर प्रयोज्य द्वारा दिए गए सभी उत्तर एक ही श्रेणी के होते हैं परन्तु उसके नीचे के उद्दीपक मानों (values) पर प्रयोज्य के उत्तर 'हल्का' या 'भारी' तथा 'हाँ' या 'नहीं' या अन्य श्रेणियों में विभाजित हो जाता है। (That stimulus value where all responses given by the subject belong to the same category and below which the responses are divided into categories like 'heavier' or 'lighter' and 'Yes' or 'No', etc.

Basal value = वह उद्दीपक मान होता है जहाँ पर प्रयोज्य द्वारा दिए गए सभी उत्तर एक ही श्रेणी के होते हैं परन्तु उसके ऊपर के उद्दीपक मानों (values) पर प्रयोज्य का उत्तर 'हल्का' या 'भारी' तथा 'हाँ' या 'नहीं' या अन्य श्रेणियों में विभाजित हो जाता है। (That stimulus value where all responses given by the subject belong to the same category and above which the responses are divided into categories like 'heavy' or 'light' and 'Yes' or 'No', etc.)

सूत्र 5 तथा 6 के चिह्नों का अर्थ सूत्र 1 तथा सूत्र 2 के समान है। तालिका 2-C में *RL* सूत्र 1 तथा सूत्र 5 से ज्ञात किया गया है और दोनों अवस्थाओं में *RL* का मान (value) 42.28 ही है। इससे पता चलता है कि सूत्र 1 तथा 5 एक ही है। फिर सूत्र 2 तथा 6 से भी *RL* ज्ञात किया गया है और इन दोनों का भी उत्तर यानी *RL* एक ही है। इससे पता चलता है कि सूत्र 2 तथा सूत्र 6 एक ही है। सूत्र 1 और 2 तथा सूत्र 5 और 6 के उत्तर यानी प्राप्त माध्य (mean) या *RL* एक ही है क्योंकि जैसा कि पहले भी कहा जा चुका है कि सूत्र 1 तथा सूत्र 2 एक ही अनुपात को व्यक्त करने की दो विधियाँ हैं। अत: दोनों द्वारा परिकलित माध्य (mean) को हमेशा एक ही होना चाहिए। ऐसा न होने पर समझना चाहिए कि कहीं कोई त्रुटि हो गयी है। ठीक उसी तरह σ ज्ञात करने के दो सूत्र अर्थात सूत्र 3 तथा सूत्र 4 हैं। तालिका 2-C में देखने से यह स्पष्ट हो जाता है कि दोनों सूत्रों द्वारा σ ज्ञात करने पर सूत्र एक ही आया है। अगर ऐसा नहीं आए तो समझना चाहिए कि कहीं त्रुटि हो गयी है। σ द्वारा यह पता चलता है कि प्रयोज्य का निर्णय (judgements) कहाँ तक परिवर्त्य त्रुटि (variable errors) से प्रभावित हुआ है।

सतत् उद्दीपक विधि (method of constant stimuli) से *DL* भी ज्ञात किया जाता है। इसका एक उदाहरण तालिका

तालिका 2-D : वजन उठाने से सम्बन्धित प्रयोग में प्रयोज्य द्वारा तीन श्रेणियों में दिए गए निर्णय की बारंबारता तथा अनुपात

(Frequencies and Proportios of three–category judgement made by subject in a Weight lifting experiment)

उद्दीपक मान (Stimulus value)	बारंबारता (Frequecies)			अनुपात (Proportion)		
(ग्राम)	Heavier	Equal	Lighter	p Heavier	m Equal	D Lighter
130	90	8	2	.90	.08	.02
120	84	12	4	.84	.12	.04
110	78	18	4	.78	.18	.04
S **100**	40	50	10	.40	.50	.10
90	35	20	45	.35	.20	.45
80	10	10	80	.10	.10	.80
70	0	1	99	.0	.01	.99
SI = 140 काल्पनिक	**S_0 = 60 (काल्पनिक)**			**Sum : 3.37**	**1.19**	**2.44**

ऊपरी सीमान्त (Upper limen) $= SI - 5\,i - Sum\,p$ (सूत्र 1 द्वारा)

$= 140 - (.5)(10) - (10)(3.37) = 101.3$

निचली सीमान्त (Lower limen) : $S_0 + .5\,i\,sum\,d$ (सूत्र 2 द्वारा)

$= 60 + (.5)(10) + (10)(2.44) = 89.4$

$$DL = \frac{\text{Upper limen} - \text{Lower limen}}{2} = \frac{101.3 - 89.4}{2} = 5.9 = 6$$

$$PSE = \frac{\text{Upper limen} - \text{Lower limen}}{2} = \frac{101.3 - 89.4}{2} = 95.35$$

DL को सिर्फ *Sum m* के आधार पर:

$$IU = i\,sum\,m$$
$$= 10 \times 1.19 = 11.9$$
$$DL = \frac{IU}{2} = \frac{11.9}{2} = 5.95 = 6$$

2-D में दिया गया है। इस तालिका में वजन उठाने (weight lifting) से सम्बन्धित एक प्रयोग करके आँकड़ों (data) को तथा फिर उससे *DL* ज्ञात कर दिखलाया गया है। मानक उद्दीपक (standard stimulus) 100 ग्राम का है तथा तुलनात्मक उद्दीपक (comparable stimuli) 7 हैं—70 ग्राम, 80 ग्राम, 90 ग्राम, 100 ग्राम, 110 ग्राम, 120 ग्राम तथा 130 ग्राम। प्रत्येक C_o को *St* के साथ सौ-सौ बार प्रयोज्य (subject) के सामने यादृच्छिक रूप से (randomly) उपस्थित किया गया है और प्रयोज्य ने अपना निर्णय तीन श्रेणियों (categories) अर्थात 'भारी' (heavier) 'हल्का' (lighter) तथा 'बराबर' (equal) में दिया है। तालिका में बाईं ओर इन तीनों श्रेणियों की आवृत्ति (frequencies) को दिखलाया गया है और दाई ओर इन आवृत्तियों (frequencies) को अनुपात (proportions) में बदल कर व्यक्त किया गया है। संकलन विधि (summation method) द्वारा *DL* ज्ञात किया गया है। सूत्र 1 के अनुसार ऊपरी सीमान्त (upper limen) 101.3 है तथा निचली सीमान्त (lower limen) 89.4 है। *DL* = 5.9 = 6 है तथा PSE = 95.35 है (तालिका 2-D देखें)। तालिका में *DL* बराबर (equal) के अनुपात के योग अर्थात *Sum m* के आधार पर भी ज्ञात किया गया है। ऐसी अवस्था में *IU = i sum m* और *DL = IU/2* होता है। अतः *IU* = 10 × 1.19 =11.9 है तथा *DL = IU/2* 11.9/2 = 5.95 =6 हुआ। तालिका 2-D में जो तीव्र श्रेणियों (categories) में निर्णय (judgements) का अनुपात (proportions) है उसे संवेदनशीलता (sensitivity) के क्षेत्र में एक विशिष्ट वितरण (typical distribution) माना जा सकता है। सतत उद्दीपक विधि (method of constant stimuli) में *RL* तथा *DL* संकलन विधि के अलावा आलेखीय विधि (graphical method) तथा क्षेपक विधि (interpolation method) द्वारा भी ज्ञात किया जाता है जिसकी चर्चा[1] यहाँ अपेक्षित नहीं हैं।

3. औसत त्रुटि विधि *(Method of Average Error)*—औसत त्रुटि विधि मनोदैहिकी (psychophysics) का एक महत्त्वपूर्ण विधि है। इसे अन्य नामों जैसे *समायोजन की विधि (method of adjustment), पुनरुत्पादन की विधि (method of reporduction)* तथा *तुल्य उद्दीपक की विधि (method of equivalent stimuli)* से भी जाता है। इस विधि में व्यक्ति यानी प्रयोज्य (subject) को एक मानक उद्दीपक (standard stimulus) या S_t तथा एक तुलनात्मक उद्दीपक (comparabie stimulus) या C_o दे दिया जाता है। प्रयोज्य को तुलनात्मक उद्दीपक को घटा-बढ़ा (manipulate) कर मानक उद्दीपक के बराबर करना होता है। C_o तथा S_t के मान (value) का अन्तर (difference) से प्रयोज्य के निर्णय की त्रुटि (error) का पता चलता है। उदाहरणस्वरूप, मान लिया जाय कि S_t की लम्बाई 50 मिलिमीटर है और प्रयोज्य ने C_o को 48 मिलिमीटर की लम्बाई पर घटा-बढ़ा कर रखा तो यहाँ 50 – 48 =2 मिलिमीटर की त्रुटि (error) हुई। इसी तरह से कई प्रयासों (trial) में प्रयोज्य का निर्णय (judgement) प्राप्त किया जाता है और सभी निर्णय में होने वाले त्रुटियों

---

1. इन दोनों विधियों की विस्तृत चर्चा के लिए *'टेस्टस, मेजर्मेन्ट्स तथा रिसर्च मेथड्स इन विहेमियरल साइंसेज'* जो लेखक की एक दूसरी पुस्तक है, में देखें।

(error) का मान (value) ज्ञात किया जाता है। फिर इन त्रुटियों का एक औसत (average) ज्ञात किया जाता है। यही कारण है कि इस विधि को औसत त्रुटि विधि (method or average error) कहा जाना है। इस तरह से प्राप्त औसत या माध्य (mean) को *PSE* कहा जाता है। S_t तथा *PSE* का अन्तर से हमें सतत त्रुटि (constant error) का पता चलता है। अगर *PSE* का मान S_t के मान से बढ़ा होता है, तो ऐसी अवस्था में *CE* (constant error) धनात्मक होता है जो मानक उद्दीपक का अधिप्राक्कलन (overestimation) दिखलाता है। इसी तरह से अगर *PSE* का मान S_t के मान से छोटा होता है, तो ऐसी अवस्था में *CE* ऋणात्मक (negative) होता है जो मानक उद्दीपक का न्यूनप्राक्कलन (underestimation) दिखलाता है। *CE* ज्ञात करने का सूत्र इस प्रकार है—

$$CE = PSE - S_t \qquad \text{सूत्र (7)}$$

जहाँ,

CE = सतत त्रुटि (Constant error)

PSE = आत्मपरक समता बिन्दु (Point of Subjective equality)

S_t = मानक उद्दीपक (Standard stimulus)

औसत त्रुटि विधि (method of average error) अन्य दोनों मनोदैहिक विधियों (psychophysical method) से भिन्न है। अन्य दो विधियों में उद्दीपक (stimulus) का नियंत्रण (control), प्रयोगकर्त्ता (experiments) के हाथ में होता है। प्रयोगकर्त्ता इच्छानुसार उसमें जोड़-तोड़ (manipulation) करता है परन्तु औसत त्रुटि विधि (method of average error) में उद्दीपकों (stimuli) में जोड़-तोड़ (manipulation) प्रयोगकर्त्ता के हाथ में नहीं बल्कि प्रयोज्य (subject) के हाथ में होता है। उदाहरणस्वरूप, मूलर लायर भ्रम (Muller-Lyer illusion) में जिसमें दो रेखाएँ अर्थात तीर रेखा (arrow-headed line) तथा पंख रेखा (feather-headed line) होती है, व्यक्ति तीर रेखा को पंख रेखा से छोटा समझता है हालाँकि इन दोनों रेखाओं की लम्बाई बराबर-बराबर होती है। इस भ्रम के अध्ययन में प्रयोज्य को इस बात की पूरी स्वतंत्रता होती है कि वह जैसे चाहे वैसे पंख रेखा की लम्बाई को घटा-बढ़ा कर तीर रेखा के बराबर कर दे। इस तरह से उद्दीपक में जोड़-तोड़ (manipulate) करने की स्वतंत्रता प्रयोज्य (subject) को काफी होता है।

औसत त्रुटि विधि में परिवर्त्य त्रुटि (variable error) तथा सतत त्रुटि (constant error) होने की सम्भावना अधिक रहती है। अतः मनोवैज्ञानिकों ने नीचे कुछ महत्त्वपूर्ण सुझावों (suggestions) का वर्णन किया है जिनसे इस विधि में होने वाले इन त्रुटियों को दूर किया जा सकता है—

(1) दिए जाने वाले प्रयासों (trials) में से आधे में तुलनात्मक उद्दीपक (comparable stimulus) यानी C_o को मानक उद्दीपक (Standard stimulus) यानी S_t से अधिक बड़ा (large) तथा बाकी आधे प्रयासों में उसे S_t से छोटा (small) रखना चाहिए। जब C_o की लम्बाई, उदाहरणस्वरूप, बड़ी होगी तो वह उसे छोटा करके उसकी लम्बाई को कम करेगा। दूसरी तरफ जब C_o की लम्बाई छोटी होगी, तो वह उसे बड़ा करके S_t के बराबर करेगा। अतः आधे प्रयासों में प्रयोज्य को एक तरह की गति (movement) तथा बाकी आधे प्रयासों में प्रयोज्य को दूसरे तरह की गति (movement) करना होगा। इसमें उसमें गति त्रुटि (movement error) अपने आप ही नियंत्रित हो जायेगा।

(2) दिये जाने वाले प्रयासों से आधे में C_o को S_t के बायीं ओर रखकर तथा बाकी आधे प्रयासों में C_o को S_t की दायीं ओर रखकर दिया जाना चाहिए। इससे प्रयोज्य में होने वाले स्थान त्रुटि (space error) अपने आप ही नियंत्रित हो जाते हैं।

(3) जैसा कि सीमा विधि (method of limits) में भी किया जाता है, औसत त्रुटि विधि में प्रत्येक प्रयास (trial) में C_o को एक निश्चित मान (fixed value) पर रखकर प्रयोज्य के सामने नहीं देना चाहिए। ऐसा करने से प्रयोज्य के मन कोई विशेष संकेत (cue) उत्पन्न हो जायेगा जो उसे C_o को S_t के बराबर करने में मदद करेगा। अतः इस त्रुटि से बचने का उपाय यही है कि प्रत्येक प्रयास में C_o के मान (value) निश्चित न रखकर परिवर्तित करते हुए प्रयोज्य के सामने उपस्थित किया जाना चाहिए।

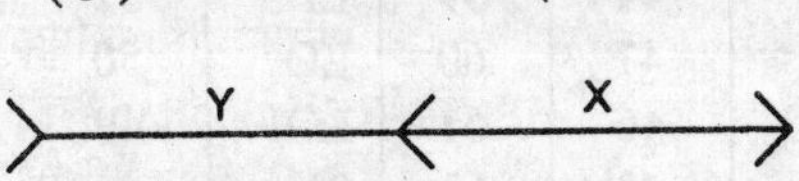

चित्र 2.1

औसत त्रुटि विधि (method of average error) के उपयोग का एक उदाहरण मूलर-लायर भ्रम (Muller-Lyer illusion) की सीमा (extent) ज्ञात करने में तालिका 2-E में दिया गया है। मूलर-लायर भ्रम को दो रेखाओं से दिखलाया जाता है जिसे चित्र 2.1 में उपस्थित किया गया है। इस चित्र में X जो तीर रेखा है तथा Y जो पंख रेखा (feather-headed line) है, की लम्बाई यद्यपि बराबर है फिर भी व्यक्ति X को Y से छोटा समझता है।

मूलर-लायर भ्रम
(Muller-Lyer illusion)

मूलर-लायर भ्रम की सीमा निर्धारित करने से सम्बन्धित प्रयोग में प्रयोगकर्त्ता पंख रेखा को तीर रेखा से कभी बड़ा तो कभी छोटा करके प्रस्तुत करता है। जब पंख रेखा को तीर रेखा से बड़ा रखा जाता है तो प्रयोज्य उसे भीतर की ओर (inward movement) छोटा करके तीर रेखा के बराबर करता है। दूसरी तरफ जब पंख रेखा को तीर रेखा से छोटा रखा जाता है तो प्रयोज्य उसे बाहर की ओर (outward movement) करके तीर रेखा के बराबर करता है। इस तरह की प्रक्रिया गति त्रुटि (movement error) को नियंत्रित करने के लिए किया जाता है। उसी तरह से स्थान त्रुटि (space eroor) को नियंत्रित करने के लिए पंख रेखा को आधे प्रयासों में तीर रेखा की बायीं (left) ओर तथा आधे प्रयासों में दायीं (right) ओर रखा जाता है। तालिका 2-E में कुल 64 प्रयासों (trials) के आँकड़ें दिखलाये गये हैं, जिसमें 32 प्रयास में पंख रेखा को तीर रेखा के बायीं ओर (L) तथा बाकी 32 प्रयास में पंख रेखा को तीर रेखा से दायीं ओर (L) रखा गया है। इसी तरह से 64 प्रयास में से 32 प्रयास में प्रयोज्य को पंख रेखा को भीतर से बाहर (outward movement या O) करके तीर रेखा के बराबर करना होता है तथा 32 प्रयास में पंख रेखा को बाहर से भीतर करके (inward movement of I) तीर रेखा के बराबर होता है। प्रतिसंतुलितकारी डिजाइन (countrerbalancing design) द्वारा O, I, R तथा L में दिये गये प्रयासों (trial) को बराबर-बराबर कर दिया गया है ताकि प्रयोज्य के निर्णय में गति (movement), स्थान (space), थकान (fatigue), अभ्यास (practice) आदि से सम्बद्ध होने वाले त्रुटियाँ संतुलित होकर समाप्त हो जायँ।

तालिका 2-E : औसत त्रुटि विधि द्वारा मूलर लायर भ्रम की सीमा का निर्धारण

(Determination of the extent of Muller-Lyer illusion by Method of averge error)

(प्रयोग द्वारा बताये गये पंख रेखा की लम्बाई को मिलिमीटर में लिखा गया है)

प्रयास (Trial)	दिशा (Dire-ction)	पंख रेखा की लम्बाई	प्रयास (Trial)	दिशा (Direc-tion)	पंख रेखा की लम्बाई	प्रयास (Trial)	दिशा (Direc-tion	पंख रेखा की लम्बाई	प्रयास (Trial)	दिशा (Drie-ction)	पंख रेखा की लम्बाई
1	LO	48	17	RO	45	33	RO	51	49	LO	48
2	LI	47	18	RI	43	34	RI	50	50	LI	49
3	LI	45	19	RI	46	35	RI	50	51	LI	47
4	LO	47	20	RO	45	36	RO	48	52	LO	46
5	LO	46	21	RO	46	37	RO	49	53	LO	46
6	LI	45	22	RI	48	38	RI	47	54	LI	47
7	LI	44	23	RI	43	39	RI	46	55	LI	48
8	LO	51	24	RO	44	40	RO	46	56	LO	49
9	LO	53	25	RO	45	41	RO	45	57	LO	50
10	LI	49	26	RI	48	42	RI	43	58	LI	51
11	LI	48	27	RI	47	43	RI	44	59	LI	52
12	LO	47	28	RO	47	44	RO	47	60	LO	50
13	LO	46	29	RO	46	45	RO	46	61	LO	49
14	LI	47	30	RI	48	46	RI	43	62	LI	48
15	LI	45	31	RI	49	47	RI	45	63	LI	45
16	LO	44	32	RO	50	48	RO	46	64	LO	44

LO = Left outward   LI = Left inward

RO = Right outward   RI = Right inward

LO श्रृंखला का माध्य (Mean of LO series) = 47.75

LI श्रृंखला का माध्य (Mean of LI series) = 47.31

RO शृंखला का माध्य (Mean of RO series) = 46.62
RI शृंखला का माध्य (Mean of RI series) = 46.25

$$\text{Space error} = \frac{(\text{Mean of LO} + \text{Mean of LI})}{2} - \frac{(\text{Mean of RO} + \text{Mean of RI})}{2}$$

$$= \frac{(47.75 + 47.31)}{2} - \frac{(46.62 + 46.25)}{2} = 47.530 - 46.435 = 1.095$$

$$\text{Movement error} = \frac{(\text{Mean of LO} + \text{Mean of Ro})}{2} - \frac{(\text{Mean of LI} + \text{Mean of RI})}{2}$$

$$= \frac{(47.75 + 47.31)}{2} - \frac{(46.62 + 46.25)}{2} = 47.185 - 46.780 = .405$$

Mean of 64 judgements or PSE = 46.98; σ of 64 judgements = 2.315; Constant error (or extent of illusion) = PSE – Standard = 46.98 – 50 = – 3.02
अतः मूलर-लायर भ्रम की सीमा या मात्रा = – 3.02

तालिका 2-E के आँकड़ें में तीर रेखा जो एक मानक उद्दीपक (standard stimulus) है, की लम्बाई 50 मिलिमीटर है। प्रयोज्य को कुल 64 प्रयास (trials) दिये गये हैं। प्रत्येक प्रयास में किये गये निर्णय (judgment) का मान (value) 46.98 है। अतः PSE = 46.98 हुआ। सभी 64 निर्णय का मानक विचलन (standard deviation) 2.315 है जिससे यह पता चलता है कि प्रयोज्य का निर्णय कुछ हद तक परिवर्त्य त्रुटि (variable error) से प्रभावित हुआ है। प्रयोज्य में मूलर-लायर भ्रम की सीमा या मात्रा (extent) – 3.02 है। जब सीमा की दिशा (direction) ऋणात्मक (negative) होती है तो इसका मतलब यह हुआ कि प्रयोज्य ने औसत रूप से मानक उद्दीपक को यानी तीर रेखा को उसकी वास्तविक लम्बाई (यानी 50 किलोमीटर) से 3.2 मिलिमीटर छोटा समझा है। तालिका 2-E से यह भी स्पष्ट है कि प्रयोज्य को निर्णय करते समय स्थान त्रुटि (space error) तथा गति त्रुटि (movement error) भी हुआ है। स्थान त्रुटि = 1.095 है, तथा गति त्रुटि = .405 है। चूँकि इन त्रुटियों का मान (value) बहुत ही कम है अतः प्रयोज्य द्वारा किये गये निर्णयों (judgments) को हम विश्वसनीय (reliable) मान सकते हैं।

यद्यपि औसत त्रुटि विधि (method of averge error) सीमा विधि (method of limits) तथा सतत उद्दीपक विधि (method of constant stimuli) का प्रतिपादन फेकनर ने 1860 के लगभग किया था, फिर भी इन विधियों का प्रयोग आधुनिक मनोदैहिकी (modern psychophsics) में भी काफी हो रहा है।

वेबर का नियम
(Weber's Law)

19 वीं शताब्दी में वेबर (Weber) ने मनोदैहिकी के क्षेत्र में महत्त्वपूर्ण कार्य किये और इन शोधों (researches) के आधार पर विभेदक सीमान्त (Difference limen) या संक्षेप में *DL* तथा उद्दीपक की तीव्रता (stimulus intensity) के बीच में एक विशेष प्रकार का सम्बन्ध बतलाया गया है। इन दोनों के सम्बन्धों पर बहुत से प्रयोगों में कई लोगों ने काफी गम्भीरतापूर्वक विचार किया। पहला महत्त्वपूर्ण प्रश्न जिस पर वेबर (Weber) तथा अन्य लोगों ने काफी गम्भीरता से विचार किया, वह था—क्या *DL* या *JND* (Just notice difference) किसी संवेदी क्षेत्र (sense modality) के लिए एक निश्चित (fixed) मान होता है? वेबर ने यह बतलाया कि *DL* या *JND* किसी भी संवेदी क्षेत्र के लिए एक निश्चित मान नहीं होता है। बल्कि रेखीय ढंग (linear fashion) से मानक उद्दीपक (standard stimulus) के मान (value) में परिवर्तन होने के साथ-साथ परिवर्तित होते जाता है। दूसरे शब्दों में, जब मानक उद्दीपक (standard stimulus) का मान बढ़ता है तो उसे तुलनात्मक उद्दीपक (comparable stimulus) से भिन्न (different) महसूस करने के लिए उद्दीपक में जो निम्नतम परिवर्तन होता है, (अर्थात् *DL* या *JND*) वह भी बढ़ता है। अतः मानक उद्दीपक का मान (value) जब बढ़ा होगा तो *DL* भी बढ़ा होगा और यदि मानक उद्दीपक का मान छोटा होगा तो *DL* भी कम होगा। वेबर नियम (Weber's law) इसी तथ्य का एक गणितीय कथन (mathematical statement) है। वेबर नियम को तब परिभाषित करते हुए कहा जा सकता है कि मानक उद्दीपक (standard stimulus) के मान (value) तथा *DL* या *JND* को उत्पन्न

करने के लिए निम्नतम मान के बीच एक निश्चित एवं सतत अनुपात (constant ratio) होता है जिसके अनुसार दोनों में परिवर्तन होता है। उदाहरणस्वरूप, मान लिया जाय कि किसी कमरा में 10 मोमबत्ती पहले से जल रहा है और यदि उसी कमरा में उसी आकार (size) का एक और मोमबत्ती जला दिया जाता है और इससे रोशनी में हुए अन्तर को व्यक्ति साफ-साफ प्रत्यक्षण (perceive) कर लेता है, तो उसका मतलब यह हुआ कि उसी कमरा में 100 मोमबत्ती के जलते रहने पर रोशनी में अन्तर होने के लिए 10 मोमबत्ती को जलाना आवश्यक है। इसी तरह से 1000 मोमबत्ती के जलते रहने पर रोशनी में अन्तर का प्रत्यक्षण करने के लिए 100 मोमबत्ती का जलाना आवश्यक है। इस उदाहरण से निम्नांकित दो बातें स्पष्ट होती हैं—

JND या *DL* मानक उद्दीपक (standard stimulus) में वृद्धि होने से बढ़ता है तथा कमी होने से घटता है। जब 100 मोमबत्ती कमरा में जलता है तो *JND* or *DL* के लिए मात्र 10 मोमबत्ती की जरूरत होती है। परन्तु जब 1000 मोमबत्ती जलता है, तो *DL* 10 मोमबत्ती से नहीं बल्कि 100 मोमबत्ती से उत्पन्न होता है।

वेबर नियम को सूत्र के रूप में इस प्रकार से व्यक्त किया जाता है।

$$\frac{\Delta R}{R} = K \qquad \text{सूत्र ... (8)}$$

जहाँ,

$\Delta R = DL$ या *JND*

R = मानक उद्दीपक (standard stimulus)

K = सतत (constant) है जिसका ज्ञान $\frac{\Delta R}{R}$ से होता है।

सूत्र 8 को शाब्दिक सूत्र (verbal equation) में इस प्रकार कहा जा सकता है—

$$\frac{DL}{\text{Standard stimulus}} = \text{Constant}$$

वेबर नियम में जो सतत (constant) होता है, की अभिव्यक्ति (expression) हमेशा भिन्न (fraction) में होती है जिसे वेबर भिन्न या वेबर अनुपात (Weber's fraction or Weber's proportion) कहा जाता है। वेबर अनुपात या भिन्न से यह पता चलता है कि मानक उद्दीपक में किस अनुपात में वृद्धि (या कमी) की जाय कि व्यक्ति (उद्दीपक से) संवेदनशीलता में होने वाले परिवर्तन का सही-सही प्रत्यक्षण कर सके। अर्थात व्यक्ति में न्यूनतम ज्ञेय भेद (just noticeable difference या *JND*) उत्पन्न हो सके। उदाहरणस्वरूप, यदि 10 ग्राम के मानक उद्दीपक के साथ 8 ग्राम का दूसरा उद्दीपक देने से व्यक्ति इन दोनों उद्दीपकों से उत्पन्न भार संवेदनशीलता (weight sensitivity) में अन्तर का प्रत्यक्षण कर लेता है तो वेबर अनुपात 8/10 = .8 हुआ जिसका मतलब यह हुआ कि न्यूनतम ज्ञेय भेद उत्पन्न करने के लिए मानक उद्दीपक में .8 गुणा (times) की वृद्धि आवश्यक है। उसी तरह 100 ग्राम के भार को $.8 \times 100 = 80$ ग्राम अधिक यानी 180 ग्राम का होना चाहिए और तब व्यक्ति इसे 100 ग्राम के मानक वजन से अलग कर पायेगा। उसी तरह से यदि मानक उद्दीपक 1000 ग्राम का है तो न्यूनतम ज्ञेय भेद (just noticeable difference) उत्पन्न करने के लिए दूसरा उद्दीपक 800 ग्राम का होना चाहिए। इस उदाहरणों से स्पष्ट है कि अनुपात हमेशा सतत (constant) रहता है हालांकि मानक उद्दीपक (standard stimulus) के मान (value) में परिवर्तन होता रहता है।

भिन्न-भिन्न संवेदी क्षेत्रों में मनोवैज्ञानिकों ने वेबर नियम की संवेदनशीलता (sensitivity) के अध्ययन करने का एक प्रमुख नियम बतलाया है। इस नियम की एक बड़ी विशेषता यह है कि भिन्न-भिन्न संवेदी क्षेत्रों के वेबर अनुपात की तुलना आपस में सीधे की जा सकती है क्योंकि अनुपात उस भौतिक इकाई (physical unit) पर आधारित नहीं होता है जिसमें मानक उद्दीपक (standard stimulus) तथा *DL* की अभिव्यक्ति (expression) की जाती है। वजन (heaviness) के लिए वेबर अनुपात (Weber's fraction) .020, रेखा की लम्बाई (line length) के लिए .030, चमक (brightness) के लिए .019, बिजली शॉक (electric shock) के लिए .014 तथा नमकीन स्वाद (salty taste) के लिए .084 होता पाया गया है।

वेबर नियम के साथ एक प्रमुख परिसीमा (limitation) यह है कि उसकी परिशुद्धता (accuracy) तथा यथार्थता (precision) उस समय न के बराबर रह जाती है जब मानक उद्दीपक (standard stimulus) का मान किसी एक छोर (extreme) पर पहुँच जाता है। दूसरे शब्दों में, जब मानक उद्दीपक का मान (value) बीच (middle) में होता है तब तो वेबर अनुपात की परिशुद्धता बनी रहती है। परन्तु जब मानक उद्दीपक का मान (value) बहुत ही कम या बहुत ही ज्यादा हो जाता है तो वेबर अनुपात (Weber's fraction) की परिशुद्धता लगभग समाप्त हो जाती है। इतना ही नहीं, ओनो (Ono, 1979) ने तो यह भी दिखला दिया है कि जब उद्दीपक को व्यक्ति के सामने उपस्थित (present) करने का तरीका (mode) में परिवर्तन कर दिया जाता है तो इससे भी वेबर अनुपात परिवर्तित हो जाता है। जब तरीका ऐसा होता है कि मानक उद्दीपक (standard stimulus)के बाद तुलनात्मक उद्दीपक (comparable stimulus) दिया जाता है तो वेबर अनुपात की परिशुद्धता (accuracy) अधिक होती है परन्तु यदि मानक उद्दीपक तुलनात्मक उद्दीपक के बाद दिया जाता है तो इससे वेबर अनुपात की परिशुद्धता काफी कम हो जाती है। इन कारणों से मनोदैहिकी के विशेषज्ञों ने वेबर नियम से असंतुष्ट होकर अन्य नियमों का प्रतिपादन किया है जिसे फेकनर का नियम (Fechner's law) तथा स्टीभेन्स का नियम (Steven's law) की संज्ञा दी गयी है। इन दोनों नियमों की व्याख्या अगले अनुच्छेदों में की गयी है।

फेकनर का नियम
(Fechner's Law)

फेकनर (Fechner) दूसरे प्रमुख विशेषज्ञ थे जिन्होंने मनोदैहिकी (Psychophysics) के क्षेत्र में महत्त्वपूर्ण कार्य किये हैं। इन्होंने भी संवेदनशीलता (sensitivity) के क्षेत्र में अनेकों अध्ययन कर एक विशेष नियम बनाया है जिसे फेकनर का नियम (Fechner's law) कहा जाता है। सच्चाई यह है कि फेकनर ने इस नियम का प्रतिपादन वेबर नियम (Weber's law) में कुछ सुधार लाने के प्रयास के फलस्वरूप किया था। वेबर नियम प्रयोज्य या व्यक्ति द्वारा किये गये निर्णयों (judgements) को मापने (scale) का एक अप्रत्यक्ष विधि (indirect method) है जहाँ DL को समान अंतराल मापनी (equal interval scale) की एक इकाई के रूप में व्यक्त किया जाता है। उदाहरणस्वरूप, मान लिया जाए कि किसी संवेदन (sensation) का वेबर अनुपात .25 है (यानी 1/4)। इसका मतलब यह हुआ कि यदि एक उद्दीपक (stimulus) का मान (value) 20 इकाई है तो न्यूनतम ज्ञेय भेद (just noticeable difference) उत्पन्न करने के लिए दूसरा उद्दीपक को 20 का 1/4 (या 20 का .25) यानी 5 इकाई (unit) उससे अधिक होना चाहिए। दूसरे शब्दों में, दूसरा उद्दीपक को $20+5 = 25$ इकाई का होना चाहिए। अगला सोपान (step) पर न्यूनतम ज्ञेय भेद उत्पन्न करने के लिए दूसरा उद्दीपक को $.25 \times 25 = 6.25$ इकाई मूल उद्दीपक अर्थात् 25 इकाई के उद्दीपक से अधिक होना चाहिए। इसका मतलब यह हुआ कि दूसरा उद्दीपक को $25+6.25 = 31.25$ इकाई का होना चाहिए। उसी तरह तीसरा सोपान पर न्यूनतम ज्ञेय भेद उत्पन्न करने के लिए एक उद्दीपक तो 31.25 इकाई का ही होगा। परन्तु दूसरा उद्दीपक को $31.25 + 7.72 = 38.97$ इकाई का होना चाहिए। इसी तरह से प्रत्येक उत्तरोतर कदम (step) पर उद्दीपक को न्यूनतम ज्ञेय भेद उत्पन्न करने के लिए उसके ठीक पहले कदम पर के उद्दीपक के मान का 1.25 गुणा अधिक होना चाहिए। अतः प्रत्येक उत्तरोत्तर कदम (successive step) पर व्यक्ति की संवेदनशीलता में समान वृद्धि (equal increment) के लिए उद्दीपक (stimulus) के मान में अधिक वृद्धि (large increments) की जरूरत होती है। फेकनर के अनुसार उद्दीपक के मान में वृद्धि होने के फलस्वरूप व्यक्ति की संवदेनशीलता में हुए वृद्धि को लघुगणकीय सम्बन्ध (logarithmic relationship) के आधार पर भी व्याख्या किया जा सकता है। उदाहरणस्वरूप, ऊपर के उदाहरण में प्रत्येक उत्तरोत्तर कदम पर DL को एक सतत गुणज (constant multiple) द्वारा आसानी से पता लगाया जा सकता है। जैसे, पहला कदम पर जहाँ उद्दीपक का मान 20 इकाई है, वहाँ वह अर्थात DL के लिए दूसरा उद्दीपक $\frac{5}{4} \times 20 = 25$ होगा; दूसरा कदम पर वह $\frac{5}{4} \times 25 = 31.25$ होगा; तथा इसी तरह तीसरा कदम पर वह $\frac{5}{4} \times 31.25 = 38.97$ होगा। इन उदाहरणों से यह स्पष्ट है कि उद्दीपक के मान में गुणा (multiplication) की प्रक्रिया के रूप में वृद्धि होती है परन्तु इसके उद्दीपक संवेदन में जोड़ (addition) की प्रक्रिया के रूप में वृद्धि होती है। गुणा की प्रक्रिया के रूप में वृद्धि को *ज्यामितीय क्रम में वृद्धि*[1] (geometrical

1. 2, 4, 8, 16, 32, 64 आदि ज्यामितीय क्रम (geometrical progression) में वृद्धि के उदाहरण है। परन्तु 2, 4, 6, 8, 10, आदि अंकगणितीय क्रम (arithmetical progression) में वृद्धि के उदाहरण हैं।

progression) तथा जोड़ की प्रक्रिया के रूप में वृद्धि को *अंकगणितीय क्रम में वृद्धि* (arithmetical progression) की संज्ञा दी जाती है। जब दो चरों (variables) में से किसी एक में ज्यामितीय ढंग से वृद्धि होती है और दूसरे में अंकगणितीय ढंग से वृद्धि होती है तो इस प्रकार के सम्बन्ध को *लघुगणकीय सम्बन्ध* (logarithmic relationship) कहा जाता है। फेकनर के नियम के अनुसार उद्दीपकों के मान (value) तथा उससे उत्पन्न होने वाली संवेदन इसी प्रकार का लघुगणकीय संबंध (logarithmic relationship) होता है। इस नियम के अनुसार यदि उद्दीपक के मान (value) में ज्यामितीय वृद्धि (geometrical increment) की जाती है तो उससे उत्पन्न संवेदन (sensation) में भी वृद्धि होती है परन्तु अंकगणितीय क्रम (arithmetical progression) में न कि ज्यामितीय क्रम (geometrical progression) में। फेकनर (Fechner) ने इसे दिखलाने के लिए कई सूत्र विकसित किये हैं जिसमें से निम्नांकित सूत्र अधिक लोकप्रिय (popular) हो पाया है।

$$R = K \log S \qquad \text{सूत्र : (9)}$$

जहाँ,

R = संवेदन की मात्रा (magnitude of sensation)

K = वेबर की सतत (Weber's constant)

S = उद्दीपक मान की मात्रा (magnitude of stimulus value)

फेकनर ने अपने नियम के दो प्रमुख पूर्वकल्पनाओं (assumptions) का वर्णन किया है, जो निम्नांकित है—

(i) चाहे उद्दीपक के किसी भी स्तर (level) पर क्यों न उत्पन्न हुआ हो, *DL* या न्यूनतम ज्ञेय भेद (Just noticeable difference) द्वारा संवेदन (sensation) में हमेशा समान वृद्धि (equal increment) होती है।

(ii) संवेदन उन सभी *DL* या *JND* का योग होता है जो संवेदन उत्पन्न करने के पहले आते हैं।

यद्यपि कुछ मनोवैज्ञानिकों ने ऊपर बताये गये पूर्वकल्पनाओं की परिशुद्धता (accuracy) पर असंतोष व्यक्त किया है। फिर भी फेकनर का नियम एक महत्त्वपूर्ण नियम माना गया है जिसमें वेबर के नियम (Weber's law) को संशोधित कर उसे अधिक वैज्ञानिक भी बनाया गया है। इसलिए इसे *वेबर-फेकनर नियम* (Weber-Fechner law) भी कहा जाता है।

स्टीभेन्स घात नियम
(Steven's Power Law)

फेकनर के नियम में कई लोगों ने भिन्न-भिन्न ढंगों से परिवर्तित (modify) किया है। स्टीभेन्स (Stevens, 1956) द्वारा किया गया परिवर्तन काफी महत्त्वपूर्ण है जिसे आज हम *स्टीभेन्स घात नियम* (Steven's Power law) के रूप में जानते हैं। वेबर तथा फेकनर के नियम की व्याख्या का आधार श्रेणी निर्णय विधि (method of category judgement) है जिसमें व्यक्ति को उद्दीपक (stimulus) दिये जाने के बाद उत्पन्न संवेदन (sensation) को पहले से बने श्रेणियों (categories) जैसे श्रेणी 1 यानी सबसे हल्का वजन (lightest weight) संवेदन के लिए बनी श्रेणी तथा श्रेणी 5 यानी सबसे भारी वजन (heaviest weight) के लिए बनी श्रेणी और बीच का श्रेणियाँ जैसे 2, 3 तथा 4 (इन दोनों सीमाओं के बीच की संवेदनाओं के लिए) में छाँटना होता था। स्टीभेन्स (Stevens) ने इस विधि को अस्वीकार कर इसके जगह पर दूसरी विधि का प्रतिपादन किया। जिसे *मात्रा आकलन विधि* (magnitude estimation method) कहा गया। स्टीभेन्स का विचार था कि श्रेणी निर्णय विधि (method of category judgement) द्वारा संवेदन की व्याख्या करने में कुछ अप्रत्यक्ष (indirectness) तथा व्यक्तिनिष्ठता (subjectivity) का तत्त्व आ जाता है। परन्तु मात्रा आकलन विधि में उन तत्त्वों का समावेश नहीं हो पाता है।

स्टीभेन्स द्वारा प्रतिपादित मात्रा आकलन विधि में उद्दीपक से उत्पन्न संवेदन को बतलाने के लिये कोई निश्चित श्रेणियाँ (categories) नहीं होतीं हैं। प्रयोज्य (subject) अपना उत्तर किसी भी ढंग से दे सकता है। हाँ, इतना अवश्य है कि उद्दीपक (stimulus) से उत्पन्न संवेदन को बतलाते समय शून्य (zero) या इससे नीचे की संख्या का प्रयोग वर्जित (prohibited) होता है। मात्रा आकलन विधि (method of magnitude estimation) का एक उदाहरण इस प्रकार है—

मान लिया जाय कि प्रयोगकर्त्ता विभिन्न वजनों (weights) से उत्पन्न संवेदन का अध्ययन मात्रा आकलन विधि द्वारा

करना चाहता है। ऐसा करने के लिए वह पहले एक मानक उद्दीपक (standard stimulus) प्रयोग को उठाने के लिए देगा। मान लिजिए कि मानक उद्दीपक का भार (weight) 100 ग्राम है तथा उसका मान (value) 10 है। अब उसके बाद उससे कहा जायेगा कि उन्हें कई भार उद्दीपक (weight stimuli) एक-एक करके दिया जायेगा। यदि किसी भार उद्दीपक को वह मानक भार (standard weight) से दुगुना भारी महसूस करता है तो वह 20 कहेगा और यदि तीनगुना भारी महसूस करेगा तो 30 कहेगा और यदि किसी भार उद्दीपक (weight stimulus) को मानक भार (जिनका मान 10 है) का $\frac{1}{5}$ भाग ही भार समझता है तो वह 2 कहेगा। परन्तु वह किसी भी उद्दीपक भार का निर्णय शून्य (zero) में नहीं करेगा। मात्रा आकलन विधि में मानक उद्दीपक (standard stimulus) को दी गयी संख्यात्मक मान (numerical value) को *मोडुलस* (Modulus) कहा जाता है जो ऊपर के उदाहरण में 10 है।

मात्रा आकलन विधि द्वारा स्टीभेन्स ने भिन्न-भिन्न संवेदी क्षेत्रों (sense modalities) में प्रयोग किया और जब प्राप्त आँकड़ों (data) को उन्होंने आलेख (graph) पर दिखलाया तो स्पष्ट रूप से यह पाया कि उद्दीपक की तीव्रता (intensity of stimulus) तथा उससे उत्पन्न संवेदन की मात्रा (magnitude of sensation) में लघुगुणक सम्बन्ध (logarithmic relationship) नहीं पाया जाता है। उनका कहना था कि संवेदन की मात्रा (magnitude of sensation) उद्दीपक की तीव्रता को एक खास घातांक (exponent) या पावर (power) तक वृद्धि करने का सीधा प्रतिफल होता है। इसे सूत्र के रूप में इस प्रकार व्यक्त किया जा सकता है—

$$S = KR^N$$ ... सूत्र (10)

जहाँ,

S = संवेदन की मात्रा (magnitude of sensation)
R = उद्दीपक की तीव्रता (intensity of stimulus)
K = सतत (constant)
N = घातांक (exponent)

स्टीभेन्स पावर नियम के अनुसार उद्दीपक की तीव्रता *(R)* में परिवर्तन के साथ संवेदन की मात्रा *(S)* में हुआ परिवर्तन घातांक (exponent) के आकार (size) पर निर्भर करता है। यदि घातांक (exponent) 1 है तब तो जितना उद्दीपक की तीव्रता में परिवर्तन होगा, ठीक उतना ही परिवर्तन संवेदन की तीव्रता में होगा। जैसे, स्टीभेन्स ने ताप (temperature) अर्थात् बाँह पर ठंड की संवेदन (sensation for coldness on arm) के लिए घातांक 1 होते पाया है। इसका मतलब यह हुआ कि यदि बाँह पर ठंडे वस्तु से स्पर्श किया जाय तो ठंडे वस्तु की तीव्रता जितनी बढ़ेगी उससे उत्पन्न संवेदन की मात्रा भी ठीक उसी अनुपात में बढ़ेगी। स्टीभेन्स ने भिन्न-भिन्न संवेदी क्षेत्रों के लिए घातांक (exponent) ज्ञात किया है जो करीब-करीब निश्चित (fixed) तथा स्थिर (stable) पाये गये हैं। जैसे—ध्वनि की प्रबलता (loudness) के लिए घातांक (exponent) 6, भिन्न-भिन्न लकीरों की लम्बाई सम्बन्धित संवेदन के लिए 1, नमकीन स्वाद (salty taste) के लिए 1.3, वजन उठाने (weight lifting) से सम्बन्धित संवेदन के लिए 1.45 तथा बिजली के शॉक (electric shock) के लिए 3.5 बतलाया गया है। घातांक में परिवर्तन होने पर उद्दीपक की तीव्रता *(R)* तथा संवेदन की मात्रा *(S)* का आपसी सम्बन्ध बदल जाते हैं जिसे चित्र 2.2 में दिखलाया गया है।

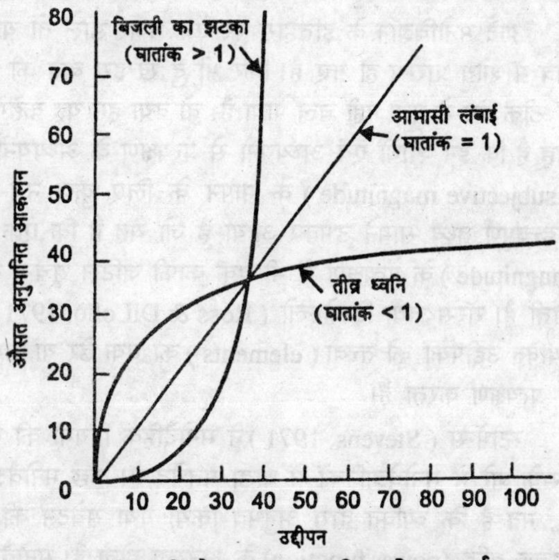

चित्र 2.2 : बिजली के शॉक, लकीर की लम्बाई तथा ध्वनि की प्रबलता के लिए खींचा गया पावर वक्र (Power curves for electric shock, line length and loudness of sound)

चित्र 2.2 में तीन संवेदी क्षेत्रों के उद्दीपकों से उत्पन्न संवेदन की मात्रा को दिखलाया गया है। लकीर की लम्बाई के लिए घातांक 1 हैं, बिजली के शॉक का घातांक एक से ज्यादा यानी 3.5 है तथा ध्वनि की प्रबलता (loudness) का घातांक एक से कम है यानी .6 है। जब घातांक 1 है तो घात फलन (Power function) रेखीय (linear) होता है। इसका मतलब हुआ कि जितनी इकाई उद्दीपक की तीव्रता बढ़ती है या घटती है, ठीक उतनी ही इकाई संवेदन की मात्रा भी बढ़ती है या घटती है। परन्तु जब घातांक एक से कम हो जाता है, जैसा कि ध्वनि की प्रबलता (loudness) में होता है तो घात फलन (power function) का वक्र (curve) नीचे की ओर अवतल (concave downward) हो जाता है (चित्र 2.2 देखें)। इसका मतलब यह हुआ कि उद्दीपक की तीव्रता जैसे-जैसे बढ़ेगी, वैसे-वैसे समान संवेदन उत्पन्न करने के लिए उद्दीपक में बड़ा परिवर्तन (या वृद्धि) की जरूरत होगी। उसी तरह से जब घातांक 1 से अधिक होगा (जैसा कि बिजली के शॉक की स्थति में होता है), तो घात फलन (power function) से सम्बन्धित वक्र (curve) ऊपरी दिशा में अवतल (concave upward) हो जाता है। इसका मतलब यह हुआ कि उद्दीपक यदि तीव्र अवस्था में है, और उसमें यदि 10 इकाई की वृद्धि होती है, तो उससे उत्पन्न संवेदन उससे काफी अधिक मात्रा में बढ़ जाती है। परन्तु यदि उद्दीपक तीव्र अवस्था में न होकर कमजोर (dim) अवस्था में होती है तो वही 10 इकाई की वृद्धि से उत्पन्न संवेदन में उतनी वृद्धि (जितनी की तीव्र अवस्था में हुई थी) नहीं होती है।

ऊपर के विवरण से स्पष्ट है कि स्टीभेन्स का पावर नियम में फेकनर के नियम की अपेक्षा अधिक वस्तुनिष्ठता (objectivity) तथा प्रत्यक्षता (directedness) है। इससे उद्दीपक की तीव्रता तथा उससे उत्पन्न संवेदन की मात्रा (magnitude) के सम्बन्ध में (relationship) को समझने में कोई दिक्कत नहीं रह जाती है।

मनोदैहिक नियमों की वर्तमान स्थिति
(Present Status of Psychophysical Law)

पिछले अनुच्छेदों में तीन महत्त्वपूर्ण मनोदैहिक नियमों अर्थात वेबर नियम, वेबर-फेकनर नियम या फेकनर नियम तथा स्टीभेन्स नियम (Steven's law) की चर्चा की गयी है। इन मनोदैहिक नियमों की वर्तमान स्थिति (present status) क्या है, इस पर हम यहाँ विचार करेंगे।

यदि मनोविज्ञान के इतिहास पर एक नजर डालें तो यह स्पष्ट होगा कि करीब 120 साल पूर्व से ही मनोदैहिकी के क्षेत्र में शोध प्रारम्भ हो गए हैं। फिर भी दुःख इस बात की है आज तक मनोदैहिकी नियमों के वास्तविक स्वरूप के बारे में ठीक ढंग से पता नहीं चल पाया है। तो क्या हम यह कहेंगे कि अब तक का किया गया शोध अर्थहीन हैं? नहीं। सच्चाई यह है कि इन शोधों एवं अध्ययनों से प्रत्यक्षण के अध्ययनों को काफी लाभ पहुँचा है। इन अध्ययनों से आत्मनिष्ठ मात्रा (subjective magnitude) के मापन के लिए कुछ नये-नये तकनीक विकसित हो पाये हैं और साथ-ही-साथ एक महत्त्वपूर्ण तथ्य सामने उभकर आया है जो यह है कि एक स्पष्ट एवं साधारण समस्या जैसे उद्दीपक मात्रा (stimulus magnitude) के प्रत्यक्षण में भी एक काफी जटिल सूचना संसाधन (information processing) की प्रक्रिया सम्मिलित होती है। रॉस्स तथा डिलोल्लो (Ross & DiLollo, 1971) ने तो अपने अध्ययन के आधार पर यहाँ तक कहा है कि व्यक्ति उद्दीपकों को तत्त्वों (elements) का एक ढेर या समूह के रूप में न कि उनके एकांकी (unitary) गुणों के रूप में प्रत्यक्षण करता है।

स्टीभेन्स (Stevens, 1971) ने मनोदैहिक नियमों की वर्तमान स्थिति पर अपना विचार प्रकट करते हुए कहा है कि इसके बारे में मनोवेज्ञानिकों में थोड़ा मतभेद हैं। कुछ मनोवैज्ञानिकों जिनमें स्टीभेन्स (Stevens) का भी नाम लिया जाता है, मत है कि व्यक्ति द्वारा अनुभव किया गया संवेदन की मात्रा (magnitude of sensation) उद्दीपक की तीव्रता के घातक वृद्धि (power function) के अनुरूप होता है। मनोवैज्ञानिकों का दूसरा समूह ऐसा है जिनके अनुसार उद्दीपक की मात्रा से उत्पन्न संवेदन में जटिलता काफी होती है और जब तक उन कारकों का पता नहीं लगाया जाता है जिनसे जटिलता उत्पन्न होती है, मनोदैहिक नियमों (psychophysical laws) के बारे में कुछ भी कहना एक अपरिपक्व कदम होगा। वर्तमान समय में विभिन्न दिशाओं में विभिन्न तरह के प्रयास किये जा रहे हैं। जैसे—कुछ मनोवैज्ञानिकों जिसमें क्रान्ज

(Krantz,1972) का नाम प्रधान है, ने उद्दीपक के बारे में प्रयोज्य द्वारा किये गये निर्णय में उद्दीपकों के आपसी सम्बन्ध को न कि संवेदन की मात्रा (sensation magnitude) को महत्त्वपूर्ण बतलाया है। दूसरे तरफ कुछ अन्य मनोवैज्ञानिकों जैसे—वेरड (Baird, 1970), वैंक्स एवं हिल्ल (Banks & Hill, 1974), लुस एवं ग्रीन (Luce & Green, 1972) आदि द्वारा विभिन्न प्रयोगात्मक प्रविधियों से प्राप्त परिणाम को संश्लेषित करने तथा उसे समन्वित करने के उपायों की खोज की गयी है। इन प्रयासों से मनोवैज्ञानिकों द्वारा मनोदैहिक नियमों के बारे में किये गए चिन्तनों एवं शोधों पर प्रकाश पड़ा है।

संकेत अभिज्ञान का सिद्धान्त
(Theory of Signal Detection or TSD)

जब कोई भी उद्दीपक (stimulus) या संकेत (signal) हमारे सामने उपस्थित किया जाता है तो इससे उत्पन्न संवेदनशीलता (sensitivity) मूल रूप से दो बातों पर निर्भर करती है। पहली बात तो यह होती है कि उस संकेत (singal) से सम्बन्धित ज्ञानेन्द्रिय (sense organ) जैसे आवाज (sound) है तो कान, कोई देखने योग्य वस्तु है तो आँख आदि की संवेदीं क्षमता (sensory capacity) कितनी है। यदि इनकी संवेदी क्षमता अधिक होगी तो व्यक्ति उस उद्दीपक या संकेत का प्रत्यक्षण (perception) स्पष्टतः रूप से कर लेगा। इसे *संवेदी कारक* (sensory factor) कहा गया है। दूसरी बात वह है जिसपर किसी संकेत के प्रति हमारी संवेदनशीलता निर्भर करती है और उसमें कई कारक (factor) एक साथ मिले हुए होते हैं। जैसे व्यक्ति की अभिप्रेरणा (motivation), ध्यान (attention), उम्मीद (expectation) तथा शोरगुल (noise) कुछ ऐसे कारक (factors) हैं जिनपर किसी उद्दीपक या संकेत के प्रति हमारी संवेदनशीलता निर्भर करती है। इन कारकों को *असंवेदी कारक* (nonsensory factor) या *असंवेदी पूर्वाग्रह* (nonsensory bias) कहा जाता है। संकेत अभिज्ञान का सिद्धान्त (theory of signal detection) वह सिद्धान्त है जो हमें यह बतलाता है कि किसी संकेत की पहचान (detection) से सम्बन्धित निर्णय कहाँ तक संवेदी कारकों (sensory factors) द्वारा प्रभावित होता है तथा कहाँ तक असंवेदी कारकों द्वारा प्रभावित होता है। दूसरे शब्दों में यह कहा जा सकता है कि संकेत अभिज्ञान सिद्धान्त संवेदी कारकों (sensory factors) तथा असंवेदी कारकों (nonsensory factors) को अलग करने का एक महत्त्वपूर्ण विधि (method) के समान है।

किसी भी संकेत अभिज्ञान प्रयोग (signal detection experiment) में प्रयोगकर्त्ता प्रयोज्य (subject) द्वारा भिन्न-भिन्न प्रयासों (trials) में किये गये निर्णय (judgement) को सावधानीपूर्वक लिखता है और बाद में उसका विश्लेषण करता है। इन भिन्न-भिन्न प्रयासों में से कभी तो संकेत (signal) या उद्दीपक (stimulus) उपस्थित (present) रहता है और कभी तो अनुपस्थित (absent) रहता है। जिस प्रयास में संकेत नहीं दिया जाता है अर्थात वह अनुपस्थित रहता है, उसे *पकड़ प्रयास* (catch trial) कहा जाता है। इस तरह की परिस्थिति में जहाँ कभी तो संकेत दिया जाता है तथा कभी नहीं, मूलतः चार तरह की अनुक्रियाएँ (responses) प्रयोज्य द्वारा की जातीं हैं जो निम्नांकित है—

(i) ठीक अनुमान करने की अनुक्रिया *(Hit responses)*—वैसे अनुक्रिया को कहा जाता है जब उद्दीपक या संकेत उपस्थित होता है और प्रयोज्य उसकी उपस्थिति की पहचान करने में सफल हो जाता है।

(ii) चूक जाने की अनुक्रिया *(Miss responses)*—वैसे अनुक्रिया को कहा जाता है जब उद्दीपक या संकेत उपस्थित होता है परन्तु प्रयोज्य उसकी उपस्थिति की पहचान करने में चूक जाता है।

(iii) गलत अलारम की अनुक्रिया *(False alarm)*—वैसे अनुक्रिया को कहा जाता है जब किसी प्रयास (trial) में संकेत अनुपस्थित (absent) होता है परन्तु प्रयोज्य को ऐसा महसूस होता है कि संकेत उपस्थित था।

(iv) सही अस्वीकार की अनुक्रिया *(Correct rejection)*—वैसे अनुक्रिया को कहा जाता है जब किसी प्रयास में संकेत अनुपस्थित होता है और साथ-ही-साथ प्रयोज्य भी यही कहता है कि संकेत अनुपस्थित था।

किसी प्रयोज्य (subject) द्वारा किये गये इन चार तरह के निर्णय को एक तालिका के रूप में तालिका **2-F** में दिखलाया गया है।

तालिका 2-F संकेत अभिज्ञान प्रयोग में चार तरह की अनुक्रियाएँ

(Four types of responses in Singal detection experiment)

		अनुक्रियाएँ (responses)	
		हाँ (Yes)	नहीं (No)
संकेत (signal)	उपस्थित (Present)	Hit .30	Miss .70
	अनुपस्थित (Absent)	False Alarm .15	Correct Rejection .85

तालिका 2.F को यदि हम ध्यानपूर्वक देखें तो यह स्पष्ट हो जाता है कि Hit एवं Miss की अनुक्रियाएँ एक-दूसरे के पूरक हैं क्योंकि दोनों के अनुपात का योग 1 हैं। यदि किसी संकेत अभिज्ञान प्रयोग में 100 प्रयास (trials) ऐसे हैं जिसमें उद्दीपक या संकेत उपस्थित है परन्तु प्रयोज्य ने इसमें से 30 प्रयास में ही ठीक अनुमान करने की अनुक्रिया किया है तो स्वभावतः 70 प्रयास में चूक जाने की अनुक्रिया करेगा। उसी तरह से गलत अलाराम (false alarm) की अनुक्रिया तथा सही अस्वीकार (correct rejection) की अनुक्रिया भी एक-दूसरे के पूरक है क्योंकि इन दोनों अनुक्रियाओं का अनुपात भी 1 है। अतः प्रयोगकर्त्ताओं ने इन सभी चार अनुक्रियाओं (responses) में से सिर्फ दो ही अनुक्रियाएँ यानी सही अनुमान की अनुक्रिया एवं गलत अलारम (false alarm) की अनुक्रिया का ही विश्लेषण किया है क्योंकि उनका ऐसा विचार है कि मात्र इन दोनों अनुक्रियाओं के विश्लेषण करने से ही मुख्य उद्देश्य की प्राप्ति हो जायेगी अर्थात प्रयोज्य के निर्णय में संवेदी कारकों (sensory factors) तथा असंवेदी कारकों(nonsenory factors) को अलग करना सम्भव हो जायेगा।

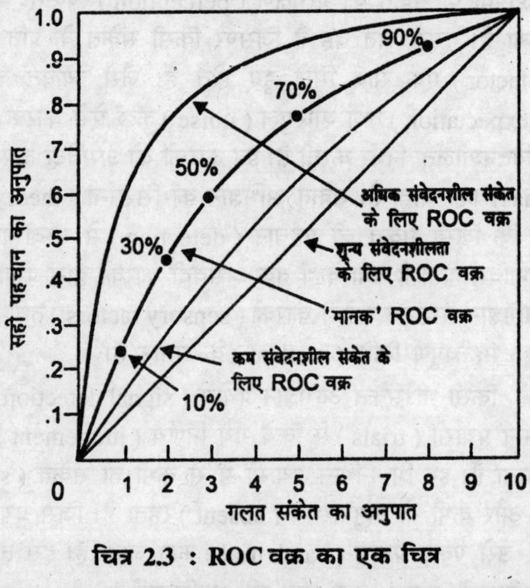

चित्र 2.3 : ROC वक्र का एक चित्र

जब प्रयोगकर्त्ता इस बात का निर्णय कर लेता है कि सिर्फ उसे अनुमान (hit) की अनुक्रिया तथा गलत अलारम (false alarms) की ही अनुक्रिया का विश्लेषण करना है, तो वह प्रयोज्य के निर्णय को भिन्न-भिन्न प्रयासों (trials) का एक समूह (group) या ब्लाक (block) बनाकर प्राप्त करने की कोशिश करता है। यह समूह 100 प्रयासों (trials) का हो सकता है, 150 प्रयासों का भी हो सकता या मात्र 50 प्रयासों का भी हो सकता है। किसी एक ब्लाक या समूह में ऐसा हो सकता है कि संकेत (signal) मात्र 10% प्रयास में ही उपस्थित (present) हो जबकि अन्य ब्लाक या समूह में संकेत 50%, 70%, 90% प्रयासों में उपस्थित हो। मनोदैहिकी (psychophysics) के क्षेत्र के विशेषज्ञों (experts) ने इन भिन्न ब्लाक में सही अनुमान (hit) की अनुक्रिया के अनुपात तथा गलत अलारम (false alarm) की अनुक्रिया के अनुपात को आलेख (graph) पर एक विशेष वक्र रेखा (curve) द्वारा दिखलाया है। इस तरह का वक्र जो इन दोनों तरह के अनुपात के सम्बन्धों को दिखलाता है, उसे *रिसीवर-ऑपरेटिंग-कैरेक्टरिसटीक वक्र* (Receiver-operating-characteristic या ROC curve) कहा जाता है। ROC वक्र के विशेष (typical) आकार (shape) को चित्र संख्या 2.3 में दिखलाया गया है।

सामान्यतः उद्दीपक या संकेत के किसी खास स्तर (level) पर जब कुछ प्रयासों (trials) में उद्दीपक दिया जाता है तथा कुछ प्रयासों में नहीं, तो ROC वक्र द्वारा प्रयोज्य (receiver) में होने वाले क्रियात्मक गुणों (operating characteristics) का वर्णन होता है। ऐसे ROC वक्र की कुछ खास विशेषताएँ (characteristics) होतीं है जिनपर ध्यान देने से इस वक्र का महत्त्व और भी स्पष्ट हो जाता है। इन विशेषताओं का वर्णन निम्नांकित हैं—

1. आलेख (graph) की सीधी तीरछी (diagonal) रेखा द्वारा शून्य संवेदनशीलता (zero sensitivity) का संकेत मिलता है। इस रेखा द्वारा यह पता चलता है कि प्रयोज्य उद्दीपक या संकेत (signal) को नहीं पहचान पाता है। इस प्रकार की सीधी रेखा उस समय भी प्राप्त हो सकता है जब संकेत (signal) देहली (threshold) के नीचे होता है या यदि अंधा आदमी रोशनी की तीव्रता का निर्णय कर रहा है या बहरा आदमी ध्वनि की तीव्रता का निर्णय कर रहा है। अतः आलेख की सीधी तीरछी रेखा द्वारा यह पता चलता है कि उद्दीपक या संकेत (signal) को व्यक्ति नहीं पहचान (detect) कर रहा है। अपना निर्णय सिर्फ एक अंदाज (guess) पर आधारित करके दे रहा है। फलस्वरूप सही अनुमान (hit) का अनुपात तथा गलत अलारम (false alarm) का अनुपात बराबर हो जाता है।
2. सीधी-तीरछी रेखा से ऊपर अर्थात् बायीं ओर की वक्र रेखाओं (curve lines) द्वारा संकेत (signal) की तीव्रता में वृद्धि और उसके फलस्वरूप उसे पहचान (detection) करने की अनुक्रिया के अनुपात में भी वृद्धि का पता चलता है।
3. वक्र जितना ही धनुषाकार (bowed-shaped) अधिक होता है, प्रयोज्य (receiver) में संवेदनशीलता (sensitivity) उतनी ही अधिक होती है। दूसरे शब्दों में, वक्र में धनुषाकार जितना ही अधिक होगा, सही अनुमान (hit) का अनुपात गलत अलारम (false alarm) की अनुपात से अधिक होगा। जैसे-जैसे वक्र धनुष (bow) की आकृति का होता जाता है, उसके अन्दर का कुल क्षेत्र (total area) भी बढ़ता जाता है जिसे d' कहा जाता है। d' एक सांख्यिकीय मान (statistical value) है जो व्यक्ति या प्रयोज्य की संवेदनशीलता को दिखलाता है। d' का मान जितना ही अधिक होगा, व्यक्ति की संवेदनशीलता उतनी ही अधिक होगी।
4. जब प्रयासों का किसी ब्लाक में संकेत (signal) की उपस्थिति का प्रतिशत कम होता है (जैसे मात्र 10%) तो वैसी अवस्था में सही अनुमान की अनुक्रिया (hit response) तथा गलत अलारम (false alarm) की अनुक्रिया दोनों ही कम होते हैं परन्तु सही अनुमान अनुक्रिया का अनुपात (ratio) गलत अलारम के अनुपात की अपेक्षा अधिक होता है (चित्र 2.3 में मानक ROC वक्र पर ध्यान दें) दूसरे तरफ, जब प्रयासों का किसी ब्लाक में संकेत (signal) की उपस्थिति का प्रतिशत अधिक होता है (जैसे 70% या 90%) तो वैसी अवस्था में सही अनुमान की अनुक्रिया तथा गलत अलारम की अनुक्रिया दोनों ही अधिक होते हैं परन्तु सही अनुमान का अनुपात (ratio) गलत अलारम का अनुपात की अपेक्षा कम होता है। शायद यही कारण है कि वक्र (curve) धनुषाकार (bow-shaped) हो जाता है।
5. ROC वक्र द्वारा संकेत (signal) के किसी एक ही तीव्रता स्तर (intensity level) पर प्रयोज्य द्वारा दिये गये अनुक्रिया के पैटर्न (pattern) का पता चलता है। जब तीव्र उद्दीपक या संकेत दिया जायेगा, तो प्रयासों के भिन्न-भिन्न ब्लाक को मिलाती हुई बनी ROC वक्र काफी धनुषाकार होता है और जब धीमा उद्दीपक या संकेत दिया जायेगा तो ROC वक्र सीधा तीरछा रेखा (straight diagonal line) के नजदीक से गुजरता है।

कुछ मनोवैज्ञानिकों जैसे—टैन्नर, स्वेटस तथा ग्रीन (Tanner, Swets & Green, 1956) एवं स्वेटस, टैन्नर तथा वर्डसाल(Swets, Tanner & Birdsall, 1961)ने असंवेदी कारकों(nonsensory)जैसे प्रयोज्य की उम्मीद(expectation) तथा अभिप्रेरण (motivation) में परिवर्तन कर प्रयोज्य के अनुक्रिया के पैटर्न (response pattern) में होनेवाले परिवर्तनों को यानी प्रयोज्य द्वारा दिये गये 'हाँ' अनुक्रिया की संख्या में परिवर्तनों का अध्ययन किया है। टैन्नर, स्वेट्स तथा ग्रीन (Tanner, Swets & Green, 1956) ने एक प्रयोग किया जिसमें प्रयोज्य की प्रत्याशा या उम्मीद(expectation) में परिवर्तन कर उसके 'हाँ' अनुक्रिया (Yes response) का अध्ययन किया। इस अध्ययन में उनलोगों ने एक ध्वनि को .1 सेकेण्ड के लिए एक नियंत्रित ध्वनि कक्ष (controlled sound room) में कुछ प्रयासों में दिया और कुछ प्रयासों में नहीं। प्रयोज्य को ध्वनि सुनाई देने पर एक बटन दबाकर अनुक्रिया (response) करना होता था और जब ध्वनि नही सुनाई देती थी तो दूसरा बटन दबाकर अनुक्रिया करनी होती थी। (ध्यान रहे कि ध्वनि की तीव्रता हमेशा समान रहती थी)। प्रयोज्य का निर्णय कई ब्लाक (block) में प्राप्त किये गये। कुछ ब्लाक में 50% में ध्वनि यानी संकेत (signal) उपस्थित किया जाता था, कुछ में 10% प्रयास में ही तथा कुछ में 90% प्रयासों में ध्वनि उपस्थित किया जाता है। स्वभावतः जब 10% प्रयास

में ही संकेत दिया जाता था, तब प्रयोज्य की प्रत्याशा (expectation) अर्थात् संकेत की उपस्थिति की प्रत्याशा कम होती थी परन्तु जब 90% प्रयास में संकेत दिया जाता था तब उसमें संकेत की उपस्थिति से सम्बन्धित प्रत्याशा अधिक होती थी। परिणाम में देखा गया कि जब प्रत्याशा अधिक होती थी (जैसे 90%) तो गलत अलाराम (false alarm) की संख्या उस अवस्था की तुलना में अधिक होती थी जब प्रयोज्य में संकेत की उपस्थिति से सम्बन्धित प्रत्याशा (expectation) कम होती थी (जैसे 10%)। टैन्नर, स्वेटस तथा ग्रीन (Tanner, Swets & Green, 1956) ने अपने अध्ययन में 90% उद्दीपक या ध्वनि उपस्थित होने की अवस्था में गलत अलारम का अनुपात .80 पाया। (तालिका 2-G देखें)। ध्वनि कम उपस्थित होने की अवस्था में यानी 10% उद्दीपक उपस्थित होने की अवस्था में प्रयोज्य अधिकतर चूक जाने की अनुक्रिया (miss response) करता था जिसका अनुपात .61 था, यानी ऐसी परिस्थिति में सही अनुमान की अनुक्रिया का अनुपात मात्र .39 था (तालिका 2-G देखें)। अतः 90% उद्दीपक उपस्थित होने की अवस्था में गलत अलारम का अनुपात अधिक हो जाता है (सामान्य प्रत्याशा की अवस्था की तुलना में) तथा 10% उद्दीपक उपस्थित होने की अवस्था में चूक जाने की अनुक्रिया (miss responses) का अनुपात अधिक होने से स्वभावतः सही अनुमान की अनुक्रिया का अनुपात कम हो जाता है। अनुपात में इस तरह का परिवर्तन होने से ROC वक्र के आकार में उस समय की तुलना में परिवर्तन आ जाता है जब प्रयोज्य की प्रत्याशा (expectation) सामान्य होती है। तालिका 2-G में टैन्नर, स्वेटस तथा ग्रीन (Tanner, Swets & Green, 1956) द्वारा 90% तथा 10% उद्दीपक उपस्थित अवस्थाओं में प्राप्त आँकड़ों को दिखलाया गया है जिस पर ध्यान देने से ऊपर की बात और भी स्पष्ट हो जाती है।

तालिका 2-G : 90% तथा 10% उद्दीपक उपस्थिति की अवस्थाओं में चार तरह की अनुक्रियाओं का अनुपात

(Proportion of four types of responses in 90% and 10% stimulus present conditions)

90% उद्दीपक उपस्थित की अवस्था में

	अनुक्रिया (response)	
उद्दीपक (Stimulus)	हाँ (Yes)	नहीं (No)
उपस्थित (Present)	.96	.04
अनुपस्थित (Absent)	.80	.20

10% उद्दीपक उपस्थित की अवस्था में

	अनुक्रिया (response)	
उद्दीपक (Stimulus)	हाँ (Yes)	नहीं (No)
उपस्थित (Present)	.39	.61
अनुपस्थित (Absent)	.05	.95

स्वेटस, टैन्नर तथा वर्डसाल्ल (Swets, Tanner & Birdsall, 1961) ने एक प्रयोग किया है जिसमें व्यक्ति के अभिप्रेरण (motivation) में परिवर्तन करके उसके अनुक्रिया के पैटर्न (pattern) में होने वाले परिवर्तनों का अध्ययन किया गया है। इन लोगों ने प्रयोगशाला में किसी खास अनुक्रिया के महत्त्व को कुछ विशेष प्रलोभन (incentive) जैसे उस अनुक्रिया के करने के बाद मुद्रा (money) देकर अधिक कर दिया। इन लोगों ने अपने प्रयोग में प्रत्येक सही अनुमान की अनुक्रिया (Hit response) के बाद प्रयोज्य को 10 सेन्ट (cents) दे दिया करते थे तथा प्रत्येक गलत अलारम (false alarm) की अनुक्रिया के बाद उससे 5 सेन्ट (cents) वापस लेते थे। ऐसी परिस्थिति में प्रयोज्य के लिए सही अनुमान की अनुक्रिया का महत्त्व दूसरी अनुक्रिया यानी गलत अलारम की अनुक्रिया के महत्त्व की अपेक्षा अधिक थी। इन लोगों ने अपने अध्ययन के परिणाम में यह पाया कि जिस तरह से प्रयोज्य की प्रत्याशा (expectation) में परिवर्तन होने से ROC वक्र में परिवर्तन आ जाता है, ठीक उसी प्रकार यदि प्रयोज्य के लिए किसी खास अनुक्रिया को जब काफी महत्त्वपूर्ण बना दिया जाता है तो वैसी परिस्थिति में ROC वक्र में परिवर्तन आ जाता है क्योंकि प्रयोज्य महत्त्वपूर्ण अनुक्रिया को अधिक करता है। इन लोगों के प्रयोग में सही अनुमान करने की अनुक्रिया (hit responses) का अनुपात गलत अलारम की अनुक्रिया (false alarm responses) का अनुपात कहीं अधिक था। इन लोगों ने पाया कि इस तरह की परिस्थिति में प्रयोज्य का अधिकतर निर्णय (judgements) ROC वक्र के बायीं ओर अर्थात् नीचे की ओर सांद्रित (concentrated) होता है। दूसरी तरफ जब कोई विशेष अनुक्रिया को व्यक्ति के लिए महत्त्वपूर्ण नहीं बनाया जाता है और प्रत्येक प्रयास (trial) में व्यक्ति को उद्दीपक या संकेत (signal) की पहचान आवश्यक होता है तो वैसी परिस्थिति में व्यक्ति का अधिकतर निर्णय (judgement) ROC वक्र में ऊपर के बायीं ओर से आने वाली तिरछी रेखा जो शून्य संवेदनशीलता (zero sensitivity) दिखलानेवाली रेखा के बीच (centre) तक आती है, से दायीं ओर यानी ऊपर की ओर सांद्रित (concentrated) होता है। (चित्र 2.3 देखें)।

मनोभौतिकी (psychophysics) के क्षेत्र में काम कर रहे अनेकों विशेषज्ञों (experts) का मत है कि किसी भी प्रयास में उद्दीपक (stimulus) या संकेत (signal) व्यक्ति के सामने उपस्थित नहीं किये जाने पर भी उस समय उसके संवेदी (sensory) तथा प्रत्यक्षाणात्मक (perceptual) तंत्र (system) क्रियाशील होते हैं जिसके फलस्वरूप कुछ आवाज (noise) उत्पन्न होता है जिसे सिर्फ वह व्यक्ति ही सिर्फ महसूस करता है। इस तरह की आवाज को संवेदी आवाज (sensory noise) कहा जाता है। जब कोई बाहर से उद्दीपक जैसे आवाज दिया जाता है तो ऐसी परिस्थिति में वह संवेदी तंत्रों (sensory system) को अधिक क्रियाशील कर संवेदी आवाज के स्तर को काफी बढ़ा देता है जिसके परिणामस्वरूप व्यक्ति संकेत या उद्दीपक की पहचान (detection) आसानी से कर लेता है। विशेषज्ञों (experts) का मत है कि कभी-कभी जब उद्दीपक या संकेत की तीव्रता का स्तर धीमा (dim) होता है, तो ऐसी परिस्थिति में इससे उत्पन्न संवेदन तथा संवेदी आवाज से उत्पन्न संवेदन एक-दूसरे के काफी समान (similar) होते हैं। फलस्वरूप व्यक्ति को उद्दीपक की उपस्थिति (presence) तथा अनुपस्थिति (absence) की अवस्थाओं में अन्तर (difference) करना काफी कठिन हो जाता है। इस समस्या (problem) का समाधान करने के लिए व्यक्ति अपने अनुभव, प्रत्याशा (expectation), प्रेरणा (motivation) आदि के आधार पर एक खास संवेदन स्तर (sensation level) के लिए एक कसौटी (criterion) या विच्छेद बिन्दु (cut-off point) निर्धारित करता है जिसे बीटा (beta) या β कहा जाता है। अगर किसी संकेत (signal) से उत्पन्न संवेदन का स्तर (sensation level) उस विच्छेद बिन्दु (cut-off point) से नीचे है, तो व्यक्ति उत्तर 'नहीं' (No) में देता है अर्थात वह उद्दीपक या संकेत का प्रत्यक्षण (perception) नहीं कर पाता है। परन्तु यदि किसी संकेत से उत्पन्न संवेदन का स्तर उस विच्छेद बिन्दु (cut-off point) से ऊपर होता है तो व्यक्ति का उत्तर 'हाँ' (Yes) में होता है अर्थात् उसे उद्दीपक या संकेत का प्रत्यक्षण हो पाता है। यदि कोई प्रयोज्य (subject) सचमुच में समस्या की उपयुक्त परिस्थिति में एक विच्छेद बिन्दु (cut-off point) का निर्धारण कर 'हाँ' या 'नहीं' में उत्तर देता है, तो उसे *आदर्श प्रेक्षक* (ideal observer) या आदर्श प्रयोज्य (ideal subject) की संज्ञा दी जाती है।

इस तरह से हम देखते हैं कि संकेत अभिज्ञान सिद्धान्त (signal detection theory) में किसी संकेत या उद्दीपक के प्रति व्यक्ति की संवेदनशीलता (sensitivity) की माप की जाती है। व्यक्ति की संवेदनशीलता उसके प्रत्याशा (expectation) अभिप्रेरणा (motivation) आदि से प्रभावित होती है। परन्तु संकेत अभिज्ञान सिद्धान्त में विशुद्ध संवेदनशीलता (pure sensitivity) का अध्ययन (d' का मान ज्ञात कर) किया जाता है। विशुद्ध संवेदनशीलता से तात्पर्य वैसी संवेदनशीलता से है जो सिर्फ उद्दीपक या संकेत (single) द्वारा ही व्यक्ति में उत्पन्न होता है। इसमें व्यक्ति के प्रत्याशा (expectation) तथा अभिप्रेरणा (motivation) का कोई हाथ नहीं होता है। संकेत अभिज्ञान सिद्धान्त (signal detection theory) का अनुप्रयोग (application) भिन्न-भिन्न क्षेत्रों में हुआ है। जैसे—वकाहौट (Buckhout, 1974) ने इस सिद्धान्त का उपयोग प्रत्यक्षदर्शी (eyewitness) द्वारा अपराधी (culprit) को (यानी संकेत को) व्यक्तियों की कतार (line) से पता लगाने में किया है।

कुछ आलोचकों (critics) ने कहा है कि संकेत अभिज्ञान सिद्धान्त में एक साधारण समस्या (problem) के लिए अर्थात किसी उद्दीपक की पहचान (detection) करने के लिए या न्यूनतम संवेदी स्तर (minimum sensory level) का पता लगाने के लिए काफी लम्बा-चौड़ा (elaborate) तरीका अपनाया जाता है जो स्पष्टतः जटिल (complex) है तथा इससे समय की बर्बादी होती है। परन्तु ध्यान से देखा जाय तो हम इस निष्कर्ष पर पहुँचते हैं कि आलोचना सही नहीं है। सचमुच में, इस तरह का लम्बा-चौड़ा विश्लेषण (elaborate analysis) की जरूरत है क्योंकि प्रेक्षक (observer) या प्रयोज्य (subject) एक सजीव प्राणी है जिसमें प्रत्याशा (expectation) एवं अभिप्रेरणा (motivation) जैसे असंवेदी कारक (nonsensory factor) मौजूद होते हैं जो उसके निर्णय (judgement) को एक विशुद्ध निर्णय (pure judgement) नहीं रहने देते हैं। इस सिद्धान्त के विस्तृत विश्लेषण द्वारा व्यक्ति के निर्णय को असंवेदी कारकों से दूर रखकर अध्ययन करना सम्भव होता है।

हेलसन का संवेदी अनुकूलन स्तर सिद्धान्त
(Helson's Sensory Adaptation Level Theory)

हेल्सन का संवेदी अनुकूलन स्तर सिद्धान्त (Helson's Sensory adaptation level theory) प्रत्यक्षण तथा मनोदैहिकी (psychophysics) में किये गये भिन्न-भिन्न प्रकार के शोधों (researches) पर आधृत है। इस सिद्धान्त से यह स्पष्ट हो गया है कि व्यक्ति किसी भी उद्दीपक कों अन्य दूसरे तरह के समान उद्दीपकों से अलग कर उसका प्रत्यक्षण नहीं करता

है। सच्चाई यह है कि जब व्यक्ति किसी उद्दीपक का प्रत्यक्षण करता है तो उस पर सन्दर्भ (context) का प्रभाव अवश्य ही पड़ता है जिसमें उस व्यक्ति को अन्य उद्दीपकों का अनुभव पहले से ही प्राप्त होता है। अतः सन्दर्भ का प्रभाव (contextual effects) संवेदी निर्णय (sensory judgement) पर बहुत ही स्पष्ट रूप से पड़ता है। इनगेन तथा टुलुनरी (Engen & Tulunary, 1956) ने एक प्रयोग कर यह स्पष्ट रूप से दिखाया गया है कि संवेदी निर्णय पर एक वैसे सन्दर्भ (context) का प्रभाव पड़ता है जिसमें कई तरह के उद्दीपक पहले से आ चुके होते हैं। इन लोगों ने अपने प्रयोग में आरोही श्रृंखला (ascending series) में भिन्न-भिन्न वजन के कई उद्दीपक (stimulus) व्यक्ति के सामने एक-एक करके उपस्थित किया। प्रयोज्य को यह बतलाना होता था कि इन विभिन्न वजनों में से कौन-सा वजन मानक उद्दीपक यानी मानक भार (standard weight) का आधा है। यही प्रक्रिया अवरोही श्रृंखला (descending series) में दोहरायी गयी और यहाँ भी प्रयोज्य को यही बतलाना था कि इसमें से कौन-सा वजन मानक भार का आधा है। परिणाम में यह देखा गया कि आरोही श्रृंखला ascending series) में जहाँ हल्का वजन (light weight) से प्रारम्भ कर धीरे-धीरे अधिक भारी वजन का उद्दीपक दिया जाता था, जिस वजन को प्रयोज्य ने मानक भार का आधा के बराबर बताया, वह सचमुच में उस वजन से हल्का (lighter) था जिसे प्रयोज्य ने अवरोही श्रृंखला (descending series) में मानक वजन का आधा बतलाया था। ऐसा होने का मात्र कारण वह सन्दर्भ (context) है जिसमें व्यक्ति को हल्का ही वजन कई बार (आरोही श्रृंखला में) दिया गया था। अवरोही श्रृंखला में जब कई बार अधिक भारी वजन प्रयोज्य को दिया गया तो उसके मन में एक-दूसरे प्रकार का सन्दर्भ (context) उत्पन्न हो गया जिसके कारण वह जिस वजन को मानक वजन का आधा समझा वह आरोही श्रृंखला में आधा समझे जानेवाले वजन से कहीं अधिक था। बाद में पेडले तथा हारपर (Pedley & Harper, 1959) तथा विनस्टीन, गोल्डस्टोन एवं बोर्डमैन (Weinstein, Goldstone & Boardman, 1958) ने अपने प्रयोग में स्वर (pitch) के निर्णय में भी इसी तरह का परिणाम पाया है।

किसी भी उद्दीपक के प्रत्यक्षण (perception) पर सन्दर्भ (context) के पड़ने वाले प्रभाव का क्रमबद्ध (systematic) तथा वैज्ञानिक (scientific) व्याख्या सबसे पहले हेल्सन (Helson, 1964) ने अपने सिद्धान्त (theory) में किया जिसे हेल्सन का संवेदी अनुकूलन स्तर सिद्धान्त (sensory adaptation level theory) कहा जाता है। इस सिद्धान्त के गुणात्मक (qualitative) तथा परिमाणात्मक (quantitative) दोनों पहलू (aspects) हैं। इस सिद्धान्त के अनुसार व्यक्ति अपने आपको इर्द-गिर्द के बदलते हुए वातावरण के साथ अनुकूलन (adaptation) करके अनुक्रिया (response) करने की कोशिश करता है। जब व्यक्ति के सामने किसी एक ही संवेदी क्षेत्र के कई उद्दीपक दिये जाते हैं, तो वह इन उद्दीपकों से प्राप्त अनुभव के आधार पर पहले एक निर्देशन स्तर (reference level) अपने मन में तैयार कर लेता है। निर्देशन स्तर को *अनुकूलन स्तर* (adaptation level) भी कहा जाता है। वह सभी उद्दीपकों से उत्पन्न संवेदनों का मूल्यांकन (evaluation) इसी स्तर के आधार पर करता है। यदि कोई उद्दीपक अनुकूलन स्तर से ऊपर होता है तो उसे वह तीव्र (intense) समझता है क्योंकि उससे तीव्र संवेदन उत्पन्न होता है। उसी तरह यदि कोई उद्दीपक अनुकूलन स्तर से नीचे होता है तो उसे वह कमजोर या धीमा उद्दीपक समझता है और यदि कोई उद्दीपक ठीक अनुकूलन स्तर पर ही होता है, तो उसे तटस्थ (neutral) या मध्यम (medium) श्रेणी का समझा जाता है। ऐसे उद्दीपक को व्यक्ति न तीव्र ही और न धीमा ही समझता है। इस सिद्धान्त के अनुसार तब यह बिलकुल ही स्पष्ट हो जाता है कि व्यक्ति द्वारा उद्दीपकों के बारे में किया गया सभी निर्णय (judgement) सापेक्ष (relative) होते हैं। कोई भी उद्दीपक कमजोर (यानी धीमा) या तीव्र (intense) अपने आप में नहीं होता है। उसे कमजोर या तीव्र तभी कहा जाता है, जब उसकी तुलना अनुकूलन स्तर (adaptation level) से की जाती है जो प्रत्येक व्यक्ति के लिए अलग-अलग हो सकता है। अतः अनुकूलन स्तर का निर्धारण एक आत्मगत घटना (subjective phenomenon) है।

हेल्सन के इस सिद्धान्त का सबसे मूल (basis) सम्प्रत्यय (concept) है—अनुकूलन स्तर (adaptation level) का निर्धारण करना। हेल्सन तथा अन्य मनोवैज्ञानिकों ने भी कई प्रयोग किये हैं जिससे स्पष्ट हो गया है कि अनुकूलन स्तर (adaptation level) का निर्धारण मूलतः तीन तरह के उद्दीपकों (stimuli) द्वारा होता है जो निम्नांकित है—

(1) केन्द्रीय उद्दीपक (focal stimuli)

(2) पृष्ठिका उद्दीपक (background stimuli)

(3) अवशिष्ट उद्दीपक (residual stimuli)

हेल्सन का विचार था कि इन तीनों तरह के उद्दीपकों के सम्मिलित प्रभाव (point effect) द्वारा व्यक्ति अपने मन में अनुकूलन स्तर (adaptation level) का निर्धारण करता है। इन दोनों तरह के उद्दीपकों तथा अनुकूलन स्तर के निर्धारण में उसके द्वारा किये गये योगदान का वर्णन निम्नांकित है––

(1) केन्द्रीय उद्दीपक *(Focal stimuli)*—केन्द्रीय उद्दीपक सबसे महत्त्वपूर्ण होता है। सचमुच में इस तरह का उद्दीपक व्यक्ति के ध्यान का केन्द्र (centre) होता है और प्रायः वैसा उद्दीपक (stimulus) होता है जिसके बारे में व्यक्ति को अपना निर्णय (judgement) करना होता है। अनुकूलन स्तर (adaptation level) के निर्धारण में इस उद्दीपक का सबसे प्रमुख हाथ होता है। अनुकूलन स्तर के निर्धारण में केन्द्रीय उद्दीपक (focal stimulus) के महत्त्व को दिखलाने के लिए हेल्सन तथा नैश (Helson & Nash, 1960) ने एक प्रयोग (experiment) किया। इस प्रयोग में भार उद्दीपकों (weight stimuli) की सात श्रृंखलाएँ (series) ली गयीं। प्रत्येक श्रृंखला में 5 भार उद्दीपक थे और प्रत्येक श्रृंखला को एक के बाद एक करके प्रयोज्य के सामने रखा गया है। प्रत्येक श्रृंखला के प्रत्येक भार उद्दीपक (weight stimulus) को 9 बिन्दु मापनी (9-point scale) पर मूल्यांकन करना होता था। इस 9 बिन्दु मापन का सबसे अधिकतम इकाई, 'बहुत-बहुत भारी' (very very heavy) था तथा सबसे न्यूनतम इकाई 'बहुत बहुत-हल्का' (very very light) था। बाकी सात श्रेणियाँ (categories) इसके बीच की थी। बीचों बीच का श्रेणी 5th श्रेणी था जिसे, मध्यम (medium) कहा जाता था। उन्होंने इस प्रयोग में पाया कि जब किसी श्रृंखला में उद्दीपकों (जो पाँच थे) के भार (weight) में वृद्धि होती थी तो अनुकूलन स्तर (adaptation level) भी बढ़ जाता था अर्थात वह भार (weight) जिसे प्रयोज्य (subject) मध्यम (medium) का समझता था, वह भी ज्यादा हो जाता था। उदाहरणस्वरूप, जब किसी श्रृंखला में 100 ग्राम से 300 ग्राम तक का ही उद्दीपक के भार के बारे में बतलाना होता था, तो वैसी परिस्थिति में प्रयोज्य 165 ग्राम को मध्यम भार (medium weight) बतलाया परन्तु जब दूसरी श्रृंखला में 200 ग्राम से 400 ग्राम तक का उद्दीपक के भार के बारे में प्रयोज्य को निर्णय करना होता था, तो वैसी परिस्थिति में मध्य भार (medium weight) 165 ग्राम के बढ़कर 227 ग्राम हो गया। जब फिर तीसरी श्रृंखला में भार उद्दीपकों (weight stimuli) का प्रसार (range) 300 ग्राम से 500 ग्राम तक कर दिया गया तो मध्य भार 227 ग्राम से बढ़कर 301 ग्राम हो गया। सबसे आश्चर्य की बात यह देखी गयी कि जब फिर अगली श्रृंखला में भार उद्दीपक (weight stimuli) का स्तर 400 ग्राम से 600 का कर दिया गया तो मध्य भार में वृद्धि तो अवश्य हुई परन्तु वह भार 400 से 600 ग्राम की सीमा में नहीं था। सच्चाई यह थी कि इस श्रृंखला का मध्यम भार 400 से नीचे था और 400 ग्राम से 600 ग्राम तक के सभी भार उद्दीपकों (weight stimuli) को प्रयोज्य 'भारी' (heavier) की श्रेणी में रखा। इस प्रयोग के परिणाम से यह स्पष्ट हो जाता है कि केन्द्रीय उद्दीपकों (focal stimuli) अर्थात वे भार उद्दीपक (weight stimuli) जिन्हें प्रयोज्य (subject) को दिया गया था, उनका निरपेक्ष मान (absolute value) तभी ही मध्यम भार (medium weight) के निर्धारण में अपना योगदान करता है जब अन्य कारक (factor) जैसे प्रयोज्य का पूर्व अनुभव आदि को नियंत्रित कर दिया जाता है। आखिर क्या कारण है कि प्रयोज्य ने 400 ग्राम से 600 ग्राम तक के सभी उद्दीपकों को भारी (heavier) की श्रेणी में रखा और जिसे मध्यम भार (medium weight) कहा वह सचमुच में 400 ग्राम के नीचे था। स्पष्टतः इसका कारण प्रयोज्य का वह पूर्व अनुभूति (past experience) था जो कम भार के उद्दीपकों के उठाने के फलस्वरूप उसके मन में बन गया था।

(2) पृष्ठिका उद्दीपक *(Background stimuli)*—पृष्ठिका उद्दीपक वैसे उद्दीपक को कहा जाता है जो एक ऐसा पृष्ठभूमि (background) के रूप में कार्य करता है जिसके संदर्भ में केन्द्रीय उद्दीपक (focal stimulus) के बारे में प्रयोज्य अपना निर्णय देता है। उदाहरणस्वरूप, यदि 100 ग्राम का भार उद्दीपक व्यक्ति को उठाने के लिए दे और उसके तुरंत बाद 20 ग्राम का एक केन्द्रीय उद्दीपक (focal stimulus) उठाकर उसके वजन के बारे में बताने के लिए कहे, तो यहाँ 100 ग्राम का भार उद्दीपक पृष्ठिका उद्दीपक (background stimulus) का उदाहरण हुआ। इस उदाहरण से यह स्पष्ट है कि पृष्ठिका उद्दीपक वह उद्दीपक होता है जिसके बारे में प्रयोज्य को कोई निर्णय (judgement) नहीं करना होता है तथा निर्णय हमेशा केन्द्रीय उद्दीपक का ही होता है। पृष्ठिका उद्दीपक (background stimulus) को *स्थिरक उद्दीपक* (anchor stimulus) भी कहा जाता है। हेल्सन (Helson, 1947) ने एक प्रयोग किया जिसमें प्रयोज्य को 200 ग्राम से 400 ग्राम तक के 5 भार उद्दीपकों को 9 बिन्दु मापनी (9 point scale) पर निर्णय (judge) करने के लिए कहा गया है। यहाँ कोई पृष्ठिका उद्दीपक नहीं दिया गया था। परिणाम में पाया गया कि इस श्रृंखला में प्रयोज्य ने 250 ग्राम को मध्यम

भार (medium weight) बतलाया। इसके बाद हेल्सन 900 ग्राम का पृष्ठिका उद्दीपक देकर उन्हीं भार उद्दीपकों को अर्थात 200 ग्राम से 400 ग्राम तक उद्दीपकों को 9 बिन्दु मापने पर निर्णय करवाया। इस बार प्रत्येक केन्द्रीय उद्दीपक को यानी 200 ग्राम से 400 ग्राम तक के उद्दीपक को उठाने के पहले 900 का पृष्ठिका उद्दीपक प्रयोज्य उठा लेता था। उसी तरह से फिर उन्होंने 90 ग्राम का पृष्ठिका उद्दीपक (background stimulus) का उपयोग किया। परिणाम में देखा गया कि जब 900 ग्राम का पृष्ठिका उद्दीपक दिया गया तो मध्यम भार (medium weight) 250 ग्राम से बढ़कर 338 ग्राम हो गया और जब मात्र 90 ग्राम का पृष्ठिका उद्दीपक का उपयोग किया गया तो मध्यम भार (medium weight) 250 ग्राम से घटकर 185 ग्राम पर आ गया। इस प्रयोग से स्पष्ट हो जाता है कि प्रयोज्य किसी उद्दीपक (stimulus) के बारे में अन्य उद्दीपकों के संदर्भ (context) से अलग कर अपना निर्णय नहीं देता है बल्कि उसका निर्णय विभिन्न उद्दीपकों द्वारा उत्पन्न पूरे संदर्भ (context) को ध्यान में रखते हुए होता है।

(3) अवशिष्ट उद्दीपक *(Residual stimulus)*—अवशिष्ट उद्दीपक वैसे उद्दीपक को कहा जाता है जो व्यक्ति के लिए वर्तमान (current) नहीं होते हैं बल्कि उन सभी उद्दीपकों का अवशिष्ट (residue) होता है जिसे व्यक्ति पहले सामना कर चुका होता है। इस तरह अवशिष्ट उद्दीपक, थोड़े ढीले-ढाले अर्थों (loose sense) में, पूर्व अनुभूति (past experience) के तुल्य होता है। अनेकों ऐसे प्रयोग किये जा चुके हैं जिनसे यह स्पष्ट हो गया है कि अवशिष्ट उद्दीपक (residual stimuli) का अनुकूलन स्तर (adaptation) level) के निर्धारण में महत्त्वपूर्ण योगदान है। उदाहरण के रूप में डिलोल्लो (Dilollo, 1964) के प्रयोग का उल्लेख किया जा रहा है। इस प्रयोग में प्रयोज्यों के दो समूह (group) थे। इन दोनों समूह को एक ही तरह के कार्य यानी भार उठाने का कार्य (weight lifting work) दिया गया। एक समूह को भारी उद्दीपक (heavy weight) यानी 400 ग्राम से 600 ग्राम तक के कई भार उद्दीपक (weight stimuli) दिये गये। दूसरा समूह को हल्का उद्दीपक (light weight) यानी 100 ग्राम से 300 ग्राम तक के उद्दीपकों को उठाकर उसका वजन बतलाने के लिए कहा गया। दोनों समूहों को 12 प्रयास (trials) देने के बाद पहले समूह के आधे प्रयोज्य को दूसरे समूह का कार्य अर्थात हल्का वजन उठाने के लिए कहा तथा दूसरा समूह के आधे प्रयोज्य को पहला समूह का कार्य यानी भारी वजन (heavy weight) उठाने के लिए कहा गया। परिणाम बड़े रोचक थे। जिन प्रयोज्यों (subjects) ने प्रारम्भ में हल्का वजन (100 ग्राम से 300 ग्राम) उठाया था और फिर जिन्हें भारी वजन (400 ग्राम से 600 वजन) उठाने के लिए कहा गया, वास्तव में भारी वजन को उन प्रयोज्यों (subjects) तुलना में और भी अधिक भारी बतलाया जो लगातार भारी वजन को ही उठाये थे। उसी तरह जिन प्रयोज्यों ने प्रारम्भ में भारी वजन (heavy weight) उठाया था और फिर जिन्हें हल्का वजन (100 ग्राम सें 300 ग्राम) उठाने के लिए कहा गया, वास्तव में हल्का वजन को उन प्रयोज्यों की अपेक्षा और भी अधिक हल्का (lights) बतलाया गया जो लगातार हल्का वजन को उठाये थे। इस परिणाम से स्पष्ट है कि वैसे उद्दीपक जिसका अनुभव प्रयोज्य या व्यक्ति को पहले हो चुका होता है, केन्द्रीय उद्दीपक (focal stimulus) के बारे में लिये जाने वाले निर्णय (judgement) को प्रभावित करता है हालाँकि वह उद्दीपक (जिसका अनुभव हुआ था) केन्द्रीय उद्दीपक के बारे में निर्णय करते समय उपस्थित नहीं भी हो सकता है।

ऊपर में अनुकूलन स्तर सिद्धान्त (adaptation level theory) की विवेचना गुणात्मक ढंग से (qualitatively) से किया गया है। हेल्सन ने अपने सिद्धान्त की व्याख्या परिमाणात्मक ढंग से (quantitatively) भी किया है। परिमाणात्मक रूप से (quantitatively) अनुकूल स्तर (adaptation level) तीनों तरह के उद्दीपकों अर्थात् केन्द्रीय उद्दीपक (focal stimulus), पृष्ठिका उद्दीपक (background stimulus) तथा अवशिष्ट उद्दीपक (residual stimulus) का भारित गुणनफल (weighted product) होता है। सूत्र (formula) के रूप में अनुकूलन स्तर (adaptation level) को इस प्रकार व्यक्त किया जा सकता है।

$$\text{Adaptation level} = F^{W1} B^{W2} R^{W3} \quad \ldots \text{ सूत्र (11)}$$

यहाँ,

Adaptation level = अनुकूलन स्तर

F = केन्द्रीय उद्दीपक (focal stimulus)

B = पृष्ठिका उद्दीपक (background stimulus)

R = अवशिष्ट उद्दीपक (residual stimulus)

$W^1 W^2 W^3$ = भारित गुणांक (weighted coefficient)

भारित गुणांक (weighted coefficient) तीनों उद्दीपकों के अलग-अलग होते हैं तथा इसके द्वारा अनुकूलन स्तर के निर्धारण में उसका सापेक्ष महत्त्व (relative importance) का पता चलता है। जिस उद्दीपक का गुणांक ज्यादा होता है, अनुकूलन स्तर के निर्धारण में उसका महत्त्व अधिक होता है।

हेल्सन के सिद्धान्त को निम्नांकित कारकों के आधार पर आलोचना की गयी है—

1. हेल्सन ने अनुकूलन स्तर के निर्धारण में सिर्फ बाह्य उद्दीपकों (external stimuli) पर बल डाला है परन्तु प्रयोज्य के भीतर के कारकों का उल्लेख तक नहीं किया है। आलोचकों का मत है कि प्रत्यक्षण (perception) एक सक्रिय प्रक्रिया (active process) है जिसमें व्यक्ति या प्रयोज्य के भीतर पाये जाने वाले प्रक्रियाओं (processes) का महत्त्व काफी है। इन प्रक्रियाओं पर बिना विचार किये अनुकूलन स्तर का निर्धारण बहुत सही ढंग से नहीं हो सकता है।

2. हेल्सन द्वारा बताये गये तीनों उद्दीपकों का भारित गुणांक (weighted coefficient) ज्ञात करना एक जटिल कार्य है परिणामतः अनुकूलन स्तर (adaptation level) का निर्धारण करना कम-से-कम परिमाणात्मक रूप से (quantitatively) एक जटिल प्रक्रिया है फलतः इसका निर्धारण सिर्फ गुणात्मक रूप से (qualitatively) ही सही ढंग से हो सकता है।

इन आलोचानाओं के बावजूद हेल्सन का अनुकूलन स्तर सिद्धान्त एक महत्त्वपूर्ण सिद्धान्त है। इस सिद्धान्त से यह स्पष्ट हो जाता है कि संवेदी प्रक्रियाओं (sensory processes) के निर्णय में उस संदर्भ (context) का काफी महत्त्व होता है जिसमें अन्य भिन्न-भिन्न प्रकार के उद्दीपकों का अनुभव व्यक्ति को होता है।

अध्याय सारांश — CHAPTER SUMMARY

1. मनोदैहिकी को प्रयोगात्मक मनोविज्ञान (experimental psychology) का प्रमुख शाखा माना गया है। इस शाखा में उद्दीपक तथा उससे उत्पन्न होने वाले अनुभूतियों (experiences) के परिमाणात्मक सम्बन्धों (quantitative relationship) का अध्ययन किया जाता है।
2. मनोदैहिकी की मूल समस्याएँ (problems) तीन हैं। इसकी पहली समस्या अल्पतम उद्दीपकों की पहचान (detection) से सम्बन्धित है। दूसरी समस्या अल्पतम उद्दीपक अन्तर (minimal stimulus difference) की पहचान से सम्बन्धित है। तीसरी समस्या उद्दीपकों के बीच सम्बन्धों के निर्णय से सम्बन्धित है।
3. मनोदैहिकी के क्षेत्र में कुछ महत्त्वपूर्ण सम्प्रत्यय (concepts) इस प्रकार हैं—देहली या सीमान्त (threshold), आत्मपरक समता बिन्दु (point of subjective equality or PSE), परिवर्त्य त्रुटि (variable error) तथा सतत त्रुटि (constant error) । इसमें सीमान्त (threshold) का सम्प्रत्यय (concept) काफी महत्त्वपूर्ण है। देहली या सीमान्त उद्दीपक तीव्रता के उस स्तर को कहा जाता है जो शारीरिक या मानसिक अनुक्रिया किसी व्यक्ति में उत्पन्न करता है। जब उद्दीपक की तीव्रता इस सीमान्त या देहली से नीचे होता है तो वह किसी भी प्रकार की अनुक्रिया उत्पन्न नहीं करता है।
4. सीमान्त या देहली दो प्रकार का होता है—उद्दीपक सीमान्त या निरपेक्ष सीमान्त (stimulus threshold or absolute threshold) तथा विभेदक सीमान्त (differential limen)। पहले को संक्षेप में *RL* तथा दूसरे को *DL* कहा जाता है। *RL* से तात्पर्य उस न्यूनतम उद्दीपक मान (minimal stimulus value) से होता है जो व्यक्ति में अनुक्रिया 50% प्रयास (trial) में उत्पन्न करता है। DL से तात्पर्य एक ही संवेदी क्षेत्र के दो उद्दीपकों के बीच का वह अन्तर होता है तो 50% प्रयास में अनुक्रिया उत्पन्न करता है।
5. मनोदैहिकी में RL तथा DL ज्ञात करने की अनेक विधियाँ (methods) हैं जिनमें तीन प्रमुख हैं—सीमा विधि (method of limits), सतत उद्दीपक विधि (method of constant stimuli) तथा औसत त्रुटि विधि (method of average error)। सीमा विधि में उद्दीपक (stimulus) को आरोही श्रृंखला (ascending series) तथा अवरोही श्रृंखला (descending series) में प्रयोज्य के सामने उपस्थित कर RL तथा DL ज्ञात किया जाता है। सतत उद्दीपक विधि में उद्दीपकों को यादृच्छिक ढंग से (randomly) प्रयोज्य के सामने उपस्थित किया जाता है। औसत त्रुटि विधि में उद्दीपक को स्वयं प्रयोज्य ही घटा-बढ़ा (manipulate) कर एक निश्चित रूप देता है।

6. मनोदैहिकी के क्षेत्र में तीन प्रमुख नियम (laws) हैं—वेबर का नियम (Weber's law), फेकनर का नियम (Fechner's law) तथा स्टीभेन्स का घात नियम (Steven's power law)। वेबर के नियम के अनुसार मानक उद्दीपक (standard stimulus) के मान (value) तथा *DL* या *JND* उत्पन्न करने के लिए निम्नतम मान के बीच निश्चित एवं सतत अनुपात (constant ratio) होता है जिसके अनुसार दोनों में परिवर्तन होता है। फेकनर के नियम के अनुसार उद्दीपक के मान तथा उससे उत्पन्न होने वाले संवेदन में लघुगणकीय सम्बन्ध (logarithmic relationship) होता है। दूसरे शब्दों में, जब उद्दीपक के मान में ज्यामितीय क्रम में वृद्धि होती है, तो उससे उत्पन्न संवेदन में वृद्धि अंकगणितीय क्रम में होता है। स्टीभेन्स का घात नियम (power law) के अनुसार संवेदन की मात्रा (magnitude of sansation) उद्दीपक की तीव्रता को एक खास घातांक (exponent) या पावर (power) तक वृद्धि करने का प्रतिफल होता है।
7. संकेत अभिज्ञान सिद्धान्त (signal detection theory) मनोदैहिकी के क्षेत्र में एक प्रमुख सिद्धान्त है। इस सिद्धान्त से हमें यह पता चलता है कि किसी संकेत (signal) की पहचान से सम्बन्धित निर्णय कहाँ तक संवेदी कारकों (sensory factors) से तथा कहाँ तक असंवेदी कारकों (nonsensory factors) से प्रभावित होता है। दूसरे शब्दों में, यह कहा जा सकता है कि संकेत अभिज्ञान सिद्धान्त संवेदी कारकों तथा असंवेदी कारकों को अलग करने का एक महत्त्वपूर्ण सिद्धान्त है।
8. हेल्सन का संवेदी अनुकूलन स्तर (sensory adaption level) का सिद्धान्त दूसरा महत्त्वपूर्ण सिद्धान्त जो यह बतलाता है कि व्यक्ति किसी भी उद्दीपक को सभी वस्तुओं या अन्य दूसरे तरह के समान उद्दीपकों से अलग कर प्रत्यक्षण नहीं करता है। सच्चाई यह है कि जब व्यक्ति किसी उद्दीपक का प्रत्यक्षण करता है तो उस पर उस संदर्भ (context) का प्रभाव अवश्य ही पड़ता है जिसमें अन्य दूसरे उद्दीपक व्यक्ति के सामने उस उद्दीपक के कुछ समय पहले दिये गये हैं। अतः इस सिद्धान्त के अनुसार व्यक्ति अपने आप को इर्द-गिर्द के बदलते हुए वातावरण के साथ अनुकूलन करके अनुक्रिया करने की कोशिश करता है।

❑

अध्याय 3

अवधान
(ATTENTION)

अवधान का अर्थ एवं उसकी विशेषताएँ
(Meaning and Characteristics of Atteniton)

हमारी ज्ञानेन्द्रियाँ (sense organ) जैसे—आँख, कान, नाक, त्वचा आदि अनेकों प्रकार के उद्दीपकों (stimuli) द्वारा प्रभावित होतीं हैं। परन्तु उन सभी उद्दीपकों के प्रति व्यक्ति अनुक्रिया (response) नहीं करता है। सच्चाई यह है कि वह अपनी इच्छा तथा आवश्यकता के अनुसार कुछ खास-खास उद्दीपकों (stimuli) को चुन लेता है और उसके प्रति अनुक्रिया करता है। मनोविज्ञान में इस तरह की चयनात्मक प्रक्रिया (selective process) को अवधान या ध्यान (attention) की संज्ञा दी जाती है। **मॉर्गन, किंग, विसज** तथा **स्कोपलर**[1] (Morgan, King, Weisz & Schopler, 1986) ने अवधान को इसी अर्थ में परिभाषित करते हुए कहा कि, *''अवधान उस प्रत्यक्षज्ञानात्मक प्रक्रिया को कहा जाता है जिसके द्वारा कुछ निश्चित उद्दीपकों (imputs) को दिये हुए समय में अपने चेतन अनुभूति (conscious experience) या चेतना (awareness) में लाने के लिए चुना जाता है।''*

मैटलिन[2] (Matlin, 1983) के अनुसार, *''मानसिक क्रिया का एकाग्रता ही ध्यान है।''*

इन परिभाषाओं से यह स्पष्ट हो जाता है कि अवधान में हम अनेकों उद्दीपकों में से कुछ खास-खास उद्दीपकों को चुनकर उसे अपनी चेतना में लाते हैं। एक उदाहरण लीजिए—अभी आप जिस कमरा में बैठकर पढ़ रहे हैं वहाँ अनेकों उद्दीपक मौजूद होंगे। जैसे—बिजली का बल्ब, पंखा, किताब, कुर्सी आदि-आदि। परन्तु इस सभी उद्दीपकों पर आपका ध्यान नहीं है। आपका ध्यान इस पुस्तक के उस पेज पर है जिसे आप पढ़ रहे हैं। अतः स्पष्ट है कि अवधान या ध्यान एक ऐसी प्रक्रिया है जिसके सहारे हम कुछ खास-खास उद्दीपकों को ही अपने चेतना केन्द्र (focus of consciousness) में ला पाते हैं, सभी वर्तमान उद्दीपकों को नहीं। अतः विस्तृत अर्थ में अवधान की एक समुचित व्याख्या इस प्रकार से कर सकते हैं—

अवधान[3] *एक चयनात्मक मानसिक प्रक्रिया है जिसमें व्यक्ति एक विशेष शारीरिक मुद्रा बनाकर किसी वस्तु को चेतना केन्द्र में लाने के लिए तत्पर रहता है।*

उपर्युक्त परिभाषा एक विस्तृत परिभाषा है और यदि हम इसका समुचित विश्लेषण करें तो इसकी प्रमुख विशेषताएँ इस प्रकार झलकती हैं—

1. अवधान एक चयनात्मक मानसिक प्रक्रिया है *(Attention is a selective mental process)*—अवधान की सबसे प्रमुख विशेषता यह है कि यह एक चयनात्मक प्रक्रिया है। इसका मतलब यह हुआ कि हम अपने समक्ष उपस्थित सभी उद्दीपकों पर अवधान नहीं देते हैं बल्कि उसमें से अपनी इच्छा, आवश्यकता या उद्दीपकों की कुछ खास विशेषताओं के आधार पर कुछ उद्दीपकों को चुन लेते हैं और उस पर ध्यान देते हैं। एक उदाहरण लीजिए वर्ग में शिक्षक का भाषण

---

1. "Attention is the term given to perceptual processes that select certain inputs for inclusion in our conscious experience or awareness at any given time."
—Morgan, King, Weisz & Schopler : *Introduction to Psychology,* 1986, p. 109
2. "Attention is concentration of mental activity." —Matline : *Congnition,* 1983, p. 30
3. "Attention is a selective mental process in which the person by adopting certain bodily posture is set to bring certain stimuli into focus of consciousness." —Author

सुनते समय आपके अवधान में शिक्षक की आवाज, उनका चेहरा, भाव भंगिमा के अलावा कुछ नहीं होता है हालाँकि वर्ग में अन्य उद्दीपक (stimuli) जैसे—ब्लैक बोर्ड, टेबुल, कुर्सी, पंखा अन्य दोस्त भी मौजूद होते हैं। ये सारे उद्दीपक उस समय हमारे चेतना केन्द में नहीं होते हैं। फलस्वरूप, उन पर हम ध्यान नहीं दे पाते हैं। इस उदाहरण से स्पष्ट हो जाता है कि अवधान एक चयनात्मक प्रक्रिया (selective process) है। इस प्रक्रिया द्वारा अनेकों उद्दीपकों (stimuli) में से कुछ खास-खास उद्दीपकों को ही व्यक्ति अपनी चेतना केन्द्र में लाता है यानी उस पर ध्यान दे पाता है।

मनोवैज्ञानिकों ने अवधान के इस चयनात्मक स्वरूप (selective nature) की व्याख्या कुछ सिद्धान्तों (theories) द्वारा की है। इन विभिन्न सिद्धान्तों में से दो सिद्धान्त काफी महत्त्वपूर्ण है—ब्राडवेन्ट का फिल्टर सिद्धान्त (Broadbent's Filter theory) तथा संसाधन-क्षमता सिद्धान्त (Processing capacity theory)। व्राडवेन्ट का फिल्टर सिद्धान्त (Broadbent's filter theory) जिसे व्राडवेन्ट ने अपनी पुस्तक *'परसेप्पसन एवं कौमुनिकेसन'* (*Preception & Communication,* 1958) में विकसित किया, के अनुसार अवधान का स्वरूप चयनात्मक (selective) इसलिए होता है क्योंकि मस्तिष्क में एक तरह का चयनात्मक फिल्टर (selective filter) होता है जो उद्दीपक के भौतिक गुणों (physical characteristics) के आधार पर किसी विशेष उद्दीपक का चयन (selection) करता है। प्रायः चयनात्मक फिल्टर उद्दीपक के कुछ विशेष भौतिक गुणों जैसे, नवीनता (novelty), तीव्रता (intensity), गति (movement) आदि के आधार पर किसी उद्दीपक का चयन करता है और उसके फलस्वरूप व्यक्ति का अवधान या ध्यान उसी विशेष उद्दीपक की ओर जाता है। अतः व्राडवेन्ट (Broadbent) का फिल्टर सिद्धान्त के अनुसार अनेकों उद्दीपकों में से किसी विशेष उद्दीपक पर हम इसलिए ध्यान देते हैं क्योंकि मस्तिष्क में मौजूद चयनात्मक फिल्टर (selective filter) इस उद्दीपक विशेष को उसकी कुछ खास-खास भौतिक गुणों के आधार पर चयन कर लेता है। किसी शोर-गुल में जब कोई व्यक्ति जोर से बोल उठता है तो हमारा ध्यान उसकी ओर इसलिए चला जाता है क्योंकि उस ध्वनि की तीव्रता (intensity) अधिक होती है।

अवधान के चयनात्मक स्वरूप की व्याख्या कुछ लोगों ने संसाधन क्षमता सिद्धान्त (Processing capacity theory) के आधार पर किया है। जैसे—काहनेमैन (Kahneman, 1973) का कहना है कि हमलोगों में विभिन्न उद्दीपकों से मिलने वाले सूचनाओं (information) को संसाधन (processing) करने यानी उसके बारे में खोजबीन करने की एक सीमित मानसिक क्षमता (mental capacity) होता है। परिणामस्वरूप, हमलोग सभी तरह के उद्दीपकों पर ध्यान एक साथ नहीं देकर संसाधित उद्दीपक (processed stimulus) पर ही ध्यान देते हैं।

2. अवधान में शारीरिक अभियोजन होता है *(Attention involves bodily adjustment)*—अवधान की दूसरी विशेषता यह है कि इस प्रक्रिया में व्यक्ति में विशेष शारीरिक अभियोजन (bodily adjustment) होता पाया जाता है। इस तरह की शारीरिक अभियोजन तीन तरह की होती है— ज्ञानेन्द्रियों में अभियोजन (adjustment in sense organs), शारीरिक मुद्रा में अभियोजन (adjustment in bodily posture) तथा मांसपेशियों की तनाव में परिवर्तन (changes in muscle tensions)। जब भी व्यक्ति किसी उद्दीपक (stimulus) पर ध्यान देता है, उससे इन तीनों तरह का अभियोजन पाया जाता है। एक उदाहरण लीजिए—मान लीजिए कि कोई छात्र वर्ग में शिक्षक को भाषण को ध्यानपूर्वक सुन रहा है। इस स्थिति में इन तीनों तरह का अभियोजन उसमें पाया जाता है। भाषण देते समय शिक्षक के आगे पीछे होने से छात्र अपने आँख, कान आदि को भी उसी ढंग से घुमाता है ताकि शिक्षक की बातों को वह ठीक ढंग से सुन सके तथा उन्हें ठीक ढंग से देख सके। इस तरह का अभियोजन ज्ञानेन्द्रियों का अभियोजन कहलायेगा। इतना ही नहीं, छात्र भाषण सुनते समय थोड़ी-थोड़ी देर के बाद अपनी शारीरिक मुद्रा (bodily posture) में भी परिवर्तन लाता है। कभी हाथ डेस्क पर रखके भाषण सुनता है, कभी दोनों हाथ को पीछे की ओर कुर्सी पर रखकर भाषण सुनता है, कभी अपने शरीर को बायीं या दायीं ओर पूर्णतः झुका कर भाषण सुनता है आदि-आदि। ये सभी परिवर्तन शारीरिक अभियोजन में हुए परिवर्तन के उदाहरण हैं। अवधान में मांसपेशियों के तनाव में भी परिवर्तन आता है। जैसे— मॉर्गन (Morgan, 1961) ने एक अध्ययन किया जिसमें टाइपिस्ट (typist) को टाईप करते समय विशेष आवाज उत्पन्न करके उसके ध्यान को दूसरी ओर आकर्षित करने की कोशिश की गयी। ऐसी अवस्था में टाईपराइटर के फन्नी (keys) पर पड़ने वाले अंगुलियों की मांसपेशियों में उत्पन्न तनाव (tensions) में परिवर्तन को भी मापा गया। परिणाम में देखा गया कि टाईपराइटर के फन्नी (keys) पर (आवाज उत्पन्न होने के ठीक पहले) 305 ग्राम के तुल्य दबाव (equivalent pressure) अंगुलियों द्वारा पड़ रहा था; आवाज उत्पन्न होने पर यह दबाव 438 ग्राम के तुल्य (equivalent) हो गया तथा फिर शान्त अवस्था में आ जाने पर दबाव घटकर 293 ग्राम के बराबर हो गया। अंगुलियों के दबाव में परिवर्तन अंगुलियों की मांसपेशियों की तनाव में उत्पन्न परिवर्तन का संकेत करता है। इस तरह से यह स्पष्ट हो जाता है कि ध्यान देने की प्रक्रिया में मांसपेशियों के तनाव में भी परिवर्तन होता है।

3. अवधान में तत्परता या अनुक्रियाशीलता की स्थिति होती है *(Attention involves the state of readiness or responsiveness)*—अवधान की एक विशेषता यह भी है कि इसमें एक विशेष प्रकार की मानसिक तत्परता (mental readiness) पायी जाती है। इसका परिणाम यह होता है कि व्यक्ति किसी उद्दीपक के प्रति अनुक्रिया करने के लिए तैयार रहता है। इसी अर्थ में लेफ्रानकोईस (Lefrancois, 1983) ने अवधान को ''उच्च अनुक्रियाशीलता की अवस्था कहा है।'' जब किसी वस्तु पर हम ध्यान देते हैं तो उसके प्रत्येक पहलू के बारे में ज्ञान प्राप्त हो जाता है। फलस्वरूप, हमें उस उद्दीपक या वस्तु का स्पष्ट प्रत्यक्षण (perception) हो जाता है और बाद में हम उचित अनुक्रिया (response) उस उद्दीपक के प्रति कर पाते हैं।

4. अवधान का विस्तार सीमित होता है *(Attention has limited span or range)*—व्यक्ति एक समय में बहुत सारे उद्दीपकों (stimuli) पर ध्यान नहीं दे सकता है। किसी दिये हुए समय में एक साथ जितने उद्दीपक पर व्यक्ति अवधान दे सकता है, वही उसका अवधान विस्तार (span or range or attention) कहलाता है। उदाहरणस्वरूप, अगर एक ही साथ किसी सामान्य व्यक्ति (normal perception) के सामने 20-25 भिन्न-भिन्न प्रकार की रंगीन बिन्दुएँ कुछ समय के लिए उपस्थित कर हटा लिया जाय तो, व्यक्ति उसमें से सामान्यतः 7-9 बिन्दुओं के बारे में ही बदला पायेगा। अतः इन बिन्दुओं के लिए व्यक्ति का अवधान विस्तार 7-9 कहलायेगा।

ध्यान विस्तार (span of attention) का सबसे पहला प्रयोगात्मक अध्ययन सर विलियम हैमिल्टन (Sir William Hamilton) ने किया। इन्होंने यह बतलाया कि यदि एक मुट्ठी संगरमरमर के टुकड़ों को जमीन पर एक साथ फैला दिया जाता है तो कोई भी व्यक्ति एक समय में 6 से 7 टुकड़ों से अधिक पर अवधान या ध्यान नहीं दे पाता है। बाद में जीवोन्स (Jevons) ने 1871 में ध्यान विस्तार का प्रयोगात्मक अध्ययन किया जिसमें हैमिल्टन के निष्कर्ष को सही बतलाया गया है। प्रयोगशाला में ध्यान विस्तार (span of attention) का अध्ययन करने के लिए जिस उपकरण का प्रयोग प्रायः किया जाता है उसे *टैचिस्टोस्कोप* (Tachistoscope) की संज्ञा दी जाती है। इस उपकरण के सहारे बिन्दुओं (dots) या अक्षरों (letters) या उन वस्तुओं को जिनसे सम्बन्धित ध्यान विस्तार का अध्ययन करना है, काफी थोड़े समय (प्रायः 200 मिलीसेकेण्ड से भी कम समय) के लिए दिखलाया जा सकता है। बाद में व्यक्ति को यह बतलाना होता है कि कितने बिन्दु या अक्षर को वह देख पाया है।

मनोवैज्ञानिकों ने कुछ ऐसे कारकों (factors) का वर्णन किया है जिनसे ध्यान विस्तार प्रभावित होता है। इन कारकों को मूलतः दो भागों में बाँटा गया है। उद्दीपक कारक (stimulus factors) तथा जैविक कारक (organismic factor)। दो महत्त्वपूर्ण उद्दीपक कारक जो अवधान विस्तार को सबसे अधिक प्रभावित करते हैं, इस प्रकार हैं—उद्दीपक की तीव्रता (intensity of stimulus) तथा उद्दीपक दिखलाने की अवधि(duration of exposure of stimulus)। हन्टर तथा सिगलर (Hunter & Sigler, 1940) ने एक प्रयोग किया जिसमें उन्होंने रोशनी (illumination) की तीव्रता को कम से अधिक तीव्र की दिशा में बढ़ाया तथा उद्दीपक दिखलाने की अवधि को 4 मिलिसेकेण्ड से 4 सेकेण्ड तक बढ़ाया। परिणाम में देखा गया इन दोनों उद्दीपक कारकों (stimulus factors) को बढ़ाने से ध्यान विस्तार भी अधिक बढ़ जाता है। दूसरे शंब्दों में, अधिक समय तक तीव्र रोशनी मिलने पर व्यक्ति अनेकों उद्दीपकों के बारे में बतला देता था। मनोवैज्ञानिक प्रयोगों से यह भी स्पष्ट हो गया है कि उद्दीपक या विषय की सार्थकता भी अवधान या ध्यान विस्तार को प्रभावित करता है। यदि विषय या उद्दीपक सार्थक होता है तो उसका अवधान विस्तार असार्थक विषय या उद्दीपक के ध्यान विस्तार की अपेक्षा अधिक बड़ा होता है। उसी तरह से मनोवैज्ञानिकों ने यह भी दिखलाया है कि सम्बद्ध अक्षरों (related letters) का ध्यान-विस्तार असम्बद्ध अक्षरों के ध्यान विस्तार की अपेक्षा अधिक होता है।

ध्यान विस्तार पर जैविक कारकों (organismic factors) का भी प्रभाव पड़ता है। जैविक कारक वैसे कारक को कहा जाता है जिसका सम्बन्ध ध्यान देने वाले व्यक्ति से होता है। जैसे—ध्यान देने वाले व्यक्ति की मानसिक वृत्ति (mental set), बुद्धि, अभ्यास (practice), थकान (fatigue) तथा प्रेरणा (motivation) का प्रभाव ध्यान विस्तार पर पड़ता है। यदि व्यक्ति अधिक बुद्धि का है तो उसका किसी उद्दीपक या वस्तु के लिए ध्यान विस्तार उसी उम्र के मन्द या सामान्य बुद्धि के व्यक्तियों से भिन्न होता है। अभ्यास से ध्यान विस्तार भी बढ़ता है परन्तु थकान से ध्यान विस्तार कम होता पाया जाता है। प्रेरणा से ध्यान विस्तार में वृद्धि होती है। यदि व्यक्ति उद्दीपक के प्रति किसी कारण से ध्यान देने के लिए अधिक प्रेरित होता है, तो ऐसी अवस्था में उसका ध्यान विस्तार अधिक होता है।

अतः यह कहा जाता है कि बाह्य वातावरण (external environment) समान होने पर भी ध्यान विस्तार में वैयक्तिक विभिन्नता (individual difference) होती है क्योंकि ध्यान विस्तार जैविक कारकों (organismic factors) द्वारा प्रभावित होती है।

5. अवधान में अस्थिरता तथा उच्चलन का गुण पाया जाता है *(Attention has the property of fluctation and shifting)*—अवधान में अस्थिरता (fluctuation) तथा उच्चलन (shifting) का गुण पाया जाता है। जब व्यक्ति का ध्यान एक ही उद्दीपक के एक पहलू (aspect) से दूसरे पहलू पर परिवर्तित होता है तो इसे अवधान अस्थिरता (fluctuation of attention) की संज्ञा दी जाती है। परन्तु जब अवधान या ध्यान एक उद्दीपक से दूसरे उद्दीपक पर परिवर्तित होता है, तो इसे अवधान उच्चलन (shifting of attention) की संज्ञा दी जाती है। उदाहरणस्वरूप, किसी अजनबी (stranger) को देखने पर यदि ध्यान कभी उसके चेहरे पर, कभी सिर के बाल पर, कभी उसके पहनावा पर तो कभी उसके हाव-भाव पर जाता है। यहाँ हम देखते हैं कि एक ही उद्दीपक (यानी व्यक्ति) के भिन्न-भिन्न पहलुओं पर हमारा ध्यान इधर-से-इधर हो रहा है। ध्यान में इस तरह के परिवर्तन को अवधान अस्थिरता (fluctuation of attention) कहा जाता है। ऐसा भी होता है कि जब हम किसी कपड़ा के दुकान में बैठे होते हैं तो हमारा ध्यान कभी कमीज के कपड़ा पर तो कभी पैंट के कपड़ा पर तो कभी साड़ी पर तो कभी सुन्दर-सुन्दर चादरों पर आता-जाता रहता है। ध्यान में इस तरह के परिवर्तन को अवधान उच्चलन (shifting of attention) कहा जाता है। स्पष्ट है कि अवधान अस्थिरता तथा अवधान उच्चलन में बहुत ही सूक्ष्म अन्तर है। कुछ लोगों ने इस तरह का अन्तर न करके इन दोनों को एक ही माना है क्योंकि इन दोनों ही अवस्थाओं में ही ध्यान में परिवर्तन होता है।

मनोवैज्ञानिकों ने अवधान या ध्यान में इन दोनों तरफ के परिवर्तनों की व्याख्या भिन्न-भिन्न ढंगों से की है। वुडवर्थ तथा स्कौल्सवर्ग (Woodworth & Scholsberg, 1954) के अनुसार अवधान अस्थिरता में एक ही उद्दीपक के भिन्न-भिन्न पहलुओं में से किसी एक पहलू पर औसत रूप से 230 मिली सेकेण्ड से अधिक समय के लिए आँख स्थिर (fixate) नहीं रह पाता है। लैक (Lack, 1974) तथा वुडवर्थ एक स्कौल्सवर्ग के अनुसार अक्षिपटलीय प्रतिद्वन्द्व या द्विनेत्री प्रतिद्वन्द्व (retinal rivalry or binocular rivalry) अवधान का प्रमुख कारण है। जब व्यक्ति के सामने भिन्न-भिन्न रंग या आकार (shapes) के दो या दो से अधिक उद्दीपकों (stimuli) को उपस्थित किया जाता है तो ऐसी अवस्था में उसमें एक उद्दीपक को व्यक्ति कुछ समय के लिए अधिक स्पष्ट रूप से देखता है तथा दूसरे उद्दीपक या अन्य उद्दीपकों को वह अस्पष्ट रूप से देखता है। स्पष्ट रूप से देखने की अवस्था को *प्रधानता* (dominance) की अवस्था कहा जाता है तथा अस्पष्ट रूप से देखने की अवस्था को *प्रतिबन्ध* (suppression) की अवस्था कहा जाता है। इन दोनों अवस्थाओं को एक साथ मिलकर *द्विनेत्री प्रतिद्वन्द्व* (binocular rivalry) की संज्ञा दी जाती है। मनोवैज्ञानिकों ने अनेकों अध्ययन कर यह दिखलाने की कोशिश की है कि कुछ ऐसे कारक (factors) हैं जिनके द्वारा इस बात का निर्धारण होता है कि विभिन्न उद्दीपकों में से कौन-सा उद्दीपक प्रधानता की अवस्था में अधिक समय तक रहेगा। जैसे—वुडवर्थ तथा स्कौल्सवर्ग के अनुसार जिस उद्दीपक में गति (movement) होता है तथा जो उद्दीपक व्यक्ति के लिए मनोरंजक (interesting) होता है, वह प्रधानता (dominance) की अवस्था में अधिक समय के लिए बना होता है। क्रोभिज एवं लॉकहेड (Crovitz & Lockhead, 1967) तथा लिभेल्ट (Levelt, 1968) के अनुसार यदि उद्दीपक का आकार स्पष्ट होता है तो इससे भी वह उद्दीपक प्रधानता (dominance) की अवस्था में बना होता है।

ध्यान में अस्थिरता (fluctuation) तथा उच्चलन (shifting of attention) को कुछ मनोवैज्ञानिकों ने जैविक कारकों (organismic factors) के आधार पर भी व्याख्या किया है। कुछ मनोवैज्ञानिकों का विचार है कि इन दोनों तरह की घटनाएँ (phenomenon) व्यक्ति की श्वसन प्रक्रिया, आँख में उत्पन्न थकान, मस्तिष्क तरंग (brain waves) आदि से भी प्रभावित होता है।

6. अवधान में विभाजन का गुण पाया जाता है *(There occurs division in attention)*—जब व्यक्ति एक ही परिस्थिति में अलग-अलग दो या दो से अधिक क्रियाएँ (activities) करना प्रारम्भ कर देता है तो वैसी परिस्थिति में व्यक्ति का ध्यान या अवधान उन सभी क्रियाओं पर होता है। अवधान की इस स्थिति को *अवधान विभाजन* (division of attention) की संज्ञा दी जाती है। **वुडवर्थ** तथा **सकौल्सवर्ग**[1] (Woodworth & Scholsberg, 1954) ने अवधान विभाजन को परिभाषित करते हुए कहा है— *"दो अलग-अलग क्रियाओं पर एक ही साथ ध्यान केन्द्रित करने की प्रक्रिया को अवधान विभाजन कहा जाता है।"* उदाहरणार्थ, जब आप किताब पढ़ रहे हैं तथा साथ-ही-साथ रेडियो भी सुनने की कोशिश कर रहे हैं, तो इससे आपका ध्यान दोनों पर यानी किताब तथा रेडियो पर विभाजित हो जाता है और इस प्रक्रिया

1. "Division of attention would mean a simultaneous focussing upon two separate activities."

—Woodworth & Scholsberg : *Experimental Psychology,* 1954, p. 88

को ध्यान या अवधान विभाजन की संज्ञा दी जाती है। इस तरह से ध्यान विभाजन में व्यक्ति विभिन्न कार्यों पर समान ध्यान देने की कोशिश करता है।

ध्यान विभाजन (division of attention) पर सबसे पहला अध्ययन पॉलहान (Paulhan) द्वारा 1887 में किया गया। इन्होंने इस प्रयोग में मौखिक रूप से पहले से सीखी गयी कविता का पुनः स्मरण करते हुए दूसरी कविता लिखने की कोशिश की। परिणाम में देखा गया कि उन्होंने इन दोनों अलग-अलग कार्यों को सफलतापूर्वक निभाया। इससे साबित होता है कि ध्यान विभाजन की प्रक्रिया होती है और इससे कार्यों को करने में कोई बाधा नहीं होती है। बाद में विने (Binet, 1890) और जैस्ट्रो तथा कैरनेस (Jastro & Cairnes, 1891) ने इसी ढंग का परिणाम पाये। कुछ ऐसे व्यवसाय (vocation) हैं जिसमें व्यक्ति का ध्यान विभाजन होता है, फिर भी व्यक्ति उस कार्य को ठीक ढंग से निभाता है। जैसे—दूरभाष ऑपरेटर (telephone operator), हवाई जहाज का चालक (airoplane pilot) आदि कुछ ऐसे व्यक्ति है जिसमें अवधान या ध्यान विभाजन काफी होता है क्योंकि एक ही साथ इन्हें कई कामों को करना पड़ता है। मनोवैज्ञानिकों द्वारा इन व्यक्तियों पर किये गये प्रयोगों से प्राप्त निष्कर्ष से स्पष्ट हो जाता है कि ध्यान विभाजन से व्यक्ति के सामान्य कार्य में बाधा नहीं होती है हालाँकि किये गये अनुक्रियाओं (responses) की परिशुद्धता (accuracy) में कुछ कमी अवश्य हो जाती है।

अवधान या ध्यान का विभाजन इसलिए सम्भव हो पाता है कि भिन्न-भिन्न कार्यों को करते हुए समय कुछ संवेदी उत्तर प्रतिमा (sensory after images) तथा स्मृति उत्तरप्रतिमा (memory afterimage) एक तरह की क्रियाओं की देख-रेख करते हैं तथा कुछ संवेदी तथा स्मृति उत्तर प्रतिमा दूसरे तरह की क्रियाओं की देख-रेख करते हैं। अगर उद्दीपक (stimulus) जिसके प्रति अनुक्रिया या क्रिया की जा रही है, कमजोर (weak) तथा लघु अवधि (short duration) की है, तो वैसी परिस्थिति में इस तरह उत्तर-प्रतिमाएँ (afterimage) नहीं बन पाती और फलतः अवधान या ध्यान विभाजन भी नहीं हो पाता है। इस सम्बन्ध में एक प्रयोग मागर (Mager, 1954) तथा पाऊली (Pauli, 1954) द्वारा किया गया है। इस प्रयोग में प्रयोज्य (subject) के दोनों हाथ के एक-एक अंगुली पर हल्का दबाव (weak pressure) डाला गया। प्रयोज्य को यह बतलाना था कि इन दोनों दबावों (pressures) में से कौन-सा दबाव (pressure) अधिक तीव्र (stronger) है। इसका निर्णय करते समय प्रयोज्य को बहुत कम समय के लिए 3-6 लघु रेखाएँ (short lines) दिखलाया गया। प्रयोज्य को यह बतलाना था कि लघु रेखाएँ की संख्या कितनी है। ये दोनों कार्य तो इतना आसान था कि अलग-अलग करने पर प्रयोज्य ने 100% सही उत्तर दिया। परन्तु जब इन दोनों कार्यों को एक ही साथ करने के लिए प्रयोज्य को दिया गया तो वैसी परिस्थिति में परिणाम कुछ भिन्न पाये गये। 12% प्रयासों में तो प्रयोज्य इन दोनों कार्यों को सही-सही किया परन्तु 60% प्रयासों में इन दो कार्यों में से मात्र एक ही कार्य को सही-सही कर पाया तथा बाकी 28% प्रयास में दोनों में से किसी भी कार्य को प्रयोज्य सही-सही नहीं कर पाये। इस प्रयोग के परिणाम से यह स्पष्ट हो जाता है कि व्यक्ति दो

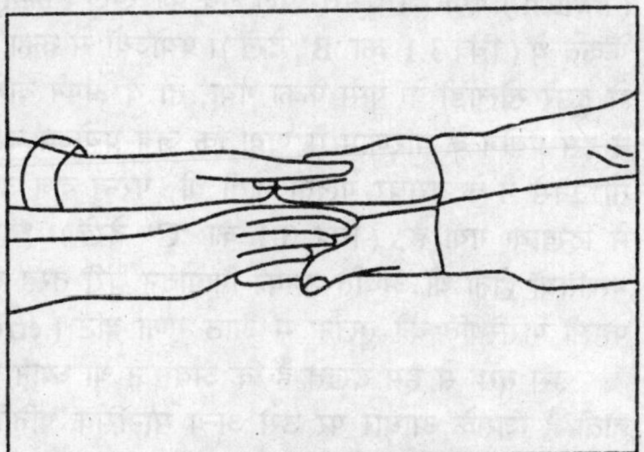

A — सिर्फ हाथ का खेल

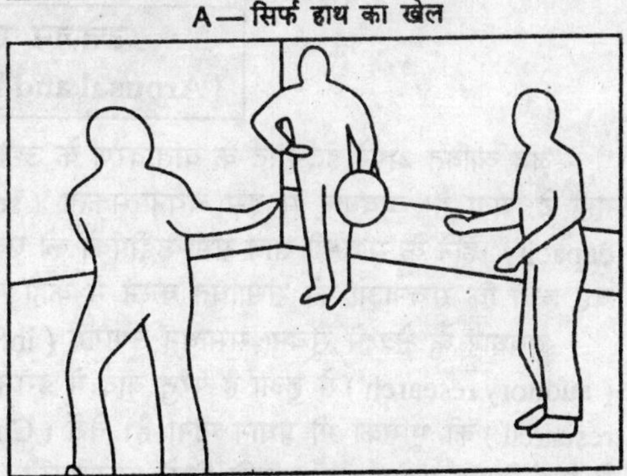

B — सिर्फ गेंद का खेल

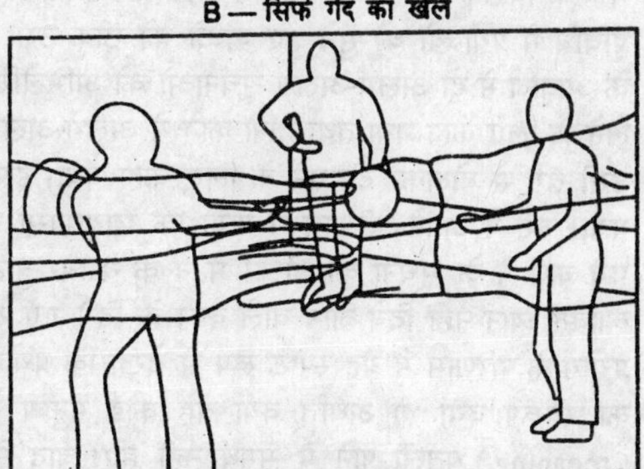

C — हाथ तथा गेंद के संयुक्त खेल

चित्र 3.1

तरह के कार्यों पर अवधान हमेशा तो नहीं परन्तु कभी-कभी अवश्य दे पाता है। साथ-ही-साथ यह भी स्पष्ट है कि अवधान विभाजन से कार्यों की परिशुद्धता (accuracy) घटती है।

निस्सेर एवं बेकलेन (Neisser & Becklen, 1975) ने भी एक अति बहुचर्चित अध्ययन किया जिसमें उन्होंने पाया कि विभक्त अवधान कार्य (divided attention task) में व्यक्ति का निष्पादन (performance) काफी अधिक प्रभावित होता है। प्रयोज्य को दूरदर्शन के पर्दा पर दो तरह का खेल एक साथ दिखलाया गया। एक खेल में एक खेलाड़ी दूसरे खिलाड़ी के हाथ पर अपना हाथ रखता था। इसे *हाथ का खेल* (hand game) कहा गया। (चित्र 3.1 का 'A' देखें) प्रयोज्यों को कहा गया कि जब भी वे एक खेलाड़ी को दूसरे खेलाड़ी के हाथ-पर-हाथ रखते देखे अपने दायें हाथ से स्वीच (switch) दवा दें। दूसरा खेल *गेंद का खेल* (ball game) था जिसमें तीन खिलाड़ी एक गेंद को एक-दूसरे के पास फेंकते थे (चित्र 3.1 का 'B' देखें)। प्रयोज्यों से कहा गया कि जब वे यह देखें कि गेंद को उछाला गया या एक खेलाड़ी से दूसरे खेलाड़ी के पास फेंका गया, तो वे अपने बायें हाथ से दूसरे स्विच (switch) को दबा दें। नाइसर तथा वेकलेन ने इस प्रयोग के परिणाम में पाया कि जब प्रयोज्य को किसी एक खेल पर ध्यान देकर स्वीच दबाने को कहा जाता था, तो उनसे न के बराबर गलती होती थी, परन्तु जब उन्होंने दोनों तरह के खेलों पर जैसा हाथ तथा गेंद के संयुक्त खेल में दिखाया गया है, (चित्र 3.1 का 'C' देखें)। ध्यान देते हुए स्वीच दबाने के लिए कहा जाता था तो उनसे काफी गलतियाँ होती थीं अर्थात् उनका निष्पादन बुरी तरह प्रभावित हो जाता था। सचमुच में, ऐसी परिस्थिति में प्रयोज्यों द्वारा पहली परिस्थिति की तुलना में आठ गुणा त्रुटि (error) अधिक होती थी।

इस तरह से हम देखते हैं कि अवधान या ध्यान जो मूलतः एक चयनात्मक मानसिक प्रक्रिया है, की कई विशेषताएँ होतीं हैं जिसके आधार पर उसे अन्य मानसिक प्रतिक्रियाओं से भिन्न समझा जाता है।

उत्तेजन एवं सूचना संसाधन
(Arousal and Information Processing)

जब व्यक्ति अपने इर्द-गिर्द के वातावरण के उद्दीपकों से उत्तेजित होता है, तो वह उन सबों पर समान रूप से ध्यान नहीं दे पाता है। अवधान में इस चयनात्मकता (selectivity) का अपर्याप्त माध्यम क्षमता (inadequate channel capacity) होने के साथ-ही-साथ सभी उद्दीपकों को एक साथ संसाधित करने की अक्षमता बतलायी गयी है। इसका मतलब यह हुआ कि सूचनाओं को संसाधित करने में कहीं न कहीं मार्गाविरोध (bottlenecking) उत्पन्न होता है।

अवधान के क्षेत्र में सूचना संसाधन उपागम (information processing approach) का उदय मूलतः श्रवण शोधों (auditory research) से हुआ है परंतु बाद में इसमें चाक्षुष शोध (visual research) तथा अर्थगत शोध (semantic research) की भूमिका भी प्रधान माना है। चेर्री (Cherry, 1953) द्वारा श्रवण अवधान (auditory attention) के क्षेत्र में एक विशेष प्रयोगात्मक प्रविधि जिसे *छायाभासी* (shadowing) कहा गया, आरम्भिक शोध किया गया। छायाभासी प्रविधि में प्रयोज्यों को सुने हुए शब्दों को ठीक उसी रूप में जोर से बोलने के लिए कहा जाता है। चेरी ने एक व्यक्ति के आवाज में दो अलग-अलग सूचनाओं को अभिलेखित (recording) किया। प्रयोज्यों को आकर्णक (earphone) लगा लेने के लिए कहा गया तथा दोनों कान में अलग-अलग सूचनाओं को दिया गया तथा उनमें से किसी एक सूचना को ठीक उसी ढंग से बोलकर दोहराने के लिए कहा गया। इस तरह के कार्य को द्विभाजित सुनना (diachotic listening) कहा गया। चेरी ने अपने परिणाम में पाया कि छायाभासी प्रविधि में प्रयोज्यों को कोई खास कठिनाई नहीं हुई। वे ध्यान दिये गये कर्ण में के सूचना को बोलने में न के बराबर त्रुटि किये। चेरी की अभिरुचि इस तथ्य का पता लगाने में भी था कि व्यक्ति ध्यान नहीं दिये जाने वाले कान के दिये गए सूचनाओं में से कितने सूचनाओं को याद रख पाता है। इन्होंने अपने प्रयोग के परिणाम में यह स्पष्ट रूप से देखा कि प्रयोज्य यह सही-सही बतला पाये कि ध्यान नहीं दिये जाने वाले सूचना का स्वरूप क्या था अर्थात् क्या वह कोई मनुष्य की बोली थी या फिर अन्य कोई आवाज। परंतु वे उनका अर्थ (meaning) बतला पाने में समर्थ नहीं हुए। बाद में इस तथ्य की सम्पुष्टि करते हुए मोरे (Moray, 1959) ने यह बतलाया कि प्रयोज्य ध्यान नहीं दिये जाने वाले कान में दी गयी सूचना की भाषा की पहचान करने में असमर्थ तो थे ही साथ-ही-साथ वे वैसे शब्दों की पहचान करने में भी असमर्थ रहे जो अछायाभासी कान (unshadowed ear) में करीब 35 बार तक उपस्थित किया गया था। इन प्रयोगों से यह स्पष्ट हो जाता है कि व्यक्ति को जब कई तरह की सूचनाओं

पर एक साथ ध्यान देने के लिए कहा जाता है, तो उसमें कुछ सूचना पर वह ध्यान दे पाता है तथा कुछ पर वह ध्यान नहीं दे पाता है। हाँ, जिन सूचनाओं पर वह ध्यान नहीं दे पाता है, अगर उसके स्वरूप में कुछ परिवर्तन कर दिया जाता है (जैसे पुरुष से महिला या महिला से पुरुष की आवाज में परिवर्तन कर देने पर) व्यक्ति का ध्यान चला जाता है। मोरे (Moray, 1959) ने अपने एक प्रयोग में पाया कि जिन सूचनाओं पर प्रयोज्य ध्यान नहीं दे पाता है, उनमें यदि प्रयोज्य का नाम कहीं-कहीं जोड़ दिया जाता है, तो वह उस पर ध्यान देने में समर्थ हो पाता है।

इन अध्ययनों से यह स्पष्ट हो जाता है कि व्यक्ति सूचनाओं का संसाधन इस ढंग से करता है कि दो तरह की सूचना में से किसी एक पर ही ध्यान दे पाता है। हाँ, दूसरी सूचना में यदि कोई खास विशेषता होती है, तो वह उनका संसाधन कर पाता है तथा उनकी पहचान कर पाता है। इस तरह की व्याख्या की सम्पुष्टि मोब्रे (Moubray, 1953) ने भी किया है।

ऊपर के अध्ययनों का सारतत्त्व यह है कि व्यक्ति वातावरण से प्राप्त सूचनाओं को एक साथ संसाधित नहीं कर पाता है। फलतः उनमें वह उन्हीं सूचना पर ध्यान दे पाता है, जिन्हें संसाधित (processing) कर पाता है। अध्ययनों से यह भी स्पष्ट हुआ है कि जब दो कार्य का स्वरूप ऐसा है कि जिसमें अवधानात्मक साधन (attentional resource) की आवश्यकता है, तो वैसी अवस्था में व्यक्ति उन दोनों पर ध्यान एक साथ नहीं दे पाता है अर्थात् समानान्तर संसाधन (parallel processing) की किया नहीं हो सकती है, परंतु दो कार्य (task) में से एक कार्य का स्वरूप यदि ऐसा होता है जिसे व्यक्ति अधिक सीख हुए है या जिसपर व्यक्ति उत्कृष्टता (mastery) हासिल किये हुए है, तो व्यक्ति के लिए इन दोनों कार्यों को एक साथ संसाधित (processing) करना सम्भव हो पाता है। इस अवस्था को *स्वचालिता* (automaticity) कहा जाता है। जैसे, यदि कोई व्यक्ति को कार चलाने पर पूर्ण उत्कृष्टता हासिल है, तो वह एक ही साथ बगल में बैठे व्यक्ति से बातचीत भी कर सकता है तथा साथ-ही-साथ उत्तम ढंग से कार भी चला लेता है।

सूचनाओं के संसाधन में स्वचालित (automaticity) उत्पन्न होने के लिए यह आवश्यक है कि व्यक्ति में स्मृति से सूचनाओं का मुक्त प्रवाह (free flow) उसके द्वारा किये जाने वाले क्रियाओं का नियंत्रण (control) तक बना रहे। यदि इससे कहीं भी रुकावट होगी, तो स्वचालिता द्वारा सूचनाओं का संसाधन नहीं होगा। पोजनर तथा स्नीडर (Posner & Snyder, 1975) द्वारा सूचनाओं के स्वचालित संसाधन (automatic processing) का गहन अध्ययन किया गया जिन्होंने इस स्वचालित प्रक्रिया (automatic processing) की तीन विशेषताओं का वर्णन किया है, जो इस प्रकार है—

(i) स्वचालित प्रक्रिया बिना किसी अभिप्राय (intention) के होती है। इसका सबसे उत्तम उदाहरण हमें प्रिमिंग प्रयोगों (priming experiments) में मिलता है, जहाँ व्यक्ति के बिना किसी साभिप्राय के ही स्वचालित प्रभाव स्पष्ट रूप से देखने को मिलता है। जैसे—शब्द 'शिक्षक' देखे जाने के बाद शब्द 'छात्र' की पहचान प्रयोज्य इसी प्रभाव के कारण तेजी से करता है।

(ii) स्वचालित प्रक्रियाएँ चेतना से छिपी हुई होतीं हैं। जैसे उक्त उदाहरण में जो प्रिमिंग प्रभाव (priming effect) हो रहा है, वह अचेतन स्तर पर हो रहा है, जिससे व्यक्ति अवगत नहीं होता है।

(iii) स्वचालित प्रक्रियाओं में चेतन प्रयास (conscious effort) न के बराबर लगते हैं। सच्चाई यह है कि इस प्रक्रिया से सूचनाओं का संसाधन बिना किसी प्रयास के ही स्वतः हो जाता है।

स्कैक्टर तथा शिफ्रिन (Schachter & Shiffrin, 1577) तथा शिफ्रिन एवं स्कैनीडर (Shiffrin & Schneider, 1577) ने अपने-अपने प्रयोगात्मक अध्ययनों से यह स्पष्ट किया है कि सूचनाओं के स्वचालित संसाधनों (automatic processing) से जटिल परंतु अधिक अभ्यासयुक्त प्रत्यक्षज्ञानात्मक विश्लेषण उत्तम ढंग से किया जा सकता है।

ध्यान-भंग
(Distractation of Attention)

ध्यान भंग (distractiom attention) एक महत्त्वपूर्ण घटना है जिसका मनोवैज्ञानिकों द्वारा विशेष रूप से अध्ययन किया गया है। जब व्यक्ति अपना ध्यान किसी विशेष उद्दीपक (stimulus) की ओर किये होता है और इसी बीच में उसके सामने कोई दूसरा उद्दीपक (stimulus) आ जाता है तो वैसी अवस्था में व्यक्ति का ध्यान पहला उद्दीपक से हटकर दूसरे उद्दीपक की ओर अपने आप चला जाता है। इस प्रक्रिया को ध्यानभंग (distraction of attention) की संज्ञा दी जाती है। एक उदाहरण लीजिए—अभी आप इस पुस्तक को पढ़ रहे हैं। अतः आपका ध्यान इस पुस्तक के विशेष पेज

पर जिसे आप पढ़ रहे हैं, पर है। यदि अचानक आप के बगल में बन्दूक से गोली का धमाका होता है तो आपका ध्यान पुस्तक से हटकर 'धमाका' की ओर चला जाता है यानी आपका ध्यान भंग हो जाता है।

मनोवैज्ञानिकों ने ध्यान भंग से सम्बन्धित कई प्रयोग किये हैं और यदि इन सभी प्रयोगों के परिणाम को देखा जाय तो हम किसी निश्चित निष्कर्ष पर नहीं पहुँचते हैं क्योंकि कुछ प्रयोग में ध्यान भंग से निष्पादन (performance) में कमी होती पायी गयी तो कुछ प्रयोगों में ऐसी बात नहीं देखी गयी। अब कुछ इस तरह के प्रयोगों की ओर ध्यान दें। होभी (Hovey 1928) ने एक प्रयोग किया जिसमें कॉलेज के छात्रों को आर्मी अल्फा परीक्षण (Army Alpha Test) के एक फार्म के प्राप्तांकों (scores) के आधार पर दो भागों में बाँट दिया गया। इसमें से एक प्रयोगात्मक समूह (exprimental group) तथा दूसरा नियंत्रित समूह (control group) था। 6 सप्ताह के बाद नियंत्रित समूह को आर्मी अल्फा परीक्षण का दूसरा फार्म देकर उनके उत्तर प्राप्त किये गये। नियंत्रित समूह को यह कार्य सामान्य अवस्था (normal condition) में करवाया गया जिसमें किसी प्रकार का कोई बाधक वस्तुएँ विकर्षक (distractor) के रूप में नहीं था। प्रयोगात्मक समूह (experimental group) को भी उसी परीक्षण का दूसरा फार्म के एकांशों का उत्तर देना था परन्तु ऐसी अवस्था में जहाँ अनेकों श्रवण (auditory) तथा दृष्टि (visual) विकर्षक (distractor) मौजूद थे। ये दोनों तरह के विकर्षक (distractor) काफी तीव्र (intense) थे। परिणाम में देखा गया कि प्रयोगात्मक समूह के सही प्राप्तांक (correct score) का माध्य (mean) नियन्त्रित समूह के सही प्राप्तांक के माध्यम (mean) के करीब-करीब बराबर था। दूसरे शब्दों में, यद्यपि प्रयोगात्मक समूह के सदस्यों का ध्यान भंग हो रहा था, फिर भी इनका निष्पादन (performance) पर कोई विशेष असर नहीं पड़ा। अतः स्पष्ट है कि ध्यान भंग से निष्पादन (performance) में कमी नहीं आती है। इसी तरह का परिणाम स्मिथ (Smith, 1951) द्वारा भी पाया गया।

दूसरे तरफ कुछ ऐसे भी मनोवैज्ञानिक हैं जिन्होंने यह दिखलाया है कि ध्यान भंग (distraction of attention) से निष्पादन में स्पष्ट गिरावट आती है। फेन्ड्रीक (Fendrick, 1937) ने एक प्रयोग किया जिसमें छात्रों को एक कहानी पढ़ना तथा समझना था। जब वे कहानी पढ़ रहे थे, उनके नजदीक में ही एक फोनोग्राफ (phonograph) बजाया जा रहा था ताकि उन छात्रों के ध्यान में कुछ विकर्षण (distraction) हो सके। परिणाम में देखा गया कि ऐसी अवस्था में छात्रों को कहानी पढ़ने में काफी त्रुटियाँ हुई तथा उसके तथ्य को समझने में काफी कठिनाई हुई। दूसरे तरफ हेण्डरसन, क्रियूस तथा वारलो (Henderson, Crews & Barlow, 1945) ने अपने प्रयोग में पाया कि जब प्रयोज्य (subject) को कहानी एक ऐसी परिस्थिति में पढ़ने के लिए कहा गया जिसमें संगीत बज रहा था तो उस तथ्य से सम्बन्धित प्रयोज्य के शब्दावली (vocabulary) में तो कोई कमी नहीं आयी परन्तु उस तथ्य को समझने (comprehend) में स्पष्ट रूप से कमी आयी।

मनोवैज्ञानिकों द्वारा कुछ ऐसे भी प्रयोग किये गये हैं जिनमें यह दिखलाया है कि ध्यान भंग (distraction of attention) में सिर्फ बाह्य उद्दीपकों (external stimuli) जिसे विकर्षक (distraction) के रूप में प्रयोग किया जाता है, का ही महत्त्व नहीं होता है बल्कि व्यक्ति की पूर्व अनुभूति (past experience), प्रत्याशा (expectation) तथा मनोवृत्ति (attitude) का भी महत्त्वपूर्ण होता है। वेकर (Baker, 1937) ने एक प्रयोग किया जिसमें यह दिखलाया गया है कि ध्यान भंग में व्यक्ति की मनोवृत्ति तथा प्रत्याशा (expectation) का महत्त्व काफी होता है। इस प्रयोग में छात्रों को मौखिक रूप से (orally) कुछ अंकों को जोड़ना था। जैसे 12 में 5 जोड़ना था, फिर उस योग में 6 जोड़ना था, फिर उस योग में 7 जोड़ना था, फिर उस योग में 8 जोड़ना था और फिर उस योग में 5, 6, 7 तथा 8 एक साथ जोड़ना था। इस तरह से अंकों को जोड़ने की प्रक्रिया तबतक चलती थी जबतक कि प्रयोगकर्त्ता रुकने के लिए नहीं कह देता था। प्रत्येक दिन 20-20 ऐसे अंकगणित समस्याओं को सुलझाना होता था। इस 20 में से 10 समस्या का समाधान प्रयोज्य शांत अवस्था में बाकी 10 समस्या का समाधान एक ऐसी परिस्थिति में करता था जिसमें कुछ विकर्षक (distractor) मौजूद रहते थे जैसे संगीत बजता रहता था या कई व्यक्ति आपस में ऊँची आवाज में बातचीत करते होते थे, आदि। इस प्रयोग में कुल 40 प्रयोज्य (subject) थे, जिन्हें भिन्न-भिन्न तरह का सुझाव (suggestion) देकर उनमें विभिन्न मनोवृत्ति तथा प्रत्याशा (expectation) उत्पन्न किया गया। 40 में से 10 प्रयोज्य (subjects) को तो यह कहा गया कि संगीत या बातचीत के दौरान अंकगणितीय समस्याओं का समाधान करने में उनकी कार्य-क्षमता में कमी आयेगी। अन्य 10 को यह कहा गया कि संगीत या दूसरे लोगों द्वारा बातचीत करने की परिस्थिति में अंकगणितीय समस्याओं को सुलझाने में मदद मिलेगी। अन्य 10 को यह कहा गया कि संगीत या दूसरे लोगों द्वारा बातचीत करने की परिस्थति में अंकगणितीय समस्याओं के समाधान में पहले तो उन्हें कठिनाई होगी परन्तु कुछ समय के बाद उन्हें लाभ होगा या ऐसी परिस्थिति से उन्हें मदद मिलेगा। बाकी 10 प्रयोज्यों (subjects) को नियन्त्रित समूह (control group) में रखा गया जिन्हें किसी प्रकार का कोई सुझाव (suggestion) नहीं दिया गया। इस प्रयोग के परिणाम बड़े रोचक थे। परिणाम में देखा गया कि

प्रथम तीनों समूह का निष्पादन (performance) ठीक वैसा ही था जैसा कि सुझाव (suggestion) देने से उनमें प्रत्याशा (expectation) तथा मनोवृत्ति (attitude) उत्पन्न हुई थी। नियन्त्रित समूह (control group) को चूँकि किसी प्रकार का कोई सुझाव नहीं दिया गया था, अतः उसके निष्पादन (performance) में कोई इस तरह की स्पष्टता (clarity) नहीं थी। इस प्रयोग से यह साबित हो जाता है कि ध्यान भंग (distraction of attention) होने की प्रक्रिया पर सिर्फ बाह्य उद्दीपकों (external stimuli) का ही प्रभाव नहीं पड़ता है बल्कि व्यक्ति की मनोवृत्ति (attitude) तथा उसके प्रत्याशा (expectation) का भी प्रभाव पड़ता है।

अब प्रश्न यह उठता है कि क्या ध्यान में हुए विकर्षण (distraction) को कम किया जा सकता है? मनोवैज्ञानिकों ने इस तरह के विकर्षण को कम करने के दो उपाय बतलाये हैं—*पेशीय प्रयास* (muscular effort) तथा *समंजन* (adaptation)। ध्यान में विकर्षण (distraction) को कम करने के लिए व्यक्ति को कुछ अतिरिक्त पेशीय ऊर्जा (additional muscular energy) खर्च करना पड़ता है। मॉर्गन (Morgan, 1916) ने एक प्रयोग करके यह दिखला दिया है। इस प्रयोग में प्रयोज्य को टाईपराइटर पर कुछ शाब्दिक सामग्री (verbal matters) टाईप करने के लिए कहा गया। कुछ विशेष प्रबन्ध द्वारा टाईपराइटर के बटन या फन्नी (key) पर प्रयोज्य की अंगुलियों द्वारा पड़ने वाले दबाव (pressure) तथा फन्नी पर अंगुली रखने के समय प्रयोज्यों के श्वसन (respiration) को अपने आप माप (measure) लिया जाता था। इस दोनों मापों द्वारा टाईप करते समय प्रयोज्य (subject) द्वारा किये गये पेशीय प्रयास (muscular effect) का पता चलता था। प्रयोज्य पहले कुछ समय के लिए शान्त अवस्था में टाईप करता था। फिर अचानक कमरा में संगीत, बिजली की घंटियाँ, आदि बजने लगते थे और प्रयोज्य को इस शोरगुल की परिस्थिति में भी टाईप करना जारी रखना होता था तथा फिर अन्त में कुछ समय के लिए उसे शान्त अवस्था में टाईप करना होता था। परिणाम में देखा गया कि पहली शान्त अवस्था में धीरे-धीरे टाईपराइटर के फन्नी (key) पर अंगुलियों का दबाव कमता गया तथा साथ-ही-साथ प्रति स्ट्रोक (per stroke) समय भी कमता गया। प्रयोज्य की श्वसन प्रक्रिया भी इस अवस्था में सामान्य थी। शोरगुल की अवस्था प्रारम्भ होते ही फन्नी पर अंगुलियों का दबाव बढ़ गया तथा प्रति स्ट्रोक समय भी बढ़ गया। इतना ही नहीं, प्रयोज्य की श्वसन प्रक्रिया तीव्र हो गयी और टाईप किये जाने वाले अक्षरों एवं अंकों को टाईप करते समय वह जोर-जोर से बोल भी रहा था। अन्तिम अवस्था जो शान्त की थी, में ऐसी पेशीय तनाव (muscular tension) नहीं पाया गया। इस परिणाम से स्पष्ट है कि प्रयोज्य ने शोरगुल अवस्था में ध्यान को अपने कार्य (यानी टाइपिंग) में लगाये रखने के लिए अधिक पेशीय ऊर्जा (muscular energy) खर्च कर रहा था। टाईपराइटर के फन्नी (key) को जोर से तथा अधिक समय के लिए दबाये रखना तथा उसकी श्वसन प्रक्रिया में अनियमितता एवं जोर से अक्षरों (letters) एवं अंकों (digits) को बोलना आदि से यह पता चलता है कि प्रयोज्य अतिरिक्त पेशीय ऊर्जा (additional muscular entry) खर्च कर रहा था ताकि उसका ध्यान भंग नहीं हो सके अर्थात उसका ध्यान टाइपिंग कार्य से विचलित न हो जाय। फोर्ड (Ford, 1929) और डेम्बर तथा वार्म (Dember & Warm, 1979) द्वारा भी इसी प्रकार के निष्कर्ष अपने-अपने प्रयोग में पाये गये।

समंजन (adaptation) दूसरी प्रविधि है जिसके सहारे व्यक्ति का ध्यान भंग होने से बचता है। यदि आपके घर के ठीक बगल में आटा चक्की का मशीन हो तो कुछ दिनों तक तो उसकी आवाज से आप परेशान रहते हैं और आपका ध्यान किसी कार्य में ठीक प्रकार से नहीं लग पाता है। परन्तु कुछ दिनों या एक-दो महीनों के बाद आप अपना प्रत्येक काम बिना किसी परेशानी अनुभव किये कर लेते हैं, यहाँ तक कि गहरी नींद सो भी लेते हैं हालाँकि मशीन पूर्ववत: चलती रहती है। कहने का तात्पर्य यह है कि आप अपने प्रत्येक कार्य में अच्छी तरह ध्यान लगा पाते हैं यद्यपि मशीन से शोरगुल का आवाज उत्पन्न होते रहता है। इसका कारण यह है कि आप अपने आपको उस विशेष परिस्थिति के साथ समंजित (adapt) कर लेते हैं। इस प्रक्रिया को मनोविज्ञान में समंजन (adaptation) कहा जाता है। हारमोन (Harmon, 1933), फ्रीमैन (Freeman, 1939) तथा पोफेनबर्गर (Poffenberger, 1942) ने अनेकों ऐसे प्रयोग किये हैं जिनमें यह दिखलाया गया है कि समंजन (adaptation) की प्रक्रिया द्वारा व्यक्ति ध्यान को भंग होने से बचाता है। इन प्रयोगों की सामान्य विशेषता यह थी कि प्रयोज्यों (subjects) को प्रतिद्दिन 20 मिनट तक शोरगुल की अवस्था में काम करना होता था तथा उसके बाद 20 मिनट तक उसी तरह के कार्य को शांत अवस्था में करना होता है। इन दोनों अवस्थाओं में प्रयोज्य द्वारा श्वसन प्रक्रिया में ऑक्सीजन (oxygen) की खपत (consumption) को एक विशेष उपकरण (apparatus) द्वारा मापा गया। परिणाम में यह देखा गया कि शांत अवस्था में ऑक्सीजन की मात्रा की खपत कम तथा शोरगुल अवस्था

में ऑक्सीजन की मात्रा की खपत अधिक थी। परन्तु सातवें दिन तक शोरगुल अवस्था में ऑक्सीजन की मात्रा की खपत में काफी कमी आ गयी और शांत अवस्था में ऑक्सीजन की मात्रा की खपत के बराबर हो गयी। प्रयोगकर्त्ताओं (experimenters) के अनुसार शोरगुल अवस्था के पहले छः दिनों में ऑक्सीजन की खपत की अधिक मात्रा इस बात की ओर संकेत देती है कि प्रयोज्य शोरगुल से उत्पन्न ध्यान में विकर्षण (distraction) को दूर करने की कोशिश उसके साथ समंजन (adaptation) करके कर रहा था। जब वह शोरगुल के साथ पूर्णतः इस तरह का समंजन (adaptation) करने में सफल हो गया तो उसके द्वारा साँस में लिए गये ऑक्सीजन की खपत की मात्रा भी पूर्णतः सामान्य हो गयी।

इस तरह से हम देखते हैं कि व्यक्ति में ध्यान भंग (distraction of attention) एक महत्त्वपूर्ण घटना है। इस पर सिर्फ बाह्य उद्दीपक (external stimulus) जो विकर्षक (distractor) के रूप में कार्य करते है, का ही प्रभाव नहीं पड़ता है बल्कि व्यक्ति की मनोवृति(attitude) तथा प्रत्याशा(expectation) का भी प्रभाव पड़ता है। पेशीय प्रयास (muscular effect) तथा समंजन (adaptation) द्वारा ध्यान के विकर्षण (distraction) को कम भी किया जा सकता है।

ध्यान के प्रकार
(Types of Attention)

मनोवैज्ञानिकों ने ध्यान को निम्नांकित तीन भागों में बाँटा है—

1. ऐच्छिक ध्यान (Voluntary attention)
2. अनैच्छिक ध्यान (Involuntary attention)
3. स्वाभाविक ध्यान (Habitual attention)

इन तीनों तरह के ध्यान की व्याख्या निम्नांकित है—

1. ऐच्छिक ध्यान *(Voluntary attention)*—जैसा कि नाम से ही स्पष्ट है, इस तरह के ध्यान में व्यक्ति की इच्छा या आवश्यकता की प्रधानता होती है। जब व्यक्ति अपनी इच्छा या आवश्यकतानुसार किसी वस्तु या उद्दीपक पर अन्य वस्तुओं या उद्दीपकों में से चुनकर ध्यान देता है, तो इसे ऐच्छिक ध्यान की संज्ञा दी जाती है। उदाहरणार्थ, मान लीजिए कि आपके पिताजी बीमार हैं और आप दवा लेने के लिए बाजार निकले हैं। ऐसी अवस्था में दवा की दुकान के नाम की ओर आप अधिक जल्दी ध्यान देंगे हालाँकि इधर-उधर नजर दौड़ाने पर आपके सामने अनेकों प्रकार के दुकान का नाम आयेगा। ऐसा इसलिए होता है कि उस समय आपको सिर्फ दवा की आवश्यकता है, यानी, आपकी इच्छा सिर्फ दवा खरीदने की है। ऐच्छिक ध्यान में स्पष्टतः तीन मूलतत्त्व (elements) सम्मिलित होते हैं—

(i) इस प्रकार के ध्यान में व्यक्ति की एक स्पष्ट इच्छा या आवश्यकता होती है। जैसे ऊपर के उदाहरण में व्यक्ति की स्पष्ट इच्छा दवा खरीदने की थी।

(ii) ऐच्छिक ध्यान में एक स्पष्ट लक्ष्य (goal) होता है। जैसे, ऊपर के उदहारण में व्यक्ति के सामने एक स्पष्ट लक्ष्य था— दवा की दुकान का नाम पढ़ना।

(iii) ऐच्छिक ध्यान में चूँकि व्यक्ति की इच्छा या आवश्यकता की प्रधानता होती है, अतः बाधक वस्तुएँ या विकर्षक (distractor) के होने के बावजूद भी व्यक्ति प्रयास करके उस वस्तु विशेष की ओर ध्यान देता है। जैसे, उपर्युकत उदाहरण में व्यक्ति अपने बीमार पिता के लिए दवा लाने चला है। रास्ते में यदि उसे रोचक नाच, गाने एवं रोशनी से सजी हुई बारात पार्टी भी आ जाती है तो उस व्यक्ति का ध्यान दवा की दुकान खोजने की ओर ही होता है (क्योंकि दवा की तीव्र आवश्यकता है।)

2. अनैच्छिक ध्यान *(Involuntary attention)*—जैसा कि नाम से ही स्पष्ट है, इस तरह के ध्यान में व्यक्ति की इच्छा या आवश्यकता की प्रधानता नहीं होती है बल्कि उत्तेजना या वस्तु के गुण की प्रधानता होती है। सचमुच में व्यक्ति इस तरह के ध्यान में किसी इच्छा या आवश्यकता से प्रेरित होकर किसी वस्तु या घटना की ओर ध्यान नहीं देता बल्कि उस वस्तु या घटना में ही कुछ ऐसे गुण होते हैं जो व्यक्ति के ध्यान को अपनी ओर खींच लेता है, उदाहरणार्थ मान लीजिए कि आप कमरे में एकाग्रचित होकर किताब पढ़ रहे हैं। बगल में अचानक बन्दूक छूटने की धमाका की आवाज होती है। आपका ध्यान इस 'धमाका' की ओर तुरन्त चला जाता है क्योंकि उससे उत्पन्न आवाज में तीव्रता (intensity) (जो उद्दीपक का एक प्रमुख गुण है) अधिक है। यहाँ व्यक्ति का ध्यान धमाका की ओर उसकी इच्छा के अनुसार नही

बल्कि उद्दीपक की तीव्रता के गुण के कारण गया। सिनेमा घर अनेकों प्रकार के रोशनी बल्बों से सजे होते हैं। हमारा ध्यान उन बल्बों की ओर जल्द चला जाता है जिससे तीव्र रोशनी (light) निकलती है। उसी तरह से जिन बल्बों को देखने से हमें गति (movement) का प्रत्यक्षण होता है उस पर भी हमारा ध्यान अन्य बल्बों की अपेक्षा जल्द चला जाता है।

अनैच्छिक ध्यान में इस तरह से हम देखते हैं कि व्यक्ति की न इच्छा होती है और न ही उसके सामने कोई स्पष्ट लक्ष्य (goal) ही होता है। इस तरह के ध्यान में व्यक्ति द्वारा किये गये प्रयास (effort) की भी कमी पायी जाती है। स्पष्टतः तब अनैच्छिक ध्यान में उद्दीपक का गुण (characteristics) ही सब कुछ होता है। अतः यह कहा जाता है कि अनैच्छिक ध्यान उद्दीपक-प्रधान (stimulus-based) होता है जबकि ऐच्छिक ध्यान (voluntary attention) में व्यक्ति की इच्छा या आवश्यकता महत्त्वपूर्ण होती है तथा जीव-प्रधान (organism-based) होता है।

3. स्वाभाविक ध्यान *(Habitual attention)*—स्वाभाविक ध्यान में व्यक्ति का ध्यान किसी वस्तु या उत्तेजना (stimulus) की ओर उसकी आदत (habit), प्रशिक्षण (training) तथा अभ्यास (practice) आदि के कारण (बिना किसी तरह के प्रयास के ही) चला जाता है। उदाहरणार्थ पान खाने वाले व्यक्ति का ध्यान पान की दुकान की ओर, शराब पीने वालों का ध्यान शराब की ओर, मोची का ध्यान लोगों के जूते की ओर जाना स्वाभाविक ध्यान (habitual attention) के कुछ उदाहरण हैं। स्पष्ट है कि इस तरह के ध्यान में व्यक्ति की इच्छा या आवश्यकता की कोई प्रधानता नहीं होती है और न तो उद्दीपक (stimulus) के गुण की ही कोई प्रधानता होती है। एक पान खाने वाला व्यक्ति पान की दुकान की ओर अपनी इच्छा से ध्यान नहीं देता है और पान की दुकान चाहे जैसा भी हो अर्थात सजा-धजा हो या साधारण, उस ओर व्यक्ति का ध्यान चला ही जाता है क्योंकि उस व्यक्ति को पान खाने की आदत (habit) है।

ध्यान के निर्धारक
(Determinants of Attention)

किसी उद्दीपक (stimulus) पर व्यक्ति का ध्यान जाने के प्रमुख दो कारण होते हैं। दूसरे शब्दों में, ध्यान के प्रमुख दो निर्धारक (determinants) हैं—कुछ निर्धारक का सम्बन्ध उद्दीपक से होता है तथा कुछ निर्धारक का सम्बन्ध स्वयं व्यक्ति से होता है। उद्दीपक से सम्बन्धित निर्धारक को *वस्तुनिष्ठ निर्धारक* (objective conditions or determinants) कहा जाता है तथा व्यक्ति से सम्बन्धित निर्धारक को *आत्मनिष्ठ निर्धारक* (subjective conditions or determinants) की संज्ञा दी जाती है।

ध्यान के प्रमुख वस्तुनिष्ठ निर्धारक (objective conditions or determinants) निम्नांकित हैं—

1. उद्दीपक का स्वरूप *(Nature of stimulus)*—उद्दीपक का स्वरूप (nature) से यहाँ तात्पर्य यह है कि उद्दीपक श्रवण (auditory) श्रेणी का है या दृष्टि (visual) श्रेणी का। सामान्यतः दृष्टि उद्दीपक (visual stimulus) व्यक्ति का ध्यान श्रवण उद्दीपक की अपेक्षा अपनी ओर जल्द खींच लेता है। मन्न, फर्नेल्ड तथा फर्नेल्ड (Munn, Fernald & Fernald, 1972) के अनुसार उद्दीपक का दृष्टि स्वरूप (visual nature) श्रवण स्वरूप से अधिक महत्त्वपूर्ण इसलिए होता है क्योंकि दृष्टि उद्दीपक (visual stimuli) का प्रभाव मस्तिष्क पर श्रवण उद्दीपक की अपेक्षा अधिक होता है। सिनेमा घर के बगल से गुजरते समय उसके दिवाल पर लगे पोस्टरों पर ध्यान उसी सिनेमा घर के आवाज बक्स (sound box) से आ रहे आवाज की अपेक्षा अधिक जल्द चला जाता है। इसका कारण है कि पोस्टर का स्वरूप दृष्टि (visual) है जबकि आवाज का स्वरूप श्रवण (auditory) है।

2. उद्दीपक में परिवर्तन *(Change in stimulus)*—व्यक्ति के सामने उपस्थित उद्दीपक में यदि अचानक कोई परिवर्तन आ जाता है, तो उसपर उसका ध्यान स्वतः चला जाता है। यदि आपका टेबुल पंखा चलते-चलते अचानक बन्द हो जाता है, तो आपका ध्यान उस ओर चला जाता है चाहे उस समय आप काफी ध्यानमग्न होकर कोई सरस उपन्यास ही क्यों न पढ़ रहे हों। उद्दीपक में अचानक परिवर्तन होने से सिर्फ व्यक्ति का ही ध्यान नहीं बल्कि छोटे-छोटे जानवरों का भी ध्यान उस ओर चला जाता है। डेम्बर (Dember, 1956) तथा फाऊलर (Fowler, 1958) ने अनेकों ऐसे प्रयोग किये हैं जिनमें यह दिखलाया गया है कि चूहा (rat) का ध्यान उद्दीपक में परिवर्तन होने पर बहुत आसानी से उस ओर चला जाता है। इन लोगों के प्रयोग में चूहा को एक Y आकार के भुलभूलैया (Y-shaped maze) में रखा गया। स्पष्ट है कि इस तरह के भुलभूलैया में दो बाँह (arms) होते हैं। चूहा को दोनों बाँह के सामान्य प्रवेश (common entry)

पर ही रोक दिया जाता है क्योंकि इन दोनों बाँहों में घुसने के लिए जो दरवाजा था, उसमें शीशा लगा हुआ था। एक बाँह का रंग उजला था तथा दूसरे बाँह का रंग काला था। चूँकि बाँह का दरवाजा शीशा का था अतः चूहा बाँह के रंग को आसानी से देख सकता था। इस तरह से कई प्रयासों तक चूहा को दोनों बाँहों के रंगों से अवगत कराया गया। अचानक एक प्रयास में उजले बाँह के रंग को भी बदल कर काला कर दिया गया और दोनों बाँह के दरवाजा के शीशा को भी हटा दिया गया। परिणाम में यह देखा गया कि चूहा उस बाँह में जाकर अधिक समय व्यतीत किया जिसका रंग उजला से बदलकर अचानक काला कर दिया गया। प्रयोगकर्त्ताओं (experimenters) के अनुसार चूहा द्वारा उस बाँह में जिसका रंग उजला से काला किया गया था, अधिक समय व्यतीत करना इस बात का द्योतक है कि चूहा का ध्यान इस बाँह की ओर दूसरा बाँह की अपेक्षा अधिक था।

3. उद्दीपक की नवीनता *(Novelty of stimulus)*—जब उद्दीपक नया होता है तो उसपर हमलोगों का ध्यान पुराने उद्दीपक या वस्तु की अपेक्षा जल्द चला जाता है। यही कारण है कि जब कोई छात्र जो प्रतिदिन पैन्ट तथा कमीज पहनकर वर्ग में आता था; अगर किसी दिन धोती कुर्ता पहनकर वर्ग में आता है तो उसपर वर्ग के सभी छात्रों का ध्यान अपने आप चला जाता है। जिस शहर की लड़कियाँ साइकिल नहीं चलाती है, उस शहर में यदि कोई लड़की साइकिल चलाती हुई सड़क पर से गुजरती है, तो उस लड़की पर अगल-बगल के लोगों का ध्यान अपने आप इस नवीनता (novelty) के कारण चला जाता है। अतः उद्दीपक की नवीनता भी एक कारक (factor) है जिससे व्यक्ति का ध्यान उस उद्दीपक की ओर जाता है।

4. उद्दीपक की गति *(Movement of stimulus)*—गतिशील वस्तुओं या उद्दीपकों पर हमारा ध्यान वैसी वस्तुओं या उद्दीपकों की अपेक्षा जल्द चला जाता है जो स्थिर होते हैं। शायद यही कारण है कि सिनेमा घरों को उसके मैनेजर या मालिक द्वारा इस तरह के रंगीन बल्बों से सजाया जाता है जिनसे देखने वाले व्यक्ति को उन बल्बों वाला आकृति घूमता हुआ नजर आये। एक चलती हुई मोटरगाड़ी पर हमारा ध्यान एक स्थिर मोटरगाड़ी की अपेक्षा जल्दी से इसलिए चला जाता है क्योंकि चलती हुई मोटरगाड़ी में गति होती है।

5. उद्दीपक की अवधि *(Duration of stimulus)*—जो उद्दीपक हमारे सामने अधिक समय तक मौजूद होता है उस पर हमारा ध्यान कम समय तक मौजूद रहने वाले उद्दीपक की अपेक्षा अधिक जल्दी से चला जाता है। अतः स्पष्ट है कि उद्दीपक की अवधि भी हमारे ध्यान को आकर्षित करते हैं। यदि किसी वस्तु या व्यक्ति का फोटो हमारे सामने क्षणभर उपस्थित कर हटा लिया जाय तो शायद उस पर हमारा ध्यान नहीं जायेगा। परन्तु यदि उसी फोटो को अधिक समय तक हमारे सामने रखा जाता है, तो उस पर हमारा ध्यान तुरन्त चला जाता है। अगर कोई व्यक्ति हमारे बदन को क्षणभर के लिए धीरे से स्पर्श करता है तो उस पर हमारा ध्यान नहीं जाता है। परन्तु यदि वह अपने हाथों से उसे पकड़ लेता है, तो उस पर हमारा ध्यान अपेक्षाकृत तेजी से चला जाता है क्योंकि पकड़ने से अवधि बढ़ जाती है।

6. उद्दीपक की स्थिति *(Position of stimulus)*—उद्दीपक की स्थिति में अन्तर के कारण भी हमारा ध्यान किसी वस्तु या उद्दीपक पर चला जाता है। अन्य बातों के समान रहने पर एक ही उद्दीपक अपनी स्थिति के कारण तो कभी व्यक्ति का ध्यान आकर्षित करने में समर्थ होता है और कभी नहीं। इसका सबसे अच्छा उदाहरण समाचार पत्रों में किसी खबर (news) का शीर्षक होता है। अगर वह शीर्षक प्रथम पेज पर छपा है तो उसपर हमारा ध्यान आसानी से चला जाता है। परन्तु वही शीर्षक यदि बीच या अन्तिम पेज पर छपा होता है तो उसपर हमारा ध्यान आसानी से नहीं जाता। स्पष्ट है कि उद्दीपक की स्थिति से हमारा ध्यान प्रभावित होता है।

7. उद्दीपक का विलगन या अलगाव *(Isolation of stimulus)*—उद्दीपन का विलगन या अलगाव भी एक प्रमुख कारण है जिसके कारण हमारा ध्यान उस ओर आसानी से चला जाता है। एक उदहारण लीजिए कि किसी पार्टी में कोई व्यक्ति सबसे अलग होकर चुपचाप खड़ा हो जाता है तो वैसी परिस्थिति में उस व्यक्ति पर अन्य व्यक्तियों का ध्यान आसानी से चला जाता है। इसका स्पष्ट कारण यह है कि वह व्यक्ति अपने आप को अन्य व्यक्तियों से अलग कर लेता है। अतः उद्दीपक में अलगाव या विलगन होने से भी हमारा ध्यान उस पर अन्य उद्दीपकों की अपेक्षा जल्द चला जाता है।

8. उद्दीपक का विरोधी *(Contrast of stimulus)*—जब कोई उद्दीपक अपने विरोधी उद्दीपक के साथ उपस्थित होता है, तो उसपर हमारा ध्यान उसी उद्दीपक को सामान्य अवस्था में उत्पन्न होने की अपेक्षा जल्द चला जाता है। उदाहणार्थ, यदि पति-पत्नी का ऐसा जोड़ा हो कि पत्नी काफी गोरी और सुंदर है परन्तु पति इसके ठीक विपरीत है तो

इस तरह के जोड़ा पर अन्य पति-पत्नी के जोड़ों की अपेक्षा हमारा ध्यान जल्द चला जाता है। उसी तरह से यदि किसी लाल कागज के टुकड़ा पर थोड़ा अधिक गहरा लाल रंग से कुछ लिखा हो तो उस पर हमारा ध्यान तेजी से नहीं जाता है। परन्तु उतना ही गहरा लाल से यदि हरा क़ागज पर कुछ लिखा हो तो उस पर हमारा ध्यान तेजी से चला जाता है क्योंकि लाल रंग के अक्षर यहाँ अपने विरोधी पृष्ठभूमि (background) यानी हरे रंग पर लिखा गया है। अतः उद्दीपक जब अपने विरोधी उद्दीपक के साथ आता है तो इस पर हमारा ध्यान जल्द चला जाता है।

9. उद्दीपक की तीव्रता *(Intensity of stimulus)*—उद्दीपक की तीव्रता (intenstiy) भी हमारे ध्यान को जल्दी अपनी ओर खींच लेता है। जिस उद्दीपक में तीव्रता अधिक होती है, उस पर ध्यान अन्य उद्दीपकों जो अपेक्षाकृत कम तीव्र या धीमा होते हैं, जल्द चला जाता है। अंधेरी रात में यदि हम आसमान की ओर नजर करते हैं तो सबसे पहले हमारा ध्यान उन तारों पर जाता है जो अधिक चमकीले (bright) होते हैं अर्थात् जिनमें तीव्रता अधिक होती है। धुमिल तारों पर हमारा ध्यान नहीं जाता है परन्तु यदि कोई आवाज काफी जोर से होती है तो उस पर हमारा ध्यान जल्द चला जाता है। अपने कलाई घड़ी की टिक-टिक की आवाज पर हमारा ध्यान नहीं जाता है परन्तु, सड़क पर कार के हॉर्न की आवाज पर हमारा ध्यान तुरन्त इसलिए चला जाता है क्योंकि हॉर्न की आवाज घड़ी की टिक-टिक की आवाज से काफी तीव्र होती है।

10. उद्दीपक का आकार *(Size of stimulus)*—उद्दीपक के आकार के कारण भी हमारा ध्यान उसकी ओर जाता है। जिस उत्तेजना का आकार बड़ा (bigger) होता है उस पर हमारा ध्यान उन उद्दीपकों की अपेक्षा जो छोटे आकार के होते हैं, जल्द चला जाता है। अखबार पड़ते समय पहले हमलोगों का ध्यान खबर के उन शीर्षकों पर जाता है जो बड़े-बड़े अक्षरों में छपे होते हैं। छोटे अक्षरों में छपे खबर पर हमारा ध्यान काफी बाद में जाता है। अतः आकार भी एक प्रमुख कारक जिसके कारण हमारा ध्यान किसी वस्तु या उद्दीपक की ओर जाता है।

11. उद्दीपक की पुनरावृत्ति *(Repetition of stimulus)*—जब कोई उद्दीपक व्यक्ति के सामने बार-बार उपस्थित किया जाता है, तो स्वभावतः उस पर ध्यान एकाध बार आने वाले उद्दीपक की अपेक्षा जल्द चला जाता है। अतः उद्दीपक की पुनरावृत्ति एक महत्त्वपूर्ण कारक है जिसके कारण व्यक्ति का ध्यान किसी वस्तु विशेष की ओर जाता है। शायद यही कारण है कि सिनेमा मालिकों की विज्ञापन गाड़ियाँ बार-बार किसी एक ही मधुर संगीत को दुहराते हुए सड़क पर आतीं जातीं है। यहाँ स्पष्ट उद्देश्य यही रहता है कि ऐसा करने से अधिकतर लोगों का ध्यान उस संगीत की ओर होगा और सिनेमा घर में भीड़ बढ़ेगी। नेता तथा समाज सुधारक बार-बार अपनी बातों को लोगों के बीच दुहराते हैं ताकि इनकी बातों पर अधिक-से-अधिक लोगों का ध्यान जा सके।

12. उद्दीपक का रंग *(Colour of stimulus)*—रंगीन उद्दीपक या उत्तेजनाओं को देखने की अभिरुचि व्यक्ति में रंगहीन उद्दीपकों की अपेक्षा अधिक होती है। फलस्वरूप, रंगीन उद्दीपकों पर व्यक्ति का ध्यान रंगहीन उद्दीपकों की अपेक्षा जल्द चला जाता है। किसी दुकान का नाम उजले पृष्ठभूमि पर यदि काले अक्षरों से लिखा हो और उसी के बगल में दूसरा दुकान का नाम उजली ही पृष्ठभूमि पर लाल रंग से लिखा हो तो हमारा ध्यान सबसे पहले लाल रंग से लिखे दुकान की नाम की ओर पहले जाता है। स्पष्ट है कि रंगीन उद्दीपकों पर रंगहीन उद्दीपकों की अपेक्षा ध्यान जल्दी से चला जाता है।

ध्यान के प्रमुख आत्मनिष्ठ निर्धारक (subjective conditions or determiners) निम्नांकित हैं—

1. आदत *(Habit)*—प्रत्येक व्यक्ति की कुछ-न-कुछ विशेष आदत होती है। किसी को पान खाने की आदत होती है, किसी को शराब पीने की आदत होती है तो किसी को सिगरेट पीने की आदत होती है, आदि-आदि। इन आदतों के अनुसार व्यक्ति किसी वस्तु विशेष पर ध्यान देता हुआ पाया जाता है। पान खाने वालों का ध्यान पान की दुकान पर, शराब पीने वालों का ध्यान शराब की दुकान पर तथा सिगरेट पीने वाला का ध्यान सिगरेट पर इस आदत के कारण चला जाता है।

2. आवश्यकता *(Need)*—व्यक्ति किसी उत्तेजना या उद्दीपक पर अपनी आवश्यकता के अनुसार ध्यान देता है। उदाहरणार्थ, यदि आप किताब खरीदने के लिए बाहर निकलते हैं, तो आपका ध्यान किताब की दुकान की ओर अन्य दुकानों की अपेक्षा जल्द जाता है। ऐसा इसलिए होता क्योंकि आपकी आवश्यकता किताब खरीदंने की है। इसी तरह मान लीजिए कि कोई व्यक्ति गत 10 घंटों में भूखा है तो वैसी परिस्थिति में उसका ध्यान होटल की ओर या खाने की वस्तु की ओर तेजी से चला जायेगा। उसी तरह अगर कोई व्यक्ति प्यासा है तो उसका ध्यान पानी का नल की ओर या पानी

की ओर तेजी से चला जायेगा। इन सभी उदाहरणों में व्यक्ति का ध्यान किसी वस्तु विशेष की ओर इसलिए जा रहा है क्योंकि व्यक्ति में उस वस्तु से सम्बन्धित आवश्यकता (need) होती है।

3. अभिरुचि *(Interest)*—अभिरुचि व्यक्ति के ध्यान का एक प्रमुख आत्मनिष्ठ निर्धारक (subjective determinant) है। व्यक्ति की अभिरुचि भिन्न-भिन्न होती है और प्रायः व्यक्ति अपनी इसी अभिरुचि के अनुसार किसी वस्तु या उद्दीपक पर ध्यान देता है। क्रिकेट के खेल में अभिरुचि रखने वाले व्यक्ति का ध्यान रेडियो से हो रहे आँखों देखा झलकी की रिपोर्ट की ओर तुरन्त चला जाता है। मनोविज्ञान में अभिरुचि रखने वाले छात्रों तथा शिक्षकों का ध्यान मनोविज्ञान की किताब पर अन्य किताबों की अपेक्षा जल्द चला जाता है।

4. प्रत्याशा या उम्मीद *(Expectation)*—व्यक्ति का ध्यान किसी वस्तु या उद्दीपक पर उसके प्रत्याशा (expectation) या खास उम्मीद के कारण भी चला जाता है। एक उदाहरण लीजिए। एक पतिव्रत धर्मपत्नी को उसके पति 8 बजे शाम तक घर वापस आने को कहकर चले जाते हैं। परन्तु 9 बजे रात तक किसी कारणवश वे नहीं आ पाते हैं। उसी समय उस धर्मपत्नी का नौकर गेट खोलकर मकान के कम्पाउण्ड (compound) में प्रवेश करता है। गेट खोलने की आवाज पर पत्नी का ध्यान तुरन्त चला जायेगा हालाँकि सम्भव है कि उससे ज्यादा तीव्र आवाज में घर में रेडियो भी बज रहा है। यहाँ धर्मपत्नी का ध्यान गेट खोलने की आवाज पर तुरन्त इसलिए चला जाता है क्योंकि उसे उस समय अपने पति के आने की प्रत्याशा या उम्मीद थी।

5. जिज्ञासा *(Curiosity)*—जिज्ञासा भी अवधान का एक महत्त्वपूर्ण निर्धारक है। जिस व्यक्ति या उद्दीपक के बारे में उसे जानने की जिज्ञासा अधिक होती है, उस पर व्यक्ति जल्द ध्यान देता पाया जाता है। देहात से पहली बार शहर आये व्यक्तियों का ध्यान जिज्ञासा के कारण ऊँचे-ऊँचे मकानों, टेलीविजन की दुकानों तथा सिनेमाघरों की ओर अन्य चीजों की अपेक्षा जल्द चला जाता है। बच्चों का ध्यान नये-नये खिलौना की ओर जिज्ञासा के कारण ही अधिक जल्दी से चला जाता है।

6. मनोवृत्ति *(Attitude)*—व्यक्ति की मनोवृत्ति भी ध्यान का एक प्रमुख निर्धारक है। मनोवृत्ति दो प्रकार के होते हैं—प्रतिकूल (unfavourable) या ऋणात्मक (negative) तथा अनुकूल (favourable) या धनात्मक (positive)। अगर व्यक्ति की मनोवृत्ति किसी वस्तु या अन्य व्यक्ति के प्रति धनात्मक है तो उस पर ध्यान अन्य वस्तुओं या व्यक्तियों की तुलना में जिसके प्रति धनात्मक मनोवृत्ति नहीं है, जल्द चला जाता है। एक उदाहरण लीजिए—फिल्म जगत के नायक एवं नायिकाओं के प्रति किसी व्यक्ति की मनोवृत्ति धनात्मक या ऋणात्मक कुछ भी हो सकता है। यदि व्यक्ति किसी नायक या नायिका का प्रशंसक (fan) है तो वैसी परिस्थिति में उसकी मनोवृत्ति उस नायक या नायिका के प्रति धनात्मक होगी। ऐसी अवस्था में उस नायक या नायिका के फिल्म के पोस्टर पर उस व्यक्ति का ध्यान अन्य पोस्टरों की अपेक्षा जल्दी चला जायेगा। अतः स्पष्ट है कि मनोवृत्ति के कारण भी व्यक्ति का ध्यान किसी वस्तु या अन्य व्यक्ति की ओर जाता है।

7. अर्थ *(Meaning)*—कुछ उद्दीपक ऐसे होते हैं जिसका अर्थ व्यक्ति समझता है तथा कुछ उद्दीपक ऐसे होते हैं जिनका अर्थ व्यक्ति नहीं समझता है। जिस उद्दीपक का अर्थ व्यक्ति समझता है उस पर उसका ध्यान तेजी से चला जाता है। प्रायः रेलगाड़ी के डिब्बों पर हिन्दी में, अंग्रेजी में, बंगला तथा गुरुमुखी में लिखा होता है जो व्यक्ति हिन्दी समझता है उसका ध्यान हिन्द में लिखे तथ्यों पर अन्य भाषाओं में लिखे तथ्यों की अपेक्षा अधिक तेजी से जाता है। उसी तरह जो व्यक्ति गुरुमुखी समझता है उसका ध्यान गुरुमुखी भाषा में लिखे तथ्यों पर अधिक तेजी से जाता है। स्पष्ट है कि व्यक्ति उद्दीपक का अर्थ समझने पर ही उस पर ध्यान देता है। जो उद्दीपक व्यक्ति के लिए अर्थहीन होता है उसपर व्यक्ति का ध्यान नहीं जाता है या बहुत देरी से जाता है।

8. प्रशिक्षण *(Training)*—प्रशिक्षण अपने आप में तो ध्यान का एक आत्मनिष्ठ निर्धारक नहीं है परन्तु इससे व्यक्ति में कुछ खास मानसिक तत्परता (mental readiness) उत्पन्न होती है जिसके कारण व्यक्ति का ध्यान किसी वस्तु या उद्दीपक की ओर चला जाता है। उदाहरणार्थ, डाक्टर का ध्यान सामान्य व्यक्तियों की अपेक्षा रोगियों की ओर बहुत ही आसानी से चला जाता है क्योंकि उन्हें रोग के लक्षण, उपचार आदि में विशेष प्रशिक्षण मिली होती है। मोची का ध्यान जूतों के डिजाइन की ओर तथा नाई का ध्यान बाल स्टाईल (hair style) की ओर बहुत कुछ इसी प्रशिक्षण (training) के कारण हो जाता है।

इस तरह हम देखते हैं कि व्यक्ति का ध्यान किसी वस्तु या उद्दीपक की ओर दो कारणों से हो जाता है। उद्दीपक के कुछ खास-खास ऐसी विशेषताएँ होतीं हैं जिनसे व्यक्ति का ध्यान उस ओर चला जाता है। साथ-ही-साथ व्यक्ति में भी कुछ खास गुण होते हैं जिनके कारण उनका ध्यान किसी वस्तु या उद्दीपक की ओर चला जाता है।

चयनात्मक अवधान का स्वरूप
(Nature of Selective Attention)

चयनात्मक अवधान एक ऐसा विषय है जिसमें गत40 वर्षों से मनोवैज्ञानिकों ने काफी अभिरुचि दिखलायी है। चयनात्मक अवधान एक ऐसी प्रक्रिया है जिसमें व्यक्ति कुछ खास क्रिया या उद्दीपक पर अपनी मानसिक एकाग्रता (mental concerntration) दिखलाता है तथा अन्य क्रियाओं या उद्दीपकों पर न के बराबर ध्यान देता है। **मैटलिन**[1] (Matlin, 1983) के शब्दों में चयनात्मक अवधान को इस प्रकार परिभाषित किया जा सकता है, *''चयनात्मक अवधाम एक ऐसी घटना है जिसमें हमलोग एक क्रिया पर अपनी मानसिक क्रियाशीलता को एकाग्रचित करते हैं तथा अन्य क्रियाओं के बारे में बहुत ही कम ध्यान दे पाते हैं।''* जैसे यदि एक साथ कई व्यक्ति मिलकर बगल के कमरे में बातचीत कर रहे हों और आप उनमें से किसी एक व्यक्ति की बात पर ध्यान दे रहे हों तो इसमें आप उस व्यक्ति के बात को ठीक ढंग से सुन पायेंगे तथा अन्य व्यक्तियों के बातों को यदा-कदा। यह चयनात्मक अवधान का उदाहरण होगा।

चयनात्मक अवधान का विशेष गुण या लाभ यह है कि इसमें व्यक्ति एक तरह के कार्य पर दूसरों कार्यों से बिना किसी तरह के अवरोध अनुभव किये ध्यान एकाग्रचित (concentrate) कर सकता है। इसका परिणाम यह होता है कि इससे मानसिक निष्पादन (mental performance) की उत्कृष्टता बढ़ जाती है। परन्तु चयनात्मक अवधान में कुछ हानि (disadvantages) भी होता है। चयनात्मक अवधान व्यक्ति में कुछ विशेष परिस्थिति में खासकर उस परिस्थिति में कुंठा (frustration) उत्पन्न करने लगता है जब उसे एक ही साथ कई क्रियाओं पर ध्यान देना आवश्यक हो जाता है। ऐसी परिस्थिति में लाचारी में व्यक्ति को अन्य क्रियाओं की अवहेलना करना पड़ता है।

चयनात्मक अवधान के क्षेत्र में सबसे महत्त्वपूर्ण अध्ययन चेर्री (Cherry, 1953) द्वारा किया गया। इस प्रयोग में उन्होंने *छायाभासी प्रविधि* (shadowing technique) का प्रतिपादन किया जिसमें प्रयोज्यों को सुने हुए शब्दों को ठीक उसी रूप में बोलने के लिए कहा जाता है। चेर्री ने एक प्रवक्ता (speaker) के आवाज में दो अलग-अलग सूचनाओं (message) को अभिलेखित (recording) किया। प्रयोज्यों को आकर्णक (earphone) लगा लेने के लिए कहा गया। प्रत्येक कान में अलग-अलग सूचनाओं को दिया गया तथा उन्हें उनमें से किसी एक सूचना को ठीक ढंग से बोलकर दोहराने के लिए कहा गया। इस तरह के कार्य को द्विभाषित सुनना (diachotic listening) कहा जाता है। परिणाम में देखा गया कि प्रयोज्यों द्वारा दोनों में से एक ही सूचना जिसपर वे ध्यान दे सके थे, का प्रत्याह्वान (recall) किया गया। दूसरी सूचना जिस पर वे ध्यान नहीं दे सके (unattended message), से वे बहुत कम प्रत्याह्वान कर सकने में समर्थ हुए। हाँ, जब इस दूसरे तरह की सूचना में कुछ परिवर्तन कर दिया जाता था जैसे इसे पुरुष की आवाज में न कहकर महिला की आवाज में कहा जाता था, तो वैसी परिस्थिति में प्रयोज्यों का ध्यान उस ओर चला जाता था। इस प्रयोग से स्पष्ट होता है कि व्यक्ति को जब कई तरह की सूचनाओं पर एक साथ ध्यान देने के लिए कहा जाता है तो उसमें कुछ सूचना पर वह ध्यान दे पाता है तथा कुछ पर ध्यान नहीं दे पाता है। हाँ, जिन सूचनाओं पर वह ध्यान नहीं दे पाता है अगर उसके स्वरूप में कुछ परिवर्तन कर दिया जाता है (जैसे पुरुष से महिला या महिला से पुरुष की आवाज में परिवर्तन होने से) तो उस पर व्यक्ति का ध्यान चला जाता है। मोरे (Moray, 1959) ने अपने एक प्रयोग में पाया कि जिन सूचनाओं पर प्रयोज्य ध्यान नहीं दे पाता है उनमें यदि प्रयोज्य का नाम कहीं-कहीं पर जोड़ दिया जाता है, तो उस पर वह ध्यान देने में समर्थ हो पाता है।

चयनात्मक अवधान के सिद्धान्त या मॉडल
(Theories or Models of Selective Attention)

चयनात्मक अवधान की व्याख्या करने के लिए मनोवैज्ञानिकों ने कई तरह के सिद्धान्त का प्रतिपादन किया है जिनमें निम्नांकित प्रमुख हैं—

1. मार्गाविरोधी सिद्धान्त (Bottleneck theories)

---

1. "Selective attention is a phenomenon in which we concentrate over only one activity and notice very little about other activities." —Maltin : *Perception* 1983, p. 266

2. नॉरमैन एवं बॉवरो मॉडल (Norman & Bobrow's model)

3. नाईसर मॉडल (Neisser model)

इन तीनों सिद्धान्तों का अलग-अलग वर्णन निम्नांकित है—

1. मार्गाविरोधी सिद्धान्त *(Bottleneck theories)*—मार्गाविरोधी सिद्धान्त के तहत कई मनोवैज्ञानिकों द्वारा चयनात्मक अवधान की प्रदत्त व्याख्या को रखा गया है। इनमें ब्रौडवेन्ट (Broadbent, 1958), ट्रीसमैन (Treisman, 1964) तथा डियूश एवं डियूश (Deutsh & Deutsh, 1963) के विचार प्रमुख हैं। इन मनोवैज्ञानिकों का मत है कि जिस तरह से यदि हम एक ऐसे बोतल में पानी डालने की कोशिश करते हैं जिसका मुँह छोटा है तो पानी को भीतर जाने में एक तरह का अवरोध उत्पन्न होता है और कुछ मात्रा में पानी बोतल के भीतर जाता है और कुछ मात्रा में वह बोतल से बाहर गिर जाता है, ठीक उसी तरह यदि व्यक्ति को एकं ही साथ कई तरह की सूचनाओं को संसाधित करना पड़ता है या उसपर ध्यान देना पड़ता है, तो वह सभी ऐसी सूचनाओं पर एक साथ ध्यान नहीं दे पाता है क्योंकि उसमें जैविक रूप (biologically) से आधारित एक तरह का मार्गाविरोध होता है। कुछ सूचनाएँ इस मार्गाविरोध को पार करते हुए व्यक्ति के ध्यान में प्रवेश पाती है परन्तु कुछ सूचनाएँ पीछे ही रह जाती हैं क्योंकि वे मार्गाविरोध को पार नहीं कर पाती हैं। जो सूचनाएँ पीछे रह जाती है वह व्यक्ति के ध्यान केन्द्र के बाहर हो जाती है और धीरे-धीरे व्यक्ति उन्हें भूल जाता है।

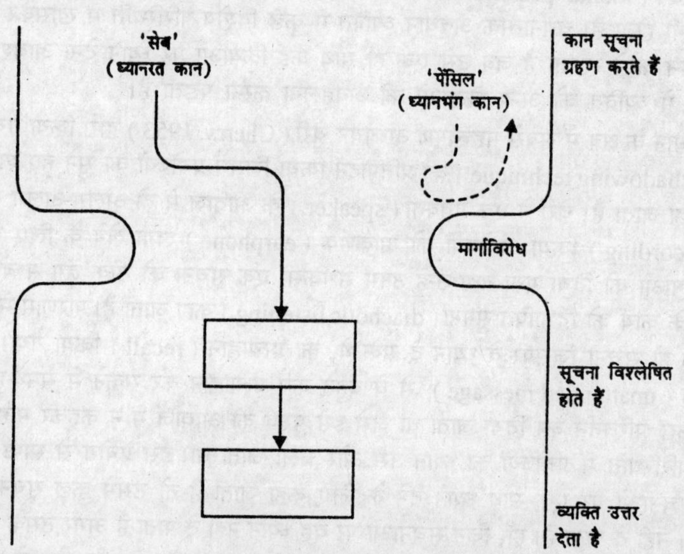

चित्र 3.2 : ब्रैडवेन्ट-फिल्टर मॉडल

चयनात्मक अवधान का सबसे पहला मार्गाविरोधी सिद्धान्त ब्रौडवेन्ट (Broadbent, 1958) द्वारा प्रतिपादित किया गया। इस सिद्धान्त जिसे *फिल्टर सिद्धान्त* (filter theory) भी कहा जाता है, के अनुसार जब व्यक्ति को एक ही साथ कई तरह की सूचनाओं को संसाधित करना पड़ता है अर्थात् कई तरह की सूचनाओं पर एक ही साथ ध्यान देना होता है, तो इस आरम्भिक अवस्था में मार्गाविरोध (bottleneck) उत्पन्न हो जाता है। दूसरे शब्दों में, जैसे ही ज्ञानेन्द्रिय कई तरह की सूचनाओं द्वारा उत्तेजित होता है, मार्गाविरोध(bottleneck) उत्पन्न हो जाता है। ब्रैडवेन्ट मॉडल में इस तरह का मार्गाविरोध, पैटर्न पहचान (pattern recognition) की प्रक्रिया से पहले ही उत्पन्न हो जाता है। इस तरह के मार्गाविरोध का उद्देश्य अधिक संख्या में सूचनाओं को ध्यान केन्द्र में प्रवेश करने से रोकना होता है तथा साथ-ही-साथ व्यक्ति को कई तरह की सूचनाओं से एक ही साथ प्रभावित हो जाने से अपने आप को बचाना होता है। मार्गाविरोध में फिल्टर प्रक्रम (filter **mechanism**) जिसके द्वारा व्यक्ति विभिन्न सूचनाओं में से किसी एक का चयन कर लेता है, द्वारा कुछ कमी होती है। चित्र 3.2 में ब्रैडवेन्ट मॉडल द्वारा चयनात्मक अवधान (selective attention) की प्रक्रिया की व्याख्या की गयी है। इस

चित्र से स्पष्ट है कि जब व्यक्ति को 'सेव' शब्द एक कान में बोला जाता है जिसपर उसे ध्यान देना है तो वह मार्गाविरोध को पार करते हुए आगे बढ़ जाता है तथा व्यक्ति इस सूचना को संसाधित करके उसके प्रति अनुक्रिया कर पाता है। परन्तु जब उसे पेंसिल शब्द दूसरे कान में उसी समय बोला जाता है जिसे सुनकर उसने बतलाया नहीं है तो सूचना को कान ग्रहण करके आगे बढ़ता है परन्तु यह सूचना मार्गाविरोध (bottleneck) में फँस जाता है और आगे नहीं बढ़ पाता है।

ब्रौडवेन्ट मॉडल के अनुसार सूचना के भौतिक गुणों के आधार पर हम उसका चयन करते हैं या उसे एक तरह से छानते (filter) हैं तथा उस पर ध्यान दे पाते हैं। जैसे—व्यक्ति उच्च-स्वर आवाज (high-pitched voice) पर ध्यान दे पाता है तथा निम्न-स्वर आवाज (low-pitched voice) पर नहीं। ऐसा इसलिए होता है कि निम्न-स्वर आवाज मार्गाविरोध को पार करने में असमर्थ रहते हैं।

इस तरह से हम देखते है कि ब्रौडवेन्ट मॉडल द्वारा इस बात की व्याख्या तो आसानी से हो जाती है कि व्यक्ति सूचना की कुछ विशेषताओं (characteristics) पर ध्यान नहीं दे पाता है। (क्योंकि वे मार्गाविरोध पार नहीं कर पाते हैं)। परन्तु बौडवेन्ट मॉडल द्वारा इस बात की व्याख्या नहीं होती है कि व्यक्ति सूचना की कुछ विशेषताओं (जैसे—ऐसे सूचना में यदि उसका अपना नाम कभी आया हो) पर ध्यान दे पाने में क्यों समर्थ हो जाता है।

ट्रीसमैन (Treisman, 1964) जो एक महिला मनोवैज्ञानिक थी, ब्रौडवेन्ट मॉडल में थोड़ा परिवर्तन कर उसे अधिक उपयोगी बनाने की कोशिश की। इनके मॉडल को *फिल्टर-तनुकरण मॉडल* (filter attentuation model) भी कहा जाता है। इस मॉडल के अनुसार व्यक्ति जिस कान से प्राप्त सूचना पर ध्यान नहीं दे पाता है, वह संसाधित (processing) होने से पूर्णतः अवरुद्ध नहीं हो जाता है बल्कि उसका रूप थोड़ा सूक्ष्म हो जाता है और इसका आंशिक विश्लेषण ही व्यक्ति कर पाता है। यही कारण है कि ध्यान नहीं दी गयी सूचना की कुछ विशेषताओं से भी व्यक्ति अवगत हो जाता है। ट्रीसमैन ने ब्रौडवेन्ट सिद्धान्त के इस दावे का खंडन किया है कि सूचनाओं के संसाधन की प्रारम्भिक अवस्था में ही मार्गाविरोध के कारण बहुत सारे सूचनाओं पर व्यक्ति ध्यान नहीं दे पाता है। अतः उनका अस्तित्व इस आरम्भिक अवस्था में ही समाप्त हो जाता है। ट्रीसमैन द्वारा किया गया यह खंडन उनके द्वारा किये गए एक प्रयोग के परिणाम पर आधारित है। इस प्रयोग में प्रयोज्य को एक साथ दो तरह की सूचनाएँ दी गयीं। एक तरह की सूचना अंग्रेजी के उपन्यास का एक छोटा गद्यांश था जिसे सुनकर प्रयोज्य को बतलाना था। इसके साथ एक दूसरी सूचना भी उन्हें दी गयी जिनका उन्हें बतलाना नहीं था। दूसरी सूचना के रूप में उसी उपन्यास का दूसरा गद्यांश तथा जैवरसायन (biochemistry) का एक तकनीकी विवेचन (technical discussion) दिया गया। परिणाम में देखा गया कि प्रयोज्य को उन सूचनाओं पर ध्यान न देने में अर्थात उसे अस्वीकृत करने में अधिक कठिनाई हुई जो उस सूचना के समान थे जिसे उनको दोहराना था अर्थात उसी उपन्यास के गद्यांश को अस्वीकृत करना उनके लिए कठिन था। परन्तु जैवरसायन की तकनीकी विवेचन को जो दोहराये जाने वाले गद्यांश से भिन्न था, को अस्वीकृत करने में कोई खास कठिनाई का अनुभव नहीं हआ। इस प्रयोग के परिणाम से यह स्पष्ट हो जाता है कि जिन सूचनाओं पर व्यक्ति ध्यान नहीं दे पाता है या उन्हें ध्यान नहीं देना रहता है, उनका भी विश्लेषण वह करता है। अतः ब्रोडवेन्ट (Broadbent) का यह कहना है कि ध्यान नहीं दी गई सूचना का अस्तित्व आरम्भिक अवस्था में ही समाप्त हो जाता है, सही नहीं है। ट्रीसमैन के निष्कर्ष को लेविस (Levis, 1970) ने भी अपने प्रयोग के परिणाम से सम्पुष्ट किया है।

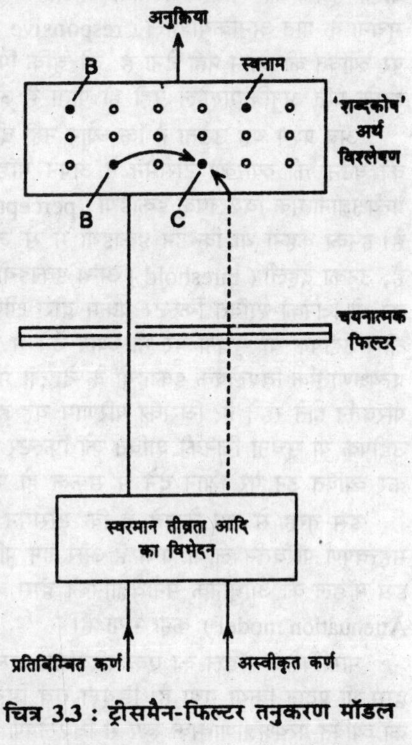

चित्र 3.3 : ट्रीसमैन-फिल्टर तनुकरण मॉडल

उपर्युक्त प्रयोगों के आलोक में ट्रीसमैन द्वारा प्रतिपादित फिल्टर तनुकरण सिद्धान्त (Filter attenuation theory) की मुख्य बात यह है कि फिल्टर की प्रक्रिया एक सम्पूर्ण-या-कुछ नहीं (all-or-one) प्रक्रिया नहीं है। ट्रीसमैन का मत

था कि फिल्टर से अस्वीकृत सूचनाएँ (rejected messages) जिनपर व्यक्ति ध्यान नहीं देता है, पूर्णतः समाप्त नहीं हो जाती है बल्कि उनकी शक्ति थोड़ी क्षीण अवश्य हो जाती है। कुछ विशेष परिस्थिति में ऐसी क्षीण सूचना भी प्रत्यक्षणात्मक तन्त्र के उच्च स्तरीय विश्लेषण से सम्पर्क कर लेती है। ट्रीसमैन के अनुसार चयनात्मक अवधान की प्रक्रिया में सूचना का प्रवाह किस तरह से होता है, उसे चित्र 3.3 में दिखलाया गया है।

जैसा कि चित्र 3.3 से सपष्ट है कि इस मॉडल में ज्ञानेन्द्रिय को मिलने वले कई सूचनाओं में से किसी विशेष सूचना का चयन पदानुक्रमिक शृंखला (hierarchical order) में किये गए कई तरह के परीक्षाओं या जाँच (tests) पर आधारित होता है। प्राप्त सूचनाओं का पहले उनके मूल भौतिक गुणों जैसे स्वर (pitch), तीव्रता (intensity), दैशिक स्थिति (spatial location) आदि के रूप में जाँच की जाती है। दूसरी अवस्था में जाँच, फिल्टर प्रक्रम (filter mechanism) द्वारा की जाती है। इस प्रक्रम के क्रियाशील होने से उन सूचनाओं की शक्ति क्षीण हो जाती है जिसपर व्यक्ति को ध्यान नहीं देना है या जिसे व्यक्ति को अस्वीकृत कर देना है। ध्यान रहे कि फिल्टर प्रक्रम में ध्यान नहीं दी जाने वाली सूचनाओं का अस्तित्व समाप्त नहीं होता है बल्कि उनकी शक्ति थोड़ी क्षीण हो जाती है। फिल्टर प्रक्रम से जाँच होने के बाद क्षीण सूचनाएँ (attenuated information) तथा अक्षीण सूचनाएँ (non-attenuated information) दोनों ही तन्त्रिका तन्त्र (nervous system) के गहरे स्तर (deeper level) पर पहुँचते हैं जहाँ उच्च स्तरीय प्रत्यक्षज्ञानात्मक विश्लेषण (high level perceptual analysis) या शब्दकोशिक विश्लेषक (dictionary analyzer) मौजूद होते हैं। ऐसे विश्लेषक इकाइयों (analysing unit) का अपना देहली (threshold) होता है। अगर यहाँ पहुँचने वाली सूचना की शक्ति या मात्रा देहली से ऊपर होती है तो विश्लेषक इकाई क्रियाशील हो जाते हैं और व्यक्ति उस सूचना के प्रति अनुक्रियाशील (responsive) होकर पूर्ण ध्यान देने लगता है। अवांछनीय सूचनाएँ या वैसी सूचना जिस पर व्यक्ति को ध्यान नहीं देना है, को चूँकि फिल्टर प्रक्रम द्वारा कमजोर कर दिया जाता है, देहली से नीचे होता है, अतः इसके प्रति अनुक्रियाशील नहीं हो पाता है और फलस्वरूप वह इस पर ध्यान नहीं दे पाता है।

अब प्रश्न यह उठता है कि ध्यान नहीं दी जाने वाली सूचनाओं में से कुछ सूचना द्वारा चेतन मन में प्रवेश कर जाने की घटना की व्याख्या ट्रीसमैन ने अपने मॉडल में किस तरह किया है? इस प्रश्न का उत्तर देने के लिए ट्रीसमैन ने प्रत्यक्षज्ञानात्मक विश्लेषक इकाइयों (perceptual analyzer units) में कुछ अतिरिक्त गुणों के होने की पूर्वकल्पना किया है। इनका कहना था कि इन इकाइयों में से जो इकाई महत्त्वपूर्ण सूचनाओं के प्रति अनुक्रियाशील (responsive) होते हैं, उनका देहली (threshold) अन्य इकाइयों के देहली की तुलना में कम होती है। अतः इन इकाइयों द्वारा उन उद्दीपकों का भी जिनकी शक्ति फिल्टर प्रक्रम द्वारा क्षीण कर दी गयी है, प्रत्यक्षण ठीक ढंग से हो जाता है। फलतः व्यक्ति ऐसे क्षीण उद्दीपक या सूचना पर भी ध्यान देने में समर्थ हो जाता है। इसके अलावा ट्रीसमैन ने यह भी मत जाहिर किया कि प्रत्यक्षणात्मक विश्लेषक इकाइयों के देहली में समय-समय पर परिस्थितिजन्य कारकों (contextual factors) के कारण परिवर्तन होते रहते हैं, जिसका परिणाम यह होता है कि ध्यान नहीं दी जाने वाली सूचनाओं या उद्दीपकों में से महत्त्वपूर्ण उद्दीपक या सूचना जिनकी शक्ति को फिल्टर प्रक्रम (filter mechanism) द्वारा कम कर दिया जाता है, की भी पहचान कर व्यक्ति उन पर ध्यान देने में सफल हो पाता है।

इस तरह से हम देखते हैं कि ट्रीसमैन द्वारा ब्रौडवेन्ट (Broadbent) के फिल्टर मॉडल (Filter model) में महत्त्वपूर्ण परिवर्तन लाया गया है और इन परिवर्तनों या सुधार को ब्रौडवेन्ट द्वारा स्वीकार भी कर लिया गया है। अतः इस मॉडल को आधुनिक मनोवैज्ञानिकों द्वारा *ब्रौडवेन्ट-ट्रीसमैन फिल्टर तनुकरण मॉडल* (Boradbent-Treisman Filter Attenuation model) कहा गया है।

मार्गावरोध मॉडल का एक परिवर्तित प्रारूप (modified form) डियूश एवं डियूश (Deutsh & Duetsh, 1963) द्वारा भी प्रदान किया गया है। डियूश एवं डियूश का मत है कि ज्ञानेन्द्रिय को मिलने वाली सारी उद्दीपकों या सूचनाओं का व्यक्ति प्रत्यक्षज्ञाणात्मक रूप से विश्लेषण करता है तथा उनमें किसी विशेष सूचना का चयन तब होता है जब व्यक्ति को उद्दीपकों के प्रति अनुक्रिया करनी होती है। कहने का तात्पर्य यह है कि व्यक्ति विभिन्न उद्दीपकों से मिलने वाली प्रत्येक सूचना को संसाधित करता है तथा अनुक्रिया करने के ठीक पहले व्यक्ति में मार्गावरोध (bottleneck) उत्पन्न होता है। इसका मतलब यह हुआ कि डियुश एवं डियूश के अनुसार सभी तरह के उद्दीपक का पैटर्न पहचान (pattern recognition) उत्पन्न होता है और इसके बाद मार्गावरोध होता है। मार्गावरोध (bottleneck) से यह पता चलता है कि व्यक्ति की स्मृति (memory) सीमित है। व्यक्ति कुछ चीजों को भूल जाने के लिए तथा कुछ को याद रखने के लिए

उन उद्दीपकों में से चयन करता है। परिणामस्वरूप, व्यक्ति याद रखने जाने वाली सूचना पर ध्यान देता है तथा भूल जाने वाली सूचना पर ध्यान नहीं दे पाता है।

ट्रीसमैन के समान ही डियूश एवं डियूश ने केन्द्रीय विश्लेषक इकाइयों (central analyzer units) के अस्तित्व को स्वीकार किया है। इन इकाइयों द्वारा उद्दीपकों से आने वाली सभी तरह के सूचनाओं की पहचान की जाती है तथा उनका विश्लेषण किया जाता है। इन इकाइयों द्वारा निर्गत सूचनाओं का व्यक्ति के लिए महत्त्व अलग-अलग होता है। किसी भी समय इन इकाइयों द्वारा निर्गत सूचनाओं में से सिर्फ वही सूचना को व्यक्ति याद रखता है या उसके प्रति ध्यान देकर अनुक्रिया करता है जो सबसे अधिक महत्त्व का होता है। अगर किसी समय में और भी अधिक महत्त्वपूर्ण सूचना इन इकाइयों द्वारा निर्गत किये जाते हैं तो व्यक्ति पहली सूचना को छोड़कर इस दूसरी सूचना पर ध्यान देने लगता है या उसी के अनुरूप अनुक्रिया करने लगता है। इस तरह से सबसे महत्त्वपूर्ण सूचना व्यक्ति का ध्यान अपनी ओर आकृष्ट कर पाता है तथा साथ-ही-साथ एक ऐसी कसौटी भी निर्माण करने में समर्थ हो पाता है जिसके अनुसार अन्य सूचना को अपनी ओर ध्यान आकृष्ट करवाने के लिए उससे भी अधिक महत्त्व का होना अनिवार्य है। मोरे (Moray, 1969) ने अपने अध्ययन के आधार पर यह बतलाया है कि संदर्भात्मक (contextual) एवं निर्देशात्मक (instrumental) कारकों द्वारा सूचना की महत्ता (saliency) में परिवर्तन लाया जा सकता है।

इस तरह से स्पष्ट है कि डियूश एवं डियूश द्वारा प्रतिपादित मॉडल में चयनात्मक अवधान (sclection attention) द्वारा प्रत्यक्षज्ञाणात्मक फिल्टरिंग (perceptual filtering) की प्रक्रिया का पता न चलकर स्मृति में संचित सूचनाओं में किसी विशेष सूचना के चयन का पता चलता है। नॉरमैन (Norman, 1968) तथा कीली (Keele, 1973) ने भी अपने-अपने अध्ययनों से डियूश एवं डियूश के मॉडल को समर्थन प्रदान किया है। इन दोनों मनोवैज्ञानिकों ने यह स्पष्ट मत जाहिर किया है कि उद्दीपकों से प्राप्त होने वाली सभी तरह के सूचनाओं का सम्पूर्ण विश्लेषण व्यक्ति करता है तथा अनुक्रिया संगठन (response organisation) तथा स्मृति के स्तर पर अवधान की प्रक्रिया निश्चित हो पाती है।

काह्नेमैन(Kahneman, 1973) ने फिल्टर सिद्धान्त(filter theory) तथा डियूश एवं डियूश के मॉडल का तुलनात्मक अध्ययन किया और बतलाया है कि सचमुच दोनों ही तरह के सिद्धान्तों में उद्दीपक से प्राप्त होने वाली सूचनाओं के संसाधान की प्रक्रिया में मार्गाविरोध (bottleneck) उत्पन्न होता है। परन्तु मार्गाविरोध उत्पन्न होने की बिन्दु पर इन दोनों सिद्धान्तों में अन्तर है। फिल्टर सिद्धान्त के अनुसार मार्गाविरोध प्रत्यक्षज्ञाणात्मक विश्लेषण होने के समय या ठीक उससे पहले होता है। फलस्वरूप, इस सिद्धान्त के अनुसार *अवधान प्रत्यक्षण को नियन्त्रित करता है* (attention controls perception)। ठीक इसके विपरीत, डियूश एवं डियूश द्वारा प्रतिपादित मॉडल में इस तरह का मार्गाविरोध पूर्णतः विश्लेषित उद्दीपकों (fully analyzed stimuli) के प्रति किये जाने वाले अनुक्रियाओं के चयन (selection) के ठीक पहले होता है और इस तरह के मार्गाविरोध के कारण व्यक्ति एक समय में एक से अधिक अनुक्रिया नहीं कर पाता है। परिणामतः यह कहा जाता है कि चयनात्मक अवधान डियूश एवं डियूश के सिद्धान्त में एक पश्चप्रत्यक्षज्ञाणात्मक प्रक्रिया (postperceptual process) है तथा एक दी हुई परिस्थिति में व्यक्ति द्वारा की जाने वाली सबसे उपयुक्त अनुक्रिया की ओर संकेत करता है। संक्षेप में यह कहा जा सकता है कि डियूश एवं डियूश द्वारा प्रतिपादित मॉडल में मार्गाविरोध सूचनाओं के प्रत्यक्षज्ञाणात्मक विश्लेषण के बाद परन्तु व्यक्ति द्वारा की जाने वाली अनुक्रिया के ठीक पहले होता है।

2. नॉरमैन एवं बॉवरो मॉडल *(Norman & Bobrow's model)*—नॉरमैन तथा बॉबरो (Norman & Bobrow, 1957) ने अवधान की व्याख्या एक-दूसरे दृष्टिकोण से किया है। इनलोगों ने मार्गाविरोध (bottleneck) के सम्प्रत्यय (concept) को स्वीकृत किया है और कहा है कि सचमुच में सूचना संसाधन (information processing) में मार्गाविरोध नाम की कोई चीज नहीं होती है जिससे सूचना की प्रवाह में कोई रुकावट होती है। इन लोगों के सिद्धान्त या मॉडल के अनुसार अवधान का स्वरूप सीमित (limits) होता है क्योंकि व्यक्ति के पास किसी कार्य (work) पर ध्यान देने के लिए मानसिक प्रयास (mental effort) करने की क्षमता सीमित होती है। ऐसे मानसिक प्रयास को नॉरमैन एवं बॉबरो ने *साधन या युक्ति* (resources) की संज्ञा दिया है। इन लोगों ने साधन में मानसिक प्रयास के अलावा स्मृति के विभिन्न प्रयासों एवं संचार माध्यमों को भी सम्मिलित किया है। इन लोगों का मत है कि चूँकि व्यक्ति के पास जो साधन होता है वह सीमित होता है, फलतः वह कुछ सीमित वस्तुओं या उद्दीपकों या कार्यों पर ही ध्यान दे पाता है। इन लोगों ने यह भी स्पष्ट किया है कि व्यक्ति का ध्यान कई कार्यों में विभाजित होने से निष्पादन (performance) में जो कमी होती है उसका कारण यह होता है कि उस सीमित साधन का उपयोग व्यक्ति को उन सभी कार्यों में बाँटकर करना होता है।

नॉरमैन तथा वॉबरो ने अपने सिद्धान्त में दो तरह के कार्यों (task) के बीच अन्तर किया है—*साधन-सीमित कार्य* (resource-limited task) तथा *आँकड़े-सीमित कार्य* (data-limited task)। साधन-सीमित कार्य से तात्पर्य वैसे कार्य से होता है जिसमें निष्पादन (performance) साधन के उपलब्ध होने पर निर्भर करता है। यदि ऐसे कार्य के लिए अधिक साधन उपलब्ध होते हैं तो उसका निष्पादन बढ़ जाता है तथा जब कम साधन उपलब्ध हो पाते हैं तो निष्पादन में कमी आ जाती है। जैसे—मान लिया जाए कि कोई व्यक्ति गणित की समस्या का समाधान कर रहा है तथा साथ-ही-साथ जोर से गीत भी गा रहा है। ऐसी परिस्थिति में गणित की समस्या का समाधान मंद गति से तो होगा ही साथ-ही-साथ कई तरह की त्रुटियाँ भी होंगीं। परन्तु गीत गाना बन्द करके जब व्यक्ति अपना सारा मानसिक प्रयास गणित की समस्याओं के समाधान में ही लगाता है तो इससे उसका निष्पादन निश्चित रूप से बढ़ जायेगा। यह एक साधन-सीमित कार्य (resource-limited task) का उदाहरण होगा। आँकड़े-सीमित कार्य (data-limited task) से तात्पर्य वैसे कार्य से होता है जिसमें निष्पादन व्यक्ति के सीमित-स्मृति क्षमता (limited-memory ability) या उद्दीपक के विशेष गुण के कारण सीमित होता है। ऐसे कार्य के निष्पादन पर साधन (resources) की उपलब्धता या अनुपलब्धता का कोई असर नहीं पड़ता है। ऐसे कार्य में पर्याप्त साधन होने के बावजूद भी व्यक्ति का निष्पादन खराब हो सकता है। जैसे, यदि कोई व्यक्ति पूर्ण प्रबलता (full volume) में रेडियो खोलकर तथा उसके नजदीक कान करके उसे सुनता है और उसी समय कलम टेबुल पर से नीचे जमीन पर गिर जाता है। ऐसी परिस्थिति में कलम गिरने से उत्पन्न आवाज पर वह ध्यान नहीं दे पायेगा। कलम गिरने से उत्पन्न आवाज की ओर ध्यान देने का कार्य पर अधिक ध्यान देने से भी उसके निष्पादन में कोई सुधार नहीं होगा क्योंकि यहाँ निष्पादन, कार्य के विकृष्ट गुण (poor quality) द्वारा सीमित है। यह आँकड़े-सीमित कार्य (data-limited task) का उदाहरण होगा।

नॉरमैन एवं बॉवरो (Norman & Bobrow) के अनुसार सूचनाओं को संसाधित करने के लिए जो साधन उपलब्ध होते हैं उनकी एक ऊपरी सीमा (upper limit) निश्चित होती है। जब व्यक्ति को कई ऐसा कार्य करना पड़ता है जिसे संसाधित करने में लगा कुल साधन की मात्रा की सीमा उस ऊपरी सीमा से कम है तो व्यक्ति उन पर आसानी से ध्यान देने में समर्थ हो पाता है। परन्तु यदि कुल साधन की मात्रा की सीमा उस ऊपरी से अधिक है तो ऐसी हालत में व्यक्ति को किये जा रहे कार्य पर चयनित ध्यान (selective attention) देने में बाधा पहुँचता है। फलस्वरूप, ऐसी परिस्थिति में एक या कई अन्य कार्य पर का निष्पादन खराब होगा।

नॉरमैन एवं बॉवरो ने अपने इस सिद्धान्त में चयनात्मक अवधान के कारण किसी कार्य के निष्पादन (performance) पर अभ्यास के सम्भावित प्रभाव का भी अध्ययन किया है। इन लोगों का मत है कि आँकड़े-सीमित कार्य (data-limited task) पर अभ्यास का कोई असर या प्रभाव नहीं पड़ता है। परन्तु साधन-सीमित कार्य (resource-limited task) पर अभ्यास का प्रभाव पड़ता है। इन दोनों कार्यों पर अभ्यास के इन विभेदी प्रभाव को एक उदाहरण द्वारा इस प्रकार समझाया जा सकता है। जैसे—कोई व्यक्ति चाहे कितना भी अभ्यास तीव्र आवाज के बीच जमीन पर कलम गिरने की आवाज पर ध्यान देने के लिए क्यों न कर ले उसके निष्पादन में कोई उन्नति नहीं होगी क्योंकि यह आँकड़े-सीमित कार्य का उदहारण होगा। परन्तु यदि मान लिया जाए कि कोई छात्र किसी लेख को पढ़ने का कार्य तथा कुछ शब्द को लिखने का कार्य को साथ-साथ करने का अभ्यास करता है तो इस अभ्यास से उसके निष्पादन में वृद्धि होगी। अभ्यास से सम्भव है कि ये दोनों कार्य व्यक्ति को स्वतः होते हुए दीख पड़े। परिणामतः दोनों कार्य सही-सही एवं निष्पक्ष रूप से व्यक्ति कर पाने में समर्थ हो पायेगा।

3. निस्सेर मॉडल (*Neisser model*)—निस्सेर (Neisser, 1976) ने एक तीसरा मॉडल प्रतिपादन किया है जिसके द्वारा चयनात्मक अवधान की व्याख्या की गयी है। मार्गाविरोध सिद्धान्तों एवं नॉरमैन तथा बॉबरो द्वारा प्रतिपादित सिद्धान्त के इस विचार से निस्सेर बिलकुल ही असहमत हैं कि व्यक्ति में सूचनाओं को संसाधित करने की एक सीमित क्षमता (limited capacity) से होती है। **निस्सेर**[1] स्वयं ही कहे हैं, *''कोई दैहिक या गणितीय ढंग से स्थापित सीमा नहीं होती है कि हमलोग एक समय में कितनी सूचना पर ध्यान दे सकते हैं।''* निस्सेर ने अपने इस सिद्धान्त में इस बात पर बल डाला है कि सूचनाओं की सीमित मात्रा पर ही व्यक्ति एक समय में ध्यान दे पाता है। यदि बहुत सारी सूचनाएँ व्यक्ति को एक साथ दी जातीं हैं तो उनमें कुछ ही सूचना पर व्यक्ति ध्यान दे पाता है। इस तरह के सिद्धान्त से प्रोत्साहित होकर

1. "There is no physiologically or mathematically established limitation on how much information we can pick up at once." —Neisser, 1976

कुछ न्यूरोशास्त्री (neurophysiologists) ने तन्त्रिका तन्त्र में व्याप्त फिल्टरिंग प्रक्रम (filtering mechanism) की खोज के लिए शोध प्रारम्भ कर दिया है। इन शोधों से स्पष्ट हुआ है कि मस्तिष्क में अरबों न्यूरोन्स होते हैं जो एक-दूसरे से सम्बन्धित होते हैं तथा इनकी क्षमता भी असीमित होती है। यही कारण है कि दीर्घकालीन स्मृति का आकार तथा चंद सेकेंड पहले की घटनाओं एवं सूचनाओं को याद रखने की क्षमता आदि असीमित होती है। उसी तरह से किसी एक समय में व्यक्ति सूचना की कितनी मात्रा पर ध्यान दे पायेगा, यह भी सीमित नहीं होती है।

नाईस्सर ने इस तथ्य को स्वीकार किया है कि दिन-प्रतिदिन की जिन्दगी में यदि एक ही साथ व्यक्ति कई चीजों या कामों को करना प्रारम्भ करता है तो उसका निष्पादन थोड़ा जरूर प्रभावित हो जाता है। परन्तु अभ्यास से धीरे-धीरे उसके निष्पादन में सुधार हो जाता है और व्यक्ति एक साथ कई उद्दीपकों पर ध्यान देने में समर्थ हो जाता है। इस तथ्य का समर्थन हमें कई प्रयोगात्मक अध्ययनों से हुआ है। स्पेलकी, हिर्स्ट तथा नाईस्सर (Spelke, Hirst & Neisser, 1976) ने इस सिलसिले में एक महत्त्वपूर्ण अध्ययन किया जिसमें कॉलेज के छात्रों को मन-ही-मन कहानी पढ़ते समय प्रयोगकर्त्ता द्वारा बोले जाने वाले असंगत शब्दों (irrelevent words) के लिखते जाने का भी प्रशिक्षण दिया गया। इस तरह से इन छात्रों को एक ही समय में दो जटिल कार्यों को करने का प्रशिक्षण दिया गया। कुछ दिनों तक इस तरह के अभ्यास के बाद देखा गया कि ऐसे छात्र इन दोनों तरह के कार्यों को ठीक ढंग से करने में सफल रहे हालाँकि प्रारम्भ में इनका निष्पादन उत्तम नहीं था। शेफ्फर (Shaffer, 1975) ने भी अपने प्रयोग के आधार पर उक्त तथ्य की सम्पुष्टि किया है। इन्होंने अपने अध्ययन में स्पष्ट रूप से पाया है कि अभ्यास से एक महिला टंकन (lady typist) उच्च गति से टाईप करने के साथ-ही-साथ बोले जा रहे गद्यांश के अंशों को भी सही-सही बोल लेती थी।

स्पष्ट हुआ कि चयनात्मक अवधान (selective attention) की व्याख्या करने के लिए कई तरह के मॉडल का विकास किया गया है। इन विभिन्न मॉडल या सिद्धान्त में कौन सबसे अच्छा है, इसका उत्तर सही-सही ढंग से नहीं दिया जा सकता है। परिणामतः अभी इस क्षेत्र में किये जाने वाले शोधों के परिणाम की प्रतीक्षा करनी होगी जिससे इस प्रश्न का सही-सही उत्तर ढूँढा जा सके।

दीर्घीकृत ध्यान का स्वरूप
(Nature of Sustained Attention)

दीर्घीकृत अवधान या ध्यान या जिसे निगरानी (vigilance) भी कहा जाता है, एक ऐसी प्रत्यक्षज्ञानात्मक प्रक्रिया (perceptual process) है जिसमें व्यक्ति अधिक समय तक अपना ध्यान किसी उद्दीपक पर केन्द्रित किये रहता है तथा उस उद्दीपक के प्रति अधिक सतर्कता बनाये रखता है। दीर्घीकृत अवधान(sustained attention) के अध्ययन में मनोवैज्ञानिकों की अभिरुचि तब उत्पन्न हुई जब उन्होंने द्वितीय विश्व युद्ध के दौरान रडार संचालकों (radar operators) में अवधान से सम्बन्ध समस्याएँ उत्पन्न होते पाये। इन संचालकों को गौर से ध्यान देते हुए दुश्मन के आते हुए हवाई जहाज से रडार में उत्पन्न संकेतों की पहचान करनी होती थी। कुछ समय तक इस तरह के कार्य करने के बाद रडार संचालकों के निष्पादन (performance) में गिरावट आने लगी है और वे दुश्मन के आते हुए हवाई जहाज से रडार में उत्पन्न संकेतों की पहचान करनें में वे असफल होने लगे। इस तरह के प्रेक्षण(observation) से प्रेरित होकर दीर्घीकृत अवधान के प्रयोगात्मक अध्ययन का प्रयास प्रारम्भ किया गया और इस सिलसिले में पहला प्रयोगशाला प्रयोग मैकवर्थ (Mackworth, 1950) द्वारा किया गया। इस प्रयोग में इन्होंने रडार के अनुरूप प्रदर्शन (stimulated display) जिसे घड़ी परीक्षण (clock test) कहा गया, का उपयोग किया। इस परीक्षण में प्रयोग की घड़ीनुमा परिधीय उपकरण में काला संकेतक या सूई (black pointer) के गति पर गौर से ध्यान देने के लिए कहा गया। घड़ीनुमा परिधीय उपकरण में कुछ लिखा नहीं था तथा उसमें किसी प्रकार का कोई संकेत नहीं था। सूई प्रति सेकंड 0.3 इंच की गति से आगे बढ़ता था तथा कभी-कभी बीच में उसकी गति दुगुना अर्थात प्रति सेकेंड 0.6 इंच हो जाती थी। प्रयोज्यों को उस समय बटन दबाकर अनुक्रिया करना था जब उसे यह प्रतीत हो कि सूई दुगुने गति से अर्थात 0.6 इंच प्रति सेकेंड की गति से आगे बढ़ा हो। प्रयोज्य को इस कार्य में दो घंटे तक लगाया गया। परिणाम में यह देखा गया कि करीब आधे घंटे तक दीर्घीकृत अवधान उक्त कार्य पर देने के बाद उनके निष्पादन में कमी आने लगी। प्रयोज्य प्रत्येक चार पहचानने वाले संकेत(दुगुना गति) में से एक की पहचान करने में असफल होने लगा। मैकवर्थ के बाद में भी कई मनोवैज्ञानिकों द्वारा इस तरह के प्रयोग किये गए जिसमें मैकवर्थ के निष्कर्ष के ही समान निष्कर्ष पाये गये। इसमें टीकनर (Teichner, 1974) द्वारा किया गया कार्य काफी महत्त्वपूर्ण है। इन प्रयोगों से यह

स्पष्ट हुआ कि संकेत पहचान के कार्य निष्पादन में उत्पन्न कमी का कारण शारीरिक थकान नहीं हो सकता है क्योंकि इन प्रयोगों में कार्य भार बहुत ही हल्का था। ब्रौडवेन्ट (Broadbent, 1971) के अनुसार इन निगरानी कार्यों (vigilance test) का सैद्धान्तिक महत्त्व यह है कि यह मनोवैज्ञानिको को उन सभी कारकों का अध्ययन करने की प्रेरणा देता है जो दीर्घीकृत अवधान (sustained attention) को प्रभावित करते हैं।

दीर्घीकृत अवधान के प्रयोगों से अवधान के बारे में कुछ रुचिकर तथ्य सामने आये हैं। दीर्घीकृत अवधान या निगरानी (vigilance) कार्य के स्वरूप से यह स्पष्ट हुआ है कि किसी बाह्य उद्दीपक (external stimulus) पर ध्यान देना एक तीव्र क्रिया (intense activity) है जिसमें काफी मानसिक प्रयास (mental effect) व्यक्ति को करना पड़ता है। इस मानसिक प्रयास का पूर्ण उपयोग तब तक नहीं होता है जब तक कि व्यक्ति एक खास ढंग से उत्तेजित नहीं हो पाता है। उद्दीपक पर अवधान देने के लिए आवश्यकता है कि व्यक्ति में दैहिक उत्तेजन का स्तर जैसे विशेष शारीरिक मुद्रा, विशेष मांसपेशियों में तनाव तथा सतत सक्रिय एकाग्रता (continuous active concentration) आदि का विशेष स्तर बना हुआ हो। परन्तु निगरानी कार्य (vigilence task) के दौरान जो घटना घटित होती है, उससे यह स्पष्ट है कि उत्तेजन (arousal) के बढ़ते हुए स्तर से उत्तम निष्पादन नहीं हो पाता है। जैसे-जैसे उत्तेजन स्तर में वृद्धि होती है, अवधान किसी केन्द्रीय लक्ष्य (central target) पर केन्द्रित हो जाता है परन्तु अन्य दूसरी तरह की सूचनाओं की उपेक्षा हो जाती है। जब ऐसी बात होती है, तो स्वभावतः निष्पादन में ह्रास हो जाती है। 1908 में यर्क्स तथा डोडसन (Yerkes & Dodson) ने उत्तेजन के स्तर तथा निष्पादन के सम्बन्ध को एक विशेष नियम जिसे *यर्क्स-डोडसन नियम* (Yerkes-Dodson law) कहा है, द्वारा दिखलाया गया है। इस दोनों के सम्बन्ध को चित्र 3.4 में दिखलाया गया है। चित्र से स्पष्ट है कि उत्तेजन स्तर तथा निष्पादन के स्तर के सम्बन्ध विलोमित यू (inverted U) के समान होता है जो यह बतलाता है कि दीर्घीकृत अवधान या निगरानी कार्यों में निष्पादन उस समय सबसे उत्तम होता है जब व्यक्ति में उत्तेजन का स्तर मध्यम (middle) होता है। बहुत अधिक तथा बहुत कम उत्तेजन स्तर होने पर निष्पादन में ह्रास होती है।

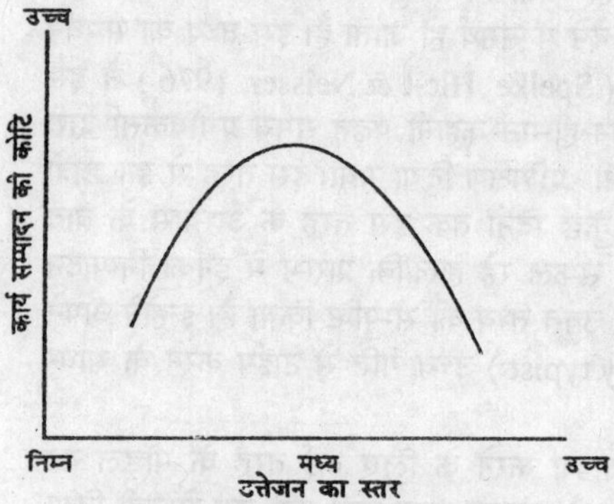

चित्र 3.4 : यर्क्स-डोडसन नियम

दीर्घीकृत अवधान के निर्धारक
(Determinants of Sustained Attention)

दीर्घीकृत अवधान के क्षेत्र में किये गए प्रयोगों से यह स्पष्ट हुआ है कि दीर्घीकृत अवधान पर कई तरह के कारकों का प्रभाव पड़ता है। इन कारकों में निम्नांकित पाँच महत्त्वपूर्ण हैं—

1. संवेदी कारक (sensory factor)
2. संकेत या उद्दीपक उत्कृष्टता (signal conspicuity)
3. पृष्ठभूमि घटना दर (background event rate)
4. सामयिक एवं स्थानिक अनिश्चितता (temporal and spatial uncertainty)
5. परिणाम ज्ञान (knowledge of results)

इन सबों का वर्णन अग्रांकित हैः

1. संवेदी कारक (*Sensory factor*)—व्यक्ति का दीर्घीकृत अवधान इस बात से प्रभावित होता है कि उद्दीपक का स्वरूप क्या है? मनोवैज्ञानिकों द्वारा किये गए अध्ययनों से यह स्पष्ट हुआ है कि जब दीर्घीकृत अवधान कार्य में श्रवण संकेत की पहचान करनी होती है तो ऐसे कार्य का निष्पादन उस परिस्थिति से होता है जब दीर्घीकृत अवधान कार्य में दृष्टि संकेत (visual signals) की पहचान करनी पड़ती है। दूसरे शब्दों में, जब व्यक्ति को श्रवण संकेतों पर ध्यान देकर उसमें से उपयुक्त संकेत की पहचान करनी पड़ती है तो उसका निष्पादन उस परिस्थिति से अधिक उत्तम होता है जब व्यक्ति को दृष्टि संकेतों पर ध्यान देकर उसमें से उपयुक्त संकेत की पहचा करनी पड़ती है। कुछ मनोवैज्ञानिकों जैसे पारासुरामैन

तथा डेबिज (Parasuraman & Davies, 1977), टाईलर, वाग्ग एवं हालकौम्ब (Tyler, Wagg & Halcomb, 1972) ने तो यहाँ तक बतलाया है कि जब प्रयोज्यों को एक संवेदी क्षेत्र (sensory modality) में अनुभव प्राप्त हो जाता है तो उससे दूसरे संवेदी क्षेत्र में दीर्घीकृत अवधान के कार्यों में तेजी से सफलता प्राप्त होता है।

2. संकेत या उद्दीपक उत्कृष्टता (*Signal conspicuity*)—मनोवैज्ञानिकों द्वारा किये गये प्रयोगों से यह भी स्पष्ट हुआ है कि दीर्घीकृत अवधान पर उद्दीपक या संकेत (stimulus or signal) की उत्कृष्टता का भी प्रभाव पड़ता है। संकेत की उत्कृष्टता के दो पहलुओं का अध्ययन किया गया है—संकेत की *तीव्रता या विस्तार* (amplitude) तथा संकेत की *अवधि* (duration of signal) किसी संकेत या उद्दीपक पर अधिक देर तक ध्यान देने से उसमें व्यक्ति विवेचित संकेत (critical signal) या उचित संकेत का ठीक-ठीक पहचान कर पायेगा कि नहीं, यह संकेत के विस्तार या तीव्रता (amplitude) तथा उसकी अवधि पर निर्भर करता है। संकेत के विस्तार से दीर्घीकृत अवधान किस तरह प्रभावित होता है, इसे दिखलाने के लिए लोयब तथा विनफोर्ड (Loeb & Binford, 1963) ने एक महत्त्वपूर्ण प्रयोग किया है। इस प्रयोग में प्रयोज्यों को कुछ विशेष तरह की ध्वनि सुनकर उसकी पहचान करनी थी। इस तरह का विशेष ध्वनि एक सामान्य एवं सतत ध्वनि के बीच-बीच में उत्पन्न किया जाता था। सामान्य ध्वनि की तीव्रता 60dB (decibel) थी जो प्रयोज्य के निरपेक्ष दहेली (absolute threshold) से ऊपर था तथा विवेचित ध्वनि संकेत (critical sound signal) जिनकी पहचान करनी थी, वह 2.1, 3.6 या 5.1 dB सामान्य ध्वनि की तीव्रता से अधिक होती थी। परिणाम में देखा गया कि इस तरह के दीर्घीकृत अवधान कार्य में विवेचित ध्वनि संकेत की तीव्रता जैसे-जैसे बढ़ती गयी, गलत पहचान की औसत संख्या कमती गयी। दूसरे शब्दों में, यह संख्या 2.1dB के विवेचित ध्वनि संकेत में अधिक थी तथा 5.1 dB के विवेचित ध्वनि संकेत में सबसे कम थी। इस प्रकार के परिणाम अन्य मनोवैज्ञानिकों जैसे टीकनर एवं उनके सहयोगियों (Tickner et al., 1972) तथा वाईनर (Wiener, 1964) आदि द्वारा भी अपने-अपने अध्ययनों में पाया गया है।

विवेचित उद्दीपक (crititcal stimuli) की अवधि द्वारा भी दीर्घीकृत अवधान कार्य प्रभावित होता है। बेकर (Bekar, 1963) एवं वार्म तथा उनके सहयोगियों (Warm et al., 1970) द्वारा किये गये अध्ययनों से यह स्पष्ट हुआ है कि विवेचित उद्दीपक जब कम अवधि के लिए व्यक्ति के सामने उपस्थित किया जाता है तो उसकी पहचान होने की सम्भावना उस परिस्थिति की तुलना में कम होती है जब विवेचित उद्दीपक अधिक अवधि के लिए व्यक्ति के सामने उपस्थित होता है।

3. पृष्ठभूमि घटना दर (*Background event rate*)—कई मनोवैज्ञानिकों के अध्ययनों से यह स्पष्ट हुआ है कि दीर्घीकृत अवधान पर उद्दीपक की पृष्ठभूमि घटना दर (background event rate) का भी प्रभाव पड़ता है। पृष्ठभूमि घटना (background event) से तात्पर्य वैसे घटना चक्र से होता है जिसमें विवेचित उद्दीपक या संकेत (critical stimulus or signal) जिसकी पहचान व्यक्ति को करना होता है, एक तरह से छिपा होता है। जेटीसन तथा पिकेट्ट (Jetison & Pickett, 1964) ने इसे एक प्रयोग करके दिखाने की कोशिश की है। इस प्रयोग में प्रयोज्य को एक दण्डाकार रोशनी (a bar of light) के आवृत्तीय गति (repetitive movement) पर लगातार 80 मिनट तक ध्यान देने के लिए कहा गया। यह दण्डकार रोशनी एक प्रारम्भ बिन्दु से दायीं ओर खास दूरी तक आगे बढ़ती थी फिर वहाँ से वापस उस प्रारम्भ बिन्दु पर आ जाती थी और फिर वहीं दूरी तक आगे बढ़कर पुनः अपने प्रारम्भ बिन्दु पर लौट आती थी। इस तरह से दण्डाकार रोशनी अपने प्रारम्भ बिन्दु से आगे एवं पीछे दो बार हुआ करती थी। इन दोनों गतियों को मिलाकर एक घटना (event) कहा गया। विवेचित संकेत (critical signal) जिसे प्रयोज्यों की पहचान करना होता है, वह था दूसरी बारी की गति में दण्डाकार रोशनी की लम्बाई में हुई 4 मिलीमीटर की वृद्धि। इस प्रयोग में दो तरह की घटना गति (event rate) का उपयोग किया गया। मंद घटना गति (slow event rate) जिसमें प्रति मिंनट 5 घटनाएँ घटीं तथा तीव्र घटना गति जिसमें प्रति मिनट 30 घटनाएँ घटीं। इन दोनों तरह की घटना गति दरों में विवेचित उद्दीपक या संकेत जिसकी पहचान प्रयोज्यों को करना था, की आवृत्ति (frequency) बराबर-बराबर रखी गयी। परिणाम में देखा गया कि विवेचित उद्दीपक या संकेत की पहचान की प्रतिशत मंद घटना गति में तीव्र घटना की गति की तुलना में काफी अधिक था। इस प्रयोग से यह स्पष्ट हो जाता है कि दीर्घीकृत अवधान का गुण पृष्ठभूमि या तटस्थ घटनाओं की उपस्थिति की दर से प्रतिलोमित रूप से (inversely) सम्बन्धित होता है। बाद के कई प्रयोगों में जिसे जानस्टोन तथा उनके सहयोगियों (Johnstone et. al., 1966), क्रुलेविज तथा उनके सहयोगियों (Krulewitz et. al., 1975) तथा लोयब एवं बिनफोर्ड (Loab & Binford, 1968) द्वारा किया गया, उक्त तथ्य की पुष्टि की गयी है।

4. सामयिक एवं स्थानिक अनिश्चितता *(Temporal and spatial uncertainty)*—ऊपर में जिन तीन मनोदैहिक कारकों (psychophysical) जिनसे दीर्घीकृत अवधान प्रभावित होता है, को प्रथम-क्रम का कारक (first-order factor) कहा जाता हैं क्योंकि इनमें उद्दीपक के कुछ तात्कालिक भौतिक गुणों में जोड़-तोड़ किया जाता है। इस प्रथम-क्रम कारक के अलावा कुछ द्वितीय-क्रम के कारक (seocnd order factor) भी है जिनसे दीर्घीकृत अवधान (sustained attention) प्रभावित होता है। इसमें एक प्रधान कारक है—प्रत्यक्षणकर्त्ता या प्रयोज्य के मन में इस बात की अनिश्चितता (uncertainty) की संकेत या उद्दीपक जिसकी पहचान की जानी है, कब (when) और कहाँ-कहाँ (where) उपस्थित होगा। पहले कारक को *सामयिक अनिश्चितता* (temporal uncertainty) तथा दूसरे तरह के कारकों को *स्थानिक अनिश्चितता* (spatial uncertainty) कहा जाता है।

मनोवैज्ञानिकों ने विवेचित संकेत (critical signal) जिसकी पहचान प्रयोज्य को करना होता है, के बारे में प्रयोज्य के मन में सामयिक अनिश्चितता (temporal uncertainty) को विवेचित संकेत की संख्या या सघनता (density) में परिवर्तन करके एवं जोड़-तोड़ करके उसका दीर्घीकृत अवधान पर पड़ने वाले प्रभाव का अध्ययन किया है। जेरिसन एवं पिकेट (Jerison & Pickett, 1963) ने सामयिक अनिश्चितता का दीर्घीकृत अवधान पर पड़ने वाले प्रभाव का अध्ययन करने के लिए किये गये प्रयोगों के परिणाम की समीक्षा किया है और बतलाया है कि एक निश्चित समय के भीतर विवेचित संकेत (critical signal) की आवृत्ति अधिक होने से प्रयोज्यों में सामाजिक अनिश्चितता औसतन कम होती है। दूसरे शब्दों में यह कहा जा सकता है कि जैसे-जैसे विवेचित संकेत की आवृत्ति (frequency) या सघनता (density) बढ़ती है संकेत के सही-सही पहचान करने की प्रतिशत में वृद्धि होती है। कुछ मनोवैज्ञानिकों ने यह भी दिखलाया है कि विवेचित संकेत सघनता (critical signal density) में परिवर्तन होने से विवेचित संकेत के पहचानने की गति (speed) में भी अन्तर हो जाता है। जैसे, स्मिथ, वार्म एवं एल्लुईसी (Smith, Warm & Alluisi, 1966) ने अपने प्रयोग में प्रति घंटा 6 से 96 संकेत (signal) के सघनता प्रसार (density range) में विवेचित संकेत पहचानने की गति का अध्ययन किया। परिणाम में पाया गया कि जैसे-जैसे सामयिक अनिश्चितता में कमी संकेत सघनता (signal density) में परिवर्तन (वृद्धि) के कारण होते जाती है, संकेत के पहचानने की गति में तीव्रता आते जाती है। कुछ अन्य अध्ययनों में प्रयोज्य के सामयिक अनिश्चितता में जोड़-तोड़ विवेचित संकेतों (critical signals) के बीच के समय अंतराल में परिवर्तन करके किया गया है और दीर्घीकृत अवधान पर उसके पड़ने वाले प्रभावों का भी अध्ययन किया गया है। विवेचित संकेत को नियमित अंतराल (regular interval) जैसे, प्रत्येक एक मिनट में एक बार या अनियमित अंतराल में औसतन एक बार प्रति मिनट दिया जा सकता है। इसमें विवेचित संकेत कभी 30 सेकंड तो कभी 4 मिनट बाद या और भी कोई अन्य समय अंतराल बाद भी उपस्थित किया जा सकता है। वार्म, एप्पस् एवं फर्ग्युसन (Warm, Epps & Ferguson, 1974) ने अपने अध्ययन में पाया है कि जब विवेचित संकेतों का अन्तर अन्तराल (inter interval) निश्चित होता है तो प्रयोज्यों द्वारा संकेतों की सही पहचान की आवृत्ति में वृद्धि हो जाती है तथा अधिक तीव्र गति के कारण प्रयोज्य विवेचित संकेत की पहचान करने में भी समर्थ हो जाता है।

मनोवैज्ञानिकों ने स्थानिक अनिश्चितता (spatial uncertainty) का दीर्घीकृत अवधान पर पड़ने वाले प्रभावों का भी अध्ययन किया है। नाईसली एवं मिल्लर (Nicele & Miller, 1957) ने एक अध्ययन किया जिसमें उन्होंने प्रयोज्यों को अनुरूपी रडार प्रदर्शन (simulated radar display) की परिस्थिति में उद्दीपक को दिखलाया गया। यह कार्य कई भागों में बाँटकर किया गया। विवेचित संकेत या उद्दीपक (critical signal) जिसकी पहचान व्यक्ति को करना था, एक विशेष भाग में ही अधिकांशतः उपस्थित किया जाता था। परिणाम में यह देखा गया कि संकेत पहचान की सम्भावना उस भाग में सबसे अधिक पायी गयी जिसमें संकेतों की उपस्थिति की सम्भावना अधिक होती थी। इसी तरह का परिणाम कुल्प एवं एल्लुईसी (Kulp & Alluisi, 1967) के प्रयोग में भी पाया गया।

5. परिणाम ज्ञान *(Knowledge of results)*—परिणाम ज्ञान का भी प्रभाव दीर्घीकृत अवधान (sustained attention) पर पड़ता है। मैकवर्थ (Mackworth, 1940) द्वारा इस क्षेत्र में किये गये आरम्भिक प्रयोगों में यह देखा गया कि परिणाम ज्ञान देने से अर्थात निगरानी या दीर्घीकृत अवधान कार्य के निष्पादन (performance) के बारे में प्रयोज्यों को परिणाम ज्ञान देने से संकेतों की सही पहचान की आवृत्ति में वृद्धि हो जाती है। कुछ अन्य मनोवैज्ञानिकों जैसे—वार्म तथा उनके सहयोगियों (Warm et. al., 1973), वाइनोर (Wienor, 1974), वार्म, हैगनर, एवं मेयर (Warm, Hagnor

& Mayor, 1971) ने भी अपने-अपने प्रयोगों के आधार पर इस तथ्य की सम्पुष्टि किया है कि परिणाम ज्ञान देने से निगरानी कार्य में उद्दीपक या संकेत के सही-सही पहचान की आवृत्ति (frequency) तथा गति (speed) दोनों में वृद्धि हो जाती है। परिणाम ज्ञान देने से संकेत के सही-सही पहचान की आवृत्ति तथा गति में वृद्धि का कारण बतलाते हुए मनोवैज्ञानिकों ने यह कहा है कि इससे प्रयोज्यों में एक अभिप्रेरणा मिलती है और वह अगले प्रयासों में अपने आपको आवश्यकतानुसार अधिक सतर्क कर लेता है जिससे संकेत की सही पहचान में कुछ विशेष सहायता मिल जाती है।

स्पष्ट हुआ कि दीर्घीकृत अवधान के कई निर्धारक हैं। ये सभी निर्धारकों का स्वरूप मनोदैहिक (psychophysical) है। इसलिए इन्हें *मनोदैहिक निर्धारक* (psychophysical determinants) भी कहा जाता है।

दीर्घीकृत अवधान के सिद्धान्त
(Theories of Sustained Attention)

दीर्घीकृत अवधान की व्याख्या करने के लिए कई तरह के सिद्धान्तों का प्रतिपादन मनोवैज्ञानिकों द्वारा किया गया है। इन विभिन्न सिद्धान्तों का मुख्य उद्देश्य इस तथ्य की व्याख्या करनी होती है कि दीर्घीकृत अवधि (prolonged period) में व्यक्ति उपयुक्त या सही संकेत का सही-सही पहचान क्यों नहीं कर पाता है। जेरिसन एवं पिकेट्ट (Jerison & Pickett, 1963) ने इस तथ्य पर बल डाला है कि निगरानी कार्य (vigil task) के दौरान प्रयोज्यों (subject) के व्यवहार को कई कार्य-संगत अवस्थाओं (task-relevant phases) में विश्लेषित किया जाता है जिनमें तीन प्रमुख हैं—

(i) पृष्ठभूमि से सम्बद्ध सूचनाओं को एकत्रित करना।

(ii) सूचनाओं को ठीक ढंग से प्रेक्षण करना तथा कोई निर्णय लेना।

(iii) तन्त्रकीय अवधान इकाइयों (neural attention units) द्वारा कार्य किया जाना।

दीर्घीकृत अवधान के विभिन्न सिद्धान्तों में उपर्युक्त तीन अवस्थाओं में से एक या एक से अधिक अवस्थाओं को आधार बनाकर उसकी (दीर्घीकृत अवधान) व्याख्या करने की कोशिश की गयी है। इन सिद्धान्तों में निम्नांकित प्रमुख हैं—

1. प्रत्याशा सिद्धान्त (Expectancy thoery)
2. जेरीसन का सिद्धान्त (Jerison's theory)
3. संकेत पहचान सिद्धान्त (Signal detection theory)
4. उत्तेजन सिद्धान्त (Arousal theory)
5. अभ्यसन सिद्धान्त (Habituation theory)

इन सभी सिद्धान्तों का वर्णन हम अलग अनुच्छेद में करेंगे—

1. प्रत्याशा सिद्धान्त *(Expectancy theory)*—प्रत्याशा सिद्धान्त में जेरीसन तथा पिकेट्ट (Jerison & Pickett, 1963) द्वारा बतलाये गए उक्त तीन बिन्दुओं में से प्रथम बिन्दु अर्थात् पृष्ठभूमि सूचनाओं के संचयन (storing the background information) पर अधिक बल डालते हुए दीर्घीकृत अवधान की व्याख्या करने की कोशिश की गयी है। संकेतों (signals) जिनकी पहचान दीर्घीकृत अवधान के दौरान करनी होती है, के बारे में संचित सूचनाओं (stored information) तथा उन अवस्थाओं जिनमें संकेत उपस्थित हो सकता है, की सूचनाओं की अहम् भूमिका होती है। प्रत्याशा सिद्धान्त जिसपर बेकर (Becker, 1963) तथा डीज (Deese, 1955) ने भी अधिक बल डाला है, के अनुसार निगरानी प्रयोगों के विभिन्न प्रयासों में विवेचित संकेत (critical signal) के विभिन्न समयों में उपस्थिति के आधार पर प्रयोज्य एक विशेष तरह का प्रत्याशा (expectancy) विकसित करता है जिनके कारण वह कह पाता है कि आने वाले प्रयासों में विवेचित संकेत (critical signal) किस समय उपस्थित हो सकता है। इस सिद्धान्त के अनुसार संकेत की सही पहचान करने की तत्परता इस प्रत्याशा स्तर (expectancy level) से धनात्मक रूप से सम्बन्धित होता है। इस सिद्धान्त की यह भी मान्यता है कि निगरानी प्रयोगों में प्रयोज्यों द्वारा संकेत पहचान के निष्पादन में जो धीरे-धीरे कमी आती है, उसका कारण विवेचित संकेत की उपस्थिति के सही समय के बारे में पूर्वानुमान लगाने की क्षमता में उत्तरोत्तर कमी होना है। जब प्रयोज्यों को संकेत के पहचान से सम्बन्धित परिणाम-ज्ञान प्रत्येक प्रयास में दे दिया जाता है, तो इससे उनके प्रत्याशा की परिशुद्धता में वृद्धि आ जाती है तथा उनके निष्पादन ह्रास (performacne decrement) रुक जाती है।

प्रत्याशा सिद्धान्त का एक महत्त्वपूर्ण भविष्य कथन (prediction) यह है कि निगरानी कार्य या दीर्घीकृत कार्य में निपुणता को प्रयोज्य के सामयिक अनिश्चितता (temporal uncertainty) में कमी लाकर उन्नत बनाया जा सकता है। दूसरे शब्दों में, जब प्रयोज्यों को यह मालूम हो कि सही संकेत किस समय अर्थात प्रयोग के प्रारम्भ, मध्य या अन्त में दिया जायेगा तो इससे संकेत के सही पहचान करने की उसकी क्षमता में वृद्धि हो जाती है। इस तथ्य की सम्पुष्टि वेलकर (Belker, 1978) द्वारा एक अध्ययन में की गई है। प्रत्याशा सिद्धान्त का प्रयोगात्मक समर्थन उन मनोवैज्ञानिकों द्वारा भी की गयी है जिन्होंने अपने अध्ययन में यह पाया है कि निगरानी के प्रशिक्षण अवस्था के दौरान जिन प्रयोज्यों ने संकेत उपस्थिति का अधिक अनुभव किया, वे बाद की जाँच अवस्थाओं में उन प्रयोज्यों की तुलना में अधिक उत्तम निष्पादन दिखलाये जिन्हें प्रारम्भ के प्रशिक्षण अवस्था में संकेत उपस्थिति का अनुभव अधिक नहीं कराया गया था। उन मनोवैज्ञानिकों में मैकफारलैंड एवं हालकॉब (McFarland & Halcomb, 1970) तथा कोलकूहोन एवं वैड्डेले (Colquhoun & Baddeley, 1964) के नाम अधिक मशहूर हैं।

व्यापक प्रयोगात्मक समर्थन के बावजूद प्रत्याशा सिद्धान्त की कुछ आलोचनाएँ की गई हैं जिनमें निम्नांकित प्रमुख है—

(2) प्रत्याशा सिद्धान्त द्वारा सभी तरह के निगरानी कार्यों या दीर्घीकृत अवधान कार्यों की संतोषजनक व्याख्या नहीं हो पाती है। जैसे—मुर्रे एवं ग्रास (Moore & Gross, 1973) ने अपने अध्ययन में पाया है कि ऐसे कार्यों में प्रयोज्य सिर्फ सामयिक औसतन (temporal averaging) का ही उपयोग कर विशेष प्रत्याशा का निर्माण नहीं करते हैं बल्कि इसके अलावा कई तरह के और भी व्यवहार करते हैं जिनका वर्णन इस सिद्धान्त में नहीं है।

(2) इस सिद्धान्त के अनुसार परिणाम-ज्ञान या पुनर्निवेशन (feedback) का प्रयोज्य के ऊपर अभिप्रेरणात्मक प्रभाव पड़ता है जिसके कारण उसकी प्रत्याशा क्षमता (expectancy ability) में इतनी अधिक वृद्धि हो जाती है कि वह सही उद्दीपक या संकेत की पहचान कर सकने में समर्थ हो जाता है। आलोचकों ने सिद्धान्त के इस दावे का अतिरंजित (exaggerated) कहकर ठुकरा दिया है।

(3) यदि यह सिद्धान्त सही है तो संकेत या उद्दीपक की उपस्थिति के समय का आकलन निगरानी कार्यकुशलता (vigilance efficiency) से सम्बद्ध होना चाहिए अर्थात यदि प्रयोज्य संकेत के उपस्थित होने के समय का आकलन सही-सही कर पाता है तो इससे निगरानी कार्य का निष्पादन (performance) उत्तम होना चाहिए। परन्तु मैकग्राथ एवं ओ'हेनलोन (McGrath & O'Hanlon, 1967) ने अपने प्रयोगात्मक अध्ययन के आधार पर यह बतलाया है कि सच्चाई ऐसी नहीं है।

उपर्युक्त आलोचनाओं के आलोक में हम इस निष्कर्ष पर पहुँचते हैं कि यद्यपि प्रत्याशा विकास (expectancy formation) की घटना दीर्घीकृत अवधान में योगदान करता है परन्तु इसकी भूमिका उतनी महत्त्वपूर्ण नहीं है। कुछ मनोवैज्ञानिकों जैसे—डेविज एवं टुन (Davis & Tune, 1969) का मत है कि अगर प्रयोज्यों को दिया गया कार्य कठिन लगता है या उसके सही समाधान के लिए उसके पास कोई अन्य उपाय नहीं होता है तभी वे विवेचित संकेतों (critical signals) के सामयिक क्रम (temporal sequence) के बारे में संचित सूचनाओं के आधार पर कोई प्रत्याशा (expectancy) विकसित करते हैं। इसका मतलब यह हुआ कि दीर्घीकृत अवधान में जब कार्य प्रयोज्यों के लिए आसान होता है तो वहाँ वे ऐसी सूचनाओं का उपयोग विवेचित संकेत की सही पहचान करने के लिए किसी प्रकार का प्रत्याशा विकसित करने में नहीं करते हैं। स्पष्टतः तब इस सिद्धान्त की उपयोगिता सीमित है। क्रुलेविज तथा वार्म (Krulewitz & Warm, 1977) ने भी इस तर्क की सराहना की है।

2. जेरीसन का सिद्धान्त *(Jerison's theory)*—दीर्घीकृत अवधान के इस सिद्धान्त का प्रतिपादन जेरीसन (Jerison, 1970) द्वारा किया गया। इस सिद्धान्त में दीर्घीकृत अवधान तथा प्रयोज्यों द्वारा संकेत की पहचान करने के दौरान किया गया व्यवहार जिसे प्रेक्षण व्यवहार (observing behaviour) कहा जाता है, के बीच एक जटिल सम्बन्ध (complex relation) होने की कल्पना की जाती है। प्रेक्षण व्यवहार, प्रयोज्यों की निर्णय प्रक्रिया तथा निगरानी की प्रक्रिया के आपस के जटिल सम्बन्ध पर इस सिद्धान्त में प्रकाश डाला गया है। इस सिद्धान्त को *उत्पन्न प्रेक्षण दर प्राक्कल्पना* (elicited observing rate hypothesis) भी कहा गया है।

इस सिद्धान्त के अनुसार जब प्रयोज्य किसी निगरानी कार्य या दीर्घीकृत अवधान कार्य में व्यस्त होता है (जहाँ उसे एक विशेष तरह के संकेत की पहचान करनी होती है) तो वह सामने उपस्थित उद्दीपक के बारे में प्रेक्षण अनुक्रियाएँ (observing responses) करेगा या नहीं इसके बारे में एक-एक करके कई निर्णय लेता है। इस तरह की अनुक्रियाओं

को इस सिद्धान्त में *एकिक एकाग्र कार्य* (unitary attentive act) कहा जाता है। इस तरह के कार्य में केन्द्रीय तन्त्रिका तन्त्र (central nervous system) द्वारा की गयी कुछ वैसी क्रियाएँ भी सम्मिलित होतीं हैं जिनसे संकेत या उद्दीपक के बारे में प्राप्त सूचनाओं को संसाधित किया जाता है। इस सिद्धान्त के अनुसार दीर्घीकृत अवधान के दौरान विवेचित संकेत (critical signal) का सही-सही पहचान करना प्रयोज्यों द्वारा किये गए इन प्रेक्षण अनुक्रियाओं (observing responses) पर निर्भर करती है। यदि किसी कारण से प्रयोज्य (subject) इन प्रेक्षण अनुक्रियाओं को ठीक ढंग से नहीं कर पाता है या उसे अधूरा ढंग से कर पाता है तो वह विवेचित संकेत (critical signal) की पहचान करने में सफल नहीं हो पाता है तथा दीर्घीकृत अवधान कार्य के निष्पादन में ह्रास (decrement) होने लगता है। सिद्धान्त इस बात पर भी बल डालता है कि जब प्रयोज्य लक्ष्य वस्तु (target object) जिसकी पहचान करना है, पर ध्यान देता है तो इसकी कीमत या लागत भी इसे चुकाना पड़ता है और वह थकान, अवरोध (inhibition) तथा ध्यान देने के अभिप्रेरण में कमी आदि के रूप में कीमत चुकाता है। परन्तु जब वह दीर्घीकृत अवधान के दौरान विवेचित संकेत (critical signal) की पहचान करने सफल हो जाता है तो वह प्रसन्न एवं उत्साहित होता है जो एक तरह का उसके लिए इनाम होता है। प्रयोज्य दीर्घीकृत अवधान के दौरान प्रेक्षण व्यवहार (observing behaviour) करेगा या नहीं करेगा, यह बहुत कुछ उसके इस *इनाम-लागत विश्लेषण* (reward-cost analysis) पर निर्भर करता है। यदि वह यह समझता है कि इस तरह का व्यवहार करने में लागत अधिक परन्तु इनाम कम मिलेगा तो वह ऐसा व्यवहार नहीं करेगा। परन्तु यदि वह यह समझता है कि लागत कम तथा इनाम अधिक मिलेगा तो वह ऐसा व्यवहार करने के लिए तत्पर रहेगा। इस सिद्धान्त के अनुसार जब प्रयोज्य लगातार कुछ समय तक निगरानी कार्य में लीन रहता है तो धीरे-धीरे उसका निगरानी निष्पादन (vigilance performance) में ह्रास इसलिए होता जाता है क्योंकि लगातार ऐसे कार्य में व्यस्त होने से प्रयोज्यों में थकान बढ़ जाता है तथा अभिप्रेरण में ह्रास होने लगता है (अर्थात लागत की मात्रा में तुलनात्मक रूप से वृद्धि होने लगती है)।

यद्यपि जेरीसन का यह मॉडल साधारण एवं सरल है फिर भी आलोचकों का मत है कि इस मॉडल के महत्त्वपूर्ण आशय (implication) का प्रयोगात्मक जाँच करना कठिन है क्योंकि सिद्धान्त में प्रेक्षण व्यवहार (observing behaviour) के आन्तरिक स्वभाव (internal nature) के स्वरूप की सही-सही व्याख्या नहीं की गयी है। दीर्घीकृत अवधान के दौरान प्रयोज्यों द्वारा विवेचित संकेत (critical signal) की पहचान के दौरान किये एक प्रेक्षण व्यवहार का आन्तरिक स्वरूप (internal nature) कैसा होता है, स्पष्ट नहीं हो पाया है। आलोचकों का मत है कि एकाकी एकाग्र क्रिया (unitary attentive act) के स्वरूप की व्याख्या भी संतोषजनक नहीं है। इन आलोचनाओं को जेरीसन द्वारा लगभग स्वीकार कर लिया गया है और वे इन सभी आलोचनाओं के आलोक में अपने मॉडल में पर्याप्त परिमार्जन करने में लगे हुए हैं।

3. संकेत पहचान सिद्धान्त *(Signal detection theory)*—इस सिद्धान्त की सम्पूर्ण व्याख्या अध्याय 2 में की जा चुकी है। अतः यहाँ उसकी पुनरावृत्ति नहीं की जायेगी। इस सिद्धान्त का दीर्घीकृत अवधान कार्य (sustained attention task) या निगरानी कार्य (vigilance task) के लिए क्या आशय (implication) है, मात्र इसी बिन्दु पर यहाँ प्रकाश डाला जाएगा।

निगरानी प्रयोगों (vigilance expriments) से यह स्पष्ट हुआ है कि निगरानी कार्य में जहाँ व्यक्ति या प्रयोज्य दीर्घीकृत अवधान देता है, जैसे-जैसे प्रयासों (trials) की संख्या बढ़ते जाती है, गलत अनुक्रियाओं की आवृत्ति में कमी आते जाती है तथा सही पहचान (correction detection) या सही अनुक्रिया की आवृत्ति में वृद्धि होते जाती है। इस तरह के परिणाम से प्रोत्साहित होकर इंगेन, ग्रीनवर्ग तथा शुलमान (Egan, Greenberg & Schulman, 1961) ने यह दावा प्रस्तुत किया है कि संकेत पहचान सिद्धान्त के आधार पर निगरानी या दीर्घीकृत अवधान की व्याख्या सम्भव है। इसे केन्द्र बिन्दु मानकर इन मनोवैज्ञानिकों का यह मत है कि लम्बे समय तक निगरानी कार्य में व्यस्त रहने पर प्रयोज्यों के निगरानी निष्पादन (vigilance performance) में जो ह्रास उत्पन्न होती है, उससे संकेतों के प्रति प्रयोज्यों में सतर्कता में कमी तथा प्रत्यक्षज्ञानात्मक संवेदनशीलता (perceptual sensitivity) में ह्रास का पता नहीं चलता है बल्कि यह पता चलता है कि प्रयोज्य पहले की तुलना में एक अधिक अनुदार अनुक्रिया कसौटी (conservative response criteria) को अपना रहा है। इस तथ्य की सम्पुष्टि ब्रौडवेन्ट तथा ग्रिगोरी (Broadbent & Gregory, 1967) द्वारा किये गये एक उस प्रयोग में हुआ जिसमें इन लोगों ने यह पाया कि निगरानी कार्य (vigilance task) के निष्पादन में समय बीतने के साथ-साथ संवदेनशीलता सूचकांक (Sensitivity index या d) लगभग एक समान या स्थिर बना हुआ था जबकि अनुक्रिया कसौटी (response criterion या B) में वृद्धि होने लगी थी। कुछ अन्य मनोवैज्ञानिकों जैसे—स्वैटस

(Swets, 1973), ब्रौडवेन्ट (Broadbent, 1971) द्वारा भी इसी तरह का तथ्य पाया गया है। ऐसे प्रयोगात्मक परिणामों का सीधा आशय यह है कि निगरानी कार्य में समय बीतने के साथ-साथ निष्पादन में जो ह्रास (decrement) होता है, उसे प्रयोगात्मक रूप से ठीक-ठीक पता लगाया जा सकता है तथा इस तरह का ह्रास से प्रयोज्यों में प्रत्यक्षज्ञानात्मक सवंदेनशीलता (perceptual sensitivity) में किसी तरह की कमी का पता नहीं चलता है।

परन्तु दुर्भाग्यवश स्थिति उतनी सरल एवं स्पष्ट नहीं है। कुछ मनोवैज्ञानिकों जैसे—परसुरामन एवं डैनिज (Parasuraman & Danies, 1977) तथा लेभाईन एवं उनके सहयोगियों (Levine et. al. 1978) ने अपने-अपने अध्ययनों में यह स्पष्टतः पाया है कि निगरानी कार्य में होने वाला ह्रास का मात्र कारण प्रयोज्यों के निर्णय प्रक्रियाओं (decision processes) में होने वाला परिवर्तन नहीं है बल्कि संकेतों (signals) के प्रति प्रत्यक्षज्ञानात्मक संवेदनशीलता (perceptual sensitivity) में होने वाला परिवर्तन भी होता है। इसका मतलब यह हुआ कि दीर्घीकृत अवधान कार्य या निगरानी कार्य के निष्पादन में ह्रास का कारण संकेतों के प्रति प्रयोज्यों के मन में उत्पन्न प्रत्यक्षज्ञानात्मक संवेदनशीलता में कमी होना भी होता है। प्रत्यक्षज्ञानात्मक संदेनशीलता में कमी प्रायः उन कार्यों में होता है जहाँ एक-दूसरे के बाद उपस्थित किये गये उद्दीपकों में प्रयोज्यों द्वारा पहचान करने या न करने के लिए तेजी के साथ उनमें आपस में तुलना करने की जरूरत पड़ती है। यह अबतक स्पष्ट नहीं हो पाया है कि ऐसे कार्यों में जो निष्पादन ह्रास (performance decrement) होता है, उसके द्वारा प्रयोज्यों की संवेदनशीलता में हुए परिवर्तन को प्रतिबिम्बित होते क्यों मान लिया जाता है। कुछ अन्य अवस्थाओं में ऐसे ही ह्रास द्वारा प्रयोज्यों की संवदेनशीलता से कोई सम्बन्ध न होने की बात कही जाती है।

4. उत्तेजन सिद्धान्त *(Arousal theory)*—उत्तेजन सिद्धान्त जिसे *सक्रियण सिद्धान्त* (activation theory) भी कहा जाता है, में दीर्घीकृत अवधान की व्याख्या न्यूरोदैहिक सबूतों (neurophysiological evidence) के रूप में की गयी है। इन सबूतों का आंधार हेब्ब (Hebb) का योगदान है जिन्होंने यह स्पष्टतः कहा था कि संवेदी निवेश (sensory input) के मुख्य दो कार्य होते हैं—पहला तो यह कि इस तरह के संवेदी निवेश से मस्तिष्क को वातावरण के बारे में कुछ सूचना मिलती है तथा दूसरा यह कि इससे मस्तिष्क में कुछ अस्पष्ट एवं विसरित क्रियाएँ (diffused activities) होती है जिनसे सतर्कता के स्तर में वृद्धि होकर प्रमस्तिष्कीय संचरण (cortical transmission) होतीं हैं।

उत्तेजन सिद्धान्त के अनुसार दीर्घीकृत अवधान या निगरानी कार्य में रेटिकुलर फॉरमेसन (reticular formation or reticular activating formation या RAS) की विशेष भूमिका होती है। RAS मस्तिष्क में एक जालीनुमा संरचना होती

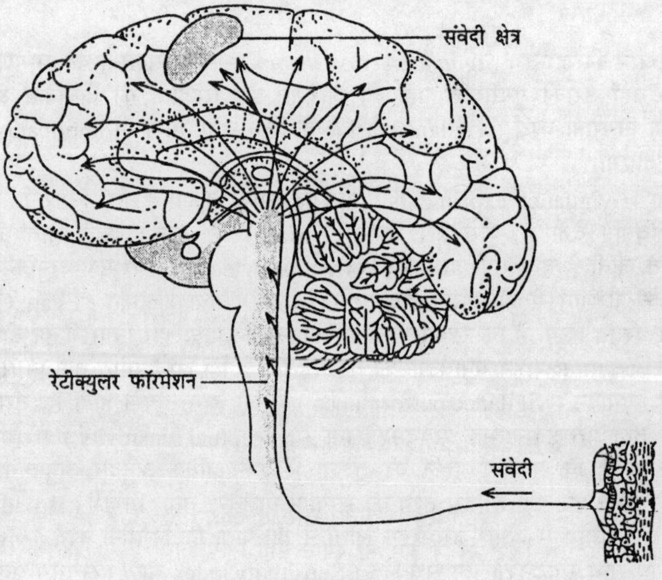

चित्र 3.5 : RAS द्वारा उत्पन्न किया गया उत्तेजन प्रक्रिया

है जो सुषुम्ना की ऊपरी भाग से प्रारम्भ होकर थैलेमस (thalamus) तक फैला होता है। जब संवदी निवेश सुषुम्ना होते हुए RAS में पहुँचते हैं तो इससे प्रमस्तिष्कीय बल्कल (cerebral cortex) के पूरे क्षेत्र में आवेगों का सृजन एक विस्तृत पैमाने पर होता है जिससे व्यक्ति में उत्तेजन (excitation) या सतर्कता का एक सामान्य स्तर का निर्माण होता है। RAS के इस सम्पूर्ण कार्य को चित्र 3.5 में दिखलाया गया है। RAS के इस कार्य का प्रयोगात्मक समर्थन कई अध्ययनों में हुआ है। जैसे—फ्रेंच (French, 1959) तथा मालमो (Malmo, 1957) ने अपने-अपने अध्ययन में पाया कि यदि पशुओं के मस्तिष्क से RAS को काट कर हटा दिया जाता है तो ऐसे पशु अचेतन एवं निष्क्रियता की अवस्था में चले जाते हैं।

अब प्रश्न यह उठता है कि RAS के उत्तेजन प्रक्रम (activating mechanism) द्वारा दीर्घीकृत अवधान (sustained attention) की व्याख्या कैसे होती है? उत्तेजन सिद्धान्त (arousal theory) के अनुसार RAS को आदर्श स्तरीय कार्य करने के लिए यह आवश्यक है कि व्यक्ति के प्रत्यक्षज्ञानात्मक वातावरण (perceptual environment) में पर्याप्त परिवर्तनशीलता हो अर्थात उद्दीपक (stimulus) में पर्याप्त परिवर्तनशीलता हो। यदि उद्दीपक परिवर्तनशीलता एक क्रान्तिक स्तर (critical level) से नीचे होता है तो व्यक्ति में उत्तेजनशीलता का स्तर कम होता है तथा दीर्घीकृत अवधान में ह्रास उत्पन्न होगा। दीर्घीकृत अवधान कार्य के नीरस पहलू (monotonous aspect) द्वारा RAS उतना अधिक प्रभावित नहीं हो पाता है। फलस्वरूप व्यक्ति में सतर्कता (alertness) तथा उत्तेजन का पर्याप्त स्तर नहीं रह पाता है और दीर्घीकृत अवधान कार्य या निगरानी कार्य के दौरान उसका निष्पादन में ह्रास (decrement) होता है अर्थात संकेत (signal) की पहचान कार्य में त्रुटियाँ बढ़ने लगतीं हैं।

आधुनिक मनोवैज्ञानिकों द्वारा कई ऐसे सबूत उपलब्ध किये गये हैं जिनसे उत्तेजन के न्यूरादैहिक सूचकांकों एवं निगरानी कार्यों के निष्पादन के बीच के सम्बन्ध को दिखलाया गया है। इन न्यूरोदैहिक सूचकांकों में EEG के अल्फा क्रियाओं (alpha activities) तथा GSR (galvanic skin response) की क्रियाओं में कमी होना महत्त्वपूर्ण है। जब व्यक्ति उत्तेजन की अवस्था में होता है तो अल्फा क्रियाओं तथा GSR की क्रियाएँ कमने लगती हैं। डेविज एवं कार्कोविक (Davies & Krkovic, 1965) ने अपने अध्ययन में पाया कि निगरानी कार्य (vigilance task) में पहचान प्राप्तांकों में कमी उक्त दोनों तरह के सूचकांकों में हुए कमी के साथ सम्बन्धित पाया है। मिलोसेविक (Milosevic, 1975) ने अपने अध्ययन में पाया है कि GSR में कमी होना तथा संकेत पहचान (signal detection) में कमी होना एक समानान्तर प्रक्रिया (parallel process) है। उसी तरह विट्टी तथा उनके सहयोगियों (Beatty et al., 1974) ने अपने अध्ययन में पाया कि जब मस्तिष्कीय क्रियाओं में कमी होती है अर्थात् व्यक्ति में सतर्कता का स्तर निम्न होता है, तो निगरानी निष्पादन (vigilance performance) में कमी आ जाती है। जैसा कि हम जानते हैं, RAS की क्रियाओं में जैविक उत्तेजक (biogenic stimulants) जैसे इपाइनफ्राइन (epinephrine) देने वृद्धि हो जाती है। आहैनलेन (O'Hanlon, 1965) ने अपने अध्ययन में पाया कि प्रयोज्यों के रक्त में इपाइनफ्राइन या एड्रीनालीन (adrenaline) के स्तर तथा निगरानी कार्य में संकेत के पहचानने की अनुक्रिया में धनात्मक सम्बन्ध होता है।

उपर्युक्त प्रयोगात्मक अध्ययनों के आलोक में हम इस निष्कर्ष पर पहुँचते हैं कि निगरानी कार्य या दीर्घीकृत अवधान कार्य में निष्पादन का सीधा सम्बन्ध व्यक्ति के प्रमस्तिष्कीय सक्रिय स्तर (cortical activation level) से होता है। जब ऐसे कार्य में व्यक्ति एक निश्चित सक्रियता स्तर बनाये रखता है तो ऐसी परिस्थिति में निगरानी निष्पादन (vigilance performance) या संकेत की पहचान की अनुक्रिया में पर्याप्त वृद्धि होती है।

उत्तेजन सिद्धान्त के साथ कुछ कठिनाइयाँ भी हैं जिनसे इस सिद्धान्त की उपयोगिता काफी सीमित हो गयी है। इस सिद्धान्त की कुछ प्रमुख कठिनाइयाँ निम्नांकित हैं—

(i) किस प्रकार का बाह्य उत्तेजन (external stimulation) तथा कितनी मात्रा में ऐसी उत्तेजन दिया जाना चाहिए जिससे कि निगरानी कार्य या दीर्घीकृत अवधान के दौरान व्यक्ति का निष्पादन श्रेष्ठ बना रहे, यह कहीं भी स्पष्ट नहीं किया गया है।

(ii) जेरीसन (Jerison, 1967) तथा ब्रौडवेन्ट (Broadbent, 1963) ने अपने-अपने अध्ययनों के आधार पर यह बतलाया है कि इस सिद्धान्त में यह भी स्पष्ट नहीं किया गया है कि अमुक तरह के प्रयोगात्मक जोड़-तोड़ (experimental manipulation) से निगरानी कार्य के निष्पादन (performance) में परिवर्तन की दिशा क्या होगी? जैसे RAS को यदि किसी उद्दीपक की 80% तीव्रता से उत्तेजित किया जाए तो क्या इससे निगरानी

कार्य का निष्पादन उस परिस्थिति की तुलना में दुगुना हो जाएगा जब RAS को उसी उद्दीपक के 40% तीव्रता से उत्तेजित किया जाता है? इस प्रश्न का स्पष्ट उत्तर हमें उत्तेजन सिद्धान्त में नहीं मिलता है।

(iii) कई प्रयोगों से जो तथ्य सामने आये हैं उनसे सिद्धान्त में व्यस्त असंगतता (inconsistencies) का पता चला है। जैसे—डेवेनपोर्ट (Davenport, 1974) एवं टोलिन तथा फिशर (Tolin & Fisher, 1974) ने अपने-अपने अध्ययनों में यह पाया है कि हल्के ढंग से उत्तेजित होने पर (जैसे कोई साधारण व्यायाम करने पर) निगरानी निष्पादन (vigilance performance) में वृद्धि हो जाती है परन्तु जोन्स (Jones, 1971) ने अपने अध्ययन में पाया है कि इसी तरह के हल्का उत्तेजन से निगरानी निष्पादन में कमी आ जाती है। एलुईसी एवं हॉल्ल (Allusi & Hall, 1963) ने अपने अध्ययन में और भी चौंकाने वाला तथ्य पाया है और वह यह है कि अत्यधिक उत्तेजन की अवस्था उत्पन्न कर देने से निगरानी निष्पादन में तीव्र ह्रास होता है। इन सभी प्रयोगात्मक असंगतताओं की व्याख्या उत्तेजन सिद्धान्त करने में निश्चित रूप से असमर्थ है।

इन कठिनाइयों या आलोचनाओं के बावजूद इस सिद्धान्त को लोगों ने इसलिए स्वीकार किया है क्योंकि इसमें RAS तथा उत्तेजन स्तर का सम्बन्ध निगरानी कार्य या दीर्घीकृत कार्य के निष्पादन से जोड़ा गया है।

5. अभ्यसन सिद्धान्त *(Habituation theory)*—इस सिद्धान्त का आधार न्यूरोदैहिक क्रियाएँ (nerophysiological activitites) है तथा इसका प्रतिपादन एक महिला मनोवैज्ञानिक जेन मैकवर्थ (Jane Mackworth, 1968) द्वारा किया गया। इन्होंने निगरानी कार्य या दीर्घीकृत कार्य की व्याख्या अभ्यसन (habituation) के माध्यम से किया है। प्रश्न उठता है अभ्यसन क्या है? अभ्यसन से तात्पर्य एक ऐसी प्रक्रिया से होती है जिसके कारण किसी एक ही उद्दीपक के बार-बार व्यक्ति के सामने आने से तन्त्रकीय अनुक्रियाशीलता (neural resposiveness) में उत्तरोत्तर कमी आती जाती है। सामान्यतः जब उद्दीपक पैटर्न की आवृत्ति अधिक होती है, तो तन्त्रकीय अभ्यसन (neural habituation) की मात्रा भी अधिक होती है। अभ्यसन (habituation), थकान (fatigue) से इस अर्थ में भिन्न होता है कि जब उद्दीपक पैटर्न में गुणात्मक (qualitative), परिमाणात्मक (quantitative) या सामयिक (temporal) परिवर्तन होता है तो इसमें अनाभ्यसन (dishabituation) की प्रक्रिया होने लगती है अर्थात अनुक्रियाशीलता की अचानक पुनः उपस्थिति (reappearance) हो जाती है। मैकवर्थ (Mackworth, 1968) के अनुसार अभ्यसन (habituation) अवरोध (inhibition) की एक सक्रिय प्रक्रिया है और अनियमित संकेतों (irregular signals) की तुलना में नियमित संकेतों के साथ अभ्यसन का विकास तेजी से होता है। दूसरे शब्दों में यह कहा जा सकता है कि जब उद्दीपक पैटर्न नियमित होती है तो अभ्यसन का विकास उस परिस्थिति की तुलना में तेजी से होती है जब उद्दीपक पैटर्न अनियमित होता है।

मैकवर्थ के अनुसार निगरानी या दीर्घीकृत अवधान कार्य में यदि एक ही तरह का उद्दीपक पैटर्न से बार-बार प्रयोज्य (subject) प्रभावित होता है तो ऐसे उद्दीपक पैटर्न से मस्तिष्कीय अनुक्रियाएँ (critical responses) में एक तरह का अभ्यसन (या अवरोध) उत्पन्न होने लगता है। जब इस तरह के अभ्यसन अधिक मात्रा में उत्पन्न हो जाती है तो प्रयोजयों में विवेचित संकेत (critical singal) को अन्य संकेतों से विभेदित करने की क्षमता कम हो जाती है। प्रयोज्य अपने कार्य पर अवधान या ध्यान लगाने में अपने आप को असमर्थ पाता है तथा उसका निष्पादन (performance) में धीरे-धीरे कमी होने लगती है। मैकवर्थ ने अपने इस मॉडल के आधार एक महत्त्वपूर्ण पूर्वकथन (prediction) किया है जो यह है कि तीव्र घटना दर (fast event rate) की स्थिति में अभ्यसन का निर्माण मंद घटना दर (slow event rate) की तुलना में अधिक तेजी से होता है जिसका परिणाम यह होता है कि तीव्र घटना दर में प्रयोज्यों का निगरानी निष्पादन (vigilance performance) में ह्रास (decrement) होता है।

अभ्यसन सिद्धान्त की सत्यता की जाँच के लिए कुछ प्रयोग किये गए हैं तथा इनके पूर्वकथन (prediction) की प्रयोगात्मक जाँच की गयी है। सिड्डले (Siddle, 1972) ने इस सिद्धान्त के समर्थन में कुछ तथ्य पाये हैं। इन्होंने अपने अध्ययन में GSR के अभ्यसन का निगरानी कार्य पर पड़ने वाले प्रभावों का अध्ययन किया। इन्होंने अपने प्रयोग में पाया कि जिन प्रयोज्यों ने GSR के प्रति तीव्र अभ्यसन दिखलाया गया उनके निगरानी कार्य (vigilance task) में उन प्रयोज्यों के निगरानी कार्य की तुलना में अधिक ह्रास आया जिन्होंने GSR के प्रति मंद अभ्यसन दिखलाया। फिर भी कुछ ऐसे प्रयोगात्मक तथ्य सामने आये हैं जिनसे अभ्यसन सिद्धान्त की आलोचना होती है क्योंकि सिद्धान्त के पूर्वकथन को

इनसे प्रयोगात्मक समर्थन नहीं मिल पाता है। निम्नांकित दो ऐसे प्रयोगात्मक तथ्य हैं जो अभ्यसन सिद्धान्त के विरुद्ध में जाते हैं—

(i) लिसपर एवं टॉर्नरोस (Lispar & Tornros, 1974) ने अपने अध्ययन में पाया कि जब विवेचित संकेत (critical signal) अनियमित होता है या उसे अनियमित बना दिया जाता है तो दीर्घीकृत अवधान कार्य में ह्रास उस परिस्थिति की तुलना में अधिक होती है जिसमें विवेचित संकेतों की उपस्थिति नियमित होती है। लिसपर एवं टार्नरोस का यह प्रयोगात्मक तथ्य मैकवर्थ द्वारा किया गया दावा के विपरीत है।

(ii) क्रुलेविज, वार्म तथा वोह्ल (Krulewitz, Worm & Wohl, 1975) ने एक प्रयोग कर अभ्यसन सिद्धान्त के दूसरे पूर्वकथन की सत्यता की जाँच किया है। इन्होंने निगरानी के दौरान पृष्ठभूमि घटना दर (background event rate) को दो दिशा में परिवर्तित किया—मंद से तीव्र (slow to fast) तथा तीव्र से मंद (fast to slow)। अभ्यसन सिद्धान्त के अनुसार उद्दीपक पैटर्न में किसी प्रकार का परिवर्तन होने से अभ्यसन की मात्रा कमती है। फलस्वरूप, निष्पादन में श्रेष्ठता आती है। इस पूर्वकथन के अनुकूल प्रयोज्यों के निगरानी कार्य में उत्कृष्टता आनी चाहिए चाहे परिवर्तन की दिशा किसी भी ओर क्यों न हो। इस प्रयोग के परिणाम में मॉडल के पूर्वकथन के विपरीत तथ्य पाया गया क्योंकि मंद से तीव्र दिशा में परिवर्तन होने पर प्रयोज्यों के निगरानी निष्पादन में ह्रास आया तथा तीव्र से मंद दिशा में परिवर्तन होने पर प्रयोज्यों के निष्पादन कार्य में थोड़ी उत्कृष्टता अवश्य आयी परन्तु 20 मिनट तक इस परिवर्तित दिशा में कार्यानुभव प्राप्त करने के बाद। स्पष्ट हुआ कि क्रुलेविज, वार्म तथा वोह्ल के प्रयोगों से भी अभ्यसन सिद्धान्त के पूर्वकथन को प्रयोगात्मक समर्थन नहीं मिलता है।

निष्कर्षतः यह कहा जा सकता है कि अभ्यसन सिद्धान्त के विरोध में यद्यपि कुछ प्रयोगात्मक सबूत हैं, फिर भी मैकवर्थ का यह सिद्धान्त आधुनिक मनोवैज्ञानिकों को काफी पसंद आया है क्योंकि इसमें दीर्घीकृत अवधान की व्याख्या तन्त्रकीय अवरोध (cortical inhibition) के रूप में वैज्ञानिक ढंग से हुआ है।

दीर्घीकृत अवधान के सिद्धान्तों की वर्तमान स्थिति
(Current Status of Theories of Sustained attention)

दीर्घीकृत अवधान की व्याख्या करने के लिए कई तरह के सिद्धान्तों का प्रतिपादन किया है। प्रत्येक सिद्धान्त में दीर्घीकृत अवधान की व्याख्या में भिन्न-भिन्न दृष्टिकोणों को अपनाया गया है। प्रत्येक सिद्धान्तों की कुछ-न-कुछ परिसीमाएँ (limitations) हैं। फलतः एक सिद्धान्त को दूसरे की तुलना में कोई अधिक महत्त्व नहीं दिया जा सकता है। अगर प्रिब्राम (Pribram, 1969) के चार बिन्दु कसौटी के रूप में दीर्घीकृत अवधान के सिद्धान्तों की परख करें तो हम निश्चयपूर्वक यह कह सकते हैं कि ये सारे सिद्धान्त तीसरी बिन्दु या अवस्था में आ चुके हैं तथा चौथी अवस्था का कार्य अर्थात सैद्धान्तिक विश्लेषण (theoretical anaiysis) का कार्य अभी बाकी है। प्रिब्राम की कसौटी के प्रथम तीन अवस्थाएँ हैं—उत्साहपूर्ण खोज की अवस्था (stage of enthusiastic discovery), विस्तृत सूचना संग्रहण की अवस्था (stage of accumulation of detailed information) तथा गहरी समझ एवं छान-बीन की अवस्था (stage of deeper understanding and explanation)।

अध्याय सारांश — CHAPTER SUMMARY

1. अवधान या ध्यान एक ऐसी चयनात्मक प्रक्रिया (selective mental process) है जिसमें व्यक्ति एक विशेष शारीरिक मुद्रा बनाकर किसी वस्तु या उद्दीपक को चेतना केन्द्र से लाने के लिए तत्पर रहता है।
2. अवधान की कई विशेषताएँ हैं जिनमें प्रमुख हैं—ध्यान एक चयनात्मक मानसिक प्रक्रिया होती है; ध्यान में शारीरिक अभियोजन (span of attention) सीमित होता है; ध्यान में अस्थिरता तथा उच्चलन का गुण पाया जाता है, अवधान में विभाजन का गुण पाया जाता है, आदि-आदि।
3. ध्यान भंग (distraction of attention) एक प्रमुख प्रक्रिया है जिसका अध्ययन कई मनोवैज्ञानिकों ने किया है। ध्यान भंग से निष्पादन (performance) में गिरावट या कमी आती है तथा कुछ ऐसे प्रयोगात्मक परिणाम भी हैं जिनमें

यह पता चलता है कि ध्यान भंग से निष्पादन में कोई कमी नहीं आती है। ध्यान भंग को दो प्रविधियों द्वारा रोका जा सकता है। वे हैं—पेशीय प्रयास (musclar effort) तथा समंजन (adaptation)।

4. ध्यान के मुख्य तीन प्रकार होते हैं—ऐच्छिक ध्यान, अनैच्छिक ध्यान तथा स्वाभाविक ध्यान। ऐच्छिक ध्यान में व्यक्ति की इच्छा तथा आवश्यकता की प्रधानता होती है; अनैच्छिक ध्यान में उद्दीपक के कुछ खास-खास गुण होते हैं जिनकी प्रधानता होती है। स्वाभाविक ध्यान में व्यक्ति का ध्यान किसी वस्तु, उत्तेजना या घटना की ओर उसकी विशेष प्रशिक्षण एवं आदत के कारण जाता है।
5. ध्यान के प्रमुख दो निर्धारक (determinants) होते हैं—वस्तुनिष्ठ निर्धारक (objective determinants) तथा आत्मनिष्ठ निर्धारक (subjective determinants)। वस्तुनिष्ठ निर्धारक का सम्बन्ध उद्दीपक की उन विशेषताओं से होता है जिसके कारण व्यक्ति का अवधान उस उद्दीपक की ओर चला जाता है। आत्मनिष्ठ निर्धारक (subjective determinants) से तात्पर्य ध्यान देने वाले व्यक्तियों में निहित उन गुणों से होता है जिसके कारण उसका ध्यान किसी उद्दीपक या वस्तु की ओर चला जाता है।
6. चयनात्मक अवधान (selective attention) एक ऐसी प्रक्रिया है जिसमें व्यक्ति कुछ खास क्रिया या उद्दीपक पर अपनी मानसिक एकाग्रता दिखलाता है तथा अन्य क्रियाओं या उद्दीपक पर न के बराबर ध्यान देता है।
7. चयनात्मक अवधान की व्याख्या के लिए कई तरह के सिद्धान्तों का प्रतिपादन किया गया है जिसमें तीन प्रमुख हैं—मार्गविरोध सिद्धान्त, नॉरमैन एवं बॉबरो मॉडल (Norman & Bobrow's model), तथा नाईसर मॉडल (Neisser model)।
8. दीर्घीकृत अवधान (sustained attention) या जिसे निगरानी (vigilance) भी कहा जाता है, एक ऐसी प्रत्यक्षज्ञानात्मक प्रक्रिया (perceptual process) है जिसमें व्यक्ति अधिक समय तक अपना ध्यान किसी उद्दीपक पर केन्द्रित किये रहता है तथा उस उद्दीपक के प्रति सतर्कता बनाये रखता है।
9. दीर्घीकृत अवधान के कई मनोदैहिक निर्धारक (psychophysical determinants) हैं जिनमें पाँच प्रमुख हैं—संवेदी कारक (sensory factor), संकेत या उद्दीपक उत्कृष्टता (signal conspicuosty), पृष्ठभूमि घटना दर (background event rate), सामयिक एवं स्थानिक अनिश्चितता (temporal and spatial uncertainity) एवं परिणाम ज्ञान (knowledge of results)।
10. दीर्घीकृत अवधान की सैद्धान्तिक व्याख्या करने के लिए कई तरह के सिद्धान्तों का प्रतिपादन किया गया है जिनमें पाँच प्रमुख हैं—प्रत्याशा सिद्धान्त, जेरीसन (Jerison) का सिद्धान्त, संकेत-पहचान सिद्धान्त (signal detection theory), उत्तेजन सिद्धान्त तथा अभ्यसन सिद्धान्त (habituation theory)। इनमें से प्रथम तीन संज्ञानात्मक सिद्धान्त हैं तथा अन्तिम दो न्यूरोदैहिक सिद्धान्त (neurophysiological theory) है।

❑

अध्याय 4

संवेदन एवं प्रत्यक्षण

(SENSATION AND PERCEPTION)

संवेदन का अर्थ एवं स्वरूप
(Meaning and Nature of Sensation)

संवेदन एक ऐसी सरल मानसिक प्रक्रिया है जिसके द्वारा हमें वस्तुओं एवं व्यक्तियों के बारे में एक आभास मात्र होता है क्योंकि इसमें अर्थहीनता एवं अस्पष्टता होती है। **मॉरिस**[1] (Morris, 1996) ने संवेदन को परिभाषित करते हुए कहा है, *''संवेदन से तात्पर्य दृष्टि, श्रवण, गंध, स्वाद संतुलन, स्पर्श तथा दर्द के ज्ञानेन्द्रियों से प्राप्त मौलिक संवेदी आँकड़ों से होता है।''* जे॰ पी॰ दास (J. P. Das, 1998) ने उद्दीपकों को प्राप्त करने (receive) की पहली अवस्था को ही संवेदन (sensation) कहा है। उसी तरह **ऊड** एवं **ऊड**[2] (Wood & Wood, 1996) ने संवेदन को इस प्रकार परिभाषित किया है, *''संवेदन एक ऐसी प्रक्रिया है जिसके द्वारा ज्ञानेन्द्रियाँ दृष्टि, श्रवण एवं अन्य संवेदी उद्दीपकों की पहचान करके उसकी सूचना मस्तिष्क को देता है।''* यदि हम संवेदन के इस परिभाषिक तथ्य का विश्लेषण करें तो यह स्पष्ट होगा कि संवेदन की परिभाषा में अन्य बातों के अलावा निम्नांकित चार बातें पायी जातीं हैं—

(i) संवेदन एक मानसिक प्रक्रिया है।

(ii) संवेदन एक आरम्भिक मानसिक प्रक्रिया है।

(iii) संवेदन में उद्दीपकों[3] (वस्तु या व्यक्तियों) का आभास मात्र अर्थात् अर्थरहित ज्ञान होता है।

(iv) संवेदन के लिए उद्दीपक की उपस्थिति अनिवार्य होती है।

संवेदन के स्वरूप (nature) को समझने के लिए इन चार तथ्यों की व्याख्या आवश्यक है जो इस प्रकार है—

(i) संवेदन एक मानसिक प्रक्रिया है *(Sensation is a mental process)*—संवेदन एक मानसिक प्रक्रिया है। मानसिक प्रक्रिया से तात्पर्य वैसी क्रियाओं से होता है जो मन या मस्तिष्क के सहारे होता है। मानसिक प्रक्रियाएँ तीन तरह की होतीं हैं—संज्ञानात्मक (cognitive), भावात्मक (affective) तथा क्रियात्मक (conative)। संवेदन एक संज्ञानात्मक मानसिक प्रक्रिया है क्योंकि इसके द्वारा वस्तु, व्यक्तियों या घटनाओं अर्थात् उद्दीपकों (stimuli) का एक अस्पष्ट ज्ञान होता है।

(ii) संवेदन एक आरम्भिक मानसिक प्रक्रिया है *(Sensation is an elementary mental process)*—सचमुच में उद्दीपक के बारे में ज्ञान प्राप्त करने के लिए कई तरह की मानसिक क्रियाएँ होतीं हैं। जैसे, चिन्तन, कल्पना, तर्क करना आदि। परंतु इन सभी क्रियाओं से भी पहले एक और मानसिक प्रक्रिया होती है और वह है संवेदन की। किसी वस्तु पर चिन्तन करने के लिए यह आवश्यक है कि पहले उसका संवेदन हो। शायद यही कारण है कि संवेदन को एक आरम्भिक मानसिक प्रक्रिया कहा गया है।

1. "Sensation refers to the raw sensory data from the senses of sight, hearing, smell, taste, balance, touch and pain".
—Morris : *Psychology,* 1996, p. 132"

2. "Sensation is the process through which the senses detect visual, auditory and other sensory stimuli and transmit them to the brain."
—Wood & Wood : *The World of Psychology,* 1996, p. 80

3. वातावरण की प्रत्येक वस्तु जो व्यक्ति में अनुक्रिया उत्पन्न करती हैं, को सामान्यतः उद्दीपक कहा जाता है।

(iii) संवेदन में उद्दीपकों का एक आभास मात्र अर्थात् अर्थरहित ज्ञान होता है *(In sensation a general awareness or meaningless knowledge occurs)*—संवेदन इतनी सरल प्रक्रिया है कि इसमें उद्दीपक का कोई स्पष्ट अर्थ नहीं पता चलता है, मात्र उसका एक सामान्य आभास होता है। जैसे, कभी-कभी कोई वस्तु हमारे आँखों के सामने झट से आकर हट जाती है। ऐसे वस्तु का मात्र एक आभास अर्थात् संवेदन ही होता है। हाँ, यदि हमें उसका अर्थ मालूम हो जाता है, तो वह संवेदन न होकर प्रत्यक्षण (perception) हो जाता है।

(iv) संवेदन के लिए उद्दीपक की परिस्थिति अनिवार्य है *(For sensation presence of stimulus is essential)*—संवेदन के लिए उद्दीपक का होना अनिवार्य है। उद्दीपक को व्यक्ति ज्ञानेन्द्रिय से ग्रहण करता है जिसके परिणामस्वरूप उसमें तंत्रिका आवेग (nerve impulse) पैदा होता है। यह तंत्रिका आवेग जब मस्तिष्क में पहुँचता है, तो हमें उस वस्तु का संवेदन होता है।

उपर्युक्त विवरण से स्पष्ट है कि संवेदन एक ऐसी आरम्भिक संज्ञानात्मक मानसिक प्रक्रिया है जिसके द्वारा हमें उद्दीपक का आभास मात्र या अर्थरहित ज्ञान होता है।

अब यह प्रश्न उठता है कि संवेदन कैसे होता है? इस प्रश्न का उत्तर देते हुए यह कहा जा सकता है कि संवेदन का उत्पन्न होना निम्नांकित तीन बातों पर निर्भर करता है—उद्दीपक (stimulus), ज्ञानेन्द्रिय तथा मस्तिष्क। जब कोई उद्दीपक व्यक्ति को प्रभावित करता है, तो उसके ज्ञानेन्द्रिय में एक रासायनिक क्षोभ (chemical disturbance) उत्पन्न हो जाता है। इस रासायनिक क्षोभ को तंत्रिका आवेग (nerve impulse) कहा जाता है। तंत्रिका आवेग संवेदी तंत्रिका (sensory nerve) द्वारा मस्तिष्क में पहुँचता है जिसके परिणामस्वरूप एक मानसिक प्रक्रिया की शुरुआत होती है। इस मानसिक प्रक्रिया को संवेदन (sensation) कहा जाता है। इसे एक उदाहरण द्वारा इस प्रकार समझाया जाता है। मान लिया जाए कि व्यक्ति कोई आवाज सुनता है। आवाज यहाँ एक उद्दीपक है। आवाज की ध्वनि तरंगें कान (ज्ञानेन्द्रिय) में प्रवेश करके श्रवण तंत्रिका आवेग (auditory nerve impulse) उत्पन्न करता है जो मस्तिष्क के शंखपालि (temporal lobe) में पहुँचता है। तंत्रिका आवेग को शंखपालि में पहुँचते ही जो पहली मानसिक प्रक्रिया होती है, उसे संवेदन कहा जाता है जिससे उस आवाज का मात्र एक आभास प्राप्त होगा। उसके और कोई आयामों का अर्थ नहीं पता चलेगा।

क्या शुद्ध संवेदन होता है?
(Does pure sensation occur?)

सचमुच में शुद्ध संवेदन एक सैद्धान्तिक सम्प्रत्यय (theoretical concept) है। हम यह मान लेते हैं कि प्रत्यक्षण, चिन्तन आदि क्रियाओं के होने के पहले शुद्ध संवेदन होता है। दूसरे शब्दों में, हमलोग यह मान लेते हैं कि किसी वस्तु का पहले संवेदन अलग से होता है और बाद में उसमें अर्थ जोड़ दिया जाता है, तो उसका प्रत्यक्षण होता है या फिर उसके बारे में हम चिन्तन करते हैं। सच्चाई यह है कि हमें किसी भी वस्तु का अर्थहीन अनुभव नहीं होता है। जब भी हम कोई वस्तु का प्रत्यक्षण करते हैं तो यह नहीं होता कि पहले उसका शुद्ध संवेदन हो जाता है और तब हम उसके रूप-रंग, आकार-प्रकार आदि को समझते हैं। बल्कि सच्चाई यह है कि जब हम किसी वस्तु का प्रत्यक्षण करते हैं, तो उसके बारे में पूरा-पूरा ज्ञान भी हमें हो जाता है। कुछ लोग यह समझते हैं कि बच्चों को शुद्ध संवेदन होता है। लेकिन यह भी समझना एक भूल है क्योंकि बच्चे भी जब किसी उद्दीपक का प्रत्यक्षण करते हैं तो उसका कोई-न-कोई अर्थ अवश्य लगा लेते हैं भले ही वह अर्थ गलत ही क्यों न हो। जैसे, एक बच्चा चम्मच को देखता है, तो उसे मुँह में ले लेता है शायद यह समझकर कि यह कोई खाने की वस्तु है। इस उदाहरण में बच्चा चम्मच को देखकर अर्थ लगा रहा अवश्य है भले ही वह अर्थ गलत क्यों न हो। इस उदाहरण से स्पष्ट है कि बच्चे को भी कभी शुद्ध संवेदन नहीं होता है। अतः शुद्ध संवेदन की कल्पना मात्र एक सैद्धान्तिक संकल्पना या सम्प्रत्यय है।

संवेदन के गुण
(Attributes of Sensation)

प्रत्येक संवेदन की अपनी कुछ विशेषताएँ होतीं हैं जिसके आधार पर उसे पहचाना जाता है। इन विशेषताओं को संवेदन का गुण (attributes) कहते हैं। इन गुणों के अभाव में संवेदन का अस्तित्व कठिन है। संवेदन का अध्ययन सबसे

पहले वुण्ट (Wundt) तथा टिचेनर (Titchener) द्वारा किया गया। वुण्ट ने संवेदन के दो गुण बतलाये हैं— प्रकार (quality) तथा तीव्रता (intensity)। बाद में टिचेनर (Titchener) ने इन दोनों गुणों को स्वीकार करते हुए इसमें दो और गुणों को जोड़ा है। वे दो नये गुण हैं—अवधि (duration) तथा स्पष्टता (clarity)। स्टाउट (Staut) ने इन चार की सूची में दो और गुणों को जोड़ दिये—विस्तार (extensity) तथा स्थानीय चिह्न (local sign)।

इस तरह से संवेदन के कुल छह गुण हो गए। इन सभी छह गुणों का वर्णन निम्नांकित हैं—

(1) प्रकार *(Quality)*—प्रत्येक संवेदन एक निश्चित प्रकार का होता है। कोई दृष्टि संवेदन हो सकता है, तो कोई श्रवण संवेदन, कोई स्पर्श आदि। इस तरह संवेदन का सबसे महत्त्वपूर्ण गुण यह होता है कि इसका कोई-न-कोई प्रकार होता है। ऐसा कोई उदाहरण नहीं दिया जा सकता है जिसमें संवेदन हो परंतु उसका कोई प्रकार न हो।

संवेदन का 'प्रकार' गुण दो तरह का होता है—जातीय प्रकार (generic quality) तथा विशिष्ट प्रकार (specific quality)। जब संवेदन अलग-अलग ज्ञानेन्द्रियों से उत्पन्न होता है, तो यह उसका जातीय प्रकार कहलाता है। दूसरे शब्दों में, किसी एक ज्ञानेन्द्रिय से उत्पन्न संवेदन एक प्रकार का होता है और संवेदन के इस गुण को जातीय गुण कहा जाता है। जैसे, सभी देखी जानेवाली विभिन्न वस्तुओं का संवेदन एक खास जातीय प्रकार अर्थात् दृष्टि संवेदन का उदाहरण है। उसी तरह से सभी सुनी गयी आवाजों से उत्पन्न संवेदन एक खास जातीय प्रकार अर्थात् श्रवण संवेदन का उदाहरण है। ऐसा इसलिए भी कहा जाता है कि पहले तरह के संवेदनों की उत्पत्ति एक ही ज्ञानेन्द्रिय अर्थात् आँख तथा दूसरे तरह के सभी संवेदनों की उत्पत्ति दूसरे ज्ञानेन्द्रिय अर्थात् कान से होती है। एक ही ज्ञानेन्द्रिय से भिन्न-भिन्न तरह के भी संवेदन होते हैं। ऐसे प्रत्येक संवेदन को संवेदन का विशिष्ट प्रकार कहा जाता है। जैसे, मान लिया जाए कि हम पिता की आवाज सुनते हैं तथा चाचा की आवाज भी सुनते हैं। दोनों ही श्रवण संवेदन हैं। परन्तु दोनों में अन्तर है। इस अंतर को विशिष्ट प्रकार का संवेदन कहेंगे क्योंकि दोनों संवेदन विशिष्ट प्रकार के हैं।

(2) तीव्रता *(Intensity)*—संवेदन का दूसरा प्रमुख गुण उसकी तीव्रता है। तीव्रता की मात्रा सभी संवेदनों में एक समान नहीं होती है। कोई संवेदन अधिक तीव्र होता है तो कोई संवेदन कम तीव्र होता है। एक ही प्रकार के संवेदन मात्र अपनी तीव्रता से अन्तर के कारण भिन्न अनुक्रिया उत्पन्न करता है। जैसे, यदि आपके त्वचा पर सूई की नोक को हल्के ढंग से गड़ायी जाय तथा फिर जोर से गड़ायी जाए, तो स्पष्टतः दो तरह का संवेदन पैदा होगा (हालांकि दोनों स्पर्श संवेदन ही होंगे)। उसी तरह से 25 वाट का बल्ब जलने तथा 100 वाट का बल्ब जलने से क्रमशः कम तीव्र तथा अधिक तीव्र दृष्टि संवेदन उत्पन्न होंगे। इन उदाहरणों से यह स्पष्ट है कि संवेदन की तीव्रता ज्ञानेन्द्रिय पर नहीं बल्कि इस बात पर निर्भर करती है कि उद्दीपक से सम्बन्धित ज्ञानेन्द्रिय कितनी अधिक प्रभावित हो रही है।

(3) अवधि *(Duration)*—कोई संवेदन जितने समय तक के लिए होता है, वही उसकी अवधि होती है। प्रत्येक संवेदन एक खास समय तक के लिए अवश्य होता है। ऐसा नहीं होता है कि संवेदन हो भी और उसमें कुछ समय न लगे, भले ही समय कुछ सेकेंड का ही क्यों न हो। दो संवेदन प्रकार और तीव्रता में समान होने पर भी अवधि की भिन्नता के कारण भिन्न लगते हैं। जैसे—यदि किसी वस्तु को मात्र एक सेकेंड के लिए देखा जाए तथा फिर उसी वस्तु को 10 सेकेंड़ के लिए देखा जाए, तो इन दोनों परिस्थितियों में उत्पन्न संवेदन में भिन्नता आ जाएगी। इस उदाहरण से स्पष्ट है कि संवेदन की अवधि ज्ञानेन्द्रिय के उत्तेजित होने की अवधि पर निर्भर करती है। ज्ञानेन्द्रिय जितनी ही अधिक अवधि के लिए उत्तेजित होती है, संवेदन उतने ही अधिक अवधि तक के लिए उत्पन्न होती है।

(4) स्पष्टता *(Clearness)*—स्पष्टता संवेदन की एक अन्य विशेषता है। कोई भी संवेदन अधिक स्पष्ट होती है या फिर कम स्पष्ट होती है। परन्तु यदि हम संवेदन के इस गुण पर ध्यान दें तो यह स्पष्ट होगा कि स्पष्टता संवेदन का कोई स्वतंत्र गुण नहीं है और यह बहुत कुछ तीव्रता तथा अवधि के गुण पर आधारित है। जैसे—यदि कोई वस्तु को धुंधले रोशनी में बहुत ही कम समय के लिए दिखाया जाए और फिर उसी वस्तु को तीव्र रोशनी में अधिक समय तक के लिए दिखाया जाए तो दूसरी परिस्थिति में पहली परिस्थिति की तुलना में अधिक स्पष्ट संवेदन होगा। इस तरह के उदाहरण अन्य संवेदन के प्रकारों से भी दिये जा सकते हैं।

(5) प्रसार *(Extensity)*—किसी भी संवेदन की उत्पत्ति में ज्ञानेन्द्रिय का जितना भाग उत्तेजित होता है उसे संवेदन का प्रसार कहा जाता है। प्रसार का गुण स्पर्श संवेदन में अधिक स्पष्ट ढंग से देखने को मिलता है। जैसे—यदि कोई व्यक्ति आप के शरीर के त्वचा को मात्र एक अंगुली से स्पर्श करे और फिर वही व्यक्ति आपके उसी स्थान के त्वचा

को पाँचों अंगुलियों से स्पर्श करे, तो दूसरी परिस्थिति में पहली परिस्थिति की तुलना में संवेदन का प्रसार अधिक होगा क्योंकि पाँच अंगुलियों से छूआ जाने वाला त्वचा का क्षेत्र निश्चित रूप से एक अंगुली द्वारा छुए गए त्वचा के क्षेत्र से अधिक बड़ा होगा। स्पष्ट है कि प्रसार संवेदन का एक ऐसा गुण है जो ज्ञानेन्द्रियों के उत्तेजित होने वाले क्षेत्र पर निर्भर करता है।

(6) स्थानीय चिह्न (*Local sign*)—व्यक्ति किसी भी संवेदन का मात्र अनुभव ही नहीं करता है बल्कि उसका स्थान निर्धारण (localization) भी कर लेता है। संवेदन के इस विशेषता को जिसके आधार पर व्यक्ति उसका स्थान बतला पाता है, स्थानीय चिह्न कहलाता है। जैसे—यदि कोई व्यक्ति पीछे से हमारे पीठ पर हाथ रखता है, तो हम बिना देखे ही यह निर्धारित कर पा सकने में समर्थ हो जाते हैं कि पीठ का अमुक भाग पर हाथ रखा जा रहा है। स्पर्श संवेदन के अलावा अन्य संवेदनों के भी कुछ स्थानीय चिह्न होते हैं जिसके आधार पर व्यक्ति उसका स्थान-निर्धारण कर पाता है।

स्पष्ट हुआ कि संवेदन के कई गुण होते हैं। इन गुणों के आधार पर संवेदन की विशिष्ट पहचान सम्भव हैं।

मानव आँख की रचना तथा कार्य
(Structure and Function of Human eye)

मानव आँख की संरचना या बनावट फोटो खींचने वाले कैमरा की संरचना से मिलती-जुलती है। यह ऊपर से देखने में गोलाकार होता है परन्तु पलकों से ढँका रहने के कारण इसका गोल आकार पूर्णतः हमें दिखाई नहीं देता। आँख के इस गोल आकार के कारण ही इसे **नेत्रगोलक** (eye ball) भी कहा जाता है। नेत्रगोलक में तीन परतें होतीं हैं और बीच की जगह खोखली होती है जो विशेष द्रव पदार्थ से भरी होती है। इस द्रव को *काचाभ* (viterous humour) कहा जाता है (चित्र 4.1 देखें)। इसी द्रव के कारण ही आँख गोलाकार तथा बाहर से फूली हुई मालूम होती है। नेत्रगोलक की प्रमुख तीन परतों का वर्णन निम्नांकित है—

(1) श्वेत पटल (Sclerotic coat)

(2) मध्य पटल (Choroid)

(3) दृष्टि पटल (Retina)

इन तीनों परतों का वर्णन निम्नांकित हैं—

(1) श्वेत पटल (*Sclerotic coat*)—नेत्र गोलक की सबसे ऊपरी सतह को श्वेत पटल कहा जाता है। संरचना के दृष्टिकोण से यह कड़ी एवं अपारदर्शी होती है। इसका रंग श्वेत होता है। श्वेत पटल के मुख्य दो कार्य हैं—

(i) यह नेत्रगोलक के भीतरी भागों की रक्षा करता है। अगर यह नहीं होता तो हमारी आँख में धूलकण या कीड़े-फतंगे पहुँच कर उसे घायल कर देते। श्वेत पटल इन चीजों को बाहर रखकर आँख को घायल होने से बचा लेता है।

(ii) चूँकि श्वेत पटत अपारदर्शी (आगे के हिस्सा को छोड़कर) होता है, अतः यह प्रकाश को चारों ओर से आँख में प्रवेश नहीं करने देता है। फलतः हम किसी वस्तु को ठीक ढंग से देख पाते हैं। श्वेत पटल का अगला भाग उभरा हुआ तथा पारदर्शी होता है। इसी से प्रकाश आँख में प्रवेश करता है। श्वेत पटल के इस अगले भाग को जो उभरा हुआ तथा पारदर्शी होता है, को कौर्निया (cornea) कहा जाता है। कौर्निया में रक्त की आपूर्ति नहीं होती है।

(2) मध्य पटल (*Choroid*)—श्वेत पटल के नीचे मध्य पटल होता है। इसका रंग प्रायः काला होता है। कुछ व्यक्तियों के मध्यपटल का रंग भूरा होता है। फलतः उसके नेत्र गोलक के बीच का भाग बाहर से भूरा दिखाई पड़ता है। मध्य पटल भी पूर्णतः अपारदर्शी होता है। अतः इससे भी प्रकाश का अन्दर प्रवेश सम्भव नहीं है। मध्यपटल के आगे का भाग भी थोड़ा उभरा हुआ है जिसे *परितारिका* (iris) कहते हैं। इस तरह से परितारिका कौर्निया के पीछे होता है। परितारिका के बीच में एक गोल छेद होता है जिसे *पुतली* (pupil) कहा जाता है। कौर्निया तथा परितारिका के बीच का भाग एक तरल पदार्थ से भरा होता है जिसे *जल द्रव* (aqueous humour) कहा जाता है। इसका द्रव प्रत्येक चार घंटों पर अपने आप परिवर्तित होते रहता है। *कौर्निया में खून की आपूर्ति (supply) नहीं होती है।* फलतः वह अपना पोषक पदार्थ इसी जल द्रव से प्राप्त करता है। कौर्निया से आता हुआ प्रकाश पुतली द्वारा ही आँख की भीतरी भाग में पहुँचता है। तीव्र रोशनी की स्थिति में पुतली सिकुड़ जाती है तथा कम रोशनी की स्थिति में पुतली फैल जाती है ताकि उपयुक्त

मात्रा में रोशनी भीतर प्रवेश कर सके। पुतली के पीछे लेन्स होता है और लेन्स में भी खून की आपूर्ति *नहीं* होती है और यह अपना पोषक पदार्थ जल द्रव से ही प्राप्त करता है। लेन्स का काम पुतली द्वारा आने वाले रोशनी को आँख की भीतरी सतह के एक निर्धारित स्थान पर पहुँचाना है। फोटो खींचने वाले कैमरा के लेन्स के समान ही मानव आँख का लेन्स भी किसी वस्तु की प्रतिमा को उल्टा करके आँख के भीतरी भाग के निर्धारित जगह पर पहुँचा देता है। इसका छोटा या बड़ा होना इसके दोनों किनारों पर स्थित मांसपेशियों पर निर्भर करता है। इन मांसपेशियों को पक्ष्माभिकी मांसपेशी (ciliary muscles) कहा जाता है। नजदीक की चीजों को देखने के लिए लेन्स छोटा हो जाता है तथा दूर की चीजों को देखने के लिए लेन्स बड़ा हो जाता है। इस प्रक्रिया को मनोविज्ञान में *समायोजन* (accomodation) कहा जाता है।

(3) दृष्टिपटल *(Retina)*—दृष्टिपटल नेत्र-गोलक की सबसे भीतरी सतह होता है तथा दृष्टि संवेदन के दृष्टिकोण से सबसे अधिक महत्त्वपूर्ण है। श्वेत पटल तथा मध्यपटल रोशनी को दृष्टिपटल तक पहुँचा देते हैं। दृष्टि पटल में दो तरह के प्रकाशग्राही कोशिकाएँ (light receptor cells) होती हैं एक को *शलाकाएँ* (rods) तथा दूसरे को *सूचियाँ* (cones) कहा जाता है। मॉरिस (Morris, 1996) के अनुसार प्रत्येक आँख के दृष्टिपटल में शलाकाओं की संख्या करीब 120 मिलियन (Million) तथा सूचियों की संख्या करीब 8 मिलियन (Million) होती है। शलाकाएँ धूमिल रोशनी तथा रात में क्रियाशील होती है जबकि सूचियाँ तीव्र रोशनी में अधिक क्रियाशील होती है। शलाकाओं द्वारा हमें रंगहीन वस्तुओं का अर्थात् काले, श्वेत तथा धूसर रंग का ज्ञान होता है तथा रंगीन वस्तुओं का ज्ञान सूचियों द्वारा होता है। इसके अतिरिक्त शलाकाएँ (rods) तथा सूचियाँ (cones) एक-दूसरे से निम्नांकित ढंग से भी भिन्न हैं—

(i) सूचियाँ अधिकतर संख्या में फोविया (fovea) में पाये जाते हैं। फोविया में एक भी शलाका (rods) नहीं होता है। फोविया के बाहर शलाकाएँ अधिक संख्या में पायी जातीं हैं। जैसे-जैसे हम फोविया से बाहर आते हैं और दृष्टिपटल के किनारे की ओर बढ़ते हैं, शलाकाओं तथा सूचियाँ दोनों की संख्या कमती जाती है और दृष्टिपटल के अंतिम छोर पर सूचियों की संख्या नगण्य हो जाती है जबकि शलाकाएँ विरल संख्या में उपलब्ध होतीं हैं।

(ii) शलाकाएँ एवं सूचियाँ इस बिन्दु पर भी एक-दूसरे से भिन्न होती है कि वे किस तरह से तंत्रिका कोश (nerve cell) से जुड़े हुए हैं जो मस्तिष्क में दृष्टि सूचना पहुँचाती है। शलाकाएँ एवं सूचियाँ दोनों ही एक तरह के विशिष्ट तंत्रिका कोश जिसे द्विध्रुवीय कोश (bipolar cell) कहा जाता है, से जुड़े होते हैं। द्विध्रुवीय कोश फिर गैंगलियन कोश (ganglion cell) से सम्बन्धित होता है। गैंगलियन कोश वैसा कोश होता है जो आँख के द्विध्रुवीय कोश को मस्तिष्क से जोड़ता है या इस तरह से कहा जाय कि इसके माध्यम से दृष्टि सूचना आँख से मस्तिष्क में पहुँचता है। अधिकतर अगल-बगल की शलाकाएँ (rods) एक ही द्विध्रुवीय कोश से सम्बन्धित होकर अपना सम्बन्ध फिर गैंगलियन कोश से जोड़ती है जबकि प्रत्येक सूची (cone) अलग-अलग द्विध्रुवीय कोश से अपना सम्बन्ध स्थापित करके फिर गैंगलियन कोश से अपना सम्बन्ध स्थापित करता है।

(iii) रासायनिक संरचना के ख्याल से भी शलाकाएँ एवं सूचियाँ एक-दूसरे से भिन्न है। हालांकि सूचियाँ तथा शलाकाएँ दोनों में ही रोशनी-संवेदनशील (light sensitive) रसायन जिसमें दृष्टि रंजक (visual pigment) पाये जाते हैं, होते हैं शलाकाओं में रोडोपसिन (rhodopsin) अर्थात् दृष्टि रंजक की मात्रा तुलनात्मक रूप से अधिक होती है। यही कारण है कि शलाकाएँ सूचियों की तुलना में अधिक संवेदनशील होती है और धीमा-से-धीमा रोशनी में भी हम कुछ-न-कुछ देख पाते हैं। ऐसी परिस्थिति में सूचियाँ संवेदनशील नहीं होतीं हैं क्योंकि उनमें रोडोपसिन की मात्रा कम होती है।

(iv) शलाकाओं द्वारा रंगहीन संवेदन (colourless sensation) का अनुभव होता है जबकि सूचियों द्वारा रंगीन संवेदन होता है। इस तथ्य का सबूत हमें *पर्किन्जे प्रभाव* (Purkinje effect) में स्पष्ट रूप से देखने को मिलता है। इस प्रभाव में रोशनी की तीव्रता में कमी आने से एक रंग के चमकीलापन (brightness) में दूसरे रंग के चमकीलापन की अपेक्षा काफी कमी आती है। जैसे, रोशनी के सामान्य स्तर में लाल रंग तथा हरा रंग समान रूप से चमकीला दीखता है परंतु जब उन्हें धुंधला रोशनी में रखकर देखें तो यह हरा रंग, लाल रंग की अपेक्षा अधिक चमकीला दिखता है। धुंधला रोशनी में सूचियों की तुलना में शलाकाएँ लाल रंग के प्रति कम संवेदनशील होती है, इसलिए शलाकाओं का ऐसे संवेदन (हरा रंग का लाल रंग की अपेक्षा अधिक चमकीला दीखना) में सम्पूर्ण योगदान तुलनात्मक रूप से अधिक होता है।

(v) आकार (size) में शलाकाएँ सूचियों की तुलना में छोटी होतीं है।

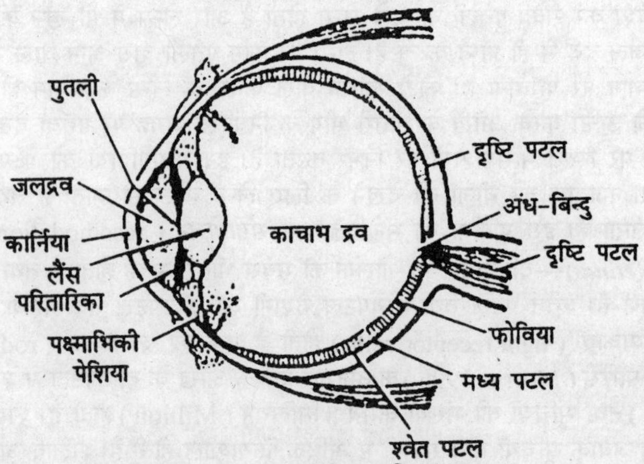

चित्र 4.1 मानव आँख की संरचना

दृष्टिपटल में एक विशेष धंसी हुई स्थान है जहाँ सिर्फ सूचियाँ ही काफी अधिक मात्रा में पायी जातीं हैं। इस स्थान को *फोविया* (fovea) कहा जाता है। मॉरिस (Morris, 1996) के अनुसार फोविया में लगभग 1,50,000 सूचियाँ होतीं हैं। फोविया का व्यास (diameter) लगभग 1/50 ईंच होता है। जब किसी देखी जाने वाली वस्तु का प्रतिबिम्ब फोवया पर पड़ता है, तो वह बहुत अधिक स्पष्ट दिखलाई पड़ती है। यही कारण है कि इसे *स्पष्टतम दृष्टिबिन्दु* (point of clearest vision) भी कहा जाता है। फोविथा के बाहर के क्षेत्रों में शलाकाएँ तथा सूचियाँ दोनों ही असमान संख्या में पायी जातीं हैं।

जब शलाकाएँ या सूचियाँ प्रकाश को ग्रहण करती है तो उनमें एक विशेष तंत्रिका आवेग (nerve impulse) उत्पन्न होता है जिसे दृष्टि तंत्रिका आवेग कहते हैं। तंत्रिका आवेग (nerve impulse) द्विध्रुवीय कोश (bipolar cell) होते हुए गैंगलियन कोश (ganglian cell) पहुँचती है और यह गैंगलियन कोश उसे मस्तिष्क के उपयुक्त स्थान में फिर उस तंत्रिका आवेग को पहुँचा देता है जिसके फलस्वरूप व्यक्ति को दृष्टि संवेदन (visual sensation) होता है। दृष्टि पटल का वह भाग जहाँ से दृष्टि तंत्रिका निकलकर मस्तिष्क में जाती है, उसे *अंध बिन्दु* (blind spot) कहलाता है जहाँ न तो शलाकाएँ होती हैं और न सूचियाँ ही। अतः यहाँ से देखना सम्भव नहीं है।

स्पष्ट है कि आँख की रचना जटिल है। आँख से देखने की क्रिया सम्पन्न होने के लिए यह आवश्यक है कि रोशनी कौर्निया से पुतली होते हुए लेन्स द्वारा दृष्टिपटल तक पहुँचे जहाँ शलाकाएँ एवं सूचियों के उत्तेजित होने से तंत्रिका आवेग उत्पन्न होता है जो दृष्टि तंत्रिका (optic nerve) से होते हुए मस्तिष्क में पहुँच कर संवेदन उत्पन्न करता है।

मानव आँख एवं फोटो खींचने वाला कैमरा की तुलना
(Comparison of Human Eye with a Photocamera)

मनोवैज्ञानिकों ने मानव आँख की संरचना तथा कार्य एक फोटो खींचने वाला कैमरा की संरचना तथा कार्य में काफी समानता पाया है। कैमरा में शट्टर (shutter) के समान आँख की पलकें होतीं हैं जो आँख को धुल, अत्यधिक प्रकाश तथा गर्दे आदि से बचाती हैं। जिस तरह कैमरा में प्रकाश डायफ्राम (diaphram) द्वारा प्रवेश करता है, ठीक उसी तरह प्रकाश आँख के भीतरी भागों में पुतली के द्वारा प्रवेश करता है। जिस प्रकार फोटो खींचने वाला व्यक्ति प्रकाश कम या अधिक होने पर डायफ्राम में आवश्यक परिवर्तन अर्थात् उसे छोटा या बड़ा करता है, ठीक उसी तरह प्रकाश के कम या अधिक होने पर पुतलियाँ भी फैलतीं या सिकुड़तीं हैं। तीव्र रोशनी के प्रवेश करने पर पुतली सिकुड़ जाती है। कैमरा के ही समान आँख में लेंस भी होता है। कैमरा के समान आँख में भी प्रकाश लेंस होकर ही गुजरता है। जिस तरह से कैमरा में वस्तु की छाया के लिए एक फिल्म होता है, ठीक उसी तरह आँख में भी किसी वस्तु की छाया के लिए अंक्षिपटल (retina) होता है, फोटो खींचने वाला कैमरा के लेंस के समान ही मानव आँख का लेंस भी किसी वस्तु के आकार को उल्टा करके आँख के भीतरी भाग अर्थात् अक्षिपटल (retina) पर प्रतिबिम्बित करता है। स्पष्ट हुआ कि फोटो खींचने वाला कैमरा तथा मानव आँख में काफी समानता है।

मानव कान की रचना तथा कार्य
(Structure and Function of Human ear)

जब किसी प्रकार की ध्वनि हमारे कान में प्रवेश करती है, तो इसमें हमें श्रव्य संवेदन होता है। मानव कान की रचना को मनोवैज्ञानिकों ने सुविधा के दृष्टिकोण से निम्नांकित तीन भागों में बाँटा है—

(1) बाह्य कर्ण (Outer ear), (2) मध्य कर्ण (.Middle ear), (3) अन्त:कर्ण (Inner ear)।

इन तीनों का वर्णन निम्नांकित हैं—

(1) बाह्य कर्ण *(Outer ear)*—बाह्य कर्ण कान का वह हिस्सा है जिसे हम बाहर से देखते हैं। इसे दो भागों में बाँटा गया है—पिन्ना (Pinna) तथा कान की नली (auditory canal) इन दोनों का वर्णन निम्नांकित है—

(i) पिन्ना *(Pinna)*—पिन्ना कान वह हिस्सा है जो बाहर की ओर निकला होता है तथा ऊपर से नीचे की ओर पतला होते हुए गोलाकार होता है। साधारण अर्थ में उसे ही 'कान' कहा जाता है। पिन्ना का मुख्य कार्य ध्वनि तरंगों को जमा करके उसे कान की नली में भेजना होता है परंतु ऐसा देखा गया है कि इसकी अनुपस्थिति में भी ध्वनि तरंगें आसानी से कान की नली में प्रवेश कर जाती है। इसका मतलब यह हुआ कि पिन्ना द्वारा सुनने में बहुत ही कम योगदान होता है।

(ii) कान की नली *(Auditory canal)*—कान की नली बाहर से दिखाई देती है और इसकी लम्बाई करीब-करीब 25-26 मिलीमीटर की होती है। (चित्र 4.2 देखें) ध्वनि तरंगें जो पिन्ना द्वारा इकट्ठा की जाती है, इस कान की नली में प्रवेश करती है। कान की नली उन ध्वनि तरंगों को कान की झिल्ली या कर्णपट्ट (ear drum) तक पहुँचा देती है। ध्वनि तरंगें जब कर्ण-पट्ट से टकराती है तो इनसे कम्पन पैदा होते हैं क्योंकि यह झिल्ली अधिक कोमल एवं संवेदनशील होती है। कर्णपट्ट से मध्यकर्ण की शुरूआत हो जाती है।

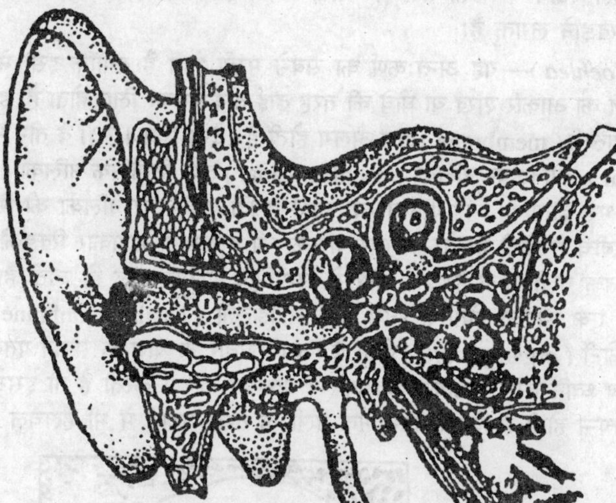

चित्र 4.2 : मानव कान की संरचना

[1. कान की नली, 2. कर्णपटह, 3. मुगदर, 4. निहाई, 5. रकाब, 6. गोल खिड़की, 7. अण्डाकार खिड़की, 8. अर्द्धवृत्ताकार नलिका, 9. कोक्लिया, 10. श्रवण-तंत्रिका तथा 11. कर्णकण्ठ-नली।]

(2) मध्य कर्ण *(Middle ear)*—मध्य कर्ण की शुरूआत कर्णपट्ट से होती है। मध्यकर्ण एक छोटी-सी जगह है जो हवा से भरी होती है। हवा में भरी इस जगह को कर्ण कोटर (typanic cavity) कहा जाता है। इसमें कर्णपट्ट से सटी हुई तीन हड्डियाँ होती हैं—मुगदर (hammer), निहाई (anvil) तथा रकाब (stirrup)। मुगदर का एक छोर कान की झिल्ली से सटा होता है तथा दूसरा छोर निहाई के एक छोर से सटा होता है और निहाई का छोर रकाब से सटा होता है। रकाब का आखिरी भाग एक छेद से लगा हुआ होता है जिसे अंडाकार खिड़की (oval window) कहते हैं। ठीक इसी के बगल में एक दूसरा गोल छेद होता है जिसे गोल खिड़की (round window) कहते हैं। इसके बाद फिर अन्त:कर्ण (inner ear) प्रारम्भ हो जाता है।

जब ध्वनि तरंगें कान की झिल्ली को प्रकम्पित करती है तो इसे मुगदर, निहाई तथा रकाब की हड्डियाँ भी प्रकम्पित होने लगती हैं। इन तीनों हड्डियों में प्रकम्पन होने से ध्वनि की तीव्रता काफी बढ़ जाती है। फलस्वरूप, हमें उसका श्रवण संवेदन अधिक स्पष्ट होने की सम्भावना बढ़ जाती है। जब अंतिम हड्डी अर्थात् रकाब प्रकम्पित होती है तो प्रकम्पन अपने आप ही अंडाकार खिड़की के माध्यम से अन्तःकर्ण में प्रवेश कर जाता है।

मध्यकर्ण में एक विशेष नली भी होती है जिसे कर्णकण्ठनली (eustachian tube) कहा जाता है। यह नली मध्य कर्ण से कंठ तक जाती है। इसका प्रमुख कार्य कर्णपट्ट को तीव्र ध्वनि तरंगों के आघात से बचाना होता है। बहुत तीव्र आवाज होने पर, कान के अन्दर का प्रकम्पन इस नली के सहारे कंठ तक चला जाता है जो मुँह से बाहर निकल जाता है। यदि यह नली नहीं होती तो कर्णपट्ट तेज आवाज से फट जा सकता था।

(3) अन्तःकर्ण *(Inner ear)*—यह कान का सबसे प्रमुख भाग है जो अंडाकार खिड़की (oval window) से प्रारम्भ होता है। अन्तःकर्ण में ही श्रव्य संवेदन की ग्राहक कोशिकाएँ (receptor cells) पायी जातीं हैं। अन्तःकर्ण की क्रियाओं को ठीक से समझने के लिए इसके बनावट को दो भागों में बाँटा जा सकता है— अर्द्धवृत्ताकार नलिका (semi-circular canal) तथा कोक्लिया (cochlea) या कर्णावर्त्त। इन दोनों का वर्णन निम्नांकित है—

(i) अर्द्धवृत्ताकार नलिका *(Semi-circular canal)*—जब व्यक्ति किसी ध्वनि को सुनने की कोशिश करता है तो उस समय उसके शरीर की एक विशेष मुद्रा (posture) की जरूरत पड़ती है। अर्द्धवृत्ताकार नलिका वैसी मुद्रा बनाये रखने में मदद करती है। अतः अर्द्धवृत्ताकार नलिका यद्यपि कान में अवस्थित होती है, फिर भी उसका सम्बन्ध सुनने से नहीं होता है। इसका विशेष महत्त्व शारीरिक संतुलन बनाये रखने से होता है। सचमुच में इस नलिका में एक तरल पदार्थ भरा होता है। यदि इस तरल पदार्थ में किसी तरह की गति उत्पन्न हो जाती है, तो व्यक्ति का शारीरिक संतुलन नष्ट हो जाता है और वह लड़खड़ाने लगता है।

(ii) कोक्लिया *(Cochlea)*—यह अन्तःकर्ण का सबसे मुख्य भाग है क्योंकि इसी में श्रव्य ग्राहक कोशिकाएँ होतीं हैं। देखने में कोक्लिया का आकार शंख या घोंघे की तरह ढ़ाई तीन चक्कर लिए होता है। इसके भीतर तीन नलिकाएँ होती हैं जो एक-दूसरे से झिल्ली (membrane) द्वारा अलग होतीं हैं (देखें चित्र 4.3)। वे तीन नलिकाएँ हैं—वेस्टीब्युलर नलिका (vestibular canal), कोक्लियर नलिका (cochlear canal) तथा टिम्पैनिक नलिका (tympanic canal)। इन नलिकाओं में तरल पदार्थ भरा होता है। चित्र 4.3 से यह स्पष्ट है कि कोक्लियर नलिका की स्थिति वेस्टीब्युलर नलिका तथा टिम्पैनिक नलिका के बीच में होती है। वेस्टीब्लुयर नलिका की शुरुआत अंडाकार खिड़की की दूसरी ओर से होती है जो कोक्लिया के शीर्ष तक चली जाती है। इस शीर्ष से टिम्पैनिक नलिका शुरू हो जाती है। कोक्लियर नलिका तथा टिम्पैनिक नलिका के बीच एक झिल्ली होती है जिसे वेसीलर झिल्ली (basilar membrane) कहते हैं। इस वेसीलर झिल्ली पर आर्गन ऑफ कोर्टी (organ of corti) होती है जिसमें सेवार के घास के समान पतले-पतले केश कोशिकाएँ (hair cells) होतीं हैं। जब ध्वनि तरंगें अंडाकार खिड़की में प्रकम्पन उत्पन्न करती हैं तो इससे वेस्टीब्युलर नलिका के तरल पदार्थ में हलचल उत्पन्न होती है जिससे टिम्पैनिक नली के तरल पदार्थ में भी हलचल होती है। इस हलचल से

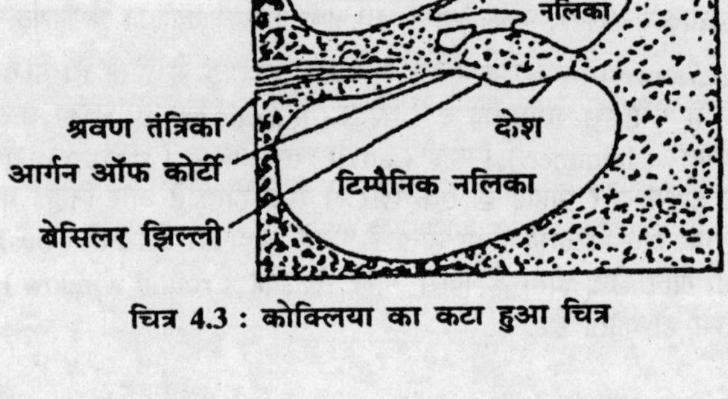

चित्र 4.3 : कोक्लिया का कटा हुआ चित्र

वेसीलर झिल्ली प्रकंपित होती है और तब इस झिल्ली की कोशिकाएँ उत्तेजित हो जाती है। इसके परिणामस्वरूप तंत्रिका आवेग उत्पन्न होते हैं जो श्रवण तंत्रिकाओं द्वारा मस्तिष्क में पहुँचते हैं। इसके फलस्वरूप हमें श्रवण संवेदन (auditory sensation) होता है।

स्पष्ट हुआ कि मानव कान की रचना जटिल है। सुनने की प्रक्रिया भी कई चरणों में सम्पन्न होती है। बाह्य कर्ण ध्वनि तरंगों को संग्रहित करके मध्यकर्ण तक पहुँचाता है। मध्यकर्ण ध्वनि की तीव्रता को बढ़ा देता है तथा अन्तःकर्ण की केश कोशिकाएँ श्रवण तंत्रिका आवेग उत्पन्न कर उसे मस्तिष्क में भेज देता है जिससे श्रवण संवेदन उत्पन्न होता है। मानव कर्ण सिर्फ 20 हर्ज (Hertz or Hz) से लेकर 20,000 हर्ज (Hz) की ध्वनि को ही सुन पाता है। ध्वनि तरंग की तीव्रता इस सीमा से बाहर होने पर मानव कर्ण द्वारा उसका कोई श्रव्य संवेदन नहीं होता है।

प्रत्यक्षण का स्वरूप
(Nature of Perception)

प्रत्यक्षण एक महत्त्वपूर्ण मानसिक प्रक्रिया है। मनोविज्ञान व्यवहार एवं मानसिक प्रक्रियाओं (mental porcesses) के अध्ययन का विज्ञान है। व्यवहार एवं मानसिक प्रक्रियाओं का सही अध्ययन प्रत्यक्षण पर ही निर्भर करता है। प्रत्यक्षण की क्रिया संवेदन (sensation) की प्रक्रिया से प्रारम्भ होती है और किसी व्यवहार करने की क्रिया के पहले तक होती रहती है। अतः प्रत्यक्षण की प्रक्रिया संवेदन तथा व्यवहार करने की क्रिया के बीच की प्रक्रिया होती हैं।

प्रत्यक्षण को भिन्न-भिन्न लोगों ने अलग-अलग ढंग से परिभाषित किया है। जैसे, **एटकिन्सन, एटकिन्सन** तथा **हिलगार्ड**[1] (Atkinson, Atkinson & Hilgard, 1983) के अनुसार *''प्रत्यक्षण एक ऐसी प्रक्रिया है जिसके द्वारा हमलोग वातावरण में उपस्थित उद्दीपकों की व्याख्या करते हैं तथा उसे संगठित करते हैं।''* **कोलमैन**[2] (Coleman, 1977) के अनुसार, *''प्रत्यक्षण एक ऐसी प्रक्रिया है जिसके द्वारा जीव को अपने आंतरिक अंगों तथा अपने वातावरण के बारे में सूचना मिलती है।''* इसी तरह की अनेक अन्य परिभाषाओं का समालोकन (review) करने के बाद हम इस निष्कर्ष पर पहुँचते हैं कि प्रत्यक्षण की एक विस्तृत (comprehensive) एवं तुलनात्मक रूप से अधिक वस्तुनिष्ठ (objective) परिभाषा इस प्रकार दी जा सकती है।

प्रत्यक्षण एक सक्रिय, चयनात्मक एवं संज्ञानात्मक मानसिक प्रक्रिया है जिसके द्वारा व्यक्ति को अपने आंतरिक अंगों (आंतरिक वातावरण) तथा बाह्य वातावरण में उपस्थित वस्तुओं का तात्कालिक अनुभव होता है।[3]

यदि इस परिभाषा का विश्लेषण किया जाय तो प्रत्यक्षण की प्रक्रिया का स्वरूप (nature) बिलकुल ही स्पष्ट हो जायेगा। इस परिभाषा का विश्लेषण करने पर हम इसके निम्नांकित मुख्य विशेषताओं पर पहुँचते हैं—

1. प्रत्यक्षण के लिए उद्दीपक का होना अनिवार्य हैं *(Stimulus is essential for perception)*—प्रत्यक्षण हमेशा किसी वस्तु, घटना या व्यक्ति का होता है। जिन व्यक्तियों, घटनाओं या वस्तुओं का प्रत्यक्षण होता है, उसे उद्दीपक (stimulus) की संज्ञा दी जाती है। जब कोई उद्दीपक व्यक्ति के सामने उपस्थित नहीं होगा, उसमें कोई संवेदन (sensation) नहीं होगा और फिर तब उनका प्रत्यक्षण (perception) भी नहीं होगा।

2. प्रत्यक्षण में उद्दीपक का तात्कालिक अनुभव होता है *(In perception immediate experience of objects take place)*—प्रत्यक्षण में उद्दीपकों का तात्कालिक अनुभव होता है। दूसरे शब्दों में, जब व्यक्ति के सामने कोई उद्दीपक उपस्थित होता है, तो उसका ज्ञान हमें तुरंत होता है न कि उस उद्दीपक के बारे में कुछ देर तक सोचने के बाद। जैसे, यदि कोई व्यक्ति कमरे में बैठकर पढ़ रहा है। इतने में यदि उसका भाई उस कमरे में प्रवेश करता है तो भाई के भीतर प्रवेश करते ही उसका प्रत्यक्षण हो जाता है न कि व्यक्ति कुछ देर सोचता है और तब भाई का उसे प्रत्यक्षण (perception) होता है। जो उद्दीपक व्यक्ति के सामने उपस्थित नहीं रहता है उसका हम प्रत्यक्षण नहीं कर सकते हैं। हाँ, उसके बारे में सोच अवश्य

---

1. "Perception is the process by which we organize and interpret ... patterns of stimuli in the environment."
—Atkinson, Atkinson & Hilgard : *Introduction to Psychology,* 1983, p. 133

2. "Perception is the process by which an organism obtains information about the state of its own internal organs and states of the world about it."
—Coleman : *Introductory Psychology,* 1977, p. 32

3. "Perception is active, selective and cognitive mental process through which a person gains immediate experience of his own internal organs (internal environment) as well as objects present in external environment."
—Author

सकते हैं। यही कारण है कि **मार्गन, किंग** तथा **रॉबिन्सन**[1] (Morgan, King & Robinson, 1981) ने प्रत्यक्षण को परिभाषित करते हुए कहा है, *''व्यक्तियों द्वारा किया गया तात्कालिक अनुभव(immediate experience)ही प्रत्यक्षण हैं।''*

3. प्रत्यक्षण एक सक्रिय मानसिक प्रक्रिया *(Perception is an active mental process)*—मनोवैज्ञानिकों ने प्रत्यक्षण को एक सक्रिय मानसिक प्रक्रिया (active mental process) कहा है। सक्रिय मानसिक प्रक्रिया से तात्पर्य यह होता है कि किसी उद्दीपक का प्रत्यक्षण करते समय व्यक्ति का मस्तिष्क काफी सक्रिय होकर वस्तु या घटना की व्याख्या (interpretation) पूर्व अनुभूतियों (past experience) के संदर्भ में करता है। उदाहरणार्थ, 'आम' को देखकर मात्र आम का ही प्रत्यक्षण नहीं होता है बल्कि इसका विशेष गुण खट्टा या मीठा होने का भी हम प्रत्यक्षण करते हैं। हम आम देखते ही यह भी कहते है कि यह आम खट्टा या मीठा होगा। ऐसा इसलिए होता है क्योंकि प्रत्यक्षण एक सक्रिय मानसिक प्रक्रिया है जिसमें उद्दीपक (stimulus) का मात्र प्रतिनिधित्व (representation) ही नहीं होता है बल्कि मस्तिष्क सक्रिय रूप से (actively) पूर्व अनुभूतियों के संदर्भ में उसकी व्याख्या भी करता है। यही कारण है कि एकटकिन्सन, एटकिन्सन तथा हिलगार्ड (Atkinson, Atkinson & Hilgard, 1983) ने अपनी परिभाषा में कहा है कि प्रत्यक्षण में हम उद्दीपकों की व्याख्या (interpretation) भी करते हैं। इन्हीं कारणों से **रूच**[2] (Ruch, 1967) ने स्पष्टतः कहा है *''प्रत्यक्षण एक सक्रिय प्रक्रिया है।''*

4. प्रत्यक्षण एक संज्ञानात्मक प्रक्रिया है *(Perception is a cognitive process)*—मनोवैज्ञानिकों ने प्रत्यक्षण को एक संज्ञानात्मक प्रक्रिया (cognitive process) माना है। संज्ञानात्मक प्रक्रिया से तात्पर्य वैसी प्रक्रिया से होता है जिसके द्वारा हमें उद्दीपकों के बारे में ज्ञान प्राप्त होता है। कोलमैन (Coleman, 1977) ने प्रत्यक्षण के इस पहलू पर अधिक बल डाला है और स्पष्टतः कहा भी है कि प्रत्यक्षण द्वारा हमें आन्तरिक एवं बाह्य दोनों तरह के उद्दीपकों के बारे में ज्ञान प्राप्त होता है। बाह्य उद्दीपक वातावरण में होते हैं तथा आन्तरिक उद्दीपक शरीर के भीतर होते हैं। किताब, टेबुल, पेंसिल आदि बाह्य उद्दीपक के उदाहरण है तथा पेट ऐंठना, दिल की धड़कन आदि आन्तरिक उद्दीपक के उदाहरण हैं जिसका भी हमें प्रत्यक्षण होता है।

5. प्रत्यक्षण में उद्दीपकों को संगठित किया जाता है *(In perception stimuli are organized)*—प्रत्यक्षण में सिर्फ उद्दीपकों की व्याख्या ही नहीं की जाती है बल्कि उन उद्दीपकों का विशेष नियमों के आधार पर एक खास ढंग से संगठन (organisation) भी होता है। उदाहरणस्वरूप, यदि किसी व्यक्ति का एक हाथ दुर्घटना या किसी बीमारी के कारण काट दिया गया है और यदि वह व्यक्ति हमारे सामने उपस्थित होता है तो इसे हम पूर्ण व्यक्ति के रूप में संगठित (organised) कर ही उसका प्रत्यक्षण करते हैं। उसी तरह यदि हम किसी व्यक्ति के चेहरे (face) पर देखते हैं तो ऐसा नहीं होता है कि उसका होठ, आँख, भौं, ललाट, गाल सभी का हम अलग-अलग प्रत्यक्षण करते हैं। सच्चाई यह है कि इन सब का प्रत्यक्षण एक संगठित इकाई (organised unit) के रूप में हम करते हैं। मनोविज्ञान का एक विशेष स्कूल जिसे गेस्टाल्ट स्कूल (Gestalt school) कहा जाता है, द्वारा प्रत्यक्षण के इस पहलू (aspect) पर अधिक बल डाला गया है और प्रत्यक्षण में संगठन (organisation) के विशेष नियमों (principles) पर भी डाला गया है जिसकी चर्चा आगे इसी अध्याय में की जायेगी।

6. प्रत्यक्षण एक चयनात्मक प्रक्रिया है *(Perception is a selective process)*—प्रत्यक्षण एक चयनात्मक मानसिक प्रक्रिया (selective mental process) है। कैसे? किसी भी समय अनेकों उद्दीपक (stimuli) हमारे ज्ञानेन्द्रिय (sense organ) को उत्तेजित करते हैं। परन्तु उनमें से सभी का हम प्रत्यक्षण नहीं कर पाते हैं सच्चाई यह है कि हम उन्हीं उद्दीपकों का प्रत्यक्षण करते हैं जिनपर हम अवधान या ध्यान (attention) देते हैं। इसका मतलब यह हुआ कि प्रत्यक्षण में अवधान (attention) का काफी महत्त्व होता है। हम किसी वस्तु पर अपनी अभिरूचि (interest), आदत, प्रेरणा, आदि के अनुसार ध्यान देते हैं जिसके फलस्वरूप उस उद्दीपक या वस्तु का प्रत्यक्षण हमें होता है। ऐसा भी होता है कि वस्तु या उद्दीपक में ही कुछ खास-खास गुण (characteristics) होते हैं जिसके कारण हम उसकी ओर ध्यान दे देते हैं और फिर उसका प्रत्यक्षण हमें हो जाता है। जैसे, सड़क पर चलते समय दुकान के अनेकों साइनबोर्ड नजर से गुजरते हैं। परन्तु वह साइनबोर्ड जिस पर बड़े अक्षरों में कुछ लिखा होता है, उसपर हमारा ध्यान जल्द चला जाता है और हम उस साइनबोर्ड का प्रत्यक्षण जल्द कर लेते हैं। ऐसा इसलिए होता है क्योंकि प्रत्यक्षण का स्वरूप चयनात्मक (selective) होता है।

---

1. "Perception is what is immediately experienced by a person."
—Morgan, King & Robinson : *Introduction to Psychology,* 1981, p. 312

2. "Perception is an active process." —Ruch : *Psychology and life,* 1967, p. 300

निष्कर्ष तौर पर हम कह सकते हैं कि प्रत्यक्षण एक ऐसी सक्रिय चयनात्मक मानसिक प्रक्रिया है जिसमें उद्दीपकों (stimuli) द्वारा उत्पन्न संवेदन का हम अर्थ ही नहीं जोड़ते हैं बल्कि अपने पूर्व अनुभूति (past experience) के संदर्भ (context) में उनकी व्याख्या (interpretation) भी करते हैं एवं उसे कुछ खास-खास नियमों (principles) के आधार पर एक संगठित रूप (organised whole) भी देते हैं। अतः प्रत्यक्षण को मात्र संवेदन + अर्थ नहीं कहा जा सकता है, हालांकि शुरू में कुछ लोगों का ऐसा ही विचार था।

प्रत्यक्षण के प्रमुख उपागम या सिद्धान्त
(Major Approaches or Theories of Perception)

प्रत्यक्षण की प्रक्रिया को पूर्णरूपेण समझने के लिए मनोवैज्ञानिकों ने मुख्यतः सात तरह के उपागम या सिद्धान्त का प्रतिपादन किया है जो निम्नांकित हैं—

1. गेस्टाल्ट उपागम या सिद्धान्त (Gestalt approach or theory)
2. निर्देश-अवस्था सिद्धान्त (Directive-state theory)
3. प्रत्यक्षण का दैहिक उपागम या सिद्धान्त (Physiological approach or theory of perception)
4. गिब्सन का उपागम (Gibsonian approach)
5. सूचना संसाधन उपागम (Information processing approach)
6. व्यवहारवादी उपागम या सिद्धान्त (Behaviouristic approach or theory)

गेस्टाल्ट उपागम या सिद्धान्त
(Gestalt approach or Theory)

गेस्टाल्ट उपागम या सिद्धान्त का प्रतिपादन मनोविज्ञान का एक प्रमुख स्कूल अर्थात् गेस्टाल्ट मनोविज्ञान (Gestalt psychology) जिसमें वर्दाइमर (Wertheimer), कोहलर (Kohler), कौफ्का (Koffka) का नाम मशहूर है, द्वारा किया गया। गेस्टाल्ट उपागम की व्याख्या निम्नांकित चार भागों में बाँटकर की जा सकती है—

1. आकृति-पृष्ठभूमि प्रत्यक्षण (Figure-ground perception)
2. प्रत्यक्षज्ञानात्मक संगठन का नियम (Principles of perceptual organisation)
3. समाकृतिकता का सिद्धान्त (Principles of isomorphism)
4. क्षेत्र बल (Field forces)

इनकी व्याख्याएँ निम्नांकित हैं—

1. आकृति-पृष्ठभूमि प्रत्यक्षण (*Figure-ground perception*)—गेस्टाल्ट सिद्धान्त के अनुसार व्यक्ति किसी वस्तु का प्रत्यक्षण अलग-अलग रूप में न कर सम्पूर्ण रूप से (as a whole) करता है। इस सम्पूर्ण प्रत्यक्षण (whole

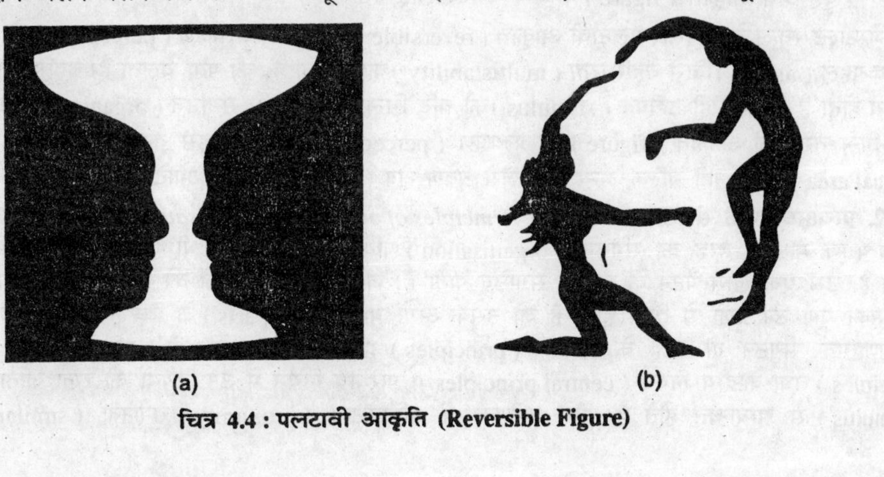

(a) (b)

चित्र 4.4 : पलटावी आकृति (Reversible Figure)

perception) का अपना एक विशेष गुण होता है जो वस्तु के भिन्न-भिन्न हिस्सों (parts) के प्रत्यक्षण के विशेष गुण से भिन्न होता है। उदाहरणार्थ, व्यक्ति जब किसी दूसरे व्यक्ति के चेहरे को देखता है, तो उसके आँख, नाक, कान, होठ, भौं आदि (जो चेहरे के हिस्से हैं) को अलग-अलग नहीं देखता है। इतना ही नहीं, चेहरा का यानी सम्पूर्ण प्रत्यक्षण (whole perception) का अपना एक विशेष गुण होता है जो चेहरे के किसी भी हिस्से के गुणों से भिन्न होता है।

जब व्यक्ति किसी वस्तु विशेष का प्रत्यक्षण करता है, तो उसे वस्तु-विशेष का कुछ भाग अत्यन्त स्पष्ट दिखलाई देता है तथा कुछ तुलनात्मक रूप से कम स्पष्ट दिखाई देता है। जो भाग अत्यन्त स्पष्ट दिखाई देता है उसे आकृति (figure) तथा जो भाग कम स्पष्ट दिखलाई देता है उसे पृष्ठभूमि (background) कहा जाता है। इस तरह के प्रत्यक्षण को *आकृति-पृष्ठभूमि प्रत्यक्षण* (figure-background perception) कहा जाता है। चित्र (4.4) में देखने से आकृति-पृष्ठभूमि प्रत्यक्षण का स्पष्ट उदाहरण मिलता है। चित्र 4.4 में दो आकृति (figure) तथा दो पृष्ठभूमि दिखलाई देती है। चित्र 4.4a का यदि उजला भाग आकृति (figure) के रूप में उभरता है तो व्यक्ति को फूलदान (flower vase) दिखाई पड़ता है तथा काला वाला भाग पृष्ठभूमि (background) के रूप में दिखलाई देता है, परन्तु जब काला वाला भाग स्पष्ट रूप से यानी आकृति (figure) के रूप में दिखलाई देता है, तो व्यक्ति को आमने-सामने हुए दो व्यक्तियों का चेहरा दिखलाई पड़ता है तथा उजला भाग पृष्ठभूमि (background) के रूप में दिखलाई पड़ता है। चित्र 4.4b पर यदि हम गौर से कुछ देर तक देखते हैं तो उजला भाग को आकृति के रूप में उभरने पर मानव चेहरा तथा काला भाग को आकृति के रूप में उभरने पर एक नर्तकी एवं एक नर्तक दिखाई देते हैं। ऐसे आकृतियों को 'पलटावी आकृति' (reversible figure) कहा जाता है। गेस्टाल्टवादियों ने आकृति (figure) तथा पृष्ठभूमि (background) में एक-दूसरे से स्पष्ट विभेद (distinction) इस ढंग से किया है—

(i) आकृति का एक निश्चित आकार (form) होता है जबकि पृष्ठभूमि आकारहीन (formless) होता है या यदि आकार होता भी है तो उससे किसी प्रकार की आकृति नहीं बनती है।

(ii) पृष्ठभूमि हमेशा आकृति (figure) के पीछे होता है और आकृति निश्चित आकार के लिए हुए उसी पृष्ठभूमि पर उभरी हुई दिखलाई पड़ती है।

(iii) आकृति का निश्चित आकार होने के कारण वह अधिक प्रभावपूर्ण (impressive) तथा स्मरणीय होता है परन्तु पृष्ठभूमि चूँकि अस्पष्ट एवं अनिश्चित आकार का होता है, अतः वह प्रभावहीन होता है तथा उसका विस्मरण (forgetting) भी जल्दी होता है।

(iv) आकृति का स्थान करीब-करीब निश्चित तथा सीमित होता है परन्तु पृष्ठभूमि पीछे की ओर अनन्त फैला होता है।

(v) गत्यात्मक (dynamically) रूप से भी आकृति (figure) तथा पृष्ठभूमि में अन्तर (difference) होता है। इसका मतलब यह हुआ कि एक परिस्थिति में जो वस्तु आकृति के रूप में दिखलाई देती है, थोड़े समय के बाद वही वस्तु फिर पृष्ठभूमि के रूप में दिखलाई देती है और पहले जो पृष्ठभूमि के रूप में दिखलाई दी थी वह अब आकृति (figure) के रूप में दिखलाई देती है।

गेस्टाल्ट स्कूल के अनुसार पलटावी आकृति (reversible figure) का प्रत्यक्षण (perception) से प्रत्यक्षण के एक विशेष पहलू (aspect) जिसे *बहुस्थिरता* (multistability) कहा जाता है, का पता चलता है। बहुस्थिरता से तात्पर्य इस बात से होता है कि एक ही उद्दीपक (stimulus) को यदि भिन्न-भिन्न ढंग से संगठित (organize) किया जाय तो इससे भिन्न-भिन्न तरह की आकृति (figure) का प्रत्यक्षण (perception) होता है। इस तरह का प्रत्यक्षण सिर्फ दृष्टि क्षेत्र (visual area) में ही नहीं बल्कि अन्य क्षेत्रों जैसे श्रवण क्षेत्र (auditory area) आदि में भी होता है।

2. प्रत्यक्षणात्मक संगठन का नियम (*Principles of perceptual organisation*)—गेस्टाल्टवादियों का मत है कि प्रत्यक्षण में एक तरह का संगठन (organisation) पाया जाता है। जब भी व्यक्ति किसी वस्तु का प्रत्यक्षण करता है, उसे एक खास पैटर्न के रूप में संगठित पाता है। जब व्यक्ति उद्दीपकों को एक पैटर्न में संगठित देखता है, तो इसका गुण उन गुणों से भिन्न होता है जो उसके अंगों या हिस्सों (parts) के विश्लेषण के बाद प्राप्त होता है। प्रत्यक्षणात्मक संगठन दो तरह के नियमों (principles) द्वारा निर्धारित होता है—परिधीय नियम (peripheral principles) तथा केन्द्रीय नियम (central principles)। परिधीय नियम में उन नियमों को रखा जाता है जो उद्दीपक (stimulus) से सम्बन्धित होते हैं। जैसे उद्दीपकों में सन्निकटता (proximity) समानता (similarity), निरंतरता

(continuity), अच्छी आकृति (good form), रिक्ति (gap) आदि कुछ ऐसे गुण होते हैं जिनसे प्रत्यक्षण में संगठन उत्पन्न होता है। उद्दीपकों के इन गुणों से सम्बन्धित सभी नियम जन्मजात (inborn) होते हैं न कि व्यक्ति उसे अर्जित कर सीखता है। इसके अलावा कुछ केन्द्रीय नियम (central principles) भी हैं जिनसे प्रत्यक्षण में संगठन उत्पन्न होता है। इसमें अर्थ (meaning), अभिप्रेरण, मनोवृत्ति (attitude) आदि को रखा जाता है। इन नियमों को व्यक्ति अपने जीवन काल में अर्जित करता है। ये जन्मजात नहीं होते हैं। गेस्टाल्टवादियों द्वारा मूलतः परिधीय नियमों पर ही बल डाला गया है। इन लोगों का मत है कि प्रत्यक्षण में संगठन मूलतः परिधीय नियमों से ही होता है। ये सभी नियम मूल (primitive) तथा स्वाभाविक (natural) होते हैं जिसे व्यक्ति सीखता नहीं है। यही कारण है कि संगठन के इन नियमों को *मूल संगठन के नियम* (principles of primitive organisation) भी कहा जाता है संगठन के प्रमुख नियम जिस पर गेस्टाल्टवादियों ने अधिक-से-अधिक बल डाला है, निम्नांकित हैं—

(i) सन्निकटता का नियम *(Principle of proximity or nearness)*—प्रत्यक्षणात्मक संगठन के इस नियम के अनुसार जो उद्दीपक एक-दूसरे उद्दीपक से समय या स्थान में नजदीक होते हैं, उन्हें व्यक्ति आपस में संगठित प्रत्यक्षण करता है और उन्हें एक स्पष्ट आकृति के रूप में देखता है। जैसे चित्र 4.5a में वर्गों के स्थानिक सन्निकटता (space nearness) से सभी वर्ग चार कॉलम में संगठित दिखते हैं जबकि चित्र 4.5b में वर्गों के स्थानिक सन्निकटता से सभी वर्ग पंक्ति या कतार (row) में संगठित दिखते हैं।

(ii) एकरूपता या समानता का नियम *(Principle of similarity)*—इस नियम के अनुसार जो उद्दीपक एक-दूसरे के समान होते हैं, उन्हें व्यक्ति के एक साथ संगठित प्रत्यक्षण करता है। जैसे चित्र 4.5c में सभी काले वर्ग एक समूह में तथा सभी उजले वर्ग एक-दूसरे समूह में संगठित होकर कॉलम (column) का प्रत्यक्षण कराते हैं। उसी तरह से चित्र 4.5d में सभी क्रॉस तथा सभी वृत्त एक साथ संगठित दिखते हैं क्योंकि सभी वृत्त आपस में समान है तथा उसी तरह से सभी क्रॉस भी आपस में समान हैं।

(iii) सामंजस्य या सममिति का नियम *(Principle of symmetry)*—इसे *उत्तम आकृति* (good figure) का नियम भी कहा जाता है। इस नियम के अनुसार जो उद्दीपक अधिक सुडौल या सममित होता है उसे व्यक्ति एक स्पष्ट आकृति के रूप में संगठित देखता है। दूसरे तरफ जिन उद्दीपकों में सममित नहीं होता है, उसे व्यक्ति एक स्पष्ट आकृति में संगठित नहीं देखता है। जैसे, चित्र 4.5e में काला आकृति अधिक संगठित एवं सममित है जबकि उजला आकृति असममित (asymmetrical) है परंतु चित्र 4.5f में उजला आकृति अधिक सममित symmetrical) एवं संगठित दीख पड़ता है जबकि काला आकृति अधिक असममित दीख पड़ता है।

(iv) अच्छी निरंतरता या उत्तम सातत्य का नियम *(Principle of good continuation)*—इस नियम के अनुसार जिन उद्दीपकों में या उद्दीपकों के अंशों में एक ही दिशा में जाने या आने की निरंतरता (continuity) पायी जाती है, उन्हें व्यक्ति एक समूह में संगठित प्रत्यक्षण करता है। जैसे, चित्र 4.5g में व्यक्ति सभी बिन्दुओं को एक कुंडलित (spiral) आकृति के रूप में प्रत्यक्षण इसलिए करता है क्योंकि सभी बिन्दुओं को एक निश्चित दिशा में प्रवाहित होते दिखलाया गया है। इन बिन्दुओं में एक निश्चित दिशा में सातत्य (continuity) का गुण मौजूद है।

(v) सामान्य गति का नियम *(Principle of common fate)*—इस नियम के अनुसार दृष्टि क्षेत्र में उपस्थित उद्दीपक में जब सामान्य गति या परिवर्तन होते पाया जाता है, तो उसे व्यक्ति एक खास पैटर्न में संगठित हुए प्रत्यक्षण करता है। चित्र 4.5h तथा 4.5i से इस नियम को दिखाने की कोशिश की गयी है। चित्र 4.5h में बिन्दुओं का एक यादृच्छिक बिखराव दिखलाया गया है तथा 4.5i में उन सभी बिन्दुओं में से कुछ बिन्दुओं को काला कर दिया गया जिसमें हमें अंग्रेजी का अक्षर 'M' का ही प्रत्यक्षण होगा जो इसलिए हो पायेगा क्योंकि इनमें एक सामान्य गति उत्पन्न हो जाती है या गेस्टाल्टवादियों के शब्दावली में उनमें सामान्य परिवर्तन या गति (common fate) उत्पन्न हो जाता है।

(vi) बन्दी का नियम *(Principle of closure)*—इस नियम के अनुसार व्यक्ति उद्दीपक में रिक्त स्थानों को अपनी ओर से भर कर उसे एक संगठित पैटर्न के रूप में देखता है। इस नियम की सक्रियता के कारण व्यक्ति उद्दीपक का एक सम्पूर्ण रूप को न कि उसके विभक्त रूप का प्रत्यक्षण करता है। चित्र 4.5j में हम एक वृत्त तथा एक वर्गाकार आयत का प्रत्यक्षण करते हैं हालांकि इनके प्रारूप में बहुत सारे रिक्तियाँ हैं। ऐसा इसलिए कर पाते हैं क्योंकि हम उन रिक्तियों को अपनी ओर से भरकर उसे एक सम्पूर्ण पैटर्न के रूप में देखते हैं।

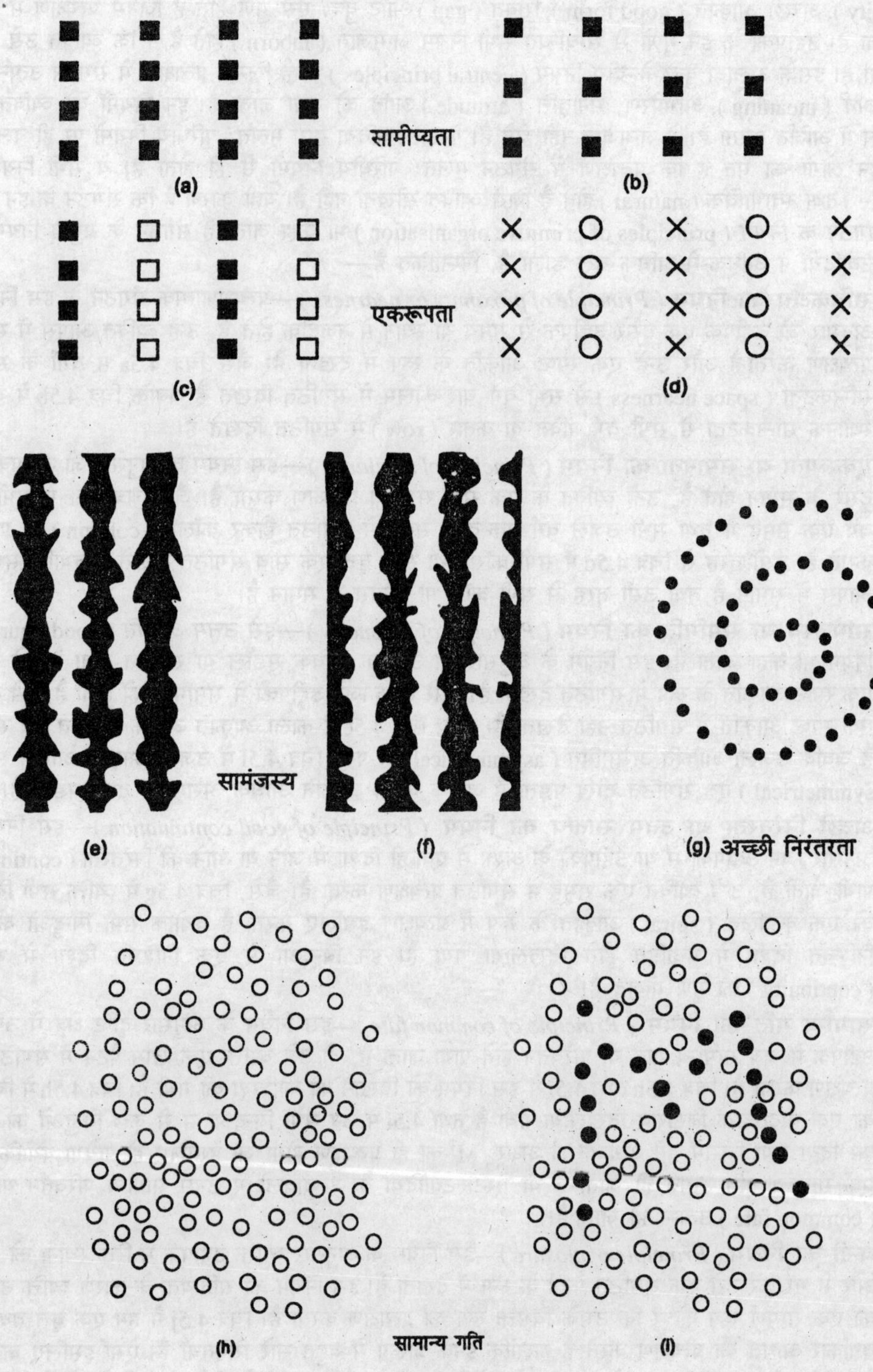
(a)
सामीप्यता
(b)
(c)
एकरूपता
(d)
सामंजस्य
(e)
(f)
(g) अच्छी निरंतरता
(h)
सामान्य गति
(i)

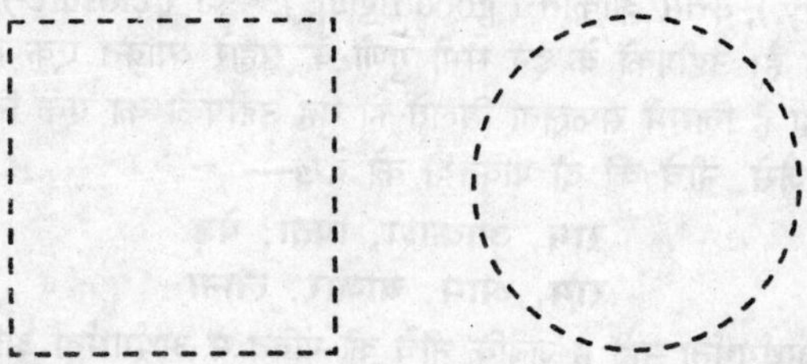

(j) बन्दी

चित्र 4.5 : प्रत्यक्षणात्मक संगठन को दिखलाने के लिए कुछ विशेष आकृतियाँ

इन नियमों के अलावा कुछ *केन्द्रीय नियम* (central principles) भी हैं जिनसे प्रत्यक्षण में संगठन उत्पन्न होता है। इनमें निम्नांकित प्रमुख हैं—

(i) अर्थ का नियम *(Principle of learning)*—व्यक्ति जिन उद्दीपकों का अर्थ समझता है उसे वह एक निश्चित पैटर्न में संगठित देखता है। जैसे, नीचे की पंक्ति को व्यक्ति शब्दों के अर्थ के अनुसार तुरंत अलग-अलग करके एक निश्चित पैटर्न के रूप संगठित कर प्रत्यक्षण कर लेता है—

(THEKINGWENTTOPALACE)

उक्त तरह का अर्थपूर्णता केवल शाब्दिक सामग्रियों तक ही सीमित नहीं होता है बल्कि आकृतियों में भी व्यक्ति इस तरह का संगठन उपस्थित कर उसे एक पैटर्न के रूप में देखता है।

(ii) वृत्ति का नियम *(Principle of set)*—जब व्यक्ति किसी उद्दीपक पर देखता है तो उससे उसके मन से एक विशेष तरह की मानसिक वृत्ति (mental set) या प्रत्याशा (expectancy) उत्पन्न हो जाता है, जिसके कारण वह उद्दीपकों को संगठित करके उसे एक निश्चित पैटर्न के रूप में देखता है। वृत्ति उत्पन्न हो जाने पर उद्दीपक में कुछ परिवर्तन भी यदि हो जाता है तो व्यक्ति उसे पहले के रूप में ही देखता है। जैसे, लीपेन (Leapen, 1935) ने प्रयोज्यों को एक विशेष चित्र दिखलाया और फिर उसमें कुछ परिवर्तन करके उसी चित्र को दोबारा दिखलाया। परिणाम में देखा गया कि चित्र में परिवर्तन हो जाने के बावजूद भी प्रयोज्य को अधिकतर समय में पहला चित्र ही दिखाई देता रहा है जिसका स्पष्ट कारण पहला चित्र देखने से उत्पन्न विशेष वृत्ति (set) थी।

चित्र 4.6 में दिखलाये गए आकृति अर्थात् 13 को यदि अंकों (digits) की शृंखला के बीच रखी जाती है, तो व्यक्ति सामान्यतः इसे 13 अंक के रूप में प्रत्यक्षण करेगा परंतु यदि अक्षरों (letters) की शृंखला के बीच रखा जाता है, तो वह उसे अंग्रेजी भाषा का अक्षर B के रूप में प्रत्यक्षण करेगा। इसका स्पष्ट कारण यह है कि दोनों परिस्थितियों में व्यक्ति के मन में दो अलग-अलग वृत्ति (set) या प्रत्याशा (expectancy) उत्पन्न होता है।

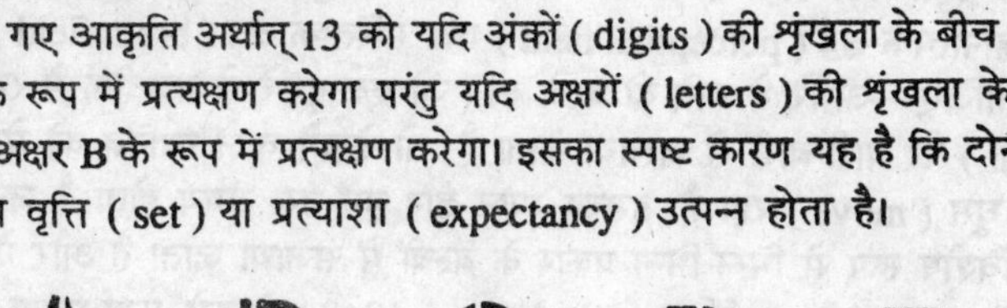

चित्र 4.6 : वृत्ति के परिणामस्वरूप प्रत्यक्षज्ञानात्मक संगठन

(iii) अर्थगर्भता का नियम *(Law of Pregnance or Pragnanz)*—इस नियम के अनुसार सभी व्यक्तियों में एक जन्मजात प्रवृत्ति होती है जो प्रत्यक्षण किये जाने वाले उद्दीपकों से अधिकाधिक अर्थ का अनुभव करने की प्रेरणा प्रदान

करती है। सममिति (symmetry), उत्तम आकृति (good figure), बन्दी (closure), निरंतरता (continuity) आदि का इस नियम से सीधा सम्बन्ध है। उद्दीपकों के इन सभी गुणों के सहारे व्यक्ति एक तरह का अर्थ 'ढूँढने का प्रयास' (effort after meaning) करता है जिसमें सफलता मिलते ही वह उद्दीपकों को एक निश्चित पैटर्न के रूप में संगठित कर उसका प्रत्यक्षण करता है। जैसे, नीचे की दो पंक्तियों को देखें—

राम, आकाश, पिता, पेड़

राम, आम, बाजार, लाना

उसमें ऊपर की पंक्ति में अर्थगर्भता नहीं है जबकि नीचे की पंक्ति में अर्थगर्भता अधिक है। फलस्वरूप दूसरी पंक्ति के शब्दों में आपसी सम्बन्ध स्थापित करना आसान है जिसके चलते उसे हम तुरन्त ही पूर्ण वाक्य के रूप में संगठित कर उसका प्रत्यक्षण कर स्मरण कर लेते हैं।

(iv) प्रेरणात्मक नियम (*Motivational principles*)—अनेक ऐसे प्रयोग किये गये हैं जिनसे यह स्पष्ट हुआ है कि प्रत्यक्षणात्मक संगठन पर व्यक्ति के अभिप्रेरण जैसे, भूख, प्यास तथा व्यक्ति के मूल्य (values) आदि का तीव्र प्रभाव पड़ता है। इन कारकों से व्यक्ति का प्रत्यक्षण संगठित हो जाता है और उससे उद्दीपक में एक निश्चित पैटर्न दीख पड़ता है। इन कारकों का वर्णन आगे निर्देश-अवस्था सिद्धान्त (directive state theory) में विस्तृत रूप से किया गया है।

गेस्टाल्टवादियों द्वारा प्रतिपादित प्रत्यक्षणात्मक संगठन की व्याख्या में केन्द्रीय नियमों की अवहेलना की गयी है। ये सभी नियम इस बात की संकेत करते हैं कि प्रत्यक्षणात्मक संगठन की प्रक्रिया कुछ अर्जित कारकों से प्रभावित होता है। गेस्टाल्टवादियों ने इन अर्जित कारकों के महत्त्व को अस्वीकृत कर दिया है।

3. समाकृतिकता का सिद्धान्त (*Principal of isomorphism*)—गेस्टाल्टवादियों द्वारा प्रतिपादित समाकृतिकता का नियम एक महत्त्वपूर्ण नियम है। समाकृतिकता का नियम यह बतलाता है कि व्यक्ति जिस घटना या वस्तु का प्रत्यक्षण करता है, उससे मस्तिष्क के सम्बन्धित क्षेत्र में भी कुछ परिवर्तन होता है और इन दोनों के बीच अर्थात् घटना या वस्तु जिसका प्रत्यक्षण किया जा रहा है तथा मस्तिष्क में हुए परिवर्तन के बीच एक सीधा (direct) एवं स्पष्ट (clear) सम्बन्ध (relationship) पाया जाता है। इस व्याख्या से यह स्पष्ट है कि प्रत्यक्षण के दो पहलू (aspects) होते हैं—एक प्रत्यक्षज्ञानात्मक क्षेत्र (perceptual field) तथा दूसरा मस्तिष्क क्षेत्र (brain field)। समाकृतिकता का नियम यह बतलाता है कि इन दोनों के बीच एक सीधा सम्बन्ध (direct relationship) होता है। वुडवर्थ (Woodworth, 1948) ने इन दोनों क्षेत्रों (fields) के बीच के सम्बन्ध को देश (country) तथा उसके नक्शे (map) के सम्बन्ध के साथ तुलना किया है और जिस तरह किसी देश का क्षेत्र तथा उसी देश के नक्शे का क्षेत्र (यद्यपि दोनों एक ही चीज नहीं है क्योंकि वास्तविक क्षेत्र बहुत बड़ा होता है और नक्शे का क्षेत्र बिलकुल ही छोटा होता है) में सीधा सम्बन्ध होता है, ठीक उसी प्रकार प्रत्यक्षज्ञानात्मक क्षेत्र (perceptual field) तथा मस्तिष्क क्षेत्र (brain field) में एक सीधा सम्बन्ध होता है। अब एक उदाहरण लीजिए—अंधेरे में यदि दो बल्ब को (जो एक-दूसरे से नजदीक में रखे गये हैं) एक खास समय अंतराल (time interval) पर बारी-बारी से जलाया जाता है, तो देखने वाले व्यक्ति को ऐसा महसूस होता है कि एक निश्चित दिशा में बल्ब घूम (move) रहा है। इसका स्पष्ट ज्ञान हमें उस समय होता है जब किसी उत्सव के मौके पर घर या सिनेमा घरों को विशेष रूप से भिन्न-भिन्न प्रकार के बल्बों में सजाया जाता है और ऐसा लगता है कि बल्ब एक दिशा से दूसरी दिशा में घूम रहा है। वर्दाईमर (Wertheimer, 1948) ने इसे *फाई-घटना* (phi-phenomenon) की संज्ञा दी है। वर्दाइमर (Wertheimer) जिन्हें *गेस्टाल्ट स्कूल का जनक* (father of Gestalt school) भी कहा जाता है, का विचार था कि जब हमारे प्रत्यक्षज्ञानात्मक क्षेत्र (perceptual field) में दो बल्ब एक निश्चित दिशा में घूमते नजर आते हैं, तो ठीक इसी ढंग से इन दोनों उद्दीपकों से सम्बन्धित मस्तिष्क में भी दो क्षेत्र (fields) होते हैं जो एक-दूसरे को ठीक उसी प्रकार से प्रभावित करते हैं जैसे एक बल्ब की रोशनी दूसरे बल्ब की रोशनी को। अतः समाकृतिकता के सिद्धान्त के अनुसार मस्तिष्क एक तरह का गतिशील क्षेत्र (dynamic field) होता है।

गेस्टाल्टवादियों ने समाकृतिकता (isomorphism) के समर्थन में कुछ प्रयोगात्मक सबूत (experimental evidences) भी प्रदान किये हैं। कोहलर तथ हेल्ड (Kohler & Held, 1949) ने एक प्रयोग किया जिसमें उन्होंने प्रयोज्य (subject) के मस्तिष्क के दृष्टि क्षेत्र (visual area) से EEG (Electroencephalogram) यानी मस्तिष्क तरंग (brain waves) को रिकार्ड (record) किया। जब प्रयोज्य के सामने रखे गये वस्तु (object) जिसका वह दृष्टि प्रत्यक्षण (brain perception) कर रहा था, में गति उत्पन्न किया गया तो इससे मस्तिष्क तरंग (brain waves) में भी

कुछ परिवर्तन (changes) आ गये। इससे साबित होता है कि प्रत्यक्षज्ञानात्मक क्षेत्र (perceptual field) तथा मस्तिष्क क्षेत्र (visual field) में सीधा सम्बन्ध (direct relationship) होता है।

उपर्युक्त तथ्यों से स्पष्ट हो जाता है कि गेस्टाल्टवादियों ने प्रत्यक्षण (perception) की व्याख्या दैहिक (physiological) एवं तन्त्रिका-सम्बन्धी कारकों (neurological factors) के रूप में किया है तथा इसके लिए उपयुक्त (appropriate) प्रयोगात्मक सबूत भी प्रदान किये हैं।

4. क्षेत्र बल (*Field forces*)—गेस्टाल्टवादियों ने दृष्टि क्षेत्र (visual field) में दो प्रकार के बलों (forces) की कल्पना की है जिनकी कार्यवाहियों से दृष्टि क्षेत्र का कुछ भाग आकृति (figure) के रूप में तथा बाकी भाग पृष्ठभूमि (background) के रूप में दिखलाई देती है। ये दोनों बल हैं—संसजक बल (cohesive force) तथा अवरोधक बल (restraining forces)। दृष्टि क्षेत्र में उपस्थित उद्दीपकों (stimuli) के स्वरूप (nature) के फलस्वरूप इन दोनों तरह के बलों (forces) की उत्पत्ति होती है। ऐसे अनेक उद्दीपकों में से कुछ उद्दीपक एक-दूसरे के समान होते हैं तथा कुछ उद्दीपक एक-दूसरे से बिलकुल भिन्न होते हैं। सभी समान (similar) उद्दीपक एक-दूसरे के प्रति आकर्षित होते हैं और उसमें मिल जाने की प्रवृत्ति (tendencey) होती हैं। इस तरह की प्रवृत्ति को संसंजक बल (cohesive force) कहा जाता है। इस तरह से संसंजक बल का काम समान उद्दीपकों को आपस में मिलाना होता है ताकि उद्दीपक अधिक-से-अधिक स्पष्ट रूप से देखा जा सके। जब हम किसी वस्तु का प्रत्यक्षण करते हैं तो वस्तु का कुछ भाग आकृति (figure) के रूप में इसी संसंजक बल के कारण दिखलाई पड़ता है।

दृष्टि क्षेत्र में उपस्थित अनेकों उद्दीपकों में से कुछ उद्दीपक ऐसे भी होते हैं जो एक-दूसरे से भिन्न होते हैं। इस प्रकार की भिन्नता से अवरोधक बल (restraining force) उत्पन्न होता है जिसका मुख्य काम उद्दीपकों को अलग-अलग रखना होता है। सच पूछा जाय तो जब हम किसी वस्तु का प्रत्यक्षण करते हैं, तो संसंजक बल (cohesive force) तथा अवरोधक बल (retraining force) दोनों ही क्रियाशील (active) होते हैं। उदाहणस्वरूप, आकृति-पृष्ठभूमि (figure-background) के प्रत्यक्षण को लें। जब हम उद्दीपक क्षेत्र के कुछ भाग या हिस्सों को आकृति के रूप में देखते हैं, तो इसका मतलब यह हुआ कि उद्दीपक के इस भाग या हिस्से में संसंजक बल (cohesive force) कार्य कर रहा है तथा कुछ भाग या हिस्से को पृष्ठभूमि के रूप में देखते हैं जिसका स्पष्ट मतलब यह हुआ कि उद्दीपक के इस भाग या हिस्सा में अवरोधक बल (restraining force) कार्य कर रहा है। इस अवरोधक बल के कारण उद्दीपक का कुछ भाग अस्पष्ट तथा अलग-अलग दिखलाई देता है जिससे पृष्ठभूमि (background force) का निर्माण होता है।

कोहलर (Kohler, 1930) के अनुसार प्रत्यक्षण में दोनों बलों अर्थात संसंजक बल तथा अवरोधक बल का रहना आवश्यक है। थोड़ी देर के लिए मान लिया जाए, उद्दीपक क्षेत्र या दृष्टि क्षेत्र में सिर्फ संसंजक बल (cohesive force) ही काम कर रहा है, तो ऐसी परिस्थिति में सभी उद्दीपक अपना-अपना स्वतन्त्र अस्तित्व (independent existence) खोकर इस तरह मिल जायेंगे कि उनका स्पष्ट प्रत्यक्षण सम्भव नहीं है। उसी तरह से यदि उद्दीपक क्षेत्र में सिर्फ अवरोधक बल (restraining force) ही काम कर रहा है, तो ऐसी परिस्थिति में उद्दीपक के सभी भाग एक-दूसरे से इतना अलग-अलग हो जायेंगे कि वे वास्तव में निरर्थक हो जायेंगे और उनका सही प्रत्यक्षण करना कठिन हो जायेगा।

उद्दीपक क्षेत्र (stimulus field) की संसंजक तथा अवरोधक बलों की अपनी-अपनी सबलता (strength) होती है जो निम्नांकित चार नियमों (laws) द्वारा निर्धारित होती है।

(i) यदि उद्दीपकों के बीच गुणात्मक समानता (qualitative similarity) अधिक होती है, तो उससे संसंजक बल की सबलता भी अधिक (और इसके विपरीत अवरोधक बलों की सबलता कम) होती है। जैसे, किताब के किसी पेज पर मात्र एक शब्द लाल स्याही से यदि छपा है और वही शब्द दूसरी जगह अन्य सभी शब्दों के समान काली स्याही से छपा है, तो हम लाल स्याही वाले 'शब्द' को पहले देखते हैं क्योंकि इस शब्द के सभी अक्षर लाल हैं (अर्थात उनमें गुणात्मक समानता है)।

(ii) यदि उद्दीपकों के बीच तीव्रता (intensity) की समानता होती है, तो इससे संसंजक बल (cohesive force) की सबलता काफी अधिक होती है। अगर लाल कागज पर एक ऐसे लाल स्याही से ही कुछ लिखा जाये कि स्याही सूखने के बाद अक्षरों की चमक (brightness) का स्तर तथा कागज का स्तर (level) समान हो जाता है, तो ऐसी परिस्थिति में लिखे गये वाक्य या शब्द को ठीक ढंग से नहीं पढ़ा जा सकता है क्योंकि संसंजक बल की सबलता दोनों उद्दीपकों की तीव्रता में समानता के कारण काफी अधिक है।

(iii) यदि दो उद्दीपकों के बीच में स्थान की समानता (nearness) होती है, तो इससे भी संसंजक बल अधिक होता है।

(iv) यदि दो उद्दीपकों के बीच में समय की समीपता होती है, अर्थात एक उद्दीपक के तुरन्त बाद दूसरा उद्दीपक आता है, तो इससे भी संसंजक बल अधिक होता है।

नियम तीन तथा चार का एक संयुक्त उदाहरण हम फाई-घटना (phi-phenomenon) में पाते हैं। जब कई बल्बों को एक-दूसरे के समीप रखकर एक खास समय अन्तराल (time interval) पर जलाया तथा बुझाया जाता है, तो हमें लगता है कि एक बल्ब एक जगह से दूसरी जगह एक खास दिशा में घूम रहा है। इस उदाहरण में संसंजक बल उद्दीपकों में स्थान की समीपता तथा समय की समीपता दोनों के कारण उत्पन्न हो रहा है।

ब्राउन तथा भोथ (Brown & Voth, 1973) ने संसंजक बल (cohesive force) तथा अवरोधक बल (restraining force) द्वारा प्रत्यक्षण में किये गये कार्यों की गणितीय विश्लेषण(mathematical analysis) किया है। इनलोगों ने उद्दीपक क्षेत्र में किसी भाग या हिस्से द्वारा उत्पन्न सभी संसंजक बल के योग (sum) को $\sum c$ तथा उसी उद्दीपक क्षेत्र के अन्य भागों या हिस्सों द्वारा उत्पन्न सभी अवरोधक बल के योग(sum) को $\sum r$ का संकेत देकर निम्नांकित तीन तरह की परिस्थितियों का वर्णन किया है जिसमें प्रत्यक्षण का स्वरूप भी अलग-अलग होता दीख पड़ता है—

(i) पहली परिस्थिति में $\sum c$ तथा $\sum r$ बराबर हो सकते हैं ($\sum c = \sum r$)। इस तरह की परिस्थिति में प्रत्यक्षण की प्रक्रिया नहीं के बराबर होगी क्योंकि दोनों तरह के बल समान रूप से सबल होने पर प्रत्यक्षज्ञानात्मक ऊर्जा (perceptual energy) उत्पन्न नहीं होती है। प्रत्यक्षज्ञानात्मक ऊर्जा से यहाँ तात्पर्य प्रत्यक्षण करने की क्षमता से होती है।

(ii) दूसरी परिस्थिति में $\sum c$ की मात्रा $\sum r$ की मात्रा से अधिक हो सकती है ($\sum c > \sum r$)। इस परिस्थिति में प्रत्यक्षण में उद्दीपकों का एक स्पष्ट एवं स्थायी (stable) आकृति एक निश्चित पृष्ठभूमि पर दिखलाई देती है। दूसरे शब्दों में, इस तरह की परिस्थिति में आकृति-पृष्ठभूमि (figure-ground) का प्रत्यक्षण स्पष्ट होता है।

(iii) तीसरी परिस्थितियों में $\sum c$ की मात्रा $\sum r$ की मात्रा से कम हो सकती है ($\sum c < \sum r$)। ऐसी परिस्थिति में उद्दीपकों का प्रत्यक्षण अस्पष्ट एवं अस्थायी (unstable) होता है।

ऊपर में जिन दो क्षेत्र बलों (field forces) की व्याख्या की गयी है, उन पर ध्यान देने से यह स्पष्ट हो जाता है कि गेस्टाल्टवादियों के महत्त्वपूर्ण सम्प्रत्ययों (concepts) में से यह एक है।

गेस्टाल्ट सिद्धान्त (Gestalt theory) को ध्यान में रखते हुए हम इस निष्कर्ष पर पहुँचते हैं कि गेस्टाल्टवादियों ने अपने अध्ययन (studies) एवं विभिन्न नियमों (principles) के आधार पर प्रत्यक्षण (perception) की व्याख्या अधिक सरल एवं सामान्य बना दिया है। लुनडीन (Lundin, 1985) के अनुसार गेस्टाल्ट सिद्धान्त ने प्रत्यक्षण के क्षेत्र में किये गये विश्लेषण को एक 'नयी भेंट' (new look) दिया है। इसके बावजूद भी गेस्टाल्ट सिद्धान्त की कुछ आलोचनाएँ की गयी हैं जो निम्नांकित हैं—

(i) यद्यपि गेस्टाल्टवादियों ने अपने तथ्य (facts) के समर्थन में प्रयोग किया है फिर भी उनके अधिकतर प्रयोग (experiments) ऐसे हैं जिनमें मनोवैज्ञानिकों द्वारा प्रणाली-विधि (methodology) से सम्बन्धित अनेक त्रुटियाँ (errors) पायीं गयीं हैं जिसके परिणामस्वरूप उनके प्रयोगों से प्राप्त निष्कर्ष काफी विश्वसनीय (reliable) तथा निर्भर योग्य (dependable) नहीं है।

(ii) गेस्टाल्टवादियों ने प्रत्यक्षण में सीखना (learning) के महत्त्व को स्वीकार नहीं किया है। इस तथ्य की भी आलोचना अनेकों मनोवैज्ञानिकों ने की है। इन आलोचकों का मत है कि प्रत्यक्षण की प्रक्रिया सीखने (learning) या पूर्व अनुभूति (past experience) के अभाव में भी सही नहीं होगी एवं हमेशा अधूरी ही रहेगी।

(iii) आलोचकों का मत है कि गेस्टाल्टवादियों के समाकृतिकता का सिद्धान्त (theory of isomorphism) मात्र एक दैहिक पूर्वकल्पना (physiological assumption) है। इन लोगों ने कहा है कि निश्चित ही यह एक महत्त्वपूर्ण व्याख्या है परन्तु इसके सबूत परोक्ष (indirect) हैं। इस सिद्धान्त पर पूर्णरूपेण निर्भर करना सम्भव नहीं है।

(iv) गेस्टाल्ट मनोवैज्ञानिकों द्वारा प्रतिपादित संगठनात्मक नियम द्वारा प्रत्यक्षण का वर्णन होता है परन्तु उसकी

व्याख्या नहीं होती है। हम यह तो समझ पाते हैं कि किस तरह का संगठन (organisation) उत्पन्न हो रहा है परन्तु यह नहीं समझ पाते हैं कि ऐसा संगठन क्यों उत्पन्न हो रहा है।

(v) गेस्टाल्ट सिद्धान्त का तर्क है कि उद्दीपक के गुण या विशेषताओं के कारण प्रत्यक्षज्ञाणात्मक संगठन उत्पन्न होते हैं। आधुनिक मनोविज्ञानियों द्वारा किये गए अध्ययनों से यह स्पष्ट हुआ कि प्रत्यक्षज्ञाणात्मक संगठन सिर्फ उद्दीपक के उन गुणों या विशेषताओं पर आधारित नहीं होता है बल्कि व्यक्ति द्वारा उन गुणों की प्रदत्त व्याख्या पर भी आधारित होता है। उदाहरणस्वरूप, रॉक एवं ब्रोसगोल (Rock & Brosgole, 1964) ने अपने अध्ययन में पाया कि समानता का निर्णय(similarity judgement) पर स्पष्टतः आकार स्थिरता सूचना(size constancy information) का प्रभाव पड़ता है।

(vi) केन्नेडी (Kennedy, 1974) ने अपने अध्ययन के आधार पर यह बतलाया है कि संकेत (hints) का प्रभाव आकृति-पृष्ठभूमि प्रत्यक्षण (figure-background perception) पर काफी गहरा पड़ता है। कैनेडी के अनुसार जब संकेत का प्रभाव आकृति पृष्ठभूमि प्रत्यक्षण पर इतना जोरदार पड़ता है तो स्पष्टतः इस तरह के प्रत्यक्षण को मौलिक तथा जन्मजात नहीं माना जा सकता है।

इन आलोचनाओं के बावजूद प्रत्यक्षण में गेस्टाल्ट सिद्धान्त (Gestalt theory) का योगदान काफी महत्त्वपूर्ण रहा है। आज भी जब हम प्रत्यक्षण के किसी पहलू पर चर्चा प्रारम्भ करते हैं, तो गेस्टाल्ट स्कूल का नाम हम सबसे पहले लेते हैं।

निदेश-अवस्था सिद्धान्त
(Directive-State Theory)

निदेश-अवस्था सिद्धान्त का प्रतिपादन प्रत्यक्षण के गेस्टाल्ट सिद्धान्त विरोध में हुआ। इस सिद्धान्त के प्रतिपादकों जिसमें ब्रुनर (Bruner, 1951), ब्रुनर तथा पोस्टमैन (Bruner & Postman, 1947) शेफर तथा मर्फी (Schafer & Murphy, 1943), ब्रुनर तथा पोस्टमैन (Bruner & Postman, 1947) आदि का नाम प्रमुख है, का कहना है कि गेस्टाल्टवादियों की विचारधारा से प्रत्यक्षण की व्याख्या ठीक ढंग से नहीं हो पाती है। इन लोगों का यह भी मत है कि एक तरफ तो गेस्टाल्टवादियों द्वारा प्रत्यक्षण में पूर्ण क्षेत्र (whole field) के सम्प्रत्यय पर अधिक बल डाला गया है, तो दूसरी तरफ इन लोगों द्वारा उद्दीपक कारकों को छोड़कर व्यक्तिगत कारकों जिसमें व्यवहारपरक (behavioural) या प्रेरणात्मक कारक मूल रूप से आते हैं, के बारे में कुछ नहीं कहा गया है। निदेश-अवस्था सिद्धान्तवादियों (directive-state theorists) का कहना है कि प्रत्यक्षण में व्यक्तिगत कारकों की उपेक्षा करके गेस्टाल्टवादियों ने एक महत्त्वपूर्ण भूल की है।

गेस्टाल्टवादियों के इस भूल को सुधारने के ख्याल से निदेश-अवस्था सिद्धान्त का प्रतिपादन किया गया। ब्रुनर तथा पोस्टमैन (Bruner & Postman, 1947) इस सिद्धान्त के प्रमुख प्रवर्त्तकों में से है जिन्होंने बताया कि प्रत्यक्षण दो तरह के कारकों (factors) द्वारा निर्धारित होता है (i) स्थानिक कारक (autochthonous factors) तथा (ii) व्यवहारपरक कारक (behavioural factors)। स्थानिक कारक में उद्दीपक से सम्बन्धित कारक (factors) आते हैं तथा व्यवहारपरक कारक (behavioural factor) में व्यक्तिगत कारक जैसे आवश्यकता (needs), अभिप्रेरक (motive), मूल्य (value) आदि आते हैं। ब्रुनर तथा पोस्टमैन (Bruner & Postman, 1947) ने बताया है कि निदेश-अवस्था सिद्धान्त (directive-state theory) का सम्बन्ध प्रत्यक्षण में व्यवहारपरक कारकों या अभिप्रेरणात्मक कारकों (motivational factors) का महत्त्व दिखलाने से है। कुछ मनोवैज्ञानिकों ने निदेश-अवस्था सिद्धान्त को *क्रियात्मक सिद्धान्त* (functional theory) भी कहा है।

प्रत्यक्षण में व्यवहारपरक (behavioural) कारकों या अभिप्रेरणात्मक कारकों (motivational factors) के महत्त्व को दिखलाने के लिए निदेश-अवस्था सिद्धान्तवादियों (directive-state theorists) ने निम्नांकित छह प्राक्कल्पनाओं का वर्णन किया है—

1. प्रत्यक्षण व्यक्ति की शारीरिक आवश्यकताओं द्वारा निर्धारित होता है ***(Perception is determined by bodily needs of person)***—वस्तुओं के प्रत्यक्षण पर व्यक्ति की शारीरिक आवश्यकताओं (bodily needs) का काफी प्रभाव पड़ता है। सचमुच में, व्यक्ति अपनी शारीरिक आवश्यकताओं के अनुसार ही उद्दीपक का प्रत्यक्षण करता है। जैसे ऑसगुड (Osgood, 1953) अपनी पुस्तक में लिखे हैं कि जब वे भोजन करने के लिए जाते थे तो रास्ते में एक दफ्तर

मिलता था जिसका नाम '400D' था जिसे वे प्रायः 'FOOD' पढ़ा करते थे। इस उदाहरण से स्पष्ट है कि ऑसगुड की शारीरिक आवश्यकता यानी भूख के कारण ही प्रत्यक्षण में इस तरह की त्रुटि (error) होती थी।

दैहिक उदाहरण के अलावा लेभाईन, चीन तथा मर्फी (Levine, Chein & Murphy), 1942) ने एक प्रयोग करके भी यह स्पष्ट रूप से दिखलाया है कि शारीरिक आवश्यकताओं (bodily needs) द्वारा व्यक्ति का प्रत्यक्षण निर्धारित होता है। इस अध्ययन में प्रयोज्यों का दो समूह लिया गया—एक प्रयोगात्मक समूह (experimental group) तथा दूसरा नियंत्रित समूह (control group)। दोनों समूह में कॉलेज के छात्र थे। प्रयोगात्मक समूह के छात्र गत कई घंटों से भूखे थे जबकि नियंत्रित समूह के छात्र भरपेट भोजन किये हुए थे। इन दोनों तरह के समूहों को बारी-बारी से कुछ रंगीन तथा कुछ रंगहीन अस्पष्ट चित्रकारियों (drawings) को एक शीशे के भीतर रखकर दिखलाया गया। इस चित्रकारी (drawings) में घरेलू वस्तुओं तथा कुछ खाने-पीने की वस्तुओं के अस्पष्ट चित्र थे। दोनों समूह के छात्रों से यह बतलाने का अनुरोध किया गया कि देखे जा रहे प्रत्येक चित्रकारी (drawings) से सम्बन्धित वस्तुओं के बारे में बताएँ (To verbalize an association for every picture)। परिणाम में देखा गया कि दोनों ही तरह के चित्रकारी अर्थात रंगीन तथा रंगहीन चित्रकारियों में प्रयोगात्मक समूह के छात्रों द्वारा तीन घंटों तक भूखा रहने के कारण नियंत्रित समूह के छात्रों की अपेक्षा खाने-पीने की वस्तुओं के बारे में अधिक बतलाया गया। परन्तु नौ घंटे के बाद प्रयोगात्मक समूह द्वारा भी खाने-पीने से सम्बन्धित बताये गये वस्तुओं की संख्या में कुछ कमी आ गयी परंतु फिर भी यह कमी नियंत्रित समूह द्वारा खाने-पीने के वस्तुओं के बारे में बतलाये गए संख्या से कहीं अधिक था। इस तरह के परिणाम का कारण यह था कि प्रयोगात्मक समूह के छात्र भूखे थे जबकि नियंत्रित समूह के छात्र भोजन किये हुए थे। इस प्रयोग के परिणाम से यह स्पष्ट हो जाता है कि प्रत्यक्षण हमारी शारीरिक आवश्यकताओं द्वारा काफी हद तक निर्धारित होता है।

कुछ लोगों ने लेभाईन, चीन तथा मर्फी (Levine, Chein & Murphy, 1942) के प्रयोग की आलोचना की है। आलोचकों का मत है कि इस प्रयोग में प्रयोज्यों को चित्रकारी (drawings) का प्रत्यक्षण (perceive) करने के लिए नहीं कहा गया था बल्कि उसे देखकर उससे सम्बन्धित मन में आने वाली वस्तुओं के बारे में बतलाने के लिए कहा गया था। अतः यह कहा जा सकता है कि शारीरिक आवश्यकता (bodily needs) द्वारा प्रत्यक्षण नहीं बल्कि कल्पना (imagination) करने की प्रक्रिया प्रभावित होती है। प्रयोज्य नौ घंटे तक जब भूखा रहता था, तो खाने-पीने से सम्बन्धित वस्तुओं यानी भूख आवश्यकता (hunger need) से सम्बन्धित बताये गये वस्तुओं की संख्या कम हो गयी जो नहीं होना चाहिए था। इन आलोचनाओं को ध्यान में रखते हुए तब यह कहा जा सकता है कि लेभाईन, चीन तथा मर्फी के प्रयोग द्वारा उपर्युक्त प्राक्कल्पना को पूर्णतः समर्थन नहीं मिलता है।

2. प्रत्यक्षण किये जाने वाले वस्तु से सम्बन्धित पुरस्कार एवं दण्ड द्वारा प्रत्यक्षण की प्रक्रिया प्रभावित होती है *(Reward and punishment associated with perceiving objects tend to determine the process of perception)*—प्रत्यक्षण की प्रक्रिया पुरस्कार (reward) एवं दण्ड (punishment) द्वारा भी प्रभावित होती है। इस तथ्य (fact) को सबसे पहले शेफर तथा मर्फी (Schafer & Murphy, 1943) ने एक प्रयोग में दिखलाया। इस प्रयोग में इन लोगों ने कागज के चार अलग-अलग टुकड़ों पर एक वृत्त बनाते हुए मानव चेहरे की रूपरेखा (outline) बनायी (देखें चित्र 4.7a) जिसे टेचिस्टोस्कोप (tachistoscope) की सहायता से 1/3 सेकेण्ड के लिए 100 प्रयास (trial) तक दिखलाया। इस तरह से प्रत्येक रूपरेखा (outline) को 25-25 बार दिखलाया गया। इसमें से दो रूपरेखा को दिखाने के बाद प्रयोज्य को पुरस्कार (reward) अर्थात् 2 से 4 सेन्ट (cent) (अमेरिकन सिक्का) दिया जाता था तथा बाकी दो रूपरेखा (outline) को दिखलाने के बाद प्रयोज्य को दण्ड (punishment) दिया जाता था अर्थात उससे 2 से 4 सेन्ट (cents) वापस ले लिया जाता था। इन 100 प्रयास (trials) के प्रशिक्षण (training) के बाद जॉच प्रयास (test trials) दिया गया जिसमें पुरस्कृत रूपरेखा को दण्डित रूपरेखा के साथ मिलाकर दो अलग-अलग वृत्तों में दो नयी रूपरेखा (outline) तैयार कर दिखलाया गया। (जैसा कि चित्र 4.6b में दर्शाया गया है)। परिणाम में देखा गया कि जाँच प्रयासों (trials) में प्रयोज्य ने पुरस्कृत रूपरेखा को आकृति (figure) के रूप में तथा दण्डित रूपरेखा को पृष्ठभूमि (background) के रूप में देखा। दूसरे शब्दों में, यह कहा जा सकता है कि पुरस्कृत रूपरेखा को प्रयोज्य अधिक स्पष्ट देख सके तथा प्रत्येक प्रयास में वह प्रत्यक्षण कर सका परंतु दण्डित रूपरेखा को प्रत्येक बार अस्पष्ट रूप से (vaguely) ही वह प्रत्यक्षण कर पाया। इस प्रयोग से यह स्पष्ट हो जाता है कि पुरस्कृत वस्तुओं का प्रत्यक्षण दण्डित वस्तुओं की अपेक्षा अधिक स्पष्ट तथा तीक्ष्ण (sharp) होता है। रिगवी तथा रिगवी (Rigby & Rigby, 1952) ने एक प्रयोग कर शेफर तथा मर्फी (Shafer & Murphy) के इस निष्कर्ष का समर्थन किया है।

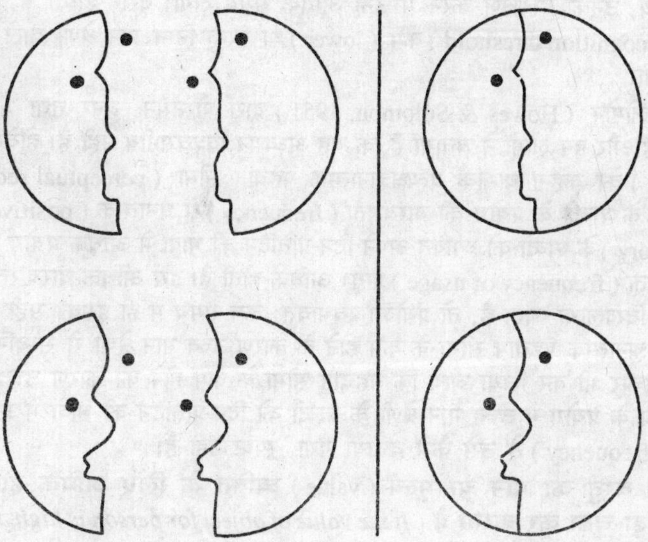

(a) (b)

चित्र : 4.7

परन्तु कुछ ऐसे भी अध्ययन हुए हैं जिनमें शेफर तथा मर्फी (Shafer & Murphy) के निष्कर्ष को समर्थन नहीं मिला है। उदाहरणस्वरूप, रॉक तथा फ्लैक (Rock & Fleck, 1950) ने शेफर तथा मर्फी के ही प्रयोगात्मक डिजाइन (experimental design) की पुनरावृत्ति (replication) करते हुए एक-दूसरा प्रयोग किया, परन्तु इनका परिणाम कुछ भिन्न था। इन लोगों ने पाया कि प्रशिक्षण (training) के दौरान पुरस्कृत रूपरेखा (rewarded outline) तथा दण्डित रूपरेखा (punished outline) को एक साथ मिलाकर जब प्रयोज्य के सामने उपस्थित किया जाता था, तो प्रयोज्य में एक तरह की घबड़ाहट (nervousness) तथा क्षुब्धता (disturbance) उत्पन्न हो जाती थी जिनसे प्रत्यक्षण में बाधा पहुँचती थी। इस तरह की घबड़ाहट तथा क्षुब्धता को भी शेफर तथा मर्फी के प्रयोग की आलोचना (criticisms) का एक हिस्सा माना जा सकता है क्योंकि उनके प्रयोग में इस तरह की सांवेगिक प्रक्रियाएँ नहीं हुई थी (जिसे सचमुच में होनी चाहिए थी) और पुरस्कृत रूपरेखा को प्रयोज्यों ने स्पष्ट रूप से प्रत्यक्षण किया था।

3. व्यक्ति अपने मान या मूल्य गुणों (value characteristics) **से सम्बन्धित वस्तुओं का प्रत्यक्षण तेजी से करता है** *(Persons tend to perceive those objects readily which are associated with their value characteristics)*—प्रत्येक व्यक्ति के व्यक्तित्व का कुछ मूल्य गुण (value characteristics) होता है। मूल्य से सामान्य अर्थ प्रबल अभिरुचि (dominant interest) से होता है। मनोवैज्ञानिकों ने यह प्रयोग कर दिखला दिया है कि यदि कोई उद्दीपक (stimulus) या वस्तु (object) व्यक्ति के इस मूल्य गुण से सम्बन्धित होता है तो वह उस वस्तु या उद्दीपक का प्रत्यक्षण अन्य वस्तुओं या उद्दीपकों (जो उसके मूल्य गुण से सम्बन्धित नहीं होता है) की अपेक्षा जल्दी कर लेता है। पोस्टमैन, ब्रुनर तथा मैकगिन्जि (Postman, Bruner & McGinnines, 1948) ने अपने प्रयोग में इस तथ्य को दिखला दिया है। इस प्रयोग में 25 कॉलेज छात्रों पर पहले आलपोर्ट-वर्नन मूल्य मापनी (Allport-Vernon value scale) क्रियान्वयन (administer) करके 6 प्रमुख मूल्य (value) क्षेत्रों में प्राप्तांक (score) तैयार किया गया। ये 6 प्रमुख मूल्य थे—सामाजिक मूल्य (social value), आर्थिक मूल्य (economic value), सैद्धान्तिक मूल्य (theoretical value), राजनैतिक मूल्य (political value), धार्मिक मूल्य (religious value) तथा सौंदर्यरोधी मूल्य (aesthetic value)। जिस मूल्य श्रेणी (value category) में उच्च प्राप्तांक थे उससे यह पता चलता था कि प्रयोज्य के लिए वह मूल्य (value) अधिक महत्त्वपूर्ण है। प्रत्येक मूल्य श्रेणी (value category) से सम्बन्धित 6-6 शब्द तैयार किये गये। इन सभी 36 शब्दों को टेचिस्टोस्कोप द्वारा प्रयोज्य को .01 सेकेण्ड से लेकर उत्तरोतर बढ़ते समय के लिए तबतक दिखाया गया जब तक वह उन शब्दों का सही-सही प्रत्यक्षण न कर लिया हो। परिणाम में देखा गया कि जो शब्द व्यक्ति के उच्च मान (high value) श्रेणी के थे, उनका प्रत्यक्षण करने में प्रयोज्य ने काफी कम समय लिया परन्तु जो शब्द उनके निम्न

मूल्य से सम्बन्धित थे, उनका प्रत्यक्षण करने में उन्हें अधिक समय लगा। दूसरे शब्दों में, उच्च श्रेणी वाले शब्दों की पहचान सीमान्त (recognition threshold) कम (lower) था परन्तु निम्न मान श्रेणी वाले शब्दों की पहचान सीमान्त अधिक (higher) था।

होवेस तथा सोलोमोन (Howes & Solomon, 1951) द्वारा पोस्टमैन, ब्रुनर तथा मैकंगिन्निज के अध्ययन की आलोचना की गयी है और इन लोगों ने बताया है कि यह अध्ययन विश्वसनीय नहीं हैं। होवेस तथा सोलोमोन (Howes & Solomon, 1951) का कहना था कि प्रत्यक्षज्ञानात्मक पहचान सीमा (perceptual recognition threshold) का सम्बन्ध दिन-प्रतिदिन के शब्दों के प्रयोग की बारंबारता (frequency) से धनात्मक (positive) होता है। उच्च मान श्रेणी (high value category) के शब्दों को व्यक्ति अपने दिन-प्रतिदिन की भाषा में अधिक प्रयोग करता है अर्थात ऐसे शब्दों के प्रयोग की बारंबारता (frequency of usage) प्रायः अधिक होती है। इस अधिक बारंबारता के कारण जब ऐसे शब्दों को टेचिस्टोस्कोप से दिखलाया जाता है, तो प्रयोज्य स्वभावतः कम समय में ही इसका सही प्रत्यक्षण कर लेता है। अतः ऐसे शब्दों के प्रत्यक्षज्ञानात्मक पहचान सीमा के कम होने के कारण उच्च मान श्रेणी से सम्बन्धित होना नहीं है। यदि थोड़े देर के लिए यह स्वीकार भी कर लिया जाय कि पहचान सीमा के कम होने का कारण उच्च मान श्रेणी है तो पोस्टमैन, ब्रुनर तथा मैकगिन्निज के प्रयोग में उच्च मान श्रेणी के शब्दों को दिन-प्रतिदिन की भाषा में प्रयोग किये जाने की उच्चतर बारंबारता (higher frequency) से उसे कैसे बचाया गया, स्पष्ट नहीं है।

4. यदि किसी वस्तु का मान या मूल्य (value) व्यक्ति के लिए अधिक होता है तो व्यक्ति उसका प्रत्यक्षण अधिक बढ़ा-चढ़ा कर करता है *(If the value of object for person is high, he tends to perceive that object in accentuated form)*—यदि वस्तु का मान (value) व्यक्ति के लिए अधिक है, तो व्यक्ति उस वस्तु का प्रत्यक्षण अधिक बढ़ा-चढ़ा कर करता है। इसे साबित करने के लिए ब्रुनर तथा गुडमैन (Bruner & Goodman, 1947) ने कई प्रयोग किये हैं जिनमें से एक प्रयोग अधिक उल्लेखनीय है। इस अध्ययन में उन्होंने 10 बच्चों का दो समूह तैयार किया। एक समूह में सभी धनी परिवार के बच्चे थे तथा दूसरे समूह में सभी गरीब परिवार के बच्चे थे। इन दोनों समूह के बच्चों को 1, 5, 10, 20, 25 तथा 50 सेन्टस के सिक्के (coin) के आकार (size) का आकलन (estimation) एक रोशनी प्रोजेक्टर (light porjector) द्वारा करने को कहा गया। रोशनी प्रोजेक्टर द्वारा परदे पर सिक्के के आकार (size) की गोल रोशनी पड़ती थी जिसे प्रोजेक्टर के नॉव (knob) को घुमा कर छोटा या बड़ा किया जा सकता था। परिणाम में देखा गया कि गरीब परिवार के सभी बच्चों ने सभी प्रकार के सिक्कों के आकार का अधिप्राक्कलन (overstimation) किया जबकि धनी परिवार के बच्चों द्वारा इन सिक्कों के आकार का न्यून प्राक्कलन (understimation) किया गया। ब्रुनर तथा गुडमैन के अनुसार ऐसा इसलिए हुआ क्योंकि धनी परिवार के बच्चों के लिए इन सिक्कों का मान (value) या महत्त्व कम था जबकि गरीब परिवार के बच्चों के लिए इन सिक्कों का मान (value) या महत्त्व अधिक था। इसी तरह का एक दूसरा प्रयोग भी ब्रुनर तथा गुडमैन (Bruner & Goodman, 1947) ने किया जिसमें धनी परिवार तथा गरीब परिवार के बच्चों को भिन्न-भिन्न सिक्कों को देकर नहीं बल्कि इसके बारे में अपने मन में कल्पना (imagination) कर उनके आकार को रोशनी प्रोजेक्टर द्वारा आकलन करने के लिए कहा गया। इस प्रयोग के परिणाम भी पहले ही जैसे थे। धनी परिवार के बच्चों द्वारा सिक्कों का न्यून प्राक्कलन (understimation) तथा गरीब परिवार के बच्चों द्वारा अधिप्राक्कलन (overstimation) किया गया।

कुछ मनोवैज्ञानिकों ने ब्रुनर तथा गुडमैन (Bruner & Goodman, 1947) के प्रयोग को इस आधार पर आलोचना की है कि इस प्रयोग के दो समूह (यानी धनी परिवार तथा गरीब परिवार के बच्चों का समूह) आपस में समेलित (matched) नहीं थे। ऐसा भी सम्भव है कि गरीब परिवार में पलने के बावजूद भी उनके लिए सिक्कों (धन दौलत) का मान (value) अधिक नहीं हो या किसी बच्चे का अपना मानसिक झुकाव सिक्कों या पैसों की ओर नहीं हो। इन सब कारकों (factors) को ब्रुनर तथा गुडमैन को नियंत्रित करना चाहिए था जिसे उन्होंने नहीं किया। परन्तु इन्हीं कारकों को नियंत्रित करके अशले, हारपर तथा रन्यौन (Ashely, Harper & Runyon, 1951) ने जब ब्रुनर तथा गुडमैन के प्रयोग को दुहराया तो उनका परिणाम ठीक वैसा ही था जैसा कि ब्रुनर तथा गुडमैन का। इससे इस बात का संकेत मिलता है कि ब्रुनर तथा गुडमैन के परिणाम बहुत हद तक निर्भर योग्य (dependable) है।

5. व्यक्ति अपने शीलगुणों के अनुकूल वस्तु या उद्दीपक का प्रत्यक्षण करता है *(Persons tend to perceive the object or stimulus consistent with their personality traits)*—प्रत्येक व्यक्ति में भिन्न-भिन्न तरह के शीलगुण (traits) होते हैं और जब वह किसी वस्तु या उद्दीपक का प्रत्यक्षण करता है तो इन शीलगुणों (traits) का

उस पर काफी प्रभाव पड़ता है। आल्पोर्ट (Allport, 1955) के अनुसार बहिर्मुखता (extroversion) तथा अंतर्मुखता (introversion) का शीलगुण अधिक होने पर व्यक्ति को यदि स्याही-धब्बा परीक्षण (ink-blot test) के कार्ड दिखलाए जाते हैं, तो उसमें वह गति (movement) का प्रत्यक्षण अधिक करता है। क्लिन तथा स्केलेसिंगर (Klein & Schlesinger, 1950) ने एक प्रयोग किया जिसमें यह दिखलाया गया है कि जब प्रयोज्य (subject) में दृढ़ता (rigidty) या लचीलापन (flexibility) का शीलगुण होता है और जब ऐसे प्रयोज्य को उद्दीपक का आकार (size) या भार (weight) के बारे में सही-सही प्रत्यक्षण कर बतलाने के लिए कहा जाता है, तो ऐसी अवस्था में वे प्रायः सही प्रत्यक्षण नहीं कर पाते हैं। प्रायः यह देखा गया है कि दृढ़ता का शीलगुण होने पर करीब-करीब एक ही तरह के निर्णय पर अडिग रहते हैं तथा यदि उनमें लचीलापन (flexibility) का शीलगुण होता है और जब ऐसे प्रयोज्य को उद्दीपक का आकार (size) या भार (weight) के बारे में सही-सही प्रत्यक्षण कर बतलाने के लिए कहा जाता है, तो ऐसी अवस्था में वे प्रायः सही प्रत्यक्षण नहीं कर पाते हैं। प्रायः यह देखा गया है कि दृढ़ता का शीलगुण होने पर वे करीब-करीब एक ही तरह के निर्णय पर अडिग रहते हैं तथा यदि उनमें लचीलापन (flexibility) का शीलगुण अधिक हुआ तो उनका निर्णय इतना जल्द परिवर्तित होता है कि उसमें किसी प्रकार की संगति (consistency) नहीं रह जाती है। कैट्टेल्ल तथा वेन्निंग (Cattell & Wenning, 1952) ने एक प्रयोग किया जिसमें उन्होंने पाया कि दुश्चिता (anxiety) तथा प्रभुत्व (dominance) का शीलगुण अधिक होने से व्यक्ति में भ्रान्ति (fantasy) जो एक प्रकार का अनुपयुक्त प्रत्यक्षण (misperception) है, अधिक होता है। उसी तरह जिस व्यक्ति में पराहं शक्ति (superego strength) अधिक होता है, उसमें तर्कबुद्धिपरकता (rationalisation) की प्रक्रिया अधिक होती है।

कुछ मनोवैज्ञानिकों का कहना है कि निदेश-अवस्था सिद्धान्त (directive-state theory) के संदर्भ में व्यक्तित्व के शीलगुणों (traits) से सम्बन्धित किये गये प्रयोग तथा शोध (research) उतना यथार्थ (relevant) नहीं है जितना कि अन्य क्षेत्रों (जिसका वर्णन ऊपर किया जा चुका है), में किये गये प्रयोग तथा शोध हैं। इसके बावजूद भी **आल्पोर्ट**[1] (Allport, 1955) ने कहा है, *''सामान्य व्यक्ति (normal person) अपने व्यक्तिगत गुणों, चित्रप्रकृति (temperament) तथा शरीरगठन (bodily constitution) के अनुसार ही प्रत्यक्षण करता है।''*

6. शाब्दिक उद्दीपक (verbal stimuli) **जिनका स्वरूप सांवेगिक** (emotional) **एवं धमकाने वाला** (threatening) **होता है, का प्रत्यक्षण तटस्थ उद्दीपकों की अपेक्षा व्यक्ति देरी से करता है तथा साथ ही ऐसे शब्द व्यक्ति द्वारा सही-सही पहचाने जाने के पहले ही उनमें सांवेगिक प्रतिक्रिया उत्पन्न कर देता है।** *(Verbal stimuli which are emotional and threatening in nature, tend to be perceived in longer time as compared to to neutral words. Not only that, such stimuli tend to produce emotional reactions before they are correctly recognized)*—निदेश-अवस्था सिद्धान्त का यह एक प्रमुख प्राक्कल्पना (hypothesis) है जिसे मैकगिन्निज (McGinnies, 1949), मैकक्लियरली तथा लैजारस (MC Clearly & Lazarus, 1950) ने प्रयोग करके सही बतलाया है। मैकगिन्निज (Mc Ginnies, 1949) के प्रयोग में 18 शब्दों की सूची तैयार की गयी जिसमें से 11 तटस्थ शब्द (neutral words) जैसे किताब, आकाश, शिक्षक आदि थे तथा 7 सांवेगिक शब्द जैसे 'रण्डी' (whore), बलात्कार (rape) आदि थे। इन सभी शब्दों को एक-एक करके टैचिस्टोस्कोप (tachistoscope) द्वारा .01 सेकेण्ड की अवधि से प्रारम्भ करके तब तक दिखाया जाता रहा जबतक कि उनका सही प्रत्यक्षण प्रयोज्य द्वारा नहीं कर लिया जाता था। प्रत्येक शब्द दिखलाने के बाद प्रयोज्य की हथेली (palm) पर लगे एल्केट्रोड (electrode) के सहारे GSR (Galvanic skin response) भी रिकार्ड (record) किया गया। परिणाम ऊपर की प्राक्कल्पना (hypothesis) के अनुकूल था। सांवेगिक शब्दों का सही-सही प्रत्यक्षण करने में प्रयोज्य ने तटस्थ शब्दों की गयी प्रत्यक्षण के अपेक्षा अधिक समय लिया तथा सांवेगिक शब्दों के GSR तटस्थ शब्दों के GSR की अपेक्षा अधिक था। मैकक्लियरली तथा लैजारस (McClaerly & Lazarus, 1950) ने इसी तरह का प्रयोग करके जिसमें उन्होंने सार्थक शब्दों की जगह पर पाँच अक्षरों के निरर्थक पदों का उपयोग किया, मैकगिन्निज (McGinnies) के परिणाम का समर्थन किया है।

1. "... normal individuals tend to perceive in a manner consistent with their personal characteristics and their differences of temperament and constitution."

—Allport : *Theories of perception and the concept of structure,* 1955, p. 330-31

होवेस तथा सोलोमोन (Howes & Solomon, 1950) ने मैकगिन्निज के प्रयोग को दो कारकों के आधार पर आलोचना किया है। पहली आलोचना यह है कि मैकगिन्निज ने जिन शब्दों को प्रयोज्य को दिखलाया था, वे सभी समान रूप से दिन-प्रतिदिन के प्रयोग में नहीं आते हैं। सच्चाई यह है कि सांवेगिक शब्दों का उपयेाग दिन-प्रतिदिन की भाषा में तटस्थ शब्दों की अपेक्षा कम होता है। होवेस तथा सोलोमोन के अनुसार प्रयोज्य सांवेगिक शब्दों का सही-सही प्रत्यक्षण करने में इसलिए अधिक समय लेता था क्योंकि इन शब्दों का उपयोग दिन-प्रतिदिन की भाषा में काफी कम होता था। इन लोगों की दूसरी आलोचना यह थी कि सचमुच में तटस्थ शब्दों एवं सांवेगिक शब्दों के प्रत्यक्षण में प्रयोज्य (subject) को बराबर-बराबर ही समय लगता था परन्तु चूँकि सांवेगिक शब्दों का स्वरूप ही कुछ परेशान कर देने वाला (embarrassing) होता है, अतः प्रयोज्य जान-बूझकर इन शब्दों के बारे में देर से बोलता था। इसलिए सांवेगिक शब्दों का प्रत्यक्षण करने में नहीं बल्कि उसके बारे में बोलने में या बतलाने में देरी होने के कारण समय अधिक लगता था। कुछ मनोवैज्ञानिकों का यह भी कहना है कि सांवेगिक शब्दों के प्रत्यक्षण के बारे में बतलाने की प्रक्रिया पर प्रयोगकर्ता के यौन का भी प्रभाव खासकर उस समय पड़ता है जब प्रयोगकर्त्ता (experimenter) तथा प्रयोज्य विपरीत यौन (opposite sex) के होते हैं।

ऊपर वर्णन किये गये तथ्यों (facts) की विवेचना को ध्यान में रखते हुए हम इस निष्कर्ष पर पहुँचते हैं कि यद्यपि निदेश अवस्था सिद्धान्त के सभी प्राक्कल्पनाओं (hypothesis) की आलोचना की गयी है तथा इन आलोचनाओं के समर्थन में कुछ प्रयोगात्मक सबूत (experimental evidences) भी दिये गये हैं, फिर भी इस सिद्धान्त की मान्यता मनोवैज्ञानिकों के बीच काफी है। इस सिद्धान्त द्वारा प्रत्यक्षण में व्यवहारपरक (behavioural) कारक या प्रेरणात्मक कारक (motivational factors) के महत्त्व को काफी समर्थन मिला है।

प्रत्यक्षण का दैहिक उपागम या सिद्धान्त
(Physiological Approach or Theory of Perception)

इस उपागम में सभी तरह के प्रत्यक्षज्ञाणात्मक अनुभूतियों की व्याख्या न्यूरोदैहिक प्रक्रम (neuro-physiological mechanism) के रूप में की जाती है। इस उपागम की मुख्य मान्यता यह है कि जब कोई उद्दीपक (stimulus) से व्यक्ति का ज्ञानेन्द्रिय (sense organ) प्रभावित होता है तो उसमें तंत्रिका आवेग उत्पन्न हो जाता है जो मस्तिष्क के विशिष्ट क्षेत्र में पहुँचता है। इसके परिणामस्वरूप व्यक्ति को उसका प्रत्यक्षण होता है। ज्ञानेन्द्रियों से लेकर मस्तिष्क तक होने वाले प्रक्रिया को *न्यूरोदैहिक प्रक्रम* (neuro-physiological mechanism) कहा जाता है।

दैहिक उपागम की अभिरुचि सिर्फ इस तथ्य में नहीं है कि प्रत्यक्षण किस प्रकार से होता है एवं उसकी व्याख्या किस तरह से की जाए बल्कि इस तथ्य में भी है कि भिन्न-भिन्न क्षेत्रों के प्रत्यक्षण में जो अंतःक्रियाएँ (interaction) होतीं हैं, उनके क्या आधार हैं? प्रत्यक्षज्ञाणात्मक स्थिरता (perceptual constancy) किस प्रकार होता है? आदि की व्याख्या की जाती है। इन सबों की व्याख्या करने में हेब्ब (Hebb, 1949) ने एक विशेष दिशा-निर्देश प्रस्तुत किया है। हेब्ब का मत है कि प्रत्यक्षण का अधिकतर अंश जन्मजात (innate) न होकर अर्जित (acquired) होता है। इसकी व्याख्या करने के लिए उन्होंने अनुबंधन (conditioning) के समान एक नियम का प्रतिपादन किया है।

हेब्ब का मत है कि केन्द्रीय तंत्रिका तंत्र के विशेष क्षेत्र की कोशिका के उत्तेजित होने की प्रक्रिया पर प्रत्यक्षण निर्भर करता है। जब तक उस विशेष कोशिका में उत्तेजन नहीं होगा, प्रत्यक्षण नहीं होगा। हेब्ब का यह विचार लैशले (Lashley) के समअन्तःशक्ति नियम (Principle of equipotentiality) के विरुद्ध है क्योंकि यह नियम यह बतलाता है कि एक क्षेत्र के कोई विशेष कोशिका नहीं बल्कि सभी कोशिकाएँ एक साथ उत्तजित हो जातीं हैं क्योंकि उनमें अनुक्रिया उत्पन्न करने की अन्तःशक्ति लगभग एक समान होती है। गेस्टाल्टवादियों (Gestaltists) का मत है कि प्रत्यक्षणात्मक अनुभूति जन्मजात होती है तथा इसके पक्ष में उन्होंने यह दावा किया है कि किसी आकृति (figure) की मूल एकता (primitive unity) का प्रत्यक्षण उन व्यक्तियों या प्राणियों द्वारा भी आसानी से कर लिया जाता है जो जन्म से किसी कारण से अन्धे रहे होते हैं। इस सिलसिले में गेस्टल्टवादियों ने भॉन सेन्डन (Von Senden, 1932) तथा रिसेन (Riesen 1947) द्वारा प्रदत्त प्रयोगात्मक सबूतों का उदाहरण दिया है। भॉन सेन्डन के अध्ययन में पाया गया कि व्यक्ति जो जन्म से मोतियाबिन्द (cataract) के कारण नहीं देख पाये थे; ऑपरेशन के बाद जब वे प्रथम बार देखना प्रारम्भ किये तो वे लोग दो आकृतियों के बीच में (उन्हें एक साथ देने पर) विशेष प्रयास करने पर भी विभेदित नहीं कर पाते थे परंतु उन आकृतियों को स्पर्श कर विभेदित कर लेते थे। इसी तरह रिसेन ने अपने अध्ययन में पाया कि वनमानुष को अंधेरे में

रखकर पालने-पोषने के बावजूद भी वे आकृतियों का प्रत्यक्षण लगभग कर लेते थे। हेब्ब ने इन दोनों के प्रयोगों के परिणामों को ठीक ढंग से विश्लेषित किया और पाया कि यद्यपि ऐसे प्राणियों द्वारा आकृतियों की पहचान कर उन्हें विभेदित कर लिया जाता है, फिर भी उनका प्रत्यक्षण उतना स्पष्ट नहीं था जितना कि एक सामान्य प्राणी का जिन्हें जन्म से ही पर्याप्त रोशनी में रखकर पाला-पोषा गया था। हेब्ब का यह भी मत था कि ऐसे मनुष्य या पशु को प्रशिक्षण (training) की जितनी आवश्यकता होती है, उतनी आवश्यकता सामान्य पशु या मनुष्य को नहीं होता है। इन्होंने यह बतलाया कि ऐसे प्राणी को सही दिशा में आँख गति (eye movement) करने का प्रशिक्षण दिया जाना चाहिए और तब ही इनसे वस्तुओं या आकृतियों के प्रत्यक्षण में पूर्ण स्पष्टता की उम्मीद की जा सकती है। इसे स्पष्ट होता है कि हेब्ब के दृष्टिकोण में सही एवं स्पष्ट प्रत्यक्षण के लिए प्राणी को पर्याप्त प्रशिक्षण देना भी अनिवार्य है।

चूँकि हेब्ब के उपागम (approach) में प्रत्यक्षणात्मक प्रक्रिया में गत अनुभूति या सीखना या प्रशिक्षण अनिवार्य है इसलिए एक 'द्वैध चिह्न प्रक्रम' (dual trace mechanism) के सम्प्रत्यय के अस्तित्व को स्वीकार किया गया है। द्वैध चिह्न प्रक्रम से तात्पर्य एक ऐसा प्रक्रम से होता है जिसके प्रभाव से मस्तिष्क में लघु अवधि के लिए उत्पन्न गुंजायमान कम्पन या दौरा (reverberating circuits) तंत्रिका कोशिकाओं (nerve cell or neurons) के बीच उतने समय तक आपस में सम्बन्ध बनाये रखते हैं जितने समय तक उनमें एक स्थायी साहचर्य (permanent association) स्थापित हो सके। इस स्थायी साहचर्य की व्याख्या इस प्रकार की गयी है। जब कोशिका 'A' का एक्सॉन (axon) कोशिका 'B' को बार-बार उत्तेजित कर पाता है, तो इससे किसी एक कोशिका या दोनों कोशिकाओं में चयापचयी परिवर्तन (metabolic changes) इस तरह का होता है कि कोशिका 'A' में कोशिका 'B' को उत्तेजित करने की क्षमता में अपने आप वृद्धि हो जाती है। चूँकि प्रत्यक्षण को एक साहचर्यवादी तंत्रिकीय प्रक्रिया (associative neural process) माना गया है, जिनमें प्रशिक्षण या सीखना भी सम्मिलित होता है, हेब्ब का मत है कि इस तरह का कॉर्टिकल संगठन (cortical organisation) या कोश संग्रहण सिर्फ दृष्टि क्षेत्र (अर्थात ब्रोका क्षेत्र संख्या 17) में ही नहीं होता है बल्कि उसके इर्द-गिर्द के क्षेत्र अर्थात क्षेत्र संख्या 18, 19, 20 आदि में भी होते पाया जाता है। हेब्ब ने यह स्पष्टतः दिखलाया है कि ब्रोका क्षेत्र संख्या 17 में उत्पन्न उत्तेजना अगल-बगल के क्षेत्रों में तंत्रकीय सम्बन्धों (neural connection) के साथ संयोजित हो जाते हैं। इस तरह से न्यूरोन या तंत्रिका कोशों का एक समूह आपस में कार्यात्मक रूप से (functionally) संगठित हो जाता है, और इस तरह के संगठन को कोशिका संग्रहण (cell assembly) कहा जाता है। दूसरे शब्दों में, कोशिका संग्रहण एक ऐसा अन्तर सम्बन्ध तंत्रकीय पैकेज (interrelated neurological package) है जो बाह्य उद्दीपक, आंतरिक उद्दीपक या इन दोनों के संयोग से उत्तेजित होता है। हेब्ब के अनुसार कोशिका संग्रहण के अभाव से किसी प्रकार का प्रत्यक्षण सम्भव नहीं है। इस तरह से कोशिका संग्रहण प्रत्यक्षण का एक मौलिक इकाई (basic unit) है तथा साधारण प्रत्यक्षण का एक दैहिक आधार (physiological basis) भी है।

कोशिका संग्रहण (cell assembly) का बड़ा या छोटा होना इस बात पर निर्भर करता है कि उसके द्वारा किस तरह के पर्यावरणी उद्दीपक का प्रतिनिधित्व हो रहा है। जैसे, एक 'दरवाजा' के प्रत्यक्षण से सम्बन्धित कोशिका संग्रहण (cell assembly) छोटा होगा परंतु पूरे 'मकान' के प्रत्यक्षण से सम्बन्धित कोशिका संग्रहण का आकार बड़ा होगा क्योंकि दरवाजा के प्रत्यक्षण से बनने वाले कोशिका संग्रहण में उत्तेजित न्यूरोन की संख्या कम होगी परंतु पूरे मकान के प्रत्यक्षण से बनने वाले कोशिका संग्रहण में उत्तेजित न्यूरोन की संख्या अधिक होगी।

हेब्ब के उपागम (approach) में प्रत्यक्षण की जो व्याख्या की गयी है, उसका दूसरा महत्त्वपूर्ण पहलू *अवस्था क्रम* (phase sequence) है। जिस तरह से एक ही वस्तु के विभिन्न पहलू आपस में तंत्रकीय रूप से (neurologically) सम्बन्धित होकर कोशिका संग्रहण (cell assembly) का निर्माण करते हैं, उसी तरह कई कोशिका संग्रहण तंत्रकीय रूप से आपस में मिलकर *अवस्था क्रम* (phase sequence) निर्माण करते हैं। हेब्ब[1] (Hebb, 1959) के शब्दों में अवस्था क्रम को इस प्रकार परिभाषित किया गया है, *''अवस्था क्रम संग्रहण क्रियाओं का एक अस्थायी रूप से संगठित क्रम होता है। यह चिन्तन सरिता में प्रवाह के समान होता है।''* एक बार जब अवस्था क्रम (phase sequence) का निर्माण हो जाता है, तो वह बाह्य उद्दीपक, आन्तरिक उद्दीपक या दोनों ही तरह के उद्दीपकों के संयोग से उत्तेजित हो सकता है। जब किसी अवस्था क्रम का एक कोशिका संग्रहण (cell assembly) या कई कोशिका संग्रहण उत्तेजित होते हैं, तो पूरे अवस्था क्रम

1. "A phase sequence is a temporarily integrated series of assembly activities, it amounts to one current in the stream of thought." —Hebb (1959) A neorphysiological theory. In S. Koch (Ed.) *Psychology : A study of a science* (Vol. 1), New York : McGraw Hill.

के सभी कोशिका संग्रहण उत्तेजित हो जाते हैं। जब अवस्था क्रम उत्तेजित होता है तो इससे व्यक्ति में चिन्तन सरिता का अनुभव होता है अर्थात उसके मन में कई विचार एक तार्किक कार्यक्रम (logical order) नें आना प्रारम्भ हो जाते हैं।

अवस्था क्रम (phase sequence) व्यक्ति के प्रत्यक्षण में किस तरह की भूमिका निभाता है, उसे इस प्रकार समझाया जा सकता है। मान लिया जाय कोई प्रयोज्य एक त्रिभुज (triangle) पर देखता है और अपनी आँख 'A' बिन्दु पर केन्द्रित करता है (चित्र 4.7 देखें)। इस तरह के केन्द्रीकरण से प्रयोज्य के कॉर्टेक्स में कोशिका संग्रहण (cell assembly) की प्रक्रिया प्रारम्भ होगी। यहाँ व्यक्ति में 'A' बिन्दु का प्रत्यक्षण होगा तथा साथ-ही-साथ उसमें दो अन्य कोण अर्थात 'B' या 'C' के प्रति नेत्र गोलक (eye ball) में गति उत्पन्न होगा। इसी तरह की अवस्था उस समय भी उत्पन्न होगी जब व्यक्ति कोण 'C' या 'B' में से किसी एक बिन्दु पर अपना ध्यान केन्द्रित करेगा। तीनों कोणों पर बारी-बारी से ध्यान केन्द्रित करने पर एक अनियमित तंत्रकीय संग्रहण (irregular neuronic assembly) उत्पन्न होगा। ये तीनों तरह की कोशिका संग्रहण अर्थात a, b तथा c विशेष तरह के पेशीय क्रियाएँ (motor activities) अर्थात नेत्र गोलक (eye ball) की गति से सम्बन्धित होते हैं। सच्चाई यह है कि व्यक्ति में त्रिभुज के एक कोण से दूसरे कोण की ओर देखने की प्रवृत्ति सतत (continuous) होती है। इसका परिणाम यह होता है कि इन तीनों तरह के स्वतंत्र कोश संग्रहणों (cell assemblies) जो एक क्रम में एक-दूसरे के बाद होते हैं, की मदद से एक तरह का अन्तर सहायता (interfacilitation) की प्रक्रिया अर्थात इन तीनों कोशिका संग्रहणों के बीच संधिस्थलीय सम्बन्ध (synaptic connection) की प्रक्रिया होने लगती है। इस तरह की अन्तर सहायता की प्रक्रिया से एक नया श्रेष्ठ तंत्र (superordinate super system) का विकास होता है जिसे हेब्ब ने अंग्रेजी के छोटा 'टी' (t) अक्षर से संकेतिक किया है। t सम्पूर्ण प्रत्यक्षण (whole perception) का द्योतक है। इस तरह से उपर्युक्त उदाहरण में t कोशिकाओं का एक संग्रहण है जिससे पूरे त्रिभुज का प्रत्यक्षण होता है। इस पूरे त्रिभूज के प्रत्यक्षण को त्रिभुज के तीनों कोणों के प्रत्यक्षण से भिन्न माना जाता है।

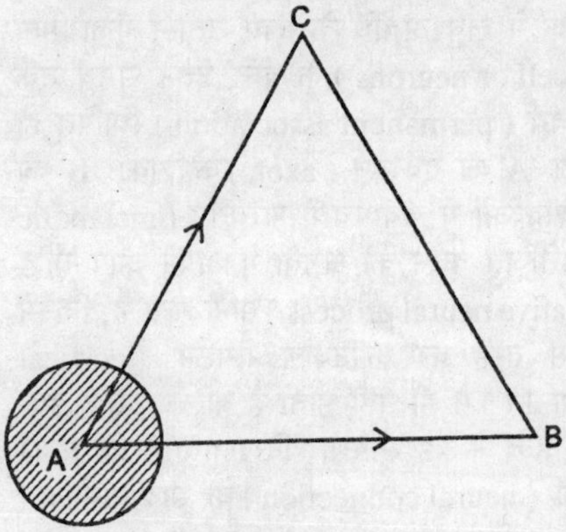

चित्र 4.7

इस उपागम का सबसे महत्त्वपूर्ण तथ्य यह है कि इसके माध्यम से जटिल प्रत्यक्षण (complex perception) की व्याख्या होती है। उपर्युक्त त्रिभुज (triangle) के 'A' बिन्दु पर देखने से व्यक्ति में कोशिका संग्रहण 'a' की उत्पत्ति होती है। इसके साथ-ही-साथ दो विरोधी या असंगत नेत्र गति (incompatible eye movement) की प्रवृत्तियाँ भी उत्पन्न हो जातीं हैं। इन दो प्रवृत्ति में से एक प्रवृत्ति हमेशा देहली (threshold) के नीचे होता है तथा दूसरी प्रवृत्ति देहली से ऊपर होता है। बाद की प्रवृत्ति अर्थात दूसरी प्रवृत्ति से आँख के स्थायीकरण बिन्दु (fixation point) में अर्थात् "A" बिन्दु में परिवर्तन होता है। अर्थात नेत्र गोलक त्रिभूज के कोण 'B' तथा 'C' की ओर देखने के लिए मुड़ने लगता है जिससे क्रमशः कोशिका संग्रहण 'b' तथा 'c' की उत्पत्ति होती है। इसी तरह से यदि व्यक्ति की आँख 'C' कोण पर केन्द्रित होता है तो उसमें 'A' तथा 'B' कोण की ओर देखने की असंगत प्रवृत्ति तथा 'B' कोण पर केन्द्रित होने पर 'A' तथा 'C' कोण की ओर देखने की असंगत प्रवृत्ति उत्पन्न होती है। इस प्रक्रिया में कोई नियमितता नहीं होती है। ऐसे व्यक्ति में स्थायीकरण का क्रम इस प्रकार हो जाता है a-b-c-b-c-a-b-a, जब व्यक्ति में t (अर्थात सम्पूर्ण प्रत्यक्षण) संगठित हो जाता है तो दूसरी क्रिया (activity) से a, b, c जैसे तत्त्व (component) प्रतिस्थापित नहीं होते हैं बल्कि सच्चाई यह है कि t का प्रत्यक्षण बीच-बीच में आते रहता है। इसका परिणाम यह होता है कि इस तरह का अवस्था क्रम (phase sequence) बन जाता है—a-b-t-a-c-t-c-t-b. इस अवस्था क्रम से यह पता चलता है कि किसी वस्तु का सम्पूर्ण प्रत्यक्षण (t) क्षणिक होता है तथा यह उस वस्तु के अन्य भागों के प्रत्यक्षण से एकान्तरित (alternate) होते रहता है।

यदि हम हेब्ब द्वारा प्रतिपादित उपागम (approach) की तुलना गेस्टाल्ट उपागम (Gestalt approach) से करें तो यह स्पष्ट होगा कि निम्नांकित दो बिन्दुएँ ऐसी हैं जिनपर हेब्ब उपागम की श्रेष्ठता बनी हुई है—

(i) हेब्ब उपागम में इस बात पर अधिक बल डाला गया है कि व्यक्ति क्या प्रत्यक्षण कर रहा है?

(ii) हेब्ब उपागम में प्रत्यक्षण में गत अनुभूतियों (past experience) तथा सीखने के महत्त्व पर पर्याप्त बल दिया गया है।

इनके बावजूद इस उपागम में कुछ दोष हैं जो निम्नांकित हैं—

(i) हेब्ब उपागम की मान्यताएँ इतनी अस्पष्ट तथा दैहिक है कि उनके लिए प्रयोगात्मक सबूत इकट्ठा करके उसकी स्थिति को मजबूत करना मनोवैज्ञानिकों के लिए अब तक सम्भव नहीं हो पाया है।

(ii) हेब्ब उपागम में वही अवगुण है जो कुछ हद तक गेस्टाल्ट उपागम में है। दूसरे शब्दों में, हेब्ब द्वारा प्रतिपादित उपागम में सम्पूर्ण-अंश संभ्रान्ति (whole-part confusion) व्याप्त है। हेब्ब ने अपने सिद्धान्त में यह कहा है कि t का प्रत्यक्षण(सम्पूर्ण प्रत्यक्षण) एक तरह का नया श्रेष्ठ तंत्र (superordinate system) है न कि वस्तुओं के विभिन्न अंशों (parts) के प्रत्यक्षण का योग है। परंतु उनकी व्याख्या से पता चलता है कि t वास्तव में वस्तुओं के अंशों के प्रत्यक्षण का योग ही है।

(iii) कुछ आलोचकों का मत है कि हेब्ब के उपागम में कोशिका संग्रहण (cell assembly) तथा अवस्था क्रम (phase sequence) के जो सम्प्रत्यय है, वे अस्पष्ट हैं तथा इनका स्पष्ट दैहिक आधार मानव वल्कल (human cortex) में नहीं मिलता है।

इन आलोचनाओं के बावजूद हेब्ब का दैहिक उपागम बाद के मनोवैज्ञानिकों के लिए जो प्रत्यक्षण के कार्य करना चाहते थे, एक मुख्य प्रेरणा स्रोत साबित हुआ है।

गिब्सन का उपागम (Gibsonian Approach)

प्रत्यक्षण के स्वरूप की व्याख्या करने के लिए जे॰ जे॰ गिब्सन (J. J. Gibson) ने एक उपागम का प्रतिपादन किया जिसे गिब्सोनियन उपागम कहा जाता है। गिब्सन का उपागम बिल्कुल ही सरल है। गिब्सन का मत है कि पर्यावरण के उद्दीपक (stimuli) में पर्याप्त सूचनाएँ (information) मौजूद होतीं हैं। अतः प्रत्यक्षण में वस्तुओं के गुणों या विशेषताओं पर व्यक्ति को अधिक ध्यान देना चाहिए ताकि यह आसानी से निश्चित किया जा सके कि प्रत्यक्षण के लिए वस्तु की कौन विशेषता अधिक महत्त्वपूर्ण है। अतः इस सिद्धान्त का सबसे महत्त्वपूर्ण मान्यता यह है कि प्रत्यक्षण का निर्धारण प्रत्यक्षणकर्त्ता के गुणों के आधार पर न होकर वस्तु जिसका प्रत्यक्षण व्यक्ति सीधे करता है, के गुणों या विशेषताओं के आधार पर होता है। यही कारण है कि गिब्सन के प्रत्यक्ष सिद्धान्त को प्रत्यक्षण का *प्रत्यक्ष सिद्धान्त* (Direct theory) भी कहा जाता है।

गिब्सन का मत था कि प्रत्यक्षण बिलकुल ही प्रत्यक्ष (direct) होता है। जैसे, हमलोग उद्दीपक या वस्तु के गुण के आधार पर स्पष्टतः कह सकते हैं कि वह वस्तु हमसे कितनी दूरी पर है। परिणामतः हम जो पहले सीखे चुके होते हैं, उसके आधार पर उस वस्तु की दूरी के परिकलन करने की आवश्यकता नहीं होती है। इस तरह से किसी वस्तु का प्रत्यक्षण करने में व्यक्ति को अपने भीतर झाँकने की आवश्यकता नहीं होती है बल्कि सिर्फ उद्दीपक की विशेषताओं के आधार पर वह अपने प्रत्यक्षण को तीक्ष्ण कर लेता है। इसके लिए किसी फैन्सी सिद्धान्त जिसमें तड़क-भड़क अधिक हो, की कोई जरूरत नहीं है। अतः प्रत्यक्षण के बारे में गिब्सन द्वारा प्रतिपादित विचारों की सारांश इस प्रकार प्रस्तुत किया जा सकता है—

(i) प्रत्यक्षण का स्वरूप सरल एवं प्रत्यक्षण (direct) होता है।

(ii) सभी तरह के प्रत्यक्षण का आधार उद्दीपक (stimulus) की विशेषता ही होती है।

(iii) प्रत्यक्षण में प्रत्यक्षणकर्त्ता से सम्बन्धित चरों (variables) का जैसे उसकी आवश्यकता, अभिप्रेरण, अभिरुचि आदि का कोई महत्त्व नहीं होता है।

कुछ आलोचकों ने गिब्सन द्वारा प्रतिपादित उपागम की आलोचना करते हुए यह कहा है कि गिब्सन का सिद्धान्त जरूरत से ज्यादा सरल है। इन आलोचकों का मत है कि गिब्सन ने प्रत्यक्षण की व्याख्या में एक साधारण सूझ-बूझ से काम लिया है जिसमें वस्तुनिष्ठता (objectivity) तथा वैज्ञानिकता की काफी कमी है।

सूचना-संसाधन उपागम
(Information Processing Approach)

प्रत्यक्षण के इस उपागम का प्रतिपादन उन मनोवैज्ञानिकों द्वारा किया गया है जिनकी अभिरुचि कम्प्यूटर तथा संचार विज्ञान (communication science) में ज्यादा रहा है। इस उपागम में प्रत्यक्षण की व्याख्या बाह्य वातावरण या उद्दीपक से प्राप्त सूचनाओं को विभिन्न स्तर पर संसाधित (process) करके किया जाता है। 'सूचना' से तात्पर्य एक ऐसी चीज से होती है जिसके प्राप्त होने से व्यक्ति के मन में उद्दीपक के बारे में बनी अनिश्चितता (uncertainty) दूर हो जाती है। उदाहरण के लिए मान लिया जाए कि आप अपने कॉलेज के पुस्तकालय में एक विशेष किताब खोज रहे हैं। आपको मालूम है कि किताब वहाँ है परंतु किताब कहाँ पर रखा हुआ है, यह आपको पता नहीं है। अगर कोई आदमी यह बतलाता है कि वह किताब पुस्तकालय में है तो यह तथ्य आपके लिए कोई 'सूचना' नहीं कहला सकती है क्योंकि इससे आपको यह पता नहीं चलता है कि किताब कहाँ है। दूसरे शब्दों में, आपके मन में अनिश्चितता बनी की बनी ही रह जाती है। अनिश्चितता से ज्ञान की कमी की ओर संकेत मिलता है तथा सही सूचना की मात्रा का निर्धारण इस बात से होता है कि अनिश्चितता की मात्रा में कितनी कमी आती है।

सूचना संसाधन उपागम की यह मान्यता है कि व्यक्ति का प्रत्यक्षण क्षमता सीमित होती है। अतः कोई व्यक्ति बहुत सारे उद्दीपकों में से कुछ का ही प्रत्यक्षण कर पाता है। अगर व्यक्ति किसी एक सूचना पर ध्यान देता है तो उसे दूसरे तरह की सूचना को छोड़ना ही पड़ता है। प्रत्यक्षणकर्त्ता में किसी भी सूचना की प्रवाह (flow) कई चरणों में सम्पन्न होती है जिसका वर्णन निम्नांकित है—

(i) उद्दीपक *(stimulus)*—व्यक्ति के सामने कोई उद्दीपक (stimulus) उपस्थित होता है जो उसके संवेदी ग्राहक को प्रभावित करता है।

(ii) संवेदी ग्राहक *(sensory receptor)*—उद्दीपक व्यक्ति के संवेदी ग्राहक अर्थात आँख, कान, नाक, आदि को प्रभावित करता है जिससे सूचनाएँ केन्द्रीय तंत्रिका तंत्र (Central Nervous System or CNS) में पहुँचती हैं।

(iii) केन्द्रीय तंत्रिका तंत्र *(central nervous system)*—केन्द्रीय तंत्रिका तंत्र इन सूचनाओं को ग्रहण करता है। ऐसी सूचनाएँ वहाँ पहले से उपस्थित सूचनाओं से प्रभावित होतीं हैं। पहले से उपस्थित सूचनाओं को मनोवैज्ञानिक शोर (psychological voice) कहा जाता है।

(iv) कॉर्टिकल मस्तिष्कीय केन्द्र *(cortical brain centres)*—केन्द्रीय तंत्रिका तंत्र द्वारा ग्रहण की गई सूचनाओं को मस्तिष्क के विभिन्न केन्द्रों द्वारा संसाधित किया जाता है।

(v) अनुक्रिया *(response)*—अन्त में कॉटिकल मस्तिष्कीय केन्द्रों से प्राप्त सूचना के आधार पर व्यक्ति, प्रत्यक्षण की अनुक्रिया ठीक ढंग से कर पाता है।

उपर्युक्त चरणों को चित्र 4.8 में दिखलाया गया है।

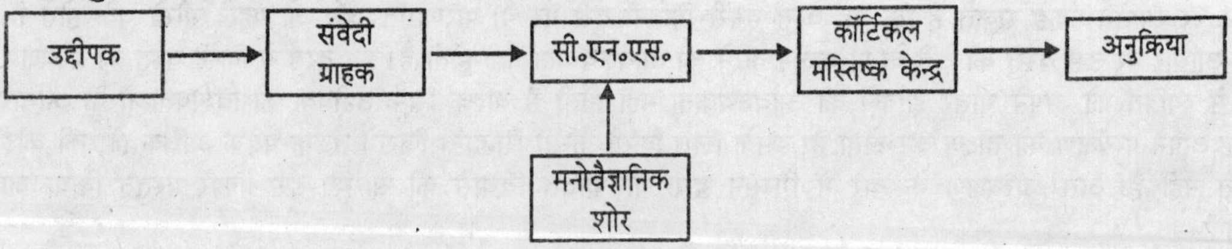

चित्र 4.8 : प्रत्यक्षणकर्त्ता के भीतर सूचना का प्रवाह

जिन मनोवैज्ञानिकों द्वारा सूचना संसाधन उपागम का समर्थन प्रदान किया गया है, उनका मत है कि सूचनाओं का संसाधन कई अवस्थाओं में होता है। जैसे, इन मनोवैज्ञानिकों का मत है कि व्यक्ति के संवेदी ग्राहकों (sensory receptors) से सूचनाएँ लघु संवेदी संचयन (brief sensory storage) में प्रवेश करता है, उससे फिर वे लघु कालीन स्मृति (short-term memory) में प्रवेश करती हैं और अन्त में दीर्घकालीन स्मृति (long term memory) में प्रवेश करती हैं। सूचना संसाधन के इस मॉडल का प्रतिपादन एटकिन्सन तथा शीफ्रिन (Atkinson & Shiffrin, 1968) द्वारा किया गया। इस मॉडल के अनुसार व्यक्ति तीन अवस्थाओं में संसाधित करते हुए सूचनाओं का प्रत्यक्षण करता है।

सूचना संसाधन उपागम के अनुसार प्रत्यक्षण, संवेदन तथा अन्य उच्चतर मानसिक प्रक्रियाएँ (higher mental porcesses) एक-दूसरे भिन्न नहीं होतीं हैं बल्कि एक-दूसरे से अंतरसम्बन्धित (interconnected) हैं। इन सबों का अध्ययन एक ही तंत्र (system) के भीतर किया जा सकता है। ये सभी एक-दूसरे पर निर्भर होते हैं। अतः उन्हें एक-दूसरे से अलग करके अध्ययन करना उचित नहीं है। जब व्यक्ति का ज्ञानेन्द्रिय (sense organ) किसी उद्दीपक से प्रभावित होता है तो उससे संवेदन होता है फिर उसका संसाधन करने से व्यक्ति को प्रत्यक्षण होता है। प्रत्यक्षित उद्दीपकों या घटनाओं को संसाधित कर व्यक्ति उसे स्मृति (memory) में लाता है।

आलोचकों का मत है कि सूचना संसाधन उपागम प्रत्यक्षण का एक प्रमाणीकृत सिद्धान्त (substantive theory) नहीं हैं। एलुईसी (Alluisi, 1970) तथा गारनर (Garner, 1962) ने अपने-अपने अध्ययनों के आधार पर यह बतलाया है कि यह उपागम या सिद्धान्त मात्र एक वर्णनात्मक दृष्टिकोण है जिसके माध्यम से बहुत सारे असम्बन्ध तथ्यों को संगठित या एकत्रित कर उन्हें अध्ययन करने में मदद मिलती है।

इन आलोचनाओं को बावजूद सूचना संसाधन सिद्धान्त द्वारा उन प्रक्रियाओं को समझने में निश्चित रूप से मदद मिलती है जो प्रत्यक्षण के प्रयोगों में उद्दीपक (stimulus) तथा अनुक्रिया (response) के बीच में आते हैं।

व्यवहारवादी उपागम या व्यवहारवादी सिद्धान्त
(Behaviouristic Approach or Behaviouristic Theory)

व्यवहारवादी सिद्धान्त के अनुसार अन्य व्यवहारों (behaviours) के समान प्रत्यक्षण (perception) भी एक प्रकार का सीखा गया व्यवहार (learned behaviour) है। इन लोगों का मत है कि प्रत्यक्षण पूर्णरूपेण एक सीखा गया व्यवहार होता है और जिन नियमों और सिद्धान्तों द्वारा अन्य व्यवहार निर्धारित होते हैं ठीक उन्हीं नियमों एवं सिद्धान्तों द्वारा प्रत्यक्षण भी निर्धारित होता है। जिस तरह से कोई सीखा गया व्यवहार, आदत रचना (habit formation), सामान्यीकरण (generalization) तथा अवरोध (inhibition) आदि के नियमों द्वारा निर्धारित होता है; उसी तरह से प्रत्यक्षण भी इन्हीं नियमों से निर्धारित होता है।

व्यवहारवादी नेटवर्क में प्रत्यक्षण की व्याख्या करने का सबसे अधिक सफल प्रयास हल्ल (Hull, 1943) द्वारा किया गया। हल का विचार था कि किसी खास समय में सभी संवेदी तन्त्रिका आवेग (sensory neural impulses) जो तन्त्रिका तन्त्र (nervous system) में सक्रिय होते हैं, एक-दूसरे के साथ अंतःक्रिया (interaction) करते हैं और एक-दूसरे को इस ढंग से परिवर्तित कर देते हैं कि उनका रूप सभी वर्तमान संवेदी आवेग (afferent impulse) से भिन्न हो जाता है। उदाहरणस्वरूप, समकालिक विरोध (simultaneous contrast) की घटना (phenomenon) को लें। यदि धूसर (gray) रंग के कागज के टुकड़े को बैगनी रंग के बड़े कागज के टुकड़े के बीच में रखा जाता है तो दृष्टि तन्त्र (visual system) धूसर कागज से उत्पन्न संवेदी तन्त्रिका आवेग बैगनी रंग के कागज से उत्पन्न संवेदी तन्त्रिका आवेग के साथ अंतःक्रिया कर दोनों तरह के संवेदी आवेगों को परिवर्तित कर एक नया रूप देता है जिसके परिणामस्वरूप धूसर रंग के कागज का टुकड़ा कुछ पीलापन (yellowish) लिए दीख पड़ता है।

व्यवहारवादियों का यह भी विचार है कि जब कोई उद्दीपक व्यक्ति के सामने कुछ देर तक रखने के बाद हटा लिया जाता है तो कुछ देर बाद तक उसका प्रभाव तन्त्रिका तन्त्र (nervous system) में होता है। इस प्रभाव को उद्दीपक-चिह्न (stimulus trace) कहा जाता है। ऐसे उद्दीपक-चिह्न वर्तमान तन्त्रिका आवेग के साथ अन्तःक्रिया (interaction) करते हैं जिसे कालिक अनतःक्रिया (temporal interaction) कहा जाता है। जैसे, किसी शब्द का सही अर्थ पहले कहे गये वाक्यों या शब्दों के संदर्भ में हम समझते हैं। यहाँ पहले कहे वाक्य या शब्द उद्दीपक चिह्न

चित्र 4.9

(stimulus trace) के उदाहरण हैं तथा वर्तमान शब्दों द्वारा वर्तमान तन्त्रिका आवेग उत्पन्न होते हैं। इन दोनों के अन्तःक्रिया होने पर शब्दों का सही अर्थ हम समझते हैं। इसके अलावा स्थानिक अन्तःक्रिया (sptial interaction) भी होता है जिसमें उद्दीपक (stimulus) व्यक्ति के सामने उपस्थित होते हैं। इन उपस्थित उद्दीपकों से उत्पन्न तन्त्रिका आवेगों (nerve impules) के बीच हुए अन्तःक्रिया (interaction) को स्थानिक अन्तःक्रिया कहा जाता है। ऊपर के उदाहरण

में धूसर कागज के टुकड़े से उत्पन्न तन्त्रिका आवेग तथा बैगनी कागज से उत्पन्न तन्त्रिका आवेग का अन्तःक्रिया (interaction) स्थानिक अन्तःक्रिया का द्योतक है क्योंकि दोनों उद्दीपक (धूसर कागज तथा बैगनी कागज) व्यक्ति के सामने उपस्थित रहते हैं।

हल (Hull) ने तन्त्रिका आवेग के बीच इन अन्तःक्रियाओं (interactions) के आधार पर एक विशेष सम्प्रत्यय (concept) का प्रतिपादन किया जिसे उद्दीपक पैटर्न्स (stimulus patterns) कहा जाता है। हल का विचार था कि जब एक ही संवेदी क्षेत्र के कई उद्दीपक बार-बार व्यक्ति के सामने उपस्थित किये जाते हैं तो इससे उद्दीपकों का एक पैटर्न (pattern) विकसित होता है जिससे ऐसी अनुक्रियाएँ (responses) उत्पन्न होतीं हैं जो उस उद्दीपक पैटर्न के किसी भी पृथक उद्दीपक द्वारा उत्पन्न अनुक्रिया से अलग होती है। हल का यह भी कहना था कि कोई उद्दीपक किसी एक पैटर्न में रहकर एक ढंग की अनुक्रिया उत्पन्न करता है तथा वही उद्दीपक दूसरे पैटर्न में रहकर दूसरी अनुक्रिया उत्पन्न करता है। इसका कारण यह है कि एक ही उद्दीपक जब भिन्न-भिन्न उद्दीपक पैटर्न में सम्मिलित होता है तो प्रत्येक पैटर्न में उसका प्रकार एवं गुण बदल जाता है। उद्दीपकों के इस पैटर्निंग (patterning) के आधार पर हल्ल (Hull) ने यह बतलाया है कि भिन्न-भिन्न परिस्थितियों में एक ही उद्दीपक के अर्थ बदल जाते हैं। इसका एक उदाहरण चित्र 4.9 में दिया गया है। इस चित्र में बायीं ओर का शब्द 'सॉर्ड' है जिसका मतलब हिन्दी में तलवार होता है तथा दायीं ओर 'एट थाऊजेण्ड फिफ्टी थ्री' (आठ हजार तिरपन) लिखा हुआ हम देखते हैं। अब 'सॉर्ड' के 'S' तथा 'O' और 'एट थाऊजेण्ड फिफ्टी थ्री का 'जीरो' (0) तथा फाइव (5) के प्रत्यक्षण पर ध्यान दें। ये दोनों उद्दीपक दोनों ही परिस्थितियों में समरूप (identical) हैं यानी समान ढंग से लिखा गया है, फिर भी शब्द के संदर्भ में इसे 'एस' तथा 'ओ' के रूप में पढ़ा जाता है तथा अंक के संदर्भ में इसे 'फाइव' (पाँच) तथा 'जीरो' (शून्य) पढ़ा जाता है। अतः एक ही उद्दीपक का अर्थ भिन्न-भिन्न उद्दीपक पैटर्न्स (patterns) में अलग-अलग होता है।

कुछ व्यवहारवादियों ने उद्दीपक में पैटर्निंग के तथ्य (fact) को साबित करने के लिए कुछ प्रयोग भी किये हैं जिसमें वुडबरी (Woodburry, 1943) द्वारा कुत्तों पर किया गया प्रयोग अधिक महत्त्वपूर्ण है। उन्होंने 'डिक' (Dick) नामक कुत्ता पर प्रयोग किया। इस प्रयोग में उच्चस्वर (high-pitched sound) तथा मन्द स्वर (low-pitched sound) एक साथ दिये जाने पर कुत्ता जब अनुक्रिया करता था अर्थात् लकड़ी के बने पिंजड़े के छड़ (bar) में अपना मुँह रगड़ने की अनुक्रिया करता था, तो उसे भोजन (food) दिया जाता था। परन्तु इन दोनों उद्दीपकों अर्थात उच्च स्वर तथा मंद स्वर में से कोई एक ही स्वर उपस्थित होने पर भी यदि कुत्ता मुँह रगड़ने की अनुक्रिया करता था तो उसे भोजन नहीं दिया जाता था। परिणाम में देखा गया कि कुत्ता उच्च स्वर तथा मन्द स्वर के अलग-अलग उपस्थिति किये जाने पर अनुक्रिया न करना सीख लिया परन्तु इन दोनों उद्दीपकों को एक साथ उपस्थित किये जाने पर अनुक्रिया करना सीख लिया। इस अध्ययन से यह स्पष्ट है कि कुत्ता में एक उद्दीपक पैटर्न (stimulus pattern) विकसित हो गया था। इस उद्दीपक पैटर्न (अर्थात दोनों स्वरों को एक साथ देने पर) द्वारा अनुक्रिया उत्पन्न होता था परन्तु उसी पैटर्न का उद्दीपक पृथक रूप से देने से कोई भी अनुक्रिया उत्पन्न नहीं होता था। इसी विधि (method) तथा उपकरण (apparatus) का उपयोग करते हुए वुडबरी (Woodbury, 1943) ने एक दूसरा प्रयोग दो अन्य कुत्तों पर किया। एक कुत्ता का नाम 'टेड' (Ted) तथा दूसरे कुत्ते का नाम 'बेंग्ट' (Benget) था। इस प्रयोग में सामयिक पैटर्निंग (temporal patterning) का अध्ययन किया गया। इस अध्ययन में उच्च स्वर (high-pitched sound) उपस्थित करने के एक सेकेण्ड बाद मन्द स्वर उपस्थित किया जाता था । इस तरह उच्च स्वर तथा मंद स्वर को एक खास क्रम (उच्च स्वर-मंद स्वर क्रम) में उपस्थित करने पर यदि 'टेड' अनुक्रिया करता था तो उसे भोजन दिया जाता था परन्तु इस क्रम में उपस्थित होने पर यदि 'बेंग्ट' (Bengt) अनुक्रिया करता था तो उसे भोजन नहीं दिया जाता था। परन्तु दोनों उद्दीपकों को दूसरे क्रम यानी मंद स्वर-उच्च स्वर क्रम में देने पर यदि 'बेंग्ट' अनुक्रिया करता था, तो उसे भोजन दिया जाता था परन्तु यदि 'टेड' अनुक्रिया करता था, तो उसे भोजन नहीं दिया जाता था। इन प्रक्रियाओं को कई बार दुहराने पर देखा गया कि कुत्ता में उद्दीपक पैटर्निंग (stimulus patterning) विकसित हो गया हालाँकि इसमें काफी समय लगा। कुछ मनोवैज्ञानिकों का विचार है कि वुडबरी के प्रयोग से प्रत्यक्षण (perception) की प्रक्रिया को समझने में कोई खास मदद नहीं मिलती है क्योंकि उनके प्रयोग का सीधा सम्बन्ध विभेद सीखना (discrimination learning) से है न कि प्रत्यक्षण से। इस विचार के बावजूद भी ऑसगुड (Osgood, 1953) का मत है कि बुडबरी के प्रयोग से प्राप्त तथ्य (fact) कई प्रत्यक्षणात्मक प्रक्रियाओं (processes) को समझने का आधार है। कुछ लोगों ने प्रत्यक्षण के इस व्यवहारवादी सिद्धान्त की आलोचना निम्नांकित कारकों (factors) के आधार पर किया है—

(i) कुछ व्यवहारवादियों का ही कहना है कि हल द्वारा प्रत्यक्षण की व्याख्या जो अन्तःक्रिया पूर्वकल्पना (interaction hypothesis) द्वारा की गयी है उसमें बहुत से रहस्यपूर्ण (mysterious) सम्प्रत्यय (concept) है जिनका वस्तुनिष्ठ रूप से अध्ययन करना सम्भव नहीं है।

(ii) गेस्टाल्टवादियों (Gestaltists) का कहना है कि प्रत्यक्षण की व्याख्या अन्तःक्रिया पूर्वकल्पना (interaction hypothesis) द्वारा करके जिसमें विभिन्न प्रकार के उद्दीपक चिह्न की अन्तःक्रिया (interaction) तथा उद्दीपक पैटर्निंग (stimulus patterning) की बातें की गयी हैं, हल ने उनलोगों की व्याख्या के क्षेत्र में अनाधिकार प्रवेश किया है।

(iii) ऑसगुड[1] (Osgood, 1953) के अनुसार हल (Hull) द्वारा प्रत्यक्षण की जो व्याख्या की गई हैं, वह घटिया (gross) है। सच्चाई यह है कि मात्र इतना कह देने से की प्रत्यक्षण में सभी संवेदी तंत्रिका आवेग (sensory nerve impluses) आपस में अन्तःक्रिया करते हैं, से कोई विशेष अर्थ नहीं निकलता है। ऑसगुड[1] (Osgood, 1953) के ही शब्दों में "हल के सूत्रीकरण (formulation) में कठिनाई यह है कि यह अत्यधिक घटिया (gross) है। मात्र इतना कह देने से कि संवेदी आवेग आपस में अन्तःक्रिया करते हैं, कुछ भी व्याख्या नहीं होती है।"

इन आलोचनाओं के बावजूद भी व्यवहारवादियों के प्रत्यक्षण का सिद्धान्त काफी महत्त्वपूर्ण है। शोधकर्त्ताओं एवं प्रयोगकर्त्ताओं ने अनेक तंत्रिका सम्बन्धी (neurological) एवं व्यवहारपरक (behavioural) सबूतें प्रस्तुत कर यह दिखला दिया है कि हल की अन्तःक्रिया प्राक्कल्पना (interaction hypothesis) से प्रत्यक्षण के कई पहलुओं की व्याख्या संतोषजनक ढंग से करता है।

प्रत्यक्षज्ञाणात्मक संगठन जन्मजात होता है या अर्जित?
(Is Perceptual Organisation Innate or Acquired?)

प्रत्यक्षज्ञाणात्मक संगठन एक ऐसी प्रक्रिया है जिसके माध्यम से किसी वस्तु का प्रत्यक्षण स्पष्टतः एक निश्चित पृष्ठभूमि पर उसे एक निश्चित एवं स्पष्ट आकार के साथ करता है। क्या प्रत्यक्षज्ञाणात्मक संगठन की प्रक्रिया जन्मजात होती है या अर्जित होती है? इस प्रश्न को लेकर मनोवैज्ञानिकों में विशेषकर गेस्टाल्टवादियों (Gestaltists) तथा व्यवहारवादियों (Behaviourists) के बीच काफी मतभेद रहा है। गेस्टाल्टवादियों एवं उनके समर्थकों का मत है कि प्रत्यक्षज्ञाणात्मक संगठन जन्मजात होता है। इनका मत है कि केन्द्रीय तंत्रिका तंत्र में कुछ जन्मजात ऐसे दैहिक गुण (physiological properties) होते हैं जिनके कारण प्रत्यक्षज्ञाणात्मक संगठन की प्रक्रिया जन्मजात होती है। व्यवहारवादियों (behaviourists) एवं उनके समर्थकों का मत हैं कि अन्य व्यवहारों के समान प्रत्यक्षज्ञाणात्मक संगठन अर्जित होता है। दोनों पक्षों ने अपने-अपने तर्क के पक्ष में प्रयोगात्मक सबूत उपलब्ध किये हैं, जिनका वर्णन निम्नांकित है—

(1) प्रत्यक्षज्ञाणात्मक संगठन की प्रक्रिया जनमजात होने के पक्ष में प्रयोगात्मक सबूत—प्रत्यक्षज्ञाणात्मक संगठन एक जन्मजात प्रक्रिया है, इसे दिखाने के लिए फैंज (Fantz, 1957) ने एक प्रयोग नवजात चूजों (chickens) पर किया। इस प्रयोग में अंडा से निकलने के तुरंत बाद चूजों को कई छोटे-छोटे वस्तुएँ जो उनके भोजन के छोटे-छोटे गोल-गोल दाने से मिलते-जुलते थे, दिखाई गयीं। परिणाम में देखा गया कि चूजे इन वस्तुओं पर चोंच मारते देखे गये। इस प्रयोग के आधार पर वे इस परिणाम पर पहुँचे कि नवजात चूजों में पहले से किसी तरह की सीखी गयी अनुभूति की पूर्ण कमी होने के बावजूद अपने भोजन से मिलते-जुलते चीजों का प्रत्यक्षण करने की क्षमता थी जिससे यह निष्कर्ष निकलता है इन चूजों में प्रत्यक्षज्ञाणात्मक संगठन की क्षमता जन्मजात थी। हास्स (Hass, 1959) ने एक दूसरा प्रयोग किया जिसमें उन्होंने चूजों के प्रत्यक्षज्ञाणात्मक अनुभूति को चूजों की आँख पर प्रिज्म धूप-चश्मा (prism goggles) लगाकर बदलने की कोशिश की। इस प्रिज्म धूप चश्मा को लगा लेने के बाद चूजों को कोई भी वस्तु अपने वास्तविक जगह से कुछ अंश (degree) विस्थापित नजर आती थी। इन चूजों को भोजन प्राप्त करने के लिए भोजन रखे गये जगह से कुछ अंश (degree) अलग जो उसे प्रिज्म धूप चश्मा से दिखाई देता था, पर चोंच मारना सीखना था। परिणाम में देखा गया कि चूजों द्वारा ऐसा करना कभी नहीं सीखा गया बल्कि वे ठीक उसी जगह पर चोंच मारते पाये गये जहाँ भोजन का वास्तविक जगह था। इससे साबित होता है कि इन चूजों में वस्तुओं के आकार, स्थान आदि के प्रत्यक्षण की एक जन्मजात क्षमता थी जो प्रयोगकर्त्ता के कोशिश के बावजूद भी परिवर्तित नहीं हो सका। फैंज (Fantz, 1961) ने एक अध्ययन शिशुओं पर किया: इस अध्ययन में उन्होंने पाया कि जन्म के करीब 4 दिन बाद इन शिशुओं को मानव चेहरा

के समान चेहरा तथा मानव चेहरा का विकृत प्रारूप दिखलाया गया। परिणाम में देखा गया कि इन मानव शिशुओं में स्पष्ट मानव चेहरा पर न कि विकृत मानव चेहरा पर गौर से देखने की एक जन्मजात प्रवृत्ति थी। इसके आधार पर पुनः यह सबूत मिलता है कि प्रत्यक्षज्ञाणात्मक संगठन की प्रक्रिया जन्मजात होती है।

गेस्टाल्टवादियों ने अपने मशहूर समकृतिकता के नियम (principle of isomorphism) के सहारे यह दिखलाने की कोशिश किये हैं कि प्रत्यक्षज्ञाणात्मक संगठन की प्रवृत्ति व्यक्ति में जन्मजात होती है। इस नियम के अनुसार जो कुछ भी व्यक्ति देखता है उसका एक स्पष्ट आधार केन्द्रीय तंत्रिका तंत्र (central nervous system) में होता है। इसके समर्थन में कोहलर तथा हेल्ड (Kohler & Held 1949) ने एक प्रयोग किया जिसमें जब प्रयोज्य के आँख के सामने से दृष्टि उद्दीपक (visual stimuli) को ले जाया जाता था तो मस्तिष्क के दृष्टि क्षेत्र से प्राप्त होने वाले उसके EEG (electroencephalogram) को रिकार्ड किया गया। परिणाम में पाया गया कि ऐसी परिस्थिति में EEG द्वारा अभिलेखित मस्तिष्कीय तरंग (brain waves) में कुछ परिवर्तन होते पाए गए जिसमें इस बात का स्पष्ट सबूत मिलता है कि प्रत्यक्षज्ञाणात्मक क्षेत्र (perceptual field) तथा दैहिक मस्तिष्कीय क्षेत्र (physiological brain field) में स्पष्ट सम्बन्ध है और यह सम्बन्ध का स्वरूप अर्जित न होकर जन्मजात होता है।

उपर्युक्त तथ्यों के आलोक में हम इस निष्कर्ष पर पहुँचते हैं कि प्रत्यक्षज्ञाणात्मक संगठन की प्रक्रिया का आधार बहुत हद तक जन्मजात होता है।

(2) प्रत्यक्षज्ञाणात्मक संगठन की प्रक्रिया अर्जित होने के पक्ष में सबूत—कई मनोवैज्ञानिकों ने जिनमें व्यवहारवादियों तथा उनके समर्थकों की भूमिका प्रधान रही है, का मत है कि प्रत्यक्षज्ञाणात्मक संगठन की प्रक्रिया जन्मजात न होकर अर्जित होती है। रिसेन तथा ऐरोन्स (Riesen & Aarons, 1969) ने एक प्रयोग बिल्ली के बच्चों पर किया। इन्होंने बिल्ली के इन बच्चों को सामान्य दृष्टि वातावरण (normal visual environment) में रखकर पाला-पोषा परंतु उन्हें घूमने-फिरने या चलने पर रोक लगा दी गयी थी। परिणाम में देखा गया कि इन बच्चों का दृष्टि विभेदन (visual discrimination) क्षमता अविकसित थी तथा प्रत्यक्षज्ञाणात्मक आकार (form), दूरी (distance) आदि का भी प्रत्यक्षण काफी असंतोषजनक पाया गया। प्रयोगकर्त्ताओं ने इस परिणाम की व्याख्या करते हुए यह कहा कि ऐसा परिणाम इसलिए आया क्योंकि बिल्ली के इन बच्चों को चूँकि घूमने-फिरने नहीं दिया जाता था, अतः उन्हें बाहरी पर्यावरण के साथ होने वाले अन्तःक्रिया की अनुभूतियों की कमी थी। इन अनुभूतियों के कमी के कारण उनका प्रत्यक्षज्ञाणात्मक संगठन काफी असंतोषजनक था अर्थात उनमें आकार, दूरी आदि का स्पष्ट प्रत्यक्षण नहीं हो रहा था।

अतीन्द्रिय प्रत्यक्षण
(Extrasensory Perception or ESP)

परामनोविज्ञान (Parapsychology) एक ऐसा पद है जिसके बारे में काफी वाद-विवाद तथा शक-शुभाएँ आज भी मौजूद हैं। कुछ मनोवैज्ञानिक इसके अस्तित्व को स्वीकार करते हैं तो कुछ उसे अवैज्ञानिक घोषित कर अस्वीकृत कर देते हैं। प्रश्न है कि परामनोविज्ञान एक ऐसा आधुनिक पद है जिसमें परामानसिक घटनाओं (parapsychical events) का संगठित वैज्ञानिक अध्ययन किया जाता है। परामानसिक घटनाओं जिनका परामनोविज्ञान में काफी अध्ययन किया गया है, में अतीन्द्रिय प्रत्यक्षण (Extrasensory perception or ESP) तथा साइकोकाइनेसिस (psychokinesis or PK) प्रधान हैं। अतीन्द्रिय प्रत्यक्षण (ESP) से तात्पर्य ऐसे प्रत्यक्षण या संज्ञान से होता है जो ज्ञानेन्द्रियों (sense organs) में होने वाले ज्ञात दैहिक प्रक्रियाओं से स्वतंत्र होता है। दूसरे शब्दों में, यह कहा जा सकता है कि किसी भी तरह के प्रत्यक्षण के होने के लिए ज्ञानेन्द्रियों में कुछ दैहिक परिवर्तन का होना अनिवार्य है परंतु अतीन्द्रिय प्रत्यक्षण इन ज्ञात दैहिक परिवर्तन से परे होता है अर्थात् ऐसे परिवर्तनों की अनुपस्थिति में ही व्यक्ति को प्रत्यक्षण होता है। शायद यही कारण है कि कुछ मनोवैज्ञानिक ऐसे प्रत्यक्षण के अस्तित्व को मानने से इनकार कर देते हैं। ESP के निम्नांकित तीन प्रमुख प्रकार होते हैं—

1. दूरबोध *(Telepathy)*—दूरबोध से तात्पर्य बिना किसी उपयुक्त संचार (communication) के ही दूसरे के मन से उत्पन्न विचार, इच्छा आदि को बतला देने की क्षमता से होता है।

2. अतीन्द्रिय दृष्टि *(Clairvyonace)*—ऐसे वस्तुओं एवं घटनाओं का प्रत्यक्षण जो ज्ञानेन्द्रिय को किसी प्रकार का उद्दीपक (stimulus) नहीं प्रदान करता है, अतीन्द्रिय दृष्टि कहलाता है। जैसे, किसी वक्स में रखे गए वस्तुओं की वास्तविक संख्या को सही-सही बतलाना अतीन्द्रिय दृष्टि का उदाहरण होगा।

3. प्राक्संज्ञान (*Precognition*)—प्राक्संज्ञान से तात्पर्य भविष्य के ज्ञान से होता है। इसमें व्यक्ति को भविष्य में दूसरे व्यक्ति द्वारा किये गए चिन्तन या भविष्य में होने वाली घटनाओं का ज्ञान हो जाता है।

अतीन्द्रिय प्रत्यक्षण के अलावा एक अन्य परामानसिक घटना (parapsychogical event) है जिसे साइकोकाइनेसिस (psychokinesis or PK) कहा जाता है, पर भी मनोवैाानिकों का ध्यान गया है। PK में व्यक्ति अपनी मानसिक शक्ति या इच्छा से बाह्य वस्तुओं में बिना किसी तरह के शारीरिक बल का उपयोग किये परिवर्तन लाने में सफल होता है। PK को 'आकाशगामिता' (levitation) भी कहा जाता है।

परामनोविज्ञान में सबसे महत्त्वपूर्ण कार्य जे॰बी॰राईन (J.B. Rhine) द्वारा किया गया है। इन्होंने हारवार्ड विश्वविधालय में जाकर ESP पर विशेष रूप से अध्ययन किये और ESP के क्षेत्र को वैज्ञानिक स्वरूप प्रदत्त किये। राईन (Rhine, 1942) ने कार्ड अनुमान प्रविधि (card-guessing procedure) द्वारा ESP का अध्ययन किया है। ESP के अध्ययन करने के लिए 25 कार्ड का एक सेट तैयार किया गया है। कार्ड में पाँच तरह के चिह्न (symbol) अर्थात क्रॉस (cross), तरंग (wave), वृत्त (circle), तारा (star) एवं आयत (rectangle) बने हुए थे। (चित्र 4.10 देखें) प्रत्येक चिह्न के पाँच-पाँच कार्ड थे। इन 25 कार्डों को मिलाकर प्रयोज्य के सामने पाँच के सेट में से एक-एक करके रखा जाता है तथा प्रयोज्य को यह बतलाना होता है कि अमुक कार्ड पर कौन-सा चिह्न अंकित है। अगर प्रयोगकर्त्ता प्रयोज्य के अनुक्रिया करने के पहले प्रत्येक ऐसे रखे जाने वाले कार्ड पर देखता है, तो दूरबोध (telepathy) की जाँच होती है। परंतु जब प्रयोगकर्त्ता ऐसा नहीं करता है और प्रयोज्य सही कार्ड का अनुमान लगाता है, तो इससे अतीन्द्रिय दृष्टि (clairvoyance) की जाँच होती है। परंतु जब कार्ड को मिलाने और उसे प्रयोज्य के सामने रखने के पहले ही प्रयोज्य कार्ड की सही स्थिति का अनुमान कर लेता है, तो उससे प्राक्संज्ञान (prerecognition) की जाँच होती है।

बहुत से ऐसे प्रयोगों के परिणाम मे यह पता चला है कि कुछ प्रयोज्य संयोग प्रत्याशा (chance expectation) के आधार पर सार्थक रूप से ऊपर प्राप्तांक ला पाने में समर्थ हुए। उक्त प्रयोग में पाँच-पाँच कार्ड के सेट में संयोग से (by chance) प्रयोज्य को 1 कार्ड में सफलता मिल सकती थी अर्थात् 25 कार्ड में मात्र पाँच कार्ड में अनुमान (guess) के आधार पर सही अनुक्रिया प्रयोज्य कर सकता है। प्रयोग के परिणाम में देखा गया कि कई प्रयोज्यों ने 25 कार्ड में से पाँच से अधिक कार्डो का सही-सही पहचान कर सकने में समर्थ हो पाये। इस परिणाम के आलोक में ESP की वैधता को स्वीकार करने के लिए अधिकतर मनोवैज्ञानिक बाध्य हो जाते हैं।

यद्यपि कार्ड अनुमान विधि (card guessing method) द्वारा ESP का अध्ययन किया जाना एक कृत्रिम प्रक्रिया है जो उत्तम मानसिक निष्पादन के लिए उपयुक्त नहीं मालूम पड़ती है, फिर भी इसके निम्नांकित तीन लाभ बतलाये गये हैं—

(i) इस तरह के प्रयोग को पूर्ण नियंत्रित करके उसे प्रयोज्यों द्वारा किये जाने वाले सम्भावित धोखा-घड़ी (cheating) से बचाया जा सकता है।

(ii) प्रयोग को एक ही प्रयोज्य पर या अलग-अलग प्रयोज्यों पर जरूरत पड़ने पर दोहराया भी जा सकता है।

(iii) प्रयोगात्मक परिणाम का मूल्यांकन मानक सांख्यिकीय प्रविधियों द्वारा किया जा सकता है।

चित्र 4.10 : ESP के अध्ययन में सम्मिलित कार्ड

इन लाभों के बावजूद ESP के प्रयोगों एवं उनके परिणामों की वैधता को स्वीकार करने में लोगों द्वारा हिचकिचाहट एवं शंका निम्नांकित कारणों से व्यक्त की जाती है—

(i) ESP की विश्वसनीयता (reliability) नहीं हैं। मनोवैज्ञानिकों द्वारा ESP के अस्तित्व पर शक करने का एक प्रमुख कारण यह है कि ESP को दिखलाने के लिए किये गए विशेष विधि द्वारा किये गए प्रयोग में एक समय में ESP के होने का सबूत पाया गया तो फिर दूसरे समय में उसी विधि द्वारा प्रयोग करने पर ESP के लिए कोई सबूत नहीं पाया गया। ब्लैकमोर (Blackmore, 1986) के अध्ययन के अनुसार जब ESP को दिखलाने

के लिए काफी अधिक नियंत्रित ढंग से प्रयोग किया जाता है, तो उसमें ESP के होने का बहुत ही कम सबूत मिलता है।

(ii) वर्तमान वैज्ञानिक धारणा इस बात पर स्पष्ट बल डालता है कि व्यक्ति के व्यवहार के सभी पहलुओं के पीछे जैवरसायनिक घटनाएँ (biochemical events) निश्चित रूप से होतीं हैं। कहने का तात्पर्य यह है कि प्रत्येक व्यवहार का एक शारीरिक आधार (physiological base) होता है। ESP का क्या शारीरिक आधार है अभी तक स्पष्ट नहीं हो पाया है। ESP के पीछे कौन-सा जैवरसायनिक घटनाएँ हैं, स्पष्ट नहीं हैं।

(iii) ESP के अस्तित्व को समर्थन देने वाले अध्ययनों में से अधिकतर उन व्यक्तियों पर किये गए हैं जिनका पहले से ही इस परामानसिक घटना में विश्वास काफी अधिक था। अतः ESP के अस्तित्व को दिखाने के लिए जो अध्ययन किये गए हैं, वे एक सीमित प्रतिदर्श (limited sample) पर आधारित है जिनके परिणाम को सामान्यीकृत (generalize) करना सम्भव नहीं है।

उपर्युक्त आलोचनाओं के आलोक में हम इस निष्कर्ष पर पहुँचते हैं कि ESP के अस्तित्व पर यद्यपि कुछ मनोवैज्ञानिकों में शक-शुभाएँ एवं आशंकाएँ हैं फिर भी इस सम्भावना से इनकार नहीं किया जा सकता है कि एक दिन ऐसा आ सकता है जब ESP के प्रभाव के लिए पर्याप्त सबूत उपलब्ध हो जाएँगे।

अवचेतन प्रत्यक्षण (Subliminal Perception)

कभी-कभी ऐसा होता है कि व्यक्ति उन उद्दीपकों का भी प्रत्यक्षण कर लेता है जिनकी तीव्रता चेतन पहचान (conscious recognition) या चेतन अवगतता (conscious awareness) से काफी कम होता है। इस तरह के प्रत्यक्षण को **अवचेतन प्रत्यक्षण** (subliminal perception) कहा जाता है। **विट्टेकर**[1] (Whittaker, 1970) ने अवचेतन प्रत्यक्षण को इस प्रकार परिभाषित किया है, *"चेतन पहचान या अवगतता के देहली के नीचे के प्रत्यक्षण को अवचेतन प्रत्यक्षण कहा जाता है।"*

मनोवैज्ञानिकों की अभिरुचि अवचेतन प्रत्यक्षण में एक विशेष घटना से उत्पन्न हुई। कई वर्ष पहले की बात है कि अमेरिका के न्यू जर्सी थियेटर में एक प्रयोग किया गया था जिसके परिणाम का प्रकाशन एक अखबार में किया गया। जब थियेटर में सिनेमा दिखलाया जा रहा था, पर्दे पर 1/3000 सेकंड के लिए इन शब्दों को प्रसारित किया जा रहा था—"Eat Popcorn" तथा "Drink coca cola"। इतने अल्पतम अवधि के लिए इन शब्दों को दिखाने का उद्देश्य यही था कि इसे ठीक से पहचाना नहीं जा सके। थियेटर के प्रबंधक ने बाद में बतलाया कि इस तरह के प्रसारण से पोपकॉर्न की बिक्री करीब 50% प्रतिशत बढ़ गयी तथा कुछ इसी अनुपात में कोका कोला की भी बिक्री बढ़ गई। प्रबन्धक इस निष्कर्ष पर पहुँचे कि इस अल्पतम अवधि के लिए अनावरण (exposure) के बावजूद व्यक्तियों द्वारा इन शब्दों की पहचान की गयी और उनका प्रत्यक्षण किया गया। इस तरह के प्रत्यक्षण के कारण ही पोपकॉर्न तथा कोका कोला की बिक्री में वृद्धि हुई। इस तरह का प्रत्यक्षण अवचेतन प्रत्यक्षण (subliminal perception) का उदाहरण है।

अवचेतन प्रत्यक्षण की घटना को दिखलाने के लिए कुछ प्रयोग भी किये गये हैं हालांकि कुछ मनोवैज्ञानिकों द्वारा इस तरह के प्रयोगात्मक परिस्थिति के तीव्र आलोचना इस आधार पर की गयी है कि उनमें अन्य वैज्ञानिक प्रयोगों के समान पर्याप्त नियंत्रण की कमी होती है। गुडमुंड, स्मीथ तथा क्लीन (Gudmund, Smith & Klein, 1957) ने एक प्रयोग करके अवचेतन प्रत्यक्षण का अध्ययन किया है। इस प्रयोग का उद्देश्य यह दिखलाना था कि उद्दीपकों का अवचेतन प्रस्तुतीकरण (subliminal representation) का प्रभाव व्यक्ति के प्रत्यक्षण पर पड़ता है। इस प्रयोग में प्रयोज्यों में एक मानव चेहरे की आकृति अनावरण उपकरण (exposure apparatus) से दिखलाया गया। इसी अनावरण अवधि में प्रयोज्यों को दो शब्द 'Happy' या 'Angry' में से यादृच्छिक रूप से (randomly) कोई एक शब्द इतना अल्पावधि के लिए भी दिखलाया जाता था कि प्रयोज्य इन शब्दों को चेतन रूप से न पढ़ सकते थे तथा न पहचान कर सकते थे। परिणाम में देखा गया कि यद्यपि इन शब्दों का चेतन रूप से प्रयोज्य नहीं पढ़ सकते थे, फिर भी उनसे चेहरे का प्रत्यक्षण प्रभावित हुआ। प्रयोज्य उन प्रयासों में चेहरे को सुखदायक (pleasant) बतलाते थे जिनमें 'Happy' शब्द का प्रसारण किया गया था। प्रयोग के इस परिणाम से यह स्पष्ट है कि 'Happy' तथा 'Angry' दो शब्दों को जिन्हें अवचेतन स्तर

1. "The phenomenon of perception below the threshold of conscious recognition or awareness has been referred to as subliminal perception." —Whittaker : *Introduction to Psychology,* p. 365

(subliminal level) पर प्रयोज्यों को दिखलाया गया था, प्रयोज्यों द्वारा प्रत्यक्षण किया गया। मैकक्लियरी एवं लेजारस (McCleary & Lazarus, 1949) ने भी कुछ प्रयोग किये हैं जिनमें अवचेतन प्रत्यक्षण की घटना की सम्पुष्टि होती है। इन्होंने अपने एक अध्ययन में पाया कि उन शब्दों के प्रति प्रयोज्यों के GSR (Galvanic Skin Response) अर्थात गैल्वेनिक त्वक् अनुक्रिया में परिवर्तन आ जाते थे जिन्हें इतने अल्पावधि के लिए उपस्थित किया जाता था जिसमें प्रयोज्यों को उन शब्दों को पहचानना कठिन था। इससे साबित होता है कि ऐसे उद्दीपक जिनका व्यक्ति चेतन रूप से प्रत्यक्षण नहीं भी कर पाता है, से भी प्रत्यक्षण की प्रक्रिया प्रभावित होती है।

डेम्बर (Dember, 1985) ने अवचेतन प्रत्यक्षण के क्षेत्र में किये गए अध्ययनों की समीक्षा करके निम्नांकित महत्त्वपूर्ण कारकों पर बल डाला है—

(i) व्यक्ति प्रत्यक्षज्ञानात्मक कार्यों (perceptual tasks) को उससे उत्पन्न होने वाले सूचनाओं की मात्रा के क्रम में उन्हें सजाता है।

(ii) प्रत्यक्षज्ञानात्मक देहली (perceptual thershold) एक ही व्यक्ति में विभिन्न समयों में अलग-अलग होता है।

(iii) किसी दिये हुए प्रत्यक्षज्ञानात्मक कार्य के लिए निर्धारित देहली में वैयक्तिक विभिन्नता (individual difference) होता है।

चित्रीय प्रत्यक्षण
(Pictorial Perception)

आधुनिक समय में महत्त्वपूर्ण तथ्यों एवं ज्ञान-विज्ञान की बातों को आम जनता तक पहुँचाने में जन माध्यमों (mass media) की भूमिका काफी सराहनीय रही है। परंतु जन माध्यमों से भी एक सरल तरीका है चित्रिय सामग्रियों (pictorial materials) का उपयोग किया जाना जिसके द्वारा सामान्य जनता विशेषकर ग्रामीण क्षेत्र के कम पढ़े-लिखे जनता तक सूचनाओं को पहुँचाना आसान होता है। इन चित्रीय सामग्रियों को देखकर ऐसी जनता विशेष लक्षित निष्कर्ष पर पहुँच पाती है। इस तरह के प्रत्यक्षण को चित्रीय प्रत्यक्षण (pictorial perception) कहा जाता है। अतः चित्रीय प्रत्यक्षण से तात्पर्य एक ऐसा प्रत्यक्षण से होता है जिसके माध्यम से व्यक्ति चित्र में दिखलाये गए सामग्रियों के अन्तर्सम्बन्धता का प्रत्यक्षण कर विशेष अर्थ लगाता है।

चित्रीय प्रत्यक्षण का एक महत्त्वपूर्ण पूर्वकल्पना यह होता है कि सभी व्यक्ति चित्रीय माध्यम को समान मात्रा में समझते हैं। इस पूर्वकल्पना की जाँच मनोवैज्ञानिकों ने दो प्रमुख प्रश्नों के माध्यम से करना चाहा है—

(i) चित्रीय सामग्रियों की व्याख्या करने में क्या सभी लोग एक समान सक्षम हैं?

(ii) क्या चित्रीय सामग्रियों या स्वयं प्रत्यक्षणकर्त्ता से सम्बन्धित कुछ ऐसे कारक हैं जो इन चित्रों या तस्वीरों के प्रत्यक्षण तथा व्याख्या में होने वाले कुछ सम्भावित अंतरों की व्याख्या करते हैं?

पहली पूर्वकल्पना की प्रयोगात्मक जाँच मनोवैज्ञानिकों द्वारा की गयी है। आर॰सी॰ मिश्रा तथा भी॰ गुप्ता (R. C. Mishra & V.Gupta, 1983) ने एक महत्त्वपूर्ण प्रयोग इस सिलसिले में किये। इस अध्ययन में 9 से 11 साल के लड़के एवं लड़कियों जिन्हें नर्सरी स्कूल तथा नगरपालिका के स्कूलों से लिया गया था, ने प्रयोज्य के रूप में कार्य किया। इन बच्चों को अपने घर पर होने वाले चित्रीय सामग्रियों के प्रति अनावरण(exposure) के आधार पर दो समूहों(group) में बाँटा गया—अनावृत्त (exposed) समूह तथा अनावृत्तहीन (unexposed) समूह। इन दोनों समूहों को एक तस्वीर बोध कार्य (picture comprehension task) दिया गया जिसमें बच्चों को एक तस्वीर के दो दृश्यों को आपस में जोड़ना था। परिणाम में देखा गया कि नर्सरी स्कूल के बच्चे तथा वैसे बच्चे जिन्हें अपने घर पर चित्रों से रू-ब-रू होने का मौका मिला था, वे नगरपालिका स्कूल के बच्चों तथा वैसे बच्चों जिन्हें अपने घर पर चित्रों से रू-ब-रू होने का मौका नहीं मिला था, की तुलना में चित्रों को अधिक मात्रा में एक दूसरे से सही-सही जोड़ते हुए अर्थ निकालने में सफल हुए। आर॰ सी॰ मिश्रा (R. C. Mishra, 1988) ने इन्हीं तस्वीरों के सहारे वयस्कों पर एक दूसरा अध्ययन किया जिसमें उन्होंने चित्रों के समझ एवं उसके प्रत्यक्षण की परिशुद्धता पर कुछ चरों जैसे उच्च जाति (high caste), शिक्षा (education) तथा शहरी सम्पर्क (urban contact) के पड़ने वाले प्रभावों का अध्ययन किये और परिणाम में पाये कि इन चरों का महत्त्वपूर्ण एवं सार्थक प्रभाव चित्र के प्रत्यक्षण एवं समझ पर पड़ता है। इन्होंने अपने अध्ययन में यह स्पष्ट रूप से पाया है कि चित्रों में वस्तुओं की पहचान करने की क्षमता व्यक्तियों के विभिन्न समूहों में लगभग एक समान होती है परंतु चित्रों में दर्शाए गए वस्तुओं के सम्बन्धों से प्रत्यक्षण

करने तथा उनके सार को समझने की क्षमता अर्जित होती है अर्थात् उसे व्यक्ति सीखता है या यह कहा जाय कि उसकी उत्कृष्टता व्यक्ति के पूर्व अनुभूति के साथ बढ़ती है। ए॰ शुक्ला (A. Shukla, 1993) ने अपने अध्ययन के आधार पर यह दिखलाया है कि चित्रीय प्रत्यक्षण पर विकासात्मक कारकों (developmental factors) का भी प्रभाव पड़ता है। इन्होंने तीन आयु समूह अर्थात् (4-6, 7-9 तथा 10-12 साल) के बच्चों की अनुक्रियाओं को पाँच चित्रीय कार्यों या परीक्षणों पर विश्लेषण किया। वे पाँच चित्रीय परीक्षण थे—पिक्टोरियल इन्टरप्रेटेसन परीक्षण (Pictorial Interpretation Test or PIT), सिक्वेन्स परसेप्सन परीक्षण (Sequence Perception Test), पिक्चर इन्टीग्रेशन परीक्षण (Picture Intetration Test or PINT), पिक्चर रिकोगनिसन परीक्षण (Picture Recognition Test or PRT) तथा पिक्चर इनफरेंस परीक्षण (Picture Inference Test or PIT)। परीक्षण में यह स्पष्ट रूप से देखा गया कि इन सभी पाँचों परीक्षणों पर बच्चों का निष्पादन उम्र बीतने के साथ-ही-साथ उत्तम होता पाया गया। यह भी पाया कि उत्तम सुविधा वाले स्कूलों के बच्चों का निष्पादन इन परीक्षणों पर बिना सुविधा वाले स्कूलों के बच्चों की अपेक्षा काफी श्रेष्ठ पाया गया। इन परीक्षणों से यह स्पष्ट है कि बच्चों में चित्रीय सामग्रियों को समझने की क्षमता कई तरह के कारकों से प्रभावित होता है, भले ही चित्रों से वस्तुओं को पहचानने की क्षमता एक समान रूप से वितरित हों।

दूसरी पूर्वकल्पना के जाँच के लिए कुछ अध्ययन किये गये हैं और पाया गया है कि चित्र में दर्शाए गए वस्तुओं की अतिपरिचय या वेतकल्लुफी (familiarity) से भी चित्रीय प्रत्यक्षण प्रभावित होता है। डी॰ सिन्हा तथा आर॰ सी॰ मिश्रा (D. Sinha & R. C. Mishra, 1982) ने इस सिलसिले में एक महत्त्वपूर्ण अध्ययन किया। इस अध्ययन में कुछ संकेतों (symbols) को उद्दीपक के रूप में उपयोग किया गया। यदि गौर से देखा जाय तो संकेतों के तीन ऐसे गुण होते हैं जिनके कारण वे साधारण चित्र से भिन्न होते हैं। वे तीन गुण हैं—स्वतंत्र उत्पत्ति (free creation), प्रतिनिधित्व (representation) तथा सांस्कृतिक अंतरण (cultural transmission)। इन्हीं गुणों के कारण उन्हें सही-सही समझना थोड़ा कठिन भी होता है। प्रयोगकर्त्ता ने अपने इस अध्ययन के परिणाम में यह स्पष्ट रूप से पाया है कि परिचित या अपरिचित संकेतों की पहचान बहुत हद तक उद्दीपकों के स्वरूप अर्थात् उनका मूर्त या अमूर्त (abstract) होने पर निर्भर करता है तथा यह कुछ हद तक इस बात पर भी निर्भर करता है कि किस स्तर पर अनुक्रियाओं का विश्लेषण किया जा रहा है। जब मतलब सिर्फ इतना ही होता है कि चित्र में संकेतों की पहचान होती है या नहीं, तो इस खयाल से प्रयोज्यों की अनुक्रियाओं में बहुत ही कम परिवर्तनशीलता (variability) होता है। परंतु जब उद्देश्य चित्र के सांकेतिक अर्थ (symbolic meaning) की व्याख्या करना होता है, (अर्थात् चित्र से क्या पता चलता है) तो प्रयोज्यों में काफी भिन्नता दीख पड़ती है क्योंकि इसके लिए यह आवश्यक है कि व्यक्ति न सिर्फ संकेतों में उपलब्ध सूचनाओं से परे सोचे बल्कि यह भी आवश्यक है कि सांस्कृतिक रूप से अंतरित ज्ञानों से व्यक्ति भलीभाँति परिचित हो।

स्पष्ट हुआ कि चित्रीय प्रत्यक्षण, प्रत्यक्षण का एक ऐसा व्यावहारिक पहलू है जो यह बतलाने की कोशिश करता है कि किसी तस्वीर या चित्र में दर्शाए गये वस्तुओं की पहचान भले की व्यक्तियों द्वारा एक समान ढंग से किया गया हो परंतु उन वस्तुओं के आपसी अंतरसम्बन्धता तथा अर्थ समझना बहुत से कारकों द्वारा प्रभावित होता है। फलतः इस खयाल से व्यक्तियों में एकरूपता नहीं होती है।

प्रत्यक्षज्ञानात्मक स्थिरता (Perceptual Constancy)

प्रत्यक्षण (perception) का एक विशेष गुण यह है कि इसके द्वारा हमें वस्तुओं (objects) का ज्ञान उसके भौतिक परिस्थितियों (physical circumstances) में परिवर्तन के बावजूद भी समान रूप से होता है। दूसरे शब्दों में कहा जा सकता है कि वस्तुओं या उद्दीपकों की भौतिक परिस्थितियों में यद्यपि परिवर्तन हो जाता है, फिर भी उसके प्रत्यक्षण में कोई परिवर्तन न होकर स्थिरता (constancy) बनी रहती है। इसे ही प्रत्यक्षज्ञानात्मक स्थिरता (perceptual constancy) कहा जाता है। **सर्टेन, नॉर्थ, स्ट्रेन्ज़ तथा चेपमैन**[1] (Sartain, North, Strange & Chapman, 1973) ने इसे परिभाषित करते हुए कहा है, *''भिन्न-भिन्न परिस्थितियों में उद्दीपकों को करीब-करीब समरूप (same) ढंग से प्रत्यक्षण करने की प्रवृत्ति (tendency) को प्रत्यक्षज्ञानात्मक स्थिरता (perceptual constancy) की संज्ञा दी जाती है।''*

1. "Perceptual constancy... is the tendency of a stimulus situation to be perceived in approximately the same way under varying circumstances." —Sartain, North, Strange & Chapman : *Psychology*, 1973, p. 222

प्रत्यक्षज्ञानात्मक स्थिरता का कुछ उदाहरण देखिए—कोयला के एक टुकड़ा को कमरा में रखने पर तथा सूर्य की रोशनी में रखने पर व्यक्ति उसे कोयला के रूप में ही प्रत्यक्षण करेगा हालाँकि सूर्य की रोशनी में कोयला की चमकीलापन स्तर (brightness level) कमरे में उत्पन्न चमकीलापन स्तर की अपेक्षा अधिक होती है। उसी तरह से किसी व्यक्ति को हम चार फीट की दूरी से देखें या 10 फीट की दूरी से देखें, उसे वही व्यक्ति के रूप में हम देखते हैं हालाँकि चार फीट की दूरी से देखने पर जो अक्षिपटलीय प्रतिबिम्ब (retinal image) बनता है, 10 फीट की दूरी से देखने पर बने अक्षिपटलीय प्रतिबम्ब की अपेक्षा बड़ा होता है। इस तरह से हम देखते हैं कि उद्दीपक परिस्थितियों (stimulus situations) में कुछ परिवर्तन आ जाने के बाद भी हम वस्तु या उद्दीपक का प्रत्यक्षण पहले की ही तरह करते हैं।

मनोवैज्ञानिकों ने प्रत्यक्षज्ञानात्मक स्थिरता (perceptual constancy) के मुख्य दो ज्ञात कारणों का उल्लेख किया है। हमें प्रत्यक्षज्ञानात्मक स्थिरता का अनुभव इसलिए होता है चूँकि प्रत्यक्षण किया जाने वाला उद्दीपक (stimulus) की अपनी पृष्ठभूमि (background) के साथ एक निश्चित (fixed) तथा अटल (constant) सम्बन्ध होता है। इस सम्बन्ध के कारण परिस्थिति में परिवर्तन होने के बावजूद भी व्यक्ति किसी उद्दीपक को पहले के समान ही देखता है। एक उदाहरण लीजिए—अगर एक लाल कलम को हरा कागज के टुकड़ा पर रखकर दिखलाया जाय और फिर पीला कागज के टुकड़ा पर उसी कलम को रखकर दिखलाया जाय तो हम दोनों परिस्थितियों में लाल कलम को लाल ही देखते हैं क्योंकि कलम (उद्दीपक) तथा इसका अपना पृष्ठभूमि (यानी लाल रंग) के बीच एक अटल सम्बन्ध (constant relationship) है। मनोवैज्ञानिकों ने प्रत्यक्षज्ञानात्मक स्थिरता (perceptual constancy) का दूसरा सामान्य कारण यह बतलाया है कि हमलोगों में किसी उद्दीपक के मुख्य गुणों (important characteristics) को चुन लेने (select) की एक तीव्र प्रवृत्ति (strong tendency) होती है ताकि वही उद्दीपक यदि हमारे सामने कुछ विकृत रूप में (distorted form) में भी आये तो हम उसका प्रत्यक्षण पहले की ही तरह कर सके। उदाहरणार्थ, फिल्मो में हम एक ही नायक या नायिका को कितने भिन्न-भिन्न रूपों में देखते हैं फिर भी हम उनके कुछ मुख्य गुणों जैसे बोलने का ढंग, चलने का ढंग, ऊँचाई, चेहरे की बनावट आदि को अपने मन में इस तरह से इकट्ठा करके रखे रहते हैं कि उन्हें पहचानने में अर्थात् उनका सही प्रत्यक्षण में कोई विशेष कठिनाई नहीं होती है। हाँ, कभी-कभी हम सही प्रत्यक्षण नहीं भी कर पाते हैं। यही कारण है कि मनोवैज्ञानिकों ने यह स्पष्ट कर दिया है कि प्रत्यक्षज्ञाणानात्मक स्थिरता (perceptual constancy) उद्दीपक की अवस्थाओं (conditions) पर सीधे निर्भर करता है। अगर उद्दीपक की अवस्थाओं में काफी अधिक परिवर्तन कर दिया जाय तो प्रत्यक्षण में इस तरह की स्थिरता (constancy) नहीं होगा।

प्रत्यक्षज्ञानात्मक स्थिरता (perceptual constancy) को मूलतः दो भागों में बाँटकर अध्ययन किया गया है जो निम्नांकित है—

1. वस्तुओं से सम्बन्धित स्थिरता *(Constancies related to objects)*—इसमें वैसी स्थिरता को रखा जाता है जो वस्तु (object) के आकार (size) तथा रूप (shape) से सम्बन्धित होते हैं। अतः आकार स्थिरता (size constancy) तथा रूप स्थिरता (shape constancy) को इस श्रेणी में रखा गया है।

2. वस्तुओं के गुण से सम्बन्धित स्थिरता *(Constancies related to the qualities of objects)*—इस श्रेणी में मूलतः वैसे स्थिरता को रखा जाता है जो वस्तु के विशेष गुण यानी रंग (colour) तथा चमक (brightness) आदि से सम्बन्धित होते हैं। रंग स्थिरता (colour constancy) तथा चमक स्थिरता (brightness constancy) को इस श्रेणी में रखा गया है।

इन दोनों तरह के प्रत्यक्षज्ञानात्मक स्थिरता (perceptual constancy) का वर्णन निम्नांकित हैं—

1. वस्तुओं से सम्बन्धित स्थिरता *(Constancies related to objects)*—जैसा कि ऊपर कहा गया है, इस श्रेणी में उन प्रत्यक्षज्ञानात्मक स्थिरता (perceptucal constancy) को रखा जाता है जो मूलतः वस्तु के आकार (size) तथा रूप से सम्बन्धित होते हैं। दोनों तरह की स्थिरता का वर्णन निम्नांकित हैं—

(i) आकार स्थिरता *(Size constancy)*—जब हम किसी वस्तु को देखते हैं तो उस वस्तु का प्रतिबिम्ब (image) हमारे अक्षिपटल (retina) पर बनता है। इस प्रतिबिम्ब को अक्षिपटलीय प्रतिबिम्ब (retinal image) कहा जाता है जिसका आकार (size) व्यक्ति तथा देखे जाने वाले वस्तु की दूरी (distance) पर निर्भर करता है। यदि यह दूरी अधिक है, तो अक्षिपटलीय प्रतिबिम्ब (retinal image) का आकार छोटा होता है परन्तु यदि दूरी कम है, तो अक्षिपटलीय प्रतिबिम्ब का आकार बड़ा होता है। अक्षिपटलीय प्रतिबिम्ब के आकार में परिवर्तन होने से हमें वस्तु के

आकार (size) में भी परिवर्तन उसी ढंग से होना चाहिए था। परन्तु ऐसा नहीं होता है। हम अपने मित्र को 15 फीट की दूरी से देखें या 2 फीट की दूरी से देखें, उसकी ऊँचाई, चौड़ाई और कद को हम समान रूप से देखते हैं हालाँकि इन दोनों दूरियों (distances) के कारण अक्षिपटलीय प्रतिबिम्ब (retinal image) के आकार में (size) में काफी परिवर्तन हो जाता है। अक्षिपटलीय प्रतिबिम्ब (retinal image) के आकार (size) में तथा देखे जाने वाले वस्तु की दूरी के परिणामस्वरूप हुए परिवर्तन के बावजूद भी वस्तु के आकार (size) के प्रत्यक्षण में जो स्थिरता होती है, उसे प्रत्यक्षज्ञानात्मक स्थिरता (perceptual constancy) कहा जाता है।

सामान्यतः यह समझा जाता है कि आकार स्थिरता उत्पन्न होने के लिए यह आवश्यक है कि देखे जाने वाले वस्तु से प्रत्यक्षणकर्त्ता (perceiver) परिचित हो। लिवोविज (Leibowiz, 1971) ने अपने प्रयोगों के आधार पर यह स्पष्ट किया है कि यद्यपि वस्तुओं या उद्दीपकों से परिचय रहने से आकार स्थिरता (size constancy) की मात्रा में वृद्धि होती है, फिर भी अपरिचित वस्तुओं को देखने में भी आकार स्थिरता उत्पन्न होती है। जैसे, यदि एक उजले बड़े कागज से एक अर्थहीन आकार का टुकड़ा काटकर व्यक्ति को विभिन्न दूरी से दिखलावें तो व्यक्ति उस अपरिचित एवं अर्थहीन टुकड़ा को विभिन्न परिस्थिति में एक ही आकार का देखता पाया जाता है।

आकार स्थिरता को दिखाने के लिए कई प्रयोग किये हैं। जैसे, लिवोविज (Leibowitz, 1975) द्वारा किया गया प्रयोग विशेष रूप से उल्लेखनीय है। इस प्रयोग में प्रयोज्यों को एक बड़ा गोल डिस्क 10 फीट की दूरी से दिखलाई गयी। इसके बाद डिस्क की दूरी को धीरे-धीरे बढ़ाकर उन्हें दिखलाया गया। दूरी बढ़ाकर दिखाने से डिस्क का प्रयोज्य के आँख के अक्षिपटल (retina) पर बनने वाली प्रतिमा (image) का आकार छोटा होता गया परंतु फिर भी प्रयोज्यों ने डिस्क

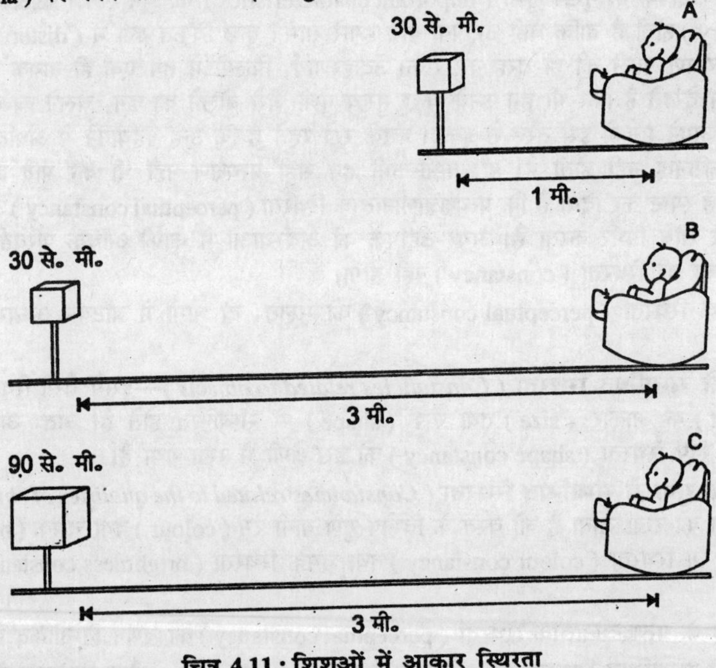

चित्र 4.11 : शिशुओं में आकार स्थिरता

का प्रत्यक्षण उसके वास्तविक आकार (real size) के रूप से सही-सही किया। ऐसा इसलिए हुआ कि इस प्रयोग में दूरी एवं गहराई संकेत (distance and depth cues) का उपयोग प्रयोज्य कर रहे थे। लिवोविज ने ही आगे एक दूसरा प्रयोग किया जिसमें प्रयोज्यों को वस्तु विभिन्न दूरी पर एक ऐसी परिस्थिति में दिखाई गयी जिसमें सभी तरह की दूरी एवं गहराई संकेतों को नियमित कर दिया गया था। जैसे, प्रयोज्यों को वस्तु एक इतनी छोटी-सी दिखाई गयी जो उसके आँख की पुतली से छोटी थी। इसका परिणाम यह हुआ कि समायोजन (accomodation) संकेत (दूरी एवं गहराई का एक प्रमुख संकेत) का उपयोग प्रयोज्य नहीं कर पा सकते थे। उसी तरह से प्रयोज्यों को छेद से एक आँख से ही वस्तु को एक पूर्णतः काले पृष्ठभूमि पर दिखलाया गया। ऐसी परिस्थिति में अभिबिन्दुता (convergence) (दूरी एवं गहराई का एक प्रमुख

संकेत) का भी उपयोग प्रयोज्य नहीं कर पाते थे। पृष्ठभूमि एक समान काला होने के कारण प्रयोज्य अपने गत अनुभूति (past experience) का भी फायदा उठाने में असमर्थ थे। प्रयोग के परिणाम में देखा गया कि ऐसी परिस्थिति में प्रयोज्यों को देखे गये वस्तु के आकार के बारे में निर्णय लेने में काफी कठिनाई हुई अर्थात ऐसी परिस्थिति में आकार स्थिरता (size constancy) की मात्रा काफी कम हो गयी। ऐसी परिस्थिति में प्रयोज्यों ने वस्तु की दूरी में परिवर्तन होते नहीं पाया तथा उसे बहुत धीरे-धीरे छोटा होते देखा यद्यपि सच्चाई यह थी कि वस्तु की दूरी में तेजी से परिवर्तन किया जा रहा था अर्थात दूरी को बढ़ाया जा रहा था तथा उसके आकार (size) में कोई परिवर्तन नहीं किया जा रहा था।

कई प्रयोगात्मक अध्ययन ऐसे हुए हैं जिनसे यह पता चला है कि आकार स्थिरता में सीखना (learning) तथा गत अनुभूति (past experience) की अहं भूमिका होती है। सबसे पहले-पहल हेल्महोल्ज (Helmholtz, 1909) ने यह बतलाया था कि आकार-दूरी सम्बन्ध (size-distance relationship) को प्राणी अपने अनुभव (experience) से सीखता है। उनके इस कथन की जाँच कई प्रयोगों द्वारा की गयी हैं। जैसे, हेल्लर (Heller,1968) ने एक प्रयोग चूहों पर करके उनके कथन की जाँच किया है। इस प्रयोग में जन्म से लेकर लगातार एक महीने तक सम्पूर्ण अंधेरे में रखकर चूहों को पाला-पोषा गया। उसके तुरंत बाद उन्हें 1.5 फीट की दूरी से एक इंच परिधि के वृत्त तथा 3 फीट की दूरी से दो इंच परिधि के वृत्त को दिखलाया गया। पर्याप्त गहराई एवं दूरी के संकेत के बावजूद इन दोनों तरह के वृत्तों के प्रति समुचित अनुक्रिया करने में चूहे असमर्थ रहे। परंतु एक सप्ताह तक जब उन्हें पर्याप्त रोशनी में रखकर पाला-पोषा गया, तो चूहों में आकार स्थिरता (size constancy) की मात्रा में वृद्धि हो गयी। जिगलर एवं लियोविज (Zeigler & Leiobowitz, 1957) ने एक प्रयोग किया जिसमें प्रयोज्यों को बढ़ते दूरी पर क्रमशः बड़े आकार के डिस्क को दिखलाया ताकि उससे उनके अक्षिपटल (retina) पर पड़ने वाली प्रतिमा का आकार स्थिर रह सके। इस परिस्थिति में कुछ वयस्कों को तथा कुछ बच्चों को डिस्क दिखलाया गया। परिणाम में देखा गया कि व्यस्क प्रयोज्य द्वारा बच्चों की अपेक्षा अधिक यथार्थ प्रत्यक्षण किया गया। वयस्क ने अधिक दूरी पर दिखाये जाने वाले बड़े डिस्क को बड़ा तथा कम दूरी पर छोटे डिस्क को दिखाये जाने पर उसे छोटा समझा। बच्चों ने भी अधिक दूरी पर दिखाये गए बड़े डिस्क को बड़ा ही समझा परंतु उतना बड़ा नहीं समझा जितना कि सचमुच में दिखाये जाने वाला डिस्क था। स्पष्टतः बच्चों में एक तरह का आंशिक आकार स्थिरता (partial size constancy) हो रही थी और वे वयस्कों की तुलना में इसके लिए अक्षिपटलीय प्रतिमा के आकार पर अधिक निर्भर कर रहे थे। प्रयोग से स्पष्ट है कि वयस्कों में बच्चों की तुलना में आकार स्थिरता अधिक होने का कारण उनका बच्चों की तुलना में अधिक अनुभवी होना है।

बोअर (Bower, 1966) ने मानव शिशुओं में आकार स्थिरता (size constancy) का अध्ययन किया और पाया है कि मानव शिशु अपनी जिन्दगी के दूसरे महीने से आकार स्थिरता का सबूत उपलब्ध करने लगते हैं। अर्थात मात्र एक महीने के अनुभव से ही उनमें आकार स्थिरता की घटना होने लगती है। इस प्रयोग में छः से आठ सप्ताह के शिशु को एक मीटर की दूरी पर रखे 30 सेन्टीमीटर घन (cube) की ओर सिर घुमाने के लिए विशेष पुनर्बलन (reinforcement) के आधार पर प्रशिक्षित किया गया। इस तरह के प्रशिक्षण के बाद उन्हें 3 मीटर की दूरी पर उद्दीपक को दिखाकर उसके प्रत्यक्षज्ञानात्मक स्थिरता की जाँच की गयी (देखें चित्र 4.11)। यह जाँच दो अवस्था में की गयी—'B' अवस्था तथा 'C' अवस्था। 'B' अवस्था में वही 30 सेन्टीमीटर घन को दिखलाया गया परंतु इसकी दूरी एक मीटर से बढ़ाकर 3 मीटर कर दी गयी। इसका मतलब यह हुआ कि यहाँ दूरवर्ती उद्दीपक[1] (distal stimulus) को परिवर्तित नहीं किया गया परंतु निकटस्थ उद्दीपक[2] (proximal stimulus) अर्थात वस्तु के अक्षिपटलीय प्रतिमा में महत्त्वपूर्ण परिवर्तन (पहले से काफी छोटा) कर दिया गया। 'C' अवस्था में उन्हें 3 मीटर की दूरी पर 90 सेंटीमीटर घन को रखकर दिखलाया गया। यहाँ दूरवर्ती उद्दीपक में परिवर्तन किया गया परंतु निकटस्थ उद्दीपक (proximal stimulus) अर्थात अक्षिपटलीय प्रतिमा को स्थिर (constant) रखा गया। तीन मीटर की दूरी से 90 सेन्टीमीटर के उद्दीपक होने के कारण इसे अक्षिपटल पर बनने वाला प्रतिमा का आकार लगभग वही था जो एक मीटर की दूरी से 30 सेंटीमीटर के घन का था। परिणाम में देखा गया कि शिशुओं में उस घन के प्रति अधिक सिर घुमाने की अनुक्रिया किया जिसका वास्तविक आकार में कोई परिवर्तन नहीं किया था (B अवस्था) तथा उस घन के प्रति सिर घुमाने की अनुक्रिया कम किया जिसके आकार में वृद्धि इसलिए की

---

1. दूरवर्ती उद्दीपक (distal stimulus) वैसे उद्दीपक को कहा जाता है जो बाह्य वातावरण में व्यक्ति के सामने उपस्थित होता है तथा जिसका व्यक्ति प्रत्यक्षण करता है। ऐसे उद्दीपक का ज्ञानेन्द्रिय से कोई सीधा सम्बन्ध नहीं होता है।
2. निकटस्थ उद्दीपक (proximal stimulus) से तात्पर्य प्रत्यक्षित उद्दीपक का ज्ञानेन्द्रिय में प्रस्तुतीकरण (representation) से होता है। जैसे किसी वस्तु का आकार (size), रूप (shape), दीप्ति (brightness), जो अक्षिपटल (retina) पर बनता है, निकटस्थ उद्दीपक के उदाहरण हैं।

गयी थी कि उससे बनने वाला अक्षिपटलीय प्रतिमा में कोई परिवर्तन नहीं आ सके। प्रयोग के इस परिणाम से स्पष्ट हो जाता है कि शिशुओं में भी अनुभव या प्रशिक्षण से आकार स्थिरता (size constancy) उत्पन्न होता है।

आकार स्थिरता का सैद्धान्तिक प्रक्रम (*Theoretical mechanism of size constancy*)—मनोवैज्ञानिकों ने आकार स्थिरता (size constancy) की व्याख्या (explanation) तीन ढंग से किया है। पहली व्याख्या के अनुसार आकार स्थिरता का कारण यह है कि व्यक्ति को देखे जाने वाले वस्तु का वास्तविक आकार (real size), उसकी दूरी (distance) आदि पहले से उसे ज्ञात होता है। फलतः वह वस्तु चाहे 2 फीट की दूरी पर हो या 15 फीट की दूरी पर हो, हम उसके आकार का प्रत्यक्षण ठीक पहले के समान करते हैं। हॉलवे तथा बोरिंग (Holway & Boring) ने 1940 में एक प्रयोग कर यह दिखलाया है कि पहले से ज्ञात दूरी तथा वस्तु के वास्तविक आकार तथा अन्य सम्बन्धित बातों का ज्ञान में कमी होने से आकार स्थिरता (size constancy) प्रभावित हो जाता है अर्थात इसमें कमी आ जाती है। इस प्रयोग में इन लोगों ने कुछ अस्पष्ट उद्दीपकों को प्रयोज्य को दिखलाया जिसका न तो कोई निश्चित आकार था न प्रकार। यहाँ प्रयोगकर्त्ताओं ने इन उद्दीपकों को भिन्न-भिन्न दूरियों (distances) से प्रयोज्य को दिखलाया। उद्दीपक से सम्बन्धित कुछ अन्य पृष्ठभूमि सूचनाओं (background information) को प्रयोगकर्त्ताओं ने छिपा लिया था। परिणाम में यह देखा गया कि देखे जानेवाले उद्दीपक की दूरी, आकार (size) तथा अन्य पृष्ठभूमि सूचनाओं (background information) के अभाव में आकार स्थिरता (size constancy) में कमी आ गयी। अधिकतर प्रयासों (trials) में प्रयोज्यों ने उद्दीपक को अक्षिपटलीय प्रतिबिम्ब (retinal image) के रूप में ही प्रत्यक्षण किया। इस प्रयोग से स्पष्ट है कि आकार स्थिरता (size constancy) में देखें जाने वाले वस्तुओं से सम्बन्धित अनुभव (experience) काफी महत्त्वपूर्ण कारक (factor) हैं।

आकार स्थिरता (size constancy) की दूसरी व्याख्या गिब्सन (Gibson, 1950) द्वारा दिया गया है। इनका कहना है कि आकार स्थिरता (size constancy) का कारण देखा जाने वाला वस्तु का गठन (texture) तथा उस वस्तु की पृष्ठभूमि (background) के गठन (texture) दोनों में एक साथ (simultaneously) होने वाला परिवर्तन है। इसके परिणामस्वरूप उनके बीच अर्थात वस्तु तथा उसकी पृष्ठभूमि (background) के बीच का सम्बन्ध ज्यों-का-त्यों बना रह जाता है। जब वस्तु व्यक्ति से दूरी पर होती है तो उस वस्तु तथा उसकी पृष्ठभूमि में एक साथ ही परिवर्तन होता है। फलतः इन दोनों के बीच का अनुपात वही रह जाता है। उसी तरह जब वस्तु व्यक्ति के नजदीक होता है, तो उस वस्तु एवं उसकी पृष्ठभूमि में एक ही साथ परिवर्तन होता है और यहाँ भी अनुपात वही (same) रह जाता है। अतः हमें वस्तु की आकार स्थिरता (size constancy) का प्रत्यक्षण होता है।

गिब्सन (Gibson) की व्याख्या से ही मिलती-जुलती एक तीसरी व्याख्या भी है जिसे रॉक तथा इविनेहोल्ज (Rock & Ebenholtz, 1959) द्वारा दी गयी है। इस व्याख्या का आधार देखे जाने वाले वस्तुओं का सापेक्ष आकार (relative size) होता है। इस व्याख्या के अनुसार व्यक्ति किसी वस्तु के आकार को अन्य इर्द-गिर्द के वस्तुओं के आकार के संदर्भ में इस ढंग से देखता है कि उनका आपसी अनुपात स्थिर (constant) रहता है। इसके परिणामस्वरूप आकार स्थिरता का अनुभव व्यक्ति को होता है। जैसे, मान लिया जाए कि आप अपने डेस्क पर कलम रखे देख रहे हैं। अब आप डेस्क से थोड़ा दूर हट जाएँ। ऐसी परिस्थिति में कलम का अक्षिपटलीय प्रतिमा (retinal image) छोटी हो जाती है तथा साथ-ही-साथ डेस्क की भी अक्षिपटलीय प्रतिमा छोटी हो जाती है। फलतः दोनों के आकार (size) का अनुपात लगभग एक समान ही रह जाता है। शायद यही कारण है कि डेस्क पर रखे कलम को चाहे हम एक मीटर की दूरी पर से देखें या 10 मीटर पर की दूरी से देखें, वह एक ही आकार का दीख पड़ेगा।

(ii) रूप स्थिरता (*Shape constancy*)—रूप स्थिरता द्वारा हमें यह पता चलता है कि वस्तु के रूप (shape) के प्रत्यक्षण में भी स्थिरता (constancy) होता है। भिन्न-भिन्न परिस्थितियों में यदि एक ही वस्तु को भिन्न-भिन्न कोणों (angle) से हम देखते हैं तो इससे उत्पन्न अक्षिपटलीय प्रतिबिम्ब (retinal image) में परिवर्तन (change) आ जाता है। इसके बावजूद भी व्यक्ति उस वस्तु को ठीक पहले के रूप (shape) में ही देखता है। इसे ही रूप *स्थिरता* (shape constancy) कहा जाता है। इपस्टीन तथा पार्क (Epstein & Park, 1964)[1] ने रूप स्थिरता को इस प्रकार परिभाषित किया है, *''उन्मुखता (orientation) में भिन्नता के बावजूद भी किसी वस्तु का प्रत्यक्षित किया गया रूप (perceived shape) में सापेक्ष स्थिरता होती है जिसे रूप स्थिरता कहा जाता है।''* मैटलिन[2] (Matlin, 1983) के अनुसार, रूप

1. "Shape constancy is the relative constancy of the perceived shape of an object despite variations in orientations."
—Epstein & Park : *Psychological Bulletin,* 1964

2. "Shape constancy means that an object seems to stay the same shape despite changes in its orientation."
—Matlin : *Perception,* p. 10

स्थिरता का अर्थ होता है कि वस्तुओं की उन्मुखता में परिवर्तन के बावजूद उसके रूप में स्थायित्व बना रहता है। एक दो उदाहरण की ओर ध्यान दें। हम खिड़की या दरवाजा के पल्ला को खोलकर देखें या बन्द करके देखें, इन दोनों अवस्थाओं में वे हमें आयताकार (rectangular) ही दिखाई देता है हालाँकि पल्ला खुला रहने पर जो अक्षिपटलीय प्रतिबिम्ब (retinal image) बनाता है, वह पल्ला बन्द रहने पर बने अक्षिपटलीय प्रतिबिम्ब से काफी भिन्न होता है। उसी तरह से टेबुल पर यदि एक ग्लास को रख देते हैं और फिर उसी गिलास को टेबुल पर खड़ा की स्थिति में नहीं बल्कि लेटा कर (horizontally) रखते हैं, तो दोनों परिस्थितियों में गिलास का रूप (shape) एक ही समान अर्थात लम्बा नजर आता है हालांकि इन दोनों परिस्थितियों में बनने वाले अक्षिपटलीय प्रतिबिम्ब (retinal image) में काफी अन्तर होता है। लिण्डसे तथा नॉरमैन (Lindsay & Norman, 1977) ने एक प्रयोग किया जिसमें उनलोगों ने एक ही दूरी से प्रयोज्य को एक वर्गाकार चित्र दिखलाया जिसका एक तरफ का भुजा (side) भिन्न-भिन्न प्रयासों में भिन्न-भिन्न डिग्री में झुकी (tilt) हुई थी। परिणाम में देखा गया कि वर्ग की एक भुजा भिन्न-भिन्न डिग्री में झुके होने के बावजूद भी प्रयोज्य उसे एक वर्ग के रूप (shape) में ही प्रत्यक्षण किया हालाँकि प्रत्येक डिग्री के झुकाव से जो अक्षिपटलीय प्रतिबिम्ब बनता था, वह अलग-अलग बनता था। एक इसी तरह का प्रयोग गिब्सन (Gibson, 1950) द्वारा किया गया। इन्होंने अपने प्रयोज्यों को एक निश्चित दूरी पर आयताकार दरवाजा (rectangular door) को विभिन्न डिग्री में तिरछा करके दिखलाया (देखे चित्र 4.12)। इस तिरछेपन के कारण उनका अक्षिपटलीय प्रतिमा (retinal image) प्रायः एक विषम चतुर्भुज (trapezoid) का होता था परंतु फिर भी प्रयोज्यों ने उसे एक आयताकार दरवाजा (rectangular door) के रूप में ही प्रत्यक्षण किया।

चित्र 4.12 : रूप स्थिरता (Shape Constancy)

रूप स्थिरता का सैद्धान्तिक प्रक्रम *(Theoretical mechanism of shape constancy)*—रूप स्थिरता की व्याख्या करने के लिए मनोवैज्ञानिकों ने रूप तिरछेपन *अपरिवर्त्य प्राकल्पना* ('shape-slant invariance hypothesis) का निर्माण किया है। इस प्राक्कल्पना के अनुसार प्रत्यक्षकर्त्ता किसी वस्तु के अक्षिपटलीय रूप (retinal shape) तथा उसके तिरछेपन (slant) से प्राप्त सूचनाओं को संयोजित करके उसका एक वस्तुनिष्ठ रूप (objective shape) का परिकलन करता है। यही कारण है कि विभिन्न तिरछेपन की परिस्थिति में वस्तु के होने के बावजूद भी व्यक्ति वस्तु के उसके वास्तविक रूप का प्रत्यक्षण कर लेता है। लाप्पीन एवं प्रेवल (Lappin & Preble, 1965) ने इस व्याख्या की आलोचना किया है और कहा है कि कुछ परिस्थितियाँ ऐसी होतीं हैं जिनमें प्रयोज्य वस्तुओं के अक्षिपटलीय रूप (retinal shape) का सही-सही परिकलन नहीं कर पाता है और तब ऐसी परिस्थिति में उसके वस्तुनिष्ठ रूप का परिकलन करना भी मुश्किल या कठिन हो जाता है। कहने का मतलब यह है कि रूप स्थिरता की व्याख्या उक्त प्राक्कल्पना द्वारा हर परिस्थिति में सम्भव नहीं है।

रूप स्थिरता की व्याख्या गिब्सन (Gibson, 1950) द्वारा भी की गयी है। इनका मत है कि वस्तुओं के गठन (texture) के आधार पर व्यक्ति रूप स्थिरता का प्रत्यक्षण करता है। जब एक स्पष्ट गठन (clear texture) वाले वस्तु को तिरछे स्थिति में रखा हुआ व्यक्ति देखता है, तो गठन इकाइयाँ जो प्रत्यक्षणकर्त्ता से कुछ दूर हो जाता है, उसे वह एक साथ सम्पीड़ित (compressed) अनुभव करता है जिसके परिणामस्वरूप वह वस्तु को उसके वास्तविक रूप (shape) में देखता है।

2. वस्तुओं के गुण से सम्बन्धित स्थिरता *(Constancy related to the quality of objects)*—जब हम किसी दृष्टि उद्दीपकों (visual stimuli) को देखते हैं, तो इसके दो गुणों का प्रभाव हम पर विशेष रूप से पड़ता है। ये दो गुण हैं—उद्दीपक की चमक (brightness) तथा उद्दीपक का रंग (colour)। ऐसा देखा गया है कि वस्तु के इन गुणों के प्रत्यक्षण में इनके भौतिक अवस्थाओं (physical conditions) में परिवर्तन हो जाने के बाद भी काफी स्थिरता पायी जाती है। पहले प्रकार की स्थिरता को चमक स्थिरता (brightness constancy) तथा दूसरे प्रकार की स्थिरता को रंग स्थिरता

(colour constancy) की संज्ञा दी जाती है। इन दोनों का वर्णन निम्नांकित हैं—

(i) दीप्ति या चमक स्थिरता *(Brightness or lightness constancy)*—जिन वस्तुओं को हम देखते हैं, उनके चमक की स्तर यानी उनका उजलापन या भूरापन या कालापन के स्तर में एक तरह की स्थिरता का प्रत्यक्षण हम उन परिस्थितियों में भी करते हैं जब उन वस्तुओं द्वारा परावर्तित रोशनी (reflected light) की मात्रा (amount) भिन्न-भिन्न होती है। इसे ही चमक स्थिरता की संज्ञा दी गयी है। एक उदाहरण लीजिए—कोयला को अगर सूर्य की रोशनी में रखा जाय या छाया (shadow) में रखा जाय, हम उसे कोयला के रूप में ही देखते हैं हालाँकि सूर्य की रोशनी में उसके चमक का स्तर यानी उसके द्वारा परावर्तित रोशनी (reflected light) की मात्रा छाया में रहने पर परावर्तित रोशनी की मात्रा से कहीं अधिक होता है। उसी तरह से बर्फ (snow) के टुकड़ा को चाहे रात में देखे या दिन में देखें, वह समान ढंग से उजला नजर आता है हालाँकि दिन में बर्फ द्वारा परावर्तित रोशनी की मात्रा रात की अपेक्षा कहीं अधिक होता है।

उपर्युक्त उदाहरणों से यह स्पष्ट है कि अक्षिपटलीय प्रतिमा (retinal image) की दीप्ति (brightness) दो बातों पर निर्भर करता है। पहला यह है कि किसी स्रोत से उद्दीपक या वस्तु पर कितनी मात्रा में रोशनी पड़ रही है। इसे प्रदीपक (Illuminance) कहा जाता है तथा इसे अंग्रेजी के अक्षर 'I' से संकेत किया जाता है। दूसरा वस्तु या उद्दीपक की सतह (surface) कितनी मात्रा में रोशनी को परावर्तित करती है। अगर उद्दीपक की सतह उजली है तो वह अपने ऊपर पड़ने वाली रोशनी का करीब 80-90% परावर्तित कर देगी। परंतु यदि उसकी सतह काली है तो उस पर पड़ने वाली रोशनी को वह अपने सोख लेगी और वह मात्रा 4-5% रोशनी को ही परावर्तित कर पायेगी। किसी उद्दीपक के सतह से परावर्तित रोशनी की मात्रा को परावर्तकता (Reflectance) कहा जाता है तथा इसे अंग्रेजी के अक्षर 'R' से संकेत किया जाता है। किसी वस्तु या उद्दीपक द्वारा परावर्तित की गई रोशनी की सतत मात्रा (constant amount) को *अलबेडा* (albeda) कहा जाता है अब किसी वस्तु के अक्षिपटलीय प्रतिमा (Retinal image) की तीव्रता (intensity) जिसे संदीप्ति (luminance) कहा जाता है तथा जिसे अंग्रेजी के अक्षर 'L' से संकेत किया जाता है, को निम्नांकित सूत्र से ज्ञात किया जा सकता है— $L = I \times R$

चित्र 4.13 : प्रदीपन (illuminance) तथा संदीप्ति (luminance) का संप्रत्यय

प्रदीपन (illuminance) तथा संदीप्ति (luminance) को चित्र 4.13 में दिखलाया गया है। उसे एक उदाहरण द्वारा इस प्रकार समझाया जा सकता है। मान लिया जाए कि वस्तु के सतह पर 100 इकाई रोशनी पड़ रही है तथा वह 90% रोशनी का परिवर्तन कर रहा है तो इसका संदीप्ति मूल्य (luminance value) 90 इकाई का होगा ($L = 100 \times .90$)। इस सूत्र से ऐसा लगता है कि किसी वस्तु के दीप्ति का प्रत्यक्षण इस सूत्र के समाधान से ही आसानी से ज्ञात हो सकता है। लेकिन सच्चाई ऐसी नहीं हैं यद्यपि यह सही है कि अक्षिपटलीय प्रतिमा की तीव्रता में सूत्र के समाधान से प्राप्त मूल्य (value) के अनुसार परिवर्तन अवश्य आता है, परंतु फिर भी अनुभव किया गया दीप्ति (brightness) अक्षिपटलीय प्रतिमा की भौतिक तीव्रता (physical intensity) में परिवर्तन होने के बावजूद भी सतत या स्थिर (constant) रहता है जिसे हम दीप्ति स्थिरता (brightness constancy) की संज्ञा देते हैं। दीप्ति स्थिरता का आधार अलवेडा (albeda) होता

है क्योंकि रोशनी की मात्रा कम या अधिक होने पर भी वस्तु या उद्दीपक द्वारा परावर्तित रोशनी की मात्रा निश्चित या सतत (constant) होती है। अब प्रश्न उठता है कि प्रयोगशाला में दीप्ति-स्थिरता को किस तरह मापा जाता है? इसके मापने के कई तरीके हैं जिनमें से सबसे उत्तम एवं सरल तरीका कॉर्नस्वीट (Cornsweet, 1970) द्वारा प्रतिपादित किया गया है। इनके द्वारा किए गए प्रयोग विधि में प्रत्यक्षणकर्त्ता को एक विशेष ज्योतिमय कमरा (lighted room) में बैठा दिया जाता है। कमरे में कुछ फीट की दूरी पर आगे एक मानक घूसर कार्ड बोर्ड (standard gray cardboard) टँगा होता है (चित्र 4.14 देखें)। प्रत्यक्षणकर्त्ता के ठीक सामने एक बक्स (box) होता है जिसकी खिड़की से कागज के कई बड़े-बड़े टुकड़े दिखाई देते हैं। कागज के ऐसे टुकड़े काले से घूसर (gray) होते हुए विभिन्न उजले छाये (shade) में

चित्र 4.14 : दीप्ति स्थिरता मापने का एक प्रयोगात्मक ढाँचा

श्रेणीकृत (graded) होते हैं। इन श्रेणीकृत या तुलनात्मक शृंखलाओं (comparison series) को अलग से प्रदीप्त (illuminate) किया जाता है। दूसरे शब्दों में, कमरे के सामान्य प्रकाश को इस पर नहीं पड़ने दिया जाता है तथा इस पर अलग से रोशनी डाली जाती है। प्रत्यक्षणकर्त्ता का कार्य मानक धूसर कार्ड बोर्ड से तुलना करते हुए तुलनात्मक शृंखला (comparison series) में से समरूप धूसर कागज (gray paper) को चुनना होता है। प्रायः यह देखा जाता है कि प्रत्यक्षणकर्त्ता तुलनात्मक शृंखला में से उसी धूसर कागज को चुनता है जो मानक धूसर कार्ड बोर्ड से भौतिक रूप से समरूप (physically identical) होता है। यह संदीप्ति सूत्र (luminance formula) के अनुकूल होता है। अब प्रयोगकर्त्ता कमरे की रोशनी की तीव्रता को आधा कम कर देता है परंतु तुलनात्मक शृंखला (comparison series) में दिये गये रोशनी की तीव्रता को पूर्वतः छोड़ देता है। संदीप्ति सूत्र के अनुसार यहाँ प्रयोज्य या प्रत्यक्षणकर्त्ता को तुलनात्मक शृंखला में से वही धूसर कागज सुमेल (matching) के रूप में चुनना चाहिए जिसका परावर्तकता (surface reflectance) मानक धूसर कार्ड बोर्ड के स्तर परावर्तकता के आधा के तुल्य हो। परंतु यह देखा गया है कि प्रयोज्य वही तुलनात्मक धूसर को चुनता है जो भौतिक रूप से मानक धूसर कार्ड बोर्ड के समरूप (identical) होता है और यह प्रवृत्ति उन सभी परिस्थितियों में बनी रहती है जिसमें प्रयोगकर्त्ता मानक धूसर कार्ड बोर्ड पर डाले जाने वाले रोशनी की तीव्रता में परिवर्तन करता जाता है। इस स्थिरता को *'वास्तविक वस्तु के प्रति प्रतिभासिक प्रतिगमन'* (phenomenal regression to real object) कहा गया है।

वर्नस्विक (Brunswik, 1929) ने एक सरल तरीका बतलाया है जिसके माध्यम से प्रत्यक्षित दीप्ति (perceived brightness) में स्थिरता की मात्रा या प्रत्यक्षज्ञानात्मक स्थिरता (perceptual constancy) के अन्य प्रयोगों में स्थिरता की

मात्रा का पता लगाया जा सकता है। इन्होंने एक सूत्र का प्रतिपादन किया है जिसके माध्यम से स्थिरता की मात्रा को आसानी से मापा जा सकता है। इस सूत्र को वर्नस्विक अनुपात (Brunswik Ratio) भी कहा जाता है, जो इस प्रकार है—

$$\text{Brunswik ratio} = \frac{(P-R)}{(C-R)}$$

यहाँ,

P = वस्तु का प्रत्यक्षित गुण (perceived or judged property of an object)

C = वस्तु का वस्तुनिष्ठ या भौतिक गुण (objective or physical property of an object)

R = वस्तु का संवेदी या निकटस्थ प्रस्तुतीकरण (sensory or proximal representation of an object)

वर्नस्विक अनुपात उद्दीपक के वस्तुनिष्ठ स्वरूप (objective nature) तथा उसका निकटस्थ प्रस्तुतीकरण (proximal representation) तथा उद्दीपक के बारे में व्यक्ति द्वारा किया गया निर्णय एवं उसका निकटस्थ प्रस्तुतीकरण का एक तुलनात्मक अन्तर को बतलाता है। यदि वर्नस्विक अनुपात एक (one) होता है तो इससे प्रत्यक्षज्ञानात्मक स्थिरता को पूर्ण (perfect) होने का संकेत मिलता है। परंतु यदि यह शून्य होता है तो इससे यह पता चलता है कि स्थिरता बिलकुल नहीं हो रही है। परंतु जब वर्नस्विक अनुपात एक से अधिक या कम होता है, तो इससे क्रमशः अतिस्थिरता (over constancy) तथा न्यून स्थिरता (under constancy) की स्थिति होने का अंदाज मिलता है।

वर्नस्विक अनुपात को एक उदाहरण द्वारा इस प्रकार समझाया जा सकता है। मान लिया जाए कि मानक उद्दीपक (standard stimulus) के परावर्तकता (reflectance) को 50% पर निर्धारित (set) किया जाता है तथा उसे 20 फूटकैंडल (footcandles) की रोशनी में रखा जाता है। तुलनात्मक उद्दीपक (camparison stimulus) जिसे मानक उद्दीपक के साथ व्यक्ति को सुमेलित करना होता है, को 100 फूटकैंडल की रोशनी में (अर्थात पाँच गुणा अधिक) रखा जाता है। प्रत्यक्षणकर्त्ता जो मानक उद्दीपक के आभासी रोशनी (apparent illumination) को तुलनात्मक उद्दीपक द्वारा परावर्तित रोशनी के आधार पर सुमेलित करता है, को तुलनात्मक उद्दीपक के परावर्तकता (reflectance) को मानक उद्दीपक के पाँचवें (one-fifth) या 10 प्रतिशत (50 प्रतिशत का पाँचवाँ भाग) पर निर्धारित (set) करना होगा। ऐसी परिस्थिति में अनुपात $\left(\frac{50-10}{50-10}\right)=1$ एक (one) होगा जो पूर्ण स्थिरता (perfect constancy) की ओर संकेत करेगा। थोड़े देर के लिए मान लिया जाए कि प्रत्यक्षणकर्त्ता मानक उद्दीपक तथा तुलनात्मक उद्दीपक को दीप्ति (brightness) में उस परिस्थिति में भी तुल्य (equal) समझता है जब तुलनात्मक उद्दीपक का परवर्तकता (reflectance) मात्र 40 प्रतिशत है। ऐसी परिस्थिति में वर्नस्विक अनुपात $\left(\frac{40-10}{50-10}\right)=\frac{30}{40}=.75$ होगा।

दीप्ति स्थिरता का सैद्धान्तिक प्रक्रम (*Theoretical mechanism of brightness or lightness constancy*)—दीप्ति स्थिरता की व्यांख्या करने के लिए दो तरह के सिद्धान्तों का प्रतिपादन किया गया है—*हेल्महोल्ज सिद्धान्त* (Helmholtz theory) तथा *विरोध सिद्धान्त* (Contrast theory)।

हेजहोल्ज सिद्धान्त का प्रतिपादन हेल्महोल्ज (Helmholtz, 1866) द्वारा किया गया। हेल्महोल्ज एक जर्मन वैज्ञानिक थे। हेमहोल्ज ने प्रत्यक्षण का एक सिद्धान्त विकसित किया था जिसे *अचेतन अनुमान का सिद्धान्त* (theory of unconscious inference) कहा जाता है। हेमहोल्ज इस बात से काफी प्रभावित थे कि प्रत्यक्षण पर गत अनुभूति (past experience) का काफी प्रभाव पड़ता है। हेमहोल्ज का मत है कि जब व्यक्ति किसी उद्दीपक का प्रत्यक्षण करता है, तो वह अपने गत अनुभूति के आलोक में उसके बारे में तुरंत अचेतन रूप से इस प्रकार का अनुमान लगा लेता है कि उसका निकटस्थ उत्तेजन (proximal stimulation) अर्थात ज्ञानेन्द्रिय पर बनने वाला तस्वीर किस तरह का होगा। दीप्ति स्थिरता की स्थिति में व्यक्ति कम-से-कम निम्नांकित तीन तरह का अचेतन अनुमान अवश्य ही लगाता है—

(i) रोशनी के स्तर पर परिवर्तन होने पर भी किसी बस्तु का परावर्तकता (reflectance) लगभग स्थिर रहता है।

(ii) किसी निश्चित समय में किसी वस्तु या उद्दीपक पर रोशनी की पड़ने वाली मात्रा का व्यक्ति निर्धारण कर लेता है।

(iii) किसी वस्तु या उद्दीपक द्वारा कितनी मात्रा में रोशनी परावर्तित होगी, इसका निर्णय करने के लिए उस वस्तु या उद्दीपक पर स्रोत से पड़ने वाले रोशनी की मात्रा को ध्यान में रखा जाता है।

हेमहोल्ज का कहना है कि यदि L का मूल्य I तथा R का गुणनफल के बराबर होता है तो प्रत्यक्षणकर्त्ता आसानी से R का मूल्य मन-ही-मन सूत्र में परिवर्तन करके (अर्थात $R = L/I$) ज्ञात कर ले सकता है। इस तरह से धीमी रोशनी में भी रखे जाने पर भी उजले कागज का टुकड़ा उजला दिखता है तथा तीव्र रोशनी में काला कागज का टुकड़ा काला ही दीखता है क्योंकि प्रत्यक्षणकर्त्ता उजला कागज अपने ऊपर पड़ने वाले रोशनी को अधिक मात्रा में परावर्तित करते पाता है जबकि काला कागज के टुकड़ा कम मात्रा में अपने ऊपर पड़ने वाले रोशनी को परावर्तित करते पाता है।

यदि हम गौर से देखें तो हेमहोल्ज सिद्धान्त जो एक क्लासिकी सिद्धान्त है, दीप्ति स्थिरता की व्याख्या करने में निम्नांकित कारणों से असंतोषजनक एवं अतार्किक प्रतीत होता है—

(i) जब व्यक्ति किसी उद्दीपक को देखता है तो उसके आँख के अक्षिपटल पर सिर्फ उतना ही रोशनी पड़ता है जितना कि उस उद्दीपक के सतह द्वारा परावर्तित होता है। उस वस्तु या उद्दीपक पर पड़ने वाले रोशनी की मात्रा को आँख प्रत्यक्ष रूप से अभिलेख (record) नहीं कर पाता है। ऐसी परिस्थिति में प्रत्यक्षणकर्त्ता के लिए यह किस तरह से सम्भव है कि वह उद्दीपक के प्रदीपन (illuminance) से सही-सही अवगत हो पायेगा और उसके आधार पर वह दीप्ति स्थिरता का अंदाज लगा पायेगा?

(ii) हेमहोल्ज के सिद्धान्त के अनुसार दीप्ति स्थिरता में अंशतः रोशनी के स्तरों में परिवर्तन होने के बावजूद वस्तु परावर्तकता (object reflectance) में स्थिरता बनी रहती है, का ज्ञान या पूर्व अनुभूति पर निर्भर करता है। सिद्धान्त का यह दावा यदि सही है तो दीप्ति स्थिरता बच्चों में वयस्कों की तुलना में कम होनी चाहिए (क्योंकि बच्चों में ऐसी अनुभूति कम होती है) तथा छोटे-छोटे पशुओं में जिनमें संज्ञानात्मक निर्णय करने की क्षमता और भी कम है, दीप्ति स्थिरता की मात्रा और भी कम होना चाहिए। हाँचवर्ग (Hochberg, 1971) ने इस क्षेत्र में किये गए अध्ययनों की समीक्षा किया है और पाया है कि बहुत प्रयोगों में बच्चों द्वारा दिखलाया गया दीप्ति स्थिरता की मात्रा वयस्कों द्वारा दिखलाया गया दीप्ति स्थिरता की मात्रा के लगभग बराबर था। मछलियों, चूजों एवं बन्दरों पर किये गये प्रयोगों में पाया गया कि इन सबों के द्वारा दिखलाया गया दीप्ति स्थिरता मानव प्रयोज्यों द्वारा दिखलाये गए दीप्ति स्थिरता के लगभग बराबर था। इन अध्ययनों से यह स्पष्ट हो जाता है कि हेमहोल्ज सिद्धान्त का दावा गलत है।

दीप्ति स्थिरता की व्याख्या करने के लिए दूसरा प्रमुख सिद्धान्त *विरोध सिद्धान्त* (Contrast theory) है। जैसा कि नाम से ही स्पष्ट है, इस सिद्धान्त के अनुसार किसी उद्दीपक या वस्तु की दीप्ति (brightness) इस बात पर निर्भर करता है कि वह अपने इर्द-गिर्द की वस्तुओं की तुलना में कितना अधिक या कम चमकीला या दीप्त (bright) है। जब कोई वस्तु अधिक दीप्त (bright) नजर आता है, तो इसका मतलब यह हुआ कि उसके इर्द-गिर्द की चीजों या उद्दीपक में दीप्ति (brightness) कम है। परंतु यदि वही वस्तु के इर्द-गिर्द की चीजों या वस्तुओं को अधिक दीप्त कर दिया जाता है तो वह दूसरी परिस्थिति में कम दीप्त नजर आयेगा। कहने का मतलब यह है कि विरोध सिद्धान्त के अनुसार प्रत्यक्षणकर्त्ता उद्दीपकों के सापेक्ष तीव्रता (relative intensity) पर न कि निरपेक्ष तीव्रता (absolute intensity) पर ध्यान देता है। कोई वस्तु या उद्दीपक धूमिल हो सकता है परंतु यदि वह अपने इर्द-गिर्द के उद्दीपकों से कम धूमिल है, तो वह

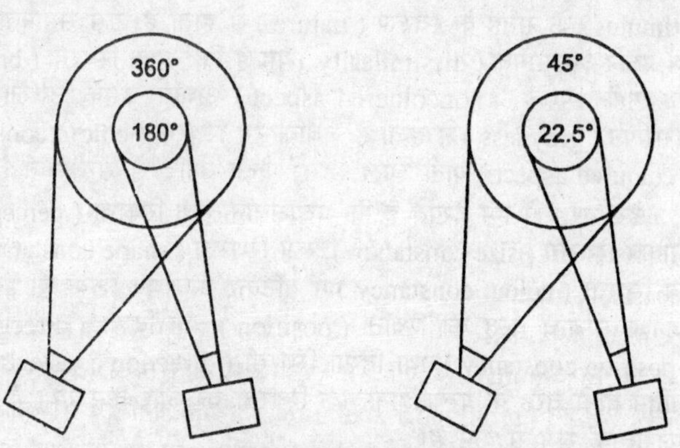

चित्र 4.16 : दीप्ति स्थिरता दिखलाने के लिए वालैक द्वारा किया गया प्रयोग

व्यक्ति को दीप्ति (bright) नजर आयेगा। इस सिद्धान्त के अनुसार दीप्ति स्थिरता का अनुभव इसलिए होता है क्योंकि किसी वस्तु की सापेक्ष तीव्रता रोशनी के स्तर में परिवर्तन होने के बावजूद भी स्थिर रहता है। विरोध सिद्धान्त की व्याख्या का सत्यापन कई प्रयोग में हुआ है जिसमें वालैक (Wallach, 1948) द्वारा किया गया प्रयोग अधिक मशहूर है। इस प्रयोग में उन्होंने एक पूर्ण अंधेरे कमरे में एक पर्दे पर रोशनी का एक गोलाकार वृत्त प्रयोज्य को दिखलाया। यह वृत्त एक अन्य रोशनी के बड़े घेरा (ring) से घिरा हुआ था। घेरा के संदीप्ति (luminance) को कम या तीव्र किया जा सकता था। परिणाम में देखा गया कि जब प्रयोज्य को घेरा की संदीप्ति स्तर को तीव्र कर दिखलाया जाता था, तो उसे वृत्त धूमिल नजर आता था परंतु जब संदीप्ति स्तर को धीमा करके दिखलाया जाता था, तो उसे वही वृत्त अधिक दीप्त (bright) नजर आता था। वालैक ने इसी तरह का एक दूसरा प्रयोग भी किया है। इस प्रयोग में प्रयोज्यों को रोशनी का दो डिस्क (disc) दिखलाया गया जो घेरा (ring) से घिरा हुआ था। (चित्र 4.16 देखें)। एक परिस्थिति में डिस्क तथा घेरा का संदीप्ति मूल्य (luminance value) क्रमशः 180 तथा 360 फूटलैम्वर्ट (foot lambert) था तथा दूसरी परिस्थिति में डिस्क तथा घेरा का संदीप्ति मूल्य क्रमशः 22.5 तथा 45 फूटलैम्वर्ट था। स्पष्ट है कि पहली और दूसरी परिस्थिति में डिस्क तथा घेरा के विरोध संदीप्ति मूल्यों (absolute luminance value) में काफी अन्तर था परंतु इन दोनों परिस्थितियों में *डिस्क घेरा संदीप्ति अनुपात* (disk-ring luminance ratio) एक ही था अर्थात 1:2 ही था। डिस्क एवं घेरा के निरपेक्ष तीवता (absolute intensity) में परिवर्तन के बावजूद भी दोनों डिस्क को प्रयोज्यों ने समान रूप से दीप्ति (bright) समझा अर्थात् उनमें दीप्ति स्थिरता पायी गयी। कारण दोनों परिस्थितियों में डिस्क तथा घेरा की संदीप्ति में वैषम्य (contrast) का अनुपात एक ही रखा गया था।

यद्यपि दीप्ति स्थिरता का यह विरोध सिद्धान्त अधिक लोकप्रिय है, फिर भी गिल्करिस्ट (Gilchrist, 1977) ने इसकी आलोचना करते हुए कहा है कि सिद्धान्त द्वारा प्रदत्त व्याख्या जरूरत से ज्यादा सरल है। इसकी अधिक सरलता से ऐसा आभास मिलता है कि इस सिद्धान्त को एक वैज्ञानिक सिद्धान्त नहीं माना जा सकता है।

आधुनिक मनोवैज्ञानिकों का मत है कि दीप्ति स्थिरता के दोनों सिद्धान्तो में यद्यपि कुछ परिसीमाएँ हैं, फिर भी इसकी व्याख्या करने में इन दोनों सिद्धान्तों का समन्वित प्रयास एक सराहनीय कदम है।

(ii) रंग स्थिरता *(Colour constancy)*—एक ज्ञात रंग की वस्तु को यदि हम भिन्न रंगों के संदर्भ (context) में रखकर देखें, तो वस्तु का रंग वही दीख पड़ता है, जो पहले से था। एक उदाहरण लीजिए—एक लाल सेब को आप पीला कागज के टुकड़ा पर रखकर देखें या हरा कागज के टुकड़ा पर रखकर देखें वह लाल ही नजर आयेगा हालाँकि दोनों परिस्थितियों में पृष्ठभूमि का रंग अलग-अलग है। उसी तरह सेब को हम कमरा में देखें या सूर्य की रोशनी में रखकर देखें, दोनों अवस्थाओं में सेव लाल ही नजर आयेगा हालाँकि सूर्य में रहने पर सेब के कणों (pigments) की परावर्त्तन क्षमता (reflectance capacity) अधिक तीव्र होती है।

चमक स्थिरता (brightness constancy) तथा रंग स्थिरता (colour constancy) में प्रधान समानता (similarity) यह है कि इन दोनों तरह की प्रत्यक्षज्ञानात्मक स्थिरता (perceptual constancy) का सम्बन्ध दृष्टि उद्दीपक (visual stimulus) के सतह के स्वरूप (nature) से होता है। इस समानता के बावजूद भी दोनों में असमानता (difference) है। प्रधान असमानता (dissimilarity) यह है कि चमक स्थिरता (brightness constancy) का सम्बन्ध वस्तु (object) के रंगहीन पहलू (noncoloured aspect) अर्थात उसके उजलापन (whiteness), कालापन (blackness) तथा धूसरापन (grayness) से होता है जबकि रंग स्थिरता (colour constancy) का सम्बन्ध वस्तु (object) के रंगीन पहलू (coloured aspect) यानी लाल, हरा, पीला आदि से सम्बन्धित है।

इस तरह से हम देखते हैं कि प्रत्यक्षज्ञानात्मक स्थिरता (perceptual constancy) को मूलतः चार भागों में अर्थात आकार स्थिरता (size constancy), रूप स्थिरता (shape constancy), चमक स्थिरता (brightness constancy) तथा रंग स्थिरता (colour constancy) में बाँटकर अध्ययन किया है। इसके अलावा भी दो और प्रत्यक्षज्ञानात्मक स्थिरता है जिनका सम्बन्ध वस्तु की स्थिति (position) तथा दिशा (direction) से सम्बन्धित है। इसे क्रमशः स्थिति स्थिरता (position constancy) तथा दिशा स्थिरता (direction constancy) कहा जाता है। परन्तु मनोवैज्ञानिकों का ध्यान इन अंतिम दोनों तरह के प्रत्यक्षज्ञानात्मक स्थिरता की ओर कम गया है क्योंकि दृष्टि क्षेत्र (visual field) में इसका महत्त्व तुलनात्मक रूप से कम है।

प्रत्यक्षज्ञानात्मक स्थिरता (perceptual constancy) का दूसरा महत्त्वपूर्ण पहलू (aspect) जिसपर मनोवैज्ञानिकों ने काफी अधिक बल डाला है, वह है—क्या इस तरह की स्थिरता *जन्मजात* (inborn) होती है या इसे व्यक्ति *सीखता*

है ? इस प्रश्न का उत्तर 1965 तक मनोवैज्ञानिक सही-सही नहीं दे पा रहे थे। परन्तु बॉअर (Bower, 1966) ने एक प्रयोग करके जिसमें 6 सप्ताह से 8 सप्ताह के उम्र के कुछ बच्चों में आकार स्थिरता (size constancy) का अध्ययन किया गया, इस प्रश्न का उत्तर देने में समर्थ हुए। इस अध्ययन के परिणाम में यह स्पष्ट रूप से देखा गया कि इस उम्र के बच्चों में भी आकार स्थिरता (size constancy) तथा रूप स्थिरता (shape constancy) होता है। वस्तु को यानी 30 सेन्टीमीटर उजला घन (white cube) को जब एक मीटर की दूरी पर रखा जाता था और जब उसे 3 मीटर की दूरी पर रखा जाता था, शिशु (infant) समान रूप से अनुक्रिया (response) करते पाये गए। इससे साबित होता है कि शिशु में आकार स्थिरता (size constancy) हो रही थी। इसका मतलब तब यह हुआ कि प्रत्यक्षज्ञानात्मक स्थिरता जन्म के तुरंत बाद भी मौजुद होता है। अतः प्रत्यक्षज्ञानात्मक स्थिरता जन्मजात (inborn) होता है। इतना ही नहीं, बॉअर (Bower) ने बाद में और भी अनेक प्रयोग कर यह दिखला दिया है कि प्रत्यक्षज्ञानात्मक स्थिरता (perceptual constancy) प्रत्यक्षज्ञानात्मक विभेद (perceptual discrimination), गहराई विभेद (depth discrimination) आदि जैसे गुण शिशुओं तथा वयस्कों (adults) में समान रूप से पायी जाती है। अन्तर सिर्फ इतना होता है कि शिशु वयस्क की तुलना में इन सभी तरह के प्रत्यक्षज्ञानात्मक क्षमताओं (perceptual capabilities) को कम मात्रा में व्यक्त कर पाते हैं। अतः प्रयोगात्मक सबूतों के आधार पर हम इस निष्कर्ष पर पहुँचते हैं कि प्रत्यक्षज्ञानात्मक स्थिरता (perceptual constancy) जन्मजात (inborn) होता है न कि अर्जित (acquired)।

स्थिरता-अस्थिरता विरोधाभास
(Stability-Instability Paradox)

प्रत्यक्षज्ञानात्मक स्थिरता (perceptual constancy) के क्षेत्र में किये गए प्रयोगों से यह स्पष्ट हो गया है कि उद्दीपकों के आकार-प्रकार, रंग, आदि में परिवर्तन होने के बावजूद भी व्यक्ति उन्हें एक निश्चित एवं स्थिर (stable) प्रारूप में ही प्रत्यक्षण करता है। जैसे, कोयला के टुकड़ा को धूप में रखकर प्रत्यक्षण करें या उसे छाया में रखकर प्रत्यक्षण करें, उसे हम एक ही रूप में प्रत्यक्षण करेंगे हालाँकि धूप में रखने से रोशनी का परावर्तन स्तर (reflection level) छाया के परावर्तन स्तर से अधिक होता है। उसी तरह से यदि हम भोजन करने वाले प्लेट को चार फीट की दूरी से देखें या 10 फीट की दूरी से देखें, उसे हम भोजन के प्लेट के रूप में ही देखेंगे हालाँकि दूसरी परिस्थिति में पहली परिस्थिति की तुलना में बनने वाला अक्षिपटलीय प्रतिमा (retinal image) छोटी होगी। कहने का तात्पर्य यह है कि उद्दीपक में अस्थिरता के बावजूद हम उसे स्थिर एवं निश्चित प्रारूप में प्रत्यक्षण करते हैं। इससे प्रोत्साहित होकर मनोवैज्ञानिकों ने एक इसके ठीक विपरीत परिस्थिति में प्रत्यक्षज्ञानात्मक अनुभूति का अध्ययन करने की कोशिश किये हैं। उन्होंने यह मुद्दा उठाया कि जब परिस्थिति के सभी उद्दीपक में समजातीयता (homogeneity) उत्पन्न कर दिया जाए अर्थात उसके अन्तर को समाप्त करके उसे एक समान बना दिया जाए ताकि उनमें पूर्ण स्थिरता तथा समरूपता आ जाए तो इसका प्रभाव प्रत्यक्षज्ञानात्मक अनुभूति पर क्या पड़ेगा ? इस प्रश्न का उत्तर देने के लिए जितने भी प्रयोगात्मक अध्ययन किये गए हैं उनसे यह स्पष्ट हुआ कि यदि उद्दीपक के स्वरूप में समरूपता तथा स्थिरता उत्पन्न कर दिया जाता है तो इससे व्यक्ति के प्रत्यक्षज्ञानात्मक अनुभूति (perceptual experience) में स्थिरता तथा श्रेष्ठता बनाये रखने के लिए यह आवश्यक है कि उद्दीपक को अस्थिर (instable) बनाकर रखा जाए। उपर्युक्त तथ्यों से जिस सम्प्रत्यय का जन्म हुआ उसे मनोवैज्ञानिकों ने *स्थिरता-अस्थिरता विरोधाभास* (stability-instability paradox) की संज्ञा दिया है। इस सम्प्रत्यय[1] की एक परिभाषा इस प्रकार दी जा सकती है।

चित्र 4.17 : मानव चेहरा तथा H एवं B से बने गुम्फाक्षर के प्रत्यक्षण में होने वाला क्रमिक विखंडन

1. "Stability-instability paradox refers to a perceptual state in which it becomes essential to bring a change and instability in stimulus conditions in order to produce clarity and stability in perception." —Author

"स्थिरता-अस्थिरता विरोधाभास एक ऐसी प्रत्यक्षज्ञानात्मक अवस्था है जिसमें प्रत्यक्षण में स्थिरता तथा स्पष्टता लाने के लिए उद्दीपक परिस्थिति में अस्थिरता तथा परिवर्तन लाना आवश्यक हो जाता है।"

स्थिरता-अस्थिरता विरोधाभास के सत्यापन के लिए कई तरह के अध्ययनन किये गए हैं। इन प्रयोगों में कुछ ऐसा प्रबंध किया गया था कि परिस्थिति में रखे गए उद्दीपकों की प्रतिमा (image) हमेशा एक समान बन सके। इसे *स्थगित या स्थिर प्रतिमा* (stopped or stabilized image) कहा जाता है। ऐसे प्रयोग कई मनोवैज्ञानिकों द्वारा किये गये हैं जिनमें अलपर्न (Alpern, 1971), क्रॉनस्वीट (Cronsweet, 1970), डिचवर्न (Ditchburn, 1973), हेकेनम्यूलर (Heckenmueller, 1965), प्रिटचार्ड (Pritchard, 1961) के नाम मुख्य हैं। इन सभी प्रयोगों में एक ही तरह की प्रविधि का उपयोग किया गया था। अतः इनका एक सामान्य वर्णन ही हम यहाँ करेंगे।

इन प्रयोगों में विशेष प्रबंध करके प्रयोज्य के अक्षिपटल (retina) पर कुछ उद्दीपकों के बनने वाले प्रतिबिम्ब या प्रतिमा (images) को स्थिर (stabilized) किया गया। ऐसे उद्दीपक को देखने के मात्र चन्द सेकंड के बाद प्रयोज्यों ने बतलाया कि देखी गयी आकृति (या उद्दीपक) धीरे-धीरे उनके आँखों के सामने से ओझल होने लगा जिसके परिणामस्वरूप उद्दीपक परिस्थिति में एकरूपता या समरूपता (homogeneity) कायम हो गयी और धीरे-धीरे उद्दीपक परिस्थिति अधिक अंधेरा-युक्त दीखने लगा और प्रयोज्यों को कोई स्पष्ट प्रत्यक्षण होना लगभग बंद हो गया। उसी तरह से यदि प्रयोज्यों को रंग का प्रत्यक्षण करवाया जाता था तो कुछ देर के बाद उसे परिस्थिति रंगहीन दिखाई देने लगता था और कुछ समय के बाद वह लुप्त हो जाता था। इन प्रयोगों के परिणाम का सबसे महत्त्वपूर्ण बिन्दु यह था कि जब दिखायी गयी आकृति (या उद्दीपक) जटिल होती थी जिसमें व्यक्ति के लिए सार्थकता अधिक होती थी, तो वह व्यक्ति के सामने सरल आकृति की तुलना में अधिक समय के लिए बना होता था तथा उसके प्रत्यक्षण में लुप्तता (disappearance) धीरे-धीरे होती थी। यही कारण है कि मानव चेहरा की आकृति का प्रत्यक्षण ऐसी परिसिथति में एक वक्र रेखा की आकृति के प्रत्यक्षण की तुलना में अधिक समय तक बनी रहती थी। उसी तरह से यदि प्रयोज्य को अक्षर 'H' तथा अक्षर 'B' का एक गुम्फाक्षर (monogram) दिखलाया जाता था तो इन दोनों में से कोई एक अक्षर या उसका अंश को ही देखने की अनुभूति प्रयोज्यों को होती थी। चित्र 4.17 में प्रिटचार्ड (Pritchard, 1961) के प्रयोग में मानव चेहरा की आकृति तथा H एवं B से बने गुम्फाक्षर के प्रत्यक्षण में होनेवाले क्रमिक विखंडन (fragmentation) को दिखलाया गया है। स्थगित या स्थिर आकृतियों का धीरे-धीरे लुप्त होना इस बात का संकेत देता है कि नेत्र गति (eye movement) द्वारा व्यक्ति उद्दीपक के प्रत्यक्षण को बनाये रखने की कोशिश करता है।

मैककिन्नी (McKinney, 1963, 1964) ने भी स्थिरता-अस्थिरता विरोधाभास दिखाने के लिए प्रयोग किया है। परंतु वे स्थगित या स्थिरता प्रतिबिम्बों या प्रतिमाओं के जगह पर चमकीले आकृतियों (luminous designs) का उपयोग कर संवेदी परिस्थिति को स्थिर रखने का प्रयास किये। इन्होंने अपने एक प्रयोग में प्रयोज्य को चित्र 4.18 के आकृतिं को दिखलाया। आकृति को एक बैगनी कागज पर चमकीले रंगलेप (luminous paint) चढ़ाकर एक पूर्णतः अंधेरे कमरे में बारी-बारी से दिखलाया गया। थोड़े समय अर्थात चन्द सेकंड के बाद से ही प्रयोज्यों में आकृतियों के कुछ अंशों को लुप्त तथा पुनः उपस्थित होने का प्रत्यक्षण होने लगा। स्थगित या स्थिर आकृतियों के अध्ययनों के परिणामों के अनुकूल ही यह भी देखा गया कि जटिल आकृतियों में लुप्त होने की प्रक्रिया धीरे-धीरे हुई अर्थात् जटिल आकृति साधारण आकृति की तुलना में अधिक समय तक प्रयोज्य के प्रत्यक्षण में ठीक-ठीक बनी रही और फिर उनके अंशों का लुप्त होना शनैः-शनैः होने लगा। जैसे, आकृति 4.18 के 'a' में पहले प्रयोज्य ने अक्षर 'H' के प्रत्यक्षण का अनुभव किया उसके बाद अक्षर 'B' के प्रत्यक्षण का तथा उसके बाद संख्या 3 या 13 का। आकृति 'b' में अक्षर 'B' को टेढ़ी-मेढ़ी रेखाओं के सामने कम्पन की अवस्था में पाया तथा आकृति 'c' में प्रयोज्यों ने चार तीरछी रेखाओं को एक ही दिशा में झुका हुआ प्रत्यक्षण किया। इन उदाहरणों से यह स्पष्ट है कि जटिल आकृतियों के प्रत्यक्षण में विखंडन देरी से तथा धीरे-धीरे होता है।

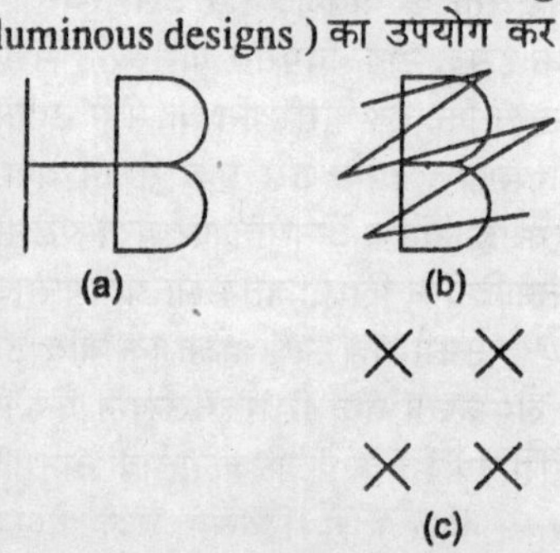

चित्र 4.18 : चमकीले आकृतियों के प्रत्यक्षणात्मक विखंडन के अध्ययन में व्यवहृत आकृति

कुछ मनोवैज्ञानिकों ने उद्दीपक परिवर्तन में समानता तथा एकरूपता की उत्पत्ति का अध्ययन पूरे प्रत्यक्षज्ञानात्मक क्षेत्र में दीप्ति या चमक (uniform brightness) के स्तर को समान बनाकर किया है। इस तरह के प्रत्यक्षज्ञानात्मक क्षेत्र

(perceptual field) को *समरूप क्षेत्र* (homogeneous field) या *गैंजफेल्ड* (Gangfeld) कहा जाता है। गैंजफेल्ड का अनुभव कभी-कभी उस समय हवाई चालकों को होता है जब वे काफी ऊँचाई पर उड़ रहे होते हैं। अधिक ऊँचाई पर उड़ने से चालक को बाहर का दृष्टि क्षेत्र एक समान दीख पड़ता है तथा उन्हें बाहरी परिदृश्य का व्योरा (detail) अस्पष्ट एवं एक समान दीखता है। ऐसी परिस्थिति में हवाई जहाज को बाहरी वातावरण के चीजों से टकरा जाने की सम्भावना बढ़ जाती है। मनोवैज्ञानिकों प्रयोगशाला में सम्पूर्ण गैंजफेल्ड की स्थिति उत्पन्न करना तो सम्भव नहीं है परन्तु लगभग उसी के समान परिस्थिति उत्पन्न कर व्यक्ति के प्रत्यक्षण पर पड़नेवाले प्रभावों का अध्ययन किया है। कोहेन (Cohen, 1958), सीमैन (Seaman, 1958) आदि मनोवैज्ञानिकों ने गैंजफेल्ड के सहारे उद्दीपक परिस्थिति में समरूपता तथा स्थिरता लाकर उनका प्रयोज्यों के प्रत्यक्षज्ञानात्मक अनुभूति पर पड़नेवाले प्रभावों का अध्ययन किया। इन प्रयोगों में देखा गया कि गैंजफेल्ड में देखने पर प्रयोज्यों ने एक ऐसा विशाल विखरित कुहासा के समान दृश्य होने का प्रत्यक्षण किया जिसमें कुछ आर-पार दिखाई नहीं दे रहा था। थोड़े देर तक गैंजफेल्ड में देखने के बाद प्रयोज्य अपनी दृष्टि को किसी बिन्दु पर केन्द्रित कर पाने में अपने आप को असफल पा रहे थे तथा जब उन्हें कुछ गतिशील वस्तु दिखलाया गया तो वे उसका मात्र अस्पष्ट प्रत्यक्षण ही कर सकने में सफल हुए। गैंजफेल्ड में देखने का एक प्रभाव यह भी पाया गया कि प्रयोज्यों को उसके बाद रंगीन वस्तु भी रंगहीन नजर आती थी। कुछ अध्ययनों में देखा गया अधिक देर तक गैंजफेल्ड में देखने से एक ऐसी स्थिति उत्पन्न हो जाती है जिसमें थोड़े देर के लिए व्यक्ति काफी परिचित वस्तुओं जैसे एक वृत्त तथा त्रिभुज के बीच भी अन्तर करने में असमर्थ रहता है।

उपर्युक्त प्रयोगात्मक अध्ययनों के आलोक में हम इस निष्कर्ष यह पहुँचते हैं कि स्थिरता-अस्थिरता विरोधाभास जो प्रत्यक्षज्ञानात्मक स्थिरता (perceptual constancy) से काफी जुड़ा हुआ है, स्पष्टतः इस तथ्य की ओर संकेत करता है कि वस्तुओं का सही निश्चित स्थिरता प्रत्यक्षण करने के लिए यह आवश्यक है कि उद्दीपक परिस्थिति में स्थिरता या समरूपता न होकर अस्थिरता या विभिन्नता हों। स्थिर उद्दीपक परिस्थिति से अस्थिर प्रत्यक्षज्ञानात्मक अनुभूति होती है।

प्रत्यक्षज्ञानात्मक स्थिरता के बारे में कुछ महत्त्वपूर्ण सामान्यीकरण
(Some Important Generalization about Perceptual Constancy)

ऊपर में किये गये वर्णन से यह स्पष्ट हुआ है कि प्रत्यक्षज्ञानात्मक स्थिरता के कई प्रकार होते हैं और प्रत्येक प्रकार से सम्बन्धित कई तरह के प्रयोग किये गए हैं। उन सभी प्रयोगों के आधार पर मनोवैज्ञानिकों द्वारा प्रत्यक्षज्ञानात्मक स्थिरता के बारे में कुछ सामान्य निष्कर्ष पर पहुँचा गया है जिसका वर्णन निम्नांकित है—

1. प्रत्यक्षज्ञानात्मक स्थिरता में व्यक्ति जो भी प्रत्यक्षण करता है, वह मूलतः संवेदी आँकड़े (sensory data) तथा वस्तु संदर्भ (object reference) के बीच एक तरह का समझौता होता है। दूसरे शब्दों में यह कहा जा सकता है कि प्रत्यक्षज्ञानात्मक स्थिरता में जो अनुभव होता है वह न तो पूर्णतः वस्तु या उद्दीपक के समान होता है और न संवेदी आँकड़ों के ही समान होता है बल्कि यह दोनों के बीचों बीच का होता है। थाऊलेस (Thouless, 1931) ने आकार, रंग, दीप्ति आदि स्थिरताओं का अध्ययन किया और इन सभी परिस्थितियों में संवेदी तथा प्रत्यक्षज्ञानात्मक्र निर्धारकों के बीच एक तरह से समझौता की ही अवस्था पायी गयी क्योंकि स्थिरता अनुपात (constancy ratio) कभी भी न तो शून्य था और न 1.00 ही। इन प्रयोगों से भी यह पता चला कि विभिन्न व्यक्तियों एवं विभिन्न परिस्थितियों में प्रत्यक्षज्ञानात्मक स्थिरता की मात्रा भिन्न-भिन्न होती हैं।

2. जैसे-जैसे मानक वस्तु (standard object) तथा तुलनात्मक वस्तु (comparison object) के बीच निरपेक्ष अन्तर बढ़ता जाता है, वैसे-वैसे प्रत्यक्षज्ञानात्मक स्थिरता की मात्रा बढ़ती जाती है। हासिया (Hasia, 1943) ने इसके लिए महत्त्वपूर्ण सबूत प्रदान किये हैं। इन्होंने दीप्ति स्थिरता पर प्रयोग किया था जिसमें मानक या जाँच डिस्क (standard or test disk) तथा तुलनात्मक डिस्क (comparison disk) को एक निश्चित दूरी पर अंधेरे की पृष्ठभूमि (dark background) में अलग-अलग धूसर कागज (gray paper) पर रखकर प्रयोज्य को दिखाया गया। परिणाम में देखा गया कि जैसे-जैसे धूसर कागज के दीप्ति में अन्तर उत्पन्न होता गया, प्रत्यक्षज्ञानात्मक स्थिरता की मात्रा में वृद्धि होती गयी। वर्नस्विक (Brunswik, 1940) ने भी आकार स्थिरता (size constancy) के क्षेत्र में प्रयोग करके इसी तरह का सम्बन्ध पाया। इस तरह से इन्होंने अपने अध्ययन में यह पाया कि मानक वस्तु तथा तुलनात्मक वस्तु में जितना ही अधिक अन्तर होता था, प्रयोज्यों द्वारा प्रत्यक्षज्ञानात्मक स्थिरता (perceptual constancy) अधिक मात्रा में अनुभव किया गया। जैसे, इन्होंने अपने अध्ययन में पाया कि 50 मिलीमीटर के मानक ब्लॉक को तुलनात्मक ब्लॉक से 2 मीटर की दूरी पर रखकर

दिखलाया गया तो वर्नस्विक अनुपात .50 था परंतु जब वही मानक ब्लॉक तथा तुलनात्मक ब्लॉक में 10 मीटर की दूरी उत्पन्न कर दी गई तो वर्नस्विक अनुपात बढ़कर .96 हो गया।

3. जब मानक वस्तु (standard object) तथा तुलनात्मक वस्तु (comparison stimulus) को पहचानने के लिए एक समान संकेत (cues) अधिक मात्रा में उपलब्ध होते हैं, तो प्रत्यक्षानात्मक स्थिरता की मात्रा अधिक होती है। मनोवैज्ञानिकों द्वारा किये गए अध्ययनों से यह स्पष्ट हुआ है कि ऐसी परिस्थिति में व्यक्ति को यह महसूस होता है कि वह एक ही वस्तु पर देख रहा है। फलतः प्रत्यक्षज्ञानात्मक स्थिरता अधिक मात्रा में पायी जाती है। वर्जलाफ्फ (Burzlaff, 1931) ने वयस्कों तथा बच्चों पर एक प्रयोग किया जिसमें उद्दीपकों को एक स्वाभाविक अवस्था में रखकर उन्हें दिखलाया गया। इस अवस्था में रखकर दिखाने से मानक वस्तु तथा तुलनात्मक वस्तु लगभग एक समान दिखते थे। इन्होंने अपने इस प्रयोग में पाया कि वयस्क तथा सभी उम्र के बच्चों में लगभग पूर्ण प्रत्यक्षज्ञानात्मक स्थिरता की स्थिति पायी गयी।

4. जब व्यक्ति में सीधा या सहज वस्तु-उन्मुखी मनोवृत्ति (naive object-oriented attitude) होती है तो इससे प्रत्यक्षज्ञानात्मक स्थिरता बढ़ती है परंतु जब वह आलोचनात्मक उद्दीपक-उन्मुखी मनोवृत्ति (critical stimulus-oriented attitude) दिखलाता है, तो इससे प्रत्यक्षज्ञानात्मक स्थिरता कमती है। मनोवैज्ञानिकों द्वारा किये गए अध्ययनों से यह स्पष्ट हुआ है कि समान निर्देश एवं परिस्थितियों के बावजूद भी अप्रत्यक्षज्ञानात्मक स्थिरता में जो अन्तर होता है, उसका मुख्य कारण यह है कि प्रयोज्यों की मनोवृत्ति में भिन्नता पायी जाती है। कुछ प्रयोज्य देखे जाने वाले वस्तु या उद्दीपक के प्रति उदार एवं सहज (waive) मनोवृत्ति रखते हैं। इससे प्रत्यक्षज्ञानात्मक स्थिरता में वृद्धि हो जाती है। दूसरे तरफ, कुछ लोग देखे जाने वाले वस्तु या उद्दीपक के प्रति आलोचनात्मक मनोवृत्ति (critical attitude) रखते हैं। इसका परिणाम यह होता है कि प्रत्यक्षज्ञानात्मक स्थिरता में कमी आ जाती है।

5. उम्र में वृद्धि होने से प्रत्यक्षज्ञानात्मक स्थिरता में भी वृद्धि होती है। वेर्ल (Beyrl,1926) ने आकार स्थिरता पर दो साल के बच्चों पर प्रयोग किया तथा थाऊलेस (Thouless, 1932) ने आकार (size) स्थिरता, दीप्ति (brightness) स्थिरता तथा रूप स्थिरता (shape constancy) पर 20 से 50 साल के प्रयोज्यों को लेकर अध्ययन किया और परिणाम में पाया कि जैसे-जैसे प्रयोज्यों की आयु में वृद्धि होती है, उनके द्वारा अनुभव किया गया प्रत्यक्षज्ञानात्मक स्थिरता में वृद्धि होती है हालाँकि वर्जलाफ्फ (Burzlaff, 1931) ने दीप्ति स्थिरता पर किये गए प्रयोग में यह पाया गया कि बच्चों एवं वयस्कों के प्रत्यक्षज्ञानात्मक स्थिरता में उस परिस्थिति में कोई खास अन्तर नहीं था जब उन्हें एक स्वाभाविक परिस्थिति में विभिन्न दीप्ति स्तर में रखे गए धूसर कागज के समरूप टुकड़े चुनने के लिए कहा गया।

6. निम्न कोटियों के प्राणियों में भी प्रत्यक्षज्ञानात्मक स्थिरता मनुष्यों जैसा होते पाया जाता है जिससे यह संकेत मिलता है कि इस तरह के व्यवहार का आधार जन्मजात तंत्रकीय संगठन (innate neural organisation) है। इस सिलसिले में कुछ प्रारम्भिक प्रयोग कोहलर (Kohler, 1918) तथा गोट्ज (Gotz, 1926) द्वारा किया गया। इन लोगों ने चूजों पर प्रयोग किया और पाया कि इनमें दीप्ति स्थिरता तथा आकार स्थिरता अत्यधिक मात्रा में होती है। काज एवं रेवेस्ज (Katz & Revesz, 1921) ने चूजों पर ही अध्ययन करके उनमें रंग स्थिरता के स्पष्ट सबूत पाया। लॉके (Locke, 1935) ने ही बन्दरों तथा पाँच मानव वयस्कों को समान परिस्थितियों में रखकर दीप्ति स्थिरता (brightness constancy) का अध्ययन किया और आश्चर्य की बात यह देखी गयी कि बन्दरों में मानव वयस्कों की तुलना में दीप्ति स्थिरता अधिक मात्रा में पायी गयी। लॉके (Locke, 1937) ने ही बन्दरों, मानव बच्चों एवं मानव वयस्कों में आकार स्थिरता (size constancy) का अध्ययन किया और पाया कि यद्यपि बन्दरों में आकार स्थिरता अधिक नहीं पायी गयी परंतु फिर भी उन तीनों तरह के प्रयोज्यों के आकार स्थिरता की मात्रा में कोई सार्थक अन्तर नहीं था। वर्कम्प (Burkamp, 1923) ने मछलियों पर अध्ययन किया और पाया कि मछलियों में दीप्ति तथा रंग स्थिरता अधिक मात्रा में पायी जाती है।

उपर्युक्त महत्त्वपूर्ण सामान्यीकरण के आलोक में यह कहा जा सकता है कि प्रत्यक्षज्ञानात्मक स्थिरता की घटना से कई तरह की महत्त्वपूर्ण सूचनाएँ मिलती हैं, जिनसे प्रत्यक्षण में सम्मिलित जटिलता को समझने में काफी मदद मिलती है।

समय का प्रत्यक्षण: चौथी विमा
(Perception of Time : Fourth dimension)

समय का प्रत्यक्षण किसी भी व्यक्ति के लिए एक महत्त्वपूर्ण प्रत्यक्षण है। अगर समय का सही प्रत्यक्षण हम किसी कारण से नहीं कर पाते हैं, तो ऐसा कहा जाता है कि व्यक्ति में मानसिक रोग (mental illness) के कुछ लक्षण आ रहें हैं। जब हम अपने कामों में काफी व्यस्त होते हैं तो समय बीतने का प्रत्यक्षण स्पष्ट रूप से नहीं हो पाता है। परन्तु यदि हम किसी की इंतजारी करते हैं तो वैसी परिस्थिति में समय का प्रत्यक्षण हमें स्पष्ट रूप से ज्ञात होता है।

मनोवैज्ञानिकों ने समय के प्रत्यक्षण की व्याख्या करने के लिए निम्नांकित दो तरह का सैद्धान्तिक उपागम (theoretical approaches) का वर्णन किया है—

1. आन्तरिक कालमापी प्राक्कल्पना (Internal timer hypothesis) तथा
2. घटना-संसाधन प्राक्कल्पना (Event-processing hypothesis)

इन दोनों का वर्णन निम्नांकित हैं—

1. आन्तरिक कालमापी प्राकल्पना *(Internal timer hypothesis)*—आन्तरिक कालमापी प्राक्कल्पना ऑर्नस्टीन (Ornstein, 1969) तथा ट्रीसमैन (Treisman, 1963) आदि मनोवैज्ञानिकों के प्रयोगात्मक अध्ययन से प्राप्त तथ्यों (facts) पर आधारित है। इस प्राक्कल्पना के अनुसार हमें समय बीतने का प्रत्यक्षण का आधार जैविक (biological) या शारीरिक (physiological) होता है। जिस तरह से हमारे शरीर में रोशनी का प्रत्यक्षण का एक विशेष ज्ञानेन्द्रिय (sense organ) यानी आँख द्वारा होता है। ठीक उसी तरह हमारे शरीर में एक ज्ञानेन्द्रिय के समान तंत्र (system) होता है जिसके सहारे हमें समय बीतने का ज्ञान होता है। शरीर के भीतर का यह तंत्र एक घड़ी (clock) के समान कार्य करता है। पशु तथा मनुष्य दोनों के शरीर में कुछ इस प्रकार के जैविक परिवर्तन (biological change) होते हैं जिसके सहारे समय का प्रत्यक्षण होता है। जैसे, पशुओं में एक खास समय बीतने पर अपने आप नींद आना तथा फिर एक खास समय बीतने पर नींद से उठ जाने की प्रक्रिया अक्सर देखी जाती है। रात में एक निश्चित समय बीतने के बाद अपने आप व्यक्ति सामान्यतः जँभाई भरना (yawn) शुरू कर देता है जिससे उसे एहसास होने लगता है कि रात काफी बीत चुकी है। स्त्रियों में सामान्यतः 28 दिनों के बाद अपने आप मासिक स्राव (menstruation) प्रारम्भ हो जाता है, जिससे उस महिला को करीब एक महीना के समय के बीतने का प्रत्यक्षण हो जाता है। फूलों के कुछ अध्ययन से भी हमें आन्तरिक कालमापी पूर्वकल्पना (internal timer hypothesis) का समर्थन मिलता है। कुछ ऐसे फूल होते हैं जो एक खास समय पर खिल जाते हैं और फिर एक खास समय बीतने पर अपने आप सिकुड़ जाते हैं। ऐसे फूलों का सिकुड़ना तथा खिलना एक खास समय के बाद ही होता है। ऐसा लगता है कि इन्हें खिलने तथा सिकुड़ने का समय (एक मनुष्य के समान) मालूम हो। ट्रीसमैन (Treisman, 1963) ने इस तरह के जैविक प्रक्रियाओं (biological processes) को पशु, मनुष्य तथा फूल-पत्तियों के भीतर होते पाया है (जिससे समय का प्रत्यक्षण होता है)। इसे उसने आन्तरिक जैविक सामयिक तन्त्र (internal biological timing mechanism) कहा है।

2. घटना-संसाधन प्राक्कल्पना *(Events processing hypothesis)*—इस पूर्वकल्पना के अनुसार समय बीतने का प्रत्यक्षण का आधार कोई जैविक या शारीरिक क्रियाएँ (biological or physiological activities) नहीं होती है बल्कि इसमें हमें समय का प्रत्यक्षण इस बात से होता है कि एक निश्चित समय अन्तराल में व्यक्ति ने कितने घटनाओं (events) या सूचनाओं (information) का संसाधन (processing) कर लिया है। अगर व्यक्ति ने उस निश्चित समय में अधिक घटनाओं का संसाधन किया है, तो उसे ऐसा महसूस होगा कि लम्बा समय बीत गया है। परन्तु यदि वह बहुत कम ही सूचनाओं या घटनाओं का संसाधन उस निश्चित अवधि में किया है तो उसे ऐसा महसूस होगा कि अभी बहुत कम समय बीता है हालाँकि वास्तविक समय की अवधि उससे अधिक होती है। कम समय बीतने का प्रत्यक्षण का आधार व्यक्ति का यह सोचना होता है कि उसने मात्र थोड़ी-सी घटनाओं का ही संसाधन किया है, अतः समय भी कम ही होगा। एक उदाहरण लीजिए—मान लिया जाय कि 10 मिनट का समय अन्तराल में आप 3 चिट्ठियाँ लिख लेते हैं तथा दो छोटी-छोटी कविताएँ भी लिख लेते हैं तो आपको ऐसा महसूस हो सकता है कि वास्तव में 10 मिनट नहीं बल्कि 15 मिनट बीत गया है क्योंकि आप इस समय अन्तराल में अधिक कार्य (घटना या सूचना) का संसाधन कर चुके हैं। इस तरह के समय अंतराल को पूरित समय (filled time) कहा जाता है। लेकिन मान लीजिए कि 10 मिनट समय मात्र एक ही चिट्ठी लिखने में लगा देते हैं तो आपको ऐसा महसूस हो सकता है कि 10 मिनट नहीं बल्कि 7-8 मिनट ही बीता होगा क्योंकि आपने मात्र एक ही कार्य (घटना या सूचना) का संसाधन किया है। इस तरह से हम देखते हैं कि काफी *पूरित समय* (filled time) को व्यक्ति कम पूरित समय या अपूरित समय (unfilled time) की अपेक्षा लम्बा (longer) समझता है *(Filled time is perceived longer than unfilled time or less filled time of the same objective length)*। अतः घटना संसाधन प्राक्कल्पना (events processing hypothesis) के अनुसार समय बीतने का प्रत्यक्षण का आधार किसी दिये हुए अवधि में किये कार्यों या घटनाओं की संख्या होती है। संख्या जितनी ही अधिक होगी, समय का प्रत्यक्षण उतना ही लम्बा (longer) यानी बड़ा होगा।

लघु तथा दीर्घ समय की अवधि के आकलन में उपर्युक्त दोनों उपागमों का उपयोग *(Application of both approaches in estimation of short and long time interval)*—लघु समय की अवधि (short interval) तथा दीर्घ समय की अवधि (longer interval) के आकलन से सम्बन्धित अध्ययनों द्वारा आन्तरिक कालमापी उपागम (internal timer approach) तथा घटना संसाधन उपागम (event processing approach) दोनों -को समर्थन मिलता है। प्रयोगात्मक परिस्थिति के संदर्भ (context) में 5 सेकेण्ड को लम्बा समय अन्तराल तथा 1 सेकेण्ड को लघु समय अन्तराल माना गया है। वार्ड (Ward, 1975), वुडरो (Woodrow, 1951) ने कुछ प्रयोग किये हैं जिनमें यह दिखलाया गया है कि प्रयोज्य लघु समय अन्तराल का अधिप्राक्कलन (overestimate) करते हैं तथा बड़ा समय अन्तराल का न्यूनप्राक्कलन (underestimate) करते हैं। इन मनोवैज्ञानिकों ने बतलाया है कि कुछ ऐसे भी समय अन्तराल हैं जिनका प्रयोज्य न तो अधिप्राक्कलन (overestimate) करता हैं और न तो न्यूनप्राक्कलन (overestimate) करता है। यह अवधि करीब-करीब 7 सेकेण्ड या 700 मिलिसेकेण्ड के बराबर होता है और इसे मनोवैज्ञानिकों ने *तटस्थ अन्तराल* (indifference interval) की संज्ञा दी है। स्ट्रोड (Stroud, 1955) ने लघु अंतराल (short interval) के आकलन पर प्रयोग कर यह बतलाया है कि समय का प्रत्यक्षण एक सतत विमा (continuous dimension) के रूप में नहीं होता है बल्कि उसे छोटे-छोटे इकाई के रूप में बाँटकर व्यक्ति करता है। इस इकाई (unit) को उन्होंने *पल* (moment) कहा है जिसकी अविधि 100 मिलिसेकेण्ड का होता है। यह पल आन्तरिक घड़ी (internal clock) के समान कार्य करता है और उसके द्वारा हमें बीता हुआ समय का प्रत्यक्षण अपने आप होता है। कुछ मनोवैज्ञानिकों ने जिसमें आर्नस्टीन (Ornstein, 1969) तथा थॉमस एवं ब्रॉउन (Thomas & Brown, 1974) का नाम अधिक मशहूर है, का कहना है कि हमें लघु समय अन्तराल का बीतने का प्रत्यक्षण बहुत हद तक इस बात पर निर्भर करता है कि उस समय अन्तराल में व्यक्ति ने कितने उद्दीपकों (stimuli) या घटनाओं का संसाधन (processing) किया है। जितना ही अधिक उद्दीपकों या घटनाओं का संसाधन व्यक्ति करता है, उतना ही समय अन्तराल को वह लम्बा समझता है। इसे ऑर्नस्टीन (Ornstein) ने *पूरित अवधि भ्रम* (filled duration illusion) की संज्ञा दी है।

दीर्घ समय अन्तराल (longer time interval) के प्रत्यक्षण की व्याख्या भी आन्तरिक कालमापी उपागम (interval timer approach) तथा घटना संसाधन उपागम (events processing approach) द्वारा किया गया है। हौगलैण्ड (Hoagland, 1973) ने एक प्रयोग अपनी पत्नी पर किया। जब पत्नी उच्च ज्वर (high fever) यानी 103° F में थी, तो उन्होंने पत्नी को 1 मिनट के समान अन्तराल का आकलन 1 से 60 तक गिनती गिनकर करने को कहा। स्पष्ट है कि प्रति सेकेण्ड एक संख्या की दर से उसे गिनना गिननी थी। परिणाम में देखा गया कि उनकी पत्नी ने इस उच्च ज्वर (high fever) की अवस्था में समय का अधिप्राक्कलन (overestimate) किया अर्थात उन्होंने 37.5 सेकेण्ड की वास्तविक समय (real time) में 60 की गिनती पूरी कर दी। दूसरें शब्दों में, 37.5 सेकेण्ड को उसने 60 सेकेण्ड के बराबर समझा। इसकी व्याख्या हौगलैण्ड (Hoagland) ने आन्तरिक कालमापी उपागम (internal timer approach) के रूप में किया है। उनका कहना है कि उच्च ज्वर में शरीर के भीतर की क्रियाओं (activities) की गति (speed) तीव्र हो जाती है। फलस्वरूप आन्तरिक कालमापी (internal timer) भी जल्दी-जल्दी कार्य करना प्रारम्भ कर देती है जिससे वास्तविक समय कम बीतने पर भी व्यक्ति को अधिक समय बीत जाने का प्रत्यक्षण होता है। हौगलैण्ड (Hoagla. , के परिणाम को आधार मानकर वैड्डेले (Baddeley, 1966) ने तब यह पूर्वकल्पना (hypothesis) की कि यदि व्यक्ति के शरीर का तापक्रम (temperature) कम हो जाय तो वैसी अवस्थाओं में शरीर के भीतर की क्रियाओं की गति धीमी हो जायेगी। फलस्वरूप, आन्तरिक कालमापी (internal timer) की गति भी धीमी हो जायेगी और तब व्यक्ति बीते हुए समय का न्यूनप्राक्कलन (understimate) करेगा अर्थात 80 सेकेण्ड का समय बीतने पर मात्र 60 सेकेण्ड का समय ही बीता होगा, का प्रत्यक्षण वह करेगा। वैड्डेले (Baddleley, 1966) ने इस पूर्वकल्पना की जाँच एक प्रयोग करके किया जिसमें कुछ गोताखोरों (divers) द्वारा ठंडा पानी में गोता लगाकर निकलने के तुरंत बाद 1 मिनट के समय का आकलन प्रति सेकेण्ड एक संख्या की दर से 1 से 60 तक गिनती गिनवा कर करवाया। परिणाम में देखा गया कि इन लोगों से 60 तक गिनती गिनने में करीब 70 सेकेण्ड का समय लिया। दूसरे शब्दों में यह कहा जा सकता है कि गोताखोरों ने 70 सकेण्ड के वास्तविक समय का प्रत्यक्षण मात्र 60 सेकेण्ड के रूप में किया। ऊपर वर्णन किये गये अध्ययनों से यह स्पष्ट है कि आन्तरिक कालमापी सिद्धान्त (internal timer theory) द्वारा हमें दीर्घ समय का प्रत्यक्षण की व्याख्या करने में मदद मिलती है।

दीर्घ समय के प्रत्यक्षण की व्याख्या घटना संसाधन सिद्धान्त (events porcessing theory) द्वारा भी किया गया है। ऑर्नस्टीन (Ornstein, 1969) ने इस सिलसिले में एक प्रयोग किया जिसमें इन्होंने यह दिखलाया है कि जब समय अन्तराल

ऐसा होता है कि इसमें व्यक्ति बहुत घटनाओं (events) या उद्दीपकों का संसाधन (processing) करता है, तो वैसे समय की अवधि को वह सामान्यतः उस तुल्य (equivalent) समय की अवधि की अपेक्षा बड़ा (longer) समझता है जिसमें व्यक्ति कम उद्दीपकों या घटनाओं (events) का संसाधन किया होता है। इस प्रयोग में उन्होंने प्रयोज्य को दो ढंग का टेप किया हुआ ध्वनि (tones) को सुनवाया। प्रत्येक टेप की अवधि 10 मिनट की थी। एक टेप में प्रति मिनट 40 ध्वनि (tones) की दर (rate) से आवाज उत्पन्न होता था तथा दूसरे टेप में प्रति मिनट 120 ध्वनि की दर से आवाज उत्पन्न होता था। परिणाम में देखा गया कि प्रति मिनट 120 ध्वनि (tones) की अवस्था जिसकी भी अवधि 10 मिनट की थी) को अधिक लम्बा यानी 10 मिनट से बड़ा तथा प्रति मिनट 40 ध्वनि (tones) की अवस्था जिसकी भी अवधि 10 मिनट की ही थी) को छोटा (shorter) समझा। करीब-करीब इसी तरह के परिणाम अन्य मनोवैज्ञानिकों जैसे बुफ्फारडी (Buffardi, 1971) ने दृष्टि (visual) तथा स्पर्श (tactual) क्षेत्रों में पाया है। इन अध्ययनों के आधार पर हम इस निष्कर्ष पर पहुँचते हैं कि जिस समय अंतराल में हम अधिक-से-अधिक उद्दीपकों या घटनाओं का संसाधन (processing) करते हैं, दूसरे शब्दों में, ज़ो समय अंतराल अधिक उद्दीपकों या घटनाओं से पूरित (filled) होता है, उसे हम उस समय अंतराल की अपेक्षा जिसमें अधिक उद्दीपक या घटना का संसाधन नहीं करते हैं, बड़ा (longer) समझते हैं।

हाल ही में मनोवैज्ञानिकों ने अपने प्रयोगात्मक अध्ययन के आधार पर यह दिखला दिया है कि किसी भी समय अंतराल (time interval) के प्रत्यक्षण में व्यक्ति आन्तरिक कालमापी प्राक्कल्पना (internal timer hypothesis) तथा घटना संसाधन प्राक्कल्पना (events processing hypothesis) दोनों का सहारा लेता है। पोलजेल्ला तथा उनके सहयोगियों (Polezella et al, 1977) ने अपने अध्ययन में यह स्पष्ट रूप से दिखला दिया है कि व्यक्ति के मस्तिष्क (brain) में बायाँ गोलार्द्ध (left hemiphere) द्वारा सगय के आकलन (estimation) में आन्तरिक कालमापक (internal timer) का उपयोग किया जाता है तथा मस्तिष्क का दायाँ गोलार्द्ध (right hemisphere) द्वारा समय के आकलन में घटना संसाधन (event processing) का उपयोग किया जाता है। चूँकि अधिकंतर समय में दोनों गोलार्द्धों द्वारा मिलकर कार्य किया जाता है, अतः समय के आकलन में इन दोनों तरह के प्राक्कल्पनाओं (hypothesis) का उपयोग किया जाता है।

समय के प्रत्यक्षण को प्रभावित करने वाले कारक *(Factors influencing perception of time)*—समय का प्रत्यक्षण कई कारकों (factors) द्वारा प्रभावित होता है जिसमें प्रमुख कारक निम्नांकित हैं—

1. उम्र *(Age)*—व्यक्ति के उम्र का प्रभाव समय के प्रत्यक्षण (perception) पर सीधा पड़ता है। जैसे-जैसे व्यक्ति शैशवावस्था से किशोरावस्था की ओर बढ़ता जाता है, वैसे-वैसे समय का प्रत्यक्षण अधिक परिशुद्ध (accurate) होता जाता है तथा बीते हुए समय का सही-सही आकलन (estimation) करने में व्यक्ति को कोई दिक्कत (difficulty) नहीं होती है। जैसे, स्प्रींगर (Springer, 1952) ने एक अध्ययन किया जिसमें 89 बच्चे थे जिनका उम्र 4 से 6 साल का था। इन उम्र के बच्चों को एक निश्चित समय अंतराल (time interval) का आकलन (estimate) करने के लिए दिया गया। परिणाम में देखा गया कि 6 साल के बच्चे 4 साल के बच्चों की अपेक्षा उस बीते हुए निश्चित अवधि का आकलन (estimation) काफी सही-सही किये और साथ-ही-साथ आकलन में त्रुटियाँ (errors) भी काफी कम किये। इतना ही नहीं, जब इन दोनों उम्र के बच्चों को घड़ी की सूई को 12:30 पर सेट कर दिया गया और पूछा गया कि घड़ी में कितना समय हो रहा है तो 4 साल के बच्चों द्वारा 6 साल के बच्चों की अपेक्षा अधिक गलतियाँ की गयी। प्रायः 4 साल के बच्चे कहा करते थे कि घड़ी में 6:00 बजा है हालाँकि इस ढंग की गलती 6 साल के एक-दो बच्चों द्वारा भी की गयी। इस अध्ययन से यह स्पष्ट हो जाता है कि उम्र का प्रभाव समय के आकलन (estimation) पर पड़ता है।

2. समय अन्तराल की लम्बाई *(Length of time interval)*—समय के आकलन (estimation) या प्रत्यक्षण पर समय अन्तराल (time interval) का भी प्रभाव पड़ता है। कुछ मनोवैज्ञानिकों जैसे वार्ड (Ward, 1975) तथा वुडरो (Woodrow, 1951) ने इस सिलसिले में प्रयोग किये हैं जिसमें उन्होंने प्रयोज्य को लघु समय अंतराल (short time interval) का जैसे कुछ मिलीसेकेण्ड का प्रत्यक्षण करने के लिए कहा तथा फिर दीर्घ समय अंतराल (long time interval) जैसे कुछ सेकेण्ड या मिनट के समय का प्रत्यक्षण करने को कहा। परिणाम में देखा गया कि प्रयोज्य (subject) लघु समय अंतराल का अधिप्राक्कलन (overestimation) किया अर्थात 5 मिलीसेकेण्ड को 7 या 8 मिलीसेकेण्ड के बराबर समझा तथा दीर्घ समय अन्तराल (long time interval) को न्यूनप्राक्कलन (underestimate) करता पाया गया। मनोवैज्ञानिक ने अपने प्रयोगों के आधार पर एक ऐसा भी समय अंतराल (time interval) बतलाया है जिसका प्रयोज्य न तो अधिप्राक्कलन (overestimulation) और न ही न्यूनप्राक्कलन (understimation) करता है। इस समय अन्तराल को *तटस्थ समय अन्तराल* (indifference time interval) की संज्ञा दी गयी है।

3. अभिप्रेरण *(Motivation)*—समय अन्तराल के आकलन (estimation) पर व्यक्ति के अभिप्रेरण (motivation) का भी प्रभाव पड़ता है। हारटन (Harton, 1939) ने एक प्रयोग किया जिसमें यह दिखलाया है कि प्रयोज्य जब किसी कार्य को करने में सफलता प्राप्त करने के लिए अधिक प्रेरित होता है, तो वैसी अवस्था में वह बीते हुए समय का न्यूनप्राक्कलन (understimation) करता है परन्तु यदि उसमें इस तरह का अभिप्रेरक (motivation) कम रहता है या नहीं रहता है तो वह बीते हुए समय का अधिप्राक्कलन करता है। फाईलर तथा मील्स (Filer & Meals, 1949) ने भी अपने प्रयोग में इसी तरह का परिणाम पाए।

पैटर्न प्रत्यभिज्ञान : आधारिक-ऊपरी तथा ऊपरी-निचली उपागम
(Pattern Recognition : Bottom-up and Top-down Approach)

पैटर्न प्रत्यभिज्ञान दिन-प्रतिदिन की एक बहुत ही सार्थक घटना है जिसके सहारे हम अपने इर्द-गिर्द की घटनाओं का अर्थ समझते हैं। व्यक्ति को सार्थक ढंग से अपने वातावरण के साथ अन्तःक्रिया करने के लिए यह आवश्यक है कि वह उस वातावरण के विभिन्न उद्दीपक पैटर्न की पहचान करे। *मैटलिन*[1] (Matlin, 1983) के शब्दों में, *''पैटर्न प्रत्यभिज्ञान से तात्पर्य संवेदी उद्दीपकों के जटिल व्यवस्थाओं की पहचान से होता है।''* इसे एक उदाहरण द्वारा इस प्रकार समझा जा सकता है। व्यक्ति 'कलम' शब्द के प्रत्येक अक्षर को देख रहा है और उसकी पहचान कर लेता है। व्यक्ति सड़क पर एक 'कुत्ता' को देखता है और समझ जाता है कि यह मेरे पड़ोसी मोहन का कुत्ता है। इन सभी उदाहरणों में व्यक्ति उद्दीपक को एक सही पहचान करता है जिससे उसके प्रति अर्थपूर्ण अन्तःक्रिया (interaction) करना सम्भव हो पाता है।

पैटर्न प्रत्यभिज्ञान की व्याख्या करने के लिए दो तरह की प्रक्रियाओं (processes) का वर्णन किया गया है—*आधारिक-ऊपरी संसाधन* (bottom-up processing) तथा *ऊपरी-निचली संसाधन* (top-down processing)। आधारिक-ऊपरी संसाधनों में उद्दीपकों के महत्त्वपूर्ण तथ्यों या विशेषताओं से प्रक्रिया आरम्भ करके ऊँचे स्तर पर लाया जाता है जहाँ उसका एक अर्थ एवं संदर्भ की प्राप्ति होती है। उसे *उद्दीपक कारक* (stimulus factors) या *'उद्दीपक उत्पन्न'* (stimulus driven) या *'आँकड़े उत्पन्न'* (data driven) प्रक्रिया भी कहा जाता है। ऊपरी-निचली संसाधन में पैटर्न पहचान में व्यक्ति में पूर्व अनुभूति एवं संदर्भ से विशेष प्रत्याशा उत्पन्न होती है और उसी के आलोक में उद्दीपकों की व्याख्या होती है। आधारिक-ऊपरी संसाधन मॉडल के तहत दो तरह के सिद्धान्तों का वर्णन किया गया है जो इस प्रकार है—

(क) विशिष्ट विशेष सिद्धान्त (Distinctive features theory)

(ख) प्रोटोटाईप-सुमेल सिद्धान्त (Prototype-matching theory)

इन दोनों सिद्धान्तों का वर्णन निम्नांकित हैं—

(क) विशिष्ट विशेष सिद्धान्त *(Distinctive features theory)*—इस सिद्धान्त का प्रतिपादन कार्नेल विश्वविद्यालय (Cornell University) में गिब्सन (Gibson, 1975) द्वारा इस बात की व्याख्या करने के लिए की गयी थी कि हमलोग अक्षरों की पहचान किस तरह से करते हैं। इनका कहना था कि व्यक्ति अक्षरों की पहचान उनकी विशिष्ट विशेषताओं के आधार पर करता है। प्रत्येक अक्षर की कुछ अपनी विशिष्ट विशेषताएँ होतीं हैं जिनके आधार पर उनकी पहचान सम्भव हैं। जैसे, अक्षर 'H' एवं अक्षर 'O' को ही लें। अक्षर 'H' में तीन सीधी रेखाएँ हैं जो उसकी अपनी विशिष्ट विशेषता है जबकि अक्षर 'O' में एक भी सीधी रेखा नहीं है जो भी इस अक्षर की अपनी विशिष्ट विशेषता है। इस विशिष्ट विशेषता के कारण अक्षर 'O' अक्षर 'H' से भिन्न लगता है। गिब्सन का यह सिद्धान्त इस बात पर बल डालता है कि प्रत्येक अक्षर की एक विशिष्ट विशेषता होती है जिसके आधार पर उसकी पहचान होती है। अक्षरों का कुछ समूह तो ऐसा होता है जिनकी विशिष्ट विशेषता एक-दूसरे में पूर्णतः भिन्न होती है। जैसे, 'G' एवं 'W' दो ऐसे अक्षर हैं जिनकी विशिष्ट विशेषता आपस में समान नहीं है। कुछ अक्षर ऐसे हैं जिनकी विशिष्ट विशेषता आपस में काफी समान (similar) है। जैसे 'P' एवं 'R' दो ऐसे ही अक्षर हैं। इन दोनों में अन्तर सिर्फ इतना ही है कि 'R' में 'P' के सभी विशेषताओं के अलावा एक तिरछी रेखा होती है। अक्षरों की *'विशिष्ट विशेषता'* की एक प्रमुख विशेषता यह है कि यह

---

1. "Pattern recognition refers to the identification of a complex management of sensory stimuli."

—Matlin : *Perception,* 1983

हमेशा स्थिर होती है—चाहे उसे हाथ से लिखा जाय या फिर छापा जाय। गिब्सन ने अंग्रेजी के सभी 26 अक्षरों की विशिष्ट विशेषताओं का एक चार्ट बनाया है। इन्होंने ने कई तरह की विशेषताओं का वर्णन किया है जिसमें तीन विशेषताएँ सर्वाधिक महत्त्वपूर्ण है : सीधा (straight), मुड़ा हुआ (curved) तथा कटान या प्रतिच्छेदन (intersection)।

अब प्रश्न उठता यह है कि गिब्सन ने अपने सिद्धान्त में किस तरह की विशेषता को सबसे अधिक महत्त्वपूर्ण बतलाया है? दूसरे शब्दों में, जब व्यक्ति किसी अक्षर की पहचान कर रहा होता है तो वह किन विशेषताओं पर सर्वाधिक निर्भर करता है? इस प्रश्न का उत्तर देने के लिए गिब्सन, सापिरो एवं योनास (Gibson, Schapiro & Yonas, 1968) ने प्रयोग किया। इस प्रयोग में प्रयोज्यों के अक्षरों को एक-एक जोड़ा बारी-बारी से दिखलाया गया। उनसे कहा गया कि जब उन्हें दोनों अक्षर एक समान लगे, तो वे विशेष बटन को दबाकर अपनी अनुक्रिया करेंगे और जब उन्हें लगे कि जोड़ा का दोनों अक्षर एक-दूसरे से भिन्न हैं, तो वे दूसरी बटन दबाकर अनुक्रिया करेंगे। इस तरह से प्रयोगकर्त्ताओं द्वारा प्रत्येक प्रयास में अन्तर्हिति (latency) अर्थात् अनुक्रिया करने में लगा समय के आधार पर समानता की माप की गयी। अगर अन्तर्निहित कम होता था जैसा कि 'G' तथा 'W' के जोड़ा में होता था तो यह समझा जाता था कि दोनों अक्षर एक-दूसरे से काफी भिन्न हैं। अगर अन्तर्हित लम्बा होता था जैसा कि 'P' तथा 'R' के जोड़ा में होता था, तो यह समझा जाता था कि अक्षर एक-दूसरे से समान है। इस प्रयोग के परिणाम में यह भी पता चला कि प्रयोज्य सबसे पहले उन अक्षरों के बीच अंतर करते हैं जिनके तत्त्व (component) सीधा (straight) होते हैं। जैसे M, N, W आदि और उसके बाद उन अक्षरों के बीच अंतर करते हैं जिनके तत्त्व मुड़े हुए (curve) होते हैं जैसे C, G, P तथा R। तीसरे स्तर में प्रयोज्य उन अक्षरों में विभेद करते है जिनके तत्त्व गोल (round) जैसे O एवं Q होते हैं तथा जिन अक्षरों के बीच में कटान (जैसे P एवं R) होते हैं।

विशिष्ट विशेषता सिद्धान्त का एक आर्थिक पहलू यह है कि इस सिद्धान्त का दावा कुछ दैहिक सबूतों (physiological evidence) के अनुरूप है। जैसा कि अध्ययन से पता चला है कि दृष्टि कॉर्टेक्स (visual cortex) में विभिन्न तरह के न्यूरोन (neuron) होते हैं जिंनमें से कुछ ऐसे होते हैं जो विशेष तरह की उन्मुखता वाले रेखाओं के प्रति अधिक तेजी से अनुक्रिया करते हैं। शायद यही कारण है कि सीधी रेखा वाले अक्षर तथा वक्राकार अक्षरों के प्रति अन्तर्निहित में अंतर होता है।

इस सिद्धान्त के साथ कुछ सम्प्रत्ययात्मक कठिनाइयाँ (conceptual difficulties) हैं। नॉस तथा शिल्लमैन (Naus & Shillman, 1976) ने एक ऐसी ही प्रमुख समस्या की ओर ध्यान आकृष्ट कराया है। इन्होंने यह बतलाया है कि प्रायः संप्रत्ययों की विशिष्ट विशेषताओं के बीच अंतर करना सम्भव नहीं हो पाता है। उदाहरणस्वरूप, यदि व्यक्ति को इन दो त्रिभुज $\therefore$ तथा Δ के बीच अंतर करने के लिए कहा जाय तो उसे कुछ कठिनाई होगी। तीन बिन्दुओं के घेरे को भी व्यक्ति एक त्रिभुज ही समझता है हालांकि एक त्रिभुज की दो विशिष्ट विशेषता की इसमें कमी है—तीन सीधी रेखा, एवं तीन कोण। स्पष्ट हुआ कि कभी-कभी उद्दीपकों के विशिष्ट विशेषताओं में अंतर होने के बावजूद भी व्यक्ति उन्हें एक समान होने का प्रत्यक्षण करता है और इस तथ्य की व्याख्या इस सिद्धान्त से नहीं हो पाती है। ऐसे तथ्य की व्याख्या करने के लिए एक अन्य सिद्धान्त जिसे प्रोटोटाइप सुमेल सिद्धान्त (prototype matching theory) कहा गया है, का प्रतिपादन किया गया है।

(ख) प्रोटोटाईप सुमेल सिद्धान्त (*Prototype Matching theory*)— इस सिद्धान्त के अनुसार व्यक्ति अपने स्मृति में उद्दीपकों (stimuli) का एक अमूर्त (abstract) एवं आदर्श पैटर्न संचित करके रखता है। जब व्यक्ति कोई विशेष वस्तु को देखता है तो वह उसकी तुलना मन में संचित प्रोटोटाईप या आदर्श आकृति से करता है। अगर वह उससे सुमेलित (match) होता है, तो व्यक्ति उस पैटर्न की पहचान कर लेता है। अगर वह सुमेलित नहीं होता है तो व्यक्ति उसे अन्य प्रोटोटाईप से एक-एक करके तब तक मिलाते जाता है जब तक कि सही सुमेल न प्राप्त हो जाय। इस सिद्धान्त की मान्यता यह है कि मन में संचित प्रोटोटाईप की निम्नांकित तीन विशेषताएँ होती है—

(i) प्रोटोटाईप अमूर्त्त (abstract) होता है।

(ii) प्रोटोटाईप आदर्शस्वरूप (idealised) होते हैं।

(iii) प्रोटोटाईप का आकार दृढ़ रूप से (rigidly) विशिष्ट (specific) नहीं होता है।

प्रोटोटाईप सुमेल सिद्धान्त विशिष्ट विशेषता सिद्धान्त से किस तरह भिन्न है? इन दोनों सिद्धान्तों में सबसे प्रमुख अंतर यह है कि प्रोटोटाईप सिद्धान्त में उद्दीपक के सम्पूर्ण आकारों के महत्त्व पर बल डाला जाता है जबकि विशिष्ट विशेषता

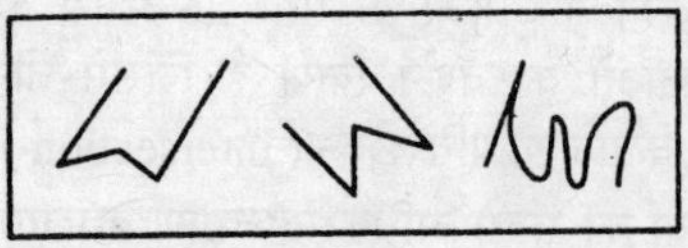

चित्र 4.19

सिद्धान्त यह बतलाता है कि उद्दीपक के विशिष्ट महत्त्वपूर्ण हिस्सा की पहचान करने के बाद ही पैटर्न प्रत्यभिज्ञान होता है। इस तरह से विशिष्ट विशेषता सिद्धान्त के अनुसार स्मृति में संचित पैटर्न दृढ़ रूप से (rigidly) आकार में विशिष्ट होता है जबकि प्रोटोटाईप सिद्धान्त के अनुसार ऐसे संचित पैटर्न में लचीलापन का गुण होता है। इस लचीलेपन के विचार को एक उदाहरण द्वारा इस प्रकार समझाया जा सकता है। व्यक्ति वैसे अक्षर को भी अपने वास्तविक स्वरूप में पहचान लेता है जिसकी आकृति विकृत होती है। जैसे, चित्र 4.19 में अक्षरों को हम 'W' (डब्ल्यू) के रूप में आसानी से पहचान कर लेते हैं हालाँकि उनकी वास्तविक आकृति विकृत है। ऐसा इसलिए सम्भव हो पाता है कि अक्षर 'W' का एक प्रोटोटाईप व्यक्ति के मन में होता है।

प्रोटोटाईप-सुमेल सिद्धान्त के समान ही एक अन्य सिद्धान्त भी है जिसमें तुलनात्मक रूप से लचीलापन कम है और इस पर भी यहाँ थोड़ा प्रकाश डालना आवश्यक है। इसे *सांचा-सुमेल सिद्धान्त* (template-matching theory) कहा जाता है। इस सिद्धान्त के अनुसार प्रत्येक अक्षर के विभिन्न रूपों का अलग-अलग विशिष्ट पैटर्न (specific procession) स्मृति में संचित होता है। जब हम किसी अक्षर को देखते हैं, तो हमलोग पहले यह जाँचते हैं कि यह अक्षर मन में संचित अक्षरों के किसी साँचे से मिलता-जुलता है या नहीं। अगर यह मिलता-जुलता है तो हम उसकी पहचान कर लेते हैं। अगर वह किसी विशेष सांचा से नहीं मिलता है, तो हमलोग फिर किसी दूसरे साँचे की तलाश करते हैं। यह सिद्धान्त ऊपर से देखने में बिलकुल ही सरल दिखता है परंतु इसमें दोष है जिसके चलते इनकी लोकप्रियता नहीं के बराबर है। इस सिद्धान्त को यदि सही मान लिया जाय तो यह स्पष्ट होगा कि सभी अक्षरों एवं उनके आकारों के सभी परिवर्तनों को सही-सही पहचानने के लिए मस्तिष्क मे करोड़ों सांचा की जरूरत होगी और इसके लिए स्मृति तंत्र को काफी व्यापक एवं विस्तृत होने की आवश्यकता है। यह निश्चित रूप से एक असम्भव प्राक्कल्पना दिखता है। इतना ही नहीं, इस सिद्धान्त की यह प्रक्रिया को पूरा होने में समय भी काफी लगेगा। इन दोषों या कठिनाइयों के कारण सांचा-सुमेल सिद्धान्त को अस्वीकृत करके प्रोटोटाइप-सुमेल सिद्धान्त (prototype-matching theory) को ही अधिक महत्त्व दिया गया है जो इस बात पर स्पष्ट रूप से बल देता है कि स्मृति में संचित प्रोटोटाईप अमूर्त (abstract), आकार में दृढ़ (rigid) एवं विशिष्ट न होकर लचीले होते हैं।

पोजनर, गोल्डस्मीथ एवं वेल्टन (Posner, Goldsmith & Welton, 1967) ने पैटर्न पहचान पर एक महत्त्वपूर्ण प्रयोग किया। इन्होंने आकृतियों (figures) एवं अक्षरों के प्रोटोटाइप पहचान (prototype recognition) का अध्ययन किया। इन्होंने आलेखपत्र (graph paper) पर 9 बिंदुओं के सहारे एक विशेष अक्षर अंग्रेजी के अक्षर एम (M) का प्रोटोटाईप बनाया। इसके बाद इस मौलिक प्रोटोटाइप में बिंदुओं को आलेख के अगल-बगल के खानों में रखकर क्रमबद्ध रूप से विकृति (distortion) उत्पन्न की गयी। (देखें चित्र 4.20)। इस चित्र में a से f की ओर बढ़ने पर आकृति में विकृति बढ़ते जाती है। प्रयोज्य को प्रोटोटाईप के प्रत्येक विकृत प्रारूप को देखने के बाद बटन दबाकर उसे पहचानने की प्रतिक्रिया करनी थी। परिणाम में देखा गया है कि मौलिक प्रोटोटाईप के समान प्रारूप को अर्थात् प्रारूप में कम विकृति होने पर प्रयोज्यों ने उसको पहचानने में कम त्रुटि किया परंतु जैसे-जैसे प्रारूप मौलिक प्रोटोटाईप से अधिक विकृत होता गया, पहचानने में त्रुटि बढ़ते गयी। पोजनर तथा उनके सहयोगियों के इस अध्ययन का समर्थन फ्रैंक्स एवं ब्रैनस्फोर्ड (Franks & Bransford, 1971) ने अपने अध्ययन के परिणाम से किया है। इन्होंने अपने अध्ययन में बिंदु पैटर्न (dot pattern) को प्रोटोटाईप के रूप में व्यवहृत न करके ज्यामितीय आकार (geometric forms) का उपयोग किये। इन्होंने एक कार्ड में चार आकृति बनाये जैसा कि चित्र 4.20 में दिखलाया गया है। प्रयोज्यों से प्रत्येक चित्र पर ध्यान से देखने के लिए कहा गया है और उनका रेखांकन करने के लिए न कि उन्हें याद करने के लिए कहा गया है। कुछ देर के बाद प्रयोज्यों को कई चित्र दिखाये गये जिसमें से कुछ मौलिक प्रोटोटाईप अर्थात मौलिक डिजाइन थे तथा कुछ उन्हीं डिजाइनों के परिवर्तित प्रारूप थे। प्रयोज्यों को यह बतलाना

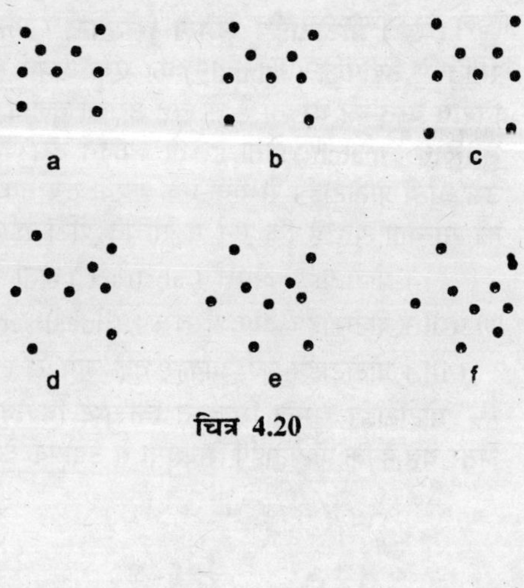

चित्र 4.20

था कि वे पहले डिजाइन को देखें हैं या नहीं। परिणाम में पाया गया कि प्रयोज्य द्वारा उन डिजाइनों की पहचान सही-सही की गयी जो मौलिक डिजाइन के समान थे। परंतु जो डिजाइन मौलिक प्रोटोटाईप या डिजाइन से काफी भिन्न या परिवर्तित थे, उनको पहचानने में त्रुटि की गयी। इस अध्ययन से पोजनर, गोल्डस्मीथ एवं वेल्टन के अध्ययन की पुष्टि होती है।

कुछ अध्ययनों से यह स्पष्ट है कि पैटर्न पहचान पर संदर्भ (context) का भी प्रभाव पड़ता है। दूसरे शब्दों में, पैटर्न पहचान में *ऊपरी-निचली संसाधन मॉडल* (top-down processing model) का महत्त्व होता है। जैसा कि कहा जा चुका है, इस संसाधन में उद्दीपकों (stimuli) की व्याख्या व्यक्ति के पूर्व ज्ञान एवं उद्दीपक के संदर्भ में किया जाता है। इस पर रुमेलहार्ट (Rumelhart, 1977) ने सर्वाधिक बल डाला है और कहा है कि ऊपरी-निचली संसाधन प्रक्रिया का स्वरूप चयनित (selective) होता है। इस संसाधन (processing) को *सम्प्रत्यात्मक रूप से व्युत्पन्न-संसाधन* (conceptually dirven processing) भी कहा गया है जबकि *आधारिक-ऊपरी संसाधन* (bottom-up processing) को *आँकड़े-व्युत्पन्न संसाधन* (data-driven processing) भी कहा गया है।

ऊपरी-निचली संसाधन का समर्थन हमें दो तरह के मनोवैज्ञानिक घटना में स्पष्ट रूप से मिलती है—शब्द-श्रेष्ठता प्रभाव (word-superiority effect) तथा सम्पूर्ण संसाधन (global processing)। शब्द श्रेष्ठता प्रभाव द्वारा ऊपरी-निचली संसाधन की घटना को दिखलाया जाता है जिसमें व्यक्ति उन अक्षरों की पहचान उस समय तेजी से करता है जब वे एक सार्थक शब्द का निर्माण करते पाये जाते हैं। जानस्टोन (Johnston, 1978) तथा रीकर (Reicher, 1969) ने शब्द श्रेष्ठता प्रभाव को अपने-अपने प्रयोगों में दिखलाया है। इस प्रभाव को दिखाने वाले प्रयोगों में अक्षरों का एक समूह इतना जल्दी से दिखा दिया जाता है कि उसे ठीक से पढ़ने का समय भी नहीं मिल पाता है। इसके बाद उनसे यह बतलाने के लिए कहा जाता है कि दिये गये दो अक्षरों में से कौन-सा अक्षर दिखाये गये समूह के विशेष स्थान पर आया होगा। जैसे, प्रयोज्य को 'WORD' या 'ORWD' दिखलाया गया और उनसे यह पूछा जा सकता है कि सबसे दाहिनी छोर पर अक्षर 'D' था या 'K'। अध्ययन के परिणाम में देखा गया कि 'D' को 'WORD' में उपस्थित करने पर उसे उसी अक्षर को 'ORWD' में उपस्थित करने की तुलना में प्रयोज्यों द्वारा पहचान आसानी से कर लिया जाता था। इस परिणाम से स्वभावतः ऊपरी-निचली संसाधन (top-down processing) को व्याख्या की पुष्टि होती है क्योंकि ऐसा होने का प्रमुख कारण विशेष संदर्भ (context) तथा पूर्व ज्ञान का होना है अर्थात प्रयोज्य द्वारा D को WORD में देखने का पूर्वअनुभूति है।

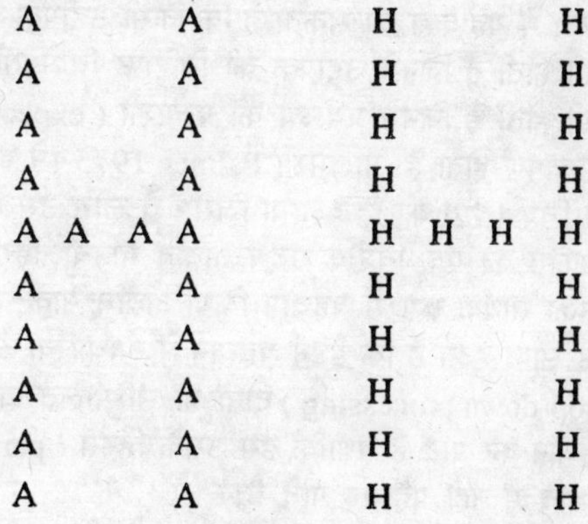

चित्र 4.21

सम्पूर्ण संसाधन (global processing) की प्रक्रिया से भी ऊपरी-निचली संसाधन (top-bottom processing) मॉडल को समर्थन मिलता है। सम्पूर्ण संसाधन घटना (global processing phenomenon) इस बात की ओर इशारा करता है कि व्यक्ति प्रायः किसी उद्दीपक के विशिष्ट विशेषताओं को पहचानने के पहले उसके समग्र (overall) विशेषताओं की पहचान कर लेता है। इस तथ्य का प्रयोगात्मक समर्थन हमें नेवन (Navon, 1977) के प्रयोग में मिलता है। इस प्रयोग में चित्र 4.21 में दिखाये गये उद्दीपक के समान उद्दीपक को प्रयोज्यों को बहुत कम समय के लिए दिखलाया गया। प्रयोज्यों से यह कहा गया था कि जितना जल्दी हो सके, वे यह बतलाने की कोशिश करें कि देखा गया सम्पूर्ण अक्षर 'H' था या 'A' था। कभी-कभी बीच में प्रयोज्यों से जितना जल्दी से हो सके, यह बतलाने के लिए कहा जाता था कि बड़े अक्षर का निर्माण किस छोटे अक्षर से किया गया था। परिणाम में यह देखा गया कि समग्र लक्ष्य (global

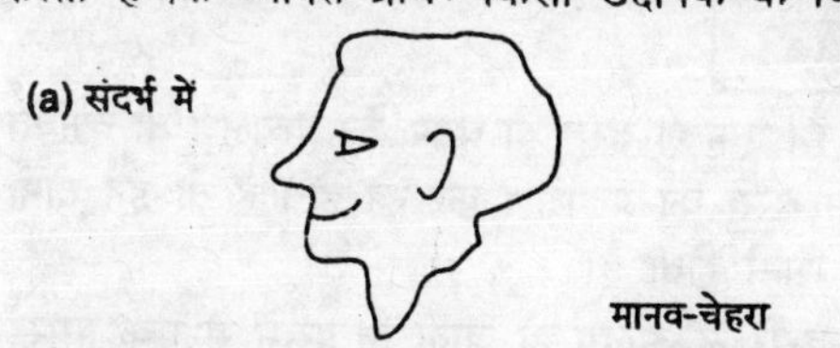

चित्र 4.22

target) की पहचान व्यक्ति तुलनात्मक रूप से अधिक तेजी से कर लेता था। परिणाम में यह भी देखा गया कि समग्र प्रत्यभिज्ञान कार्य (global recognition task) की प्रतिक्रिया समय (reaction time) इस बात पर आधारित नहीं होता है कि उसका निर्णय किस अक्षर विशेष से किया गया है। जैसे, उक्त उदाहरण में समग्र अक्षर (global letter) अर्थात् 'H' को दोनों ही परिस्थितियों में अर्थात जब 'A' अक्षर से उसका निर्माण हुआ था और जब 'A' अक्षर से निर्माण नहीं हुआ था, प्रतिक्रिया समय बराबर-बराबर ही था। इस परिणाम से यह स्पष्ट हो जाता है कि व्यक्ति किसी उद्दीपक (stimulus) को पहले समग्र रूप से अर्थात ऊपरी-निचली (top-down) प्रक्रिया अपनाकर न कि उद्दीपक के विशेष तत्त्व या विशेषता प्रारम्भ करते हुए (आधारिक-ऊपरी) संसोधित करता है।

ऊपरी-निचली संसाधन तथा आधारिक-ऊपरी संसाधन की अंतक्रिया *(Interaction of top-down and bottom-up processing)*—कई मनोवैज्ञानिकों जिनमें लिंडसे एंव नॉरमैन (Lindsay & Norman, 1972) तथा रूमेलहार्ट (Rumelhart, 1977) का नाम प्रमुख हैं, ने बतलाया है कि पैटर्न प्रत्यभिज्ञान ऊपरी-निचली संसाधन (top-down processing) तथा आधारिक-ऊपरी संसाधन (bottom-up processing) की अंतक्रिया पर आधारित होता है। पैटर्न पहचान में व्यक्ति उद्दीपक (stimulus) की विशेषताओं का विश्लेषण करता है (आधारिक-ऊपरी विश्लेषण) लेकिन इसके अतिरिक्त उसकी प्रत्याशा से भी पहचान की प्रक्रिया प्रभावित होती है (ऊपरी-निचली विश्लेषण)। दूसरे शब्दों में यह कहा जा सकता है कि किसी उद्दीपक की पहचान में कई तरह की प्रक्रियाएँ सम्मिलित होतीं हैं। कुछ प्रक्रियाएँ ऐसी होतीं हैं जिनमें उद्दीपक की विशिष्ट विशेषताओं (specific features) का विश्लेषण होता है तथा कुछ प्रक्रियाएँ ऐसी होतीं हैं जिनमें प्रयोज्य की प्रत्याशा (expectation) या संदर्भ (context) जिसमें उद्दीपक प्रस्तुत किया जाता है, महत्त्वपूर्ण होता है। पालमर (Palmer, 1975) ने इसके समर्थन में एक अति महत्त्वपूर्ण योगदान किया है। इन्होंने प्रयोज्यों को चित्र 4.22b को दिखलाया जिसमें वे लोग उसे एक निरर्थक आकृति के रूप में उसका पहचान किये। जब उन्हीं निरर्थक आकृति को एक विशेष संदर्भ अर्थात मानव चेहरा (देखें चित्र 4.22a) के रूप में उपस्थित किया गया तो प्रयोज्यों ने उनका सार्थक रूप से पहचान किया अर्थात् नाक, आँख, कान एवं मुँह के रूप में उसकी पहचान हुआ। इस अध्ययन से यह स्पष्ट हुआ है कि पैटर्न पहचान में आधारिक-ऊपरी संसाधन (bottom-up processing) तथा ऊपरी निचली संसाधन (top-down processing) दोनों ही सम्मिलित होते हैं। हमलोग मानव चेहरा का एक समग्र चेहरा के रूप में इसलिए पहचान कर पाते हैं क्योंकि हम उसके हिस्से (parts) को पहचानते हैं परंतु हमलोग उन हिस्सों को समग्रता के संदर्भ के अभाव में नहीं पहचान पाते हैं।

निष्कर्षतः तब हम इस बिन्दु पर पहुँचते हैं कि हमलोग सूचनाओं को दो ढंग से संसाधित करते हैं—

(i) हमलोग उद्दीपक की उसकी विशेषताओं के रूप में विश्लेषित करके उसके अर्थ को समझने की कोशिश करते हैं (आधारिक-ऊपरी संसाधन)।

(ii) हमलोग किसी उद्दीपक के अर्थ को अपने प्रत्याशा (expectation) के रूप में समझने की कोशिश करते हैं जिसमें उद्दीपक का संदर्भ (context) महत्त्वपूर्ण होता है (ऊपरी-निचली संसाधन)

अतः पैटर्न पहचान में आधारिक-ऊपरी संसाधन (bottom-up processing) तथा ऊपरी-निचली संसाधन (top-down processing) दोनों ही सम्मिलित होते हैं।

प्रत्यक्षज्ञानात्मक सीखना
(Perceptual Learning)

प्रत्यक्षण में वैयक्तिक विभिन्नता (individual difference) होती है। एक ही वस्तु या घटना का प्रत्यक्षण दो व्यक्ति अपने-अपने ढंग से करते हैं अर्थात यदि दो व्यक्ति एक ही घटना या वस्तु का प्रत्यक्षण कर रहे होते हैं तो इन दोनों का प्रत्यक्षण (perception) एक समान न होकर प्रायः एक-दूसरे से भिन्न होता है।

व्यक्ति का प्रत्यक्षण भिन्न-भिन्न कारकों द्वारा प्रभावित होकर एक-दूसरे से अलग हो जाता है। इसमें से एक प्रमुख कारक सीखना (learning) है। व्यक्ति को अपने बीते दिनों में भिन्न-भिन्न प्रकार की गत अनुभूतियाँ (past experiences) हुआ करतीं हैं। इन अनुभूतियों में विभिन्नता होती है जिसके कारण एक ही वस्तु या घटना का प्रत्यक्षण व्यक्ति भिन्न-भिन्न ढंगों से करता है। जैसे, मान लीजिए कि राम एक व्यक्ति है जो मोहन के साथ उदडंता के साथ व्यवहार करता

है परन्तु सोहन के साथ विनम्रता के साथ व्यवहार करता है। अतः एक ही व्यक्ति यानी राम के प्रति मोहन का गत अनुभव कटुता का है परन्तु सोहन का गत अनुभव मधुरता का है। अतः मोहन राम को एक अभद्र व्यक्ति होने का प्रत्यक्षण करेगा परन्तु सोहन उसी राम को एक भद्र व्यक्ति होने का प्रत्यक्षण करेगा। इस उदाहरण से स्पष्ट है कि व्यक्ति की अनुभूति (experience) या मोटे तौर पर उसके सीखना (learning) का प्रत्यक्षण काफी प्रभाव पड़ता है।

प्रत्यक्षणात्मक सीखना (perceptual learning) अपने गत अनुभूति (past experience) के फलस्वरूप सीखी गयी एक विशेष क्षमता (ability) है। इसे **गिब्सन**[1] (Gibson, 1069) के शब्दों में इस प्रकार परिभाषित किया जा सकता है, *''वातावरण के उत्तेजनाओं (stimulation) से हुए अनुभूति या अभ्यास के फलस्वरूप व्यक्ति की उस क्षमता में हुई वृद्धि को प्रत्यक्षणात्मक सीखना कहा जाता है जिसके द्वारा वह वातावरण से अधिक-से-अधिक सूचनाओं को ग्रहण कर पाता है।''* इस परिभाषा से यह स्पष्ट है कि प्रत्यक्षणात्मक सीखना (perceptual learning) एक तरह का संज्ञानात्मक सीखना (cognitive learning) है और इससे यह पता चलता है कि प्रत्यक्षण की प्रक्रिया सीखना द्वारा काफी प्रभावित होती है।

गिब्सन (Gibson) बहुत तरह के उदाहरण देकर प्रत्यक्षज्ञानात्मक सीखना (perceptual learning) के स्वरूप को स्पष्ट करने की कोशिश किये हैं। उन्होंने बताया है कि जब कोई व्यक्ति किसी कार्य विशेषकर तकनीकी कार्य (technical work) करने का विशेष रूप से प्रशिक्षण (training) लिए होता है, तो उसे उस कार्य से सम्बन्धित वस्तुओं का प्रत्यक्षण अन्य दूसरे व्यक्ति जिन्हें इस तरह का प्रशिक्षण प्राप्त नहीं है, से भिन्न होता है। प्रत्यक्षण में इस तरह के अन्तर का कारण प्रत्यक्षज्ञानात्मक सीखना (perceptual learning) है। गिब्सन के अनुसार एक प्रशिक्षित पक्षविज्ञानी (orinthologist) भिन्न-भिन्न प्रकार के पक्षियों की भाषाओं तथा आपस में किये गये संचार (communication) को आसानी से समझ लेता है परन्तु सामान्य व्यक्ति के लिए ऐसा करना कठिन होता है। हाँ, जब कोई सामान्य व्यक्ति भी उस तरह का प्रत्यक्षज्ञानात्मक सीखना (perceptual learning) पूरा कर लेता है, तो उसे पक्षियों की भाषाओं को समझने में कोई कठिनाई नहीं रह जाती है। प्रायः देखा गया है कि नेत्रहीन व्यक्ति अपने छड़ी को जमीन पर पटककर जिससे विशेष आवाज उत्पन्न होता है, के आधार पर उस जमीन के आकार तथा संरचना (texture) का प्रत्यक्षण करता है, और उसी ढंग से कदम (foot fall) बढ़ाता है। सामान्य व्यक्ति के लिए (यानी जिसका नेत्र ठीक है) इस ढंग के आवाज से इस तरह का अर्थ निकालना कठिन है।

इस तरह से हम देखते हैं कि प्रत्यक्षज्ञाणात्मक सीखना (perceptual learning) व्यक्ति के उस क्षमता (ability) से सम्बन्धित होता है जिसके सहारे वह वातावरण के वस्तुओं के बारे में विशेष रूप से अर्थ निकालने में समर्थ होता है।

ऐम्स का संव्यवहार उपागम
(Ames' Transactional Approach)

मूलतः सभी प्रत्यक्षण अस्पष्ट (vague) होते हैं। परन्तु प्रत्यक्षण करते समय जब हम अपनी ओर से विशेष अर्थ उन उत्तेजनाओं (stimuli) में जोड़ते हैं तो प्रत्यक्षण स्पष्ट होता है तथा साथ-ही-साथ हमें यह भी समझ में आ जाता है कि हम किस वस्तु का प्रत्यक्षण कर रहे हैं। ऐम्स (Ames, 1951) का संव्यवहार उपागम (transactional approach) प्रत्यक्षण के इस विशेष पहलू (aspect) पर बल डालता है। ऐम्स के अनुसार जब हम किसी वस्तु का प्रत्यक्षण करते हैं तो हमारी गत अनुभूति (past experience) तथा प्रत्याशा (expectation) उस प्रत्यक्षण को प्रभावित करता है। यदि किसी कारणवश उस अनुभूति तथा प्रत्याशा में परिवर्तन आता है तो इससे हमारा प्रत्यक्षण भी बदल जाता है। जैसा कि **कोरेन, पोरक** तथा **वार्ड**[2] (Coren, Porac & Ward, 1979) ने कहा भी है, *''संव्यवहार उपागम (transactional approach) से यह पता भी चलता है कि यदि हमलोगों के प्रत्याशा (expectation) में परिवर्तन होता है या परिस्थिति के विश्लेषण (analysis) में परिवर्तन होता है, तो हमलोगों का प्रत्यक्षज्ञानात्मक अनुभव (perceptual experience) में भी परिवर्तन हो जाता है।''* अतः ऐम्स का संव्यवहार उपागम इस बात पर बल डालता है कि जब व्यक्ति के प्रत्याशा

---

1. "Perceptual learning refers to "an increase in the ability to extract information from the environment as a result of experience or practice with the stimulation coming to it."

—Gibson : *Principles of perceptual learning and development,* 1969, p. 3

2. "The transactional approach implies that if our expectations change or our analysis of the situation changes then our perceptual experience will also change." —Coren, Porac & Ward : *Sensation & Perception,* 1978. 398

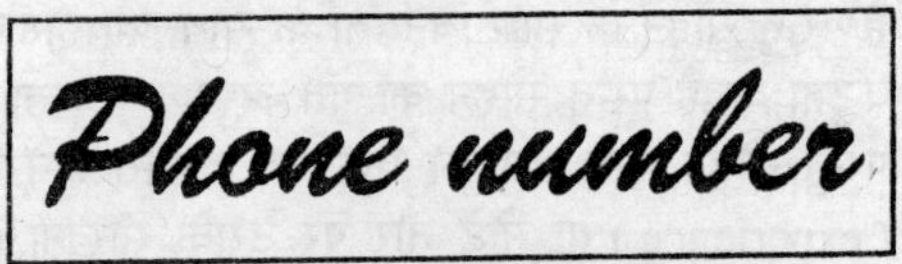

चित्र 4.23 : प्रत्यक्षण पर संदर्भ के प्रभाव को दिखलाने का एक चित्र

(expecation) या उद्दीपकों के संदर्भ में (context) में परिवर्तन आता है, तो इससे व्यक्ति के प्रत्यक्षण में परिवर्तन आ जाता है। ऐम्स (Ames, 1951) तथा ब्रर्नस्विक (Brunswik, 1955) ने कुछ इस प्रकार के उदाहरण तथा प्रयोगात्मक सबूत (experimental evidence) दिये हैं जिनसे यह स्पष्ट हो जाता है कि हमलोगों की प्रत्याशा (expectation) तथा उद्दीपक के संदर्भ (context) में परिवर्तन होने से प्रत्यक्षण भी परिवर्तित हो जाता है। इसका एक उदाहरण चित्र 4.23 में दिया गया है। इस चित्र में बायीं ओर के शब्द को हम 'फोन' शब्द के रूप में पढ़ते हैं तथा दायीं ओर के शब्द को 'नम्बर' के रूप में पढ़ते हैं। यदि हम 'फोन' शब्द का अक्षर 'एच' पर तथा नम्बर शब्द का अक्षर 'बी' पर ध्यान दे तो हम पाते हैं कि ये दोनों अक्षर बिलकुल ही एक-दूसरे के समान हैं फिर भी एक परिस्थिति में इसे हम 'एच' के रूप में और दूसरी परिस्थिति में 'बी' के रूप में प्रत्यक्षण करते हैं। ऐसा दो कारणों से होता है—पहला कारण है उ़द्दीपक का संदर्भ (context) अर्थात एक संदर्भ है 'फोन' शब्द का तथा दूसरा संदर्भ है 'नम्बर' शब्द का। दूसरा कारण है व्यक्ति की अपनी प्रत्याशा (expectation)। पहली परिस्थिति में व्यक्ति के मन 'एच' होने की उम्मीद या प्रत्याशा बनती है तथा दूसरी परिस्थिति में 'बी' होने की उम्मीद या प्रत्याशा बनती है। स्टेनफिल्ड (Steinfield, 1967) ने एक प्रयोग कर यह दिखलाया है कि व्यक्ति में प्रत्यांशा या उम्मीद जिससे प्रत्यक्षण प्रभावित होता है, का बनना उसके गत अनुभूति (past experience) पर निर्भर करता है। इन्होंने अपने प्रयोग में प्रयोज्य को कुछ अधूरे चित्र को सही-सही पहचानने के लिए दिया। कुछ प्रयोज्यों (subject) को ऐसा करने के पहले उन चित्रों से सम्बन्धित एक कहानी सुनाई गयी तथा कुछ प्रयोज्यों को ऐसा करने के पहले कोई कहानी नहीं सुनाई गयी। परिणाम में देखा गया कि जिन प्रयोज्यों को कहानी सुनाई गयी थी, वे उन चित्रों की पहचान आसानी से कर लिए तथा जिन्हें ऐसी कहानी नहीं सुनाई गयी थी, वे छह गुणा (six times) अधिक समय में भी उन चित्रों का सही-सही पहचान नहीं कर पाये। ऐसा इसलिए हुआ क्योंकि चित्र से सम्बन्धित कहानी सुनने से प्रयोज्य में एक खास प्रकार की प्रत्याशा (expectation) उत्पन्न हो गयी थी जिससे सही पहचान (यानी प्रत्यक्षण) करने में प्रयोज्य को मदद मिलती थी।

इस तरह से हम कह सकते हैं कि ऐम्स का संव्यवहार उपागम (transactional approach) मूलतः इस बात पर बल डालता है कि प्रत्यक्षण व्यक्ति के प्रत्याशा (expectation) तथा उद्दीपक के संदर्भ (context) द्वारा काफी हद तक प्रभावित होता है।

गहराई तथा दूरी का प्रत्यक्षण : तीसरी विमा
(Perception of Distance and Depth: Third Dimension)

वातावरण की वस्तुएँ (objects) जिनका हम प्रत्यक्षण करते हैं मूलतः तीन विमाओं (dimensions) में सज्जित (arranged) हो सकते हैं। जिस वस्तु का व्यक्ति प्रत्यक्षण कर रहा है, वह वस्तु व्यक्ति से ऊपर या नीचे (up or down) हो सकता है, बायीं ओर या दायीं ओर (left or right) हो सकता है या दूर या नजदीक (far or near) हो सकता है। चाहे वस्तु व्यक्ति से ऊपर हो या नीचे, बायीं ओर हो या दायीं ओर, नजदीक या दूर हो, जब उसका प्रतिविम्ब अक्षिपटल या दृष्टिपटल (retina) पर पड़ता है, तो उसमें केवल लम्बाई तथा चौड़ाई होती है। दूसरे शब्दों में, हमारे अक्षिपटल पर जो प्रतिविम्ब बनता है उसमें मात्र दो ही विमा (dimension) होते हैं। एक विमा लम्बाई है और दूसरी विमा चौड़ाई है। तीसरी विमा (third dimension) यानी मोटाई नहीं होती है। अतः दृष्टिपटल (retina) पर बने प्रतिविम्ब किसी कागज के टुकड़े पर बने चित्र के बिलकुल समरूप होते हैं जिसमें केवल लम्बाई तथा चौड़ाई होती है। जब दृष्टिपटल पर बनने वाले प्रतिविम्ब में मात्र लम्बाई तथा चौड़ाई होती है, तो ऐसी अवस्था में हमें वस्तुओं का सिर्फ लम्बाई और चौड़ाई का ही ज्ञान होना चाहिए था। परन्तु ऐसा नहीं होता है। हमें वस्तुओं की मोटाई, सघनता (solidity), दूरी आदि का भी ज्ञान होता है। इसे *तीसरी विमा का प्रत्यक्षण* (perception of third dimension) या *दिक् प्रत्यक्षण* (space perception) भी कहते हैं। यहाँ दिक् से तात्पर्य उस विमा (dimension) के अनुभव से होता है जिसके सहारे हमें यह पता चलता है कि वस्तु व्यक्ति से कितनी दूरी पर है, किस दिशा में है आदि।

अब प्रश्न यह उठता है कि अक्षिपटल पर बनने वाले द्विविमीय प्रतिबिम्बों (bidimensional images) से हमें त्रिविमीय प्रत्यक्षण (tridimensional perception) कैसे होता है? इस प्रश्न पर अनेक मनोवैज्ञानिकों द्वारा शोध

(research) तथा प्रयोग (experiment) किये गये हैं जिसके परिणामस्वरूप यह स्पष्ट हो गया है कि हमें वस्तुओं में मोटाई, सघनता तथा दूरी का प्रत्यक्षण कुछ खास-खास संकेतों (cues) के आधार पर होता है। इन संकेतों (cues) को निम्नांकित दो भागों में बाँट कर अध्ययन किया गया है—

1. एकनेत्री संकेत (Monocular cues) तथा
2. द्विनेत्रीय संकेत (Binocular cues)

इन दोनों का वर्णन निम्नांकित है—

1. एकनेत्री संकेत *(Monocular cues)*—एकनेत्री संकेत (cues) उन संकेतों (cues) को कहा गया है जिन्हें एक ही आँख द्वारा ग्रहण (register) किया जा सकता है। इसका मतलब यह हुआ कि अगर कोई व्यक्ति किसी बीमारी या दुर्घटना आदि के कारण अपना एक आँख खो दिया है, तो वह भी अपने बचे एक आँख द्वारा इन संकेतों को ग्रहण कर सकता है और उसे वस्तुओं की दूरी, गहराई तथा सघनता (solidarity) आदि का ज्ञान हो सकता है। एकनेत्री संकेतों (monocular cues) को *चित्रीय संकेत* (pictorial cue) भी कहा जाता है। एकनेत्री संकेत को व्यक्ति अपने अनुभव (experience) से सीखता है। अतः एकनेत्री संकेत सीखा गया संकेत (learnt cues) होता है न कि जन्मजात संकेत (innate cues) होता है। एकनेत्री संकेत दो तरह के होते हैं—वैसे एकनेत्री संकेत जिसमें गति (movement) सम्मिलित नहीं होता है तथा वैसे एकनेत्री संकेत जिसमें गति सम्मिलित होता है। प्रमुख एकनेत्री संकेत (monocular cue) जिसमें गति सम्मिलित नहीं होता है, का वर्णन निम्नांकित हैं—

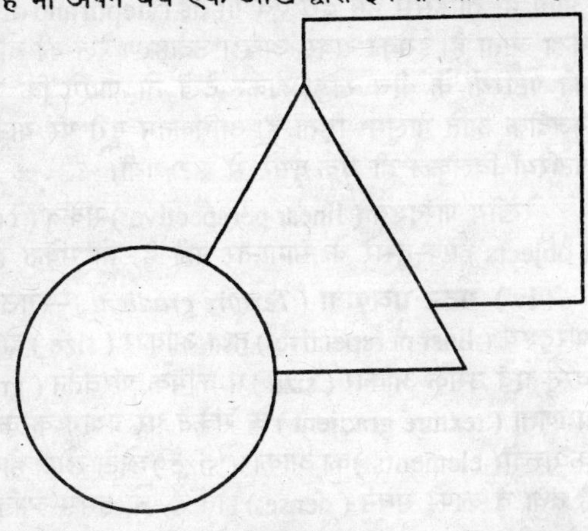

चित्र 4.24

(i) हस्तक्षेप या आच्छादन *(Interposition or overlay)*—जब वस्तुएँ (objects) एक सीध में होती है तथा साथ-ही-साथ जब वे अपारदर्शीय होते है, तो आगे की वस्तु (object) पीछे की वस्तु के कुछ हिस्से या भाग को प्रायः छिपा लेती है। इसे ही *हस्तक्षेप* (interposition) का संकेत (cue) कहा जाता है। जब आगे की वस्तु पीछे की वस्तु को अंशतः छिपा लेती है, तो व्यक्ति को पीछे की वस्तु अधिक दूर (distance) पर दीख पड़ता है तथा आगे की वस्तु जिसका पूरा भाग वह देख रहा है, काफी नजदीक मालूम पड़ता है। इसका उदाहरण हमें चित्र 4.24 में मिलता है। चित्र 4.24 में एक वृत (circle) है जो अंशतः एक त्रिभुज (triangle) को ढँके हुए हैं। इस चित्र में वर्ग (square) अधिक दूरी पर दिखलाई दे रहा है तथा वृत्त (circle) तुलनात्मक रूप से नजदीक दिखलाई दे रहा है। त्रिभुज की दूरी वृत्त से अधिक परन्तु वर्ग से कम दिखाई दे रहा है। इन सब का प्रधान कारण हस्तक्षेत्र संकेत (interposition cue) है।

ध्यान रहे कि हस्तक्षेप संकेत द्वारा वस्तुओं की दूरी तथा गहराई का ज्ञान तभी हो सकता है जब वस्तुएँ करीब-करीब एक सीध में हो तथा उन सभी वस्तुओं में एक-दूसरे को ढँकने की क्षमता हो, अर्थात वे सभी अपारदर्शी हों। इन शर्तों के अभाव में हस्तक्षेप संकेत द्वारा वस्तुओं की दूरी का प्रत्यक्षण नहीं होगा।

(ii) दृष्टिपटलीय प्रतिबिम्ब का आकार *(Size of retinal images)*—जब कोई वस्तु व्यक्ति से नजदीक होता है, तो दृष्टिपटल या अक्षिपटल (retina) पर बनने वाले इसके प्रतिबिम्ब का आकार (size) बड़ा होता है। फलस्वरूप वस्तु का आकार भी बड़ा दिखलाई देता है। एक उदाहरण लीजिए। उड़ रहे हवाई जहाज पर ध्यान दें तो हम पाते हैं कि जैसे-जैसे हवाई जहाज नजदीक आता है, वैसे-वैसे उसका दृष्टिपटलीय प्रतिबिम्ब (retinal image) बड़ा होते जाता है। फलस्वरूप, हवाई जहाज आकार में पहले की अपेक्षा बड़ा दिखलाई पड़ने लगता है। ठीक, उसके विपरीत जैसे-जैसे हवाई जहाज हमसे दूर होता जाता है, उसका दृष्टिपटलीय प्रतिबिम्ब (retinal image) छोटा होता जाता है। फलस्वरूप, उस हवाई जहाज का आकार भी छोटा दिखलाई पड़ने लगता है और अत्यधिक दूर चले जाने पर मात्र धब्बा के समान दिखलाई देता है और अन्त में वह हमारे नजरों से ओझल हो जाता है। इटेल्सन एवं किल्पैट्रीक (Ittelson & Kilpatrick, 1950) ने एक प्रयोग किया जिसमें अंधेरे कमरे में समान दूरी पर हवा से भरे दो बैलून को लटका दिया गया। प्रयोज्य को यह बताना था कि कौन-सा बैलून नजदीक है तथा कौन अधिक दूरी पर। एक बैलून का आकार दूसरे बैलून के आकार

से बड़ा कर दिया गया था। परिणाम में देखा गया कि बड़े बैलून को प्रयोज्यों ने नजदीक तथा छोटे बैलून को प्रयोज्यों ने अधिक दूरी पर होने का प्रत्यक्षण किया।

आकार संकेत (size cue) की परिसीमा (limitation) या दोष यह है कि इस संकेत द्वारा हमें वस्तुओं की दूरी का प्रत्यक्षण तभी होता है जब हम वस्तु के वास्तविक आकार (real size) से परिचित (familiar) हों।

(iii) रेखीय परिदृश्य *(linear perspective)*—जैन्डा और क्लेनका-हैमेल[1] (Janda & Klenhka-Hamel, 1982) रेखीय परिदृश्य (Linear perspective) को परिभाषित करते हुए कहा है, '*रेखीय परिदृश्य से तात्पर्य उस घटना (phenomenon) से होता है जहाँ समानांतर रेखाएँ जैसे-जैसे (व्यक्ति से) दूर होते जाती है, वैसे-वैसे वे आपस में अभिमुख (converge) होते जातीं हैं (अर्थात एक दूसरे से सटती नजर आती है)।*'' जब दो समानान्तर रेखाएँ (parallel lines) आगे की ओर अर्थात् क्षितिज (horizon) की ओर बढ़ने पर एक-दूसरे से सटी हुई (converge) नजर आती है, तो इससे हमें दूरी एवं गहराई (depth and distance) का प्रत्यक्षण होता है तथा इस संकेत को रेखीय परिदृश्य कहा जाता है। इसका सबसे अच्छा उदाहरण रेल की दोनों पटरियों (tracks) पर देखने से प्राप्त होता है। अगर हम रेल की पटरियों के बीच खड़ा होकर देखें तो पाएँगे कि जैसे-जैसे पटरियाँ आगे बढ़ती जातीं हैं, वैसे-वैसे एक-दूसरे के नजदीक आते मालूम पड़तीं हैं। अधिकतम दूरी पर यानी कि क्षतिज (horizon) पर ऐसा महसूस होता है कि ये दोनों पटरियाँ बिलकुल ही एक-दूसरे से सट गयीं।

रेखीय परिदृश्य (linear perspective) संकेत (cues) के साथ महत्त्वपूर्ण दोष (demerit) यह है कि यदि वस्तुएँ (objects) एक-दूसरे के सामान्तर नहीं है, तो संकेत द्वारा हमें दूरी का प्रत्यक्षण नहीं होगा।

(iv) गठन प्रवणता *(Texture gradient)*—गठन प्रवणता का संकेत (cues) एक ऐसा संकेत है जिसमें रेखीय परिदृश्य (liner perspective) तथा आकार (size) दोनों तरह के संकेत सम्मिलित होते हैं। गठन (texture) से तात्पर्य वस्तु एवं उसके आकार (size) में क्रमिक परिवर्तन (gradual change) से होता है। गिब्सन (Gibson, 1950) ने गठन प्रवणता (texture gradient) के संकेत पर प्रयोग करके यह दिखला दिया है कि जब किसी वस्तु के गठन (texture) के तत्त्वों (elements) का आकार (size) छोटा-छोटा होता है तथा वे काफी सघन (dense) होते हैं, तो इससे व्यक्ति को दूरी (distance) का प्रत्यक्षण होता है। परन्तु जब गठन के सभी तत्त्वों (elements) का आकार एक समानी होता है तथा वे सघन (compact) नहीं होकर फैले (scattered) होते हैं, तो इससे वस्तु के तत्त्वों (elements) में आपसी दूरी का प्रत्यक्षण व्यक्ति को नहीं होता है। चित्र 4.25 में देखने से यह बात बिलकुल ही स्पष्ट हो जाता है। इस चित्र के 'A' में देखने से यह बिलकुल ही स्पष्ट रूप से पता चलता है कि सघन (compact) तथा अत्यन्त छोटे-छोटे कण अधिक दूरी पर स्थित दिखलाई देते हैं। परन्तु 'B' में सभी कण या तत्त्व सघन न होकर फैले हुए हैं तथा आकार (size) में भी करीब-करीब समान है। अतः इनके तत्त्वों पर गौरपूर्वक देखने से किसी प्रकार की दूरी या नजदीकी का प्रत्यक्षण नहीं होता है। कुछ मनोवैज्ञानिकों ने इस संकेत को *विस्तृत परिदृश्य* (detail perspective) भी कहा है।

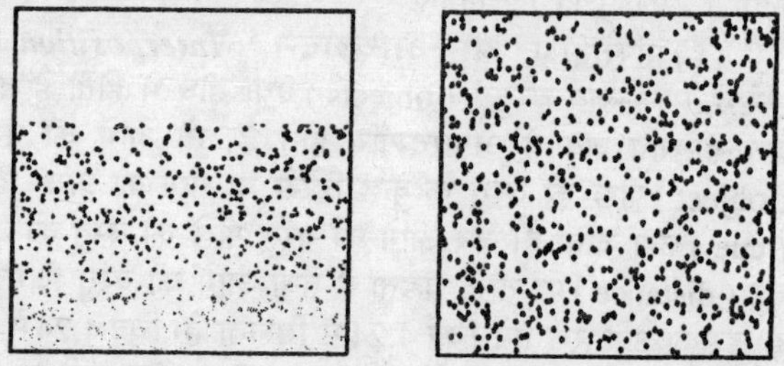

चित्र 4.25

(v) छाया *(shadowing)*—छाया को एक प्रमुख एकनेत्रीय संकेत (monocular cue) माना गया है जिसके आधार पर हमें गहराई तथा दूरी का प्रत्यक्षण होता है। छाया संकेत की प्रमुख पूर्वकल्पना (assumption) यह होती है कि रोशनी वस्तु (object) के ऊपर (above) से आ रही है। इस कल्पना को ध्यान में रखते हुए यह कहा जा सकता है कि जब एक वस्तु की छाया दूसरे वस्तु पर पड़ती है, तो देखने वाले व्यक्ति को दूसरे वस्तु की दूरी पहली वस्तु की अपेक्षा अधिक मालूम पड़ती है। किसी वस्तु के आगे या पीछे बनने वाले छाया से यह पता चलता है कि वस्तु कितनी दूरी पर है। सच्चाई यह है कि छाया संकेत द्वारा वस्तुओं की चमक में थोड़ा विभेद या अन्तर हो जाता है जिससे दूरी एवं गहराई का प्रत्यक्षण होता है।

---

1. "Linear perspective refers to the phenomenon that parallel lines seem to be converging as they recede into distance."
—Janda & Klenkha-Hamel : *Psychology,* 1982, p. 102

(vi) वायवीय परिदृश्य *(Aerial perspective)*—वायवीय परिदृश्य का सम्बन्ध भी रोशनी (light) से ही है। वायु (air) में जैसे-जैसे रोशनी आगे की ओर बढ़ती है वैसे-वैसे उसमें (वायु में) उपस्थित धूलकण तथा नमी (moisture) के कारण रोशनी में अधिक धुंधलापन तथा फैलाव (scatteredness) बढ़ जाता है। इसका परिणाम यह होता है कि वातावरण में उपस्थित दूर की पहाड़ियाँ, घर, पेड़ आदि काफी धुंधले (dim), अस्पष्ट तथा साथ-ही-साथ बैगनी रंग पर दिखलाई देते हैं। इसे ही वायवीय परिदृश्य (aerial perspective) का संकेत कहा जाता है। वातावरण में जो वस्तुएँ, यानी पहाड़ियाँ, घर, पेड़-पौधे, व्यक्ति से नजदीक होते हैं, वे न तो धुंधले, अस्पष्ट और न ही बैगनी रंग पर ही दिखलाई देते हैं। अतः वस्तु की अस्पष्टता, धुंधलापन, आदि जो वायवीय परिदृश्य (aerial perspective) के संकेत में सम्मिलित होता है, द्वारा भी हमें वस्तुओं की दूरी का प्रत्याक्षण होता है। वायवीय परिदृश्य को वायुमंडलीय परिदृश्य (atmospheric respective) भी कहा जाता है।

(vii) सापेक्ष चमकीलापन *(Relative brightness)*—अंधेरे में यदि कई वस्तुओं (objects) को जिनके चमकीलापन का स्तर (brightness level) असमान (dissimilar) होता है, हम देखते हैं तो अधिक चमकीली वस्तु हमें नजदीक तथा कम चमकीली वस्तु अधिक दूरी पर दिखलाई देती है। इट्टेल्सन (Ittleson, 1960) ने इसे एक प्रयोग कर साबित कर दिया है। इन्होंने प्रयोज्य (subject) को एक पूर्णरूपेण अंधेरे कमरे में दो समान दूरी पर रोशनी दिखलाई। एक रोशनी में दूसरी रोशनी की अपेक्षा चमकीलापन (brightness) अधिक था। परिणाम में देखा गया कि प्रयोज्य ने अधिक चमकीले रोशनी को नजदीक तथा कम चमकीले रोशनी को अपेक्षाकृत अधिक दूरी पर होने का प्रत्यक्षण दिया। सापेक्ष चमकीलापन (relative brightness) के संकेत द्वारा हम किस तरह से दूरी का प्रत्यक्षण करते हैं, इसका स्पष्ट उदाहरण अंधेरी रात में जब साफ आकाश (clean sky) की ओर हम देखते हैं, तब मिलता है। आकाश में अनेकों तारे (stars) दिखलाई देते हैं जिनमें से कुछ में चमक अधिक होती है तथा कुछ धुंधले दिखाई देते हैं। अधिक चमकीले तारे हमसे काफी नजदीक प्रतीत होते हैं (उतना नजदीक जितना वे नहीं है) तथा धुंधले तारे अधिक दूरी पर उपस्थित दिखाई देते हैं।

कुछ एकनेत्री संकेत (monocular cues) ऐसे हैं जिनमें गति (movement) सम्मिलित होता है। ऐसे प्रमुख एकनेत्री संकेत निम्नांकित दो हैं—

(viii) गतिबोधक गहराई संकेत *(Kinetic depth cue)*—इस संकेत का सम्बन्ध वस्तुओं या उद्दीपकों के गति से है न कि प्रत्यक्षणकर्त्ता के गति से हैं। कोई वस्तु स्थिरावस्था में होने पर चपटा (flat) दिखता है परंतु जब उसमें गति उत्पन्न हो जाती है या वह घुमने लगता है तो उसमें गहराई एवं दूरी प्रत्यक्षण होने लगता है। इस तथ्य की पुष्टि कई अध्ययनों में की गयी है जिसमें एक महत्त्वपूर्ण अध्ययन वाल्लेक एवं ओ'कोन्नेल्ल (Wallach & O'Connell, 1953) द्वारा किया गया। इस अध्ययन में प्रयोज्यों को कुछ ठोस ब्लाक, तार से बने कुछ आकृतियाँ एवं सीधी छड़ी आदि दिखलाया गया। स्थिरावस्था में ये सारी वस्तुएँ चिपटी प्रतीत हुई परंतु जब उन्हें तेजी से घूमते हुए स्थिति में दिखलाया गया तो वे त्रिविमीय (three dimensional) प्रतीत हुई। बाद में ब्राऊनस्टीन (Braunstein, 1976) ने भी अपने अध्ययन से इनके परिणाम की सम्पुष्टि किया।

(ix) गति *(Motion)*—वस्तुओं में गति (Movement) का प्रत्यक्षण होने के कारण भी हमें दूरी तथा गहराई का ज्ञान होता है। इस संकेत को *गति लम्बन* (movement parallax) भी कहा जाता है। इसका सबसे अच्छा उदाहरण चलती रेलगाड़ी में खिड़की या दरवाजे से बाहर की ओर देखने पर मिलता है। चलती रेलगाड़ी से बाहर देखने पर लगता है कि नजदीक के पेड़-पौधे, मकान, व्यक्ति आदि विपरीत दिशा में भागते जा रहे प्रतीत होते हैं तथा दूर के पेड़-पौधे, मकान, पहाड़, आदि उसी दिशा में (यानी जिस दिशा में रेलगाड़ी चल रही है) भागते प्रतीत होते हैं हालांकि सच्चाई यह होती है कि न तो नजदीक के पेड़-पौधे, मकान पहाड़ आदि भाग रहे हैं या चल रहें हैं और न तो दूर का ही। परन्तु जब व्यक्ति को ऐसा प्रतीत होता है तो इससे उसे वस्तुओं की दूरी तथा नजदीकी का स्पष्ट प्रत्यक्षण होता है।

ऊपर वर्णन किये गये तथ्यों (facts) के आधार पर यह कहा जा सकता है कि इन एकनेत्री संकेतों (monocular cues) द्वारा हमें दूरी एवं गहराई के प्रत्यक्षण में काफी मदद मिलती है। सभी एकनेत्रीय संकेतों की एक सामान्य विशेषता या गुण यह है कि व्यक्ति इसे अपने अनुभव (experience) द्वारा सीखता है न कि जन्म से ही इन संकेतों का उपयोग करने की क्षमता उसमें मौजूद रहती है।

2. द्विनेत्रीय संकेत *(Binocular cues)*—द्विनेत्रीय संकेत उन संकेतों (cues) को कहा जाता है जिनके उपयोग के लिए दोनों आँखों का होना आवश्यक है। अगर कोई व्यक्ति अपनी एक आँख किसी दुर्घटना या बीमारी के कारण खो दिया है, तो वह इन संकेतों का उपयोग दूरी एवं गहराई के प्रत्यक्षण में नहीं कर सकता है। इन संकेतों को *शारीरिक संकेत* (physiological cues) भी कहा जाता है क्योंकि इसका सम्बन्ध आँख की संरचना (structure) से होता है। स्वभावतः तब इस तरह का संकेत जन्मजात (inborn) होता है न कि व्यक्ति इसे अपने अनुभव (experience) द्वारा जीवन काल में सीखता है। कोरेन, पोरेक तथा वार्ड (Coren, Porac & Ward, 1979) के अनुसार प्रमुख द्विनेत्री संकेत (binocular cues) निम्नांकित तीन हैं—

(i) समायोजन *(Accommodation)*—इस संकेत को कुछ मनोवैज्ञानिकों ने एकनेत्री संकेत जिसमें गति सम्मिलित नहीं होता है, की भी श्रेणी में भी रखा है। हमारे आँख के लेन्स में छोटा होने तथा बड़ा होने का गुण मौजूद होता है। दूसरे शब्दों में, हम कह सकते हैं, कि लेन्स की वक्रता (curvature) घटती-बढ़ती है। जब व्यक्ति नजदीक की चीज या वस्तु को देखता है, तो लेन्स छोटा हो जाता है अर्थात् लेन्स की वक्रता या मोटाई बढ़ जाती है ताकि देखे जा रहे वस्तु का प्रतिबिम्ब अक्षिपटल (retina) पर ठीक से पड़ सके। दूसरी तरफ जब व्यक्ति दूर की चीज या वस्तु को देखता है तो लेन्स बड़ा हो जाता है, अर्थात लेन्स की वक्रता कम हो जाती है जिससे लेन्स पतला हो जाता है और तब जाकर दूर की वस्तुओं का प्रतिबिम्ब अक्षिपटल (retina) पर ठीक ढंग से पड़ता है। लेन्स के आकार में वृद्धि तथा कमी की यह प्रक्रिया विशेष मांसपेशियों (muscles) द्वारा नियंत्रित होता है जिसे सिलियरी मांसपेशी (ciliary muscle) कहा जाता है तथा इस पूरी प्रक्रिया को *समायोजन* (accommodation) की संज्ञा दी गयी है। इस व्याख्या से स्पष्ट है कि लेन्स में अधिक वक्रता (curvature) होने से कोई भी वस्तु व्यक्ति को नजदीक दिखलाई देता है तथा लेन्स में फैलाव (relaxation) होने से व्यक्ति को वस्तु दूर पर दिखलाई देता है। कुछ मनोवैज्ञानिकों ने समायोजन को एकनेत्रीय संकेत (monocular cue) माना है क्योंकि इसका उपयोग मात्र एक आँख द्वारा भी हो सकता है। लेकिन इसे द्विनेत्रीय संकेत कहने में ही अधिक यथार्थता है क्योंकि जब समायोजन दोनों आँखों द्वारा होता है तो वह ज्यादा परिशुद्ध (accurate) होता है और हमें दूरी का प्रत्यक्षण भी स्पष्ट रूप से होता है।

ग्राहम (Graham, 1965) ने एक प्रयोग कर यह दिखलाया है कि समायोजन संकेत दूरी एवं गहराई के प्रत्यक्षण के लिए कोई बहुत अधिक महत्त्वपूर्ण संकेत नहीं है। इन्होंने यह स्पष्ट रूप से दिखला दिया है कि लेन्स में समायोजन एक सीमित प्रसार (limited range) यानी 20-300 सेन्टीमीटर के भीतर ही होता है। फलतः इस संकेत द्वारा हमें दूरी एवं गहराई का प्रत्यक्षण 20-300 सेंटीमीटर की सीमा के भीतर ही हो सकता है। हौचबर्ग (Hochberg, 1971) ने गत 70 साल में किये गये उन प्रयोगों (experiments) का सर्वेक्षण (review) किया जिसमें समायोजन संकेत का उपयोग दूरी एवं गहराई के प्रत्यक्षण के लिए किया गया था और वे इस परिणाम पर पहुँचे कि समायोजन संकेत निर्धारित सीमा यानी 20-300 सेन्टीमीटर के भीतर भी दूरी एवं गहराई का सही-सही प्रत्यक्षण में बहुत कम ही मदद करता है।

(ii) अभिबिन्दुता तथा अपसारिता *(Convergence and Divergence)*—अभिबिन्दुता (convergence) तथा अपसारिता (divergence) नेत्र-गोलक (eye-ball) के गति (movement) से सम्बन्धित दो संकेत (cues) हैं जिनसे हमें वस्तु की दूरी एवं गहराई का ज्ञान होता है। जब हम नजदीक की वस्तुओं (objects) को देखते हैं, तो दोनों आँख का नेत्र-गोलक भीतर की ओर यानी नाक की ओर घुमता है, उसे *अभिबिन्दुता* (convergence) कहा जाता है। उसी तरह से जब हम दूर की वस्तुओं पर देखते हैं, तो दोनों आँख का नेत्र-गोलक बाहर की दिशा में यानी बायीं आँख, बाँयें कान की ओर तथा दायीं आँख दायें कान की ओर घुमता है। इसे *अभिसारिता* (divergence) कहा जाता है। इस तरह से यह स्पष्ट है कि अभिबिन्दुता (convergence) द्वारा हमें वस्तुओं की समीपता (nearness) का प्रत्यक्षण होता है तथा अपसारिता (divergence) द्वारा हमें वस्तुओं की दूरी (distance) का प्रत्यक्षण होता है।

परन्तु कई मनोवैज्ञानिकों ने अपने-अपने अध्ययन में यह स्पष्ट रूप से दिखलाया है कि अभिबिन्दुता तथा अभिसारिता द्वारा व्यक्ति को दूरी तथा गहराई का प्रत्यक्षण सही-सही नहीं होता है। इन मनोवैज्ञानिकों में गोगेल, ग्रेग तथा वेनराईट (Gogel, Gragg & Wainwright, 1961) और हौचबर्ग (Hochberg, 1971) का नाम अधिक लिया जाता है।

(iii) द्विनेत्री विभिन्नता या अक्षिपटलीय विभिन्नता *(Binocular disparity or retinal disparity)*—जब व्यक्ति किसी वस्तु को देखता है तो इसकी प्रतिमा आँखों के अक्षिपटल (retina) पर अलग-अलग बनता है। इन दोनों प्रतिमाओं में थोड़ी भिन्नता पायी जाती है जिसे *अक्षिपटलीय विभिन्नता* या *द्विनेत्री विभिन्नता* कहा जाता है। ऐसा देखा गया है कि जैसे-जैसे वस्तु व्यक्ति से नजदीक आता जाता है, वैसे-वैसे अक्षिपटलीय विभिन्नता बढ़ती जाती है। दूसरे तरफ यदि वस्तु व्यक्ति से दूर होता जाता है, तो उससे उत्पन्न द्विनेत्री विभिन्नता कम होते जाती है। स्पष्ट हुआ कि अक्षिपटलीय विभिन्नता द्वारा भी व्यक्ति को वस्तुओं की दूरी का प्रत्यक्षण होता है।

उपर्युक्त विवेचना के आलोक में हम इस निष्कर्ष पर पहुँचते हैं कि दूरी तथा गहराई का प्रत्यक्षण एकनेत्री संकेत (monoculer cues) तथा द्विनेत्री संकेत दोनों के आधार पर होता है। वास्तविकता यह है कि हम इन दोनों तरह के संकेतों का जब उपयोग करते हैं तो दूरी तथा गहराई का परिशुद्ध प्रत्यक्षण होता है। अगर हम सिर्फ एक ही प्रकार के संकेत का उपयोग करें तो दूरी एवं गहराई का प्रत्यक्षण उतना सही नहीं हो पायेगा। यही कारण है कि एक आँख के व्यक्ति में दूरी तथा गहराई का प्रत्यक्षण दो आँख वाले व्यक्ति की दूरी तथा गहराई के प्रत्यक्षण से थोड़ा अस्पष्ट एवं घटिया होता है।

आवाज या ध्वनि का त्रिविमीय स्थान निर्धारण
(Tridimensional Location of Sound)

अब तक हमलोगों ने केवल दृष्टि गहराई (visual depth) तथा दूरी के प्रत्यक्षण पर विचार किये हैं। परन्तु सच्चाई यह है कि आवाज या ध्वनि का भी हमें त्रिविमीय प्रत्यक्षण अर्थात् दूरी तथा साथ-ही-दिशा (direction) का प्रत्यक्षण होता है। ध्वनि स्थान निर्धारण (sound location) में ध्वनि की दूरी तथा दिशा दोनों का निर्धारण किया जाता है। इसके लिए भी हमें निम्नांकित दो तरह के संकेत (cues) उपलब्ध हैं—

(1) एककर्णज संकेत (Monaural cues)

(2) द्विकर्णज संकेत (Binaural cues)

(1) एककर्णज संकेत *(Monaural cues)*—एककर्णज संकेत जैसा कि नाम से ही स्पष्ट है, के लिए मात्र एक कान की आवश्यकता पड़ती है अर्थात् इन संकेतों का उपयोग एक कान का उपयोग करके ध्वनि की दूरी तथा दिशा का पता लगा लिया जाता है। ध्वनि की प्रबलता (loudness) एक ऐसा ही संकेत है। प्रबल ध्वनि से नजदीकी तथा ध्वनि की धीमी प्रबलता से दूरी होने का पता चलता है। जैसे, आपका दोस्त यदि आपका नाम जोर-जोर से पुकारते हुए नजदीक आते जाता है, तो उनकी ध्वनि की प्रबलता बढ़ते जाती है और आप यह आसानी से उसे बिना देखे ही यह समझ लेते हैं कि वह धीरे-धीरे हमारे पास आ रहा है। अतः ध्वनि की प्रबलता में अंतर द्वारा दूरी में अंतर का प्रत्यक्षण किया जाता है।

(2) द्विकर्णज संकेत *(Binaural cues)*—कुछ संकेत द्विकर्णज (binaural) होते हैं। यद्यपि कुछ ध्वनि को तो दोनों कानों द्वारा प्रत्यक्षण किया जाता है, परन्तु जिस दिशा से ध्वनि आ रही है, उसके तरफ पड़ने वाला कान द्वारा उस ध्वनि को तुलनात्मक रूप से दूसरे कान द्वारा कुछ पहले ग्रहण किया जाता है और इस तरह से दोनों कानों द्वारा एक ही ध्वनि को ग्रहण करने में कुछ समय का अंतर जो एक सेकंड का लगभग हजारवाँ भाग के करीब होता है, हो जाता है। मस्तिष्क इस अंतर को संसाधित (process) करके ध्वनि के स्थान निर्धारण के बारे में सही निर्णय कर पाता है। अतः पहला द्विकर्णज संकेत दोनों कानों तक पहुँचने में ध्वनि का समयांतर हुआ। दूसरा द्विकर्णज संकेत दोनों कानों तक किसी ध्वनि के पहुँचने पर उसकी प्रबलता (soundness) में हुआ अंतर होता है। सामान्यतः ध्वनि जिस दिशा से आती है, उस दिशा की ओर पड़ने वाले कान में उसकी प्रबलता दूसरे कान में उसी ध्वनि की प्रबलता की अपेक्षा कम होती है। हालांकि प्रबलता का अंतर काफी कम होता है परन्तु फिर भी मस्तिष्क इस प्रबलता को ग्रहण करके ध्वनि की दूरी तथा दिशा का ज्ञान कर लेता है। एक ही ध्वनि की प्रबलता दूसरे कान में इसलिए कम लगती है क्योंकि व्यक्ति के सिर द्वारा ध्वनि की तीव्रता में थोड़ी रुकावट आ जाती है। मिडल ब्रुक्स (Middle Brooks, 1994) द्वारा किये गए अध्ययनों से यह स्पष्ट हुआ है कि मस्तिष्क में कुछ ऐसे न्यूरोन्स (neurons) हैं जो दोनों कान में ध्वनि के पहुँचने में हुए समयांतर तथा उसकी प्रबलता में हुए अंतर के प्रति काफी संवेदनशील (sensitive) होते हैं जिसके फलस्वरूप मस्तिष्क को ध्वनि की दिशा तथा दूरी का निर्धारण करने में कोई कठिनाई नहीं होती है।

स्पष्ट हुआ कि दृष्टि प्रत्यक्षण में गहराई एवं दूरी के समान ही श्रव्य प्रत्यक्षण में भी त्रिविमीय प्रत्यक्षण अर्थात् दूरी का प्रत्यक्षण कुछ विशेष तरह के संकेतों (cues) के आधार पर होता है।

गति प्रत्यक्षण
(Perception of Movement)

मानव प्राणी एवं उच्चतर पशु (higher animal) दो तरह के गति का प्रत्यक्षण करते हैं—वास्तविक गति (real movement) तथा आभासी गति (apparent movement)। मनावैज्ञानिकों ने इन दोनों तरह के प्रत्यक्षण के सम्बन्ध में अलग-अलग प्रयोग किये है तथा अलग-अलग विचार व्यक्ति किये हैं जिसका संक्षिप्त वर्णन इस प्रकार हैं—

1. वास्तविक गति *(Real movement)*—जब वातावरण के वस्तु में वास्तविक गति (movement) होता है जिसके परिणामस्वरूप अक्षिपटल (retina) पर बनने वाले उन वस्तुओं का प्रतिबिम्ब (images) में भी वास्तविक गति उत्पन्न हो जाता है, तो इस तरह की परिस्थिति में हमें जिस गति का प्रत्यक्षण होता है, उसे वास्तविक गति (real movement) कहते हैं। उदाहरणार्थ, मान लीजिए कि कोई व्यक्ति अपने कमरा में बैठकर बाहर के पेड़ (tree) पर देख रहा है। इतने में एक पक्षी उड़ते हुए उसकी दृष्टि (sight) से गुजरता है। स्वभावतः उड़ते हुए पक्षी का जो प्रतिबिम्ब अक्षिपटल पर पड़ा, उसमें वास्तविक गति उत्पन्न हुई जिससे हमें उड़ते हुए पक्षी का ज्ञान हुआ। ऐसा भी हो सकता है कि जिधर-जिधर पक्षी उड़ रहा है उधर-उधर व्यक्ति अपना सिर घुमा रहा है यानी अपना आँख घुमा रहा है। ऐसी परिस्थिति में भी उसके अक्षिपटल (retina) पर बनने वाले प्रतिबिम्ब (images) में गति उत्पन्न हो रहा है। इतना ही नहीं, पृष्ठभूमि (background) का प्रतिबिम्ब जो अक्षिपटल पर पड़ रहा है, उसमें भी गति उत्पन्न हो रहा है। ऊपर के दोनों उदाहरणों में व्यक्ति को गति का प्रत्यक्षण इसलिए हो रहा है क्योंकि वस्तु (पक्षी) से बनने वाले अक्षिपटलीय प्रतिबिम्ब (retinal images) में भी परिवर्तन हो रहा है। इस तरह के गति के प्रत्यक्षण को वास्तविक गति कहा गया है।

वास्तविक गति (real movement) के प्रत्यक्षण की व्याख्या निम्नांकित दो तंत्रों (system) द्वारा ग्रिगोरी (Gregory, 1966) ने किया है—

(i) प्रतिबिम्ब-अक्षिपटल गति तंत्र (image-retina movement system)

(ii) आँख-सिर गति तंत्र (eye-head movement system)

इन तंत्रों की व्याख्या निम्नांकित हैं—

(i) प्रतिबिम्ब-अक्षिपटल गति तंत्र *(Image-retina movement system)*—इस तंत्र के अनुसार व्यक्ति के उद्दीपकों या वस्तुओं में गति का प्रत्यक्षण (perception) उस समय होता है जब वस्तु में वास्तविक गति होने से उसके अक्षिपटल में उत्पन्न प्रतिबिम्ब में भी वास्तविक गति होती है परन्तु आँख स्थिर (stationary) होता है। जैसे, ऊपर के उदाहरण में जब व्यक्ति पेड़ पर देख रहा था तो उसका आँख स्थिर (stationary) था परन्तु एक उड़ते हुए पक्षी का उसके दृश्य (sight) से गुजरने के कारण उसके अक्षिपटल पर बनने वाले प्रतिबिम्ब में गति (movement) उत्पन्न हुई। फलतः व्यक्ति उड़ते हुए पक्षी का यानी वस्तु में गति का प्रत्यक्षण किया। ग्रिगोरी (Gregory, 1966) के अनुसार, प्रतिबिम्ब अक्षिपटल गति तंत्र की व्याख्या में मस्तिष्क में कुछ गति संसूचक कोशिकाएँ (movement detector cells) होतीं हैं जिनके उत्तेजित होने से व्यक्ति उद्दीपक में गति का अनुभव करता है। चित्र 4.26 के 'अ' में देखने से यह स्पष्ट हो जाता है कि प्रतिबिम्ब अक्षिपटल गति तंत्र द्वारा गति का प्रत्यक्षण कैसे होता है। इस चित्र से स्पष्ट है कि जब लक्ष्य वस्तु (target objects) यानी 'वृत्त' बायीं ओर से दायीं ओर हो जाता है और आँख स्थिर रहता है तो इसका अक्षिपटल पर बनने वाला प्रतिबिम्ब दायीं ओर से बायीं ओर घुमता है। इस तरह के अक्षिपटलीय गति को मस्तिष्क का गति संसूचक कोशिकाओं द्वारा ग्रहण कर लिया जाता है। अतः इस तंत्र के अनुसार गति का प्रत्यक्षण अक्षिपटलीय प्रतिबिम्ब (retinal image) में गति होने (जो वस्तु में वास्तविक गति के कारण होता है) के फलस्वरूप मस्तिष्क के दृष्टि क्षेत्र (visual field) के गति संसूचक कोशिकाओं (movement detector cells) के उत्तेजित होने के कारण होता है।

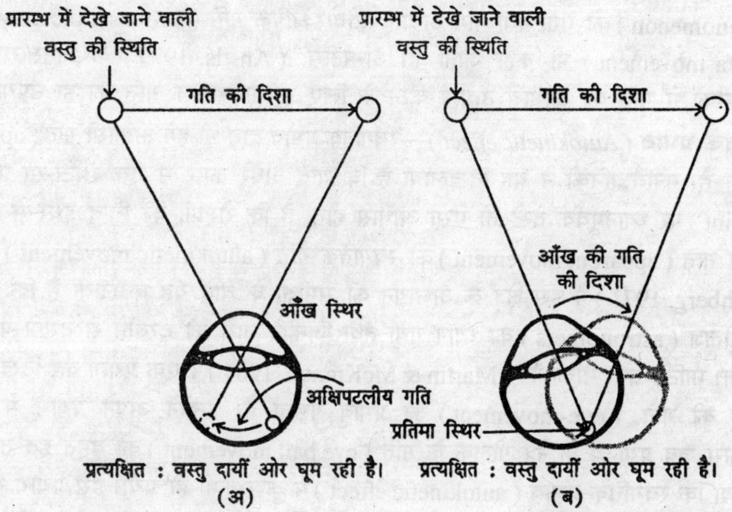

चित्र 4.26 'अ' चित्र 4.26 'ब'

(ii) आँख-सिर गति तंत्र *(Eye-head movement system)*—यह तंत्र ऊपर वर्णन किये गये तंत्र (system) के विपरीत है। इस तंत्र के अनुसार जब कोई लक्ष्य वस्तु (target object) एक दिशा से दूसरी दिशा में घुमती है (जिसके फलस्वरूप गति होता है) और उसके साथ-ही-साथ व्यक्ति भी अपना आँख और सिर उसी के अनुसार घुमाते जाता है तो उसके परिणामस्वरूप उस गतिशील लक्ष्य वस्तु से अक्षिपटल (retina) पर बना प्रतिबिम्ब स्थिर (fixed) रहता है। परन्तु फिर भी हमें गति का प्रत्यक्षण होता है। चित्र 4.26 'ब' से इस तथ्य को अधिक स्पष्ट किया गया है। इस चित्र में स्पष्ट रूप से यह दिखलाया गया है कि जब लक्ष्य वस्तु दायीं ओर चला जाता है, तो व्यक्ति भी अपना आँख तथा सिर बायीं ओर से दायीं ओर कर लेता है जिसके परिणामस्वरूप उस गतिशील लक्ष्यवस्तु का प्रतिबिम्ब (image) अक्षिपटल पर एक जगह स्थिर (stationary) रह जाता है। इस तरह के आँख की गति को मनोवैज्ञानिकों ने *मृदु अनुसरण गति* (smooth pursuit movement) कहा है।

2. आभासी गति *(apparent movement)*—आभासी गति वैसी गति को कहा जाता है, जहाँ व्यक्ति को गति का प्रत्यक्षण उद्दीपक या लक्ष्य वस्तु (target object) के स्थिर (fixed) होने पर अर्थात गति (motion) में नहीं होने पर भी होता है। इस तरह से यह कहा जा सकता है कि आभासी गति एक तरह का भ्रम (illusion) की अवस्था है जिसमें व्यक्ति को वस्तु या उद्दीपक के स्थिर होने पर भी गति का प्रत्यक्षण होता है। आभासी गति को निम्नांकित सात भागों में मनोवैज्ञानिकों ने बाँटा है—

(i) फाई घटना *(Phi-phenomenon)*—फाई घटना को सबसे पहले गेस्टाल्ट मनोवैज्ञानिकों (Gestalt psychologists) ने अध्ययन किया। वर्दाइमर (Wertheimer) जिन्हें गेस्टाल्ट स्कूल का जनक (father) कहा जाता है, ने 1912 में एक प्रयोग किये जिसमें यह दिखलाया गया है कि दो बल्बों को यदि एक खास समय अन्तराल पर जलाया और बुझाया जाय तो देखने वाले व्यक्ति को आभासी गति (apparent movement) का ज्ञान होगा अर्थात व्यक्ति को ऐसा प्रतीत या आभास होगा कि बल्ब ही एक जगह से दूसरे जगह एक निश्चित दिशा में घूम रहा है। इसे वर्दाइमर ने *फाई घटना* (phi-phenomenon) की संज्ञा दी है। इन्होंने बतलाया कि फाई घटना होने के लिए यह आवश्यक है कि एक बल्ब को बुझने और दूसरे बल्ब को जलने के बीच का समय अन्तराल 60 मिलिसेकेण्ड का हो। अगर समय अन्तराल इससे काफी कम है, तो व्यक्ति को गति का प्रत्यक्षण न होकर ऐसा प्रतीत होगा कि दोनों बल्ब एक ही साथ जलाया गया है। उसी तरह यदि दोनों बल्बों के बीच का समय अन्तराल 60 मिलिसेकेण्ड से काफी अधिक है, तो भी व्यक्ति को गति

का प्रत्यक्षण न होकर ऐसा प्रतीत होगा कि दोनों बल्ब बारी-बारी से जलाया जा रहा है। आजकल मनोवैज्ञानिकों ने फाई घटना (Phi-phenomenon) को एक नया नाम अर्थात् *स्ट्रोवोस्कोपिक गति* (stroboscopic movement) दिया है इसे बीटा गति (beta movement) भी कहा जाता है। अन्सटीस (Anstis, 1979) के अनुसार चलचित्रों (motion pictures) में दर्शकों में गति का आभास उत्पन्न करने के लिए स्ट्रोवोस्कोपिक गति का ही उपयोग किया जाता है।

(ii) स्वगतिक प्रभाव *(Autokinetic effect)*—स्वगतिक प्रभाव द्वारा भी हमें आभासी गति (apparent movement) का प्रत्यक्षण होता है। मनोवैज्ञानिकों ने यह दिखलाया है कि यदि अंधेरे कमरे में एक छोटा-सा प्रकाश की स्थिर बिन्दु (stationary point) पर ध्यानपूर्वक देखे तो ऐसा आभास होता है कि रोशनी की बिन्दु इधर-से-उधर धूम रहा है। इस तरह का आभासी गति (apparent movement) को *स्वगतिक गति* (autokinetic movement) की संज्ञा दी जाती है। हौचवर्ग (Houchberg, 1971) ने इस क्षेत्र के अध्ययन की समीक्षा के बाद यह बतलाया है कि इस तरह के गति पर सबसे पहले खगोलज्ञ (astronomers) का ध्यान गया तथा जिन्होंने तारों को दूरबीन से देखने पर उसे गतिशील होने का प्रत्यक्षण किया। मार्टिन तथा मैकिन्नौन (Martin & McKinnon, 1964) ने एक प्रयोग कर दिखलाया है कि स्वगतिक प्रभाव पर आँख की गति (eye-movement) का प्रभाव पड़ता है। उन्होंने अपने प्रयोग में एक विशेष प्रविधि (technique) द्वारा जब प्रयोज्य के नेत्र गोलक के गति (eye ball movement) को बहुत हद तक नियंत्रित कर दिया तो ऐसा देखा गया कि स्वगतिक प्रभाव (autokinetic effect) में कुछ कमी हो गयी। इस प्रयोग से यह स्पष्ट हो जाता है कि स्वगतिक प्रभाव पर नेत्र गोलक की गति (eye ball movement) का असर पड़ता है। शेरीफ (Sherif, 1936) ने अपने प्रयोग में यह दिखलाया है कि स्वगतिक प्रभाव पर सुझाव (suggestion) का भी प्रभाव पड़ता है। जब उन्होंने अपने प्रयोज्य (subject) को अंधेरे कमरे में रोशनी की बिन्दु को एक खास दिशा में घूमते हुए होने का सुझाव दिया तो प्रयोज्य ने भी उस बिन्दु को उसी दिशा में घूमते हुए पाया। अतः स्वगतिक प्रभाव पर सुझाव (suggestion) का भी प्रभाव पड़ता है। शर्मा तथा मोस्टोविज (Sharma & Mostowitz, 1972) ने अपने अध्ययन में पाया कि मैरीजुआना धूम्रपान कर लेने पर स्वगतिक प्रभाव अधिक स्पष्ट रूप से प्रयोज्य में होता था।

(iii) उत्पन्न गति *(Induced movement)*—उत्पन्न गति तब उत्पन्न होती है जब दृष्टि उद्दीपकों की ढाँचा एक दिशा में घुमती है, जिससे यह भ्रम होता है कि उससे स्थिर लक्ष्य उद्दीपक उसके विपरीत दिशा में घूम रहा है। डंकर (Duncker, 1929) ने अपने प्रयोग के आधार पर बतलाया है कि जब किसी स्थिर वस्तु (stationary object) को एक गतिशील पृष्ठभूमि (moving background) या संदर्भ (context) में रखकर व्यक्ति को दिखलाया जाता है, तो व्यक्ति को गति का प्रत्यक्षण (perception of movement) होता है। दूसरे शब्दों में, व्यक्तिं को ऐसा प्रतीत होता है कि स्थिर वस्तु ही घूम रही है और पृष्ठभूमि स्थिर है। इसका सबसे अच्छा उदाहरण चाँदनी रात में जब बादल के कुछ टुकड़े इधर-से-उधर घूमते नजर आते हैं, से मिलता है। इस परिस्थिति में ऐसा लगता है कि चन्द्रमा तेजी से एक दिशा में बादल को चीरते हुए आगे बढ़ रहा है जबकि सच्चाई इसके ठीक विपरीत होती है अर्थात चन्द्रमा स्थिर होता है तथा बादल के टुकड़े गतिशील होते हैं।

उत्पन्न गति का प्रयोगात्मक अध्ययन गोगेल (Gogel, 1978) द्वारा किया गया है। इन्होंने अपने प्रयोगात्मक अध्ययन में यह पाया है कि अगर प्रयोज्य को एक घूमते हुए वर्गाकार फ्रेम (squared frame) के बीच में एक रिथर बिन्दु रखकर दिखलाया जाता है तो बिन्दु फ्रेम के गति के विपरीत गति में चलते हुए प्रयोज्य को नजर आता है। गोगेल एवं टिज (Gogel & Tietz, 1976) ने अपने अध्ययन में कुछ वैसे चरों की पहचान किया है जिनसे उत्पन्न गति का प्रत्यक्षण प्रभावित होता है। इनके अध्ययन के अनुसार जब इर्द-गिर्द का फ्रेम तथा लक्ष्य वस्तु प्रत्यक्षणकर्त्ता को अलग-अलग दूरी पर प्रतीत होता है तो वैसी अवस्था में उत्पन्न गति की मात्रा का प्रत्यक्षण कम हो जाता है। कुछ अध्ययनों के आधार पर यह दावा किया गया है कि इर्द-गिर्द का फ्रेम (surrounding frame) जो लक्ष्य वस्तु (target object) में गति उत्पन्न कर देता है, को विस्तृत (elaborate) होना आवश्यक नहीं है। डे (Day, 1978) उदाहरणस्वरूप, अपने अध्ययन में

पाये हैं कि लक्ष्य प्रकाश बिन्दु (target spot of light) के अलावा यदि मात्र एक प्रकाश बिन्दु (spot of light) और उपस्थित किया जाता है, तो इससे भी लक्ष्य प्रकाश बिन्दु में गति उत्पन्न होने का प्रत्यक्षण होने लगता है। किसी अंधेरे पृष्ठभूमि में जब दो प्रकाश बिन्दु में से एक को स्थिर रखा जाता है तथा एक में गति उत्पन्न की जाती है तो प्रत्यक्षणकर्त्ता को स्थिर प्रकाश बिन्दु भी गतिशील नजर आता है। इसका मतलब यह हुआ कि उत्पन्न गति का प्रत्यक्षण उस परिस्थिति में भी होता है जब एक उद्दीपक दूसरे स्थिर उद्दीपक की तुलना में गतिमान होता है और पृष्ठभूमि ऐसी होती है जो उसे यह संकेत नहीं प्रदान करता है कि कौन उद्दीपक स्थिर है। परिणामस्वरूप जो वस्तु या उद्दीपक वास्तव में स्थिर है, वह गतिशील प्रतीत होता है।

चित्र 4.27

(iv) गति अनुप्रभाव *(Movement after-effects)*—गति अनुप्रभाव तब उत्पन्न होता है जब व्यक्ति किसी ऐसे उद्दीपक पर ध्यान देकर देखता है जिसमें एक सतत गति (continuous movement) हो रहा हो और फिर वह अपना ध्यान एक-दूसरे उद्दीपक पर देता है जिससे वह दूसरा उद्दीपक पहले उद्दीपक से विपरीत दिशा में गतिशील प्रतीत होने लगता है। जैसे, यदि हम किसी पानी के स्वाभाविक झरने (natural waterfall) पर पानी को ऊपर से नीचे गिरते हुए स्थिति पर कुछ मिनट गौर से देखें और फिर वहाँ से ध्यान हटाकर अगल-बगल के पौधों एवं पत्थरों पर ध्यान दें तो पायेंगे कि पौधे, पत्थर आदि ऊपरी दिशा में जा रहे हैं यद्यपि सच्चाई यह है कि वे स्थिर है। इस गति उत्तरप्रभाव को चित्र 4.27 से भी दिखलाया जा सकता है। इस चित्र को किसी घूर्मी डिस्क (rotating disc) पर रखकर एक दिशा में तेजी से घुमाते हुए प्रयोज्य को दिखाने के बाद डिस्क को स्थिर करके इस चित्र या आकृति को प्रयोज्य को दिखाने पर प्रयोज्य आकृति को पहले देखी गयी दिशा के विपरीत दिशा में घुमते हुए देखता है हालाँकि इस बार आकृति स्थिर है।

(v) आकृतियों में गति *(Movement in pictures)*—कुछ आकृतियाँ ही ऐसी होतीं हैं जिनको देखकर गति होने का आभास व्यक्ति में होता है। विभिन्न प्रकार के कला एवं फोटोग्राफी में अक्सर ऐसी आकृतियाँ होती है, जिन्हें देखकर आभासी गति (apparent motion) का अंदाज व्यक्ति को होतीं है जिसे चित्र 4.28 में गौर से देखने से ऐसा लगता है कि महिला तेजी से आगे की ओर दौड़ रही है।

चित्र 4.28

स्पष्ट हुआ कि गति प्रत्यक्षण में दो तरह के प्रत्यक्षण सम्मिलित होते हैं—वास्तविक गति (real movement) का प्रत्यक्षण तथा आभासी गति (apparent movement) का प्रत्यक्षण। आभासी गति के मुख्य पाँच प्रकारों का वर्णन किया गया है। इन सभी पाँच प्रकारों में उद्दीपक या वस्तु तथा प्रत्यक्षणकर्त्ता दोनों ही स्थिर (static) होते हैं। इसके बावजूद भी व्यक्ति को गति का आभास होता है। आभासी गति प्रभाव में व्यक्ति का प्रत्यक्षण वस्तु के वास्तविक गुणों से सुमेलित (match) नहीं हो पाता है।

प्रत्यक्षण को प्रभावित करने वाले कारक
(Factors Influencing Perception)

प्रत्यक्षण पर कई कारकों का प्रभाव पड़ता है। इस क्षेत्र में किए गए अध्ययनों से यह स्पष्ट हुआ कि प्रत्यक्षण पर व्यक्ति के मानसिक वृत्ति (mental set), मनोवृत्ति, अभिप्रेरण (motivation) तथा सामाजिक एवं सांस्कृतिक कारकों का काफी प्रभाव पड़ता है। इन सभी तरह के कारकों को निम्नांकित तीन मुख्य भागों में बाँटकर अध्ययन किया जा सकता है—

(i) प्रत्यक्षण में व्यक्तिगत कारकों की भूमिका (Role of personal factors in perception)

(ii) प्रत्यक्षण में सामाजिक कारकों की भूमिका (Role of social factors in perception)

(iii) प्रत्यक्षण में सांस्कृतिक कारकों की भूमिका (Role of cultural factors in perception)

इन तीनों का वर्णन हम अलग-अलग अनुच्छेद में करेंगे।

प्रत्यक्षण में व्यक्तिगत कारकों की भूमिका (Role of Personal Factors in Perception)

मनोवैज्ञानिकों द्वारा किये गये अध्ययनों से यह स्पष्ट हुआ कि प्रत्यक्षण में प्रत्यक्षणकर्त्ता (perceive) से सम्बन्धित कारकों की भूमिका महत्त्वपूर्ण होती है। इन कारकों की तीक्ष्णता से व्यक्ति का प्रत्यक्षण स्पष्टतः प्रभावित होता है। व्यक्तिगत कारकों में ऐसे तो कई कारकों को सम्मिलित किया जाता है परंतु उनमें प्रत्यक्षणकर्त्ता की आवश्यकता, प्रत्यक्षणकर्त्ता के लिए वस्तु का मूल्य, प्रत्यक्षणकर्त्ता का मूल्य तंत्र (value system), व्यक्तित्व शीलगुण (personality traits), मानसिक वृत्ति (mental set), वस्तु का प्रत्यक्षणकर्त्ता के लिए प्रतीकात्मक अर्थ (symbolic meaning) आदि को प्रधान बतलाया गया है। इन सबों का वर्णन निम्नांकित हैं—

1. शारीरिक आवश्यकता तथा मनोवैज्ञानिक आवश्यकता का प्रत्यक्षण पर प्रभाव *(Effect of physiological need and psychological need upon perception)*—प्राणी के अभिप्रेरण में भूख, प्यास आदि शारीरिक आवश्यकताओं तथा उपलब्धि अभिप्रेरक एवं अन्य मनोवैज्ञानिक आवश्यकताओं (psychological needs) का महत्त्व काफी अधिक है। इन कारकों का प्रत्यक्षण पर सीधा प्रभाव पड़ता देखा गया है। सचमुच में, व्यक्ति अपनी शारीरिक आवश्यकताओं के अनुरूप ही उद्दीपक का प्रत्यक्षण करता है। जैसे, प्रसिद्ध प्रयोगात्मक मनोविज्ञानी ऑसगुड (Osgood, 1953) लिखते हैं कि जब वे भोजन करने के लिए जाते थे तो रास्ते में एक दफ्तर मिलता था जिसका नाम '400D' था और वे प्रायः उसे 'FOOD' पढ़ा करते थे। इस उदाहरण से यह संकेत मिलता है कि ऑसगुड अपने विशेष शारीरिक अवस्था अर्थात भूख के कारण ही '400D' को 'FOOD' पढ़ा करते थे।

कई प्रयोगात्मक सबूत भी ऐसे उपलब्ध हैं जिनसे इस बात की सम्पुष्टि होती है कि व्यक्ति की शारीरिक आवश्यकता का प्रभाव उसके प्रत्यक्षण पर पड़ता है। इस क्रम में सबसे प्रमुख एवं चर्चित अध्ययन लेभाईन, चीन एवं मर्फी (Levine, Chein & Murphy, 1942) द्वारा किया गया। इस अध्ययन में प्रयोगात्मक समूह तथा नियंत्रित समूह के छात्रों को कुछ अस्पष्ट चित्रकारी (vague drawings) एक शीशे के भीतर में दिखलाया गया। प्रयोगात्मक समूह के छात्र भूखे थे जबकि नियंत्रित समूह के छात्र भरपेट भोजन किये हुए थे। दोनों समूह के छात्रों से यह बतलाने का अनुरोध किया गया कि देखे जा रहे प्रत्येक चित्रकारी से सम्बन्धित वस्तुओं के बारे में बतलावें। परिणाम में देखा गया कि प्रयोगात्मक समूह के छात्रों द्वारा नियंत्रित समूह के छात्रों की तुलना में खाने-पीने की वस्तुओं के बारे में अधिक बतलाया गया। इस प्रयोग के परिणाम से यह स्पष्ट हो जाता है कि प्रत्यक्षण पर व्यक्ति की शारीरिक आवश्यकताओं का स्पष्ट प्रभाव पड़ता है।

शारीरिक आवश्यकताओं के अतिरिक्त मनोवैज्ञानिक आवश्यकताओं (psychological needs) का भी व्यक्ति के प्रत्यक्षण पर प्रभाव पड़ता है। मैकक्लिलैण्ड तथा लिबरमैन (Mc Clelland & Liberman, 1949) ने एक प्रयोग किया जिसमें यह दिखलाया गया है कि व्यक्ति का प्रत्यक्षण उसके उपलब्धि अभिप्रेरक (achievement motivation) से कैसे प्रभावित होता है। इन्होंने एक प्रक्षेपण परीक्षण (projective test) के आधार पर प्रयोज्यों को दो समूहों में बाँटा—अधिक उपलब्धि अभिप्रेरक वाले समूह तथा कम उपलब्धि अभिप्रेरक वाले समूह। इन दोनों समूहों को 30 शब्द टैचिस्टोस्कोप (Tachistoscope) से दिखलाया गया। इनमें से 10 शब्द उपलब्धि से सम्बन्धित थे तथा 20 शब्द तटस्थ थे या फिर वे अन्य अभिप्रेरकों से सम्बन्धित थे। परिणाम में देखा गया कि अधिक उपलब्धि अभिप्रेरक वाले प्रयोज्यों में उपलब्धि अभिप्रेरक से सम्बन्धित शब्दों का प्रत्यक्षण तटस्थ शब्दों की अपेक्षा निम्नस्तर प्रत्यक्षज्ञानात्मक देहली (lower perceptual threshold) पर कर लिए तथा कम उपलब्धि अभिप्रेरक वाले प्रयोज्यों द्वारा उपलब्धि अभिप्रेरक से सम्बन्धित शब्दों का प्रत्यक्षण तटस्थ शब्दों की अपेक्षा उच्चतर प्रत्यक्षज्ञानात्मक देहली पर किये। प्रयोग के इस परिणाम से यह स्पष्ट हो जाता है कि व्यक्ति का प्रत्यक्षण पर उसके उपलब्धि अभिप्रेरक का प्रभाव पड़ता है।

पोस्टमैन, ब्रुनर तथा मैकगिन्नीज (Postman, Bruner & Mc Ginnies, 1948) ने भी एक प्रयोग किया जिससे यह स्पष्ट हो जाता है कि व्यक्ति उन शब्दों का प्रत्यक्षण जल्द करता है जो उनकी आवश्यकता या मूल्य (value) से सम्बन्धित होते हैं। इन्होंने आलपोर्ट-वर्नन मूल्य मापनी (Allport-Vernon Value Scale) जिसके द्वारा 6 मूल्यों अर्थात सैद्धान्तिक, आर्थिक, सामाजिक, राजनैतिक, धार्मिक तथा सौंदर्यरोधी (aesthetic) का मापन होता है, के आधार पर प्रयोज्यों के मूल्यों का मापन कर लिए। इसके बाद प्रत्येक श्रेणी से सम्बन्धित 6-6 शब्दों का अर्थात कुल 36 शब्दों की एक सूची प्रयोगकर्त्ताओं द्वारा तैयार किया गया जिन्हें टैचिस्टोस्कोप (Tachistoscope) के माध्यम से प्रयोज्यों को .01 सेकंड से लेकर उत्तरोत्तर बढ़ते समय तक के लिए तब तक दिखाया गया जब तक उन शब्दों का सही-सही प्रत्यक्षण प्रयोज्यों द्वारा नहीं कर लिया गया। परिणाम में देखा गया कि प्रयोज्यों ने उन शब्दों का प्रत्यक्षण जल्दी कर लिया (निम्नतर प्रत्यक्षज्ञानात्मक देहली) जो उनके उच्च मूल्य तंत्र (high value system) से सम्बन्धित थे। जैसे, जिन प्रयोज्यों में आर्थिक मूल्य तंत्र अधिक प्रबल था, वे इस तंत्र से सम्बन्धित शब्द यथा 'आय' (income) का प्रत्यक्षण अन्य शब्दों की तुलना में कम समय के अनावरण (exposure) में ही कर लिए। इस प्रयोग को वैण्डरप्लास एवं ब्लैक (Vanderplas & Blake, 1949) द्वारा दोहराया गया और परिणाम की पुष्टि की गयी।

उपर्युक्त सभी प्रयोगों के परिणाम का निष्कर्ष यही है कि आवश्यकता चाहे वह शारीरिक हो या मनोवैज्ञानिक, व्यक्ति के प्रत्यक्षण को प्रभावित करता है।

2. प्रत्यक्षण किये जाने वाले वस्तुओं के मूल्यों का प्रभाव *(Effect of value of objects on perceiver)*—प्रत्यक्षण पर इस बात का भी प्रभाव पड़ता है कि व्यक्ति के लिए वस्तुओं या उद्दीपकों का मूल्य (value) कितना है। मनोवैज्ञानिकों द्वारा किये गए अध्ययनों से यह स्पष्ट हुआ है कि जिस वस्तु का मूल्य (value) प्रत्यक्षणकर्त्ता के लिए अधिक होता है उसका आकार उसे बड़ा मालूम होता है। ब्रुनर तथा गुडमैन (Bruner & Goodman, 1947) ने इस सिलसिले में एक अध्ययन किया। इन्होंने समान बुद्धि के 10 बच्चों के दो समूह लिए। एक समूह में सभी धनी परिवार के बच्चे थे तथा दूसरे समूह में सभी गरीब परिवार के बच्चे थे। इन दोनों समूह के बच्चों को 1, 5, 10, 20, 25 तथा 50 सेन्ट (cent) के सिक्के के आकार का आकलन एक रोशनी प्रोजेक्टर (light projector) द्वारा करने को कहा गया। रोशनी प्रोजेक्टर द्वारा परदे पर सिक्के के आकार (size) की गोल रोशनी पड़ती थी जिसे प्रयोज्य जरूरत पड़ने पर प्रोजेक्टर के नौव (knob) को घुमाकर छोटा या बड़ा कर लेता था। परिणाम में देखा गया कि गरीब परिवार के सभी बच्चों ने सभी प्रकार के सिक्कों के आकार का अतिप्राक्कलन (overestimation) किया जबकि धनी परिवार के बच्चों द्वारा इन सिक्कों के आकार का न्यूनप्राक्कलन (underestimation) किया गया। प्रयोगकर्त्ताओं के अनुसार ऐसा इसलिए हुआ क्योंकि धनी परिवार के बच्चों के लिए सिक्कों का मान (value) या महत्त्व कम था जबकि गरीब परिवार के लिए इन सिक्कों का मान या महत्त्व अधिक था। स्पष्ट हुआ कि प्रत्यक्षण पर उद्दीपक के मूल्य (value) का भी प्रभाव पड़ता है।

3. प्रत्यक्षण पर मानसिक वृत्ति का प्रभाव *(Effect of mental set on perception)*—प्रत्यक्षण पर प्रत्यक्षणकर्त्ता के मानसिक वृत्ति का भी प्रभाव पड़ता है। मानसिक वृत्ति से तात्पर्य एक विशेष तरह की मानसिक तत्परता (mental readiness) से होती है। प्रयोज्यों में विशेष शाब्दिक निर्देश (verbal instruction) देकर मानसिक तत्परता उत्पन्न की जाती है या फिर गत अनुभूतियों से उत्पन्न प्रत्याशाओं (expectations) से प्रयोज्यों में वृत्ति उत्पन्न हो सकता है। कई ऐसे अध्ययन किये गये हैं जिनमें शाब्दिक निर्देश देकर प्रयोज्यों में एक तरह की मानसिक वृत्ति उत्पन्न की गयी हैं और उससे प्रत्यक्षण सीधे प्रभावित होता पाया गया है। स्ट्रीट (Street, 1931) ने एक अध्ययन किया जिसमें उन्होंने प्रयोज्यों को कुछ अस्पष्ट तस्वीर दिखलाया। एक ऐसे ही अस्पष्ट तस्वीर को चित्र 4.29 में दिखलाया गया है। प्रयोज्यों को जब यह निर्देश दिया गया कि चित्र में कुछ ऐसा दृश्य हैं जिसे वे घुड़दौड़ में देखे होंगे तो उसमें एक विशेष मानसिक-वृत्ति उत्पन्न हो गयी जिसके परिणामस्वरूप वे अस्पष्ट चित्र में एक स्पष्ट तस्वीर अर्थात घोड़े पर सवार एक व्यक्ति के रूप में प्रत्यक्षण कर सकने में सफल हुए। लीप (Leep, 1935) ने बोरिंग सास-बहू आकृति के सहारे एक प्रयोग करके मानसिक वृत्ति का प्रत्यक्षण पर पड़ने वाले प्रभावों का अध्ययन किया है। इस अध्ययन में प्रयोज्यों के तीन समूह थे। पहला समूह नियंत्रित समूह (control group) था तथा दूसरा एवं तीसरा प्रयोगात्मक समूह था। पहले समूह (जो नियंत्रित था) को सास-बहू आकृति को दिखलाया गया तथा उसे उसका वर्णन करने के लिए कहा गया। दूसरे अर्थात् पहले प्रयोगात्मक समूह को सास-बहू आकृति दिखलाने से पहले शाब्दिक रूप से सास-बहू आकृति के बारे में बतला दिया जाता था। इस समूह के आधे प्रयोज्यों से यह कहा गया कि इसमें एक वृद्धा की तस्वीर दिखाई देगी तथा बाकी आधे प्रयोज्यों से वह

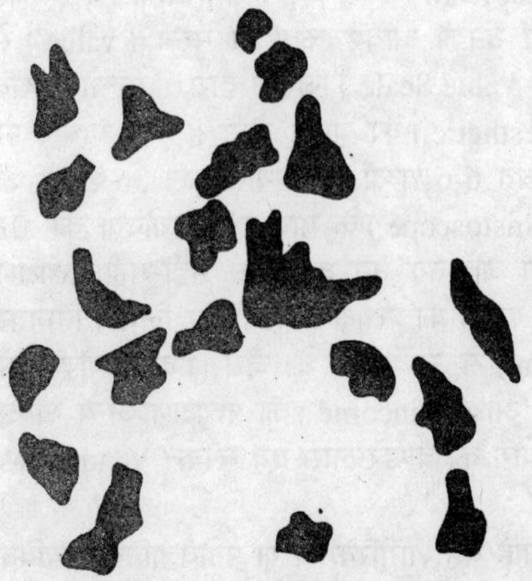

चित्र 4.29 : स्ट्रीट द्वारा प्रयुक्त एक अस्पष्ट चित्र

यह कहा गया कि इसमें एक युवती का तस्वीर दिखाई देगी। दूसरे प्रयोगात्मक समूह को सास-बहु आकृति दिखाने के पहले एक वृद्धा का तथा एक युवती का अलग-अलग चित्र दिखलाकर निर्देश दिया गया। प्रयोग के परिणाम में यह पाया गया कि नियंत्रित समूह के करीब 65% प्रयोज्यों ने मिश्रित सास-बहु आकृति में युवती के चित्र को देखा। जिस प्रयोगात्मक समूह में शाब्दिक रूप से निर्देश देकर मानसिक वृत्ति (mental set) उत्पन्न की गयी थी, उनमें से जिन्हें युवती की तस्वीर होने का निर्देश दिया गया था, उन्होंने अधिकतर समय में युवती का तस्वीर देखा तथा जिन्हें वृद्धा के तस्वीर होने का निर्देश दिया गया था, उन्होंने अधिकतर समय में वृद्धा का तस्वीर देखा। तीसरे प्रयोगात्मक समूह जिसे प्रत्यक्षज्ञानात्मक रूप से (perceptually) निर्देश दिया गया था, में से कुछ ने युवती के तस्वीर का प्रत्यक्षण किया तथा कुछ ने वृद्धा के तस्वीर को अधिक प्रबल बतलाया।

उपर्युक्त प्रयोगों से स्पष्ट है कि प्रत्यक्षण पर व्यक्ति के मानसिक वृत्ति (mental set) का भी प्रभाव पड़ता है। इसके अलावा भी कुछ महत्त्वपूर्ण प्रयोग किये गये हैं जिनसे प्रत्यक्षण पर वृत्ति (set) के पड़नें वाले प्रभाव का ज्ञान होता है। एक प्रयोग कारमाइकेल, होगन तथा वाल्टर (Carmichael, Hogan & Walter, 1932) द्वारा तथा दूसरा प्रयोग सुपोला (Supola, 1935) द्वारा किया गया। कारमाइकेल, होगन तथा वाल्टर के प्रयोग में प्रयोज्यों को छः अर्थहीन शब्द (nonsense words) 100 मिली सेकेण्ड के लिए दिखलाया गया। शब्द कुछ ऐसे थे जो अर्थपूर्ण शब्द से मिलते-जुलते थे परंतु वे अर्थहीन थे। जैसे एक अर्थहीन शब्द 'DACK' था जो 'DUCK' या 'DECK' से काफी समान था। इसी तरह के छः अर्थहीन शब्द तैयार कर लिए गये। प्रयोज्यों को इन शब्दों को देखकर उनकी पहचान करना था तथा उसे बोलकर बतलाना था। कुछ प्रयोज्यों से यह कहा गया कि पक्षियों या पशुओं से सम्बन्धित उन्हें कुछ शब्द देखने को मिलेंगे तथा कुछ प्रयोज्यों से यह कहा गया कि उन्हें यातायात तथा यात्रा (travel) से सम्बन्धित कुछ शब्द देखने को मिलेंगे। परिणाम में देखा गया कि जिन प्रयोज्यों को यह कहा गया था कि उन्हें पशु तथा पक्षी से सम्बन्धित शब्द देखने को मिलेंगे उन्होंने 63% प्रयासों में ऐसे ही शब्दों का प्रत्यक्षण किया तथा जिन्हें यह कहा गया था कि उन्हें यातयात तथा यात्रा से सम्बन्धित शब्द देखने को मिलेंगे उन्होंने 74% प्रयासों में ऐसे ही शब्दों का प्रत्यक्षण किया। इस परिणाम का कारण यह था कि शाब्दिक निर्देश से प्रयोज्यों में एक खास तरह की मानसिक वृत्ति उत्पन्न हो गयी थी जिसके कारण वे उससे सम्बन्धित शब्दों का प्रत्यक्षण कर सके।

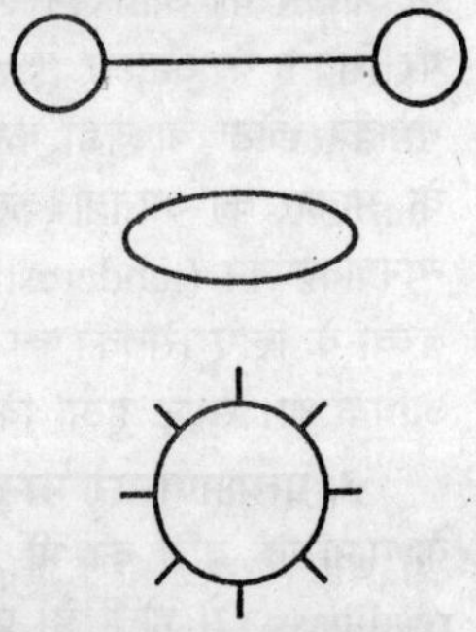

चित्र 4.30 : प्रत्यक्षण पर वृत्ति के प्रभाव के अध्ययन करने के लिए बनाए गए कुछ अस्पष्ट आकृतियाँ

सुपोला (Supola, 1935) के प्रयोग में प्रयोज्यों को कुछ अस्पष्ट चित्र दिखलाये गए जैसा कि चित्र 4.30 में दिखलाया गया है। ये चित्र काफी लघु अंतराल के लिए दिखलाये गए और दिखाने के पहले उन्हें एक विशेष आकृति के होने का निर्देश दिया गया। प्रयोज्य को देखे गये आकृति को अपनी याद से चित्रांकन करना होता था। जैसे, जब प्रयोज्य को सबसे ऊपर वाला चित्र दिखाकर यह कहा गया कि वह चश्मा है, तो उसके द्वारा बनायी गयी आकृति चश्में के समान हो गयी। उसी तरह से जब दूसरी आकृति के बारे में प्रयोज्य से यह कहा गया कि वह एक डोंगा (cane) है तो उन्होंने उसी के समान आकृति बनाकर प्रस्तुत किया। तीसरा चित्र को दिखाने के पहले जब यह कहा गया कि वह सूर्य का तस्वीर था, तो उसने सूर्य के समान आकृति का निर्माण किया। इस प्रयोग के भी परिणाम से यह स्पष्ट हो जाता है कि प्रत्यक्षण पर वृत्ति का स्पष्ट प्रभाव पड़ता है।

उपर्युक्त तथ्यों के आलोक में **आल्लपोर्ट**[1] (Allport, 1955) ने कुछ इन शब्दों में अन्तिम निष्कर्ष दिया है, "*अन्य*

1. "Sets tend, other things being equal, to determine physiologically what objects are to be perceived, speed or readiness of their perception and within limits, the content and vividness of the percept."

—Allport : *Theories of perception and the concept of structure,* 1955, p. 241

बातें समान होने पर वृत्ति दैहिक रूप से यह निर्धारित करता है कि किन वस्तुओं का प्रत्यक्षण होता है, उनके प्रत्यक्षण की तत्परता या गति क्या होगी तथा प्रत्यक्षित वस्तुओं का एक सीमा के भीतर, अन्तर्वस्तु तथा स्पष्टता क्या होगी।''

4. प्रत्यक्षण पर प्रतीकात्मक अर्थ का प्रभाव (*Effect of symbolic meaning upon perception*)—कुछ वस्तुओं का व्यक्ति के लिए अप्रकट अर्थ (implicit meaning) होता है, जिनका स्वरूप व्यक्तिगत तथा प्रतीकात्मक (symbolic) होता है। वस्तुओं के प्रतीकात्मक अर्थ व्यक्ति के लिए सामान्य अर्थ से हटकर कुछ दूसरी अर्थ की ओर इशारा करते हैं। वस्तुओं का यह प्रतीकात्मक अर्थ व्यक्ति के लिए धनात्मक महत्त्व (positive value) या निषेधात्मक महत्त्व (negative value) भी रख सकता है और इससे व्यक्ति का प्रत्यक्षण काफी अधिक प्रभावित होता है। इसकी सम्पुष्टि पोस्टमैन तथा ब्रुनर (Postman & Bruner, 1948) ने एक प्रयोग करके किया। इस प्रयोग में तीन तरह के चिह्नों (signs) का उपयोग किया गया जिनका प्रतीकात्मक अर्थ (symbolic meaning) प्रयोज्यों के लिए अलग-अलग था। इनलोगों ने प्रयोज्यों के हाथ में बराबर-बराबर आकार के प्लास्टिक तख्तियों (plastic discs) पर बने डॉलर, स्वस्तिक तथा ज्यामितिक आकृतियाँ दिखलाया और उसे फिर रोशनी प्रोजेक्टर के माध्यम से उनके आकार को पर्दे पर प्रेक्षपित (project) करने के लिए कहा गया। डॉलर अमेरिकन के लिए धनात्मक महत्त्व की चीज है क्योंकि यह वहाँ का सबसे बड़ा सिक्का है। स्वस्तिक (Swastik) हिटलर (Hitler) का राष्ट्रीय चिह्न है जिससे सभी अमेरिकन घृणा करते हैं। इस चिह्न से उन्हें अशुभ घटनाओं की आशंका होती है। अतः इस प्रतीक या चिह्न का उनके लिए निषेधात्मक मूल्य (negative value) है। ज्यामितिक आकृतियों का मूल्य न तो धनात्मक है और न ही निषेधात्मक। अतः इनका तटस्थ मूल्य है। परिणाम में देखा गया कि प्रयोज्यों ने तटस्थ ज्यामितिक आकृतियों की तुलना में डॉलर तथा स्वस्तिक दोनों के वास्तविक आकार से बड़ा आकार पर्दा पर बनाये अर्थात इन दोनों आकृतियों का ज्यामितिक आकृति की तुलना में अतिआकलन (overestimation) किया गया। डॉलर का स्वरूप चूँकि धनात्मक होता है, अतः इसका प्रत्यक्षण बड़े आकार का किया गया। स्वास्तिक निषेधात्मक स्वरूप का उद्दीपक होता है जिससे अमेरिकन अधिक आशंकित रहते हैं या घबड़ाते हैं। विशेष आशंका एवं घबड़ाहट के कारण वे इसका भी प्रत्यक्षण बड़े आकार के रूप में किये। इस अध्ययन में यह स्पष्ट हो जाता है कि उद्दीपक के सांकेतिक मूल्य या अर्थ (sign value or meaning) का प्रभाव उसके प्रत्यक्षण पर पड़ता है।

निष्कर्षतः यह कहा जा सकता है कि प्रत्यक्षण पर व्यक्तिगत कारकों का बहुत ही सार्थक प्रभाव पड़ता है। इन्हीं कारकों के महत्त्व के कारण इन्हें *केन्द्रीय निर्धारक* (central determinants) भी कहा जाता है। इन्हीं कारकों के महत्त्व के आलोक में यह भी कहा गया है कि *हम वस्तुओं का प्रत्यक्षण उनके अनुसार नहीं बल्कि अपने अनुसार करते हैं। (We perceive the objects not as they are but as we are.)*

प्रत्यक्षण में सामाजिक कारकों की भूमिका
(Role of Social Factors in Perception)

प्रत्यक्षण पर सामाजिक कारकों (social factors) का भी प्रभाव पड़ता है। मनोवैज्ञानिकों द्वारा किये गए अध्ययनों से यह स्पष्ट हुआ है कि कुछ ऐसे सामाजिक कारक हैं जिनसे प्रत्यक्षण स्पष्ट रूप से प्रभावित होता है। इन कारकों में निम्नांकित प्रमुख हैं—

1. सामाजिक मनोवृत्ति (social attitude)
2. सामाजिक मानक (social norms)
3. सामाजिक सुझाव (social suggestion)
4. प्रचार (propaganda)

इन कारकों का वर्णन निम्नांकित हैं—

1. सामाजिक मनोवृत्ति (*Social attitude*)—सामाजिक मनोवृत्ति का प्रत्यक्षण पर बिलकुल ही स्पष्ट प्रभाव पड़ता है। इस संदर्भ में कई प्रयोग किये गए हैं जिनमें दो प्रमुख प्रयोगों का वर्णन यहाँ अपेक्षित है। एक प्रयोग जेल्लिग (Zelling, 1952) द्वारा किया गया। इस प्रयोग में छात्रों के दो समूह लिए गए जिन्हें अपने सहपाठियों के सामने व्यायाम (exercise) करने के लिए कहा गया। इनमें से एक समूह के प्रति सहपाठियों की मनोवृत्ति अनुकूल (favourable) थी

तथा दूसरे समूह के प्रति सहपाठियों की मनोवृत्ति प्रतिकूल थी। जिस समूह के प्रति मनोवृत्ति प्रतिकूल थी, उन्हें प्रयोगकर्त्ता ने व्यायाम करने का इस तरह का प्रशिक्षण दे रखा था कि उनसे गलतियाँ न हों तथा जिस समूह के प्रति मनोवृत्ति अनुकूल थी, उन्हें प्रयोगकर्त्ता ने जान-बूझकर इस तरह से व्यायाम करने का प्रशिक्षण दे रखा था कि उनसे ग़लतियाँ अधिक हो। सहपाठियों से यह अनुरोध किया गया कि दोनों समूह के छात्रों द्वारा व्यायाम करते समय होने वाली त्रुटियों को लिखते जाए। परिणाम में देखा गया कि जिस समूह के प्रति उनकी मनोवृत्ति अनुकूल थी, उनके व्यायामों में उन्होंने कोई त्रुटि का प्रत्यक्षण नहीं किया तथा जिस समूह की मनोवृत्ति प्रतिकूल थी, उनके व्यायामों में उन्हें काफी त्रुटि नजर आयी। हालाँकि सच्चाई यह थी कि अनुकूल मनोवृत्ति वाले समूह द्वारा प्रतिकूल मनोवृत्ति वाले समूह की अपेक्षा अधिक त्रुटि की जा रही थी। इस प्रयोग के परिणाम से यह स्पष्ट हो जाता है कि व्यक्ति की मनोवृत्ति का प्रभाव उसके प्रत्यक्षण पर पड़ता है। प्रत्यक्षण पर मनोवृत्ति के प्रभाव को दिखलाने के लिए एक दूसरा प्रयोग ल्यूबा तथा लुकास (Leuba & Lucas, 1945) द्वारा किया गया। इन्होंने सम्मोहन के जरिये प्रयोज्यों में तीन तरह की मनोवृत्ति उत्पन्न किया—खुशी की मनोवृत्ति, आलोचना करने की मनोवृत्ति तथा चिन्ता की मनोवृत्ति। प्रयोज्यों को विभिन्न तरह के तस्वीर दिखलाये गये। इन तस्वीरों में कुछ लोगों को सेमिनार में बैठे हुए, तो कुछ लोगों को मैदान में धूप में लेटे हुए तो कुछ लोगों को नाचते गाते हुए भी मुद्रा में दिखलाया गया था। परिणाम में देखा गया कि जब प्रयोज्यों में खुशी की मनोवृत्ति होती थी तो वे तस्वीर की काफी प्रशंसा करते थे। चिन्ता की स्थिति में तस्वीर के क्रिया-कलापों में उन्हें उदासी दिखती थी तथा आलोचना की मनोवृत्ति उत्पन्न होने पर वे तस्वीर के कुछ अंशों को जैसे नाचने-गाने के दृश्य को अनैतिक बतलाते थे। इस अध्ययन से भी स्पष्ट हो जाता है कि मनोवृत्ति का प्रभाव प्रत्यक्षण पर पड़ता है।

2. सामाजिक मानक *(Social norms)*—प्रत्यक्षण सामाजिक मानक (social norms) द्वारा भी प्रभावित होता है। प्रत्येक समाज के कुछ मानक या नियम होते हैं जिनसे व्यक्ति का प्रत्यक्षण प्रभावित होता है। जैसे, हिन्दू समाज में गाय को माता का दर्जा दिया गया है जबकि मुस्लिम समाज में ऐसी मान्यता नहीं है। परिणामस्वरूप गाय का प्रत्यक्षण हिन्दुओं द्वारा एक खास ढंग से जबकि मुसलमानों द्वारा कुछ भिन्न ढंग से की जाती है। उसी तरह कुछ देशवासियों द्वारा संख्या 13 को अशुभ संख्या माना जाता है। अतः उस देश के वासियों द्वारा संख्या 13 को अशुभ घटना के संकेत के रूप में प्रत्यक्षण किया जाता है। भारतीय समाज में वृद्ध लोगों के प्रति विशेष सम्मान एवं दया आदि का एक सामाजिक मानक है। यही कारण है कि इस समाज में वृद्ध लोगों का प्रत्यक्षण ऐसे ढंग से किया जाता है मानो वे सभी तरह के अनुकूल मनोवृत्ति के केन्द्र रहे हों।

3. सामाजिक सुझाव *(Social suggestion)*—प्रत्यक्षण पर सामाजिक सुझाव का भी प्रभाव पड़ता है। इसका सबसे उत्तम उदाहरण शेरीफ (Sherif, 1953) द्वारा स्वतः चालित गति (autokinetic movement) पर किये गये प्रयोगों से मिलता है। इस प्रयोग में दो अवस्थाएँ थीं। दोनों अवस्थाओं में प्रयोज्यों को अंधेरे कमरे में पर्दे पर प्रक्षेपित रोशनी का एक छोटा-सा वृत्त दिखलाया गया। वृत्त स्थिर था लेकिन वह घूमता हुआ या चलता हुआ मालूम पड़ता था तथा प्रयोज्यों को उसके चलने की या गति की दर का अनुमान लगाना था। पहली अवस्था में प्रयोज्य एक-एक करके कमरे में प्रवेश किये और प्रक्षेपित रोशनी के वृत्त के गति के दर का अनुमान लगाया। परिणाम में देखा गया कि दोनों अवस्थाओं में प्रयोज्य को भ्रम हुआ अर्थात अपना अनुमान प्रकट करने में गलतियाँ हुई। परंतु दूसरी अवस्था की तुलना में पहली अवस्था में गलतियाँ अधिक हुई तथा प्रयोज्यों द्वारा दिखलाये गए त्रुटियों की मात्रा में विभिन्नता भी काफी अधिक थी। इसका मुख्य कारण यह था कि दूसरी अवस्था में प्रयोज्यों द्वारा किया गया प्रत्यक्षण एक-दूसरे के अनुमान द्वारा जिसे वे बोलकर स्पष्ट करते थे, प्रभावित हो रहा था। इस प्रयोग के परिणाम से यह स्पष्ट होता है कि पारस्परिक सुझाव द्वारा किसी वस्तु का विशेषकर अस्पष्ट वस्तुओं का प्रत्यक्षण प्रभावित होता है।

4. प्रचार *(Propaganda)*—प्रत्यक्षण पर प्रचार का भी प्रभाव पड़ता है। मनोवैज्ञानिकों का मत है कि जिन वस्तुओं के लिए अधिक प्रचार किया जाता है उन पर व्यक्ति का ध्यान तेजी से जाता है और इस तरह से उनका प्रत्यक्षण भी व्यक्ति जल्द कर लेता है। लौंगफेल्ड (Longfeld, 1980) का मत है कि सचमुच में प्रचार व्यक्ति में एक विशेष तरह की मानसिक तत्परता उत्पन्न करता है जिसके कारण व्यक्ति खास तरह के उद्दीपक या वस्तु का जल्द प्रत्यक्षण करता है तथा साथ-ही-साथ उसे उस ढंग से प्रत्यक्षण करता है जैसा कि प्रचार में कहा जाता है।

स्पष्ट हुआ कि प्रत्यक्षण पर कुछ सामाजिक कारकों का भी प्रभाव पड़ता है।

प्रत्यक्षण में सांस्कृतिक कारकों की भूमिका
(Role of Cultural Factors in Perception)

प्रत्यक्षण पर सांस्कृतिक कारकों (cultural factors) का भी प्रभाव पड़ता है। इस सिलसिले में बीसवीं शताब्दी के प्रारम्भ में रिभर्स (Riverse, 1905) द्वारा तथा बाद में आलपोर्ट तथा पेटीग्रिउ (Allport & Pettigrew, 1957) एवं सीगल्ल, कैम्पवेल्ल एवं हर्षकोभिट्स (Segall, Campbell & Herskovits, 1966) द्वारा महत्त्वपूर्ण अध्ययन किये गये हैं। रिभर्स द्वारा किये गए अध्ययनों से यह पता चला है कि पश्चिमी संस्कृति (western culture) तथा अपश्चिमी संस्कृति (non-western culture) के लोगों में भ्रम (illusion) की मात्रा (extent) तथा दिशा (direction) में अन्तर होता है। दूसरे शब्दों में, इन्होंने अपने अध्ययन में पाया कि अपश्चिमी संस्कृति के लोगों में कुछ खास-खास तरह का भ्रम पश्चिमी संस्कृति की लोगों की तुलना में अधिक होती है। इसका कारण यह बतलाया गया कि अपश्चिमी संस्कृति के लोग पश्चिमी संस्कृति की लोगों के अपेक्षा बौद्धिक रूप से निम्न या तुच्छ होते हैं। प्रत्यक्षण में सांस्कृतिक कारकों के महत्त्व को दिखलाने क लिए सीगाल्ल तथा उनके सहयोगियों (Segall et al., 1966) द्वारा भी प्रयोग किया गया। इस अध्ययन में उन्होंने चौदह अयूरोपीयन संस्कृति (non-European culture) तथा अमेरिकन संस्कृति से कुल 1878 प्रयोज्यों का चयन किया तथा विभिन्न प्रकार के भ्रमों (illusions) के प्रत्यक्षण में होने वाले अन्तरों का अध्ययन किया। इन प्रयोज्यों को तीन तरह के भ्रम उत्पन्न करने वाले आकृतियों को दिखलाया गया अर्थात् इन्हें सैण्डर-समानान्तर चतुर्भुज भ्रम, खड़ी-पड़ी रेखा भ्रम (vertical-horizontal illusion) तथा मूलर-लायर भ्रम (Muller-Lyer illusion) के आकृति दिखलाये गए। परिणाम में अमेरिकन संस्कृति तथा अयूरोपियन संस्कृति के प्रयोज्यों के प्रत्यक्षण में अन्तर पाया गया। अमेरिकन संस्कृति के प्रयोज्यों ने सैण्डर भ्रम में समानान्तर चतुर्भुज के बायें कर्ण (left diagonal) को दायें कर्ण से बड़ा प्रत्यक्षण किया गया जबकि अन्य अयूरोपियन संस्कृति जो अमेरिकन संस्कृति की तुलना में काफी अविकसित तथा पुरातन (primitive) था, में इस तरह के भ्रम का प्रत्यक्षण नहीं होते पाया गया। कुछ इसी तरह का अंतर मूलर-लायर भ्रम में होते देखा गया। अमेरिकन संस्कृति (पश्चिमी संस्कृति) के प्रयोज्यों ने मूलर-लायर भ्रम के पंखरेखा को तीर रेखा से बड़ा होने का प्रत्यक्षण किया जबकि अपश्चिमी संस्कृति के प्रयोज्यों में इस तरह का भ्रम की मात्रा मात्रा नहीं के बराबर पायी गयी। खड़ी-पड़ी रेखा भ्रम में कुछ दूसरा ही परिणाम पाया गया। अपश्चिमी संस्कृति के प्रयोज्यों ने पड़ी रेखा (horizontal line) को खड़ी रेखा (vertical line) से छोटी होने का प्रत्यक्षण किया परंतु अमेरिकन तथा यूरोपियन प्रयोज्यों में ऐसा होते बहुत कम पाया गया। दूसरे शब्दों में, अयूरोपियन या अपश्चिमी संस्कृति के लोगों में खड़ी-पड़ी रेखा का भ्रम की मात्रा अमेरिकन तथा यूरोपियन प्रयोज्यों की तुलना में अधिक था। उपर्युक्त परिणामों जिनमें इन दोनों तरह की संस्कृति के लोगों में विभिन्न तरह के भ्रम की मात्रा में विभिन्नता पायी गयी, का कारण यह था कि पश्चिमी या अमेरिकन संस्कृति में कुछ विशेष तरह की अनुभूतियाँ लोगों में अधिक होती है जबकि वैसी अनुभूति की कमी पुरातन तथा अपश्चिमी संस्कृति में पायी जाती है या इस तरह की संस्कृति में कुछ दूसरे तरह की अनुभूतियाँ अधिक होतीं हैं। जैसे, अमेरिकन संस्कृति के लोग एक ऐसे वातावरण में रहते हैं जहाँ मकान, दूकान तथा अन्य स्थान की दिवालें एक नपे-तुले आकार-प्रकार के होती है जबकि पुरातन संस्कृति के लोग एक ऐसे वातावरण में रहते हैं जहाँ रहने के लिए बनी झोपड़ियों का आकार गोल होता है तथा उसमें कोई कोण, त्रिकोण नहीं होता है। शायद यही कारण है कि अमेरिकन संस्कृति के लोगों में मूलर-लायर भ्रम की मात्रा पुरातन संस्कृति के लोगों में मूलर-लायर भ्रम की मात्रा की अपेक्षा अधिक होती है।

निष्कर्षतः यह कहा जा सकता है कि प्रत्यक्षण पर सांस्कृतिक अनुभूतियों के कारण व्यक्ति को कुछ खास तरह के भ्रम का प्रत्यक्षण अधिक होता है।

प्रत्यक्षज्ञानात्मक रक्षा
(Perceptual Defence)

'प्रत्यक्षज्ञानात्मक रक्षा' के पद का प्रतिपादन पोस्टमैन, ब्रुनर तथा मैकगिन्निज (Postman, Bruner & McGinnies, 1948) द्वारा किया गया था। प्रत्यक्षज्ञानात्मक रक्षा से इनका तात्पर्य यह था कि व्यक्ति निम्न मूल्य (low value) से सम्बन्धित शब्दों को तथा सांवेगिक रूप से अस्थिरता उत्पन्न करने वाले एवं सांवेगिक धमकी देने वाले शब्दों का प्रत्यक्षण देरी से करता है अर्थात ऐसे शब्दों का प्रत्यक्षज्ञानात्मक देहली (perceptual threshold) अधिक ऊँचा होता है। दूसरे शब्दों में

यह कहा जा सकता है कि चूँकि ऐसे शब्दों से व्यक्ति में एक तरह की चिन्ता उत्पन्न होती है जिससे वह अपने अहं (ego) की रक्षा करना चाहता है, इसलिए इस क्रम में उनके प्रत्यक्षज्ञानात्मक देहली (perceptual threshold) में वृद्धि हो जाती है।

प्रत्यक्षज्ञानात्मक रक्षा के अस्तित्व को दिखाने के लिए मैकगिन्नज (McGinnies, 1949) ने एक बहुचर्चित प्रयोग किया। इस प्रयोग में प्रयोज्यों को टैचिस्टोस्कोप (Tachistoscope) द्वारा कुछ तटस्थ शब्द (neutral words) तथा सांवेगिक रूप से चिन्ता एवं धमकी देने वाले शब्दों को लघु अंतराल के लिए दिखलाया गया। धीरे-धीरे प्रत्येक बारी में अनावरण अंतराल (exposure interval) को तब तक बढ़ाया जाता था जब तक कि प्रयोज्य शब्द का सही-सही प्रत्यक्षण कर उन्हें बता नहीं दें। जब प्रयोज्य इन सभी शब्दों का प्रत्यक्षण कर रहे थे, तो उनके गैल्वेनिक त्वक् अनुक्रिया (Galvanic Skin Response या GSR) का भी मापन किया गया। इस प्रयोग के परिणाम के रूप में मुख्य रूप से दो बातें पायी गयीं। पहली बात तो यह थी कि संवेगात्मक शब्दों (emotional words) का प्रत्यक्षज्ञानात्मक देहली (perceptual threshold) तटस्थ शब्दों के प्रत्यक्षज्ञानात्मक देहली से अधिक ऊँचा था। इसका मतलब यह हुआ कि संवेगात्मक शब्दों का प्रत्यक्षण करने में प्रयोज्यों ने तटस्थ शब्दों की तुलना में अधिक समय लिया। दूसरी बात यह थी कि सांवेगिक शब्दों की पहचान करने में तटस्थ शब्दों की पहचान करने की तुलना में प्रयोज्यों में GSR अधिक मात्रा में पाया गया। सचमुच में सांवेगिक शब्दों के पहचान करने के पहले ही अर्थात प्राक् पहचान अवधि (pre-identification period) में ही GSR की मात्रा बढ़ने लगती थी। इसे मैकगिन्निज ने *'बिना चेतना के ही स्वायत्त विभेदन'* (autonomic discrimination without awareness) की प्रक्रिया की संज्ञा दी है। मैकगिन्निज के प्रयोग के परिणाम से प्रत्यक्षज्ञानात्मक रक्षा के सम्प्रत्यय को समर्थन मिलता है।

मैकगिन्निज के प्रयोग की आलोचना हावेस तथा सोलोमोन (Howes & Solomon, 1950) द्वारा की गई है। इन दोनों मनोवैज्ञानिकों का मत है कि मैकगिन्निज के प्रयोग में संवेगात्मक शब्दों का प्रत्यक्षज्ञानात्मक देहली (perceptual threshold) अधिक इसलिए था क्योंकि प्रयोज्य इन शब्दों का प्रत्यक्षण देरी से नहीं करता था बल्कि प्रत्यक्षण करने के बावजूद उन्हें बोलकर बताने में लज्जा महसूस करते थे। शायद यही कारण है कि इन शब्दों के प्राक् पहचान अवधि (pre-identification period) में GSR भी अधिक था। अतः सांवेगिक शब्दों का प्रत्यक्षण तो प्रयोज्य कर ही लेते थे परंतु उसे बता नहीं पाते थे। यही कारण है कि इन शब्दों का प्रत्यक्षज्ञानात्मक देहली अधिक था। इन मनोवैज्ञानिकों की दूसरी आलोचना यह थी कि लिखित भाषा में सांवेगिक शब्दों के अनुप्रयोग की आवृत्ति (frequency of usage) तटस्थ शब्दों की अपेक्षा कम होती है, इसलिए इनका प्रत्यक्षज्ञानात्मक देहली अधिक था।

हावेस तथा सोलोमोन (Howes & Solomon, 1950) के इन दोनों आलोचनाओं की सत्यता की जाँच कोवेन तथा वियर (Cowen & Beier, 1954) ने अपने प्रयोग में किया है। इस प्रयोग में प्रयोज्यों को शब्दों की एक सूची पढ़कर सुनायी गयी। इस सूची में आधे तटस्थ शब्द थे तथा आधे सांवेगिक शब्द थे। प्रयोज्यों से यह भी कहा गया कि इनमें से कुछ शब्दों को उन्हें बाद में पहचानना पड़ सकता है। फिर उनसे यह कहा गया कि वे इन शब्दों की प्रत्यभिज्ञान जाँच (recognition) की तैयारी कर रहे हैं। अतः वे इन शब्दों को बिना किसी हिचकिचाहट के बोलते जाएँ। परिणाम में देखा गया कि इस तरह के प्रोत्साहन के बावजूद सांवेगिक शब्दों की पहचान देहली (recognition threshold) तटस्थ शब्दों की पहचान देहली में अधिक था। इतना ही नहीं, इनके प्रयोग से प्राप्त आँकड़ों का सांख्यिकीय विश्लेषण करने के बाद यह पाया गया कि पहचान देहली (recognition threshold) तथा शब्दों के अनुप्रयोग की आवृत्ति (frequency of word usage) के बीच कोई खास सहसहसम्बन्ध (correlation) नहीं है।

उपर्युक्त तथ्यों के आलोक में इस निष्कर्ष पर पहुँचा जा सकता है कि कोवेन तथा वियर के प्रयोग में सांवेगिक शब्दों की पहचान देहली (recognition threshold) जो अधिक है, उसकी व्याख्या होवेस तथा सोलोमोन (Howes & Solomon) द्वारा बतलाये गये दो कारकों अर्थात् अनुक्रिया रोक (response with holding) तथा अनुप्रयोग का विभेदी आवृत्ति (differential frequency of usage) द्वारा नहीं की जा सकती है। इसका आशय तब यह होता है कि होवेस तथा सोलोमोन द्वारा मैकगिन्निज के प्रयोग की जो दो आलोचनाएँ की गई थीं, वे उचित नहीं है। स्पष्टतः तब इससे मैकगिन्निज के प्रयोग के परिणाम को परोक्ष रूप से ही समर्थन मिलता है।

कोवेन तथा वियर (Cowen & Beier) के प्रयोग के परिणाम से प्रत्यक्षज्ञानात्मक रक्षा प्राक्कल्पना (perceptual defense hypothesis) को एक प्रकार का समर्थन किया है। लेजारस तथा मैकक्लियरी (Lazarus & Mc Cleary, 1951) ने भी एक प्रयोग करके प्रत्यक्षज्ञानात्मक रक्षा प्राक्कल्पना का समर्थन किया है। इन लोगों ने मैकगिन्निज के प्रयोग के दोनों आलोचनाओं को ध्यान में रखते हुए इस तरह से प्रयोग किया है कि ये दोनों आलोचनाएँ उनके अध्ययन में न रहे। इन

लोगों ने अपने प्रयोग में प्रयोगात्मक रूप से 10 निरर्थक पदों (nonsense syllables) में से पाँच को अभिघातज (traumatic) तथा बाकी पाँच को तटस्थ (neutral) रखा। प्रशिक्षण के दौरान पाँच निरर्थक पदों में से प्रत्येक को दिखलाने के तुरंत बाद प्रयोज्य को बिजली का हल्का आघात कई प्रयासों तक दिया जाता था जबकि अन्य पाँच निरर्थक पदों को दिखाने के बाद बिजली का कोई आघात प्रयोज्य को नहीं दिया गया। इस तरह से पाँच अभिघातज उद्दीपक (traumatic stimuli) हो गये तथा पाँच तटस्थ उद्दीपक (neutral stimuli) बन गये। प्रयोज्य को ये सभी 10 पदों को टेचिस्टोस्कोप (tachistoscope) की मदद से दिखाया गया और उन्हें पहचान कर बतलाने के लिए कहा गया। साथ-ही-साथ GSR भी मापा गया। प्रयोग के परिणाम में देखा गया कि उन प्रयासों में जिसमें प्रयोज्य का अनुमान गलत था, अभिघातज पदों (traumatic syllables) के प्रति तटस्थ पदों की तुलना में प्रयोज्यों में GSR अधिक पाया गया तथा ऐसे पदों की पहचान देहली भी तटस्थ पदों की पहचान देहली की तुलना में अधिक थी।

लेजारस तथा मैकक्लियरी के प्रयोग में निरर्थक पदों का प्रयोग किया गया। अतः विभेदी अनुप्रयोग (differential usage) की आवृत्ति का प्रश्न ही नहीं उठता है। उद्दीपक या पद सामाजिक रूप से वर्जित (tabooed) नहीं था, अतः इसमें अनुक्रिया रोक (response withholding) का भी प्रश्न नहीं उठता है। इन दोनों कारकों को नियंत्रित हो जाने के बाद लेजारस तथा मैकक्लियरी के प्रयोग से प्रत्यक्षज्ञानात्मक रक्षा प्राक्कल्पना (perceptual defence hypothesis) को स्पष्ट समर्थन मिलता है। इनके प्रयोग से विशेषकर बिना चेतन के ही स्वायत्त विभेदन (autonomic discrimination without awareness) की घटना को भी विशेष रूप से समर्थन मिलता है।

अर्डेली (Ederly, 1974) ने प्रत्यक्षज्ञानात्मक रक्षा के क्षेत्र में किये गए अध्ययनों की समीक्षा की और पाया कि यहाँ हजारों अध्ययन किये गए हैं जिनमें से कुछ अध्ययनों में प्रत्यक्षज्ञानात्मक रक्षा के विरोध में भी तथ्य पाये गए हैं जबकि बहुत सारे अध्ययनों में इस सम्प्रत्यय को समर्थन मिला है। ब्लम तथा बारबोर (Blum & Barbour, 1979) ने इस क्षेत्र में तीन काफी नियंत्रित प्रयोग किये हैं और इन तीनों प्रयोगों में उन्होंने पाया है कि चिन्ता उत्पन्न करने वाले उद्दीपकों का प्रत्यक्षण व्यक्ति देर से करता है। दूसरे शब्दों में, इन तीनों प्रयोगों में प्रत्यक्षज्ञानात्मक रक्षा के सम्प्रत्यय को समर्थन मिला।

अब प्रश्न उठता है कि प्रत्यक्षज्ञानात्मक रक्षा की व्याख्या किस तरह की जा सकती है? अर्डेली (Erdely, 1974) ने प्रत्यक्षज्ञानात्मक रक्षा की व्याख्या करने के लिए एक विशेष उपागम (approach) जिसे सूचना संसाधन उपागम (information porcessing approach) कहा जाता है, का प्रतिपादन किया है। इस उपागम के अनुसार जब व्यक्ति संवेगात्मक रूप से धमकी या चिन्ता उत्पन्न करने वाले शब्दों को देखता है तो उससे उत्पन्न सूचना कई अवस्थाओं से होकर गुजरती हैं और प्रत्येक अवस्था (stage) पर नियंत्रण की प्रक्रियाएँ (control processes) क्रियाशील होतीं हैं जो उन उद्दीपकों को संसाधित (processing) करती है। इन नियंत्रित प्रक्रियाओं से प्रत्यक्षण में चयनात्मकता (selectivity) उत्पन्न होता है। जैसे, व्यक्ति जब चिन्ता उत्पन्न करने वाले शब्दों को देखता है तो उसके आँख की पुतली थोड़ी सिकुड़ जाती है। यह पहली अवस्था है जहाँ पर हल्का नियंत्रण प्रक्रिया प्रारम्भ होती है। फिर इसकी सूचना संवेदी स्मृति (sensory memory) में पहुँचती है जहाँ सामान्यतः व्यक्ति सूचना का विश्लेषण करता है। परंतु ऐसी सूचनाओं का वह यहाँ विश्लेषण नहीं करता है जिससे प्रक्रिया पूरी होने में विलम्ब होती है। संवेदी स्मृति से सूचना लघुकालीन स्मृति और लघु-कालीन स्मृति (short-term memory) से सूचना दीर्घ कालीन स्मृति (long-term memory) में पहुँचती है। इन दोनों अवस्थाओं में चिन्ता उत्पन्न करने वाले उद्दीपकों से मिली सूचनाओं का विश्लेषण ठीक ढंग से नहीं किया जाता है या विलम्ब से पूरा किया जाता है। यही कारण है कि व्यक्ति ऐसे उद्दीपकों को अधिक समय में प्रत्यक्षण करता है। अर्डेली के इस सैद्धान्तिक व्याख्या से स्पष्ट है कि चिन्ता उत्पन्न करने वाले उद्दीपकों से प्राप्त सूचनाओं के प्रति व्यक्ति अपने आप को प्रत्येक अवस्था पर कुछ नियंत्रित प्रक्रिया (control process) अपनाकर बचाता है। यही कारण है कि ऐसे उद्दीपकों की पहचान देहली (recognition threshold) तटस्थ उद्दीपकों की अपेक्षा अधिक बड़ी होती है।

जायंस (Zajonc, 1980) ने भी एक सैद्धान्तिक व्याख्या प्रस्तुत की है जिससे प्रत्यक्षज्ञानात्मक रक्षा की घटना की व्याख्या होती है। जायंस का मत है कि व्यक्ति में प्रत्यक्षज्ञानात्मक कार्य (perceptual task) पूरा होने के पहले ही एक भावनात्मक प्रतिक्रिया (affective reaction) उत्पन्न होती जाती है। इसके परिणामस्वरूप व्यक्ति यह स्पष्टतः जान लेता है कि उद्दीपक अच्छा है या बुरा है। जब वह यह जान लेता है कि उद्दीपक बुरा है तथा संवेगात्मक रूप से चिन्ता उत्पन्न करने वाला है तो वह उसे पहचानने से इनकार कर देता है और तब वैसे उद्दीपक से प्राप्त सूचनाएँ संसाधित नहीं हो पातीं हैं और उनका प्रत्यक्षण व्यक्ति तब विलम्ब से करता है।

रंग दृष्टि
(Colour Vision)

रंग दृष्टि का अध्ययन से हमें यह पता चलता है कि रंग का प्रत्यक्षण हमें किस प्रकार होता है तथा रंग के कौन-कौन गुण है जिसका हम प्रत्यक्षण करते हैं, आदि। विशेषज्ञों ने रंग के तीन मनोवैज्ञानिक विमा (psychological dimensions) बतलाये हैं जिनका हम प्रत्यक्षण करते हैं। ये तीन मनोवैज्ञानिक विमा हैं—*वर्ण* (hue), *चमक* (brightness) तथा *संतृप्ति* (saturation)। ये तीनों विमाएँ रोशनी के तीन भौतिक (physical) गुणों अर्थात् तरंगदैर्ध्य (wavelength), तीव्रता तथा शुद्धता (purity) से सम्बन्धित होते हैं।

वे तीन मनोवैज्ञानिक गुण निम्नांकित हैं—

(i) वर्ण *(Hue)*—वर्ण का प्रत्यक्षण हमें रोशनी (light) का तंरगदैर्ध्य (wavelength) पर निर्भर करता है। तरंगदैर्ध्य की माप नैनोमीटर (nanometer) में किया जाता है जो एक मीटर का एक अरब भाग (one billionth) होता है। सबसे छोटा तरंग दैर्ध्य (wave length) जिसे व्यक्ति देख पाता है करीब 400 नैनोमीटर का होता है और इससे बैंगनी (violet) वर्ण का प्रत्यक्षण होता है। सबसे बड़ा तरंगदैर्ध्य जिसका प्रत्यक्षण व्यक्ति कर पाता है, वह 700 से 800 नैनोमीटर का होता है और इससे व्यक्ति को लाल वर्ण (red hue) का प्रत्यक्षण होता है। इन दोनों सीमाओं के बीच तरंग दैर्ध्य द्वारा अन्य रंगों का प्रत्यक्षण होता है।

(ii) चमक *(Brightness)*—चमक से तात्पर्य इस बात से होता है कि रंग या वर्ण कितना हल्का (light) या गहरा (dark) है। दूसरे शब्दों में कहा जा सकता है कि चमक (brightness) द्वारा रंग की तीव्रता (intensity) का पता चलता है। व्यक्ति को चमक का प्रत्यक्षण तरंग दैर्ध्य (light wave) के विस्तार (amplitude) पर निर्भर करता है। अगर किसी खास तरंग दैर्ध्य का विस्तार कम होगा, तो रंग कम तीव्र दीख पड़ेगा तथा जब तरंग दैर्ध्य का विस्तार अधिक होगा, तो रंग अधिक तीव्र दीख पड़ेगा। ध्यान रहे कि तरंग दैर्ध्य के विस्तार (amplitude) में परिवर्तन होने से रोशनी के वर्ण (hue) या रंग में कोई परिवर्तन नहीं होता है।

(iii) संतृप्ति *(Saturation)*—संतृप्ति से तात्पर्य वर्ण की शुद्धता (purity) से होता है। प्रायः यही देखा जाता है कि हमें किसी खास तरंग दैर्ध्य (wave length) का शुद्ध रूप में प्रत्यक्षण नहीं होता है। प्रायः कई तरंगदैर्ध्य आपस में मिल जाते हैं और हम उनका प्रत्यक्षण करते हैं। तरंगदैर्ध्य के इस मिश्रण (mixture) के प्रत्यक्षण को हम संतृप्ति (saturation) या शुद्धता (purity) की संज्ञा देते हैं। जितना ही इस तरह का मिश्रण (mixture) जटिल (complex) होगा, संतृप्ति (saturation) उतना ही कम होगा।

इस तरह से वर्ण, चमक तथा संतृप्ति व्यक्ति के रंग अनुभूति के तीन अलग-अलग पहलू हैं। कोरेन, पोरेक एवं वार्ड (Coren, Porac & Ward, 1984) के अनुसार यद्यपि व्यक्ति 150 वर्णों के बीच तक ही अंतर कर पाता है, संतृप्ति तथा चमक के विभिन्न स्तर आपस में मिलकर करीब 300,000 विभिन्न रंगों की उत्पत्ति करते हैं।

रंग दृष्टि से सम्बन्धित निम्नांकित तीन महत्त्वपूर्ण घटनाएँ (phenomenon) हैं जिनपर मनोवैज्ञानिकों ने अधिक बल डाला है—

(i) रंग मिश्रण (Colour mixture)
(ii) रंग अनुकूल (Colour adaptation)
(iii) वर्णान्धता (Colour blindness)

इन तीनों का वर्णन निम्नांकित हैं—

(i) रंग मिश्रण *(Colour mixture)*—जैसा कि हम जानते हैं, एक सामान्य व्यक्ति करीब 3,00000 विभिन्न ढंग के रंगों के बीच अंतर कर सकता है परन्तु फोविया (fovea) में लगभग 1,50,000 ही सूचियाँ (cones) होती हैं। स्पष्टतः प्रत्येक रंग के लिए एक-एक सूची (cones) भी नहीं होता है। इसका तब स्पष्ट मतलब हुआ कि कुछ सूचियाँ रंगीन उद्दीपकों से मिलने वाले सूचनाओं के साथ अपनी-अपनी सूचियों को इस ढंग से संयोजित करतीं हैं कि उन्हें किसी भी रंग का स्पष्ट प्रत्यक्षण होता है। प्रश्न यह उठता है कि यह किस तरह से होता है? यह जिस प्रक्रिया द्वारा होता है, उसे *रंग मिश्रण*[1] (colour mixture) कहा जाता है।

---

1. लाल, हरा तथा नीला रंग के रोशनी को मूल रंग (primary colour) कहा गया है। कुछ रंगों को सम्पूरक रंग (complimentary colour) कहा गया है क्योंकि जब वे एक-दूसरे से मिलते हैं तो वे एक-दूसरे को काटते हैं और एक अन्य रंग उत्पन्न करते हैं। जैसे, पीला तथा नीला रंग (पेन्ट में) एवं हरा एवं लाल रंग (पेन्ट में) एक दूसरे के सम्पूरक रंग हैं और मिलकर धूसर रंग उत्पन्न करते हैं।

रंग मिश्रण की घटना को दो तरह से अध्ययन किया गया है—रोशनी के तरंगदैर्ध्य (wave length) को मिश्रित करके विभिन्न रंगों को उत्पन्न करना तथा पेन्ट (paints) या पिगमेंट (pigments) के विभिन्न रंगों को मिश्रित करके विशेष रंग उत्पन्न करना। विभिन्न रंग के रोशनी के मिश्रण की प्रक्रिया को *योगात्मक रंग मिश्रण* (additive colour mixture) कहा जाता है। रोशनी मिश्रण के ख्याल से *लाल, हरा* एवं *नीला* (blue) रंग की रोशनी को मूल रंग (primary colour) कहा जाता है। ये तीनों रंग की रोशनियों को मिश्रित करके कोई भी रंग को उत्पन्न किया जा सकता है। जैसे लाल रंग की रोशनी तथा हरा रंग की रोशनी को मिश्रित करके पीला रंग की रोशनी की उत्पत्ति की जाती है। लाल एवं नीला रोशनी को मिश्रित करके जामुनी (purple) रंग की रोशनी उत्पन्न की जाती है। अगर समान तीव्रता के लाल हरा तथा नीला रोशनी को आपस में मिला दिया जाता है, तो इससे उजला रोशनी की उत्पत्ति होती है। दूरदर्शन (television) के पर्दे पर जो विभिन्न रंग की उत्पत्ति की जाती है, उसमें योगात्मक रंग मिश्रण के सिद्धान्त का ही उपयोग किया जाता है। अगर पर्दे पर ध्यान से गौरपूर्वक देखें तो यह स्पष्ट हो जाएगा कि देखे जानेवाला तस्वीर में पतला लाल, हरा एवं नीला बिन्दु दिखाई देगा जो आपस में मिलकर विभिन्न रंग उत्पन्न करता है। विभिन्न तरंगदैर्ध्य (wave length) के रोशनियों को आपस में मिश्रित करने की इस प्रक्रिया को योगात्मक रंग मिश्रण इसलिए कहा जाता है क्योंकि प्रत्येक रोशनी द्वारा मिश्रण में अतिरिक्त तरंगदैर्ध्य को जोड़ दिया जाता है।

रंग मिश्रण के दूसरे नियम या सिद्धान्त को *व्यवकलक रंग मिश्रण* (subtractive colour mixture) कहा जाता है जो योगात्मक रंग मिश्रण से भिन्न है। व्यवकलक रंग मिश्रण की प्रक्रिया विभिन्न रंग के पेन्ट (paint) (न कि रोशनी) उत्पन्न करने के लिए अपनायी जाती है। ध्यान रहे कि पेन्ट पिगमेन्ट (paint pigment) के लिए मूल रंग (primary colour) *लाल, पीला* तथा *नीला* (blue) होता है न कि लाल, हरा एवं नीला। इस रंग मिश्रण की प्रक्रिया में जब दो या उससे अधिक रंग के पेन्ट को आपस में मिश्रित किया जाता है तो प्रत्येक रंग का पेन्ट रोशनी के कुछ तरंगदैर्ध्य (wave length) को आपस में सोख (absorb) लेता है और दूसरा तरंगदैर्ध्य परावर्तित (reflect) करता है। जैसे, जब हरा एवं लाल पेन्ट को आपस में समान मात्रा में मिश्रित कर दिया जाता है, तो इससे पीला नहीं बल्कि धूसर (gray) रंग का पेन्ट तैयार हो ज़ाता है। ऐसा इसलिए होता है कि लाल रंग द्वारा वर्णक्रम (spectrum) के नीला (blue) छोर तरफ की रोशनी को सोख लिया जाता है जबकि हरा पेन्ट द्वारा वर्णक्रम के लाल छोर तरफ की रोशनी को सोख लिया जाता है। एक साथ मिलकर वे सभी रोशनी को अपने आप में सोख लेते हैं और सिर्फ मंद धूसर रंग छोड़ दिया जाता है जो परावर्तित होकर हमारे आँख तक पहुँचता है। उसी तरह से यदि नीला (blue) तथा पीला (yellow) पेन्ट को समान मात्रा में मिला दिया जाता है तो वह हरा रंग का पेन्ट हो जाता है क्योंकि नीला पेन्ट द्वारा उन सभी तरंगदैर्ध्यों को सोख लिया जाता है जो हरा-नीला-बैगनी (green-blue-violet) परास (range) में होते हैं तथा पीला पेन्ट द्वारा हरा-पीला तरंगदैर्ध्य को छोड़कर सभी तरंगदैर्ध्य को सोख लिया जाता है। ऐसी अवस्था में मात्र हरा रंग तरंगदैर्ध्य ही परावर्तित होकर व्यक्ति के आँख तक पहुँचती है। अतः यह मिश्रण हरा दीखता है। कहने का तात्पर्य यह है कि जब हमलोग पेन्ट को मिश्रित कर देते हैं, तो परिणामस्वरूप बनने वाला रंग उन तरंगदैर्ध्यों (wavelengths) के संयोग (combination) का मिश्रण होता है जिसे पेन्ट का रंग अपने में न सोख करके उसे हमारे आँख की ओर परावर्तित कर देता है।

स्पष्ट हुआ कि योगात्मक रंग मिश्रण तथा व्यवकलक रंग मिश्रण के सिद्धान्तों द्वारा रंग मिश्रण की व्याख्या की गयी है।

(ii) रंग अनुकूलन (*Colour adaptation*)—यदि हम किसी रंगीन उद्दीपक (coloured stimulus) पर कुछ समय तक लगातार देखते हैं तो उस रंगीन उद्दीपक के हटने के बाद भी उसका प्रत्यक्षण कुछ समय तक होता रहता है। इस तरह के प्रभाव को *उत्तर प्रभाव* (after effect) कहा जाता है। ऐसा भी देखा गया है कि रंगीन उद्दीपक पर अधिक देर तक देखने के बाद विशेष रंग का प्रत्यक्षण धीरे-धीरे धूसर रंग (gray colour) के समान होने लगता है। इसे रंग अनुकूलन की संज्ञा दी गयी है।

रंग प्रत्यक्षण (colour perception) में मनोवैज्ञानिकों ने दो तरह के उत्तर प्रभाव (after effect) का वर्णन किया है—*धनात्मक उत्तरप्रभाव* (positive after effect) तथा *ऋणात्मक उत्तर प्रभाव* (negative after effect)। ऋणात्मक उत्तर प्रभाव में व्यक्ति जब किसी रंग पर कुछ मिनट तक देखता है और उसके बाद धूसर रंग पर देखता है तो प्रायः व्यक्ति पहले देखे गये रंग के सम्पूरक रंग (complimentary colour) को ही देखता है। जैसे, यदि कोई व्यक्ति लाल वृत्त (red circle) पर कुछ मिनट तक देखता है और उसके बाद फिर धूसर रंग के वृत्त पर यदि वह देखता है तो उसे हरा रंग

का वृत्त (लाल रंग का सम्पूरक) कुछ समय के लिए दिखलाई देता है। इसे *ऋणात्मक उत्तर प्रभाव* (negative after effect) की संज्ञा दी जाती है। ऐसा भी होता है कि जब व्यक्ति किसी तीव्र रंगीन उद्दीपक (bright stimulus) पर कुछ समय के देखने के बाद किसी कम तीव्र रंगीन उद्दीपक पर देखता है तो उसे कुछ समय तक तीव्र रंगीन का उद्दीपक दिखलाई पड़ता है। यहाँ व्यक्ति सम्पूरक रंग (complimentary) का प्रत्यक्षण दूसरी बारी में नहीं करता है। इस तरह का प्रत्यक्षण जो प्रायः कम होता है, को *धनात्मक उत्तर प्रभाव* (positive after effect) कहा जाता है।

(iii) वर्णान्धता *(Colour blindness)*—वर्णन्धता से सामान्य तात्पर्य रंगों के बीच विभेद (discrimination) करने की अक्षमता से होती है। वर्णान्धता के अध्ययन पर मनोवैज्ञानिकों का ध्यान सर्वप्रथम 1798 में गया था जब जॉन डाल्टन (John Dalton) ने कुछ रंगों की बीच विभेद करने की अपनी अक्षमता को लोगों के सामने रखा। फिर बाद में, यानी 1881 में लार्ड रेले (Lord Rayleigh) ने वर्णान्धता का अध्ययन विशेष रूप से किया और उसे मापने के लिए एक विशेष परीक्षण (test) बनाया जिसे रेले *परीक्षण* (Rayleigh test) की संज्ञा दी गयी।

वर्णान्धता (Colour blindness) को समझने के लिए मनोवैज्ञानिकों ने सामान्य दृष्टि तंत्र (normal visual) को तीन भागों में बाँटा है—हल्का-गहरा (light-dark), पीला-नीला (yellow-blue) तथा लाल-हरा (red-green)। जिस व्यक्ति में रंग से सम्बन्धित इन तीनों तरह का प्रत्यक्षण होता है उसकी दृष्टि को सामान्य दृष्टि (normal vision) कहा जाता है। ऐसे व्यक्ति को *त्रिवर्णी* (trichromat) कहा जाता है। परंतु 10% पुरुष तथा 1% महिला में वर्णान्धता होती है। यदि किसी व्यक्ति में इन तीनों पहलुओं में से किसी एक पहलू का ही प्रत्यक्षण होता है तो इस तरह की अवस्था को *आंशिक वर्णान्धता* (partial colour blindness) कहा जाता है। ऐसे व्यक्ति में या तो लाल और हरा रंग के बीच या पीला और नीला रंग के बीच विभेद करने में असमर्थता भी पायी जाती है। ऐसे व्यक्ति को *द्विवर्णी* (dichromat) कहा जाता है। कुछ ऐसे भी व्यक्ति होते हैं जिन्हें रंग के इन तीन पहलुओं का प्रत्यक्षण नहीं होता है। इस तरह की स्थिति में पूर्णवर्णान्धता (total colour blindness) की संज्ञा दी जाती है और ऐसे व्यक्ति को *एकवर्णी* (monochromat) की संज्ञा दी जाती है। वर्णान्धता अन्य दूसरे प्रकार का भी हो सकता है।

वर्णान्धता में आनुवंशिकता (heredity) की भी भूमिका बतलायी गयी है। नाथान्स (Nathans, 1989) द्वारा किये गए अध्ययन से यह स्पष्ट हुआ है कि सामान्य रंग दृष्टि के लिए यह आवश्यक है कि गुणसूत्र संख्या 7 के एक जीन में नीला रंजक (blue pigment) तथा 23वें गुणसूत्र युग्म के एक्स गुणसूत्र में लाल एवं हरा रंजक बच्चा को अपने माता-पिता से मिला हो। लाल-हरा रंग की वर्णान्धता करीब 8% पुरुषों में जबकि मात्र 1% महिलाओं में पाया गया है जिसका स्पष्ट कारण है कि महिलाओं में 23वाँ युग्म के दोनों गुणसूत्र एक्स ही होता है।

स्पष्ट हुआ कि मनोवैज्ञानिकों ने रंग से सम्बन्धित विभिन्न तरह की घटनाओं का अध्ययन किया है। इनमें से वर्णान्धता एवं रंग मिश्रण की घटना के अध्ययन में लोगों ने अधिक अभिरुचि दिखलाया है।

रंग दृष्टि के प्रमुख सिद्धान्त
(Principal theories of Colour Vision)

शरीरक्रिया मनोवैज्ञानिकों (physiological psychologists) ने रंग दृष्टि (colour vision) की व्याख्या करने के लिए कुछ प्रमुख सिद्धान्तों का प्रतिपादन किया है। ऐसे सिद्धान्त निम्नांकित तीन हैं—

1. द्वैधदृष्टि सिद्धान्त (Duplicity theory)
2. यंग-हेल्महोल्ज सिद्धान्त (Young-Helmholtz theory)
3. हेरिंग का सिद्धान्त (Hering's theory)

इस तीनों सिद्धान्तों की आलोचनात्मक व्याख्या निम्नांकित हैं—

1. द्वैधदृष्टि सिद्धान्त *(Duplicity theory)*—इस सिद्धान्त का प्रतिपादन भॉन क्राइज (Von Kries) द्वारा 19वीं शताब्दी के अंत में किया गया। इस सिद्धान्त को *डुप्लेक्ससिटी सिद्धान्त* (duplexcity theory) भी कहा जाता है। इस सिद्धान्त के अनुसार, व्यक्ति के अक्षिपटल (retina) में दो तरह के ग्राहक (receptors) होते हैं जिनके द्वारा हमें दो तरह का रंग दृष्टि (colour vision) होता है। ये दो ग्राहक हैं—*शालाकाएँ* (rods) तथा *सूचियाँ* (cones)। इन दोनों तरह के ग्राहकों (receptors) की अपनी-अपनी विशेषताएँ (characteristics) होतीं हैं जिनके द्वारा हमें रंगीन वस्तुओं

का प्रत्यक्षण होता है। रंगहीन प्रत्यक्षण से तात्पर्य काला (black) और उजला (white) तथा इसके बीच-बीच का धूसर रंग (intermediate grey) के प्रत्यक्षण से होता है। काला, उजला तथा इन दोनों के बीच-बीच का भूरा रंगों को वर्णहीन रंग (achromatic colour) कहा जाता है। लाल, हरा, नीला तथा पीला रंग को मूल रंग माना गया है तथा इन रंगों को *वर्णिक रंग* (chromatic colour) भी कहा जाता है। इन रंगों को मूल रंग इसलिए कहा जाता है क्योंकि अन्य रंगों की उत्पत्ति इन्हीं रंगों के मिलने से होती है। द्वैधदृष्टि सिद्धान्त (duplicity theory) के अनुसार शलाकाएँ (rods) द्वारा हमें वर्णहीन रंगों (achromatic colour) यानी काला, उजला, तथा हल्का धूसर रंग की संवेदन होती है तथा सूचियों (cones) द्वारा हमें वर्णिक रंगों (chromatic colour) यानी लाल, हरा, नीला तथा पीला रंगों की संवेदन होती है। इस सिद्धान्त में भॉन क्राईज (Von Kries) ने शलाकाएँ (rods) तथा सूचियों (cones) के विभेद (discrimination) पर अधिक बल डाला है और बतलाया है कि इस दोनों कार्यों में प्रमुख अन्तर निम्नांकित हैं—

(i) शलाकाएँ (rods) कम रोशनी या अंधेरे में क्रियाशील होतीं हैं जबकि सूचियाँ अधिक रोशनी या दिन में अधिक क्रियाशील होती है।

(ii) शलाकाएँ (rods) द्वारा सिर्फ काला, उजला तथा धूसर दिखलाई देता है जबकि सूचियाँ द्वारा हमें भिन्न-भिन्न प्रकार के रंगों का ज्ञान होता है।

(iii) मार्गेन (Margen, 1965) के अनुसार, स्पेक्ट्रम के हरा भाग में शलाकाएँ (rods) सबसे अधिक संवेदनशील होते है जबकि सूचियाँ स्पेक्ट्रम के पीला भाग में सबसे अधिक संवेदनशील होतीं हैं।

(iv) आँख के केन्द्रीय क्षेत्र (central part) में सूचियाँ (cones) की संख्या सबसे अधिक पायी जाती है। फलस्वरूप, दृष्टि तंत्र (visual system) के तंत्रिकाकोश के साथ सूचियों का सम्बन्ध बहुत अधिक होता है। अतः दृष्टि तीक्ष्णता (visual acuity) तथा रंग दृष्टि (colour vision) में सूचियों (cones) का महत्त्व अधिक होता है। शलाकाएँ (rods) आँख के किनारे-किनारे (periphery) में अधिक पाया जाता है। फलस्वरूप, शलाकाएँ द्वारा सिर्फ कम तीव्र उद्दीपकों का ही प्रत्यक्षण होता है।

उपर्युक्त विवरण से यह स्पष्ट होता है कि द्वैधदृष्टि सिद्धान्त (duplicity theory) रंग के प्रत्यक्षण की व्याख्या दो तरह के ग्राहकों (receptors) अर्थात शलाकाओं (rods) तथा सूचियों (cones) में विभेद करके करता है। शलाकाएँ (rods) द्वारा काला, उजला तथा इस दोनों के बीच-बीच का धूसर (intermediate gray) का प्रत्यक्षण होता है तथा सूचियों (cones) द्वारा हमें प्रधान रंगों जैसे, लाल, हरा, पीला और नीला रंगों का प्रत्यक्षण होता है। अन्य रंगों का प्रत्यक्षण इन्हीं मूल रंगों के मिश्रण (mixture) द्वारा सूचियों के उत्तेजित होने से होता है।

यद्यपि द्वैधदृष्टि सिद्धान्त (duplicity theory) काफी सरल एवं स्पष्ट लगता है फिर भी मनोवैज्ञानिकों ने इसे एक वैज्ञानिक सिद्धान्त नहीं माना है क्योंकि इन लोगों ने ऊपर बताए गए तथ्यों (facts) के बहुत सारे अपवाद पाये हैं।

2. यंग-हेल्महोल्ज सिद्धान्त (*Young-Helmholtz theory*)—रंग मिश्रण (colour mixture) की घटना (phenomenon) की व्याख्या करने के लिए इस सिद्धान्त का प्रतिपादन थॉमस यंग (Thomas Young) ने 1802 में किया जिसे 50 साल बाद हरमान भान हेल्महोल्ज (Hermann Von Helmholtz) ने एक विस्तृत रूप दिया। यही कारण है कि इस सिद्धान्त को यंग-हेल्महोल्ज सिद्धान्त कहा जाता है। इस सिद्धान्त के अनुसार हमारे अक्षिपटल में मुख्यतः तीन प्रकार की सूचियाँ (cones) होतीं हैं जिनसे हमें रंगों की संवेदन होती है। ये तीन सूचियाँ (cones) हैं—*लाल ग्राहक* (red receptor), *हरा ग्राहक* (green receptor), *नीला ग्राहक* (blue receptor)। लाल ग्राहक उत्तेजित होने से लाल रंग का प्रत्यक्षण, हरा ग्राहक के उत्तेजित होने पर हरा रंग का प्रत्यक्षण तथा नीला ग्राहक के उत्तेजित होने पर नीला रंग का प्रत्यक्षण होता है। अतः इस सिद्धान्त के अनुसार तीन रंग प्रधान हैं और अन्य रंग इन्हीं तीन रंगों के मिश्रण से उत्पन्न होता है। यही कारण है कि इस सिद्धान्त को *त्रिवर्ण सिद्धान्त* (Trichromatic theory) भी कहा जाता है।

इस सिद्धान्त की मुख्य बातें निम्नांकित हैं—

(i) व्यक्ति के अक्षिपटल (retina) में BGR ग्राहक (receptors) होते हैं। **'B'** से तात्पर्य नीला ग्राहक (**Blue** receptor) से है, **'G'** से तात्पर्य हरा ग्राहक (Green receptor) से है तथा **'R'** से तात्पर्य लाल ग्राहक (**Red** receptor) से है।

(ii) प्रत्येक ग्राहक (receptor) रोशनी के एक खास तरंगदैर्ध्य (wave length) के प्रति अधिक संवेदनशील

(sensitive) होता है परन्तु वे अन्य तरंगदैर्ध्य के प्रति भी अनुक्रियाशील (responsive) होते हैं। सबसे छोटा तरंगदैर्ध्य (shortest wavelength) जिसे सामान्य व्यक्ति प्रत्यक्षण करता है, 400 नैनोमीटर[1] (nanometer) का होता है और इससे बैगनी रंग का संवेदन होता है अधिकतर तरंगदैर्ध्य जिसे सामान्य व्यक्ति प्रत्यक्षण करता है, का परास (range) 400 से 800 नैनोमीटर का होता है तथा 700 से 800 नैनोमीटर जो वर्णक्रम (spectrum) का ऊपरी छोर होता है, द्वारा लाल रंग की संवेदन होता है। इस न्यूनतम तथा अधिकतम सीमाओं के भीतर अन्य तरंगदैर्ध्य भी होते हैं जिनके सहारे अन्य रंगों की संवेदन होती है।

(iii) लाल, हरा तथा नीला रंग को छोड़कर अन्य सभी रंगों का प्रत्यक्षण इन तीन तरह के ग्राहकों (receptors) के संयुक्त उत्तेजन (combined stimulation) से उत्पन्न होता है। उदाहरणस्वरूप, जब R ग्राहक तथा G ग्राहक एक साथ उत्तेजित होते हैं तो हमें पीला (yellow) रंग की संवेदन होती है। जब तीनों ग्राहक एक ही साथ समान रूप से उत्तेजित हो जाते हैं, तो इसमें हमें उजला (white) की संवेदन होती है।

(iv) किसी खास रंग जैसे लाल रंग की संवेदन इसलिए होता है क्योंकि रोशनी के उस तरंगदैर्ध्य (wavelength) जिसके द्वारा R ग्राहक उत्तेजित हो रहा है, अन्य दोनों ग्राहकों (B तथा G) की तुलना में अधिक उत्तेजित हो पाता है। दूसरे शब्दों में यह कहा जा सकता है कि एक खास तरंगदैर्ध्य के प्रति तीनों उत्तेजित होते हैं परन्तु उनमें से एक अन्य दो ग्राहकों की तुलना में अधिक उत्तेजित हो जाता है। जैसे, ऊपर के उदाहरण में R ग्राहक B तथा G की अपेक्षा अधिक उत्तेजित हो गया था। इसलिए व्यक्ति को लाल रंग दिखलाई पड़ता है।

(v) इस सिद्धान्त के अनुसार वर्ण (hue) का प्रत्यक्षण तीनों ग्राहकों में उत्पन्न स्नायु प्रवाह (nerve impule) की सापेक्ष बारंबारता (relative frequency) पर निर्भर करता है। रंग की चमक (brightness) इन तीनों ग्राहकों में उत्पन्न स्नायुप्रवाह (nerve impulse) की कुल योग (total sum) पर निर्भर करता है तथा संतृप्ति (saturation) रंग मिश्रण (colour mixture) द्वारा उत्पन्न उजलापन (whiteness) की मात्रा (amount) पर निर्भर करता है। जैसे, अगर कोई उद्दीपक (रोशनी) R ग्राहक का 4 इकाई, G ग्राहक का 6 इकाई तथा B ग्राहक का 10 इकाई उत्तेजित करता है तो प्रत्येक ग्राहक का 4-4 इकाई द्वारा उजलापन (whiteness) की संवेदन होगा। G ग्राहक का बाकी दो इकाई तथा B ग्राहक का बाकी 6 इकाई असंतृप्त (desaturated) हरा लिए नीला रंग (greenish blue) बनायेगा। इस सिद्धान्त के अनुसार जैसे-जैसे रंग की चमक (brightness) में परिवर्तन होगा, वैसे-वैसे वर्ण तथा संतृप्ति में भी परिवर्तन होगा।

यंग-हेल्महोल्ज सिद्धान्त का समर्थन कई लोगों ने अपने-अपने अध्ययनों से किया है। जैसे, हेश्ट (Hecht, 1934) ने यंग-हेल्महोल्ज सिद्धान्त द्वारा प्राप्त आँकड़ों का विश्लेषण कर सिद्धान्त की विश्वसनीयता को बढ़ा दिया है। बाद में मैकनिकोल (MacNichol, 1964) ने इस सिद्धान्त के तथ्यों की पुष्टि उन अध्ययनों से किया है जिनमें सूचियों (cones) के कार्य का एक विशेष यंत्र जिसे *माइक्रोस्पेक्ट्रोफोटोमीटर* (microspectrophotometer) की संज्ञा दी गयी है, द्वारा अध्ययन किया गया है। उन्होंने इस यंत्र द्वारा वैयक्तिक सूची (individual cone) के कार्य का अध्ययन किया और दिखलाया कि सूची में कुछ ऐसे तथ्य (substance) पाये जाते हैं जिनके सहारे वे खास-खास रंगों द्वारा उत्तेजित होते हैं। कुछ सूची के तत्त्व लाल रंग के प्रति संवेदनशील होते हैं, कुछ सूची के तत्त्व हरा रंग के प्रति संवेदनशील होते हैं तथा कुछ सूची नीले रंग के प्रति संवेदनशील होते हैं। लाल रंग वाले सूची पीला रंग के प्रति भी संवेदनशील होते हैं। मैकनिकोल (MacNichol, 1964) द्वारा किये गये प्रयोग से यंग-हेम्लहोल्ज सिद्धान्त की पुष्टि काफी हद तक हो जाती है। नोबुल पुरस्कार विजेता जार्ज वाल्ड (George Wald, 1964) द्वारा किये गए शोधों से भी त्रिवर्णी सिद्धान्त को समर्थन मिला है। इनके शोध का प्रमुख निष्कर्ष यह था कि यद्यपि सभी सूचियों का मौलिक रूप समान संरचना होता है, अक्षिपटल में वास्तव में केवल तीन तरह की ही सूचियाँ (cones) होतीं हैं जिनकी मदद एवं सहयोग से न केवल तीन रंग बल्कि अन्य सभी रंगों को व्यक्ति देख पाता है।

यद्यपि यंग-हेल्महोल्ज सिद्धान्त द्वारा रंग मिश्रण (colour mixture) की घटना की व्याख्या काफी संतोषजनक ढंग से होती है, फिर भी कुछ विशेषज्ञों (experts) ने इस सिद्धान्त की आलोचना निम्नांकित ढंग से की है—

---

1. नैनोमीटर रोशनी के तरंगदैर्ध्य (wavelength) का मापन इकाई है जो एक मीटर का एक अरबवाँ (one-billionth) भाग होता है।

(i) इस सिद्धान्त द्वारा वर्णान्धता (colour blindness) के कुछ तथ्यों (fact) की व्याख्या नहीं हो पाती है। इस सिद्धान्त के अनुसार पीला रंग, हरा तथा लाल रंग के मिश्रण से उत्पन्न होता है। प्रश्न यह उठता है कि जिन लोगों में हरा रंग तथा लाल रंग में विभेद करने की अक्षमता पायी जाती है, अर्थात जिन लोगों में हरा-लाल वर्णान्धता पायी जाती है, उनके द्वारा पीला रंग की पहचान कैसे कर ली जाती है? यंग-हेल्महोल्ज के अनुसार ऐसा नहीं होना चाहिए क्योंकि ऐसे व्यक्ति में R ग्राहक तथा G ग्राहक कार्य नहीं करते हैं।

(ii) इस सिद्धान्त में पीला रंग को मूल रंग (primary colour) नहीं बल्कि एक द्वितीयक रंग (secondary colour) माना गया है जो लाल रंग तथा हरा रंग के मिश्रण के फलस्वरूप उत्पन्न होता है। परन्तु यह सही नहीं दीख पड़ता है क्योंकि वास्तव में पीला रंग यदि लाल और हरा रंगों का मिश्रण होता है, तो उसमें (यानी पीला रंग में) लाल तथा हरा रंग की झलक मिलनी चाहिए थी क्योंकि द्वितीयक रंग की विशेषता यह है कि उसमें उत्पन्न करने वाले रंगों की झलक उसी मात्रा में दिखलाई पड़ता है जिस मात्रा में उन रंगों को मिलाया गया था। अतः सिद्धान्त का यह विचार कि पीला एक द्वितीयक रंग (secondary colour) है, उचित नहीं है।

(iii) ह्विटेकर (Whittaker, 1970) के अनुसार यह सिद्धान्त इस बात की व्याख्या नहीं करता है कि विभिन्न तरंगदैर्घ्यों (wavelength) में से कौन-कौन तीन तरंगदैर्घ्य (wavelength) प्रमुख हैं जिनसे तीन प्रकार के मूल रंगों (लाल, हरा तथा नीला) का ज्ञान होता है।

(iv) इस सिद्धान्त के अनुसार इस प्रश्न का उत्तर भी नहीं मिलता है कि चमक (brightness) में परिवर्तन होने से वर्ण (hue) तथा संतृप्ति (saturation) में क्यों परिवर्तन होता है। जैसे, जब पीला रंग की तीव्रता को बढ़ाया जाता है तो और वह भी शुद्ध पीला दिखने लगता है तथा बैंगनी (violet) तथा नीला-हरा रंग की तीव्रता बढ़ने पर वह और भी नीला दीख पड़ता है। इस घटना को मनोविज्ञान में *वेजोल्ड-ब्रुकी प्रभाव* (Bezhold-Brucke effect) कहा जाता है जो त्रिवर्णी सिंद्धान्त के लिए एक समस्या बन जाती है क्योंकि जैसा कि क्रानस्वीट (Cronsweet, 1962) ने कहा है, सिर्फ चमक (brightness) के स्तर में परिवर्तन होने से तीनों मुख्य ग्राहकों के सापेक्ष योगदानों (relative contributions) में परिवर्तन नहीं होना चाहिए और तब उससे वर्ण (hue) को प्रभावित नहीं होना चाहिए था।

(v) पूर्ण वर्णान्धता (colour blindness) रहने पर व्यक्ति लाल, हरा तथा नीला रंगों में विभेद नहीं कर पाता है। परन्तु फिर भी ऐसे व्यक्ति को उजलापन (whiteness) की संवेदना होती है। यंग-हेल्महोल्ज सिद्धान्त के अनुसार इस ढंग की संवेदना नहीं होना चाहिए था क्योंकि ऐसे व्यक्ति में तीनों ग्राहकों (receptor) कार्य नहीं करते होते हैं।

(vi) इस सिद्धान्त द्वारा इस बात की भी व्याख्या नहीं होती है कि क्यों कुछ रंगों को जब अन्य रंगों के बगल में रखकर देखा जाता है तो वह पहले से अधिक गहरा (deeper) दिखता है। इस घटना को *रंग विरोध* (colour constrast) की संज्ञा दी गयी है।

(vii) त्रिवर्णी सिद्धान्त द्वारा ऋणात्मक रंग उत्तर प्रतिमा (negative colour after image) की व्याख्या नहीं हो पाती है। जैसे, यदि व्यक्ति हरा रंग के चित्र पर 30 सेकेण्ड तक देख करके यदि उजला कागज के टुकड़ा पर फिर वह देखता है तो कुछ समय के लिए उसे लाल रंग की उत्तर प्रतिमा दिखलाई पड़ेगी। उसी तरह से पीला तस्वीर पर कुछ देर तक देखने के बाद उजला कागज पर देखने से उसे चमकीला नीला उत्तर प्रतिमा दिखाई देता है तथा काला तस्वीर रहने पर उसे उजला उत्तर प्रतिमा दिखाई देता है। त्रिवर्णी सिद्धान्त ऐसे रंग उत्तर प्रतिमा की संतोषजनक व्याख्या नहीं कर पाता है।

यद्यपि इस सिद्धान्त की आलोचना की गयी है फिर भी रंग दृष्टि (colour vision) के क्षेत्र में कुछ कारणों से यह एक महत्त्वपूर्ण सिद्धान्त माना गया है। ऑसगुड (Osgood, 1956) के अनुसार, ऐसे तीन प्रमुख कारण हैं। पहला कारण तो यह है कि इस सिद्धान्त में हेल्महोल्ज का नाम जुड़ा हुआ है और हेल्महोल्ज स्वयं एक बहुत बड़े वैज्ञानिक थे जिनके द्वारा प्रतिपादित सिद्धान्त त्रुटिपूर्ण हो, ऐसा सोचा ही नहीं जा सकता है। दूसरा कारण यह है कि कुछ मनोवैज्ञानिकों जैसे हेश्ट (Hecht, 1934) ने इस सिद्धान्त से प्राप्त आँकड़ों का विश्लेषण कर इसकी विश्वसनीयता तथा क्षेत्र दोनों का विस्तार कर दिया है। तीसरा कारण यह है कि यंग-हेल्महोल्ज सिद्धान्त जो रंग दृष्टि (colour vision) का एक तीन सूची प्राक्कल्पना (three cone hypothesis) प्रदान करता है, द्वारा उतनी ही तथ्यों एवं बातों की व्याख्या होती है जितना चार

सूची प्राक्कल्पना वाले सिद्धान्तों से होती है। चार सूची प्राक्कल्पना (four cone hypothesis) वाला सिद्धान्त लाल, हरा, नीला ग्राहक के अलावा एक चौथा ग्राहक की भी प्राक्कल्पना करता है।

3. हेरिंग का सिद्धान्त *(Hering's theory)*—हेरिंग (Hering) ने 1878 में एक नया सिद्धान्त का प्रतिपादन किया जिसे *हेरिंग का सिद्धान्त* (Hering's theory) या *विरोधी-प्रक्रिया सिद्धान्त* (opponent-process theory) की संज्ञा दी गयी है। इस सिद्धान्त को हरभिक्स (Hurviches) तथा जैमिसन (Jamison) ने 1957 में और भी अधिक विकसित किया। इस कारण से इस सिद्धान्त को *हेरिंग-हरभिक्स सिद्धान्त* (Hering-Hurviches theory) भी कहा जाता है। हेरिंग अपने इस सिद्धान्त के प्रतिपादन में उत्तर प्रतिमा (afterimage) द्वारा अधिक प्रभावित हुए। उत्तरप्रतिमा से तात्पर्य वैसे दृष्टि संवेदनों से होता है जो व्यक्ति के सामने से उद्दीपक के हटने के बावजूद भी व्यक्ति में कुछ सेकंड के लिए बना होता है। अगर यह प्रतिमा मौलिक उद्दीपक के रंग के विपरीत रंग जैसे मौलिक लाल रंग का होने पर प्रतिमा हरा रंग का बनता है, तो इसे ऋणात्मक उत्तरप्रतिमा (negative atterimage) की संज्ञा दी जाती है। इन्होंने अपने अध्ययनों में पाया कि बहुत सारे परिस्थितियों में लाल-हरा रंग तथा नीला-पीला रंग युग्म (pair) के रूप में व्यक्ति द्वारा (उत्तर प्रतिमाओं के रूप में) देखे जाते हैं। हेरिंग ने अपना सिद्धान्त रंग मिश्रण (colour mixture) की घटना (phenomenon) पर नहीं बल्कि रंग संवेदन (colour experience) की घटना पर आधारित किया है।

हेरिंग के सिद्धान्त के अनुसार ग्राहकों (receptors) के तीन सेट (set) होते हैं—*काला-उजला ग्राहक* (black-white receptor), *लाल-हरा ग्राहक* (red-green receptor) तथा *नीला-पीला ग्राहक* (blue-yellow receptor)। लाल-हरा ग्राहक तथा नीला-पीला ग्राहक द्वारा वर्ण (hue) का प्रत्यक्षण होता है तथा काला-उजला ग्राहक मूलतः वर्ण के चमक (brightness) के स्तर का प्रत्यक्षण करने में मदद करता है। प्रत्येक सेट के दोनों ग्राहक (receptor) एक-दूसरे के कार्य का विरोध (oppose) करते हैं। यही कारण है कि इस सिद्धान्त को *विरोधी-प्रक्रिया सिद्धान्त* (opponent-process theory) कहा गया है। अतः इस सिद्धान्त के अनुसार प्रत्येक सेट का दोनों ग्राहक (receptor) दो तरह से कार्य करते हैं। जब ग्राहक (receptor) गठनात्मक अवस्था (building-in phase) में होता है, तो उससे उस युग्म (pair) का रंग का प्रत्यक्षण होता है और जब ग्राहक विखरती-अवस्था (tearing-down phase) में होता है तब उस युग्म से भिन्न रंग का प्रत्यक्षण होता है। गठनात्मक अवस्था को *निर्माणात्मक-अवस्था* (anabolic phase) तथा विखरती अवस्था को *विनाशात्मक अवस्था* (catabolic phase) भी कहा जाता है। ये दोनों अवस्थाएँ ग्राहक के एक ही सेट में एक ही समय में नहीं हो सकते हैं। कारण यह है कि युग्म (pair) एक समय में किसी एक ही रंग के प्रति अनुक्रियाशील होता है। उदाहरणस्वरूप, जब लाल-हरा ग्राहक का युग्म (pair) उत्तेजित होता है, तो इससे या तो लाल रंग का प्रत्यक्षण होगा या हरा रंग का प्रत्यक्षण होगा न कि इन दोनों रंगों का प्रत्यक्षण एक ही साथ होगा। अगर लाल रंग का प्रत्यक्षण होगा तो हरा रंग का नहीं होगा (क्योंकि लाल रंग उत्पन्न करने वाला ग्राहक हरा रंग उत्पन्न करने वाला ग्राहक के कार्य का विरोध करता है)। युग्म के सदस्य (यानी ग्राहक) की एक विशेषता यह भी होती है कि कोई भी सदस्य दूसरे युग्म के सदस्य के साथ अन्तःक्रिया (interaction) करता है। इस तरह के अन्तःक्रिया के कारण ऋणात्मक उत्तरप्रतिमा (negative after image) की घटना की व्याख्या स्वतः हो जाती है। ऋणात्मक उत्तरप्रतिमा, जैसा कि छात्र जानते हैं, एक ऐसी घटना है जिसमें व्यक्ति जब किसी खास रंग पर कुछ समय तक देखकर दूसरे रंग पर देखता है, तो कुछ सेकेण्ड के लिए वह पहला रंग के सम्पूरक रंग (complementary colour) को देखता है और तब वह दूसरा रंग को देख पाता है। उदाहरणार्थ, जब हम लाल रंग के वृत्त (circle) पर गौरपूर्वक देखकर एक धूसर (gray) रंग की पृष्ठभूमि पर बने आयत पर देखते है तो कुछ सेकेण्ड (प्रायः 30 सेकेण्ड के लिए) के लिए हमें एक हरा रंग का वृत्त धूसर पृष्ठभूमि पर दिखलाई देगा क्योंकि हरा रंग लाल रंग का सम्पूरक रंग (complementary colour) है। इस तरह की घटना को ऋणात्मक उत्तरप्रतिमा (negative after image) कहा जाता है जो धनात्मक उत्तरप्रतिमा (positive after image) से भिन्न है क्योंकि इसमें व्यक्ति दूसरी बारी में सम्पूरक रंग को नहीं बल्कि पहली बारी में देखा गया रंग को ही देख पाता है। धनात्मक उत्तरप्रतिमा उस परिस्थिति में उत्पन्न होता है जब उद्दीपक व्यक्ति के सामने बहुत कम समय के लिए दिया जाता है परन्तु उसकी तीव्रता बहुत कम होती है।

हेरिंग ने जब अपने सिद्धान्त का संशोधन (revision) किया तो यह स्पष्ट रूप से बतलाया कि विरोधी प्रक्रियाएँ (opponent processes) सूचियों (cones) में अर्थात ग्राहक (receptor) में नहीं होती है बल्कि मस्तिष्क के दृष्टि तंत्र (visual system) के नजदीक की तंत्रिका कोशिकाओं (nerve cells) में होता है जिसकी सूचना बाद में उच्चतर दृष्टि

तंत्र (higher visual system) में भेजी जाती है जिसके फलस्वरूप रंग का प्रत्यक्षण होता है। हेरिंग के इस संशोधित तथ्य की पुष्टि बाद में किये गये प्रयोगों (experiments) से भी हो जाता है। डी वालोडिस तथा जैकोब (De Valodis & Jacob, 1963) ने एक प्रयोग किया जिसमें माइक्रोस्पेक्ट्रोफोटोमीटर (microspectrophotometer) की सहायता से थैलमस में अवस्थित (located) कुछ कोशिकाओं के कार्य का अध्ययन किया गया। परिणाम में इन्होंने स्पष्ट रूप से पाया कि ऐसी कोशिकाएँ ऑफ-ऑन पैटर्न (off-on pattern) पर कार्य करती हैं। कुछ कोशिकाएँ पीले रंग से उत्तेजित हो जाती है (ऑन) तो नीले रंग से शांत (ऑफ) हो जाती है। ठीक इसी तरह से कुछ कोशिकाएँ लाल और हरा रंग के प्रति विरोधी ढंग से अनुक्रिया करतीं हैं। हवेल तथा वाईसेल (Hubel & Wiesel, 1968) ने अपने एकाकी कोशिका रिकॉर्डिंग अध्ययन (single cell recording studies) के आधार पर इसी तरह के परिणाम पाये हैं। अपने इस कार्य के लिए इन दोनों वैज्ञानिकों को 1981 में नॉबुल पुरस्कार (Nobel prize) भी प्राप्त हुआ है।

यद्यपि हेरिंग का सिद्धान्त यंग-हेल्महोल्ज सिद्धान्त की तुलना में अधिक मनोवैज्ञानिक तथा विश्वसनीय है, फिर भी विशेषज्ञों ने इस सिद्धान्त की भी आलोचना की है, जो इस प्रकार है—

(i) हेरिंग के सिद्धान्त से स्पष्ट हो जाता है कि लाल, हरा, नीला तथा पीला प्राथमिक या मूल रंग (primary colour) है। आलोचकों ने पीला रंग को एक प्राथमिक रंग के रूप में मानने से इनकार कर दिया है। इन लोगों का मत है कि रंग मिश्रण (colour mixture) की घटना से यह स्पष्ट हो जाता है कि पीला रंग लाल तथा हरा रंग के मिश्रण से उत्पन्न हो जाता है। अतः ऐसी परिस्थिति में पीला रंग को एक प्राथमिक रंग मानना उचित नहीं है।

(ii) इस सिद्धान्त के द्वारा रंग मिश्रण (colour mixture) के एक और तथ्य की व्याख्या नहीं होती है। हेरिंग का कहना है कि लाल-हरा तथा नीला-पीला सम्पूरक रंग[1] (complementary colour) है जो एक-दूसरे से मिलने पर एक-दूसरे को काटकर तीसरा रंग यानी धूसर रंग उत्पन्न करता है। यही बात काला-उजला (black-white) के साथ हम नहीं पाते हैं। इन दोनों रंगों को यदि हम एक-दूसरे से मिला देते हैं तो वे एक-दूसरे को काटकर धूसर रंग (gray colour) पैदा नहीं करते हैं। ऐसा क्यों होता है, इसकी व्याख्या हेरिंग सिद्धान्त नहीं करता है।

(iii) हेरिंग सिद्धान्त वर्णान्धता (colour-blindness) से सम्बन्धित सभी तथ्यों की व्याख्या नहीं हो पाती है। जैसे, लाल-हरा रंग से सम्बन्धित वर्णान्धता वाले व्यक्ति को नीला-पीला रंग की संवेदना होती है परन्तु नीला-पीला रंग से सम्बन्धित वर्णान्धता वाले व्यक्ति को लाल-हरा रंग की संवेदना नहीं होती है। ऐसा क्यों होता है? इसकी व्याख्या भी यह सिद्धान्त सही ढंग से नहीं कर पाती।

इन प्रमुख आलोचनाओं के बावजूद भी हेरिंग का सिद्धान्त अधिक महत्त्वपूर्ण है और इस सिद्धान्त की मान्यता लोगों के बीच अधिक है।

रंग दृष्टि के सिद्धान्तों के बारे में सामान्य निष्कर्ष *(General conclusion regarding theories of colour vision)*—ऊपर में रंग दृष्टि (colour vision) के प्रमुख तीन सिद्धान्तों यानी द्वैध दृष्टि सिद्धान्त (Duplicity theory), यंग-हेल्महोल्ज सिद्धान्त (Young-Helmholtz theory) तथा हेरिंग-हरभिक्स (Hering-Hurviches theory) की व्याख्या की गयी है। इसके अलावा भी रंग दृष्टि के कुछ सिद्धान्त हैं जो न तो उतना महत्त्वपूर्ण है और न ही उनसे रंग दृष्टि के प्रमुख तथ्यों (facts) की व्याख्या ही हो पाती है। लैड-फ्रैंकलिंग सिद्धान्त (Ladd-Frankling theory) तथा एडरिज-ग्रीन सिद्धान्त (Edridge-Green theory) कुछ ऐसे ही सिद्धान्त हैं। वास्तव में, ये दोनों सिद्धान्त में कुछ मूल बातें (fundamental matters) नहीं कही गयी है बल्कि यंग-हेल्महोल्ज सिद्धान्त तथा हेरिंग सिद्धान्त को मिलाकर एक समन्वित रूप (co-ordinated form) देने की कोशिश की गयी है।

जहाँ तक द्वैधदृष्टि सिद्धान्त (Duplicity theory) का प्रश्न है, यह अत्यन्त सरल है और इससे किसी तथ्य की वैज्ञानिक व्याख्या नहीं हो पाती है। अतः द्वैधदृष्टि की मान्यता मनोवैज्ञानिकों के बीच न के बराबर है। आधुनिक मनोवैज्ञानिकों (modern psychologists) द्वारा रंग की व्याख्या यंग-हेल्महोल्ज सिद्धान्त तथा हेरिंग सिद्धान्त दोनों के तथ्यों के अनुसार की गयी है। दूसरे शब्दों में यह कहा जा सकता है कि आधुनिक मनोवैज्ञानिकों ने रंग दृष्टि की व्याख्या दो चरणों (stages) में किया है। पहले चरण (stage) की व्याख्या में यंग-हेल्महोल्ज सिद्धान्त की व्याख्या का समर्थन

1. "सम्पूरक रंग वैसे रंगों के जोड़ा (pairs) को कहा जाता है जो एक-दूसरे से मिलकर एक-दूसरे को काटते हैं और धूसर रंग (gray colour) उत्पन्न करते हैं। जैसे नीला-पीला तथा लाल-हरा सम्पूरक रंग के उदाहरण हैं।

मिलता है तथा दूसरे चरण की व्याख्या में हेरिंग सिद्धान्त की व्याख्या का समर्थन मिलता है। इसे आधुनिक मनोवैज्ञानिकों ने *द्विचरण सिद्धान्त* (two-stage theory) की संज्ञा दी है। अक्षिपटल में जो ग्राहक कोशिकाएँ (receptor cells) होतीं हैं यानी जो सूचियाँ (cones) होतीं हैं, वे यंग-हेल्महोल्ज सिद्धान्त के अनुसार कार्य करती है। जब किसी रंगीन वस्तु का प्रतिविम्ब (image) अक्षिपटल पर पड़ता है तो उससे तीन विभिन्न प्रकार की सूचियों में पाया जाने वाले रोशनी संवेदनशील रंजक (light sensitive pigments) उत्तेजित हो जाते हैं। ये रंजक विशेष रूप से लाल, हरा तथा नीले रंग के प्रति काफी संवेदनशील होते हैं। परन्तु अक्षिपटल (retina) इन तीन रंगों का संचरण (transmission) मस्तिष्क में नहीं करता है। दृष्टि तंत्र (visual system) की तंत्रिका कोशों (nerve cells) में अक्षिपटल द्वारा भेजे गये उत्तेजनाओं (stimulation) का द्विरंगों (two colours) में विरोधी क्रियाओं (opponent-process) द्वारा संकेतीकरण (coding) होता है (जैसा कि हेरिंग का सिद्धान्त हमें बतलाता है)। इस तरह के संकेतीकरण के बाद ही उत्तेजनाएँ (stimulation) उच्चतर दृष्टि क्षेत्र (high visual system) में पहुँचतीं हैं और हमें रंग की संवेदना होती है। अतः निष्कर्ष तौर पर सरलतम शब्दों में यही कहा जा सकता है कि रंगदृष्टि (colour vision) में ग्राहक कोशिकाएँ (receptor cells) यानी अक्षिपटल (retina) की सूचियाँ (cones) यंग कोशिकाएँ (Young cells) हैं तथा दृष्टि तंत्र (visual system) की तंत्रिका कोश (nerve cells) हेरिंग कोशिकाएँ (Hering cells) हैं और इन दोनों तरह की कोशिकाओं की मदद से हमें रंग की संवेदना होती है।

रंग दृष्टि में प्रजातीय विभिन्नताएँ
(Species Differences in Colour Vision)

जैकोब (Jacob, 1993) द्वारा किये गए नवीनतम शोधों से यह स्पष्ट हो गया कि स्तनपायी (mammal) के सभी प्रजातियों में रंग दृष्टि (colour vision) होता है। फलतः सबसे सामान्य विश्वास (myth) कि कुत्ता द्वारा रंग की पहचान नहीं होती है और वह प्रत्येक चीज को रंगहीन रूप में अर्थात् उजला-काला में ही देखता है, गलत साबित हो गया है।

मनुष्यों में त्रिवर्णी रंग दृष्टि होने से सबसे उत्तम रंग प्रत्यक्षण होता है। कुछ नर वानर (primate) जैसे बन्दर तथा लंगूर में रंग दृष्टि अच्छा होता है। लेकिन कुछ स्तनपायी ऐसे होते हैं जो संसार के सभी वस्तुओं को लाल तथा हरा या पीला तथा नीला रंग के रूप से ही देखते हैं। अतः वे द्विवर्णी (dichromats) कहलाते हैं। कुछ प्राणी एकवर्णी (monochracts) होते हैं। फलस्वरूप, उन्हें रंग का प्रत्यक्षण नहीं होता है और वे वर्णान्ध (colour blind) होते हैं। चुहा तथा गिलहरी वर्णान्ध होता है और उन्हें प्रत्येक चीज उजला-काला में ही दिखलाई देता है। निज, गिस्ट एवं जैकोवस (Neitz, Geist & Jacobs, 1989) द्वारा किये गए अध्ययन से यह स्पष्ट हुआ है कि कुछ रेंगनेवाले जीव (reptiles), मछली, कीड़ा (insect) व्हेल मछली में भी रंग दृष्टि होती है और वे विभिन्न रंगों के बीच अंतर कर लेते हैं। परन्तु प्राणी जो रंग का प्रत्यक्षण करते हैं, वे वस्तुओं को अलग-अलग रंग में देख पाते हैं। जैसे, मधुमखियाँ लाल रंग नहीं देख पाती है परंतु अल्ट्राबैगनी रंग (ultraviolet colour) देख लेती हैं। कबूतर बैगनी (violet) तथा नील (indigo) रंग नहीं देख पाता है। मानव शिशु बैगनी रंग के प्रति असंवेदनशील होता है। कुत्तों में हरा-संवेदनशील सूचियाँ (green-sensitive cones) मनुष्यों के समान नहीं होते हैं। परिणामस्वरूप, वे बैंगनी-नीला वस्तुओं में रंग विभेद कर लेते हैं परन्तु हरा-पीला, नारंगी तथा लाल रंगों के बीच अंतर नहीं कर पाता है। हिरण प्रतिदीप्त नारंगी (fluroscent orange) की पहचान आसानी से कर लेते हैं।

स्पष्ट हुआ कि रंग दृष्टि तथा रंग विभेद की क्षमंता सिर्फ मनुष्यों में ही नहीं बल्कि अन्य प्रजातिगों में भी होता है।

श्रवण प्रत्यक्षण
(Auditory Perception)

दृष्टि प्रत्यक्षण (visual perception) के बाद जिस प्रत्यक्षण के अध्ययन में मनोवैज्ञानिकों ने अधिक रुचि दिखलाई है, वह है श्रवण प्रत्यक्षण (auditory perception)। श्रवण प्रत्यक्षण के लिए उद्दीपक ध्वनि तरंगें (sound waves) होतीं है। श्रवण प्रत्यक्षण की व्याख्या करने के पहले इसके निम्नांकित तीन प्रमुख पहलुओं (aspects) की जानकारी देना आवश्यक है—

1. तारत्व या पिच (*Pitch*)—श्रवण प्रत्यक्षण का तारत्व या पिच एक विशेष गुण है। किसी ध्वनि (sound) का तारत्व उस ध्वनि तरंग (sound waves) की बारंबारता (frequency) से सम्बन्धित होता है। ध्वनि तरंग की बारंबारता (frequency) से मतलब प्रति सेकेण्ड ध्वनि की चक्र (cycle) से होता है। ध्वनि की बारंबारता की अभिव्यक्ति (expression) एक विशेष इकाई (unit) में होती है जिसे हर्ज (Hertz) या संक्षेप में H_z कहा जाता है। यदि ध्वनि तरंग प्रति सेकेण्ड चार चक्र (cycles) पैदा कर रही है तो इसकी बारंबारता $4H_z$ का माना जायेगा। प्रति सेकेण्ड यदि किसी ध्वनि तरंग की चक्र (cycles) काफी अधिक होगी, तो उस ध्वनि का तारत्व (pitch) भी अधिक होगा और यदि ध्वनि तरंग की चक्र (cycles) प्रति सेकेण्ड कम होगा, तो उसका तारत्व भी कम होगा। सामान्यतः मानव कान (human ear) $20H_z$ से 20,000 H_z की ध्वनि को ही सुन पाता है। कुछ ऐसे पशु (animals) जैसे कुत्ता तथा चमगादड़ (bats) हैं जिनको सुनने की अधिकतम सीमा 20,000 H_z से भी अधिक है। कुछ ऐसे भी प्रयोग हुए हैं जिनमें यह दिखला दिया गया है कि तारत्व ध्वनि तरंग की बारंबारता (frequency) पर ही सिर्फ निर्भर नहीं करता है बल्कि यह कुछ हद तक ध्वनि की तीव्रता (intensity) द्वारा भी प्रभावित होता है। अतः तारत्व का सम्बन्ध ध्वनि तरंग की बारंबारता (frequency) तथा तीव्रता (intensity) दोनों से होता है। ध्वनि तरंग का एक चक्र (one cycle) से तात्पर्य हवा के कणों में फैलाव (expansion) तथा सिकुड़न (compression) से बने एक वक्र से होता है जिसे चित्र 4.31 में दिखलाया गया है।

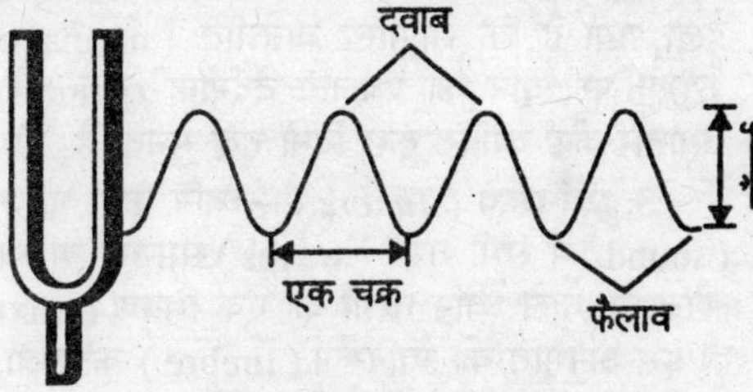

चित्र 4.31 : ध्वनि तरंग का एक चक्र

2. प्रबलता (*Loudness*)—प्रबलता ध्वनि तरंग (sound waves) की तीव्रता (intensity) या उसकी ऊँचाई (amplitude) पर निर्भर करता है। यदि कोई ध्वनि तीव्र (intense) है, तो उसकी ऊँचाई (amplitude) भी अधिक होगी और फलस्वरूप उसकी श्रवण प्रत्यक्षण अधिक प्रबल होगा। ध्वनि तरंग की तीव्रता या उसकी ऊँचाई का मापन हम डेबिसल (Decibel) में करते हैं जिसे संक्षेप में db कहा जाता है। इस इकाई का नामकरण 'डेसिबेल' इसके

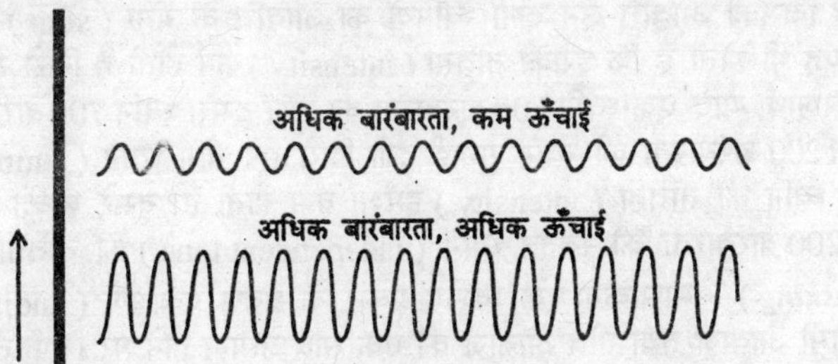

चित्र 4.32 : चार तरह के ध्वनि तरंगें

अनुसंधानकर्त्ता (inventor) एलेक्जेण्डर ग्राहम बेल (Alexander Graham Bell) के नाम पर है। चित्र 4.32 में चार तरह की ध्वनि तरंगों (sound waves) को दिखलाया गया है। सबसे ऊपर अधिक बारंबारता परन्तु निम्न ऊँचाई (**high frequency, low anplitude**) वाले ध्वनि तरंग को दिखलाया गया है। उससे नीचे अधिक बारंबारता तथा अधिक **ऊँचाई**

वाले ध्वनि तरंग को दिखलाया गया है। छात्र ध्यान देंगे कि इस तरंग में अधिक बारंबारता इसलिए है क्योंकि प्रति सेकेण्ड चक्र (cycle) जल्दी-जल्दी बन रहा है तथा अधिक ऊँचाई (amplitude) इसलिए है क्योंकि वक्र की ऊँचाई अधिक है। इसी तरह अन्य दो ध्वनि तरंगों की जिसमें से एक कम बारंबारता तथा कम ऊँचा (low frequency low amplitude) तथा कम बारंबारता अधिक ऊँचाई (low frequency, high amplitude) का है, की व्याख्या की जा सकती है। ऐसा देखा गया है कि साामान्य बातचीत (normal conversion) की प्रबलता (loudness) करीब-करीब 60db होता है। 120db पर ध्वनि की प्रबलता दर्दनाक (painful) होने लगता है। ऐसा भी देखा गया है कि यदि 90db के ध्वनि को लगातार कोई व्यक्ति कुछ दिनों तक सुनता है, तो इससे उसमें स्थायी बहरापन (permanent loudness) उत्पन्न होता है।

3. ध्वनिरूप *(Timbre)*—ध्वनि कभी भी शुद्ध रूप में नहीं होता। दूसरे शब्दों में यह कहा जा सकता है कि ध्वनि (sound) में सभी तरंगें (waves) समरूप बारंबारता (identical frequency) की नहीं होती है बल्कि वह भिन्न-भिन्न बारंबारता वाले ध्वनि तरंगों का एक मिश्रण (mixture) होता है। जब व्यक्ति को इस तरह के मिश्रण का संवेदन होता है तो इस अनुभूति को ध्वनिरूप (timbre) की संज्ञा दी जाती है। सचमुच में ध्वनिरूप (timbre) की संवेदन के ही आधार पर हम यह पहचान पाते हैं कि ध्वनि कहाँ से उत्पन्न हो रहा है और किस चीज की ध्वनि हम सुन रहे हैं। इसी ध्वनिरूप के आधार पर हम यह पहचान पाते हैं कि यह वायलिन की आवाज है, यह हारमोनियम की आवाज है, आदि आदि?

इन तीन प्रमुख पहलुओं (aspects) के अलावा भी कुछ ऐसे पहलू (aspects) हैं जिनपर कुछ मनोवैज्ञानिकों का ध्यान गया है। ऊपर के तीन पहलू को प्रमुख इसलिए माना गया है क्योंकि विशेषतः इन्हीं तीन पहलुओं की व्याख्या मनोवैज्ञानिकों ने भिन्न-भिन्न श्रवण सिद्धान्तों (auditory hearing) में किये हैं। बाकी अन्य पहलुओं की संक्षिप्त व्याख्या निम्नांकित हैं—

4. बिटस तथा योगध्वनि *(Beats and Combinations tones)*—जब दो ध्वनि तरंग (sound waves) जिनकी आवृत्तियों या बारंबारता (frequencies) में अन्तर कम होता है, एक साथ उत्पन्न किये जाते हैं, तो इससे व्यक्ति को एक विशेष प्रकार की श्रवण संवेदन होती है जिसे विट्स (beats) की संज्ञा दी जाती है। उदाहरणार्थ, जब 256 आवृत्ति की एक ध्वनि तथा 260 आवृत्ति की एक ध्वनि को हम साथ उत्पन्न करते हैं, तो ऐसी अवस्था में प्रति सेकेण्ड चार विटस सुनाई देगा। इस उदाहरण से स्पष्ट हो जाता है कि दो ध्वनियों की बारंबारता (frequencies) में अन्तर के बराबर हमें प्रति सेकेण्ड विटस सुनाई देता है। विटस के अलावा हमें योग ध्वनि (summation tone) का भी प्रत्यक्षण (perception) होता है। यदि दो ध्वनियों को जिसकी बारंबारता (frequency) 100 से अधिक है, एक साथ उत्पन्न की जाय, तो व्यक्ति एक ऐसी ध्वनि सुनता है जिसकी आवृत्ति उन दोनों ध्वनियों की आवृत्ति के योग (sum) के बराबर होता है। इस योग ध्वनि की एक विशेषता यह भी होती है कि इसकी तीव्रता (intensity) कम होती है जिसे सामान्य परिस्थितियों में सुनना कठिन हो जाता है। उदाहरणार्थ, यदि एक ध्वनि 500 बारंबारता का तथा दूसरा ध्वनि 700 बारंबारता का उत्पन्न किया जाता है तो इससे व्यक्ति को 1200 बारंबारता की ध्वनि सुनाई देगी जिसे हम योग ध्वनि (summation tone) की संज्ञा देते हैं। योग ध्वनि से उत्पन्न ध्वनि की तीव्रता (intensity) हमेशा कम होती है। दूसरे शब्दों में, 1200 बारंबारता की इस योग ध्वनि की तीव्रता 1200 बारंबारता की स्वतंत्र ध्वनि (independent tone) की तीव्रता से हमेशा कम होगी।

5. मासकिंग *(Masking)*—मासकिंग एक विशेष प्रकार के श्रवण प्रत्यक्षण (auditory perception) को कहा जाता है जिसमें व्यक्ति धीमी आवाज तथा तीव्र आवाज को एक साथ उत्पन्न होने पर सिर्फ तीव्र आवाज को ही सुन पाता है क्योंकि तीव्र आवाज धीमी आवाज को एक तरह से ढँक लेता है। उदाहरणार्थ, कमरे में बैठकर जब हम किसी से बातचीत करते होते हैं और इसी बीच ऊपर से कोई हवाई जहाज गुजरता है तो हवाई जहाज के गड़गड़ाहट के कारण हम दूसरे व्यक्ति की बातचीत नहीं सुन पाते हैं। ऐसा इसलिए होता है क्योंकि तीव्र आवाज़ (हवाई जहाज की आवाज) धीमी आवाज (व्यक्ति की आवाज) को ढँक लेता है। इस प्रक्रिया को *मासकिंग* कहा जाता है। जब ऐसे दोनों ध्वनियों की बारंबारता (frequency) में अन्तर कम होता है, तो मासकिंग का प्रभाव अधिक स्पष्ट रूप से देखने को मिलता है।

प्रमुख श्रवण सिद्धान्त
(Major Theories of Audition or Hearing)

मनोवैज्ञानिकों ने विशेष सिद्धान्तों द्वारा यह व्याख्या करने की कोशिश की है कि हमलोग किस प्रकार सुनते हैं। उनलोगों के इस प्रयास के फलस्वरूप श्रवण (audition) के निम्नांकित दो प्रमुख सिद्धान्त हमारे सामने उभर कर आये हैं।

1. स्थान सिद्धान्त (Place theory)
2. बारम्बारता सिद्धान्त (Frequency theory)

इन दोनों सिद्धान्तों की व्याख्या निम्नांकित ढंग से की जा सकती है—

1. स्थान सिद्धान्त *(Place theory)*—इस सिद्धान्त का प्रतिपादन हेल्महोल्ज (Helmholtz) ने किया और बाद में वॉन वेकेसी (Von Bekesy, 1960) ने कई प्रयोग करके इस सिद्धान्त की पुष्टि आंशिक रूप से की है। वॉन वेकेसी के प्रयोग काफी महत्त्वपूर्ण थे जिनके कुछ परिणाम तो स्थान सिद्धान्त के पक्ष में थे तथा कुछ विपक्ष में। वॉन वेकेसी को अपने इस कार्य के लिए मेडसिन के क्षेत्र में नोबुल पुरस्कार (Nobel prize) भी 1961 में दिया गया है।

हेल्महोल्ज के स्थान सिद्धान्त के अनुसार वेसिलर झिल्ली (basilar membrane) के भिन्न-भिन्न स्थान (place) भिन्न-भिन्न आवृत्तियों (frequency) वाले ध्वनि तरंग से भिन्न-भिन्न ढंग से उत्तेजित होकर अलग-अलग तारत्व (pitch) व्यक्ति में पैदा करते हैं। हेल्महोल्ज का कहना था कि वेसिलर झिल्ली में वीणा (harp) के तार क समान लम्बे-लम्बे तथा छोटे-छोटे तंत्रिका तन्तु (nerve fibers) पाये जाते हैं जिनके उत्तेजित होने से हमें श्रवण प्रत्यक्षण होता है। इसी समानता के आधार पर इस सिद्धान्त को *वीणा सिद्धान्त* (harp theory) भी कहा जाता है। वेसिलर झिल्ली के लम्बे-लम्बे तंत्रिका तन्तु (nerve fibers) निम्न आवृत्ति वाले ध्वनि (low frequency tones) के प्रति अनुक्रियाशील होते हैं, अर्थात् प्रतिध्वनित (resonate) होते हैं तथा छोटे-छोटे तंत्रिका तन्तु उच्च आवृत्ति वाले ध्वनि (higher-frequency tones) के प्रति प्रतिध्वनित होते हैं। यही कारण है कि इस सिद्धान्त को *प्रतिध्वनि* या *अनुनाद सिद्धान्त* (resonance theory) भी कहा जाता है। वेसिलर झिल्ली पर जटिल ध्वनि टकराते ही अपने आप वह उच्च या निम्न आवृत्ति वाले ध्वनि में विघटित (decompose) हो जाता है और फिर वेसिलर झिल्ली के उचित स्थानों (places) द्वारा उसे ग्रहण कर लिया जाता है। स्पष्ट है कि इस सिद्धान्त के द्वारा हम भिन्न-भिन्न तारत्व (pitch) के बीच इसलिए अन्तर कर पाते हैं क्योंकि भिन्न-भिन्न आवृत्ति वाले ध्वनि (जिससे भिन्न-भिन्न तारत्व उत्पन्न होते हैं) वेसिलर झिल्ली के खास-खास स्थानों (places) द्वारा उसे ग्रहण कर लिया जाता है। इस सिद्धान्त के अनुसार वेसिलर झिल्ली (basilar membrance) के ऊपरी भाग द्वारा निम्न आवृत्ति की ध्वनि तरंगों को ग्रहण किया जाता है तथा वेसिलर झिल्ली के नीचे तथा बीच वाले भाग द्वारा उच्च आवृत्ति (high frequency) की ध्वनि तरंगों को ग्रहण किया जाता है। दूसरे शब्दों में यह कहा जा सकता है कि वेसिलर झिल्ली के ऊपरी भाग में प्रकम्पन निम्न आवृत्ति की ध्वनि तरंगों द्वारा तथा निचला एवं बीच वाला भाग में प्रकम्पन उच्च आवृत्ति की ध्वनि द्वारा होता है। सिद्धान्त की इस मुख्य तथ्य का समर्थन वेभर तथा लारेन्स (Waver & Lawrence, 1954) द्वारा किये गये एक प्रयोग से होता है। इस प्रयोग में ग्यूनिया पिग (Guinea pig) तथा अन्य जानवरों के वेसिलर झिल्ली को लगातार तीव्र ध्वनि तरंगों (जिसमें उच्च तथा निम्न दोनों की आवृत्ति वाले तरंग थे) द्वारा उत्तेजित कर घायल करने की कोशिश की गयी। परिणाम में देखा गया कि निम्न आवृत्ति वाले ध्वनि (low frequency tone) द्वारा वेसिलर झिल्ली का ऊपरी भाग अधिक घायल हुआ तथा उच्च आवृत्ति वाले ध्वनि द्वारा बेसिलर झिल्ली का निचला भाग तथा बीच वाला अधिक घायल हुआ। इस परिणाम से स्पष्ट हो जाता है कि वेसिलर का निचला भाग (साथ-ही-साथ बीच वाला भाग) उच्च आवृत्ति वाले ध्वनि तरंग से उत्तेजित हो जाता है तथा उसी झिल्ली का ऊपरी भाग निम्न आवृत्ति वाला ध्वनि से अधिक उत्तेजित होता है। ध्वनि की प्रबलता (loudness) की व्याख्या इस बात से होती है कि किसी ध्वनि तरंग पूरे बेसिलर झिल्ली (basilar membrane) में कितना कम्पन (vibrations) उत्पन्न हुआ है। यह कम्पन जितना ही अधिक होगा, ध्वनि की प्रबलता (loudness) उतनी ही अधिक होती है। अतः एक ही आवृत्ति (frequency) की दो ध्वनि जिसकी ऊँचाई (amplitude) भिन्न-भिन्न है, के उत्पन्न होने से बेसिलर झिल्ली का एक ही स्थान (place) उत्तेजित होगा परन्तु अधिक ऊँचाई वाला ध्वनि से पूरे वेसिलर झिल्ली में तुलनात्मक रूप से अधिक स्नायु-प्रवाह (nerve impluse) उत्पन्न होगा और उसकी प्रबलता (loudness) व्यक्ति को अधिक अनुभव होगा। इस सिद्धान्त के अनुसार ध्वनिरूप (timbre) का प्रत्यक्षण कम्पन के विशिष्ट पैटर्न (specific pattern) पर निर्भर करता है।

रूग्गेरो (Ruggero, 1992) ने नवीनतम प्रविधि एवं यंत्र के माध्यम से वेसिलर झिल्ली का प्रेक्षण कर यह बतलाया है कि इसके विभिन्न भाग ध्वनितरंग के अलग-अलग आवृत्तियों द्वारा उत्तेजित होते हैं। इससे हेल्महोल्ज के स्थान सिद्धान्त को समर्थन मिलता है। वॉन वेकेसी (Von Bekesy, 1960) ने हेल्महोल्ज के इस सिद्धान्त का महत्त्वपूर्ण प्रयोगात्मक जाँच (experimental test) किया है। ऐसा करने के लिए उन्होंने कई प्रयोग किये। उनके विभिन्न प्रयोगों की सामान्य विधि

(procedure) इस प्रकार थी। कुछ गिनिया पिग (guinea pigs) के कोक्लिया (cochlea) में एक छेद (hole) किया गया ताकि वेसिलर झिल्ली को माइक्रोस्कोप के सहारे देखा जा सके। उन्होंने अपने अध्ययन में पाया कि उच्च आवृत्ति वाले ध्वनि(high frequency tone)द्वारा वेसिलर झिल्ली(basilar membrane)का नीचे वाला भाग(जो ओभल खिड़की के नजदीक होता है) में अधिक विस्थापन (displacement) होता है। बीच की आवृत्ति वाले ध्वनि (intermediate frequency tone) जैसे 150 Hz से कम आवृत्ति वाले ध्वनितरंग यानी 9,000-10,000 आवृत्ति वाले ध्वनि द्वारा वेसिलर झिल्ली की ऊपरी भाग में अधिक विस्थापन (displacement) होता है। इन दोनों तरह के परिणाम से तो स्थान सिद्धान्त की पुष्टि होती है। परन्तु वेकेसी (Bekesy) ने अपने परिणाम में यह पाया कि निम्न आवृत्ति वाले ध्वनि (low frequency tone) जैसे 150Hz से कम आवृत्ति वाले ध्वनि तरंग द्वारा पूरे वेसिलर झिल्ली (basilar membrane) में विस्थापन यानी प्रकम्पन होता है। स्पष्टतः वेकेसी द्वारा प्राप्त यह अन्तिम परिणाम द्वारा स्थान सिद्धान्त की पुष्टि नहीं होती है बल्कि यह सिद्धान्त इस तरह के परिणाम द्वारा कुछ कमजोर पड़ जाता है क्योंकि अब यह स्पष्ट हो जाता है निम्न आवृत्ति वाले ध्वनि (low frequency tone) से तो पूरे वेसिलर झिल्ली में विस्थापन या प्रकम्पन (vibration) करीब-करीब समान मात्रा (equal amount) में होती है। अतः उच्च तथा बीच की आवृत्ति वाले ध्वनि से भिन्न-भिन्न मात्रा में उत्पन्न विस्थापन या कम्पन तारत्व विभेद (pitch discrimination) का आधार है, सही नहीं दीख पड़ता। इस कठिनाई के अलावा कुछ और ऐसे भी तथ्य (facts) हैं जिनकी व्याख्या स्थान सिद्धान्त द्वारा नहीं होती है। जैसे—

1. पहली आलोचना तो यह है कि भिन्न-भिन्न आवृत्तियों (frequencies) द्वारा वेसिलर झिल्ली (basilar membrane) का भिन्न-भिन्न स्थान (place) उत्तेजित होने से उत्पन्न विस्थापन (displacement) या प्रकम्पन (vibration) में इतनी अधिक समानता होती है कि उसके आधार पर कोई भी व्यक्ति तारत्व विभेद (pitch discrimination) कर पायेगा या नहीं, यह कहना कठिन है।

2. दूसरी आलोचना यह है कि स्थान सिद्धान्त पूर्ण-या-बिलकुल-नहीं नियम (all-or-none low) के प्रतिकूल है। इस नियम के अनुसार कोई भी तंत्रिका कोश (nerve cell) किसी भी उद्दीपक (stimulus) से या तो पूर्णतः उत्तेजित होता है या बिलकुल ही नहीं उत्तेजित होता है। परन्तु स्थान सिद्धान्त तो यह कहता है कि उच्च आवृत्ति वाले ध्वनि (high frequency) से वेसिलर झिल्ली के सिर्फ निचली भाग में कम्पन करता है और बाकी भाग इससे उत्तेजित नहीं होते हैं। स्पष्टतः तत्र स्थान सिद्धान्त की व्याख्या एक महत्त्वपूर्ण नियम यानी पूर्ण-या-बिलकुल-नहीं नियम के प्रतिकूल हैं।

3. तीसरी आलोचना यह है कि दो उच्च आवृत्ति की ध्वनि को जैसे 2000Hz तथा 2400Hz को एक साथ उत्पन्न किया जाय तो 400Hz का लुप्त मूल ध्वनि (missing fundamental tone) उत्पन्न होती है जिसे हम सुनते हैं। इस लुप्त ध्वनि की व्याख्या स्थान सिद्धान्त नहीं कर पाता है।

4. चौथी आलोचना यह है कि इस सिद्धान्त द्वारा इस बात की व्याख्या नहीं हो पाती है कि 150Hz से नीचे के ध्वनि तरंगों को व्यक्ति किस तरह से सुन पाता है।

2. बारम्बारता सिद्धान्त *(Frequency theory)*—ग्रीन (Green, 1976) के अनुसार इस सिद्धान्त का प्रतिपादन सबसे पहले अगस्त सीबैक (August Seeback) ने 1840 में किया था और बाद में इस सिद्धान्त की विस्तृत व्याख्या वेभर (Wever, 1970) ने किया। इस सिद्धान्त के अनुसार वेसिलर झिल्ली (basilar membrane) में प्रकम्पन (vibration) पूर्णरूपेण (as a whole) होता है और इस पूर्णरूपेण प्रकम्पन से उत्पन्न पैटर्न (pattern) द्वारा ध्वनि की आवृत्ति (frequency) का ज्ञान होता है। सच पूछा जाय तो इस सिद्धान्त के अनुसार कोकलिया (cochlea) एक माइक्रोफोन (microphone) के रूप में तथा श्रवण तंत्रिका (auditory nerve) टेलिफोन का तार (telephone wire) के रूप में कार्य करता है। यही कारण है कि इस सिद्धान्त को *टेलिफोन सिद्धान्त* (telephone theory) भी कहा जाता है। इस सिद्धान्त के अनुसार श्रवण तंत्रिका (auditory nerve) में प्रवाहित तंत्रिका आवेग (nerve inpulses) की आवृत्ति (frequency) पर तारत्व (pitch) का प्रत्यक्षण निर्भर करता है। अगर तंत्रिका आवेग की आवृत्ति अधिक होगी, तो तारत्व भी अधिक होगा तथा अगर तंत्रिका आवेग की आवृत्ति कम होगी तो तारत्व भी कम होगा। प्रयोगात्मक अध्ययन (experimental studies) से यह बात स्पष्ट हो गया है कि 4,000 Hz की ध्वनि आवृत्ति तक श्रवण तंत्रिका (auditory nerve) में उत्पन्न होने वाले आवृत्ति या बारंबारता हू-ब-हू समान होती है। दूसरे शब्दों में यह कहा जा सकता है कि 500 Hz की ध्वनि से श्रवण तंत्रिका (auditory nerve) में 500 आवृत्ति का तंत्रिका आवेग (nerve impulse) उत्पन्न होगा तथा 1000 Hz की ध्वनि से 1000 आवृत्ति का तंत्रिका आवेग (nerve impluse) उत्पन्न होगा और इसी तरह से

4,000 Hz से 4,000 आवृत्ति का तंत्रिका आवेग उत्पन्न होगा। इस तरह से तब यह स्पष्ट है कि इस सिद्धान्त के अनुसार ध्वनि तरंगों की व्याख्या तथा विश्लेषण वेसिलर झिल्ली (basilar membrane) नहीं करता है बल्कि मस्तिष्क का श्रवण बल्कल (auditory cortex) करता है। अगर हम स्थान सिद्धान्त (place theory) तथा आवृत्ति सिद्धान्त (frequency theory) का तुलनात्मक अध्ययन करें तो हम निम्नांकित दो प्रमुख अन्तरों (differences) पर पहुँचते हैं—

(i) स्थान सिद्धान्त के अनुसार वेसिलर झिल्ली में विशिष्ट (specific) रूप से प्रकम्पन होता है यानी इसके खास-खास स्थान (place) में खास-खास ढंग की तंत्रिका आवेग उत्पन्न होता है। परन्तु आवृत्ति सिद्धान्त के अनुसार वेसिलर झिल्ली में प्रकम्पन समग्र रूप से या सम्पूर्ण रूप से होता है। खास ध्वनि की आवृत्ति से वेसिलर झिल्ली का खास स्थान में ही प्रकम्पन होगा, ऐसा आवृत्ति सिद्धान्त के अनुसार नहीं होता है।

(ii) स्थान सिद्धान्त के अनुसार ध्वनि तरंगों के विश्लेषण का कार्य वेसिलर झिल्ली का भिन्न-भिन्न भाग स्वयं कर लेता है परन्तु आवृत्ति सिद्धान्त के अनुसार यह क्रिया वेसिलर झिल्ली द्वारा न होकर मस्तिष्क का श्रवण वल्कल (auditory cortex) द्वारा होता है।

इस सिद्धान्त के साथ सबसे प्रमुख कठिनाई यह है कि एक वैयक्तिक तंत्रिका कोश (indiyidiual nerve cell or neuron) प्रति सेकेण्ड 1,000 तंत्रिका आवेग (nerve impulse) को ही ढो (carry) सकता है। ऐसी परिस्थिति में हमलोगों को 1000 Hz तक की ध्वनि को ही सुनना चाहिए था। परन्तु ऐसा नहीं होता है। हम इससे काफी अधिक तथा 20,000 Hz तक की ध्वनि को सुनते हैं। ऐसा कैसे सम्भव हो पाता है? इसकी व्याख्या करने के लिए वेभर (Wever, 1970) ने एक विशेष नियम (principle) जिसे *भौली सिद्धान्त* (Volley principle) कहा जाता है, का प्रतिपादन किया है। इस सिद्धान्त की मूल विशेषता यह है कि तंत्रिका तन्तुओं (nerve fibers) के बीच सहयोग (cooperation) की भावना होती है जिसके कारण जब ध्वनि तरंग की आवृत्ति 1000 Hz से अधिक होती है तो कई तंत्रिका तन्तु एक साथ मिलकर उत्तेजना (stimulation) पैदा करने लगते हैं। फलस्वरूप, हमें 1000Hz से अधिक ध्वनि तरंगों द्वारा उत्पन्न प्रकम्पन (vibration) का ज्ञान आसानी से हो जाता है। परन्तु जैसा कि वुड एवं बुड (Wood & Wood, 1996) ने कहा है कि भौली सिद्धान्त के सहायता से भी बारंबारता सिद्धान्त इस बात की व्याख्या नहीं कर पाता है कि व्यक्ति 4000Hz से उच्च ध्वनि तरंगों को किस प्रकार सुन पाता है क्योंकि यहाँ भौली सिद्धान्त का आधार क्षीण होता दीखता है। आजकल शोधकर्त्ताओं का सामान्य विश्वास यह है कि—

(i) बारम्बारता सिद्धान्त उत्तम ढंग से यह व्याख्या करने में सक्षम है कि व्यक्ति निम्न आवृत्ति के ध्वनि जैसे 150Hz या उससे कम को किस प्रकार सुन लेता है।

(ii) बारम्बारता सिद्धान्त 150Hz से 4,000Hz तक की ध्वनि आवृत्ति को सुनने की व्याख्या करने में स्थान सिद्धान्त का एक सम्पूरक (supplementary) का कार्य करता है। [मैटलिन एवं फोले (Matlin & Foley, 1992)]

श्रवण सिद्धान्तों के बारे में निष्कर्ष (*Conclusion about auditory theories*)—मनोवैज्ञानिकों का मत है कि चूँकि स्थान सिद्धान्त तथा बारंबारता सिद्धान्त दोनों के समर्थन में कुछ-कुछ प्रयोगात्मक सबूतें (experimental evidences) उपलब्ध हैं, अतः तारत्व (pitch) की व्याख्या में इन दोनों सिद्धान्तों का संयुक्त योगदान है। सच्चाई यह है कि तारत्व की व्याख्या किसी एक सिद्धान्त से मात्र अधूरा ही रह जाता है। **कोरेन, पोरेक** तथा **वार्ड**[1] (Coren, Porac & Ward, 1979) ने ठीक ही कहा है, *''चूँकि कुछ आँकड़े (data) द्वारा स्थान सिद्धान्त तथा बारंबारता सिद्धान्त दोनों को समर्थन मिलता है, अतः जैसा कि वेभर (Wever,* 1970) *ने सुझाव दिया है, तारत्व प्रत्यक्षण की अंतिम व्याख्या में दोनों सिद्धान्तों के कुछ पहलुएँ सम्मिलित हैं।''* वेभर (Wever, 1970) के अध्ययन के अनुसार जब ध्वनि की आवृत्ति या बारंबारता 500Hz से, 20,000 Hz के बीच होती है तो स्थान सिद्धान्त (place theory) द्वारा तारत्व (pitch) की व्याख्या अच्छे ढंग से हो पाता है क्योंकि इन आवृतियों की ध्वनि तरंगों से वेसिलर झिल्ली (basilar membrane) में जो प्रकम्पन (vibrations) होता है, वह वेसिलर झिल्ली के अलग-अलग स्थानों (places) में अलग-अलग ढंग से होता है। परन्तु जब ध्वनि तरंग की आवृत्ति 500 Hz से नीचे होती है तो वैसी परिस्थिति में बारंबारता सिद्धान्त द्वारा तारत्व

1. "Since both the place principle and the frequency principle seem to be supported by some data, it seems likely as Wever (1970) has suggested that the ultimate explanation of pitch perception will include some aspects of both theories."
—Coren, Porac & Ward : *Sensation and Perception,* 1979 p. 217-18

की व्याख्या अपेक्षाकृत अधिक अच्छे ढंग से होती है। परन्तु जब ध्वनि तरंग की आवृत्ति 500Hz से 4000Hz के बीच होती है तो वेभर (Wever, 1970) ने यह पाया कि ऐसी परिस्थिति में स्थान सिद्धान्त तथा बारंबारता सिद्धान्त दोनों ही तारत्व (pitch) की व्याख्या करने में समर्थ होता है। दूसरे शब्दों में, इन दोनों सिद्धान्तों द्वारा बताये गये तथ्यों का समावेश 500Hz से 4000Hz तक में उत्पन्न तारत्व (pitch) काफी उच्च बारंबारता की ध्वनि तथा काफी निम्न बांरबारता की ध्वनि की अपेक्षा अधिक स्पष्ट होता है और हमारे कान का निष्पादन (performance) सर्वोत्तम होता है। अतः वेभर (Wever, 1970) का इन सिद्धान्तों के बारे में पूर्णरूपेण निष्कर्ष (overall conclusion) इस प्रकार हैं—

1. 500Hz से 20,000Hz तक के परास (range) में जब ध्वनि तरंगें होतीं हैं तो स्थान सिद्धान्त द्वारा तारत्व की व्याख्या अधिक स्पष्ट ढंग से होती है। अतः उच्च आवृत्ति या बारंबारता की ध्वनि होने पर स्थान सिद्धान्त की व्याख्या अधिक उचित है।
2. जब ध्वनि तरंग की आवृत्ति 500Hz से कम होता है, तो बारंबारता सिद्धान्त की व्याख्या स्थान सिद्धान्त की व्याख्या के अपेक्षा अधिक उचित (appropriate) होती है।
3. जब ध्वनि तरंगों 500Hz से 4000Hz के बीच होती है तो इसका प्रत्यक्षण (perception) व्यक्ति इससे कम बारंबारता वाले ध्वनि तरंगों या इससे अधिक बारंबारता वाले ध्वनि तरंगों की अपेक्षा बहुत अधिक स्पष्ट ढंग से करता है क्योंकि इस परास(range)के ध्वनि तरंगों के प्रत्यक्षण में दोनों सिद्धान्तों द्वारा दिये गये तथ्यों(facts) का समावेश होता है।

अतः निष्कर्ष यह है कि श्रवण प्रत्यक्षण विशेषतः तारत्व प्रत्यक्षण (pitch perception) की व्याख्या में दोनों सिद्धान्त एक-दूसरे का समर्थन देते हैं तथा पूरक के रूप में कार्य करते हैं। अगर हम किसी एक सिद्धान्त के द्वारा तारत्व की व्याख्या करने की कोशिश करें तो यह अधूरा होगा। इस निष्कर्ष का समर्थन हमें सिमोन्स तथा उनके सहयोगियों (Simmons et al., 1965) द्वारा किया गया एक प्रयोग (experiment) में भी मिलता है। इस अध्ययन में प्रयोज्य के वेसिलर झिल्ली (basilar membrane) के भिन्न-भिन्न स्थानों को ध्वनि तरंगों के भिन्न-भिन्न आवृत्तियों (frequencies) द्वारा उत्तेजित किया गया और परिणाम में पाया गया कि वेसिलर झिल्ली के सभी स्थान (place) एक ही तरह की आवृत्ति वाले ध्वनि तरंगों से प्रकम्पित नहीं होते हैं। कुछ स्थान उच्च आवृत्ति वाले ध्वनि तरंगों से प्रकम्पित होते हैं तो कुछ बीच की आवृत्ति वाले ध्वनि तरंगों से प्रकम्पित होते हैं। परन्तु जब 20Hz से 300Hz की ध्वनि तरंगों द्वारा वेसिलर झिल्ली के भिन्न-भिन्न भाग को उत्तेजित किया गया तो इससे उत्पन्न प्रकम्पन (vibrations) अस्पष्ट (vague) था क्योंकि उसकी मात्रा करीब-करीब समान थी और उसमें किसी प्रकार का अन्तर करना सम्भव नहीं था। इससे स्पष्ट हो जाता है कि स्थान सिद्धान्त द्वारा निम्न आवृत्ति वाले ध्वनि तरंगों से उत्पन्न तारत्व (pitch) की व्याख्या नहीं हो पाती है। इसकी व्याख्या के लिए फिर हमें आवृत्ति सिद्धान्त के तथ्यों का समावेश आवश्यक हो जाता है।

वेकेसी (Bekesy, 1960) ने इन दोनों सिद्धान्तों को संयोजित (combine) करने का भरसक प्रयास किया है। उन्होंने इस सिलसिले में कई तथ्यों पर प्रकाश डाला है। जैसे, उन्होंने यह स्पष्ट किया कि वेसिलर झिल्ली (basilar membrane) का कड़ापन (stiffness) सभी स्थानों पर एक समान न होकर भिन्न होता है। यह आधारीय छोर (basal end) पर अधिक कड़ा होता है तथा शीर्षस्थ छोर (apical end) पर अधिक लचीला (flexible) होता है। जब ध्वनि तरंग की आवृत्ति (frequency) कम होती है अर्थात् 400Hz या उससे भी कम होती हैं, तो वेसिलर झिल्ली का सभी हिस्सा एक साथ प्रकम्पित हो जाता है तथा प्रकम्पन के इस समग्र आवृत्ति (overall frequency) द्वारा तारतत्व (pitch) क निर्धारण होता है। इस तरह की अनुक्रिया से बारंबारता सिद्धान्त (frequency theory) का समर्थन मिलता है। परंतु जब ध्वनि तरंग उच्च आवृत्ति (higher frequencies) का होता है तो प्रकम्पित वेसिलर झिल्ली के आधारीय छोर (basal end) से एक प्रकम्पन तरंग निकलता है और जैसे-जैसे झिल्ली में आगे की ओर वह बढ़ता है उसकी मात्रा (amplitude) बढ़ते जाती है और फिर झिल्ली के शीर्षस्थ बिन्दु पर पहुँचकर उस प्रकम्पन तरंग की दढ़ी हुई मात्रा लगभग समाप्त होकर फिर आधारीय छोर पर की मात्रा के बराबर हो ज़ाती है। यहाँ महत्त्वपूर्ण बात यह है कि वेसिलर झिल्ली का वह भाग (position) जिस पर ध्वनि तरंग (sound wave) की मात्रा (magnitude) अधिकतम हो जाती है, वह तरंग की आवृत्ति पर निर्भर करती है। निम्न आवृत्तियों के लिए वेसिलर झिल्ली के शीर्षस्थ बिन्दु (apical end) पर उच्चतम मात्रा (highest amplitude) उत्पन्न होता है तथा उच्चतर आवृत्ति वाले तरंग के लिए वेसिलर झिल्ली के आधारीय छोर (basal end) पर उच्चतम मात्रा (highest amplitude) उत्पन्न होती है। मध्यम आवृत्ति वाले ध्वनि अर्थात् करीब 1600 Hz वाले आवृत्ति के लिए वेसिलर झिल्ली

के मध्य पर ध्वनि तरंग की उच्चतम मात्रा में उत्पन्न होती है।

अंतिम निष्कर्ष यह है कि स्थान तथा आवृत्ति सिद्धान्त दोनों की व्याख्या विशेषकर 500Hz से 4000Hz की आवृत्तियों की व्याख्या के लिए सही है। वेसिलर झिल्ली का वह भाग जिसपर ध्वनि तरंग की मात्रा (amplitude) सचमुच में अधिकतम हो जाती है, वह ध्वनि की आवृत्ति (frequency) के अनुसार परिवर्तित होता है और तंत्रिका की उत्तेजनशीलता (nerve firing) का समग्र दर (overall rate) भी ध्वनि की आवृत्ति से सम्बन्धित होता है। इन तथ्यों से अपने आप यह स्पष्ट हो जाता है कि श्रवण प्रत्यक्षण की व्याख्या में ये दोनों सिद्धान्त के मूलभूत तत्त्व एक-दूसरे के पूरक हैं।

द्वितीयक ज्ञानेन्द्रियाँ
(Secondary Senses)

मनोविज्ञान में दृष्टि (vision) तथा श्रवण (auditory) ज्ञानेन्द्रियों का अध्ययन हालांकि सविस्तार किया गया है, परंतु अन्य ज्ञानेन्द्रियों तथा सम्बन्धित प्रक्रियाओं का भी अध्ययन किया गया है। ऐसी ज्ञानेन्द्रियों को *द्वितीयक ज्ञानेन्द्रियाँ* (secondary senses) कहा जाता है जिनमें निम्नांकित प्रमुख हैं—

(क) घ्राण (Olfaction)
(ख) स्वादन (Gustation)
(ग) त्वक् या त्वचीय ज्ञानेन्द्रियाँ (Cutaneous senses)
(घ) गतिबोधक ज्ञानेन्द्रियाँ (Kinesthetic senses)
(ङ) प्रघाणीय ज्ञानेन्द्रियाँ (Vestibular senses)

इन सबों का वर्णन हम अब अलग-अलग अनुच्छेद में करेंगे।

घ्राण
(Olfaction)

घ्राण एक तरह का रासायनिक ज्ञानेन्द्रिय (chemical sense) है। हालांकि कुछ पशुओं जैसे कुत्तों में घ्राण उद्दीपक (olfactionary receptors) मनुष्यों की तुलना में काफी अधिक होते हैं, मनुष्यों में भी घ्राणेन्द्रियाँ काफी विकसित होतीं हैं। डीभ्राईज एवं स्टूईभर (Devrie's & Stuiver, 1961) के अध्ययन के अनुसार मानव घ्राणेन्द्रियाँ एकाकी गंधमय अणु (single odorous molecule) से उत्तेजित हो सकता है। गंधमय अणु नाक में प्रवेश करके घ्राणेन्द्रिय (olfactor receptor) को प्रभावित कर देता है। ऐसी घ्राणेन्द्रियाँ प्रत्येक नासा छिद्र (nostril) के ऊपर में जिसे घ्राण इपिथेलियम (olfactory epithelium) कहा जाता है, पर अवस्थित होती है। घ्राण इपिथेलियम एक वर्ग ईंच में उत्तकों (tissue) का एक समूह होता है। दोनों नाक में एक-एक घ्राण इपिथेलियम होता है जिनमें करीब 10 मिलियन घ्राण कोशिकाएँ (receptor cells) होती हैं।

घ्राणेन्द्रियाँ अन्य संवेदी ग्राहकों (sensory receptors) से भिन्न होतीं हैं। ये सभी कुछ विशिष्ट प्रकार के न्यूरोन होते हैं जो संवेदी उद्दीपकों (sensory stimuli) से सीधे सम्पर्क में आते हैं और फिर सीधे मस्तिष्क में पहुँच जाते हैं। अन्य सभी न्यूरोन से भिन्न इनका स्वरूप होता है क्योंकि इनकी जीवन अवधि (life span) लघु होती है अर्थात् 8 सप्ताह से भी कम होता है तथा जैसा कि फार्वमैन (Farbman, 1992) ने कहा है, वे सतत प्रतिस्थापित (replace) होते रहतीं हैं। घ्राण ग्राहकों (olfactory receptors) के एक्सान (axons) गंधमय सूचनाओं को सीधे घ्राण बल्व (olfactory bulb) में भेजते हैं। यह बल्व दियासलाई के कांठी के आकार का होता है जो नासाछिद्र के ठीक ऊपर होता है और मस्तिष्क का विशेष संरचना होता है। घ्राण बल्व से फिर गंधमय सूचनाओं को मस्तिष्क के विभिन्न भागों में प्रसारित कर दिया जाता है। अभी हाल तक शोधकर्त्ताओं को यह पता नहीं था कि कितने भिन्न प्रकार के घ्राण ग्राहक (olfactory receptors) होते हैं और विभिन्न गंधों का कूटानुवाद (decoding) मुख्यतः नाक में ही होता है या घ्राण ग्राहकों की संख्या कम है और मस्तिष्क में ही मूलतः कूटानुवाद होता है। परन्तु हाल ही में बक तथा एक्सेल (Buck & Axel, 1991) द्वारा किये गए शोधों से यह स्पष्ट हुआ है कि 100 से ज्यादा विभिन्न प्रकार के घ्राण ग्राहक होते हैं तथा इनकी सम्पूर्ण संख्या इनसे

भी कहीं ज्यादा हो सकती है। इनलोगों के शोधकार्य के आधार पर यह पूर्णतः स्पष्ट हो गया है कि गंधों के विभेदन का कार्य घ्राण ग्राहक (olfactory receptor) ही करते हैं।

फायरस्टीन (Firestein, 1991) द्वारा किये गए शोधों से यह स्पष्ट हुआ है कि मानव घ्राण तंत्र (olfactory system) 10,000 विभिन्न गंधमय अणु (odor molecules) के बीच अन्तर करने की क्षमता रखता है। डायोनि (Dionne, 1988) के अनुसार यह तंत्र 1,00000 यौगिकों (compounds) के बीच भी अंतर करने में सक्षम है। लेकिन फिर भी घ्राण संवेदनों में व्यापक रूप से वैयक्तिक विभिन्नता पायी जाती है। डौब्ब (Dobb, 1989) द्वारा किये गए शोधों से यह स्पष्ट हुआ है कि इत्रफरोश (Perfume seller) लोग तो 1,00000 गंधमय यौगिकों के बीच विभेद कर लेते हैं परन्तु एक औसत व्यक्ति पर्याप्त प्रशिक्षण पाकर करीब 10,000 से 40,000 गंधमय यौगिकों के बीच विभेद कर सकता है। रॉविन तथा केन (Robin & Cain, 1986) के अनुसार गंध के वैयक्तिक संवेदनशीलता में करीब बीस गुनी विभिन्नताएँ अर्थात् विभिन्न गंधों के दहेली (threshold) में बीस गुनी विभिन्नताएँ पायी जातीं हैं।

स्वादन
(Gustation)

स्वाद (taste) या स्वादन (gustation) एक रासायनिक ज्ञानेन्द्रिय (chemical sense) है। स्वाद संवेदन के लिए मुख्य ग्राहक (receptor) स्वाद कली (taste bud) होता है। जब द्रव्य (substances) स्वाद कलियों (taste buds) के सम्पर्क में आते हैं, तो हमें स्वाद का अनुभव होता है। आधुनिक अध्ययनों से यह पता चला है कि स्वाद कलियाँ न केवल जिह्वा (tongue) में पायी जातीं हैं बल्कि तालु (palate), ग्रसनी (pharynx), टांसिल (tonsils), होठ (lips), गाल (cheeks) तथा जिह्वा के नीचे वाले भागों में भी पायी जाती हैं। परन्तु स्वाद कलियों का सबसे ज्यादा संख्या *पापिलै* (Papillae) में पाया जाता है जो जीभ के सतह पर उत्तकों (tissues) का पालि (lobes) होता है। प्रत्येक पापिलै में करीब 200 या उससे अधिक स्वाद कलियाँ होतीं हैं और प्रत्येक स्वाद कली में 60 से 100 स्वाद ग्राहक या कोशिकाएँ होतीं हैं। ऐसा अनुमान लगाया गया है कि एक सामान्य वयस्क में 10,000 स्वाद कलियाँ होतीं हैं। बिडलर तथा स्माल्लमैन (Beidler & Smallman, 1965) के अनुसार प्रत्येक 10 दिन पर स्वाद कोशिकाएँ मर जातीं हैं और उनके जगह नयी कोशिकाएँ अपने आप बन जाती हैं। वारटोशक (Bartoshuk, 1989) के अध्ययन के अनुसार जीभ के अगले छोर (tip) पर सबसे ज्यादा संख्या में स्वाद कलियाँ पायी जातीं हैं, पिछले छोरों पर कम संख्या में पायी जाती हैं तथा बीच में स्वाद कलियाँ बिलकुल ही नहीं होतीं हैं। उम्र बीतने के साथ व्यक्ति के स्वाद कलियों की संख्या कमती जाती है। शायद यही कारण है कि बहुत वृद्ध लोग प्रायः यह कहते सुने जाते हैं कि वैसे भोजन में भी उन्हें अब कम स्वाद लगता है जो पहले बहुत ही स्वादपूर्ण लगते थे।

अध्ययनों से यह स्पष्ट हुआ है कि मनुष्यों द्वारा मात्र चार तरह के स्वाद गुणों (taste qualities) की पहचान की जाती है— मीठा (sweet), खट्टा (sour), नमकीन (salty) तथा कडुआ (bitter)। अन्य स्वाद यही चार स्वाद गुणों के मिलने के फलस्वरूप उत्पन्न होते हैं।

वुड एवं वुड (Wood & Wood 1996) ने स्पष्टतः यह बतलाया है कि पिछले हाल के कुछ वर्षों तक अधिकतम पाठ्य-पुस्तकों में एक जिह्वा नक्शा (tongue map) दिखलाया जाता था जिसमें चार प्रमुख स्वाद को जीभ के विभिन्न भागों में अवस्थित होते दिखलाया जाता था। जैसे, मीठा स्वाद संवेदन का स्थान जीभ के नोंक (tip) पर बतलाया जाता था, खट्टा तथा नमकीन स्वादों को जीभ के दोनों बगल (side) में अवस्थित बतलाया जाता था तथा कडुवा स्वाद जीभ के पिछले भाग में अवस्थित बतलाया जाता था। लेकिन आजकल यह स्थापित हो चुका है कि जिह्वा नक्शा एक त्रुटि (error) था जो 1901 में जर्मन मनोदैहिक वैज्ञानिक (psychophysicist) जो विलहेल्म वुंट के प्रयोगशाला में कार्य करते थे, द्वारा प्रकाशित एक लेख (article) का गलत अनुवाद के परिणामस्वरूप उत्पन्न हुआ था। आधुनिक शोधकर्त्ताओं जैसे बारटोशक एवं बीऊकैम्प (Bartoshuk & Beauchamp, 1994) द्वारा किये गए विस्तृत अध्ययन जिसमें चार स्वाद संवेदनों के गहन स्थानिक जाँच (spatial testing) किया गया, यह पाया गया है कि ये चारों स्वाद संवेदन जीभ के सभी भागों में अवस्थित स्वाद कलियों द्वारा उत्पन्न होते हैं। ब्राउन (Brown, 1975) के अध्ययन के अनुसार कडुवा एवं खट्टा स्वाद का संवेदन जीभ से ज्यादा तालु (palate) से होता देखा गया है।

स्वाद संवेदन कई कारकों से प्रभावित होता पाया गया है। यह न सिर्फ स्वाद अणु के प्रकार तथा ग्राहक के स्थान बल्कि स्वाद के संयोग (combination) से भी प्रभावित होता पाया गया है। मौसकोविज (Moskowitz, 1970) द्वारा

किये गए अध्ययनों से यह स्पष्ट हुआ है कि मीठा द्रव्य (sweet substance) से खट्टापन एवं कड़ुवापन दोनों संवेदनों में कमी आ जाती है। दूसरे तरफ कैफेईन (caffeine) से खट्टापन (sourness) में वृद्धि होती है। एक अन्य कारक तापक्रम (temperature) है। वेकेसी (Bekesy, 1964) द्वारा किये गए अध्ययन से यह पता चला है कि जब मीठा एवं नमकीन घोलों को गर्म किया जाता है तो मीठा का संवेदन तीव्र हो जाता है तथा नमकीन का संवेदन धीमा पड़ जाता है।

आधुनिक अध्ययनों से यह भी पता चला है कि स्वाद संवेदनशीलताओं में गहरी वैयक्तिक विभिन्नताएँ पायी जातीं हैं। इतना ही नहीं, विशिष्ट स्वाद क्षमताएँ जिन्हें जन्मजात समझा जाता है, में भी पर्याप्त वैयक्तिक विभिन्नता पायी जाती है। वारटोशक एवं उनके सहयोगियों (Bartoshuk et al. 1992) द्वारा किये गए शोधों से यह स्पष्ट हुआ है कि कुछ विशेष मीठा एवं कड़ुवा द्रव्यों के स्वाद संवेदनों के आधार पर लोगों को निम्नांकित तीन समूहों में बाँटा जा सकता है—

(a) अस्वादी (non testers)

(b) मध्यमस्वादी (medium tasters)

(c) उत्तमस्वादी (super tasters)

अस्वादी व्यक्ति वैसे व्यक्ति को कहा जाता है जो कुछ मीठे एवं कड़वे (bitter) यौगिकों (compounds) का स्वाद पहचानने में असमर्थ रहते हैं परंतु वे अन्य यौगिकों या मिश्रणों (compounds) को कम संवेदनशीलता के साथ ही सही अवश्य ही स्वादन करने में समर्थ हो जाते हैं। उत्तम स्वादी वैसे व्यक्ति को कहा जाता है जो मीठा तथा कड़ुवा के मिश्रण को अन्य लोगों की अपेक्षा काफी तीव्रता से स्वादन कर लेते हैं। ऐसे लोग अपने चाय या कॉफी पीते समय कम मात्रा में चीनी मिलाते हैं परंतु फिर भी उन्हें इनमें काफी मिठास का संवेदन होता है। उसी तरह से उत्तम स्वादी लोग जब मिरची खाते हैं, तो इन्हें मुखा जलन (oral burn) का अनुभव अन्य लोगों की अपेक्षा अधिक होती है। मध्यम स्वादी लोग वैसे लोग को कहा जाता है जिनकी स्वाद संवेदन की स्थिति अस्वादी (non taster) तथा उत्तम स्वादी के स्वाद संवेदनों के बीच की होती है।

मिल्लर एवं रीडी (Miller & Reedy, 1990) ने एक अध्ययन किया जिसमें इन लोगों ने *विडियो माइक्रोस्कॉपी* (video-microscopy) का उपयोग करके जीभ पर स्वाद कलियों (taste buds) की संख्या की गिनती किया है। इन्होंने अपने अध्ययन में पाया है कि अस्वादी लोग के जिह्वा में प्रतिवर्ग सेन्टमीटर में औसतन 96 स्वाद कलियाँ (जो बहुत ही कम है) पायी जाती है। मध्यम स्वादी लोगों में प्रतिवर्ग सेन्टीमीटर औसतन 184 तथा उत्तमस्वादी लोगों में औसतन 425 स्वाद कलियाँ होती हैं। परंतु साथ-ही-साथ यह विशेष तथ्य कि उत्तम स्वादी लोग सभी द्रव्यों (substances) का स्वादन उच्च तीव्रता से नहीं कर पाते हैं, से यह स्पष्टतः पता चलता है कि स्वाद कलियों की मात्र संख्या से स्वाद संवेदनशीलता का निर्धारण नहीं होता है।

त्वक् या त्वचीय ज्ञानेन्द्रियाँ
(Cutaneous Senses)

व्यक्ति के शरीर की त्वचा या त्वचीय ज्ञानेन्द्रिय है जो मानव शरीर का सबसे बड़ा ज्ञानेन्द्रिय (sense organ) है। एक व्यक्ति जिसकी लम्बाई करीब 6 फीट होती है, उसके शरीर में लगभग 21 वर्गफीट त्वचा होती है। मानव शरीर की त्वचा में बहुत सारे ग्राहक (receptors) होते हैं जिनके माध्यम से व्यक्ति को मूलतः तीन तरह के संवेदन होते हैं—

स्पर्श (touch) एवं दवाब (pressure), तापक्रम (temperature) अर्थात् गर्म (warm) एवं ठंडा (cold) का संवेदन तथा दर्द (pain) का संवेदन। प्रत्येक संवेदन में एक उपयुक्त उद्दीपक (stimulus) को स्नायविक ऊर्जा (neural energy) में बदल दिया जाता है और मस्तिष्क उस स्नायविक ऊर्जा की व्याख्या कर विशेष मनोवैज्ञानिक अनुभूति व्यक्ति में उत्पन्न करता है। त्वचा ग्राहक अन्ततः मस्तिष्क के कायिक संवेदी कॉर्टेक्स (Samatosensory cortex) में सूचनाओं को भेजता है जो मध्य पालि में (parietal lobe) में मौजूद होते हैं। इन तीनों त्वचा संवेदनों की व्याख्या हम अलग-अलग करेंगे—

(क) स्पर्श एवं दबाव *(Touch and Pressure)*—मानव शरीर की त्वचा से स्पर्श एवं दबाव की संवेदन अनुभूति एक प्रमुख अनुभूति होती है। इसे समझने के लिए मानव त्वचा की संरचना को समझना आवश्यक है। मानव त्वचा में तीन तहें या सतह (layers) होतीं हैं—*इपिडरमिस* (epidermis), *डरमिस* (dermis) तथा *हाइपोडरमिस* (hyprodermis)। इपिडरमिस त्वचा का सबसे ऊपरी सतह होती है और यह मुख्यतः मृत कोशिकाओं (dead cells)

से बना होता है तथा मोटाई में भिन्न होता है। जैसे, चेहरा पर यह पतला होता है जबकि पैर की ऐड़ी पर काफी मोटा होता है। इपिडरमिस की-कोशिकाएँ हमेशा परिवर्तित होते रहती हैं। सचमुच में प्रत्येक 25 दिनों पर पुराना इपिडरमिस के जगह पर नया इपिडरमिस बन जाता है। इपिडरमिस के ठीक नीचे के सतह को डरमिस (dermis.) कहा जाता है। यह जीवित कोशिकाओं से बना होता है तथा इसमें खून एवं तंत्रिका समाप्ति (nerve endings) की आपूर्त्ति होती है। इसमें केश कोशिका (hair cells) तथा तेल उत्पन्न करने वाले ग्रन्थि (oil-producing glands) भी होते हैं। डरमिस तथा इपिडरमिस दोनों मिलकर तापक्रम एवं दबाव (pressure) में होनेवाले तीव्र परिवर्तनों से मानव शरीर की सुरक्षा करते हैं। सबसे अंतिम सतह हाइपोडरमिस होता है जो एक मोटा इन्सुलेटिंग कुशन के रूप में कार्य करता है। उसे *उपत्वचीय उत्तक* (subcutaneous tissue) भी कहा जाता है। त्वचा के इन स्तरों के भीतर कई प्रकार के तंत्रिका तन्तु (nerve fibers) होते हैं। मौलिक रूप से वैज्ञानिकों का यह विश्वास था कि *क्राऊस एण्ड वल्ब* (Krause and Bulbs) से ठंडा का संवेदन, *रूफ्फिनी इंडिन्स* (Ruffini endings) से गर्म का संवेदन, *मिस्सनर कारपसल्स* (Messner's Corpuscles) तथा *रोमकूप* (hair follicles) से स्पर्श (touch) तथा *मुक्त तंत्रिका समाप्ति* (free nerve endings) से दर्द के संवेदन की अनुभूति होती थी। दूसरे शब्दों में, एक समय ऐसा था जब वैज्ञानिकों को यह विश्वास होता था कि कोई खास उद्दीपक से उत्पन्न त्वचीय संवेदन का कारण उत्तेजित तंत्रिका का प्रकार होता है न कि उद्दीपक की विशेषता। परंतु अब इस सिद्धान्त की वैधता समाप्त हो गयी है और केनशालो एवं नेफ (Kenshalo & Nafe, 1962), मेलजैक एवं वॉल (Melzeek & Wall, 1962) द्वारा किये गए अध्ययनों से यह स्पष्ट हो गया है कि अब त्वचा के अधिकतर ग्राहक (receptors) या कोशिकाएँ एक से अधिक उद्दीपकों के प्रति अनुक्रियाशील होते हैं।

स्पर्श संवेदन के अध्ययन में शोधकर्त्ताओं द्वारा त्वचा के विभिन्न जगहों या स्थानों पर *स्थानिक विभेद दहेली* (spatial discrimination threshold) का मापन किया जाता है। इसमें त्वचा को दो नुकीले चीजों से स्पर्श किया जाता है तथा उनके बीच के न्यूनतम दूरी जिसे व्यक्ति दो दबाव बिन्दुओं के रूप में महशूस कर सके, का मापन किया जाता है। इसे *द्वि-बिन्दु सीमान्त* (two-point threshold) कहा जाता है तथा इस सिलसिले में सबसे महत्त्वपूर्ण शोध 1890 वाले दशक में मैक्स वॉन फ्रे (Max Von Frey) द्वारा किया गया। इस क्षेत्र में किये गए आधुनिक अध्ययनों से यह स्पष्ट हुआ है कि मध्य अंगुली (middle finger) सबसे अधिक संवेदनशील होता है क्योंकि मात्र दो बिन्दुओं की आपसी दूरी 2.5 मिली मीटर होने पर ही उसे व्यक्ति को भिन्न दवाब बिन्दु (pressure points) के रूप में अनुभव कर लेता है। हाथ के अन्य अँगुलियों (कनिष्ट अंगुली) को छोड़कर द्वि-बिन्दु सीमान्त भी लगभग इतना ही होता है। अतः ये सभी संवेदनशील भाग होती है। पिण्डली (calf) तथा कंधा का द्वि-बिन्दु सीमान्त सबसे अधिक 47 मिलीमीटर पाया गया। अतः शरीर के ऐसे अंग कम संवेदनशील होते पाये गये।

(ख) तापक्रम (*Temperature*)—इसके तहत मनोवैज्ञानिकों तथा अन्य विशेषज्ञों द्वारा ठंड तथा गर्म के संवेदन का अध्ययन किया जाता है। मानव शरीर का आधारीय तापक्रम (baseline temperature) कर्णपालि (ear lobe) पर करीब 28 डिग्री सेन्टीग्रेड से अग्रवाँह (forearm) पर करीब 37 डिग्री सेन्टीग्रेड तक के परास (range) में होता है। तापक्रम का वह न्यूनतम परिवर्तन जो व्यक्ति में गर्म या ठंड का संवेदन उत्पन्न कर सकता है, 0.01 डिग्री सेन्टीग्रेड से लेकर करीब 8 डिग्री सेन्टीग्रेड तक परिवर्तित होता है और साथ-ही-साथ न्यूनतम ग्राह्य अंतर (minimum noticeable difference) बहुत कुछ आधारीय तापक्रम, उत्तेजित किये जानेवाले शरीर का भाग तथा अन्य चर पर भी निर्भर करता है। केनशालो, डेकर तथा हेमिल्टन (Kenshalo, Decker & Hamilton, 1967) के अध्ययन से यह स्पष्ट हुआ है कि सामान्यतः यदि शरीर का बड़ा सतह क्षेत्र (surface area) को उत्तेजित किया जाता है, तापक्रम की संवेदनशीलता भी उतनी ही अधिक होती है।

जैसा कि हम ऊपर बता चुके हैं, पहले यह समझा जाता था कि गर्म संवेदन का होना *रूफ्फिनी तंत्रिका एण्डिंग्स* (Ruffini nerve endings) पर तथा ठंड संवेदन का होना *क्राऊस एण्ड वल्ब* के उत्तेजित होने पर निर्भर करता है। परंतु आजकल इस सिद्धान्त की मान्यता समाप्त हो गयी है। गेल्डार्ड (Geldard, 1972) के अध्ययन के अनुसार त्वचा के उन सभी क्षेत्रो में जिनमें रूफ्फिनी तथा क्राऊस तंत्रिका एण्डिंग्स अधिक मात्रा में पाया जाता है, गर्म तथा ठंडे के प्रति संवेदनशील होते हैं। केशालो तथा नेफ (Keshalo & Nafe, 1962) के अनुसार, तापक्रम संवेदन का एक समकालीन (contemporary) सिद्धान्त *न्यूरोभसकुलर सिद्धान्त* (neurovascular theory) है। इस सिद्धान्त के अनुसार तापक्रम में परिवर्तन संवहनी तंत्र (vaslcular system) के मुक्त तंत्रिका समाप्ति (free nerve endings) के यांत्रिक उत्तेजनों द्वारा

होता है। जैसे-जैसे रक्त नलिकाएँ गर्म एवं ठंडा होतीं हैं, वे सिकुड़ती एवं फैलती है। इस यांत्रिक उत्तेजन (mechanical stimulation) से तंत्रिका आवेग उत्पन्न होता है जिसके आधार पर हमें तापक्रम में परिवर्तन का अनुभव होता है। यहाँ तंत्रिका आवेग का स्थानिक (spatial) एवं सामयिक पैटर्न (temporal pattern) जो मस्तिष्क में पहुँचता है, उसे महत्त्वपूर्ण माना जाता है न कि मुक्त तंत्रिका समाप्ति के प्रकार को। ऐसा समझा जाता है कि मस्तिष्क में ही कुछ ऐसे क्षेत्र हैं जो ऐसे पैटर्न के प्रति अनुक्रिया करते हैं जिससे हमें गर्म तथा ठंड का संवेदन होता है।

इस न्यूरोभसकुलर सिद्धान्त के साथ कठिनाई यह है कि गर्म संवेदन की अनुभूति होने में तथा ठंड संवेदन की अनुभूति होने में लगने वाला समय एक समान न होकर भिन्न होता है। अगर ये दोनों संवेदन की उत्पत्ति एक ही मुक्त तंत्रिका समाप्ति (free nerve endings) के उत्तेजन से होता है, तो दोनों तरह के संवेदनों की अनुभूति होने में लगने वाला समय एक समान होना चाहिए। परंतु ऐसा नहीं है।

आधुनिक शोधों से यह भी स्पष्ट हो गया है कि मानव मस्तिष्क विभिन्न तरह के जटिल सूचनाओं का उपयोग विभिन्न त्वचा ग्राहकों द्वारा उत्पन्न क्रियाओं के पैटर्न को समझने तथा संवेदनों में विभेदन करने के लिए करता है। जैसे, कुछ ठंड तंत्रिका तन्तु (cold nerve fibers) होते हैं जो त्वचा के ठंड होते ही, अपनी उत्तेजनशीलता में वृद्धि कर देते हैं तथा त्वचा के गर्म होते ही अपनी उत्तेजनशीलता में कमी कर देते हैं। इसके विपरीत कुछ गर्म तंत्रिका तन्तु होते हैं जो त्वचा के गर्म होने पर अपनी उत्तेजनशीलता बढ़ा देते हैं तथा ठंड होने पर अपनी उत्तेजनशीलता में कमी कर देते हैं। मस्तिष्क इन दोनों तरह के तंत्रिका तन्तु से मिलने वाले संयोजित सूचना (combined information) का उपयोग त्वचा तापक्रम को पता लगाने में करता है। अगर दोनों तरह के तंत्रिका तन्तु एक साथ उत्तेजित हो जाते हैं, तो मस्तिष्क इन दोनों के संयोजित उत्तेजनशीलता (firings) को मात्र गर्म संवेदन के रूप में पहचान करता है। अतः व्यक्ति को ऐसा महसूस होता है कि वह कोई गर्म वस्तु को स्पर्श कर रहा है जबकि सच्चाई यह है कि वह गर्म तथा ठंड दोनों वस्तुओं को स्पर्श कर रहा है। इसे मनोवैज्ञानिकों ने *विरोधाभ्यास गर्म* (paradoxical heat) की संज्ञा दी है।

(ग) दर्द *(Pain)*—दर्द संवेदन को सबसे जटिल संवेदी अनुभूति माना गया है। सामान्यतः यह समझा जाता है कि शारीरिक चोट या आघात से दर्द की अनुभूति होती है परंतु बहुत सारी परिस्थितियों में ऐसा देखा गया है कि व्यक्ति को शारीरिक चोट तो लगती है परंतु उसे कोई दर्द का अनुभव उस समय नहीं होता है। दूसरी तरफ कुछ ऐसी भी परिस्थितियाँ होतीं हैं जिनमें व्यक्ति को दर्द की अनुभूति तो होती है परंतु कोई शारीरिक चोट उसे नहीं पहुँची हुई होती है।

मनोवैज्ञानिकों का मत है कि व्यक्ति को दर्द की अनुभूति तब होती है जब दर्द ग्राहक (pain receptor) उत्तेजित होते हैं। अधिकतर शोधकर्त्ताओं का विश्वास है कि मुक्त तंत्रिका समाप्ति (free nerve ending) जो पूरे शरीर में अवस्थित होता है, के उत्तेजनशील होने से व्यक्ति को दर्द का अनुभव होता है। परंतु अध्ययनों से यह भी पता चला है कि यह ग्राहक दवाब (pressure) या स्पर्श (touch) के संवेदन में भी उत्तेजित होता है।

मनोवैज्ञानिकों द्वारा किये गए अध्ययनों से यह स्पष्ट हुआ है कि दो व्यक्तियों के संवेदन की अनुभूति में वैयक्तिक विभिन्नता (individual difference) पायी जाती है। कुछ लोग दर्द के प्रति काफी असंवेदनशील होते हैं। जैसे, बाक्सटर एवं औल्सजेवेसकी (Baxter & Olszewski, 1960) ने एक अध्ययन कनाडा के लड़की पर किया और पाया कि इस लड़की के जीभ का एक भाग को घायल कर देने पर तथा गर्म रेडियेटर (hot radiator) से उसमें तृतीय डिग्री जलन (three degree burns) उत्पन्न कर देने पर भी उसे कोई दर्द संवेदन नहीं होता था। दूसरे तरफ कुछ लोग ऐसे होते हैं कि उनके दर्द सीमान्त (pain threshold) काफी निम्न होता है और वह दर्द उद्दीपक की निम्न तीव्रता से भी दर्द का काफी अनुभव करता है। फ्लोर तथा टर्क (Flor & Turk, 1989) के अनुसार कुछ रासायनिक पदार्थ, गर्म (heat), ठंड (cold) तथा बिजली का आघात (electrical shock) आदि को दर्द उद्दीपक के रूप में उपयोग किया जाता है। व्यक्ति का अपना विश्वास भी दर्द संवेदन की अनुभूति को प्रभावित करता है। जैसे, डाईमेट्टो तथा फ्रिडमैन (Dimetteo & Freidman, 1982) के अध्ययन में पाया गया कि अस्पताल के जिन रोगियों में यह विश्वास था कि अमुक मेडिकल प्रविधि से कम दर्द होता है, सचमुच में उससे कम दर्द का अनुभव उसे हुआ। कुछ अध्ययनों से यह स्पष्ट हुआ है कि दर्द का प्रत्यक्षण व्यक्ति के सांवेगिक एवं अभिप्रेरणात्मक अवस्थाओं से भी प्रभावित होता है। वीकर (Beecher, 1972) ने अपने अध्ययन में पाया कि लड़ाई के दौरान घायल सिपाहियों में से मात्र 25% सिपाहियों ने ही दर्द को कम करने के लिए दवा की माँग किया जबकि समान मात्रा के घाव (या घायल होने पर) करीब 80% सर्जिकल रोगियों ने दर्द को कम करने के लिए दवा की माँग की। शायद यही कारण है कि खेलाड़ी लोगों को खेल के मैदान में हुए चोट से दर्द का अनुभव

तबतक नहीं होता है जबतक कि खेल प्रतिस्पर्धा समाप्त नहीं हो जाती है।

अब प्रश्न उठता है कि मनोवैज्ञानिकों द्वारा दर्द संवेदनशीलता में इस तरह की विभिन्नता की व्याख्या किस तरह से की गयी है। मनोवैज्ञानिकों द्वारा इनकी व्याख्या करने के लिए एक विशेष सिद्धान्त जिसे *द्वार-नियंत्रण सिद्धान्त* (Gate-control theory) कहा जाता है, विकसित किया गया है। इस सिद्धान्त का प्रतिपादन मेलजैक एवं वॉल (Melzack & Wall, 1965, 1983) द्वारा किया गया। इस सिद्धान्त के अनुसार सुषुम्ना (spinal cord) में एक 'स्नायविक द्वार' (neurological gate) होता है जो मस्तिष्क में दर्द संवेदनों के संचरण को नियंत्रित करता है। अगर यह द्वार खुला होता है, तो मस्तिष्क को अधिक दर्द का स्नायु प्रवाह मिलते हैं। फलतः व्यक्ति को दर्द अधिक अनुभव होता है। परंतु जब यह द्वार बंद होता है, तो मस्तिष्क को दर्द का स्नायु प्रवाह (nerve impulse) नहीं प्राप्त होता है और तब व्यक्ति को दर्द का अनुभव नहीं होता है। इस स्नायविक द्वार का खुला या बंद होना दो तरह के संवेदी तंत्रिका तन्तुओं (nerve fibers) के बीच हुई प्रतियोगिता पर निर्भर करता है। एक तरफ तो बड़े संवेदी तंत्रिका तन्तु होते हैं जिनके उत्तेजित होने से जो स्नायु प्रवाह सुषुम्ना में पहुँचता है, उससे 'स्नायविक द्वार' बंद हो जाते हैं क्योंकि ऐसे तन्तुओं द्वारा सिर्फ दर्द संवेदन की अनुभूति ही नहीं बल्कि अन्य संवेदी अनुभूतियाँ भी वहन की जाती है। दूसरे तरफ छोटी संवेदी तंत्रिका तन्तु होते हैं जिनके उत्तेजित होने पर जो स्नायु प्रवाह सुषुम्ना पहुँचता है, उससे 'स्नायुविक द्वार' खुल जाते हैं और मस्तिष्क को दर्द का संवेदन अधिक मात्रा में प्राप्त होता है। इस सिद्धान्त द्वारा इस बात की भी व्याख्या होती है कि सांवेगिक एवं संज्ञानात्मक कारक भी दर्द प्रत्यक्षण को प्रभावित करते हैं। मेलजैक एवं वॉल का यह विचार है कि कभी-कभी मस्तिष्क ही सुषुम्ना में कुछ ऐसी सूचना अपनी ओर से भेजता है जिससे स्नायुविक द्वार पर ही अधिक दर्द स्नायु प्रवाहों को रोक दिया जाता है और तब दर्द प्रत्यक्षण व्यक्ति को कम होता है। इस तथ्य से इस बात की स्पष्ट व्याख्या हो जाती है कि सम्मोहन की अवस्था में सर्जिकल ऑपरेशन होने से उसे कम दर्द का अनुभव है या लड़ाई के दौरान घायल सैनिक को उत्पन्न घाव से कम दर्द का अनुभव होता है। इस तरह से द्वार नियंत्रण सिद्धान्त द्वारा इस विशेष तथ्य की व्याख्या हो जाती है कि परिस्थिति समान होने पर भी एक व्यक्ति क्यों अत्यधिक दर्द का अनुभव करता है जबकि दूसरे को दर्द का अनुभव बहुत कम या न के बराबर होता है। इस सिद्धान्त के अनुसार ऐसी वैयक्तिक विभिन्नता के निम्नांकित तीन सम्भावित कारण हो सकते हैं—

(i) दर्द अनुभूति में वैयक्तिक विभिन्नता का कारण व्यक्ति में छोटे तंत्रिका तन्तु तथा बड़े तंत्रिका तन्तु की संख्या हो सकती है। बड़े तंत्रिका तन्तु की संख्या तुलनात्मक रूप से अधिक होने पर व्यक्ति को दर्द की अनुभूति कम होगी।

(ii) मस्तिष्क द्वारा स्नायविक द्वार के प्रक्रम पर यदि विभेदात्मक स्तर के नियंत्रण किये जाते हों तो इससे भी दर्द संवेदन अंतर होगा।

(iii) कुछ व्यक्तियों में स्नायविक द्वार (neurological gate) ही दोषपूर्ण हो सकता है जिससे दर्द की अनुभूति में अंतर हो सकता है।

दर्द ग्राहकों (pain receptor) तथा दर्द के स्वरूप के क्षेत्र में किये गये अध्ययनों से कुछ विशेष तथ्य सामने आये हैं। इसमें इन्डोर्फिन (endorphin) महत्त्वपूर्ण है। इन्डोर्फिन एक ऐसा द्रव्य (substance) है जो व्यक्ति के शरीर में अर्थात् मस्तिष्क तथा पीयूष ग्रन्थि (Pituitary gland) में स्वाभाविक रूप से उत्पन्न होता है तथा दर्द को कम करता है। अतः यह एक दर्द नाशक (pain killer) द्रव्य है। ब्लूम (Bloom, 1981) द्वारा किये गए अध्ययनों से यह भी स्पष्ट हुआ कि इन्डोर्फिन द्वारा अन्य शारीरिक कार्यों जैसे रक्तचाप तथा शरीर तापक्रम का नियमन एवं संचालन आदि होता है। इन्डोर्फिन व्यक्ति में सुखाभास (euphoria) तथा अच्छा होने का भाव उत्पन्न करके व्यक्ति में दर्द की अनुभूति को कम कर देता है। इन्डोर्फिन अपने आप सुषुम्ना तथा मस्तिष्क में ग्राहक स्थानों (receptor cite) पर जमा हो जाते हैं और मस्तिष्क के उच्च केन्द्रों में जाने से उसे अर्थ, दर्द को रोकते हैं। इन्डोर्फिन दो तरह का कार्य करता है। पहला, यह दर्द सहनशीलता को बढ़ाता है तथा दूसरा दर्द की अनुभूति को कम करता है।

अध्ययनों से यह स्पष्ट हुआ है कि कुछ लोग जब मात्र यह सोचते हैं कि उन्हें दर्द निवारक दवा मिल रही है, तो मात्र इस सोच से ही उनमें इन्डोर्फिन उत्पन्न होने लगता है। मेलजैक एवं वॉल (Melzack & Wall, 1983) ने अपने अध्ययन में पाया कि जब अस्पताल में सर्जिकल ऑपरेशन के बाद रोगियों को नकली गोली (placebo pill) यह कहकर दिया गया है कि उससे उनका दर्द कम हो जाएगा, तो सचमुच में करीब 35% ऐसे रोगियों ने दर्द कम होने का अनुभव

किया। इसका कारण यह है कि जब ऐसे रोगियों में यह विश्वास हो जाता है कि उन्हें दर्द निवारक दवा दी गयी है, तो उनके मात्र इस विश्वास से अपने शरीर में स्वाभाविक रूप से इन्डोर्फिन (endorphine) उत्पन्न होता है जिससे उनका दर्द कम हो जाता है। इस बात का सबूत हमें एक दूसरा औषध जिसे *नैलोक्सोन* (naloxone) कहा जाता है, से मिलता है। फिल्ड्स (Fields, 1978) द्वारा किये गए अध्ययनों से यह स्पष्ट हुआ है कि जब ऐसे लोगों को नैलेक्सोन का सूई दे दिया जाता है, तो यह इन्डोर्फिन ग्राहक स्थानों में जमा हो जाते हैं जिससे इन्डोर्फिन नहीं निकलता है और तब उसका दर्द निवारण प्रभाव भी नहीं पड़ता है। दर्द को कम करने का पौराणिक चीनी प्रविधि जिसे *एक्यूपंचर* (acupuncture) कहा जाता है, इसी नियम पर आधारित होता है। एक्यूपंचर में शरीर के विशेष भाग में जब सूई गड़ाया जाता है, तो उससे इन्डोर्फिन का स्राव होता है जो व्यक्ति में दर्द को कम करता है। हास्सेट्ट (Hassett, 1980) के अनुसार इस बात का सबूत भी हमें नैलोक्सोन (naloxone) से ही मिलता है क्योंकि जब इसे रोगी के शरीर में दे दिया जाता है, एक्यूपंक्चर का कोई प्रभाव फिर नहीं पड़ता देखा गया है।

स्पष्ट हुआ कि मनोवैज्ञानिकों द्वारा दर्द संवेदन का अध्ययन भी कई दृष्टिकोणों से किया गया है।

गतिबोधक ज्ञानेन्द्रियाँ
(Kinesthetic Senses)

गतिबोधक ज्ञानेन्द्रियाँ, जैसा कि नाम से ही स्पष्ट है, से हमें दो तरह की सूचनाएँ प्राप्त होतीं हैं—पहला, हमारे शरीर के विभिन्न भागों का एक-दूसरे के संदर्भ में क्या स्थिति (position) है तथा दूसरा, विभिन्न शारीरिक अंगों के गति (movement) की स्थिति में सूचना इन ज्ञानेन्द्रियों द्वारा मिलती है। गतिबोधक संवेदनों के लिए ग्राहक (receptor), संधि (joints), मांसपेशियाँ (muscles) तथा अस्थिबन्ध (ligament) में होते हैं। हालांकि गतिबोधक ज्ञानेन्द्रियाँ गति संवेदन को ठीक ढंग से संचालित करती है परंतु फिर भी व्यक्ति का दृष्टि (vision) हमारे शरीर के गति एवं स्थिति (position) के बारे में कुछ अतिरिक्त सूचनाएँ प्रदान करता है और एक तरह से गतिबोधक ज्ञानेन्द्रियों को मजबूत करता है।

प्रघाणीय ज्ञानेन्द्रियाँ
(Vestibular Senses)

प्रघाणीय ज्ञानेन्द्रियों द्वारा शारीरिक गतियों में संतुलन (equilibrium) का ज्ञान होता है। अतः ऐसे ज्ञानेन्द्रियों द्वारा भी गति की पहचान की जाती है और हमें उसके प्रति अपनी सही उन्मुखता का पता चलता है। प्रघाणीय ज्ञानेन्द्रियाँ अन्तःकर्ण के अर्द्ध-चंद्राकार नलिका (semi-circular canals) तथा प्रघाणीय पुटिकाओं (Vestibular lacs) में उपस्थित होते हैं। अर्द्ध-चंद्राकार नलिका से व्यक्ति के सिर में होने वाले गतियों का ज्ञान होता है। चूँकि इस नलिका में तरल पदार्थ भरे होते हैं, सिर में किसी प्रकार की गति होने से उसके तरल पदार्थ में हलचल उत्पन्न हो जाता है। इस तरह के हलचल से केश कोशिकाओं (hair cells) में झुकाव उत्पन्न होता है जो एक तरह का ग्राहक (receptor) का कार्य करता है और स्नायविक आवेग (neuronal impulses) मस्तिष्क में भेजता है जिसके फलस्वरूप गति में संतुलन बना होने का ज्ञान होता है। चूँकि अर्द्धचंद्राकार नलिका की संख्या तीन होती है, और प्रत्येक की स्थिति (position) भिन्न-भिन्न होती है, इसलिए एक नलिका की केश कोशिकाओं में दूसरे नलिका की केश कोशिकाओं की अपेक्षा सिर के घूमने की दिशा के अनुसार अधिक झुकाव आता है। वैलाक (Wallach, 1985) द्वारा किये गए अध्ययनों से यह स्पष्ट हुआ है कि अर्द्धचंद्राकार नलिकाओं की भूमिका दृष्टि (vision) में भी स्थिरता लाने में काफी अधिक होती है।

अन्तकर्ण में दो प्रघाणीय पुटिकाएँ (vestibular senses) होती हैं जिनमें भी तरल पदार्थ भरे रहते हैं। इससे भी हमारे सिर की गति की दिशा के बारे में सूचना मिलती है। इनमें कुछ केश कोशिकाएँ (hair cells) होतीं हैं, जो गति ग्राहक (motion receptors) के रूप में कार्य करती है और सिर के गति की दिशा की पहचान करते हैं। पार्कर (Parker) द्वारा किये गए अध्ययनों से यह स्पष्ट हुआ है कि केश कोशिकाओं से एक स्नायु आवेग (nerve impulse) उत्पन्न होता है जो मस्तिष्क में पहुँचकर इस बात का ज्ञान कराता है कि सिर किस दिशा में घूम रहा है। यदि व्यक्ति तीव्रता से किसी दिशा में सिर घुमाता है, तो उसके केश कोशिकाओं में उतनी ही अधिक झुकाव उत्पन्न होता है।

स्पष्ट हुआ कि द्वितीयक ज्ञानेन्द्रियाँ कई हैं जिनके माध्यम से व्यक्ति को संवेदी सूचनाएँ मिलती हैं। सचमुच में दृष्टि

संवेदन तथा श्रव्य संवेदन के साथ होकर द्वितीयक ज्ञानेन्द्रियाँ व्यक्ति के संवेदी क्षमताओं का इतना मजबूत कर देती हैं कि व्यक्ति का प्रत्यक्षण काफी तीक्ष्ण एवं स्पष्ट हो जाता है।

भ्रम (Illusion)

गलत प्रत्यक्षण (false perception) को भ्रम की संज्ञा देते हैं *(false perception is illusion)*। उदाहरणार्थ, यदि अंधेरे में रस्सी को आप साँप के रूप में प्रत्यक्षण करते हैं तो यह भ्रम का उदाहरण होगा। इस उदाहरण से भ्रम (illusion) की निम्नांकित दो विशेषताओं पर प्रकाश पड़ता है।

1. भ्रम एक तरह का प्रत्यक्षण (perception) है न कि अप्रत्यक्षण (misperception) या धोखा (trick) है। प्रत्यक्षण की श्रेणी में आते हुए भी इसे भ्रम (illusion) इसलिए कहा जाता है क्योंकि इसमें जो प्रत्यक्षण होता है, वह पहले हुए प्रत्यक्षण से भिन्न होता है। जैसे—रस्सी को जब अंधेरा में हम साँप के रूप में प्रत्यक्षण करते हैं तो यह प्रत्यक्षण पहले के प्रत्यक्षण यानी रस्सी को रस्सी के रूप में ही किया गया प्रत्यक्षण से भिन्न होता है।

2. चूँकि भ्रम एक तरह का प्रत्यक्षण ही है अतः भ्रम की उत्पत्ति के लिए यह आवश्यक है कि उद्दीपक (stimulus) मौजूद हो। उपर्युक्त उदाहरण में रस्सी एक उद्दीपक है जिसका प्रत्यक्षण हम साँप के रूप में करते हैं। यदि किसी व्यक्ति को बिना उद्दीपक का ही कुछ प्रत्यक्षण होता है तो वह भ्रम नहीं बल्कि विभ्रम (hallucinuation) कहलाता है।

मनोवैज्ञानिकों ने भ्रम के अध्ययन में अभिरुचि (interest) दो कारणों से दिखलाया है। पहला कारण तो उनकी अपनी उत्सुकता (curiosity) है। सचमुच में भ्रम एक तरह का चुनौती (challenge) मनोवैज्ञानिकों को देता है जिसका सामना वे लोग इसे विस्तृत रूप में अध्ययन करके कर रहे हैं। गिगरस तथा कोरेन (Gigrus & Coren, 1976) के अनुसार दूसरा प्रमुख कारण यह है कि प्रत्यक्षण की परिशुद्धता (acuracy) के बारे में हम सही-सही तभी जान सकते हैं जब प्रत्यक्षण में होने वाले भ्रम का सही-सही अध्ययन कर सके।

प्रत्यक्षण तथा भ्रम में अन्तर (Difference between Perception and Illusion)

प्रत्यक्षण एक संज्ञानात्मक मानसिक प्रक्रिया (cognitive mental process) है जिसके द्वारा हमें उपस्थित व्यक्तियों, वस्तुओं एवं घटनाओं का अर्थपूर्ण ज्ञान होता है। भ्रम एक प्रकार का प्रत्यक्षण ही है जिसके सहारे हमें वस्तुओं, व्यक्तियों एवं घटनाओं का ज्ञान प्राप्त होता है। इससे स्पष्ट है कि प्रत्यक्षण तथा भ्रम में काफी समानता है। ये दोनों ही मानसिक प्रक्रियाएँ (mental process) हैं जिनके सहारे वातावरण में उपस्थित वस्तुओं एवं व्यक्तियों के बारे में ज्ञान प्राप्त होता है। इन दोनों के लिए उद्दीपक (stimulus) का भी होना अनिवार्य है। ये दोनों एक तरह की चयनात्मक (selective) प्रक्रियाएँ हैं। इन समानताओं के बावजूद भी इन दोनों में निम्नांकित अन्तर है—

1. प्रत्यक्षण में हमें उद्दीपक का यथार्थ एवं सही ज्ञान होता है परन्तु भ्रम में उद्दीपक का अयथार्थ एवं गलत ज्ञान होता है। अंधेरे में रस्सी को रस्सी के रूप में देखना प्रत्यक्षण कहलायेगा परन्तु रस्सी को साँप के रूप में देखना भ्रम का उदाहरण होगा।
2. प्रत्यक्षण का स्वरूप (nature) स्थायी होता है परन्तु भ्रम का स्वरूप अस्थायी एवं क्षणिक होता है। जैसे—एक पेंसिल को हम हमेशा पेंसिल के रूप में प्रत्यक्षण करते हैं परन्तु थोड़ी-सी रोशनी होते ही रस्सी को साँप के रूप में देखने का भ्रम समाप्त हो जाता है।
3. अभ्यास (practice) से प्रत्यक्षण में थोड़ी स्पष्टता बढ़ जाती है तथा भ्रम की मात्रा में कमी आती है। जैसे—यदि हम किसी आम के वृक्ष पर बार-बार देखते हैं तो उस वृक्ष की टहनियाँ, लगे फल, पत्तों के बीच बना मकड़ा का जाली आदि का भी प्रत्यक्षण होने लगता है। दूसरे तरफ मनोवैज्ञानिकों ने यह दिखलाया है कि अभ्यास (practice) के प्रभाव से भ्रम की मात्रा घटती है (क्योंकि अभ्यास से प्रत्यक्षण में स्पष्टता बढ़ जाती है)।
4. सभी सामान्य व्यक्तियों में किसी उद्दीपक का प्रत्यक्षण करीब-करीब एक समान होता है। परन्तु एक ही उद्दीपक सभी व्यक्तियों में समान भ्रम पैदा करें ऐसा जरूरी नहीं है। उदाहरणार्थ, एक भैंस को सभी सामान्य व्यक्ति भैंस के रूप में ही प्रत्यक्षण करेगा परन्तु अंधेरे में बैठी हुई गाय को देखकर कोई भैंस, कोई बैल, कोई कूड़ा का ढेर आदि के रूप में उसे प्रत्यक्षण कर सकता है।

ऊपर किये गये वर्णन से स्पष्ट है कि प्रत्यक्षण तथा भ्रम एक-दूसरे से समान होते हुए भी काफी भिन्न (different) है.

भ्रम के प्रकार
(Types of Illusion)

भ्रम कई प्रकार के होते हैं। कुछ भ्रम ऐसे होते हैं जो अधिकांशतः व्यक्तियों में समान रूप से होते हैं। मनोवैज्ञानिकों ने इस तरह के भ्रम को सर्वव्यापी या सामान्य भ्रम (universal illusion) भी कहा है। कुछ दूरी पर आकाश का पृथ्वी से सटा हुआ दिखाई देना, दो रेल की पटरियों का कुछ दूर आगे चलकर आपस में सटी हुई नजर आना आदि सर्वव्यापी भ्रम के कुछ उदाहरण हैं। इस तरह के भ्रम की एक विशेषता यह भी है कि यह स्थायी (permanent) होता है। अतः इसे *स्थायी भ्रम* (permanent illusion) भी कहा जाता है। कुछ भ्रम ऐसे होते हैं जो व्यक्तिगत होते हैं अर्थात एक व्यक्ति को वह भ्रम होगा तो दूसरे व्यक्ति को वही भ्रम न होकर कुछ दूसरा होगा। उदाहरणार्थ, अंधेरे में किसी खम्भा को सीधा गड़ा देखकर एक व्यक्ति को किसी आदमी का भ्रम, तो दूसरे को कोई भूत-प्रेत का, तीसरे को चोर-लफंगा का भ्रम हो सकता है। थोड़ी रोशनी मिलने पर ये सभी भ्रम दूर हो जाते हैं। यही कारण है कि व्यक्तिगत भ्रम (personal illusion) क्षणिक (temporary) होता है।

मनोवैज्ञानिकों ने भ्रम का अध्ययन कुछ विशेष प्रकार के रेखाओं (lines) तथा कोणों (angles) आदि के आधार पर किया है। इस तरह के भ्रम को ज्यामितिक भ्रम (geometrical illusion) की संज्ञा दी गयी है। कोरेन तथा उनके सहयोगियों (Coren et al., 1976) ने ज्यामितिक भ्रम को 10 भागों में बाँटा है जो निम्नांकित हैं—

1. **मूलर-लायर भ्रम** (*Muller-Lyer illusion*)—इस भ्रम का नामकरण जर्मनी के समाजशास्त्री (sociologist) तथा मनोचिकित्सक (psychiatrist) फ्रैंज कार्ल मूलर–लायर (Franz Carl Muller-Lyer, 1857-1916) के नाम पर किया गया है जिन्होंने इसका प्रतिपादन किया था। इस भ्रम में दो समान लम्बाई की रेखाएँ होतीं हैं—एक तीर रेखा (arrow-headed line) तथा दूसरा पंख रेखा (feather-headed line)। इन दोनों रेखाओं में व्यक्ति तीर रेखा को पंख रेखा से छोटा समझता है हालाँकि दोनों रेखाओं की लम्बाई बराबर होती है। चित्र संख्या 4.33 (a) में देखें। ह्विटेकर (Whittaker, 1970) के अनुसार मूलर-लायर भ्रम सभी सभ्य समाज के सदस्यों में होता है परन्तु कुछ ऐसे आदिम (primitive) समाज भी हैं जिनके सदस्यों को इस तरह का भ्रम नहीं होता है।

2. **पोन्जो भ्रम** (*Ponzo illusion*)—इस भ्रम में ऊपर की पड़ी रेखा (horizonal line) नीचे की पड़ी रेखा से बड़ी मालूम होती है हालाँकि इन दोनों रेखाओं की लम्बाई बराबर होती है। चित्र 4.33 (b) का देखें।

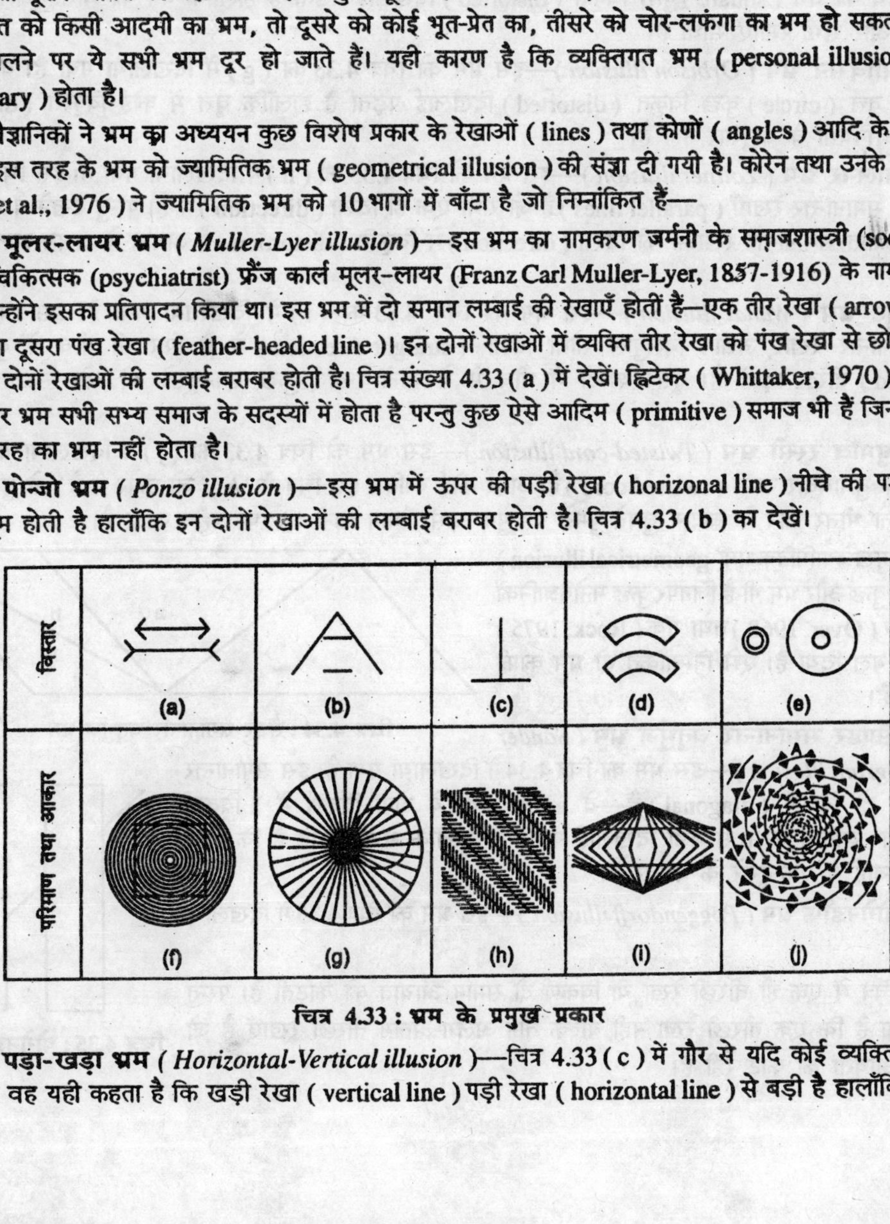

चित्र 4.33 : भ्रम के प्रमुख प्रकार

3. **पड़ा-खड़ा भ्रम** (*Horizontal-Vertical illusion*)—चित्र 4.33 (c) में गौर से यदि कोई व्यक्ति देखता है तो अक्सर वह यही कहता है कि खड़ी रेखा (vertical line) पड़ी रेखा (horizontal line) से बड़ी है हालाँकि इन दोनों

रेखाओं की लम्बाई बराबर-बराबर है। इस तरह के भ्रम को पड़ा-खड़ा भ्रम (horizontal-vertical illusion) कहा जाता हैं।

4. जास्ट्रो भ्रम (*Jastrow illusion*)—जास्ट्रों भ्रम को चित्र 4.33 का (d) में दिखलाया गया है। इस चित्र में दो पैटर्न को दिखलाया गया है। दोनों पैटर्न बिलकुल ही एक-दूसरे के समान हैं परन्तु ऊपर का पैटर्न नीचे के पैटर्न से छोटा (smaller) दिखलाई देता है।

5. डेलवोफ भ्रम (*Delboef illusion*)—इस तरह के भ्रम को चित्र 4.33 का (e) में दिखलाया गया है। इस चित्र में दो समान वृत्तों (circle) को दो परिस्थितियों में रखा गया है। एक वृत्त बड़ा गोला के भीतर है तथा दूसरा वृत्त छोटा गोला (ring) के भीतर है। बड़ा गोला के भीतर का वृत्त छोटा गोला के भीतर के वृत्त से छोटा दिखलाई पड़ता है, हालाँकि दोनों वृत्त समान है।

6. अर्नस्टीन भ्रम (*Ehrnstein illusion*)—इस तरह के भ्रम को चित्र 4.33 का (f) में दिखलाया गया है। इस भ्रम में बीच का वर्ग (square) कुछ विकृत (distorted) दिखलाई पड़ता है हालाँकि वर्ग की चारों भुजा की लम्बाई समान है और सभी रेखाएँ सीधी हैं।

7. ऑर्विसन भ्रम (*Orbison illusion*)—इस भ्रम को चित्र 4.33 का (g) में दिखलाया गया है। बड़ा चक्र के भीतर का वृत्त (circle) कुछ विकृत (distorted) दिखलाई पड़ता है हालाँकि वृत्त में कोई विकृति (distortion) ज्यामितिक नियमों के अनुसार नहीं है।

8. जालनर भ्रम (*Zollner illusion*)—इस भ्रम को चित्र 4.33 का (h) में दिखलाया गया है। इस चित्र में छोटी-बड़ी सात समानान्तर रेखाएँ (parallel lines) हैं जो सभी एक ही दिशा (direction) में हैं। परन्तु देखने में ऐसा लगता है कि इन सात समानान्तर रेखाओं की दिशा (direction) में विकृति (distortion) हैं अर्थात वे अलग-अलग दशाओं में हैं।

9. वुंट भ्रम (*Wundt illusion*)—इस भ्रम को चित्र 4.33 का (i) में दिखलाया गया है। इस चित्र में दोनों पड़ी समानान्तर रेखाएँ यद्यपि बिलकुल सीधी दिशा (straight direction) में है फिर भी बीच में कुछ विकृत (distorted) दीख पड़ती है। दूसरे शब्दों में बीच में ये दोनों रेखाएँ कुछ एक-दूसरे की ओर सटती हुई दीख पड़ता है।

10. घुमाव रस्सी भ्रम (*Twisted-cord illusion*)—इस भ्रम को चित्र 4.33 का (j) में दिखलाया गया है। इस भ्रम में एक घुमावदार रस्सी (twisted cord) है। अगर कोई व्यक्ति इस चित्र में 'A' (जो ऊपर में हैं) से घुमना प्रारम्भ करता है तो भीतर जाने के बजाय घुमते-घुमते वह पुनः उसी स्थान यानी 'A' पर पहुँच जाता है।

इन प्रमुख ज्यामितिक भ्रम(geometrical illusion) के अलावा कुछ और भ्रम भी हैं जिनपर कुछ मनोवैज्ञानिकों जैसे ओभर (Over, 1968) तथा रॉक (Rock, 1975) ने अधिक बल दिया है। ऐसे निम्नांकित दो भ्रम काफी महत्त्वपूर्ण हैं।

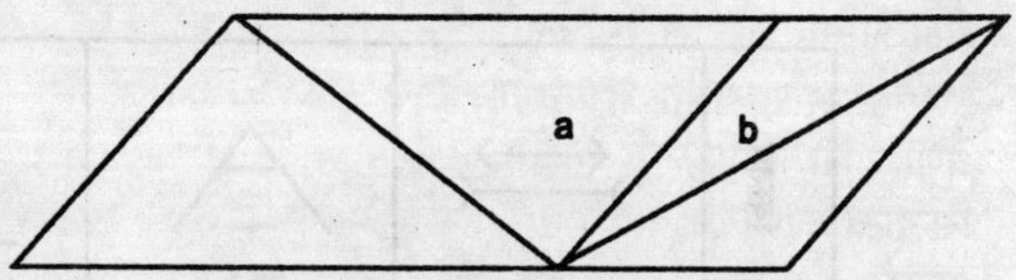

चित्र 4.34 : सैंडर समानान्तर चतुर्भुज भ्रम

11. सैण्डर समानान्तर चतुर्भुज भ्रम (*Sander parallelogram illusion*)—इस भ्रम को चित्र 4.34 में दिखलाया गया है। इस समानान्तर चतुर्भुज में दो विकर्ण (diagonal) हैं—वे a तथा b हैं। ये दोनों विकर्ण में a विकर्ण अधिकांशतः व्यक्ति को b से बड़ा दिखलाई पड़ता है हालाँकि सच्चाई यह है कि दोनों विकर्ण लम्बाई में एक-दूसरे के बराबर है।

12. पोगेनडौर्फ भ्रम (*Poggendorff illusion*)—इस भ्रम को चित्र 4.35 में दिखलाया गया है।

इस चित्र में एक ही तीरछी रेखा या विकर्ण दो समान आयात को काटती है। परन्तु ऐसा लगता है कि एक तीरछी रेखा नहीं बल्कि तीन अलग-अलग तीरछी रेखाएँ हैं जो इन दोनों आयतों को काट रही हैं।

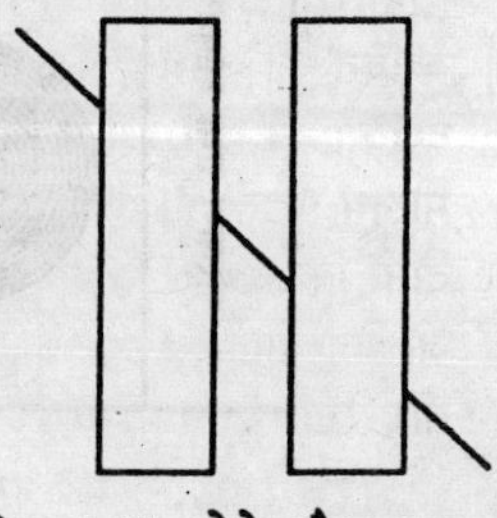

चित्र 4.35 : पोगेनडौफ भ्रम

इस तरह से हम देखते हैं कि ज्यामितिक भ्रम (geometrical illusion) के कई प्रकार हैं। इस विभिन्न प्रकारों में मूलर-लायर भ्रम (Muller-Lyer illusion), पड़ा-खड़ा भ्रम (Horizonal-Vertical illusion) तथा सैण्डर समानान्तर चतुर्भुज भ्रम (Sander illusion) काफी महत्त्वपूर्ण हैं और इसके सहारे मनोवैज्ञानिकों ने अनेकों प्रयोग किये हैं। भ्रम के वर्गीकरण में अन्य भ्रमों जैसे चाँद भ्रम (Moon illusion) तथा गलियारा भ्रम (Corridor illusion) का नाम भी उल्लेखनीय है। चाँद भ्रम में जब चाँद क्षैतिज पर होता है तो उसका आकार जब वह सिर के ऊपर अर्थात् शिरोबिन्दु पर दीखता है, के आकार की तुलना में बड़ा प्रत्यक्षण किया जाता है हालांकि चाँद का आकार दोनों परिस्थितियों में एक समान होता है। गलियारा भ्रम को चित्र 4.36 में दिखलाया गया है। चित्र में दिखलाये गए दोनों ही सिलिंडर(cylinder) का भौतिक आकार में समरूपता है, परंतु व्यक्ति पीछे वाले सिलिंडर को आगे वाली सिलिंडर की तुलना में बड़ा समझता है। इतना ही नहीं, इन दोनों सिलिंडरों की आपसी दूरी काफी अधिक दिखलाई देती है जबकि सच्चाई यह है कि इन दोनों को एक-दूसरे से उतने दूर पर नहीं रखे हुए हैं।

चित्र 4.36 : गलियारा भ्रम (Corrider illusion)

भ्रम के सिद्धान्त
(Theories of Illusion)

मनोवैज्ञानिकों ने भ्रम (illusion) से सम्बन्धित अनेकों अध्ययन किये हैं जिनके आधार पर इन लोगों द्वारा भ्रम के कई सिद्धान्तों का प्रतिपादन किया गया है। ओभर 1968), रॉक (Rock, 1975), जुसनी (Zusne, 1970) तथा हॉचवर्ग (Hochberg, 1971) आदि प्रमुख ऐसे मनोवैज्ञानिक हैं जिन्होंने भ्रम के कुछ महत्त्वपूर्ण सिद्धान्तों का प्रतिपादन किया है। इन लोगों ने भ्रम के सिद्धान्तों को तीन भागों में बाँटा है। एक श्रेणी वह है जिसमें भ्रम का कारण उद्दीपक (stimulus) से आने वाले सूचनाओं (information) में कुछ त्रुटियाँ (errors) हैं। दूसरी श्रेणी में वह है जिसमें भ्रम की व्याख्या कुछ तंत्रिकीय स्तर (neural level) के रूप में की गयी है तथा तीसरा श्रेणी वह है जिसमें भ्रम की व्याख्या संज्ञानात्मक तत्त्वों (cognitive elements) के रूप में व्याख्या की गयी है। इन तीनों श्रेणियों में आने वाले सभी सिद्धान्तों की व्याख्या करना यहाँ सम्भव तो नहीं है फिर भी कुछ सिद्धान्तों का वर्णन निम्नांकित है—

1. आँख-गति सिद्धान्त *(Eye-movement theory)*—यह सिद्धान्त, ओभर (Over, 1968) के अनुसार, प्रथम श्रेणी यानी उद्दीपक से मिलने वाले सूचनाओं में सन्निहित त्रुटियों द्वारा भ्रम की व्याख्या करने वाला सिद्धान्त है। इस सिद्धान्त की मुख्य बात यह है कि व्यक्ति जब किसी ज्यामितिक चित्र (geometrical figure) पर देखता है, तो उसका आकार (shape) तथा परिरेखा (contours) द्वारा व्यक्ति की आँख की गति (movements) में कुछ परिवर्तन (modification) हो जाता है। इस परिवर्तन के कारण व्यक्ति को भ्रम (illusion) होता है। उदाहरणार्थ, पड़ा-खड़ा भ्रम (horizontal-vertical illusion) को लें। खड़ी रेखा पर देखने में जो नेत्र गोलक (eye ball) में गति होती है उसमें व्यक्ति को अधिक प्रयास (effort) करना पड़ता है परन्तु पड़ी रेखा को देखने में नेत्र गोलक में जो गति होती है उसमें व्यक्ति को कम प्रयास करना पड़ता है। यही कारण है कि खड़ी रेखा की लम्बाई पड़ी रेखा की लम्बाई की अपेक्षा अधिक मालूम पड़ती है। उसी तरह मूलर-लायर भ्रम की व्याख्या की जा सकती है। जब पंख रेखा को व्यक्ति देखता है तो इसके दोनों किनारों को देखने में जो नेत्र गोलक में गति होती है, वह अधिक देर तक होती है परन्तु तीर रेखा को देखते समय जो नेत्र गोलक (eye ball) में गति होती है, वह थोड़ी देर तक की ही होती है। यही कारण है कि व्यक्ति पंख रेखा को तीर रेखा से बड़ा प्रत्यक्षण करता है।

इस सिद्धान्त की प्रमुख दो आलोचनाएँ हैं—

(i) स्कीफमैन तथा थॉमसन (Schiffman & Thomson, 1974) ने अपने प्रयोग में जब टैचिस्टोस्कोप (Tachistocope) के सहारे इतना कम समय के लिए कुछ ज्यामितिक चित्रों को दिखलाया जिसमें नेत्र गोलक में गति होने का

प्रश्न ही नहीं उठता है, तो पाया कि ऐसी परिस्थिति में भी भ्रम होता है। दूसरे शब्दों में, बिना गति के भी भ्रम होता है जो स्पष्टतः इस सिद्धान्त के विरुद्ध है।

(ii) दूसरी आलोचना भी कुछ पहली ही जैसी है। इभान्स तथा मार्सडेन (Evans & Marsden, 1966) ने एक प्रयोग किया जिसमें स्थिर प्रतिबिम्ब प्रविधि (stabilized image technique) द्वारा व्यक्ति के अक्षिपटल (retina) पर पड़ने वाले उद्दीपक के प्रतिबिम्ब (image) को स्थिर (fixed) किया। इस स्थिरता के बावजूद भी व्यक्ति में भ्रम हुआ जो आँख गति सिद्धान्त के अनुसार नहीं होना चाहिए था क्योंकि अक्षिपटल पर बनने वाले प्रतिबिम्ब का स्थिर होने से जो स्थिति उत्पन्न होती है वह नेत्र गोलक में गति न होने से उत्पन्न स्थिति के समान है।

2. तदनुभूति सिद्धान्त (*Empathy theory*)—यह सिद्धान्त भ्रम का एक क्लासिकी सिद्धान्त (classical theory) है जिसका प्रतिपादन मूलतः लिप्पस (Lipps, 1897) के प्रयासों के फलस्वरूप हुआ। इस सिद्धान्त के अनुसार ज्यामितिक चित्रों को देखते समय व्यक्ति में कुछ विशेष सांवेगिक स्थिति (emotional state) उत्पन्न हो जाता है जिसके कारण भ्रम की उत्पत्ति होती है। उदाहरणस्वरूप, मूलर-लायर भ्रम में पंख रेखा को देखने से व्यक्ति में फैलाव (expansion) का सांवेगिक अनुभूति (emotional experience) होती है जबकि तीर रेखा को देखते समय सिकुड़न (limitation or narrowness) की सांवेगिक अनुभूति होती है। यही कारण है कि पंख रेखा तीर रेखा से बड़ी दीख पड़ती है। परन्तु यह सिद्धान्त बहुत वैज्ञानिक नहीं है और सचमुच में इस सिद्धान्त द्वारा भ्रम के बारे में हमें उचित ज्ञान भी नहीं मिलता है। **रिग्स** तथा **क्लिंग**[1] (Riggs & Kling, 1975) ने ठीक ही कहा है, *''यह सिद्धान्त सचमुच में भ्रम के बारे में विस्तृत ज्ञान नहीं देता है।''*

3. क्षेत्र सिद्धान्त (*Field theory*)—इस सिद्धान्त का प्रतिपादन गेस्टाल्टवादियों द्वारा किया गया था। इन लोगों का कहना था कि भ्रम की परिस्थिति में उद्दीपक का पूर्ण क्षेत्र (entire field) उद्दीपक के किसी एक भाग के प्रत्यक्षण को प्रभावित करता है। जब भी व्यक्ति किसी उद्दीपक चित्र (stimulus figure) को देखता है तो उस चित्र में संतुलन का एक बिन्दु (locus of equilibrium) उत्पन्न होता है जहाँ आकर्षण बल (forces of attraction) तथा विकर्षण बल (forces of constraint) समान होता है। ऐसी परिस्थिति में यदि कोई दूसरा चित्र या रेखा (line) को उसमें जोड़ा जाता है, तो उससे संतुलन में गड़बड़ी (disturbance) उत्पन्न हो जाती है जिनके कारण दूसरा चित्र या रेखा अपने मूल रूप से विकृत (distorted) नजर आता है और हमें भ्रम (illusion) होता है। उदाहरणस्वरूप, अर्नस्टीन भ्रम (Ehrnstein illusion) (चित्र 4.34 का f) में वर्ग (square) अपने मूल रूप से कुछ विकृत (distorted) इसलिए दीख पड़ता है क्योंकि वर्ग (square) से धारीदार वृत्त (striped circle) के संतुलन केन्द्र में गड़बड़ी (disturbance) होने लगता है। ठीक यही बात ऑर्विसन भ्रम (Orbison illusion) के साथ भी होता है।

कुछ मनोवैज्ञानिकों ने क्षेत्र सिद्धान्त की आलोचना किया है और कहा है कि इस सिद्धान्त द्वारा सभी तरह की व्याख्या नहीं होती है। इसके द्वारा अर्नस्टीन भ्रम, आर्विसन भ्रम, वुंट भ्रम (Wundt illusion) (चित्र 4.34 का i) आदि जिनका आधार आकार (shape) तथा दिशा (direction) में विकृति (distortion) है, की व्याख्या तो होती है परन्तु मूलर-लायर भ्रम, खड़ा-पड़ा भ्रम आदि की व्याख्या नहीं हो पाती है।

4. परिदृश्य सिद्धान्त (*Prspective theory*)—परिदृश्य सिद्धान्त (Perspective theory) को *समरूपता सिद्धान्त* (constancy theory) भी कहा जाता है। इस सिद्धान्त के अनुसार भ्रम (illusion) होने का प्रधान कारण व्यक्ति द्वारा रेखाओं (lines) या चित्रों (figures) के बीच एक खास परिदृश्य (perspective) या पृष्ठभूमि (background) को देखना होता है। उदाहरणस्वरूप, मूलर-लायर भ्रम में तीरछी रेखाओं (obliques) द्वारा एक विशेष प्रकार का परिदृश्य (perspective) बनता है जिसके कारण तीर रेखा पंख रेखा से कुछ छोटा मालूम पड़ता है। भिन्न-भिन्न व्यक्ति भिन्न-भिन्न संस्कृति (culture) में पाला-पोषा जाता है। तथा अपने समाज एवं संस्कृति के नियमों को सीखे हुए होता है। इन नियमों के अनुसार ही वह किसी वस्तु या घटना को देखना सीखता है। और इस तरह से व्यक्ति में किसी वस्तु या घटना को देखने या समझने का एक खास परिदृश्य (perspective) विकसित होता है। इस परिदृश्य के कारण व्यक्ति में भ्रम होता है। अगर परिदृश्य सिद्धान्त की यह व्याख्या ठीक है तो एक संस्कृति से दूसरे संस्कृति के व्यक्तियों द्वारा अनुभव

1. "... it does not really accomodate any of the detailed knowledge of the illusions."

—Riggs & Kling : *Experimental Psychology,* 1975, p. 459

किये गये भ्रम की मात्रा (magnitude) में अन्तर होना चाहिए। इस तथ्य के समर्थन में सीगाल, कैम्पबेल तथा हर्षकोविटस (Segall, Campbell & Herskovits, 1963, 1966) द्वारा किया गया प्रयोगात्मक सबूत (experimental evidence) पर्याप्त है। इनलोगों ने यूरोपियन (European), अफ्रिकन (Africans) तथा अन्य समुदाय के कुछ प्रयोज्यों (subjects) को मूलर-लायर भ्रम, सैण्डर भ्रम तथा पड़ा-खड़ा भ्रम (horizontal-vertical illusion) के चित्रों के प्रति अनुक्रिया (response) करने को कहा। परिणाम में देखा गया कि यूरोपियन प्रयोज्यों (European subjects) में मूलर-लायर भ्रम तथा सैण्डर समानान्तर चतुर्भुज (Sander parallelogram) भ्रम की मात्रा सबसे अधिक थी जबकि अन्य दूसरे संस्कृति तथा समुदाय के प्रयोज्यों में खड़ा-पड़ा भ्रम (horizontal-vertical illusion) की मात्रा सबसे अधिक थी। प्रयोगकर्त्ताओं के अनुसार भ्रम की मात्रा में इस तरह के अन्तर का कारण भिन्न-भिन्न समुदाय एवं संस्कृति में वस्तुओं को भिन्न-भिन्न परिदृश्य (perspective) में देखने की आदत है।

मनोवैज्ञानिकों ने परिदृश्य सिद्धान्त की आलोचना करते हुए कहा है कि इस सिद्धान्त द्वारा जिन भ्रमों की व्याख्या होती है, उसकी व्याख्या दूसरे ढंग से आसानी से हो सकती है। जैसे—कुन्नापास (Kunnapas, 1957) के अनुसार पड़ा-खड़ा भ्रम (horizontal-vertical illusion) इसलिए होता है क्योंकि दृष्टि क्षेत्र (visual fixed) वास्तव में अण्डाकार (oval) होता है जिसका परिणाम यह होता है कि खड़ी रेखा (vertical line) का व्यक्ति अधिप्राक्कलन (overestimation) करता है क्योंकि यह दृष्टि क्षेत्र की सीमा (boundry) के नजदीक होता है।

5. विभ्रान्ति सिद्धान्त ***(Confusion theory)***—इस सिद्धान्त के अनुसार व्यक्ति भिन्न-भिन्न रेखाओं (lines) तथा चित्रों को जब देखता है तो वह उसका विस्तृत विश्लेषण (detailed analysis) करना प्रारम्भ कर देता है। इस विश्लेषण के दौरान उसमें विभ्रांन्ति (confusion) उत्पन्न होता है और इसके परिणामस्वरूप भ्रम ही उत्पत्ति होती है। उदाहरणस्वरूप, मूलर-लायर भ्रम को ही लिया जाय। जब व्यक्ति तीर-रेखा तथा पंख रेखा पर गौरपूर्वक देखता है तो वह सिर्फ देखता ही नहीं बल्कि उसका विश्लेषण भी करता है। वह पंख रेखा तथा तीर रेखा के किनारे की तीरछी रेखाओं को देखता है तथा उसकी मोटाई तथा लम्बाई को एक-दूसरे से भिन्न-भिन्न दृष्टिकोणों से तुलना करता है। इसके परिणामस्वरूप व्यक्ति के मन में संभ्रांन्ति उत्पन्न होता है तथा इससे उसमें भ्रम उत्पन्न होता है।

6. दुष्प्रयुक्त स्थिरता का सिद्धान्त ***(Theory of misapplied constancy)***—इस सिद्धान्त के अनुसार भ्रम में उपलब्ध कुछ संकेतों को आकार स्थिरता (size constancy) को बरकरार रखने वाला संकेत के रूप में व्यक्ति प्रत्यक्षण करने लगता है और उसी आकार स्थिरता (size constancy) के आधार पर लकीरों या रेखाओं की लम्बाई का निर्णय करता है। जो रेखा उन्हें दूर नजर आती है, उसे वह उस रेखा से बड़ा होने का प्रत्यक्षण करता है जो उन्हें अपेक्षाकृत नजदीक नजर आती है। जैसे—पोन्जो भ्रम (Ponzo illusion) में ऊपरी रेखा निचली रेखा से समान होते हुए भी बड़ी नजर आती है क्योंकि वह निचली रेखा से दूर नजर आती है।

7. गलत तुलना सिद्धान्त ***(Incorrect Comparison theory)***—इस सिद्धान्त की मान्यता यह है कि व्यक्ति को भ्रम इसलिए होता है क्योंकि आकृति (figure) के गलत हिस्सा के तुलना पर वह अपना निर्णय आधारित करता है। जैसे—मूलर-लायर भ्रम की व्याख्या करने में यह सिद्धान्त काफी सटीक बैठता है। इस भ्रम में व्यक्ति आकृति में रेखाओं को डैनों (wings) से अलग करने में असफल रहता है और इसलिए वह डैनों के अंतिम छोरों के बीच की दूरी की तुलना करता है। चूँकि यह तुलना अनुपयुक्त एवं गलत होता है, इसलिए यह भ्रम व्यक्ति को होता है। इस सिद्धान्त के समर्थन में कुछ प्रयोगात्मक सबूत भी हैं। उदाहरणस्वरूप, कोरेन एवं गिरगस (Coren & Girgus, 1972) ने प्रयोज्यों को मूलर-लायर भ्रम का प्रत्यक्षण करवाया जिसमें दोनों रेखाओं के डैनों को रेखा के रंग से अलग रंग में दिखलाया गया था ताकि प्रयोज्य द्वारा दोनों रेखाओं का किये जाने वाले आपसी तुलना में डैनों की दूरी की तुलना न हो। परिणाम में देखा गया कि इस तरह के प्रबंध होने से भ्रम की मात्रा में कमी आ गयी जिससे यह सिद्धान्त की वैधता को परोक्ष रूप से समर्थन मिलता है।

8. आभासी-दूरी सिद्धान्त ***(Apparent-distance theory)***—इस सिद्धान्त का प्रतिपादन कॉफमैन तथा रॉक्स (Kuffman & Rocks, 1962) द्वारा किया गया है। सचमुच में यह सिद्धान्त *आकार-दूरी अपरिवर्तनशील प्राक्कल्पना* (size-distance invariance hypothesis) से सम्बन्धित है। इस प्राक्कल्पना के अनुसार यदि दो वस्तुओं के अक्षिपटलीय प्रतिमा (retinal image) का आकार एक ही होता है, तो वह वस्तु जो अधिक दूरी पर प्रतीत होती है, वह उस वस्तु की अपेक्षा बड़ी नजर आता है जो कम दूरी पर प्रतीत होता है। इस सिद्धान्त द्वारा चाँद भ्रम (moon illusion) की

व्याख्या काफी सटीक ढंग से होती है। चाँद भ्रम में चाँद जब क्षैतिज पर होता है तो वह बड़ा नजर आता है परंतु जब वही चाँद प्रत्यक्षणकर्ता के सिर के ठीक ऊपर अर्थात शिरोबिन्दु (zenith) पर होता है, तो छोटा नजर आता है। इस सिद्धान्त के अनुसार चाँद जब क्षैतिज पर होता है तो वह प्रत्यक्षणकर्त्ता को अधिक दूर पर तथा जब वह शिरोबिन्दु पर होता है, तो वह कम दूरी पर अवस्थित प्रतीत होता है। इस आभासी दूरी में अन्तर होने के कारण व्यक्ति को चाँद भ्रम (moon illusion) होता है।

स्पष्ट हुआ कि भ्रम की व्याख्या कई अलग-अलग सिद्धान्तों द्वारा की गयी है।

भ्रम तथा विभ्रम में अन्तर
(Difference between Illusion and Hallucination)

भ्रम एक प्रकार का गलत प्रत्यक्षण (false perception) है। चूँकि भ्रम एक तरह का प्रत्यक्षण ही हैं, अतः इसके लिए उद्दीपक (stimulus) का होना अनिवार्य हैं। परन्तु कभी-कभी हमें प्रत्यक्षण (perception) बिना किसी उद्दीपक का ही होता है। इस तरह के प्रत्यक्षण को विभ्रम (hallucination) की संज्ञा दी जाती है। उदाहरणस्वरूप, अंधेरे कमरे में किसी भी व्यक्ति के नहीं होने पर भी यदि आपको ऐसा दिखाई पड़ता है कि कोई व्यक्ति खड़ा है, तो विभ्रम (hallucination) का उदाहरण होगा न कि भ्रम का। हाँ, यदि अंधेरे कमरा में रखा गया छाता को देखकर व्यक्ति उसे कोई दूसरा व्यक्ति समझ बैठता है तो इसे हम भ्रम (illusion) की संज्ञा देंगे। इस तरह से हम देखते हैं कि भ्रम तथा विभ्रम दोनों में ही व्यक्तियों को गलत ज्ञान होता है। इस समानता के बावजूद भी इन तीनों में निम्नांकित अन्तर है—

1. भ्रम में उद्दीपक (stimulus) होता है परन्तु विभ्रम में उद्दीपक नहीं होता है। जैसे—अंधेरे में रस्सी को साँप के रूप में देखना एक भ्रम (illusion) का उदाहरण है परन्तु अंधेरे कमरे में कुछ नहीं होने पर भी यदि कोई किसी व्यक्ति या वस्तु को कोई देखता है तो यह विभ्रम का उदाहरण है।
2. भ्रम अधिकतर बाह्य कारणों से होता है परन्तु विभ्रम अधिकतम आत्मगत कारकों (subjective factors) जैसे—चिन्ता, भय, मानसिक रोग, आदि कारकों से होता है।
3. चूँकि भ्रम में उद्दीपक मौजूद रहता है, अतः इसका स्वरूप (nature) करीब-करीब स्पष्ट होता है। परन्तु विभ्रम में उद्दीपक नहीं होता है, अतः इसका स्वरूप अस्पष्ट होता है। उदाहरणस्वरूप, अंधेरे में रस्सी को देखकर कोई व्यक्ति साँप या लम्बे आकार की ही कोई वस्तु समझ सकता है, कोई स्त्री या पुरुष को नहीं। परन्तु अंधेरे कमरे में यदि विभ्रम हो रहा है तो व्यक्ति उस विभ्रम में कुछ भी देख सकता है। स्त्री, पुरुष, आलमीरा आदि कुछ भी वह देख सकता है। स्पष्टतः विभ्रम का स्वरूप कुछ अनिश्चित होता है।
4. विभ्रम अधिकतर असामान्य व्यक्तियों (abnormal person) को होता है (लेकिन इसका मतलब यह नहीं है कि विभ्रम सामान्य व्यक्तियों को नहीं होता है। भ्रम सामान्य व्यक्तियों तथा असामान्य व्यक्तियों दोनों में ही होता है परन्तु, असामान्य व्यक्तियों में ज्यादा होता है।
5. सामान्य व्यक्ति के भ्रम का स्वरूप स्थायी तथा अस्थायी दोनों ही होता है। परन्तु सामान्य व्यक्तियों में विभ्रम का स्वरूप हमेशा अस्थायी होता है। परन्तु असामान्य व्यक्तियों में विभ्रम का स्वरूप स्थायी होता है। अनेकों ऐसे मानसिक रोग हैं जिनमें व्यक्तियों को जो विभ्रम होता है। वह स्थायी रूप में उसमें दिन-रात मौजूद रहता है और वह उसी में डूबा रहता है।

अध्याय सारांश — CHAPTER SUMMARY

1. संवेदन एक ऐसी सरल मानसिक प्रक्रिया है जिसके द्वारा हमें वस्तुओं एवं व्यक्तियों के बारे में एक आभास मात्र होता है क्योंकि इसमें अर्थहीनता एवं अस्पष्टता होती है।
2. संवेदन के मुख्य छह गुणों का वर्णन किया गया है—प्रकार, तीव्रता, अवधि, स्पष्टता, प्रसार तथा स्थानीय चिह्न (local sign)।
3. मानव आँखें की रचना तीन परतों से बनी होती है—श्लेत पटल, मध्य पटल एवं दृष्टि पटल। इसकी तुलना फोटो खींचने वाला कैमरा से उत्तम ढंग से की जाती है।

4. मानव कान की संरचना के भी तीन भाग हैं—बाह्य कर्ण, मध्य कर्ण एवं अन्तःकर्ण (inner eye)
5. प्रत्यक्षण एक संज्ञानात्मक मानसिक प्रक्रिया है जिसके द्वारा व्यक्ति वातावरण में उपस्थित उद्दीपनों की व्याख्या करता है तथा उसे संगठित करता है। प्रत्यक्षण का स्वरूप चयनात्मक (selective) होता है।
6. प्रत्यक्षण की व्याख्या करने के लिए कुछ महत्त्वपूर्ण सम्प्रत्ययों का प्रतिपादन गेस्टाल्ट मनोवैज्ञानिकों द्वारा किया गया है जिसमें आकृति-पृष्ठभूमि प्रत्यक्षण, प्रत्यक्षज्ञानात्मक संगठन का नियम, समकृतिकता का नियम आदि मुख्य है। निदेशात्मक-अवस्था सिद्धान्त के माध्यम से प्रत्यक्षण में व्यक्तित्व कारकों के पड़ने वाले प्रभावों का उल्लेख किया गया है।
7. गहराई एवं दूरी का प्रत्यक्षण के लिए दो तरह के संकेतों (cues) अर्थात् एकनेत्री संकेत (monoculer cues) तथा द्विनेत्रीय संकेत (binoculer cues) का वर्णन किया गया है।
8. गति प्रत्यक्षण की व्याख्या वास्तविक गति तथा आभासी गति के रूप में की गयी है।
9. आवाज या ध्वनि का त्रिविमीय स्थान निर्धारण एक कर्णज संकेत (monaural cues) तथा द्विकर्णज संकेत (binaural cues) के आधार पर किया गया है।
10. व्यक्ति के प्रत्यक्षण पर व्यक्तिगत कारकों, सामाजिक कारकों तथा सांस्कृतिक कारकों का प्रभाव पड़ता है।
11. रंग दृष्टि (colour vision) एक महत्त्वपूर्ण घटना है जिसके तीन पहलुओं पर मनोवैज्ञानिकों द्वारा काफी ध्यान दिया गया है—रंग मिश्रण, रंग अनुकूल तथा वर्णान्धता (colour blindness)।
12. रंग दृष्टि के तीन सिद्धान्तों का वर्णन किया गया है—द्वैधदृष्टि सिद्धान्त, यंग-हेल्महोज सिद्धान्त तथा हेरिंग सिद्धान्त। रंग दृष्टि में प्रजातीय विभिन्नताएँ होतीं पायीं गयीं हैं।
13. श्रवण प्रत्यक्षण की व्याख्या करने के लिए दो तरह के सिद्धान्तों का प्रतिपादन किया गया है— स्थान सिद्धान्त तथा बारंबारता सिद्धान्त।
14. द्वितीयक ज्ञानेन्द्रियों में घ्राण, स्वादन, त्वक् या त्वचीय, गतिशोधक ज्ञानेन्द्रियाँ तथा प्रघाणीय ज्ञानेन्द्रियाँ शामिल होते हैं।
15. अयथार्थ प्रत्यक्षण को भ्रम (illusion) कहा जाता है। यद्यपि यह एक तरह का प्रत्यक्षण ही है, फिर भी वह प्रत्यक्षण से भिन्न है।
16. भ्रम के कई प्रकार हैं जिनमें मूलर-लायर भ्रम (Muller-Lyer illusion), पड़ा-खड़ा भ्रम (Horizontal-Vertical illusion), पोन्जो भ्रम (Ponzo illusion) सैण्डर समानान्तर चतुर्भुज भ्रम आदि मुख्य है।
17. भ्रम के कई सिद्धान्त है जिनमें आँख-गति सिद्धान्त, क्षेत्र सिद्धान्त, विभ्रांति सिद्धान्त आदि मुख्य है।
18. भ्रम तथा विभ्रम में स्पष्ट अंतर होता है।
19. प्रत्यक्षण में व्यक्तिगत कारकों, सामाजिक कारकों तथा सांस्कृतिक कारकों की अहम्-भूमिका है।
20. भ्रम की व्याख्या करने के लिए कई तरह के सिद्धान्तों का वर्णन किया गया है। ऐसे ही आठ सिद्धान्तों का वर्णन यहाँ किया गया है।

□

अध्याय 5

अधिगम या सीखना

(LEARNING)

अधिगम का अर्थ एवं स्वरूप
(Meaning and Nature of Learning)

अधिगम या सीखना एक बहुत ही व्यापक तथा महत्त्वपूर्ण शब्द है। अतः मनोवैज्ञानिकों ने सीखने की परिभाषा वैज्ञानिक ढंग से देने की कोशिश की है। सामान्य अर्थ में 'सीखना' व्यवहार में परिवर्तन को कहा जाता है *(Learning refers to change in behaviour)*। परन्तु सभी तरह के व्यवहार में हुए परिवर्तन को सीखना नहीं कहा जाता है। व्यवहार में परिवर्तन थकान, दवा खाने से बीमारी, परिपक्वता (maturation) आदि से भी होता है। परन्तु ऐसे परिवर्तनों को सीखना नहीं कहा जाता है। मनोविज्ञान में सीखने से तात्पर्य सिर्फ उन्हीं परिवर्तनों से होता है जो अभ्यास (practice) या अनुभूति (experience) के फलस्वरूप होते हैं। प्रायः इसी तरह के परिवर्तन का उद्देश्य व्यक्ति को किसी दिये हुए वातावरण में समायोजन (adjustment) करने में मदद करने से होता है। अतः यह कहा जाता है कि सीखना व्यवहार में वैसे परिवर्तन को कहा जाता है जो अभ्यास या अनुभूति (experience) के फलस्वरूप होता है तथा जिसका उद्देश्य व्यक्ति को समायोजन (adjustment) करने में मदद करना होता है *(Learning refers to change in behaviour as a function of practice or experience with a view to make adjustment in the environment.)*

मनोवैज्ञानिकों ने सीखने की परिभाषा यद्यपि अलग-अलग ढंग से दिया है फिर भी उनके विचारों में इस पद (term) के मूल अर्थ के बारे में काफी सहमति है। उदाहरण के रूप में कुछ मनोवैज्ञानिकों की परिभाषाओं को नीचे दिया जा रहा है, **सारटेन, नॉर्थ, स्ट्रेंज** तथा **चैपमैन**[1] (Sartain, North, Strange & Chapman, 1973) के अनुसार, *''सीखना एक ऐसी प्रक्रिया है जिसके द्वारा अनुभूति या अभ्यास के फलस्वरूप व्यवहार में अपेक्षाकृत स्थायी परिवर्तन होता है।''*

मॉर्गन, किंग, विस्ज तथा **स्कॉपलर**[2] (Morgan, King, Weisz & Schopler, 1986) के अनुसार, *''अभ्यास या अनभूति के परिणामस्वरूप व्यवहार में होने वाले अपेक्षाकृत स्थायी परिवर्तन को सीखना कहा जाता है।''* **हरगेनहान**[3] (Hergenhahn, 1988) ने जो किम्बल (Kimble) द्वारा दी गयी परिभाषा में संशोधन करके सीखने की परिभाषा दिया है, इस प्रकार है, *''सीखना व्यवहार या व्यवहारात्मक अन्तःशक्ति में अपेक्षाकृत स्थायी परिवर्तन है जो अनुभूति के कारण होता है और जिसे अस्थायी शारीरिक अवस्थाओं जैसे वे अवस्थाएँ जो बीमारी, थकान या औषधि लेने आदि से उत्पन्न होते हैं, के रूप में आरोपित नहीं किया जा सकता है।''*

ऊपर की परिभाषाओं एवं अनेक अन्य मनोवैज्ञानिकों द्वारा दी गयी लगभग सभी परिभाषाओं का यदि एक संयुक्त

---

1. "Learning may be defined as the process by which a relatively enduring change in behaviour occurs as a result of experience or practice." —Sartain, North, Strange & Chapman : *Psychology,* 1973, p. 240
2. "Learning can be defined as any relatively permanent change in behaviour that occurs as a result of practice or experience." —Morgan, King, Weisz & Scholper : *Introduction to Psychology,* 1986, p. 10
3. "Learning is a relatively permanent change in behaviour or in behavioural potentiality that results from experience and cannot be attributed to temporary body states such as those induced by illness, fatigue or drugs." —Hergenhan : *An Introduction to theory of learning,* 1988, p. 7

विश्लेषण (joint analysis) किया जाय, तो सीखने का स्वरूप बहुत कुछ स्पष्ट हो जाता है। इस तरह के विश्लेषण करने पर हम निम्नांकित निष्कर्ष पर पहुँचते हैं—

(i) **सीखना व्यवहार में परिवर्तन को कहा जाता है** (*Learning is the change in behaviour*)—प्रत्येक सीखने की प्रक्रिया में व्यक्ति के व्यवहार में परिवर्तन होता है। अगर परिस्थिति ऐसी है जिसमें व्यक्ति के व्यवहार में परिवर्तन नहीं होता है, तो उसे हम सीखना नहीं कहेंगे। व्यवहार में परिवर्तन एक अच्छा एवं अनुकूली (adaptive) परिवर्तन भी हो सकता है या खराब एवं कुसमंजित (maladaptive) परिवर्तन भी हो सकता है। साइकिल चलाना सीखना, स्वेटर बुनना सीखना आदि व्यवहार में एक अच्छा एवं अनुकूल परिवर्तन का उदाहरण है। परन्तु कभी-कभी व्यक्ति कोई बुरी आदतों जैसे—चोरी करना, झूठ बोलना आदि को भी सीख लेता है। व्यवहार में ऐसे परिवर्तन खराब एवं कुसमंजित परिवर्तन के उदाहरण हैं। सीखने से तात्पर्य व्यवहार में इन दोनों तरह के परिवर्तन से होता है। (Learning is the change in behaviour for better or worse)

(ii) **व्यवहार में परिवर्तन अभ्यास या अनुभूति के फलस्वरूप होता है** (*The change in behaviour occurs as a function of practice or expreience*)—सीखने की प्रक्रिया में व्यवहार में जो परिवर्तन होता है, वह अभ्यास या अनुभूति के फलस्वरूप होता है। यहाँ अभ्यास (practice) से तात्पर्य किसी प्रकार के प्रशिक्षण से होता है जिसमें व्यक्ति किसी प्रक्रिया को बार-बार दोहराते हुए तथा अपनी गलतियों को सुधारते हुए सीखता है। अनुभूति (experience) से यहाँ तात्पर्य व्यक्ति की आकस्मिक अनुभूतियों (chance experiences) से होता है जो व्यक्ति के व्यवहार में परिवर्तन लाता है। एक उदाहरण द्वारा इस प्रकार समझाया जा सकता है। मान लीजिये कि कोई व्यक्ति टाइप करना सीख रहा है। स्वभावतः टाइप करने की प्रक्रिया को वह एक प्रशिक्षण के आधार पर सीख रहा है—क्योंकि वह बार-बार टाइप करता है तथा प्रत्येक बार में अपनी हुई गलतियों को सुधारते भी जाता है। अन्त में, वह बिना किसी प्रकार की गलती के ही टाइप करना सीख लेता है। यहाँ व्यवहार में परिवर्तन (टाइप करना) एक प्रशिक्षण के फलस्वरूप हुआ। प्रत्येक प्रक्रिया को सीखने के लिए व्यक्ति को अभ्यास की ही जरूरत नहीं पड़ती है। ऐसा भी होता है कि वह मात्र एक बार के अनुभव (experience) में ही उसे सीख लेता है। जैसे यदि किसी व्यक्ति का हाथ एक गर्म स्टोव पर अचानक पड़ जाता है, तो वह मात्र एक ही बार के अनुभव में सीख लेता है कि उसे गर्म स्टोव पर हाथ नहीं रखना चाहिए।

(iii) **व्यवहार में अपेक्षाकृत स्थायी परिवर्तन होता है** (*There is relatively permanent change in behaviour*)—ऊपर दी गयी परिभाषाओं में इस बात पर विशेष रूप से बल डाला गया है कि सीखने में व्यवहार में अपेक्षाकृत स्थायी परिवर्तन होता है। अपेक्षाकृत स्थायी परिवर्तन व्यवहार में वैसे परिवर्तन को कहा जाता है जो एक खास समय तक एक तरह से स्थायी होता है। उस खास समय की कोई निश्चित अवधि नहीं होती है। वह कुछ दिन का भी हो सकता है तथा कुछ महीनों का भी हो सकता है। इसलिए हरगेनहान (Hergenhahn, 1988) ने कहा है कि व्यवहार में अपेक्षाकृत स्थायी परिवर्तन (relatively permanent change) न तो क्षणिक होता है और न ही स्थिर होता है। उदाहरणार्थ, यदि कोई व्यक्ति टाइप करना सीखता है, तो उसके व्यवहार में हुआ इस तरह का परिवर्तन कुछ समयों तक स्थायी होता है। अभ्यास न करने से सम्भव है कि तीन महीने या पाँच महीने में व्यक्ति फिर से टाइप करना भूल जाय। तब यह कहा जायेगा कि व्यक्ति के व्यवहार में हुआ परिवर्तन तीन या पाँच महीने के लिए ही स्थायी था। अगर व्यवहार में हुआ परिवर्तन क्षणिक होता है अर्थात् कुछ मिनट के लिए ही होता है, जैसा कि प्रेरणात्मक अवस्था (motivational state) जैसे—भूख, प्यास, काम (sex), नींद आदि में होता है, तो उसे हम सीखना नहीं कहते हैं। हाउस्टन[1] (Houston, 1976) ने इसीलिए कहा है, *''व्यवहार में प्रेरणात्मक स्थिति में उतार-चढ़ाव (fluctuation) होने से उत्पन्न अस्थायी परिवर्तन सीखने की श्रेणी में नहीं आते हैं।''*

ऊपर किये गये विश्लेषण के आधार पर हम इस निष्कर्ष पर पहुँचते हैं कि किसी व्यवहार में हुए परिवर्तन को सीखना कहलाने के लिए निम्नांकित शर्तों का होना अनिवार्य है—

(i) व्यवहार में परिवर्तन अभ्यास या अनभूति के परिणामस्वरूप ही हुआ हो। थकान, परिपक्वता, दवा खाने, अभिप्रेरणात्मक स्थिति में उतार-चढ़ाव आदि के कारण हुए परिवर्तन को सीखना नहीं कहा जाता है।

(ii) व्यवहार में अभ्यास या अनुभूति से उत्पन्न परिवर्तन को क्षणिक न होकर अपेक्षाकृत स्थायी होना चाहिए।

---

1. "Temporary changes in behaviour, due to fluctuation in motivational states, tend to be excluded from the category of learning." —Houston : *Fundamentals of Learning*. 1976, p. 6.

सीखने की प्रक्रिया में अभिप्रेरणा का महत्त्व
(Role of Motivation in Learning)

चाहे पशु सीखना (animal learning) हो या मानव सीखना (human learning) उसमें अभिप्रेरण (motivation) का विशेष महत्त्व होता है। अभिप्रेरण से सीखने की प्रक्रिया तीव्र गति से होते देखी गयी है, क्योंकि अभिप्रेरण की अवस्था मानव या पशु को सही अनुक्रिया करने के लिए एक तरह का आन्तरिक बल (internal force) प्रदान करता है।

मनोवैज्ञानिकों ने पशु सीखना में मूलतः जैविक अभिप्रेरकों (biological motives) जैसे—भूख, प्यास, काम, नींद आदि प्रभाव को अधिक महत्त्वपूर्ण बतलाया है, क्योंकि ऐसे ही अभिप्रेरक के कारण वे किसी अनुक्रिया को सीखते हैं। जहाँ तक मानव सीखना (human learning) में अभिप्रेरक (motive) के स्थान का महत्त्व है, इसमें यह बात सही है कि पशु के समान मनुष्य भी जैविक अभिप्रेरकों के कारण सीखते हैं परन्तु ऐसा बहुत कम होते देखा गया है। मानव सीखना में जैविक अभिप्रेरक का महत्त्व कम परन्तु अर्जित अभिप्रेरक (acquired motive) का महत्त्व अधिक होता है। पैसा कमाना, समाज में इज्जत पाने की इच्छा, प्रशंसा किये जाने की इच्छा, द्वेष (rivalry), प्रतिस्पर्द्धा (competition) करना, ऊँचा-से ऊँचा पद पाना आदि कुछ महत्त्वपूर्ण अर्जित अभिप्रेरक के उदाहरण हैं। सीखने पर इनमें से सभी का तो नहीं परन्तु कुछ के प्रभाव का अध्ययन मनोवैज्ञानिकों ने किया है और बतलाया है कि मानव सीखने की प्रक्रिया में इन अभिप्रेरकों का महत्त्व काफी हैं।

अब हम पशु तथा मानव सीखना में अभिप्रेरकों के महत्त्व का वर्णन अलग-अलग इस प्रकार कर सकते हैं।

पशु सीखना में अभिप्रेरकों का महत्त्व (*Role of motives in animal learning*)—सीखने के क्षेत्र में अनेकों ऐसे प्रयोग पशु पर किये गये जिनसे यह स्पष्ट हो गया है कि जब पशु में तीव्र अभिप्रेरक (intense motive) होता है तो वह किसी अनुक्रिया को जल्द सीख लेता है। यहाँ पर उदाहरण के रूप में कुछ प्रयोगों का वर्णन किया जा रहा है।

टालमैन तथा हान्जिक (Tolman & Honzik, 1930) ने एक प्रयोग किये जिसमें चूहों का तीन समूह था और तीनों समूह को एक ही तरह की भूलभुलैया में प्रशिक्षित किया गया। चूहों का पहला समूह ऐसा था जो भूखा (hungry) नहीं था और लक्ष्य बॉक्स (goal box) में पहुँचने के बाद उसे भोजन भी नहीं दिया जाता था। चूहों का दूसरा समूह जो भूखा था परन्तु प्रयास (trial) समाप्त होने के बाद जब वे लक्ष्य बॉक्स में पहुँचते थे तो उन्हें भोजन नहीं दिया जाता था। तीसरा समूह भी भूखा था तथा बॉक्स में पहुँचने के बाद उसे भोजन (food) भी दिया जाता था। परिणाम में देखा गया कि तीसरा समूह जो भूखा था (अर्थात् जिसमें भूख अभिप्रेरक मौजूद था) तथा जिसे भोजन भी मिलता था, द्वारा अन्य दो समूहों की अपेक्षा भूलभुलैया जल्द सीख लिया गया तथा इस समूह द्वारा सीखने में त्रुटियाँ (errors) भी बहुत कम की गयीं। प्रयोग के इस परिणाम से स्पष्ट हो जाता है कि भूख अभिप्रेरक (hunger motive) के मौजूद होने से चूहों द्वारा भूलभुलैया को जल्दी सीख लिया जाता है।

दूसरा प्रयोगात्मक अध्ययन जिसे मैककिनटोश (Mackintosh, 1974) ने किया, द्वारा यह दिखलाया गया है कि जब पशु में दो प्रकार के अभिप्रेरक (motives) एक ही साथ वर्तमान होते हैं तो उनके द्वारा सीखने की प्रक्रिया अधिक तेजी से सम्पन्न होती है। इस अध्ययन में चूहों का तीन समूह लिया गया। पहला समूह बहुत भूखा तथा बहुत प्यासा था। दूसरा समूह बहुत भूखा था, परन्तु बहुत ही कम प्यासा था तथा तीसरा समूह बहुत प्यासा था परन्तु बहुत ही कम भूखा था। इन तीनों समूह को एक ही तरह की भूलभुलैया सीखने को दिया गया। तीनों समूह को 18 दिनों तक प्रशिक्षण दिया गया। प्रथम 9 दिनों तक तीनों समूह के चूहों को लक्ष्य बॉक्स में पहुँचने पर ठोस आहार (soild food) दिया गया तथा अन्तिम 9 दिनों में तीनों समूह के चूहों को लक्ष्य बॉक्स में पहुँचने पर ठोस आहार न देकर सिर्फ पानी दिया गया। प्रयोग के परिणाम बहुत ही रोचक थे। प्रथम 9 दिनों में पहले समूह ने जिसमें दो अभिप्रेरक एक साथ तीव्र मात्रा में मौजूद थे (क्योंकि समूह भूखा तथा प्यास दोनों ही था) अन्य दो समूहों की अपेक्षा तेजी से भूलभुलैया के प्रारम्भ बॉक्स (start box) से लक्ष्य बॉक्स तक दौड़ लगाना सीख लिया। अन्तिम 9 दिनों में जब ठोस भोजन के जगह पर पानी दिया गया, तो इस तरह के परिवर्तन से पहले समूह के निष्पादन में अन्य दो समूहों के निष्पादन की अपेक्षा थोड़े समय के लिए कमी आयी परन्तु फिर दो-तीन दिन के बाद इसका निष्पादन (performance) अन्य दो समूहों से काफी आगे हो गया। इससे स्पष्ट हो जाता है कि पशु में जब दो अभिप्रेरक एक साथ मौजूद रहते हैं तो उनके द्वारा सीखने की प्रक्रिया तेजी से होती है।

मानव सीखना में अभिप्रेरकों का महत्त्व *(Role of motives in human learning)*—मानव सीखना (human learning) में जैविक अभिप्रेरकों (biological motives) की अपेक्षा अर्जित अभिप्रेरकों (acquired motives) के महत्त्व को मनोवैज्ञानिकों ने अधिक अध्ययन किया है, क्योंकि मनुष्य अर्जित अभिप्रेरक के कारण ही अपने जीवनकाल में भिन्न-भिन्न चीजों को अधिक तेजी से सीखता है। कुछ ऐसे मनोवैज्ञानिकों के अध्ययनों को नीचे प्रस्तुत किया जा सकता है।

हरलॉक (Hurlock, 1955) ने एक अध्ययन किया जिसमें प्रशंसा (praise) तथा फटकार या निन्दा (reproof) का प्रभाव सीखने की प्रक्रिया पर देखा गया। इस अध्ययन में छात्रों के तीन समूह थे जिन्हें कुछ अंकों (digits) को जो कई कॉलम (column) में लिखे गये थे, जोड़ना था। जोड़ने का कार्य पाँच दिन तक थोड़े-थोड़े समय के लिए किया गया। छात्रों के एक समूह को जोड़ने का कार्य करते समय काफी प्रशंसा की गयी। छात्रों के दूसरे समूह को जोड़ने का कार्य करते समय काफी निन्दा की गयी तथा फटकार भी दिया गया तथा तीसरे समूह को जोड़ने का कार्य करते समय न तो प्रशंसा की गयी और न ही किसी प्रकार का फटकार दिया गया। परिणाम में देखा गया कि प्रथम दिन से पाँचवें दिन तक तीसरे समूह, जिसे न तो प्रशंसा मिली थी और न ही फटकार, के निष्पादन (performance) में कुछ भी वृद्धि नहीं हुई। जिस समूह के कार्य की प्रशंसा की गयी थी, उसके सीखने का औसत प्राप्तांक (average learning) लगातार बढ़ता गया। जिस समूह के कार्य की निन्दा की गयी थी, उसका औसत सीखने का प्राप्तांक प्रारम्भ में बढ़ा परन्तु बाद में उसमें तेजी से गिरावट आ गयी। इस प्रयोग के परिणाम से स्पष्ट हो जाता है कि निन्दा से सीखने के प्रक्रिया में प्रारम्भ में तो तेजी आती है परन्तु बाद में गिरावट आ जाती है। परिणाम में यह भी देखा गया कि प्रशंसित समूह (praised group) में लड़कियों का निष्पादन (performance) लड़कों की अपेक्षा अधिक था जबकि निंदित समूह (reproved group) में लड़कों का निष्पादन लड़कियों की अपेक्षा अधिक था।

कैन्नेडी तथा विल्लकट (Kennedy & Willcut, 1964) ने भी अपने अध्ययन में यह पाया कि तेज बुद्धि के विद्यार्थियों को ऐसी फटकार या निन्दा से उसके निष्पादन में वृद्धि नहीं होती है परन्तु प्रशंसा (praise) का प्रभाव हमेशा गुणकारी होते देखा गया है। इससे सभी तरह के बच्चों के निष्पादन में वृद्धि होती है। ऐण्डरसन, ह्वाईट तथा हेण्डरसन (Anderson, White & Henderson, 1966) ने भी अपने अध्ययन में पाया है कि प्रशंसा (praise) से फटकार या निन्दा की अपेक्षा सीखने की प्रक्रिया तेजी से होती है।

लेकिन कुछ ऐसे भी मनोवैज्ञानिक हैं जिन्होंने इस बात का खंडन किया है कि सीखने की प्रक्रिया में प्रशंसा हमेशा फटकार या निन्दा से श्रेष्ठ (superior) होता है। उदाहरणस्वरूप, स्कमिडट (Schmidt, 1941) ने ऊपर वर्णन किये गये परिणामों की आलोचना करते हुए कहा है कि प्रशंसा का सीखने की प्रक्रिया पर हमेशा गुणकारी प्रभाव ही होगा तथा फटकार का सीखने की प्रक्रिया पर हमेशा हानिकारक प्रभाव ही होगा, यह जरूरी नहीं है। प्रशंसा तथा फटकार का प्रभाव कैसा होगा, यह शिक्षक-छात्र सम्बन्ध पर निर्भर करता है। उन्होंने अपने अध्ययन में पाया है कि एक अरुचिकर शिक्षक (disliked teacher) द्वारा छात्रों की प्रशंसा किये जाने पर सीखने की प्रक्रिया तीव्र नहीं हुई परंतु एक रुचिकर शिक्षक (liked teacher) से फटकार मिलने पर छात्रों में सीखने की प्रक्रिया तेजी से हुई। इस अध्ययन से यह स्पष्ट है कि प्रशंसा तथा फटकार का प्रभाव दोनों तरह के व्यक्तियों (अर्थात् जो प्रशंसा कर रहा है या फटकार दे रहा है तथा जिसे प्रशंसा मिल रहा है या जिसे फटकार मिल रहा है) के आपसी सम्बन्ध पर निर्भर करता है।

मानव सीखना (human learning) में प्रशंसा तथा फटकार के अलावा एक अन्य तरह के अभिप्रेरण के प्रभाव को भी मनोवैज्ञानिकों ने काफी गहन रूप से अध्ययन किया है। वह अभिप्रेरण है—प्रतिस्पर्द्धा (competition) तथा सहयोग (cooperation) का अभिप्रेरक। डियूट्स (Duetsch, 1951) ने एक अध्ययन किया जिसमें छात्रों का 10 समूह था। पाँच समूहों को ऐसी परिस्थिति में रखा गया जहाँ उनसे कहा गया कि यदि वे आपस में मिल-जुलकर दिये हुए कार्य को कर लेते हैं तो उनमें से प्रत्येक को बराबर-बराबर इनाम दिया जायेगा। बाकी पाँच समूहों को एक भिन्न परिस्थिति में रखा गया जहाँ यह कहा गया कि दिये हुए कार्य को जो व्यक्ति जितनी ही जल्दी एवं ठीक ढंग से कर लेगा उसे उतना ही बड़ा इनाम दिया जायेगा। स्पष्ट है कि पहली परिस्थिति में प्रयोज्यों के बीच सहयोग (cooperation) की प्रवृत्ति तीव्र थी तथा दूसरी परिस्थिति में प्रतिस्पर्द्धा की प्रवृत्ति तीव्र थी। परिणाम में देखा गया कि सहयोग की प्रवृत्ति वाले समूह में निष्पादन प्रतिस्पर्द्धा की प्रवृत्ति रखने वाले समूह के निष्पादन की अपेक्षा अधिक था। सिम्स (Sims, 1938) ने एक अध्ययन में वैयक्तिक प्रतिस्र्द्धा (individual competition) तथा सामूहिक प्रतिस्पर्द्धा (group competition) का सीखने पर पड़ने वाले प्रभाव का विश्लेषण किया। उन्होंने अपने परिणाम में पाया कि वैयक्तिक प्रतिस्पर्द्धा से सीखने की प्रक्रिया का निष्पादन 34.7% बढ़ जाता है जबकि सामूहिक प्रतिस्पर्द्धा से निष्पादन मात्र 14.5% ही बढ़ता है।

ऊपर किये गये वर्णन के आधार पर हम इस निष्कर्ष पर पहुँचते हैं कि चाहे पशु सीखना हो या मानव सीखना, इस प्रक्रिया में अभिप्रेरण का काफी महत्त्व है। पशु सीखना में जैविक अभिप्रेरकों का स्थान प्रधान है, जबकि मानव सीखना में सामाजिक अभिप्रेरकों का स्थान प्रधान होता है। मानव सीखना में जैविक अभिप्रेरकों का स्थान गौण (secondary) होता है। भिन्न-भिन्न प्रयोगों के परिणाम से यह स्पष्ट हो गया है कि सीखने की प्रक्रिया फटकार (reproof) की अपेक्षा प्रशंसा से तेजी होती है। उसी तरह सहयोग की प्रवृत्ति से सीखने की प्रक्रिया प्रतिस्पर्द्धा की प्रवृत्ति की अपेक्षा तेजी से होती है। वैसे ही, वैयक्तिक प्रतिस्पर्द्धा (individual competition) सीखने के लिए सामूहिक प्रतिस्पर्द्धा से श्रेष्ठ (superior) होता है।

सीखने की विधियाँ (Methods of Learning)

किसी भी विषय या पाठ को सीखने के लिए जिरा प्रविधि (technique) का सहारा लिया जाता है, उसे सीखने की विधि (methods of learning) कहा जाता है। सीखने की कई विधियाँ हैं जिनमें से निम्नांकित तीन विधि अधिक महत्त्वपूर्ण है क्योंकि मनोवैज्ञानिकों ने इन तीनों विधि को काफी गुणकारी बतलाया है। इन विधियों का विवरण निम्नांकित है—

1. अविराम विधि तथा विराम विधि (Massed method and Spaced method)
2. पूर्ण विधि तथा अंश विधि (Whole method and Part method)
3. साभिप्राय सीखना तथा प्रासंगिक सीखना (Intentional learning and Incidental learning)

इन विधियों व्याख्या निम्नांकित हैं—

1. अविराम विधि तथा विराम विधि *(Massed method and spaced method)*—विराम विधि (sapced method or distributed method) जैसा कि नाम से ही स्पष्ट है, सीखने की ऐसी विधि है जिसमें व्यक्ति किसी पाठ या विषय को थोड़ा आराम दे देकर सीखता है। अविराम विधि में व्यक्ति को इस तरह का कोई विश्राम (rest) नहीं होता है और वह लगातार अभ्यास करते हुए पाठ या विषय को सीखता है। उदाहरणणार्थ, यदि कोई छात्र किसी कविता को एक घंटा तक लगातार पढ़कर याद करता है तो यह अविराम विधि (massed method) का उदाहरण होगा। लेकिन यदि वह प्रत्येक 20 मिनट के बाद पाँच मिनट का विश्राम (rest) करके उस कविता को याद करता है, तो यह विराम विधि (spaced method) का उदाहरण होगा।

कुछ मनोवैज्ञानिकों जैसे होभलैण्ड (Hovland, 1951) तथा गिल्फोर्ड (Guilford, 1952) ने इन दोनों विधियों का तुलनात्मक अध्ययन कर यह बतलाया है कि जब सीखा जानेवाला पाठ या विषय काफी लम्बा तथा कठिन होता है जिसमें सामान्यतः सूझ तथा समझ की जरूरत अधिक पड़ती है, तो वैसी परिस्थिति में विराम विधि (spaced or distributed method) अविराम विधि (massed method) से काफी श्रेष्ठ (superior) होता है। परन्तु जब सीखा जाने वाला विषय या पाठ छोटा तथा यांत्रिक रूप से (machanically) रटने वाला है, तो वैसी परिस्थिति में अविराम विधि विराम विधि (spaced method) से श्रेष्ठ होता है।

गिलफोर्ड (Guilford, 1952) ने यह भी बतलाया है कि विराम विधि से सीखने में दो बातें महत्त्वपूर्ण हैं—विश्राम (rest) की अवधि कितनी होनी चाहिए तथा कितनी बार प्रयास देने या अभ्यास करने के बाद विश्राम देना चाहिए। मनोवैज्ञानिकों का सामान्य मत यह है कि विश्राम की अवधि कम-से-कम इतनी अवश्य होनी चाहिए जिससे व्यक्ति में उत्पन्न थकान (fatigue) समाप्त हो जाय तथा जब शिक्षण वक्र या सीखना वक्र (learning curve) में गिरने की प्रवृत्ति मालूम हो, तो वहाँ अभ्यास रोक देना चाहिए और प्रयोज्य को विश्राम देना चाहिए।

मनोवैज्ञानिकों का सामान्य मत है कि कुछ विशेष परिस्थितियों को छोड़कर, विराम विधि (spaced method) अविराम विधि (massed method) से अधिक गुणकारी होता है क्योंकि अविराम विधि की तुलना में इसके निम्नांकित लाभ (advantages) हैं—

(i) विराम विधि से सीखने में व्यक्ति की अभिरुचि (interest) बनी रहती है क्योंकि इसमें थकान (fatigue) का महसूस उसे नहीं होता है। अविराम विधि के साथ ऐसी बात नहीं है।

(ii) विराम विधि से सीखा गया पाठ सामान्यतः अधिक दिनों तक याद रहता है क्योंकि सीखे गये पाठ से मस्तिष्क में उत्पन्न स्मृति चिह्नों (memory traces) को सुदृढ़ (consolidate) होने का मौका विश्राम (rest) की अवधि

में मिल जाता है। अविराम विधि में ऐसी बात नहीं है।

(iii) विराम विधि में सीखते समय व्यक्ति में मानसिक ऊबता (mental boredom) उत्पन्न नहीं होता क्योंकि बीच-बीच में उसे विश्राम (rest) मिल जाता है। अविराम विधि के साथ ऐसी बात नहीं है।

2. पूर्ण विधि तथा अंश विधि *(Whole method and Part method)*—जब व्यक्ति किसी दिये हुए पाठ या विषय को शुरू से अन्त तक एक साथ से पढ़कर सीखता है तो इसे पूर्ण विधि (whole method) की संज्ञा दी जाती है। परन्तु जब वह उस पाठ या विषय को अपनी सुविधानुसार कई भागों में बाँट कर प्रत्येक अंश को एक-दूसरे के बाद सीखता है, तो इसे अंश विधि (part method) की संज्ञा दी जाती है। उदाहरणार्थ, 6 स्टैनजा (stanza) की कविता को कोई व्यक्ति पहली पंक्ति से लेकर अन्तिम पंक्ति तक बार-बार पढ़कर सीखता हैं तो इसे हम पूर्ण विधि (whole method) की संज्ञा देते हैं। परन्तु यदि वह 6 स्टैन्जा की कविता को 3 भाग (प्रत्येक भाग दो-दो स्टैनजा का) में बाँटकर एक भाग के बाद दूसरे भाग को सीखता है तो यह अंश विधि का उदाहरण होगा।

अंश विधि (part method) तथा पूर्ण विधि (whole method) दोनों ही अपने आप में अधिक गुणकारी एवं लाभदायक है। परन्तु कुछ विशेष परिस्थिति में एक विधि दूसरी विधि से अधिक श्रेष्ठ (superior) हो जाती है। उदाहरणार्थ, जब कोई पाठ या विषय अधिक लम्बा नहीं है तथा उसमें तार्किक क्रम (logical sequence) आवश्यक है तो ऐसी परिस्थिति में पूर्ण विधि (whole method) अंश विधि से अधिक लाभदायक होता है। परन्तु जब कोई पाठ या विषय बहुत लम्बा है और साथ-ही-साथ उसमें कोई तार्किक क्रम (logical sequence) नहीं है तो अंश विधि (part method) पूर्ण विधि (whole method) से अधिक लाभदायक होगा। अंश विधि द्वारा सीखने में एक और फ़ायदा यह है कि इसमें व्यक्ति की अभिरुचि तथा उत्साह बनी रहती है क्योंकि जब वह पाठ के किसी एक अंश या भाग को सीख लेता है तो इससे उसमें खुशी होती है जो उसे अगले भाग को सीखने में उत्साह प्रदान करता है। होभलैण्ड (Hovland,1951) ने विशेष समीक्षा (review) कर यह बतलाया है कि इन दोनों विधियों में से कौन-सा विधि अधिक प्रबल (efficient) होगा। उनके अनुसार ऐसी प्रबलता निम्नांकित कारकों (factors) पर निर्भर करता है—

(i) यदि व्यक्ति में विषय या पाठ को सीखने की अभिप्रेरक (motivation) अधिक है, तो पूर्ण विधि अंश विधि से श्रेष्ठ होगी।

(ii) किंग्स्ले (Kingsley, 1946) के अनुसार, बच्चों में अंश विधि अधिक प्रबल (efficient) होता है जबकि वयस्क में पूर्ण विधि प्रबल होता है।

(iii) यदि विषय सरल, अधिक लम्बा नहीं तथा उसमें तार्किक क्रम (logical sequence) है तो पूर्ण विधि अधिक अच्छी होगी। परन्तु यदि विषय कठिन, अधिक लम्बा तथा उसमें तार्किक क्रम नही है तो अंश विधि अधिक सबल होगी।

(iv) बॉअर (Bower, 1981) के अनुसार, अधिक बुद्धि वाले व्यक्ति में पूर्ण विधि अधिक सबल होता है जबकि कम बुद्धि वाले व्यक्ति तथा सामान्य बुद्धि वाले व्यक्ति अंश विधि (part method) से अधिक सीखता है।

(v) सामान्यतः जब व्यक्ति किसी पाठ या विषय को सीखने की प्रारम्भिक अवस्था में होता है तो वह अंश विधि से अधिक सीखता है परन्तु जब वह बहुत कुछ सीख चुका होता है और जब वह अन्तिम अवस्था में होता है तो वैसी परिस्थिति में सीखने की पूर्ण विधि अधिक सबल होती है।

ऊपर के विवरण से यह स्पष्ट हो जाता है कि कुछ परिस्थिति में पूर्ण विधि अधिक सबल होती है तो कुछ परिस्थिति में अंश विधि अधिक सबल होता है।

3. साभिप्राय सीखना तथा प्रासंगिक सीखना *(Intentional learning and Incidental learning)*—जब व्यक्ति अपनी इच्छा तथा एक निश्चित उद्देश्य के साथ किसी कार्य या पाठ को सीखता है तो उसे साभिप्राय सीखना (intentional learning) कहा जाता है। दूसरे तरफ जब व्यक्ति किसी कार्य के पाठ को अपने आप (जहाँ व्यक्ति में सीखने की कोई इच्छा या उद्देश्य नहीं होता है) ही सीख लेता है तो इस प्रासंगिक सीखना (incidental learning) कहा जाता है। जब छात्र किसी पाठ या कविता को इसलिए सीखता रहा है कि परीक्षा में पूछे जाने की उसकी सम्भावना काफी अधिक है, तो यह साभिप्राय सीखना का उदाहरण होगा। सम्भव है कि छात्र प्रिन्सिपल (Principal) साहब की गाड़ी हमेशा उनके ऑफिस के सामने लगा देखकर उस गाड़ी का नम्बर सीख लिया हो। यह प्रासंगिक सीखना का उदाहरण है क्योंकि इस तरह के सीखना में छात्र की कोई अभिरुचि तथा उद्देश्य नहीं होता है।

बॉअर (Bower, 1981) तथा डेमैटो (D'Amato, 1970) ने अपने प्रयोगात्मक अध्ययनों के आधार पर इन दोनों विधियों का तुलनात्मक अध्ययन करते हुए कहा है कि साभिप्राय सीखना (intentional learning) प्रासंगिक सीखना (incidental learning) से श्रेष्ठ (superior) होता है। दिन-प्रतिदिन के अनुभवों के आधार पर भी हमें इस तथ्य का पूर्ण समर्थन मिलता है कि कोई यदि किसी कार्य को हम अपनी इच्छा एवं एक निश्चित उद्देश्य के साथ करते हैं, तो उसे जल्द सीख लेते हैं परन्तु यदि ऐसी इच्छा या उद्देश्य नहीं होता है तो हम उसे ठीक ढंग से नहीं सीख पाते हैं।

स्पष्ट हुआ कि सीखने की कई विधियाँ हैं और प्रत्येक विधि के कुछ गुण एवं दोष भी हैं जिसे ध्यान में रखकर उनका उपयोग किया जाता है।

क्लासिकी अनुबन्धन: प्रतिमान एवं तथ्य या घटना (Classical Conditioning : Paradigm and Phenomenon)

आई० पी० पैवलव (I. P. Pavlov) एक रूसी शरीर-वैज्ञानिक (physiologist) थे जिन्होंने अपनी जीवन-वृत्ति (career) हृदय के कार्यों के अध्ययन से शुरू की परन्तु बाद में उन्होंने पाचन-क्रिया (digestion) की दैहिकी (physiology) का विशेष रूप से अध्ययन करना प्रारम्भ किया और उनका यह अध्ययन इतना महत्त्वपूर्ण एवं लोकप्रिय हुआ कि 1904 में इसके लिए उन्हें नोबुल पुरस्कार (Nobel prize) भी दिया गया। बिलकुल ही संयोग से (incidentally) पैवलव ने इन अध्ययनों के दौरान लारमय अनुबन्धन (salivary conditioning) की घटना (phenomenon) का अध्ययन किया और इससे सम्बन्धित सीखने के एक सिद्धान्त का भी प्रतिपादन किया जिसे *अनुबन्धित अनुक्रिया सिद्धान्त* (Conditioned response theory) कहा जाता है। सचमुच में लारमय अनुबन्ध (salivary conditioning) का अध्ययन 1899 में प्रारम्भ हुआ था जब ओलप्सन (Wolpson) का पी-एच०डी० शोध (Ph. D. thesis) जिसका शीर्षक ''लारमय स्राव का प्रेक्षण'' (Observation upon salivary secretions) था, पैवलव के निर्देश में ही पूरा किया गया था।

पैवलव ने अपने सीखने के सिद्धान्त का आधार अनुबन्धन (conditioning) को माना है। लेफ्राइनकोइस (Lefrancois, 1983) के अनुसार अनुबन्धन एक ऐसी प्रक्रिया है जिसके द्वारा उद्दीपक (stimulus) तथा अनुक्रिया (response) के बीच एक साहचर्य (association) स्थापित होता है। पैवलव के सीखने के इस अनुबन्धन सिद्धान्त को *क्लासिकी अनुबन्धन सिद्धान्त* (Classical conditioning theory) या *प्रतिवादी अनुबन्धन सिद्धान्त* (Respondent conditioining theory) या *टाइप-एस* (Type-S) अनुबन्धन भी कहा जाता है।

प्रतिमान (paradigm) से तात्पर्य एक सांकेतिक मॉडल या चित्र से होता है जो किसी प्रक्रिया के विशेष गुणों को समझने में मदद करती है। क्लासिकी अनुबन्धन में प्रतिमान की शुरूआत एक उद्दीपक (stimulus) तथा इससे उत्पन्न अनुक्रिया के बीच के सम्बन्ध से होता है। पैवलव के अनुसार जब कोई स्वाभाविक एवं उपयुक्त उद्दीपक को जीव के सामने उपस्थित किया जाता है तो वह उसके प्रति एक स्वाभाविक अनुक्रिया (natural response) करता है। जैसे गर्म बर्तन को छूते ही हाथ खींच लेना तथा भूखा होने पर भोजन देखकर मुँह में लार आना, कुछ ऐसी अनुक्रियाओं (responses) के उदाहरण है। जब इस स्वाभाविक एवं उपयुक्त उद्दीपक के ठीक कुछ सेकेण्ड पहले एक दूसरा तटस्थ उद्दीपक (neutral stimulus) बार-बार उपस्थित किया जाता है तो कुछ प्रयास (trials) के बाद उस तटस्थ उद्दीपक द्वारा ही स्वाभाविक अनुक्रिया (लार आना या हाथ खींच लेना जो सिर्फ स्वाभाविक उद्दीपक के प्रति होती थी), उत्पन्न होने लगती है। जैसे, एक भूखे व्यक्ति के सामने घंटी बजाकर बार-बार भोजन दें तो कुछ प्रयासों के बाद मात्र घंटी बजते ही उस व्यक्ति के मुँह में लार आना प्रारम्भ हो जायेगा। पैवलव ने तटस्थ उद्दीपक (घंटी) तथा स्वाभाविक अनुक्रिया (लार आना) के बीच स्थापित इस नये साहचर्य को सीखने की संज्ञा दिया है।

पैवलव का यह निष्कर्ष कि यदि तटस्थ उद्दीपक (neutral stimulus) को किसी उपयुक्त एवं स्वाभाविक उद्दीपक (natural stimulus) के साथ बार-बार दिया जाता है तो तटस्थ उद्दीपक के प्रति व्यक्ति वैसी ही अनुक्रिया (response) करना सीख लेता है जैसा कि वह उपयुक्त एवं स्वाभाविक उद्दीपक के प्रति करता है। यह निष्कर्ष एक प्रयोग पर आधारित है। संक्षेप में प्रयोग इस प्रकार था—एक भूखे कुत्ते को एक ध्वनि-नियंत्रित प्रयोगशाला में एक विशेष उपकरण के सहारे खड़ा कर दिया गया। कुत्ते के सामने भोजन लाया जाता था और चूँकि कुत्ता भूखा था इसलिए भोजन देखकर उसके मुँह में लार आ जाता था। कुछ प्रयासों (trials) के बाद भोजन देने के .4 या .5 सेकेण्ड अर्थात 400 या 500 मिलीसेकेण्ड

पहले एक घंटी बजायी जाती थी। यह प्रक्रिया कुछ दिनों तक दोहरायी गयी तो यह देखा गया कि बिना भोजन आये ही मात्र घंटी की आवाज पर कुत्ते के मुँह से लार निकलना शुरू हो गया। पैवलव के अनुसार कुत्ता घंटी की आवाज पर लार के स्राव करने की क्रिया को सीख लिया है। उनके अनुसार घंटी की आवाज (उद्दीपक) तथा लार के स्राव (अनुक्रिया) के बीच एक साहचर्य (association) कायम हो गया जिसे *अनुबन्धन* (conditioning) की संज्ञा दी गयी।

पैवलव के इस प्रयोग पर ध्यान देने से स्पष्ट हो जाता है कि पैवलोवियन अनुबन्धन (Pavlovian conditioning) के मुख्य चार तत्त्व (components) हैं जो इस प्रकार है—

(i) **स्वाभाविक उद्दीपक** *(Unconditional or Unconditioned stimulus : UCS)*—स्वाभाविक उद्दीपक वैसे उद्दीपक को कहा जाता है जो बिना किसी पूर्व प्रशिक्षण (training) के ही प्राणी में अनुक्रिया उत्पन्न करता है। जैसे, पैवलव के प्रयोग में भोजन एक स्वाभाविक उद्दीपक (UCS) है जो लार स्राव करने की अनुक्रिया बिना किसी प्रशिक्षण का ही करता है।

(ii) **स्वाभाविक अनुक्रिया** *(Unconditioned response : UCR)*—स्वाभाविक अनुक्रिया वैसी अनुक्रिया को कहा जाता है जो स्वाभाविक उद्दीपक द्वारा उत्पन्न किया जाता है। जैसे, पैवलव के प्रयोग में भोजन देखकर कुत्ते के मुँह में लार का स्राव का होना एक स्वाभाविक अनुक्रिया है।

(iii) **अनुबन्धित उद्दीपक** *(Conditional stimulus or Conditioned stimulus : CS)*—अनुबन्धित उद्दीपक वैसे उद्दीपक को कहा जाता है जिसे यदि स्वाभाविक उद्दीपक के साथ या उससे कुछ सेकेण्ड पहले लगातार कुछ प्रयासों (trials) तक दिया जाता है, तो वह उद्दीपक स्वाभाविक उद्दीपक के समान ही अनुक्रिया उत्पन्न करना प्रारम्भ कर देता है। किसी भी उद्दीपक को अनुबन्धित उद्दीपक कहलाने के लिए यह आवश्यक है कि वह प्राणी की ज्ञानेन्द्रिय के पहुँच के भीतर हो, यानी जिसे देखा जा सके, सुना जा सके, स्पर्श किया जा सके। पैवलव के प्रयोग में घंटी की आवाज एक अनुबन्धित उद्दीपक (conditioned stimulus) का उदाहरण है।

(iv) **अनुबन्धित अनुक्रिया** *(Conditioned response : CR)*—जब अनुबन्धित उद्दीपक (CS) स्वाभाविक उद्दीपक (unconditioned stimulus) के साथ संयोजित (paired) किया जाता है तो कुछ प्रयासों के बाद अनुबंधित उद्दीपक (CS) के प्रति प्राणी ठीक वैसी ही अनुक्रिया करता है जैसा कि वह स्वाभाविक उद्दीपक (UCS) के प्रति करता था। इस तरह की अनुक्रिया को अनुबन्धित अनुक्रिया (conditioned response) कहा जाता है। पैवलव के प्रयोग में (बिना भोजन देखे ही) घंटी की आवाज सुनने पर जो लार के स्राव की अनुक्रिया होती थी, वह अनुबन्धित अनुक्रिया (conditioned response) का उदाहरण हैं।

बाद में पैवलव के सहयोगियों एवं उनके शिष्यों द्वारा कुछ और भी प्रयोग बकरी, भेंड़ आदि पर भी किये गये। इन प्रयोगों के आधार पर पैवलव के निष्कर्ष को वैध (valid) ठहराया गया।

क्लासिकी अनुबंधन की पूर्ण व्याख्या के लिए यह आवश्यक है कि उसमें सम्मिलित किये गये मुख्य घटनाओं (phenomena) का वर्णन किया जाए। ऐसे प्रमुख घटना या तथ्य निम्नांकित है—

1. उत्तेजन का नियम *(Law of excitation)*—इस नियम द्वारा यह पता चलता है कि यदि तटस्थ उद्दीपक (CS) को स्वाभाविक उद्दीपक (UCS) के साथ बार-बार उपस्थित किया जाता है तो ऐसी अवस्था में तटस्थ उद्दीपक प्राणी में एक सामान्य उत्तेजन (general excitation) पैदा करना प्रारम्भ कर देता है। दूसरे शब्दों में, यह कहा जा सकता है कि तटस्थ उद्दीपक प्राणी को इस हद तक उत्तेजित (excite) कर देता है कि वह अनुबन्धित अनुक्रिया (CR) करने के लिए तत्पर हो जाता है।

2. आन्तरिक अवरोध का नियम *(Law of internal inhibition)*—पैवलव ने यह देखने के लिए कि जब तटस्थ उद्दीपक (घंटी) के बाद स्वाभाविक उद्दीपक (भोजन) नहीं दिया जाता है, तो क्या होता है, इस विशेष नियम (law) का प्रतिपादन किया। उनका प्रेक्षण (observation) यह था कि ऐसी परिस्थिति में प्राणी धीरे-धीरे तटस्थ उद्दीपक के प्रति अनुक्रिया करना बन्द करने लगता है। दूसरे शब्दों में, सीखी गयी अनुक्रिया (यानी, लार का स्राव निकलने को अनुक्रिया) का विलोपन (extinction) होने लगता है। पैवलव के अनुसार ऐसा होने का कारण यह है कि इस तरह की परिस्थिति में यानी घंटी बजने के बाद भोजन के नहीं दिये जाने की परिस्थिति में प्राणी में एक विशेष प्रवृत्ति (tendency) उत्पन्न होती है जो प्राणी को सीखी गयी अनुक्रिया को करने से रोकता है। अतः प्राणी सीखी गयी अनुक्रिया को भूल

(forget) तो नहीं जाता है बल्कि जान-बूझकर उसे नहीं करता है (क्योंकि ऐसा करने की एक विशेष तत्परता उसमें उत्पन्न हो जाती है)। इसे ही पैवलव ने आन्तरिक अवरोध का नियम कहा है।

3. बाह्य अवरोध का नियम *(Law of external inhibition)*—**हाउस्टन**[1] (Houston, 1976) ने बाह्य अवरोध (external inhibition) को परिभाषित करते हुए कहा है, *"जब सीखने के दौरान कोई नया उद्दीपक अनुबंधित उद्दीपक (conditioned stimulus) के साथ दिया जाता है तो इससे सीखने की प्रक्रिया धीमी हो जाती है और इस तरह के अवरोध को बाह्य अवरोध कहा जाता है।"* पैवलव ने यह बतलाया कि जब प्राणी तटस्थ उद्दीपक (घंटी) तथा स्वाभाविक उद्दीपक (भोजन) को एक दूसरे से सम्बन्धित करना सीखता है तो उस समय अगर कोई बाह्य उद्दीपक जैसे रोशनी (light) उपस्थित करने के बाद तटस्थ उद्दीपक दिया जाता है तो वैसी परिस्थिति में सीखने की गति थोड़े समय के लिए अवरुद्ध (inhibited) हो जाती है। चूँकि इस तरह का अवरोध (inhibition) व्यक्ति में किसी बाह्य उद्दीपक के कारण होता है, अतः इसे पैवलव ने बाह्य अवरोध की संज्ञा दी।

4. उद्दीपक तथा स्वाभाविक उद्दीपक का कालिक क्रम *(Temporal sequence of conditioned stimulus and unconditioned stimulus)*—पैवलव के सिद्धान्त में सबसे महत्त्वपूर्ण कारक जो अनुबन्धित अनुक्रिया (conditioned response) की शक्ति (strength) को निर्धारित करता है, वह है—अनुबंधित उद्दीपक (घंटी) तथा स्वाभाविक उद्दीपक (भोजन) के बीच का समय अंतराल (time interval) । पैवलव ने अपने प्रयोग में यह स्पष्ट रूप से दिखलाया है कि इन दोनों उद्दीपकों के बीच अन्तराल जैसे-जैसे बढ़ते जाता है, सीखने की प्रक्रिया कमजोर होती जाती है। दूसरे शब्दों में कहा जा सकता है कि इन दोनों उद्दीपकों के बीच समय अंतराल बढ़ने से अनुबन्धित अनुक्रिया की शक्ति कमजोर होती जाती है। कई मनोवैज्ञानिकों ने यह दिखला दिया है कि CS तथा UCS का समय अंतरल .5 सेकेण्ड (500 मिली सेकेण्ड) होना चाहिए। इससे कम या अधिक समय अंतराल रहने से जैसा कि हरग्रेनहान (Hergrenhan, 1988) ने बतलाया है, अनुबन्धन का होना कठिन हो जाता है।

पैवलव तथा उनके शिष्यों ने निम्नांकित चार तरह के कालिक क्रम (temporal sequence) पर अधिक बल डाला है—

(i) समकालिक क्रम *(Stimultaneous temporal sequence)*—इस तरह के क्रम में अनुबंधित उद्दीपक (घंटी) तथा स्वाभाविक उद्दीपक (भोजन) को साथ-साथ प्राणी के सामने उपस्थित किया ज़ाता है और फिर एक ही साथ दोनों को हटा लिया जाता है। इस तरह के कालिक क्रम (temporal sequence) पर आधारित अनुबन्धन (conditioning) को *समकालिक अनुबन्धन* (simultaneous conditioning) कहा जाता है।

(ii) विलम्बित कालिक क्रम *(Delayed temporal sequence)*—इस क्रम में अनुबन्धित उद्दीपक जैसे घंटी के पहले ही बजा दिया जाता है और यह तब तक लगातार बजता रहता है जब तक कि स्वाभाविक उद्दीपक (भोजन) प्राणी के सामने नहीं दिया जाता है। कभी-कभी तो तटस्थ उद्दीपक को भोजन देने के बाद भी उपस्थित रखा जाता है। इस तरह के क्रम पर आधारित अनुबन्धन को *विलम्बित अनुबन्धन* (delayed conditioning) कहा जाता है।

(iii) संकेत कालिक क्रम *(Trace temporal sequence)*—इस तरह के अनुबंधित उद्दीपक जैसे (घंटी) को पहले प्राणी के सामने बजाया जाता है। फिर कुछ सेकेण्ड तक बजने के बाद उसे हटा लिया जाता है और उसके बाद स्वाभाविक उद्दीपक (भोजन) दिया जाता है। चूँकि इस तरह के क्रम में अनुबन्धित उद्दीपक पहले ही देकर हटा लिया जाता है, अतः प्राणी उस उद्दीपक द्वारा मन में छोड़े गये संकेत (trace) के प्रति ही अनुक्रिया करता है। फलतः इसे संकेत कालिक क्रम (trace temporal sequence) कहा जाता है तथा इस तरह के क्रम पर आधारित अनुबन्धन को *संकेत अनुबन्धन* (trace conditioning) कहा जाता है।

(iv) पश्चगामी कालिक क्रम *(Backward temporal sequence)*—यह क्रम ऊपर वर्णन किये गये तीनों क्रम से भिन्न होता है। ऊपर के तीनों क्रमों में अनुबंधित उद्दीपक (CS, यानी घंटी) पहले दिया जाता है तथा भोजन (USC) बाद में आता है। परन्तु इस क्रम में भोजन (UCS) पहले आता है तथा अनुबन्धित उद्दीपक (CS)

1. "External inhibition refers to the fact that a new stimulus introduced during acquisition along with the CS will slow the acquisition process." —Houston : *Theories of Learning,* 1976, p. 61.

बाद में आता है। इस तरह के क्रम पर आधारित अनुबंधन को *पश्चगामी अनुबंधन* (backward conditioning) कहा जाता है।

इन चारों तरह के अनुबंधन में पश्चगामी अनुबंधन द्वारा सीखी गयी अनुक्रिया की शक्ति सबसे कमजोर तथा समकालिक अनुबंधन (stimultaneous conditioning) में इसकी शक्ति सबसे अधिक होती है।

5. उद्दीपक सामान्यीकरण *(Stimulus generalization)*—सीखने के प्रारम्भ के प्रयासों (trials) में ऐसा देखा गया है कि सिर्फ मूल अनुबंधित उद्दीपक (original conditioned stimulus) के प्रति ही प्राणी अनुक्रिया नहीं करता है बल्कि उससे मिलते-जुलते अन्य उद्दीपकों के प्रति भी उसी ढंग से अनुक्रिया करता है। इसे ही उद्दीपक सामान्यीकरण की संज्ञा दी जाती है। **हाउस्टन**[1] (Houston, 1976) ने इसे परिभाषित करते हुए कहा है, *''उद्दीपक सामान्यीकरण की घटना में किसी एक उद्दीपक के प्रति अनुबंधित अनुक्रिया उसी तरह के दूसरे उद्दीपकों से भी उत्पन्न होने लगती है।''* एक उदाहरण लिया जाये—मान लिया जाय कि किसी प्रयोग में कुत्ते में 1000 Hertz tone or Hz (हर्जटोन) की आवाज पर भोजन देकर लार स्राव की अनुक्रिया को अनुबंधित (conditioned) किया जाता है। यही 1000 Hz की आवाज मूल अनुबंधित उद्दीपक (original conditioned stimulus) का उदाहरण है। इस तरह के अनुबन्धन (conditioning) के दौरान यदि कुत्ते के सामने 1200 Hz, 1100 Hz, 900 Hz, तथा 800Hz की आवाज दिया जाय तो कुत्ता में पहले के समान ही लार स्राव की अनुक्रिया होगी। इसे ही *उद्दीपक सामान्यीकरण* (stimulus generalization) की संज्ञा दी जाती है। पैवलव (Pavlov, 1927) तथा मुर्रे (Moore, 1972) ने अपने प्रयोगों के आधार पर यह बतलाया है कि मूल अनुबंधित उद्दीपक (original conditioned stimulus) तथा अन्य जाँच उद्दीपकों (test stimuli) के बीच जितनी अधिक समानता (stimulus) होती है, प्राणी द्वारा जाँच उद्दीपक के प्रति की गयी अनुक्रिया की शक्ति उतनी ही अधिक होती है। उपर्युक्त उदाहरण में कुत्ता 800 Hz पर कम परन्तु 900 Hz पर अधिक लार स्राव करेगा क्योंकि 900 Hz की आवाज मूल ध्वनि (1000 Hz) से तीव्रता में अधिक समान है।

6. विभेदन *(Discrimination)*—विभेदन की घटना (phenomenon) उद्दीपक सामान्यीकरण (stimulus generalization) के ठीक विपरीत घटना है। जैसे-जैसे सीखने के लिए दिये जाने वाले प्रयासों (trial) की संख्या बढ़ती जाती है, वैसे-वैसे प्राणी मूल अनुबंधित उद्दीपक (original conditioned stimulus) तथा अन्य समान उद्दीपकों (similar stimuli) के बीच स्पष्ट अन्तर या विभेद कर लेता है। इसके परिणामस्वरूप प्राणी सिर्फ मूल अनुबंधित उद्दीपक के प्रति ही अनुक्रिया करता है, अन्य समान उद्दीपकों के प्रति अनुक्रिया नहीं करता है। इसे ही विभेदन (discrimination) की संज्ञा दी जाती है। विभेदन की घटना स्थापित होने के बाद कुत्ता सिर्फ 1000Hz पर ही अनुक्रिया (response) करेगा अन्य समान उद्दीपकों जैसे 900 Hz, 1100Hz, आदि पर नहीं करेगा। कभी-कभी देखा गया है कि जब अन्य उद्दीपक (जिसे जाँच उद्दीपक कहा जाता है) तथा मूल अनुबंधित उद्दीपक के बीच इतनी अधिक सामानता होती है कि प्राणी इन दोनों के बीच विभेद करने में असमर्थ हो जाता है, तो ऐसी परिस्थिति में प्राणी का व्यवहार थोड़ी देर के लिए असामान्य (abnormal) हो जाता है। जैसे पैवलव के सहयोगियों ने पाया कि ऐसी परिस्थिति में कुत्ता जोर-जोर से भौंकना प्रारम्भ करता है, पंजों से नोच-खसोट आदि भी प्रारम्भ कर देता है। इसे मनोवैज्ञानिकों ने *प्रयोगात्मक मनःस्नायुविकृति* (experimental neurosis) की संज्ञा दी है।

7. उच्चतर-कोटि अनुबन्धन *(Higher-order conditioning)*—पैवलोवियन अनुबन्धन में यह स्पष्ट रूप से दिखलाया गया है कि किसी भी अनुबंधित उद्दीपक (conditioned stimulus) को अनुबंधन (conditioning) के आगे की प्रक्रिया में स्वाभाविक उद्दीपक (unconditioned stimulus) के रूप में प्रयोग किया जा सकता है। इसे ही उच्च कोटि अनुबंधन कहा जाता है। जैसे, यदि घंटी की आवाज एक CS हैं, भोजन UCS है तथा लार-स्राव (salivation) CR के रूप स्थापित हो चुका है, तो अब घंटी को UCS के रूप में आगे प्रयोग किया जा सकता है। इस तरह जब रोशनी तथा घंटी को बार-बार संयोजित (pair) कर प्राणी के सामने रखा जाता है, तो लार-स्राव (salivation) की अनुक्रिया जो पहले घंटी की आवाज पर होती थी, मात्र रोशनी जलते ही होने लगेगी। इसे ही उच्च-कोटि अनुबंधन कहा जाता है। इसे *द्वितीय-कोटि अनुबंधन* (second-order conditioning) भी कहा जाता है। सिलभरमैन (Silverman, 1978) ने बतलाया है कि उच्च कोटि अनुबंधन की सफलता के लिए यह आवश्यक है कि मूल CS तथा UCS (यानी घंटी तथा

1. "Stimulus generalization refers to the fact that a response conditioned to one stimulus will tend to be elicited by other similar stimuli" —Houston : *Theories of Learning.* 1976, p. 61.

भोजन) को एक साथ या कुछ सेकण्ड का समय अंतराल देकर बीच-बीच में दिया जाना आवश्यक है ताकि अनुबंधित अनुक्रिया (conditioned response) की शक्ति बनी रहे।

8. विलोपन तथा स्वतः पुनर्लाभ *(Extinction and Spontaneous recovery)*—पैवलव ने अपने प्रयोग में पाया कि प्राणी (organism) में अनुबन्धन (conditioning) उत्पन्न होने के बाद जब सिर्फ CS (घंटी) दिया जाता है और UCS (भोजन) नहीं दिया जाता है और इस प्रक्रिया को लगातार कई प्रयासों (trials) तक दोहराया जाता है, तो धीरे-धीरे सीखी गयी अनुक्रिया की शक्ति कमने लगती है। दूसरे शब्दों में, कुत्ता धीरे-धीरे घंटी की आवाज पर लार का स्राव कम करते जाता है। अन्त में, एक ऐसा भी प्रयास (trial) आता है जहाँ घंटी बजती है परन्तु लार का स्राव बिलकुल ही नहीं होता है। पैवलव ने इस तरह की घटना (phenomenon) को *विलोपन* (extinction) की संज्ञा दी है। **सार्टेन**[1] तथा उनके सहयोगियों (Sartain et al., 1973) ने भी कहा है कि *जब पुनर्बलन* (reinforcement) *की अनुपस्थिति में अनुबंधित अनुक्रिया* (conditioned response) *बार-बार की जाती है तो इससे इसकी शक्ति कमती जाती है जिसे हम विलोपन (extinction) की संज्ञा देते हैं।*

विलोपन से ही सम्बन्धित एक दूसरी घटना (phenomenon) है जिसपर भी मनोवैज्ञानिकों ने अधिक बल डाला है और वह है स्वतः पुनर्लाभ (spontaneous recovery) की घटना। पैवलव तथा उनके शिष्यों ने अपने प्रयोगात्मक अध्ययनों में पाया है कि जब किसी सीखी गयी अनुक्रिया का आंशिक रूप से विलोपन (partial exinction) हो जाता है और उसके कुछ समय बीतने के बाद यदि पुनः CS (घंटी) दिया जाता है, तो प्राणी (कुत्ता) फिर से CR (लार का स्राव) करते पाया जाता है हालाँकि ऐसी परिस्थिति में किया गया लार स्राव की मात्रा पहले के समान अधिक नहीं होती है। इस तरह से स्वतः पुनर्लाभ में हम पाते हैं कि विलोपन के कुछ समय के बाद CS देने पर विलोपित CR अपने आप पुनः प्राणी द्वारा किया जाता है। सार्टेन तथा उनके सहयोगियों ने स्वतः पुनर्लाभ (spontaneous recovery) को इस प्रकार परिभाषित करते हुए कहा है, *''जब एक विलोपित अनुबंधित अनुक्रिया की शक्ति में कुछ समय के बाद, आंशिक रूप से (partially) पुनर्लाभ (recovery) होता है, तो इसे स्वतः पुनर्लाभ की संज्ञा दी जाती है।''*

मनोवैज्ञानिकों ने अपने प्रयोगों के आधार पर यह दिखला दिया है कि विलोपन (extinction) के बाद का समय जितना ही बड़ा होगा, स्वतः पुनर्लाभ, एक सीमा तक उतना ही अधिक होता है।

9. पुनर्बलन *(Reinforcement)*—पैवलोवियन अनुबन्धन में पुनर्बलन का एक महत्त्वपूर्ण स्थान है। पैवलव के प्रयोग में भोजन एक प्रकार का पुनर्बलन है जो कुत्ते को लार स्राव (salivation) की अनुक्रिया करने के लिए प्रेरित करता है। सचमुच में भोजन यहाँ एक मुख्य पुनर्बलन (primary reinforcement) का उदाहरण है। जब कोई दूसरा तटस्थ उद्दीपक (neutral stimulus) जैसे घंटी को बार-बार भोजन के साथ संयोजित कर (paired) प्राणी के सामने उपस्थित किया जाता है तो वैसी परिस्थिति में उस तटस्थ उद्दीपक में भी मुख्य पुनर्बलन (primary reinforcement) का गुण आ जाता है। यही कारण है कि पैवलव के प्रयोग में कुछ प्रयासों (trials) के बाद कुत्ता मात्र घंटी की आवाज पर ही लार स्राव की अनुक्रिया करता था। जब एक तटस्थ उद्दीपक में मुख्य पुनर्बलन का गुण आ जाता है तो इसे गौण पुनर्बलन (secondary reinforcement) की संज्ञा दी जाती है। एक तटस्थ उद्दीपक में मुख्य पुनर्बलन का गुण बनाये रखने के लिए यह आवश्यक है कि बीच-बीच में तटस्थ उद्दीपक के साथ-साथ मुख्य उद्दीपक (primary reinforcement) (जैसे भोजन) भी दिया जाता रहे।

10. आभासी अनुबन्धन *(Pseudoconditioning)*—कभी-कभी ऐसा देखा गया है कि प्राणी (organism) प्रयोगात्मक परिस्थिति में कुछ वैसा ही व्यवहार दिखलाता है जो उस समय होता है जब सचमुच में अनुबन्धन (conditioning) हो जाता है। जैसे, प्रयोगात्मक परिस्थिति में लाने के कुछ समय के बाद अपने पूर्व अनुभव के कारण कुत्ता में अपने आप लार स्राव की अनुक्रिया यदि शुरू हो जाती है तो यह है एक आभासी अनुबन्धन (pseudoconditioning) का उदाहरण होगा। प्रायः आभासी अनुबन्धन तब होता है जब प्राणी में सामान्य उत्तेजनशीलता (general excitability) अधिक होता है।

ऊपर वर्णन किये गये तथ्यों के आधार पर हम इस निष्कर्ष पर पहुँचते हैं कि पैवलोवियन अनुबन्धन में बहुत तरह की घटनाएँ होतीं हैं जिनसे सीधे या परोक्ष रूप से अनुबंधित अनुक्रिया (conditioned response) की शक्ति प्रभावित होती है।

---

1. "Spontaneous recovery is a partial recovery in the strength of an extinguished (really partially extinguished) conditioned response after a rest interval." —Sartain et al., : *Psychology,* 1978, p. 367.

कुछ मनोवैज्ञानिकों द्वारा क्लासिकी अनुबंधन की आलोचना निम्नांकित कारकों (factors) के आधार पर की गयी है। प्रमुख आलोचनाएँ निम्नांकित हैं—

1. पैवलव एक उद्दीपक-अनुक्रिया पुनर्बलन सिद्धान्तवादी (stimulus-response reinforcement theorist) हैं। अतः इनके अनुसार सीखने के लिए अर्थात् उद्दीपक एवं अनुक्रिया में सम्बन्ध स्थापित करने के लिए पुनर्बलन (reinforcement) का होना अनिवार्य है। कुछ मनोवैज्ञानिकों जैसे, टालमैन तथा हॉन्जिक (Tolman & Honzik, 1930) एवं ब्लॉजेट्ट (Blodgett, 1929) ने चूहों पर प्रयोग कर दिखला दिया है कि उन चूहों द्वारा भूलभुलैया सीखना (maze learning) जिन्हें प्रथम कुछ दिनों तक भोजन नहीं दिया गया था, ठीक उसी प्रकार किया गया जिन्हें प्रत्येक दिन भूलभुलैया सीखने के लिए भोजन दिया जाता था। हाँ, इतना अवश्य था कि जब तक भोजन नहीं दिया गया था, सीखी गयी प्रक्रिया भीतर दबी हुई थी। जैसे ही भोजन दिया गया, सीखने की प्रक्रिया स्पष्ट निष्पादन (performance) के रूप में अभिव्यक्त हुई। अतः टालमैन, हॉन्जिक एवं ब्लॉजेट आदि मनोवैज्ञानिकों का विचार है कि सीखने के लिए पुनर्बलन (reinforcement) आवश्यक नहीं है। हाँ, सीखी गयी अनुक्रिया को स्पष्ट रूप से व्यक्त करने के लिए पुनर्बलन (reinforcement) की आवश्यकता होती है।
2. पैवलव के सिद्धान्त पर ध्यान देने से यह स्पष्ट हो जाता है कि सीखने की प्रक्रिया में पुनरावृत्ति (repetition) का महत्त्व अधिक है। पैवलव के प्रयोग में एक तटस्थ उद्दीपक (घंटी) तथा स्वाभाविक उद्दीपक (भोजन) को साथ-साथ कई बार दोहराने के बाद ही कुत्ता घंटी की आवाज पर लार स्राव करने की अनुक्रिया को सीखा था। परन्तु अक्सर यह देखा गया है कि व्यक्ति के कुछ पल ऐसे भी होते हैं जहाँ वह मात्र एक ही बार की अनुभूति में सीख लेता है। जैसे, यदि किसी व्यक्ति का हाथ एक गर्म बर्त्तन से स्पर्श हो जाता है तो एक ही बार में वह सीख लेता है कि उसे गर्म बर्त्तन नहीं छूना चाहिए (न कि इसे सीखने के लिए इस कार्य की पुनरावृत्ति करनी होती है)।
3. कुछ मनोवैज्ञानिकों का कहना है कि पैवलव के सिद्धान्त में प्राणी को एक ऐसी प्रयोगात्मक परिस्थिति में रखा जाता है जहाँ वह पूर्णरूपेण निष्क्रिय (passive) होता है। पैवलव का कुत्ता एक ऐसे उपकरण के सहारे बँधा होता है जिसमें उसे एक निष्क्रिय भूमिका करनी होती है। अगर प्रयोगात्मक परिस्थिति ऐसी होती जिसमें प्राणी सक्रिय होकर घूम-फिर सकता है (जैसा कि स्कीन्नर-बक्स में होता है), तो वैसी परिस्थिति में सीखने की व्याख्या इतनी यांत्रिक (mechanical) नहीं होती जितनी की पैवलव ने अपने सिद्धान्त में किया है।
4. कुछ आलोचकों का मत है कि पैवलव द्वारा प्रतिपादित सीखना एक अस्थायी तथा आंशिक रूप से प्राणी के व्यवहार में परिवर्तन करता है। कुत्ता घंटी की आवाज पर तभी तक लार स्राव करता था जब तक घंटी की आवाज के बाद उसे भोजन दिया जाता है। जब भोजन दिया जाना बन्द कर दिया गया तो कुत्ते में भी लार स्राव की अनुक्रिया धीरे-धीरे लुप्त हो गयी। इतना ही नहीं, पैवलव के सिद्धान्त के अनुसार किसी अनुक्रिया को सीखलाने के लिए एक विशेष प्रकार की प्रयोगात्मक परिस्थिति का होना अनिवार्य है जो हमेशा सम्भव नहीं भी हो सकता है।

इन आलोचनाओं के बावजूद भी पैवलव का सिद्धान्त एक महत्त्वपूर्ण सिद्धान्त है और अन्य दूसरे मनोवैज्ञानिकों ने अपने-अपने सिद्धान्त का प्रतिपादन करते समय इनके तथ्यों एवं सम्प्रत्ययों (concepts) से प्रेरणा ली है।

साधनात्मक अनुबन्धन के स्वरूप एवं प्रकार (Nature and Type of Instrumental Conditioning)

साधनात्मक अनुबंधन का एक ऐसी प्रक्रिया है जिसमें प्राणी मुक्त अनुक्रिया परिस्थिति (free-responding situation) में रहकर किसी व्यवहार को सीखता है। साधनात्मक अनुबन्धन में प्राणी को प्रयोगात्मक परिस्थिति (experimental situation) जैसे स्कीन्नर बक्स (Skinner box) या पहेली बक्स (puzzle box) में इधर-उधर घूमने की पूरी स्वतंत्रता होती है। इस तरह के अनुबन्धन की एक खास विशेषता यह होती है कि प्राणी इसमें अनुक्रिया स्वयं

करता है न कि कोई विशेष उद्दीपक (stimulus) द्वारा उत्तेजित होने पर करता है। जैसे, स्कीनर बक्स में चूहा लीभर दबाने की अनुक्रिया स्वयं करता है। ऐसा नहीं कहा जा सकता है कि यह अनुक्रिया किसी उद्दीपक के प्रति किया जा रहा है। सच पूछा जाय तो प्राणी यहाँ पूरे वातावरण पर ही परिचालन करते हुए (operate) अनुक्रिया करता है। यही कारण है कि इसे *क्रियाप्रसूत अनुबन्धन* (operant conditioning) भी कहा जाता है। इस तरह के अनुबन्धन का उदाहरण हमें थॉर्नडाइक (Thorndike) एवं स्कीनर (Skinner) द्वारा सीखने के क्षेत्र में किये गये प्रयोगों में मिलता है।

मनोवैज्ञानिकों ने साधनात्मक अनुबन्धन या क्रियाप्रसूत अनुबन्धन को निम्नांकित आठ भागों में बाँटा है—

1. पुरस्कार प्रशिक्षण *(Reward training)*—पुरस्कार प्रशिक्षण साधनात्मक अनुबन्धन का सबसे सरल प्रकार है। इस तरह के प्रशिक्षण की मुख्य विशेषता यह है कि जब प्राणी प्रयोगात्मक परिस्थिति में एक खास अनुक्रिया को करता है, तो उसे पुरस्कार (reward) दिया जाता है। उदाहरणस्वरूप, स्कीनर बक्स में चूहा जब लीभर दबाने की अनुक्रिया करता था, उसे भोजन दिया जाता था। अतः यह पुरस्कार प्रशिक्षण (reward training) का उदाहरण है। इस तरह से पुरस्कार प्रशिक्षण की सबसे प्रमुख आवश्यकता (requirement) यह होती है कि मानव या पशु पहले कोई उपयुक्त अनुक्रिया करता है और तब उसे वांछनीय परिणाम (desired results) अर्थात् पुरस्कार मिलता है।

2. विभेदन प्रशिक्षण *(Discrimination training)*—विभेदन प्रशिक्षण में प्राणी (organism) को एक खास अनुक्रिया, दिये गए परिस्थितियों में विभेद करते हुए करना सीखलाया जाता है। इस तरह के साधनात्मक सीखना (instrumental learning) में प्राणी जैसे चूहा को स्कीन्नर बक्स में रख दिया जाता है और उसके छत से एक बल्ब लटका दिया जाता है। यह वल्व एक विभेदन संकेत (discrmination cue) के रूप में कार्य करता है। किसी प्रयास (trial) में बल्ब जला दिया जाता है तथा किसी प्रयास में इसे बुझा दिया जाता है। 'रोशनी ऑन' (light on) अवस्था में यदि वह लीभर दबाने की अनुक्रिया करता है, तो इसे भोजन दिया जाता है। इसके कुछ समय के बाद दूसरी परिस्थिति प्रारम्भ होती है, जिसमें रोशनी (light) ऑफ (off) होती है और यदि चूहा इस परिस्थिति में लीभर दबाने की अनुक्रिया करता भी है, तो उसे भोजन नहीं मिलता है। इस तरह रोशनी ऑन (light on) तथा रोशनी ऑफ (light off) की परिस्थिति में लगातार कई प्रयास (trials) दिये जाते हैं। धीरे-धीरे चूहा लीभर दबाने की अनुक्रिया को दो तरह की परिस्थितियों में विभेद करते हुए सीख लेता है। इसे ही विभेदन प्रशिक्षण कहा जाता है।

3. मुक्ति प्रशिक्षण *(Escape training)*—मुक्ति प्रशिक्षण (escape training) को *उन्मुक्ति प्रशिक्षण* (relief training) भी कहा जाता है। इस तरह के प्रशिक्षण में एक विशेष बक्स तैयार किया जाता है जिसे 'शटिल बक्स' (shuttle box) कहा जाता है। इस बक्स में दो कक्ष (compartment) होते हैं। इन दोनों कक्षों के बीच एक दरवाजा होता है जिसे ऊपर-नीचे किया जा सकता है। नीचे की ओर गिरा देने से एक कक्ष दूसरे से अलग हो जाता था परन्तु फिर भी उस दरवाजा की बनावट ही कुछ ऐसी होती थी कि यदि प्राणी चाहे तो उसे लाँघ कर या छलांग लगाकर दूसरे कक्ष में आ जा सकता था। इस प्रशिक्षण में प्रायः कुत्ता को ही प्रयोज्य (subject) बनाया जाता है। कुत्ता को किसी एक कक्ष में रख दिया जाता है। चूँकि कक्ष की सतह स्टील (steel) के छड़ (bars) का बना होता है, अतः उसके द्वारा कुत्ता को हल्का बिजली का शॉक (shock) दिया जाता है। शॉक लगते ही कुत्ता बेचैन होकर वहाँ से भागना चाहता है और फिर इधर-उधर देखकर बीच के दरवाजा को लाँघते हुए दूसरे कक्ष में आ जाता है जिसका भी सतह स्टील के छड़ का ही होता है परन्तु अभी उसमें बिजली की धारा (current) प्रवाहित नहीं होती है। कुछ मिनट कुत्ता जब आराम कर लेता है तो फिर उस कक्ष के सतह से भी बिजली की धारा प्रवाहित की जाती है और फिर कुत्ता में उसी तरह की बेचैनी देखी जाती है और पुनः बीच के दरवाजा को लाँघते हुए पहले वाले कक्ष में आ जाता है जिसकी सतह में अभी विद्युत की धारा नहीं होती है। इस तरह से कुत्ता को दोनों कक्षों में प्रशिक्षण दिया जाता है और अन्त में देखा जाता है कि बिजली का शॉक (shock) लगने तथा कुत्ता को उछल कर या लाँघकर दूसरे कक्ष में आने के बीच का समय (latency) बहुत कम हो जाता है और तब यह समझा जाता है कि कुत्ता मुक्ति अनुक्रिया (excape response) को पूर्णतः सीख लिया है।

4. परिवर्जन प्रशिक्षण *(Avoidance training)*—परिवर्जन प्रशिक्षण में पशु को दण्ड (punishment) से बचना सीखलाया जाता है। अगर पशु एक खास समय के भीतर अनुक्रिया कर देता है, तो उसे दण्ड नहीं मिलता है। परन्तु यदि वह अनुक्रिया उस खास समय के भीतर नहीं करता है तो उसे दण्ड मिलता है। परिवर्जन प्रशिक्षण (avoidance training) के लिए जो उपकरण (apparatus) या शटिल बक्स (shuttle box) का उपयोग किया जाता है उसे चित्र 5.1 में दिखलाया गया है।

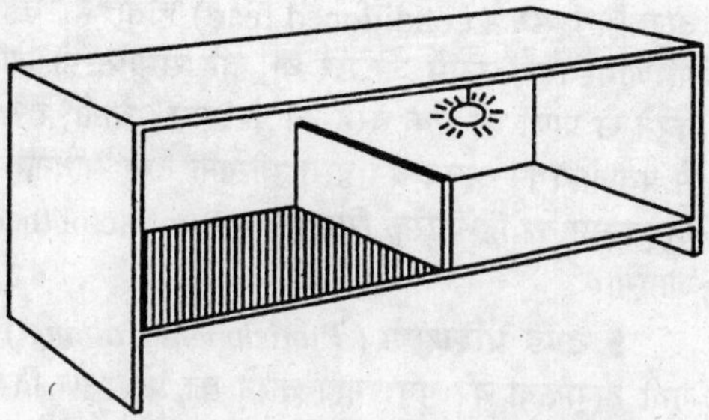

चित्र 5.1 : शटिल वक्स (Shuttle box)

चित्र 5.1 से स्पष्ट है कि इस बक्स में दो कक्ष (compartments) होते हैं—

एक उजला कक्ष (white compartment) तथा दूसरा काला कक्ष (black compartment)। उजला कक्ष का फर्श (floor) धातु का बना होता है ताकि उससे होकर बिजली की धारा प्रवाहित हो सके। काला कक्ष का फर्श अधातु का बना होता है। फलतः इससे होकर विद्युत धारा नहीं प्रवाहित हो सकती है। प्राणी को उजला कक्ष में रख दिया जाता है एवं रोशनी संकेत के रूप में जला दिया जाता है तथा इसके 10-15 सेकेण्ड समय बीतने के बाद बिजली का हल्का शॉक (shock) दिया जाता है। फलतः प्राणी में बेचैनी बढ़ती है और वह उजला कक्ष तथा काला कक्ष के बीच में बनाये गये दिवाल (wall) पर चढ़कर काला कक्ष में आ जाता है, जिससे बिजली का शॉक से वह बच जाता है। यहाँ आकर वह आराम करता है। फिर दूसरे प्रयास (trials) में प्रयोगकर्त्ता प्राणी को पकड़कर पुनः उजला कक्ष में रख देता है। जहाँ रोशनी संकेत के रूप में जला दिया जाता है। 10-15 सेकेण्ड के बाद पुनः बिजली का उसे शॉक मिलता है जिससे बचने के लिए पुनः काला कक्ष में बीच का दिवाल पर चढ़ते हुए वह आ जाता है। जब इसी प्रक्रिया को लगातार कई प्रयासों (trials) तक दोहराया जाता है तो अन्त में एक ऐसा भी प्रयास (trials) आता है जिसमें प्राणी रोशनी का संकेत मिलने के 10-15 सेकेण्ड के भीतर ही उजला कक्ष से काला कक्ष में आ जाता है। फलस्वरूप, उसे बिजली का शॉक नहीं लगता है (क्योंकि शॉक 10-15 सेकेण्ड बीतने के बाद ही दिया जाता था)। इस तरह से प्राणी दण्ड से बचना (avoidance) सीख लेता है। सोलोमोन तथा वाइनी (Solomon & Wyne, 1953) ने एक प्रयोग कुत्ता पर किया जिसमें उन्होंने पाया कि कुत्ता धीरे-धीरे परिवर्जन अनुक्रिया (avoidance response) करना सीख लिया।

परिवर्जन सीखना (avoidance learning conditioning) के क्षेत्र में आजकल एक महत्त्वपूर्ण सम्प्रत्यय जिसे *अर्जित निस्साहयता* (learned helplessness) कहा जाता है, का भी अध्ययन पर बल डाला गया है। इसके अध्ययन में मायर (Maier, 1970) तथा मायर, सेलिगमैन एवं सोलोमोन (Maier, Seligman & Solomon, 1969) ने विशेष अभिरुचि दिखलाया है। इन लोगों का मत है कि यदि पशु जैसे कुत्ता को सामान्य परिवर्जन प्रशिक्षण देने के पहले एक ऐसी परिस्थिति में रखकर बिजली का आघात दिया जाता है जिससे हर सम्भव प्रयास के बावजूद वह भाग नहीं सकता है, तो ऐसे पशु परिवर्जन अनुक्रिया (avoidance response) करना नहीं सीख पायेंगे। जैसे, यदि कुत्ते को पैवलोवियन साज (harness) में रखकर बिजली का आघात कुछ देर तक दिया जाता है (जिसमें प्रयास करने के बावजूद भी उसे छुटकारा नहीं मिल सकता है) और उसके बाद इसे परिवर्जन अनुक्रिया सीख लेने के लिए बने बक्स में रखा जाता है जहाँ वह चाहे तो बक्स के दूसरे चैम्बर (काला चैम्बर) में आकर वह आघात से बच सकता है, तो कुत्ता चुपचाप बिजली का आघात सहते रहता है। इसमें आघात से बचने की आशा की किरण नहीं दिखलाई देती है। इसे *अर्जित निस्सहायता* की संज्ञा दी गयी है जिसे अन्य मनोवैज्ञानिकों ने मनुष्यों तथा कुछ विशेष तरह से पशुओं जैसे बन्दर एवं बिल्लियों में भी स्पष्टतः होता पाया है।

कुछ मनोवैज्ञानिकों जैसे माऊर्र तथा लैमोरॉक्स (Mowerer & Lamoreaux, 1942) ने कहा है कि परिवर्जन अनुबन्धन (avoidance conditioning) में पैवलोवियन अनुबन्धन (Pavlovian conditioning) तथा साधनात्मक अनुबन्धन (instrumental conditioning) दोनों ही एक तरह से सम्मिलित होता है। जब चूहा को उजला बक्स (white box) में रखा जाता है और उसे बिजली का शॉक (shock) दिया जाता है तो उसमें एक अनुबंधित डर (conditioned fear) विकसित हो जाता है जो पैवलोवियन अनुबन्धन का उदाहरण है। यहाँ रोशनी का संकेत CS हैं, बिजली का शॉक UCS हैं, बिजली के शॉक से उत्पन्न डर (fear) UCR है तथा रोशनी का संकेत मात्र देखने से ही जो डर उत्पन्न होता है (यानी 10-15 सेकेण्ड के पहले) वह CR का उदाहरण है। इस सिद्धान्त का दूसरा कारक यह बतलाता है कि परिवर्जन अनुबन्धन में साधनात्मक सीखना (instrumental learning) भी सम्मिलित है। जब प्राणी उजला कक्ष में होता है तो उसमें

अनुबंधित डर (conditioned fear) होता है। वह बीच के दिवाल पर चढ़कर काला कक्ष में आ जाता है जिसके परिणामस्वरूप उसमें जो डर था, वह समाप्त हो जाता है। इस तरह से काला कक्षा में आने की अनुक्रिया (response) करने से प्राणी को एक तरह का पुरस्कार (यानी, डर का खत्म हो जाना) मिलता है। स्पष्ट हुआ है कि परिवर्जन अनुबन्धन में पैवलोवियन अनुबन्धन द्वारा सीखना तथा साधनात्मक अनुबन्धन द्वारा सीखना दोनों ही सम्मिलित होते हैं। इसे परिवर्जन अनुबन्धन का *द्वि-कारक सिद्धान्त* (Two-factor theory) कहा जाता है जिसका विस्तृत वर्णन इस अध्याय में आगे किया जाएगा।

5. दण्ड प्रशिक्षण *(Punishment training)*—दण्ड प्रशिक्षण में प्राणी को निष्क्रिय (passive) होकर पूर्व सीखी गयी अनुक्रिया को पुनः नहीं करने का प्रशिक्षण दिया जाता है क्योंकि प्रयोगात्मक स्थिति (experimental situation) में कुछ इस प्रकार का परिवर्तन कर दिया जाता है कि सीखी गयी अनुक्रिया को न करने से ही उसे पुरस्कार (reward) मिलता है या दण्ड से छुटकारा मिलता है। प्रायः दण्ड प्रशिक्षण के लिए स्कीन्नर बक्स में पहले चूहा को पुरस्कार (reward) के आधार पर लीवर दबाने की अनुक्रिया को सीखला दिया जाता है। फिर अचानक किसी प्रयास (trial) से लीवर का सम्बन्ध भोजन से तोड़कर बिजली से कर दिया जाता है जिसके फलस्वरूप लीवर दबाने से चूहा को भोजन मिलने के बजाय बिजली का शॉक लगता है। ऐसी परिस्थिति में चूहा को निष्क्रिय होकर (passively) लीवर को न दबाने की अनुक्रिया को सीखना होता है क्योंकि ऐसा ही करने से उसे पुरस्कार (reward) मिल सकता है अर्थात् वह दण्ड से बच सकता है। चूँकि इस तरह के प्रशिक्षण में प्राणी निष्क्रिय होकर सीखी गई अनुक्रिया को पुनः न करने की अनुक्रिया को सीखता है, इसलिए इस तरह के प्रशिक्षण को कभी-कभी *निष्क्रिय परिवर्जन प्रशिक्षण* (passive avoidance training) भी कहा जाता है।

6. विलोपन प्रशिक्षण *(Omission training)*—विलोपन प्रशिक्षण बहुत हद तक दण्ड प्रशिक्षण से मिलता-जुलता है। अन्तर इतना ही है कि विलोपन प्रशिक्षण में पुनर्बलन (reinforcement) धनात्मक (positive) होता है अर्थात् कोई पुरस्कार होता है जिसके आधार पर भी पूर्व सीखी गयी अनुक्रिया का प्राणी धीरे-धीरे भूलता है। विलोपन प्रशिक्षण के लिए स्कीन्नर बक्स में पहले पुरस्कार या भोजन देकर चूहा को लीवर दबाने की अनुक्रिया करना सीखला दिया जाता है। इसके बाद प्रयोगात्मक विधि में अचानक कुछ परिवर्तन कर दिया जाता है। अब चूहा को लीवर दबाने के बाद भोजन नहीं दिया जाता है। बल्कि जब वह लीभर को नहीं दबाता है और उसके अगल-बगल में घुमता होता है, तभी ही उसे भोजन दे दिया जाता है। इस प्रक्रिया को कई बार दोहराने के बाद चूहा धीरे-धीरे लीवर न दबाने की अनुक्रिया को सीख लेता है तथा लीवर दबाने की अनुक्रिया को करना छोड़ देता है।

7. विभेदित दण्ड प्रशिक्षण *(Discriminated punishment training)*—इस प्रशिक्षण में प्रयोगात्मक विधि (experimental method) ठीक वही होता है जो दण्ड प्रशिक्षण का होता है। परन्तु इसमें सिर्फ एक विभेदन संकेत (discrimination cue) होता है जिसे स्कीन्नर बक्स में लगा दिया जाता है और तब प्रशिक्षण दी जाती है। जैसे, स्कीन्नर बक्स में प्रकाश बल्ब (light bulb) लगा दिया जा सकता है जो विभेदन संकेत का कार्य करता है। बल्ब के जलते रहने की अवस्था (light on condition) में दण्ड प्रशिक्षण दिया जाता है अर्थात् लीवर दबाने से उसे बिजली का शॉक दिया जाता है। परंतु बल्ब बुझा रहने की अवस्था (light off condition) में चूहा को लीवर दबाने से भोजन दिया जाता है। इस तरह से जब लगातार बल्ब के जलते रहने की अवस्था तथा बल्ब को बुझा रहने की अवस्था में वैकल्पिक रूप से (alternatively) प्रशिक्षण दिया जाता है तो चूहा इन दोनों अवस्थाओं में विभेद करना सीख लेता है और बल्ब बुझा रहने की अवस्था में वह लीवर दबाने की अनुक्रिया करना सीख लेता है तथा बल्ब के जलते रहने की अवस्था में वह लीवर न दबाने की अनुक्रिया करना सीख लेता है।

8. विभेदित विलोपन प्रशिक्षण *(Discriminated omission training)*—विभेदित विलोपन प्रशिक्षण की प्रयोगात्मक विधि बहुत कुछ विलोपन प्रशिक्षण के ही प्रशिक्षण के ही समान है। अन्तर सिर्फ इतना है कि प्रयोगात्मक परिस्थिति में एक विभेदन संकेत (discrimination cue) जैसे रोशनी के लिए बल्ब (light bulb) लगा दिया जाता है। बल्ब के जलते रहने की अवस्था में चूहा को स्कीन्नर बक्स में लीवर दबाने की अनुक्रिया न करने पर (या यों कहा जाय कि लीवर दबाने की अनुक्रिया करने के पहले ही) उसे भोजन दे दिया जाता है। फिर बल्ब बुझाने की अवस्था में चूहा को स्कीन्नर बक्स में लीवर दबाने की अनुक्रिया करने के बाद ही भोजन दिया जाता है। इस तरह से बल्ब जलते रहने

की अवस्था तथा बल्ब बुझा रहने की अवस्था को लगातार वैकल्पिक रूप से (alternatively) देने से चूहा इन दोनों अवस्थाओं में विभेद करना सीख लेता है और बल्ब जलते रहने की अवस्था में चूहा लीवर दबाने की अनुक्रिया को तेजी से करता पाया जाता है।

इस तरह से हम देखते हैं कि साधनात्मक सीखना के कई प्रकार हैं। इन प्रकारों में पुरस्कार प्रशिक्षण (reward training), परिवर्जन प्रशिक्षण (avoidance training) तथा विभेदन प्रशिक्षण (discrimination training) तुलनात्मक रूप से अधिक महत्त्वपूर्ण है।

पैवलोवियन अनुबन्धन तथा साधनात्मक अनुबन्धन में अन्तर
(Difference between Pavlovian Conditioning and Instrumental Conditioning)

अनुबन्धन (conditioning) के मुख्य दो प्रारूप है—क्लासिकी अनुबन्धन (classical conditioning) तथा साधनात्मक अनुबन्धन (instrumental conditioning)। इन दोनों तरह के अनुबन्धन में मुख्य समानता (similarity) यह है कि इन दोनों तरह के अनुबन्धन द्वारा सीखने में पुनर्बलन (reinforcement), प्राणी में अन्तर्नोद (drive) तथा उद्दीपक-अनुक्रिया (stimulus-response) का होना अनिवार्य है। इन समानताओं के बावजूद भी इन दोनों में विभिन्नताएँ (dissimilarities) हैं।

पैवलोवियन या क्लासिकल अनुबन्धन (Pavlovian or Classical conditioning) में सामान्यतः प्रयोज्य (subject) निष्क्रिय (passive) होता है तथा वह चाहकर भी प्रयोगात्मक परिस्थिति में चलने-फिरने की अनुक्रिया नहीं कर सकता है। पैवलव के कुत्ते पर छात्र ध्यान दें। कुत्ते का पूरा शरीर उपकरण (apparatus) से इस प्रकार बंधा होता है कि चाहकर भी घूमने-फिरने की कोई अनुक्रिया वह नहीं कर सकता। साधनात्मक अनुबन्धन (instrumental conditioning) या क्रियाप्रसूत अनुबंधन (operant conditioning) में ऐसी बात नहीं होती है। यहाँ जीव (organism) अधिक सक्रिय होता है तथा प्रयोगात्मक परिस्थिति में स्वतंत्र रूप से इसे इधर-उधर घूमने की पूरी स्वतंत्रता रहती है। इस सामान्य अन्तर के अलावा क्लासिकल अनुबन्धन तथा साधनात्मक अनुबन्धन में निम्नांकित दो तरह के प्रमुख अन्तर हैं—

(अ) कार्यविधि-सम्बन्धी अन्तर (procedural difference)

(ब) सैद्धान्तिक अन्तर (theoretical difference)

इन दोनों तरह की व्याख्या निम्नांकित है—

(अ) कार्यविधि-सम्बन्धी अन्तर (*procedural differences*)—कार्यविधि-सम्बन्धी अन्तर वैसे अन्तर को कहा जाता है जो CS (Conditioned Stimulus, जैसे, घंटी) तथा UCS (Unconditioned Stimulus, जैसे भोजन) को प्रयोगात्मक परिस्थिति में उपस्थित करने की विधि (procedure) से सम्बन्धित होता है। क्लासिकल अनुबंधन (classical conditioning) तथा साधनात्मक अनुबन्धन (instrumental conditioning) में प्रमुख कार्यविधि-सम्बन्धी अन्तर (procedural distinction) निम्नांकित है—

1. क्लासिकी अनुबंधन में UCS (अर्थात् भोजन) प्रयोज्य (subject) को पहले दिया जाता है और अनुक्रिया (response) बाद में होती है। जैसे, पैवलव के कुत्ते के सामने भोजन (अर्थात् UCS) पहले दिया जाता था तब वह लार की अनुक्रिया (salivation response) बाद में करता था। इसका मतलब यह हुआ कि UCS का दिया जाना अनुक्रिया (response) पर आधारित नहीं होता है। साधनात्मक अनुबंधन में ऐसी बात नहीं होती है। स्कीन्नर बक्स में चूहे को भोजन की गोलियाँ (food pellets) तभी दी जाती थी जब वह सही अनुक्रिया करता है यानी लीवर को दबाता है। अतः यह कहा जाता है कि साधनात्मक अनुबन्धन में UCS का दिया जाना सही अनुक्रिया के होने पर आधारित होता है।

2. क्लासिकी अनुबधन (classical conditioning) में UCS प्रयोगकर्ता के पूर्ण नियंत्रण में होता है। CS (घंटी) देने के बाद प्रयोगकर्ता UCS (भोजन) को चाहे तुरन्त या कुछ सेकेण्ड या मिलीसेकेण्ड बाद भी दे सकता है। पैवलव के प्रयोग में घंटी बजने के तुरन्त बाद भी या कुछ मिलीसेकेण्ड के बाद भी कुत्ते को भोजन (UCS) दिया जाता था। कहने का तात्पर्य यह है कि UCS को उपस्थित करने की प्रक्रिया पर प्रयोगकर्त्ता का अपना पूर्ण नियंत्रण होता है। साधनात्मक अनुबन्धन (instrumental conditioning) में UCS पर प्रयोगकर्त्ता का इस तरह का कोई नियंत्रण नहीं रहता है। जब स्कीन्नर बक्स में चूहा लीवर दबाने की अनुक्रिया कर देता है तो उसके तुरन्त बाद उसे भोजन की गोलियाँ (food pellets) दे दी जाती है। चाहकर भी प्रयोगकर्त्ता इन गोलियों को देने में देर नहीं कर सकता और यदि करता है तो वह साधनात्मक अनुबन्धन की विधि का उल्लंघन करता है।

3. क्लासिकी अनुबंधन (classical conditioning) में CS या UCS के बीच का समय महत्त्वपूर्ण होता है जिसे *क्रान्तिक प्रयोगात्मक सम्भाव्यता* (critical experimental contingency) कहा जाता है। जैसे-जैसे यह समय बड़ा होता जाता है, वैसे-वैसे सीखी गयी अनुक्रिया की शक्ति क्षीण होती जाती है। यदि इन दोनों के बीच का समय काफी अधिक कर दिया जाता है, तो सम्भव है कि सीखने की प्रक्रिया हो ही नहीं। जैसे, पैवलव के प्रयोग में घंटी (CS) बजने के दो घंटे बाद यदि भोजन (UCS) दिया जाय, तो सम्भव है कि कुत्ता घंटी की आवाज पर लार स्राव करने की अनुक्रिया सीखे ही नहीं। परन्तु साधनात्मक अनुबन्धन में जीव (organism) द्वारा की गयी अनुक्रिया (response) तथा उसके परिणाम (consequence) के बीच का समय महत्त्वपूर्ण होता है। इस तरह से क्रान्तिक प्रयोगात्मक सम्भाव्यता (critical experimental contingency) अनुक्रिया और उसके परिणाम (consequence) के बीच में यहाँ होता है। स्कीनर बक्स में चूहे द्वारा लीवर दबाने की अनुक्रिया (lever pressing response) तथा उसका परिणाम अर्थात भोजन की गोलियाँ मिलने के बीच का समय जैसे-जैसे अधिक होता था, वैसे-वैसे सीखी गयी अनुक्रिया की शक्ति क्षीण होती जाती थी।

4. क्लासिकी अनुबंधन में UCS स्पष्ट होता है एवं आसानी से इसे पहचाना जाता है। जैसे पैवलव के प्रयोग में भोजन UCS है जिसके प्रति कुत्ता लार के स्राव की अनुक्रिया करता है। इस तरह से उद्दीपक (stimulus) द्वारा अनुक्रिया (response) उत्पन्न होता है। साधनात्मक अनुबन्धन (instrumental conditioning) में यद्यपि भोजन दिया जाता है, फिर भी इसे हम UCS नहीं कह सकते हैं और यदि कहते हैं तो स्कीन्नर के S-R (Stimulus-Response) सिद्धान्त के वह विरुद्ध होगा। इस सिद्धान्त में किसी भी उद्दीपक (stimulus) को उद्दीपक कहलाने के लिए यह आवश्यक है कि वह किसी अनुक्रिया से पहले आये और जीव फिर उसके प्रति अनुक्रियाशील हो। स्कीन्नर बक्स में लीवर दबाने की अनुक्रिया पहले होती है और भोजन की गोलियाँ बाद में आतीं हैं। स्पष्ट है कि यह क्रम S-R के ठीक विपरीत यानी R-S हो जाता है। अतः स्कीन्नर बक्स में दिये जाने वाले भोजन की गोलियों (food pellets) को पैवलव के प्रयोग के समान हम निश्चित रूप से UCS नहीं कर सकते हैं। **हुल्स, इगेथ** तथा **डीज**[1] (Hulse, Egeth & Deese, 1980) ने ठीक ही कहा है, *''पैवलोवियन अनुबन्धन के प्रयोग में आसानी से पहचानने योग्य उद्दीपक अर्थात् UCS होता है जो उस अनुक्रिया को पैदा करता है जिसे अनुबंधित करना होता है जबकि साधनात्मक अनुबन्धन प्रयोग में तुल्य (comparable) उद्दीपक को पहचाना नहीं जा सकता है।''*

5. क्लासिकी अनुबंधन में CS भी स्पष्ट होता है जिसके प्रति जीव किसी अनुक्रिया को करना सीखता है। जैसे, पैवलव के प्रयोग में घंटी स्पष्टतः CS है जिसके प्रति कुत्ता लार स्राव की अनुक्रिया (response) को करना धीरे-धीरे सीख लेता है। क्या आप बता सकते हैं कि साधनात्मक अनुबन्धन के प्रयोग में जैसे स्कीन्नर बक्स में किये गये प्रयोग में वह कौन सा उद्दीपक (stimulus) है जो लीवर दबाने की अनुक्रिया को उत्पन्न करता है? इसके कई उत्तर हो सकते हैं—जैसे, लीवर की उपस्थिति, स्कीन्नर बक्स का भीतरी वातावरण, आदि-आदि। परन्तु पैवलव के प्रयोग के समान हम एक निश्चित उत्तर नहीं दे सकते हैं। **हुल्स, इगेथ** तथा **डीज**[2] (Hulse, Egeth & Deese, 1980) ने इस पर टिप्पणी करते हुए ठीक ही कहा है, *''साधनात्मक पुरस्कार प्रशिक्षण में कौन-सा उद्दीपक CS है जिसके प्रति लीवर दबाने की अनुक्रिया अनुबंधित होती है? दूसरे शब्दों में लीवर तथा भोजन के बीच सम्बन्ध स्थापित कर लेने के बाद कौन उद्दीपक चूहे में लीवर दबाने की अनुक्रिया करता है? इसका हमलोग मात्र अंदाज लगा सकते हैं।''*

6. क्लासिकी अनुबंधन में UCS एक ही साथ दो कार्य करता है। यहाँ UCS अनुक्रिया भी उत्पन्न करता है तथा साथ-ही-साथ उसे पुनर्बलित (reinforce) भी करता है। जैसे, पैवलव के प्रयोग में भोजन द्वारा लार स्राव की अनुक्रिया भी होती है और साथ-ही-साथ भोजन के मिलने से कुत्ता इस अनुक्रिया को करने के लिए प्रेरित भी होता है। साधनात्मक अनुबन्धन में ऐसी बात नहीं है। स्कीन्नर बक्स में अनुक्रिया (response) अर्थात् लीवर दबाने की प्रक्रिया पहले हो जाती है तथा पुनर्बलन (reinforcement) बाद में दिया जाता है। अतः अधिक-से-अधिक हम यही कह सकते हैं कि यहाँ पुनर्बलन अर्थात् भोजन चूहे को लीवर दबाने की अनुक्रिया को करने के लिए प्रेरित कर रहा है, उसे उत्पन्न नहीं कर रहा है।

---

1. "In Pavlovian conditioning experiment there is always a readily indentifiable stimulus, the UCS, which elicits the response we wish to condition, while in an instrumental conditioning experiment, a comparable stimulus cannot be identified." —Hulse, Egeth & Deese : *The Psychology of Learning,* 1980 p. 31
2. "What is the CS to which lever pressing is conditioned in our example of instrumental reward training? In other words, what leads the rat to press the lever after it has discovered the connection between the lever and food? Again we are reduced to guess." —Hulse, Egeth & Deese : *The Psycology of Learning,* 1980, p. 31

(ब) सैद्धान्तिक अन्तर (*Theoretical difference*)—सैद्धान्तिक अन्तर से तात्पर्य वैसे अन्तर से होता है जिसके आधार पर सीखने की व्याख्या सैद्धान्तिक रूप से करते हुए यह बतलाने की कोशिश की जाती है कि सीखने का मुख्य प्रकार या प्रक्रियाएँ क्या हो सकतीं हैं। पैवलोवियन अनुबन्धन तथा साधनात्मक अनुबन्धन में प्रमुख सैद्धान्तिक अन्तर निम्नांकित है—

1. पैवलोवियन अनुबन्धन द्वारा प्रतिवादी अनुक्रिया (respondent response) का अनुबन्धन होता है जबकि साधनात्मक अनुबंधन द्वारा क्रियाप्रसूत अनुक्रिया (operant response) का अनुबन्धन होता है। जीव द्वारा लार स्राव करना प्रतिवादी अनुक्रिया का उदारहण है तथा लीवर दबाने की अनुक्रिया करना एक क्रियाप्रसूत अनुक्रिया (operant response) का उदाहरण है। (इन दोनों तरह की अनुक्रियाओं का विस्तृत विवरण स्कीन्नर के सीखने के सिद्धान्त में आगे किया जाएगा।)

2. क्लासिकी अनुबंधन द्वारा ग्रन्थीय (glandular) एवं आन्तरांग (visceral) अनुक्रियाओं जैसे, लार स्राव की क्रिया, हृदय के गति की क्रियाएँ आदि का अनुबन्धन अधिक होता है। इस तरह की अनुक्रियाओं का नियंत्रण स्वायत्त तंत्रिका तंत्र (autonomic nervous system) द्वारा होता है। साधनात्मक अनुबंधन (instrumental condtioning) द्वारा पेशीय (muscular) एवं अनुकूली (adaptive) अनुक्रियाएँ जैसे पैर या हाथ से बटन दबाना, दौड़ना, पैर उठाना आदि का अनुबन्धन अधिक होता है। ऐसी अनुक्रियाएँ कायिक तंत्रिकातंत्र (somatic nervous system) के नियंत्रण में होती है।

3. पैवलोवियन अनुबन्धन में कमजोर उद्दीपक (weak stimulus) को भी पुनर्बलन (reinforcement) के रूप में प्रयोग किया जा सकता है क्योंकि इस अनुबंधन का सम्बन्ध ग्रन्थीय अनुक्रियाओं (glandular response) से होता है। जैसे, जीव में लार के स्राव की अनुक्रिया उत्पन्न करने के लिए नींबू (lemon) का रस भी काफी हो सकता है। परन्तु साधनात्मक अनुबन्धन (instrumental conditioning) में कमजोर उद्दीपक (weak stimulus) को पुनर्बलन (reinforcement) के रूप में प्रयोग नहीं किया जा सकता है क्योंकि इसका सम्बन्ध पेशीय अनुक्रियाओं से होता है। स्कीन्नर बक्स में लीवर दबाने की अनुक्रिया के लिए यदि नींबू के रस जैसे कमजोर उद्दीपक को पुनर्बलन (reinforcement) के रूप में प्रयोग किया जाय, तो कभी भी उस अनुक्रिया को प्राणी सीख नहीं पायेगा।

इस तरह से हम देखते हैं कि क्लासिकी अनुबन्धन (classical conditioning) तथा साधनात्मक अनुबन्धन (instrumental conditioning) एक-दूसरे से भिन्न है। जहाँ तक इन दोनों में कार्य-विधि सम्बन्धी अन्तर (procedural differences) का प्रश्न है उसे आज भी मनोवैज्ञानिकों द्वारा सही माना गया है। परन्तु सैद्धान्तिक अन्तरों को विशेषकर प्रथम सैद्धान्तिक अन्तर को 1965 के पहले तक तो सही माना जाता था परन्तु उसके बाद ऐसे अनेकों प्रयोग हो चुके हैं जिनके आधार पर यह दिखला दिया गया है कि पैवलोवियन अनुबन्धन (Pavlovian conditioning) द्वारा क्रियाप्रसूत अनुक्रियाओं (operant responses) तथा साधनात्मक अनुबन्धन द्वारा प्रतिवादी अनुक्रियाओं (respondent responses) को भी अनुबंधित (conditioned) किया जा सकता है। मिलर तथा डिकारा (Miller & Dicara, 1967) का प्रयोग जिसमें साधनात्मक अनुबन्धन (instrumental conditioning) द्वारा चूहों के हृदय की गति (जो एक प्रतिवादी अनुक्रिया है) का अनुबन्धन (conditioning) किया गया था, एक ऐसा प्रमुख उदाहरण है।

अतः निष्कर्ष यह है कि पैवलोवियन अनुबन्धन (Pavlovian conditioning) तथा साधनात्मक अनुबन्धन (instrumental conditioning) कार्य-विधि (procedure) के दृष्टिकोण से एक-दूसरे से काफी अलग है परन्तु सैद्धान्तिक रूप से (theoretically) बहुत भिन्न नहीं है।

संज्ञानात्मक सीखना
(Cognitive Learning)

क्लासिकी अनुबंधन (classical conditioning) तथा साधनात्मक अनुबंधन (instrumental conditioning) के अलावा सीखने का एक और पहलू है जिसमें मनोवैज्ञानिकों ने अधिक रुचि दिखलायी है। इस नये पहलू को संज्ञानात्मक सीखना (cognitive learning) कहा जाता है जो 1930 एवं 1940 वाले दशक में काफी प्रबल था। बाद में इसकी प्रबलता में थोड़ी कमी आ गयी क्योंकि सीखने में पुनर्बलन (reinforcement) के कारक को अधिक महत्त्वपूर्ण माना जाने लगा। परन्तु गत कुछ वर्षों से संज्ञानात्मक सीखने पर पुनः मनोवैज्ञानिकों द्वारा अधिक बल डाला जाने लगा है।

प्रश्न उठता है संज्ञानात्मक सीखना क्या है और वह किस तरह से क्लासिकी अनुबन्धन एवं साधनात्मक अनुबन्धन से भिन्न है? संज्ञानात्मक सीखना वैसे सीखना को कहा जाता है जो प्राणी के संज्ञान (cognition) पर आधारित होता

है। संज्ञान से तात्पर्य ज्ञानेन्द्रियों (sense organs) द्वारा पर्यावरण या वातावरण के बारे में मिलने वाली सूचनाओं के संसाधन (processing) से होता है तथा इसमें प्रत्यक्षण, अवधान (attention), चिंतन, स्मृति आदि की प्रक्रियाएँ मुख्य रूप से सम्मिलित होतीं हैं। सचमुच में किसी भी संज्ञानात्मक प्रक्रिया में कम-से-कम निम्नांकित छः कदम सम्मिलित होते हैं—

(i) सूचनाओं का चयन।
(ii) चयनित सूचनाओं में यथासम्भव हेर-फेर या परिवर्तन करना।
(iii) ऐसे सूचनाओं के बीच आपस में साहचर्य स्थापित करना।
(iv) इन सूचनाओं पर गम्भीर रूप से चिन्तन कर उसे विस्तरित करना।
(v) ऐसी सूचनाओं को स्मृति में संचित करना।
(vi) ऐसे संचित सूचनाओं को पुनःप्राप्त (retrieve) करना।

संज्ञानात्मक प्रक्रिया की उपर्युक्त व्याख्या से यह स्पष्ट है कि संज्ञानात्मक प्रक्रिया में व्यक्ति वातावरण से प्राप्त सूचनाओं में से कुछ महत्त्वपूर्ण सूचनाओं को चुनकर उनका आपस में सम्बन्ध स्थापित कर अपने स्मृति संचयन में भविष्य के लिए रख लेता है। इसे ध्यान में रखते हुए तब यह कहा जा सकता है कि संज्ञानात्मक सीखना वैसे सीखना को कहा जाता है जिसमें प्राणी वातावरण की घटनाओं के बीच नये सम्बन्ध का प्रत्यक्षण करता है तथा उनके बीच नया साहचर्य की स्थापना करता है। दूसरे शब्दों में, संज्ञानात्मक सीखना में व्यक्ति वातावरण के घटनाओं का एक संज्ञानात्मक नक्शा (cognitive map) विकसित कर लेता है। इस तरह के सीखना पर टालमैन (Tolman) तथा बौल्स (Bolles) आदि मनोवैज्ञानिकों ने काफी बल डाला है।

संज्ञानात्मक सीखना को दिखलाने के लिए कई प्रयोग किये गए हैं जिनमें से हम यहाँ उदाहरण के रूप में मेंजल (Menzel, 1973) द्वारा किये गये प्रयोग का वर्णन कर रहे हैं। यह प्रयोग चार वनमानुषों पर किया गया। इन चार वनमानुषों को कुछ दिनों तक एक विशेष मैदान (field) में छोड़ दिया गया ताकि वे इसमें घूम-घूम कर उसके विस्तृतता को ठीक से समझ लें या उसकी परख कर लें। इसके बाद उसमें एक वनमानुष को साथ लेकर जगह-जगह पर (कुल 16 जगहों पर) खाने की वस्तु छिपा दिये गये। वह वनमानुष इन सभी जगहों को देखता गया। इसके बाद फिर उस वनमानुष को इस मैदान से कुछ देर के लिए अलग कर दिया गया और तब उसे उसी मैदान में अन्य तीन वनमानुषों के साथ छोड़ दिया गया। यह प्रक्रिया बारी-बारी से तीन अन्य वनमानुषों के साथ दोहराया गया जिसमें प्रत्येक के लिए अलग-अलग अठारह बिन्दु पर भोजन छिपाकर रखे गये थे। परिणाम में देखा गया है कि जिस वनमानुष को यह पता होता था कि कहाँ-कहाँ भोजन छिपागा गया है वह तो ठीक एक-एक करके उन सभी बिन्दुओं पर छिपाये गए भोजन की खोज कर लिया। परन्तु जिस वनमानुष को यह पता नहीं था कि भोजन कहाँ छिपाया गया था, वे इन बिन्दुओं की तलाश में कुछ यादृच्छिक व्यवहार (random behaviour) करते पाये गए।

प्रयोग के परिणाम में संज्ञानात्मक सीखना के स्पष्ट सबूत मिले। प्रत्येक वनमानुष (जिसे यह मालूम था कि भोजन किन बिन्दुओं पर छिपाकर रखा गया है) द्वारा भोजन खोजने का प्रयास एक विशेष नियम जिसे *न्यूनतम दूरी का सिद्धान्त* (principle of least distance) कहा जा सकता है, द्वारा नियंत्रित हो रहा था। वनमानुष उस बिन्दु पर पहले भोजन खोजता पाया गया जो पहले बिन्दु जहाँ उसे भोजन मिल चुका था, के सबसे कम दूरी पर होता था। स्पष्टतः वनमानुष द्वारा किया जा रहा भोजन की खोज यादृच्छिक (random) नहीं था। वह विभिन्न खोज बिन्दुओं के आपसी सम्बन्ध को समझ रहा था और गैदान के अन्य वस्तुओं जैसे घास, पेड़ आदि को भी ऐसा सम्बन्ध स्थापित करने में ध्यान में ले रहा था। इस प्रयोग में वनमानुष स्पष्टतः भोजन बिन्दुओं के स्थानों को देखकर यह सीख लिया कि वे कहाँ-कहाँ अवस्थित हैं। इस तरह के सीखना को संज्ञानात्मक सीखना (cognitive learning) कहा गया।

संज्ञानात्मक सीखना साधनात्मक अनुबंधन (instrumental conditioning) तथा क्लासिकी अनुबन्धन (classical conditioning) दोनों से भिन्न होता है। साधनात्मक अनुबंधन में विशिष्ट अनुक्रिया के बाद पुनर्बलन (reinforcement) देने से प्राणी उसे सीखता है जबकि संज्ञानात्मक सीखना इस तरह के पुनर्बलन नहीं मिलने पर भी हो जाता है। इस तरह से क्लासिकी अनुबंधन में तटस्थ उद्दीपक तथा पुनर्बलन को एक-दूसरे के साथ बार-बार दोहराया जाता है और तब सीखने की प्रक्रिया होती है परन्तु संज्ञानात्मक सीखना बिना इस तरह की पुनरावृत्ति के ही हो जाता है। सचमुच में, संज्ञानात्मक सीखना में उद्दीपक (stimulus) तथा अनुक्रिया (response) के बीच के सम्बन्ध को सीखा नहीं जाता है बल्कि विभिन्न

(खोज बिन्दुओं या उद्दीपकों) के बीच के आपसी सम्बन्ध को अर्थात् उद्दीपक-उद्दीपक सम्बन्ध (stimulus-stimulus relationship) को सीखा जाता है।

संज्ञानात्मक सीखना के कई प्रारूप (forms) का वर्णन किया गया है जिसमें निम्नांकित तीन महत्त्वपूर्ण हैं—

1. अव्यक्त सीखना (latent learning)
2. सूझ द्वारा सीखना (insight learning)
3. प्रेक्षणात्मक सीखना या अनुकरण (observational learning or imitation)

इन सीखने के प्रारूपों का वर्णन निम्नांकित हैं—

1. अव्यक्त सीखना *(latent learning)*—अव्यक्त सीखना संज्ञानात्मक सीखना का एक प्रमुख उदाहरण है। अव्यक्त का अर्थ होता है छिपा हुआ (hidden)। अतः अव्यक्त सीखना से तात्पर्य वैसे सीखना से होता है जो प्राणी के व्यवहार द्वारा तब तक अभिव्यक्त नहीं होता है जबतक कि उसकी अभिव्यक्ति के लिए अनुकूल परिस्थिति न बन जाए। अव्यक्त सीखना पुनर्बलन (reinforcement) की अनुपस्थिति (absence) में ही होता है और इसमें प्राणी किस तरह से वातावरण के उद्दीपक से मिलने वाले सूचनाओं को संसाधित करेगा, बहुत महत्त्वपूर्ण होता है। अव्यक्त सीखना को दिखलाने के लिए मनोवैज्ञानिकों द्वारा कई तरह के प्रयोग किये गये हैं। सामान्यतः इन प्रयोगों का डिजाइन इस प्रकार का होता है—चूहों के एक समूह को जिसे प्रयोगात्मक समूह (experimental group) कहा जाता है, एक भूलभुलैया में छोड़ दिया जाता है। चूहा भूलभुलैया के सभी पथों में स्वतंत्र होकर घुमता-फिरता है तथा इस तरह से उसे पूरे भूलभुलैया के सभी पक्षों का ज्ञान हो जाता है। इसके बाद उसे भूलभुलैया में प्रारम्भ बक्स (start box) से लेकर लक्ष्य बक्स (goal box) तक दौड़ लगाने पर पुनर्बलन (reinforcement) दिया जाता है। चूहों का दूसरा समूह जिसे नियंत्रित समूह (control group) कहा जाता है, को भी समरूप भूलभुलैया (identical maze) में प्रारम्भ बक्स से लेकर लक्ष्य बक्स तक दौड़ लगाने के लिए पुनर्बलन किया जाता है। प्रयोगात्मक समूह तथा नियंत्रित समूह में अन्तर इतना ही होता है कि प्रयोगात्मक समूह को भूलभुलैया में पुनर्बलन मिलने के पहले भी इधर-उधर घुमने का पूर्व अनुभव होता है जबकि नियंत्रित समूह को पुनर्बलन मिलने के पहले ऐसा कोई अनुभव नहीं होता है। यदि प्रयोगात्मक समूह भूलभुलैया में इधर-उधर घुमने का पूर्व अनुभव से कुछ विशेष सीखते हैं तो इसकी अभिव्यक्ति पुनर्बलन मिलने पर होनी चाहिए। ऐसी परिस्थिति में प्रयोगात्मक समूह को नियंत्रित समूह की तुलना में भूलभुलैया में सही-सही दौड़ लगाना कम प्रयासों एवं समय में सीख लेना चाहिए तथा सीखने में त्रुटि भी कम करना चाहिए। अधिकतर प्रयोगों जिसे टालमैन एवं हॉन्जिक (Tolman & Honzik, 1932) डोडवेल एवं विस्सान्ट (Dodwel & Bessant, 1960) तथा सीवार्ड (Seward, 1949) द्वारा किया गया है, में उक्त तथ्य की पुष्टि की गई है। इस तरह का सीखना अव्यक्त सीखना का उदाहरण है। इसे अव्यक्त इसलिए कहा जा रहा है कि प्रयोगात्मक चूहे भूलभुलैया में इधर-उधर घूमने में जो कुछ भी सीखते हैं, वह उनके भीतर तबतक छिपा रहता है जबतक कि आगे उसकी अभिव्यक्ति का अवसर (अर्थात पुनर्बलन) उन्हें नहीं मिलता है।

2. सूझ द्वारा सीखना *(Insight learning)*—सूझ द्वारा सीखना संज्ञानात्मक सीखना का दूसरा प्रमुख उदाहरण है। सूझपूर्ण सीखने की परिस्थिति में प्राणी के सामने जो समस्या का समाधान करने के लिए दिया जाता है, उसमें प्राणी के प्रयास के बावजूद भी कोई सफलता नहीं मिलती है। वह थोड़े देर के लिए किंकर्तव्यविमूढ़-सा हो जाता है। तब अचानक उसे सफलता प्राप्त हो जाती है और इस तरह से वह समस्या का समाधान कर चुका होता है अर्थात् सीखने की प्रक्रिया पूरी हो चुकी होती है। मानव प्रयोज्य जब सूझ द्वारा किसी समस्या का समाधान करना सीखते हैं, तो उसमें सूझ उत्पन्न होने पर एक विशेष तरह की अनुभूति भी उत्पन्न होती है जिसे *अहा अनुभूति* (aha experience) कहा जाता है। अब प्रश्न यह उठता है कि सूझ द्वारा सीखना कैसे सम्पन्न होता है? इसका संज्ञानात्मक उत्तर यह होगा कि सूझ में वातावरण में उपस्थित सभी वस्तुओं एवं घटनाओं का एक ऐसा प्रत्यक्षज्ञानात्मक पुनर्संगठन (perceptual reorganization) होता है कि ऐसी वस्तुओं और घटनाओं के बीच एक नये सम्बन्ध का प्राणी अचानक प्रत्यक्षण करता है। जर्मन मनोवैज्ञानिक कोहलर (Kohler) ने सुलतान नाम के वनमानुष पर कई प्रयोग किये हैं जिनसे यह स्पष्ट हुआ कि वनमानुष समस्याँ का समाधान अचानक सूझ द्वारा कर पाता था।

सूझ द्वारा सीखने की एक अन्य विशेषता यह है कि सूझ द्वारा जो प्राणी सीखता है, उसे वह अन्य समान परिस्थिति में आसानी से उपयोग कर लेता है। इसका मतलब यह हुआ कि सूझ द्वारा सीखने पर उसका अंतरण दूसरे समान परिस्थिति में आसानी से हो जाता है। कोहलर के प्रयोग में सुलतान छत से लटकते केले को कमरे में रखे कुछ बक्सों को एक-

दूसरे पर रखकर तथा उस पर चढ़कर खा लेना सीख लिया। बाद में कोहलर ने उन बक्सों को कमरे से हटा दिया और वे कमरे में यह देखने के लिए खड़े थे कि अब सुलतान छत से लटकते केले को कैसे खा पाता है। ऐसा देखा गया है कि सुलतान ने कोहलर का हाथ पकड़ कर छत से लटकते केले के नीचे खड़ा कर उन्हीं के कंधों पर चढ़कर केला खा लिया। यहाँ सुलतान पहली परिस्थिति में जो कुछ भी सूझ द्वारा सीखा था, उसका स्पष्ट अंतरण दूसरी परिस्थिति में कर रहा था। सुलतान द्वारा इस तरह से सूझ द्वारा सीखना स्पष्टतः एक संज्ञानात्मक सीखना का उदाहरण हैं।

स्पष्ट हुआ कि जब प्राणी सूझ द्वारा किसी समस्या का समाधान करना सीखता है, तो इसमें कुछ निश्चित विशेषताएँ दिखतीं हैं, जो निम्नांकित हैं—

(i) सूझ द्वारा सीखना धीरे-धीरे न होकर अचानक होता है।

(ii) सूझ में वातावरण की घटनाओं एवं वस्तुओं का प्रत्यक्षज्ञानात्मक पुनर्संगठन (perceptual reorganisation) होता है।

(iii) सूझ द्वारा सीखे गये तथ्य या नियम को प्राणी आसानी से दूसरे समान परिस्थिति के अंतरण (transfer) कर लेता है।

3. प्रेक्षणात्मक सीखना या अनुकरण *(Observational learning or imitation)*—संज्ञानात्मक सीखना का एक अन्य उदाहरण है—प्रेक्षणात्मक सीखना जिसमें व्यक्ति दूसरों के व्यवहारों का अनुकरण करता है या कुछ विशेष मॉडल के व्यवहार एवं उसके परिणाम को देखकर उरी के अनुरूप व्यवहार करना सीखता है। इस तरह के सीखना में व्यक्ति दूसरों को या किसी मॉडल विशेष को कुछ करते हुए देखता है और साथ ही उस अमुक व्यवहार के परिणाम को भी देखता है। उससे प्रोत्साहित होकर बाद में वह भी खुद उस व्यवहार को करने लगता है और उसे सीख लेता है। इस क्षेत्र में अग्रणी शोध बैण्डुरा (Bandura) एवं सहयोगियों द्वारा खासकर बच्चों पर अधिक किया गया है। बैण्डुरा, रॉस्स एवं रॉस्स (Bandura, Ross & Ross, 1963) द्वारा किया गया बोबो डॉल (Bobo doll) प्रयोग सबसे मशहूर प्रयोग है जिसकी चर्चा यहाँ अपेक्षित है। इस प्रयोग में नर्सरी के छात्रों का दो समूह लिया गया। छात्रों का एक समूह जो प्रयोगात्मक समूह (experimental group) था, ने यह देखा कि एक वयस्क व्यक्ति बोबो डॉल (एक हवा भरा हुआ बड़ा खिलौना) के प्रति आक्रमकतापूर्ण व्यवहार कर रहा है। वह उसे मार रहा है, गालियाँ बक रहा है तथा उसके नाक को मार-मार कर चिपड़ा कर दे रहा है। नर्सरी के छात्रों का दूसरा समूह नियंत्रित समूह था जिन्होंने यह देखा कि एक वयस्क बोबो डॉल के साथ मित्रतापूर्वक व्यवहार कर रहा है। वह डॉल को दुलार रहा है तथा उसके प्रति किसी भी प्रकार का कोई आक्रमकता नहीं दिखा रहा। बाद में इन दोनों समूह के बच्चों को एक ही कमरा में रखा गया जहाँ कई तरह के खिलौने जिसमें बोबो डॉल भी सम्मिलित था, रखा हुआ था। परिणाम में देखा गया है कि प्रयोगात्मक समूह के बच्चों द्वारा विभिन्न तरह के खिलौने जिसमें बोबो डॉल भी सम्मिलित था, के प्रति काफी आक्रमकतापूर्ण व्यवहार किया गया। यहाँ तक कि वह ठीक उसी ढंग से गाली भी बक रहा था जैसा कि वह वयस्क मॉडल को करते हुए देखा था। परन्तु नियंत्रित समूह के बच्चों द्वारा इन खिलौनों में प्रति आक्रमकतापूर्ण व्यवहार न करके मित्रतापूर्ण व्यवहार किया जा रहा था। ऐसा इसलिए हो रहा था, क्योंकि वे वयस्क मॉडल को बोबो डॉल के प्रति ऐसा ही व्यवहार करते हुए देखे थे। प्रयोग के इस परिणाम से यह स्पष्ट हो जाता है कि बच्चे को जैसा व्यवहार देखने के लिए मिला, वे ठीक वैसा ही व्यवहार करना सीख गये थे।

अब एक महत्त्वपूर्ण प्रश्न यह उठता है कि वे कौन-कौन कारक हैं जो यह निर्धारित करते हैं कि प्रेक्षणात्मक सीखना कब और कितनी मात्रा में होगा? वैण्डुरा (Bandura, 1986) के अनुसार निम्नांकित ऐसे कारक है जो यह निर्धारित करता है कि प्रेक्षणात्मक सीखना कब और कितनी मात्रा में होगी।

(i) अवधान *(attention)*—प्रेक्षणात्मक सीखना होने के लिए यह आवश्यक है कि व्यक्ति दूसरे व्यक्ति या मॉडल जिसके व्यवहार का अनुकरण किया जाना है, उस पर गौर से ध्यान दे। बेरोन (Baron, 1970) के अनुसार प्रायः व्यक्ति उन्हीं व्यक्तियों या मॉडलों के व्यवहारों पर ध्यान देना सुनिश्चित करता है जो उनके लिए अर्थपूर्ण, महत्त्वपूर्ण एवं आकर्षक होते हैं।

(ii) स्मरण *(remembering)*—प्रेक्षणात्मक सीखना के लिए सिर्फ यह आवश्यक नहीं है कि व्यक्ति मॉडल के व्यवहार पर ध्यान दे बल्कि यह भी आवश्यक है कि मॉडल द्वारा जिस तरह का व्यवहार किया जा रहा है, उसे वह अपनी स्मृति में रखे ताकि बाद में वह उसी के अनुरूप व्यवहार कर सके।

(iii) उत्पादन प्रक्रियाएँ *(production processes)*—प्रेक्षणात्मक सीखना के लिए यही भी आवश्यक है कि व्यक्ति स्मृति में संचित व्यवहारों को कार्यरूप में परिणत कर सके। इसी प्रक्रिया को बैण्डुरा ने उत्पादन प्रक्रिया (production process) की संज्ञा दिया है। स्मृति में संचित व्यवहारों को कार्यरूप देने के लिए अन्य बातों के अलावा दो बातें प्रमुख है। पहला तो यह कि स्मृति में संचित व्यवहार को कार्यरूप देने की शारीरिक शक्ति (physical ability) व्यक्ति में हो तथा व्यक्ति में इस व्यवहार का मॉडल के व्यवहार के समरूप करने में समायोजन-सम्बन्धी होने वाली कठिनाइयों से निबटने का तरीका मालूम हो।

(iv) अभिप्रेरक *(motivation)*—प्रेक्षणात्मक सीखना के उपयुक्त तीनों कारकों के होने के अलावा व्यक्ति में अभिप्रेरक का भी होना अनिवार्य है। यदि व्यक्ति में अभिप्रेरण की कमी है, तो वह मॉडल के व्यवहार को देखकर भी उसके अनुरूप व्यवहार करना नहीं चाहेगा। फलस्वरूप, प्रेक्षणात्मक सीखना की प्रक्रिया पूरी नहीं हो पायेगी।

स्पष्ट हुआ कि संज्ञानात्मक सीखना के कई प्रकार जैसे अव्यक्त सीखना, सूझ द्वारा सीखना तथा प्रेक्षणात्मक सीखना है। इन सभी प्रकारों के अध्ययन में मनोवैज्ञानिकों ने विशेष रुचि दिखलायी है।

क्लासिकी अनुबंधन में संज्ञानात्मक कारकों की भूमिका (Role of Cognitive Factors in Classical Conditioning)

क्लासिकी अनुबन्धन में सिर्फ उद्दीपक (conditioned stimulus) तथा स्वाभाविक उद्दीपक (unconditioned stimulus) के बीच साधारण साहचर्य (simple association) ही स्थापित नहीं होता है बल्कि इस साहचर्य के अलावा उसमें संज्ञानात्मक कारकों की भी भूमिका होती है। यह बात ज़रूर है कि संज्ञानात्मक कारकों की भूमिका पर हाल में मनोवैज्ञानिकों ने अधिक बल डालना प्रारम्भ किया है परन्तु ऐसे कारक पैवलव के प्रयोगों में प्रारम्भ से ही अवस्थित थे। पैवलव (Pavlov, 1927) ने अपने एक प्रयोगं में कुत्ते को मेट्रोनोम की टिक-टिक आवाज पर भोजन देकर उसके प्रति लार स्राव की अनुक्रिया को अनुबंधित किया था। जब मेट्रोनोम की आवाज को बन्द कर दिया गया तो पाया गया कि कुत्ता मेट्रोनोम के सामने बैठकर जोर-जोर से भौंकने लगा मानों वह मेट्रोनोम से टिक की आवाज उत्पन्न करने की भीख माँग रहा हो। ऐसा क्यों हुआ? अगर क्लासिकी अनुबंधन में स्वाभाविक उद्दीपक तथा अनुबंधित उद्दीपक के बीच मात्र साहचर्य स्थापित होता है तो कुत्ते को मात्र अनुबंधित उद्दीपक (टिक की आवाज) पर ही भौंकना चाहिए था। लेकिन कुत्ते द्वारा, मेट्रोनोम के सामने चीखना तथा भौंकना इस बात का स्पष्ट संकेत दे रहा है कि क्लासिकी अनुबंधन में अनुबंधित उद्दीपक तथा स्वाभाविक उद्दीपक में साहचर्य होने के आगे भी कुछ होता है। सचमुच में, कुत्ता यहाँ एक प्रत्याशा (expectation) विकसित कर लिया था कि अनुबंधित उद्दीपक के बाद स्वाभाविक उद्दीपक अवश्य ही दिया जाएगा। निश्चित रूप से यह प्रत्याशा एक संज्ञानात्मक कारक (cognitive factor) है। जब मेट्रोनोम के टिक की आवाज आचानक बन्द हो गयी तो कुत्ता के मन में यह भाव उत्पन्न हुआ कि इसे प्रारम्भ करने के लिए कुछ करना चाहिए और इस विशेष उम्मीद के साथ वह उसके सामने बैठकर चीखने तथा भौकने लगा। क्लासिकी अनुबंधन में प्रत्याशा (expectation) तथा अन्य सम्बन्धित संज्ञानात्मक कारकों की भूमिका की पुष्टि रेसकोरला तथा बैंगनर (Rescorla & Wagner, 1972) ने भी अपने प्रयोगों से किया है। इन लोगों द्वारा इस सिलसिले में कुछ प्राप्त तथ्य निम्नांकित हैं—

(i) जब अनुबंधित उद्दीपक (conditioned stimulus) तथा स्वाभाविक उद्दीपक (unconditioned stimulus) को यादृच्छिक ढंग से (randomly) युग्मित किया जाता है, तो अनुबंधन (conditioning) नहीं हो पाता है। इसका कारण यह है कि ऐसी परिस्थिति में प्राणी में एक दृढ़ प्रत्याशा (expectation) विकसित नहीं हो पाती है। अतः अनुबंधन होने के लिए यह आवश्यक है कि अनुबंधित उद्दीपक तथा स्वाभाविक को संगत ढंग से (consistently) युग्मित किया जाए। इससे स्पष्ट है कि अनुबंधन में प्रत्याशा (expectation) जो एक संज्ञानात्मक कारक है, की भूमिका होती है।

(ii) क्लासिकी अनुबंधन में संज्ञानात्मक कारक की भूमिका का समर्थन एक नयी घटना या तथ्य (phenomenon) जिसे अवरोधन (blocking) कहा जाता है, द्वारा भी होता है। अवरोधन से तात्पर्य इस बात से होता है कि किसी उद्दीपक के प्रति नया अनुबंधन किसी दूसरे उद्दीपक के प्रति स्थापित गत अनुबंधन के कारण अवरुद्ध होता है। जैसे, मान लिया जाए कि कुत्ता को घंटी की आवाज पर भोजन देकर लार स्राव की अनुक्रिया करने के लिए अनुबंधित किया जाता है। इसके बाद उसे घंटी के जगह पर एक दूसरा उद्दीपक अर्थात् लाल रोशनी दिखाई

जाती है। अगर क्लासिकी अनुबंधन सिर्फ अनुबंधित उद्दीपक तथा स्वाभाविक उद्दीपक को युग्मित कर बार-बार उपस्थित करने से होता है, तो ऐसी हालत में कुत्ते को लाल रोशनी के प्रति भी लार स्राव की अनुक्रिया करनी चाहिए। लेकिन ऐसा नहीं होता है। कुत्ता लाल रोशनी पर लार स्राव की अनुक्रिया नहीं करता है। ऐसा क्यों? संज्ञानात्मक मनोवैज्ञानिकों के अनुसार ऐसा इसलिए होता है क्योंकि लाल रोशनी से कुत्ते को कोई नयी सूचना नहीं मिलती है। अतः कुत्ते के लिए इसका कोई भविष्यवाची मूल्य (predictive value) नहीं होता है। फलतः लाल रोशनी अनुबंधित उद्दीपक (conditioned stimulus) के रूप में कुत्ते द्वारा स्वीकार नहीं किया जाता है।

उपर्युक्त सबूतों के आलोक में इस निष्कर्ष पर पहुँचा जाता है कि क्लासिकी अनुबंधन में सिर्फ अनुबंधित उद्दीपक तथा स्वाभाविक उद्दीपक का विशिष्ट सम्बन्ध ही सम्मिलित नहीं होता है बल्कि आधुनिक प्रयोगात्मक मनोवैज्ञानिक इसे एक जटिल प्रक्रिया के रूप में स्वीकार किये हैं जिसमें प्रत्याशा (expectation), स्मृति (memory) तथा सक्रिय तुलनात्मक प्रक्रियाएँ (active comparison process) जैसी संज्ञानात्मक कारक भी सम्मिलित होतीं हैं।

क्रियाप्रसूत अनुबंधन में संज्ञानात्मक कारकों की भूमिका (Role of Cognitive Factors in Operant Conditioning)

मनोवैज्ञानिकों ने हाल के वर्षों में एक महत्त्वपूर्ण प्रश्न उठाया है—क्या क्लासिकी अनुबंधन के समान क्रियाप्रसूत अनुबंधन में भी संज्ञानात्मक कारकों (cognitive factors) की भूमिका है? इस प्रश्न पर मनोवैज्ञानिकों में मतभेद है। स्कीन्नर (Skinner) जिन्हें क्रियाप्रसूत अनुबंधन के क्षेत्र में चैम्पियन मनोवैज्ञानिक माना जाता है, का विचार है कि क्रियाप्रसूत अनुबंधन में संज्ञानात्मक कारकों की कोई भूमिका नहीं होती है और क्रियाप्रसूत अनुबंधन के सन्दर्भ में ऐसे कारकों के बारे में बातचीत करना मूर्खता है। दूसरे तरफ मनोवैज्ञानिकों का एक ऐसा समूह भी है जिनके अनुसार क्रियाप्रसूत सीखना में संज्ञानात्मक कारकों की भूमिका महत्त्वपूर्ण मानी गयी है। सचमुच में, ऐसे ही मनोवैज्ञानिकों की संख्या अधिक है।

क्रियाप्रसूत अनुबंधन में संज्ञानात्मक कारकों की भूमिका दिखलाने के लिए आधुनिक मनोवैज्ञानिकों द्वारा निम्नांकित चार तरह के सबूत पेश किये गए हैं—

(i) अर्जित निस्सहायता (learned helplessness)—अर्जित निस्सहायता से तात्पर्य एक ऐसी स्थिति से होती है जिसमें प्राणी परिस्थिति में कुछ करने में अपने आप को निस्सहाय पाता है तथा उसे ऐसा अनुभव होता है कि उसके द्वारा किया कोई प्रयास उसे उस परिस्थिति से छुटकारा दिलाने में सफल नहीं होगा। इस क्षेत्र में सेलिगमैन (Seligman, 1975) तथा टेन्नेन एवं इल्लेर (Tennen & Eller, 1977) द्वारा महत्त्वपूर्ण कार्य किये गए है। मायर एवं जैक्सन (Maier & Jackson, 1977) द्वारा एकत्रित किये गये तथ्यों से यह पता चला है कि अर्जित निस्सहायता की पूर्ण व्याख्या वैयक्तिक अनुक्रियाओं तथा उनके परिणामों के परिस्थितिजन्य सम्बन्धों के रूप में करना सम्भव है। सचमुच में, वास्तविकता यह है कि प्राणी निस्सहायता की एक सामान्य प्रत्याशा को सीख लेता है जो विभिन्न परिस्थितियों में हस्तांतरित होते रहता है, यहाँ तक उस परिस्थिति में भी व्यक्ति को निःसहायता का अनुभव होता है जिस पर उसका नियंत्रण कुछ हद तक होता है। ड्वेक एवं लिक्ट (Dwack & Licht, 1980) द्वारा किए गए अध्ययनों से यह स्पष्ट होता है कि अर्जित निस्सहायता की शुरूआत परिस्थिति पर व्यक्ति द्वारा कितनी मात्रा में नियंत्रण होने या न होने से होता है। यदि व्यक्ति यह समझता है कि परिस्थिति पूर्णतः उसके नियंत्रण से बाहर है और वह कुछ भी नहीं कर सकता है तो वैसी हालत में अर्जित निःसहायता की मात्रा अधिक होती है तथा व्यक्ति में विषाद (depression) तथा वंचन (deprivation) भी अधिक मात्रा में होती है। स्पष्ट हुआ कि अर्जित निःस्सहायता की व्याख्या में मात्र साधनात्मक अनुबंधन अनुपयुक्त है क्योंकि इसमें व्यक्ति की परिस्थिति के बारे में सामान्य प्रत्याशा तथा नियंत्रण का प्रत्यक्षण भी महत्त्वपूर्ण होता है।

(ii) कई अध्ययनों से यह स्पष्ट हुआ है कि व्यक्ति के व्यवहार पर पुनर्बलन अनुसूची (Schedule of reinforcement) से अधिक प्रभाव उस अनुसूची के बारे में व्यक्ति में उत्पन्न विश्वास का पड़ता है। इस तथ्य का समाधान बहुत ही सटीक ढंग से कॉफमैन, बेरोन तथा कौप्प (Kaufman, Baron & Kopp, 1966) द्वारा किये गए प्रयोग में हुआ है। प्रयोज्यों के तीन समूह को एक विशेष अनुक्रिया करना *परिवर्त्य-अंतराल अनुसूची* (variable interval schedule) द्वारा पुनर्बलन देकर सीखलाया गया। इस तरह की अनुक्रिया में भिन्न-भिन्न समय अन्तराल पर प्रयोज्यों को पुनर्बलन दिया जाता था। परन्तु औसतन एक मिनट के अंतराल पर उन्हें पुनर्बलन दिया गया। प्रयोज्यों के एक समूह को इस अनुसूची के बारे में बतला दिया गया परन्तु अन्य दो समूहों को इस अनुसूची के बारे में गलत सूचना जान-बुझकर दी गई। एक

समूह को गलत सूचना देते हुए यह कहा गया कि उन्हें हरेक एक मिनट पर पुनर्बलन दिया जाएगा अर्थात् उनके परिवर्त्य अंतराल को निश्चित अंतराल अनुसूची (fixed interval schedule) कहा गया। दूसरे समूह को गलत सूचना देते हुए कहा गया कि उन्हें औसत 150 अनुक्रियाएँ करने पर पुनर्बलन दिया जाएगा। इसका मतलब यह हुआ कि उन्हें परिवर्त्य अंतराल अनुसूची को परिवर्त्य अनुपात अनुसूची (variable-ratio schedule) बतलाया गया। इन दोनों समूहों को गलत सूचना देने का उद्देश्य उनमें पुनर्बलन अनुसूची के बारे में गलत विश्वास उत्पन्न करना था। परिणाम बड़े ही रोचक थे। वैसे प्रयोज्य जो यह समझ बैठे थे कि वे परिवर्त्य अनुपात पर कार्य कर रहें है, वे सबसे अधिक तेजी से अनुक्रिया (प्रति मिनट 259 अनुक्रियाएँ) किये। जिन प्रयोज्यों को यह कहा गया कि वे निश्चित अंतराल अनुसूची पर अनुक्रिया कर रहे हैं, वे सबसे कम अनुक्रियाएँ कर पाये (प्रति मिनट 6 अनुक्रिया)। जिस समूह को पुनर्बलन अनुसूची के बारे में सच-सच बतला दिया गया था, वे इन दोनों के बीच के दर से अर्थात् प्रति मिनट 65 अनुक्रियाएँ किये। प्रयोग के इस परिणाम से यह स्पष्ट हो जाता है कि व्यक्ति का व्यवहार अनुसूची से कही अधिक उसके प्रति उसका विश्वास (belief) से प्रभावित होता है।

(iii) पशुओं के साधनात्मक या क्रियाप्रसूत सीखने में भी संज्ञानात्मक कारकों की भूमिका का पता चला है। इन तथ्य को टॉलमैन एवं हॉन्जिक (Tolman & Honzik, 1930) द्वारा किया गया एक बहुचर्चित प्रयोग से समर्थित किया जा सकता है। इन प्रयोगों में चूहों के तीन समूह लिए गये। चूहों के पहले सभूह को भूलभुलैया में दौड़ लगाकर लक्ष्य बक्स में पहुँचने पर भोजन लगातार दिया जाता था। चूहों का दूसरा समूह ऐसा था जिन्हें वहीं भूलभुलैया में दौड़ लगाकर लक्ष्य बक्स में पहुँचने पर कभी भोजन नहीं दिया जाता था। चूहों का तीसरा समूह ऐसा था जिसे वही भूलभुलैया में दौड़ लगाकर लक्ष्य बक्स में पहुँचने पर प्रथम 10 दिनों तक कोई पुनर्बलन नहीं दिया गया परन्तु ग्यारहवें दिन से उसे पुनर्बलन दिया गया। परिणाम में देखा गया कि लगातार पुनर्बलन पाने वाले समूह का निष्पादन धीरे-धीरे उन्नत हुआ। लगातार पुनर्बलन नहीं मिलने वाले समूह का निष्पादन अत्यन्त ही खराब था। तीसरे समूह का निष्पादन प्रथम 10 दिनों में काफी खराब था परन्तु ग्यारवें दिन से जब उसे पुनर्बलन मिलना प्रारम्भ हो गया, उसके निष्पादन में अचानक काफी अधिक उन्नति हुई और उसका निष्पादन लगातार पुनर्बलित समूह (regularly rewarded group) के तुल्य हो गया। इस तरह के परिणाम की व्याख्या किस तरह से की जा सकती है? टॉलमैन एवं हॉन्जिक के अनुसार इस परिणाम की व्याख्या पुनर्बलन के आधार पर सम्भव नहीं है। इन लोगों का मत है कि इस तरह के प्रयोगात्मक परिणाम से सीखने में संज्ञानात्मक प्रक्रियाओं की भूमिका स्पष्ट होती है। सचमुच में तीसरे समूह के चूहों द्वारा प्रथम 10 दिनों के भूलभुलैया का एक संज्ञानात्मक नक्शा (cognitive map) विकसित कर लिया गया था। दूसरे शब्दों में, चूहों द्वारा सम्पूर्ण भूलभुलैया का एक मानसिक प्रतिनिधित्व (mental representation) विकसित कर लिया गया था। यही कारण है कि ग्यारवें दिन से उसके निष्पादन में अचानक काफी अधिक उन्नति हो गयी।

(iv) कुछ अध्ययनों से यह पता चलता है कि प्राणी का व्यवहार न सिर्फ पुरस्कार के स्तर से प्रभावित होता है बल्कि गत पुरस्कारों से उत्पन्न अनुभूति की तुलना में वर्तमान पुरस्कार का किया गया मूल्यांकन से भी प्रभावित होता है। क्रेस्पी (Cespi, 1942) तथा शानैब एवं स्पेंसर (Shanab & Spencer, 1978) द्वारा किये गये अध्ययनों से यह स्पष्ट होता है कि यदि किसी अनुक्रिया करने के बाद प्राणी को मिलने वाला पुनर्बलन या इनाम में परिवर्तन कर दिया जाता है तो उससे उसके व्यवहार में भी थोड़े देर के लिए परिवर्तन हो जाता है। इस तरह के अस्थायी परिवर्तन को *वैषम्य प्रभाव* (Contrast effect) कहा जाता है। जैसे, कुछ पशु प्रयोगों में देखा गया है कि पशुओं को जिन्हें कम मात्रा में पुनर्बलन दिया जा रहा था जब अधिक मात्रा में उसी तरह की अनुक्रिया करने के लिए पुनर्बलन दिया जाने लगा तो इससे उनके निष्पादन (performance) में उन पशुओं की तुलना में अधिक बढ़ोत्तरी हो गयी जिन्हें लगातार प्रारम्भ से बड़ी मात्रा में पुनर्बलन दिया जाता था। निष्पादन में इस तरह की वृद्धि को *धनात्मक वैषम्य प्रभाव* (Positive contrast effect) कहा जाता है। उसी तरह से पुशओं को जिन्हें अधिक मात्रा में पहले पुनर्बलन या पुरस्कार दिया जाता है और बाद में कम मात्रा में पुनर्बलन दिया जाने लगा तो इससे उनके निष्पादन में उन पशुओं के निष्पादन की तुलना में भी ह्रास हो जाती है जिन्हें लगातार प्रारम्भ से ही कम मात्रा में पुनर्बलन दिया जाता। इसे *ऋणात्मक वैषम्य प्रभाव* (negative contrast effect) कहा जाता था। परन्तु पशुओं के निष्पादन में इस तरह का ह्रास तथा बढ़ोतरी क्षणिक होता है और धीरे-धीरे इनका निष्पादन का स्तर उन्हीं पशुओं के तुल्य हो जाता है जिन्हें लगातार प्रारम्भ से ही एक समान स्तर का पुरस्कार मिलता होता है। प्रश्न यह उठता है कि इस तरह के वैषम्य प्रभाव (contrast effect) से क्या पता चलता है? आधुनिक मनोवैज्ञानिकों

के अनुसार इस तरह का वैषम्य प्रभाव से स्पष्टतः यह पता चलता है कि पुरस्कार के विभिन्न स्तरों से सिर्फ व्यक्ति के व्यवहार की व्याख्या नहीं हो सकती है बल्कि व्यक्ति को गत पुरस्कार के साथ उत्पन्न अनुभव और उससे मन में उत्पन्न प्रत्याशाओं (expectanies) का भी प्रभाव उसके व्यवहार पर पड़ता है।

निष्कर्षतः यह कहा जा सकता है कि साधनात्मक या क्रियाप्रसूत सीखना में भी संज्ञानात्मक कारकों की यह अहम् भूमिका है। सचमुच में अधिकतर व्यवहार की व्याख्या करने में साधनात्मक सीखना द्वारा प्रदत्त आँकड़ों को संज्ञानात्मक कारक अधिक मजबूत करता है।

पैवलोवियन अनुबंधन को प्रभावित करने वाले कारक (Factors influencing Pavlovian Conditioning)

मनोवैज्ञानिकों द्वारा किये अध्ययनों से यह स्पष्ट हुआ है कि पैवलोवियन अनुबंधन या क्लासिकी अनुबंधन कई कारकों द्वारा प्रभावित होता है। इन कारकों में निम्नांकित प्रमुख है—

1. स्वाभाविक एवं अनुबंधित उद्दीपकों की शक्ति (Strength of Unconditioned and Conditioned stimulus)
2. स्वाभाविक उद्दीपक का समय (Timing of Unconditioned stimulus)
3. स्वाभाविक उद्दीपक तथा अनुबंधित उद्दीपक के युग्मन की बारंबारता (Frequency of pairings of Unconditioned stimulus and Conditioned stimulus)

इन तीनों का वर्णन निम्नांकित हैं—

1. स्वाभाविक एवं अनुबंधित उद्दीपक की शक्ति *(Strength of Unconditioned and Conditioned stimulus)*—मनोवैज्ञानिकों द्वारा किये गये अध्ययनों से यह स्पष्ट हुआ है कि स्वाभाविक उद्दीपक (Unconditioned stimulus or UCS) तथा अनुबंधित उद्दीपक (Conditioned stimulus CS) की तीव्रता स्तर से अनुबंधन प्रभावित होता है। एण्ड्रीयूस एवं व्रेभमैन (Andrews & Braveman, 1975) तथा शीफोर एवं गोरमेजानो (Sheafor & Gormezano, 1972) तथा फिजजेरेल्ड एवं टेलर (Fitzgereld & Taylor, 1970) ने अपने-अपने प्रयोगों में यह स्पष्ट रूप से पाया है कि UCS की तीव्रता स्तर में वृद्धि होने से अनुबंधन भी मजबूत हो जाता है। यहाँ उदाहरण के रूप में फिजजेरेल्ड एवं टेलर (Fitzgereld & Taylor, 1970) के अध्ययन को प्रस्तुत किया जा रहा है। इस प्रयोग में चूहों को प्रयोज्य के रूप में व्यवहृत किया गया। इस प्रयोग में घंटी की आवाज को CS के रूप में तथा विभिन्न तीव्रताओं वाले बिजली के आघात को UCS के रूप में उपयोग किया गया। परिणाम में देखा गया कि जैसे-जैसे UCS की तीव्रता बढ़ती गयी, CS के प्रति की गयी अनुक्रिया की शक्ति भी बढ़ती गयी। यह परिणाम संकेत अनुबंधन (trace conditioning) तथा बिलम्बित अनुबंधन (delayed conditioning) दोनों के लिए सही पाया गया। केहो (Kehoe, 1983) ने इस ढंग का परिणाम CS की तीव्रता को परिवर्तित करने पर भी पाया।

2. स्वाभाविक उद्दीपक का समय *(Timing of unconditioned stimulus)*—पैवलोवियन अनुबंधन में CS देने के बाद UCS दिया जाता है और धीरे-धीरे UCS के प्रति की जाने वाली अनुक्रिया CS के प्रति अनुबंधित हो जाती है। प्रयोगों से यह स्पष्ट हुआ कि CS के बाद UCS देने का समय से भी अनुबंधन प्रभावित होता है। अतः CS-UCS का समय अंतराल (time interval) एक महत्त्वपूर्ण कारक है जिससे अनुबंधन प्रभावित होता है।

सामान्यतः CS-UCS समय अंतराल तथा अनुबंधन की शक्ति का सम्बन्ध ऋणात्मक (negative) होता है। समय अंतराल जितना ही अधिक बड़ा होता है, अनुबंधन की शक्ति उतनी ही कमजोर होती है। परन्तु CS-UCS समय अंतराल तथा अनुबंधित अनुक्रिया (conditioned response) की शक्ति के बीच वास्तविक सम्बन्ध में अनुबंधित की जाने वाली अनुक्रिया के प्रकार पर आधारित होता है। गोरमेजानो (Goremezano, 1972) ने खरगोश में पलक झपकाने की अनुक्रिया (eye-blinking response) को हवा के एक साधारण झोंका (UCS) के प्रति अनुबंधित किया। हवा का झोंका आँख पर देने के पहले एक आवाज (CS) उत्पन्न किया जाता था। परिणाम में देखा गया कि इस तरह की अनुक्रिया को अनुबंधित होने में जब UCS को CS दिये जाने के .2 से .4 सेकेण्ड बाद दिया जाता था तो अनुबंधन की शक्ति अधिकतम होती थी। लेभिनथल तथा उनके सहयोगियों (Levinthal et. al., 1985) ने अपने अध्ययन में यह भी पाया कि CS तथा UCS के बीच में उससे अधिक समय अंतराल भी अधिक शक्ति का अनुबंधन उत्पन्न करने में प्रभावी होता है बशर्ते कि

विभिन्न प्रयासों के बीच का समय भी बढ़ा दिया जाता है। फिजजेरेल्ड एवं मार्टिन (Fitzgerald & Martin, 1971) ने अपने अध्ययन में पाया है कि जब अनुबंधित अनुक्रिया (conditioned response) कोई स्वायत्त अनुक्रिया (autonomic response) जैसे हृदय की गति में परिवर्तन या गल्वैनिक त्वक् अनुक्रिया (galvanic skin reponse) होता है तो अनुबंधन की शक्ति को मजबूत होने के लिए CS तथा UCS के समय अंतराल में इतनी निकटता आवश्यक नहीं है। इनके अध्ययन में पाया गया कि चूहों में हृदय गति का अनुबंधन (conditioning) उस परिस्थिति में सबसे मजबूत होते पाया गया जब CS-UCS का समय अंतराल 6 सेकण्ड या उससे थोड़ा अधिक था। कुछ अध्ययनों में इससे भी भिन्न परिणाम पाया गया है। जैसे, एण्ड्रीयूज एवं ब्रेभमैन (Andrews & Braveman, 1975) ने एक प्रयोग किया जिसमें चूहों में स्वाद विमुखता सीखना (taste aversion learning) की अनुक्रिया का अनुबंधन किया गया। इस प्रयोग में चूहों को एक सुगंधित घोल दिया गया जो एक CS के रूप में उपयोग किया गया। उसके बाद उसे हल्का जहर का घोल दिया गया जो एक UCS के जगह पर था। सुगंधित घोल के प्रति विमुखता दिखाना सीखना CR था। परिणाम में पाया गया कि ऐसी अनुबंधित अनुक्रिया की शक्ति तब कमती है जब CS देने के कई घंटों के बाद UCS दिया जाता है। निष्कर्षतः यह कहा जा सकता है कि CS-UCS का समय अंतराल एक महत्त्वपूर्ण कारक है जिससे क्लासिकी अनुबंधन प्रभावित होता है। चाहे जिस ढंग की अनुबंधित अनुक्रिया हो, जैसे-जैसे CS-UCS का समय अंतराल बढ़ते जाता है, सामान्यतः अनुबंधन की शक्ति कमती जाती है हालांकि यह बात जरूर है कि अनुबंधित अनुक्रिया के स्वरूप के अनुसार CS-UCS की निरपेक्ष अवधि (absolute interval) जिस पर क्लासिकी अनुबंधन की शक्ति सर्वाधिक होती है, परिवर्तित होती है।

3. स्वाभाविक उद्दीपक तथा अनुबंधित उद्दीपक के युग्मन की बारंबारता *(Frequency of pairings of unconditioned stimulus and conditioned stimulus)*—स्वाभाविक उद्दीपक तथा अस्वाभाविक उद्दीपक का मात्र युग्मन (pairing) से ही अनुबंधन प्रभावित नहीं होता है बल्कि उसकी बारंबारता कितनी है, इससे भी अनुबंधन प्रभावित होता है। प्रयोगों से यह स्पष्ट हुआ है कि यदि घंटी की आवाज तथा उसके बाद दिया जाने वाला भोजन का युग्मन प्रत्येक प्रयास में दिया जाता है, तो उससे अनुबंधन की शक्ति उस परिस्थिति में तुलनात्मक रूप से अधिक होती है जिसमें इन दोनों उद्दीपकों का युग्मन एक-एक प्रयास छोड़कर किया जाता है। रेसकोरला (Rescorla, 1988) ने अपने अध्ययन में पाया है कि अगर स्वाभाविक उद्दीपक प्रयोगात्मक परिस्थिति में प्रायः उत्पन्न नहीं होता है, परन्तु जब-जब अनुबंधित उद्दीपक (conditioned stimulus) दिया जाता है तब तब स्वाभाविक उद्दीपक को दिया जाता है तो इसे अनुबंधन तेजी से होता है क्योंकि अनुबधित उद्दीपक का आना स्वाभाविक उद्दीपक के आने की पूर्ण सम्भावना व्यक्त कर देता है। अध्ययनों से यह भी पता चला है कि जब अनुबंधन की शक्ति अधिकतम बिन्दु पर पहुँच जाती है, तो उसके बाद स्वाभाविक उद्दीपक तथा अनुबंधित उद्दीपक को फिर एक साथ देने से उसकी शक्ति बढ़ती नहीं है।

स्पष्ट हुआ कि पैवलोवियन अनुबंधन पर कई कारकों का महत्त्वपूर्ण प्रभाव पड़ता है।

क्रियाप्रसूत अनुबंधन को प्रभावित करने वाले कारक (Factors influencing Operant conditioning)

क्लासिकी अनुबंधन के समान क्रियाप्रसूत अनुबंधन (operant condtioning) को भी प्रभावित करने वाले कई कारक हैं। जैसा कि हम जानते हैं कि क्रियाप्रसूत अनुबंधन में अनुक्रिया करने के बाद का परिणाम महत्त्वपूर्ण होता है। परिणाम यदि ऐसा है कि अनुक्रिया करने के बाद प्राणी को पुरस्कार मिलता है या कोई दण्ड से छुटकारा मिलता है, तो वह उस अनुक्रिया को करना सीख लेता है। मनोवैज्ञानिक अध्ययनों से यह स्पष्ट हुआ है कि निम्नांकित तीन कारक ऐसे हैं जिनसे क्रियाप्रसूत अनुबंधन प्रभावित होता है—

1. परिणाम की शक्ति (strength of consequences)
2. परिणाम का समय (timing of consequences)
3. परिणाम की बारंबारता (frequency of consequences)

इन तीनों का वर्णन निम्नांकित है—

1. परिणाम की शक्ति *(Strength of consequences)*—कई अध्ययनों में पुनर्बलन के विभिन्न मात्राओं तथा अनुक्रिया की शक्ति पर पड़ने वाले प्रभावों का अध्ययन किया गया है। इन अध्ययनों में यह पाया गया है कि अनुक्रिया

करने के बाद यदि पुनर्बलन की अधिक मात्रा प्राणी को दिया जाता है तो इससे सीखी गयी अनुक्रिया की शक्ति तेजी से बढ़ती है। दूसरे तरफ, अनुक्रिया करने के बाद यदि पुनर्बलन कम मात्रा में प्राणी को दिया जाता है तो वैसी परिस्थिति में सीखी गयी अनुक्रिया अर्थात् अनुबंधन की शक्ति कमजोर पड़ जाती है। इतना ही नहीं, इन अध्ययनों में यह भी देखा गया है कि दूसरे तरह की अनुक्रिया का विलोपन (extinction) पहले तरह की अनुक्रिया की तुलना में तेजी से होता है।

2. परिणाम का समय *(Timing of consequences)*—जिस तरह से क्लासिकी अनुबंधन में अनुबंधित उद्दीपक तथा स्वाभाविक उद्दीपक के बीच का समय अंतराल से अनुबन्धन की शक्ति सीधे प्रभावित होती है, ठीक उसी ढंग से क्रियाप्रसूत अनुबंधन में वांछित व्यवहार या अनुक्रिया तथा उसके बाद मिलनेवाला परिणाम के बीच का समय एक महत्त्वपूर्ण निर्धारक होता है जिस पर अनुबंधन की शक्ति प्रभावित होती है। जैसे-जैसे यह समय बढ़ता जाता है, क्रियाप्रसूत अनुबंधन की शक्ति कमजोर होते चली जाती है जैसा कि चित्र 5.2 में दिखलाया गया है। मात्र .5 सेकेण्ड की देरी होने पर अनुक्रिया होने की सम्भावना 70% ही रह जाती है। तथा 20 सेकेण्ड विलम्ब होने पर यह सम्भावना घटकर करीब 10% हो जाती है। परन्तु कुछ मनोवैज्ञानिक जैसे लोगन (Logan, 1995) ने अपने अध्ययन में यह पाया है कि जब विलम्ब के बाद मिलने वाला पुरस्कार अधिक आकर्षक एवं उसकी मात्रा अधिक होती है, तो उस विलम्ब का वैसा प्रभाव क्रियाप्रसूत अनुबंधन पर नहीं पड़ता है।

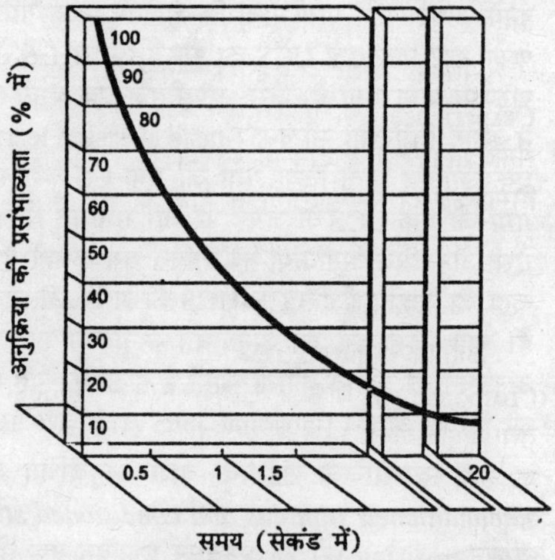

चित्र 5.2 : अनुक्रिया तथा पुनर्बलन का सामयिक सम्बन्ध (temporal relation)

3. परिणाम की बारम्बारता *(Frequency of consequences)*—क्रियाप्रसूत अनुबंधन में अनुक्रिया करने के बाद मिलने वाला परिणाम (या पुरस्कार) की बारम्बारता से भी इस तरह का अनुबंधन प्रभावित होता है। सामान्यतः पुरस्कार का पैटर्न दो तरह का होता है—अनवरत पुनर्बलन (continuous reinforcement) तथा आन्तरायिक पुनर्बलन (intermittent reinforcement)। अनवरत पुनर्बलन पैटर्न में प्रत्येक सही अनुक्रिया के बाद पुनर्बलन (reinforcement) दिया जाता है जबकि आन्तरायिक पुनर्बलन में प्रत्येक सही अनुक्रिया के बाद पुनर्बलन न देकर किसी सही अनुक्रिया के बाद पुनर्बलन दिया जाता है तो किसी सही पुनर्बलन अनुक्रिया के बाद पुनर्बलन नहीं दिया जाता है। इन दोनों में से आन्तरायिक पुनर्बलन को तुलनात्मक रूप से अधिक महत्त्व दिया गया है क्योंकि उससे अनुक्रिया की गति तीव्र होती है। मनोवैज्ञानिकों ने पुनर्बलन के चार प्रमुख अनुसूची (schedule) का निर्माण किया है—दो अंतराल अनुसूची (interval schedule) तथा दो अनुपात अनुसूची (ratio schedule)। अंतराल अनुसूची में पुनर्बलन देने का आधार समयावधि होता है जबकि अनुपात अनुसूची में पुनर्बलन का आधार कार्य या अनुक्रिया होता है। अंतराल अनुसूची दो प्रकार का होता है—निश्चित अन्तराल (fixed interval) तथा परिवर्त्य अंतराल (variable interval)। निश्चित अंतराल में एक निश्चित समय बीतने पर किया गया पहला वांछित अनुक्रिया करने के बाद पुनर्बलन दिया जाता है। परिवर्त्य अंतराल में ऐसी कोई निश्चित समयावधि नहीं होती है कि जिसके बीतने के बाद ही वांछित अनुक्रिया करने के बाद पुनर्बलन दिया जाए। निश्चित अंतराल पैटर्न का परिणाम यह होता है कि पुनर्बलन के तुरन्त बाद अनुक्रिया के दर में कमी आ जाती है परन्तु अंतराल खत्म होने का समय नजदीक आने पर इसकी दर में वृद्धि हो जाती है। परिवर्त्य अंतराल में अनुक्रिया दर एक-समान (steady) होता है। अनुपात अनुसूची (ratio schedule) भी दो प्रकार का होता है। निश्चित अनुपात (fixed ratio) तथा परिवर्त्य अनुपात (variable ratio)। निश्चित अनुपात में निश्चित संख्या में अनुक्रिया करने के बाद ही पुनर्बलन दिया जाता है तथा इसमें अनुक्रिया की दर में तीव्रता से बढ़ोत्तरी होती है। परिवर्त्य अनुपात में अनुक्रिया की संख्या पूर्व निश्चित नहीं होती है और पुनर्बलन अनुक्रिया की संख्याओं में होने की अनिश्चित सम्भावना के बाद दिया जाता है। उसमें अनुक्रिया की दर उच्च परन्तु एक समान (steady) होता है। स्पष्ट हुआ कि पुरस्कार या परिणाम की बारंबारता में परिवर्तन होने से क्रियाप्रसूत अनुबंधन (operant conditioning) प्रभावित होता है।

निष्कर्षतः यह कहा जा सकता है कि क्रियाप्रसूत अनुबंधन कई कारकों से प्रभावित होता है। इन कारकों के आधार पर अनुबंधन की प्रक्रिया को संचालित किया जा सकता है।

अधिगम या सीखने के सिद्धान्त
(Theories of Learning)

सीखना व्यवहार में वैसे अपेक्षाकृत स्थायी परिवर्तन को कहा जाता है जो अभ्यास (practice) या अनुभूति (experience) के फलस्वरूप होता है तथा जिसका उद्देश्य व्यक्ति को समायोजन करने में मदद करना होता है। मनोवैज्ञानिकों ने सीखने के स्वरूप की व्याख्या करने के लिए कई सिद्धान्तों का प्रतिपादन किया है, जिन्हें मोटे तौर पर निम्नांकित दो प्रमुख भागों में बाँटा जा सकता है–

1. उद्दीपक-अनुक्रिया सिद्धान्त (Stimulus-Response Theories or S-R Theories)
2. उद्दीपक-उद्दीपक सिद्धान्त (Stimulus-Stimulus Theories or S-S Theories)

उद्दीपक-अनुक्रिया सिद्धान्त के अनुसार सीखने की प्रक्रिया में प्राणी उद्दीपक (या समस्या) तथा अनुक्रिया (response) के बीच एक सम्बन्ध (connection) स्थापित करता है। कुछ ऐसे सिद्धान्तवादियों का मत है कि उद्दीपक तथा अनुक्रिया के बीच में जो सम्बन्ध स्थापित होता है, उसका आधार पुनर्बलन (reinforce) होता है। जब सही अनुक्रिया के करने के बाद प्राणी को पुनर्बलन दिया जाता है, तो इसका प्रभाव (effect) यह होता है कि भविष्य में प्राणी उस उद्दीपक के सामने आने पर वही अनुक्रिया करता है। यही कारण है कि इन सिद्धान्तों को *उद्दीपक-अनुक्रिया प्रभाव सिद्धान्त* (stimulus-response effect theories) या *पुनर्बलन सिद्धान्त* (reinforcement theory) भी कहा जाता है। इस श्रेणी में थॉर्नडाइक (Throndike), पैवलव (Pavlov), हल्ल (Hull), स्कीन्नर (Skinner) आदि के सिद्धान्तों को रखा गया है। उद्दीपक-अनुक्रिया सिद्धान्तवादियों में कुछ लोग ऐसे भी हैं जो यह मानने को तैयार नहीं हैं कि उद्दीपक-अनुक्रिया के सम्बन्ध का आधार पुनर्बलन होता है। इन लोगों का मत है कि उद्दीपक तथा अनुक्रिया के बीच सामीप्यता (contiguity) के आधार पर भी सम्बन्ध स्थापित होता है। इस विचारधारा के प्रमुख समर्थक गथरी (Guthrie) हैं।

उद्दीपक-उद्दीपक सिद्धान्त (Stimulus-Stimulus theory) का प्रतिपादन उद्दीपक-अनुक्रिया सिद्धान्त के विरोध में हुआ। इस सिद्धान्त के अनुसार किसी भी सीखने की परिस्थिति में कई समस्याएँ या उद्दीपक (stimuli) होते हैं। व्यक्ति को उन विभिन्न उद्दीपकों (stimuli) का अर्थ तथा उनके आपसी सम्बन्धों को समझना होता है। जैसे ही व्यक्ति उन विभिन्न उद्दीपकों का अर्थ तथा उनके सम्बन्धों को समझ लेता है, पूरे उद्दीपक परिस्थिति का एक संज्ञानात्मक नक्शा (cognitive map) उसके मन में विकसित हो जाता है जिसे सीखना की संज्ञा दी जाती है। इसे विस्तृत अर्थ में संज्ञानात्मक सिद्धान्त (cognitive theory) भी कहा जाता है। इस सिद्धान्त के मुख्य प्रवर्त्तक टॉलमैन (Tolman) है। कोहलर (Kohler) तथा कौफ्का (Koffka) के सिद्धान्त को भी इस श्रेणी में रखा गया है। पियाजे का सिद्धान्त भी एक संज्ञानात्मक सिद्धान्त ही है।

यहाँ उपर्युक्त सिद्धान्तों में से केवल सात सिद्धान्तों पर प्रकाश डाला गया है—

1. थॉर्नडाइक का सम्बन्धवाद सिद्धान्त (Thorndike's theory of connectionism)
2. स्कीन्नर का सिद्धान्त (Skinner's theory)
3. हल्ल का सिद्धान्त (Hull's theory)
4. गथरी का सिद्धान्त (Guthrie's theory)
5. टॉलमैन का सिद्धान्त (Tolman's theory)
6. सूझ सिद्धान्त (Insight theory)
7. पियाजे का सिद्धान्त (Piaget theory)

इस सभी सिद्धान्तों का वर्णन हम अलग-अलग अनुच्छेदों में करेंगे।

थॉर्नडाइक का सम्बन्धवाद सिद्धान्त
(Throndike's Theory of Connectionism)

थॉर्नडाइक (Thorndike) को प्रयोगात्मक पशु मनोविज्ञान (experimental psychology) के क्षेत्र में एक प्रमुख मनोवैज्ञानिक माना गया है। उन्होंने सीखने के एक सिद्धान्त का प्रतिपादन 1898 में अपने पी-एच॰डी॰ शोध प्रबन्धन (Ph. D. thesis) जिसका नाम *'एनिमल इन्टेलिजेन्स'* (Animal intelligence) था, में किया। टॉलमैन (Tolman, 1938) ने थॉर्नडाइक के इस सिद्धान्त पर टिप्पणी करते हुए कहा है कि उनका यह सिद्धान्त इतना पूर्ण तथा वैज्ञानिक था कि उस समय के अन्य सभी मनोवैज्ञानिकों ने थॉर्नडाइक को अपना *प्रारम्भ बिन्दु* (starting point) मानते थे।

थॉर्नडाइक ने सीखना की व्याख्या करते हुए कहा है कि जब कोई उद्दीपक (stimulus) व्यक्ति के सामने दिया जाता है तो उसके प्रति वह अनुक्रिया (response) करता है। अनुक्रिया सही होने से उसका सम्बन्ध (connection) उसी विशेष उद्दीपक (stimulus) के साथ हो जाता है। इस सम्बन्ध को सीखना (learning) कहा जाता है तथा इस तरह की विचारधारा को *सम्बन्धवाद* (Connectionism) की संज्ञा दी गयी है।

थॉर्नडाइक के सम्बन्धवाद के सिद्धान्त को मनोवैज्ञानिकों ने दो भागों में बाँट कर अध्ययन किया है—*1930 के पहले का सम्बन्धवाद* (Conncetionism before 1930) तथा *1930 के बाद का सम्बन्धवाद* (Connectionism after 1930)। इन दोनों कालों में सम्बन्धवाद द्वारा जो सीखने की व्याख्या की गयी है, वह इस प्रकार है—

1930 के पहले का सम्बन्धवाद *(Connectionism before 1930)*—1898 तथा 1930 के बीच थॉर्नडाइक ने जो सीखने की व्याख्या प्रस्तुत की है, वह एक मूल व्याख्या (fundamental explanation) है और उनकी इस व्याख्या में इस काल में कोई फेरबदल भी नहीं किया गया है। थॉर्नडाइक का कहना था कि पशु या मनुष्य किसी कार्य को *प्रत्यन्न-तथा-भूल* (trial-and-error) की प्रक्रिया द्वारा सीखता है। प्रत्येक सीखने की परिस्थिति में प्राणी (organism) के सामने एक समस्या (problem) रखी जाती है। वह उस समस्या का समाधान करने के लिए अनेक प्रकार की अनुक्रियाएँ करता है। इन अनुक्रियाओं में से सही अनुक्रिया (responses) का प्राणी द्वारा चयन (selection) कर लिया जाता है और फिर बाद में यही सही अनुक्रिया उस समस्या के साथ सम्बन्धित हो जाती है जिसे हम सीखना कहते हैं। इस तरह से सीखने की प्रक्रिया में दो उपप्रक्रियाएँ सम्मिलित होतीं हैं—*चयन* (selection) तथा *सम्बन्ध* (connection)। चयन की प्रक्रिया द्वारा प्राणी अनेक किये गये अनुक्रियाओं में से सही अनुक्रिया (correct response) को चुन लेता है।

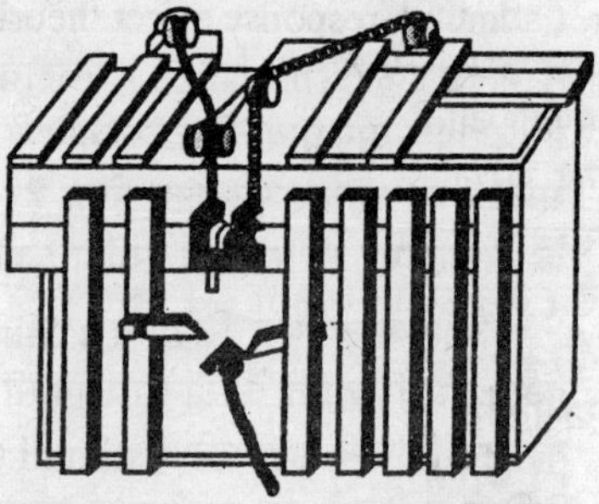

चित्र 5.3 : पहेली बक्स (Puzzle box)

थॉर्नडाइक ने अपने सिद्धान्त में सही अनुक्रिया को परिभाषित करते हुए कहा है कि सही अनुक्रिया वह अनुक्रिया होती है जिसके करने के बाद पुनर्बलन (reinforcement) प्राणी को मिलता है। यही कारण है कि थॉर्नडाइक के सीखने के सिद्धान्त को *उद्दीपक-अनुक्रिया पुनर्बलन सिद्धान्त* (S-R reinforcement theory) में रखा गया है। जब प्राणी सही अनुक्रिया कर लेता है तो बाद के प्रयासों में इसका सम्बन्ध उस विशेष उद्दीपक या समस्या के साथ वह स्थापित करता है। इस तरह का सम्बन्ध स्थापित होते ही सीखने की प्रक्रिया पूरी हो जाती है, जिसके परिणामस्वरूप जब-जब प्राणी के सामने उस उद्दीपक को रखा जाता है व्यक्ति तुरन्त वही अनुक्रिया को कर डालता है।

थॉर्नडाइक ने उपर्युक्त तथ्य की पुष्टि अनेक प्रयोग करके किया है। उनके प्रयोग अधिकतर बिल्ली, कुत्ता, मछली तथा बन्दर पर किये गये हैं। इन सभी प्रयोगों में बिल्ली पर किया गया प्रयोग काफी मशहूर है। इस प्रयोग में एक भूखी बिल्ली को एक पहेली बक्स (चित्र 5.3 देखें) में बन्द कर रखा गया। इस बक्स के अन्दर में एक सिटकिनी (knob) लगा था जिसको दबाकर गिरा देने से दरवाजा खुल जाता था। दरवाजे के बाहर भोजन रख दिया गया था। चूँकि बिल्ली भूखी थी, अतः वह दरवाजा खोलकर भोजन खाने की पूरी कोशिश करना प्रारम्भ कर दी। प्रारम्भ के प्रयासों (trials) में जब बिल्ली को बक्स के अन्दर रखा गया, तो बहुत सारे अनियमित व्यवहार जैसे उछलना, कूदना, नोचना, खसोटना आदि होते पाये गये। इसी उछल-कूद में अचानक उसका पंजा सिटकिनी पर पड़ गया जिसके दबने से दरवाजा खुल गया और बिल्ली बाहर निकलकर भोजन कर ली। बाद के प्रयासों (trials) में बिल्ली द्वारा किये जानेवाले अनियमित व्यवहार

अपने आप कम होते गये तथा बिल्ली सही अनुक्रिया (यानी सिटकिनी दबाकर दरवाजा खोलने की अनुक्रिया) को बक्स में रखने के तुरन्त बाद करते पायी गयी।

थॉर्नडाइक ने इसी तरह के अनेक प्रयोग किये हैं जिनके आधार पर उन्होंने यह बतलाया है कि सीखनें की क्रिया एक क्रमिक प्रक्रिया (graudal process) है। थॉर्नडाइक का कहना है कि बिल्ली में सही अनुक्रिया धीरे-धीरे कई प्रयासों (trials) में स्थापित (stamped in) होती है तथा अनियमित अनुक्रियाएँ भी धीरे-धीरे कई प्रयासों में छँटती जाती (stamped out) है। अतः इस बात का कोई सबूत नहीं मिलता है कि बिल्ली ने सीखने के दौरान किसी तरह की सूझ (insight) का सहारा लिया हो। सच्चाई यही है कि जैसे-जैसे प्रयास (trials) दिया जाता है, वैसे-वैसे सीखने की प्रक्रिया अपने आप ही स्वचालित (automatic) एवं यांत्रिक रूप से (mechanically) होती जाती है। इसमें बिल्ली कहीं भी किसी तरह की सूझ (insight) एवं समझ (understanding) नहीं दिखलाती है। थॉर्नडाइक (Thorndike, 1911) ने स्वयं ही कहा है कि विभिन्न प्रयोगों में उन्होंने पशुओं को *''कोई ऐसा व्यवहार करते नहीं पाया है जो तर्कपूर्ण चिन्तन (reasoning) के कारण हुआ हो।''* [Throndike, (1911) "failed to find any act that even seemed due to reasoning."]

थॉर्नडाइक ने सीखने के सिद्धान्त में तीन महत्त्वपूर्ण नियमों का वर्णन किया है जो निम्नांकित है—

1. अभ्यास का नियम (Law of exercise)
2. तत्परता का नियम (Law of readiness)
3. प्रभाव का नियम (Law of effect)

इन सभी का वर्णन निम्नांकित है—

1. अभ्यास का नियम *(Law of exercise)*—यह नियम इस तथ्य पर आधारित है कि अभ्यास से व्यक्ति में पूर्णता आती है *(Practice makes man perfect)*। हिलगार्ड तथा बॉअर (Hilgard & Bower, 1975) ने इस नियम को परिभाषित करते हुए कहा है, ''अभ्यास नियम यह बतलाता है कि अभ्यास करने से (उद्दीपक तथा अनुक्रिया का) सम्बन्ध मजबूत होता है (उपयोग नियम) तथा अभ्यास रोक देने से सम्बन्ध कमजोर पड़ जाता है या विस्मरण हो जाता है (अनुपयोग नियम)। इस व्याख्या से बिलकुल ही यह स्पष्ट हो जाता है कि जब हम किसी पाठ या विषय को बार-बार दोहराते हैं तो उसे सीख जाते हैं। इसे थॉनडाइक ने उपयोग नियम (law of use) कहा है। दूसरी तरफ जब हम किसी पाठ या विषय को दोहराना बन्द कर देते हैं तो उसे भूल जाते हैं। इसे इन्होंने अनुपयोग नियम (law of disuse) कहा है।

इस तरह से अभ्यास नियम के अनुसार सीखने की प्रक्रिया मूलतः अभ्यास के कारण होती है। परन्तु कुछ मनोवैज्ञानिकों ने अभ्यास नियम की व्याख्या पर आपत्ति की है। मनोवैज्ञानिकों की तीन मुख्य आपत्तियाँ निम्नांकित है—

(i) कुछ आलोचकों का मत है कि सीखने की प्रक्रिया सिर्फ अभ्यास के कारण नहीं होती है। गेस्टाल्ट मनोवैज्ञानिकों ने प्रयोग करके यह दिखला दिया है कि अभ्यास के अलावा सीखने में सूझ (insight) तथा समझ (understanding) की भी जरूरत होती है।

(ii) थॉर्नडाइक ने अभ्यास नियम में यह भी दिखलाया है कि व्यक्ति उस अनुक्रिया को सीखता है जिसे बार-बार दोहराता है तथा उस अनुक्रिया को भूल जाता है जिसे वह बार-बार दोहराता नहीं है। अब एक नजर थॉर्नडाइक की बिल्ली की क्रियाओं पर दीजिए। बिल्ली प्रत्येक प्रयास में एक सही अनुक्रिया करती है (सिटकिनी गिराना) और सभी अनुपयुक्त (inappropriate) तथा गलत अनुक्रिया ही करती है। सही अनुक्रिया एवं गलत अनुक्रिया का यही अनुपात लगभग अन्य प्रयासों में होता है। इसका मतलब यह हुआ कि बिल्ली सही अनुक्रिया को कम दोहराकर भी सीख लेती है और गलत अनुक्रिया को बार-बार दोहराकर भी भूल जाती है। अतः थॉर्नडाइक के अभ्यास नियम क़ी पुष्टि अपने ही प्रयोग से नहीं हो पाती है।

(iii) कुछ आलोचकों ने अपने प्रयोग के आधार पर यह दिखलाया है कि अभ्यास की मात्रा दो अवस्थाओं में समान रहने पर भी किसी एक अवस्था में परिणाम-ज्ञान (knowledge of result) के कारण सीखने की प्रक्रिया अधिक मजबूत हो जाती है। परिणाम-ज्ञान के साथ किये गये अभ्यास से सीखी गयी अनुक्रिया तुलनात्मक रूप से अधिक मजबूत होती है।

ऊपर की गयी आलोचनाओं को थॉर्नडाइक ने खुद भी स्वीकार किया और फलस्वरूप उन्होंने 1929 में न्यू हेभेन

(New Haven) में हो रहे मनोविज्ञान की एक अन्तर्राष्ट्रीय सभा (International Congress of Psychology) में स्पष्ट शब्दों में कहा, "मैं गलत था।" ("I was wrong.")

2. तत्परता का नियम *(Law of readiness)*—इस नियम को थॉर्नडाइक ने एक गौण नियम माना है और कहा है कि इस नियम द्वारा हमें सिर्फ यह पता चलता है कि सीखने वाले व्यक्ति किन-किन परिस्थितियों में संतुष्ट होते हैं या उसमें खीझ (annoyance) उत्पन्न होती है। उन्होंने इस तरह की निम्नांकित तीन परिस्थितियों का वर्णन किया है—

(i) जब व्यक्ति किसी कार्य को करने के लिए तत्पर रहता है और उसे वह कार्य करने दिया जाता है, तो इससे उसमें संतोष होता है।

(ii) जब व्यक्ति किसी कार्य को करने के लिए तत्पर रहता है और उसे वह कार्य नहीं करने दिया जाता है, तो इससे उसमें खीझ (annoyanace) होती है।

(iii) जब व्यक्ति किसी कार्य को करने के लिए तत्पर नहीं रहता है परन्तु उसे वह कार्य करने के लिए बाध्य किया जाता है, तो इससे भी व्यक्ति में खीझ (annoyance) होती है।

ऊपर के वर्णन से यह स्पष्ट है कि संतोष या खीझ होना व्यक्ति की तत्परता (readiness) की अवस्था पर निर्भर करता है।

3. प्रभाव का नियम *(Law of effect)*—थॉर्नडाइक के सिद्धान्त का यह सबसे महत्त्वपूर्ण नियम है। इसकी महत्ता को ध्यान में रखते हुए कुछ मनोवैज्ञानिकों ने इसके सिद्धान्त को *प्रभाव नियम सिद्धान्त* (Law of effect theory) भी कहा है। इस नियम के अनुसार व्यक्ति किसी अनुक्रिया या कार्य को उसके प्रभाव के आधार पर सीखता है। किसी कार्य या अनुक्रिया का प्रभाव व्यक्ति में या तो संतोषजनक (satisfying) होता है या खीझ उत्पन्न करने वाला (annoying) होता है। प्रभाव संतोषजनक होने पर व्यक्ति उस अनुक्रिया को सीख लेता है तथा खीझ उत्पन्न करने वाला होने पर व्यक्ति उसी अनुक्रिया को दोहराना नहीं चाहता है। फलतः उसे वह भूल जाता है।

इस प्रकार से यह स्पष्ट है कि प्रभाव नियम के अनुसार व्यक्ति किसी अनुक्रिया को इसलिए सीख लेता है क्योंकि व्यक्ति में उस अनुक्रिया को करने के बाद संतोषजनक प्रभाव (satisfying effect) होता है। **हिलगार्ड** तथा **बॉअर**[1] (Hilgard & Bower, 1975) ने इस नियम की व्याख्या करते हुए कहा है—*"प्रभाव नियम में किसी (उद्दीपक तथा अनुक्रिया का) सम्बन्ध उसके प्रभाव के आधार पर मजबूत या कमजोर होता है। जब सम्बन्ध (connection) ऐसा होता है कि उससे व्यक्ति में संतोषजनक प्रभाव होता है तो इसमें सम्बन्ध की शक्ति (strength) बढ़ जाती है तथा जब सम्बन्ध ऐसा होता है कि उससे व्यक्ति में असंतोषजनक प्रभाव होता है तो उसकी शक्ति कम हो जाती है।"* हिलगार्ड तथा बॉअर के विचारों से स्पष्ट है कि किसी उद्दीपक (stimulus) तथा अनुक्रिया (response) के बीच सम्बन्ध (connection) स्थापित होना उस अनुक्रिया के संतोषजनक प्रभाव (satisfying effect) पर निर्भर करता है। बिल्ली दरवाजा खोलने की अनुक्रिया इसलिए सीखती है क्योंकि इस अनुक्रिया के बाद उसे भोजन मिलता है जिसके खाने से उसमें संतुष्टि (satisfaction) होती थी। बिल्ली गलत अनुक्रियाओं जैसे—उछल-कूद करना, नोचना, खसोटना आदि इसलिए भूल गयी क्योंकि इन अनुक्रियाओं को करने से उसे कुछ भी नहीं मिलता था। फलतः उसमें खीझ (annoyance) उत्पन्न होती थी। इस तरह से यदि थॉनडाइक के इस प्रभाव नियम पर ध्यानपूर्वक विचार किया जाय तो इससे स्पष्ट हो जाता है कि किसी सही अनुक्रिया (response) को करके ही प्राणी पुरस्कार (reward) प्राप्त कर पाता है जिसके प्रभाव से भविष्य में उस सही अनुक्रिया के होने की सम्भावना तीव्र हो जाती है। अतः सही अनुक्रिया पुरस्कार पाने में सहायक (instrumental) होती है। इस अर्थ में थॉर्नडाइक ने साधनात्मक या क्रियाप्रसूत सीखना (instrumental learning) का बीजारोपण अपने सिद्धान्त में किया जिसे बाद में स्कीन्नर (Skinner) ने पूर्णरूपेण अधिगम के अपने सिद्धान्त में सम्मिलित कर सीखने का एक नया सिद्धान्त बनाया जिसक चर्चा आगे की जायेगी।

---

1. "The law of effect refers to the strengthening or weakening of a connection as a result of consequences. When a modifyable connection is made and is accompanied by or followed by a satisfying state of affairs, the strength of connection is increased. If the connection is made and followed by an annoying state of affairs, its strength is decreased."
—Hilgard & Bower : *Theories of Learning*, 1975, p. 33

कुछ मनोवैज्ञानिकों द्वारा प्रभाव नियम की व्याख्या पर आपत्तियाँ उठायी गयी है। इस तरह की मुख्य दो आपत्तियाँ निम्नांकित हैं—

(i) प्रभाव नियम में संतोषजनक प्रभाव (satisfying effect) तथा खीझ (annoyance) दो ऐसे पद (terms) हैं, जो आलोचकों के अनुसार पूर्णतः आत्मगत (subjective) हैं तथा ऐसे भी हैं जिनसे पशु व्यवहार की व्याख्या ठीक ढंग से नहीं हो पाती है। यह कैसे जाना जा सकता है कि पशु में अमुक क्रिया करने के बाद उसमें संतुष्टि (satisfaction) हो रही है या खीज (annoyance) उत्पन्न हो रही है। थॉर्नडाइक द्वारा आलोचकों के इस विचार का खण्डन किया गया है और उन्होंने कहा है कि संतुष्टि (satisfaction) तथा खीझ आत्मगत पद (subjective term) नहीं है। इन्हें हम वस्तुनिष्ठ ढंग से समझ सकते हैं और परिभाषित भी कर सकते हैं। **थॉर्नडाइक**[1] (Thorndike, 1913) ने इन दोनों अवस्थाओं को वस्तुनिष्ठ रूप से इस प्रकार परिभाषित किया है, *"संतुष्टि उत्पन्न करने वाली अनुक्रिया से तात्पर्य वैसी अनुक्रिया से होता है जिससे बचने या दूर रहने के लिए प्राणी कुछ नहीं करता है बल्कि प्रायः उसे करने की कोशिश करता है। खीझ (annoyance) उत्पन्न करने वाली अनुक्रिया से तात्पर्य वैसी अनुक्रिया से होता है जिसे बनाये रखने के लिए भी पशु कोशिश नहीं करता है बल्कि प्रायः वह वैसा ही व्यवहार करता है जिससे वह अनुक्रिया समाप्त हो जाय।"*

(ii) दूसरी आपत्ति यह थी कि प्रभाव नियम में पूर्वगामी प्रभाव (backward effect) का दोष सम्मिलित हैं। इस नियम के अनुसार प्राणी किसी उद्दीपक (stimulus) के प्रति अनुक्रिया (response) पहले करता है उसके बाद उसे पुरस्कार (reward) मिलता है। अतः अनुक्रिया पहले होती है और पुरस्कार बाद में मिलता है। आलोचकों का मत है कि किसी घटना का प्रभाव तो आगे आनेवाले समय में होता है। इसका प्रभाव उस अनुक्रिया पर कैसे हो सकता है, जो इस घटना के पहले ही हो गया है। थॉर्नडाइक के प्रयोग में बिल्ली सिटकिनी गिराकर दरवाजा पहले खोल लेती है और बाद में उसे भोजन (पुरस्कार) मिलता है। पुरस्कार मिलने की घटना का प्रभाव उससे पहले होने वाली अनुक्रिया (response) पर कैसे पड़ सकता है? लेकिन यह आपत्ति भी गलत साबित हो गयी है। थॉर्नडाइक ने बतलाया कि किसी भी पुरस्कृत अनुक्रिया (reward response) के भविष्य में होने की सम्भावना अपने आप अधिक हो जाती है। उसी तरह दंडित अनुक्रिया (punished response) के भविष्य में होने की सम्भावना अपने आप कम हो जाती है। यही कारण है कि पुरस्कार देने से प्राणी उसी अनुक्रिया को करना चाहता है और फलस्वरूप सीख लेता है तथा दण्ड देने से प्राणी उस अनुक्रिया को नहीं दोहराता है और फलस्वरूप प्राणी उसे नहीं सीख पाता है।

इन प्रमुख नियमों के अलावा भी थॉर्नडाइक ने पाँच सहायक नियमों (subordinate laws) का भी प्रतिपादन किया परन्तु ये सभी नियम बहुत महत्त्वपूर्ण नहीं हो पाये क्योंकि वे स्पष्ट रूप से प्रमुख नियमों से ही सम्बन्धित थे। संक्षेप में, इन सहायक नियमों का वर्णन इस प्रकार है—

(i) बहुक्रिया *(multiple response)*—इस नियम के अनुसार किसी भी सीखने की परिस्थिति में प्राणी अनेक अनुक्रिया (responses) करता है जिसमें से प्राणी उन अनुक्रिया को सीख लेता है जिससे उसे सफलता मिलती है।

(ii) तत्परता या मनोवृत्ति *(set or attitude)*—तत्परता या मनोवृत्ति से इस बात का निर्धारण होता है कि प्राणी किस अनुक्रिया को करेगा, किस अनुक्रिया को करने से कम संतुष्टि तथा किस अनुक्रिया को करने से अधिक संतुष्टि आदि मिलेगी।

(iii) तत्त्व प्रबलता *(prepotency of elements)*—इस नियम के अनुसार किसी भी सीखने की परिस्थिति में सुसंगत (relevant) तथा असुसंगत (irrelevant) दोनों ही तरह के तत्त्व (elements) होते हैं जिनकी प्रबलता या सार्थकता अलग-अलग होती है। व्यक्ति सुसंगत तत्त्वों को अलग कर लेता है क्योंकि इसकी सार्थकता अपेक्षाकृत अधिक होती है।

(iv) सादृश्य अनुक्रिया *(response by similarity or analogy)*—इस नियम के अनुसार प्राणी किसी नयी परिस्थिति में वैसी ही अनुक्रिया को करता है जो उसके गत अनुभव या पहले सीखी गयी अनुक्रिया के सदृश होता है।

---

1. "By a satisfying state of affairs is meant one which the animal does nothing to avoid, often doing things which maintain or renew it. By an annoying state of affair is meant one which the animal does nothing to preserve, often doing things which put an end to it." —Thorndike : *Educational Psychology,* 1913, Vol. 1, p. 2

(v) साहचर्यात्मक स्थानान्तरण *(associative shifting)*—इन नियम के अनुसार कोई अनुक्रिया जिसके करने की क्षमता व्यक्ति में है, एक नये उद्दीपक (stimulus) से भी उत्पन्न हो सकती है। यदि एक ही अनुक्रिया को लगातार एक ही परिस्थिति में कुछ परिवर्तन के बीच उत्पन्न किया जाता है तो अन्त में वही अनुक्रिया एक बिलकुल ही नये उद्दीपक से भी उत्पन्न हो जाती है।

1930 के पहले थॉर्नडाइक के सम्बन्धवाद सिद्धान्त (connectionistic theory) की स्थिति यही थी। ऊपर किये गये वर्णन से यह भी स्पष्ट है कि थॉर्नडाइक के दोनों प्रधान नियमों अर्थात् प्रभाव नियम तथा अभ्यास नियम की आलोचना की गयी है और स्वयं थॉर्नडाइक भी उनमें से अधिकतर आलोचनाओं से सहमत थे। अतः उन्होंने अपने सम्बन्धवाद के सिद्धान्त में महत्त्वपूर्ण परिवर्तन किया जिसका प्रकाशन 1930 के बाद हुआ।

1930 के बाद का सम्बन्धवाद *(Connectionism after 1930)*—1930 के बाद का सम्बन्धवाद 1930 के पहले के सम्बन्धवाद से पूर्णतः भिन्न था। नये सम्बन्धवाद की मुख्य विशेषता निम्नांकित थी—

(i) अभ्यास नियम का खण्डन (Disproof of law of exercise)

(ii) प्रभाव नियम का संक्षेपण (Truncation of law of effect)

(iii) प्रभाव प्रसार (Spread of effect)

इन तीनों विशेषताओं का वर्णन इस प्रकार है—

(i) अभ्यास नियम का खण्डन *(Disproof of law exercise)*—थॉर्नडाइक के सामने अनेक प्रयोगों के परिणाम उपलब्ध थे जिसमें यह स्पष्ट रूप से दिखला दिया गया था कि मात्र अभ्यास से सीखने की प्रक्रिया नहीं हो पाती है। कुछ मनोवैज्ञानिकों ने रेखा खींचने का प्रयोग (line-drawing experiment) करके यह दिखला दिया था कि जब प्रयोज्य को प्रत्येक प्रयास (trial) में की गयी अनुक्रिया की परिशुद्धता (accuracy) के बारे में परिणाम-ज्ञान (knowledge of result) दिया जाता है और जब इस तरह का परिणाम ज्ञान उसे नहीं दिया जाता है तो दोनों अवस्थाओं में अभ्यास की मात्रा समान होने के बावजूद भी सीखने की प्रक्रिया परिणाम-ज्ञान की अवस्था में तेजी से होती है। इस संदर्भ में थॉर्नडाइक ने अपने नियम का खण्डन करते हुए कहा हैं कि प्राणी मात्र अभ्यास से ही किसी भी जटिल अनुक्रिया को नहीं सीखता है। हाँ, जब अनुक्रिया अति सरल होती है, तो वहाँ अभ्यास का महत्त्व होता है। **हिलगार्ड** तथा **बॉअर**[1] (Hilgard & Bower, 1975) के अनुसार यह कहा जा सकता है, *"सीखने के नियम के रूप में अभ्यास नियम को व्यवहारिक रूप से त्याग दिया गया है। मात्र अभ्यास के फलस्वरूप किसी की शक्ति नहीं के बराबर बढ़ती है।"*

(ii) प्रभाव नियम का संक्षेपण *(Truncation of the law of effect)*—1930 के बाद के सम्बन्धवाद में प्रभाव नियम आधा ही सत्य रहा। थॉर्नडाइक के सामने कुछ प्रयोग के परिणाम के कुछ ऐसे तथ्य सामने थे जिनसे यह स्पष्ट था कि पुरस्कार (reward) तथा दण्ड (punishment) का प्रभाव बराबर (equal) तथा एक-दूसरे के प्रतिकूल (opposite) नहीं होता है। फलस्वरूप, थॉर्नडाइक ने अपने प्रभाव नियम में संशोधन (modification) करते हुए यह कहा कि पुरस्कार का प्रभाव सीखी जाने वाली अनुक्रिया पर दण्ड के प्रभाव की अपेक्षा काफी अधिक होता है। पुरस्कार के प्रभाव से भविष्य में किसी अनुक्रिया के होने की सम्भावना बढ़ जाती है। परन्तु दण्ड (punishment) से कोई भी अनुक्रिया कमजोर नहीं होती है। दूसरे शब्दों में दण्ड, जैसा कि पहले समझा जाता था, किसी अनुक्रिया को कमजोर करने में (अर्थात् भविष्य में उसे न होने देने में) प्रभावकारी नहीं होता है। इस तरह से स्पष्ट है कि 1930 के बाद प्रभाव नियम आधा ही सत्य रह गया। *पुरस्कार से उद्दीपक-अनुक्रिया का सम्बन्ध मजबूत होता है परन्तु दण्ड से कमजोर नहीं होता है (Reward strengthens a connection but punishment does not weaken it)*।

यह संक्षेपित प्रभाव नियम (truncated law of effect) स्वयं थॉर्नडाइक (Thorndike, 1932) द्वारा किये गये एक प्रयोग पर आधारित था। उनका यह प्रयोग मुर्गी के बच्चों (chickens) पर किया गया। इन चूजों को एक भूलभुलैया (maze) में छोड़ दिया गया जिसमें एक सही पथ था और दो अन्ध पथ थे। सही पथ में जाने पर चूजों को पुरस्कार (जैसे भोजन, अन्य चूजों की टोली तथा घूमने फिरने की स्वतंत्रता) मिलता था तथा अन्ध पथ में जाने से उन्हें दण्ड के रूप

1. "The law of exercise was practically renounced as a law of learning, only a trivial amount of strenghening of connections being left as a function of mere repettion."

—Hilgard & Bower : *Theories of Learning*, 1975, p. 38

में 30 सेकेण्ड तक भीतर बन्द कर दिया जाता था। परिणाम में देखा गया कि अन्ध पथ में जो चूजे अक्सर जाते थे, सही पथ में भी वे जाया करते थे तथा सही पथ में जाने वाले चूजों में सही पथ की ओर जाने की प्रवृत्ति अधिक होती थी। अतः स्पष्ट हो जाता है कि दण्ड से अनुक्रिया (response) का होना कमजोर नहीं पड़ता, यानी दण्ड किसी अनुक्रिया को कमजोर करने में प्रभावकारी नहीं होता है जबकि पुरस्कार किसी अनुक्रिया को मजबूत करने में प्रभावकारी होता है। इसी तरह के कई और भी प्रयोग थॉर्नडाइक ने व्यक्तियों (human being) पर किया। इन प्रयोगों में व्यक्तियों को एक स्पैनिश शब्द (Spanish word) तथा साथ-ही-साथ अंगेजी शब्द (English word) दिये गये। प्रयोज्य (subject) को स्पैनिश शब्द का सही अनुवाद दिये गए इन पाँच अंग्रेजी शब्दों में से किसी एक को चुनकर बतलाना होता था। प्रयोगकर्त्ता पुरस्कार के रूप में 'सही' (right) कहता था तथा दण्ड के रूप में 'गलत' (wrong) कहता था। कई प्रयासों (trials) तक यह प्रक्रिया दोहरायी गयी। प्रत्येक प्रयास में स्पैनिश शब्द तथा उसके सम्भावित पाँच अंग्रेजी शब्दों के अनुवाद में अदल-बदल कर दी जाती थी। परिणाम में यह देखा गया है कि प्रयोज्य उन शब्दों को भी दोहराते थे जिन्हें प्रयोगकर्ता (experimenter) द्वारा 'गलत' कहा जाता था। 'सही' कहे जानेवाले शब्दों की पुनरावृत्ति तो होती ही थी परन्तु 'गलत' कहे जानेवाले शब्दों की आवृत्ति (frequency) में भी कमी नहीं आयी। स्पष्ट है कि मानव व्यक्तियों से प्राप्त परिणाम चूजों पर किये गये प्रयोग के परिणाम के समान थे। इन प्रयोगों के परिणाम को ध्यान में रखते हुए **थॉर्नडाइक**[1] (Thorndike, 1932) ने निष्कर्ष रूप में कहा, *''सभी तरह के प्रयोगों के परिणाम की कहानी एक ही थी। पुरस्कार देने से किसी उद्दीपक-अनुक्रिया का सम्बन्ध घनिष्ठ तथा मजबूत हो जाता था तथा दण्ड से ऐसे सम्बन्ध या तो बिलकुल ही कमजोर नहीं होते थे या होते थे भी तो नाम मात्र के।''*

लेकिन यह कहना अनुचित नहीं होगा कि थॉर्नडाइक ने यह स्वीकार किया कि दण्ड (punishment) का प्रभाव परोक्ष रूप से अनुक्रिया पर पड़ता है यानी किसी अनुक्रिया को कमजोर करता है भले ही उसका प्रभाव सीधे (directly) नहीं पड़ता हो। जैसा कि **हिलगार्ड** तथा **बॉअर**[2] (Hilgard & Bower, 1981) ने कहा है, *''सिर्फ (दण्ड का) सीधे पड़ने वाले प्रभाव को अस्वीकार किया गया। थॉर्नडाइक के अनुसार दण्ड से सीखना प्रभावित होता है लेकिन परोक्ष रूप से।''*

(iii) प्रभाव-प्रसार *(Spread of effect)*—प्रभाव-प्रसार की घटना को थॉर्नडाइक ने प्रभाव-नियम के समर्थन में 1933 में प्रतिपादन किया। जैसा कि नाम से ही स्पष्ट है, इस घटना में पुरस्कार के प्रभाव का प्रसार पुरस्कार अनुक्रिया (rewarded reponses) तक ही नहीं रहता है बल्कि अगल-बगल की दण्डित अनुक्रियाओं (punished responses) पर भी पड़ता है जिसका असर यह होता है कि पुरस्कृत अनुक्रिया तो मजबूत हो ही जाती है साथ-ही-साथ अगल-बगल की दण्डित अनुक्रिया (punished response) भी मजबूत हो जाती है। इसके समर्थन में थॉर्नडाइक ने एक प्रयोग किया जिसमें प्रयोज्य को एक उद्दीपक शब्द (stimulus word) सुनकर एक से दस तक की संख्या को बोलकर अनुक्रिया करना था। पूर्वनियोजित क्रम के अनुसार (जो प्रयोज्य को पता नहीं था) थॉर्नडाइक कुछ अनुक्रिया को 'सही' कहकर मौखिक पुरस्कार देते थे तथा कुछ अनुक्रिया को 'गलत' कहकर मौखिक दण्ड देते थे। परिणाम में देखा गया कि पुरस्कार का प्रभाव सिर्फ पुरस्कृत अनुक्रिया पर ही नहीं पड़ा बल्कि अगल-बगल की दण्डित अनुक्रिया पर भी पड़ा। दूसरे शब्दों में, व्यक्ति दंडित अनुक्रिया को भी दोहराते पाया गया। इस प्रयोग से स्पष्ट हो गया कि पुरस्कृत अनुक्रिया का प्रभाव अगल-बगल की दण्डित अनुक्रियाओं तक फैल जाता है। बाद में टिल्टन (Tilton, 1954) ने भी प्रभाव-प्रसार की प्रयोगात्मक जाँच किया और बतलाया कि सिर्फ पुरस्कृत अनुक्रिया के प्रभाव का ही प्रसार नहीं होता है बल्कि ठीक उसी तरह दण्डित अनुक्रिया का प्रभाव का भी प्रसार होता है। टिल्टन के अनुसार जिस तरह जब एक पुरस्कृत अनुक्रिया कई दण्डित अनुक्रिया के बीच होती है तो उसका प्रभाव अगल-बगल की दण्डित अनुक्रिया तक फैल जाता है, उसी तरह जब एक दण्डित अनुक्रिया कई पुरस्कृत अनुक्रियाओं के बीच में होता है तो उस दण्डित अनुक्रिया का प्रभाव अगल-बगल की

---

1. "The results of all comparisons by all methods tell the same story. Rewarding a connection always strengthened it substantially, punishing it weakened it little or not at all."

—Thorndike : Reward & Punishment in animal Learning : *Comparative Psychological Monograph,* 1932. 8(39) p. 58

2. "Only direct weakening was denied. According to Thorndike, punishment does affect learning, but indirectly."

—Hilgard & Bower : *Theories of Learning 1981, p. 31*

पुरस्कृत अनुक्रिया तक फैल जाता है। टिल्टन के इस परिणाम से एक ओर थॉर्नडाइक के प्रभाव-प्रसार को जहाँ समर्थन मिलता है (खासकर टिल्टन के परिणाम के पहले भाग द्वारा) वहाँ दूसरी ओर (खासकर टिल्टन के परिणाम के दूसरे भाग द्वारा) प्रभाव-नियम (law of effect) पर आघात भी पहुँचता है क्योंकि थार्नडाइक ने इस नियम में दण्ड के प्रभाव को अधिक महत्त्वपूर्ण होते नहीं बतलाया था। कुछ अन्य मनोवैज्ञानिकों ने भी प्रभाव-प्रसार की आलोचना की है। इसके बावजूद भी प्रभाव-प्रसार की घटना को आजकल के मनोवैज्ञानिकों द्वारा मान्यता प्राप्त है।

इस तरह से हम देखते हैं कि थॉर्नडाइक के सीखने के सिद्धान्त दो चरणों में प्रतिपादित किया गया है। आजकल इनके सिद्धान्त को मूलतः दो प्रमुख विशेषताओं या गुणों के कारण महत्त्वपूर्ण माना जाता है। पहला तो यह है कि थॉर्नडाइक ने अपने सिद्धान्त साधनात्मक सीखना (instrumental learning) की नींव डाली जिसे बाद में स्कीन्नर (Skinner) ने साधनात्मक अनुबंधन (instrumental conditioning) का नाम देकर अधिक विकसित किया तथा दूसरे थॉर्नडाइक के सिद्धान्त में पुनर्बलन (reinforcement) को सीखने के लिए महत्त्वपूर्ण माना गया और इस तरह से थॉर्नडाइक प्रथम ऐसे सिद्धान्तवादी (theorist) थे जिन्होंने सीखने की प्रक्रिया में पुनर्बलन के महत्त्व पर बल दिया। इन गुणों के बावजूद भी कुछ मनोवैज्ञानिकों ने थॉर्नडाइक के सिद्धान्त की आलोचना की है, जो इस प्रकार है—

(i) थॉर्नडाइक के सिद्धान्त के विश्लेषण से स्पष्ट है कि उन्होंने सीखने के लिए पुनर्बलन (reinforcement) को आवश्यक माना। यदि बिल्ली को दरवाजा खुलने के बाद भोजन (जो एक पुनर्बलन था) नहीं मिलता, तो बिल्ली सिटकीनी गिराकर दरवाजा खोलना नहीं सीखती। टॉलमैन तथा हॉन्जिक (Tolman & Honzik, 1930), ब्लोजेट्ट (Blodgett, 1929) ने चूहों पर प्रयोग कर दिखला दिया है कि उन चूहों द्वारा भूलभुलैया सीखना (maze learning) जिन्हें प्रथम कुछ दिनों तक भोजन नहीं दिया गया था, ठीक उसी प्रकार सम्पन्न हुआ जिन्हें प्रत्येक दिन भूलभुलैया सीखने के लिए भोजन दिया जाता था। हाँ, अन्तर इतना अवश्य था कि जब तक भोजन नहीं दिया जाता था, सोखी गयी प्रक्रिया भीतर दबी हुई थी। जैसे ही भोजन दिया गया, सीखने की प्रक्रिया स्पष्ट निष्पादन (performance) के रूप में अभिव्यक्त होने लगी। अतः टॉलमैन, हॉन्जिक एवं ब्लोजेट आदि मनोवैज्ञानिकों का विचार था कि सीखने के लिए पुनर्बलन (reinforcement) आवश्यक नहीं है। हाँ, सीखी गयी अनुक्रिया को स्पष्ट रूप से व्यक्त करने के लिए पुनर्बलन आवश्क होता है।

(ii) थॉर्नडाइक के सिद्धान्त पर गौर करने से यह भी स्पष्ट हो जाता है कि इस सिद्धान्त के अनुसार सीखने की प्रक्रिया में सूझ (insight) का कोई महत्त्व नहीं होता है। प्राणी प्रयत्न तथा भूल की प्रक्रिया द्वारा मात्र अभ्यास (pratice) से ही किसी अनुक्रिया को सीख लेता है। गेस्टाल्टवादी मनोवैज्ञानिकों (Gestalt psychologists) विशेषकर कोहलर (Kohler) तथा कौफ्फका (Koffka) ने कई प्रयोग वनमानुष (chimpanzees) पर करके यह दिखला दिया है कि सीखने की प्रक्रिया सिर्फ अभ्यास (practice) से ही नहीं होती है बल्कि इसमें सूझ का होना अनिवार्य है। प्राणी सीखने के लिए दी गयी परिस्थिति को पूर्णरूपेण (as a whole) समझने की कोशिश करता है जिसके फलस्वरूप उसमें सूझ (insight) विकसित होती है और प्राणी उस अनुक्रिया को सीख लेता है। अतः मात्र अभ्यास से सीखने की प्रक्रिया नहीं होती है।

इन आलोचनओं के बावजूद भी थॉर्नडाइक द्वारा प्रतिपादित सीखने का यह सिद्धान्त काफी महत्त्वपूर्ण सिद्धान्त है। खासकर इनके द्वारा प्रतिपादित प्रभाव नियम (law of effect) तथा प्रभाव-प्रसार (spread of effect) को आज भी मनोवैज्ञानिकों के बीच काफी मान्यता प्राप्त है और इस क्षेत्र में कार्य करने वाले मनोवैज्ञानिक थॉर्नडाइक के प्रति काफी आभारी है। **पोस्टमन**[1] (Postman, 1962) के शब्दों में हम इन निष्कर्ष पर पहुँचते हैं।

''सीखने की प्रक्रिया का तस्वीर (picture) जिसे थॉर्नडाइक ने करीब 50 साल पहले तैयार किया था, आज भी काफी चर्चित है। मानव सीखने की कोई भी विस्तृत सिद्धान्त (comprehensive theory) थॉर्नडाइक द्वारा दिये गये तथ्यों की अवहेलना नहीं कर सकता है।''

---

1. "The picture of the learning process which Thorndike sketched more than fifty years ago is still very much on the books. No comprehensive theory of human learning can afford to ignore the heritage left to us by Thorndike."
—Postman : *Psychology in making,* 1962. p. 397

स्कीन्नर का सिद्धान्त
(Skinner's Theory)

स्कीन्नर (Skinner) द्वारा प्रतिपादित सीखने का सिद्धान्त एक उद्दीपक-अनुक्रिया उपागम (approach) है। उन्होंने यह स्पष्टत: कहा है कि सीखने की व्याख्या करने के लिए कोई जटिल सिद्धान्त की आवश्यकता नहीं है और न ही उसकी व्याख्या करने के लिए दैहिक चरों (physiological variables) की आवश्यकता है। यही कारण है कि उनके उपागम या सिद्धान्त का *'रिक्त-प्राणी उपागम'* (empty organism approach) भी कहा गया है। सीखने की व्याख्या करने के लिए उन्होंने मापनीय व्यवहार (measurable behaviour) तथा उद्दीपकों के बीच कार्यात्मक विश्लेषण (functional analysis) पर अधिक बल डाला है। उन्होंने सीखने की व्याख्या निम्नांकित प्रमुख सैद्धान्तिक सम्प्रत्ययों (theoretical concepts) के माध्यम से किया है—

1. प्रतिवादी अनुक्रिया तथा क्रियाप्रसूत अनुक्रिया (Respondent response and Operant response)
2. टाइप-एस अनुबन्धन (Type-S conditioning) तथा टाइप-आर अनुबन्धन (Type-R conditioning)
3. क्रियाप्रसूत अनुबन्धन के नियम (Principle of Operant conditioning)
4. स्कीन्नर बक्स (Skinner box)
5. संयमी रेकार्डिंग (Cumulative recording)
6. लीवर दबाने की अनुक्रिया का अनुबन्धन (Conditioning of lever pressing response)
7. धनात्मक (positive) तथा ऋणात्मक (negative) पुनर्बलन (reinforcement)
8. दंड (Punishment)
9. पुनर्बलन अनुसूची (Schedule of reinforcement)
10. शेपिंग (Shaping)
11. विलोपन (Extinction) तथा पुनर्लाभ (Spontaneous recovery)
12. शृंखलाबद्धता (Chaining)
13. शाब्दिक व्यवहार (Verbal behaviour)
14. कार्यक्रमिक सीखना (Programmed learning)

इन सभी बिन्दुओं का वर्णन निम्नांकित है—

1. प्रतिवादी अनुक्रिया तथा क्रियाप्रसूत अनुक्रिया *(Respondent response and Operant response)*—स्कीन्नर ने अपने सिद्धान्त में अनुक्रिया के दो प्रकार बतलाया है—प्रतिवादी अनुक्रिया (respondent response) तथा कियाप्रसूत अनुक्रिया (operant response)। प्रतिवादी अनुक्रिया से तात्पर्य वैसी अनुक्रिया से होता है जिसकी उत्पत्ति किसी ज्ञात उद्दीपक (stimulus) से होता है तथा जिसका स्वरूप अनैच्छिक (involuntary) होता है। जैसे, पैवलव के प्रयोग में कुत्ते द्वारा घंटी की आवाज पर या भोजन देखकर लार का स्राव करना एक प्रतिवादी अनुक्रिया का उदाहरण है। क्रियाप्रसूत अनुक्रिया से तात्पर्य वैसी अनुक्रिया से होता है जिसकी उत्पत्ति किसी ज्ञात उद्दीपक से नहीं होती है बल्कि ऐसी अनुक्रियाओं को प्राणी द्वारा उत्सर्जित (emit) किये जाते हैं। ऐसी अनुक्रियाओं का स्वरूप ऐच्छिक (voluntary) होता है। टहलना, हँसना, स्कीन्नर बक्स में चूहा द्वारा लीवर दबाना आदि क्रियाप्रसूत अनुक्रिया के उदाहरण हैं। चूँकि ऐसी अनुक्रियाओं का सम्बन्ध प्रारम्भ में किसी ज्ञात उद्दीपक के साथ नहीं होता है, इसलिए ऐसा लगता है कि ऐसी अनुक्रियाएँ अपने आप होते मालूम पड़तीं हैं। प्रतिवादी अनुक्रिया तथा क्रियाप्रसूत अनुक्रिया में दूसरा अंतर यह है कि प्रतिवादी अनुक्रिया उस उद्दीपक द्वारा नियंत्रित होता है जो उसके पहले दिया गया था परन्तु क्रियाप्रसूत व्यवहार का नियंत्रण उसके परिणाम (consequence) द्वारा होता है। चूँकि दिन-प्रतिदिन की जिन्दगी में क्रियाप्रसूत व्यवहार ही ज्यादा होता है, अत: उन्होंने ऐसे ही व्यवहार के सीखने की व्याख्या को अपने सिद्धान्त का मूल उद्देश्य रखा है।

2. टाइप-एस अनुबन्धन *(Type-S conditioning)* **तथा टाइप-आर अनुबन्धन** *(Type-R conditioning)*—दो तरह की उपर्युक्त अनुक्रियाओं के अनुरूप दो तरह के अनुबन्धन (conditioning) भी होता है—*टाइप-एस अनुबन्धन* (Type-S conditioning) तथा *टाइप-आर अनुबन्धन* (Type-R conditioning)। टाइप-एस अनुबन्धन को प्रतिवादी

अनुबन्धन (respondent conditioning) भी कहा जाता है तथा यह क्लासिकी अनुबन्धन (classical conditioning) के समरूप (identical) है। अतः यह कहा जा सकता है कि प्रतिवादी अनुक्रिया का अनुबन्धन टाइप-एस अनुबन्धन कहलाता है। इसे टाइप-एस अनुबन्धन इसलिए कहा जाता है कि ऐसे अनुबन्धन में जिस अनुक्रिया का अनुबन्धन होता है, उसे उत्पन्न करने में उद्दीपक (stimulus) जो पुनर्बलन से सम्बन्धित होता है, की भूमिका महत्त्वपूर्ण होती है। पैवलोवियन अनुबंधन (Pavlovian conditioning) तथा रेसकोलरा-वैगनर का क्लासिकी अनुबन्धन टाइप-एस अनुबन्धन का उदाहरण है।

टाइप-आर अनुबन्धन वैसे अनुबन्धन को कहा जाता है जिसमें क्रियाप्रसूत अनुक्रिया (operant response) का अनुबन्धन होता है। टाइप-आर अनुबन्धन को क्रियाप्रसूत अनुबन्धन (operant conditioning) या साधनात्मक अनुबन्धन (instrumental conditioning) भी कहा जाता है। इसे टाइप-आर अनुबन्धन इसलिए कहा जाता है, क्योंकि इसमें अनुक्रिया (response) की भूमिका महत्त्वपूर्ण होती है और इसी अनुक्रिया के परिणाम (अर्थात् पुनर्बलन) के आधार पर उस अनुक्रिया का अनुबन्धन निर्भर करता है। स्कीन्नर का सम्बन्ध टाइप-आर अनुबन्धन से है।

टाइप-एस तथा टाइप-आर अनुबन्धन में मोटे तौर पर निम्नांकित दो अंतर है—

(i) टाइप-आर अनुबन्धन में अनुबन्धन की शक्ति अनुक्रिया की दर (response rate) के रूप में अभिव्यक्त होती है जबकि टाइप-एस अनुबन्धन की शक्ति (strength) अनुक्रिया (conditioned response) की मात्रा (magnitude) द्वारा अभिव्यक्त होती है।

(ii) टाइप-आर अनुबन्धन का सम्बन्ध ऐच्छिक क्रियाओं (voluntary or skeletal response) से होता है जबकि टाइप-एस अनुबन्धन का सम्बन्ध अनैच्छिक या स्वचल (involuntary or automatic) अनुक्रियाओं से होता है।

3. क्रियाप्रसूत अनुबन्धन के नियम (*Principle of Operant Conditioning*)—स्कीन्नर ने क्रियाप्रसूत अनुबंधन के नियम की व्याख्या इस प्रकार किया है, *'क्रियाप्रसूत अनुक्रिया के बाद जब पुनर्बलित उद्दीपक (reinforcing stimulus) को दिया जाता है, तो इससे उसकी शक्ति बढ़ जाती है।'*[1] इस नियम के विश्लेषण से निम्नांकित दो विशेषताओं की झलक मिलती है—

(i) कोई भी क्रियाप्रसूत अनुक्रिया जिसके बाद पुनर्बलित उद्दीपक दिया जाता है, उसे प्राणी दोहराता है।

(ii) पुनर्बलित उद्दीपक वह उद्दीपक होता है जिससे क्रियाप्रसूत अनुक्रिया के होने की सम्भावना में वृद्धि हो जाती है।

स्पष्टतः तब क्रियाप्रसूत अनुबन्धन में व्यवहार तथा उसके परिणाम (consequence) पर बल दिया गया है। क्रियाप्रसूत अनुबन्धन के लिए यह आवश्यक है कि प्राणी इस ढंग से अनुक्रिया करे कि उससे पुनर्बलित उद्दीपक (reinforcing stimulus) की प्राप्ति हो सके। इसका स्पष्ट मतलब यह हुआ कि क्रियाप्रसूत अनुबन्धन में सापेक्ष पुनर्बलन (contingent reinforcement) पर बल डाला जाता है।

4. स्कीन्नर बक्स (*Skinner box*)—स्कीन्नर ने अपना अधिकतर प्रारम्भिक प्रयोग चूहों पर एक विशेष छोटे जाँच कक्ष (small test chamber) में किया जिसे उन्होंने नाम रखा था—*क्रियाप्रसूत अनुबन्धन कक्ष* (operant conditioning chamber)। परन्तु बाद में स्कीन्नर के शिष्यों ने अपने गुरु के सम्मान में इस कक्ष का नाम स्कीन्नर बक्स (Skinner box) रख दिया और इसी नाम से वह कक्ष लोकप्रिय हो गया। इस बक्स में एक जाली फर्श (grid floor), रोशनी, एक लीवर तथा एक भोजन कप (food cup) होता है। इसमें चूहा को लीवर दबाने की अनुक्रिया को सीखलाया जाता है। (चित्र 5.4 देखें) बाद में स्कीन्नर ने कई प्रयोग कबूतर बक्स में भी किये।

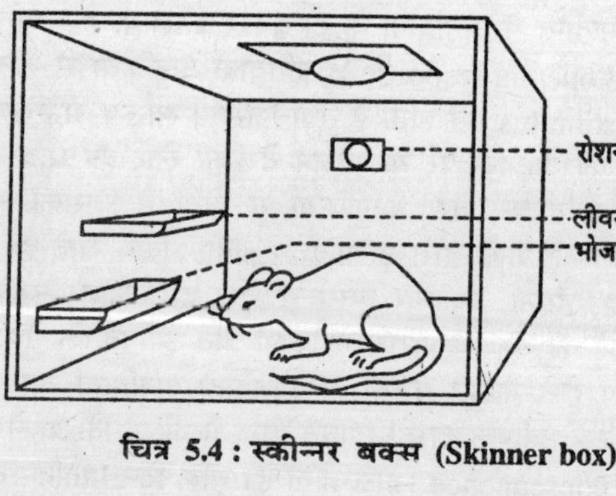

चित्र 5.4 : स्कीन्नर बक्स (Skinner box)

1. "If occurence of an operant is followed by presentation of a reinforcing stimulus, the strength is increased."
—Skinner : *The behaviour of organisms* 1938, p. 21 (quoted by Hilgard & Bower : *Theories of Learning,* 1981 p. 171)

5. संचयी रिकॉर्डिंग (*Cumulative recording*)—स्कीन्नर बक्स में पशु के व्यवहार को रेकार्ड करने के लिए स्कीन्नर ने एक विशेष प्रविधि अपनाया जिसे संचयी रेकार्डिंग (comulative recording) कहा जाता है। इस विधि में चूहों द्वारा किये व्यवहार को एक ऐसे आलेख पर रेकार्ड किया जाता है जिसके X- अक्ष पर समय अंकित होता है तथा Y-अक्ष पर अनुक्रिया (response) की कुल संख्या (total number of responses)। संचयी रेकार्डिंग की विशेषता यह है कि इसकी रेखा कभी भी नीचे की ओर नहीं जाती है (और इस तरह से यह अन्य आलेख से भिन्न है) यह रेखा या तो X- अक्ष के समानान्तर (parallel) रहती है या ऊपर की ओर बढ़ती है। जब यह X- अक्ष के समानान्तर होती है, तो इससे यह पता चलता है कि पशु लीवर दबाने की अनुक्रिया नहीं कर रहा है और जब पशु लीवर दबाने की अनुक्रिया करता है, तो रेखा ऊपर की ओर हो जाती है और वह अगली लीवर दबाने की अनुक्रिया होने तक बनी रहती है। अगर चूहा बहुत जल्दी-जल्दी लीवर दबाने की अनुक्रिया करता है तो रेखा बहुत तेजी से ऊपर की ओर चढ़ती है। रेखा के ऊपर चढ़ने की दर से लीवर दबाने की अनुक्रिया का दर (rate) का भी पता चलता है। संचयी रेकार्डिंग का एक नमूना (sample) को चित्र 5.5 में दिखलाया गया है।

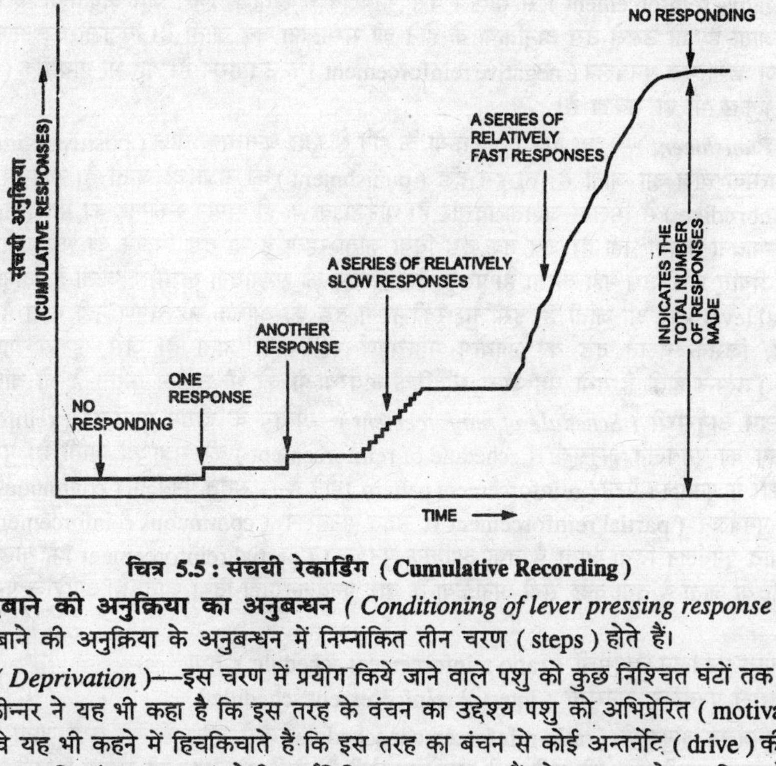

चित्र 5.5 : संचयी रेकार्डिंग (Cumulative Recording)

6. लीवर दबाने की अनुक्रिया का अनुबन्धन (*Conditioning of lever pressing response*)—स्कीन्नर के अनुसार लीवर दबाने की अनुक्रिया के अनुबन्धन में निम्नांकित तीन चरण (steps) होते हैं।

(i) वंचन (*Deprivation*)—इस चरण में प्रयोग किये जाने वाले पशु को कुछ निश्चित घंटों तक भूखा या प्यासा रखा जाता है। स्कीन्नर ने यह भी कहा है कि इस तरह के वंचन का उद्देश्य पशु को अभिप्रेरित (motivate) करना नहीं है। यहाँ तक कि वे यह भी कहने में हिचकिचाते हैं कि इस तरह का बंचन से कोई अन्तर्नोद (drive) की स्थिति उत्पन्न होती है। उनका मत था कि वंचन मात्र एक ऐसी कार्यविधि (procedure) हैं जो इस बात से सम्बन्धित होता है कि दिये गए कार्य पर प्राणी कैसे अनुक्रिया करता है।

(ii) मैगजिन प्रशिक्षण (*Magazine training*)—यह एक ऐसा प्रशिक्षण है जिसमें चूहा को भोजन कप (food-cup) के पास फीडर प्रक्रम (feeder machanism) जिसे मैगजिन (magazine) कहा जाता है, से उत्पन्न आवाज को सुनकर उसके पास जाना सीखलाया जाता है। जब मैगजिन का विशेष स्वीच (switch) जो बक्स के बाहर में होता है, उत्तेजित किया जाता है, तो इससे एक खटखट (clicking) की आवाज होती है और उसके बाद भोजन कप में भोजन की गोलियाँ (food pellets) अपने से आ जातीं हैं। धीरे-धीरे पशु मैगजीन के खटखट की आवाज को भोजन के साथ साहचर्यित (associate) कर लेता है। मैगजिन प्रशिक्षण का मूल उद्देश्य पशु को यह बतला देना होता है कि उसे भोजन कप में विशेष आवाज होने पर भोजन की गोलियाँ मिल सकती है।

(iii) लीवर दबाने की अनुक्रिया *(Lever pressing response)*—मैगजिन प्रशिक्षण के बाद चूहा को स्कीन्नर बक्स में छोड़ दिया जाता है जो भोजन कप के इधर-उधर घूमता फिरता है। इस दौरान वह लीवर को दबाता है जिससे भोजन मैगजिन (food magazine) उत्तेजित हो जाता है और खटखट की आवाज के साथ भोजन कप में खाने की गोलियाँ आ जातीं हैं। खटखट की आवाज सुनकर वह (पहले दिये गए प्रशिक्षण के अनुसार) भोजन कप के पास आता है और गोलियों को खाना प्रारम्भ कर देता है। लीवर दबाने की इस प्रक्रिया को वह अगले प्रयासों में दोहराता है, क्योंकि ऐसा करने से उसे पुनर्बलन मिलता है। धीरे-धीरे वह लीवर दबाने की अनुक्रिया को सीख लेता है।

7. धनात्मक तथा ऋणात्मक पुनर्बलन *(Positive and Negative reinforcement)*—स्कीन्नर ने अपने सिद्धान्त में धनात्मक पुनर्बलन (positive reinforcement) तथा ऋणात्मक पुनर्बलन (negative reinforcement) के महत्त्व पर भी प्रकाश डाला है। धनात्मक पुनर्बलन वैसे पुनर्बलन को कहा जाता है जिसे जब किसी अनुक्रिया को करने के बाद दिया जाता है, तो उससे उस अनुक्रिया के उत्पन्न होने की सम्भावना बढ़ जाती है। भोजन तथा जल धनात्मक पुनर्बलन के उदाहरण हैं। धनात्मक पुनर्बलन प्राथमिक (primary) तथा गौण (secondary) कुछ भी हो सकता है। ऋणात्मक पुनर्बलन (negative reinforcement) से तात्पर्य वैसे पुनर्बलन से होता है जिसे जब अनुक्रिया करने के बाद परिस्थिति से हटा दिया जाता है, तो उससे उस अनुक्रिया के होने की सम्भावना बढ़ जाती है। बिजली का आघात या तीव्र रोशनी या तीव्र आवाज ऋणात्मक पुनर्बलन (negative reinforcement) के उदाहरण हैं। यह भी प्राथमिक (primary) या गौण (secondary) कुछ भी हो सकता है।

8. दंड *(Punishment)*—जब किसी अनुक्रिया के होने से कुछ धनात्मक चीज (positive thing) परिस्थिति से हट जाती या ऋणात्मक चीज आ जाती है, तो इसे दंड (punishment) की संज्ञा दी जाती है। स्कीन्नर का दंड के बारे में थॉर्नडाइक (Thorndike) से मिलता-जुलता विचार है। थॉर्नडाइक के ही समान स्कीन्नर का मत है कि दंड से अनुक्रिया के होने की सम्भावना कमती नहीं है। जब तक दंड दिया जाता रहता है या दंड मिलने का भय बना होता है, अनुक्रिया दबी रहती है, अर्थात् प्राणी उसे नहीं करता है। परन्तु जैसे ही दंड की सम्भावना खत्म हो जाती है, अनुक्रिया अपने मौलिक स्तर (original level) पर आ जाती है। इसलिए स्कीन्नर ने दंड को अधिक महत्त्वपूर्ण नहीं माना है। इसके अलावा भी कई कारण है, जिसके चलते दंड का उपयोग महत्त्वपूर्ण नहीं माना जाता है। जैसे, इससे प्राणी में आक्रामकता (aggression) उत्पन्न होती है तथा यह अन्य सांवेगिक अवस्थाओं को भी उत्पन्न करता है जो वांछनीय नहीं होते हैं।

9. पुनर्बलन अनुसूची *(Schedule of reinforcement)*—प्रयोग के दौरान पुनर्बलन (reinforcement) देने के विस्तृत कार्यक्रम को पुनर्बलन अनूसूची (schedule of reinforcement) की संज्ञा दी जाती है। पुनर्बलन अनुसूची में मुख्यतः दो प्रकार के पुनर्बलन पैटर्न (reinforcement pattern) होते हैं— सतत पुनर्बलन (continuous reinforcement) तथा आंशिक पुनर्बलन (partial reinforcement)। सतत पुनर्बलन (continuous reinforcement) में प्रत्येक सही अनुक्रिया के बाद पुनर्बलन दिया जाता है तथा आंशिक पुनर्बलन (partial reinforcement) में कुछ सही अनुक्रिया के बाद पुनर्बलन दिया जाता है तथा कुछ सही अनुक्रिया के बाद पुनर्बलन नहीं दिया जाता है। आंशिक पुनर्बलन के दो प्रकार होते हैं—

(i) अनुपात पुनर्बलन अनुसूची (ratio reinforcement schedule), तथा

(ii) अन्तराल पुनर्बलन अनुसूची (interval reinforcement schedule)

अनुपात पुनर्बलन अनुसूची (ratio reinforcement schedule) वैसे अनुसूची को कहा जाता है जिसमें पुनर्बलन दिया जाने का आधार प्राणी द्वारा की गयी सही अनुक्रिया होती है। ऐसी अनुक्रिया की संख्या जितनी ही अधिक होती है, पुनर्बलन की बारंबारता भी उतनी ही अधिक होती है। अनुपात पुनर्बलन अनुसूची दो प्रकार के होते हैं— *निश्चित अनुपात पुनर्बलन अनुसूची* (fixed ratio reinforcement schedule) तथा *परिवर्त्य अनुपात पुनर्बलन अनुसूची* (variable ratio reinforcement schedule)। निश्चित पुनर्बलन अनुसूची में प्रत्येक निश्चित संख्या में किये गए अनुक्रिया के बाद ही पुनर्बलन किया जाता है। जैसे, प्रयोगकर्त्ता प्रत्येक 10 वें या 12 वें अनुक्रिया को पुनर्बलित करने का निर्णय ले सकता है। परिवर्त्य अनुपात अनुसूची (variable ratio schedule) में पुनर्बलन देने की अनुक्रिया की संख्या निश्चित नहीं होती है। कभी प्रयोगकर्त्ता 10 वें अनुक्रिया के बाद पुनर्बलन दे सकता है तो कभी 5वें अनुक्रिया के बाद तो कभी 13वें अनुक्रिया के बाद।

अन्तराल पुनर्बलन अनुसूची (interval reinforcement schedule) में पुनर्बलन देने का आधार सही अनुक्रिया नहीं

होती है बल्कि समय अंतराल होती है। यह भी दो प्रकार का होता है—*निश्चित अन्तराल पुनर्बलन अनुसूची* (fixed interval reinforcement schedule) तथा *परिवर्त्य अनुपात पुनर्बलन अनुसूची* (variable interval reinforcement schedule)। जब प्रयोगकर्त्ता यह निश्चित करता है कि वह प्रत्येक 10 सेकेण्ड या प्रत्येक 50 सेकेण्ड के बाद पुनर्बलन देगा तो यह निश्चित अंतराल पुनर्बलन अनुसूची का उदाहरण होगा तथा जब वह पुनर्बलन देने के लिए कोई ऐसे निश्चित समय अंतराल न निश्चित करके अनियमित अंतरालों के बाद पुनर्बलन देता जाता है, तो इसे परिवर्त्य अंतराल पुनर्बलन अनुसूची कहा जाता है।

स्कीन्नर ने इन विभिन्न अनुसूचियों का क्रियाप्रसूत व्यवहार (operant response) के दर पर पड़ने वाले प्रभावों का भी अध्ययन किया है और कहा है कि इनसे अनुक्रिया के होने का दर काफी प्रभावित होता है। जो इस प्रकार है—

(i) सतत पुनर्बलन (continuous reinforcement) की अपेक्षा आंशिक पुनर्बलन (partial reinforcement) में क्रियाप्रसूत अनुक्रिया (operant response) की दर अधिक होती है।

(ii) परिवर्त्य अनुपात पुनर्बलन अनुसूची (variable ratio reinforcement schedule) में अंतराल पुनर्बलन अनुसूची (interval reinforcement schedule) की अपेक्षा अनुक्रिया की दर अधिक होती है।

(iii) दोनों तरह के निश्चित अनुसूचियों (fixed schedules) में पुनर्बलन (reinforcement) मिलने के तुरंत बाद अनुक्रिया करने की दर (rate of responding) मन्द होती है। इसका प्रधान कारण यह है कि पुनर्बलन मिलने के तुरंत बाद की गयी अनुक्रियाएँ पुनर्बलित नहीं होती है।

10. शेपिंग *(Shaping)*—शेपिंग एक ऐसी प्रक्रिया है जिसके द्वारा प्राणी में वांछित अनुक्रिया को पुनर्बलन (reinforcement) के आधार पर प्रोत्साहित किया जाता है। शेपिंग प्रविधि द्वारा स्कीन्नर यह दिखला सकने में समर्थ हुए हैं कि स्कीन्नर बक्स में पशु को जटिल अनुक्रियाओं (complex response) को करना भी सिखलाया जा सकता है। शेपिंग के दो तत्त्व (components) होते हैं—

(i) विभेदी पुनर्बलन (differential reinforcement)

(ii) क्रमिक उपागम (successive approximation)

विभेदी पुनर्बलन से तात्पर्य एक ऐसी प्रक्रिया से होती है जिसमें कुछ अनुक्रियाओं को पुनर्बलन (reinforced) किया जाता है तथा कुछ अनुक्रियाओं को पुनर्बलित नहीं किया जाता है। क्रमिक उपागम (successive approximation) में प्रयोगकर्त्ता उसी अनुक्रिया को पुनर्बलित करता है जो धीरे-धीरे उस अनुक्रिया के समान हो जाता है जिसे वह सीखलाना चाहता है। अभी हाल में यह देखा गया है कि कुछ विशेष परिस्थिति में प्राणी अपने व्यवहार को स्वयं ही एक निश्चित दिशाओं में निर्धारित करते हैं। इसे *स्वतः शेपिंग* (autoshaping) की संज्ञा दी जाती है।

11. विलोपन तथा पुनर्लभ *(Extinction and spontaneous recovery)*—जब प्रयोगकर्त्ता द्वारा क्रियाप्रसूत अनुबन्धन (operant conditioning) से पुनर्बलन (reinforcement) को हटा दिया जाता है, तो संचयी रेकार्डिंग (cumulative recording) धीरे-धीरे X- अक्ष के समानान्तर (parallel) हो जाता है, जो स्पष्टतः यह बतलाता है कि स्कीन्नर बक्स में लीवर दबाने की अनुक्रिया नहीं हो रही है। इसे विलोपन (extinction) की संज्ञा दी जाती है। इस तरह विलोपन के बाद अनुक्रिया दर (response rate) पुनः लौटकर उस बिन्दु पर चला जाता है जहाँ वह पुनर्बलन (reinforcement) के पहले था। इस स्तर को उस अनुक्रिया का *क्रियाप्रसूत स्तर* (operant level) कहा जाता है।

विलोपन (extinction) के बाद जब पशु को प्रयोगात्मक परिस्थिति (experimental situation) में पुनः कुछ समय के बाद लाया जाता है, तो वह बिना अतिरिक्त प्रशिक्षण के ही अनुक्रिया, जैसे स्कीन्नर बक्स में लीवर दबाने की अनुक्रिया, थोड़े समय के लिए करने लगता है। इसे ही *पुनर्लभ* (spontaneous recovery) की संज्ञा दी जाती है।

12. श्रृंखलाबद्धता *(Chaining)*—स्कीन्नर का मत है कि कोई एक अनुक्रिया करने पर प्राणी एक ऐसे उद्दीपक के नजदीक आता है जो उस अनुक्रिया को तो पुनर्बलित करता ही है, साथ-ही-साथ दूसरी अनुक्रिया के लिए भी वह एक उद्दीपक का काम करता है। यह दूसरी अनुक्रिया फिर प्राणी को एक ऐसे उद्दीपक के पास लाता है जिससे वह पुनर्बलित होता है और वह एक अन्य अनुक्रिया करता है। इसे ही श्रृंखलाबद्ध (chaining) की संज्ञा दी जाती है। जैसे, स्कीन्नर बक्स में लीवर दबाने की अनुक्रिया को ही ले लिया जाए। इसमें श्रृंखलाबद्धता का उदाहरण हमें देखने को मिलता है। लीवर को देखकर चूहा द्वारा लीवर के पास आना और उसे दबाना, मैगजिन की आवाज सुनकर लीवर के पास आना और उसे दबाना आदि श्रृंखलाबद्धता के कुछ उदाहरण हैं।

13. शाब्दिक व्यवहार *(Verbal behaviour)*—स्कीनर का मत है कि शाब्दिक व्यवहार (भाषा) को पुनर्बलन सिद्धान्त (reinforcement theory) के संदर्भ में व्याख्या की जा सकती है। पुनर्बलन के साथ सम्बन्ध के आधार पर स्कीनर ने शाब्दिक व्यवहार का वर्गीकरण चार भागों में किया है—

(i) **माण्ड** *(mand)*—'माण्ड' शब्द अंग्रेजी का पद डिमान्ड (demand) का संक्षिप्त रूप है और इससे यह पता चलता है कि कुछ माँग की जा रही है। जब मांग पूरी हो जाती है, बोला गया शब्द (माण्ड) पुनर्बलित होता है और फिर एक आवश्यकता (need) की उत्पत्ति होती है और व्यक्ति फिर उस माण्ड को दोहराता पाया जाता है।

(ii) **टैक्ट** *(tacts)*—वातावरण के किसी वस्तु का नाम बतलाने की प्रक्रिया को टैक्ट कहा जाता है। जब एक शिशु 'हाथी' को देखकर 'हाथी' कहता है, तो यह टैक्ट का उदाहरण होगा। इसी तरह के व्यवहार से पुनर्बलन (reinforcement) तब प्राप्त होता है जब व्यक्ति वस्तु की सही नामकरण करता है।

(iii) **प्रतिध्वनिक व्यवहार** *(echoic behaviour)*—यह ऐसा शाब्दिक व्यवहार (verbal behaviour) है जो तब पुनर्बलित (reinforced) होता है जब व्यक्ति दूसरे द्वारा बोले गये शाब्दिक अनुक्रिया को हू-ब-हू दोहराता है। इस तरह का व्यवहार शिशुओं द्वारा जटिल शाब्दिक व्यवहार (complex verbal behaviour) को सीखने के लिए आवश्यक माना गया है।

(iv) **औटोक्लिटिक व्यवहार** *(Autoclitic behaviour)*—स्कीनर (Skinner) के अनुसार औटोक्लिटिक व्यवहार से तात्पर्य वैसे व्यवहार से होता है जो अन्य शाब्दिक व्यवहार पर आधारित होता है। औटोक्लिटिक व्यवहार का मुख्य कार्य अनुक्रियाओं का बतलाना, सम्बन्धों (relations) की अभिव्यक्ति करना तथा शाब्दिक व्यवहार के लिए व्याकरणी ढाँचा (grammatical framework) तैयार करना आदि होता है।

14. कार्यक्रमित सीखना *(Programmed learning)*—थॉर्नडाइक के समान स्कीनर भी अपने सीखने की सिद्धान्त को शिक्षा के क्षेत्र में लागू करने के लिए लालायित थे। स्कीनर के अनुसार शिक्षण (learning) की प्रक्रिया ठीक ढंग से तब होती है, जब—

(i) सीखी जाने वाली सूचनाओं को छोटे-छोटे चरणों या कदमों में बाँटकर उपस्थित किया जाता है।

(ii) शिक्षार्थी को उसके शिक्षण की परिशुद्धता के बारे में तुरन्त परिणाम ज्ञान दिया जाता है।

(iii) शिक्षार्थी को अपने गति से सीखने दिया जाता है।

स्कीनर का मत है कि स्कूल में जो भाषण (lecture) विधि से शिक्षा दी जाती है, उसमें उपर्युक्त तीनों नियमों की अवहेलना होती है। इसलिए उन्होंने उसके जगह पर कार्यक्रमित सीखना (programmed learning) को महत्त्वपूर्ण बतलाया जिसमें उपर्युक्त तीनों नियमों की पूर्ति होती है। जिस उपकरण द्वारा कार्यक्रमिक सामग्रियों (programmed material) को उपस्थित किया जाता है, इसे *शिक्षण मशीन* (teaching machine) कहा जाता है।

स्कीनर द्वारा प्रतिपादित सीखने का सिद्धान्त इतना विस्तृत (comprehensive) होने के बावजूद आलोचना का पात्र रहा है। इस सिद्धान्त का मुख्य आलोचनाएँ निम्नांकित हैं—

(i) इस सिद्धान्त में क्रमबद्धता (systematization) नहीं है। इस सिद्धान्त में बहुत सारे तथ्यों की व्याख्या की गयी है ज़िन्हें एक-दूसरे से क्रमबद्ध रूप से सम्बन्धित नहीं किया गया है। अतः सिद्धान्त एक क्रमबद्ध सिद्धान्त (systematic theory) नहीं है।

(ii) इस सिद्धान्त के अनुसार सीखने के लिए पुनर्बलन (reinforcement) का होना जरूरी है। परन्तु कई मनोवैज्ञानिकों जैसे टॉलमैन (Tolman, 1932) तथा ब्लौजेट्ट (Blodgett, 1929) ने कई प्रयोग करके यह साबित कर दिया है कि सीखना पुनर्बलन के अभाव में भी हो सकता है। इन लोगों ने सीखने के लिए नहीं बल्कि सीखी गयी क्रियाओं को निष्पादन के रूप में व्यक्त करने के लिए पुनर्बलन को आवश्यक माना है।

(iii) स्कीनर ने यह स्पष्ट शब्दों में बतलाया है कि क्रियाप्रसूत अनुबन्धन (operant conditioning) द्वारा सिर्फ क्रियाप्रसूत अनुक्रियाओं (operant responses) को ही सीखा जा सकता है। परन्तु कुछ मनोवैज्ञानिकों जैसे मिल्लर तथा डिकारा (Miller & Dicara, 1967) ने अपने प्रयोग के आधार पर यह दिखला दिया है कि साधनात्मक अनुबन्धन के सहारे प्रतिवादी अनुक्रिया (respondent responses) जैसे चूहों के हृदय गति (heart rate) का भी अनुबन्धन आसानी से किया जा सकता है। इनके प्रयोग से स्कीनर का दावा गलत साबित हो जाता है।

(iv) चौम्सकी (Chomsky, 1959, 1971) ने इस सिद्धान्त की आलोचना करते हुए कहा है कि स्कीन्नर ने अपने सिद्धान्त में सिर्फ उद्दीपक तथा उसके प्रति प्राणी द्वारा की गयी स्पष्ट अनुक्रियाओं पर ही अधिक बल डाला है। उनके अनुसार जबतक प्राणी की भीतरी संरचना तथा अवस्थाओं को ठीक ढंग से समझा नहीं जाता है, सीखने की व्याख्या अधूरी ही होगी।

(v) स्कीन्नर ने अपने 'स्कीन्नर-बक्स-के-भीतर-चूहे' (Rat-in-a-Skinner box) के अध्ययन से प्राप्त तथ्यों के आधार पर मानव के समाजिक जीवन (social life) तथा मानसिक जीवन की जो व्याख्या की है, वह अवैज्ञानिक है। चौम्सकी ने इस तरह की व्याख्या को प्रयोगशाला संदर्भ (laboratory context) में तथा साथ-ही-साथ स्कीन्नर के अस्पष्ट एवं लाक्षणिक अभिव्यक्ति (metaphorical expression) की भाषा में भी अनुपयुक्त पाया है।

इन आलोचनाओं के बावजूद स्कीन्नर का सिद्धान्त काफी महत्त्वपूर्ण है। उनके द्वारा प्रतिपादित सम्प्रत्यय, जैसे स्कीन्नर बक्स (Skinner box), क्रियाप्रसूत व्यवहार (operant response), पुनर्बलन (schedule of reinforcement), शेपिंग (shaping) आदि सीखने के मनोविज्ञान के क्षेत्र में आज भी काफी महत्त्वपूर्ण है।

हल का सिद्धान्त
(Hull's Theory)

क्लार्क हल्ल (Clark Hull) एक प्रमुख व्यवहारवादी (behaviourist) हैं जिन्होंने सीखने की व्याख्या एक ऐसा ढाँचा (framework) के तहत किये हैं, जो अन्य व्यवहारवादियों के द्वारा किये गए व्याख्या से भिन्न है। हल के सीखने की विधि को *परिकल्पित-निगमनात्मक विधि* (hypothetical deductive method) या *तार्किक निगमनात्मक विधि* (logical deductive) कहा जाता है। उनके द्वारा प्रतिपादित सिद्धान्त अभिगृहीत (postulates) तथा प्रमेय (theorems) का एक तार्किक संरचना (logical structure) है। व्यवहार के बारे में एक सामान्य कथन (general statement) अभिगृहीत होता है जिसकी जाँच सीधे नहीं की जा सकती है। अभिगृहीत से प्रमेय (theorems) की उत्पत्ति होती है। दूसरे शब्दों में, अभिगृहीत से तार्किक रूप से (logically) कुछ विशेष अनुमान लगाया जाता है जिसे प्रमेय कहा जाता है। अगर प्रयोग के आधार पर प्रमेय की पुष्टि होती है, तो वह अभिगृहीत जिससे प्रमेय की उत्पत्ति हुई हैं, को सही मान लिया जाता है और इस तरह से सम्पूर्ण सिद्धान्त, जिसमें अभिगृहीत तथा प्रमेय दोनों ही सम्मिलित होते हैं, मजबूत हो जाता है। दूसरे तरफ यदि प्रयोग जो प्रमेय की जाँच करने के लिए आयोजित किया गया था, द्वारा प्रमेय की पुष्टि नहीं होती है, तो वैसी अवस्था में अभिगृहीत कमजोर पड़ जाता है और उसमें परिवर्तन करने की आवश्यकता महसूस की जाती है। अतः हल के सिद्धान्त का स्वरूप *आत्म-संशोधक* (self-correcting) है।

हल्ल के सिद्धान्त का प्रतिपादन पहले 1942 ई० में किया गया और बाद में 1953 ई० में उसका संशोधन (revision) किया गया। 1942 ई० के सिद्धान्त में 16 अभिगृहीत थे परन्तु 1953 में संशोधन के बाद 17 हो गए तथा इसमें प्रमेय की संख्या 133 है। 1953 ई० का संशोधित प्रारूप 1943 ई० के मौलिक प्रारूप (form) से कुछ अर्थ में अलग भी था। हल के सिद्धान्त का वर्णन निम्नांकित तीन प्रमुख भागों में बाँटकर किया जाएगा—

(क) अभिगृहीतवार मुख्य सैद्धान्तिक सम्प्रत्यय (Major theoretical concepts postulatewise)

(ख) हल्ल के 1943 तथा 1952 ई० के सिद्धान्तों के बीच का प्रमुख अन्तर (Major differences between Hull's 1943 and 1953 theories)

(ग) हल्ल का चार-स्तरीय पूर्वकथनात्मक तंत्र में चरों का हल द्वारा प्रतिपादित सारांश (Hull's summary of variables in four-stage predicative system)

(घ) हल्ल के सिद्धान्त का मूल्यांकन (Evaluation of Hull's theory।

इन चारों का वर्णन निम्नांकित हैं—

(क) अभिगृहीतवार मुख्य सैद्धान्तिक सम्प्रत्यय ***(Major theoretical concepts postulatewise)*****—**इस सिद्धान्त की अभिगृहीतवार वर्णन संक्षेप में इस प्रकार किया जा सकता है—

1. अभिगृहीत 1 : उद्दीपक चिह्न तथा बाह्य वातावरण का ज्ञान ***(Postulate 1 : Sensing the external environment and the stimulus trace)***—बाह्य उद्दीपक से व्यक्ति में संवेदी तंत्रिका आवेग (sensory neural impulse) उत्पन्न होता है जो पर्यावरणी उत्तेजना (environmental stimulation) को अधिक देर तक बनाये रखता है। हल का मत था कि जब किसी बाह्य उद्दीपक को व्यक्ति के सामने प्रस्तुत करके हटा लिया जाता है, तो कुछ सेकेण्ड बाद तक उसका चिह्न (trace) व्यक्ति के मन में बना होता है। इसे उन्होंने *उद्दीपक चिह्न* (stimulus trace) की संज्ञा दी है। चूँकि संवेदी तंत्रिका आवेग (sensory neural inpulse) अनुक्रिया (reponse) के साथ साहचर्यित हो जाता है, इसलिए हल ने पौराणिक S-R सूत्र को बदलकर S-s-R किया जहाँ s से तात्पर्य *उद्दीपक चिह्न* (stimulus trace) से होता है। हल के लिए S तथा R का साहचर्य महत्त्वपूर्ण होता है। अन्त में, उद्दीपक चिह्न से एक पेशीय तंत्रिका अनुक्रिया (motor neural response) जिसे उन्होंने r कहा है, उत्पन्न होता है, जिसके कारण प्राणी एक स्पष्ट अनुक्रिया करता है। इस तरह से पौराणिक सूत्र S-R हल के लिए बदलकर S-s-r-R हो जाता है जहाँ S बाह्य उद्दीपक (external stimulation) है, s उद्दीपक चिह्न (stimulus trace) है, r पेशीय न्यूरोन (motor neuron) का सक्रिय होना है तथा R एक स्पष्ट अनुक्रिया (overt response) है।

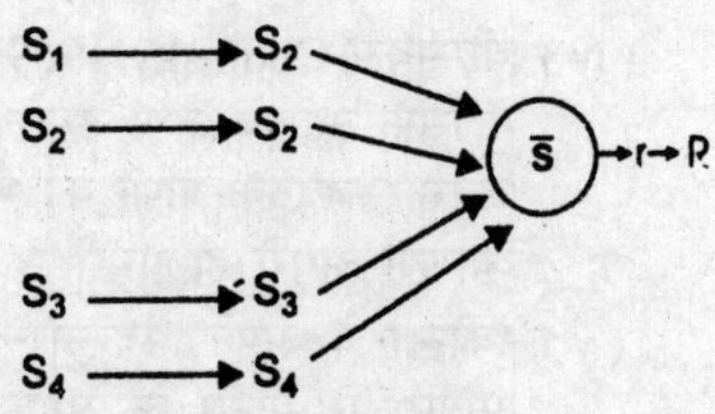

चित्र 5.6

2. अभिगृहीत 2 : संवेदी आवेगों की अन्तःक्रिया *(Postulate 2 : Interaction of sensory impulses)*—इस अभिगृहीत के अनुसार व्यवहार एक उद्दीपक का नहीं बल्कि अनेकों उद्दीपकों के आपसी अन्तःक्रिया का परिणाम होता है। ये सभी उद्दीपक एक साथ प्राणी पर अभिमुख होते हैं और उन्हें अनुक्रिया करने के लिए बाध्य करते हैं। इस तरह के S-R सूत्र को इस अभिगृहीत के अनुसार इस प्रकार और भी अधिक परिशुद्ध किया गया है (देखें चित्र 5.6)।

जहाँ $\overline{S}$ से तात्पर्य चारों उद्दीपक के संयुक्त प्रभाव (combined effect) से होता है।

3. अभिगृहीत 3 : अनार्जित व्यवहार *(Postulate 3 : Unlearnt behaviour)*—हल का मत था कि जब व्यक्ति में कोई आवश्यकता (need) उत्पन्न होती है, तो उसमें इस आवश्यकता को कम करने के लिए कई तरह की अनुक्रियाएँ करने की एक जन्मजात प्रवृत्ति होती है। जैसे, यदि व्यक्ति के आँख में कीड़ा या धूलकण पड़ जाता है, तो इससे कई अनुक्रियाएँ जैसे आँख का मुलमुलाना (blinking), आँख से आँसू आना आदि अपने आप होने लगता है। अगर व्यक्ति में उत्पन्न आवश्यकता को कम करने के लिए उसके पास कोई भी *जन्मजात अनुक्रिया पैटर्न* (innate reponse pattern) नहीं होता तो वैसी परिस्थिति में व्यक्ति को उस आवश्यकता को कम करने के लिए किसी नयी अनुक्रिया पैटर्न को सीखना पड़ता है।

4. सामीप्यता तथा प्रणोद ह्रास सीखने के लिए आवश्यक परिस्थिति *(Postulate 4 : Contiguity and drive reduction as necessary conditions for learning)*—यह अभिगृहीत यह बतलाता है कि यदि कोई उद्दीपक के प्रति व्यक्ति अनुक्रिया करता है और यदि उस अनुक्रिया से प्राणी की जैविक आवश्यकता (biological need) की तुष्टि होती है, तो उद्दीपक तथा अनुक्रिया के बीच का साहचर्य (association) मजबूत हो जाता है। दूसरे शब्दों में, अगर किसी उद्दीपक की उपस्थिति पर प्राणी अनुक्रिया करता है और बाद में उसे प्राथमिक (primary) या गौण (secondary) पुनर्बलन (reinforcement) मिलता है, तो उद्दीपक एवं अनुक्रिया के बीच साहचर्य बढ़ जाता है। दूसरे शब्दों में, यह कहा जा सकता है कि उस उद्दीपक के प्रति अनुक्रिया करने की 'आदत' (habit) बढ़ जाती है। इसे *'आदत-शक्ति'* (habit strength) की संज्ञा दी जाती है जो एक सबसे प्रमुख सम्प्रत्यय है। इससे यह भी स्पष्ट हो जाता है कि हल के लिए पुनर्बलन (reinforcement) अन्तर्नोद में कमी (drive reduction) के समान था तथा पुनर्बलन (reinforcer) से तात्पर्य उन उद्दीपकों से था जो अन्तर्नोद (drive) को कम करने में सक्षम होते हैं। आदत-शक्ति (habit strength) का संक्षिप्त रूप ${}_{S}H_{R}$ है जिसका सूत्र इस प्रकार है—

$${}_{S}H_{R} = 1 - 10^{-0.0305\,N}$$

यहाँ N से मतलब S तथा R के पुनर्बलित युग्मों (reinforced pairing) की संख्या से है।

${}_{S}H_{R}$ की दो विशेषताएँ हैं जो निम्नांकित हैं—

(i) ${}_{S}H_{R}$ एक ऐसी स्थायी साहचर्य (association) है जिसकी शक्ति, निर्माण हो जाने पर उत्तरोत्तर बढ़ती जाती है, कभी घटती नहीं है।

(ii) प्रारम्भ के प्रयासों में S तथा R के पुनबर्लित युग्म का प्रभाव $_SH_R$ (अर्थात् सीखना) पर अधिक पड़ता है परन्तु बाद के प्रयासों में ऐसे पुनर्बलित युग्म का प्रभाव न के बराबर होता है। सचमुच में एक ऐसी बन्दु आ जाती है जहाँ अतिरिक्त पुनर्बलित युग्मों को देने का $_SH_R$ पर कोई प्रभाव नहीं पड़ता है। इस तरह वह दर जिसके अनुसार $_SH_R$ की शक्ति क्रमिक पुनर्बलित अनुक्रियाओं (successive reinforced responses) से बढ़ती है, अर्थशास्त्र के प्रसिद्ध नियम *क्रमागत उत्पत्ति ह्रास नियम* (law of diminishing returns) के अनुरूप होता है।

5. अभिगृहीत 5 : उद्दीपक सामान्यीकरण *(Postulate 5 : Stimulus Generalization)*—यह अभिगृहीत यह बतलाता है कि जब दो उद्दीपक समान (similar) होते हैं, तो $_SH_R$ एक उद्दीपक से दूसरे उद्दीपक के प्रति सामान्यीकृत (generalize) हो जाता है। यह अभिगृहीत यह भी बतलाता है कि व्यक्ति के पूर्व अनुभूति से वर्तमान सीखना (current learning) प्रभावित होता है। दूसरे शब्दों में, समान अवस्थाओं में होनेवाले सीखना आसानी से नयी सीखने की परिस्थिति में स्थानान्तरित (transfer) हो जाता है। इसे हल ने *सामान्यीकृत आदत-शक्ति* (generalized habit strength) कहा है जिसका संकेत $_S\bar{H}_R$ है: यह अभिगृहीत थॉर्नडाइक द्वारा प्रशिक्षण अंतरण (transfer of training) के समरूप तत्त्व सिद्धान्त (identical element theory) के अनुरूप है।

6. अभिगृहीत 6 : प्रणोद से सम्बद्ध उद्दीपक *(Postulate 6 : Stimulus associated with drive)*—जब प्राणी में कुछ जैविक कमी (biological deficiency) होती है या कोई दर्दपूर्ण उत्तेजना (painful stimulation) होता है, तो इससे इसमें जो अवस्था उत्पन्न होती है, उसे प्रणोद (drive) कहा जाता है जिसका संकेत D है। प्रत्येक प्रणोद का सम्बन्ध कुछ विशिष्ट उद्दीपक (specific stimulus) से होता है। जैसे, भूख अन्तर्नोद में भूख दर्द (hunger pangs) तथा प्यास अन्तर्नोद में मुँह तथा होठ का सूखना ऐसे ही उद्दीपक (stimulus) के उदाहरण हैं। इसका संकेत S_D (drive stimulus) है जो एक काफी लोकप्रिय सम्प्रत्यय है। D तथा S_D को मिलाकर सम्पूर्ण अंतर्नोद (total drive or TD) कहा जाता है।

7. अभिगृहीत 7 : प्रतिक्रिया अन्तःशक्ति, प्रणोद तथा आदत-शक्ति का परिणाम होता है *(Postulate 7: Reaction potentital is a function of Drive and Habit strength)*—किसी एक समय में किसी सीखी गयी अनुक्रिया के होने की सम्भावना को प्रतिक्रिया अन्तःशक्ति (reaction potential) कहा जाता है जिसका संकेत $_SE_R$ है। अब तक जितने अभिगृहीत का वर्णन किया गया है, उसे ध्यान में रखते हुए यह कहा जा सकता है कि $_SE_R$ स्पष्टतः दो कारणों का परिणाम है—पहला तो यह कि किस परिस्थिति में अनुक्रिया को कितनी बार पुनर्बलित किया गया ($_SE_R$) तथा उस परिस्थिति में किस सीमा तक प्रणोद (drive) उपस्थित था। अतः $_SE_R$ का सूत्र होगा—

Reaction potentital = $_SE_R = {_SH_R} \times D$

स्पष्टतः $_SE_R$, $_SH_R$ तथा D का गुणात्मक परिणाम (multiplicative product) है जिसका स्पष्ट मतलब यह हुआ कि यदि $_SE_R$ तथा D में कोई भी शून्य हुआ, तो $_SE_R$ भी शून्य हो जाएगा।

8. अभिगृहीत 8 : अनुक्रिया करने से थकान उत्पन्न होता है जिससे अनुबंधित अनुक्रिया के होने में बाधा होती है *(Postulate 8 : Responding causes fatigue, which operates against the elicitation of conditioned response)*—यह अभिगृहीत के अनुसार जब व्यक्ति कोई कार्य करता है या अनुक्रिया करता है, तो उससे थकान उत्पन्न होती है जो उसे अनुक्रिया न करने के लिए प्रेरित करता है। इस तरह की प्रवृत्ति को हल ने *प्रतिक्रिया अवरोध* (reactive inhibition) कहा है जिसका संकेत I_R है। I_R इस तरह से एक ऋणात्मक प्रणोद (-negative drive) है, जिसमें थकान होने के कारण प्राणी अनुक्रिया को नहीं करता है। I_R की एक विशेषता यह है कि जब प्राणी विश्राम करता है, तो इससे I_R की मात्रा अपने आप कमती है। I_R का यह सम्प्रत्यय द्वारा स्वतः पुनर्लाभ (spontaneous recovery) तथा संस्मृति प्रभाव (reminiscence effect) की घटना की व्याख्या की गयी है। I_R के इस सम्प्रत्यय का समर्थन अविराम (massed) तथा विराम (distributed) अभ्यास देने पर निष्पादन (performance) में हुए अंतरों की व्याख्या से भी मिलता है। अविराम अभ्यास में विराम अभ्यास की अपेक्षा निष्पादन खराब होने का मुख्य कारण यह है कि अविराम अभ्यास में I_R तेजी से विकसित होता है।

9. अभिगृहीत 9 : अनुक्रिया न करने की सीखी गयी प्रवृत्ति की अनुक्रिया *(Postulate 9 : Learned response of not responding)*—थकान या I_R चूँकि एक नकारात्मक प्रणोद अवस्था (negative dirve state) है,

इसलिए जब व्यक्ति विश्राम करता है, अर्थात् कोई भी अनुक्रिया न करता है, तो यह प्रवृत्ति मजबूत हो जाती है और थकान भी इससे कम हो जाता है। अनुक्रिया न करने की इस प्रवृत्ति को अनुबंधित अवरोध (conditioned inhibition) कहा जाता है जिसका संकेत $_SI_R$ है,। I_R तथा $_SI_R$ चूँकि दोनों ही नकारात्मक प्रणोद (negative drive) है जो व्यक्ति को अनुक्रिया न करने के लिए प्रेरित करता है, इसलिए इन दोनों के मूल्य (values) को $_SE_R$ से घटा लिया जाता है। इन दोनों मूल्यों को घटा लेने के बाद $_SE_R$ का जो मूल्य (value) प्राप्त होता है, इसे *प्रभावी प्रतिक्रिया अन्तःशक्ति* (effective reaction potential) की संज्ञा दी जाती है जिसका सूत्र निम्नांकित है—

Effective reaction potential ($_S\bar{E}_R$) = $_SH_R \times D - (I_R + {_SI_R})$

I_R तथा $_SI_R$ की मदद से हल ने विलोपन (extinction) की व्याख्या की है जिसे विलोपन का *द्विकारक सिद्धान्त* (two-factor theory) भी कहा जाता है जिसकी विस्तृत चर्चा आगे की जाएगी।

10. अभिगृहीत 10 : सीखी गयी अनुक्रिया को अवरूद्ध करने वाले कारक एक क्षण से दूसरे क्षण में परिवर्तन होते रहते हैं *(Postulate 10 : Factors tending to inhibit a learned response change from moment to moment)*—हल के अनुसार प्राणी में कुछ अवरोधात्मक अन्तःशक्ति (inhibitory potentiality) होती है जो एक क्षण से दूसरे क्षण परिवर्तित होते रहती है तथा वह किसी सीखी गयी अनुक्रिया को उत्पन्न होने से रोकता है। इस तरह के अवरोधात्मक अन्तःशक्ति (inhibitory potentiality) के प्रभाव को *दोलन प्रभाव* (oscillation effect) कहा जाता है जिसका संकेत $_SO_R$ है। $_SO_R$ यह बतलाता है कि किसी प्रयास (trial) में क्यों एक सीखी गयी अनुक्रिया होगी तो दूसरी प्रयास में नहीं होगी। चूँकि $_SE_R$ के आधार पर व्यवहार के बारे में किया गया पूर्वकथन (prediction) हमेशा $_SO_R$ के परिवर्तित मूल्य (fluctuating value) से प्रभावित होते रहता है, अतः $_SO_R$ को प्रभावी प्रतिक्रिया अन्तःशक्ति (effective reaction potential) से घटाना आवश्यक हो जाता है। इसे हल ने *क्षणिक प्रभावी प्रतिक्रिया अन्तःशक्ति* (momentary effective reaction potential) कहा है, जिसका संकेत $_S\bar{E}_R$ है। इसका सूत्र इस प्रकार होगा—

Momentary effective reaction potential ($_S\bar{E}_R$) = $[_SH_R \times D - (I_R + {_SI_R})] - {_SO_R}$

11. अभिगृहीत 11: किसी भी सीखी गई अनुक्रिया के उत्पन्न होने के लिए यह आवश्यक है कि क्षणिक प्रभावी प्रतिक्रिया अन्तःशक्ति एक निश्चित मूल्य से अधिक हो *(Postulate 11: Momentary effective reaction potential must exceed a certain value before a learned response occurs)*—हल का मत है कि $_SE_R$ द्वारा सीखी गयी अनुक्रिया होने के लिए यह आवश्यक है कि उसका मूल्य (value) एक निश्चित न्यूनतम सीमा से अधिक हो। इसे प्रतिक्रिया देहली (reaction threshold) की संज्ञा दी जाती है और इसका संकेत $_SL_R$ है। अतः प्राणी सीखी गयी अनुक्रिया को तभी करता है जब $_S\bar{E}_R$ की मात्रा $_SL_R$ की मात्रा से अधिक होती है।

12. अभिगृहित 12 : किसी भी सीखी गई अनुक्रिया के होने की सम्भावना $_S\bar{E}_R$, $_SO_R$ तथा $_SL_R$ के संयुक्त कार्य का परिणाम होता है *(Postulate 12: The probability of a learned response being made is a combined function of $_S\bar{E}_R$, $_SO_R$ and $_SL_R$)*—प्रशिक्षण के प्रारम्भिक अवस्था में अर्थात् कुछ ही पुनर्बलित प्रयासों (reinforced trials) दिये जाने के बाद $_S\bar{E}_R$ बहुत हद तक $_SL_R$ के निकट होता है और इस तरह से $_SO_R$ के प्रभाव के कारण, कुछ प्रयासों में सीखी गयी अनुक्रिया होगी परन्तु अन्य प्रयासों से नहीं। इसका कारण यह है कि कुछ प्रयासों में $_S\bar{E}_R$ के मूल्य से $_SO_R$ घटा लेने के बाद प्राप्त मूल्य $_S\bar{E}_R$ को $_SL_R$ से नीचे रखने के लिए पर्याप्त होगा। जैसे-जैसे प्रशिक्षण बढ़ता है, $_S\bar{E}_R$ से $_SO_R$ को घटा लेने का प्रभाव कम होता चला जाएगा क्योंकि ऐसी परिस्थिति में $_S\bar{E}_R$ का मूल्य $_SL_R$ के मूल्य से बड़ा होता है।

13. अभिगृहीत 13 : $_S\bar{E}_R$ का मूल्य अधिक होने से S तथा R के बीच का अन्तर्हिति (latency) कम होता है *(Postulate 13 : The greater the value of $_S\bar{E}_R$, the shorter will be the latency between S and R)*—अन्तर्हिति

(latency) से तात्पर्य प्राणी के सामने उपस्थित उद्दीपक तथा सीखी गई अनुक्रिया होने के बीच के समय से होता है। अन्तर्हिति का संकेत $_{S}t_{R}$ है। यह अभिगृहीत यह बतलाता है कि जैसे-जैसे $_{S}E_{R}$ की मात्रा बढ़ती है, $_{S}t_{R}$ छोटा होता चला जाता है।

14. अभिगृहीत 14 : $_{S}E_{R}$ का मूल्य से विलोपन के प्रतिरोध का निर्धारण होता है *(Postulate 14 : The value of $_{S}\ddot{E}_{R}$ will determine resistance to extinction)*—यह अभिगृहीत यह बतलाता है कि $_{S}\ddot{E}_{R}$ का मूल्य या मात्रा अधिक होने पर प्राणी सीखी गयी अनुक्रिया का विलोपन (extinction) होने के पहले अपुर्नबलित अनुक्रिया (non-reinforced response) अधिक संख्या में करता है। ऐसे अपुनर्बलित अनुक्रिया के लिए हल ने n के संकेत का प्रयोग किया है।

15. अभिगृहीत 15 : सीखी गयी अनुक्रिया का प्राचुर्य $_{S}\ddot{E}_{R}$ की मात्रा में कमी-बेशी के साथ परिवर्तित होता है *(Postulate 15 : The amplitude of a conditioned response varies directly with $_{S}\ddot{E}_{R}$)*—इस अभिगृहीत का सम्बन्ध उन सीखी गयी अनुक्रियाओं से है जिसे मात्रा (degrees) के रूप में अभिव्यक्त की जा सकती है। ऐसी मात्रा को हल ने अनुक्रिया प्राचुर्य (response amplitude) की संज्ञा दी है जिसका संकेत A है। इस अभिगृहीत के अनुसार जब $_{S}\ddot{E}_{R}$ का आकार बड़ा होता है, तो सीखी गई अनुक्रिया का प्राचुर्य (magnitude) भी अधिक होता है।

16. अभिगृहीत 16 : जब किसी एक ही परिस्थिति में दो या दो से अधिक असंगत अनुक्रियाएँ होतीं हैं, तो उस अनुक्रिया का जिसका $_{S}\ddot{E}_{R}$ अधिक होता है, के होने की सम्भावना (probability) अधिक होती है *(Postulate 16 : When two or more incompatible responses tend to be elicited in the same situation, the one with the greatest $_{S}E_{R}$ will occur)*—इस तरह के अनुक्रिया के होने की सम्भावना का संकेत p है।

17. अभिगृहीत 17: वैयक्तिक विभिन्नता *(Postulate 17: Individual differences)*—यह अभिगृहीत का सम्बन्ध इस तथ्य से है कि विभिन्न सूत्रों में जो स्थिर अंकित मूल्य (constant numerical value) हैं, वे एक व्यक्ति से दूसरे व्यक्ति तथा फिर एक ही व्यक्ति में एक दैहिक अवस्था (physiological state) से दूसरे दैहिक अवस्था में परिवर्तित होते रहते हैं।

(ख) हल के 1943 तथा 1952 ई० के सिद्धान्तों के बीच का मुख्य अन्तर *(Major differences between Hull's 1943 and 1952 theories)*—हल ने अपने सिद्धान्त का 1952 ई० में संशोधित रूप प्रकाशित किया जिसमें वे अपने मौलिक सिद्धान्त अर्थात् 1942 ई० के सिद्धान्त में कुछ परिवर्तन किये। इन परिवर्तनों के मुख्य बिन्दु निम्नांकित है—

1. प्रोत्साहन अभिप्रेरणा *(Incentive Motivation)*—हल ने इसे K से संकेतिक किया है। किसी अनुक्रिया को करने के लिए दिए गए प्रोत्साहन के प्रेरित प्रभाव (motivation effect) को K की संज्ञा दी गयी है। 1943 ई० के सिद्धान्त में हल ने पुनर्बलन की मात्रा (magnitude of reinforcement) को सीखने की चर (learning variable) माना था। पुनर्बलन की मात्रा अधिक होनें से प्रणोद में कमी अधिक होती है तथा इस तरह से $_{S}H_{R}$ में वृद्धि भी अधिक होती है। परन्तु बाद में किये गये शोधों के आलोक में हल ने अपने इस दावे में परिवर्तन किया। क्रेस्पी (Crespi, 1942, 1944) तथा जीमैन (Zeaman, 1949) द्वारा किये गए अध्ययनों के आधार पर यह स्पष्ट हो गया है कि जब पुनर्बलन की मात्रा में परिवर्तन किया जाता है, तो उससे सीखने की क्रिया पूर्ण होने के बाद भी निष्पादन (performance) में अन्तर हो जाता है। क्रेस्पी द्वारा किये गये प्रयोग में यह देखा गया कि जब पशुओं को अधिक मात्रा में पुनर्बलन देकर भूलभुलैया में दौड़ने के लिए प्रशिक्षित करने के बाद छोटा पुनर्बलन दिया जाने लगा तो वैसी परिस्थिति में पशुओं का निष्पादन का स्तर तेजी से गिरने लगा। हल का मत था कि पुनर्बलन की मात्रा में परिवर्तन होने से निष्पादन में हुए परिवर्तन की व्याख्या को $_{S}H_{R}$ में परिवर्तन के रूप में नहीं की जा सकती है क्योंकि वैसा परिवर्तन बहुत ही तीव्र होता है। इन प्रयोगों के आलोक में हल एक अन्तिम निष्कर्ष पर पहुँचे जो इस प्रकार है—प्राणी छोटा प्रोत्साहन (small incentive) (अर्थात् पुनर्बलन की छोटी मात्रा) तथा बड़ा प्रोत्साहन के दिये जाने पर समान गति से सीखता है लेकिन उसका निष्पादन (performance) स्तर में अन्तर हो जाता है। बड़ा प्रोत्साहन के देने के निष्पादन का स्तर छोटा प्रोत्साहन के देने पर के निष्पादन स्तर से अधिक श्रेष्ठ होता है। पुनर्बलन में परिवर्तन के बाद निष्पादन में हुए तीव्र परिवर्तन को हल ने *क्रेस्पी प्रभाव* (Crespi effect) कहा है।

2. उद्दीपक-तीव्रता गत्यात्मकता *(Stimulus-Inten. ity dynamism)*—इसका संकेत V है। उद्दीपक-तीव्रता गत्यात्मकता से यह पता चलता है कि बाह्य उद्दीपक (external stimulus) की तीव्रता जितनी ही अधिक होती है, सीखी गयी अनुक्रिया के होने से सम्भावना उतनी ही अधिक बढ़ जाती है। इस आलोक में हल ने क्षणिक प्रभावी प्रतिक्रिया अन्तःशक्ति (momentary effective reaction potentital) को ज्ञात करने का अन्तिम सूत्र में कुछ संशोधन किया है जो इस प्रकार है—

$$_S\ddot{E}_R = [_SH_R \times D \times V \times K - (I_R + {_SI_R})] - {_SO_R}$$

3. प्रणोद ह्रास से प्रणोद उद्दीपक ह्रास में परिवर्तन *(Change from drive reduction to drive stimulus reduction)*—1942 ई० के सिद्धान्त में हल्ल ने प्रणोद ह्रास (drive reduction) पर अधिक बल डाला था और कहा था कि प्राणी को अनुक्रिया करने के बाद जो प्रोत्साहन (incentive) मिलता है, उससे जब प्राणी के प्रणोद में कमी नहीं होती है तो सीखने की प्रक्रिया नहीं हो सकती है। यही कारण है कि 1943 ई० में हल्ल के सिद्धान्त को *अन्तर्नोद-ह्रास सिद्धान्त* (drive reduction theory) कहा गया था परन्तु 1953 ई० मे हल ने अपने इस विचार में थोड़ा परिवर्तन किया और कहा कि प्रोत्साहन या पुनर्बलन देने से सचमुच में प्रणोद में कमी नहीं बल्कि प्रणोद से सम्बद्ध उद्दीपकों (drive stimuli) में कमी आ जाती है जिसे इन्होंने S_D के रूप में संकेतिक किया है। जैसे, भूखे प्राणी को भोजन देने से भूख दर्द (hanger pangs) तथा प्यासे को पानी देने पर मुँह एवं होठ के सूखापन में कमी आती है। इसलिए हल के 1953 ई० के सिद्धान्त को *प्रणोद-उद्दीपक ह्रास सिद्धान्त* (drive-stimulus reduction theory) कहा जाता है। प्रणोद ह्रास में कमी से प्रणोद ह्रास उद्दीपक में कमी पर बल दिये जाने का महत्त्वपूर्ण कारण यह था कि दूसरे तरह का प्रभाव पहले तरह के प्रभाव से अधिक स्पष्ट एवं जल्द होता है। भोजन, पानी आदि से वंचन (deprivation) तथा दर्दपूर्ण उत्तेजनाओं में कभी आदि से उत्पन्न प्रणोदों को कुल प्रणोद (Total drive or TD) कहा गया है।

4. भिन्नात्मक पूर्वपादित लक्ष्य अनुक्रिया *(Fractional antedating goal response)*—इसका संकेत r_G है। यह एक ऐसी अनुक्रिया है जो उन उद्दीपकों (stimuli) के साथ अनुबंधित होता है जो प्राथमिक पुनर्बलन (primary reinforcement) की प्राप्ति के पहले उपस्थित होता है। जैसे, पशु के द्वारा भूलभुलैया सीखने (maze learning) के दौरान लक्ष्य बक्स में पुनर्बलन (reinforcement) प्राप्त करना लक्ष्य अनुक्रिया (goal response) कहलाता है जिसका संकेत R_G है। कुछ प्रयासों के बाद पशु जब भूलभुलैया के लक्ष्य बक्स में पहुँचने के पहले अर्थात् जब वह रास्ते में ही होता है तो लक्ष्य अनुक्रिया का कुछ अंश (fraction) (जैसे, यदि लक्ष्य अनुक्रिया भोजन खाना है, तो चबाना, मुँह चटपटाना, मुँह में लार आना आदि) करना प्रारम्भ कर देता है। चूँकि ये अनुक्रियाएँ लक्ष्य अनुक्रिया के अंश हैं तथा लक्ष्य बक्स में पुनर्बलन मिलने की उम्मीद में किये जाते हैं, इसलिए इसे *भिन्नात्मक पूर्वघटित लक्ष्य अनुक्रिया* (r_G) कहा जाता है। इस r_G की मुख्य दो विशेषताएँ हैं—

(i) r_G मुख्य अनुक्रिया अर्थात् R_G का हमेशा कुछ अंश (fraction) होता है।

(ii) r_G से प्राणी में कुछ दैहिक उत्तेजन (stimulation) उत्पन्न होता है। इस तरह के उत्तेजन जो r_G द्वारा उत्पन्न होता है, उसे S_G कहा जाता है। S_G प्राणी में अलग स्पष्ट अनुक्रिया (overt response) पैदा करता है। यह अनुक्रिया फिर दूसरा r_G उत्पन्न करता है जो फिर S_G उत्पन्न करता है और यह S_G फिर तीसरा r_G उत्पन्न करता है। इस तरह से जब तक प्राणी लक्ष्य बक्स तक पहुँच नहीं जाता है, r_GS_G की प्रक्रिया चलती रहती है। स्पष्टतः तब r_GS_G की प्रक्रिया एक तरह की शृंखला प्रक्रिया (chaining process) है जिसमें r_G को S_G से अलग नहीं किया जा सकता है क्योंकि जब कभी भी r_G होता है तो उससे S_G अवश्य ही उत्पन्न होता है।

5. आदत समूहन पदानुक्रम *(Habit family hierarchy)*—हल का मत है कि किसी भी सीखने की परिस्थिति में कई तरह की अनुक्रियाएँ की जातीं हैं। इस तरह के अनुक्रियाओं का एक परिवार या समूहन (family) होता है जो एक पदानुक्रम (hierarchy) में सुव्यवस्थित रहती है। प्राणी इन विभिन्न अनुक्रियाओं में से उस अनुक्रिया को करता है जिसके करने के तुरन्त बाद पुनर्बलन (reinforcement) मिलती है। यदि किसी कारण से वह इस अनुक्रिया को नहीं करता है, तो वह पदानुक्रम (hierarchy) के अगले अनुक्रिया को करता है जिससे उसे पुनर्बलन मिलने की उम्मीद होती है। इसी तरह से वह पदानुक्रम के एक के बाद एक करके अनुक्रियाएँ करता है। इसे ही *आदत समूहन पदानुक्रम* (habit family hierarchy) कहा जाता है। भूलभुलैया सीखने में आदत-समूहन अनुक्रम के अनुसार पशु पहले उस पथ से होकर

लक्ष्य बक्स में पहुँचाना चाहेगा जो सबसे छोटा होता है ताकि उसे कम समय तक दौड़ने के बाद पुनर्बलन मिल जाए। जब इस लघुतम पथ से होकर किसी कारण से वह नहीं दौड़ लगा पाता है तो वैसी परिस्थिति में फिर उससे बड़ा पथ से होकर वह दौड़ लगाना चाहता है। यह भी पथ यदि बन्द हुआ तो फिर उससे बड़ा पथ से होकर दौड़ लगाना चाहता है और इसी तरह से सबसे अन्त में सबसे बड़ा पथ से होकर दौड़ लगाना चाहता है। लघुतम पथ से दौड़ लगाने में पशु को न केवल पुनर्बलन (reinforcement) ही जल्द मिल जाता है बल्कि I_R तथा $_SI_R$ मात्रा कम भी होती है।

(ग) हल्ल का चार-स्तरीय पूर्वकथनात्मक तंत्र में चरों का हल द्वारा प्रतिपादित सारांश *(Hull's summary of variables in four stage preditive system)*—हल्ल के 1952 ई० के सिद्धान्त में तीन तरह के चरों (variables) का उपयोग किया गया है—*स्वतंत्र* चर (independent variables) *मध्यवर्ती* चर (intervening variable) तथा *आश्रित* चर (dependent variable)। इन चरों को उन्होंने एक चार-स्तरीय तंत्र (four-stage system) में सुव्यवस्थित किया है। तंत्र की पहली अवस्था स्वतंत्र चर की, दूसरी तथा तीसरी अवस्था मध्यवर्ती चर का है तथा चौथी अवस्था आश्रित चर (dependent variables) का है। पहली अवस्था के चरों के आधार पर दूसरी अवस्था के चरों तथा दूसरी अवस्था के चरों के आधार पर तीसरी अवस्था के चरों एवं इस तीसरी अवस्था के चरों के आधार पर चौथी अवस्था के चरों के बारे में पूर्वकथन (prediction) किया जाता है। 1952 ई० के सिद्धान्त में इन चारों अवस्थाओं के चरों का वर्णन तो अभिगृहीतवार (postulatewise) ऊपर किया जा चुका है, परन्तु चित्र 5.7 में इसके मुख्य बिन्दुओं को एक जगह संक्षिप्त कर दिखलाया गया है।

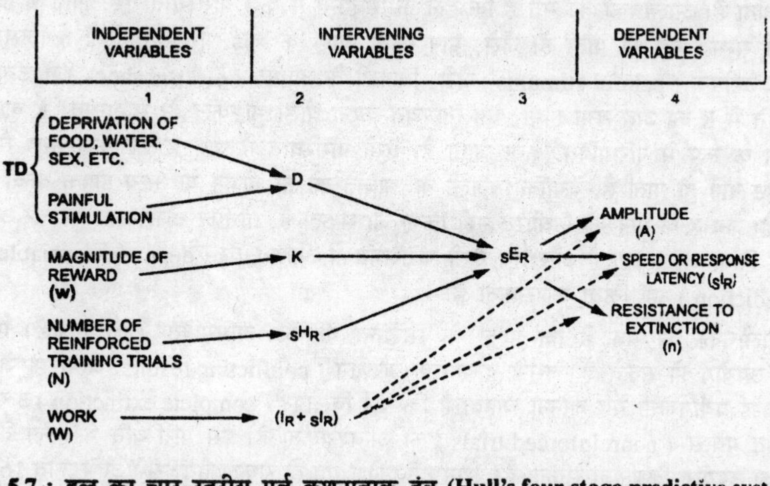

चित्र 5.7 : हल का चार-स्तरीय पूर्व कथनात्मक तंत्र (Hull's four-stage predictive system)

(घ) हल्ल के सिद्धान्त का मूल्यांकन *(Evaluation of Hull's theory)*—हल्ल के सिद्धान्त का अधिगम के मनोविज्ञान पर काफी व्यापक प्रभाव पड़ा है। इसका उचित मूल्यांकन करते हुए यह कहा जा सकता है कि इस सिद्धान्त की महत्ता के प्रमुख कारण निम्नांकित हैं—

1. हल्ल का सिद्धान्त एक ऐसा सिद्धान्त है जो काफी क्रमबद्ध (systematic) तथा वस्तुनिष्ठ (objective) है।

2. हल्ल का सिद्धान्त एक आत्म-संशोधक सिद्धान्त (self-correcting theory) है। अगर प्रमेय (theorem) को सिद्ध करने के लिए किये गये प्रयोग द्वारा प्रमेय सिद्ध हो जाता है तो अभिगृहीत (postulate) को अपने आप सही मान लिया जाता है, अन्यथा अभिगृहीत को संशोधित कर दिया जाता है। इस तरह के आत्म-संशोधन का प्रावधान अन्य किसी सिद्धान्त में नहीं है।

इन सबके बावजूद हल के सिद्धान्त की कुछ परिसीमाएँ (limitations) है जो निम्नांकित है—

1. हल्ल के अनुसार सीखने के लिए अर्थात $_SH_R$ के लिए पुनर्बलित प्रयास (reinforced trial) का देना अनिवार्य है। दूसरे शब्दो में, यदि प्राणी को उद्दीपक के प्रति अनुक्रिया करने के बाद पुनर्बलन (reinforcement) नहीं दिया जाता है, तो सीखने की प्रक्रिया सम्भव नहीं है। टॉलमैन (Tolman, 1931) तथा ब्लौजेट्ट (Blodgett, 1929) द्वारा किए गए प्रयोगों से यह स्पष्ट हुआ कि सीखने के लिए पुनर्बलन (reinforcement) की आवश्यकता नहीं होती है। सचमुच में

सीखने की प्रक्रिया पुनर्बलन की अनुपस्थिति में हो जाती है। हाँ, यदि उसकी अभिव्यक्ति निष्पादन (performance) के रूप में किया जाना है, तो पुनर्बलन की जरूरत पड़ती है।

2. हरगेनहान (Hergenhan. 1988) के अनुसार हल्ल का सिद्धान्त प्रयोगशाला से बाहर के व्यवहारों की व्याख्या करने में बहुत महत्त्वपूर्ण भूमिका नहीं निभाता है। इसका प्रधान कारण यह है कि सिद्धान्त में सभी महत्त्वपूर्ण सम्प्रत्ययों को अध्ययन करने के लिए उसे पहले संक्रियात्मक रूप से (operational) परिभाषित करना आवश्यक है जो प्रयोगशाला से बाहर के व्यवहारों के अध्ययन में हमेशा सम्भव नहीं हो पाता है।

3. हल्ल के सिद्धान्त की आलोचना परिमाणात्मक कारकों (quantitative factors) के भी आधार पर की गया है। आलोचकों का मत है कि चरों के प्रति उनके परिमाणात्मक दृष्टिकोण अपरिपक्व थे। $_SH_R$ के निर्धारण में जो सतत् मूल्य (constant value) –0.0305 है, वह उनके द्वारा किये गए मात्र एक प्रयोग पर आधारित है जो सभी व्यक्तियों पर लागू होता है। आलोचकों का मत है कि एक व्यक्ति से दूसरे व्यक्ति में यह सूत्र मूल्य (equation value) अलग-अलग हो सकता है। सचमुच में तेजी से सीखने वाले व्यक्ति (fast learners) के लिए मूल्य मंद गति से सीखने वाले व्यक्ति (slow learners) के मूल्य की तुलना में अधिक हो सकता है।

4. हल्ल के सिद्धान्त के अनुसार स्वतंत्र चर के मूल्य को ज्ञात कर लेने के बाद मध्यवर्ती चर (intervening variable) के मूल्य को ज्ञात किया जाता है और फिर इसके आधार पर आश्रित चर (dependent variable) के मान को ज्ञात किया जाता है। आलोचकों का मत है कि हल के सिद्धान्त में कुछ परिस्थिति ऐसी होती है जिसमें इस तरह के पूर्वानुमान लगाना सम्भव नहीं हो पाता है। जैसे, मान लिया जाए कि कोई परिस्थिति ऐसी है जिसमें प्राणी में प्रणोद (drive) दर्दपूर्ण उद्दीपक (painful stimulus) जैसे, बिजली के आघात (electric shock) से उत्पन्न किया जा रहा है। ऐसी परिस्थिति में K का अर्थ क्या होगा, यह निश्चित करना थोड़ा मुश्किल है। सामान्यतः K का भोजन या पोषक तत्त्वों के उपभोग के रूप में परिभाषित किया जाता है। ऐसी परिस्थिति में यहाँ K को किस तरह से परिभाषित किया जाएगा, यह स्पष्ट नहीं हो पाता है, क्योंकि बिजली के आघात को तो भोजन या अन्य पोषक तत्त्वों के समान खाया नहीं जा सकता है। जब K के मान को निर्धारित नहीं किया जा सकता है, तो फिर तीसरे स्तर पर चर अर्थात् $_SE_R$ का मान भी निर्धारित नहीं किया जा सकता है और तब ऐसी परिस्थिति में आश्रित चर (dependent variable) के बारे में कोई पूर्वकल्पना (prediction) नहीं किया जा सकता है।

5. कुछ आलोचकों का मत है कि हल्ल के सिद्धान्त के कई अभिगृहीत (postulate) एक ही परिस्थिति (situation) में उपयोग हो सकते हैं जिससे द्वन्द्वात्मक परिणाम (conflicting results) प्राप्त हो जाते हैं। जैसे, मान लिया जाए कि कोई प्रयोगकर्त्ता यह जानना चाहता है कि पूर्ण विलोपन (complete extinction) उत्पन्न करने के लिए कितने अपुनर्बलित प्रयास (nonreinforced trials) की आवश्यकता है। इस परिस्थिति में हल्ल के तीन अभिगृहीत (postulates) का उपयोग किया जा सकता है। प्रथम दृष्टिकोण यह हो सकता है जिसमें अभिगृहीत 16 का उपयोग किया जाए जो $_S\ddot{E}_R$ को सीधे विलोपन के लिए कितनी प्रयास की आवश्यकता होती है, में परिवर्तन कर देता है। दूसरा दृष्टिकोण यह हो सकता है यहाँ अभिगृहीत 9 का उपयोग किया जा सकता है जिसमें I_R तथा $_SI_R$ का मान ज्ञात करके उसे $_S\ddot{E}_R$ से घटा कर यह ज्ञात किया जा सकता है कि सम्पूर्ण विलोपन के लिए कितनी अपुनर्बलित प्रयास (nonreinforcement trial) की जरूरत होगी। तीसरा दृष्टिकोण यह हो सकता है कि अभिगृहीत 7 का उपयोग किया जाए जहाँ जब पुनर्बलन की मात्रा शून्य होती है, तो K भी शून्य हो जाता है और तब $_S\ddot{E}_R$ का अंतिम मूल्य (value) भी, D तथा $_SH_R$ का मान चाहे जो भी हो, शून्य हो जाता है। इन तीनों दृष्टिकोण से द्वन्द्वात्मक परिणाम प्राप्त होता है क्योंकि प्रथम दो दृष्टिकोण से यह स्पष्ट हो जाता है कि विलोपन की प्रक्रिया धीरे-धीरे होती है जबकि तीसरा दृष्टिकोण यह बतलाता है कि विलोपन की प्रक्रिया काफी तेजी से होती है।

इन आलोचनाओं के बावजूद हल्ल का सिद्धान्त एक महत्त्वपूर्ण सिद्धान्त है। उनके द्वारा प्रणोद (drive) पुनर्बलन (reinforcement), विलोपन एवं सामान्यीकरण (generalization) की जो व्याख्या प्रदान की गयी है, वह आज भी अधिकतर मनोवैज्ञानिक के लिए प्रेरणा का एक मानक स्रोत (standard source) है।

टॉलमैन का सिद्धान्त
(Tolman's Theory)

ई.सी. टॉलमैन (E. C. Tolman) एक उत्तर व्यवहारवादी (later behaviourist) हैं जिन्होंने सीखने का एक प्रभावकारी सिद्धान्त विकसित किया। इनके सिद्धान्त को *उद्दीपक-उद्दीपक* (stimulus-stimulus) सिद्धान्त के तहत रखा गया है। इनके द्वारा प्रतिपादित सीखने के सिद्धान्त में गेस्टाल्ट मनोविज्ञान तथा व्यवहारवाद (Behaviourism) दोनों का एक सम्मिश्रण देखने को मिलता है। उनके सिद्धान्त में व्यवहारवाद का छाप इस तथ्य से मिलता है कि वे अन्य व्यवहारवादियों जैसे पैवलव, गथरी, हल, वाटसन तथा स्कीन्नर के समान अन्तर्निरीक्षणात्मक दृष्टिकोण (introspective approach) का विरोध किये थे। परन्तु उनका दृष्टिकोण इन व्यवहारवादियों के इस समानता से कुछ भिन्न था। उनका इन व्यवहारवादियों के साथ व्यवहार की इकाई (unit of behaviour) के बारे में मतभेद था। इन व्यवहारवादियों ने व्यवहार का अध्ययन छोटी-छोटी इकाइयों जैसे प्रतिवर्त्तों (reflexes) के रूप में व्यवहार का अध्ययन करने पर बल डाला था। टॉलमैन (Tolman) ने इसका विरोध किया और कहा कि इस तरह के विश्लेषणात्मक दृष्टिकोण अपनाकर इन व्यवहारवादियों द्वारा शिशु को स्नान कराने के बाद शिशु को पानी के साथ फेंक देने के समान प्रक्रिया अपनायी जाती। सचमुच में व्यवहार को बिना छोटे-छोटे इकाइयों में बाँटे उसे समग्र रूप से (as a whole) अध्ययन किया जा सकता है, क्योंकि टॉलमैन के अनुसार व्यवहार उद्देश्यपूर्ण (purposive) होता है। ऐसे व्यवहार को टॉलमैन ने *चवर्ण व्यवहार* (molar beahviour) की संज्ञा दी है। टॉलमैन द्वारा चवर्ण व्यवहार के अध्ययन पर दिया गया बल से उनपर गेस्टाल्ट मनोविज्ञान के छाप का अंदाज होता है। टॉलमैन के सिद्धान्त में लक्ष्य निर्देशित व्यवहार (goal-directed behaviour) पर चूँकि अधिक बल डाला गया है, इसलिए इनके सिद्धान्त को *उद्देश्यपूर्ण व्यवहारवाद* (purposive behaviourism) भी कहा जाता है।

टॉलमैन द्वारा प्रतिपादित सीखने के सिद्धान्त को कई नामों से जाना जाता है। जैसे—उनके सिद्धान्त को *चिह्न-सीखना सिद्धान्त* (Sign-learning theory), *चिह्न-गेस्टाल्ट सिद्धान्त* (Sign-Gestalt theory), *चिह्न-अर्थ सिद्धान्त* (Sign-Significate theory), *प्रत्याशा सिद्धान्त* (Expectancy theory), आदि भी कहा जाता है। इनके सिद्धान्त को संक्षेप में निम्नांकित तीन प्रमुख भागों में बाँटकर उपस्थित किया जा सकता है—

(क) प्रमुख सैद्धान्तिक सम्प्रत्यय (Major theoretical concepts)
(ख) टॉलमैन के सिद्धान्त का औपचारिक पहलू (Formal aspects of Tolman's theory)
(ग) सीखने के छः प्रकार (Six kinds of learning)

इन तीनों की व्याख्या निम्नांकित है—

(क) प्रमुख सैद्धान्तिक सम्प्रत्यय *(Major theoretical concepts)*—टॉलमैन द्वारा प्रतिपादित सीखने के सिद्धान्त में कुछ प्रमुख सैद्धान्तिक सम्प्रत्यय है जिनके माध्यम से उन्होंने सीखने की वैज्ञानिक व्याख्या किये हैं। इन सम्प्रत्ययों में निम्नांकित प्रमुख हैं—

1. सीखने का अर्थ या क्या सीखा जाता है? (Meaning of learning or what is learned?)
2. सम्पुष्टि बनाम पुनर्बलन (Confirmation versus reinforcement)
3. स्थानापन्न प्रयत्न एवं त्रुटि (Vicarious trial and error)
4. सीखना बनाम निष्पादन (Learning versus reinforcement)
5. पुनर्बलन प्रत्याशा (Reinforcement expectancy)
6. लक्ष्य या स्थान सीखना बनाम अनुक्रिया सीखना (Goal or Place learning versus Response learning)
7. अव्यक्त सीखना (Latent learning)

इन सभी सम्प्रत्ययों का वर्णन निम्नांकित है—

1. सीखने का अर्थ या क्या सीखा जाता है? *(Meaning of learning or What is learned?)*—इस प्रश्न पर कुछ व्यवहारवादियों जैसे पैवलव, वाटसन, गथरी, स्कीन्नर, हल आदि का मत यह है कि प्राणी उद्दीपक-अनुक्रिया साहचर्य (stimulus-response association) को सीखता है। परन्तु टॉलमैन इन सभी व्यवहारवादियों से अपना स्थान अलग

बनाते हुए यह कहते हैं कि प्राणी यह सीखता है कि वातावरण में उपस्थित कौन उद्दीपक (stimulus) उसे कहाँ ले जा रहा है (What leads to what)। इसका मतलब यह हुआ कि सीखने की प्रक्रिया में प्राणी एक उद्दीपक से दूसरे उद्दीपक तथा दूसरे उद्दीपक से तीसरे उद्दीपक और इसी तरह से लक्ष्य तक के सभी उद्दीपकों के बीच एक अर्थपूर्ण सम्बन्ध(meaningful relation) स्थापित करना सीखता है। यही कारण है कि टॉलमैन के सिद्धान्त को *उद्दीपक-उद्दीपक सिद्धान्त* (stimulus-stimulus theory) कहा जाता है। टॉलमैन के अनुसार प्राणी यह सीखता है कि वहाँ क्या है? (What is there?) दूसरे शब्दों में, वह सीखता है कि यदि वह बायीं ओर मुड़ेगा तो एक चीज पायेगा तथा दायीं ओर जाएगा तो दूसरी चीज पायेगा। इस प्रक्रिया में वह धीरे-धीरे पूरे उद्दीपक परिस्थिति का एक चित्र या नक्शा मन में विकसित कर लेता है जिसे टॉलमैन ने *संज्ञानात्मक नक्शा* (cognitive map) की संज्ञा दी है। इस तरह का नक्शा विकसित हो जाने के बाद प्राणी लक्ष्य पर किसी भी दिशा से पहुँच सकने में समर्थ हो पाता है। ऐसी परिस्थिति में यदि सामान्य रूप से उपयोग किया जाने वाला पथ में रुकावट होती है, तो प्राणी उसका वैकल्पिक पथ (alternate route) ढूँढ़ लेता है। टॉलमैन का मत है कि विभिन्न पथों में से लक्ष्य पर पहुँचने के लिए हमेशा लघुतम पथ (shortest route) को ही प्राणी अपनाता है। इसे टॉलमैन ने *न्यूनतम प्रयास का नियम* (principle of least effort) की संज्ञा दी है।

टॉलमैन के अनुसार सीखने के लिए अभिप्रेरणा (motivation) की जरूरत नहीं पड़ती है। इस बिन्दु पर टॉलमैन की समानता गथरी से हो जाती है परन्तु थॉर्नडाइक, स्कीनर एवं हल तीनों से विषमता हो जाती है। टॉलमैन के लिए अभिप्रेरण मात्र इसलिए महत्त्वपूर्ण होता है कि इससे यह पता चलता है कि प्राणी वातावरण के किस पहलू पर ध्यान देगा। जैसे, भोजन से वंचित प्राणी भोजन की सामग्री पर तथा पानी से वंचित प्राणी जल पर अधिक ध्यान देगा। इस तरह से प्राणी का प्रणोद (drive) या अभिप्रेरण द्वारा यह निर्धारित होता है कि प्रत्यक्षज्ञानात्मक क्षेत्र (perceptual field) के किस पहलू पर प्राणी अधिक ध्यान देगा। अतः टॉलमैन के लिए अभिप्रेरण मात्र एक तरह का *प्रत्यक्षज्ञानात्मक प्रबलक* (perceptual emphasizer) का काम करता है।

2. सम्पुष्टि बनाम पुनर्बलन *(Confirmation versus reinforcement)*—गथरी के समान टॉलमैन के अनुसार भी सीखने के लिए पुनर्बलन (reinforcement) महत्त्वपूर्ण नहीं है। टॉलमैन का मत है कि संज्ञानात्मक नक्शा (cognitive map) के विकास के दौरान प्राणी कुछ प्रत्याशाओं (expectation) को विकसित करता है। प्रत्याशा से तात्पर्य इस अनुमान से होता है कि किस उद्दीपक के बाद कौन आयेगा। इस तरह के अस्थायी प्रत्याशा (tentative expectation) को प्राक्कल्पना (hypothesis) की संज्ञा दी गयी है। ऐसी प्राक्कल्पनाओं में से अनुभूति (experience) के आधार पर कुछ की सम्पुष्टि (confirmation) होती है तो कुछ की असम्पुष्टि होती है। असम्पुष्ट प्राक्कल्पनाओं को प्राणी त्याग देता है। इसी प्रक्रिया द्वारा संज्ञानात्मक नक्शा (cognitive map) का विकास होता है। ऐसी प्रत्याशाएँ जो सतत सम्पुष्ट होते जाती हैं, टॉलमैन के अनुसार, एक विशेष सम्प्रत्यय का जन्म देती हैं जिसे *साधन-साध्य तत्परता* (means-end readiness) कहा जाता है। इसे सामान्य भाषा में *विश्वास* (belief) कहा जा सकता है। इस तरह के संज्ञानात्मक नक्शा (cognitive map) के विकास में प्रत्याशाओं (expectations) की जो सम्पुष्टि (confirmation) होती हैं, वह अन्य व्यवहारवादियों द्वारा जिसे पुनर्बलन (reinforcement) कहा जाता है, के तुल्य है। उपर्युक्त व्याख्या के कारण इस सिद्धान्त को *संज्ञानात्मक सिद्धान्त* (Cognitive theory) भी कहा जाता है।

3. स्थानापन्न प्रयत्न एवं त्रुटि *(Vicarious trial and error)*—टॉलमैन ने भूलभुलैया सीखने वाले चूहों में एक विशेष गुण या विशेषता का प्रेक्षण किया जिससे उनके द्वारा सीखने के संज्ञानात्मक व्याख्या (cognitive interpretation) का समर्थन मिला है। उनके प्रेक्षण के अनुसार चूहे प्रायः भुलभुलैया के चयन बिन्दु (choice point) पर थोड़े देर के लिए रुक जाते हैं और वहाँ रुक कर वे चारों तरफ इधर-उधर देखने लगते हैं, मानों वे विभिन्न उपलब्ध विकल्प पथों (alternative paths) के बारे में कुछ सोच रहे हों। चयन-बिन्दु पर प्राणी द्वारा किये गये इस तरह के संवेदी अन्वेषण (sensory exploration) को टॉलमैन ने *स्थानापन्न प्रयत्न एवं त्रुटि* (vicarious trial and error) की संज्ञा दिया है। इस तरह के प्रयत्न एवं त्रुटि व्यवहार द्वारा प्राणी विभिन्न उपागमों (different approaches) को संज्ञानात्मक रूप से जाँच करता है।

4. सीखना बनाम निष्पादन *(Learning versus Reinforcement)*—टॉलमैन ने सीखना तथा निष्पादन में अन्तर किया है और इस तरह से वे इस बिन्दु पर हल (Hull) के समान है क्योंकि हल ने भी सीखना तथा निष्पादन में अन्तर किया था। टॉलमैन के अनुसार जब व्यवहार के रूप में सीखना का परिवर्तन हो जाता है तो इसे निष्पादन (performance) की संज्ञा दी जाती है और इस निष्पादन के लिए पुनर्बलन (reinforcement) को आवश्यक माना गया है। टॉलमैन ने

यह भी स्पष्ट किया है कि सीखने के लिए निष्पादन की आवश्यकता नहीं होती है। परन्तु सीखी गयी अनुक्रिया को व्यवहार के रूप में परिवर्तन करने के लिए पुनर्बलन की आवश्यकता होती है। अतः टॉलमैन के लिए पुनर्बलन एक सीखने का चर (learning variable) नहीं है बल्कि एक *निष्पादन* चर (performence variable) है।

5. पुनर्बलन प्रत्याशा *(Reinforcement expectancy)*—टॉलमैन ने इस तथ्य पर बल डाला है कि भूलभुलैया सीखने में पशु में यह उम्मीद बन जाती है कि जब वह अमुक स्थान (place) में जाएगा, तो उसे अमुक प्रकार का पुनर्बलन (reinforcement) मिलेगा। इस तरह से अमुक तरह का पुनर्बलन उसके प्रत्याशा (expectancy) का एक अंग या हिस्सा होता है। टॉलमैन ने यह पूर्वकथन (prediction) किया है कि यदि पुनर्बलन में परिवर्तन कर दिया जाए तो इससे प्राणी के व्यवहार में विघटन (disruption) आ जाता है। इसे ही *पुनर्बलन प्रत्याशा* (reinforcement expectancy) कहा जाता है। हल या अन्य S-R सिद्धान्तवादियों के अनुसार पुनर्बलन में परिवर्तन से प्राणी का व्यवहार विघटित नहीं होगा। परन्तु जब पुनर्बलन की मात्रा में परिवर्तन कर दिया जाता है, तो निश्चित रूप से उसका व्यवहार विघटित हो जाएगा। टिंक्लपॉघ (Tinklepaugh, 1928) ने एक प्रयोग करके पुनर्बलन प्रत्याशा की घटना को सिद्ध किया है। इस प्रयोग में एक बन्दर के सामने दो कप रखें गए और उसमें से एक कप के भीतर केला रखा गया। कुछ सेंकेण्ड के बाद बन्दर जो यह सब देख रहा था, को बंधे हुए स्थान से खोल दिया गया। बन्दर कप के भीतर से केला निकाल कर खा लिया। यह प्रक्रिया कई बार दोहराया गयी। इसके बाद अचानक केला के जगह पर चुकन्दर (जिसे केला की तुलना बन्दर कम पसंद करता है) दे दिया गया। परिणाम में देखा गया कि बन्दर कप के पास आने पर थोड़ा कुंठित (frustrated) हो गया और वह कप को उलट-पुलटकर केला को खोजने लगा और केला नहीं मिलने पर कप को हवा में उछालना प्रारम्भ कर दिया और अन्त में स्वयं भी उछलना-कुदना प्रारम्भ कर दिया। स्वभावतः यहाँ बन्दर का यह व्यवहार केला के प्रत्याशा की सम्पुष्टि नहीं होने के कारण हुई। करीब इसी तरह का एक प्रयोग इल्लियट (Elliot, 1928) द्वारा किया गया जिसके परिणाम से भी टॉलमैन के पुनर्बलन प्रत्याशा के सम्प्रत्यय को समर्थन मिलता है। इल्लियट ने चूहों के समूह को चोकर की दलिया (bran mash) देकर भूलभुलैया में दौड़ लगाना सीखलाया तथा चूहों के दूसरे समूह को सूर्यमुखी का बीज देकर भूलभुलैया में दौड़ लगाना सीखलाया। प्रशिक्षण के 10 वें दिन चोकर की दलिया पाने वाले समूह को भूलभुलैया में दौड़ लगाने पर सूर्यमूखी का बीज भोजन के रूप में दिया जाने लगा। परिणाम में देखा गया कि इस समूह का व्यवहार भोजन में परिवर्तन से काफी विघटित (disrupted) हो गया हालाँकि इसका निष्पादन हमेशा ही सूर्यमुखी के बीज खाने वाले समूह की अपेक्षा अधिक प्रभावकारी रहा।

इन प्रयोगों से यह स्पष्ट हो जाता है कि टॉलमैन द्वारा प्रतिपादित पुनर्बलन प्रत्याशा की व्याख्या सही है। इन प्रयोगों से टॉलमैन के इस दावे का समर्थन होता है कि सीखने में प्रत्याशा या संज्ञान (cognition) की भूमिका महत्त्वपूर्ण होती है।

6. लक्ष्य या स्थान सीखना बनाम अनुक्रिया सीखना *(Goal or Place learning versus Response learning)*—टॉलमैन का मत है कि प्राणी यह सीखता है कि लक्ष्य कहाँ है जबकि उद्दीपक-अनुक्रिया सिद्धान्तवादियों का कहना था कि प्राणी विशिष्ट उद्दीपकों के प्रति विशिष्ट अनुक्रिया करना सीखता है। भूलभुलैया सीखना में, टॉलमैन के अनुसार, पशु यह सीखता है कि लक्ष्य कहाँ है और जब वह यह सीख लेता है तो वह किसी-न-किसी पथ से वहाँ निश्चित रूप से पहुँच ही जाता है। इसे *लक्ष्य सीखना या स्थान सीखना* (goal learning or place learning) कहा जाता

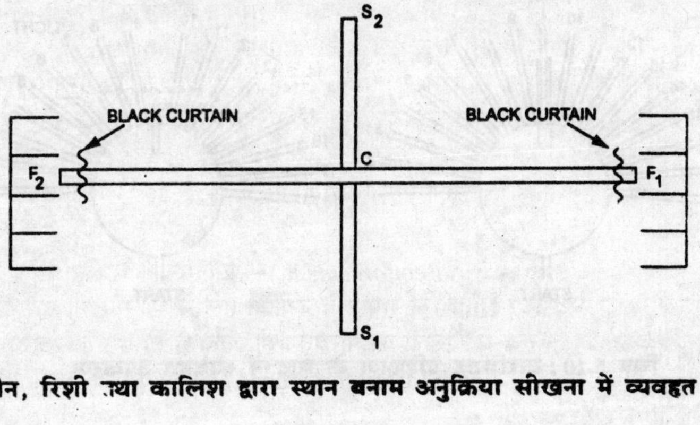

चित्र 5.8 : टॉलमैन, रिशी तथा कालिश द्वारा स्थान बनाम अनुक्रिया सीखना में व्यवहृत एक भूलभुलैया

है। दूसरे तरफ उद्दीपक-अनुक्रिया सिद्धान्तवादियों जैसे हल का मत है कि भूलभुलैया में प्राणी यह सीखता है कि प्रत्येक चयन बिन्दु (choice point) पर उसे किस तरह की अनुक्रिया अर्थात बायें या दायें मुड़ने की अनुक्रिया करनी चाहिए। इसे *अनुक्रिया सीखना* (response learning) कहा जाता है। टॉलमैन तथा उनके सहयोगियों द्वारा कई प्रयोग यह निर्धारित करने के लिए किये गए कि क्या पशु भूलभुलैया में विशेष स्थान या लक्ष्य को सीखते हैं या कोई निश्चित अनुक्रिया को सीखते हैं। इस सिलसिले में टॉलमैन रिशी तथा कालिश (Tolman, Ritchie & Kalish, 1946) द्वारा किया गया एक प्रयोग अत्यन्त ही महत्त्वपूर्ण है। इस प्रयोग में चूहों का दो समूह लिया गया जिसमें से एक स्थान सीखने वाला समूह (place learning group) था तथा दूसरा अनुक्रिया सीखने वाला समूह (response learning group) था। इन दोनों समूह को एक विशेष तरह की भूलभुलैया में दौड़ लगाना सीखलाया गया जिसे चित्र 5.8 में दिखाया गया है। इस भूलभुलैया में दो प्रारम्भ बिन्दुएँ (start points) अर्थात् S_1 तथा S_2 थीं तथा उसी तरह से दो भोजन बक्स (food boxes) अर्थात F_1 तथा F_2 थे। अनुक्रिया सीखना समूह को कभी S_1 तथा कभी S_2 से प्रारम्भ किया जाता था परन्तु उसे हमेशा एक ही तरह की अनुक्रिया करने पर भोजन मिलता है और वह अनुक्रिया दायें मुड़ने की अनुक्रिया थी। इसका मतलब यह हुआ कि जब इस समूह का प्रारम्भ S_1 से होता था तो उसे F_1 पर भोजन दिया जाता था तथा जब उसे S_2 से प्रारम्भ किया जाता था, तो उसे भोजन F_2 पर दिया जाता था। दूसरे तरफ स्थान सीखना समूह को एक निश्चित स्थान पर ही जाना सीखना था। इसका मतलब यह हुआ कि यदि F_1 पर भोजन दिया जाता था, तो S_1 से प्रारम्भ करने पर इस समूह को दायें मुड़ने की अनुक्रिया तथा S_2 से प्रारम्भ करने पर बायें मुड़ने की अनुक्रिया करना होता था। इस तरह से स्पष्ट है कि स्थान सीखना (place learning) समूह अनुक्रिया सीखना समूह के ठीक विपरीत था। दोनों समूह के चूहों को प्रतिदिन 6 प्रयास 12 दिन तक दिये गए अर्थात् कुल 72 प्रयास दिये गए। सीखने की कसौटी 10 क्रमिक त्रुटिरहित प्रयास का होना था। परिणाम में देखा गया कि अनुक्रिया सीखने वाले समूह के आठ चूहों में तीन ही चूहे कसौटी पर पहुँच सके जबकि स्थान सीखना समूह के सभी आठ चूहे कसौटी पर प्रयोग के अन्त तक पहुँच सकने में समर्थ हो पाये। इस परिणाम से यह स्पष्ट हो जाता है कि स्थान सीखना समूह का निष्पादन अनुक्रिया सीखना समूह के निष्पादन से कहीं अच्छा था। इससे तब यह स्पष्ट हो जाता है कि पशु स्थान विशेष को सीखते हैं न कि अनुक्रिया विशेष को। इस परिणाम से तब टॉलमैन के सिद्धान्त को स्पष्ट समर्थन मिलता है।

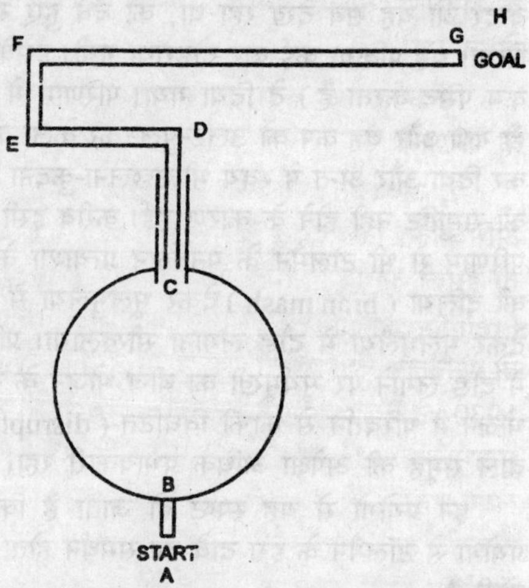

चित्र 5.9 : टॉलमैन रिशी तथा कालिश के प्रयोग में प्रशिक्षण के दौरान व्यवहृत उपकरण

टॉलमैन, रिशी तथा कालिश (Tolman, Ritchie & Kalish, 1946) द्वारा एक अन्य प्रयोग भी किया गया है जो काफी उल्लेखनीय है और इससे टॉलमैन को समर्थन मिलता है। इस प्रयोग में चूहों को पहले एक विशेष उपकरण

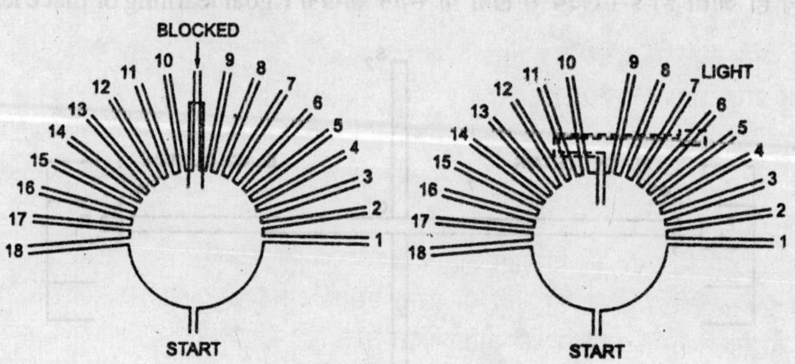

चित्र 5.10 : प्रारम्भिक प्रशिक्षण के बाद में व्यवहृत उपकरण

जिसे चित्र 5.9 में दिखलाया गया है, में प्रशिक्षण दिया गया। इस उपकरण में चूहों को A, B, C, D, E, F तथा G को क्रम से अनुकरण करने के लिए सिखलाया गया। चित्र में H से उस स्थान का पता चलता है, जहाँ 5 वाट का बल्ब जलता था। यही एक स्थान था जहाँ प्रयोग के दौरान रोशनी जलती थी। प्रारम्भिक प्रशिक्षण के बाद चित्र 5.9 में दिखलाये गये उपकरण के जगह पर चित्र 5.10 में दिखलाये गए उपकरण का उपयोग किया गया। प्रयोग के इस भाग में अब उस रास्ता या पथ को बन्द कर दिया गया जिसके सहारे पशु प्रारम्भिक प्रशिक्षण के दौरान रोशनी वाले स्थान में पहुँचता था और उसे बाकी 18 पथों में से किसी भी पथ से होकर जाने की स्वतंत्रता दी गयी। परिणाम में देखा गया कि पशु सबसे अधिक बार पथ संख्या 6 को ही चुना तथा मौलिक पथ के नजदीक का पथ अर्थात् पथ संख्या 9 तथा पथ संख्या 10 को कम बार पसंद किया गया। विश्लेषण से पता चला कि पथ संख्या 9 को मात्र 2% चूहों ने तथा पथ संख्या 10 को मात्र 7.5% चूहों द्वारा पसंद किया गया। प्रयोग के इस परिणाम से टॉलमैन के सिद्धान्त को समर्थन मिलता है। S-R सिद्धान्त के अनुसार मौलिक पथ (original path) के बन्द हो जाने पर उससे नजदीक का पथ अर्थात् पथ संख्या 9 तथा पथ संख्या 10 को ही चूहों द्वारा पसंद किया जाना चाहिए। परन्तु ऐसा नहीं हुआ और चूहों द्वारा पथ संख्या 6 को ही चुना गया जो टॉलमैन के अनुसार इसलिए सम्भव हो सका कि पशु यह सीख चुके थे कि यही पथ उन्हें लक्ष्य (रोशनी वाले स्थान) की ओर ले जाएगा।

निष्कर्षतः यह कहा जा सकता है कि स्थान सीखना बनाम अनुक्रिया सीखना जैसे विषय पर किये गए इन प्रयोगों के परिणामों से टॉलमैन के सिद्धान्त की पुष्टि होती है।

7. अव्यक्त सीखना (*Latent learning*)—अव्यक्त सीखना से तात्पर्य वैसे सीखना से होता है जिसकी अभिव्यक्ति निष्पादन (performance) के रूप में नहीं हुई होती है। टॉलमैन के अनुसार जब पुनर्बलन दिया जाता है, तो इसकी अभिव्यक्ति निष्पादन के रूप में होती है। इस तरह से स्पष्ट है कि टॉलमैन के अनुसार सीखने के लिए पुनर्बलन (reinforcement) की आवश्यकता नहीं होती है। जब सीखी गयी अनुक्रिया को निष्पादन में अभिव्यक्त करना होता है, तो पुनर्बलन की जरूरत पड़ती है। इसी तथ्य को साबित करने के लिए टॉलमैन तथा हॉन्जिक (Tolman & Honzik, 1930) ने एक अति मशहूर प्रयोग किया जिसका वर्णन इस प्रकार है—इस प्रयोग में चूहों का तीन समूह था जिन्हें समरूप भूलभुलैया (identical maze) में दौड़ लगाने का प्रशिक्षण दिया गया। एक समूह को प्रारम्भ बक्स (start box) से लेकर लक्ष्य बक्स (goal box) तक दौड़ लगाने पर पुनर्बलन (reinforcement) नहीं दिया जाता था। दूसरे समूह को प्रत्येक दौड़ के बाद पुनर्बलन (reinforcement) दिया जाता था तथा तीसरे समूह को ग्यारहवें दिन से दौड़ समाप्ति के बाद पुनर्बलन दिया जाता था अर्थात् प्रथम 10 दिन तक इस समूह को प्रारम्भ बक्स से लक्ष्य बक्स तक दौड़ लगाने के बाद पुनर्बलन नहीं दिया जाता था। यह प्रयोग 17 दिनों तक चला। इस प्रयोग के परिणाम बड़े रोचक थे और इससे टॉलमैन के अव्यक्त सीखना (latent learning) के सम्प्रत्यय को पूरा-पूरा समर्थन मिला। इस प्रयोग के परिणाम में निम्नांकित तीन बातें पायी गयी—

(i) उस समूह के निष्पादन (performance) में बहुत थोड़ी उन्नति (improvement) हुई जिसे पुनर्बलन (reinforcement) कभी नहीं दिया जाता था। (चित्र 5.11 देखें)

(ii) वह समूह जिसे लगातार पुनर्बलन (reinforcement) दिया गया था, उसका निष्पादन पूरे सत्तरह दिनों में धीरे-धीरे उन्नत होता गया (चित्र 5.11 देखें)

(iii) तीसरे समूह को जब पुनर्बलन ग्यारहवें दिन दिया गया, तो उसका निष्पादन में अचानक वृद्धि हो गयी। यह भी देखा गया कि इस तीसरे समूह का निष्पादन उस समूह से भी अधिक श्रेष्ठ हो गया जिसे लगातार पुनर्बलन दिया गया था।

टॉलमैन के अनुसार तीसरे समूह का परिणाम अधिक महत्त्वपूर्ण था। टॉलमैन के अनुसार सचमुच में इस तीसरे समूह द्वारा प्रथम 10 दिनों में भूलभुलैया सीख ली गयी थी परन्तु इसकी अभिव्यक्ति नहीं हो रही थी। जब इन्हें ग्यारहवें दिन पुनर्बलन दिया गया तो सीखी गयी अनुक्रिया की अभिव्यक्ति तुरंत हुई। यही कारण है कि इसके निष्पादन में अचानक वृद्धि या उन्नति होते पायी गयी और इस उन्नति की दर इतनी तेज हुई कि बारहवें दिन से उस समूह द्वारा दौड़ने में औसत त्रुटि उस समूह की अपेक्षा भी कम हुई जिसे दौड़ लगाने में लगातार पुनर्बलन मिलता था (चित्र 5.11 में देखें।)।

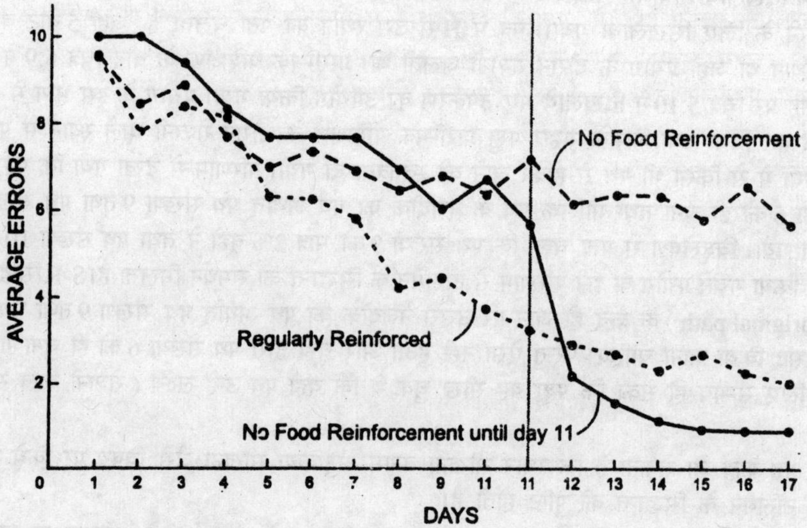

चित्र 5.11 : टॉलमैन तथा हॉन्जिक द्वारा किए गए प्रयोग से प्राप्त परिणाम

(ख) टॉलमैन के सिद्धान्त का औपचारिक पहलू (*Formal aspects of Tolman's theory*)—टॉलमैन के सिद्धान्त का औपचारिक पहलू बहुत ही महत्त्वपूर्ण है क्योंकि इसके माध्यम से टॉलमैन ने आश्रित चर (dependent variable), स्वतंत्र चर (independent variable) तथा मध्यवर्ती चर (intervening variable) के सम्बन्ध पर प्रकाश डाला है जो सीखने में महत्त्वपूर्ण भूमिका निभाते हैं। टॉलमैन के अनुसार T- प्रकार के उन भूलभुलैया में जहाँ चूहा को बायें मुड़ना (turning left) सीखलाया जाता है, वहाँ आश्रित चर (dependent variable) एक व्यवहार अनुपात (behaviour ratio) होता है जिसे टॉलमैन ने निम्नांकित सूत्र से परिभाषित किया है—

$$\text{Behaviour ratio} = \frac{B_L}{B_L + B_R}$$

यहाँ, B_L = बायें मुड़ने की अनुक्रिया संख्या, B_R = दायें मुड़ने की संख्या

उपर्युक्त सूत्र से सीखने के किसी भी स्तर पर बायें मुड़ने की प्रवृत्ति का प्रतिशत का पता चलता है। जैसे, यदि पशु 10 बारी में से 7 बार T- प्रकार के भूलभुलैया में बायें मुड़ता है, तो इसका व्यवहार अनुपात होगा—

$$\frac{7}{7+3} = 70\%$$

इस तरह टॉलमैन के अनुसार व्यवहार अनुपात (behaviour ratio) या व्यवहार प्रतिशत का निर्धारण T-प्रकार के भूलभुलैया के चयन बिन्दु (choice point) पर पशु द्वारा विभिन्न प्रयासों में बायें और दायें मुड़ने से उत्पन्न सामूहिक अनुभूतियों (collective experiences) द्वारा होता है। इससे पशु यह सीख पाता है कि किस उद्दीपक के बाद कौन उद्दीपक (What leads to what) आता है। इन सामूहिक अनुभूतियों (collective experiences) को टॉलमैन ने ΣOBO के रूप में संकेतिक किया है।

टॉलमैन ने अपने सिद्धान्त में यह भी स्पष्ट किया है कि T- प्रकार के भूलभुलैया या अन्य जटिल सीखना (complex learning) में Σ (OBO) के अलावा भी कई अन्य स्वतंत्र चर (independent variable) होते हैं जिनसे आश्रित चर (dependent variable) या निष्पादन प्रभावित होता है। टॉलमैन ने ऐसे पाँच स्वतंत्र चर की पहचान की है, जो निम्नांकित है—

(i) M = सम्पोषण अनुसूची (Maintenance schedule)—इससे पशु के वंचन अवधि (deprivation period) का पता चलता है। जैसे, पशु को कितने घंटे से भोजन या पानी नहीं दिया गया है, आदि।

(ii) G = लक्ष्य वस्तु की उपयुक्तता (Appropriateness of goal object)—इससे तात्पर्य यह होता है कि दिया गया पुनर्बलन (reinforcement) पशु के वर्तमान प्रणोद से सम्बन्धित है।

(iii) S = दिये गए उद्दीपक के प्रकार तथा तरीका (Types and modes of stimuli provided)—इससे तात्पर्य सीखने की परिस्थिति में पशु को उपलब्ध संकेत या उद्दीपक से होता है।

(iv) R = सीखने की परिस्थिति में किये गये पेशीय अनुक्रिया के प्रकार (Types of motor responses required in learning situation)—इससे तात्पर्य सीखने की परिस्थिति में पशु द्वारा किये गए पेशीय व्यवहार जैसे दौड़ना, बायें या दायें मुड़ना आदि से होता है।

(v) P = भूलभुलैया इकाइयों का पैटर्न (Pattern of maze units)—इससे तात्पर्य किसी भूलभुलैया को सीखने के लिए घूमने की अनुक्रिया करने का पैटर्न से होता है।

उपर्युक्त स्वतंत्र चर (independent variables) अर्थात् M, G, S, R, P, तथा ΣOBO के अलावा टॉलमैन ने कुछ ऐसे वैयक्तिक विभिन्नता चरों (individual differences variables) की भी पहचान किया है जिसे प्रयोज्य अपने साथ प्रयोग की परिस्थिति में लाते हैं तथा जिनसे निष्पादन प्रभावित होते हैं। ऐसे चर चार है, जो निम्नांकित हैं—

H = आनुवंशिकता (Heredity)

A = उम्र (Age)

T = गत प्रशिक्षण (Previous training)

E = विशेष अन्तःस्रावी, औषधि या विटामिन की अवस्थाएँ (Special endocrine, drug or vitamin conditions)

इन चरों के प्रारम्भिक अक्षरों को मिलाकर टॉलमैन ने HATE एक परिवर्णी शब्द (acronym) बनाया है। टॉलमैन का मत है कि चारों में से प्रत्येक वैयक्तिक विभिन्नता चर प्रत्येक स्वतंत्र चर के साथ अन्तःक्रिया करते हैं और इन सबों के मिलने से व्यवहार (behaviour) की उत्पत्ति होती है।

टॉलमैन ने अपने सिद्धान्त में आश्रित चर (dependent variable) तथा स्वतंत्र चर (independent variable) के अलावा कुछ मध्यवर्ती चर (intervening variable) की भी पहचान की है। सचमुच में टॉलमैन प्रथम मनोवैज्ञानिक थे, जिन्होंने मनोविज्ञान में मध्यवर्ती चर के उपयोग पर बल डाला तथा हल्ल (Hull) को अपने सिद्धान्त में मध्यवर्ती चर के सम्मिलित करने की प्रेरणा टॉलमैन से ही मिली थी। टॉलमैन का मध्यवर्ती चर से तात्पर्य एक ऐसी संरचना (construct) से था जो प्रयोगकर्ता को स्वतंत्र चर तथा आश्रित चर के सम्बन्ध की व्याख्या करने में मदद करता है। टॉलमैन ने यह स्पष्ट किया है कि प्रत्येक स्वतंत्र चर तथा आश्रित चर एक मध्यवर्ती चर से सम्बन्धित होता है। जैसे, M प्राणी में माँग (demand) उत्पन्न करता है और यह माँग एक तरह का मध्यवर्ती चर (intervening variable) हैं जो फिर निष्पादन (performance) अर्थात् आश्रित चर (यानी, BL/BL+BR) को प्रभावित करता है। उसी तरह से अन्य बाकी पाँच स्वतंत्र चर अर्थात् G, S, R, P तथा Σ (OBO) इसी तरह से एक-एक मध्यवर्ती चर से सम्बन्धित है और फिर प्रत्येक ऐसे चर द्वारा आश्रित चर को प्रभावित होता पाया जाता है। इस तथ्य को चित्र 5.12 में दिखलाया गया है। चित्र 5.12 में दिखलाये गये तंत्र (system) का वह अंश जो टॉलमैन के सिद्धान्त के मुख्य सारतत्त्व (theme) से सबसे अधिक सम्बन्धित है, वह है प्राक्कल्पना (hypotheses) वाला मध्यवर्ती चर (intervening variable)। प्राणी T-प्रकार के

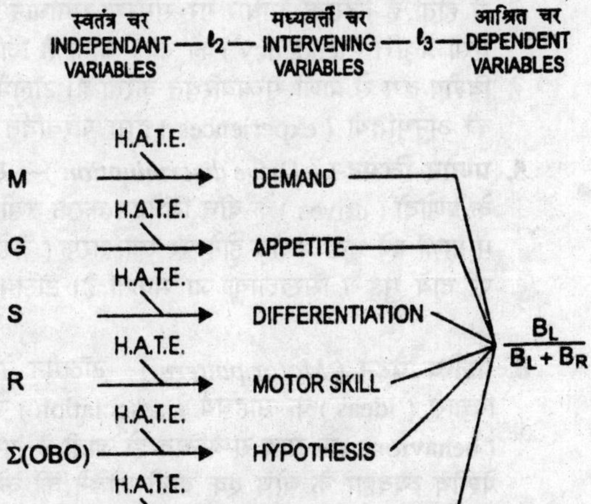

चित्र 5.12 : आश्रित चर, स्वतंत्र चर, मध्यवर्ती चर के बीच टॉलमैन द्वारा प्रस्तावित सम्बन्ध (relationship)

भूलभुलैया में अपनी गत अनुभूतियों (past experiences) के आधार पर अर्थात् Σ (OBO) के आधार पर कुछ प्राक्कल्पना (hypotheses) बनाता है जो व्यवहार अर्थात् BL/BL +BR को प्रभावित करता है। जब ये प्राक्कल्पनाएँ (hypotheses) प्राणी की अनुभूति द्वारा सम्पुष्ट (confirm) हो जाती हैं, तो वे साधन-साध्य तत्परता (mean-end-readiness) अर्थात् विश्वास (belief) में बदल जाती है जिसके आधार पर प्राणी में संज्ञानात्मक नक्शा (cognitive map) विकसित होता है और सीखने की प्रक्रिया सम्पन्न हो जाती है।

(ग) सीखने के छः प्रकार *(Six kinds of learning)*—टॉलमैन ने 1949 ई० में एक शोध पत्र (research article) प्रकाशित किया जिसका शीर्षक था *"There is more than one kind of learning"*। इसमें उन्होंने सीखने के 6 प्रमुख प्रकार बतलाया है जिसका वर्णन निम्नांकित हैं—

1. **कैथेएक्सीस** *(Cathexis)*—इससे टॉलमैन का तात्पर्य एक ऐसी अर्जित प्रवृत्ति (learned tendency) से है जिसमें प्राणी खास वस्तुओं को खास प्रणोद अवस्थाओं से सम्बन्धित करता है। जैसे, किसी खास जगह या स्थान में कुछ विशेष प्रकार का भोजन अधिक उपलब्ध होता है। फलस्वरूप, वहाँ के लोग अपने भूख प्रणोद को उसी वस्तु को खाकर संतुष्ट अधिक करना सीख जाते हैं। उदाहरणस्वरूप, तटवर्ती इलाकों में समुद्री भोजन (sea food) आसानी से उपलब्ध होता है। अतः इस इलाके के लोग ऐसे भोजन को खाकर अपने भूख प्रणोद को तुष्ट करना सीख लेते हैं।
2. **तुल्यता विश्वास** *(Equivalence belief)*—जब किसी उपलक्ष्य (subgoal) का वही प्रभाव होता है जो स्वयं लक्ष्य (goal) का होता है, तो उपलक्ष्य के इस गुण को तुल्यता विश्वास कहा जाता है। टॉलमैन का यह नियम यद्यपि S-R सिद्धान्तवादियों के गौण पुनर्बलन (secondary reinforcement) से काफी मिलता-जुलता है, फिर भी टॉलमैन के अनुसार इस तरह के सीखने में सामाजिक प्रणोद (social drive) की भूमिका दैहिक प्रणोद (physiological drive) की तुलना में अधिक होती है और इस बिन्दु पर टॉलमैन द्वारा प्रतिपादित सीखने का यह प्रकार S-R सिद्धान्तवादियों के सम्प्रत्ययों से भिन्न हो जाता है।
3. **क्षेत्र प्रत्याशाएँ** *(Field expectancies)*—क्षेत्र प्रत्याशा का विकास ठीक उसी ढंग से होता है जिस ढंग से संज्ञानात्मक नक्शा (cognitive map) का विकास होता है। सीखने की परिस्थिति में पशु जब एक चिह्न (sign) या उद्दीपक को देखता है तो वह यह उम्मीद करता है कि अब कोई दूसरा चिह्न या उद्दीपक आयेगा। इस तरह से वह एक उद्दीपक को देखकर कोई दूसरा खास उद्दीपक आने की उम्मीद करना सीख लेता है। इस तरह के सीखना के लिए यह आवश्यक है कि पशु की प्राक्कल्पनाएँ (hypotheses) सम्पुष्ट (confirm) होती जाए।
4. **क्षेत्र संज्ञान तरीका** *(Field cognition modes)*—इससे तात्पर्य एक विशेष प्रयोजन (strategy) या तरीका से होता है जिसके आधार पर समस्या-समाधान परिस्थिति से प्राणी निबटता है। सचमुच में यह प्राणी की एक ऐसी प्रवृत्ति (tendency) को कहा जाता है जिसके माध्यम से प्रत्यक्षज्ञानात्मक क्षेत्र (perceptual field) को विशेष ढंग से प्राणी सुव्यवस्थित करता है। टॉलमैन का मत था कि ऐसी प्रवृत्ति जन्मजात होती है परन्तु वे प्राणी की अनुभूतियों (experiences) द्वारा परिवर्तित हो सकती है।
5. **प्रणोद विभेदन** *(Drive discrmination)*—सीखने का यह प्रकार बतलाता है कि प्राणी अपने विभिन्न तरह के प्रणोदों (drives) के बीच विभेदन करके उसी के अनुरूप अनुक्रिया करता है। जैसे, T-आकार के भूलभुलैया में प्राणी को भूख प्रणोद होने पर एक तरफ (जैसे बायें मुड़ना) सीखलाया जा सकता है तथा प्यास प्रणोद होने पर दायें मुड़ना सिखलाया जा सकता है। टॉलमैन (Tolman) के लिए प्रणोद विभेदन एक महत्त्वपूर्ण प्रकार है।
6. **पेशीय पैटर्न** *(Motor pattern)*—टॉलमैन ने यह स्पष्ट किया है कि उनके सिद्धान्त का सम्बन्ध मूलतः विचारों (ideas) के साहचर्य (association) से है न कि उन तरीकों से जिनके माध्यम से विचार व्यवहार (behaviour) के साथ सम्बन्धित हो जाती है। परन्तु टॉलमैन ने पेशीय पैटर्न सीखना के माध्यम से विचार तथा पेशीय व्यवहार के बीच एक कड़ी जोड़ने की कोशिश की है। सचमुच में इस प्रकार के सीखना द्वारा टॉलमैन गथरी के उस व्याख्या को कुछ हद तक विशेष संयम (reservation) के साथ स्वीकार किये हैं, जिसमें उन्होंने (गथरी में) यह बतलाया था कि किस तरह से अनुक्रियाएँ (responses) उद्दीपकों (stimuli) से सम्बन्धित हो जाती हैं।

टॉलमैन (Tolman) द्वारा प्रतिपादित सीखने के सिद्धान्त का उचित मूल्यांकन (fair evaluation) करते हुए यह कहा जा सकता है कि टॉलमैन के सिद्धान्त को मनोवैज्ञानिकों ने निम्नांकित तीन कारणों से अतिमहत्त्वपूर्ण बतलाया है—

(i) टॉलमैन ने अपने सिद्धान्त में सम्बन्धवाद (connectionism) अर्थात S-R सिद्धान्त तथा संज्ञानात्मक सिद्धान्त (cognitive theory) दोनों से उत्तम तथ्यों को लेकर उसे समन्वित करने का सफल प्रयास किया है।

(ii) टॉलमैन ने सीखने के सिद्धान्त में चरों (variables) का एक विस्तृत प्रसार (broad range) उपस्थित किया है जिससे साधारण एवं जटिल दोनों तरह के सीखने की समुचित व्याख्या हो पायी है।

(iii) टॉलमैन पहले ऐसे मनोवैज्ञानिक थे जिन्होंने सीखने की व्याख्या करने में मध्यवर्ती चरों (intervening variable) का प्रयोग सफलतापूर्वक किया।

इन सबके बावजूद टॉलमैन के सिद्धान्त के बारे में कुछ शंकाएँ (apprehensions) एवं परिसीमाएँ भी हैं जिन पर यहाँ प्रकाश डालना उचित है। इन परिसीमाओं (limitations) में निम्नांकित प्रमुख है—

(i) आलोचकों का मत है कि टॉलमैन ने अपने सिद्धान्त में सीखने की व्याख्या करने के लिए संज्ञानात्मक ढाँचा (cognitive framework) तो प्रदान किया है परन्तु सीखने के नियम (laws of learning) के बारे में जैसा कि थॉर्नडाइक, स्कीन्नर एवं गथरी ने अपने-अपने सिद्धान्तों में वर्णन किया है, कुछ नहीं कहा है। परिणामतः इनके सिद्धान्त में वस्तुनिष्ठ उद्दीपकों (objective stimuli) से वस्तुनिष्ठ व्यवहार (objective behaviour) के बारे में पूर्वकथन (prediction) सही-सही ढंग से नहीं किया जा सकता है।

(ii) कुछ आलोचकों का मत है कि टॉलमैन द्वारा प्रतिपादित सीखने के सिद्धान्त में एक महत्त्वपूर्ण प्रश्न जो उठता है जिसका सही उत्तर नहीं मिल पाता है। टॉलमैन के चूहों ने स्कीन्नर या थॉर्नडाइक के चूहों की अपेक्षा सीखने की परिस्थिति में अधिक सूझ (insight), लक्ष्य प्रत्याशा (goal expectancy), बुद्धि (intelligence) तथा क्षमता आदि दिखलाते पाये गये। प्रश्न यह उठता है कि एक ही तरह की परिस्थिति में (अर्थात् सीखने की परिस्थिति में) चूहों ने अलग-अलग ढंग से क्यों व्यवहार किया है? इस प्रश्न का उत्तर टॉलमैन के सिद्धान्त में नहीं मिल पाता है।

इन आलोचनाओं के बावजूद टॉलमैन का सिद्धान्त एक प्रमुख मार्गदर्शी सिद्धान्त रहा है और अनेकों मनोवैज्ञानिकों के लिए जो इस क्षेत्र में कार्य कर रहे हैं, टॉलमैन एक प्रेरणास्रोत रहे हैं।

हल्ल तथा टॉलमैन का तुलनात्मक अध्ययन
(A Comparative Study of Hull & Tolman)

सीखने के मनोविज्ञान के क्षेत्र में हल तथा टॉलमैन दो ऐसे शूरवीर हैं जो अपने वादे, इरादे एवं दावे के पक्के हैं। इन दोनों द्वारा जो सीखने की व्याख्या की गयी है, वे दो अलग-अलग दृष्टिकोण को दिखलाते हैं। इन दोनों के इस प्रयास में क्या-क्या विभिन्नताएँ (differences) हैं, इस पर प्रकाश डालने के पूर्व यह बतला देना उचित होगा कि इन दोनों में सीखने की व्याख्या के दृष्टिकोण से समानता (similarity) क्या हैं? प्रमुख समानताएँ (similarities) निम्नांकित हैं—

(i) टॉलमैन तथा हल दोनों ही यह मानते हैं कि भूलभुलैया सीखना (maze learning) में प्राणी विभिन्न वैकल्पिक पथों (alternative paths) का प्रयोग करके लक्ष्य तक पहुँचता है (अगर मुख्य पथ बन्द हो जाता है तो)।

(ii) हल्ल ने अपने अन्तिम सिद्धान्त (final theory) में यानी 1952 के सिद्धान्त में सीखने तथा निष्पादन (performance) में अन्तर किया है। इनके इस सिद्धान्त में पुनर्बलित प्रयास (reinforced trials) की संख्या ही मात्र सीखने का चर (learning variable) था और अन्य सभी चर निष्पादन चर (performance variable) थे। टॉलमैन ने भी निष्पादन (performance) तथा सीखने (learning) में अन्तर किया है और यह अन्तर अगर सच पूछा जाए तो टॉलमैन के लिए अधिक महत्त्वपूर्ण है।

(iii) टॉलमैन तथा हल दोनों ही सीखने में स्वतंत्र चर (independent variable), मध्यवर्ती चर (intervening variable) तथा आश्रित चर (dependent variable) को काफी महत्त्व दिया है। यहाँ पर यह भी कह देना उचित होगा कि हल ने मध्यवर्ती चर का उपयोग टॉलमैन से ही प्रेरणा पाकर किया था।

इन समानताओं के बावजूद हल तथा टॉलमैन के विचारों में कुछ अन्तर है जिनमें से महत्त्वपूर्ण निम्नांकित है—

(i) क्या सीखा जाता है? *(What is learnt ?)*—हल्ल तथा टॉलमैन के बीच इस बिन्दु पर स्पष्ट अन्तर है। हल के अनुसार प्राणी उद्दीपक एवं अनुक्रिया के बीच विशेष सम्बन्ध ($_SH_R$) को सीखता है। टॉलमैन के अनुसार प्राणी लक्ष्य (goal), सूझ, नियम (principles), उद्देश्यपूर्णता (purposiveness) आदि को सीखता है। इस तथ्य की सम्पुष्टि टॉलमैन, रिशी तथा कालिश (Tolman, Richie & Kalish, 1946) द्वारा किये गए दोनों प्रयोगों से स्पष्टतः हो जाता है।

(ii) पुनर्बलन का क्या कार्य होता है *(What is the function of reinforment ?)*—हल तथा टॉलमैन के बीच दूसरा प्रमुख विभेदी बिन्दु है—पुनर्बलन का कार्य। हल के अनुसार पुनर्बलन उद्दीपक (stimulus) तथा अनुक्रिया (response) के बीच के साहचर्य को मजबूत करता है। कहने का तात्पर्य यह है कि यदि पुनर्बलन न हो तो सीखना (learning) ही नहीं सम्भव हो सकेगा क्योंकि इसी के आधार पर $_SH_R$ का निर्माण होता है। टॉलमैन के अनुसार पुनर्बलन (reinforcement) एक निष्पादन चर (performance variable) है न कि सीखने का चर (learning variable)। इसका मतलब यह हुआ कि सीखने के लिए पुनर्बलन की आवश्यकता नहीं होती है। परन्तु सीखी गयी प्रवृत्तियों को निष्पादन के रूप में अभिव्यक्त करने के लिए पुनर्बलन (reinforcement) की जरूरत पड़ती है। टॉलमैन एवं हान्जिक (Tolman & Honzik, 1930) के प्रयोग से यह स्पष्ट हो चुका है।

(iii) समस्या का समाधान कैसे होता है? *(How are problems solved?)*—यह तीसरा महत्त्वपूर्ण प्रश्न है जिसपर हल तथा टॉलमैन के विचारों में अन्तर है। हल के अनुसार प्राणी किसी समस्या का समाधान करने में सूझ का सहारा नहीं लेता है तथा वह प्रयत्न एवं त्रुटि के आधार पर उसका समाधान करने की भरपूर कोशिश करता है। परन्तु टॉलमैन के अनुसार प्राणी किसी समस्या के समाधान में संज्ञान (cognition) को अधिक महत्त्वपूर्ण मानता है, अर्थात् सूझ, प्रत्याशा, (expectancy) आदि को अधिक महत्त्व देता है।

(iv) सीखने वाले प्राणी के बारे में क्या पूर्वकल्पनाएँ की जाती हैं? *(What assumptions are made about learner ?)*—हल तथा उनके सहयोगियों ने यह पूर्वकल्पनाएँ कर रखा है कि सीखने वाले प्राणी का मन बिलकुल ही खाली (blank) होता है जिस पर अपनी आदत (habit) से उत्पन्न संवेदी अनुभवों के अनुकूल कुछ लिखा जाता है। दूसरे तरफ टॉलमैन तथा उसके सहयोगियों का मत है कि मन निष्क्रिय (passive) न होकर सक्रिय (active) होता है और इसमें चिन्तन की पर्याप्त क्षमता होती है। उसी के आधार पर सीखने वाला प्राणी प्राक्कल्पना (hypothesis) बनाकर समस्या का समाधान करता है।

(v) अध्ययन किये जाने वाले व्यवहार की इकाई क्या होती है? *(What is unit of behaviour to be studied?)*—इस प्रश्न पर हल तथा टॉलमैन में मतभेद है। हल के अनुसार सीखने की परिस्थिति में जटिल व्यवहार को छोटे-छोटे सरल खंडों (segments) में बाँटकर उनका अध्ययन किया जा सकता है। टॉलमैन ने इस विश्लेषणात्मक उपागम (analytical approach) को अस्वीकृत करते हुए कहा है कि व्यवहार को एक सम्पूर्ण एवं व्यवहारात्मक पैटर्न के रूप में अध्ययन करना उचित होगा। दूसरे शब्दों में, टॉलमैन ने चवर्ण व्यवहार (molar behaviour) जो दिशा-निर्देशित (goal-directed) होता है, को ही अध्ययन की इकाई माना है। दूसरे तरफ हल के लिए अध्ययन इकाई आणविक व्यवहार (molecular behaviour) था अर्थात् छोटे-छोटे उपखंडों में विभाजित व्यवहार था।

स्पष्ट हुआ कि हल तथा टॉलमैन के बीच कुछ समानता होते हुए भी विभिन्नता है जिसके कारण इन दोनों के सिद्धान्तों की स्वतंत्र पहचान बनी हुई हैं।

गथरी का सिद्धान्त
(Guthrie's Theory)

ई॰आर॰गथरी (E. R. Guthrie) एक व्यवहारवादी हैं जिन्होंने सीखने का एक ऐसा सिद्धान्त का प्रतिपादन किया है जो थॉर्नडाइक, स्कीनर, हल, पैवलव, एवं वाटसन के सिद्धान्तों से भिन्न है। इनके सिद्धान्त के अनुसार उद्दीपक तथा अनुक्रिया के बीच में साहचर्य पुनर्बलन (reinforcement) के आधार पर स्थापित नहीं होता है बल्कि मात्र इन दोनों के

बीच सामीप्यता के आधार पर होता है। यही कारण है कि गथरी के सिद्धान्त को *उद्दीपक-अनुक्रिया सामीप्यता सिद्धान्त* (Stimulus-Response contiguity theory) कहा जाता है।

गथरी ने अपने सिद्धान्त में व्यवहारिक पक्षों (practical aspects) पर काफी बल डाला है और इस बिन्दु पर वे थॉर्नडाइक तथा स्कीन्नर के समान हैं। गथरी को प्रयोग में अधिक विश्वास नहीं था और सीखने के सिद्धान्त से संबंधित मात्र एक ही प्रयोग हॉर्टन (Horton) के साथ मिलकर वे किये। गथरी द्वारा प्रतिपादित सीखने के सिद्धान्त के महत्त्वपूर्ण सम्प्रत्यय निम्नांकित हैं—

1. सीखने का एक नियम (One law of learning)
2. एक-प्रयासीय सीखना (One-trial learning)
3. नवीनता नियम (Recency principle)
4. गति-उत्पन्न उद्दीपक (Movement-produced stimuli)
5. कार्य एवं गति में अन्तर (Distinction between act and movement)
6. पुनर्बलन का स्वरूप (Nature of reinforcement)
7. गथरी-हॉर्टन प्रयोग (Guthrie-Horton experiment)
8. विस्मरण (Forgetting)
9. आदतों से कैसे छुटकारा पाया जा सकता है? (How to break habits?)
10. दण्ड एवं प्रणोद (Punishment and drive)

इन सभी सम्प्रत्ययों का वर्णन एक-एक करके निम्नांकित है—

1. सीखने का एक नियम (*One law of learning*)—गथरी का मत है कि थॉर्नडाइक तथा स्कीन्नर ने जो सीखने के नियम की चर्चा की है, वह अनावश्यक रूप से जटिल (complex) है और इन विभिन्न नियमों के जगह पर उन्होंने सीखने के मात्र एक नियम की चर्चा की है और वह नियम है—सामीप्यता का नियम (law of contiguity)। इसकी व्याख्या **गथरी**[1] (Guthrie, 1952) ने इस प्रकार किया है, *''उद्दीपकों का एक संयोग जो किसी गति को उत्पन्न करता है, अपनी दूसरी बारी में फिर वही गति उत्पन्न करेगा।''* इसका स्पष्ट मतलब यह हुआ कि जब प्राणी किसी परिस्थिति में कुछ करता है और अगले बार जब वह उसी परिस्थिति में पुनः होता है, तो वह वही अनुक्रिया फिर करता पाया जाता है। 1956 में गथरी ने अपने सामीप्यता के नियम (law of contiguity) में थोड़ा परिवर्तन करते हुए कहा कि प्राणी किसी परिस्थिति में जो देखता है वह इस बात के लिए संकेत (signal) हो जाता है कि क्या किया जा रहा है। इसके द्वारा गथरी ने यह स्पष्ट किया कि किसी भी दी हुई परिस्थिति में प्राणी अपने सामने उपस्थित अनेकों उद्दीपकों में से कुछ उद्दीपकों का चयन कर लेता है (क्योंकि वह सभी उद्दीपकों से साथ साहचर्य स्थापित नहीं कर सकता है।) और उन्हीं उद्दीपकों तथा उनके प्रति की गई अनुक्रिया के बीच साहचर्य स्थापित कर लेता है।

2. एक-प्रयासीय सीखना (*One-trial learning*)—थॉर्नडाइक, स्कीन्नर तथा हल द्वारा प्रतिपादित बारंबारता के नियम (law of frequency) को गथरी ने अस्वीकृत कर दिया और स्पष्टतः कहा कि उद्दीपक तथा अनुक्रिया के बीच का साहचर्य मात्र एक प्रयास में ही अधिकतम शक्ति (maximum strength) पर पहुँच जाता है। **गथरी**[2] (Guthrie, 1942) के ही शब्दों में, *''एक उद्दीपक पैटर्न किसी अनुक्रिया के साथ पहली बार युग्मित होने पर ही सम्पूर्ण साहचर्यात्मक शक्ति प्राप्त कर लेता है।''* इस कथन से स्पष्ट है कि गथरी के लिए सीखना उद्दीपक तथा अनुक्रिया के बीच सामीप्यता का परिणाम होता है और प्रथम बार युग्मित होने पर ही सीखना पूर्ण हो जाता है।

3. नवीनता नियम (*Recency principle*)—गथरी ने इस नियम पर बल डाला है और कहा है कि प्राणी किसी भी परिस्थिति में कई तरह की अनुक्रियाएँ करता है। इनमें से जो अन्तिम अनुक्रिया (last response) होती है, उसी को प्राणी पुनः दोहराता है, यदि उसे भविष्य में उसी तरह की परिस्थिति में रखा जाता है। इसे ही गथरी ने नवीनता का नियम

---

1. "A combination of stimuli which has accompanied a movement will on its recurrence tend to be followed by that movement."
—Guthrie : *The Psychology of learning,* 1952, p. 23.

2. "A stimulus pattern gains its full associative strength on the occassion of its first pairing with a response."
—Guthrie : *The Psychology of Learning,* 1942. p. 30

कहा है और इसको सम्पुष्ट करने के लिए गथरी ने हॉर्टन (Horton) के साथ मिलकर एक प्रयोग किया है जिसकी चर्चा हम आगे अलग से करेंगे।

4. गति-उत्पन्न उद्दीपक *(Movement produced stimuli)*—कभी-कभी ऐसा होता है कि उद्दीपक या पर्यावरणी घटना (environmental event) तथा उससे उत्पन्न होने वाली अनुक्रिया (response) में समय अंतराल अधिक होता है। परिणामस्वरूप ऐसी परिस्थिति में सामीप्यता (contiguity) के नियम से व्याख्या करना थोड़ा कठिन हो जाता है जो यदि ध्यान से देखा जाए तो गथरी के सिद्धान्त के लिए एक समस्या है (क्योंकि गथरी ने सीखने की व्याख्या मात्र सामीप्यता के आधार पर किया है)। इस समस्या से निबटने के लिए गथरी ने *गति-उत्पन्न सम्प्रत्यय* (movement-produced stimuli) का प्रतिपादन किया है। जैसा कि नाम से ही स्पष्ट है, इससे तात्पर्य उन उत्तेजनाओं(stimulation)से होता है जो मांसपेशियों, कंडरा (tendons) तथा शरीर के संधियों (joints) के ग्राहकों (receptors) के उत्तेजित होने के फलस्वरूप उत्पन्न होते हैं। जैसे, यदि हम कोई एक आवाज सुनते हैं और उसके ओर सिर घुमाते हैं, तो उससे शरीर की मांसपेशियों, कंडरा एवं संधि में कुछ ऐसे उद्दीपक (stimulus) उत्पन्न होते हैं जो बाह्य उत्तेजन (external stimulation) जिसके कारण सिर उधर घुमाया गया था, से भिन्न होता है। इसी को गति-उत्पन्न उद्दीपक कहा जाता है। इसकी एक खास विशेषता यह है कि ऐसे उद्दीपक (stimulus) कुछ अनुक्रियाओं से आसानी से अनुबंधित (conditioned) हो जाते हैं। दूसरे शब्दों में यह कहा जा सकता है कि जब किसी बाह्य उद्दीपक (external stimulus) द्वारा अनुक्रिया (response) उत्पन्न होती हैं, तो शरीर स्वयं ही अगली अनुक्रिया के लिए उद्दीपक (stimulus) उत्पन्न कर देता है और वह अनुक्रिया फिर अगली अनुक्रिया के लिए उद्दीपक उत्पन्न कर देता है और इसी तरह से प्रक्रिया चलती रहती है। इसका परिणाम यह होता है कि बाह्य उद्दीपक (external stimulus) तथा उसके प्रति की गयी अनुक्रिया (response) के बीच का समय अंतराल गति-उत्पन्न उद्दीपकों(movement-produced stimuli)द्वारा भर दिये जाते हैं और इस तरह गति-उत्पन्न उद्दीपकों तथा उससे उत्पन्न व्यवहार में सामीप्यता (contiguity) बन जाती है और अन्त में इसके आधार पर व्यक्ति बाह्य उद्दीपक (external stimulus) तथा व्यवहार (behaviour) के बीच समय अंतराल होने पर भी दोनों के बीच साहचर्य स्थापित कर पाता है।

5. कार्य एवं गति अन्तर *(Distinction between act and movement)*—गथरी ने अपने सिद्धान्त में एक महत्त्वपूर्ण प्रश्न का उत्तर देने की कोशिश किया है। प्रश्न है अभ्यास से निष्पादन क्यों उन्नत हो जाता है? **(Why does practice improve performance?)**। इन प्रश्न का उत्तर देने के लिए उन्होंने क्रिया (act) तथा गति (movement) के बीच अन्तःक्रिया है। गति से उनका तात्पर्य मांसपेशियों के संकुचन (contraction) से था तथा क्रिया से तात्पर्य गतियों के एक समुच्चय (set) से था। क्रिया की पहचान इस बात से होती है कि उससे दातावरण में क्या परिवर्तन आता है। चिट्ठी लिखना, भोजन करना, पुस्तक पढ़ना, आदि सभी क्रिया के उदाहरण हैं। गथरी ने स्पष्ट किया कि गति (movement) तथा उद्दीपक (stimulus) के बीच में साहचर्य मात्र एक ही प्रयास (trial) में हो जाते हैं। अतः प्राणी किसी गति को करना मात्र एक ही प्रयास में सीख लेता है। परन्तु किसी क्रिया (set) को सीखने के लिए अभ्यास की जरूरत पड़ती है। अभ्यास की जरूरत यहाँ इसलिए पड़ती है कि ऐसी परिस्थिति में कई तरह की विशिष्ट गतियों (movement) को विभिन्न उद्दीपक परिस्थिति (stimulus situations) के साथ साहचर्चित (associate) होना आवश्यक होता है। जितना ही अभ्यास अधिक दिया जाता है, इस तरह का साहचर्य उतना ही मजबूत होता चला जाता है। शायद यही कारण है कि अभ्यास से प्राणी का निष्पादन उन्नत होता चला जाता है।

6. पुनर्बलन का स्वरूप *(Nature of reinforcement)*—गथरी के सिद्धान्त में पुनर्बलन (reinforcement) का मतलब वह नहीं है जो थॉर्नडाइक (Thorndike) के प्रभाव नियम (law of effect) में बतलाया गया है। गथरी ने यह स्पष्टतः कहा है कि प्रभाव नियम पूर्णतः अनावश्यक (unnecessary) है। गथरी के लिए पुनर्बलन (reinforcement) मात्र एक यांत्रिक व्यवस्था (mechanical arrangement) है, जिसकी व्याख्या करने के लिए उनके द्वारा प्रतिपादित सामीप्यता का नियम (law of contiguity) पर्याप्त है। गथरी के अनुसार सीखने के लिए पुनर्बलन आवश्यक नहीं है परन्तु सीखी गयी अनुक्रिया का विलोपन (extinguish) या अनाधिगम (unlearning) होने से बचाने के लिए पुनर्बलन आवश्यक है। चूँकि पुनर्बलन देने से उत्तेजन की अवस्था (stimulating condition) में कुछ परिवर्तन आ जाता है, इसलिए सीखी गयी अनुक्रिया अनाधिगम (unlearnt) होने से बच जाती है। जैसे, पहेली बक्स (puzzle box) में पुनर्बलन (reinforcement) मिलने के पहले पशु रस्सी खींचता या बटन दबाता है, जिससे वह उस बक्स से बाहर निकल जाता है और उसे पुनर्बलन (reinforcement) मिलता है। पुनर्बलन उद्दीपक परिस्थिति में एक परिवर्तन ला देता

है जिसके कारण प्राणी जो अनुक्रिया इसके यानी पुनर्बलन के पहले किये हुए होता है, (अर्थात बटन दबाना या रस्सी खींचना) उसे फिर वह अगली बार करना चाहता है। इस तरह से पुनर्बलन सीखी गयी अनुक्रिया को अनाधिगम (unlearning) से बचा लेता है और प्राणी उसे भविष्य में करता रहता है।

7. गथरी-हॉर्टन प्रयोग *(Guthrie-Horton experiment)*—गथरी का यह दावा था कि किसी परिस्थिति में जब प्राणी कई अनुक्रियाएँ करता है, तो इसमें से अन्तिम अनुक्रिया को ही वह दोहराता है बशर्ते कि उसे वैसी ही परिस्थिति में पुनः रखा जाता है। इसे *नवीनता का नियम* (principle of recency) की संज्ञा दी गयी है और इसे साबित करने के लिए गथरी ने हॉर्टन (Horton) के साथ मिलकर एक प्रयोग 1947 ई० में किया। इस प्रयोग में पहेली बक्स (puzzle box) का उपयोग किया गया। वह बक्स शीशे का बना हुआ था तथा इसमें बीच में एक छोटा पोल (small pole) था जिसमें बिल्ली के शरीर का कोई भी अंग स्पर्श होने पर दरवाजा स्वतः खुल जाता था। प्रावधान इस बात का किया

चित्र 5.13 : बिल्ली द्वारा किए गए रूढ़िबद्ध व्यवहार

गया था कि पोल को स्पर्श करते समय बिजली की जो शारीरिक मुद्रा होती थी, उसका फोटो ले लिया जाए ताकि यह पता चल सके कि वह किस तरह की शारीरिक मुद्रा बनाते हुए पोल को स्पर्श करती है। यह प्रयोग बारी-बारी से अनेकों बिल्लियों पर किया गया। परिणाम में देखा गया कि प्रत्येक बिल्ली पहेली बक्स से बाहर आने की अनुक्रिया भिन्न-भिन्न ढंग से की। प्रत्येक बिल्ली उसी अंतिम अनुक्रिया को करना सीख ली जिसे करके वह बक्स से बाहर आ पाती है और जब पुनः उसे उस बक्स में रखा गया तो वह उसी अनुक्रिया को दोहराकर बाहर आयी जो वह पिछली परिस्थिति में की थी। जैसे, जिस बिल्ली ने अगले पंजा से पोल को स्पर्श कर दरवाजा खोली थी, वह अगली बारी में उसी पंजा का प्रयोग कर पोल को स्पर्श कर दरवाजा खोली। जिस बिल्ली ने पोल में पीठ रगड़कर दरवाजा पहली बार खोल थी, वह दूसरी बार तथा बाद में पहेली बक्स में रखने पर पोल में पीठ रगड़कर दरवाजा खोलने की क्रिया को दोहराती पायी गयी। इसे गथरी ने *रूढ़िबद्ध व्यवहार* (sterotyped behaviour) कहा है। एक बिल्ली द्वारा किये गए रूढ़िबद्ध व्यवहार को चित्र 5.13 में दिखलाया गया है। इस चित्र में बिल्ली K द्वारा एक ही तरह की रूढ़िबद्ध अनुक्रिया (पूँछ से पोल को स्पर्श करके दरवाजा खोलना) को दिखलाया गया है।

8. विस्मरण *(Forgetting)*—गथरी के अनुसार एक प्रयास में सिर्फ सीखना (learning) ही नहीं सम्पन्न होता है बल्कि विस्मरण (forgetting) की प्रक्रिया भी एक प्रयास में सम्पन्न हो जाता है। इनका मत है कि जब पहले उद्दीपक की परिस्थिति में प्राणी मौलिक अनुक्रिया (original response) के विकल्प (alternative) में कोई दूसरी अनुक्रिया करता है, तो उस उद्दीपक के साथ दूसरी अनुक्रिया साहचर्यित (associate) हो जाती है और पहली अनुक्रिया का विस्मरण (forgetting) हो जाता है। इस तरह से गथरी के लिए *सभी विस्मरण (forgetting) में नये सीखना सम्मिलित होता है* (All forgetting must involve new learning)। स्पष्ट है कि विस्मरण का कारण दूसरी अनुक्रिया द्वारा पहली अनुक्रिया के उत्पन्न होने में बाधा पहुँचाना होता है। अगर ऐसी बाधाएँ (interference) नहीं हो, तो विस्मरण भी नहीं होगा (No interference, no forgetting)।

9. आदतों से कैसे छूटकारा पाया जा सकता है? *(How to break habits?)*—गथरी के सिद्धान्त का सबसे व्यवहारिक पहलू यह है कि उन्होंने अपने इस सिद्धान्त में बुरी आदतों को परिवर्तित करने की तीन प्रमुख विधियों का वर्णन किया है, जो निम्नांकित है—

(i) दहेली विधि (Threshold method)
(ii) थकान विधि (Fatigue method)
(iii) असंगत उद्दीपक की विधि (Method of incompatible stimuli)

इन तीनों की व्याख्या इस प्रकार है—

(i) दहेली विधि *(Threshold method)*—इस विधि में उद्दीपक की तीव्रता को इतना कम करके उपस्थित किया जाता है कि उससे अवांछनीय अनुक्रिया नहीं होती है। फिर धीरे-धीरे उद्दीपक की तीव्रता को इस ढंग से बढ़ाया जाता है कि प्राणी अवांछनीय अनुक्रिया न कर पाये। इस तरह की अनुभूति का परिणाम यह होता है कि व्यक्ति में उस अवांछनीय अनुक्रिया को उत्पन्न करने का देहली (threshold) ऊँचा हो जाता है। परिणामतः तीव्र उद्दीपक भी उस दहेली के नीचे ही होता है। अन्त में, उस उद्दीपक के अपनें पूर्ण शक्ति (full strength) में भी उपस्थित करने पर प्राणी अवांछनीय अनुक्रिया (undesirable response) नहीं कर पाता है और उसके जगह पर कोई वांछनीय अनुक्रिया करना वह सीख लेता है। जैसे, यदि किसी घोड़े को जिसे पीठ पर सवारी ढोने की आदत नहीं है, पर यदि कोई व्यक्ति सवार हो जाता है, तो वह उछलने-कुदने की अवांछनीय अनुक्रिया करेगा। इस अवांछनीय अनुक्रिया को दूर करने के लिए उसके पीठ पर पहले एक कम्बल का भार, फिर दो कम्बल तथा फिर तीन कम्बल का भार दिया जा सकता है। स्पष्टतः इस उद्दीपक परिस्थिति से उसमें उछलने कूदने की अनुक्रिया नहीं होगी, क्योंकि ये उद्दीपक देहली से नीचे है। इन अनुभूतियों के बाद घोड़े के पीठ पर आसन या गद्दी रखा जा सकता है और उम्मीद है कि वह उछल-कूद की अनुक्रिया नहीं करेगा, क्योंकि इस उद्दीपक की तीव्रता दहेली (threshold) के नीचे है। अन्त में स्वयं व्यक्ति उस पर सवार हो जाएगा और घोड़ा उछल-कूद करने के बजाय चुपचाप खड़ा रहेगा, क्योंकि वह अपने पूर्व अनुभूतियों के आधार पर उद्दीपक की देहली बिन्दु (threshold point) को ऊँचा कर लिया है।

(ii) थकान विधि *(Fatigue method)*—जैसा कि नाम से स्पष्ट है कि इस विधि में प्राणी को अवांछित अनुक्रिया को बार-बार तब तक करने के लिए कहा जाता है जबतक कि थककर वह उसे आगे करने की अनिच्छा न व्यक्त कर दे। ऐसी परिस्थिति में थककर प्राणी अवांछनीय अनुक्रिया को करना छोड़ देता है और उसके जगह पर कोई दूसरा अनुक्रिया करना वह सीख लेता है। गथरी ने इस विधि का उपयोग एक ऐसी छोटी बच्ची पर किया जिसे दियासलायी बक्स से काठी निकालकर जलाने की बुरी आदत थी। गथरी के निर्देशानुसार माँ ने उस बच्ची को कई बक्स दे दी और प्रत्येक बक्स से काठी को जलाने के लिए कहा गया। कुछ देर के बाद वह थक गई और ऊब भी गयी। परिणामतः वह आगे काठी जलाने की अनच्छिा व्यक्त की। परन्तु फिर भी उसे काठी जलाने के लिए बाध्य किया गया। थककर वह यह काम को करना बन्द कर दी और दियासलायी बक्स को देखने पर भी चुपचाप रहना सीख ली।

(iii) असंगत उद्दीपक की विधि *(Method of incompatible stimuli)*—इस विधि में अवांछनीय अनुक्रिया उत्पन्न करने वाले उद्दीपक को अन्य उद्दीपकों के साथ उपस्थित किया जाता है जो उससे एक भिन्न एवं असंगत अनुक्रिया (incompatible response) उत्पन्न करता है। धीरे-धीरे मौलिक उद्दीपक नयी अनुक्रिया (new response) के साथ सम्बन्धित हो जाता है। गथरी ने इस विधि की उपयोगिता की जॉच कॉलेज की एक छात्रा का उदाहरण देकर किया है। छात्रा विशेष कोलाहल के कारण अपनी पाठ्यपुस्तक नहीं पढ़ पाती थी। इस समस्या से निबटने के लिए उसने कोलाहल के दौरान उपन्यास पढ़ना प्रारम्भ कर दी। उपन्यास में उसका ध्यान इतना अधिक लग गया कि कोलाहल का उसकी एकाग्रता पर कोई असर नहीं पड़ने लगा। इससे अभ्यस्त होने के बाद वह, पाठ्यपुस्तक पढ़ना प्रारम्भ कर दिया और अब कोलाहल होते रहने पर भी उसे किसी प्रकार की कठिनाई पाठ्यपुस्तक पढ़ने में नहीं हुई। इसका कारण यह था कि कोलाहल अब सुनने की अनुक्रिया के बजाय पढ़ने की अनुक्रिया से सम्बन्धित हो चुकी थी।

10. दण्ड एवं प्रणोद *(Punishment and drive)*—गथरी का मत है कि दण्ड की प्रभावशीलता इस बात से होती है कि यह दंडित प्राणी को क्या करने के लिए बाध्य करता है। दण्ड का प्रभाव इसलिए नहीं होता है कि इससे व्यक्ति में दर्द (pain) उत्पन्न होता है ताकि वह व्यक्ति को कुछ उद्दीपकों के प्रति परिवर्तित ढंग से व्यवहार करने के लिए बाध्य करता है। दंड प्रभावी तभी होता है जब दंडित व्यक्ति पहले उद्दीपक के प्रति नयी अनुक्रिया करना प्रारम्भ कर देता है।

दंड अवांछित व्यवहार को परिवर्तित करने में सफल हो पाता है, क्योंकि व्यक्ति दंडित व्यवहार (punished behaviour) से असंगत व्यवहार (incompatible behaviour) उत्पन्न कर सकने में समर्थ हो पाता है। दंड प्रभावहीन तब हो जाता है जब दंड से उत्पन्न व्यवहार दंडित व्यवहार के साथ असंगत (incompatible) नहीं हो पाते हैं।

गथरी का मत है कि दैहिक प्रणोद (physiological drive) प्राणी में सम्पोषित उद्दीपक (maintaining stimuli) उत्पन्न करते हैं जो प्राणी को लक्ष्य तक पहुँचने के लिए क्रियाशील रखते हैं। उदाहरणस्वरूप, भूख प्रणोद प्राणी में आन्तरिक उत्तेजन (internal stimulation) पैदा करता है जो तब तक प्राणी में बना रहता है जबतक कि वह लक्ष्य पर पहुँच नहीं जाता है, अर्थात् भोजन की प्राप्ति नहीं कर लेता है। इस तरह के आन्तरिक उत्तेजन को *सम्पोषित उद्दीपक* कहा जाता है। जब भोजन मिल जाता है, प्राणी का सम्पोषित उद्दीपक समाप्त हो जाता है और उत्तेजन परिस्थिति में परिवर्तन हो जाता है और इस तरह वह अनुक्रिया जिससे प्राणी को भोजन मिला था, संरक्षित (preserved) रहती है। गथरी ने यह भी स्पष्ट किया है कि सम्पोषित उद्दीपक (maintaining stimuli) का स्रोत सिर्फ दैहिक प्रणोद (physiological drives) ही नहीं होता है बल्कि इसके अलावा कोई भी बाह्य उत्तेजन (external stimulation) से भी इस तरह की उद्दीपक की उत्पत्ति होती है।

गथरी के सिद्धान्त की आलोचनाएँ कुछ बिन्दु पर की गयी है जिसमें प्रमुख निम्नांकित है—

(i) गथरी के सिद्धान्त की सरलता को कुछ लोगों ने जहाँ प्रशंसा की है, वहीं कुछ लोगों ने इसकी आलोचना किया है। उनके अनुसार गथरी ने अपने सिद्धान्त में कुछ नियमों (principles) के आधार पर उतने तथ्यों की व्याख्या करने की कोशिश की है जो सचमुच में सम्भव नहीं है। इनके सिद्धान्तों के कई व्याख्याओं को एक पूर्वकल्पना के समान मान लेना पड़ता है। म्यूल्लर तथा स्कोएनफेल्ड (Mueller & Schoenfeld, 1954) के अनुसार कई महत्त्वपूर्ण विषयों पर गथरी का विचार काफी अस्पष्ट लगता है।

(ii) इस सिद्धान्त के समर्थन में प्रयोगात्मक सबूतों की अत्यन्त कमी है। इस कमी को दूर करने में गथरी या इसके सहयोगी हमेशा असफल रहे हैं।

(iii) गथरी का विश्वास प्रयोगात्मक तथ्यों से अधिक उपाख्यान (anecdote) में था। आलोचकों का मत है कि उपाख्यानों के प्रयोग का प्रतिस्थापित रूप मानना, गथरी का एक भूल थी।

(iv) गथरी के सिद्धान्त में संभ्रान्ति (confusion) अधिक है। गथरी ने इस सिद्धान्त में सीखने के दो महत्त्वपूर्ण कारकों अर्थात् अभ्यास (practice) तथा पुनर्बलन (reinforcement) दोनों को ही सीखने के लिए अनावश्यक माना है। परन्तु यदि ध्यान से देखा जाए तो इन दोनों कारकों की भूमिका को उन्होंने गम्भीरता से स्वीकार भी किया है। फलतः आम लोगों के मन में गथरी के वास्तविक स्थिति (actual stand) के बारे में एक संभ्रान्ति उत्पन्न हो जाती है।

(v) गथरी ने सीखने के सिद्धान्त में रूढ़िबद्ध व्यवहार (stereotyped behaviour) पर अधिक बल डाला है। आलोचकों का मत है कि ऐसा करके गथरी वैयक्तिक विभिन्नता (individual difference) जैसे महत्त्वपूर्ण तथ्य की उपेक्षा कर बैठे हैं। फलतः उनके सिद्धान्त पर निर्भरता कम हो जाती है।

(vi) उद्दीपक-अनुक्रिया पुनर्बलन सिद्धान्तवादियों का कहना है कि जहाँ सीखने में पुनर्बलन के महत्त्व को दिखलाने के लिए अनेकों प्रयोगात्मक सबूत उपलब्ध हैं, वहाँ उन सबका अनदेखी कर गथरी ने अपना महत्त्व बनाये रखने के लिए पुनर्बलन की उपेक्षा की है। उसके लिए उन्हें माफ कर देना एक बहुत बड़ी भूल होगी।

इन आलोचनाओं के बावजूद गथरी के सिद्धान्त को मनोवैज्ञानिकों द्वारा सबसे महत्त्वपूर्ण सामीप्य सिद्धान्त (contiguity theory) माना गया है। उद्दीपक तथा अनुक्रिया के सम्बन्ध की व्याख्या सामीप्यता (contiguity) के आधार पर करते हुए सीखने की वैज्ञानिक व्याख्या प्रदान करने का श्रेय मात्र गथरी को ही जाता है।

सूझ का सिद्धान्त
(Insight Learning)

सूझ या अन्तर्दृष्टि सिद्धान्त का प्रतिपादन गेस्टाल्ट मनोवैज्ञानिकों (Gestalt psychologists) द्वारा, विशेषकर कोहलर (Kohler, 1925) तथा कोफ्फका (Koffka, 1924) द्वारा किया गया। जैसा कि नाम से ही स्पष्ट है, इस सिद्धान्त के अनुसार व्यक्ति किसी प्रक्रिया को सूझ या अन्तर्दृष्टि (insight) द्वारा सीखता है। जब भी व्यक्ति किसी विषय या पाठ

को सीखता है तो वह सीखने से सम्बन्धित परिस्थिति के हर पहलू (aspect) को समझने की कोशिश करता है। इस कोशिश में वह परिस्थिति के विभिन्न पहलुओं का नए ढंग से प्रत्यक्षण कर संगठित (perceptually organized) करने का प्रयत्न करता है ताकि समस्या का समाधान आसानी से हो सके। जब वह परिस्थिति के भिन्न-भिन्न पहलुओं को नए ढंग से प्रत्यक्षण कर उसके आपसी सम्बन्धों को समझा जाता है, तो उसमें अचानक 'सूझ' (insight) उत्पन्न होती है जिसे 'अहा अनुभव' (Aha experience) भी मनोवैज्ञानिकों ने कहा है। अतः सूझ अचानक होती है और इसके लिए अभ्यास (practice) की जरूरत नहीं होती। **फर्नाल्ड** तथा **फर्नाल्ड**[1] (Fernald & Fernald, 1979) के शब्दों में *''सूझ से कोहलर का तात्पर्य इस बात से था कि समस्या का समाधान उद्दीपक-अनुक्रिया सम्बन्धों के धीरे-धीरे बनने से नहीं होता है बल्कि उद्दीपकों के बीच के सम्बन्धों को अचानक समझने से होता है।''*

सीखनेवाले व्यक्ति में जैसे ही सूझ उत्पन्न हो जाती है, वह तुरंत सही अनुक्रिया करता है और इस तरह व्यक्ति सही अनुक्रिया को करना सीख लेता है। कोहलर तथा कोफ्फका (Kohler & Koffka) की इस व्याख्या से स्पष्ट है कि सीखना धीरे-धीरे नहीं बल्कि एकाएक होता है क्योंकि यह सूझ द्वारा होता है जो सहसा होता है न कि अभ्यास (practice) तथा प्रयत्न एवं भूल (trial and error) द्वारा होता है।

सूझ सिद्धान्त कोहलर (Kohler) द्वारा किए गए कुछ प्रयोगों पर आधारित है। कोहलर (Kohler, 1927) ने कई तरह के पशुओं जैसे वनमानुष (Chimpanzee), बन्दर, मुर्गी तथा कुत्ता पर प्रयोग किए हैं परन्तु उनके द्वारा 1913 से 1918 के बीच केनारी द्वीप (Canary island) में 'सुलतान' (Sultan) नामक बनमानुष पर किया गया प्रयोग सर्वाधिक प्रचलित हो पाया है। कोहलर के सबसे बुद्धिमान 'वनमानुष' का नाम 'सुल्तान' (Sultan) था। उनके द्वारा सुल्तान पर किए गये दो प्रयोग विशेष रूप से उल्लेखनीय हैं—

(क) छड़ी समस्या पर प्रयोग (Experiment on stick problem)

(ख) बक्स समस्या पर प्रयोग (Experiment on box problem)

छड़ी समस्या (stick porblem) के प्रयोग में सुल्तान नामक वनमानुष को एक बड़े पिंजरे में बन्द कर दिया गया था। वनमानुष भूखा था। पिंजड़े के बाहर टेबुल पर केला रख दिया गया था। पिंजड़े में दो छोटी-छोटी छड़ी भी रख दी गयी थी जिसकी बनावट कुछ ऐसी थी कि वह दूसरे से जुड़ जा सकती थी (चित्र 5.14) देखें)। केले को बाहर रखा देखकर सुल्तान ने अपने हाथ से फिर पैर से तथा बारी-बारी से दोनों छड़ियों के सहारे केले को पिंजड़े के अन्दर खींच लेने का प्रयास किया परन्तु उसे सफलता नहीं मिली क्योंकि पिंजड़े से केले की दूरी अधिक थी। निराश होकर उसने पिंजड़े में ऊपर से नीचे देखना प्रारम्भ कर दिया और अन्त में उन दोनों छड़ियों के सहारे खेलना प्रारम्भ कर दिया। इस खेल के सिलसिले में दोनों छड़ी अचानक एक-दूसरे से जुड़ गई। इसके परिणामस्वरूप वनमानुष में उत्साह और खुशी देखी गई और इस लम्बी छड़ी के सहारे बाहर टेबुल पर रखे केले को वह खींचकर खा गया। फिर बाद में जब इस प्रयोग को दोहराया गया तो सुल्तान ने तुरंत ही दोनों छड़ियों को जोड़कर टेबुल पर रखे केले को खींचकर ले लिया और खा गया।

चित्र 5.14 : कोहलर द्वारा छड़ी समस्या पर किया गया प्रयोग

बक्स समस्या का प्रयोग भी सुल्तान पर ही किया गया। सुल्तान को एक बड़े कमरे में बन्द कर दिया गया जिसकी छत से केला लटक रहा था। इस कमरे के एक कोने में तीन बक्स भी रख दिए गए थे (चित्र 5.15 देखें)। सुल्तान भूखा था इसलिए जब उसकी नजर केले पर गई तो उसने केले को उछल-कूदकर प्राप्त कर लेना चाहा। पर, कई बार ऐसा करने के बाद भी उसे सफलता नहीं मिली क्योंकि केला काफी ऊँचाई पर था। फिर उसका ध्यान कोने में रखे बक्स पर गया और उसमें उत्साह तथा खुशी देखी गई। झट उसने एक बक्स को उठाया और लटकते केले के ठीक नीचे रखा। इस

1. "By insight Kohler meant that the solutions did not occur through a gradual building up of S-R connections but rather through a sudden understanding of relationship among stimuli."

—Fernand & Fernald : *Basic Psychology*, 1970, p. 147

पर से वह उछलकर केला प्राप्त करना चाहा। परन्तु फिर भी वह असमर्थ रहा। फिर दूसरे बक्स को पहले बक्स पर रखा और केला प्राप्त करना चाहा। परन्तु असमर्थ रहा। इसके बाद फिर तीसरे बक्स को उन दोनों बक्सों पर रखा है और इस बार उसने उछलकर केला प्राप्त कर लिया। बाद में सुल्तान को इस तरह की प्रयोगात्मक परिस्थिति में रखने पर उसने उछल-कूद कम किया और सीधे तीनों बक्से को एक-दूसरे पर रखकर प्राप्त कर लिया।

चित्र 5.15 : कोलहर द्वारा बक्स समस्या पर किया गया प्रयोग

कोहलर के इन प्रयोगों पर ध्यान देने से यह स्पष्ट हो जाता है कि सीखना सूझ (insight) पर निर्भर करता है। छड़ी समस्या के प्रयोग में जब खेलते-खेलते दोनों छड़ियाँ आपस में जुड़ जाती है तो इससे सुल्तान में अचानक सूझ उत्पन्न हो जाती है कि इस लम्बी छड़ी से बाहर रखे गए केले की दूरी कम हो जाएगी और केला प्राप्त किया जा सकता है। उस तरह से जब बक्स प्रयोग में सुल्तान का ध्यान कमरें में रखे गए बक्स पर गया तो अचानक उसमें सूझ उत्पन्न हो गयी कि इन बक्सों को एक-दूसरे पर रख देने से छत से लटकते केले की दूरी कम हो जायेगी और वह केला प्राप्त कर लेगा।

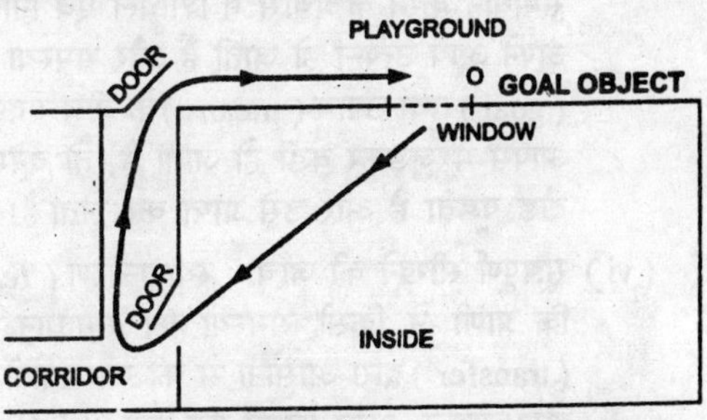

चित्र 5.16 : कोहलर द्वारा व्यवहृत चक्कर मार्गीय समस्या (A detour problem used by Kohler)

कोहलर (Kohler) ने सूझ सीखना के समर्थन में कुछ प्रयोग चूजों (chickens) पर भी किया है। चूजों को चक्करदार मार्गीय समस्या (detour problem) का समाधान करने के लिए दिया गया। इस तरह की समस्या में रखे जाने पर चूजों को लक्ष्य वस्तु (goal object) सामने दिखाई पड़ती थी परन्तु उस वस्तु के पास सीधे वे पहुँच नहीं सकते थे (जैसा कि चित्र 5.16 दिखलाया गया है)। चूजों को सामने दिखने वाले लक्ष्य वस्तु को पाने के लिए एक परोक्ष रास्ता (indirect route) को अपनाना पड़ता था। इस समस्या में देखा गया कि चक्करदार मार्ग में रखे जाने पर पहले खिड़की से ही लक्ष्य वस्तु को प्राप्त करने की कोशिश चूजों द्वारा की गयी। असफल होने पर इधर-उधर घुमने लगे और घुमते-घुमते वे गलियारा (corridor) के बगल के दरवाजे पर पहुँचे और फिर अचानक बड़ी तेजी से वे उस दरवाजे की ओर लपके जहाँ से वे बाहर निकलकर लक्ष्य वस्तु को प्राप्त कर सकते थे। इस तरह से चूजे इस समस्या को समाधान करने में सफल रहे। कोहलर ने चक्करदार मार्गीय समस्या में बन्दर को रखकर भी अध्ययन किये और पाये कि वे चूजों की अपेक्षा जल्द एवं आसानी से समस्या का समाधान कर लेते हैं।

गेस्टाल्ट मनोवैज्ञानिकों ने सूझ द्वारा सीखने की प्रक्रिया की कुछ विशेषताएँ बतलाया है, जो इस प्रकार है—

(i) सीखने की प्रक्रिया सूझ पर आधारित होती है जो एक प्रकार का 'अहा अनुभव' (aha experience) है। सूझ व्यक्ति में अचानक उस समय होती है जब वह लक्ष्य पर पहुँचने के उपायों (means) के बीच के प्रत्यक्षज्ञानात्मक सम्बन्धों (perceptual relationships) को ठीक ढंग से समझ लेता है। चूँकि सूझ अचानक होती है, इसलिए सीखने की प्रक्रिया भी अन्तर्दृष्टि सिद्धान्त के अनुसार अचानक होती है।

(ii) सूझ उत्पन्न होने के लिए यह आवश्यक है कि प्राणी के सामने जो समस्यात्मक परिस्थिति है, उसका ठीक ढंग से वह निरीक्षण (inspection) करे। कोहलर तथा कोफ्फका (Kohler & Koffka) का विचार था कि समस्यात्मक परिस्थिति को ऐसा होना चाहिए कि उसका सभी भाग या अंश प्राणी के सामने हो ताकि सम्पूर्ण समस्या का प्रत्यक्षण (perception) कर सके तथा उसे समझ सके। यदि समस्या का कोई भी हिस्सा या अंश छिपा रहता है तो वैसी परिस्थिति में प्राणी में सीखना सूझ से न होकर प्रयत्न एवं भूल (trial and error) से होगा।

(iii) निर्देशित ध्यान तथा अन्वेषणात्मक व्यवहार (*directed attention and exploratory behaviour*)—सूझ द्वारा सीखने में व्यक्ति का ध्यान समस्यात्मक परिस्थिति के भिन्न-भिन्न हिस्सों पर निदेशित होता है। वह समस्या के समाधान के लिए भिन्न-भिन्न प्रकार का व्यवहार एक के बाद एक परन्तु सोच-समझकर करता है। वनमानुष द्वारा केला प्राप्त करने के लिए पिंजड़े में से हाथ बढ़ाना, पैर बढ़ाना, फिर छड़ी बढ़ाना आदि कुछ अन्वेषणात्मक व्यवहार (exploratory behaviour) के उदाहरण हैं। सूझ उत्पन्न होने के बाद प्राणी यह समझ जाता है कि इनमें सभी व्यवहार अर्थपूर्ण नहीं थे।

(iv) निष्क्रियता की अवस्था (*age of inactiveness*)—जब प्राणी समस्या का समाधान के लिए भिन्न-भिन्न प्रकार का अन्वेषणात्मक व्यवहार (exploratory behaviour) करता है और फिर भी उसे सफलता नहीं मिलती तो, वह थोड़ी देर के लिए उदास हो जाता है और निष्क्रिय होकर चुपचाप बैठ जाता है। इस तरह उसमें शिथिलता आ जाती है। जैसे जब वनमानुष उछल-कूदकर छत से लटकते केले को प्राप्त नहीं कर सका, तो थोड़ी देर के लिए निष्क्रिय होकर चुपचाप बैठ गया था।

(v) सूझ का अचानक आगमन (*Sudden onset of insight*)—कोहलर का कहना है कि जब प्राणी समस्या का समाधान करने के प्रयास में शिथिल एवं निष्क्रिय हो जाता है, तो फिर कुछ समय के बाद अचानक उसमें सूझ अपने आप उत्पन्न हो जाती है और समस्या का समाधान वह कर लेता है। सूझ उत्पन्न होने से व्यक्ति में लक्ष्य (goal) तथा उपाय (means) के बीच एक स्पष्ट सम्बन्ध दिखाई देने लगता है। खेल-खेल में जब दोनों छड़ी आपस में जुड़कर बड़ी हो जाती है, तो वनमानुष उल्लास के साथ उस जुड़ी हुई छड़ी के सहारे केले की ओर दौड़ पड़ता है और उसे प्राप्त कर लेता है।

(vi) सूझपूर्ण सीखने की जाँच : स्थानान्तरण (*Test of insightful learning : Transfer*)—कोहलर का विचार था कि प्राणी ने किसी समस्या का समाधान करना सूझ द्वारा सीखा है या नहीं, इसकी जाँच स्थानान्तरण (transfer) द्वारा आसानी से की जा सकती है। अगर उसने सूझ द्वारा सीखा है तो उसमें स्थानान्तरण का गुण होगा। परन्तु, अगर प्रयत्न एवं भूल (trial and error) द्वारा सीखा है तो उसमें स्थानान्तरण का गुण नहीं होगा। कोहलर ने अनेक ऐसे परीक्षण (test) किए जिसमें वनमानुष स्थानान्तरण का गुण दिखलाते पाये गए। सुल्तान ने जब बक्सों को एक-दूसरे पर रखकर केले को प्राप्त कर लेना सीख लिया, तो सुल्तान को एक दूसरी समस्या में टेबुल तथा सीढ़ी (ladder) के साथ एक कमरे में छोड़ा गया जिसके छत से केला लटक रहा था। ऐसा देखा गया कि सुल्तान तुरन्त टेबुल पर सीढ़ी रखकर चढ़ गया और केला प्राप्त कर लिया। इतना ही नहीं, सुल्तान को जब एक ऐसी समस्या दी गई जहाँ कमरे में टेबुल, सीढ़ी या अन्य कोई ऐसी वस्तु नहीं थी जिस पर चढ़कर केला प्राप्त कर सके तो वह कोहलर (जो कमरे में थे) को हाथ पकड़कर आगे लाया और ठीक छत से लटकते केले के नीचे उन्हें खड़ा कर दिया और उन्हीं पर चढ़कर केला प्राप्त कर लिया। इन परीक्षणों से यह बिलकुल ही स्पष्ट हो जाता है कि वनमानुष ने समस्या का समाधान सूझ द्वारा करना सीखा था क्योंकि उसमें स्पष्ट रूप से स्थानान्तरण का गुण था।

कोहलर ने सूझ द्वारा सीखने की इस अन्तिम विशेषता की जाँच क्रमपरिवर्तन (transposition) के प्रयोग के माध्यम से भी किया है। जब किसी एक क्षेत्र में अर्जित नियमों का उपयोग करके प्राणी दूसरी समस्या का सफलतापूर्वक समाधान करता है, तो इस प्रक्रिया को *क्रमपरिवर्तन* (transposition) कहा जाता है। कोहलर ने क्रमपरिवर्तन का प्रयोग चूजों एवं बन्दरों पर किया है। चूजों को धूसर (gray) कागज के टुकड़े के दो अलग-अलग रंग (shade) दिये गए—एक गहरा रंग तथा दूसरा हल्का रंग था। जब चूजे गहरे धूसर रंग के कागज पर चोंच मारते थे, तो उन्हें भोजन दिया जाता था। परंतु हल्के धूसर रंग के कागज पर चोंच मारने से उन्हें भोजन नहीं दिया जाता था। इस तरह से उन्हें कुछ प्रयास देकर

गहरे धूसर रंग पर चोंच मारना सीखलाया गया। इस तरह के आरम्भिक प्रशिक्षण के बाद चूजों के सामने दूसरी परिस्थिति उत्पन्न की गयी जिसमें पहले का गहरा धूसर रंग को उससे भी अधिक गहरे धूसर रंग के साथ चूजों के सामने उपस्थित किया गया (जैसे कि चित्र 5.17 में दिखलाया गया है) परिणाम में देखा गया कि चूजों ने इन दोनों रंगों के नये संयोग (new composition) में से नया उद्दीपक अर्थात् जो पहले से भी अधिक गहरा उद्दीपक था, उस पर चोंच मारते देखे गये। स्पष्टतः इस प्रयोग में चूजों द्वारा पहली परिस्थिति में जिस नियम को सीखा गया था (गहरा धूसर रंग पर चोंच भरना) उसका स्थानान्तरण दूसरी परिस्थिति में करके वे नयी समस्या का समाधान कर रहे थे।

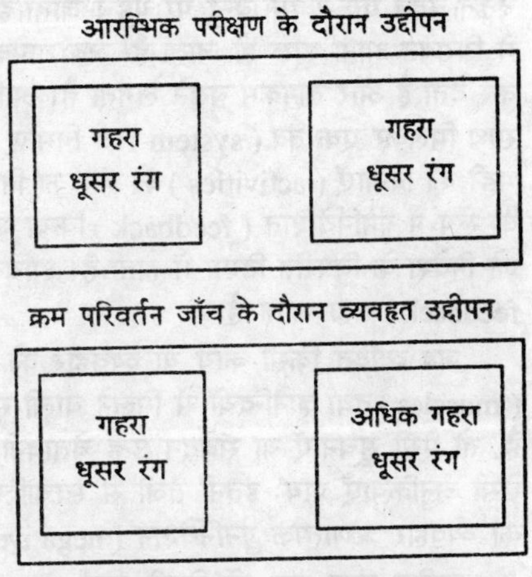

चित्र 5.17 : कोहलर द्वारा क्रम परिवर्तन प्रयोग के दौरान व्यवहृत धूसर उद्दीपन (Gray stimuli used by Kohler during Transposition experiment)

सूझ के इस सिद्धान्त से यह स्पष्ट हो जाता है कि सीखने की प्रक्रिया जब सूझ (insight) द्वारा होती है तो वह अचानक होती है क्योंकि प्राणी में सूझ अचानक ही विकसित होती है।

सूझ का सिद्धान्त महत्त्वपूर्ण होने के बावजूद इस सिद्धान्त की कुछ सीमाएँ (limitations) हैं जो निम्नांकित हैं—

(i) सूझ सिद्धान्त के अनुसार सीखने की प्रक्रिया अचानक (sudden) होती है क्योंकि सूझ एक अचानक होनेवाली प्रक्रिया है। मनोवैज्ञानिकों का मत है कि वास्तव में प्राणी किसी अनुक्रिया को अचानक नहीं सीखता है, बल्कि वह धीरे-धीरे कुछ अभ्यास (practice) द्वारा सीखता है। डंकर (Dunker, 1945) ने कहा है कि सूझ क्रमिक होती है तथा इसकी मात्रा कम या अधिक हो सकती है *(Insight is gradual and graduated)*। जटिल कार्यों को सीखने में सूझ की मात्रा अधिक होती है तथा जब हम साधारण कार्य को करना सीखते हैं तो उसमें सूझ की मात्रा कम होती है।

(ii) यह सिद्धान्त सीखने में सिर्फ सूझ (insight) के महत्त्व पर प्रकाश डालता है और साथ-ही-साथ यह भी दावा करता है कि सभी तरह के प्राणी सूझ द्वारा ही किसी अनुक्रिया को सीख पाते हैं। कुछ मनोवैज्ञानिकों ने इसका खण्डन करते हुए कहा है कि सीखने में अभ्यास (practice) तथा अनुभूति (experience) का भी स्थान होता है। इनलोगों का यह भी कहना है कि छोटे-छोटे शिशुओं के सीखने में सूझ का कोई खास महत्त्व नहीं होता। प्रायः वे विषय को रटकर एवं अभ्यास करके ही सीखते हैं।

इन सीमाओं (limitations) के बावजूद भी सूझ सिद्धान्त का महत्त्व काफी है और मनोवैज्ञानिकों द्वारा इसे एक अनुपम योगदान माना जाता है।

अधिगम का साइबरनेटिक मॉडल (Cybernetic Model of Learning)

'साइबरनेटिक्स' (Cybernetics) जैसे सम्प्रत्यय का विकास आभियांत्रिकी (Engineering) के शाखा से हुआ है जिसका सम्बन्ध *नियंत्रण प्रक्रम* (control mechanism) से होता है। साइबरनेटिक्स को साधारण भाषा में *पुनर्विवेशन सिद्धान्त* (feedback theory) कहा जाता है। सचमुच में 'साइबरनेटिक्स (Cybernetics) जैसे पद का प्रतिपादन नोरबर्ट विनर (Norbert Wiener) द्वारा 1948 में नियंत्रण प्रक्रम (control mechanism) के अध्ययन के लिए किया गया था। इस तरह का प्रक्रम मूलतः ऋणात्मक पुनर्विवेशन (negative feedback) द्वारा संचालित होता है। ऋणात्मक पुनर्विवेशन एक ऐसी प्रक्रिया है, जिसमें प्रतिफल या निर्गत (output) को इस तरह से पुनर्वेशित किया जाता है कि होने वाले विचलनों (deviations) को प्रभावहीन (counteract) करके एक सुस्थिर (steady) अवस्था तैयार हो जाय। इसका सबसे उत्तम उदाहरण थर्मोस्टैट (thermostat) का है। जब कमरे का तापक्रम गिर जाता है या कम हो जाता है तो थर्मोस्टैट भट्टी (furnance) को चालू (on) कर देता है और तब इससे तापक्रम में बढ़ोत्तरी होने लगती है। जब तापक्रम

बढ़ते-बढ़ते एक खास बिन्दु पर पहुँच जाता है, तो थर्मोस्टैट भट्टी को बंद (off) कर देता है और इस तरह फिर तापक्रम में गिरावट आना शुरू हो जाता है। जब तापक्रम एक निश्चित बिन्दु तक गिर जाती है, तो पुनः थर्मोस्टैट भट्टी को चालू कर देता है और तापक्रम बढ़ने लगता है। आभियांत्रिकी (engineering) के सिद्धान्त के रूप में थर्मोस्टैट तथा भट्टी एक साथ मिलकर एक तंत्र (system) का निर्माण करते हैं। कमरे का तापक्रम को तंत्र का निवेश (input) कहा जाता है तथा भट्टी की क्रियाएँ (activities) को तंत्र का निर्गत (output) कहा जाता है। निर्गत के प्रभाव को तंत्र में निवेश (input) के रूप में पुनर्निवेशित (feedback) किया जाता है तथा इस पुनर्निवेशन का प्रभाव एक ऐसा परिवर्तन लाना होता है, जो निवेश के विपरीत दिशा में होता है। शायद यही कारण है कि ऐसे पुनर्निवेशन को *ऋणात्मक पुनर्निवेशन* (negative feedback) कहा जाता है।

जब व्यक्ति किसी कार्य या व्यवहार को सीखने के दौरान करता है, तो वह लगातार अपने शरीर की मांसपेशियों (muscles) तथा ज्ञानेन्द्रियों से मिलने वाली सूचनाओं से निवेशित (guide) होता है। जब भी व्यक्ति कोई गलती करता है, तो ऐसी सूचनाएँ या संवेदन उन्हें चेतावनी देता है जिसके परिणामस्वरूप व्यक्ति अपने सही पथ पर लौट आता है। ऐसी अनुक्रियाएँ प्रायः इतनी तेजी से स्वचालित होती है कि व्यक्ति को पता भी नहीं चलता है परंतु होता है। इस तरह का व्यवहार *ऋणात्मक पुनर्निवेशन* (negative feedback) का उदाहरण है।

व्यक्ति द्वारा जब भी किसी कार्य या व्यवहार को सीखा जाता है, तो उसमें साइबरनेटिक्स के इस ऋणात्मक पुनर्निवेशन (negative feedback) सम्प्रत्यय की महत्त्वपूर्ण भूमिका होती है। जैसे मान लिया जाए कि चूहा स्कीन्नर बक्स में लीवर दबाने की अनुक्रिया को सीख रहा है। वह भूखा है, अतः उसमें भूख प्रणोद (drive) का खास स्तर भी उत्पन्न है, जो उसे परिस्थिति में क्रियाशील बनाये रखा है। वह इधर-उधर बक्स में घूमता है, लीवर के नजदीक आकर परिस्थिति का मुआयना करता है, फिर लीवर पर पैर रखता है तथा अन्ततोगत्वा उसे दबाता है। दबाने के बाद उसे भोजन की गोलियाँ (food pellets) मिलती है, जिसे खाकर उसमें संतुष्टि उत्पन्न होती है। इन सभी तरह के व्यवहारों से उसमें कुछ खास तरह की अनुभूतियाँ एवं संवेदनाएँ होतीं हैं। इनमें से कुछ अनुभूतियाँ एवं संवेदनाएँ ऐसी होतीं हैं, जो चूहा को यह बतलाता है कि अमुक-अमुक तरह की अनुक्रियाएँ जैसे बक्स में इधर-उधर घूमना, लीवर को सूँघना तथा बक्स में उछल-कूद करना आदि गलत है। परिणामतः चूहा ऐसी अनुक्रियाओं का धीरे-धीरे त्याग करके सीधे लीवर के पास आकर उसे दबाने की अनुक्रिया की ओर ही अग्ररित होता है और उसे सीख लेता है। स्पष्ट हुआ कि सीखने में ऋणात्मक पुनिर्निवेशन (negative feedback) की भूमिका होती है।

जब कोई व्यक्ति किसी जटिल व्यवहार को सीख रहा होता है, तो वहाँ भी ऋणात्मक पुनिर्निवेशन का नियम स्पष्ट रूप से लागू होता है। जैसे—मान लिया जाय कि कोई छात्र पढ़ाई कर रहा है फिर भी उसे महसूस हो रहा है कि परीक्षा में उसे लगातार खराब अंक मिल रहा है। उसका यह अनुभव उसे पढ़ाई में और कड़ी मेहनत करने के लिए प्रेरित कर सकता है, जिसके प्रभाव से उसमें अच्छे अंक प्राप्त होने की सम्भावना बढ़ जाती है। यह भी ऋणात्मक पुनर्निवेशन का एक उत्तम उदाहरण बनता है।

यदि हम गौर से देखे तो अधिगम का यह साइबरनेटिक मॉडल सचमुच में अधिगम के संज्ञानात्मक सिद्धान्त (cognitive theory) तथा सम्बन्धवादी सिद्धांत (connectivist theory) के बीचो-बीच की स्थिति को बतलाता है। सम्बन्धवादी सिद्धान्त के समान यह उद्दीपकों (stimuli) तथा अनुक्रियाओं (responses) के बीच एक यांत्रिक सम्बन्ध (mechanistic connection) पर स्पष्ट रूप से बल डालता है। उद्दीपक निवेश (input) के रूप में, अनुक्रिया निर्गत (output) के रूप में तथा व्यक्ति एक तंत्र (system) के रूप में कार्य करता है। ऋणात्मक पुनर्निवेशन एक ऐसी प्रक्रिया है, जिसके माध्यम से उद्दीपक अनुक्रिया को नियंत्रित करता है। साइबरनेटिक मॉडल की समानता संज्ञानात्मक सिद्धान्त से इस अर्थ में है कि इसका सम्बन्ध उन तरीकों से भी होता है, जिसमें उद्देश्यपूर्ण व्यवहार (purposive behaviour) को सुनम्य नियंत्रण तंत्र (flexible control system) द्वारा सम्पोषित (maintain) किया जाता है और इस ढंग का तंत्र द्वारा पर्यावरण के पहलुओं को भी कुछ हद तक नियंत्रित किया जाता है। स्मीथ तथा स्मीथ (Smith & Smith, 2005) ने यह स्पष्ट रूप से बतलाया है कि अधिगम का यह पुनर्निवेशन सिद्धान्त को केवल व्यक्ति विशेष के व्यवहार की व्याख्या के लिए ही नहीं बल्कि व्यक्ति के समूहों के व्यवहार की व्याख्या के लिए भी उपयोग किया जाता है।

अधिगम के साइबरनेटिक मॉडल का सबसे महत्त्वपूर्ण या मूल्यवान पहलू यह है कि इसमें व्यवहार के क्रमों (sequences) के सतत नियंत्रण (continuous control) पर बल डाला जाता है। फलतः इसमें आण्विक विश्लेषण

(molecular analysis) के सूक्ष्म व्योरा (fine detail) को चर्वण विश्लेषण (molar analysis) के सुनम्य तथा उद्देश्यपूर्ण विचारधारा के साथ संयोजित भी किया जाता है।

अधिगम के साइबरनेटिक मॉडल की सबसे बड़ी परिसीमा (limitation) यह है कि सचमुच में अधिगम का यह एक पूर्ण सिद्धान्त नहीं है। यह मॉडल किसी भी तरह के उद्देश्यपूर्ण व्यवहार का वर्णन करने के लिए काफी उपयोगी है और इस तरह से यह मॉडल प्रायः उन परिस्थितियों के लिए विशेष रूप से लाभप्रद है जिसमें अधिगम की प्रक्रिया सम्पन्न हो रही है। यह मॉडल सीखने की परिस्थिति और न सीखने की परिस्थिति में अंतर नहीं कर पाता है। इसे एक उदाहरण द्वारा इस प्रकार समझाया जा सकता है। मान लिया जाय कि एक व्यक्ति कुल्हाड़ी (axe) चलाना सीख रहा है। कुल्हाड़ी का प्रत्येक पेग (movement or swing) का नियंत्रण पुनर्निवेशन नियम (feedback principle) के अनुसार होता है। अगर व्यक्ति यह महसूस करता है कि पेड़ पर उसके कुल्हाड़ी का पेग या चोट जरूरत से ज्यादा गहरा है, तो वह अपने इस पेग की चोट को थोड़ा हल्का कर देता है। इस तरह का समायोजन (adjustment) अपने आप में अधिगम या सीखना नहीं है। परंतु व्यक्ति यह भी महसूस कर सकता है कि खड़ा होने का कुछ विशेष तरीका, कुल्हाड़ी पकड़ने का विशेष तरीका तथा पेग मारने का कुछ विशेष तरीका से तुलनात्मक रूप से उत्तम परिणाम आ सकते हैं। इससे भी कुल्हाड़ी चलाने के व्यवहार में कुछ परिवर्तन आता है। उपर्युक्त दोनों तरह के परिवर्तन पुनर्निवेशन (feedback) के उदाहरण है। परंतु बाद वाले हुए अधिकतर परिवर्तन को सीखना कहा जा सकता है और यह भी कहा जा सकता है कि इसमें सफल प्रविधियाँ पुनर्बलित (reinforced) भी होती है।

स्पष्ट हुआ कि अधिगम का साइबरनेटिक मॉडल सीखने की व्याख्या मूलतः व्यवहार के करने के दौरान हुए ऋणात्मक पुनर्निवेशन (negative feedback) के आधार पर करता है।

सीखने के कुछ अनुप्रयुक्त पहलू (Some Applied Aspects of Learning)

सीखने के सिद्धान्तों, नियमों एवं तथ्यों को कई क्षेत्रों में उपयोग सम्बन्धित क्षेत्र की समस्याओं को दूर करने में किया गया है। अतः सीखने के कुछ अनुप्रयुक्त पहलू (applied aspects) भी हैं जिनमें यहाँ हम निम्नांकित पहलुओं पर विशेष रूप से ध्यान देंगे—

(क) सीखने का अधिगमन (learning to learn) या अधिगमन प्रवृत्ति (learning set)

(ख) अधिगमन वक्र (learning curve)

(ग) प्रशिक्षण या अधिगमन अंतरण (transfer of training or learning)

(घ) कार्यक्रमित सीखना (programmed learning)

(ङ) प्रसम्भाव्यता सीखना (probability learning)

इन सबों का वर्णन हम अलग-अलग अनुच्छेदों में करेंगे।

सीखने का अधिगमन (Learning to learn) या अधिगमन प्रवृत्ति (Learning set)

सीखने के क्षेत्र में अभी भी एक महत्त्वपूर्ण वाद-विवाद की बिन्दु निरंतरता बनाम अनिरंतरता (continuity versus noncontinuity) का है। निरंतरता का पहलू का सम्बन्ध इस बात से है कि सीखने की प्रक्रिया मन्द गति से उत्तरोत्तर बढ़ती (incremental) जाती है जबकि अनिरंतरता के पहलू का सम्बन्ध इस बात से होता है कि सीखने की प्रक्रिया 'सम्पूर्ण-या-कुछ नहीं' (all-or-none) ढंग से होती है अर्थात किसी प्रयास में सीखने की प्रक्रिया होगी या बिलकुल ही नहीं होगी। सच्चाई यह है कि ये दोनों पहलुओं में अभी वैधता (validity) बनी हुई है जैसा कि सीखने के अधिगमन (learning to learn) के क्षेत्र में किये गये प्रयोगों से स्पष्ट हुआ है।

सीखने का अधिगमन (learning to learn) से तात्पर्य इस बात से होता है कि जैसे-जैसे प्राणी अधिक-से-अधिक समस्याओं का समाधान करते जाता है, वह समस्या समाधान में पहले से अधिक निपुणता प्राप्त करते जाता है। दूसरे शब्दों

में, वह समस्या समाधान के मौलिक कौशलों को सीख लेता है। परिणामतः बाद में चलकर उसमें किसी समस्या के समाधान करने की तीव्र तत्परता विकसित हो जाती है। इसे हारलो (Harlow, 1949) ने *अधिगमन प्रवृत्ति* (learning set) कहा है। सीखने के अधिगमन में सबसे महत्त्वपूर्ण प्रयोग हारलो (Harlow, 1949) द्वारा बन्दर पर किया। इस प्रयोग में एक विशेष उपकरण जिसे *विसकोनसीन जेनरल टेस्ट उपकरण* (Wisconsin General Test Apparatus) कहा जाता है, का उपयोग किया गया (देखें चित्रः 5.18)। इस प्रयोग में बन्दर को कुल 344 विभेदन समस्याएँ (discrimination problems) दी गयीं जिसमें 32 अभ्यास की समस्याएँ थीं। प्रत्येक समस्या में उन्हें दो उद्दीपकों के बीच विभेदन करना था तथा उद्दीपकों को आकार, रंग, ऊँचाई आदि के ख्याल से एक समस्या से दूसरे समस्या में परिवर्तित किया जाता था। इन दो उद्दीपकों में से एक S^- तथा दूसरा S^+ होता था अर्थात् एक उद्दीपक के पीछे पुनर्बलन (reinforcement) छिपा होता था (S^+) तथा एक उद्दीपक के पीछे पुनर्बलन नहीं होता था (S^-)। हारलो के इस प्रयोग के परिणाम बड़े रोचक थे। परिणाम में देखा गया कि जैसे-जैसे बन्दरों द्वारा अधिक विभेदन समस्याओं का समाधान किया गया, उनमें इन समस्याओं को समाधान करने की एक सामान्य कौशल या निपुणता में वृद्धि होती गयी। इस तरह के सीखने को 'सीखने का अधिगमन' (learning to learn or learning how to learn) कहा गया है। इसे हारलो ने अधिगमन प्रवृत्ति (learning set) की संज्ञा दिया है। परिणाम के विश्लेषण में यह देखा गया कि विभेदन समस्याओं के प्रारम्भिक प्रयासों में बन्दरों द्वारा अधिक त्रुटियाँ हुई तथा एक समस्या से दूसरे समस्या तक जो उन्नति की दर थी, वह काफी मन्द थी। परंतु बाद के प्रयासों में देखा गया कि समस्या के सही समाधान में बन्दर ने एकाध त्रुटि किया या किसी-किसी प्रयास में तो एक भी त्रुटि नहीं किया। अन्तिम 56 समस्याओं के समाधान में द्वितीय प्रयास में ही करीब 95% सफलता उन्हें मिल गयी। ऐसा लगता था कि मानों वे 'जीतो-रूको, हारो-भागो' (win-stay, loose-shift) की योजना बनाकर कार्य करते थे। दूसरे शब्दों में, यदि वे पहले प्रयास में सही उद्दीपक का चयन कर लेते थे, तो वे अगले प्रयास में भी उसी का चयन करते थे परंतु यदि उनका पहला चयन गलत हो जाता था, तो वे अगलें प्रयास मे दूसरे वस्तु या उद्दीपक का चयन करते थे।

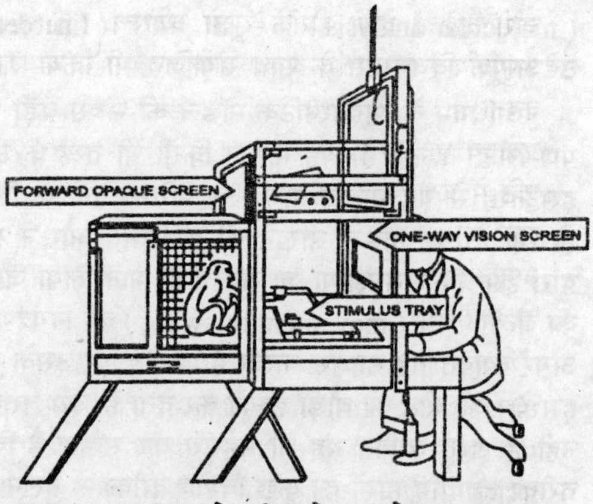

चित्र 5.18 : विसकोनसीन जेनरल टेस्ट उपकरण (Wisconsin General Test Apparatus)

उपर्युक्त परिणाम से यह स्पष्ट है कि सीखने के प्रारम्भिक प्रयासों में उन्नति का दर मन्द था तथा उसमें धीरे-धीरे बढ़ने की प्रवृत्ति (increment) देखी गयी। परंतु बाद के प्रयासों में उन्नति दर (improvement rate) काफी तीव्र था और **'सम्पूर्ण या बिलकुल नहीं'** (all-or-none) के पैटर्न पर था। **हारलो**[1] (Harlow, 1949) के शब्दों में हम इस निष्कर्ष पर पहुँचते हैं, *''विभेदन अधिगमन प्रवृत्ति के निर्माण के पहले एक प्रशिक्षण प्रयास से नाममात्र का लाभ होता है। विभेदन अधिगमन-प्रवृत्ति के निर्माण के बाद एक प्रशिक्षण प्रयास में समस्या का समाधान हो जाता है। इन आँकड़ों से स्पष्टतः यह पता चलता है कि पशु धीरे-धीरे सूझ विकसित कर लेता है।''*

हारलो ने अधिगमन प्रवृत्ति (learning set) की सैद्धान्तिक विश्लेषण (theoretical analysis) त्रुटि कारकों (error factors) के रूप में किया है। हारलो की मुख्य मान्यता (assumption) यह थी कि जब प्राणी उन अनुक्रिया प्रवृत्तियों का त्याग करता है जिनसे विभेदन समस्या के समाधान में त्रुटि होते हैं, तो इससे अधिगमन प्रवृत्ति (learning set) का विकास होता है। उन्होंने चार तरह के ऐसे त्रुटियों का जिक्र किया है—*स्थान पसंदगी* (position preference), *उद्दीपक संतनन* (stimulus preservation) *विभेदी संकेत* (differential cue) तथा *अनुक्रिया अन्तरण* (response shift)। ये

1. "Before the formation of a discrimination learning set, a single training trial produces negligible gain. After the formation of a discrimination learning set, a single training trial constitutes solution. These data clearly show that animal can gradually learn insight."

—Harlow : The formation of learning set, *Psychological Review,* 1949, p. 561.

चारों त्रुटियाँ ऐसी होती हैं जो प्रयोज्य (subject) में ऐसी अनुक्रिया प्रवृत्ति उत्पन्न करती है जिससे प्राणी गलत अनुक्रियाएँ करता है। जब प्रयोज्य प्रयोग में बायाँ या दायाँ किसी भी एक स्थान पर रखे गये वस्तुओं को ही चयन सदा करता है, तो इस तरह की त्रुटि को स्थान पसंदगी (preference) की त्रुटि कहा जाता है। उद्दीपक सतनन की त्रुटि में प्रयोज्य एक ही उद्दीपक या वस्तु को बार-बार चुनता है हालाँकि वह उद्दीपक गलत (S^-) होता है। अनुक्रिया अन्तर की त्रुटि में प्रयोज्य उत्सुकतावश अपनी अनुक्रिया में परिवर्तन कर देता है, हालाँकि उसके द्वारा की जा रही पहली अनुक्रिया सही थी। विभेदी संकेत (differential cue) में प्रयोज्य एक विशेष संकेत (जैसे रंग या आकार आदि) को सारी अनुक्रिया का आधार बना लेता है परंतु बाद में जब वह संकेत का उपयोग कर अनुक्रिया करता है, तो वह अनुक्रिया गलत हो जाती है।

हारलो के अनुसार सही अनुक्रिया की शक्ति में वृद्धि होना सीखना नहीं कहलाता है बल्कि विभिन्न तरह की त्रुटियों की शक्ति को कम करने की प्रक्रिया को ही सीखना कहा जाता है। हारलो के अनुसार प्रारम्भिक प्रयासों में सीखने की गति मंद इसलिए होती है क्योंकि इसमें त्रुटि कारकों के निष्कासन (elimination) को प्राथमिकता दी जाती है तथा बाद के प्रयासों में सीखने की गति में तेजी से वृद्धि इसलिए होती है क्योंकि उसमें प्राणी त्रुटि निष्कासन की योजना को इस तरह सीख लिया होता है कि उसे सफलतापूर्वक विभिन्न विभेदन व्यवस्थाओं के समाधान में सही-सही उपयोग कर लेता है।

अधिगमन प्रवृत्ति के प्रकार (*Types of learning set*)—मनोवैज्ञानिकों द्वारा किये गए प्रयोगों से स्पष्ट हुआ कि अधिगमन प्रवृत्ति के कई प्रकार हैं और अधिगमन प्रवृत्ति का निर्माण सिर्फ बन्दरों तक ही सीमित नहीं है बल्कि यह चूहों, रैकून (racoon) डौलफिन्स (dolphins) तथा मनुष्यों में भी आसानी से विकसित होता है। अधिगमन प्रवृत्ति के निम्नांकित तीन प्रमुख प्रकार होते हैं—

(क) वस्तु-गुण अधिगमन प्रवृत्ति (object-quality learning set)

(ख) विभेदी-प्रतिक्रमी अधिगमन प्रवृत्ति (discrimination-reversal learning set)

(ग) अनुक्रिया-अंतरण अधिगमन प्रवृत्ति (response-shift learning set)

इन तीनों का वर्णन निम्नांकित हैं—

(क) वस्तु-गुण अधिगमन प्रवृत्ति (*object-quality learning set*)—वस्तु-गुण अधिगमन प्रवृत्ति एक सरल अधिगमन प्रवृत्ति है जिसमें प्राणी वस्तुओं के गुणों अर्थात् उसके रंग, आकार, ऊँचाई आदि के आधार पर समस्या के समाधान का कौशल (skill) विकसित करता है। हारलो (Harlow, 1949) द्वारा किया गया उक्त प्रयोग में बन्दर जो अधिगमन प्रवृत्ति विकसित करता है, वस्तु-गुण अधिगमन प्रवृत्ति का उदाहरण है।

(ख) विभेदी-प्रतिक्रमी अधिगमन प्रवृत्ति (*discrimination-reversal learning set*)—इस तरह के अधिगमन प्रवृत्ति में प्राणी को पहले दो उद्दीपकों के बीच साधारण विभेदन करना सीखना होता है और इसके बाद उद्दीपकों की स्थिति को उल्टा कर दिया जाता है अर्थात् जो उद्दीपक पहले S^- था उसे अब S^+ कर दिया जाता है। इस तरह के पलटाव के अनुरूप प्राणी भी अपनी अनुक्रिया में परिवर्तन करना सीख लेता है। हारलो (Harlow, 1950) ने एक-दूसरे प्रयोग में इस तरह का विभेदी प्रतिक्रमी अधिगमन प्रवृत्ति के होने का स्पष्ट सबूत पाया है। इस प्रयोग में कुल 122 समस्याएँ थी और प्रत्येक समस्या के लिए 27 प्रयास दिये गए जिसमें बंदरों को दो उद्दीपकों के बीच साधारण विभेद करना सीखलाया गया। इसके बाद प्रत्येक समस्या पर 8 और प्रयास दिये गए जिसमें उद्दीपकों को पलटकर बन्दर के सामने रखा गया। पहले जो उद्दीपक गलत था उसे अब सही उद्दीपक के रूप में उपस्थित किया गया। यहाँ पशु को आगे की प्रयासों में सफलता पाने के लिए पहले के उद्दीपक के चुनने पर पुनर्बलन का न मिलने को एक संकेत के रूप में सीखना था। परिणाम में देखा गया कि 122 समस्याओं के समाधान के अंतिम चरण में पहुँचते-पहुँचते बन्दर बिना किसी प्रकार की त्रुटि किये समस्या का समाधान कर लेते थे। कहने का तात्पर्य यह है कि इस अवस्था तक पहुँचते-पहुँचते पशु में विभेदी-प्रतिक्रमी अधिगमन प्रवृत्ति (learning set) विकसित हो गयी थी।

(ग) अनुक्रिया-अंतरण अधिगमन प्रवृत्ति (*response-shift learning set*)—यह अधिगमन-प्रवृत्ति कुछ विभेदी-प्रतिक्रमी अधिगमन प्रवृत्ति के ही समान है। इस तरह के अधिगमन प्रवृत्ति को विकसित करने के लिए जो प्रयोगात्मक परिस्थिति होती है, वह कुछ इस प्रकार की होती है—बन्दर (या प्रयोज्य) को पहले प्रयास में दो उद्दीपक उपस्थित किया जाता है और इसमें से जो भी उद्दीपक के प्रति वह अनुक्रिया करता है, उसे पुनर्बलन (reinforcement)

दिया जाता है। दूसरे प्रयास में उसे तब पुनर्बलन दिया जाता है जब वह अनुक्रिया बाकी दूसरे उद्दीपक के प्रति किया हो। ब्राऊन एवं मैकडोवेल (Brown & McDowell, 1963), किन्ज एवं फोस्टर (Kintz & Foster, 1964) ने अपने-अपने प्रयोगों में पाये कि ऐसी परिस्थिति में पशु द्वारा सीखने की दर पहले धीमी होती है परंतु बाद में सीखना की दर तेज हो जाती है और वह अधिकतर प्रयासों में बिना त्रुटि किये ही सही अनुक्रिया करना सीख लेता है। स्पष्ट हुआ कि अनुक्रिया अंतरण अधिगमन प्रवृत्ति में प्राणी पहला प्रयास में जो पहली अनुक्रिया करता है, दूसरे प्रयास में वह क्या करेगा, उसे संकेत के रूप में उसे सीखना होता है। विभेदी प्रतिक्रमी अधिगमन प्रवृत्ति में प्राणी अनुक्रिया के परिणाम अर्थात पहले के समान अनुक्रिया करने पर पुनर्बलन का नहीं मिलना को एक संकेत के रूप सीखता है और उसी के आधार पर उसे अपनी अनुक्रिया में परिवर्तन करना होता है।

स्पष्ट हुआ कि अधिगमन प्रवृत्ति (learning set) के कई प्रकार है। इन प्रमुख प्रकारों के अलावा भी कई प्रकार हैं जिन्हें कई अध्ययनों में पाया गया है। उन सभी तरह के प्रवृत्तियों का वर्णन यहाँ इस पुस्तक के स्वरूप को ध्यान में रखकर सम्भव नहीं है।

प्रशिक्षण या अधिगमन अंतरण
(Transfer of Training or Learning)

प्रशिक्षण या अधिगमन अंतरण (transfer of training or learning) एक महत्त्वपूर्ण सम्प्रत्यय (concept) है जिसपर प्रयोगात्मक मनोवैज्ञानिकों ने बहुत सारे शोध एवं प्रयोग किया है। प्रशिक्षण या अधिगमन अंतरण से तात्पर्य पहले सीखे गये कौशल (skills) का वर्तमान कौशल को सीखने पर पड़ने वाले प्रभाव से होता है। जैसे, यदि कोई व्यक्ति ट्रक चलाना सीखकर कार चलाना सीखता हो तो ट्रक चलाना सीखने से यदि कार चलाना सीखने की प्रक्रिया प्रभावित होती है, तो इसे प्रशिक्षण या अधिगमन अंतरण (transfer of training) की संज्ञा दी जाती है। **विट्टेकर**[1] (Whittaker, 1970) ने अधिगमन अंतरण को इस प्रकार परिभाषित किया है, *''प्रशिक्षण के अंतरण से तात्पर्य किसी एक कौशल या विषय वस्तु के सीखने का किसी दूसरे कौशल या विषय-वस्तु के सीखने पर पड़ने वाले प्रभाव से होता है।''*

इस परिभाषा से यह स्पष्ट है कि प्रशिक्षण या सीखने के अंतरण में पहले सीखा गया कौशल बाद में सीखने जाने वाले कौशल पर एक प्रभाव डालता है। इस प्रभाव के स्वरूप के आलोक में प्रशिक्षण अंतरण के निम्नांकित तीन स्वरूप होते हैं—

(i) धनात्मक अंतरण *(Positive transfer)*—जब पहले सीखे गये कौशल (skill) या विषय-वस्तु से नये कौशल या विषय-वस्तु को सीखने में सहायता मिलती है, तो इसे धनात्मक अंतरण (positive transfer) कहा जाता है। जैसे, यदि किसी व्यक्ति को हिन्दी भाषा सीखने के बाद भोजपुरी भाषा को सीखने में उससे मदद मिलती है, तो यह धनात्मक अंतरण (positive transfer) का उदहारण होगा।

(ii) ऋणात्मक अंतरण *(Negative transfer)*—जब पहले सीखे गये कौशल या विषय-वस्तु से नये कौशल या विषय-वस्तु को सीखने में बाधा पहुँचती है, तो इसे ऋणात्मक अंतरण (negative transfer) कहा जाता है। जैसे कोई संस्कृत भाषा सीखकर अंग्रेजी भाषा सीखने में यदि एक तरह की कठिनाई या बाधा महसूस करता है, तो यह ऋणात्मक अंतरण (negative transfer) का उदाहरण होगा। जनवरी महीने में जब साल की शुरूआत होती है, तो व्यक्ति प्रायः तिथि लिखते समय पुराने वर्ष को ही लिख देता है। यह भी ऋणात्मक अंतरण (negative transfer) का उदाहरण है जो आदत-सम्बन्धी बाधा (habit intereference) के बारे में सूचना देता है।

(iii) शून्य अंतरण *(Zero transfer)*—जब पहले सीखे गये कौशल का प्रभाव वर्तमान कौशल के सीखने पर न तो धनात्मक और न ही ऋणात्मक होता है, तो इस शून्य अंतरण (zero transfer) कहा जाता है।

अंतरण के कुछ विशिष्ट प्रकार *(Some specific types of transfer)*—अंतरण के कुछ विशिष्ट प्रकारों का वर्णन मनोवैज्ञानिकों द्वारा किया गया है, जिनमें निम्नांकित प्रमुख हैं—

---

1. "Transfer of training refers to the effect of learning a skill or piece of subject-matter on the learning of another skill or subject-matter."
—Whittaker : *Introduction to Psychology,* 1970 p. 665

1. पार्श्वीय अंतरण (lateral transfer)
2. अनुलम्ब अंतरण (vertical transfer)
3. अनुक्रिया अंतरण (sequential transfer)
4. समस्तर अंतरण (horizontal transfer)
5. द्विपार्श्वीय अंतरण या क्रॉस शिक्षा (bilateral transfer or cross education)

इन सभी अंतरण का वर्णन निम्नांकित है—

1. पार्श्वीय अंतरण (*Lateral transfer*)—पार्श्वीय अंतरण एक ऐसा अंतरण है जिसमें सीखे गए कौशल का अंतरण एक ऐसी परिस्थिति में या ऐसे विषय के सीखने में होता है जो उसी स्तर का होता है। जैसे यदि कोई शिशु को यह सिखलाया जाता है कि 8-2 = 6 है और घर पर आकर वह पहले से रखे आठ अंडों में से 2 अंडा को निकाल लेने पर यह समझता है कि अब उसमें मात्र 6 अंडे ही रहे होंगे, तो यह पार्श्वीय अंतरण का उदाहरण होगा।

2. अनुलम्ब अंतरण (*Vertical transfer*)—अनुलम्ब अंतरण वैसे अन्तर को कहा जाता है जिसमें सीखे गए कौशल का अंतरण उच्च स्तर (high level) के कौशल को सीखने में होता है। गेगनी (Gagne, 1978) ने इस तरह के अंतरण को सीढ़ी पर ऊपर की ओर चढ़ने के समान की प्रक्रिया माना है। जैसे, यदि शिक्षक छात्र को यह सीखलाते हैं कि किसी अंक में शून्य (zero) से गुणा करने पर उत्तर हमेशा शून्य होता है और यदि वह इस नियम को समझकर कोई ऐसा जटिल अंकगणितीय समस्या का समाधान कर पाता है जिसमें उस नियम को स्पष्ट उपयोग होता हो, तो यह अनुलम्ब अंतरण (vertical transfer) का उदाहरण होगा। जैसे, यदि कोई छात्र, 5× . 205 × 2.22 × 0 = ? तुरंत बता देता है कि इसका उत्तर शून्य होगा तो यह एक अनुलम्ब अंतरण का उदाहरण होगा।

3. अनुक्रिया अंतरण (*Sequential transfer*)—विषयों या पाठों को एक क्रम में सीखने के बाद किसी नयी विषय या नए कौशल को सीखने में पड़ने वाले प्रभाव को अनुक्रमिक सीखना (sequential learning) कहा जाता है। अनुक्रमिक सीखना में अंतरण (transfer) धनात्मक ही होता है। जैसे, यदि छात्र जोड़, घटाव तथा गुणा सीखकर भाग देने (division) की प्रक्रिया को सीखता है, तो उसे पहले तीन तरह के कौशलों को क्रम में सीखने से भाग देने की प्रक्रिया को सीखने में एक तरह की मदद मिलेगी। इस ढंग का अंतरण अनुक्रमिक अंतरण का उदाहरण है।

4. समस्तर अंतरण (*Horizontal transfer*)—समस्तर अंतरण वैसे अंतरण को कहा जाता है जिसमें सीखे गए कौशल का अंतरण, समान स्तरीय कौशल को सीखने में होता है। पार्श्वीय अंतरण (lateral transfer) तथा अनुक्रमिक अंतरण (sequential transfer) एक तरह का समस्तर अंतरण (horizontal transfer) का उदहारण है।

5. द्विपार्श्वीय अंतरण या क्रॉस शिक्षा (*Bilateral transfer or Cross education*)—मानव शरीर के दो समान पार्श्वीय भाग (lateral aspects) है—बायाँ (left) तथा दायाँ (right)। जब शरीर के बाएँ अंग से सीखे गए कौशल का अंतरण स्वतः दाएँ अंग के सीखने पर या दाएँ अंग से सीखे गए कौशल का अंतरण स्वतः बाएँ भाग से सीखने पर होता है तो उसे *द्विपार्श्वीय अंतरण* (bilateral transfer) कहा जाता है। इसे *क्रॉस शिक्षा* (cross education) भी कहा जाता है। हमलोगों में से अधिकतर दाएँ हाथ से ही लिखते हैं। परन्तु ऐसे लोगों को यदि बाएँ हाथ से लिखने के लिए कहा जाये तो ऐसा करने में वे समर्थ अवश्य होंगे भले ही लिखने में समय अधिक लगे तथा लिखावट की सुंदरता अधिक न हो। यह एक द्विपार्श्वीय अंतरण (bilateral transfer) का उदारहण होगा।

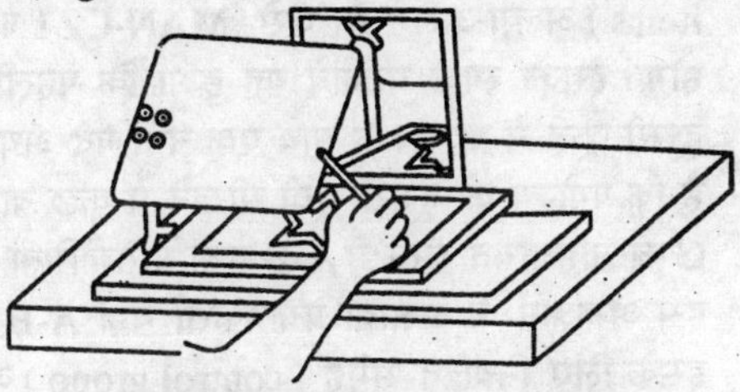

चित्र 5.19 : दर्पण आरेखण उपकरण
(Mirror drawing apparatus)

प्रयोगशाला में द्विपार्श्वीय अंतरण का अध्ययन करने के लिए कई तरह के प्रयोग किये जाते हैं जिसमें दर्पण-आरेखण उपकरण (mirror-drawing apparatus) पर किया गया प्रयोग विशेष रूप से उल्लेखनीय है। इस प्रयोग में तारे जैसे बने हुए चित्र के प्रतिबिम्ब को दर्पण (mirror) में देखकर उसके बीचोंबीच रेखा खींचना या उसी के समान चित्र बनाना होता है। (चित्र 5.19 देखें)। इस ढंग का कार्य स्पष्टतः एक संवेदी-क्रियात्मक सीखना (sensory-motor learning) का उदाहरण है। इस संदर्भ में स्टार्च (Starch, 1910) द्वारा किया गया प्रयोग विशेष रूप से उल्लेखनीय है। इस प्रयोग का

उद्देश्य यह देखना था कि तारा के समान एक चित्र की छवि को दर्पण में देखकर ठीक उसी तरह के चित्र दाहिने हाथ से बनाने का अभ्यास का प्रभाव बाएँ हाथ से उसी क्रिया को सीखने में पड़ता है या नहीं। उन्होंने अपने प्रयोज्य (subject) को पहले बाएँ हाथ से चित्र खींचने के लिए कहा और उसमें लगे समय एवं त्रुटि (error) को लिख लिया गया। इसके बाद प्रयोज्य ने दाएँ हाथ से उस चित्र को दर्पण में उसका छवि देखते हुए खींचने का काफी प्रयासों तक अभ्यास किया। इसके बाद प्रयोज्य ने पुनः बाएँ हाथ से चित्र खींचा और इसमें लगे समय एवं त्रुटियों को लिख लिया गया। परिणाम में देखा गया कि बाएँ हाथ से दोबारा चित्र खींचने पर प्रयोज्य ने पहले की अपेक्षा कम समय लिया तथा कम त्रुटि किया। इसका मतलब यह हुआ कि दाएँ हाथ द्वारा प्रशिक्षण का धनात्मक अंतरण बाएँ हाथ से चित्र खींचने में हुआ। मनोवैज्ञानिकों ने इस ढंग के अंतरण (transfer) को द्विपार्श्वीय अंतरण (bilateral transfer) की संज्ञा दी है।

स्पष्ट हुआ कि प्रशिक्षण अंतरण के कई प्रकार है जिनका अध्ययन मनोवैज्ञानिकों द्वारा किया गया है।

अंतरण डिजाइन : विशिष्ट तथा अविशिष्ट या सामान्य अंतरण
(Transfer Design : Specific Transfer and Nonspecific or General Transfer)

शाब्दिक या मौखिक सीखना (verbal learning) के बारे में एक सबसे महत्त्वपूर्ण तथ्य यह है कि वर्तमान सीखना पर पहले सीखे गये एकांशों (item) का प्रभाव पड़ता है। इस तथ्य का अध्ययन अंतरण प्रयोगों (transfer experiments) द्वारा किया है जिसमें पहले का सीखना तथा बाद का सीखना दोनों ही प्रयोगशाला के नियंत्रण में पूर्णरूपेण होते है। अंतरण प्रयोगों का मूल उद्देश्य इस बात का अध्ययन करना होता है कि किस तरह से पहले का अनुभव या सीखना बाद के सीखना को प्रभावित करता है। थोड़े देर के लिए मान लिया जाए कि प्रयोगकर्त्ता एक युग्मित-सहचर सूची के सीखने का प्रभाव दूसरे युग्मित-सहचर सूची के सीखने पर क्या पड़ता है, इसका अध्ययन करना चाहता है। ऐसी परिस्थिति में मौलिक अंतरण डिजाइन (basic transfer design) इस प्रकार होगा—

Conditions	**First task**	**Second task**
Experimental	A-B	A-C
Control	—	A-C

इस डिजाइन के अनुसार प्रयोग में दो समूह होंगे जो आपस में तुल्य (equivalent) होंगे। पहला समूह प्रयोगात्मक समूह होगा तथा दूसरा समूह नियंत्रित समूह होगा। प्रयोगात्मक समूह-युग्मित सहचर सूची (A-B सूची) को पहले सीखेगा और उसके बाद वह दूसरा युग्गित-सहचर सूची (A-C) सीखेगा। A-B, A-C सूची का मतलब यह हुआ कि दोनों सूची के A पद अर्थात् उद्दीपक एकांश (stimulus items) एक ही है परंतु उनका B पद अर्थात अनुक्रिया एकांश (response items) अलग-अलग है। जैसे, MAN-CZT पहली सूची का यदि कोई एकांश है तों दूसरी सूची में यह MAN-KLX होगा। इसका स्पष्ट मतलब यह हुआ कि पहली सूची में प्रयोज्य को MAN के साथ CZT को साहचर्यित करना था तो दूसरी सूची में MAN के साथ एक नया पद अर्थात KLX को साहचर्यित करना है। अन्तर्ज्ञान (intuition) यहाँ यह कहता है कि प्रयोज्य को दूसरी सूची सीखने में कुछ बाधा पहुँचेगी क्योंकि A-B सूची सीखने के बाद फिर प्रयोज्य को A के साथ C का साहचर्यित करने में A-B सूची प्रतियोगिता करेगी। ऐसी परिस्थिति में ऋणात्मक अंतरण (negative transfer) होगा। इस अन्तर्ज्ञान के अलावा प्रयोगकर्त्ता यहाँ A-B सूची का A-C सूची के सीखने पर पड़ने वाले प्रभाव को मापना चाहेगा। इसके लिए नियंत्रित समूह (control group) की आवश्यकता पड़ती है। नियंत्रित समूह सिर्फ A-C सूची सीखेगा परंतु A-B सूची नहीं सीखेगा। प्रयोगकर्त्ता अब यहाँ तुलना करेगा कि दोनों में से कौन समूह A-C सूची को आसानी से सीखता है। अगर प्रयोगात्मक समूह नियंत्रित समूह की तुलना में A-C सूची को जल्द सीख लेता है, तो इस तरह के अंतरण को धनात्मक अंतरण (positive transfer) कहा जाता है तथा जब A-C सूची पर उसका निष्पादन (performance) खराब हो जाता है, तो कहा जाता है कि यह ऋणात्मक अंतरण (negative transfer) हो रहा है।

अंतरण प्रयोगों (transfer experiments) में विशिष्ट अंतरण (specific transfer) तथा अविशिष्ट या सामान्य अंतरण (nonspecific or general transfer) में अन्तर किया जाता है। विशिष्ट अंतरण (specific transfer) से तात्पर्य वैसे अंतरण से होता है जो विशिष्ट कारक जैसे उद्दीपक समानता (stimulus similarity), अनुक्रिया समानता (response similarity), उद्दीपक विभिन्नता (stimulus differences), अनुक्रिया विभिन्नता (response differentiation) आदि के कारण होता है। अविशिष्ट अंतरण (nonspecific transfer) या जिसे सामान्य अंतरण (general transfer) भी कहा जाता है, से तात्पर्य वैसे अंतरण से होता है जिसकी उत्पत्ति किसी विशिष्ट कारक से नहीं होती है। यह एक तरह का सामान्य श्रेणी का अंतरण होता है जहाँ कोई स्पष्ट एवं विशिष्ट कारक की पहचान नहीं हो सकती है। मनोवैज्ञानिकों ने दो तरह के अविशिष्ट या सामान्य अंतरण की चर्चा की है जो अंतरण प्रयोगों में प्रायः देखने को मिलता है—*सरगर्मी* (warm up) तथा *सीखने का अधिगमन*[1] (learning to learn)। सरगर्मी (warm up) से तात्पर्य सीखने के एकांशों (items), उपकरण, परिस्थिति आदि के साथ समायोजन (adjustment) से होता है जो आरम्भिक प्रयासों में होता है तथा कुछ अभ्यास हो जाने के बाद अपने आप समाप्त हो जाता है। सीखने का अधिगमन से तात्पर्य सीखने के मौलिक कौशल (basic skills), उत्तम विधि, उपाय आदि को सीखने से होता है जो अभ्यास के साथ व्यक्ति में विकसित होता है। इससे व्यक्ति में एक तरह का स्थायी परिवर्तन होता है। अतः सरगर्मी (warm up) एवं सीखने के अधिगमन में मौलिक अन्तर सामयिक निरन्तरता (temporal persistence) के ख्याल से है। सरगर्मी का प्रभाव अस्थायी होता है। जैसे ही अभ्यास समाप्त होता है, सरगर्मी के प्रभाव से होने वाला लाभ भी तेजी से समाप्त हो जाता है। परंतु सीखने के अधिगमन का प्रभाव अधिक स्थायी होता है। जब व्यक्ति किसी पाठ को सीखने के लिए मौलिक, कुशल विधि तथा उपाय ढूँढ लेता है, तो वह उसे सदा याद रखता है और उसका उपयोग करते रहता है।

अब हम लोग A-B, A-C रूपावली (paradigm) जिसकी चर्चा ऊपर की गयी है, पर ध्यान दें और देखें कि इसमें विशिष्ट अंतरण (specific transfer) तथा अविशिष्ट अंतरण (nonspecific transfer) का स्वरूप क्या है? क्या ये दोनों तरह के अंतरण इसमें सम्मिलित हैं? यदि हाँ तो कैसे और उसका क्या प्रभाव समग्र अंतरण (overall transfer) पर पड़ रहा है? प्रयोगात्मक समूह में A-C सीखने के दौरान A-B सूची के B अनुक्रिया एकांशों से एक तरह का बाधा पहुँचती है। इस तरह के अंतरण को विशिष्ट अंतरण (specific transfer) कहा जाता है। यहाँ विशिष्ट प्रथम-सूची साहचर्य का प्रभाव विशिष्ट दूसरी सूची साहचर्य के निर्माण पर पड़ रहा है। इस रूपावली में यह अंतरण ऋणात्मक (negative) है। कुछ अन्य परिस्थिति में विशिष्ट अंतरण (specific transfer) धनात्मक (positive) हो सकता है। जैसे, A-B, A-B में जहाँ दूसरी सूची का अनुक्रिया पद पहली सूची की अनुक्रिया पद के समान होता है, विशिष्ट अंतरण धनात्मक होता है। A-B, A-C रूपावली में अविशिष्ट अंतरण (nonspecific transfer) भी होते हैं। दूसरे शब्दों में, इसमें सरगर्मी (warm up) तथा सीखने का अधिगमन (learning to learn) दोनों ही सम्मिलित होता है। A-C सूची के सीखने में प्रयोगात्मक समूह को नियंत्रित समूह की तुलना में एक अर्थ में विशेष लाभ यह होता है कि प्रयोगात्मक समूह चूँकि A-B सूची को पहले सीख चुका होता है, अतः उसे पहले से पता होता है कि उसे क्या सीखने के लिए दिया जाएगा। ऐसे एकांशों को सीखने में कौन-सा तरीका अधिक उपयुक्त होता है तथा किस तरह से ऐसे एकांशों को ठीक ढंग से धारण करना चाहिए, आदि आदि। इस तरह से प्रयोगात्मक समूह में सीखने का अधिगमन (learning to learn) की प्रक्रिया होती है जबकि नियंत्रित समूह इससे वंचित रह जाता है क्योंकि वह A-C सूची को सीखने के पहले किसी भी अन्य सूची को नहीं सीखा है। इसके अतिरिक्त प्रयोगात्मक समूह के प्रयोज्य A-C सूची सीखने के प्रारम्भ में ही पहली से सरगर्मी बना रखे होते हैं क्योंकि उनके युग्मित सहचर सूची को सीखने का संवेदी, मुद्रात्मक (postural) तथा विशेष मानसिक तत्परता A-B सूची को सीखने के दौरान बन चुका होता है। नियंत्रित समूह के प्रयोज्यों में ये दोनों तरह के अविशिष्ट अंतरण नहीं होते हैं।

उपर्युक्त A-B, A-C रूपावली में यह स्पष्ट है कि इसके प्रयोगात्मक समूह में दो तरह के अंतरण प्रभाव होते हैं। एक है ऋणात्मक विशिष्ट अंतरण (negative specific transfer) जो A-B तथा A-C सूची के साहचर्यों के बीच प्रतियोगिता (competition) के कारण उत्पन्न होता है तथा दूसरा है धनात्मक अविशिष्ट अंतरण (positive nonspecific transfer) जो सरगर्मी (warm up) तथा सीखने के अधिगमन (learning to learn) से सम्बन्धित है। A-B, A-C में समग्र अंतरण (overall transfer) का निर्धारण उक्त दोनों तरह के अंतरण (trransfer) द्वारा होगा।

अब थोड़े देर के लिए मान लिया जाए कि हमलोग मात्र विशिष्ट अंतरण (specific transfer) का ही अध्ययन करना चाहते हैं। दूसरे शब्दों में, अविशिष्ट अंतरण (nonspecific factor) को नियंत्रित करके मात्र विशिष्ट अंतरण का

1. सीखने के अधिगमन (learning to learn) की विशेष चर्चा इसी अध्याय में अलग से पहले की गयी है। विस्तृत जानकारी के लिए उसे देखा जा सकता है।

अध्ययन करना चाहते हैं। अगर ऐसी परिस्थिति में उक्त डिजाइन का उपयोग करते हैं, तो ऋणात्मक विशिष्ट अंतरण (negative specific transfer) की मात्रा को हमलोग एक तरह से न्यूनाकलन (underestimate) कर बैठेंगे क्योंकि ऋणात्मक अंतरण की मात्रा आंशिक रूप से प्रयोगात्मक समूह को धनात्मक अविशिष्ट अंतरण (positive nonspecific transfer) से मिलने वाला फायदा या लाभ के कारण निश्चित रूप से घट जायेगा। उक्त डिजाइन में नियंत्रित समूह को तो धनात्मक अविशिष्ट अंतरण का लाभ मिलता ही नहीं है। अतः ऐसी परिस्थिति में हमें एक वैकल्पिक डिजाइन (alternative design) तैयार करना होगा जिसमें अविशिष्ट अंतरण के मामले में प्रयोगात्मक समूह तथा नियंत्रित समूह समान हो परंतु विशिष्ट अंतरण के मामले में असमान हो। इसका डिजाइन इस प्रकार होगा—

Conditions	First task	Second task
Experimental	A-B	A-C
Control	B-D	A-C

उक्त डिजाइन में नियंत्रित समूह पहले B-D सूची को सीखता है जो A-C सूची से पूर्णतः भिन्न है। अतः नियंत्रित समूह इस डिजाइन में किसी तरह के विशिष्ट अंतरण से मुक्त होता है परंतु इसमें अविशिष्ट अंतरण (nonspecific transfer) सम्मिलित होता है क्योंकि नियंत्रित समूह को सरगर्मी (warm up) तथा सीखने का अधिगमन (learning to learn) के लिए पर्याप्त अवसर (B-D सूची के दौरान) प्रयोगात्मक समूह के समान ही मिलता है। अतः उक्त डिजाइन में अविशिष्ट अंतरण के ख्याल से प्रयोगात्मक समूह तथा नियंत्रित समूह दोनों ही तुल्य या समान है परंतु विशिष्ट अंतरण के ख्याल से असमान है क्योंकि विशिष्ट अंतरण का मौका सिर्फ प्रयोगात्मक समूह को (दोनों सूचियों के 'A' पदों के समानता के कारण) मिल पा रहा है नियंत्रित समूह को नहीं। अतः A-C सूची के सीखने में प्रयोगात्मक समूह तथा नियंत्रित समूह में जो अंतरण होगा, वह स्पष्टतः सिर्फ विशिष्ट अंतरण (specific transfer) के कारण ही होगा।

विशिष्ट अंतरण: समानता प्रभाव
(Specific Transfer : Similarity Effect)

जैसा कि हम जानते हैं, विशिष्ट अंतरण (specific transfer) से तात्पर्य वैसे अंतरण से होता है जिसकी उत्पत्ति का स्रोत एक स्पष्ट एवं विशिष्ट कारक होता है। प्रयोगात्मक मनोवैज्ञानिकों ने इन विशिष्ट कारकों में समानता कारक (similarity factors) के महत्त्व पर सबसे अधिक बल डाला है। ऐसे प्रयोगों में प्रायः युग्मित सहचर विधि (paired associate method) का ही उपयोग अधिक किया गया है क्योंकि यह एक ऐसी विधि है जिसमें उद्दीपक (stimulus) तथा अनुक्रियाओं की समानताओं (similarity) में स्वतंत्र जोड़-तोड़ या परिवर्तन (manipulation) सम्भव हो पाता है। विशिष्ट अंतरण (specific transfer) के अध्ययनों में पाँच तरह के प्रयोगात्मक रूपावली (experimental paradigm) युग्मित सहचर विधि (paired associate learning) पर आधारित है। उन सभी पाँचों प्रयोगात्मक रूपावली का वर्णन निम्नांकित है।

1. A-B, C-D
2. A-B, A-B'
3. A-B, A-D
4. A-B, C-B
5. A-B, A-Br

इन पाँचों प्रयोगात्मक रूपावली का वर्णन इस प्रकार है—

1. A-B, C-D—युग्मित सहचर का इस रूपावली (paradigm) में पहली सूची अर्थात A-B दूसरी सूची अर्थात C-D से पूर्णतः भिन्न हैं। MAN-CKT तथा EGG-LNP, इसका उदाहरण है। C-D के उद्दीपक एकांश (stimulus items) तथा अनुक्रिया एकांश (response item) दोनों ही A-B के उद्दीपक तथा अनुक्रिया एकांश से भिन्न है। विशिष्ट अंतरण के प्रयोग में A-B, C-D रूपावली का उपयोग नियंत्रित अवस्था (control condition) में किया जाता है तथा अविशिष्ट अंतरण के प्रभाव को नियंत्रित करने के लिए किया जाता है। चूँकि इसमें दूसरी सूची (C-D) पहली सूची (A-B) से पूर्णतः भिन्न होता है, अतः कोई विशिष्ट अंतरण तो नहीं हो पाता है परंतु अविशिष्ट अंतरण (nonspecific transfer) जैसे सरगर्मी (warm up) तथा सीखने का अधिगमन (learning to learn) आदि से होता है जिससे नियंत्रित

समूह प्रयोगात्मक समूह के तुल्य (इन दोनों आयामों पर) हो जाता है।

2. A-B, A-B'—युग्मित सहचर पर आधारित इस प्रयोगात्मक रुपावली में पहली सूची (A-B सूची) का उद्दीपक पद तथा दूसरी सूची (A-B) का उद्दीपक पद से बिलकुल ही समदृश (identical) होता है तथा दूसरी सूची का अनुक्रिया पद (B) भी पहली सूची के अनुक्रिया पद से अर्थ में या अन्य किसी ढंग में समान होता है। इसे उदाहरण द्वारा इस प्रकार समझाया जा सकता है।

First list	**Second list**
A-B	A-B
LKT-Afraid	LKT-Fearful
ZLK-Complete	ZLK-Whole

A-B', A-B' रूपावली में यदि पहली सूची तथा दूसरी सूची के अनुक्रिया पदों में अधिक समानता होगा, तो इससे धनात्मक अंतरण (positive transfer) होगा।

3. A-B, A-D—युग्मित सहचर पर आधारित इस प्रयोगात्मक रूपावली में पहली सूची (A-B सूची) का उद्दीपक पद तथा दूसरी सूची (A-D) का उद्दीपक पद एक समान होता है परंतु दोनों सूची के अनुक्रिया पद (response term) अलग-अलग होते हैं। इसका एक उदाहरण इस प्रकार है—

Frist list	**Second list**
A-B	A-D
LKT-MAN	LKT-LAW
ZLK-EGG	ZLK-DOG

जब प्रयोज्य प्रथम सूची को सीखकर दूसरे सूची को सीखता है तो इस बार उसे पुराने उद्दीपक पदों (stimulus term) के साथ नये अनुक्रिया पदों को साहचर्यित करना पड़ता है जिसमें सामान्यतः उसे कठिनाई होती है। अतः रूपावली से ऋणात्मक अंतरण (negative transfer) का अध्ययन हो पाता है।

4. A-B, C-B—युग्मित सहचर विधि पर आधारित इस प्रयोगात्मक रूपावली में पहली सूची (A-B) सूची का अनुक्रिया पद तथा दूसरी सूची (C-B सूची) का अनुक्रिया पद एक समान होता है परंतु इन दोनों सूची के उद्दीपक पद (stimulus term) भिन्न होते हैं। इसका एक उदाहरण इस प्रकार है—

First List	**Second list**
A-B	C-B
LKT-MAN	NCP-MAN
ZLK-EGG	QXD-EGG

जब प्रयोज्य प्रथम सूची को सीखकर दूसरे सूची को सीखता है, तो उसे भिन्न उद्दीपक के प्रति वही अनुक्रिया पदों को साहचर्यित करना पड़ता है जिससे वह पहली सूची में साहचर्यित किया था। इस कार्य में उसे पहले की अनुभूति से कुछ मदद मिलती है। फलतः इस रूपावली द्वारा धनात्मक अंतरण (positive transfer) का अध्ययन हो पाता है।

5. A-B, A-Br—युग्मित सहचर विधि पर आधारित इस प्रयोगात्मक रूपावली में पहली सूची (A-B सूची) का उद्दीपक पद तथा अनुक्रिया पद एवं दूसरी सूची (A-Br) के उद्दीपक तथा अनुक्रिया पद के समरूप ही होते हैं परंतु अन्तर इतना ही होता है कि दूसरी सूची के अनुक्रिया पदों को यादृच्छिक ढंग से (randomly) स्थान परिवर्तन कर दिया जाता है। इसका एक उदाहरण निम्नांकित ढंग से दिया जा सकता है—

First list	**Second list**
A-B	A-Br
LKT-MAN	LKT-DOG
ZLK-EGG	ZLK-MAD
PQC-DOG	PQC-MAN
TNL-MAD	TNL-EGG

इस रूपावली में दूसरी सूची सीखने में प्रयोज्य को पहली सूची के ही अनुक्रिया पदों को नये उद्दीपकों के साथ युग्मित करना सीखना होता है। इसलिए उन्हें प्रथम सूची के सीखने से उत्पन्न अनुभूति से दूसरी सूची को सीखने में बाधा पहुँचती है। इस तरह के रूपावली से अत्यधिक मात्रा में ऋणात्मक अंतरण (negative transfer) होता पाया गया है।

स्पष्ट हुआ विशिष्ट अंतरण (specific transfer) के अध्ययन के लिए कई तरह के प्रयोगात्मक डिजाइन (experimental design) विकसित किया गया है। इन सभी डिजाइनों का उभयनिष्ठ बिन्दु (common point) यह है कि ये सभी डिजाइनों में युग्मित सहचर विधि (paired associated learning) का उपयोग किया गया है।

अंतरण के तत्त्व
(Components of Transfer)

पहले सीखे गए पाठ या सूची बाद में सीखे गये पाठ या सूची के सीखने में मदद या बाधा कुछ भी उत्पन्न कर सकता है। यदि बाधा उत्पन्न करता है, तो इसे ऋणात्मक अंतरण (negative transfer) तथा मदद करता है, तो उसे धनात्मक अंतरण (positive transfer) कहा जाता है। मनोवैज्ञानिकों ने उन कारकों की पहचान करने की कोशिश किया है जिसके कारण धनात्मक या ऋणात्मक अंतरण होता है। उन कारकों को अंतरण का *तत्त्व* (components) कहा जाता है। चूँकि अंतरण का स्वरूप विशिष्ट (specific) तथा अविशिष्ट (nonspecific) या सामान्य दोनों हो सकता है, अतः मनोवैज्ञानिकों द्वारा अंतरण के दो तरह के तत्त्वों की पहचान की गयी हैं—

(क) अविशिष्ट तत्त्व (Nonspecific component)

(ख) विशिष्ट तत्त्व (Specific component)

(क) अविशिष्ट तत्त्व *(Nonspecific component)*—अविशिष्ट तत्त्व से तात्पर्य वैसे कारकों से होता है जिससे अविशिष्ट अंतरण (nonspecific transfer) होता है। इसमें *सरगर्मी* (warm up) तथा *सीखने का अधिगमन* (learning to learn) को रखा गया है जिसकी चर्चा पहले की जा चुकी है। इन दोनों तत्त्वों के क्रियाशील होने से जो अंतरण (transfer) होता है, उसका स्वरूप केवल धनात्मक (positive) होता है। दूसरे शब्दों में, इन तत्त्वों के क्रियाशील होने से कभी ऋणात्मक अंतरण (negative transfer) नहीं हो सकता है।

(ख) विशिष्ट तत्त्व *(Specific component)*—विशिष्ट तत्त्व से तात्पर्य वैसे कारकों से होता है जिससे विशिष्ट अंतरण (specific transfer) विशेषकर समानता/असमानता के कारण उत्पन्न अंतरण की व्याख्या होती है। विशिष्ट कारकों से उत्पन्न अंतरण का स्वरूप कभी धनात्मक (positive) होता है तो कभी ऋणात्मक (negative) होता है। प्रमुख विशिष्ट तत्त्व निम्नांकित है—

(i) उद्दीपक विभेदन (stimulus discrimination)
(ii) अनुक्रिया विभेदन (response discrimination)
(iii) सूची विभेदन (list differentiation)
(iv) अनुक्रिया अधिगमन (response learning)
(v) अग्रवर्ती साहचर्य (forward association)
(vi) पश्चगामी साहचर्य (backward association)

इस सबों का वर्णन इस प्रकार है—

(i) उद्दीपक विभेदन *(stimulus discrimination)*—उद्दीपक विभेदन से तात्पर्य युग्मित-सहचर सूची (paired associate learning) के उद्दीपक पदों (stimulus terms) के बीच अन्तर की पहचान से होता है। A-B, A-D रूपावली का उदाहरण लें। A-B सूची सीखते समय प्रयोज्य उद्दीपक पदों (A terms) के बीच-विभेदन करना सीखता है और उद्दीपकों के बीच यह सीखा हुआ विभेदन दूसरी सूची (A-D सूची) के उद्दीपक पदों को सीखते समय हस्तांरित हो जाता क्योंकि इस सूची का उद्दीपक पद समरूप (identical) है। अतः यहाँ धनात्मक अंतरण (positive transfer) होना चाहिए। उद्दीपक विभेदन (stimulus discrimination) से धनात्मक अंतरण हो सकता है, जैसे विचार का सबसे पहले-पहल गिब्सन (Gibson, 1940) द्वारा अध्ययन किया गया। इनका मत है कि यद्यपि ऐसे रूपावली, में नेट या वास्तविक

अंतरण ऋणात्मक होता है, फिर भी इसमें धनात्मक तत्त्व सम्मिलित होता है। बाद में किये गये प्रयोगों में से गिब्सन के विचार के पक्ष में बहुत कम संगत सबूत (consistent evidences) प्राप्त हो सके हैं। अंडरवुड (Underwood, 1966) के अनुसार यह कहा जाता है कि उद्दीपक विभेदन के तत्त्व को एक धनात्मक प्रभाव का कारक माना जा सकता है तथा यह तथ्य उन सभी रूपावलियों (paradigms) पर लागू होगा जहाँ दोनों सूचियों के उद्दीपक पद समरूप (identical) हों या जिसमें अत्यधिक समानता हो। परंतु धनात्मक प्रभाव या अंतरण की मात्रा कितनी होगी, इसे स्पष्ट नहीं किया जा सकता है। उद्दीपक विभेदन का यह तथ्य A-B, A-D के अलावा A-B, A-Br में भी पाया जाता है हालाँकि नेट या शुद्ध अंतरण साहचर्यात्मक अवरोधों के विभेदी प्रभाव के कारण धनात्मक न होकर ऋणात्मक ही होता है।

(ii) अनुक्रिया विभेदन *(response discrimination)*—उद्दीपक विभेदन के समान अनुक्रिया विभेदन (response discrimination) को भी धनात्मक अंतरण (positive transfer) का एक तत्त्व माना गया है। A-B, C-B रूपावली को लिया जाए। इस रूपावली के A-B सूची को सीखते समय प्रयोज्यों को अनुक्रिया पदों (अर्थात् B terms) के बीच अन्तर करना सीखना होता है। इसे ही अनुक्रिया विभेदन कहा जाता है। दूसरी सूची का अनुक्रिया पद (अर्थात् B terms) पहली सूची के अनुक्रिया पद के समान है इसलिए सीखा गया अनुक्रिया विभेदन का अंतरण पहली सूची से दूसरी सूची की परिस्थिति में होगा और इससे धनात्मक प्रभाव (positive effect) उत्पन्न होंगे। यह तथ्य उन सभी रूपावली के लिए सही होगा जिनके दोनों सूचियों के अनुक्रिया पद समरूप (identical) होंगे या दोनों में बहुत अधिक समानता होगी। अनुक्रिया विभेदन से उत्पन्न धनात्मक अंतरण का प्रयोगात्मक सत्यापन साल्ज (Saltz, 1961) के प्रयोग से प्राप्त होता है। इस तरह की अनुक्रिया विभेदन A-B, C-B, के अलावा A-B, A-B' तथा A-B, A-Br, में भी होता है हालाँकि A-B, A-Br में नेट या वास्तविक अंतरण धनात्मक न होकर ऋणात्मक होता है जिसका कारण साहचर्यात्मक अवरोधों (associative interferences) का विरोधी प्रभाव पड़ना होता है।

(iii) सूची भिन्नता *(list differentiation)*—पोस्टमैन (Postman, 1961) ने सूची विभेदन (list differentiation) को भी विशिष्ट अंतरण का एक प्रमुख तत्त्व माना है। एक सूची जैसे A-B सूची सीखकर यदि प्रयोज्य दूसरी सूची जैसे A-D सूची सीख रहा होता है तो ऐसी परिस्थिति में दूसरी सूची कहाँ तक पहली सूची से पूर्णतः भिन्न है इस पर अंतरण की मात्रा निर्भर करता है। इस उदाहरण में दोनों सूची के अनुक्रिया पद एक-दूसरे से भिन्न है जिसके कारण सूची विभिन्नता की घटना होगी और इस ख्याल से अंतरण धनात्मक होगा परंतु दोनों सूची के उद्दीपक पद समान हैं जिससे सूची विभिन्नता की घटना नहीं होगी और इससे अंतरण का स्वरूप ऋणात्मक होगा। (तालिका 7-A में देखें)। यदि उद्दीपक पद तथा अनुक्रिया पद दोनों ही काफी समान होते हैं, तो ऐसी परिस्थिति में सूची भिन्नता काफी कम होती है। सूची भिन्नता कम होने से संभ्रांति (confusion) बढ़ेगा और अंतरण का स्वरूप ऋणात्मक (negative) होगा।

(iv) अनुक्रिया अधिगम *(response learning)*—दो युग्मित सहचर सूची में पहली सूची की अनुक्रिया पद (response term) दूसरी सूची की अनुक्रिया पद से समान होता है, तो व्यक्ति को पहली सूची की अनुक्रिया पद का सीखना दूसरी सूची की अनुक्रिया पद को काफी मदद पहुँचाती है। इस तरह के सीखने को अनुक्रिया सीखना या अनुक्रिया (response learning) कहा जाता है। अनुक्रिया अधिगम अधिक मजबूत होने से ऋणात्मक अंतरण (negative transfer) की मात्रा में कमी आती है तथा धनात्मक अंतरण की मात्रा में वृद्धि होती है। इस तत्व पर उद्दीपक पदों की समानता का प्रभाव नहीं पड़ता है। A-B, A-B', A-B, C-B' तथा A-B, A-Br, में अनुक्रिया अधिगम (response learning) का कारक महत्त्वपूर्ण होता है हालाँकि A-B, A-Br में नेट अंतरण धनात्मक न होकर ऋणात्मक होता है।

(v) अग्रवर्त्ती साहचर्य *(forward association)*—अंतरण प्रभाव का युग्मित सहचर रूपावली द्वारा अध्ययन करने में अग्रवर्ती साहचर्य को भी एक प्रमुख तत्त्व माना गया है। युग्मित सहचर सूची (paired associate list) सीखते समय जो साहचर्य उद्दीपक पद से अनुक्रिया पद की दिशा में अर्थात् A→B की दिशा स्थापित होता है। उसे अग्रवर्ती साहचर्य (forward association) कहा जाता है। दूसरे शब्दों में, उद्दीपक पद (stimulus terms) को देखकर अनुक्रिया पद (response terms) को बतलाना सीखना में स्थापित साहचर्य अग्रवर्ती साहचर्य का उदाहरण है। इसे *उद्दीपक-अनुक्रिया साहचर्य* (stimulus response association) भी कहा जाता है। अग्रवर्ती साहचर्य को ऋणात्मक अंतरण (negative transfer) का एक तत्त्व माना गया है। उदाहरण के रूप में A-B, A-D रूपावली को ही लें। यहाँ पहली सूची में A→B में जो स्थापित अग्रवर्ती साहचर्यित है, उससे A→D के अग्रवर्ती साहचर्य में बाधा पहुँचेगी क्योंकि A-B सूची में उद्दीपक पद के साथ जो अनुक्रिया पद साहचर्यित हुई थी, अब उसी उद्दीपक पद के साथ नयी अनुक्रिया पद को

साहचर्यित करना है जिसमें स्पष्टतः प्रयोज्य को कठिनाई या बाधा पहुँचेगी और अंतरण ऋणात्मक होगा।

(vi) पश्चगामी साहचर्य *(backward association)*—युग्ति साहचर्य सूची सीखने में जब उद्दीपक पद तथा अनुक्रिया पद में साहचर्य की दिशा पश्चगामी होता है तो उसे पश्चगामी साहचर्य कहा जाता है। दूसरे शब्दों में, जब अनुक्रिया पद को देखकर प्रयोज्य उद्दीपक के बारे में बतलाना सीखता है तो ऐसे सहचर्य को पश्ंचगामी साहचर्य कहा जाता है। आधुनिक मनोवैज्ञानिकों के बीच इस बात की सहमति है कि पश्चगामी साहचर्य का विकास अग्रवर्ती साहचर्य के विकास के दौरान ही होता है तथा पश्चगामी साहचर्य हमेशा अग्रवर्ती साहचर्य से कमजोर (weak)होता है। पश्चगामी साहचर्य भी ऋणात्मक अंतरण (negative transfer) का एक तत्त्व है। रिचर्डसन (Richardson, 1960) के प्रयोग से इस तथ्य की सम्पुष्टि हो चुकी है।

उपर्युक्त विवरण से यह स्पष्ट है कि अनुक्रिया अधिगम (response learning), अनुक्रिया विभेदन (response discrimination), उद्दीपक विभेदन (stimulus discrimination), सूची-विभिन्नता (list differentiation) को धनात्मक अंतरण का तत्त्व तथा पश्चगामी साहचर्य (backward association) तथा अग्रवर्ती साहचर्य (forward association) को ऋणात्मक अंतरण (negative transfer) का तत्त्व माना गया है। यह भी स्पष्ट है कि किसी विशेष युग्मित सहचर रूपावली (paired associate paradigm) में अमुक तत्त्व से सम्बन्धित वांछित या प्रत्याशित अंतरण प्रभाव न होकर नेट अंतरण प्रभाव उसके विपरीत भी होता है। इसका कारण साहचर्यात्मक अवरोध (associative interference) का होना है जिसकी उत्पत्ति तब होती है जब विभिन्न आनुक्रमिक पाठ (successive task) को सीखने में एक ही उद्दीपक के प्रति अलग-अलग अनुक्रियाओं को करना सीखना होता है। इन तत्त्वों तथा उसके अंतरण प्रभाव की व्याख्या मार्टीन (Martin, 1965) तथा अंडरवुड (Underwood, 1966) द्वारा भी किया गया। प्रत्येक मानक रूपावली (standard paradigm) में इन तत्त्वों का अंतरण पाठ (transfer task) अर्थात दूसरी सूची के सीखने के दौरान पड़ने वाले प्रभावों को तालिका 7-A में दिखलाया गया है।

तालिका 7-A : युग्मित सहचर रूपावली में अंतरण तत्त्वों का प्रभाव

तत्त्व (component)	युग्मित सहचर रूपावली (paired associate paradigm)				
	A-B, C-D	A-B, A-B'	A-B, A-D	A-B, C-B	A-B, ABr
Stimulus discrimination	0	+	+	0	+
Response discrimination	0	+	0	+	+
Response learning	0	+	0	+	+
List differentiation	++	– –	– +	+ –	– –
Forward association	0	+	–	0	–
Backward association	0	+	0	–	–

+ = धनात्ताक प्रभाव (positive effect)

– = ऋणात्मक प्रभाव (negative effect)

0 = सम्बन्धित तत्त्व की अनुपस्थिति (absence of given component)

पोस्टमैन एवं स्टार्क (Postman & Stark, 1969) ने इन सभी मानक रूपावली (standard pardigms) का तुलनात्मक अध्ययन किया है और यह जानना चाहा है कि इन विभिन्न रूपावलियों में अन्तरण सूची (transfer list) के सीखने का निष्पादन किसमें उत्तम होता है तथा किसमें घटिया (poor) होता है। इनके प्रयोग में निष्पादन की जाँच प्रत्यक्षण विधि से की गयी है। परिणाम में देखा गया कि A-B, C-D जो नियंत्रित रूपावली (controlled paradigm) होता है, की तुलना में A-B, A-B' तथा A-B, C-B में धनात्मक अंतरण होता है। पहली रूपावली में धनात्मक अंतरण की मात्रा अधिक तथा दूसरी रूपावली में धनात्मक अंतरण की मात्रा थोड़ी कम होती है। A-B, A-D तथा A-B, A-Br में ऋणात्मक अंतरण क्रमशः कम और अधिक मात्रा में होता है।

अंतरण सतह
(Transfer Surface)

औसगुड (Osgood, 1949) ने अपने अंतरण प्रयोगों द्वारा प्रदत्त आँकड़ों तथा गिब्सन (Gibson) एवं हैम्लिटन (Hamilton) द्वारा किये गये प्रयोगों से प्राप्त आँकड़ों के आधार पर एक विशेष स्मरणोपकारी मॉडल (mnemonic model) तैयार किया है जिसके सहारे कई रूपावलियों (paradigms) में प्रत्याशित अंतरण प्रभाव (transfer effects) के बारे में एक पूर्वकथन (prediction) किया जाता है। इस मॉडल को *अंतरण सतह* (transfer surface) कहा जाता है। इस सतह को चित्र 5.20 में दिखलाया गया है। औसगुड द्वारा निर्मित यह अंतरण सतह (transfer surface) में अंतरण के निम्नांकित तीन प्रमुख आनुभाविक नियमों (empirical laws) को सम्मिलित किया गया है। ये तीनों नियमों का प्रतिपादन भी औसगुड (Osgood, 1947) द्वारा ही किया गया है—

1. जब उद्दीपकों (stimuli) में परिवर्तन किया जाता है, तथा अनुक्रियाओं (responses) को कार्यात्मक रूप से (functionally) समरूप identical) रखा जाता है तब धनात्मक अंतरण (positive transfer) होता है तथा जैसे-जैसे उद्दीपक एकांशों के बीच समानता बढ़ती है, वैसे-वैसे धनात्मक अंतरण की मात्रा भी बढ़ती जाती है।
2. जब उद्दीपकों (stimuli) को कार्यात्मक रूप से समरूप (identical) रखा जाता है तथा अनुक्रियाओं को परिवर्तित किया जाता है, ऋणात्मक अंतरण (negative transfer) होता है तथा जैसे-जैसे अनुक्रियाओं के बीच समानता बढ़ते जाती है. ऋणात्मक अंतरण की मात्रा में कमी आती जाती है।
3. जब उद्दीपक तथा अनुक्रिया एकांशों में एक ही साथ परिवर्तन किया जाता है तो ऋणात्मक अंतरण (negative transfer) उत्पन्न होता है तथा जैसे-जैसे उद्दीपक समानता में वृद्धि होती है, ऋणात्मक अंतरण (negative transfer) की मात्रा में भी वृद्धि होती जाती है।

उपर्युक्त तीनों नियमों को सम्मिलित करते हुए औसगुड ने एक अंतरण मॉडल बनाया है जिसे चित्र 5.20 में दिखलाया गया है। इस चित्र में या अंतरण सतह में (चित्र 5.20) एक लम्बा आयाम (long dimension) अर्थात पड़ी लम्बाई (horizontal length) पर अनुक्रिया समानता (response similarity) की मात्रा को दर्शाया गया है जो अनुक्रिया समरूप (response identity or R_I) से प्रारम्भ होकर अनुक्रिया समानता (response similarity or R_S), अनुक्रिया तटस्थता या असम्बद्धता (response similarity or unrelated response R_N) तथा अनुक्रिया विलोमता (opposite response or R_O) से होते हुए परस्परविरोधी अनुक्रिया (antagonistic response or R_A) तक फैला हुआ है। सतह का छोटा लघु आयाम (short dimension) अर्थात खड़ी लम्बाई (vertical length) द्वारा दो सूचियों या पाठों के बीच उद्दीपक समानता (stimulus similarity) के विभिन्न स्तरों को अर्थात समरूप उद्दीपक (identical stimulus or S_I), समान उद्दीपक (similar stimulus or S_S) तथा तटस्थ उद्दीपक (neutral stimulus or S_N) से दर्शाया गया है। सतह के बीच वाला पड़ी तल (middle horizontal plane) द्वारा शून्य अंतरण (zero transfer) को दिखलाया गया है। इस तल से ऊपर की खड़ी दूरी (vertical distance) द्वारा धनात्मक अंतरण (positive transfer) तथा नीचे की खड़ी दूरी ऋणात्मक अंतरण (negative transfer) का पता चलता है। यह दूरी जितनी ही अधिक होगी (ऊपर या नीचे की ओर) सम्बन्धित अंतरण की मात्रा (amount) भी उतनी ही अधिक होगी। इस अंतरण सतह के सहारे युग्मित सहचर सीखना के विभिन्न रूपावलियों में होने वाले अंतरण के बारे में पूर्वकथन किया गया है। अंतरण सतह (transfer surface) के कुछ महत्त्वपूर्ण पूर्वकथन (pedictions) इस प्रकार है—

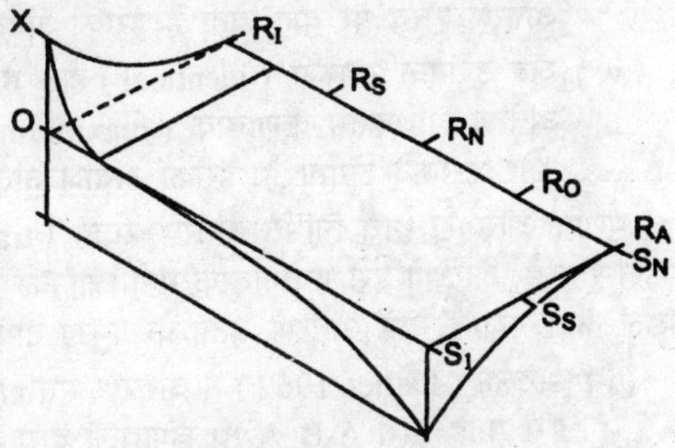

चित्र 5.20 : औसगुड द्वारा निर्मित अंतरण सतह (Transfer Surface)

1. जब दो पदों या सूचियों के उद्दीपक एकांशों (stimulus items) तथा अनुक्रिया एकांशों में समरूपता (identically) होती है अर्थात S_I एवं R_I की स्थिति होती है, तो धनात्मक अंतरण (positive transfer) अधिकतम होगी। अतः अंतरण सतह के अनुसार A-B, A-B रूपावली में (जहाँ दूसरी सूची पहली सूची की

पुनरावृत्ति है) अधिकतम धनात्मक अंतरण (maximum positive transfer) होगा।

2. जब दो सूचियों के केवल उद्दीपक एकांशों में समरूपता होती है, अर्थात S_I की स्थिति होती है तथा इनकी अनुक्रियाएँ परस्पर विरोधी (antagonistic) होती है अर्थात R_A की स्थिति होती है तो अधिकतम ऋणात्मक अंतरण (maximum negative transfer) होगा। जैसे, इस अंतरण सतह के पूर्वकथन के अनुसार A-B. A-C रूपावली में ऋणात्मक अंतरण होगा।
3. उसी तरह से अगर दोनों सूचियों के उद्दीपक एकांश एक-दूसरे से असम्द्ध (unrelated) या तटस्थ हैं अर्थात् उनमें न समानता है और न ही असमानता, तो उनकी अनुक्रिया एकांशों में समानता की मात्रा चाहे कुछ भी हो (कम या अधिक) उससे हमेशा शून्य अंतरण (zero transfer) ही होगा। दूसरे शब्दों में, अनुक्रियाओं की समानता की मात्रा चाहे कुछ भी हो, यदि उद्दीपक एकांश एक-दूसरे से सम्बन्धित नहीं है तो अंतरण हमेशा शून्य होगा (अंतरण सतह के पीछे वाले किनारे से इसका अंदाज लगता है।

अंतरण सतह के उक्त विवरण से यह स्पष्ट है कि शून्य अंतरण (zero transfer) से अधिक मात्रा के अंतरण का होना उद्दीपक समानता (stimulus similarity) की मात्रा पर आधारित होती है तथा अंतरण की दिशा (धनात्मक या ऋणात्मक) अनुक्रिया समानता (response similarity) पर आधारित होती है। अंतरण सतह (transfer surface) द्वारा निम्नांकित बातें स्पष्ट रूप से पता चलता है—

(i) जब अनुक्रियाएँ (response) समरूप (identical) होतीं है तथा उद्दीपक समानता (stimulus similarity) बढ़ते जाती है, तो अंतरण (transfer) शून्य से बढ़कर धनात्मक अंतरण के अधिकतम बिन्दु पर पहुँच जाता है। इसका अंदाज अंतरण सतह के बायें किनारा से होता है।

(ii) जब अनुक्रियाएँ असम्बन्धित होती है तथा उद्दीपक समानता (stimulus similarity) बढ़ती है, तो अंतरण शून्य से बढ़कर अधिकतम ऋणात्मक (maximum negative) तक पहुँच जाता है। इसका अंदाज अंतरण सतह से दायें किनारे में होता है।

(iii) जब उद्दीपक असम्बन्धित (unrelated) होते हैं तथा अनुक्रिया समानता (response similarity) बढ़ती है, तो अंतरण शून्य पर बना होता है इसका अंदाज अंतरण सतह के पिछले किनारे (back edge)से होता है।

(iv) जब उद्दीपक समरूप (identical) होते हैं तथा अनुक्रिया समानता (response similarity) बढ़ती है, तो अंतरण अधिकतम ऋणात्मक (maximum negative) से अधिकतम धनात्मक (maximum positive) की ओर घिसकने लगता है। इसका अंदाज अंतरण सतह के अगले किनारे (front edge) से होता है।

यद्यपि औसगुड द्वारा निर्मित अंतरण सतह (transfer surface) अंतरण प्रयोगों में एक लोकप्रिय एवं आकर्षक मॉडल रहा है, फिर भी इसे प्रयोगात्मक मनोवैज्ञानिकों द्वारा एक अधूरा एवं कुछ आँकड़ों का गलत निरूपण करने वाला मॉडल कहा गया है। इस अंतरण सतह के प्रमुख दोष (limitation) निम्नांकित है—

(i) डाल्लेट (Dallet, 1962) ने अंतरण सतह (transfer surface) की प्रयोगात्मक जॉच किया और पाया है कि इस सतह द्वारा A-B, A-Br रूपावली द्वारा अधिक मात्रा में उत्पन्न ऋणात्मक अंतरण (negative transfer) की व्याख्या नहीं हो पाती है।

(ii) मार्टीन (Martin, 1965) ने अपने अध्ययन के आधार पर अनुक्रिया समानता के विभिन्न बिन्दुओं के स्थान निर्धारण (location) पर आपत्ति उठाया है। इनका कहना है कि इस सतह पर प्रतियोगी अनुक्रिगाएँ (opposed response) जैसे 'काला-उजला' का गलत स्थान निर्धारण हो सकता है। ऐसी अनुक्रियाओं में आपस में कुछ धनात्मक समानता (positive similarity) है क्योंकि वे दोनों ही रंग के नाम है। अतः अंतरण सतह के चित्र में R_N के बायें तरफ रखा जाना चाहिए।

(iii) पोस्टमैन (Postman, 1971) ने अपने अध्ययन के आधार पर यह बतलाया है कि अंतरण सतह द्वारा सिर्फ दो कारकों अर्थात उद्दीपक समानता (stimulus similarity) तथा अनुक्रिया समानता (response similarity) के आधार पर अंतरण की व्याख्या की गयी है। अंतरण के अन्य तत्त्वों जैसे अग्रवर्ती साहचर्य (forward association), पश्चगामी साहचर्य (backward association), अनुक्रिया उपलब्धता (response availiblity) आदि द्वारा उत्पन्न अंतरण प्रभाव (transfer effect) की व्याख्या नहीं हो पाती है।

(iv) कई प्रयोगात्मक मनोवैज्ञानिकों ने यह दिखलाया है कि अपवादों को छोड़कर औसगुड द्वारा निर्मित अंतरण सतह द्वारा अंतरण प्रभाव (transfer effect) के बारे में पूर्वकथन तभी किया जाता है जब अत्यधिक अर्थपूर्ण शाब्दिक एकांशों जैसे शब्दों (words) का उपयोग किया जाता है। परंतु जब कम अर्थपूर्ण एकांशों जैसे अपरिचित निरर्थक पदों (unfamiliar nonsense syllables) का उपयोग किया जाता है, तो यह सतह द्वारा परिशुद्ध पूर्वकथन (accurate prediction) सम्भव नहीं हो पाता है। जैसे, अंतरण सतह (transfer surface) A-B, C-B रुपावली में शून्य अंतरण (zero transfer) होने का पूर्वकथन (prediction) करता है। लेकिन डीन एवं कौसलर (Dean & Kaushler, 1964), युंग (Jung, 1963) तथा मेरीकल (Merikle, 1968) ने अपने-अपने प्रयोगों में यह पाया है कि इस रूपावली में जब अनुक्रिया पद (response term) निरर्थक एकांश (nonsense items) होते हैं, तब धनात्मक अंतरण (positive transfer) होता है। उसी तरह से अंतरण सतह का यह पूर्वकथन कि A-B, A-C रूपावली में उच्च ऋणात्मक अंतरण (high negative transfer) होगा, तभी सही होता पाया जाता है जब काफी अधिक अर्थपूर्ण सामग्री (highly meaningful materials) का उपयोग किया जाता है। युंग (Jung, 1963) तथा रिचार्डसन एवं ब्राऊन (Richardson & Brown, 1966) ने अपने-अपने प्रयोगों में पाया है कि जब कम अर्थपूर्ण सामग्रियों का उपयोग किया जाता है, यह ऋणात्मक अंतरण (negative transfer) प्रभाव लुप्त होने लगता है। संक्षेप में यह कहा जा सकता है कि अंतरण सतह, कुछेक अपवाद को छोड़कर, अर्थपूर्ण सामग्री के होने पर ही अंतरण प्रभाव के बारे में पूर्वकथन करता है। निम्न अर्थपूर्ण सामग्री के होने पर अंतरण सतह द्वारा अंतरण प्रभाव के बारे में पूर्वकथन करना सम्भव नहीं हो पाता है।

इन परिसीमाओं (limitation) के आलोक में औसगुड (Osgood) द्वारा निर्मित अंतरण सतह (transfer surface) का उपयोग विशेष परिस्थिति में ही अंतरण प्रभाव के बारे में पूर्वकथन करने के लिए किया जाता है। मनोवैज्ञानिकों ने इस अंतरण सतह के अलावा कुछ और अतिरिक्त सतह (additional surfaces) की खोज में कार्यरत हैं।

शिक्षण वक्र (Learning Curve)

शिक्षण या सीखना की प्रगति (progress) या अवनति को दिखानेवाली वक्ररेखा को *शिक्षण वक्र* (learning curve) कहा जाता है। शिक्षण वक्र एक ऐसा वक्र होता है जो सीखने की मात्रा तथा अभ्यास (practice) या प्रयास (trial) के बीच एक खास सम्बन्ध को बताता है। शिक्षण वक्र को देखकर यह कहा जा सकता है कि किन प्रयासों में सीखने की मात्रा में कमी या तेजी हुई है।

मनोवैज्ञानिकों द्वारा किए गए अध्ययनों से स्पष्ट हो गया है कि शिक्षण वक्र के चार प्रमुख प्रकार होते हैं।

1. समान निष्पादन वक्र (Curve of equal returns) या रेखीय त्वरण वक्र (linear acceleration curve)
2. वर्धमान निष्पादन वक्र (Curve of increasing returns) या धनात्मक त्वरण वक्र (positive acceleration curve)
3. ह्रास या घटना निष्पादन वक्र (Curve of decreasing returns) या ऋणात्मक त्वरण वक्र (negative acceleration curve)
4. एस-आकारीय वक्र (S-shaped curve)।

इन सभी शिक्षण वक्र का वर्णन निम्नांकित है—

1. समान निष्पादन वक्र *(Curve of equal returns)*—इसको रेखीय त्वरण वक्र (linear acceleration curve) भी कहा जाता है। जैसा कि नाम से स्पष्ट है, इस वक्र का आकार (shape) एक सीधी रेखा (line) के समान होता है। (चित्र 5.21 क में देखें) इस तरह के वक्र से यह स्पष्ट रूप से पता चलता है कि प्रत्येक प्रयास (trial) में सीखने की मात्रा या निष्पादन समान रहा है। इस तरह के शिक्षण वक्र की एक विशेषता यह भी है कि इस तरह का वक्र बहुत कम देखने को मिलता है। लैकमैन (Lackman, 1961) ने अपने अध्ययन में एक इस प्रकार का शिक्षण वक्र (learning curve) पाया था जिसमें 4 दिनों तक चूहों द्वारा विभेदीय सीखना (discrimination learning) के प्रयोग में सही अनुक्रिया का प्रतिशत प्रतिदिन करीब-करीब समान यानी 10% - 10% था।

2. वर्धमान शिक्षण वक्र या धनात्मक त्वरण वक्र *(Curve of increasing returns or positive acceleration curve)*—इस तरह का वक्र तब बनता है जब प्रारम्भ के प्रयासों में सीखने की गति धीमी होती है और फिर बाद के प्रयासों में उसकी गति तीव्र हो जाती है जिसके फलस्वरूप शिक्षण वक्र तेजी से ऊपर उठता है (चित्र 5.21 ख देखें) इस तरह का शिक्षण वक्र वैसी परिस्थिति में बनता है जब शिक्षार्थी को कोई कठिन पाठ सीखने के लिए या कठिन समस्या का समाधान करने के लिए कहा जाता है। स्वभावतः पाठ कठिन होने पर प्रारम्भ में सीखने की गति धीमी होती है तथा फिर कुछ अभ्यास हो जाने के बाद उसकी गति तीव्र हो जाती है।

3. ह्रास निष्पादन वक्र या ऋणात्मक त्वरण वक्र *(Curve of decreasing returns or negative acceleration curve)*—सीखने के क्षेत्र में जितने भी प्रयास किए गए हैं उनके आँकड़ों (data) के आधार पर बनने वाले में यह सबसे सामान्य तथा लोकप्रिय वक्र है। इस तरह के वक्र से यह पता चलता है कि प्रारम्भ के प्रयासों में सीखने की गति (rate) तीव्र होती है परन्तु बाद के प्रयासों (trials) में यह गति धीमी हो जाती है क्योंकि प्रयोज्य (subject), निष्पादन (performance) के उच्चतम शिखर के करीब आ जाता है। (चित्र 5. 21 ग देखें) अगर एक सीमा के बाद भी अभ्यास किया जाता है, तो वैसी परिस्थिति में प्रत्येक प्रयास के बाद निष्पादन में कोई वृद्धि नहीं होती है और कभी-कभी थकान (fatigue), अनिच्छा आदि कारणों से निष्पादन में ह्रास भी होना प्रारम्भ हो जाता है।

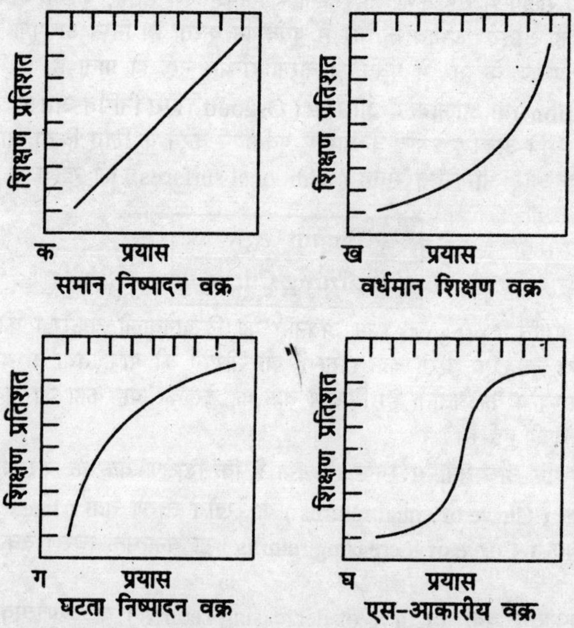

चित्र 5.21 : शिक्षण-वक्र

4. एस-आकारीय वक्र *(S-shaped curve)*—इस तरह के शिक्षण वक्र में सीखने की गति या दर आरम्भ में धीमी होती है और फिर बाद के प्रयासों में तीव्र हो जाती है और अन्त में फिर धीमी हो जाती है (चित्र 5.21 घ देखें)। अगर छात्र को एक ऐसा नया पाठ (lesson) सीखने को दे दिया जाता है जिससे वह पूर्वपरिचित नहीं है तथा साथ-ही-साथ पूरा पाठ समान रूप से कठिन (difficult) है, तो इससे बननेवाला वक्र प्रायः एस-आकारीय वक्र (S-shaped) होता है। अगर ध्यानपूर्वक देखा जाय तो यह स्पष्ट हो जायेगा कि एस-आकारीय शिक्षण वक्र में वर्धमान शिक्षण वक्र (curve of increasing returns) तथा ह्रास शिक्षण वक्र (curve of decreasing returns) दोनों ही सम्मिलित होते हैं। एस-आकारीय वक्र में आरम्भ के प्रयासों (trials) में सीखने की गति तीव्र हो जाती है। अतः यह वर्धमान शिक्षण वक्र के समान हैं। फिर अन्त के प्रयासों में इस वक्र के अनुसार सीखने की गति धीमी हो जाती है जो ह्रास शिक्षण वक्र (decreasing learning curve) की विशेषताओं के समान है।

उपर्युक्त विवरण से यह स्पष्ट है कि शिक्षण वक्र (learning curve) कई तरह के होते हैं। यदि किसी एक छात्र के शिक्षण वक्र का विश्लेषण (analysis) ध्यान देकर किया जाय तो यह स्पष्ट हो जाएगा कि सीखने की गति या दर में एक प्रयास से दूसरे प्रयास में काफी उतार-चढ़ाव (fluctuations) होते हैं जिसके आधार पर शिक्षण वक्र की कोई खास विशेषताओं के बारे में पूर्वानुमान या पूर्वकथन नहीं किया जा सकता। अतः मनोवैज्ञानिकों ने कई व्यक्तियों के शिक्षण वक्रों को एक साथ मिलाकर उनकी कुछ सामान्य विशेषताओं के बारे में बताने की कोशिश की है, जो इस प्रकार है—

1. प्रारम्भिक स्फुरण (beginning spurt)
2. मध्य स्फुरण (middle spurt)
3. पठार (plateau)
4. अन्तिम स्फुरण तथा शारीरिक सीमा (end spurt and physiological limit)।

इन चारों विशेषताओं का वर्णन निम्नांकित है—

1. प्रारम्भिक स्फुरण (*beginning spurt*)—मनोवैज्ञानिकों ने इसे प्रारम्भिक त्वरण (beginning acceleration) भी कहा है। जब कोई व्यक्ति किसी पाठ को सीखना प्रारम्भ करता है तो उस समय उसमें अभिप्रेरण (motivation), अभिरुचि (interest) तथा सबलता अधिक होता है। इतना ही नहीं, प्रारम्भ के प्रयासों (trials) में पाठ कठिन हो या आसान, व्यक्ति के लिए वह नवीन होता है। इन सभी कारकों का परिणाम यह होता है कि शिक्षण वक्र तेजी से ऊपर की ओर बढ़ता है। (चित्र 5.22 देखें)।

2. मध्य स्फुरण (*middle spurt*)—मनोवैज्ञानिकों ने इसे मध्यकालिक त्वरण (middle spurt) भी कहा है। यह अवस्था अभ्यास (practice) के बीच की अवस्था होती है जहाँ शिक्षण वक्र में काफी उतार-चढ़ाव (fluctuations) पाया जाता है। प्रारम्भ में व्यक्ति में जो अभिरुचि, उत्साह अभिप्रेरणा आदि होते हैं, बीच के प्रयासों में आकर उनमें कुछ कमी आ जाती है जिसके परिणामस्वरूप शिक्षण वक्र में काफी उतार-चढ़ाव होना प्रारम्भ हो जाता है। कभी सीखने की गति धीमी हो जाती है तो कभी तेज हो जाती है।

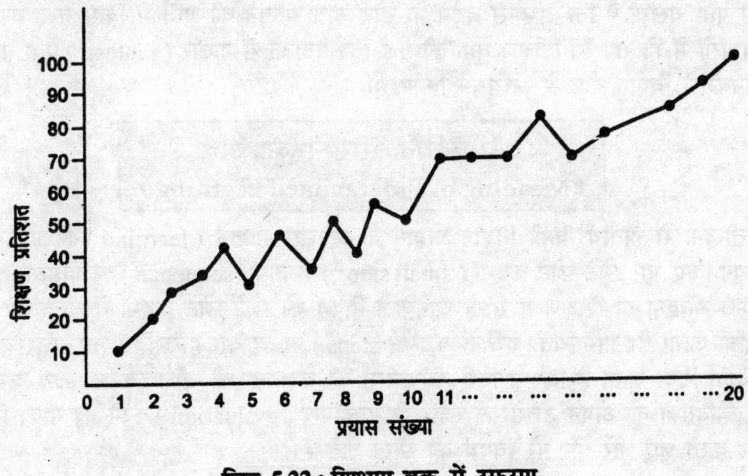

चित्र 5.22 : शिक्षण-वक्र में स्फुरण

3. पठार (*Plateau*)—प्रायः यह देखा गया है कि अभ्यास के बीच में कुछ प्रयासों (trials) तक लगातार सीखने की गति या दर न तो तेज होती है और न धीमी होती है। इसका मतलब यह हुआ कि सीखने की गति में कोई उतार-चढ़ाव नहीं होता। फलतः शिक्षण वक्र पड़ी रेखा (horizontal line) के रूप में आगे बढ़ती है (चित्र 5.22 देखें)। शिक्षण वक्र के इस तरह के हिस्से को *पठार* (plateau) कहा जाता है। किसी भी शिक्षण वक्र में पाठार (plateau) एक या एक से अधिक हो सकता है। रूक (Ruch, 1967) ने इस तरह पाठार के निम्नांकित तीन कारण बताएँ हैं—

(i) जब व्यक्ति की रुचि किसी पाठ को सीखने में कम हो जाती है तो इससे शिक्षण वक्र में पाठार बनना प्रारम्भ हो जाता है।

(ii) जब व्यक्ति अभ्यास के मध्य में ही सीखने की एक विधि को छोड़कर एक नई विधि अपनाता है तो इस नई विधि के प्रारम्भ में कई प्रयास तक सीखने की गति समान बनी होती है जिसके फलस्वरूप शिक्षण वक्र में पाठार (plateau) बनना प्रारम्भ हो जाता है।

(iii) जब प्रयोज्य (subject) को पहले सीखी नई अनुभूतियों (past learnt associations) से अधिक मदद नहीं मिलती है, तो इससे भी सीखने की गति कुछ लगातार प्रयास तक समान बनी होती है जिससे शिक्षण वक्र में पाठार उत्पन्न होता है।

केल्लर (Keller, 1958) ने अपने अध्ययन के आधार पर यह बताया है कि किसी शिक्षण वक्र में पठार का होना या न होना पाठ के स्वरूप (nature), छात्रों की अभिप्रेरणा, पूर्व अनुभूति तथा कार्य करने की विधि आदि पर निर्भर करता है। यदि पाठ का स्वरूप कठिन, छात्र के अभिप्रेरण में कमी, पूर्व अनुभूति से न के बराबर मदद होने तथा कार्य करने की विधि नयी होती है तो इससे शिक्षण वक्र में पाठार तेजी से बनता है।

4. अन्तिम स्फुरण तथा शारीरिक सीमा (*end spurt and physiological limits*)—मनोवैज्ञानिकों ने इसे अंतिम त्वरण (end acceleration) भी कहा है। जैसे ही व्यक्ति को यह आभास हो जाता है कि अब अभ्यास (practice) की अवधि समाप्त होनेवाली है, तो वह एक बार फिर काफी लगन एवं उत्साह के साथ पाठ को सीखना प्रारम्भ कर देता है। वह अपनी पूरी शारीरिक शक्ति (physiological energy) लगाकर पाठ को सीख लेना चाहता है या दी हुई समस्या का समाधान कर लेना चाहता है। इसका परिणाम यह होता है कि सीखने की गति फिर तेज हो जाती है तथा शिक्षण वक्र तेजी से ऊपर की ओर भागने लगता है। (चित्र 5. 22 देखें) इसे ही *अन्तिम स्फुरण* (end spurt) कहा जाता है। अन्तिम स्फुरण में शिक्षण वक्र की ऊँचाई एक सीमा तक ही होती है। यह सीमा प्रायः व्यक्ति के शारीरिक शक्ति की सीमा पर निर्भर करती है; क्योंकि किसी भी व्यक्ति के लिए अपनी शारीरिक शक्ति के बाहर जाकर पाठ का सीखना सम्भव नहीं है।

निष्कर्षतः कहा जा सकता है कि शिक्षण वक्र (learning curve) एक बहुत ही महत्त्वपूर्ण वक्र है जिसके सहारे हमें यह स्पष्ट रूप से पता चलता है कि अभ्यास बढ़ने के साथ-साथ सीखने की गति में किस तरह का परिवर्तन हो रहा है और किन-किन प्रयासों में हो रहा है। शिक्षण वक्र की कई विशेषताओं में पाठार (plateau) एक महत्त्वपूर्ण विशेषता है जिसका मनोवैज्ञानिकों ने विशेष रूप से अध्ययन किया है।

कार्यक्रमित सीखने का अर्थ
(Meaning of Programmed Learning)

कार्यक्रमित सीखना से तात्पर्य किसी विशेष प्रोग्राम के अनुसार सीखने (learning) की प्रक्रिया होने से होता है। सावधानीपूर्वक चयन किए गए छोटे-छोटे कदमों (small steps) के क्रम (sequence) को प्रोग्राम (programme) कहा जाता है। कार्यक्रमित सीखना या शिक्षण में सीखे जानेवाले विषय को छोटे-छोटे कदमों में व्यक्तियों को एक-एक करके एक क्रम में दिखाया जाता है। सामान्यतः प्रत्येक कदम (steps) पर व्यक्ति द्वारा दिए गए उत्तर के बाद उस भाग का सही उत्तर उन्हें दिखा दिया जाता है जिससे दिए गए उत्तरों की यथार्थता की जाँच व्यक्ति स्वयं कर लेता है। इस तरह प्रोग्राम शिक्षण में व्यक्तियों को अपने उत्तरों का स्वयं ही मूल्यांकन (evaluation) करने का मौका मिलता है। वे अपनी गलतियों में सुधार करते हुए धीरे-धीरे पूरे विषय को सीख लेते हैं।

कार्यक्रमित सीखना (programmed learning) की सफलता के लिए यह आवश्यक है कि शिक्षण विषय से सम्बन्धित एक उत्तम प्रोग्राम (programme) तैयार किया जाय। इसके लिए कम-से-कम दो बातों का होना अनिवार्य है। पहला तो यह कि विषय या पाठ जिसका शिक्षण (learning) होना है, का ठीक ढंग से व्यवहारात्मक विश्लेषण (behavioural analysis) अर्थात् छोटे-छोटे उपर्युक्त खण्डों (appropriate parts) में हो तथा दूसरा यह कि व्यक्ति द्वारा प्रत्येक खंड के प्रति दिए गए उत्तरों का ठीक ढंग से संश्लेषण (synthesis) किया जाए। प्रायः कार्यक्रमित सीखना में विषय या पाठ के छोटे-छोटे खण्डों को एक समान गति से दिखाने के लिए विशेष मशीन (machine) का प्रयोग

किया जाता है जिसे *शिक्षण मशीन* (teaching machine) कहा जाता है। सबसे पहली ऐसी शिक्षण मशीन सिडनी एल० प्रेसी (Sindney L. Pressy, 1926, 1927) द्वारा तैयार किया गया था जो कई कारणों से उतना लोकप्रिय नहीं हो सका। इसके बाद कई मनोवैज्ञानिकों ने इसी ढंग के मशीन का निर्माण किया। स्कीन्नर (Skinner, 1967) ने एक ऐसी ही शिक्षण मशीन (teaching machine) का निर्माण किया जो अधिक लोकप्रिय हुआ। इस मशीन के सहारे व्यक्ति को एक तरह सीखे जानेवाले विषय के प्रत्येक खण्ड का प्रश्न दिखाया जाता है जिसका उत्तर व्यक्ति को लिखना होता है (चित्र 5.23 देखें) उसके बाद मशीन उस प्रश्न का सही उत्तर दिखाकर अगले प्रश्न को उसे दिखाता है। इसी क्रम में व्यक्ति प्रत्येक खण्ड को सीखते जाते हैं।

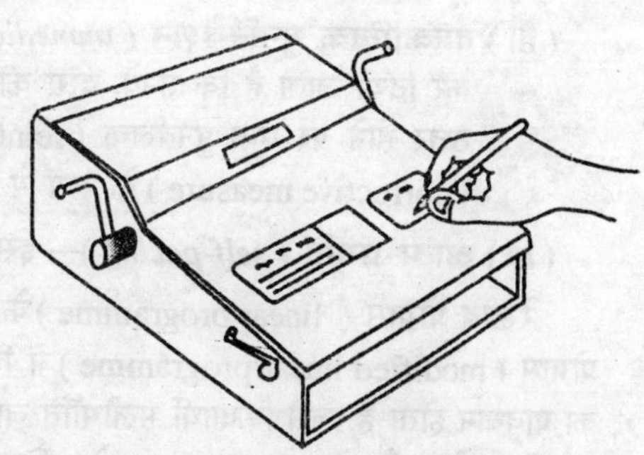

चित्र 5.23 : स्कीन्नर द्वारा प्रतिपादित शिक्षण मशीन

कार्यक्रमित सीखने के प्रति स्कीनर की विचारधारा (Skinner's viewpoints towards Programmed learning)

कार्यक्रमित सीखना एक ऐसी प्रविधि (technique) है जिसका उपयोग तैसे मनोवैज्ञानिकों द्वारा अधिक किया जाता है जो सीखने के व्यवहारवादी सिद्धान्त (behaviouristic theories of learning) में न कि संज्ञानात्मक सिद्धान्तों (cognitive theories) में विश्वास रखते हैं। कार्यक्रमिक सीखना में सीखने के *पुनर्बलन सिद्धान्त* (reinforcement theory) के कई पहलू सम्मिलित होते हैं। इस सिलसिले में प्रसिद्ध मनोवैज्ञानिक एवं पुनर्बलन सिद्धान्ती स्कीन्नर (Skinner) का योगदान अभूतपूर्व है।

स्कीन्नर (Skinner, 1953) का विचार था कि सीखने की प्रक्रिया को अधिक प्रभावकारी ढंग से होने के लिए निम्नांकित तीन चीजों का होना अनिवार्य है—

(i) सीखे जानेवाले विषय को छोटे-छोटे खण्डों में बाँटकर व्यक्ति को दिया जाए।

(ii) व्यक्ति को अपने शिक्षण (learning) की यथार्थता (accuracy) से तुरंत अवगत कराया जाए।

(iii) व्यक्ति को अपनी गति (pace) से सीखने दिया जाए।

स्कीन्नर ने यह बताया कि कक्षा में जब शिक्षक भाषण (lecture) के माध्यम से छात्रों को शिक्षण देते हैं तो उपर्युक्त तीनों नियमों (principles) की अवहेलना होती है। कार्यक्रमित शिक्षण (programmed learning) में उपर्युक्त तीनों नियमों की सम्पुष्टि होती है। अतः स्कीन्नर (Skinner) के अनुसार कक्षा (classroom) में पौराणिक भाषण विधि (traditional lecture method) की जगह कार्यक्रमित शिक्षण विधि को अधिक लाभप्रद बताया गया है। प्रोग्राम सामग्रियों (programmed materials) को उसने एक विशेष मशीन (machine) से छात्रों के सामने उपस्थित करने की अनुशंसा की है। इस मशीन को *शिक्षण मशीन* (teaching machine) कहा जाता है। (चित्र 5.23 देखें)

कार्यक्रमित शिक्षण (programmed learning) के प्रति स्कीन्नर (Skinner) द्वारा प्रतिपादित उपागम (approach) को रेखीय कार्यक्रम (linear programme) कहा जाता है जिसकी निम्नांकित चार विशेषताएँ (characteristics) बताई गई हैं।

(i) छोटे-छोटे कदम (*small steps*)—इसमें शिक्षार्थी (learner) को सीखे जानेवाले विषय से सम्बन्धित सूचनाएँ थोड़ा-थोड़ा करके दी जातीं हैं और शिक्षार्थी एक क्रम (sequence) में एक फ्रेम (frame) या एक सूचना से दूसरी सूचना की प्राप्ति की ओर एक क्रमिक ढंग से (orderly fashion) में बढ़ता है। सही अर्थ में इसे ही *रेखीय प्रोग्रामिंग* (linear programming) कहा जाता है।

(ii) स्पष्ट अनुक्रिया (*overt responding*)—शिक्षार्थी को दिखाए सूचना के प्रति एक स्पष्ट अनुक्रिया करनी पड़ती है ताकि उसके सही अनुक्रिया को पुनर्बलित (reinforced) किया जाए तथा गलत अनुक्रिया (incorrect responses) में सुधार किया जाए।

(iii) **तात्कालिक पुनर्निवेशन** (*immediate feedback*)—अनुक्रिया करने के तुरंत बाद शिक्षार्थी को यह सूचित कर दिया जाता है कि उनके द्वारा की गई अनुक्रिया सही है या गलत। इसे पुनर्निवेशन कहा जाता है जो सही उत्तर होने पर एक पुनर्बलक (reinforcer) का काम करता है तथा गलत उत्तर होने पर सुधारात्मक उपाय (corrective measure) के रूप में कार्य करता है।

(iv) **आत्म-प्रगति** (*self-pacing*)—इसमें शिक्षार्थी (learner) अपनी दर या गति से आगे की ओर बढ़ते हैं।

रेखीय प्रोग्राम (linear programme) के कुछ रूपान्तरण (variations) भी बताए गए हैं। इस रूपान्तरित रेखीय प्रोग्राम (modified linear programme) में शिक्षार्थी को उन सूचनाओं (informations) को छोड़कर आगे बढ़ जाने का प्रावधान होता है जिसे शिक्षार्थी भलीभाँति जानते हैं। कार्यक्रमित शिक्षण (programmed learning) में एक-दूसरे तरह का भी कार्यक्रम है जो तुलनात्मक रूप से अधिक लचीला (flexible) है। इसे *शाखा प्रोग्राम* (branching programme) या *आन्तरिक प्रोग्राम* (intrinsic programme) कहा जाता है। शाखा प्रोग्राम रेखीय प्रोग्राम की तुलना में अधिक जटिल होता है, क्योंकि इसमें शिक्षार्थी की अनुक्रियाओं (responses) का निदान (diagnose) करने का भरसक प्रयत्न किया जाता है। इस प्रोग्राम में शिक्षार्थी को सीखे जाने वाले विषय से सम्बन्धित कुछ सूचना दिए जाने के लिए उन्हें बहु-विकल्प प्रश्न (multiple-choice questions) दिए जाते हैं जिनका उत्तर शिक्षार्थी को देना होता है। अगर उनका उत्तर सही होता है, तो उन्हें अगले फ्रेम (frame) या सूचना की ओर बढ़ने के लिए निर्देशित किया जाता है। अगर उनका उत्तर गलत होता है, तो गलती के स्वरूप (nature of mistake) को ध्यान में रखते हुए उन्हें विशेष निर्देश (instruction) दिया जाता है। जैसे यह कहा जा सकता है कि यदि आपका उत्तर दिए गए विकल्पों (alternatives or choices) में से 'C' है, तो आप पृष्ठ संख्या 20 पर दिए गए सूचनाओं या सामग्रियों की समीक्षा (review) करें। उसी तरह यह कहा जा सकता है कि यदि आपका उत्तर 'D' है, तो आप अनुच्छेद 4 (section 4) को दोहराएँ। अगर आपका उत्तर 'A' है, तो आप सही हैं और अगले फ्रेम (frame) की ओर बढ़े।

स्कीन्नर (Skinner, 1968) ने कार्यक्रम शिक्षण से सम्बन्धित कई तरह के अध्ययन कर कुछ विशेष सामान्यीकरण (generalization) किया है जो निम्नांकित हैं—

(i) प्रभावकारी सीखने (effective learning) के लिए शिक्षार्थी को पुनर्निवेशन (feedback) या परिणाम-ज्ञान (knowledge of result) को देना अनिवार्य है। दूसरे शब्दों में, शिक्षार्थी के लिए यह जानना जरूरी है कि उनके द्वारा दिए गए उत्तर सही है या नहीं। यह परिणाम ज्ञान या पुनर्निवेशन एक तरह का पुनर्बलन (reinforcement) के रूप में कार्य करता था।

(ii) अनुक्रिया करने के बाद जितना ही जल्दी परिणाम ज्ञान (knowledge of result) दे दिया जाता है, अर्थात् जितना ही जल्दी पुनर्बलन (reinforcement) दे दिया जाता है, सीखने की प्रक्रिया उतनी ही तेजी से होती है।

कार्यक्रमित शिक्षण (progrmmed learning) के कुछ लाभ (advantages) तथा खामियाँ (disadvantages) बताए गए हैं। स्कीन्नर (Skinner, 1968) के अनुसार इसके प्रमुख लाभ निम्नांकित हैं—

(i) कार्यक्रमित शिक्षण (programmed learning) में प्रोग्राम तथा शिक्षार्थी के बीच एक सतत अन्तःक्रिया (constant interaction) इस ढंग की होती है कि वह शिक्षार्थी को अधिक ध्यानमग्न, सतर्क एवं व्यस्त रखता है। भाषण तथा विवेचना विधि में अक्सर शिक्षार्थी उदासीन रहते हैं और ध्यानभंगता से ग्रसित होते हैं।

(ii) कार्यक्रमित शिक्षण में मशीन (machine) एक अच्छे शिक्षक की भूमिका निभाते हुए इस बात पर काफी बल डालता है कि सीखे जानेवाले विषय के किसी भी अंश (part) को शिक्षार्थी काफी अच्छे ढंग से समझ लें और तभी वे अगले फ्रेम (frame) या सूचना की ओर अपना ध्यान करें। भाषण विधि (lecture method) तथा विवेचना विधि में इस बात का कोई विशेष ख्याल नहीं किया जाता है और शिक्षक बिना इस ओर ध्यान दिए ही, अर्थात बिना इस बात पर ख्याल किए ही कि छात्र समझ रहें हैं या नहीं, आगे की ओर बढ जाते हैं।

(iii) कार्यक्रमित शिक्षण में मशीन सिर्फ उन्हीं सूचनाओं या सामग्रियों को शिक्षार्थी के सामने उपस्थित करता है जिसे ग्रहण करने की आवशकता उनमें होती है या जिसके लिए वे तत्पर (ready) होते हैं।

(iv) कार्यक्रमित शिक्षण में मशीन शिक्षार्थी को एक अच्छे शिक्षक के समान कुछ विशेष संकेत (hint) सुझाव आदि देकर शिक्षार्थी को उत्तम एवं सही उत्तर पर पहुँचने में मदद करता है।

(v) कार्यक्रमित शिक्षण में मशीन द्वारा शिक्षार्थी का तात्कालिक परिणाम-ज्ञान (immediate knowledge of results) प्रदान कर उनकी सही अनुक्रिया को पुनर्बलित किया जाता है जिससे शिक्षार्थी की अभिरुचि पाठ या विषय को सीखने में बनी रहती है।

इन लाभों के बावजूद कार्यक्रमित शिक्षण (programmed learning) की बहुत खामियाँ बताई गई हैं जो निम्नांकित हैं—

(i) कार्यक्रमित शिक्षण की सबसे प्रमुख खामियाँ यह है कि इसमें शिक्षार्थी को कभी सीखे जानेवाले पाठ या विषय का एक साथ एक समस्त एवं व्यापक (overall) अवलोकन नहीं हो पाता है, जिसका नतीजा यह होता है कि वे पाठ या विषय के विभिन्न अंशों को ठीक ढंग से जोड़ (interlink) नहीं पाते और सीखे जाने के बावजूद भी सही-सही प्रयोग नहीं कर पाते।

(ii) कार्यक्रमित शिक्षण में शिक्षार्थी यह नहीं सीख पाते हैं कि उन्हें कैसे प्रश्न पूछना चाहिए और उसका उत्तर कैसे देना चाहिए जिससे शिक्षण एक तरह से आंशिक (partial) ही रह जाता है।

(iii) कार्यक्रमित शिक्षण में छात्र एवं शिक्षक तथा स्वयं छात्रों के बीच भी स्वाभाविक (natural) एवं स्वैच्छिक अन्तःक्रिया (spontaneous interaction) की कमी पाई जाती है। इन खामियों के बावजूद प्रोग्राम शिक्षण का प्रयोग आजकल, विशेषकर विकसित देशों (developed countries) की शिक्षा-प्रणाली में खुलकर किया जा रहा है।

क्या कार्यक्रमित सीखना प्रभावकारी है?
(Is Programmed Learning Effective?)

क्या कार्यक्रमित सीखना प्रभावकारी है?—जैसे प्रश्न पर मनोवैज्ञानिकों ने गम्भीरता से विचार किया है। स्काम्म (Schramm, 1964) ने प्रोग्राम या कार्यक्रमित शिक्षण के क्षेत्र में किए गए 165 अध्ययनों की समीक्षा (review) की। इनमें 36 ऐसे अध्ययन थे जिनमें कार्यक्रमित शिक्षण की तुलना कक्षा (classroom) की पौराणिक विधियों (traditional methods) जैसे भाषण (lecture), प्रदर्शन (demonstration) आदि से की गई। परिणाम में पाया गया कि उनमें 17 अध्ययन के परिणाम में प्रोग्राम शिक्षण को इन पौराणिक विधियों से अधिक प्रभावकारी बनाया गया है और एक अध्ययन के परिणाम ऐसे थे जिसमें पौराणिक विधि को प्रोग्राम शिक्षण की विधि से अधिक श्रेष्ठ (superior) पाया गया। इस अध्ययन के आलोक में इस निष्कर्ष पर पहुँचा गया कि प्रोग्राम शिक्षण एक प्रभावकारी विधि है। अब प्रश्न उठता है कि इसे क्यों एक प्रभावकारी विधि माना गया है? इस प्रश्न का उत्तर निश्चित शब्दों में अब तक नहीं दिए गए हैं और लोगों के बीच वाद-विवाद कुछ है। लुम्सडेन (Lumsdaine, 1964) के अनुसार प्रोग्राम शिक्षण के विभिन्न पहलुओं के महत्त्व पर लोगों में चूँकि मतभेद हैं, इसलिए उक्त प्रश्न का उत्तर देना कठिन है। जैसे कुछ लोगों ने कार्यक्रमित शिक्षण में पुनर्निवेशन (feedback) या परिणाम-ज्ञान को सर्वाधिक महत्त्वपूर्ण बताया है तो कुछ लोगों ने सीखे जानेवाले विषय को छोटे-छोटे कदमों (small steps) में देने को सर्वाधिक महत्त्वपूर्ण बताया है तो कुछ लोगों ने आत्म-प्रगति (self-pacing) को अधिक महत्त्वपूर्ण बताया है। इसका परिणाम यह हुआ कि कार्यक्रमित शिक्षण अन्य विधियों से क्यों अधिक प्रभावकारी है, जैसे प्रश्न का उत्तर नहीं दिया जा सकता है। अतः इस मौके पर इसी निष्कर्ष पर पहुँचा जा सकता है कि कार्यक्रमित शिक्षण अन्य अध्ययन विधियों (teaching devices) से श्रेष्ठ (superior) माना जा सकता है, परन्तु उन कारकों की पहचान सम्भव नहीं है जिनसे इसकी श्रेष्ठता बनी हुई है।

कम्प्यूटर-सहायताप्राप्त निर्देश
(Computer-Assisted Instruction CAI)

कार्यक्रमित शिक्षण में प्रोग्राम सामग्रियों (porgrammed materials) को शिक्षण मशीन (teaching machine) द्वारा भी दिया जा सकता है या एक कम्प्यूटर (computer) द्वारा भी दिया जा सकता है। कार्यक्रमित शिक्षण में जब

प्रोग्राम सामग्री को या निर्देशात्मक सामग्री (instructional materials) को एक कम्प्यूटर के माध्यम से किया जाता है तो इसे *कम्प्यूटर-सहायताप्राप्त निर्देश* (computer-assisted instruction or CAI) कहा जाता है।

CAI द्वारा व्यक्ति कम्प्यूटर अन्तःक्रिया (individual-computer interaction) को मूलतः तीन स्तर पर विश्लेषित किया जाता है जो निम्नांकित हैं—

1. पहला स्तर अत्यंत ही सरल है जहाँ समस्याओं (porblems) को या सीखे जानेवाले पाठ को एक निश्चित क्रम (fixed sequence) में रखकर व्यक्ति एवं कम्प्यूटर के बीच अन्तःक्रियाएँ (interactions) की जातीं हैं। इस तरह की अन्तःक्रियाओं का प्रयोग अक्सर कक्षा शिक्षण (classroom teaching) के एक पूरक (supplementary) के रूप में किया जाता है। इस तरह की छात्र-कम्प्यूटर अन्तःक्रिया द्वारा प्रतिदिन करीब 2,000 छात्रों की शिक्षण-सम्बन्धी समस्याओं को सुलझाया जा सकता है।

2. CAI के दूसरे स्तर में ऐसी व्यक्ति-कम्प्यूटर अन्तःक्रिया (individual-computer interaction) होती है जिसमें संवाद कार्यक्रम (dialogue programme) सम्मिलित होता है। इस स्तर पर व्यक्ति कम्प्यूटर से नाना तरह के मनमाना प्रश्न शिक्षण की प्रक्रिया पर पूर्ण नियंत्रण रखते हुए पूछता है।

3. CAI के तीसरे स्तर पर ऐसी व्यक्ति-कम्प्यूटर अन्तःक्रिया (individual-computer interaction) की जाती है जो उक्त दोनों स्तर के बीच का होता है और इसमें एक तरह का शिक्षकीय प्रोग्राम (tutorial programme) सम्पन्न होता है जिसमें प्रत्येक व्यक्ति अपना निष्पादन रिकार्ड (performance record) के आधार पर एक अलग स्वतंत्र विचारों एवं समस्याओं के सम्भावित समाधानों का आदान-प्रदान कम्प्यूटर के साथ करते हैं।

CAI आधुनिक शिक्षा-पद्धति का एक महत्त्वपूर्ण अंग होता जा रहा है। विकसित देशों जैसे अमेरिका, जापान, इंगलैण्ड आदि में तो CAI की प्रबलता अपनी चरम सीमा को छूने जा रही है। अपने देश में भी अब CAI का प्रयोग काफी होने लगा है। विशेषकर शिक्षण में CAI का महत्त्व कुछ खास वजहों से अधिक बताया गया है। इनमें निम्नांकित प्रधान हैं—

(i) CAI द्वारा जटिल-से-जटिल शाखा प्रोग्राम (branching programme) सम्पन्न किया जा सकता है। इस सिलसिले में कुछ कम्प्यूटरों का तो इस ढंग से भी प्रोग्रामिंग कर दिया जाता है कि वे व्यक्तियों को उनके द्वारा की गई अनुक्रिया से सम्बन्धित परिणाम ज्ञान तो दें ही, साथ-ही-साथ उनके साथ उचित संवाद (dialogue) भी या तो बोलकर या लिखकर स्थापित कर सके। जैसे यदि कोई अनुक्रिया सही है, तो कम्प्यूटर कह सकता है, *''वह ठीक नहीं है, कृपया बटन 'A' दबाएँ फिर निर्देश को ठीक से पढ़ें और पुनः सही उत्तर देने की कोशिश करें।''*

(ii) CAI द्वारा सिर्फ निर्देशात्मक सामग्री (instructional materials) को ही व्यक्तियों को नहीं दिया जाता है, बल्कि इस बात का भी मूल्यांकन (evaluation) कर सकने में सफलता मिलती है कि व्यक्तियों के उन सामग्रियों को कितने अच्छे ढंग से सीखा है। जब कोई व्यक्ति प्रोग्राम के एक भाग को समाप्त कर चुका होता है, तो कम्प्यूटर उस व्यक्ति की उपलब्धि (achievement) की जाँच करके, उसका श्रेणीकरण (grading) करके तथा उसका अन्य व्यक्तियों से जो प्रोग्राम के उसी भाग पर काम कर चुके हैं, तुलना करके महत्त्वपूर्ण सूचना (relevant information) व्यक्ति को देता है। इस तरह कम्प्यूटर उपलब्धि के परिणाम (results) से व्यक्तियों को तुरंत अवगत करता है तथा उन्हें लाभ पहुँचाता है। शिक्षक जब यह जान पाते हैं कि किसी भी छात्र या व्यक्ति की उपलब्धि कैसी है, तो वह तुरंत उसी के आलोक में सुधारात्मक उपाय (corrective measures) पर सोचना प्रारम्भ कर देते हैं। इतनी आसानी से और कम समय में ही अन्य विधियों से निर्देश (instruction) देने पर ऐसा सम्भव नहीं है।

(iii) CAI में तात्कालिक पुनर्निवेशन (feedback) मिलने से, व्यक्तिगत ध्यान दिए जाने से एवं उत्साहवर्धक दृष्टि प्रदर्शन (visual display) से छात्र विषय को सीखने के लिए अत्यधिक प्रेरित रहते हैं। इस ढंग की प्रेरणा उन्हें शिक्षण की अन्य विधियों में नहीं मिलती।

(iv) कुछ ऐसे प्रयोगात्मक अध्ययन हुए हैं जिनसे यह पता चला है कि CAI से शिक्षण की पौराणिक विधियों की तुलना में छात्र अधिक सीखते हैं तथा किसी विषय को कम समय में सीख लेते हैं। लिन्सकी (Linskie, 1977) ने तीसरे वर्ग के बालकों के अध्ययन में पाया कि ऐसे बालक CAI द्वारा अन्य पौराणिक विधियों, जैसे भाषा (lecture) एवं प्रदर्शन (demonstration) की तुलना में गणित (mathematics) को जल्द सीख लिए तथा अधिक उत्साह (enthusiasm) के साथ सीख लिए।

(v) शिक्षकों को बहुत-से कार्यों से छुटकारा दिलाकर CAI छात्रों की सर्जनात्मक (creative) एवं संचारात्मक क्षमता (communicative abilities) को विकसित करने में उन्हें विशेष रूप से मदद करने के लिए पर्याप्त समय दे पाता है।

उपर्युक्त कारणों से CAI आजकल धीरे-धीरे शिक्षकों एवं शिक्षा-जगत् में अत्यधिक लोकप्रिय होता जा रहा है।

निर्देश का वैयक्तिक क्रम (Personalized System of Instruction or PSI)

निर्देश के वैयक्तिक क्रम (Personalized System of Instruction या PSI) का प्रतिपादन फ्रेड केलर (Fred Keller) द्वारा 1968 ई० में किया गया। इसलिए इसे *केलर योजना* (Keller's plan) भी कहा जाता है। परन्तु PSI के नाम से अधिक जाना जाता है।

PSI एक तरह से CAI एवं कार्यक्रमित शिक्षण (programmed learning) की ही तरह छात्रों को कोई पाठ या विषय सिखाने की एक विशेष प्रविधि (technique) है। यह एक ऐसी शिक्षण प्रविधि (traching technique) है जिसमें पढ़ाये जानेवाले विषय या पाठ को विभिन्न खंडों (segments) में बाँट दिया जाता है और प्रत्येक खण्ड के निष्पादन (performance) का मूल्यांकन (evaluation) करके छात्रों को उन्हें अपनी गति (pace) से दूसरे खण्ड पर जाने की अनुमति दी जाती है। केल्लर (Keller, 1968) के अनुसार PSI द्वारा शिक्षण या अध्यापन (teaching) करने में निम्नांकित चार कदम (steps) होते हैं—

(i) पढ़ाये जाने वाले या सीखने वाले पाठ्यक्रम (course) के अन्तर्गत आनेवाली सामग्रियाँ (materials) सुनिश्चित करना।

(ii) उन सामग्रियों को अपने आप में पूर्ण विभिन्न खण्डों (segments) में बाँटना।

(iii) उन विधियों का पता लगाना जिनके माध्यम से यह मूल्यांकन किया जा सके कि छात्रों ने प्रत्येक खण्ड की सामग्रियों (materials) को पूर्णतः सीखा है या नहीं।

(iv) अपनी गति (pace) से छात्रों को एक खंड से दूसरे खंड की ओर बढ़ने देना।

ऐसे तो PSI उपर्युक्त चार कदमों (four steps) के माध्यम से आसानी से सम्पन्न हो जाता है, फिर भी PSI पूर्णतः अर्थपूर्ण हो सके, इसके लिए कुछ और महत्त्वपूर्ण निर्णय व्यक्ति को लेना पड़ता है जिनमें निम्नांकित प्रमुख हैं—

(i) पाठ्यक्रम में कौन-कौन-सी सामग्रियाँ (materials) सम्मिलित की जाएँ?

(ii) किसी एक विशेष पाठ या विषय में कितने अलग-अलग खंड बनाए जा सकते हैं?

(iii) किसी खण्ड में कौन-कौन-सी साँमग्रियाँ सम्मिलित की जाए?

(iv) किसी खण्ड पर छात्रों के निष्पादन (performance) का मूल्यांकन कैसे किया जाए?

(v) किसी खण्ड पर दक्षता (proficiency) का स्तर क्या होना चाहिए? कुछ शिक्षक यह पसंद करेंगे कि जब तक छात्र एक खण्ड पर पूर्ण काबू नहीं पा लेता है, अर्थात उसे पूर्णतः सीख नहीं लेता है उसे दूसरे खण्ड में प्रवेश की अनुमति नहीं देनी चाहिए जबकि कुछ शिक्षक ऐसे हो सकते हैं जो यह पसंद कर सकते हैं कि जब छात्र साधारण ढंग से भी किसी खण्ड को सीख लेता है, तो उसे दूसरे खण्ड में प्रवेश की अनुमति दी जानी चाहिए।

(vi) क्या कोई ऐसी समय-सीमा (time limit) होनी चाहिए जिसके भीतर ही छात्र को प्रत्येक खण्ड या पूरे पाठ्यक्रम (course) को सीख लेना चाहिए?

(vii) क्या छात्रों के लिए विवेचना सत्र (discussion session) जैसे चीजों की व्यवस्था करनी चाहिए ताकि छात्र, शिक्षक या अन्य छात्रों के साथ किसी खण्ड की सामग्री पर विचार-विमर्श कर सके?

(viii) क्या छात्रों से उन सामग्रियों का पुनः परीक्षण (re-examination) लेना चाहिए जिनपर उनका निष्पादन (performance) खराब था?

(ix) क्या उन छात्रों को लाभांश अंक (bonus point) दिया जाना चाहिए, जिन्होंने पाठ्यक्रम (courses) के सभी खण्डों में निष्पादन श्रेष्ठ (superior) बनाकर रखा था?

इन सभी प्रश्नों पर विचार करने के बाद PSI प्रविधि से दिया गया निर्देश (instruction) छात्रों के लिए निश्चित रूप से लाभकारी होगा। रेयान (Ryan, 1974) ने कई ऐसे अध्ययनों की समीक्षा की जिनमें PSI द्वारा प्राप्त छात्रों के निष्पादन (performance) की तुलना भाषण (lecture) एवं विवेचना विधि (discussion method) द्वारा प्राप्त छात्रों के निष्पादन के साथ की गई और देखा गया कि बिना किसी अपवाद के PSI विधि में छात्रों के शिक्षण (learning) का स्तर भाषण विधि के स्तर से कहीं अधिक श्रेष्ठ (superior) था। कुलिक, कुलिक तथा कारमाइकेल (Kulik, Kulik & Carmichael, 1974) भी एक ऐसे ही निष्कर्ष पर पहुँचे थे जहाँ कॉलेज में विज्ञान के पाठ्यक्रमों (courses) को PSI तथा भाषण विधि दोनों से ही पढ़ाया गया था।

इसके बावजूद PSI की कुछ खामियाँ (limitations) हैं, जो निम्नांकित हैं—

(i) PSI में शिक्षक की भूमिका (role) में कटौती हो जाती है जिसके कारण शैक्षिक वातावरण एक वास्तविक शैक्षिक वातावरण के समान नहीं रह जाता है।

(ii) कार्यक्रमित शिक्षण (programmed learning) तथा CAI के ही समान इसमें भी छात्र एवं शिक्षक तथा स्वयं छात्रों के ही बीच स्वाभाविक (natural) एवं स्वैच्छिक अन्तःक्रिया (natural interaction) नहीं हो पाती है जिसका परिणाम यह होता है कि छात्र विषय या पाठ को अर्थपूर्ण ढंग से नहीं सीख पाते।

(iii) मीक (Meek, 1977) का कहना है कि PSI में कार्यक्रमित अधिगम (programmed learning) तथा CAI के ही समान पाठ्यक्रम के उद्देश्य (courses objective) को स्पष्ट रूप से एक व्यवहारात्मक इकाई (behavioural unit) के रूप में लिखा जाना आवश्यक है और यह सामान्यतः एक कठिन कार्य है जिसे कोई असाधारण विशेषज्ञ (extraordinary expert) ही सही ढंग से कर पाते हैं।

इन खामियों के बावजूद PSI का प्रयोग आजकल काफी किया जा रहा है। यहाँ तक कि अब PSI द्वारा गणित, सांख्यिकी (statistics), अंग्रेजी, दर्शनशास्त्र, इंजीनियरिंग एवं राजनीतिशास्त्र के विषयों को भी पढ़ाया जाने लगा है।

प्रसंभाव्यता सीखना (Probability Learning or PL)

1920 से 1940 तक की अवधि में प्रयोगात्मक मनोवैज्ञानिकों के बीच भूलभुलैया सीखना (Maze learning) का अध्ययन करना एक बड़ा ही लोकप्रिय विषय माना जाता था। इस उम्मीद में इसका अध्ययन किया जाता था कि इससे पशुओं के व्यवहार के अध्ययन कर जो मौलिक नियम एवं तथ्य प्राप्त होंगे उनसे मानव सीखना की व्याख्या आसानी से की जा सकती है। परंतु 1950 वाले दशक से भूलभुलैया सीखना के अध्ययनों में मनोवैज्ञानिकों की अभिरुचि कम हो गयी और उनकी अभिरुचि प्रसम्भाव्यता सीखना (Probability learning or PL) के अध्ययन में अधिक हो गयी। इस तरह से प्रसम्भाव्यता सीखना का जड़ (root) भूलभुलैया सीखना (maze learning) में है। मानव सीखना (human learning) के क्षेत्र में अध्ययन करने वाले मनोवैज्ञानिकों ने प्रसम्भाव्यता सीखना (probability learning) को अपना निशाना बनाया और इस क्षेत्र से कई तरह के प्रयोग करके मानव सीखना के बारे में महत्त्वपूर्ण तथ्यों को उजागर किया है।

प्रसम्भाव्यता सीखना से तात्पर्य वैसी सीखना से होता है जिसमें व्यक्ति किसी उद्दीपक के प्रति अनुक्रिया करना उस उद्दीपक के आने की प्रसम्भाव्यता (probability) के साथ मिलान (match) करते हुए सीखता है। इस तरह के मिलान को *प्रसम्भाव्यता मिलान* (probability matching) कहा जाता है जो स्पष्टतः प्रसम्भाव्यता सीखने के आधार है। प्रसम्भाव्यता मिलान का प्रयोगात्मक सत्यापन (experimental verification) एस्ट्स (Estes, 1950) द्वारा प्रतिपादित *सांख्यिकीय सीखना सिद्धान्त* (Statistical Learning Theory or SLT) में किया गया। एस्ट्स (Estes) ने यह दिखलाया था कि अनुबन्धन क्रिया के बारे में साधारण पूर्वकल्पना (assumption) करके SLT द्वारा PL के बारे में पूर्वकथन किया जा सकता है। इस तरह से PL एवं SLT में एक-दूसरे के साथ विशेष गठबंधन स्थापित हो गया। सचमुच में अधिकतर PL अध्ययन इस SLT के प्रावधानों की जाँच करने के लिए किया गया तथा SLT के तथ्यों को PL प्रयोगों से सफलतापूर्वक जाँच की गयी।

प्रसम्भाव्यता सीखना का आधार प्रसम्भाव्यता मिलान (probability matching) है। अंडरवुड (Underwood, 1966) के अनुसार, प्रसम्भाव्यता मिलान के क्षेत्र में किये गये प्रयोगों को प्रसम्भाव्यता सीखना का प्रयोग कहा गया है।

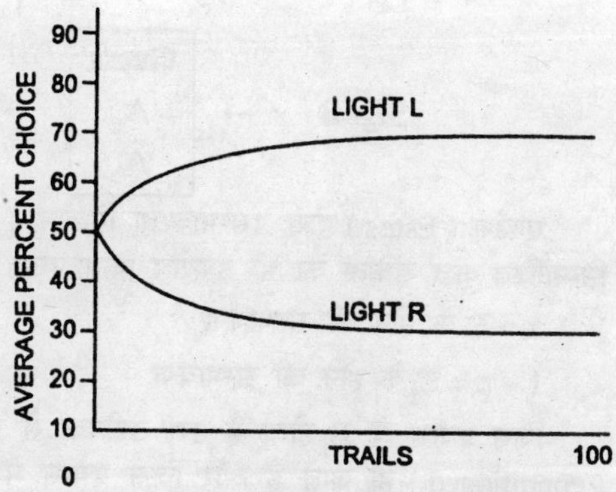

चित्र 5.24 : रोशनी अनुमान प्रयोग में बनने वाला कल्पित वक्र (L = 75% R = 25%)

प्रसम्भाव्यता मिलान के क्षेत्र में बहुत सारे प्रयोग किये गए हैं। इन प्रयोगों की सामान्य रूपावली (common paradigm) इस तरह रहा है—प्रयोज्य के सामने एक पैनल (panel) होता है जिसमें रोशनी (light) के लिए दो बल्ब लगे होते हैं—एक प्रयोज्य के बाएँ (left) तरफ और दूसरा प्रयोज्य के दायें (right) तरफ। प्रयोगकर्त्ता प्रयोज्य को यह निर्देश देता है कि अमुक प्रयास में एक संकेत (cue) मिलने पर आपको यह बतलाना होगा कि बायें तथा दायें में से कौन-सा बल्ब जलेगा। इसी तरह की प्रयोगात्मक अवस्था में रखकर कई प्रयोज्यों की अनुक्रियाओं को कई प्रयासों तक प्राप्त किया जाता है। ऐसे प्रयोग में प्रयोगकर्त्ता परिस्थिति को इस ढंग से उपस्थित करके रखता है कि बायें तरफ का बल्ब कुल प्रयास (trials) के 75% प्रयासों में तथा दायें तरफ का बल्ब कुल प्रयासों का 25% प्रयास में या बायें तरफ का बल्ब कुल प्रयासों का 80% तथा दायें तरफ का बल्ब 20% या बायें तरफ का बल्ब 40% प्रयासों में तथा दायें तरफ का बल्ब 60% प्रयासों मे जले। इस निर्धारित सीमा के तहत किये गये योजना के अनुरूप प्रयोगकर्त्ता विभिन्न प्रयासों में बल्बों के जलाने की व्याख्या करते हैं। थोड़े देर के लिए मान लिया जाए कि कोई प्रयोगकर्त्ता 100 प्रयासों (trials) में से 75 प्रयासों में बायें तरफ का बल्ब तथा 25 प्रयासों में दायें तरफ के बल्ब जलाने को गुप्त योजना बनाता है। एक प्रयोज्य या कई प्रयोज्यों की अनुक्रियाओं को प्राप्त लेने के बाद प्राप्त आँकड़ों का यदि उन्हें आलेख पर दिखलावें, तो बनाने वाला वक्र चित्र 5.24 में दिखाये गये वक्र के समान होगा। इस वक्रों का विश्लेषण करने पर निम्नांकित दो महत्त्वपूर्ण विशेषताओं का पता चलता है—

(i) प्रसम्भाव्यता मिलान (probability matching) के कार्य की आरम्भिक अवस्था में प्रयोज्यों की अनुक्रिया उसके मात्र अनुमान (guesses) पर आधारित होता है या अगर किसी विशेष रंग की रोशनी के प्रति कुछ पूर्वाग्रह (bias) यदि हो तो उससे थोड़ा बहुत प्रभावित होता है। कहने का तात्पर्य यह है कि इस प्रारम्भिक अवस्था में दोनों बल्ब की रोशनी में से प्रत्येक का चयन प्रतिशत 50%-50% होता है क्योंकि किसी तरह का यहाँ कोई स्पष्ट पूर्वाग्रह का निर्माण नहीं होता है।

(ii) जैसे-जैसे प्रयासों की संख्या में बढ़ोतरी होते जाती है, L(left) बल्ब को चुनने की प्रवृत्ति R (right) बल्ब की तुलना में बढ़ते जाती है तथा थोड़ा और अधिक प्रयासों में वृद्धि होने पर L तथा R बल्ब के चुने जाने का प्रतिशत लगभग वही हो जाता है जो प्रयोगकर्त्ता के गुप्त योजना में इन दोनों बल्बों को जलाये जाने के प्रतिशत का था (अर्थात L = 75%, R = 25%) इसी तथ्य को प्रसम्भाव्यता मिलान (porbability matching) कहा गया।

ऐसे परिणामों की अधिक वैज्ञानिक एवं गुणात्मक (qualitative) व्याख्या एस्टस Estes, 1954) ने SLT में किया है जिसकी भी व्याख्या यहाँ अपेक्षित है। मान लिया जाए कि बायें तरफ की रोशनी को E_1 तथा दायें तरफ की रोशनी को E_2 से संकेतिक किया जाता है। मान लिया जाए कि E_1 के प्रति किये गए अनुक्रिया A_1 तथा E_2 के प्रति किये गए अनुक्रिया को A_2 कहा गया। एस्टस के सिद्धान्त में प्रसम्भाव्यता मिलान (probability matching) के विश्लेषण में प्रयोज्य का वास्तविक अनुमान (actual guess) का कोई महत्त्व नहीं होता है। एस्टस का मत है कि जब E_1 प्रयोज्य के सामने दिया जाता है, तो यह प्रयोज्य में अपने आप A_1 अनुक्रिया जो उसके भीतर छिपी होती है, उत्पन्न करता है। उसी तरह जब E_2 प्रयोज्य के सामने दिया जाता है तो उसके भीतर छिपी अनुक्रिया A_2 उत्पन्न होता है। इस तरह से एस्टस के अनुसार, उद्दीपक अनुक्रिया भी उत्पन्न करता है तथा साथ-ही-साथ उसे पुनर्बलित (reinforce) भी करता है। इस अवस्था के प्रयोगात्मक परिस्थिति का निरूपण इस प्रकार किया जा सकता है—

Signal → Guess (A_1, A_2) → Event (E_1, E_2) → implicit behaviour terminates trial

एस्टस (Estes) द्वारा प्रसम्भाव्यता मिलान (probability matching) की प्रदत्त व्याख्या को पूरा करने के लिए निम्नांकित कुछ संकेतों का भी उपयोग किया गया है—

$\pi = E_1$ के होने की सम्भावना

$1 - \pi = E_2$ के होने की सम्भावना

जिस प्रयास में E_1 होता है उस उद्दीपक से चयनित सभी तत्त्व उस विशेष प्रयास (trial) में A_1 से अनुबंधित (conditioned) हो जाते हैं और जिस प्रयास में E_2 उपस्थित किया जाता है, उस उद्दीपक से चयनित तत्त्व A_2 से अनुबंधित हो जाते हैं। किसी विशेष प्रयास में A_1 होने की प्रसम्भाव्यता (probability) इस बात पर निर्भर करती है कि A_1 से सम्बन्धित उद्दीपक के कितने तत्त्व अनुबंधित हुए हैं (Pn) तथा A_2 अनुक्रिया के होने की प्रसम्भाव्यता इस बात पर निर्भर करती है कि उन तत्त्वों (elements) का कितना अनुपात (proportion) है जो A_1 के साथ अनुबंधित नहीं हुए हैं (1-pn)। एस्टस द्वारा प्रदत्त व्याख्या में θ (थीटा) से तात्पर्य प्रत्येक प्रयास में उद्दीपक से चयनित तत्त्वों (elements) के अनुपात से होता है और इसका मूल्य या मान पूरे प्रयोग के दौरान स्थिर होता है।

उपर्युक्त विवरण को ध्यान में रखकर n प्रयासों (trials) के बाद A_1 अनुक्रिया होने की प्रसम्भाव्यता का परिकलन निम्नांकित सूत्र द्वारा ज्ञात किया जाता है।

$$P_n = \pi - (\pi - P_1)(1 - \theta)^{n-1}$$

चूँकि (1-θ) एक से कम है, अतः जैसे-जैसे n (अर्थात प्रयास की संख्या) में वृद्धि होती जाती है, उक्त सूत्र से एक ऋणात्मक त्वरित वक्र (negatively accelerated curve) बनाता है जिसमें n अन्नतस्पर्शी होगा। अतः यह सूत्र इस बात का स्पष्ट संकेत देता है कि n का मूल्य चाहे जो भी हो, प्रयोज्य द्वारा किया गया A_1 अनुक्रिया का अनुपात (proportion) प्रयोगकर्त्ता द्वारा निर्धारित E_1 के होने के अनुपात से सुमेलित (match) होगा। दूसरे शब्दों में, यह कहा जा सकता है कि एस्टस ने यह पूर्वकथन किया कि प्रयोज्य में प्रसम्भाव्यता मिलान (probability matching) होगा जो एक वास्तविकता पायी गयी।

शाब्दिक या वाचिक सीखना (Verbal Learning)

मानव सीखना (human learning) का एक महत्त्वपूर्ण पक्ष शाब्दिक या वाचिक सीखना (verbal learning) है। शाब्दिक सीखना से तात्पर्य ऐसे सीखना से होता है जिसमें व्यक्ति अक्षरों, अक्षरों से बने सार्थक अर्थहीन शब्दों, व्याख्या, चिह्नों (symbols) तथा अंकों (digits) के अर्थों को सीखता है तथा उसके आशय को समझता है। प्रयोगात्मक मनोविज्ञान में शाब्दिक सीखना का महत्त्व इसलिए है क्योंकि वास्तव में हमें बहुत सारे तथ्यों का ज्ञान शब्दों के उपयोग से होता है। कोफर[1] (Cofer, 1984) शाब्दिक सीखना को इस तरह परिभाषित किया है, *"शाब्दिक सीखना से जाँच या अध्ययन के ऐसे क्षेत्र का पता चलता है जिसमें, उन प्रक्रियाओं एवं घटनाओं में अभिरुचि का केन्द्र होता है जिसके सहारे व्यक्ति अभ्यास के माध्यम से दो शाब्दिक एकांशों को एक साथ सम्बन्धित करता है, उन क्रमों को सीखता है जिसमें शाब्दिक एकांशों के पूरे सेट को उपस्थित किया जाता है, शाब्दिक एकांशों के बीच अन्तर करता है तथा एकांशों के सेट*

1. "The term verbal learning denotes a field of inquiry in which the focus of interest lies in the phenomena and processes by which individuals come through practice, to link two verbal items together, to learn the sequence in which a set of verbal items occurs, to differentiate between verbal items or to recall a set of items without regard for the order in which they occurred originally."

—Cofer : Properties of verbal material and verbal learning. In Riggs & Klings. *Experimental Psychology,* 1984 p. 848

को मौलिक रूप से दिखलाये गए क्रमों से भिन्न या स्वतंत्र क्रम में प्रत्याह्वान करता है।''

उक्त परिभाषा से यह स्पष्ट है कि शाब्दिक सीखना में व्यक्ति को शाब्दिक एकांशों के कई पक्षों को सीखना पड़ता है और उनका अर्थ समझना पड़ता है।

शाब्दिक सीखना के क्षेत्र को निम्नांकित तीन भागों में बाँट कर हम अध्ययन करेंगे—

(i) शाब्दिक सीखना के अध्ययन में उपयुक्त सामग्रियाँ (Materials used in Verbal learning)

(ii) शाब्दिक सीखंना की शोध विधियाँ (Research methods of Verbal learning)

(iii) शाब्दिक सीखना में संगठनात्मक प्रतिक्रियाएँ (Organizational porcesses in verbal learning)

इन तीनों का अध्ययन हम अलग-अलग अनुच्छेद में करेंगे।

शाब्दिक या वाचिक सीखने के अध्ययन में उपयुक्त सामग्रियाँ (Materials used in the Study of Verbal Learning)

वाचिक या शाब्दिक सीखना के प्रयोगात्मक अध्ययनों में कई तरह की शाब्दिक इकाइयों (verbal units) का उपयोग किया गया है जो आकार एवं गुण में भिन्न होते हैं। 'आकार' से मतलब शाब्दिक इकाई के अक्षरों की संख्या से होता है तथा गुण से तात्पर्य कुछ वैसी विशेषताओं से होता है जो इकाई की सार्थकता (meaningfulness) या कठिनता स्तर से सम्बन्धित होते हैं। प्रयोगशाला में कई तरह के शाब्दिक इकाइयों (verbal units) का उपयोग किया जाता है जिसमें निम्नांकित प्रमुख हैं—

1. निरर्थक पद या सी बी सी त्रिवर्ण *(Nonsense syllable or CVC trigram)*—शाब्दिक सीखना के प्रयोगशाला अध्ययन में *त्रिवर्ण* (trigram) उपयोग सबसे अधिक है हालाँकि ऐसे भी प्रयोग किये गए हैं जिनमें दो अक्षरों से बने जिन्हें *द्विवर्ण* (bigram) कहा जाता है, का उपयोग किया गया है। त्रिवर्ण (trigram) में सबसे मशहूर निरर्थक पद (nonsense syllable) है जिसका सबसे पहले निर्माण एवं अध्ययन में उपयोग जर्मन मनोवैज्ञानिक इविंगहास (Ebbinghaus) ने किया था। निरर्थक पद से तात्पर्य वैसे त्रिवर्ण या तीन अक्षरों से बने पद से होता है जो निरर्थक होता है तथा जिसका पहला और अंतिम व्यंजन (consonant) एवं बीच का अक्षर स्वर (vowel) है। जैसे, KUZ, TEK, HUX आदि निरर्थक पद के उदाहरण हैं। अक्षरों के क्रम को ध्यान में रखकर इन्हें सी॰भी॰ सी॰ पद (consonant-vowel-consonant syllable) भी कहा जाता है। इविंगहास ने कुल 2300 निरर्थक पदों का निर्माण किया था।

निरर्थक पद बनाते समय अन्य बातों के अलावा निम्नांकित नियमों को अवश्य ध्यान में रखना चाहिए—

(i) निरर्थक पद बनाते समय यह ध्यान रहे कि कोई ऐसा पद न बन जाए जिसका व्यक्ति तुरंत अर्थ निकाल ले या उसके साथ किसी तरह का साहचर्य स्थापित कर ले। जैसे, यदि अध्ययनकर्त्ता VIP पद निर्माण करते हैं, तो प्रयोज्य (subject) तुरंत ही इसका साहचर्य (अर्थ) Very Important Person से कर लेगा।

(ii) किसी पद का पहला अक्षर तथा उसके पहले के पद का अंतिम अक्षर एक ही नहीं होना चाहिए। जैसे DIK के बाद KUX का निर्माण नहीं होना चाहिए।

(iii) दो लगातार पदों का स्वर अक्षर (vowel letters) भी एक समान नहीं होना चाहिए। जैसे, GEK के बाद REQ नहीं होना चाहिए।

अभी हाल में कुछ प्रयोगात्मक मनोवैज्ञानिकों ने CVC पद का एक परिवर्तित रूप अर्थात CCV का उपयोग करने लगे हैं। जैसे, KTE, ZNA आदि CCV के उदाहरण हैं। अंडरवुड (Underwood, 1989) के अनुसार CVC की तुलना में CCV अधिक उपयोगी इसलिए साबित हुआ है क्योंकि इसका साहचर्य मूल्य (association value) तुलनात्मक से और कम है।

CCV या निरर्थक पद का उपयोग यद्यपि शाब्दिक सीखना के प्रयोगों में अधिक हुआ है, फिर भी इसका सामान्य दोष जिसपर आधुनिक मनोवैज्ञानिकों के बीच लगभग सहमति है, यह है कि इसके बीच में स्वर अक्षर होने से इसकी सार्थकता तथा उच्चारण करने की क्षमता में वृद्धि हो जाती है जिससे इसका साहचर्य मूल्य बढ़ जाता है और तब यह स्मृति एवं धारण (retention) के प्रयोगों में उपयोग के लायक नहीं रहता है।

2. व्यंजन पद या सी सी सी त्रिवर्ण *(Consonant syllable or CCC trigram)*→ व्यंजन पद एक ऐसा त्रिवर्ण (trigram) है जो अर्थहीन होता है तथा साथ-ही-साथ इसके तीनों अक्षर व्यंजन होते हैं। जैसे KZP, NQC, TRN आदि व्यंजन पद के उदाहरण हैं। चूँकि इस पद का तीनों अक्षर व्यंजन (consonant) होता है, इसलिए उसे सी सी सी त्रिवर्ण (CCC trigram) कहा जाता है। तीनों अक्षर व्यंजन होने के कारण इनका उच्चारण नहीं किया जा सकता है तथा निरर्थक पद की तुलना में इनके साथ साहचर्य (association) भी आसानी से स्थापित नहीं किया जा सकता है। यही कारण है कि व्यंजन पदों का उपयोग आजकल निरर्थक पदों की तुलना में शब्दिक सीखना के प्रयोगों में अधिक किया जा रहा है। ऐसे पदों के निर्माण में निम्नांकित नियमों को ध्यान में रखना चाहिए—

(i) दो लगातार पदों में पहले पद के किसी भी अक्षर की पुनरावृत्ति उसके पहले वाले स्थान पर नहीं होना चाहिए। जैसे, ZKP के बाद NKC या ZCL या RLP नहीं होना चाहिए।

(ii) दो लगातार पदों में पहले पद का अंतिम अक्षर एवं दूसरे पद का पहला अक्षर तथा पहले पद का पहला अक्षर एवं दूसरे पद का अंतिम अक्षर एक समान नहीं होना चाहिए। जैसे, PZK के तुरंत बाद KLC या NQP नहीं होना चाहिए।

3. बहुपदीय निरर्थक इकाइयाँ *(Multisyllable nonsense units)*—शाब्दिक सीखना के प्रयोगों में निरर्थक पद तथा व्यंजन पदों के अलावा कुछ बहुपदीय निरर्थक इकाइयों का भी उपयोग किया गया है। चार अक्षरों से बने निरर्थक पद जैसे DAUX, THOG, WHAB आदि का उपयोग कुछ प्रयोगों में किया गया है। गैम्बल (Gamble, 1909, 1927) ने अपने कई प्रयोग में पाँच या पाँच से अधिक अक्षरों से बने पदों का भी उपयोग किया है। जैसे, GOZEX, QUIPSON, BELAP आदि। चार अक्षर से बने निरर्थक शब्द को *चतुवर्णी* (tetragram) पाँच अक्षर से बने निरर्थक शब्द को *पंचवर्णी* (pentagram) तथ्य छः अक्षरों से बने निरर्थक शब्द को *षठवर्णी* (hexagram) कहा जाता है।

जो भी शब्दिक सामग्रियाँ (verbal materials) जैसे निरर्थक पद, सार्थक शब्द आदि तैयार किये जाते हैं, उनके आकार (size) के अलावा सार्थकता के गुण की भी जाँच कर ली जाती है क्योंकि ऐसा कोई अध्ययनों में यह देखा गया है कि उन पदों की सार्थकता के स्तर में अन्तर होने से शाब्दिक सीखना (verbal learning) के दर में अन्तर हो जाता है। पदों में सार्थकता का गुण अधिक होने से उसे व्यक्ति अन्य पदों की तुलना में जिनमें यह गुण कम होता है, जल्द सीख लेता है। मनोवैज्ञानिकों ने पदों में सम्मिलित सार्थकता के स्तर को मापने के लिए निम्नांकित पाँच मापों (measures) का वर्णन किया है—

(i) साहचर्य मूल्य *(association values)*—किसी भी अर्थहीन पद या शब्द में सार्थकता की स्तर कितनी है, इसकी जाँच वैसे पद के साहचर्य मूल्य (association values) ज्ञात करके किया जाता है। ग्लेज (Glaze, 1928) ने निरर्थक पदों का साहचर्य मूल्य ज्ञात करने का पहला सफल प्रयास किया था। ग्लेज ने प्रत्येक निरर्थक पद को 3 सेकेण्ड के लिए प्रयोज्य के सामने रखा और उनसे यह बतलाने को कहा गया कि उनके मन में उससे सम्बन्धित आने वाले साहचर्यों को बतलावें। प्रत्येक पद को उन्होंने 15 प्रयोज्यों को दिखलाया और प्रयोज्यों द्वारा प्रत्येक पद के प्रति दिये गये साहचर्य के प्रतिशत को ही उन पद का साहचर्य मूल्य (association value) समझा गया। बाद में विटमर (Witmer, 1935) ने इस प्रविधि द्वारा व्यंजन पदों के साहचर्य मूल्य का भी निर्धारण किया। अधिक साहचर्य मूल्य वाले पदों को आसान एवं सार्थक समझा गया।

(ii) अर्थपूर्णता *(meaningfulness)*—शाब्दिक इकाई की सार्थकता का दूसरा माप अर्थपूर्णता (meaningfulness) है। कोई भी व्यंजन पद या निरर्थक पद व्यक्ति के लिए कितना अर्थ रखता है, इसका निर्धारण यहाँ किया जाता है। इसके लिए प्रत्येक पद द्वारा व्यक्ति के मन में उत्पन्न साहचर्य (association) की गणना की जाती है। जितना ही अधिक साहचर्य अमुक पद द्वारा उत्पन्न किया जाता है, उसे उतना ही अर्थपूर्ण (meaningful) समझा जाता है। स्पष्टतः यह प्रविधि पहली विधि से मिलती-जुलती है। परंतु उससे थोड़ा अधिक वैज्ञानिक इस अर्थ में है कि इसमें साहचर्य का मात्र प्रतिशत नहीं बल्कि प्रत्येक पद द्वारा उत्पन्न साहचर्यों का एक मापनी मूल्य (scale value) तैयार कर लिया जाता है। इस प्रविधि का उपयोग नॉबुल (Noble, 1952) द्वारा तथा नॉबुल, स्टॉकवेल एवं प्राइर (Noble, Stockwell & Pryer, 1957) द्वारा अधिक किया गया है। प्रत्येक पद को प्रयोज्य को थोड़े समय के लिए दिखलाया जाता है तथा उससे उत्पन्न साहचर्यों को अर्थात वस्तुओं, घटनाओं का नाम आदि उसे 60 सेकेंड के भीतर बतलाना होता है। इसके बाद प्रत्येक पद द्वारा उत्पन्न साहचर्यों की

संख्याओं का माध्य (mean) ज्ञात किया जाता है और इस माध्य के रूप में पदों को श्रेणीबद्ध करके एक तरह का मापनी (scale) तैयार कर लिया जाता है।

(iii) परिचय *(familiarily)*—शाब्दिक एकांशों (verbal items) की सार्थकता की परख इस आधार पर भी की जाती है कि व्यक्ति उससे कहाँ तक पूर्व परिचित है। नॉबुल (Noble , 1953) ने इस विधि का उपयोग किया था। इस विधि में प्रत्येक निरर्थक एकांश (nonsense item) या सार्थक शब्द को एक-एक करके प्रयोज्य को दिखला दिया जाता है और उन्हें यह बतलाना होता है कि वे इन्हें अधिक परिचित, कम परिचित या बिलकुल ही नहीं परिचित में से किस श्रेणी का एकांश समझते हैं। उनके द्वारा किये गए उत्तरों के आधार पर यह निश्चय किया जाता है कि प्रत्येक पद से प्रयोज्य कहाँ तक परिचित है। परिचय की मात्रा जितनी ही अधिक होती है शाब्दिक एकांश उतना ही सरल एवं सार्थक समझा जाता है। ऐसे पदों को व्यक्ति बहुत ही कम समय में सही-सही ढंग से सीख लेता है।

(iv) प्रतिमावली *(imagery)*—प्रतिमावली से तात्पर्य इस बात से होता है कि अमुक शाब्दिक एकांश (verbal item) प्रयोज्य में एक ठोस प्रतिमा उत्पन्न करने में सक्षम है। पाइभियो (Paivio, 1965, 1971) द्वारा इस प्रविधि का उपयोग करके शाब्दिक एकांश की सार्थकता को मापा गया है। जो शब्द अधिक प्रतिमाएँ (images) व्यक्ति में उत्पन्न करता है, वह अधिक सार्थक होता है तथा इसका शब्दिक सीखने की दर भी अधिक तेज होती है। पाइभियो ने अपने अध्ययन में पाया कि सामान्य संज्ञा (common noun) जैसे कुत्ता, गाय, बिल्ली आदि द्वारा मूर्त संज्ञा (abstract noun) जैसे सच्चाई, स्वतंत्रता आदि की अपेक्षा अधिक प्रतिमाएँ उत्पन्न होती है।

(v) आवृत्ति या बारंबारता *(frequency)*—शाब्दिक एकांश खासकर जब शब्द (words) का उपयोग शब्दिक सीखना के प्रयोगों में किया जा रहा हो, तो शब्दों के उपयोग की बारंबारता (freuency) एक महत्त्वपूर्ण कारक होता है जिससे शाब्दिक सीखना प्रभावित होता है। कुछ शब्द ऐसे होते हैं जिन्हें देखा जाय तो उसे व्यक्ति अधिक उपयोग में लाते हैं तथा कुछ शब्द ऐसे होते हैं जिन्हें उपयोग में कम लाया जाता है। अमेरीकन अंग्रेजी भाषा में कुछ शब्दों के उपयोग की आवृत्ति को थॉर्नड़ाइक एवं लॉर्ज (Thorndike & Lorge, 1944) तथा कुसेरा एवं फ्रांसिस (Kucera & Francis, 1967) द्वारा तैयार किया गया। थॉर्नडाइक एवं लार्ज द्वारा तैयार किये गए विशिष्ट शब्द कोष में 30,000 शब्दों को सम्मिलित किया गया है जो प्रति दश लाख (million) की आवृत्ति के रूप में शब्दों के उपयोग की बारंबारता को दिखलाता है।

4. अशाब्दिक सामग्रियाँ *(Non-verbal materials)*—यद्यपि यह सही है कि मानव सीखना, धारण एवं स्मृति के क्षेत्र में किये गए अधिकतर प्रयोगों में शाब्दिक एकांशों (verbal items) का ही उपयोग किया जाता है, परंतु कुछ ऐसे भी प्रयोग किये गये हैं जिनमें अशाब्दिक सामग्रियाँ जैसे निरर्थक ज्यामितिक आकृतियों तथा यादृच्छिक चित्रों (random figures) का उपयोग किया है। एट्टनीभ एवं अर्नोल्ट (Attneave & Arnoult, 1956) ने निरर्थक पदों के समान कुछ चित्रीय (pictorial) समतुल्य (equivalent) का निर्माण किया। इन प्रयोगकर्त्ताओं के अनुसार यादृच्छिक चित्र (random figure) की जटिलता में वृद्धि उसमें कोना (corners) की संख्या में वृद्धि करके की जाती है। चित्र 5.25 में 10 कोना से बने एक यादृच्छिक आकृति को उदाहरण के रूप में दिखलाया गया है। जिस तरह से निरर्थक पद प्रयोज्यों के लिए पूर्णतः अर्थहीन नहीं होते हैं उसी तरह यादृच्छिक चित्र भी प्रयोज्यों के लिए पूर्णतः अर्थहीन नहीं हो सकते हैं और देखे गये ऐसे चित्र से प्रयोज्य के मन में कुछ साहचर्य उत्पन्न हो सकते हैं। अतः जिस तरह से निरर्थक पदों के साहचर्य मूल्यों की परख कर ली जाती है, उसी तरह से प्रत्येक ऐसे चित्र को कुछ सेकेंड के लिए प्रयोज्य को दिखाकर तथा उससे उसके मन में किस तरह की प्रतिमा या वस्तु की याद मन में आती है, के बारे में जानकर उसका साहचर्य मूल्य (association value) ज्ञात कर लिया जाता है। चित्र कितने प्रयोज्यों में साहचर्य उत्पन्न करता है, उसका प्रतिशत ज्ञात करके चित्र का साहचर्य मूल्य ज्ञात कर लिया जाता है। क्लार्क (Clark, 1968) ने अपने अध्ययन में यह स्पष्टतः पाया है कि अधिक साहचर्य उत्पन्न करने वाले आकृति को व्यक्ति कम साहचर्य आवृत्ति उत्पन्न करनेवाले आकृति की तुलना में जल्दी सीख लेता है।

चित्र 5.25 : दश कोना वाला एक यादृच्छिक

स्पष्ट हुआ कि शाब्दिक सीखना के प्रयोग में कई तरह के शाब्दिक इकाइयों (verbal units) का उपयोग किया जाता है। इन सभी तरह के इकाइयों में निरर्थक पद (nonsense syllable) तथा व्यंजन पदों (consonant syllables) का उपयोग अन्य दूसरे तरह की सामग्रियों की तुलना में अधिक होता है।

शाब्दिक या वाचिक सीखने की शोध विधियाँ (Research Methods of Verbal Learning)

शाब्दिक सीखना या मौखिक सीखना के प्रयोगों में शाब्दिक एकांशों (verbal items) को विभिन्न विधियों या तरीकों द्वारा प्रयोज्यों के सामने उपस्थित किया जाता है। इन विधियों या तरीकों को शाब्दिक सीखना की विधि (methods of verbal learning) कहा जाता है। इस क्षेत्र में किये गये प्रयोगों के आलोक में हम इस निष्कर्ष पर पहुँचते हैं कि शाब्दिक सीखना के मुख्य निम्नांकित पाँच विधियाँ हैं—

(i) क्रमिक सीखना या अनुक्रमिक सीखना विधि (method of serial learning or sequential learning)
(ii) मुक्त पुनः स्मरण विधि (method of free recall)
(iii) अनुबोधन तथा पूर्वाभास विधि (method of prompting and anticipation)
(iv) युग्मित-सहचर विधि (method of paired associated learning)
(v) प्रत्यभिज्ञान सीखना विधि (method of recognition learning)

इन सभी विधियों का वर्णन इस प्रकार है—

(i) क्रमिक या अनुक्रमिक सीखना विधि *(Serial learning or Sequential learning method)*—इस विधि का प्रयोग सर्वप्रथम इविंगहॉस (Ebbinghaus) ने किया था। इस विधि में प्रयोज्य को शब्दों या निरर्थक पदों (nonsense syllables) या व्यंजन पदों (consonant syllables) को एक-एक करके कुछ सेकेंड[1] के लिए एक खास क्रम (order) में दिखाया जाता है। प्रयोगशाला में इन पदों को एक खास समय तक (जैसे-दो सेकेंड के लिए) दिखाने के लिए एक विशेष उपकरण (apparatus) होता है, जिसे स्मृति-पटल (memory drum) कहा जाता है। इस उपकरण के नहीं रहने पर कागज के एपरचर (paper aperture) द्वारा भी पदों या शब्दों को दिखाया जा सकता है। प्रयोज्य (subject) को यह निर्देश (instruction) दिया जाता है कि वे दिखाए गए पदों को उसी क्रम में याद करें जिस क्रम में उन्हें दिखाया गया है, क्योंकि उनका प्रत्याह्वान के लिए सामान्यतः 20 से 30 सेकेंड का समय प्रयोज्य को दिया जाता है। इस तरह से पूरी सूची (list) के प्रत्येक पद को बारी-बारी से तब तक दिखाया जाता है जब तक कि प्रयोज्य प्रयोगकर्त्ता द्वारा निर्धारित कसौटी (criterion) पर नहीं पहुँचता है। इस विधि को *क्रमिक प्रत्याह्वान की विधि* (method of serial reproduction) भी कहते हैं, क्योंकि प्रत्येक प्रयास (trial) में प्रयोज्य पदों का क्रमिक ढंग से (serially) पुनःउपस्थित (reproduction) करता है। इस विधि को *क्रमिक पूर्वाभ्यास की विधि* (method of serial anticipation) कहा जाता है क्योंकि इस विधि में प्रयोज्य क्रमिक ढंग से (serially) पदों या शब्दों का पूर्वाभास (anticipation) करता जाता है।

(ii) मुक्त पुनः स्मरण विधि *(Method of Free Recall)*—यह विधि मौखिक सीखना की सबसे आसान विधि है। इस विधि से सीखने में शब्दों (words) या पदों (syllables) को एक-एक करके कुछ सेकेंड के लिए प्रयोज्य को दिखा दिया जाता है। फिर, प्रयोज्य उस सूची के शब्दों या पदों का प्रत्याह्वान (recall) करता है। प्रत्याह्वान के लिए 25 से 30 सेकंड का समय दिया जाता है। प्रयोज्य को किसी भी क्रम (order) में प्रत्याह्वान (recall) करने की पूरी स्वतंत्रता होती है। इस तरह यह विधि क्रमिक सीखना विधि (serial learning method) से भिन्न है जहाँ पदों का प्रत्याह्वान प्रयोज्य द्वारा एक खास क्रम में ही किया जाना आवश्यक होता है। इस विधि में प्रयोज्यों में सूची के अन्तिम पदों तथा कुछ प्रथम पदों को याद करने की विशेष तत्परता पाई जाती है। पहले को आसन्नता प्रभाव (recency effect) तथा दूसरे को प्राथमिकी प्रभाव (primacy effect) कहा जाता है।

---

1. सामान्यतः ऐसे पदों को 2 सेकेंड के लिए दिखाया जाता है। लेकिन, ऐसा कोई नियम नहीं है। ऐसे भी प्रयोग (experiment) किए गए हैं जिनमें मौखिक एकांशों (verbal items) को 3 या 4 सेकेंड के लिए भी दिखाया गया है। पदों को सामान्यतः दो सेकेंड के लिए दिखाने के पीछे तर्क यह दिया गया है कि यह वह न्यूनतम अवधि होता है जिसके बीतने पर ही व्यक्ति के मस्तिष्क में देखी गयी वस्तु का आकार प्रत्यक्षण (form perception) होता है।

(iii) अनुबोधन तथा पूर्वाभास विधि *(Method of Prompting and Anticipation)*—यह विधि क्रमिक सीखना विधि का ही एक परिवर्तित रूप है। इस विधि में सूची के अर्थहीन पद (syllables) या सार्थक शब्द (words) को स्मृति पटल (memory drum) या कागज के एपरचर (paper aperture) द्वारा एक बार दो-दो सेकंड के लिए पहले दिखा दिया जाता है। इसके बाद उसे पहला पद दिखाया जाता है और दिखाए गए शब्द या पद के ठीक बाद वाले शब्द या पद को उसे बताने के लिए (anticipate) कहा जाता है। सूची (list) के पहले पद या शब्द को दो सेकेंड के लिए प्रयोज्य को दिखाया जाता है और प्रयोज्य उसके बाद आनेवाले शब्द को बताता है। इसके बाद प्रयोगकर्त्ता उस शब्द को (जिसे प्रयोज्य को पहले बताने के लिए कहा गया था) फिर दो सेकेंड के लिए दिखाता है और इसके ठीक बाद आनेवाले शब्द प्रयोज्य को बताना होता है। फिर, उसी शब्द को दिखाकर प्रयोगकर्त्ता उसे उसके बाद आने वाले शब्द का पुनःस्मरण (recall) करने को कहता है। इसी तरह सूची के प्रत्येक शब्द को प्रयोगकर्त्ता (experimenter) प्रयोज्य को दिखाता जाता है और प्रयोज्य उसके बाद आनेवाले शब्द को बताते जाता है। प्रयोगकर्त्ता प्रयोज्य के उत्तरों को (सही या गलत) लिख लेता है। इस विधि में हम पाते है कि प्रयोज्य का उत्तर गलत है या सही, इसे वह प्रयोगकर्त्ता के बिना कहे ही जान लेता है। इस प्रकार, यह विधि क्रमिक सीखना विधि (method of serial learning) से थोड़ा भिन्न है, क्योंकि क्रमिक सीखना विधि में प्रयोज्य (subject) को यह पता नहीं चलता कि उसका उत्तर सही है या गलत। प्रयोगकर्त्ता यह सारी प्रक्रिया तब तक दोहराता जाता है जब तक कि प्रयोज्य (subject) प्रयोगकर्त्ता द्वारा पूर्वनिर्धारित कसौटी (criterion) पर नहीं पहुँच जाता है। इस विधि को आगे दिए उदाहरण से और अधिक स्पष्ट किया जा रहा है—

सूची (list)

RRRR—Neutral Item

↓

Good

↓

Bread

↓

Animal

↓

School

↓

Book

उपर्युक्त सूची का प्रत्येक शब्द प्रयोज्य को एक बार दिखा देने के बाद प्रयोगकर्त्ता सबसे पहले 'RRRR' यानी तटस्थ एकांश दिखाएगा तथा प्रयोज्य उसके बाद के शब्द (यानी 'Good') का प्रत्याह्वान (recall) करेगा। फिर "Good" को दिखाकर उसके बाद के शब्द (Bread) का प्रत्याह्वान करने के लिए उससे कहा जायेगा। फिर 'Bread' को दिखाकर उसके बाद के शब्द का प्रयोज्य को प्रत्याह्वान करने के लिए कहेगा। इसी तरह से सूची के अन्य शब्दों को दिखाकर प्रयोज्य को ठीक उसके बाद आने वाले शब्द बताने को कहा जाता है। इस विधि की यह भी एक विशेषता है कि सूची का प्रत्येक पद या शब्द उद्दीपक (stimulus) तथा अनुक्रिया (response) दोनों के रूप में कार्य करता है। यही कारण है कि इस विधि में प्रयोज्य द्वारा सीखा गया साहचर्य (association) खड़ा या उदग्र (vertical) होता है। जैसे—

सूची (List)

XXX—Neutral Item

↓

Man

↓

Dog

↓

Rat

↓

Cow

↓

Bad

उपर्युक्त उदाहरण में 'Man' शब्द देखने के बाद प्रयोज्य (subject) को 'Dog' शब्द बोलना होता है। अतः 'Dog' 'Man' के लिए एक अनुक्रिया (response) है और फिर वही 'Dog' 'Rat' के लिए उद्दीपक (stimulus) है, क्योंकि 'Dog' शब्द देखने पर प्रयोज्य को 'Rat' शब्द कहना होता है। इसी तरह 'Cow' 'Rat' के लिए अनुक्रिया (response) है तथा 'Bad' के लिए एक उद्दीपक (stimulus) है। अक्सर सूची के सबसे पहले शब्द पर एक तटस्थ एकांश (neutral item) जोड़ दिया जाता है (जो यहाँ XXX है,) ताकि पहला शब्द उद्दीपक एकांश (stimulus item) के अलावा प्रतिक्रिया एकांश (response item) के रूप में भी कार्य कर सके। बिना तटस्थ एकांश के सूची का सबसे पहला शब्द दूसरे शब्द के उद्दीपक के रूप में ही कार्य करेगा। चूँकि प्रयोज्य उपर्युक्त सूची को सीखने में 'Man' का साहचर्य 'Dog' से 'Dog' का साहचर्य 'Rat' से 'Rat' का साहचर्य 'Cow' से तथा इसी क्रम (order) में अन्य शब्दों के साथ साहचर्य स्थापित करता है, इसलिए यहाँ सीखा गया पूरा साहचर्य (whole association) ऊपर से नीचे की ओर (जिसे तीर से दिखाया गया है) होता है, जो स्पष्टतः ही खड़ा या उदग्र साहचर्य (vertical association) है।

(iv) युग्मित-सहचर विधि *(Method of paired associate)*—स्मृति (memory) के अध्ययन करने की युग्मित-सहचर विधि (method of paired-associate) प्रमुख विधियों में से एक है। युग्मित-सहचर विधि (paired-associate method) वह विधि है जिसमें प्रयोज्य को पदों (syllables) या शब्दों (words) के बहुत से युग्मों (pairs) को स्मृति पटल (memory drum) या पेपर एपरचर (paper aperture) की खिड़की द्वारा दिखाया जाता है। युग्म (pair) के पहले शब्द को उद्दीपक शब्द (stimulus word) और दूसरे शब्द को अनुक्रिया शब्द (response word) कहा जाता है तथा प्रयोज्य को युग्म के प्रत्येक उद्दीपक शब्द (stimulus word) के साथ अनुक्रिया शब्द (response word) का साहचर्य (association) स्थापित करना होता है, जैसे—'man—sky' एक युग्म हुआ। इसमें 'man' उद्दीपक शब्द (stimulus word) और 'sky' अनुक्रिया शब्द (response word) है तथा प्रयोज्य को 'man' के साथ 'sky' का साहचर्य स्थापित करना सीखना होता है। यह स्पष्ट है कि युग्मित-सहचर विधि (paired-associate method) में सीखा गया साहचर्य क्षैतिज या पड़ा (horizontal) होता है न कि उदग्र (vertical)। युग्मित-सहचर विधि का यह सबसे प्रमुख गुण है और इस तरह यह विधि क्रमिक सीखना (serial learning) की विधि और अनुबोधन तथा पूर्वाभास विधि से भिन्न है, जहाँ सीखा गया साहचर्य उदग्र (vertical) होता है। युग्मित-सहचर विधि (paired associated method) में शब्दों या पदों के सभी युग्म को हर प्रयास में नए क्रम (new order) में दिखाया जाता है ताकि प्रयोज्य उदग्र साहचर्य स्थापित न कर सके। हर प्रयास में जब शब्दों को नए क्रम में दिखाया जाएगा तो स्वभावतः (naturally) प्रयोज्य उदग्र या खड़ा साहचर्य (vertical association) नहीं हो पाएगा। हाउसटन[1] (Houston, 1976) के अनुसार उदग्र साहचर्य स्थापित नहीं होने देने का कारण यह है कि यदि प्रत्येक प्रयास (trial) में शब्दों या पदों का एक ही क्रम (same order) रखा जाए तो प्रयोज्य केवल अनुक्रिया शब्द (response word) को ही याद करेगा तथा उद्दीपक शब्द (stimulus word) को छोड़ (ignore) देगा (क्योंकि उद्दीपक शब्द तो उसे दिखा ही दिया जाता है)।

युग्मित-सहचर विधि की दो प्रमुख उपविधियाँ हैं। पहली उपविधि जिसे *पूर्वाभास-विधि* (anticipation method) कहा जाता है, की प्रक्रिया इस प्रकार है—सबसे पहले एक प्रारम्भिक प्रयास (preliminary trial) दिया जाता है, जिसमें प्रत्येक युग्म को 4-4 सेकेंड के लिए दिखाया जाता है। इसके बाद पहला प्रयास (trial) शुरू होता है, जिसमें सूची के पहले युग्म का सिर्फ उद्दीपक शब्द 2 सेकेंड तक दिखाया जाता है और प्रयोज्य (subject) इसके साथ वाले अनुक्रिया शब्द (response word) का पूर्वाभास (anticipation) करता है, इसके बाद उस उद्दीपक शब्द तथा उसका अनुक्रिया शब्द दोनों का एक साथ 2 सेकंड के लिए दिखा दिया जाता है। प्रयोज्य द्वारा दिए गए उत्तर को (सही या गलत) प्रयोगकर्त्ता लिख लेता है। इस तरह से सूची के अन्य युग्मों (pairs) को प्रयोगकर्त्ता एक-एक करके दिखाता है। इसके कुछ समय के बाद दूसरा प्रयास (second trial) इसी तरह शुरू होता है। अण्डरवुड[2] (Underwood, 1965) के अनुसार सामान्यतः प्रत्येक प्रयास के बाद प्रयोज्य को 6 से 10 सेकंड तक का विश्राम (rest) दिया जाना चाहिए। इस समय के दौरान प्रयोगकर्त्ता नए क्रम (order) वाली सूची को स्मृति-पटल में लगाता है। इस तरह से तब तक प्रयास (trial) जारी रहता है जब तक कि प्रयोज्य प्रयोगकर्त्ता द्वारा पूर्वनिर्धारित कसौटी (criterion) पर नहीं पहुँच जाता है। इस विधि को युग्मित सहचर सीखना (paired-associate learning) की पूर्वाभास विधि (anticipation method) कहा जाता है।

---

1. Houston : *Fundamentals of Learning,* 1976 p. 16
2. Underwood : *Experimental Psychology,* 1965, p. 294

युग्मित-सहचर सीखना (paired-associate learning) की एक दूसरी विधि भी है जिसे प्रत्याह्वान-विधि (recall method) कहा जाता है। हुल्स, इगेथ तथा डिज (Hulse, Egeth & Deese, 1980) ने इसे *अध्ययन-परीक्षण विधि* (study-test method) कहा है। इस विधि में पहले उद्दीपक शब्द तथा अनुक्रिया या प्रतिक्रिया शब्द (response word) दोनों को एक साथ 2 या 4 सेकंड के लिए दिखाते हैं। इसी तरह से सूची के सभी युग्मों को एक-एक करके दिखाते हैं। इसके बाद फिर सूची के सबसे पहले युग्म के उद्दीपक शब्द को 2 सेकंड तक के लिए दिखाते हैं और प्रयोज्य उसके साथ अनुक्रिया शब्द का पुनःस्मरण (recall) करता है। इस अनुक्रिया शब्द को फिर दिखाया नहीं जाता है। इसके बाद दूसरे युग्म के उद्दीपक शब्द (stimulus word) को दिखाकर प्रयोज्य को अनुक्रिया शब्द बताने को कहा जाता है। फिर अनुक्रिया शब्द को बिना दिखाए ही तीसरे युग्म के उद्दीपक शब्द को दिखाया जाता है और उसे इस युग्म का अनुक्रिया शब्द बताने को कहा जाता है। इसी तरह से सभी युग्मों के उद्दीपक शब्द को दिखाकर प्रयोज्य से सम्बन्धित अनुक्रिया शब्दों का पुनः स्मरण कराया जाता है। इसके बाद दूसरा प्रयास (2nd trial) शुरू होता है, जहाँ फिर सूची के प्रत्येक युग्म के उद्दीपक शब्द तथा अनुक्रिया शब्द को एक साथ 2 या 4 सेकंड के लिए दिखाया जाता है। इस तरह से पूरी सूची दिखा देने के बाद फिर प्रत्येक युग्म का सिर्फ उद्दीपक शब्द दिखाकर उसके उपयुक्त अनुक्रिया शब्द का प्रत्याह्वान कराया जाता है। यहाँ प्रत्येक प्रयास के बाद 6 से 10 सेकंड तक का विश्राम (rest) दिया जाता है। यह पूरी प्रक्रिया तब तक चलती रहती है जब तक कि प्रयोज्य प्रयोगकर्त्ता द्वारा पूर्वनिर्धारित कसौटी (criterion) पर नहीं पहुँच जाता। इस तरह से हम देखते हैं कि युग्मित सहचर सीखना (paired-associate learning) की पूर्वाभास विधि (anticipation method) में प्रयोज्य को अपने उत्तर के सही या गलत की जाँच का मौका मिलता है, लेकिन प्रत्याह्वान विधि (recall method) में ऐसा कोई मौका प्रयोज्य को नहीं दिया जाता। सीखना के उद्दीपक-प्रतिक्रिया पुनर्बलन सिद्धान्त (Stimulus-Response Reinforcement Theory) के अनुसार तब यह कहा जा सकता है कि पूर्वाभास विधि में मौखिक पुनर्बलन (verbal reinforcement) उपस्थित रहता है, परन्तु प्रत्याह्वान-विधि में ऐसा कोई मौखिक पुनर्बलन नहीं रहता। परिणामस्वरूप, इस सिद्धान्त के अनुसार युग्मित सहचर की पूर्वाभास विधि द्वारा सीखने की प्रक्रिया (process of learning) प्रत्याह्वान विधि की अपेक्षा तेजी से होगी।

युग्मित सहचर (paired associate) की चाहे पूर्वाभास-विधि (anticipation method) हो या प्रत्याह्वान विधि (recall method), सीखा गया साहचर्य हमेशा क्षैतिज (horizontal) होता है न कि खड़ा या उदग्र (vertical) इसके लिए यह आवश्यक है कि प्रत्येक प्रयास (trial) में शब्दों या पदों के युग्मों (pairs) के क्रम (order) में परिवर्तन करके प्रयोज्य को दिखाया जाए। जब प्रयोग स्मृति-पटल (memory drum) के सहारे किया जा रहा हो, तब विद्यार्थी को यह सलाह दी जाती है कि वे एक ही सूची (list) की कम-से-कम 3-4 कॉपी (copy) इस प्रकार कर लें कि प्रत्येक कॉपी में युग्म (pair) तो वही हो, परंतु उनका क्रम अलग-अलग हो। जैसे—

Original List	**1st copy** (In new order)	**2nd copy** (In new order)
Boy-Pen	Chair-Rice	Mango-Bus
Army-Sky	Desk-Girl	Chair-Rice
Man-Red	Boy-Pen	Desk-Girl
Chair-Rice	Mango-Bus	Army-Sky
Mango-Bus	Army-Sky	Man-Red
Desk-Girl	Man-Red	Boy-Pen

उपर्युक्त उदाहरण में एक ही सूची की दो अन्य कॉपियाँ तैयार कर दिखलाया गया है। इसी तरह 2-3 कॉपी और तैयार कर लेनी चाहीए और प्रत्येक प्रयास (trial) में सूची की इन विभिन्न कॉपियों को यादृच्छिक ढंग से (randomly) दिखाना चाहिए।

(v) प्रत्यभिज्ञान सीखना विधि *(Method of recognition Learning)*— इस विधि में पदों या शब्दों की पूरी सूची को पहले कई बार लगातार प्रयोज्य को दिखाते हैं। इसके बाद, इन शब्दों के साथ मिलाकर प्रयोज्य को एक-एक कर के दिखाते जाते हैं। प्रयोज्य को इनमें से पहले सीखे गए शब्दों का प्रत्यभिज्ञान (recognition) करना होता है। इस तरह की विधि में प्रयोज्य पहले देखे गए शब्दों तथा नए शब्दों के बीच एक तरह का विभेद (discrimination) करना सीखता है। यही कारण है कि डी'एमैटो (D'Amato, 1970) ने इसे *मौखिक विभेद-विधि* (verbal discrimination method) भी कहा है।

अध्याय सारांश CHAPTER SUMMARY

1. सीखना व्यवहार में अभ्यास या अनुभूति के फलस्वरूप उत्पन्न परिवर्तन को कहा जाता है। ऐसे परिवर्तन को सीखना कहलाने के लिए कुछ देर के लिए स्थायी होना अनिवार्य है।
2. सीखने की प्रक्रिया में अभिप्रेरण का महत्त्व होता है। पशु एवं मानव पर किये गये अध्ययनों से इस तथ्य की सम्पुष्टि हुई है।
3. सीखने की कई विधियाँ हैं जिनमें अविराम विधि, विराम विधि, पूर्ण विधि, अंश विधि, साभिप्राय सीखना तथा प्रासंगिक सीखना अधिक प्रधान है।
4. क्लासिकी अनुबन्धन (Classical conditioning) एक प्रमुख अनुबन्धन प्रविधि है जिसका प्रतिपादन पैवलव (Pavlov) द्वारा किया गया। यह एक प्रतिमान या रूपावली (paradigm) है जिसके सहारे अनुबंधन के सम्बन्धित तथ्यों को समझने में मदद मिलती है।
5. साधनात्मक अनुबंधन (instrumental conditioning) का प्रतिपादन थॉर्नडाइक (Thorndike) एवं स्कीन्नर के प्रयासों से हुआ है। इस तरह के अनुबन्धन के प्रतिपादन में सीखने वाला प्राणी सीखने की परिस्थिति में पूर्णतः स्वतंत्र क्रियाएँ करता है और क्रिया या व्यवहार को अपने परिणाम के आधार पर सीखता है।
6. साधनात्मक अनुबंधन (instrumental conditioning) के आठ प्रकारों का वर्णन किया गया है। वे आठ प्रकार हैं—पुरस्कार प्रशिक्षण, विभेदन प्रशिक्षण, मुक्ति प्रशिक्षण, परिवर्जन प्रशिक्षण, दंड प्रशिक्षण, विलोपन प्रशिक्षण, विभेदित दंड प्रशिक्षण, विभेदित विलोपन प्रशिक्षण।
7. पैवलोवियन अनुबंधन (Pavlovian conditioning) तथा साधनात्मक (instrumental conditioning) में दो तरह के अन्तर पर प्रकाश डाला गया है—कार्य-विधि सम्बन्धी अन्तर (procedural discrimination) तथा सैद्धान्तिक अन्तर (theoretical distinction)। इन दोनों अन्तरों के विभिन्न बिन्दुओं को अधिक स्पष्ट किया गया है।
8. पैवलोवियन अनुबन्धन तथा साधनात्मक अनुबंधन के अलावा मनोवैज्ञानिकों द्वारा संज्ञानात्मक सीखना (cognitive learning) पर भी अधिक बल डाला गया है। संज्ञानात्मक सीखना से तात्पर्य वैसे सीखना से होता है जो व्यक्ति के संज्ञान (cognition) पर आधारित होता है। इस तरह के सीखना पर टॉलमैन एवं बॉल्स (Bolles) द्वारा तुलनात्मक रूप से अधिक बल डाला गया है। संज्ञानात्मक सीखना के कई प्रारूप हैं जिनमें अव्यक्त सीखना, सूझ द्वारा सीखना तथा प्रेक्षणात्मक सीखना (observation learning) प्रधान हैं।
9. आधुनिक मनोवैज्ञानिकों द्वारा किये गये शोधों से यह स्पष्ट हुआ है कि संज्ञानात्मक कारकों की भूमिका क्लासिकी अनुबन्धन तथा साधनात्मक अनुबन्धन दोनों में ही काफी अधिक है।
10. सीखने के सिद्धान्तों के दो सामान्य श्रेणियाँ (categories) हैं—उद्दीपक-अनुक्रिया सिद्धान्त (stimulus-response theories) तथा उद्दीपक-उद्दीपक सिद्धान्त (stimulus-stimulus theory)। उद्दीपक-अनुक्रिया सिद्धान्त में सीखना की व्याख्या उद्दीपक एवं अनुक्रिया के सम्बन्धन के रूप में की जाती है जबकि उद्दीपक-उद्दीपक सिद्धान्त के तहत सीखने की व्याख्या सीखने की परिस्थिति में उत्पन्न उद्दीपकों के बीच अर्थपूर्ण सम्बन्धन के रूप में की जाती है। इस अध्याय में कुछ प्रमुख मनोवैज्ञानिकों के सिद्धान्तों का विस्तृत वर्णन किया गया है। जैसे, थॉर्नडाइक, स्कीन्नर, हल, गथरी, टॉलमैन, पियाजे एवं सूझ के सिद्धान्त का ही वर्णन किया है।
11. क्लासिकी अनुबंधन के क्षेत्र में किये गये कुछ नवीनतम शोधों एवं सिद्धान्तों का भी उल्लेख किया गया है। इस सिलसिले में क्लासिकी अनुबंधन का रेसकोरला तथा वैगनर द्वारा प्रतिपादित सिद्धान्त की व्याख्या एक नया कदम है। साथ-ही-साथ इस क्षेत्र के कुछ नये सम्प्रत्ययों जैसे निष्प्रभन (overshadowing) तथा अवरुद्धता (blocking) का भी विस्तृत वर्णन किया है।
12. इस अध्ययन में अनुबन्धन से सम्बन्धित कुछ तथ्यों पर भी प्रकाश डाला गया है। इन तथ्यों में अध्यंकन (imprinting), अभ्यसन, संवेदीकरण, मिथ्या अनुबन्धन (pseudoconditioning) एवं अनावृत्त सीखना (exposure learning) आदि प्रमुख है।

13. विलोपन एक ऐसी प्रक्रिया है जो अनुक्रिया के सीखने के बाद उत्पन्न होती है। जब सीखी गई अनुक्रिया को करने के बाद प्राणी को उसके बाद पुनर्बलन (reinforcement) नहीं मिलता है, इससे सीखी गई अनुक्रिया की शक्ति धीरे-धीरे लुप्त होते चली जाती है और एक बिन्दु ऐसी आती है जहाँ वह पूर्णतः समाप्त हो जाती है। इस प्रक्रिया को विलोपन की संज्ञा दी जाती है। विलोपन दर कई तरह के कारकों (factors) द्वारा प्रभावित होती है जिनमें पुनर्बलित प्रयासों की संख्या, पुनर्बलन की मात्रा, पुनर्बलन की विलम्बन, प्राणी का शारीरिक प्रयास तथा आंशिक पुनर्बलन (partial reinforcement) प्रधान है।
14. विलोपन की व्याख्या करने के लिए तीन तरह के सिद्धान्तों का प्रतिपादन किया गया है। ये तीन सिद्धान्त हैं—अनुक्रिया-अंवरोध सिद्धान्त (response-inhibition theory), प्रतियोगिता सिद्धान्त (competition theory) तथा प्रतियोगिता-कुंठा सिद्धान्त (competition-frustration theory)। इन तीनों सिद्धान्तों में प्रतियोगिता-कुंठा सिद्धान्त तुलनात्मक रूप में अधिक दुरुस्त (sound) है।
15. पुनर्बलन (reinforcement) एक ऐसा उद्दीपक होता है जिसे किसी अनुक्रिया के बाद देने से भविष्य में उस अनुक्रिया के होने की सम्भावना बढ़ जाती है। पुनर्बलन धनात्मक (positive) तथा ऋणात्मक (negative) होता है। धनात्मक पुनर्बलन को *प्राथमिक पुनर्बलन* (primary reinforcement) भी कहा जाता है।
16. पुनर्बलन के स्वरूप की व्याख्या करने के लिए कई तरह के सिद्धान्तों का प्रतिपादन किया गया है जिनमें प्रणोद-ह्रास सिद्धान्त, आदर्श-उत्तेजन स्तर सिद्धान्त, उद्दीपक सिद्धान्त तथा अनुक्रिया सिद्धान्त प्रमुख है।
17. परिहार या परिवर्जन (avoidance learning) के स्वरूप की व्याख्या करने के लिए भी कई तरह के सिद्धान्त का विकास किया गया है—माऊर्र का सिद्धान्त (Mowrer's theory), संज्ञानात्मक सिद्धान्त तथा बॉल्स का सिद्धान्त (Bolles theory)।
18. अर्जित निस्सहायता (learned helplessness) मार्टीन सेलिगमैन (Martin Seligman) द्वारा विकसित एक प्रमुख सम्प्रत्यय है। इस तरह के सम्प्रत्यय में प्राणी यह सीखता है कि कुछ व्यवहार के परिणाम को वह नियंत्रित नहीं कर सकता है। अतः कोशिश करने से कोई फायदा नहीं है। अतः वह कोशिश करना छोड़कर निष्क्रिय एवं अन्यमनस्क होना सीख लेता है।
19. सीखने के कुछ अनुप्रयुक्त पहलू (applied aspects) है जिनपर भी इस अध्याय में प्रकाश डाला गया है। इनमें सीखने का अधिगम (learning to learn), अधिगमन वक्र, प्रशिक्षण या अतिगमन अंतरण, कार्यक्रमित सीखना (programme learning) तथा प्रसम्भाव्यता सीखना (probability learning) प्रधान है।
20. मानव सीखना (human learning) का एक महत्त्वपूर्ण पहलू शाब्दिक सीखना (verbal learning) है। इस क्षेत्र में किये गये प्रयोगात्मक अध्ययनों से मानव सीखना के कई पक्षों के बारे में महत्त्वपूर्ण सूचना मिलती है। जहाँ तक शाब्दिक सीखना के व्यवहृत सामग्रियों का प्रश्न है, उसमें निरर्थक पद, व्यंजन पद, बहुपदीय-निरर्थक इकाइयाँ (multisyllabic nonsense units) आदि प्रधान हैं। शाब्दिक सीखना के कई शोध विधियाँ (research methods) हैं जिनमें क्रमिक सीखना विधि, मुक्त पुनःस्मरण विधि, अनुबोधन तथा पूर्वाभ्यास विधि, युग्मित-सहचर विधि एवं प्रत्यभिज्ञान सीखना विधि प्रधान है।
21. शाब्दिक सीखना का स्तरीय विश्लेषण करके मनोवैज्ञानिकों ने युग्मित सहचर सीखना में सम्मिलित तीन तरह के तथ्यों पर प्रकाश डाला है—अनुक्रिया सीखना, उद्दीपक सीखना तथा साहचर्यात्मक सीखना।

❑

अध्याय 6

स्मृति
(MEMORY)

स्मृति का अर्थ एवं उसके तत्त्व या अवस्थाएँ
(Meaning of Memory and its Components or Stages)

स्मृति (memory) एक सामान्य पद है जिससे तात्पर्य पूर्व अनुभूतियों (past experiences) को मस्तिष्क में इकट्ठा कर रखने की क्षमता होती है। संज्ञानात्मक मनोवैज्ञानिकों जैसे—लेहमैन, लेहमैन एवं बट्टरफिल्ड (Laehman, Laehman & Butterfield, 1979) ने स्मृति को परिभाषित करते हुए कहा है कि विशेष समयावधि के लिए सूचनाओं को सम्पोषित करके रखना ही स्मृति है। समयावधि एक सेकेंड से कम या सम्पूर्ण जीवन काल का भी हो सकता है। मनोवैज्ञानिकों ने स्मृति के दो पक्ष बताये हैं—धनात्मक पक्ष (positive aspect) तथा ऋणात्मक पक्ष (negative aspect)। स्मृति के धनात्मक पक्ष से तात्पर्य पूर्व अनुभूतियों को याद करके रखने से होता है तथा ऋणात्मक पक्ष से तात्पर्य उन अनभूतियों को याद करने की असमर्थता से होता है। अतः यह कहा जा सकता है कि स्मृति का धनात्मक पक्ष *स्मरण* (**remembering**) है तथा ऋणात्मक पक्ष *विस्मरण* (forgetting) है।

मनोवैज्ञानिकों ने स्मृति के तीन तत्त्वों (components) या अवस्थाओं (stages) का वर्णन किया है जो निम्नांकित हैं—

1. कूटसंकेतन (*Encoding*)—कूटसंकेतन में किसी सूचना या बाह्य उत्तेजन (external stimulation) का प्रत्यक्षण कर व्यक्ति उसे एक निश्चित रूप (form) या कूटसंकेतन (code) के रूप में तन्त्रिका तन्त्र (nervous system) में ग्रहण करता है। दूसरे शब्दों में यह कहा जा सकता है कि कूटसंकेतन एक ऐसी प्रक्रिया है जिसके सहारे सूचनाओं को एक ऐसा आकार या रूप (form) में परिवर्तित कर दिया जाता है कि वे स्मृति में प्रवेश पा सके। साधारण बोल-चाल की भाषा में स्मृति चिह्नों (memory traces) का निर्माण होना ही संकेतन कहलाता है। स्मृति की *पहली अवस्था कूटसंकेतन* (enconding) की होती है। इस अवस्था को *पंजीकरण* (registration) भी कहा जाता है।

2. संचयन (*Storage*)—स्मृति की *दूसरी अवस्था* संचयन (storage) की अवस्था होती है। संचयन एक ऐसी प्रक्रिया है जिसमें संकेतन द्वारा प्राप्त सूचनाओं एवं उत्तेजनाओं को कुछ समय के लिए संचित कर रखा जाता है। दूसरे शब्दों में, संचयन की अवस्था में स्मृति में प्रवेश पा चुके सूचनाओं एवं उत्तेजनाओं को कुछ समय के लिए धारित (retained) करके रखा जाता है। इस अवस्था को *धारण* (retention) भी कहा जाता है।

3. पुनः प्राप्ति (*Retrieval*)—पुनः प्राप्ति स्मृति की *तीसरी अवस्था* है। इस अवस्था में स्मृति में संचित सूचनाओं को प्रत्याह्वान (recall) एवं खोज की जाती है। दूसरे शब्दों में, पुनः प्राप्ति एक ऐसी प्रक्रिया है जिसमें आवश्यकतानुसार व्यक्ति संचयन में मौजूद सूचनाओं में से विशिष्ट सूचना की खोज करता है तथा उन तक पहुँचने की कोशिश करता है। इस अवस्था को *स्मरण* (remembering) भी कहा जाता है।

स्पष्ट हुआ कि स्मृति में तीन स्पष्ट अवस्थाएँ होतीं हैं। यदि हम ध्यान से देखें तो यह स्पष्ट होगा कि स्मृति का यह स्वरूप ही मनोवैज्ञानिकों को मानव स्मृति को *कम्प्यूटर स्मृति* (computer memory) से तुलना करने के लिए बाध्य कर देता है। यदि हम व्यक्तिगत कम्प्यूटर (personal computer) पर ध्यान दें तो यह स्पष्ट होगा कि इसमें मानव स्मृति के समान उक्त तीन अवस्थाएँ होतीं हैं जिसके द्वारा कम्प्यूटर अपना मौलिक कार्य कर पाता है।

स्मृति के इन तीन अवस्थाओं को एक उदाहरण द्वारा हम इस प्रकार समझ सकते हैं। मान लिया जाए कि कोई छात्र भारत के राज्यों की राजधानी का नाम याद कर रहा है। राज्यों की राजधानी की सूची उसके सामने होती है जिसका प्रत्यक्षण

कर वह बार-बार पढ़ता है तथा जिसके परिणामस्वरूप उसके तन्त्रिका तन्त्र (nervous system) में कुछ परिवर्तन होता है जिससे विशेष संकेत या स्मृति चिह्न (memory traces) बनते हैं। यह संकेतन (encoding) की प्रक्रिया हुई। छात्र राज्यों की राजधानी के नामों को संकेतन कर लेने के बाद उसे कुछ समय तक संचित करके रखता है जिसके फलस्वरूप सीखा गया नाम उसके कुछ दिनों तक याद रहता है। उसे *संचयन* (storage) की संज्ञा दी जाती है। मान लिया जाए कि एक सप्ताह बाद उन्हीं राज्यों की राजधानी का नाम छात्र से पूछा जाता है। यहाँ छात्र संचित की गई नामों का प्रत्याह्वान (recall) कर प्रश्नानुसार उत्तर देने की कोशिश करेगा। इसे *पुनःप्राप्ति* (retrieval) कहा जायेगा। सभी संचित किये गए सूचनाओं की पुनः प्राप्ति हो ही, यह आवश्यक नहीं है। जैसे भारत के सभी राज्यों की राजधानी का नाम छात्र अपने मस्तिष्क में संचित किये रख सकता है परन्तु किसी खास समय में वह सभी राज्यों की राजधानी की पुनः प्राप्ति करने में सक्षम नहीं भी हो सकता है।

स्पष्ट हुआ कि स्मृति के तीन अवस्थाएँ या तत्त्व हैं। यह भी स्पष्ट है कि इन तीन अवस्थाओं का सीधा सम्बन्ध याद किये गये विषयों के विस्मरण से होता है। जैसे, यदि किसी सूचना का संकेतीकरण (encoding) ठीक ढंग से नहीं किया गया तो स्वभावतः संचयन (storage) तथा पुनः प्राप्ति (retrieval) का कोई प्रश्न ही नहीं उठता है। ऐसी हालत में विस्मरण निश्चित है। उसी तरह से यदि संकेतीकरण (encoding) किया गया है, परन्तु यदि संचयन नहीं किया गया तो पुनः प्राप्ति नहीं होगा और परिणामस्वरूप विस्मरण होगा। यदि संकेतीकरण तथा संचयन हो गया है परंतु किसी कारणवश पुनः प्राप्ति नहीं हो पा रहा है तो इससे भी विस्मरण हो जायेगा। इस तरह से स्पष्ट हुआ कि स्मृति के इन तत्त्वों या अवस्थाओं का सीधा सम्बन्ध विस्मरण से है।

स्मृति के प्रकार
(Types of Memory)

प्रयोगात्मक मनोवैज्ञानिकों ने स्मृति के कई प्रकारों का वर्णन किया है। स्मृति चिह्नों को संचित करने की अवधि की कसौटी को आधार मानकर स्मृति को वर्गीकृत करने का शुभारम्भ हरमान इविंगहॉस (Herman Ebbinghaus) द्वारा 1885 में प्रारम्भ किया गया। इस कसौटी के आधार पर स्मृति के निम्नांकित तीन प्रकार का वर्णन किया गया है—

1. संवेदी स्मृति (Sensory memory)
2. लघुकालीन स्मृति (Short-term memory)
3. दीर्घकालीन स्मृति (Long-term memory)

इन तीनों प्रकार का वर्णन निम्नांकित है—

1. संवेदी स्मृति *(Sensory memory)*—संवेदी स्मृति वैसे स्मृति संचयन (memory storage) को कहा जाता है जिसमें सूचनाओं को सामान्यतः एक सेकेंड या उससे कम अवधि के लिए व्यक्ति रख पाता है। इस स्मृति में उद्दीपक से मिलने वाले सूचनाओं को मौलिक रूप में अर्थात् उसमें बिना किसी तरह के फेर-बदल किये ही उन्हें संचित रखा जाता है। संवेदी स्मृति के कारण ही व्यक्ति के सामनें से उद्दीपक के हट जाने के बाद भी उसका चिह्न थोड़े समय के लिए मस्तिष्क में बना होता है। इसलिए इसे *संवेदी संचयन* (sensory storage) या *संवेदी रजिस्टर* (sensory register) भी कहा जाता है। यह दो प्रकार का होता है—प्रतिचित्रात्मक स्मृति (Iconic memory) तथा प्रतिध्वनिक स्मृति (echoic memory)। प्रतिचित्रात्मक स्मृति में व्यक्ति देखे गये वस्तु या व्यक्ति के बारे में एक सेकेंड तक एक दृष्टि चिह्न (visual trace) रख पाता है जबकि प्रतिध्वनिक स्मृति में व्यक्ति किसी सुनी हुई आवाज उद्दीपक का चिह्न (auditory trace) अपने मन में एक सेकेंड से अधिक समय के लिए रख पाता है। इसकी विस्तृत चर्चा आगे अलग से की जायेगी।

2. लघुकालीन स्मृति *(Short-term memory or STM)*—लघुकालीन स्मृति को विलियम जेम्स (William James) ने प्राथमिक स्मृति (Primary memory or PM) भी कहा है। इस तरह की स्मृति की दो मुख्य विशेषताएँ हैं। पहला, STM में किसी सूचना को अधिक-से-अधिक 20-30 सेकेंड तक संचित करके रखा जा सकता है तथा दूसरा इसमें प्रवेश पाने वाले सूचनाएँ कमजोर प्रकृति की होती हैं क्योंकि उन्हें व्यक्ति मात्र एक-दो प्रयास में ही सीख लिया होता है। जैसे, मान लिया जाये कि कोई आदमी किसी अपरिचित से टेलीफोन पर बातचीत करने के लिए उसके टेलीफोन का नम्बर टेलीफोन डाइरेक्टरी से लेकर उसके पास डायल करता है और व्यस्त संकेत (busy signal) पाकर 10 सेकेंड रुककर

पुनः डायल करना चाहता है। परन्तु इस बार नम्बर के सही क्रम को थोड़ी देर के लिए मान लिया जाय कि वह भूल जाता है। इस उदाहरण में लघुअवधि स्मृति 10 सेकंड का दिखाया गया है तथा उस अपरिचित के टेलीफोन नम्बर को भी मात्र एक ही अभ्यास में सीखा गया था। उक्त उदहारण से यह स्पष्ट है कि STM में मात्र वैसी सूचनाएँ होती हैं, जिन्हें वर्तमान समय में व्यक्ति संसाधित (processing) करना होता है। STM को अन्य नामों से भी जैसे—*सक्रिय स्मृति* (active memory), *तात्कालिक स्मृति* (immediate memory), *लघु-कालीन संचयन* (short-term store) भी जाना जाता है।

3. दीर्घकालीन स्मृति *(Long-term memory or LTM)*—विलियम जेम्स (William James) ने इसे *गौण स्मृति* (secondary memory or SM) भी कहा हे। इस तरह की स्मृति में किसी सूचना को व्यक्ति कम-से-कम 30 सेकेंड तक तो अवश्य ही धारण करके रखता है। अधिक-से-अधिक कितने समय के लिए किसी सूचना को यहाँ संचित रखा जा सकता है, इसकी कोई निश्चित समय सीमा नहीं है। सम्भव है कि किसी सूचना को पूरे जीवन काल तक संचित रखा जा सकता है या किसी को मात्र एक घंटा तक ही संचित रखा जा सकता है। जब कोई छात्र कल शिक्षक द्वारा वर्ग में दिये गये व्याख्यान का प्रत्याह्वान कर सकने में सफल हो पाता है, तो यह कहा जाता है कि व्याख्यान का विषय दीर्घकालीन स्मृति (long term memory) में संचित था। इसे अन्य नामों जैसे—*असक्रिय स्मृति* (inactive memroy) तथा *दीर्घ-अवधि संचयन* (long term store) के नाम से जाना जाता है। दीर्घकालीन स्मृति की एक विशेषता यह भी है कि इसमें नाना प्रकार की सूचनाओं को संचित किया जाता है तथा इसका स्वरूप कुछ स्थायी होता है।

टुलभिंग (Tulving, 1972) ने दीर्घकालीन स्मृति (long-term memory) को घटनाओं एवं अनुभूतियों के आधार पर निम्नांकित दो भागों में बाँटा है—

(i) प्रासंगिक स्मृति *(Episodic memory)*—प्रासंगिक स्मृति में वैसी व्यक्तिगत सूचनाएँ संचित होतीं हैं जो अस्थायी रूप से व्यक्ति के साथ घटित होती है। अतः ऐसी सूचनाओं द्वारा मूलतः यह पता चलता है कि व्यक्तिगत घटनाएँ कब और कहाँ हुई थीं। अतः प्रासंगिक स्मृति एक मानसिक डायरी के समान होता है जिसमें तरह-तरह की व्यक्तिगत घटनाएँ संचित होतीं हैं। प्रासंगिक स्मृति के कुछ उदाहरण इस प्रकार हैं—मेरे बचपन के दिन कश्मीर में बीते थे, कल चार बजे शाम में मुझे डाक्टर के पास जाना है, दस दिन पहले मैंने एक ऐसा ही फिल्म देखा था, आदि-आदि। इन सूचनाओं से घटना के घटित होने का समय के बारे में स्पष्ट रूप से पता चलता है। इसे *आत्मचरित स्मृति* (autobiographical memory) भी कहा जाता है। वैसा प्रासंगिक स्मृति जो व्यक्ति के मन में असाधारण रूप से स्पष्ट होती है, क्योंकि उनका स्वरूप आश्चर्य पैदा करने वाला होता है, को *फ्लैशबल्ब स्मृति* (Flashbulb memory) कहा जाता है।

(ii) अर्थगत स्मृति *(Semantic memroy)*—अर्थगत स्मृति में व्यक्ति शब्दों, संकेतों आदि के बारे में एक क्रमबद्ध ज्ञान रखता है। इस तरह के ज्ञान में शब्दों, संकेतों के आपसी सम्बन्धों, उनके अर्थों तथा उनमें जोड़-तोड़ करने (manipulating) के नियमों आदि का ज्ञान सम्मिलित होता है। अतः अर्थगत स्मृति एक मानसिक शब्दकोष (dictionary) या विश्वकोश (encyclopedia) के समान होता है। अर्थगत समृति के कुछ उदाहरण इस प्रकार हैं—मैं जानता हूँ कि जल का रसायनिक सूत्र H_2O होता है, किसी भी अंक में शून्य से गुणा करने पर उसका गुणनफल शून्य होता है, वर्ष का लघुतम दिन दिसम्बर में होता है, आदि-आदि। इसे *सामान्य स्मृति* (generic memory) भी कहा जाता है।

प्रासंगिक स्मृति तथा अर्थगत स्मृति को एक साथ मिलाकर *घोषणात्मक स्मृति* (declarative memory) या *स्पष्ट स्मृति* (explicit memory) भी कहा जाता है। इस तरह से घोषणात्मक स्मृति में वे सारी चीजों की स्मृति सम्मिलित होती है जिसे मस्तिष्क में एक तथ्य के रूप में लाया जा सकता है या जिसकी घोषणा की जा सकती है। इसके अतिरिक्त दीर्घकालीन स्मृति का एक अन्य प्रकार भी है जिसे *अघोषणात्मक स्मृति* (nondeclarative memory) कहा जाता है। इसे *अस्पष्ट स्मृति* (implicit memory) भी कहा जाता है तथा इस पद का प्रतिपादन स्कैक्टर (Schacter, 1987) द्वारा किया गया। अघोषणात्मक स्मृति वैसे स्मृति को कहा जाता है जिसमें पेशीय कौशल (motar skills), आदत (habits) तथा क्लासिकी अनुबन्धन द्वारा सीखी गयी अनुक्रियाएँ संचित होतीं हैं। इसे *प्रक्रियात्मक स्मृति* (procedural memory) भी कहा जाता है। अब हम स्मृति के इन विभिन्न प्रकारों को एक तालिका के रूप में इस प्रकार उपस्थित कर सकते हैं—

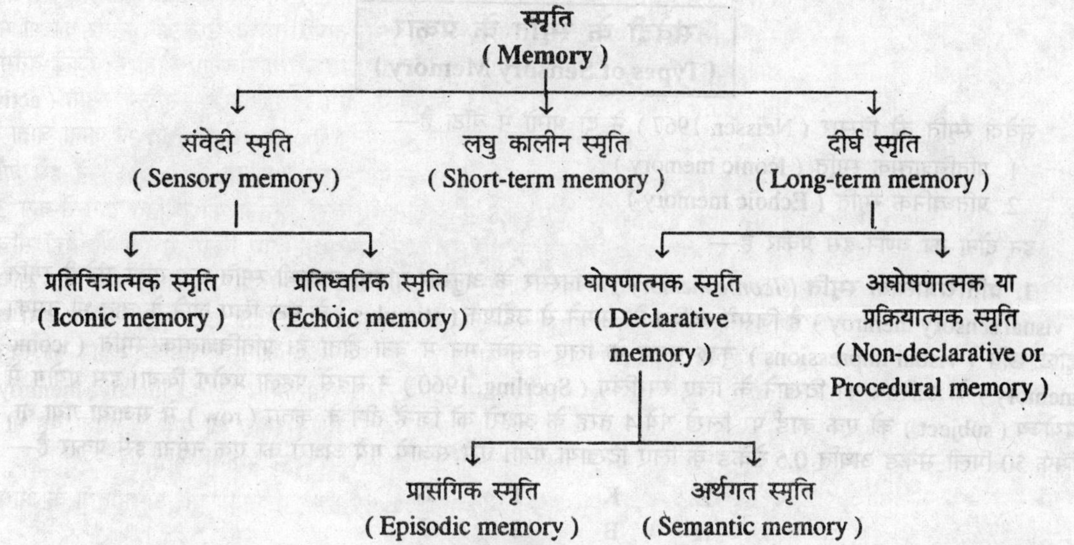

संवेदी स्मृति
(Sensory Memory)

अर्थ एवं विशेषताएँ *(Meaning and charactristics)*—संवेदी स्मृति (sensory memory) स्मृति का एक लघुत्तम अवधि वाली स्मृति है। प्रयोगात्मक मनोवैज्ञानिकों के बीच लगभग इस बात की सहमति है कि संवेदी स्मृति में सूचनाओं को सामान्यतः अधिक-से-अधिक एक सेकेंड की अवधि के लिए ही संचित किया जाता है (हालांकि जैसा कि हम आगे देखेंगे कि कुछ परिस्थिति में कुछ मनोवैज्ञानिकों द्वारा संवेदी स्मृति विशेषकर प्रतिध्वनिक संवेदी स्मृति की अवधि को 10 सेकेंड तक भी होते पाया गया है।) संवेदी स्मृति के क्षेत्र में किये गये प्रयोगात्मक अध्ययनों (experimental studies) के आलोक में संवेदी स्मृति के निम्नांकित विशेषताओं के बारे में मनोवैज्ञानिकों के बीच सर्वसम्मति बन पायी है—

(i) चूँकि संवेदी स्मृति में सूचनाएँ सामान्यतः अधिक-से-अधिक एक सेकेंड तक ही संचित रह पाती है, अतः यह स्मृति बहुत ही क्षणिक प्रकृति का होता है। दूसरे शब्दों में, व्यक्ति के सामने से उद्दीपक हटा लिए जाने के बाद भी उस उद्दीपक का चिह्न (trace) संवेदी स्मृति के कारण कुछ समय के लिए व्यक्ति के मन में बना होता है।

(ii) लघुकालीन स्मृति (short-term memory) की तुलना में संवेदी स्मृति की संचयन क्षमता (storage capacity) बड़ी परन्तु दीर्घकालीन स्मृति (long-term memory) की संचयन क्षमता की तुलना में छोटी होती है।

(iii) संवेदी स्मृति में जो भी सूचनाएँ होतीं हैं वे अपने मौलिक रूप में एवं असंसाधित (unprocessed) रूप में होतीं हैं। लघुकालीन स्मृति तथा दीर्घकालीन स्मृति में ऐसी बातें नहीं होती हैं क्योंकि इनमें सूचनाएँ संसाधित होकर विशेष कूटसंकेत (code) के रूप में संचित होती है।

(iv) संवेदी स्मृति में संचित सूचनाएँ उद्दीपकों का यथार्थ-प्रतिनिधित्व (accurate representation) करती है जबकि लघुकालीन स्मृति तथा दीर्घ कालीन स्मृति में सूचनाएँ विकृत (distort) होकर अयथार्थ (inaccurate) भी हो जातीं हैं।

संवेदी के स्मृति के प्रकार
(Types of Sensory Memory)

संवेदी स्मृति को निस्सर (Neisser, 1967) ने दो भागों में बाँटा है—

1. प्रतिचित्रात्मक स्मृति (Iconic memory)
2. प्रतिध्वनिक स्मृति (Echoic memory)

इन दोनों का वर्णन इस प्रकार है—

1. प्रतिचित्रात्मक स्मृति *(Iconic memory)*—निस्सर के अनुसार प्रतिमा-सम्बन्धी स्मृति एक दृष्टि संवेदी स्मृति (visual sensory memroy) है जिसमें व्यक्ति के सामने से उद्दीपक (stimulus) के हटा लिए जाने के बाद भी उसका दृष्टि छवि (visual impressions) कुछ समय के लिए उसके मन में बना होता है। प्रतिचित्रात्मक स्मृति (iconic memory) के अस्तिव को दिखाने के लिए स्परलिंग (Sperling, 1960) ने सबसे पहला प्रयोग किया। इस प्रयोग में प्रयोज्य (subject) को एक कार्ड पर लिखे गये 4 तरह के अक्षरों को जिन्हें तीन के कतार (row) में सजाया गया था, सिर्फ 50 मिली सेकेंड अर्थात् 0.5 सेकेंड के लिए दिखाया गया। ऐसे सजाये गये अक्षरों का एक नमूना इस प्रकार है—

Z	K	T	N
H	B	S	I
E	M	A	Q

इसके बाद प्रयोज्यों को उन सभी अक्षरों को बतलाना होता था जिसकी याद उन्हें है। इसे *सम्पूर्ण विधि* (whole report method) कहा गया। परिणाम में देखा गया कि ऐसी परिस्थिति में वे चार-पाँच अक्षरों से ज्यादा अक्षरों को याद करने में सफल नहीं हो पाये। लेकिन उन लोगों ने साथ-ही-साथ यह भी बतलाया कि ऐसी बात हकीकत में नहीं है कि उन्हें मात्र चार-पाँच ही अक्षर याद था बल्कि वे अन्य सभी अक्षरों को भी याद रखे हुए थे, परन्तु जबतक वे चार-पाँच अक्षरों के प्रत्याह्वान में व्यस्त थे, उनका अन्य अक्षरों की यादें समाप्त हो गयीं। प्रयोज्यों के इस कथन की सत्यता की जाँच करने के लिए स्पर्लिंग ने एक दूसरी प्रविधि जिसे आंशिक रिपोर्ट विधि (partial report method) कहा गया, का उपयोग करके प्रयोग किया। कार्ड पर छपे अक्षरों को दिखाने के तुरन्त बाद स्पर्लिंग प्रयोज्य को एक-एक आवाज सुनाये जिसकी तारत्व (pitch) कभी उच्च (high) कभी निम्न (low) तथा कभी मध्यम (medium) होती थी। उच्च तारत्व वाले आवाज के होने पर प्रयोज्य को सबसे ऊपरी कतार के अक्षरों को, मध्यम तारत्व वाले आवाज के होने पर बीच वाले कतार के अक्षरों को तथा निम्न तारत्व वाले आवाज़ के होने पर निचली कतार के अक्षरों को प्रत्याह्वान करने के लिए कहा गया। परिणाम में देखा गया कि ऐसी परिस्थिति में प्रयोज्यों का प्रत्याह्वान शत-प्रतिशत सही था अर्थात वे सम्बन्धित कतार के सभी अक्षरों का सही प्रत्याह्वान करने में सफल हो पाये। चूँकि प्रयोज्य को पहले से यह मालूम नहीं रहता था कि कौन श्रेणी की आवाज उसे सुनाई पड़ेगा, अतः उसे सभी 12 अक्षरों को याद रखना पड़ता था। अतः उक्त परिणाम से प्रयोज्य द्वारा दिए गए कथन सत्य दीख पड़ता है। जब उन्होंने आवाज को एक सेकेंड विलम्ब करके प्रयोज्य के सामने उपस्थित किया तो पाया गया कि प्रयोज्य का निष्पादन काफी गिर कर पहले के समान अर्थात जहाँ उसे सम्पूर्ण अक्षरों का प्रत्याह्वान करना पड़ता था, के निष्पादन स्तर के बराबर (अर्थत चार-पाँच अक्षरों के प्रत्याह्वान स्तर) हो गया। इसका मतलब यह हुआ कि प्रतिचित्रात्मक स्मृति में इतनी तेजी से ह्रास होती है कि एक सेकंड के भीतर इसका निष्पादन सम्पूर्ण रिपोर्ट विधि में निष्पादन के स्तर पर चला जाता है।

कई अन्य प्रयोगात्मक अध्ययनों में स्पर्लिंग द्वारा प्राप्त निष्कर्ष की सत्यता की जाँच करने की कोशिश की गयी। जैसे—एभरवैक तथा कोरियल्ल (Averback & Coriell, 1961) ने प्रयोज्यों को 16 अक्षरों के क्रमविन्यास (array) को प्रयोज्यों को थोड़े देर के लिए दिखलाया। इसके बाद एक छोटा लम्बाकार रेखा ठीक उस स्थान पर प्रयोज्य को दिखलाया गया जहाँ पहले कोई एक अक्षर होता था। प्रयोज्यों को ठीक वही अक्षर को बताना होता था। इस प्रयोग से प्राप्त परिणाम में देखा गया कि जब सम्पूर्ण क्रमविन्यास दिखाने के तुरन्त बाद संकेत उपस्थित किया जाता था तो प्रयोज्यों ने करीब 16 अक्षरों में से 12 अक्षरों तक का प्रत्याह्वान कर सकने में सफल हुए। इन लोगों ने अपने अध्ययन के आधार पर यह भी बतलाया कि प्रतिचित्रात्मक स्मृति सेकेंड के एक चौथाई अर्थात् करीब 250 मिलीसेकेंड तक ही बनी रहती है। इस तरह से एभरवैक एवं कोरियल्ल के प्रयोग के परिणाम से स्पर्लिंग के प्रयोग के परिणाम की सम्पुष्टि होती है।

हाल ही में मनौवैज्ञानिकों के बीच प्रतिचित्रात्मक स्मृति (iconic memory) के स्थानीकरण (location) के बारे में कुछ वाद-विवाद हुआ है। साकीट्ट (Sakitt, 1976) का कहना है कि ऐसी स्मृति सूचनाएँ जो प्रतिमा (icon) के रूप में होते हैं, वे आँख के दृष्टि ग्राहक (visual receptor) में विशेषकर शलाकाएँ (rods) में न कि मस्तिक के केन्द्रीय भागों में पाये जाते हैं। लेकिन बैंक्स तथा बारबर (Banks & Barber, 1977) ने अपने अध्ययनों में पाया है कि प्रतिचित्रात्मक सम्बन्धी स्मृति में रंगीन सूचनाएँ (colour information) भी संचित होतीं हैं। इसका मतलब यह हुआ कि इस तरह की स्मृति शलाकाओं (rods) के अलावा सूचियों (cones) में भी संचित होतीं हैं क्योंकि रंगीन अनुक्रियाओं का होना सिर्फ सूचियों (cones) के उत्तेजित होने के कारण ही हो सकता है। मैकक्लॉजकी एवं बैटकीन्स (McClosky & Watkins, 1978) ने अपने अध्ययन के आधार पर यह बतलाने की कोशिश किया है कि प्रतिमा-सम्बन्धी स्मृति दृष्टि ग्राहक (visual receptors) में केन्द्रित न होकर मस्तिष्क में होता है। परन्तु इसका कोई स्पष्ट एवं संगत सबूत नहीं मिल सका है। इन सबों के आलोक में हम अभी यही कह सकते हैं कि प्रतिमा-सम्बन्धी स्मृति के स्थानीकरण (location) के बारे में स्थिति अभी स्पष्ट नहीं हो पाई है।

उपर्युक्त प्रयोगात्मक अध्ययनों पर गम्भीरतापूर्वक विचार करने के बाद प्रतिचित्रात्मक स्मृति (iconic memory) की कुछ विशेषताओं की ओर ध्यान जाता है, जो निम्नांकित है—

(i) सामान्यतः स्मृति साहचर्यात्मक (associative) होता है परन्तु प्रतिचित्रात्मक स्मृति (iconic memory). असाहचर्यात्मक (nonassociative) होता है। वाईकेलग्रेन तथा ह्विटमैन (Wickelgren & Whitman. 1970) ने अपने अध्ययन में जिसका डिजाइन बहुत कुछ स्पर्लिंग (Sperling) के प्रयोग के डिजाइन के समान था, पाया कि साहचर्य स्थापित करने वाले संकेत देने पर भी अक्षरों के प्रत्याह्वान के निष्पादन में कोई वृद्धि नहीं हुई जिससे यह स्पष्ट अर्थ निकलता है कि प्रतिचित्रात्मक स्मृति का स्वरूप असाहचर्यात्मक (nonassociative) होता है।

(ii) सामान्यतः अभ्यास (practice) से स्मृति उन्नत होती है परन्तु प्रतिचित्रात्मक स्मृति पर अभ्यास का ऐसा प्रभाव नहीं देखा गया है। इस विशेषता की सत्यता की जाँच ग्लुक्सवर्ग तथा वालागुरा (Glucksberg & Balagura. 1965) ने अपने प्रयोग से किया है। इन्होंने भी स्पर्लिंग (Sperling) के डिजाइन के आधार पर एक प्रयोग किया जिसमें अक्षरों के तीन कतार थे तथा जिनमें से एक कतार के अक्षर हमेशा एक समान रहते थे और इस विशेष कतार को प्रत्येक प्रयास में अलग-अलग स्थानों पर अर्थात् कभी सबसे ऊपर, कभी बीच में तथा कभी सबसे नीचे उपस्थित किया जाता था। प्रयोज्य को इसी कतार के अक्षरों का प्रत्याह्वान (recall) करना होता था। परिणाम में देखा गया कि इस विशेष कतार के अक्षरों को 500 बार तक उपस्थित करने के बाद भी प्रत्यावाहन में कोई वृद्धि नहीं हुई। इसका स्पष्ट मतलब यह हुआ कि प्रतिचित्रात्मक स्मृति पर अभ्यास का कोई प्रभाव नहीं पड़ता है।

(iii) प्रतिचित्रात्मक स्मृति की अवधि काफी छोटी होती है। देखने की सामान्य अवस्था में प्रतिचित्रात्मक स्मृति एक सेकेंड के चौथाई भाग (quarter fraction) अर्थात 250 मिलीसेकंड तक ही बनी होती है। परन्तु कुछ विशेष अवस्थाओं में इसकी अवधि जैसा पोजनर तथा केली (Posner & Keele. 1967) ने अपने अध्ययन में पाया है, 1.5 सेकंड तक भी होते पाया है। क्रोल तथा उनके सहयोगियों (Kroll et al., 1970) ने कुछ विशेष अवस्था में प्रतिचित्रात्मक स्मृति की अवधि 1.5 सेकंड से भी अधिक होता पाया है। इन सभी विषमताओं के बावजूद सामान्य दृष्टि अवस्था (normal viewing condition) में प्रतिचित्रात्मक स्मृति की अवधि करीब 250 मिलीसेकंड तक होता पाया गया है।

(ख) प्रतिध्वनिक स्मृति *(Echoic memory)*—प्रतिध्वनिक स्मृति एक संवेदी श्रवण स्मृति (sensory auditory memory) है। प्रतिध्वनिक स्मृति से तात्पर्य एक ऐसी स्मृति से होती है जिसमें श्रवण उद्दीपक (auditory stimulus) के समाप्त हो जाने के बाद भी व्यक्ति अल्प समय के लिए उसका श्रवण छवि (auditory impression) को अनुभव करता है। प्रतिध्वनिक स्मृति के अस्तित्व को दिखाने तथा उसकी विशेषताओं का अध्ययन करने के लिए कई मनोवैज्ञानिकों द्वारा प्रयास किया गया है। इनमें मास्सारो (Massaro, 1970) द्वारा किया गया प्रयास अधिक उल्लेखनीय है। इन्होंने पश्चगामी प्रच्छादन रूपावली (backward masking paradigm) की विधि द्वारा प्रतिध्वनिक स्मृति का अध्ययन किया। प्रत्येक प्रयास में 20 मिलीसेकेंड के लिए दो जाँच आवाज (test tones) में से एक जाँच आवाज को प्रयोज्य के सामने उपस्थित किया जाता था। इसके बाद विभिन्न समय अंतरालों पर एक दूसरी आवाज उत्पन्न की जाती थी जो धीरे-धीरे पहली आवाज को आच्छादित (mask) कर लेती थी। इसलिए इसे *प्राच्छादन आवाज* (masking tone) कहा जाता

था। प्रयोज्य को यह बतलाना होता था कि दो जाँच आवाजों में से कौन-सा आवाज उसे सुनाई पड़ा। परिणाम में देखा गया कि जैसे-जैसे प्राच्छादन आवाज को 20 मिलीसेकेंड से 250 मिलीसेकेंड की अवधि में विभिन्न समय अंतरालों तक देर करके उपस्थित की जाती थी, जाँच आवाज की पहचान की परिशुद्धता में भी धीरे-धीरे वृद्धि होती थी। परन्तु 250 मिलीसेकेंड से ज्यादा देर करके जब प्राच्छादन आवाज को उपस्थित किया जाता था, तो जाँच आवाज की पहचान की परिशुद्धता में कोई खास वृद्धि नहीं होती थी। अतः मास्सारों के अध्ययन के अनुसार प्रतिध्वनिक स्मृति का संचयन अवधि (storage period) 250 मिलीसेकेंड अवश्य होती है। डार्विन, टर्वे एवं क्राउडर (Darwin, Turvey & Crowder, 1972) ने स्पर्लिंग के अध्ययन डिजाइन के विपरीत डिजाइन का उपयोग करके एक प्रयोग किया और पाया कि प्रतिध्वनिक स्मृति की अवधि दो सेकेंड तक की होती है। गुटमैन एवं जुलेज (Guttman & Julesz, 1963) ने अपने अध्ययन में प्रतिध्वनिक स्मृति की अवधि एक सेकेंड तक होते पाया है। कुवोभी एवं होवार्ड (Kobvy & Howard, 1976) ने एक जटिल विधि का उपयोग किया जिसमें प्रयोज्यों को यह बतलाना था कि जाँच आवाज (test tone) अन्य आवाजों से भिन्न है या नहीं। इनके प्रयोग के पाँच प्रयोज्यों में प्रतिध्वनिक स्मृति एक सेकेंड तक की पायी गयी जबकि छठा प्रयोज्य में प्रतिध्वनिक स्मृति की अवधि दस सेकेंड की पायी गयी। स्पष्ट हुआ कि प्रतिध्वनिक स्मृति की अवधि में पर्याप्त वैयक्तिक विभिन्नताएँ होतीं हैं। इरिक्सन एवं जॉनसन (Erikson & Johnson, 1964) ने अपने अध्ययन के आधार पर यह बतलाया है कि एक साधारण आवाज की प्रतिध्वनिक स्मृति 10 सेकेंड तक की हो सकती है। उपर्युक्त प्रयोगात्मक तथ्यों के आलोक में यह कहा जा सकता है कि प्रतिध्वनिक स्मृति की अवधि अंततः उस कार्य के स्वरूप पर निर्भर करता है जिसका उपयोग इसे मापने के लिए किया जाता है तथा अंशतः अध्ययन करने की विधि पर आधारित होता है।

प्रतिचित्रात्मक स्मृति तथा प्रतिध्वनिक स्मृति का तुलनात्मक अध्ययन
(A Comparative Study of Iconic Memory and Echoic Memory)

संवेदी स्मृति के दो प्रकारों अर्थात् प्रतिचित्रात्मक स्मृति (iconic memory) एवं प्रतिध्वनिक स्मृति (echoic memory) के क्षेत्र में कई प्रयोग किये हैं। इन प्रयोगों के परिणामों का तुलनात्मक अध्ययन क्राउडर (Crowder, 1978) द्वारा किया गया है जिसके आधार पर निम्नांकित तथ्य मुख्य रूप से सामने आये हैं—

(i) प्रतिचित्रात्मक स्मृति (iconic memory) के अस्तित्व के समर्थन के लिए जो प्रयोगात्मक सबूत हैं, वे प्रतिध्वनिक स्मृति (echoic memory) के अस्तित्व के लिए दिये गये प्रयोगात्मक सबूत की तुलना में अधिक ठोस एवं मजबूत है।

(ii) प्रतिचित्रात्मक स्मृति की अवधि को दिखलाने में मनोवैज्ञानिकों के बीच लगभग सहमति है। करीब-करीब अधिकतर मनोवैज्ञानिकों के बीच इस बात की सहमति है कि इसकी अवधि ¼ सेकेंड अर्थात 250 मिलीसेकेंड होता है। परन्तु प्रतिध्वनिक स्मृति की अवधि के आकलन के बारे में मनोवैज्ञानिकों के बीच सहमति नहीं है। फलतः इसकी अवधि ¼ सेकेंड से लेकर कई सेकंड तक के होने का अलग-अलग गम्भीर दावे मनोवैज्ञानिकों द्वारा पेश किये गये हैं।

उपर्युक्त तुलनात्मक बिन्दुओं के आलोक में हम इस निष्कर्ष पर पहुँचते हैं कि संवेदी स्मृति के इन दोनों प्रकारों (अर्थात् प्रतिचित्रात्मक तथा प्रतिध्वनिक स्मृति) के अस्तित्व के बारे में पर्याप्त सबूत मिलते हैं परन्तु प्रतिचित्रात्मक स्मृति के बारे में प्रतिध्वनिक स्मृति की तुलना में अधिक विश्वसनीय सबूत प्राप्त हैं।

लघुकालीन स्मृति
(Short-term Memory or STM)

अर्थ एवं विशेषताएँ *(Meaning and characteristics)*—हम देख चुके हैं कि लघुकालीन स्मृति को कई अन्य नामों से जाना जाता है। लघुकालीन स्मृति से तात्पर्य उस सीमित सूचनाओं (limited information) के संचयन से होता है जिसे थोड़े समय अर्थात् न्यूनतम एक सेकंड तथा अधिकतम 20-30 सेकंड तक के लिए सक्रिय अवस्था (active store) में व्यक्ति रख पाता है। दूसरे शब्दों में, इसमें वैसी सूचनाएँ संचित होतीं हैं जिस पर व्यक्ति ध्यान देता है, उसे

संसाधित करता है तथा उसे दोहराता है। थोड़ी देर के लिए मान लिया जाए कि किसी व्यक्ति से बातचीत करते समय हम उसके तथ्यों का 15 सेकंड के बाद भूल जाते हैं क्योंकि हमारा ध्यान दूसरी चीज पर चला जाता है। यह उदाहरण लघुकालीन स्मृति (short-term memory) का है क्योंकि इसमें मात्र 15 सेकंड तक के लिए सूचनाओं को संसाधित किया गया या उसके साथ सम्पर्क में खा गया।

लघुकालीन स्मृति के अस्तित्व (existence) को दिखाने के लिए ऐसे तो कई तरह के सबूत उपलब्ध हैं परन्तु सबसे उत्तम सबूत क्रमिक स्थान वक्र (serial position curve) के अध्ययन से प्राप्त होता है। यदि व्यक्ति किसी असम्बद्ध शब्दों या शाब्दिक एकांशों की सूची को याद करके उसका प्रत्याह्वान करता है तो हम पाते हैं कि सूची के प्रारम्भिक स्थानों से अर्थात् ऊपरी स्थानों से तथा निचली स्थानों से प्रत्याह्वान सबसे खराब होता है। सूची के निचली स्थानों से हुए प्रत्याह्वान को *नवीनता प्रभाव* (recency effect) तथा ऊपरी स्थानों से हुए प्रत्याह्वान को *प्राथमिकता प्रभाव* (primacy effect) कहा जाता है। नवीनता प्रभाव इस बात की ओर इशारा करता है कि सूची के निचली स्थानों पर के शब्दों का प्रत्याह्वान इसलिए हुआ क्योंकि वे लघुकालीन स्मृति में थे। प्राथमिकता प्रभाव इस ओर इशारा करता है कि सूची के ऊपरी भागों में प्रत्याह्वान इसलिए हुआ क्योंकि वे दीर्घकालीन स्मृति (long-term memory) में थे। इस तरह से क्रमिक स्थान वक्र से इन दोनों प्रकारों अर्थात् लघुकालीन स्मृति तथा दीर्घकालीन स्मृति के अस्तित्व का सबूत मिलता है।

मनोवैज्ञानिकों द्वारा किये गये अध्ययनों के आलोक में लघुकालीन स्मृति की कुछ स्पष्ट विशेषताओं पर प्रकाश पड़ता है। उन विशेषताओं में से कुछ प्रमुख विशेषताएँ निम्नांकित हैं—

(i) लघुकालीन स्मृति कमजोर (fragile) होती है। यदि इसके तथ्यों पर व्यक्ति किसी कारण से ध्यान नहीं दे पाता है या उनका रिहर्सल नहीं कर पाता है, तो उनकी स्मृति-चिह्न तुरन्त ही समाप्त हो जाता है और लघुकालीन स्मृति का अस्तित्व खतरे में पड़ जाता है।

(ii) संवेदी स्मृति (sensory memory) में तो ज्ञानेन्द्रिय द्वारा प्राप्त सूचनाएँ बिना किसी तरह के हेर-फेर किये ही उसी रूप में उन्हें संचित किया जाता है। परन्तु लघुकालीन स्मृति में ऐसा नहीं होता है तथा इसमें उद्दीपकों के बारे में ज्ञानेन्द्रिय द्वारा प्राप्त सूचनाओं का कूटसंकेतीकरण (coding) करके उन्हें संचित किया जाता है। सालेन एवं बैड्डुले (Salane & Baddeley, 1982) के अनुसार लघुकालीन स्मृति में शाब्दिक एकांशों को उनके आवाज (sound) के आधार पर कूटसंकेतीकरण करके संचित किया जाता है। इधर हाल में कुछ ऐसे सबूत मिले हैं जिनके आधार पर यह कहा जाता है कि लघुकालीन स्मृति में शाब्दिक एकांशों को उनके अर्थ (meaning) के आधार पर भी कूटसंकेतीकरण करके उन्हें संचित किया जाता है।

(iii) मनोवैज्ञानिकों द्वारा किये गये अध्ययनों से स्पष्ट हुआ है कि लघुकालीन स्मृति में सामान्यतः पाँच से नौ अलग-अलग सूचनाओं को ही एक साथ संचित किया जा सकता है। परन्तु चुंकिंग (chunking) की प्रक्रिया द्वारा एक समय में नौ से भी अधिक अलग-अलग सूचनाओं को संचित किया जा सकता है। चुंकिग (chunking) ऐसी प्रक्रिया है जिसमें छोटी-छोटी सूचनाओं को बढ़ी इकाइयों में समूहन करके उसे याद करते हैं। इन इकाइयों को चुंक (chunk) प्रत्याह्वान कहा जाता है जिसमें वैसी सूचनाएँ होती हैं जो आपस में सम्बन्धित होते हैं तथा जिन्हें अर्थपूर्ण इकाई में एक साथ समूहन किया जा सकता है। मान लिया जाए कि किसी व्यक्ति को निम्नांकित अक्षरों की सूची को एक बार पढ़कर सुनाया जाता है FCICBICIAIBM और उसे याद करने के लिए कहा जाता है। बहुत उम्मीद यह है कि व्यक्ति इसमें सफल नहीं होगा। परन्तु मान लिया जाए कि अब इन अक्षरों को इस प्रकार सुव्यवस्थित करके उसे एक बार पढ़कर सुनाया जाता है और फिर उसका प्रत्याह्वान करने के लिए कहा जाता है—FCI, CBI, CIA, IBM। इस बार बहुत उम्मीद इस बात की है कि व्यक्ति को प्रत्याह्वान में सफलता मिलेगी क्योंकि वह उन्हें एक अर्थपूर्ण चुंक में संयोजित करने में सफल हो गया है। (ये सभी किसी-न-किसी संगठन के संक्षिप्त नाम है।) स्पष्ट हुआ कि लघुकालीन स्मृति में सामान्यतः पाँच से नौ स्वतन्त्र सूचनाओं को व्यक्ति धारण कर सकता है परन्तु चुंकिंग द्वारा वह अधिक संख्या में भी सूचनाओं को धारण कर सकता है। इसकी विस्तृत चर्चा आगे की जायेगी।

(iv) लघुकालीन स्मृति की अवधि अधिक-से-अधिक 20-30 सेकंड तक होता पाया गया है। इस तथ्य की सम्पुष्टि कई अध्ययनों से हुई है जिसमें ब्राउन (Brown, 1958), पेटरसन एवं पेटरसन (Peterson & Peterson, 1959) द्वारा किये गये अध्ययन अधिक महत्त्वपूर्ण है।

स्पष्ट हुआ कि लघुकालीन स्मृति की कुछ अपनी विशेषताएँ होतीं हैं जिनके आधार पर इसके स्वरूप को स्पष्ट रूप से समझा जा सकता है।

दीर्घकालीन स्मृति (Long-term Memory)

अर्थ एवं विशेषताएँ *(Meaning and Characteristics)*—दीर्घकालीन स्मृति (long-term memory or LTM) से तात्पर्य वैसे स्मृति संचयन (memory storage) से होता है जिसमें सूचनाओं को काफी लम्बे अवधि के लिए व्यक्ति संचित रख पाता है। इस लम्बे अवधि की न्यूनतम समय सीमा 20-30 सेकंड से थोड़ा अधिक तथा अधिकतम सीमा कुछ भी निश्चित नहीं होती है। संभव है व्यक्ति किसी सूचना को पूरे जीवनकाल तक भी LTM में संचित कर रख सकता है। दीर्घकालीन स्मृति की संचयन क्षमता (storage capacity) काफी बड़ी होती है और कुछ मनोवैज्ञानिको ने तो उसकी इस क्षमता को असीमित (unlimited) कहा है। इसमें संचित सूचनाओं पर यदि ध्यान दे तो यह स्पष्ट होगा कि इसमें दो तरह की सूचनाएँ मुख्य रूप से संचित होतीं हैं। पहली तरह की सूचनाओं का सम्बन्ध कुछ वैसी सूचनाओं से होता है जो सामयिक घटनाओं (temporal events) के क्रमों (sequences) से सम्बन्धित होता है तथा दूसरी तरह की सूचनाओं का सम्बन्ध कुछ वैसी सूचनाओं से होता है जो तरह-तरह के संकेतों (symbols) एवं शब्दों के अर्थ आदि से सम्बन्धित होते हैं। पहली तरह की सूचनाओं की स्मृति को *प्रासंगिक स्मृति* (episodic memory) तथा दूसरे तरह की सूचनाओं की स्मृति को *अर्थगत स्मृति* (semantic memory) कहा जाता है।

दीर्घकालीन स्मृति (long-term memory) को अन्य कई नामों से भी जाना जाता है। जैसे, विलियम जेम्स ने इसे *गौण समृति* (secondary memory) कहा है क्योंकि इस स्मृति में इस बात पर बल डाला जाता है कि सूचनाएँ इस दूसरी संचयन क्षेत्र (second storage area) में पहुँचने के पहले एक अन्य संचयन (storage) अवस्था से होकर निश्चित रूप से गुजरता है जिसे STM या प्राथमिक स्मृति (primary memory) भी कहा जाता है। इसे *दीर्घकालीन संचयन* (long-term store) भी कहा जाता है क्योंकि LTM में एकांशों का दैहिक संचयन (physical storage) होता है। LTM में सूचनाएँ केन्द्रीय तंत्रिका तंत्र में कुछ परिवर्तन (modification) लातीं हैं और यही कारण है कि व्यकित उन्हें लम्बे समय तक याद रख पाता है। इसे *असक्रिय स्मृति* (inactive memory) भी कहा जाता है क्योंकि LTM में अधिकतर सूचनाएँ ऐसी होतीं हैं जिसे व्यक्ति वर्तमान समय में उपयोग में नहीं लाता रहता है।

LTM के क्षेत्र में मनोवैज्ञानिकों द्वारा किये गए अध्ययनों से इसकी कुछ विशेषताओं (characteristics) का पता चलता है। ऐसी विशेषताओं में निम्नांकित प्रमुख है—

(i) LTM में संचित सूचनाएँ सापेक्ष रूप से (relatively) स्थायी होतीं हैं। इसका मतलब यह हुआ कि अनिश्चित रूप से लम्बे सभय के बाद भी LTM में सूचनाओं का प्रत्याह्वान या पहचान व्यक्ति कर लेता है।

(ii) LTM में संचित सूचनाएँ मौलिक उद्दीपक से प्राप्त सूचनाओं का कॉपी (copy) नहीं होता है बल्कि इसमें संचित सूचनाओं का कूटसंकेतीकरण (coding) संकेत के रूप में या अर्थ के ख्याल से व्यक्ति करता है। फलतः LTM में संचित सूचनाएँ मौलिक उद्दीपक से प्राप्त सूचनाओं से थोड़ा भिन्न होतीं हैं। इसकी सम्पुष्टि वार्टलेट्ट (Bartlett, 1932) के अध्ययन से होता है जिसने अपने अध्ययन के आधार पर यह बतलाया था कि स्मृति का स्वरूप रचनात्मक (constructive) होता है।

(iii) LTM में अर्थपूर्ण सामग्री तथा महत्त्वपूर्ण सामग्रियों से सम्बन्धित सूचनाओं को अधिक लम्बे समय तक संचित करके रखा जाता है। इस तथ्य की सम्पुष्टि वोअर (Bower, 1981) तथा लाईट एवं इल्लिस (Leight & Ellis, 1981) ने अपने-अपने अध्ययनों के आधार पर किया है।

(iv) LTM की एक विशेषता यह भी बतलायी गयी है कि इसमें संचित वैसी सूचनाएँ कम सक्रिय होतीं हैं जो किसी घटना या कार्य पूरा हो जाने के बाद प्राप्त होती हैं परंतु वैसी सूचनाएँ जो किसी घटना या कार्य के अधूरा ही रह जाने के फलस्वरूप प्राप्त होतीं हैं, वे अधिक सक्रिय होतीं हैं। शायद यही कारण है कि LTM से पहले तरह की सूचनाओं का प्रत्याह्वान दूसरे तरह की सूचनाओं को प्रत्याह्वान की अपेक्षा कम होता है। इसे मनोविज्ञान में *जायगारनिक प्रभाव* (Zeigarnik effect) कहा जाता है।

(v) LTM में सूचनाएँ संगठित (organized) एवं साहचर्यात्मक ढंग से (associative fashion) संचित की जातीं हैं। इसका मतलब यह हुआ कि जो एकांश (item) आपस में अर्थपूर्ण ढंग से सम्बन्धित होते हैं, उसे व्यक्ति एक साथ संचित (stored) करता है।

(vi) LTM की परिशुद्धता (accuracy) खासकर दृष्टि सामग्रियों (visual materials) की परिशुद्धता अधिक होती है। इस तथ्य की सम्पुष्टि शेपार्ड (Shepard, 1967) के अध्ययन से होता है। उन्होंने 540 अंग्रेजी शब्दों को लोगों के सामने बोलकर उपस्थित किया और उनके प्रत्यभिज्ञान स्मृति (recognition memory) की जाँच करने पर यह पता चला कि करीब औसतन 88% प्रतिशत शब्दों की सही-सही पहचान वे कर सके। प्रयोज्यों के एक-दूसरे समूह को 612 अंग्रेजी के लघु वाक्यों को दिखलाया गया और इनकी प्रत्यभिज्ञान स्मृति की जाँच करने पर पता चला कि औसतन 89% शब्दों को प्रयोज्यों ने सही-सही पहचान कर लिया। अध्ययन से स्पष्ट होता है कि LTM में दृष्टि सामग्रियों की परिशुद्धता (accuracy) अधिक होती है।

LTM के क्षेत्र में किये गए अध्ययनों से यह स्पष्ट हुआ है कि LTM के निम्नांकित पहलुओं पर मनोवैज्ञानिकों द्वारा विशेष ध्यान दिया गया है।

1. **LTM का प्रकार : प्रासंगिक एवं अर्थगत स्मृति** (Types of LTM : Episodic memory & Semantic memory)
2. **LTM से पुनः प्राप्ति :** (Retrieval from LTM)
3. **अर्थगत स्मृति के सिद्धान्त** (Theories of Semantic memory)
4. **अभिप्रेरण, संवेग एवं LTM** (Motivation, Emotion and LTM)
5. **LTM एवं STM का तुलनात्मक अध्ययन : अन्तर** (A Comparative study of LTM and STM: Distinction)
6. **LTM में विस्मरण** (Forgetting in LTM)

इन सभी बिन्दुओं पर प्रकाश हम अलग-अलग अनुच्छेद में डालेंगे।

दीर्घकालीन स्मृति के प्रकार : प्रासंगिक स्मृति एवं अर्थगत स्मृति
(Types of Long-term Memory : Episodic Memory and Semantic Memory)

दीर्घकालीन स्मृति (long-term memory or LTM) को टुलभिंग (Tulving, 1972) ने दो भागों में बाँटा है—प्रासंगिक स्मृति (episodic memory) तथा अर्थगत स्मृति (semantic memory) । इन्हें एक साथ मिलाकर *घोषणात्मक स्मृति* (Declarative memory) भी कहा जाता है। प्रासंगिक स्मृति से तात्पर्य वैसी स्मृति से होता है जो सामायिक रूप से (temporally) व्यस्थित या दिनांकित (dated) घटनाओं एवं प्रसंग से सम्बन्धित सूचनाओं को संचित करता है। दूसरे शब्दों में, प्रासंगिक स्मृति में वैसी सूचनाएँ संचित होतीं हैं जो यह बतलाती है कि घटनाएँ कब (when) घटीं। प्रासंगिक स्मृति में संचित होने वाले सूचनाओं का कुछ नमूना इस प्रकार है—

(i) मुझे याद है कि मेरे जीवन का आरम्भिक वर्ष बहुत कष्ट से बीता है।
(ii) कल 10 बजे सुबह तक हमें ऑफिस में पहुँच जाना चाहिए।
(iii) मुझे कल ट्रेन में एक विचित्र आदमी से मुलाकात हुई।

स्पष्ट हुआ कि प्रासंगिक स्मृति में संचित होने वाली सूचनाओं का सम्बन्ध घटनाओं के सामयिक पहलू (temporal aspect) से होता है। व्यक्ति की व्यक्तिगत या आत्मचरित अनुभूतियाँ प्रासंगिक समृति में ही (temporal aspect) होता है। यही कारण है कि प्रासंगिक स्मृति को *आत्मचरित स्मृति* (autobiographical memory) कहा जाता है जिसकी चर्चा आगे अलग से की जाएगी।

अर्थगत स्मृति (Semantic memory) से तात्पर्य वैसी समृति से होती है जिसमें शब्दों, (words) सम्प्रत्ययों (concepts), तथ्यों (facts) एवं प्रतीकों (symbols) का अर्थ से सम्बन्धित सूचनाएँ संचित होतीं हैं। अतः अर्थगत स्मृति शब्दों, सम्प्रत्ययों, तथ्यों एवं प्रतीकों के बारे में एक संगठित ज्ञान (organized knowledge) है। इसे *सामान्य या व्यापक स्मृति* (generic memory) भी कहा जाता है। अर्थगत स्मृति में संचित होने वाले सूचनाओं के कुछ नमूना इस प्रकार है—

(i) मैं जानता हूँ कि मखमल मुलायम होता है।

(ii) मैं जानता हूँ कि जल का रसायनिक सूत्र H_2O है।

(iii) मैं जानता हूँ कि किसी अंक में शून्य से गुणा करने पर गुणनफल शून्य होता है।

स्पष्ट हुआ कि अर्थगत स्मृति में संचित सूचनाओं का स्वरूप प्रासंगिक स्मृति में संचित सूचनाओं के स्वरूप से भिन्न होता है।

प्रासंगिक स्मृति (episodic memory) तथा अर्थगत स्मृति (semantic memory) में निम्नांकित अंतर है—

(i) प्रासंगिक स्मृति में संचित सूचनाओं का सम्बन्ध 'कब' (when) से होता है जबकि अर्थगत स्मृति में संचित सूचनाओं का सम्बन्ध 'क्या', 'क्यों' 'कैसे' आदि से होता है।

(iii) प्रासंगिक स्मृति से विस्मरण अर्थगत स्मृति से विस्मरण की अपेक्षा तेजी से होता है।

(iii) प्रासंगिक स्मृति से सूचनाओं की पुनः प्राप्ति (retrieval) तभी ही सम्भव है जब व्यक्ति के सामने घटनाओं के होने के बारे में सही संकेत (cue) उपलब्ध कराया जाए। अर्थगत स्मृति में संचित सूचनाओं के साथ ऐसी बात नहीं है। साधारण एवं कभी-कभी परोक्ष संकेत (indirect cue) से भी सूचनाओं की पुनः प्राप्ति (retrieval) हो जाती है।

(iv) अर्थगत स्मृति की सूचनाओं की संरचना (structure) काफी मजबूत होती है जो उन्हें बाहरी तथ्यों या शब्दों के अर्थ की सूचनाओं से उत्पन्न बाधा (interference) से बचाता है। प्रासंगिक स्मृति में संचित सूचनाओं की संरचना चूँकि इतनी अधिक मजबूत नहीं होती है, इसलिए वे बाहरी सूचनाओं से उत्पन्न बाधा से अपने आप को बचा नहीं पाते हैं। अतः यह कहा जा सकता है कि अर्थगत स्मृति स्थिर प्रकृति (stable nature) की होती है जबकि प्रासंगिक स्मृति की प्रकृति में तुलनात्मक रूप से स्थिरता कम होती है।

स्पष्ट हुआ कि प्रासंगिक स्मृति (episodic memory) अर्थगत स्मृति (semantic memory) से कई अर्थो में भिन्न है। इन दोनों के बीच इस भिन्नता या अन्तर का प्रयोगात्मक सत्यापन (experimental verification) अंडरवुड, बोरूक एवं मालमी (Underwood, Boruch & Malmi, 1978) के प्रयोग से होता है। इस अध्ययन में 200 कॉलेज छात्रों के प्रासंगिक स्मृति (episodic memory) के 28 विभिन्न मापों (measures) पर जाँच की गयी। इन मापों में स्वतंत्र प्रत्याह्वान (free recall), युग्मित-सहचर सीखना तथा आनुक्रमिक या क्रमिक सीखना (sequential or serial learning) आदि भी सम्मिलित था। अर्थगत स्मृति (semantic memory) को पाँच विभिन्न मापों पर जाँच की गयी परंतु इनमें सामान्य बात यह थी कि प्रत्येक माप में शब्दावली (vocabulary) पर ही बल डाला गया था। परिणाम में पाया गया कि प्रयोज्यों के प्रासंगिक स्मृति परीक्षण (episodic memory tests) पर के प्राप्तांक अर्थगत स्मृति परीक्षण पर के प्राप्तांक (scores) के साथ सम्बन्धित नहीं थे। जैसे स्वतंत्र प्रत्याह्वान परीक्षण (free recall test) पर जिस प्रयोज्य ने अधिक शब्दों का प्रत्याह्वान (recall) किया था, उनके शब्दावली भी बढ़े होते नहीं पाये गए। इस अध्ययन से इस बात का स्पष्ट संकेत मिलता है कि अर्थगत स्मृति (semantic memory) प्रासंगिक स्मृति (episodic memory) से भिन्न है।

इस भिन्नता के बावजूद भी कुछ ऐसे मनोवैज्ञानिक हैं जो सामान्य या व्यापक स्मृति (generic memory) (अर्थात् अर्थगत स्मृति) एवं प्रासंगिक स्मृति (episodic memory) के अन्तर को वैध (valid) या उपयोगी नहीं मानते हैं। वाइकेलग्रेन (Wickelgren, 1981) का मत है कि किसी भी व्यक्ति के लिए किसी घटना (episode) का बिना उसका अर्थ समझे तथा अन्य सूचनाओं से उसका सम्बन्ध जोड़े प्रत्याह्वान (recall) करना मुश्किल है। कहने का मतलब है कि जिसे प्रासंगिक स्मृति तथा अर्थगत स्मृति या सामान्य स्मृति कहा जा रहा है, वे दो चीज नहीं है बल्कि एक ही चीज हैं, मैकक्लोजकी एवं सान्टी (McClosky & Santee, 1981) एवं बैड्डेली (Baddeley, 1976) ने तो यहाँ तक दावा किया है कि यदि सामान्य स्मृति (generic memory) तथा प्रासंगिक स्मृति को अलग-अलग स्मृति के रूप में स्वीकार किये जाते भी हैं तो इसका कोई विशेष फायदा मनोवैज्ञानिकों को किसी भी दृष्टिकोण से नहीं होगा।

अभिप्रेरण, संवेग एवं दीर्घकालीन स्मृति
(Motivation, Emotion and Long-term Memory)

LTM पर अभिप्रेरणात्मक अवस्थाओं का भी प्रभाव पड़ता है। प्रायः देखा गया है कि छात्र परीक्षा भवन में किसी प्रश्न का उत्तर सही-सही नहीं याद कर पाते हैं परंतु परीक्षा भवन से निकलते ही उन्हें प्रश्न का उत्तर पूर्णतः याद आ जाता

है। ऐसा क्यों? परीक्षा के कारण उत्पन्न उत्तेजन (arousal) की उच्च मात्रा या शारीरिक अवस्थाओं का उत्तेजन व्यक्ति को उत्तर के पुनः प्राप्ति (retrieval) में बाधक होता है। इस सरल उदाहरण से यह स्पष्ट हो जाता है कि LTM से पुनः प्राप्ति पर अभिप्रेरणात्मक प्रभाव (motivational effect) का भी प्रभाव पड़ता है।

मनोवैज्ञानिकों ने LTM पर निम्नांकित दो तरह के अभिप्रेरणात्मक अवस्थाओं के पड़ने वाले प्रभावों का विशेष रूप से अध्ययन किया है—

1. उत्तेजन एवं दीर्घकालीन स्मृति *(Arousal and long-term memory)*—आइजेन्क (Eysenck, 1976) द्वारा कई ऐसे अध्ययनों की समीक्षा की गयी है जिसमें स्मृति एवं उत्तेजन (arousal) के सम्बन्ध पर प्रकाश डाला गया है। इस समीक्षा के आधार पर आइजेन्क ने यह प्राक्कल्पना (hypothesis) विकसित किया कि प्रत्याह्वान (recall) के समय यदि व्यक्ति में अधिक उत्तेजन (high arousal) की अवस्था उत्पन्न होती है, तो इससे प्रत्याह्वान उन्नत (improve) भी हो सकता है या उसमें ह्रास (decrement) भी हो सकता है। प्रत्याह्वान का उन्नत या घटिया होना पाठ के स्वरूप पर निर्भर करता है। उच्च उत्तेजन (high arousal) की अवस्था के कारण व्यक्ति LTM में संचित केवल उन्हीं अनुक्रियाओं को चुन पाता है जो आसानी से उपलब्ध हो पाते हैं तथा जो आसानी से उपलब्ध नहीं हो पाते हैं, उनका प्रत्याह्वान या पुनः प्राप्ति व्यक्ति नहीं कर पाता है। अगर व्यक्ति किसी आसान पाठ या कार्य सूचना की पुनः प्राप्ति LTM कर रहा है, तो उच्च उत्तेजन की अवस्था से उसे संचित सूचनाओं की पुनः प्राप्ति करने में आसानी होगी। परंतु यदि व्यक्ति किसी कठिन पाठ या सूचना की पुनः प्राप्ति कर रहा है तो उच्च उत्तेजन की अवस्था से उसे एक तरह का बाधा उत्पन्न होगा।

ब्राऊन एवं कुलिक (Brown & Kulik, 1977) ने आत्मचरित स्मृति (autobiographical memory) के एक विशेष प्रकार जिसे *फ्लैशबल्ब स्मृति* (Flashbulb memory) कहा है. का विशेष रूप से अध्ययन किया है। फ्लैशबल्ब स्मृति का सम्बन्ध संवेगात्मक उत्तेजन अवस्था से सीधा है। सैनट्रोक (Santrock, 2000) के अनुसार, ''फ्लैशबल्ब स्मृति में दिन प्रतिदिन की घटना की अपेक्षा सांवेगिक रूप से सार्थक घटनाएँ जिन्हें व्यक्ति अधिक यथार्थता तथा प्रतिमावली के साथ प्रत्याह्वान करता है, होतीं हैं।'' फ्लैशबल्ब स्मृति में इस तरह से उन परिस्थितियों की यादें संचित होतीं हैं जिसमें व्यक्ति को पहली बार किसी आश्चर्यचकित एवं सांवेगिक रूप से उत्तेजन उत्पन्न करने वाली घटनाओं का अनुभव हुआ होता है। जैसे, मान लिया जाय कि कभी किसी पदाधिकारी को उनके ही चपरासी द्वारा मुँह पर तमाचा लगाया गया हो। पदाधिकारी तथा चपरासी दोनों के लिए यह एक आश्चर्यचकित एवं सांवेगिक रूप से उत्तेजन उत्पन्न करने वाली व्यक्तिगत घटना (personal events) है जिसकी स्मृति प्रायः इन दोनों व्यक्तियों को समय-समय पर जिन्दगी में आते रहेंगी। फ्लैशबल्ब स्मृति की विशेषता यह है कि इसमें संचित सूचनाएँ काफी तरो-ताजा बनी होती है क्योंकि इसका रिहर्सल व्यक्ति प्रायः मन-ही-मन समय-समय पर करता रहता है। लेकिन फिर भी यह उतना यथार्थ (accurate) नहीं होता है जितना कि सामान्यतः समझा जाता है। निस्सर (Neisser, 1991) ने एक प्रयोग करके यह दिखलाया है कि फ्लैशबल्ब स्मृति के बारे में सबसे आश्चर्यचकित विशेषता यह है कि यह यथार्थ (accurate) न होकर अयथार्थ (inaccurate) अधिक होता है। उन्होंने अपने एक अध्ययन में एक विशेष अंतरिक्ष शट्ल जिसका नाम **'चैलेंजर'** (challenger) था, विस्फोटित होने के ठीक एक दिन बाद छात्रों से यह बताने के लिए कहा कि वे इस समाचार को पहले किस तरह सुने। तीन साल बाद उनसे फिर वहीं प्रश्न पूछा गया। अधिकतर छात्र इस बात से आश्वस्त थे कि वे सही-सही बता सकने में समर्थ हुए हैं परंतु सच्चाई यह थी कि उनके द्वारा दी गयी सूचनाओं का करीब एक चौथाई भाग गलत था। फॉरगास एवं बाऊर (Forgas & Bower, 1989) ने इसका कारण बतलाते हुए कहा कि ऐसा इसलिए हुआ क्योंकि उस घटना के फ्लैशबल्ब स्मृति का निर्माण होते समय जो तीव्र संवेग (strong emotion) उपस्थित थे, उसके कारण उत्तम कूटसंकेतीकरण (encoding) नहीं हो सका। उक्त उदाहरण में घटना के 5 साल बीत जाने के बाद यदि चपरासी से यह पूछा जाय कि उस दिन पदाधिकारी किस रंग का कमीज पहने हुए थे और उनके हाथ के किन-किन अंगुलियों में अँगूठी थी, तो शायद वह नहीं बता पायेगा। कारण उस घटना के समय उत्पन्न तीव्र संवेगात्मक उत्तेजन से इन सूचनाओं का कूटसंकेतीकरण (encoding) ठीक ढंग से नहीं हो पाया था। ब्राऊन एवं कुलिक (Brown & Kulik, 1977) ने अपने अध्ययन एवं इस क्षेत्र में किये गये सूचनाओं की समीक्षा के आधार पर यह बतलाया है कि फ्लैशबल्ब स्मृति के दो मुख्य निर्धारक (determinants) है—आश्चर्य का उच्च-स्तर (high level of surprise) तथा सांवेगिक उत्तेजन या महत्त्व का उच्च स्तर (high level of emotional excitation or improtance)

2. भाव एवं स्मृति *(Affect and memory)*—कई अध्ययनों से यह स्पष्ट हुआ है कि समृति पर भाव (affect

1. "Flashbulb memoies are memories of emotionally significant events that people often recall with more accuracy and vivid imagery than everyday events." —Santrock : *Psychology,* 2000, p. 240

or feeling) का प्रभाव पड़ता है। इस सिलसिले में जायंस (Zajonc, 1980) ने सबसे पहले यह सुझाव दिया कि जब व्यक्ति के सामने कोई उद्दीपक (stimulus) आता है, तो उसके प्रति पहले व्यक्ति में भावात्मक प्रतिक्रिया (affective reaction) होती है और बाद में संज्ञानात्मक प्रतिक्रिया। जैसे, यदि आप पहली बार कोई नयी सब्जी खाते हैं, तो पहले आप एक भावात्मक प्रतिक्रिया करते हैं (सब्जी उत्तम एवं स्वादिष्ट है या सब्जी खराब या स्वादहीन है) और तब आप संज्ञानात्मक प्रतिक्रिया (cognitive reaction) करते हुए कहते हैं कि सब्जी का कुछ अंश जला हुआ दीख पड़ता है। जायंस ने यह भी बतलाया कि इन दोनों तरह की प्रतिक्रियाओं (reactions) में भावात्मक प्रतिक्रिया (affective reaction) को व्यक्ति याद रखता है परंतु संज्ञानात्मक प्रतिक्रिया को भूल जाता है। सब्जी का स्वाद (उत्तम या खराब) से उत्पन्न सुख (pleasant) या दुख (unpleasant) की अनुभूति जो कुछ भी हो, उसे आप वर्षों बाद भी प्रत्याह्वान करने में सफल हो जाते हैं परंतु सम्भव है कि उस समय की संज्ञानात्मक प्रतिक्रिया (जैसे, उसके कुछ अंश का जला दिखना) को आप भूल जाए।

यावुज एवं वोसफिल्ड (Yavus & Bousfield, 1959) द्वारा एक किये गये आरम्भिक अध्ययन से जायंस (Zajonc) की विचारधारा की सम्पुष्टि होती है। इनके प्रयोग में प्रयोज्यों को एक युग्मित सहचर सूची (paired associated list) सीखने के लिए दिया गया। इस युग्मित सहचर सूची का उद्दीपक पद (stimulus term) एक अर्थहीन शब्द था तथा अनुक्रिया पद (response term) के रूप में तीन तरह के शब्दों का उपयोग किया गया था—सुखद (pleasant) शब्द, दुखद (unpleasant) शब्द तथा तटस्थ (neutral) शब्द। बाद में सूची का प्रत्याह्वान (recall) लिया गया। परिणाम में देखा गया कि यद्यपि प्रयोज्य अधिकतर वास्तविक अनुक्रिया पद का प्रत्याह्वान करने में समर्थ नहीं हो पाये फिर भी वे यह बताने में काफी सफल हो पाये कि वह शब्द सुखद अनुभूति या दुःखद अनुभूति उत्पन्न कर रहा था। जैसे, यदि अनुक्रिया पद में 'trouble' शब्द था, तो वे इसका प्रत्याह्वान न भी करने पर इतना अवश्य बता पाये कि कोई दुखद अनुभूति उत्पन्न करने वाला पद था। अतः व्यक्ति सुखद अनुभूति को दुखद तथा तटस्थ अनुभूति की तुलना में उसे उत्तम ढंग से प्रत्याह्वान करता है।

कुछ मनोवैज्ञानिकों ने भाव (affect) एवं स्मृति (memory) के एक महत्वपूर्ण पहलू पर विशेष रूप से बल डाला है और उसका अध्ययन किया है—क्या व्यक्ति उन सभी एकांशों (items) एवं घटनाओं (events) का प्रत्याह्वान एक समान ढंग से करता है जो व्यक्ति में कम या अधिक मात्रा में सुखद अनुभूति (pleasant feeling) उत्पन्न करता है ? इस समस्या पर मालटिन एवं स्टैंग (Maltin & Stang, 1978) ने प्रकाश डालते हुए यह कहा कि सुखद एकांशों को दुखद तथा तटस्थ एकांशों की तुलना में व्यक्ति अधिक उत्तम ढंग से प्रत्याह्वान करता है। उन्होंने यह भी बताया है कि अधिक सुखद एकांशों (high pleasant items) का प्रत्याह्वान कम सुखद एकांशों (low pleasant items) की तुलना में उत्तम होता है और इसे उन्होंने *पोलियाना नियम* (Pollyanna principle) कहा है। मालटिन एवं स्टैंग ने LTM के क्षेत्र में 52 ऐसे अध्ययनों की समीक्षा किया जिसमें प्रयोज्यों ने वैसे एकांशों एवं घटनाओं का प्रत्याह्वान किया था जो सुखद अनुभूति की भिन्न मात्राएँ व्यक्ति में उत्पन्न करता था। इसमें से 39 अध्ययनों के परिणाम में यह देखा गया कि अधिक सुखद एकांशों का प्रत्याह्वान तुलनात्मक रूप से श्रेष्ठ था। इसका कारण बतलाते हुए मालटिन एवं स्टैंग (Maltin & Stang) ने कहा कि LTM में व्यक्ति सुखद एकांशों (pleasant items) को ऐसे स्थान में संचित करता है जहाँ से उसकी पुनः प्राप्ति आसानी से किया जा सकता है। सचमुच में पोलियाना नियम इस मनोवैज्ञानिक तथ्य के सम्पुष्टि करता है कि अधिक धनात्मक सूचनाओं को कम धनात्मक सूचनाओं एवं ऋणात्मक सूचनाओं की तुलना में संसाधित करना अधिक आसान है।

स्पष्ट हुआ कि LTM पर व्यक्ति के अभिप्रेरणात्मक अवस्थाओं (motivational states) का प्रभाव पड़ता है। इन अवस्थाओं में व्यक्ति की उत्तेजन अवस्था तथा भाव की अवस्था प्रमुख है।

LTM एवं STM का एक तुलनात्मक अध्ययन : अन्तर (A Comparative Study of LTM & STM : Differences)

स्मृति के दो प्रमुख प्रकारों STM एवं LTM का तुलनात्मक अध्ययन कई मनोवैज्ञानिकों द्वारा की गयी है। कुछ मनोवैज्ञानिकों ने इन अध्ययनों के आधार पर इन्हें दो अलग-अलग स्मृति संचयन क्षेत्र (memory storage system) माना है। उनके इस विचारधारा को *द्वैत-प्रक्रिया सिद्धान्त* (dual-process theory) कहा जाता है। इस सिद्धान्त के अनुसार STM तथा LTM का तुलनात्मक अध्ययन करते हुए निम्नांकित अंतरों (differences) पर प्रकाश डाला है—

1. STM में बिना रिहर्सल के सूचनाओं का अधिकतम अवधि 20 सेकड होता है हालाँकि कुछ मनोवैज्ञानिकों ने इस

अधिकतम अवधि को 30 सेकंड तक भी माना है। LTM में सूचनाओं के संचयन की कोई ऐसी अधिकतम अवधि नहीं होती है। व्यक्ति किसी सूचना को तो अपनी जिन्दगी तक LTM में संचित करके रखता है।

2. STM में सक्रिय एवं सतत रिहर्सल की प्रक्रिया चलती है अन्यथा इसमें प्रवेशित सूचना का ह्रास (decay) होने लगता है। दूसरे शब्दों में, STM में जैसे ही सूचना प्रवेश पाता है, व्यक्ति यदि उसपर ध्यान नहीं देता है, या सक्रिय रूप से सतत रिहर्सल नहीं करता है, तो ऐसी सूचनाओं को व्यक्ति भूल जाता है। शायद यही कारण है कि STM को *सक्रिय स्मृति* (active memory) भी कहा जाता है। परंतु LTM के साथ ऐसी बात नहीं है। LTM में ऐसी सक्रियता की जरूरत नहीं पड़ती है हालाँकि यह बात जरूर है कि प्रारंभ में LTM में सूचनाओं को संचित करने में व्यक्ति को अधिक प्रयास करना पड़ता है। परंतु बाद में यह एक निष्क्रिय प्रक्रिया हो जाती है जिसमें सूचनाओं का ह्रास समय बीतने या कोई अन्य सूचनाओं द्वारा सक्रिय बाधा पहुँचने से होता है।

3. STM की संचयन शक्ति (storage capacity) सीमित होती है। मिल्लर (Miller, 1956) के मशहूर मायिक संख्या (magical number) के अनुसार STM की संचयन शक्ति 7 ± 2 होती है अर्थात STM का आकार एक समय में 5 से 9 एकांशों (items) जैसे अक्षरों या अंकों आदि तक सीमित होता है। यह बात जरूर है कि विशेष परिस्थिति में चुकिंग (chunking) द्वारा इस संचयन शक्ति को उक्त सीमा से बड़ा किया जाता है। LTM की संचयन शक्ति असीमित (unlimited) होता है। इसमें व्यक्ति कितनी संख्या में एकांशों को संचित करता है। इसकी कोई सीमा नहीं है।

4. STM में जो विस्मरण होता है, उसका आधार प्रायः स्मृति-चिह्नों का नाश होना होता है। इस तरह के विस्मरण को *चिह्न-आधारित विस्मरण* (trace-dependent forgetting) कहा जाता है। LTM में जो विस्मरण होता है, उसका आधार प्रायः स्मृति-चिह्नों का नाश होना नहीं होता है बल्कि उपयुक्त पुनः प्राप्ति संकेतों (retrieval cues) का उपलब्ध न होना होता है। दूसरे शब्दों में, LTM में स्मृति-चिह्न संचित होने के बावजूद भी उपयुक्त पुनः प्राप्ति संकेतों के अभाव में व्यक्ति उनका प्रत्याह्वान (recall) या प्रत्यभिज्ञान (recognition) नहीं कर पाता है। इस तरह के विस्मरण को *संकेत-आधारित विस्मरण* (cue-dependent forgetting) कहा जाता है।

5. STM से सूचनाओं का प्रत्याह्वान (recall) काफी आसानी से होती है मानों स्वतः (automatic) हो रहा है। व्यक्ति STM में संचित सूचना को तुरंत थोड़े से प्रयास से ही प्रत्याहान करने में सफल हो जाता है। परंतु LTM से सूचनाओं का प्रत्याह्वान थोड़ा कठिन होता है और काफी उपयुक्त खोज (search) के बाद व्यक्ति LTM से सूचनाओं का प्रत्याह्वान (recall) या प्रत्यभिज्ञान सही-सही कर पाता है। शायद यही कारण है कि कभी-कभी व्यक्ति चाहकर भी LTM में संचित सूचनाओं को किसी विशेष परिस्थिति में याद नहीं कर पाता है परंतु बाद में फिर वे अपने आप ही बिना किसी प्रभाव के ही प्रत्याह्वान कर लिए जाते हैं। इस घटना को मनोवैज्ञानिकों ने *'जीभ-की-नोंक-की घटना'* (tip-of-the tounge phenomenon) कहा है मानों सूचना जीभ की नोक पर आ गयी हो परंतु व्यक्ति उसे बोल नहीं पा रहा हो।

6. STM तथा LTM को मनोवैज्ञानिकों ने कूटसंकेतीकरण (coding) के आधार पर भी विभेदित करने की कोशिश किया है। STM ध्वनि कूटसंकेतीकरण (phonological or acoustic coding) से काफी प्रभावित होता है तथा इससे संभ्राति (confusion) होता है और विस्मरण होता है। इस तथ्य की सम्पुष्टि कॉनरेड (Conrad, 1964) तथा वाइकेलग्रेन (Wickelgren, 1965) के अध्ययनों से होती है। ध्वनि कूटसंकेतीकरण में एकांशों को उनके आवाज में समानता जैसे CAT, BAT, MAT, SAT, RAT आदि के आधार पर संचित किया जाता है। LTM अर्थगत कूटसंकेतीकरण (semantic coding) अर्थात अर्थगत एकांशों के अर्थ में समानता (जैसे, Great, Big, Tall आदि) से प्रभावित होता है। शुलमैन (Shulman, 1972) के प्रयोगों से स्पष्ट हुआ है कि एकांशों के अर्थ में समानता होने से LTM से प्रत्याह्वान कम होता है हालाँकि STM पर इसका कोई प्रभाव नहीं पड़ता है।

7. STM पर नवीनता प्रभाव (recency effect) अधिक स्पष्ट देखने को मिलता है जबकि LTM पर प्राथमिकी प्रभाव (primacy effect) अधिक स्पष्ट देखने को मिलता है। जब व्यक्ति को एकांशों की एक सूची दिखाकर उसका प्रत्याह्वान करने के लिए कहा जाता है, तो ऐसी परिस्थिति में वह सूची के अंतिम कुछ एकांशों को पहले प्रत्याह्वान करता है क्योंकि वह अभी उसके STM में मौजूद है। इस तरह के प्रभाव को नवीनता प्रभाव कहा जाता है। परंतु सूची के प्रथम कुछ एकांशों का प्रत्याह्वान वह कुछ बाद में करता है। इसकी मात्रा उतनी नहीं होती है जितनी कि सूची के अंतिम कुछ एकांशों का। इसे प्राथमिकी प्रभाव (primacy effect) कहा जाता है। इस तरह का प्राथमिकी प्रभाव का कारण स्पष्टतः LTM से प्रत्याह्वान का होना है।

8. STM तथा LTM को अन्य न्यूरोदैहिक सबूतों (neurophysiological evidences) के आधार पर भी एक-दूसरे से भिन्न किया गया है। मिलनर (Milner, 1966), मिलनर, कोरकिन एवं टियूबर (Milner, Corkin & Teuber, 1968) तथा वैरिंगटन एवं शैलिस (Warrington & Shallice, 1969, 1970) द्वारा कुछ इस तरह के सबूत दिये गये हैं जिनसे यह स्पष्ट पता चलता है कि STM एवं LTM दो ऐसे स्मृति तंत्र है जो अलग-अलग नियमों एवं सिद्धान्तों द्वारा निर्धारित होते हैं। मिलनर ने एक बहुचर्चित केस जिसे H.M. उपनाम से सम्बोधित किया गया था, के अध्ययन में पाया कि H.M. का LTM गम्भीर रूप से प्रभावित था परंतु STM ठीक था। उसकी समस्या यह थी कि वह STM से LTM में सूचनाओं का अंतरण नहीं कर पाता था। H.M. मिरगी का रोगी था जिसका इलाज उसके शंखपालि (temporal lobe) को काटकर किया गया था। रोग तो ठीक हो गया परंतु उसमें उक्त स्मृति लोप (amnesia) उत्पन्न हो गया था। वैरिगटन एवं शैलिस ने एक ऐसे व्यक्ति का उदाहरण प्रस्तुत किया है जिसे मनोविज्ञान में K.F. के उपनाम से सम्बोधित किया गया है। उस व्यक्ति का STM प्रभावित था परंतु LTM सामान्य था। वह पहले घटित अनुभूतियों का प्रत्याह्वान आसानी से कर लेता था परंतु चंद सेकंड पहले की अनुभूतियों का प्रत्याह्वान नहीं कर पाता था। K. F. के बायीं भित्तीय पालि (parietal lobe) क्षतिग्रस्त था। इस सबूतों से स्पष्ट होता है कि STM तथा LTM दो अलग-अलग तंत्र हैं जिनका नियंत्रण एवं निर्धारण अलग-अलग नियमों एवं सिद्धान्तों द्वारा होता है।

स्पष्ट हुआ कि STM तथा LTM में कई बिन्दुओं पर अन्तर है। इन बिन्दुओं का खंडन कुछ मनोवैज्ञानिकों द्वारा किया गया है और कहा गया है कि STM तथा LTM को दो स्वतंत्र स्मृति संचयन तंत्र न मानकर एक ही समृति के दो मात्र बिन्दु मानना ज्यादा उचित है। इस विचारधारा के विकसित करने वाले क्रेक एवं लॉकहार्ट (Craick & Lockhart, 1972) हैं। इस विचारधारा को *'संसाधन-के-स्तर'* विचार (level-of-processing view) कहा जाता है। इस विचारधारा के अनुसार स्मृति की क्षमता एवं अवधि प्रत्यक्षण के बाद प्राप्त सूचनाओं के संसाधन की गहराई (depth) पर निर्भर करता है। यदि व्यक्ति सूचनाओं को गहराई तक संसाधित नहीं कर पाता है तो वह बहुत अल्प समय के लिए ही स्मृति में रह पाता है जिसे *लघुकालीन स्मृति* (short-term memory) कहा जाता है। परंतु जब व्यक्ति किसी सूचना को काफी गहराई तक संसाधित कर पाता है, तो उसे वह अधिक समय तक संचित रख पाता है जिसे *दीर्घकालीन स्मृति* (long-term memery) कहा जाता है। परंतु कई अध्ययनों द्वारा संसाधन-के-स्तर विचारधारा को अधिक प्रयोगात्मक समर्थन नहीं प्राप्त हो सका जिसके परिणामस्वरूप स्मृति के इस एकाकी प्रक्रिया सिद्धान्त (uni-process theory) को अधिक महत्त्व नहीं दिया गया।

स्मृति को मापने की विधियाँ
(Methods of Measuring Memory)

1. प्रत्याह्वान विधि (Recall method)
2. प्रत्याभिज्ञान विधि (Recognition method)
3. पुनः सीखना विधि (Relearning method)
4. पुनर्निर्माण विधि (Reconstruction method)

इन विधियों का वर्णन निम्नांकित हैं—

1. प्रत्याह्वान विधि *(Recall Method)*—प्रत्याह्वान विधि जिसे *पुनरूत्पादन विधि* (reproduction method) भी कहा जाता है, स्मृति के जाँच की सबसे लोकप्रिय विधि है। इस विधि में स्मृति की जाँच प्रत्याह्वान (recall) करके किया जाता है। पूर्व सीखे गये विषय या पाठ को व्यक्ति अपने सामने से हटा देता है और उसकी अनुपस्थिति में ही उसे बोलकर या लिखकर उसका प्रत्याह्वान (recall) करता है। प्रत्याह्वान की मात्रा जितनी ही अधिक होती है, धारणा उतनी ही मजबूत एवं प्रबल मानी जाती है। उदाहरणार्थ, जब व्यक्ति किसी पूर्व सीखें गये पाठ का 90% सही-सही प्रत्याह्वान कर लेता है तो हम स्पष्टतः यह कहते हैं कि उस पाठ की स्मृति व्यक्ति में काफी मजबूत थी।

2. प्रत्याभिज्ञान विधि *(Recognition method)*—इस विधि का आधार प्रत्याभिज्ञान (recognition) है। प्रत्यभिज्ञान में सीखे गये पाठ या विषय को कुछ सदृश (similar) एवं नये उद्दीपक के साथ मिलाकर व्यक्ति के सामने उपस्थित किया जाता है। यदि सचमुच में व्यक्ति पूर्व सीखे गये पाठ या विषय को धारण किये हुए होता है, तो वह आसानी से इस पाठ या विषय को नये पाठ या विषय से अलग कर पहचान कर लेता है। परन्तु यदि वह पूर्व सीखे गये विषय या

पाठ को नये एवं सदृश (similar) पाठ से अलग कर पहचान करने में असमर्थ रहता है तो ऐसा कहा जाता है कि व्यक्ति की स्मृति कमजोर थी। इस तरह से हम देखते हैं कि प्रत्याह्वान विधि (recall) में मूल पाठ या विषय को उसकी अनुपस्थिति में ही व्यक्ति उसे बोलकर या लिखकर प्रत्याह्वान करता है जबकि प्रत्याभिज्ञान विधि में मूल पाठ या विषय को उससे मिलते-जुलते पाठ या विषय के साथ मिलाकर व्यक्ति के सामने उपस्थित किया जाता है और व्यक्ति को पूर्व सीखे गये विषय की पहचान करनी होती है।

प्रायः यह देखा जाता है कि जब व्यक्ति को पुराने अर्थात पहले सीखे गये एकांशों (items) या पाठों की पहचान करने को कहा जाता है, तो कुछ एकांशों की पहचान वह अटकलबाजी (guessing) करके कर लेता है। इस तरह की अटकलबाजी से प्रत्याभिज्ञान-प्राप्तांक (recognition score) तो बढ़ जाता है, परन्तु इस तरह के प्राप्तांक से वस्तुतः स्मृति की जाँच नहीं होती है। इसलिए मनोवैज्ञानिकों ने स्मृति को इस अटकलबाजी (guessing) से प्राप्त सफलता से बचाने के लिए शुद्धि (correction) की सिफारिश की है क्योंकि तभी उससे स्मृति की सही जाँच हो पायेगी। इसके लिए गलत प्रत्याभिज्ञान (wrong recognition) किये गये एकांशों के प्रतिशत (percent) को सही प्रत्याभिज्ञान किये गये एकोंशों की प्रतिशत से घटाकर शुद्ध प्रत्याभिज्ञान प्राप्तांक (corrected recognition score) प्राप्त किया जाता है। शुद्ध प्रत्याभिज्ञान निकालने का सूत्र इस प्रकार है—

$$Rsc = (R/N_1 \times 100) - (W/N_2 \times 100)$$

यहाँ,

Rsc = शुद्ध प्रत्याभिज्ञान प्राप्तांक (corrected recognition score)

R = सही प्रत्याभिज्ञान किये गये एकांशों (items) की संख्या

W = गलत प्रत्याभिज्ञान किये गये एकांशों (items) की संख्या

N_1 = पहले सीखी गयी सूची में एकांशों (items) की संख्या

N_2 = सदृश (similar) एवं नये एकांशों की संख्या

एक उदाहरण इस प्रकार है—मान लीजिए कोई व्यक्ति 10 निरर्थक पदों की एक सूची याद करता है और इसके बाद इन 10 निरर्थक पदों को 20 और नये एवं सदृश निरर्थक पदों के साथ यादृच्छिक रूप से (randomly) मिलाकर इसके सामने प्रस्तुत किया जाता है। थोड़ी देर के लिए मान लिया जाय कि वह 8 निरर्थक पदों का सही प्रत्याभिज्ञान करता है तथा 2 निरर्थक पदों का गलत प्रत्याभिज्ञान करता है तो उपर्युक्त सूत्र के अनुसार शब्द प्रत्याभिज्ञान प्राप्तांक (8/ 10 × 100) – (2/20 × 100) = 80% – 10% = 70% होगी। इससे यह पता चलता है कि व्यक्ति निरर्थक पदों की मूल सूची (10 पदों वाली सूची) में 70% धारण किये हुए था तथा 30% की समृति समाप्त हो गयी है।

3. पुनः सीखना विधि *(Relearning method)*—इस विधि का प्रतिपादन इबिंगहॉस (Ebbinghaus) ने किया था तथा इसे *बचत विधि* (saving method) भी कहा जाता है। इस विधि में पाठ या एकांशों (items) को एक निश्चित कसौटी (fixed criterion) तक व्यक्ति सीख लेता है। इसके कुछ समय के बाद व्यक्ति को फिर उसी कसौटी तक सीखने को कहा जाता है जिस कसौटी तक उसने पहले उन एकांशों को सीखा था। धारण (retention) की जाँच व्यक्ति द्वारा पुनः सीखने (relearning) में लगे प्रयास (trials) या समय (time) या त्रुटि (error) के आधार पर की जाती है। उदाहरणार्थ, मान लिया जाय कि 10 निरर्थक पदों की एक सूची को एक त्रुटिरहित प्रस्तुतीकरण (one errorless reproduction) की कसौटी तक सीखने में व्यक्ति 15 प्रयास (trials) लेता है। दो दिन के बाद इसे फिर वही सूची सीखने को दिया जाता है और इस बार वह 11 प्रयास लेता है। इससे स्पष्ट है कि प्रयोज्य को दुबारा सीखने में 15-11 = 4 प्रयास की बचत हुई है। इस बचत को हम निम्नांकित सूत्र के आधार पर प्रतिशत में बदल सकते हैं।

$$\text{बचत प्रतिशत (Saving Percent)} = \frac{\text{Number of Original trials} - \text{Number of Re learning trials}}{\text{Number of Original trials}} \times 100$$

$$\text{इस तरह से } \frac{15 - 11}{15} \times 100 = 4 / 15 \times 100 = 26.66\%$$

यहाँ बचत प्राप्तांक (saving score percentage) 26.66% है। चूँकि बचत प्रतिशत 30% से भी कम है, अतः यह कहा जा सकता है दि व्यक्ति की स्मृति अधिक मजबूत नहीं थी।

कुछ मनोवैज्ञानिकों ने बचत विधि में दोष बतलाते हुए यह कहा है कि इस विधि में जो समय अंतराल (time interval) दिया जाता है, उसमें व्यक्ति अपनी क्षमता को किसी तरह से बढ़ा सकता है या कोई नया और पहले से भी अधिक दक्ष सीखने का तरीका अपना सकता है। फलतः, पुनः सीखना (relearning) में जो बचत होगी, वह अगर पूर्णतः नहीं तो अंशतः निश्चित ही धारणा की वजह से न होकर इसे बढ़े हुए कौशल के कारण हो सकती है।

4. पुनर्निर्माण विधि *(Reconstruction method)*—यह विधि पुनः सीखना विधि (relearning mehtod) से बहुत कुछ मिलता-जुलता है। इस विधि में पूर्व सीखे गये एकांशों या पाठ को कुछ समय अन्तराल (time interval) के बाद व्यक्ति के सामने एक यादृच्छिक क्रम (random order) में उलट-पुलटकर प्रस्तुत किया जाता है। व्यक्ति को उन एकांशों को फिर उसी क्रम (order or sequence) में पुनर्निर्माण या पुनर्व्यवस्थित (reconstruct or rearrange) करने को कहा जाता है जिस क्रम में उसने इन एकांशों को सीखा था। इस विधि में धारण (retention) की जाँच पूर्वक्रम में पुनर्व्यवस्थित किये गये एकांशों की संख्या से की जाती है। इस संख्या को प्रतिशत में बदलकर धारण प्राप्तांक प्रतिशत (retention score percent) ज्ञात किया जाता है। यदि 10 निरर्थक पदों की सूची में 3 को ही वह सही क्रम में पुनर्व्यवस्थित कर पाता है तो उसका स्मृति प्राप्तांक प्रतिशत $3/10 \times 100 = 30\%$ होगा। यह प्रतिशत जितना ही अधिक होगा, व्यक्ति की स्मृति उतनी ही मजबूत समझी जाती है।

इस तरह से हम देखते हैं कि मनोवैज्ञानिकों ने स्मृति की जाँच के लिए कई विधियों का प्रतिपादन किया है। इन विधियों में प्रत्याह्वान विधि (recall method) तथा प्रत्यभिज्ञान विधि (recognition method) अन्य विधियों से श्रेष्ठ (superior) मानी गयी है।

स्मरण का स्वरूप
(Nature of Remembering)

स्मृति एक व्यापक शब्द है जिसमें स्मरण तथा विस्मरण दोनों सम्मिलित होते हैं। स्मरण (remembering) स्मृति (memory) का एक धनात्मक पक्ष (positive aspect) है। स्मरण से तात्पर्य पूर्व सीखे गये विषयों एवं पाठों को चेतना में लाने से होता है। स्मरण के स्वरूप (nature) के सम्बन्ध में मनोवैज्ञानिकों के बीच दो तरह के दृष्टिकोण (viewpoints) प्रचलित है जिसकी समीक्षा निम्नांकित ढंग से की जा सकती है—

(क) इविंगहॉस का दृष्टिकोण *(Ebbinghaus viewpoints)*—इविंगहॉस (Ebbinghaus) सबसे पहले मनोवैज्ञानिक थे जिन्होंने स्मरण (remembering) का प्रयोगात्मक अध्ययन किया। इन्होंने 1885 में अपनी पुस्तक 'ऑन मेमोरी' (On Memory) (जो जर्मन भाषा में थी तथा जिसका अंग्रेजी अनुवाद बाद में रूजर (Ruger) तथा चार्ल्स (Charles) द्वारा किया गया) में स्मरण के स्वरूप की व्याख्या करते हुए कहा कि स्मरण एक *पुनरूत्पादक मानसिक प्रक्रिया* (reproductive mental process) है। इसका मतलब यह हुआ कि जो कुछ हम सीखते हैं, उसको बाद में ठीक उसी रूप में बिना किसी प्रकार के हेर-फेर किये हम प्रत्याह्वान (recall) करने में समर्थ होते हैं। दूसरे शब्दों में, प्रत्याह्वाहित सामग्री (recalled materials) पहले सीखी गयी सामग्री का कार्बन कॉपी (carbon copy) होता है। सीखने के बाद जैसे-जैसे समय बीतता जाता है, प्रत्याह्वान (recall) या पुनरूत्पादन (reproduction) की मात्रा में कमी होती है परन्तु जो भी प्रत्याह्वाहित सामग्री प्राप्त होती है वह ठीक पहले सीखी गयी सामग्री का कार्बन कॉपी ही होता है। इसका मतलब यह हुआ कि प्रत्याह्वान की मात्रा (quantity) में अन्तर होता है इसके गुण (quality) में नहीं।

इविंगहॉस का उपर्युक्त निष्कर्ष एक प्रयोग (experiment) पर आधारित था जिसमें वे स्वयं प्रयोज्य (subject) तथा प्रयोगकर्त्ता (experimenter) दोनों ही थे। उन्होंने निरर्थक पदों[1] (nonsense syllables) का निर्माण किया और निरर्थक पदों की एक सूची को क्रमिक पूर्वाभास विधि (method of serial anticipation) द्वारा सीखा और भिन्न-भिन्न समय अन्तरालों (time intervals) के बाद स्मृति की जाँच पुनः सीखना विधि (relearning method) से किया। परिणाम में पाया कि निरर्थक पदों को जिस रूप से सीखा गया था, उनकी स्मृति ठीक उसी रूप में मौजूद थी। किसी प्रकार का कोई परिवर्तन उसमें नहीं हो पाया। हाँ, इतना अवश्य देखा गया कि स्मृति की मात्रा में सीखने के तुरंत बाद काफी तेजी से कमी हुई परन्तु फिर बाद में लम्बे समय अंतरालों के बाद स्मृति की मात्रा में कमी मन्द गति से हुई।

(ख) बार्टलेट का दृष्टिकोण *(Bartlett's viewpoints)*—इविंगहॉस का स्मरण पर चूँकि पहला प्रयोगात्मक

अध्ययन था, अतः उनके विचार का प्रभाव बाद के मनोवैज्ञानिकों पर काफी पड़ा। बहुत दिनों तक मनोवैज्ञानिकों द्वारा निरर्थक पदों पर प्रयोग किया जाता रहा और उनका यह विचार कि स्मरण एक पुनरूत्पादक मानसिक प्रक्रिया (reproductive mental process) है, स्वीकृत रहा। परन्तु एक अंग्रेजी मनोवैज्ञानिक (English psychologist) ने सबसे पहले उनके इस विचार का खंडन किया। इनका नाम बार्टलेट (Bartlett, 1932) था जिन्होंने अपनी पुस्तक 'रिमेम्बरिंग' (Remembering) में विस्तृत रूप से बतलाया कि स्मरण एक *पुनर्संरचनात्मक मानसिक प्रक्रिया* (reconstructive mental process) है। उन्होंने पुनर्संरचनात्मक प्रक्रिया को *उत्पादी मानसिक प्रक्रिया* (productive mental process) भी कहा है। बार्टलेट ने कहा कि पहले की सीखी गयी सामग्री का हम बाद में प्रत्याह्वान हू-ब-हू ठीक उसी रूप में नहीं करते हैं बल्कि उसमें कुछ परिवर्तन करके करते हैं। कुछ नयी सामग्री को अपनी ओर से प्रत्याह्वान करते समय जोड़ देते हैं तथा पुरानी सीखी गयी सामग्री में से कुछ सामग्री को हटा देते हैं। इस तरह से प्रत्याह्वान करते समय सीखी गयी सामग्री का एक तरह से पुनर्निर्माण या पुनर्संरचना (reconstruction) की जाती है। उन्होंने इबिंगहॉस के विचार की त्रुटि की ओर ध्यान दिलाते हुए यह भी कहा कि इस तरह का उनका निष्कर्ष निम्नांकित दो कारणों से था–

(i) इबिंगहॉस ने निरर्थक पदों को सीखकर उनके स्मृति की जाँच किया था। निरर्थक पद का स्वरूप (nature) ही कुछ ऐसा है कि व्यक्ति को प्रत्येक प्रत्याह्वान (recall) में उसका हू-ब-हू पुनरूत्पादन (reproduction) करना ही है। यदि सार्थक सामग्री (meaningful material) का प्रयोग वे करते तो इस ढंग का निष्कर्ष नहीं आता।

(ii) इबिंगहॉस अपने प्रयोग में स्वयं प्रयोगकर्त्ता तथा प्रयोज्य (subject) दोनों थे। प्रयोगकर्त्ता के रूप में उन्हें प्रयोग की प्राक्कल्पना (hypothesis) पता था। यही कारण है कि प्रयोज्य के रूप में उन्होंने सीखे गये पदों का वैसा पुनरूत्पादन (reproduction) किया।

बार्टलेट्ट (Bartlett) का यह विचार कि स्मरण एक पुनर्संरचनात्मक मानसिक प्रक्रिया (reconstructive mental process) है, इनके ही द्वारा किये गये कुछ प्रयोगों पर आधारित है। उन्होंने अपने प्रयोग में मूल रूप से दो विधियाँ यानी क्रमिक पुनरुत्पादन विधि (method of serial reproduction) तथा पुनर्रुक्ति पुनरुत्पादन विधि (method of repeated reproduction) का उपयोग किया। बार्टलेट द्वारा कई प्रयोग (experiments) किये गये हैं जिन्हें मूल रूप से दो भागों में बाँटा जा सकता है–

(i) कहानी-सम्बन्धी प्रयोग *(Experiments related to stories)*—बार्टलेट ने अपने कुछ प्रयोगों में एक कहानी का पुनरुत्पादन (reproduction) भिन्न-भिन्न प्रयोज्यों (subjects) से भिन्न-भिन्न समय अंतरालों के बाद करवाया तथा कुछ प्रयोगों में एक ही प्रयोज्य (subject) से भिन्न-भिन्न समय अन्तरालों (time intervals) पर एक ही कहानी का पुनरुत्पादन करवाया। बार्टलेट ने अपने प्रयोगों में कई तरह की कहानियों (stories) को सम्मिलित किया जिसमें सबसे लोकप्रिय कहानी थी *'दी वार ऑफ दी घोसट्स'* (The war of the Ghosts)। कुछ प्रयोगों में इस कहानी को एक प्रयोज्य (subject) को सुनाई गयी। उसने उस कहानी को दूसरे प्रयोज्य से, दूसरे प्रयोज्य ने उसी कहानी को तीसरे प्रयोज्य से तथा तीसरे ने चौथे और इसी तरह से कई प्रयोज्यों को भिन्न-भिन्न समय अंतराल पर सुनाया गया। इस विधि को क्रमिक पुनरुत्पादन विधि (method of serial reproduction) कहा गया है। कुछ प्रयोगों में उन्होंने एक ही कहानी को कई प्रयोज्यों को अलग-अलग पढ़ने को दिया और भिन्न-भिन्न समय अन्तरालों पर प्रत्येक प्रयोज्य से उसी कहानी का प्रत्याह्वान (recall) करवाया। उसे उन्होंने *पुनरूक्ति पुंनरुत्पादन विधि* (repeated reproduction method) कहा। इन दोनों विधियों से बार्टलेट ने कहानी के कई पुनरुत्पादन (reproductions) का संग्रह किया और उसका विश्लेषण किया।

(ii) चित्र-आरेखण सम्बन्धी प्रयोग *(Experiments related to figure drawing)*—बार्टलेट ने क्रमिक पुनरूत्पादन विधि (method of serial reproduction) के सहारे चित्र-आरेखण सम्बन्धी एक बहुत ही लोकप्रिय (popular) प्रयोग किया। इस प्रयोग में एक प्रयोज्य को एक उल्लू (owl) का चित्र कुछ देर तक दिखलाकर हटा लिया गया और बाद में उसे अपनी स्मृति से उसका आरेखण (drawing) करने को कहा गया। इस आरेखित चित्र को फिर दूसरे प्रयोज्य को कुछ समय तक दिखलाकर हटा लिया गया और उसे अपनी याद से उसका आरेखण करने को कहा गया। फिर इस आरेखित चित्र को तीसरे प्रयोज्य को कुछ देर तक दिखलाकर हटा लिया गया और उसे अपनी याद से इसका आरेखण

1. निरर्थक पदों (nonsense syllables) का प्रतिपादन सबसे पहले इबिंगहॉस ने किया। ऐसे पद अंग्रेजी के तीन अक्षरों से मिलकर बनते हैं जिसमें बीच का अक्षर स्वर (vowel) होता है और अगल-बगल के अक्षर व्यंजन होते हैं। ऐसे पदों का कोई अर्थ नहीं होता है। जैसे, (LOC;ZAL) आदि।

करने को कहा गया। इस तरह के उल्लू के आरेखित चित्रों के कई पुनरुत्पादन (reproduction) प्राप्त किये गये।

इस प्रयोग के परिणाम में यह देखा गया कि उल्लू (owl) का मूल चित्र प्रत्येक पुनरुत्पादन (reproduction) में धीरे-धीरे बदलता गया और 10वें पुनरुत्पादन में यह बदलकर बिल्ली (cat) का हो गया।

बार्टलेट्ट (Bartlett) के कहानी-सम्बन्धी प्रयोग तथा चित्र-आरेखण सम्बन्धी प्रयोगों के आधार पर मूल रूप से हम इस निष्कर्ष पर पहुँचते हैं कि व्यक्ति पहले देखे गये चित्रों एवं सीखे गये कहानियों का जब प्रत्याह्वान (recall) या पुनरुत्पादन (reproductions) करता है, तो वह अपनी आवश्यता (need), अभिरुचि (interests), मनोवृत्ति (attitude) तथा आदत के अनुसार मौलिक विषय में परिवर्तन कर देता है। वह कुछ नयी बातों को मौलिक विषय में जोड़ देता है तथा मौलिक विषय की कुछ बातों को छोड़ देता है। अपनी भाषा आदत (language habit) के अनुसार मौलिक विषय को वह अधिक सरल, आकर्षक एवं चटपटा बना देता है। इस तरह से बार्टलेट्ट ने बतलाया कि सीखे गये विषय का प्रत्याह्वान (recall) सिर्फ उस विषय द्वारा ही नहीं प्रभावित होता है बल्कि व्यक्ति की मौजूदा मानसिक स्थिति तथा मानसिक परियोजना जो मौलिक विषय को एक खास नये ढंग से पुनर्संगठित (reorganize) कर देता है, द्वारा भी प्रभावित होता है। इस तरह की मानसिक स्थिति तथा मानसिक परियोजना (mental planning) को *'स्कीमा'* (schema or schemata) की संज्ञा दी गयी। इस तरह की स्कीमा के कारण मौलिक विषय का विस्तृत वर्णन हटा दिया जाता है तथा मुख्य बातें करीब-करीब रह जातीं हैं, हालाँकि चित्र आरेखण के प्रयोग में उन्होंने पाया था कि 10वीं पुनरुत्पादन (reproduction) तक तो मौलिक चित्र (उल्लू) पूर्णरूपेण बदलकर बिल्ली का चित्र हो गया।

बार्टलेट्ट अपने विभिन्न प्रयोगों के आधार पर इस निष्कर्ष पर पहुँचे कि स्मरण एक पुनर्संरचनात्मक प्रक्रिया (reconstructive process) है, न कि पुनरुत्पादक मानसिक प्रक्रिया (reproductive mental process) जैसा कि इविंगहॉस ने कहा था। **बार्टलेट्ट**[1] के ही शब्दों में यह कहा जा सकता है कि *स्मरण भिन्न-भिन्न निश्चित स्मृति चिह्नों का पुनः उत्तेजन (reexcitation) नहीं है। यह एक काल्पनिक रचनात्मक तथा पुनर्संरचनात्मक प्रक्रिया है। रटकर सीखे गये विषयों का भी स्मरण शायद ही कभी हू-ब-हू (exact) होता है।*

बार्टलेट्ट के विचार का समर्थन कुछ आधुनिक प्रयोगों (experiments) द्वारा भी किया गया है। जैसे, ब्रान्सफोर्ड तथा फ्रैन्क्स (Bransford & Franks, 1971) ने कई प्रयोग किये हैं। इन लोगों ने अपने प्रयोगों में प्रयोज्यों (subjects) को कई वाक्यों को पढ़कर सुनाया। सभी वाक्य एक-दूसरे से सम्बन्धित थे। इन वाक्यों के आधार पर उन्होंने स्वयं ही कुछ जटिल विचारों (complex ideas) का प्रतिपादन कर लिया। बाद में जब इस जटिल विचार से सम्बन्धित कुछ वाक्य उनके सामने रखे गये, तो उन्होंने तुरंत उसका पहचान करते हुए कहा कि यह अमुक वाक्य अमुक जटिल विचार से सम्बन्धित है। उनमें से किसी ने यह नहीं कहा कि यह अमुक वाक्य प्रारम्भ में सुनाये गये वाक्यों से सम्बन्धित है (हालाँकि वाक्य उससे भी सम्बन्धित था)। प्रयोगकर्त्ताओं के अनुसार व्यक्ति ने प्रारम्भ में सुने गये कई वाक्यों को हू-ब-हू नहीं बल्कि उसे नये ढंग से एक जटिल विचार (complex idea) के रूप में संचित रखा था और बाद में उन्होंने इसी विचार का प्रत्याह्वान किया न कि अलग-अलग वाक्यों का।

यद्यपि बार्टलेट्ट का यह विचार कि स्मरण एक पुनर्संरचनात्मक मानसिक प्रक्रिया (reconstructive mental process) है, को काफी मान्यता प्राप्त है, फिर भी कुछ लोगों ने उसकी आलोचना की है जो इस प्रकार है—

(i) बार्टलेट के प्रयोग से यह पता चलता है कि मौलिक विषय में जो गुणात्मक परिवर्तन (qualitative changes) होते हैं, वे स्मृति (memory) के संचयन (storage) में हुए परिवर्तन के परिणामस्वरूप होता है या कुछ उन प्रक्रियाओं (process) के फलस्वरूप होते हैं जो पुनः प्राप्ति (retrieval) या प्रत्याह्वान (recall) के समय होते हैं।

(ii) कुछ मनोवैज्ञानिकों का कहना है कि पुनरुत्पादन (reproductions) में हुए जोड़-घटाव (manipulations) के आधार पर हम यह कहते हैं कि व्यक्ति में पहले से ही एक विशेष मानसिक परियोजना (mental planning) होती है (जिसे स्कीमा कहा गया) जिसके कारण ऐसा जोड़-घटाव किया जाता है। इन आलोचकों का कहना है कि बार्टलेट ने कोई ऐसी विधि नहीं बतलायी है जिसके आधार पर स्कीमा को नियंत्रित करके पुनरुत्पादन (reproduction) को भी नियंत्रित किया जा सके।

---

1. "Remembering is not the reexcitation of inumerable, fixed, lifeless and fragmentary traces. It is an imaginative reconstruction or construction... It is thus hardly very really exact, even in the most rudimentary cases of rote recapitulation."

—Bartlett : *Remembering,* 1932, p. 213

इन आलोचनाओं के बावजूद भी बार्टलेट के विचार की मान्यता इविंगहॉस के विचार की अपेक्षा आज भी अधिक है। अतः हम इस निष्कर्ष पर पहुँचते हैं कि स्मरण को एक पुनर्संरचनात्मक मानसिक प्रक्रिया (reconstructive mental process) ही मानना ठीक है।

विस्मरण के स्वरूप
(Nature of Forgetting)

विस्मरण (forgetting) स्मृति (memory) का एक नकारात्मक या ऋणात्मक पक्ष (negative aspect) है। गेल्डार्ड (Geldard, 1963) ने विस्मरण को एक नकारात्मक स्मृति (negative memory) माना है। जब हम पूर्व सीखे गये अनुभवों को किसी कारण से खो देते हैं तो उसे विस्मरण (forgetting) की संज्ञा दी जाती है। जब भी हम किसी विषय या पाठ को सीखते हैं, तो उसे स्मृति चिह्न (memory traces) के रूप में मस्तिष्क में धारण करते हैं। जब स्मृति-चिह्न कमजोर पड़ जाते हैं या समाप्त हो जाते हैं तो हम पूर्व सीखे गये अनुभवों को याद नहीं कर पाते हैं और हम यह कहते हैं उसका विस्मरण हो गया है। इस तरह से हम कह सकते हैं कि विस्मरण एक ऐसी प्रक्रिया है जिसमें स्मृति-चिह्नों के खतम हो जाने के कारण पूर्व सीखे गये अनुभवों को व्यक्ति याद नहीं कर पाता है। परन्तु सच्चाई यह है कि मनोवैज्ञानिक रूप से विस्मरण का यह अधूरा अर्थ है क्योंकि कभी-कभी ऐसा होता है कि किसी सीखे गये पाठ की समृति चिह्न बनी हुई होती है अर्थात हम उन अनुभवों को धारण किये हुए होते हैं फिर भी उसका प्रत्याह्वान (recall) या प्रत्याभिज्ञान (recognition) नहीं कर पाते हैं। परन्तु जैसे ही उस पाठ से सम्बन्धित कुछ संकेत (cues) जिसे पुनः प्राप्ति संकेत (retrieval cues) कहा जाता है, दिया जाता है, हम उसका प्रत्याह्वान कर लेते हैं। अतः विस्मरण को परिभाषित करते हुए यह कहा जा सकता है कि विस्मरण एक ऐसी मानसिक प्रक्रिया है जिसमें व्यक्ति पूर्व सीखे गये अनुभवों या पाठों का प्रत्याह्वान (recall) या प्रत्याभिज्ञान (recognition) करने में असमर्थ रहता है। इस असमर्थता का कारण स्मृति-चिह्नों का खतम हो जाना भी हो सकता है या उपयुक्त पुनः प्राप्ति संकेत (appropriate retrieval cues) की अनुपस्थिति भी हो सकती है।

जब विस्मरण का कारण स्मृति-चिह्नों (memory traces) का वास्तविक नाश (actual loss) होना होता है, तो इसे *चिह्न-आधारित विस्मरण* (trace-dependent forgetting) कहा जाता है तथा जब विस्मरण का कारण स्मृति-चिह्नों का नाश होना नहीं बल्कि प्रत्याह्वान (recall) करते समय कुछ महत्त्वपूर्ण संकेतों (cues) की अनुपस्थिति होती है तो उसे *संकेत-आधारित विस्मरण* (cue-dependent forgetting) कहा जाता है।

विस्मरण के स्वरूप (nature) के बारे में मनोवैज्ञानिकों के बीच मुख्य दो तरह के दृष्टिकोण या विचारधाराएँ हैं। पहली विचारधारा इविंगहॉस (Ebbinghaus) की है जिन्होंने 1885 में स्मरण तथा विस्मरण पर पहला प्रयोगात्मक अध्ययन किया और बतलाया कि विस्मरण (forgetting) एक निष्क्रिय मानसिक प्रकिया (passive mental process) है। दूसरी विचारधारा अन्य मनोवैज्ञानिकों का है कि जिसमें मेल्टन (Melton, 1940), मूलर तथा पिलजेकर (Muller & Pilzecker, 1900), मैग्यू (Mc Geoch, 1932) तथा जेनकिन्स तथा डैलेनबैक (Jenkins & Dallenbach, 1924) आदि प्रधान हैं। इन मनोवैज्ञानिकों का कहना है कि विस्मरण एक निष्क्रिय मानसिक प्रक्रिया (passive mental process) नहीं बल्कि एक सक्रिय मानसिक प्रक्रिया (active mental process) है। इन दोनों विचारधाराओं की व्याख्या इस प्रकार है—

1. विस्मरण एक निष्क्रिय मानसिक प्रक्रिया है *(Forgetting is a passive mental process)*—इविंगहॉस ने विस्मरण का प्रयोगात्मक अध्ययन (experimental study) किया। इन्होंने अपने इस अध्ययन में निरर्थक पदों (nonsense syllables) की कई सूचियों को स्वयं सीखा तथा उसकी स्मृति की जाँच भिन्न-भिन्न समय अन्तरालों (time intervals) जैसे 20 मिनट, 1 घंटा, 1 दिन, 2 दिन, 3 दिन, 4 दिन, 5 दिन, 8 दिन तथा 30 दिन पर किया। इन्होंने अपने प्रयोग में पाया कि सीखने के बाद जैसे-जैसे समय बीतता जाता है, वैसे-वैसे निष्क्रिय रूप से (passively) मस्तिष्क में बने स्मृति-चिह्न अपने आप ही क्षीण एवं कमजोर पड़ते जाते हैं और इसके साथ-ही-साथ विस्मरण की मात्रा (amount of forgetting) भी बढ़ती जाती है, हालाँकि भूलने की दर (rate) में कमी आती जाती है। समय बीतने के साथ विस्मरण की मात्रा (amount) तथा दर (rate) में हुए परिवर्तन को इविंगहॉस ने एक विशेष वक्र (curve) द्वारा दिखलाया है जिसे *विस्मरण वक्र* (Forgetting curve) या *इविंगहॉस वक्र* (Ebbinghus cruve) कहा जाता है।

इस तरह से इविंगहॉस के अनुसार भूलने का मुख्य कारण सीखने के बाद समय का बीतना होता है। समय बीतने

के साथ-साथ स्मृति-चिह्नों में क्रमिक ह्रास (gradual decay) होता जाता है और उसी के अनुसार विस्मरण की मात्रा भी बढ़ती जाती है। इविंगहॉस ने अपने प्रयोग में पाया था कि सीखने के 20 मिनट के बाद निरर्थक पदों को वह मात्र 44.2% ही स्मृति किये हुए थे, यानी, वे 100% – 44.2 = 55% भूल गये थे। उसी प्रकार एक घंटा के बाद 64.2% भूल गये, एक दिन के बाद 66.3% भूल गये, दो दिन के बाद 72.2% भूल गये तथा 30 दिन के बाद वे 79% भूल गये। स्पष्ट है कि समय बीतने के साथ-साथ विस्मरण की मात्रा (amount) बढ़ती गयी हालाँकि विस्मरण की दर (rate) कमती गयी। प्रथम 20 मिनट में भूलने की दर 42.2% थी, एक घंटा के बाद वह दर 64.2% – 42.2% = 20% थी और उसी तरह से दो दिन तथा 30 दिन के समय तक यह मात्र 79% – 72% = 6.8 हो गयी।

2. विस्मरण एक सक्रिय मानसिक प्रक्रिया है *(Forgetting is an active mental process)*—आजकल मनोवैज्ञानिकों ने यह साबित कर दिया है कि इविंगहॉस का विचार सही नहीं है। इन लोगों के प्रयोगों के परिणाम से यह स्पष्ट हो गया है कि विस्मरण का कारण समय का बीतना नहीं है। जेनकिन्स तथा डैलेनबैक (Jenkins & Dallenbach, 1924), मूल्लर तथा पिलजेकर (Muller & Pilzecker, 1900) और मेल्टन तथा इर्विन (Melton & Irwin, 1940) ने अपने-अपने प्रयोगों में यह स्पष्ट रूप से पाया है कि सीखने के बाद समय का बीतना अपने आप में विस्मरण का कारण नहीं है बल्कि व्यक्ति इस समय अन्तराल (time interval) में जब कुछ दूसरा कार्य करता है या कुछ नया पाठ सीखता है, तो इसके कारण मौलिक विषय (original task) को वह भूल जाता है। समय अन्तराल में जब नया पाठ व्यक्ति सीखता है तो इससे उत्पन्न स्मृति-चिह्न (memory traces) पहले सीखे गये पाठ यानी मौलिक पाठ के सीखने से उत्पन्न समृति-चिह्न को धीरे-धीरे कमजोर कर देता है और व्यक्ति उस मौलिक पाठ को भूल जाता है। अतः विस्मरण निष्क्रिय रूप से (passively) समय बीतने के साथ अपने आप नहीं होता है बल्कि उस बीते हुए समय में जब व्यक्ति सक्रिय होकर (actively) किसी पाठ को सीखता है तो इससे विस्मरण होता है।

'विस्मरण एक सक्रिय मानसिक प्रक्रिया है' के समर्थन में अनेक प्रयोगों (experiments) का उल्लेख किया जा सकता है। परन्तु उदारहण के रूप में यहाँ जेनकिन्स तथा डैल्लेनबैक (Jenkins & Dallenbach, 1924) द्वारा किये गये प्रयोग का उल्लेख किया जा रहा है—इस प्रयोग में मात्र दो प्रयोज्य (subjects) थे और मनोवैज्ञानिक प्रयोगशाला में ही इन्हें रात में सोने का आग्रह किया गया। इन दोनों प्रयोज्यों को 10-10 निरर्थक पदों की एक सूची को सुबह तथा एक सूची को शाम में सिखलाया गया। दिन में वे सूची को सीखने के बाद अपने वर्ग (class) में जाते थे जहाँ अपने दोस्तों से बातचीत करते थे तथा शिक्षक का भाषण सुनते थे। इतना ही नहीं, वे लाइब्रेरी में जाकर अन्य पुस्तकों का अध्ययन भी करते थे। परन्तु सीखने के 1 घंटा, 2 घंटा, 4 घंटा तथा 8 घंटा बाद अपने आप प्रयोगशाला में आकर सुबह सीखे गये सूची का प्रत्याह्वान (recall) कर जाते थे। शाम में वे सूची को सीखने के बाद आराम करते थे और रात में सो जाते थे। लेकिन प्रयोगकर्त्ता समय पर, यानी, सूची सीखने के 1 घंटा, 2 घंटा, 4 घंटा तथा 8 घंटा बाद उन्हें नींद से उठा कर उस सूची का प्रत्याह्वान (recall) लेते थे। परिणाम में देखा गया कि दिन में प्रयोज्यों (subjects) द्वारा किया गया प्रत्याह्वान (recall) रात में किये गये प्रत्याह्वान की अपेक्षा कम था अर्थात दिन में विस्मरण की मात्रा रात में विस्मरण की मात्रा की अपेक्षा अधिक था। जेनकिन्स तथा डैल्लेनवैक (Jenkins & Dallenbach, 1924) ने इस परिणाम की व्याख्या करते हुए कहा कि ऐसा इसलिए हुआ क्योंकि दिन में प्रयोज्यों यानी छात्रों द्वारा सुबह में मूल सूची सीखने के बाद कई कार्य किये गये। जैसे, छात्रों द्वारा शिक्षक का भाषण सुना गया, लाइब्रेरी में किताब पढ़ा गया, आदि-आदि। इन सबसे छात्रों ने कुछ सीखा और उससे उत्पन्न स्मृति-चिह्न सूची के निरर्थक पदों के स्मृति-चिह्नों को क्षीण कर दिया जिससे विस्मरण की मात्रा बढ़ गयी। रात में चूँकि प्रयोज्य सूची के पदों को सीखने के बाद सो जाते थे, इसलिए कोई दूसरा पाठ वे नहीं सीखते थे। अतः रात में विस्मरण की मात्रा काफी कम थी। अगर विस्मरण का कारण सीखने के बाद मात्र समय का बीतना होता तो दोनों अवस्थाओं में विस्मरण की मात्रा बराबर-बराबर होती क्योंकि रात और दिन दोनों अवस्थाओं में समय की अवधि बराबर-बराबर थी। हाल ही में एकस्ट्रैण्ड (Ekstrand, 1967) ने भी एक इसी तरह का प्रयोग किया और इन्होंने परिणाम में पाया कि जागृत अवस्था (waking condition) में विस्मरण की मात्रा सुषुप्ता अवस्था (sleeping condition) के विस्मरण की मात्रा की अपेक्षा अधिक थी। मैक्ग्यू (McGeoch, 1942) और मेल्टन तथा इर्विन (Melton & Irwin, 1940) ने भी अपने प्रयोगों के परिणाम के आधार पर इस कथन की पुष्टि की है और कहा है कि विस्मरण सीखने के बाद, समय बीतने से अपने आप नहीं होती है बल्कि जब इस समय अंतराल में व्यक्ति कुछ नया पाठ सीखता है या कुछ नया कार्य सीखता है तो इससे मौलिक विषयों का विस्मरण हो जाता है।

इस तरह से यह कहा जा सकता है कि विस्मरण एक निष्क्रिय मानसिक प्रक्रिया नहीं है जैसा कि इबिंगहॉस (Ebbinghaus) ने प्रारम्भ में कहा था। आजकल मनोवैज्ञानिकों के बीच सामान्य सहमति यही है कि मौलिक विषय का विस्मरण उस विषय के बाद कुछ नये विषय को सीखने के फलस्वरूप होता है। अतः यह एक सक्रिय मानसिक प्रक्रिया है।

अन्ततः यह कहा जा सकता है कि स्मृति के प्रयोगात्मक अध्ययनों से जो तथ्य सामने आये हैं वह यह है कि इसके दोनों पक्ष अर्थात स्मरण तथा विस्मरण का स्वरूप बिलकुल ही स्पष्ट है और आज वे नये-नये शोधों का उत्सर्जन भी कर रहे हैं।

विस्मरण वक्र या इबिंगहॉस वक्र (Forgetting Curve or Ebbinghaus Curve)

विस्मरण के क्षेत्र में जिन-जिन मनोवैज्ञानिकों ने प्रयोगात्मक अध्ययन किया है उनमें इविंगहॉस (Ebbinghaus) का नाम आज भी सबसे अधिक चर्चित है। इन्होंने निरर्थक पदों (nonesnse syllables) का आविष्कार किया और विस्मरण का प्रयोगात्मक अध्ययन इन निरर्थक पदों के सहारे किया। इन्होंने निरर्थक पदों के सहारे विस्मरण का इसलिए अध्ययन करना उचित बताया क्योंकि ऐसे पद व्यक्ति की पूर्व अनुभूतियों (past experiences) से सम्बन्धित नहीं होते हैं और साथ-ही-साथ व्यक्ति के लिए इनका संवेगात्मक महत्त्व (emotional importance) भी नहीं होता है।

इविंगहॉस (Ebbinghaus) ने निरर्थक पदों (nonsense syllables) जैसे KEL, TUP, आदि के कई सूचियों को सीखा। एक सूची को उसने पूर्णतः सीखा और इसमें लगने वाले समय को सावधानीपूर्वक लिख लिया। फिर खास-खास समय अंतरालों पर उसी सूची को पुनः सीखा (relearn) और इस बार भी सीखने मे लगे समय को लिख लिया। स्मृति की जाँच मौलिक समय यानी सबसे पहले सीखने में लगे समय और बाद में सीखने में लगे समय के अन्तर के आधार पर किया गया। जैसे—यदि सूची को पहले सीखने में 16 मिनट लगा और एक घंटा के बाद सीखने में मात्र 8 मिनट लगा तो इसका मतलब यह हुआ कि इस सूची की धारण 16-8 = 8 यानी 50% थी और बाकी 50% का विस्मरण (forgetting) हो गया था। इस तरह से उन्होंने एक के बाद एक करके कई सूचियों को सीखा और उसके स्मृति की जाँच पुनः सीखना विधि (relearning method) से भिन्न-भिन्न समय अंतरालों (time intervals) पर किया गया। इविंगहॉस (Ebbinghaus) द्वारा सूचियों के स्मृति की जाँच करने के बाद एक सामान्य निष्कर्ष पर पहुँचा गया जिसके आधार पर उन्होंने एक वक्र (curve) तैयार किया जिसे विस्मरण वक्र (forgetting curve) या इविंगहॉस वक्र (Ebbinghaus curve) कहा गया जिसे चित्र 6.1 में दिखलाया गया है। इस चित्र में सीखने के भिन्न-भिन्न समय अंतरालों के बाद इनके द्वारा प्राप्त धारण प्राप्तांक के प्रतिशत को दिखलाया गया है। इस वक्र के अनुसार सीखने के 20 मिनट, 1 घंटा 1 दिन, 2 दिन, 6 दिन के बाद धारणा प्रतिशत (percent retained) क्रमशः 44.2%, 35.8%, 33.7%, 27.8% तथा 25.4% था जिसका मतलब यह हुआ कि विस्मरण प्रतिशत (percent forgetting) क्रमशः 55.8%, 64.2%, 66.3%, 72.2% तथा 74.6% थी। यद्यपि वक्र में नहीं दिखलाया गया है, फिर भी 31 दिनों के बाद इविंगहॉस की धारण 24% थी यानी 76% विस्मरण हो गया था।

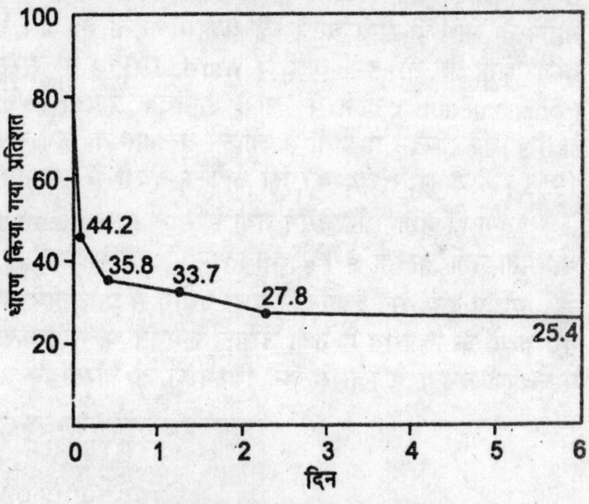

चित्र 6.1 : विस्मरण वक्र

इविंगहॉस के विस्मरण वक्र का यदि ठीक ढंग से विश्लेषण किया जाय, तो हमें इससे निम्नांकित दो तथ्य मिलते हैं—

(i) विस्मरण की दर (rate) सीखने के तुरंत बाद तीव्र होती है। वक्र रेखा पर ध्यान देने से यह स्पष्ट हो जाता है कि प्रथम 20 मिनट बीतने के बाद धारण मात्र 44.2% थी अर्थात 100% – 44.2% = 55.8% विस्मरण हो गया था। जैसे-जैसे समय बीतते जाता है विस्मरण की यह दर धीमी पड़ती जाती है। जैसे, पहले दिन की अपेक्षा दूसरे दिन विस्मरण की दर 72.2% – 66.3% = 5.9% थी, दूसरे दिन की अपेक्षा छठे दिन विस्मरण की दर 74.6% – 72.2% = 2.4% थी तथा छठे दिन की अपेक्षा 31वें दिन विस्मरण की दर 76% – 74.6% = 1.4%

थी। इन आँकड़ों से यह स्पष्ट हो जाता है कि विस्मरण की दर सीखने के तुरंत बाद तो काफी तीव्र होती है परन्तु जैसे-जैसे समय बीतते जाती है, यह दर मन्द होता जाता है। यही कारण कि वक्र में प्रारम्भ में तो गिरावट तेजी से आती है परन्तु बाद में बहुत हल्की गिरावट होते हुए वक्र आगे की ओर बढ़ जाती है। इविंगहॉस ने इन आँकड़ों का विश्लेषण करते हुए कहा कि विस्मरण लघुगणक प्रारूप (logarithmic form) में विकसित होता है। विक्सटेड तथा इब्बेसे (Wixted & Ebbesen, 1991) ने इविंगहॉस के आँकड़ों का पुनर्विश्लेषण करते हुए कहा है कि विस्मरण के इस दर की व्याख्या एक विभिन्न गणितीय प्रारूप अर्थात् घात कार्य (power function) के रूप में की जा सकती है। जो भी गणितीय प्रारूप इविंगहॉस के आँकड़ों में उत्तम बैठे, इतना तो स्पष्ट है कि सीखने के बाद प्रथम कुछ घंटों में विस्मरण की दर सर्वाधिक होती है तथा फिर उसके आगे जैसे-जैसे समय बीतते जाता है, विस्मरण की दर में कमी आते जाती है।

(ii) सीखने के बाद जैसे-जैसे समय बीतते जाता है विस्मरण की मात्रा बढ़ती जाती है। वक्र रेखा से स्पष्ट है कि सीखने के 20 मिनट, 1 घंटा, 1 दिन, 2 दिन तथा 6 दिन के बाद धारण का प्रतिशत क्रमशः 44.2%, 35.8%, 33.7%, 27.8% तथा 25.4% थी, यानी विस्मरण की मात्रा का प्रतिशतः क्रमशः 55.8%, 64.2%, 66.3%, 72.2% तथा 74.6% थी।

लेकिन कुछ मनोवैज्ञानिकों का विचार है कि सभी तरह के सीखना का विस्मरण (forgetting) इविंगहॉस द्वारा बताये गये विस्मरण वक्र (forgetting curve) के समान नहीं होता है। मेडनिक तथा उनके सहयोगियों (Mednick et al., 1975) ने अपने अध्ययन में यह दिखलाया है कि जिन विषयों का आधिक्य सीखना (overlearning) किया जाता है, उसके विस्मरण की दर और मात्रा दोनों ही इविंगहॉस के विस्मरण वक्र से भिन्न होती है। प्रायः ऐसे विषयों की धारण समय बीतने के साथ-ही-साथ घटने की बजाय बढ़ती है। जब धारण में समय बीतने के साथ-साथ घटने के बजाय अपने आप वृद्धि होती है तो इसे वार्ड (Ward, 1937) ने *संस्मृति* (reminiscence) की संज्ञा दी है। संस्मृति की घटना (phenomenon) दोनों में, यानी शाब्दिक विषयों (verbal materials) के सीखने में तथा पेशीय कौशल (motor skills) को सीखने में होती है लेकिन तुलनात्मक रूप से पेशीय कौशल सीखने में अधिक होती है। ऑसगुड (Osgood, 1953) के अनुसार वयस्कों की अपेक्षा बच्चों में संस्मृति अधिक होती है।

इतना ही नहीं, सरलीमैन तथा हेर्रमान्न (Searlemann & Herrmann, 1997) ने यहाँ तक कहा है कि इस वक्र द्वारा यह पता नहीं चलता है कि व्यक्ति सभी परिस्थितियों में किस तरह भूलता है।

यद्यपि कुछ मनोवैज्ञानिकों द्वारा प्रयोग में प्राप्त परिणाम इविंगहॉस के विस्मरण वक्र (forgetting curve) द्वारा बताये गये तथ्यों के विपरीत है तथा उसका समर्थन भी नहीं करता है, फिर भी इविंगहॉस का विस्मरण वक्र आज भी एक बहुत महत्त्वपूर्ण घटना है जिससे हमें विस्मरण के वास्तविक स्वरूप (nature) के बारे में एक स्पष्ट झलक मिलती है।

विस्मरण के निर्धारक या कारण
(Determinants or Causes of Forgetting)

मनोवैज्ञानिकों ने विस्मरण के बहुत से कारण बतलाये हैं। इन लोगों द्वारा बहुत से ऐसे कारकों (factors) की चर्चा की गयी है जो विस्मरण को प्रभावित करते हैं। इनमें से कुछ कारक सीखे गये विषय के स्वरूप तथा सीखने की विधि से सम्बन्धित है, कुछ स्वयं सीखने वाले व्यक्ति से सम्बन्धित है, तथा कुछ धारण अंतराल (retention interval) में होने वाले कारकों से सम्बन्धित है। इस तरह से हम देखते हैं कि विस्मरण के अनेक निर्धारक हैं जिन्हें मनोवैज्ञानिकों ने मूलतः निम्नांकित तीन श्रेणियों में बाँटकर अध्ययन किया है—

1. सीखना से सम्बन्धित कारक *(Factors related to learning)*—किसी भी विषय के विस्मरण का प्रश्न तब उठता है जब पहले कभी उसे सीखा गया हो। अतः यह स्वाभाविक है कि किसी विषय को सीखने से सम्बन्धित कारकों द्वारा विस्मरण की मात्रा प्रभावित होती हो। कुछ ऐसे प्रमुख कारक निम्नांकित हैं—

(i) सीखे जाने वाले विषय के स्वरूप *(Nature of learnt materials)*—सामान्यतः सीखे जाने वाले विषय का स्वरूप सार्थक या निरर्थक हो सकता है। मनोवैज्ञानिकों ने अपने-अपने प्रयोगों के आधार पर यह स्पष्ट कर दिया है कि जब सीखा जाने वाला विषय निरर्थक होता है तो वैसी हालत में उसे सीखने में भी अधिक प्रयास (trials) लगता है तथा साथ-ही-साथ उसका विस्मरण भी जल्दी हो जाता है। गिलफोर्ड (Guilford, 1934) ने अपने अध्ययन में पाया है कि 15 निरर्थक पदों को सीखने में औसत रूप से 20.4 प्रयास प्रयोज्य लेता है जबकि 15 शब्दों को सीखने में औसत

रूप से वह 3.5 प्रयास लेता है। किंग्सले तथा गैर्री (Kingsley & Garry, 1957) ने अपने अध्ययन के आधार पर यह बतलाया है कि निरर्थक पदों या विषयों को सीखने में सिर्फ अधिक प्रयास (trial) ही नहीं लगता है बल्कि ऐसे विषय को सार्थक विषयों की अपेक्षा व्यक्ति जल्द भूल जाता है। इसके मुख्य दो कारण बतलाये गये हैं। पहला, चूँकि निरर्थक विषयों को व्यक्ति समझकर नहीं बल्कि रटकर (rote) सीखता है। फलतः स्मृति-चिह्न उतने मजबूत तथा सुदृढ़ नहीं हो पाते हैं जितना कि सार्थक विषयों के स्मृति चिह्न हो पाते हैं। जब स्मृति-चिह्न कमजोर होते हैं, तो स्वभावतः उसकी धारण (retention) भी अधिक दिनों तक नहीं हो पाती है और उसका विस्मरण जल्दी हो जाता है। दूसरा, निरर्थक विषयों में व्यक्ति की न तो कोई अभिरुचि (interest) होती है और न तो उसके साथ कोई सार्थक साहचर्य (meaningful associations) ही व्यक्ति स्थापित कर पाता है। इन सब का परिणाम यह होता है कि व्यकित उसे तेजी से भूल जाता है।

ऊपर के वर्णन के आधार पर निष्कर्ष यह हुआ कि सार्थक विषयों को व्यक्ति निरर्थक विषयों की अपेक्षा कम भूलता है परन्तु सभी सार्थक विषय का विस्मरण भी एक ही दर (rate) से हो, यह आवश्यक नहीं है। कुछ सार्थक विषय व्यक्ति के लिए सुखद (pleasant) तथा कुछ सार्थक विषय व्यक्ति के लिए दुःखद (unpleasant) हो सकते हैं। (Carter, 1939) ने एक प्रयोग कर यह दिखलाया है कि दुःखद शब्दों को व्यक्ति सुखद शब्दों की अपेक्षा तेजी से भूलता है। इस अध्ययन में वर्ग 6 एवं 7 के 100 बच्चों को सुखद शब्दों, दुःखद शब्दों तथा तटस्थ शब्दों (indifferent words) को देकर प्रत्येक शब्द को एक उद्दीपक शब्द (stimulus word) के साथ सम्बन्धित करने को कहा गया। 6 महीना बाद उद्दीपक शब्द को बच्चों को दिया गया और उससे सम्बन्धित मूल शब्दों को बतलाने को कहा गया। परिणाम में देखा गया कि सुखद शब्दों का प्रत्याह्वान (recall) दुःखद शब्दों की अपेक्षा अधिक किया गया। दूसरे शब्दों में, दुःखद शब्दों का विस्मरण सुखद शब्दों की अपेक्षा अधिक हुआ। जेरसील्ड (Jersild, 1931) ने एक दूसरा अध्ययन किया जिसमें 51 छात्रों को गत तीन सप्ताहों (weeks) में हुए सुखद अनुभूतियों एवं दुःखद अनुभूतियों का प्रत्याह्वान करने को कहा गया। परिणाम में देखा गया कि सुखद अनुभूतियों का 45% प्रत्याह्वान (यानी, 55% विस्मरण) तथा सुखद अनुभूतियों का 31% प्रत्याह्वान (यानी 79% विस्मरण) हुआ। अतः हम दुःखद अनुभूतियों को सुखद अनुभूतियों की अपेक्षा अधिक भूलते हैं। मनोविज्ञान में इसे *पोल्लियान्ना नियम* (Pollyanna principle) कहा जाता है। अतः पोल्लियान्ना नियम के अनुसार चूँकि सुखद अनुभूतियों का संसाधन दुखद अनुभूतियों के संसाधन की तुलना में अधिक प्रभावी एवं यथार्थवादी ढंग से होता है, इसलिए व्यक्ति सुखद अनुभूतियों का प्रत्याह्वान दुखद अनुभूतियों की तुलना में अधिक करता है।

कुछ मनोवैज्ञानिकों का विचार है कि सीखे जाने वाले विषय का स्वरूप अधिक स्पष्ट (move vivid) तथा कम स्पष्ट (less vivid) भी हो सकता है। इस स्पष्टता (vividness) में अन्तर होने से भी विस्मरण की मात्रा प्रभावित होती है। भौन बसर्किक (Von Buskrik, 1932) ने एक अध्ययन किया जिसमें प्रयोज्य ने दो निरर्थक पदों की सूची को याद किया। प्रत्येक में 9-9 पद थे। पहली सूची के सभी पद समान अक्षरों में उजले कागज पर काले स्याही से लिखे गये थे। दूसरी सूची के सभी पद इसी ढंग से ऐसे ही स्याही से उजले ही कागज पर लिखे गये थे परन्तु एक पद को लाल स्याही से बड़े-बड़े अक्षरों में हरे पृष्ठभूमि पर लिखा गया था। इन दोनों सूचियों को सीख लेने के बाद उसका प्रत्याह्वान (recall) एक या दो सप्ताह बाद में किया गया। परिणाम में देखा गया कि दोनों सूचियों के पदों के विस्मरण की मात्रा अधिक थी परन्तु लाल स्याही से लिखे हुए पद का विस्मरण किसी प्रयोज्य द्वारा नहीं हुआ। इसका कारण यह था कि इस पद को अन्य पदों की अपेक्षा अधिक स्पष्ट (vivid) बनाकर प्रयोज्य के सामने रखा गया था।

(ii) सीखने की मात्रा *(Degree of learning)*—किसी विषय को सीखने के लिए जितने प्रयासों (trials) की आवश्यकता है, उससे अधिक प्रयास तक उसे सीखना आधिक्य सीखना (overlearning) कहलाता है तथा जरूरत के प्रयासों से भी कम प्रयास तक ही सीखने को न्यून सीखना (underlearning) कहा जाता है। जब किसी विषय को जरूरत के प्रयासों से भी अधिक प्रयासों तक सीखा जाता है तो उसकी स्मृति मजबूत होती है क्योंकि उससे बनने वाले स्मृति-चिह्न काफी सुदृढ़ तथा प्रबल होते हैं। फलस्वरूप, इसका विस्मरण देरी से होता है। दूसरी तरफ, यदि किसी विषय को जरूरत के प्रयासों से कम प्रयास तक ही सीखा जाता है तो उसकी स्मृति-चिह्न कमजोर होती है। फलस्वरूप, उसकी स्मृति भी कमजोर होती है और ऐसे विषयों को व्यक्ति जल्दी भूल जाता है। हिलगार्ड (Hilgard, 1967) ने अपने अध्ययन में पाया कि जब 13 निरर्थक पदों की एक सूची को कम मात्रा में सीखा जाता (underlearnt) है, तो व्यक्ति 5 मिनट के बाद उसका 62% भूल जाता है। परन्तु यदि उसकी सूची को अधिक मात्रा में सीख लिया जाता है तो 5 मिनट के बाद व्यक्ति मात्र 20% ही भूलता है। इस अध्ययन में स्पष्ट है कि सीखने की मात्रा अधिक होने पर विस्मरण की मात्रा कम होती है।

(iii) सीखी गये विषय की लम्बाई *(Length of the learnt task)*—सीखे गये विषय की लम्बाई का प्रभाव

स्मृति पर सीधा पड़ता है और फिर वह विस्मरण को भी प्रभावित करता है। लम्बे विषयों की धारणा छोटे विषयों की अपेक्षा अधिक होती है क्योंकि लम्बे विषय को व्यक्ति बार-बार दोहराता है। फलस्वरूप लम्बे विषय का विस्मरण छोटे विषय के विस्मरण की अपेक्षा देरी से होता है। इविंगहॉस (Ebbinghaus) ने अपने प्रयोगात्मक अध्ययन में इस बात की स्पष्ट पुष्टि की है। इन्होंने अपने अध्ययन से पाया कि 36 निरर्थक पदों की सूची का विस्मरण 24 घंटा के बाद मात्र 42% होता है जबकि 12 निरर्थक पदों की सूची के विस्मरण 24 घंटा के बाद 65% होता है। होभलैण्ड (Hovland, 1951) ने भी अपने प्रयोग से इविंगहॉस के परिणाम की पुष्टि की है। वुडवर्थ (Woodworth, 1938) ने भी अपने प्रयोग में पाया कि यदि एक छोटे सूची तथा बड़े सूची को बराबर-बराबर प्रयास (trial) देकर सीखा जाय तो फिर बड़े सूची के एकांशों (items) का विस्मरण छोटे सूची के एकांशों के विस्मरण की मात्रा से कम होता है।

(iv) सीखने की विधि *(Methods of learning)*—यदि सीखने की विधि गलत तथा अनुपयुक्त (inappropriate) होती है, तो इससे भी विस्मरण (forgetting) होता है। विट्टेकर (Whittaker, 1970) के अनुसार कुछ खास-खास परिस्थितियों को छोड़कर विराम विधि (distributed method) तथा अंश विधि (part method) से सीखे गये विषय की धारण अधिक समय तक बनी होती है क्योंकि इससे उत्पन्न समृति-चिह्न अधिक सबल और मजबूत होते हैं। फलतः, व्यक्ति इस तरह के पाठ या विषय को जल्दी नहीं भूलता है। यदि कोई व्यकित किसी लम्बे विषय को अविराम विधि से सीखता है तो इस तरह के विषय का विस्मरण तेजी से होता है क्योंकि इस विधि में सीखे गए पाठ या विषय के सीखने से उत्पन्न स्मृति-चिह्न अधिक सुदृढ़ नहीं हो पाते हैं और उसकी स्मृति कमजोर हो जाती है। मनोवैज्ञानिकों ने उसी तरह से यह भी पाया है कि जब व्यक्ति किसी विषय को साभिप्राय विधि (intentional method) से सीखता है तो आनुप्रासंगिक विधि (incidental method) से सीखने की अपेक्षा उसका विस्मरण धीरे-धीरे होता है। उसी तरह से यदि व्यक्ति किसी व्यक्ति को सक्रिय विधि (active method) से न सीखकर निष्क्रिय विधि (passive method) से सीखता है तो उसका भी विस्मरण (forgetting) तेजी से होता है।

(v) एकांशों का क्रमिक स्थान *(Serial position of items)*—मनोवैज्ञानिकों ने कुछ प्रयोग किए हैं जिनसे यह पता चला है कि सूची में एकांशों (items) के स्थान (position) से भी विस्मरण प्रभावित होता है। वार्ड (Ward, 1937) ने एक प्रयोग किया जिसमें प्रयोज्य ने 12 निरर्थक पदों की एक सूची को सीखा तथा उसके धारण की जाँच प्रत्याह्वान विधि (recall method) से किया। परिणाम में पाया कि वैसे एकांश जो सूची के ऊपरी हिस्से में होते हैं, उनकी धारण सबसे मजबूत होती है। उससे कम मजबूत धारण सूची के निचले हिस्से में आने वाले एकांशों का होता है तथा सबसे कमजोर धारण सूची के बीच में आने वाले एकांशों का होता है। इसका कारण बतलाते हुए वार्ड (Ward) ने कहा है कि सूची के ऊपरी हिस्सों में आने वाले निरर्थक पद मस्तिष्क में पहले प्रवेश करते हैं और उससे उत्पन्न स्मृति-चिह्नों को सुदृढ़ होने का अवसर भी अधिक मिल पाता है। सूची के अन्त में आने वाले पदों को सुदृढ़ (consolidate) होने का मौका कम मिल पाता है। सूची के बीच में आने वाले पदों के स्मृति-चिह्न (memory trace) पहले के पदों तथा अन्त के पदों के स्मृति चिह्नों से काफी दब जाते हैं। फलतः उनकी धारणा सबसे कमजोर हो जाती है। यही कारण है कि सूची के ऊपरी भागों के पदों का विस्मरण बहुत कम होता है, सूची के अन्तिम भागों के पदों का विस्मरण उससे थोड़ा अधिक होता है और सूची के बीच के भागों के पदों का विस्मरण सबसे अधिक होता है। होभलैण्ड (Hovland, 1940) तथा हल्ल एवं उनके सहयोगियों (Hull et al., 1940) ने भी अपने-अपने प्रयोगों से वार्ड (Ward) के इस कथन की पुष्टि की है।

2. धारण अंतराल से सम्बन्धित कारक *(Factors relating to retention interval)*—विस्मरण के कुछ ऐसे कारण भी मनोवैज्ञानिकों द्वारा बतलाए गए हैं जो धारण-अवधि (retention interval) में होने वाले कारकों से सम्बन्धित है। किसी विषय को सीखने तथा उसके धारण की जाँच करने तक के अन्तराल को धारण अवधि (retention interval) कहा जाता है। इस धारण अवधि में कुछ प्रमुख घटित होने वाले कारण निम्नांकित है जिनसे विस्मरण प्रभावित होता है।

(i) पृष्ठोन्मुख अवरोध या पूर्वलक्षी प्रावरोध *(Retroactive inhibition)*—धारण अन्तराल में जब व्यक्ति किसी नये पाठ को सीखता है तो इसका प्रभाव मौलिक विषय के सीखने से उत्पन्न स्मृति-चिह्नों (memory traces) पर पड़ता है। इस प्रभाव का परिणाम यह होता है कि मौलिक विषय के स्मृति चिह्न कमजोर पड़ जाते हैं और उनका विस्मरण हो जाता है। अतः बाद में सीखे गए विषय द्वारा मौलिक विषय के धारण में उत्पन्न अवरोधक प्रभाव (inhibitory effect) को पृष्ठोन्मुख अवरोध कहा जाता है। **अंडरउड**[1] (Underwood, 1965) ने पृष्ठोन्मुख अवरोध को इस प्रकार

1. "Retroactive inhibition refers to "decrement in memory of a task as a consequence of other learning coming between original learning and memory test." —Underwood : *Experimental Psychology,* 1965, p. 633

परिभाषित किया है, *''मौलिक सीखना तथा उसकी धारण की जाँच के बीच में हुए दूसरे प्रकार की सीखना से मौलिक विषय की धारणा में उत्पन्न कमी को पृष्ठोन्मुख अवरोध कहा जाता है।''* उदाहरणार्थ, जब हम विषय 'A' को सीखकर उसके बाद विषय 'B' को सीखते हैं और पुनः विषय 'A' का प्रत्याह्वान (recall) करते हैं, तो विषय 'B' के सीखने से उत्पन्न स्मृति-चिह्नों द्वारा विषय 'A' के स्मृति-चिह्नों का प्रत्याह्वान में बाधा या अवरोध (interference) होता है। इस तरह के अवरोध को पृष्ठोन्मुख अवरोध (retroactive inhibition) या पृष्ठोन्मुख बाधा (retroactive interference) कहा जाता है। इसे पृष्ठोन्मुख (retroactive) इसलिए कहा जाता है क्योंकि उसमें उन विषयों के स्मरण में बाधा पहुँचती है जो अवरोधक विषय (interfering task) के पहले सीखा गया था।

(ii) अग्रलक्षी प्रावरोध *(Proactive inhibition)*—अग्रलक्षी प्रावरोध विस्मरण का दूसरा महत्त्वपूर्ण कारक (factor) है। जब हम किसी पाठ या विषय को सीखने के बाद उसका प्रत्याह्वान (recall) करते हैं तो उस समय कुछ वैसे विषयों या पाठ जो उस विषय या पाठ से भी पहले सीखा गया होता है, बाधा पहुँचती है। इस तरह की बाधा (interference) या प्रावरोध या अवरोध (inhibition) को *अग्रलक्षी प्रावरोध* (proactive inbibition) कहा जाता है। **हाऊस्टन**[1] (Houston, 1976) ने अग्रलक्षी प्रावरोध को इसी प्रकार परिभाषित करते हुए कहा है, *''किसी पूर्व (previously) सीखे गये विषग का प्रभाव जब अन्य सीखे गये विषय के प्रत्याह्वान (recall) में बाधक सिद्ध होता है तो इसे अग्रलक्षी प्रावरोध (proactive inhibition) की संज्ञा दी जाती है।''* प्रयोगात्मक परिस्थिति में अग्रलक्षी प्रावरोध का अध्ययन करने के लिए दो अवस्थाएँ ली जातीं हैं—एक नियंत्रित अवस्था (controlled condition) तथा दूसरा प्रयोगात्मक अवस्था (experimental condition)। नियंत्रित अवस्था में प्रयोज्य को विश्राम (rest) देकर उसके बाद किसी विषय को सीखने के लिए दिया जाता है और बाद में उसके धारण की जाँच की जाती है। प्रयोगात्मक अवस्था में प्रयोज्य विश्राम करने की जगह पर किसी विषय को सीखता है और उसके तुरंत बाद फिर वह दूसरे विषय को सीखता है और पुनः इस दूसरे विषय के धारण की जाँच की जाती है। सामान्यतः प्रयोगात्मक अवस्था में विस्मरण की मात्रा नियंत्रित अवस्था के विस्मरण की मात्रा से अधिक होती है जिसका कारण अग्रलक्षी प्रावरोध (proactive inhibition or PI) होता है। इसे डिजाइन (design) के रूप में इस तरह व्यक्त किया जा सकता है—

अवस्थाएँ (conditions)	अंतर्विष्ट सीखना (interpolated learning)	मौलिक सीखना (original learning)	स्मृति अंतराल (memory interval)	प्रत्याह्वान (recall) interval)
नियंत्रित अवस्था	विश्राम	सूची A	विश्राम	सूची A
प्रयोगात्मक अवस्था	सूची B	सूची C	विश्राम	सूची C

प्रयोगात्मक अवस्था में PI की मात्रा यानी विस्मरण की मात्रा अधिक इसलिए होती है क्योंकि प्रयोज्य मौलिक विषय (सूची 'C') को सीखने के पहले सूची 'B' को सीखता है। सूची 'B' द्वारा सीखा गया पद सूची 'C' के पदों के प्रत्याह्वान में बाधा पहुँचाता है। नियंत्रित अवस्था में प्रयोज्य मौलिक सूची 'A' सीखने के पहले कोई भी सूची नहीं सीखता है बल्कि विश्राम (rest) करता है। अतः इसमें विस्मरण की मात्रा या PI की मात्रा कम होती है। अनेकों मनोवैज्ञानिकों ने अपने-अपने प्रयोगों के आधार पर यह दिखला दिया है कि PI की मात्रा मौलिक विषय के सीखने से पहले सीखे गये पाठों या विषयों की मात्रा (amount) पर निर्भर करती है। ग्रीनवर्ग तथा अंडरवुड (Greenberg & Underwood, 1950) ने एक प्रयोग किया जिसमें प्रयोज्य को 10 विशेषणों (adjectives) की एक सूची को सीखलाकर 48 घंटे के बाद उसका प्रत्याह्वान (recall) करने के लिए कहा गया। उसके तुरंत बाद इसी प्रयोज्य को 10 विशेषणों की दूसरी सूची सीखलाकर उनका प्रत्याह्वान 48 घंटे के बाद लिया गया। इसी तरह से प्रयोज्य ने दो और सूचियों को सीखा और 48-48 घंटे के बाद उसका प्रत्याह्वान (recall) लिया गया। परिणाम में देखा गया कि पहली सूची का प्रत्याह्वान 69% हुआ जबकि चौथी सूची का प्रत्याह्वान 25% हुआ। स्पष्ट है कि पहली सूची का विस्मरण 31% हुआ जबकि चौथी सूची का विस्मरण 75% हुआ जिसका स्पष्ट कारण यह था कि चौथी सूची को सीखने से पहले प्रयोज्य तीन और सूचियों को सीख चुका था।

RI के समान PI भी विषयों की समानता (similarity), सीखने की मात्रा (degree of learning) तथा सामयिक

---

1. "Proactive inhibition refers to losses in our ability to remember a given set of materials that may be attributed to the interfering effects of previously learned materials." —Houston : *The Psychology of Learning,* 1976, p. 256

कारकों (temporal factors) द्वारा प्रभावित होता है। स्लैमका (Slamecka, 1961) ने अपने अध्ययन में पाया कि मौलिक सूची (original list) तथा उसके धारण परीक्षण (retention test) के बीच का समय जैसे-जैसे बढ़ते जाता है, विस्मरण की मात्रा यानी PI की मात्रा भी वैसे-वैसे बढ़ती जाती है।

(iii) पुन:प्राप्ति अवरोध *(Retrieval inhibition)*—नवीनतम शोधों से यह स्पष्ट हुआ है कि विस्मरण का एक कारण पुनःप्राप्ति अवरोध (retrieval inhibition) होता है। पुनःप्राप्ति अवरोध से तात्पर्य इस बात से होता है कि जब व्यक्ति स्मृति में संचित सूचनाओं का प्रत्याह्वान (recall) करता है, तो व्यक्ति वांछित सूचनाओं का तो प्रत्याह्वान करता ही है, साथ-ही-साथ वह उन एकांशों या सूचनाओं के लिए एक अवरोध उत्पन्न भी करता है जिनका वह प्रत्याह्वान उस समय नहीं करने की कोशिश करता है। इसका परिणाम यह होता है कि ऐसे एकांशों का प्रत्याह्वान भविष्य में कठिन हो जाता है। इसका मतलब यह हुआ कि स्वयं पुनःप्राप्ति (retrieval) की प्रक्रिया से विस्मरण उत्पन्न होता है। इस घटना को *पुनःप्राप्ति अवरोध* (retrieval inhibition) कहा जाता है। एण्डरसन, बजोर्क एवं बजोर्क (Anderon, Bjork & Bjork, 1994) तथा एण्डरसन तथा स्पेल्लमैन (Anderson & Spellman, 1995) ने अपने-अपने प्रयोगों के आधार पर पुनःप्राप्ति अवरोध की घटना की पुष्टि किया है। इन अध्ययनों के परिणाम से यह स्पष्ट हुआ है कि जब व्यक्ति अपनी स्मृति से सूचनाओं का पुनःप्राप्ति करने की भरपूर कोशिश करता है तो इससे उत्पन्न अवरोध उन सूचनाओं का विस्मरण करा देता है जिसका वह प्रत्याह्वान उस समय नहीं कर रहा होता है। इसे एक उदाहरण द्वारा इस प्रकार समझाया जा सकता है। मान लिया जाय कि संसार के 25 राजनेताओं के नाम की एक सूची याद कराके प्रयोज्य से यह पूछा जाता है कि आप केवल उन राजनेताओं के नाम का प्रत्याह्वान करे तो एशिया महादेश के हैं, तो ऐसा करते समय उत्पन्न अवरोध उन राजनेताओं के नाम का विस्मरण करा देगा जो एशिया महादेश के नहीं हैं। ऐसे राजनेताओं के नाम को भविष्य में प्रत्याह्वान करने में पर्याप्त कठिनाई होती है जिसे आधुनिक प्रयोगात्मक मनोवैज्ञानिकों ने पुनःप्राप्ति अवरोध (retrieval inhibition or RI) कहा है।

3. सीखने वाले व्यक्ति से सम्बन्धित कारक *(Factors relating to learner)*—मनोवैज्ञानिकों ने विस्मरण (forgetting) के कुछ इस तरह के भी कारण बतलाएँ हैं जो पाठ या विषय को सीखने वाले व्यक्ति से सम्बन्धित होता है। ऐसे कुछ प्रमुख कारक निम्नांकित हैं—

(i) स्वास्थ्य *(Health)*—विस्मरण की मात्रा व्यक्ति के स्वास्थ्य द्वारा प्रभावित होती है। यदि व्यक्ति प्रायः रोगग्रस्त रहता है तो उसका स्वास्थ्य भी खराब हो जाता है। इसका परिणाम यह होता है कि व्यक्ति किसी पाठ के सीखने से उत्पन्न स्मृति-चिह्न (memory trace) को अधिक समय तक धारण किए नहीं रह पाता है। फलस्वरूप, वह सीखे गये विषयों को आसानी से भूल जाता है। व्यक्ति का स्वास्थ्य ठीक रहने से उसमें स्मृति-चिह्नों का धारण करके रखने की क्षमता अधिक होती है। फलतः उसका विस्मरण जल्दी नहीं होता है।

(ii) मानसिक वृत्ति *(Mental set)*—मानसिक वृत्ति (mental set) या प्रत्याशा (expectation) से भी विस्मरण होता है। ऐसा देखा गया है कि जब व्यक्ति को एक निश्चित समय देकर पूर्व सीखे गए विषय का प्रत्याह्वान (recall) करने को कहा जाता है तो वैसी परिस्थिति में प्रत्याह्वान काफी अच्छा होता है, यानी विस्मरण की मात्रा काफी कम होती है। दूसरी तरफ जब व्यक्ति को पूर्व सीखे गए विषय का प्रत्याह्वान अचानक करने को कहा जाता है, अर्थात वैसे समय में करने को कहा जाता है जब उसकी मानसिक वृत्ति प्रत्याह्वान करने की नहीं होती है या प्रत्याह्वान करने की प्रत्याशा (expectation) नहीं हाती है, तो वह ठीक से उसका प्रत्याह्वान (recall) नहीं कर पता है। फलस्वरूप, विस्मरण की मात्रा अधिक बढ़ जाती है। गेयर (Gayer, 1930) के एक प्रयोगात्मक अध्ययन से इस बात की पुष्टि होती है। इस प्रयोग में उन्होंने पाया कि प्रयोज्य को प्रत्याशित समय (expected time) से अचानक पहले ही सीखे गये विषय का प्रत्याह्वान करने के लिए कहने पर 8% विस्मरण होता है तथा उस प्रत्याशित समय के बाद प्रत्याह्वान करने पर 17% विस्मरण अधिक होती है।

(iii) सांवेगिक कारक *(Emotional factors)*—सीखे गये विषय का प्रत्याह्वान (recall) करते समय व्यक्ति की सांवेगिक स्थिति का भी उस पर प्रभाव पड़ता है। यदि व्यक्ति उस समय किसी कारण अधिक चिन्तित (anxious), डरा हुआ तथा घबड़ाया हुआ होता है, तो स्वभावतः उसका प्रत्याह्वान अधिक नहीं हो पाता है और विस्मरण की मात्रा बढ़ जाती है।

(iv) अभिप्रेरणात्मक कारक *(Motivational factors)*—विस्मरण की मात्रा व्यक्ति के अभिप्रेरणात्मक स्थिति (motivational state) पर भी निर्भर करती है। प्रायः किसी कार्य को करने या पाठ या विषय को सीखने के पीछे कुछ-न-कुछ अभिप्रेरणा (motivation) अवश्य होती है। जब व्यक्ति किसी कार्य को पूर्णरूपेण सीख लेता है तो उसका अभिप्रेरणा तथा अभिरुचि (interest) समाप्त हो जाता है। फलस्वरूप, कुछ समय के बाद जब वह इन विषयों का प्रत्याह्वान (recall) करने की कोशिश करता है तो वह पाता है कि विषयों के बहुत से अंश को वह भूल गया है। दूसरी

तरफ जब व्यक्ति किसी कार्य या विषय को पूरा न सीखकर बीच में ही किसी कारणवश छोड़ देता है तो उसके पीछे छिपा अभिप्रेरणा (motive), तनाव (tension) तथा अभिरुचि समाप्त न होकर बनी की बनी रहती है। इस तरह की अभिप्रेरणा तथा तनाव व्यक्ति के स्मृति चिह्नों को सजग बनाए रखता है। फलतः व्यक्ति ऐसे विषय का पाठ को भूलता नहीं है। कहने का तात्पर्य यह है कि किसी विषय को पूर्णतः सीख लेने या किसी कार्य को पूर्णतः कर लेने (complete task) से उत्पन्न स्मृति-चिह्नों को व्यक्ति अधिक समय तक धारण करके नहीं रख पाता है जबकि अधूरा ही सीखे रहने पर या किसी कार्य को अधूरा ही किए रहने पर उससे उत्पन्न स्मृति-चिह्न अधिक समय तक मस्तिष्क में बने रहते हैं। फलतः व्यक्ति ऐसे कार्यों या विषयों को जल्दी नहीं भूलता है। अतः व्यक्ति पूर्ण कार्यों (complete task) से उत्पन्न अनुभवों को अपूर्ण कार्य (uncomplete task) से उत्पन्न अनुभवों की अपेक्षा जल्दी भूल जाता है (*Experiences of completed task are forgotten sooner than experiences of uncompleted task*) । इसे सबसे पहले एक रूसी महिला मनोवैज्ञानिक जिसका नाम जैगारनिक (Zeigarnik) था, प्रयोगात्मक ढंग से सिद्ध किया था। इसे आजकल हम *जैगारनिक प्रभाव* (Zeigarnik effect) के नाम से जानते हैं।

इस तरह से हम देखते हैं कि विस्मरण के कारणों को मनोवैज्ञानिकों ने भिन्न-भिन्न श्रेणियों में बाँटकर अध्ययन किया है। उनमें से मनोवैज्ञानिकों का ध्यान पृष्ठोन्मुख अवरोध (retroactive inhibition), अग्रलक्षी अवरोध (proactive inhibition), पुनःप्राप्ति अवरोध (retrieval inhibition) तथा सीखने से सम्बन्धित कारकों पर तुलनात्मक रूप से अधिक गया है।

विस्मरण के सिद्धान्त (Theories of Forgetting)

विस्मरण की व्याख्या करने के लिए मनोवैज्ञानिकों ने भिन्न-भिन्न सिद्धान्तों को प्रतिपादन किया है जिसमें निम्नांकित मुख्य हैं—

1. ह्रास सिद्धान्त (Decay theory) या अनुप्रयोग सिद्धान्त (Disuse theory)
2. सन्तनन-दृढ़ीकरण सिद्धान्त (Perseveration-consolidation theory)
3. बाधक या हस्तक्षेप सिद्धान्त (Interference theory)
4. द्विकारक सिद्धान्त (Two-factor theory)
5. अभिप्रेरित विस्मरण का सिद्धान्त (Theory of Motivated forgetting)
6. उद्दीपक-कूटलेखन सिद्धान्त (Stimulus-Encoding theory)

इन सिद्धान्तों की आलोचनात्मक व्याख्या हम अलग-अलग अनुच्छेद में करेंगे।

ह्रास सिद्धान्त या अनुपयोग सिद्धान्त (Decay Theory or Disuse Theory)

विस्मरण की व्याख्या करने का सबसे पुराना सिद्धान्त ह्रास सिद्धान्त (Decay theory) है जिसे *अनुपयोग सिद्धान्त* (Disuse theory) भी कहा जाता है। इस सिद्धान्त का प्रतिपादन इविंगहॉस (Ebbinghaus) ने 1885 में किया था। इस सिद्धान्त का मूल तथ्य यह है कि किसी विषय को सीखने से हमारे मस्तिष्क में कुछ दैहिक परिवर्तन (physiological changes) होते हैं जिन्हें स्मृति-चिह्न (memory traces) कहा जाता है। सीखने के बाद जैसे-जैसे समय बीतते जाता है, इन स्मृति-चिह्नों का ह्रास (decay) अपने आप होते चला जाता है। इस ह्रास का मूल कारण बीते हुए समय अन्तराल (time interval) में सीखे गये पाठ या विषय का अनुपयोग (disuse) है अर्थात उसका नहीं दोहराना है। इस अनुप्रयोग के कारण स्मृति-चिह्न समय अंतराल में क्षीण हो जाते हैं और फलस्वरूप स्मृति कमजोर हो जाती है और सीखे गये पाठ का विस्मरण हो जाता है। इसे थॉर्नडाईक (Thorndike, 1914) ने *अनुपयोग का नियम* (law of disuse) की संज्ञा दिया है। संक्षेप में, इस सिद्धान्त के अनुसार सीखने के बाद जैसे-जैसे समय बीतते जाता है, व्यक्ति निष्क्रिय रूप से (passively) उसे भूलते जाता है।

इविंगहॉस का यह सिद्धान्त अपने समय का काफी प्रभावकारी एवं महत्त्वपूर्ण सिद्धान्त था। परन्तु जैसे-जैसे नये-नये शोध (research) एवं प्रयोग होते गये, यह स्पष्ट होने लगा कि समय का बीतना अपने आप में विस्मरण का कारण नहीं है। इस सिद्धान्त की प्रमुख आलोचनाएँ (criticisms) निम्नांकित हैं—

(i) मूल्लर तथा पिलजेकर (Muller & Pilzecker, 1900) ने यह स्पष्ट रूप से बतलाया कि भूलने का कारण सीखने के बाद मात्र समय का बीतना नहीं है। जब इस समय अंतराल में व्यक्ति किसी नये विषय को सीखता है, तो इसके कारण पहले सीखे गये विषय का स्मृति-चिह्न (memory traces) कमजोर पड़ जाता है और हम उन्हें भूल जाते हैं। इस तरह की प्रक्रिया (process) जिसमें मौलिक विषय (original lesson) के भूलने का कारण बाद के सीखे गये विषय द्वारा उत्पन्न बाधा (interference) होता है तो उसे पृष्ठोन्मुख अवरोध या पूर्वलक्षी प्रावरोध (retroactive inhibition) कहा जाता है। बाद में जेनकिन्स तथा डैलेनबैक (Jenkins & Dallenbach, 1924) ने अपने प्रयोगात्मक अध्ययन से इस बात की पुष्टि की है कि विस्मरण का कारण वास्तव में समय का बीतना नहीं होता है बल्कि इस बीते हुए समय में कुछ नये पाठ या विषय के सीखने से उत्पन्न बाधा (interference) होता है।

(ii) विलोपन (extinction) के अध्ययन में मिले तथ्य भी ह्रास सिद्धान्त (decay theory) के विरुद्ध में आते हैं। विलोपन (extinction) की प्रक्रिया में उद्दीपक (stimulus) प्राणी के सामने दिया जाता है और वह अनुक्रिया (response) भी करता है। परन्तु अनुक्रिया देने के बाद पुनर्बलन (reinforcement) सिर्फ नहीं दिया जाता है। विलोपन (extinction) के अध्ययन में उद्दीपक-अनुक्रिया प्रक्रिया (S-R process) को बार-बार दोहराया जाता है फिर भी उद्दीपक-अनुक्रिया का सम्बन्ध (connection) कमजोर (weak) होते चला जाता है। अनुपयोग सिद्धान्त (disuse theory) के अनुसार इस सम्बन्ध को कमजोर होने के बजाय मजबूत होना चाहिए था यानी उसका क्रमिक विस्मरण (gradual forgetting) नहीं होना चाहिए था क्योंकि समय अंतराल में उद्दीपक-अनुक्रिया का अनुपयोग (disuse) न होकर उपयोग (use) हो रहा है।

(iii) स्वतः पुनर्लभ (spontaneous recovery) तथा संस्मरण (reminiscence) की घटना से भी अनुपयोग सिद्धान्त को धक्का पहुँचता है। ये दोनों घटनाएँ कुछ ऐसी हैं जिनमें समय बीतने के साथ-ही-साथ धारण में ह्रास होने के बदले वृद्धि होती है हालाँकि इस समय अंतराल (time interval) से सीखे गये विषय को कभी दोहराया नहीं जाता है। ऐसी अवस्था में अनुपयोग सिद्धान्त के अनुसार सीखे गये विषय का विस्मरण होना चाहिए था न कि उसकी धारण की वृद्धि होनी चाहिए थी।

उपरोक्त आलोचनाओं को ध्यान में रखते हुए हम इस तथ्य पर पहुँचते हैं कि विस्मरण का कारण समय का बीतना नहीं हाता है। अतः अनुपयोग सिद्धान्त (disuse theory) एक अनुपयुक्त (inadequate) सिद्धान्त है। **हुल्स, इगेथ** तथा **डीज**[1] (Hulse, Egeth & Deese, 1980) ने ठीक ही कहा है, *''हमलोग इस निष्कर्ष पर पहुँचते हैं कि विस्मरण की पूर्ण व्याख्या करने में अनुपयोग सिद्धान्त (disuse theory) अनुपयुक्त (inadquqate) है।''*

सन्तन-दृढ़ीकरण सिद्धान्त (Perseveration-Consolidation Theory)

इस सिद्धान्त का प्रतिपादन मूल्लर तथा पिलजेकर (Muller & Pilzecker, 1900) द्वारा अनुपयोग सिद्धान्त (disuse theory) के विरोध में किया गया। इस सिद्धान्त द्वारा विस्मरण की व्याख्या पृष्ठोन्मुख अवरोध या पूर्वलक्षी प्रावरोध (retroactive inhibition) द्वारा होता है। अतः इस सिद्धान्त को पृष्ठोन्मुख अवरोध का सिद्धान्त (theory of retroactive inhibition) भी कहा गया है।

इस सिद्धान्त के अनुसार जब किसी विषय को सीखने के बाद व्यक्ति विश्राम (rest) करता है, तो सीखे गये विषय से उत्पन्न स्मृति-चिह्न (memory traces) मस्तिष्क में कुछ समय तक सतत बना रहा (perseverate) करता है। दूसरे शब्दों में, विषय को सीखने से स्नायु-सम्बन्धी क्रियाएँ (neutral activities) मस्तिष्क में उत्पन्न होतीं हैं जो सीखने के लिए दिए गए अभ्यास के समाप्त होने के कुछ समय बाद तक जारी रहती है। इस प्रक्रिया को सन्तनन (perservation) कहा जाता है। सन्तनन की प्रक्रिया मस्तिष्क में निश्चित रूप से कितने समय के लिए होती है, यह कहना मुश्किल है। *सन्तनन* (perservation) का एक स्वाभाविक प्रभाव (natural effect) स्मृति-चिह्न पर होता है और वह यह है कि इससे स्मृति-चिह्न सुदृढ़ (consolidate) हो जाते हैं। फलस्वरूप, बाद में इसका प्रत्याह्वान (recall) या प्रत्याभिज्ञान (recognition)

---

1. "We conclude that disuse theory is inadequate as a complete explanation of forgetting."

—Hulse, Egeth & Deese : *The Psychology of Learning,* 1980 p. 304

व्यक्ति आसानी से कर लेता है। ऐसी परिस्थिति में विस्मरण की मात्रा कम होती है। दूसरी तरफ जब व्यक्ति किसी मौलिक विषय (original lesson) को सीखने के तुरंत बाद विश्राम न करके किसी दूसरे विषय या बाधक विषय (intefering task) को सीखता है, तो इससे मौलिक विषय के सीखने से उत्पन्न स्मृति-चिह्नों का मस्तिष्क में सन्तनन नहीं हो पाता है और जब सन्तनन नहीं होता है तो दृढ़ीकरण (consolidation) भी नहीं हो पाता है। इसका परिणाम यह होता है कि व्यक्ति ऐसे मौलिक विषयों को जल्द भूल जाता है। इस तरह से हम देखते हैं कि सन्तनन-दृढ़ीकरण सिद्धान्त में भूलने का मूल कारण मौलिक विषय के स्मृति-चिह्नों का दृढ़ीकरण नहीं होना है जो मौलिक विषय के बाद तुरंत बाधक विषय (intefering task) को सीखने के कारण होता है। चूँकि इस सिद्धान्त में भूलने की व्याख्या दृढ़ीकरण (consolidation) के अभाव के आधार पर किया जाता है, अतः इस सिद्धान्त को *प्रतिदृढ़ीकरण सिद्धान्त* (anti-consolidation theory) भी कहा जाता है।

इस सिद्धान्त की व्याख्या का समर्थन डनकन (Duncan, 1940) के प्रयोगों से काफी प्राप्त हुआ है। इस प्रयोग में चूहों का दो समूह लिया गया—एक प्रयोगात्मक समूह (experimental group) तथा दूसरा नियंत्रित समूह (control group)। चूहों के परिहार सीखने (avoidance learning) पर विद्युत-आक्षेपीय आघात (electro-convulsive shock) के पड़ने वाले प्रभावों का अध्ययन किया गया। इस विद्युत-आघात की दो मुख्य विशेषताएँ हैं। पहली विशेषता तो यह है कि इसे देने से मस्तिष्क में थोड़ी देर के लिए एक तरह की सम्मूर्च्छित अवस्था (comatose state) उत्पन्न हो जाती है जिससे स्नायुविक क्रियाएँ (neural activities) नहीं के बराबर होती है। दूसरी विशेषता यह है कि इस तरह के विद्युत-आघात से वैसे स्मृति-चिह्न नष्ट हो जाते हैं जो सन्तनन (perseveration) की अवस्था में होते हैं परन्तु उन स्मृति-चिह्नों पर इसका कोई प्रभाव नहीं पड़ता है जिनका दृढ़ीकरण (consolidation) हो गया होता है। प्रशिक्षण (training) के दौरान प्रत्येक प्रयास (trial) के बाद प्रयोगात्मक समूह के चूहों को भिन्न-भिन्न समय अन्तरालों पर (सही अनुक्रिया करने के बाद) विद्युत आक्षेपी आघात दिया जाता था। इस तरह से चूहों को आघात प्रत्येक प्रयास में (सही अनुक्रिया करने के बाद) 20 सेकेंड, 40 सेकेण्ड, 1 मिनट, 4 मिनट, 15 मिनट, 1 घंटा या 14 घंटा के बाद दिया जाता था। चूहों के नियंत्रित समूह को इस तरह का आघात नहीं दिया जाता था। परिणाम में देखा गया कि 20 सेकेण्ड से एक घंटा की अवधि तक में विद्युत आघात जितनी ही देर से दिया जाता था, सीखने की प्रक्रिया तेजी से हुई। परन्तु 1 से 14 घंटे तक की अवधि में आघात देने से सीखने की प्रक्रिया उसी दर से हुई जिस दर से नियंत्रित समूह में हुई थी। इस अध्ययन से यह स्पष्ट हो जाता है कि चूहों में दृढ़ीकरण प्रक्रिया (consolidation process) एक घंटा तक के समय में पूरा हो जाता है। जैसा कि ऊपर कहा गया है, इस तरह के विद्युत-आघात का सुदृढ़ चिह्नों (consolidated traces) पर कोई असर नहीं पड़ता है। शायद यही कारण है कि 1 घंटा के बाद प्रयोगात्मक समूह तथा नियंत्रित समूह के चूहों द्वारा की गयी सीखने की प्रक्रिया में कोई अन्तर नहीं था। बाद में कोरोभर तथा स्कील्लर (Chorover & Schiller, 1965) तथा मैकगा (Mc-Gaugh, 1966) ने भी अपने-अपने प्रयोग में चूहों पर विद्युत-आक्षेपी आघात (electroconvulsive shocks) देकर ठीक उसी तरह का परिणाम प्राप्त किया है जैसा कि डनकन (Duncan) ने अपने प्रयोग में पाया था। इस सिद्धान्त की पुष्टि कुछ वैसे प्रयोगों के परिणाम से भी होती है जिसमें यह दिखलाया गया है कि विराम विधि (spaced method) से सीखना अविराम विधि (massed method) की अपेक्षा श्रेष्ठ (superior) होती है। विराम विधि से सीखने में चूँकि बीच-बीच में प्रयोज्य को विश्राम (rest) दिया जाता है, अतः इस तरह के सीखने से उत्पन्न स्मृति को सुदृढ़ (consolidate) होने का मौका अधिक मिलता हैं जबकि अविराम विधि से सीखे गये विषयों से उत्पन्न स्मृति चिह्न के साथ ऐसी बात नहीं होती है।

सन्तनन-दृढ़ीकरण सिद्धान्त (perseveration-consolidation theory) के निम्नांकित दो महत्त्वपूर्ण पूर्वकल्पनाएँ (asusmptions) हैं—

(i) इस सिद्धान्त के अनुसार जब अवरोधक विषय (interpolated task) को (यानी, मौलिक विषय के बाद सीखे गये विषय को) धारण अंतराल (retention interval) के बीच में रखा जाता है, तो विस्मरण की मात्रा सबसे कम होती है। उदाहरणस्वरूप, यदि धारण अंतराल तीन घंटा है तो अवरोधक विषय को प्रथम एक घंटा बीत जाने के बाद और अन्तिम एक घंटा शुरू होने के बीच की अवधि में यदि सीखने को दिया जाता है, तो ऐसी अवस्था में मौलिक विषय का विस्मरण कम-से-कम होता है। कारण, धारण अंतराल के बीच में अवरोधक विषय को देने से मौलिक विषय के स्मृति-चिह्नों के सन्तनन (perseveration) तथा दृढ़ीकरण (consolidation) प्रक्रिया प्रभावित नहीं होती है।

(ii) यदि अवरोधक विषय (interpolated task) की तीव्रता अधिक होती है तो इससे मौलिक विषय के स्मृति-चिह्नों का नाश अधिक होता है। फलस्वरूप, ऐसी अवस्था में विस्मरण की मात्रा अधिक होती है। तीव्र आवाज (intense noise), तीव्र रोशनी (intense light) तथा बिजली का झटका या आघात कुछ ऐसे उदाहरण हैं जिनको अवरोधक विषय के साथ-साथ देने से अवरोधक विषय की तीव्रता बढ़ जाती है।

मनोवैज्ञानिकों ने इस सिद्धान्त की कुछ आलोचनाएँ (criticisms) की है, जो निम्नांकित है—

(i) इस सिद्धान्त का दावा यह है कि मौलिक विषय (original task) के सीखने के बाद व्यक्ति विश्राम न करके कोई भी दूसरा विषय जिसे अवरोधक विषय (interpolated task) कहा जाता है, सीखता है, तो इससे विस्मरण (forgetting) होता है। परन्तु प्रयोगात्मक अध्ययनों (experimental evidences) से यह स्पष्ट हो गया है कि विस्मरण की मात्रा उस समय अधिक और स्पष्ट होती है जब अवरोधक विषय (interpolated task) मौलिक विषय (original task) के समान (similar) होता है। एक कविता सीखने के बाद फिर दूसरी कविता सीखकर यदि पहले कविता का प्रत्याह्वान (recall) किया जाय तो स्पष्टतः इसमें विस्मरण की मात्रा उस परिस्थिति की तुलना में अधिक होगी जिसमें कविता के बाद व्यक्ति अवरोधक विषय के रूप में निरर्थक पदों (nonsense syllables) को सीखता है। कहने का तात्पर्य यह है कि इस सिद्धान्त द्वारा मौलिक विषय तथा अवरोधक विषय के बीच समानता के कारक की उपेक्षा की गयी है जो सही नहीं है।

(ii) इस सिद्धान्त से पूर्वलक्षी प्रावरोध (retroactive inhibition) की व्याख्या तो होती है परन्तु अग्रलक्षी प्रावरोध (proactive inhibition) की व्याख्या नहीं होती है। यह आलोचना कुछ प्रमुख मनोवैज्ञानिकों जैसे मैग्यू तथा अंडरवुड (McGeoch & Underwood, 1943), मेल्टन तथा वॉन लैकम (Melton & Von Lackum, 1941) द्वारा किये गये प्रयोगात्मक तथ्यों (experimental facts) पर आधारित है। यह सिद्धान्त स्पष्ट रूप से यह कहता है कि मौलिक विषय (original task) के सीखने के बाद यदि कोई दूसरा विषय सीखा जाता है, तो मौलिक विषय के स्मृति-चिह्न को सन्तनन (perseveration) तथा फिर दृढ़ीकरण (consolidation) का मौका नहीं मिलता है जिसके कारण विस्मरण होता है। परन्तु मौलिक विषय के सीखने के पहले सीखे गये विषय के प्रभाव से (अग्रलक्षी प्रावरोध) जो विस्मरण होता है, इसकी व्याख्या कही नहीं की गयी है। जैसा कि **मैग्यू** तथा **इरियन**[1] (McGeoch & Irion, 1952) ने कहा है, *''सन्तनन सिद्धान्त स्मृति के अग्रलक्षी प्रावरोध की कोई व्याख्या नहीं करता है जहाँ दोनों में से अंतिम सीखी गयी क्रियाओं की स्मृति कमजोर होती है।''*

(iii) इस सिद्धान्त की पहली पूर्वकल्पना (assumption) को भी मनोवैज्ञानिकों ने प्रयोगात्मक रूप से (experimentally) गलत साबित कर दिया है। इस पूर्वकल्पना के अनुसार जब अवरोधक पाठ (interfering task) को धारण अंतराल (retention interval) के बीच में रखा जाता है, तो विस्मरण नहीं होता है। बन्च तथा मैकटियर (Bunch & McTeer, 1932) ने अपने प्रयोग में पाया कि 6 सप्ताह (weeks) की धारण अंतराल के बीच में (यानी प्रथम 3 सप्ताह बाद) जब अवरोधक विषय (interfering task) को सीखने के लिए दिया गया, तो इससे भी मौलिक विषय का विस्मरण काफी अधिक हुआ। सिद्धान्त की पूर्वकल्पना के अनुसार ऐसा नहीं होना चाहिए था।

(iv) मनोवैज्ञानिकों ने इस सिद्धान्त की दूसरी पूर्वकल्पना (assumption) को भी प्रयोगात्मक रूप से गलत ठहराया है। इन लोगों का कहना है कि किस तरह के अवरोधक पाठ को तीव्र कहा जा सकता है तथा किस तरह के अवरोधक पाठ को तीव्र (intense) नहीं कहा जा सकता है, इसे निश्चित करना एक कठिन कार्य है। मैकग्यू (McGeoch, 1931) तथा इरियन एवं ह्वाम (Irion & Wham, 1951) ने बतलाया है कि स्थूल अर्थ (rough sense) में तीव्र रोशनी, तीव्र आवाज तथा बिजली के झटके को एक तीव्र उद्दीपक माना जा सकता है जिसका प्रयोग एक अवरोधक पाठ (interfering task) के रूप में किया जा सकता है। इन लोगों के अध्ययन में इस तरह के अवरोधक पाठ का उपयोग करने पर मौलिक विषय का कोई खास विस्मरण होते नहीं पाया गया। इस सिद्धान्त के अनुसार ऐसा नहीं होना चाहिए था। **मैकग्यू** तथा **इरियन**[2] (McGeoch & Irion, 1952) ने ठीक ही कहा है। *''पूर्वलक्षी कार्य (retroaction) के विस्तृत इतिहास में इस*

1. "The perseveration theory offers no explanation for proactive inhibition of memory where the last learned of two activities is less well retained." —McGeoch & Irion; *The Psychology of Human Learning,* 1952, p. 435
2. There is little in the extensive literature on retroaction which can be interpreted plausibly in support of the assumed relation between the intensity of interpolation and the amount of decrement."

—McGeoch & Irion : *The Psychology of Human Learning,* 1952. p. 434-435

बात का सबूत बहुत थोड़ा है कि अन्तर्वेशन (interpolation) की तीव्रता तथा ह्रास (decrement) की मात्रा के बीच कोई पूर्वकल्पित सम्बन्ध है।''

बाधक या हस्तक्षेप सिद्धान्त (Interference Theory)

बाधक सिद्धान्त विस्मरण का एक प्रमुख सिद्धान्त है। इस सिद्धान्त द्वारा विस्मरण की व्याख्या व्यवहारवाद (behaviourism) के नियमों (principles) के रूप में की गयी है। इसलिए इस सिद्धान्त को व्यवहारवादियों का सिद्धान्त (behaviouristic theory) भी कहा जाता है। व्यवहारवादियों द्वारा विस्मरण की व्याख्या उद्दीपक-अनुक्रिया इकाई (stimulus-response unit) के रूप में की गयी है। अतः बाधक सिद्धान्त भी इसी इकाई के सहारे विस्मरण की व्याख्या करता है। इस बाधक सिद्धान्त में सन्तनन-दृढ़ीकरण सिद्धान्त (perseveration-consolidation theory) की इस आलोचना को भी दूर करने की कोशिश कि गयी है कि अग्रलक्षी प्रावरोध (proactive inhibitoin) विस्मरण का एक प्रमुख कारण नहीं है। सचमुच में बाधक सिद्धान्त द्वारा विस्मरण की व्याख्या पूर्वलक्षी प्रावरोध (retroactive inhibition) तथा अग्रलक्षी प्रावरोध (proactive inhibition) दोनों ही कारकों के रूप में होता है।

बाधक सिद्धान्त के अनसुार जब किसी पूर्व सीखी गयी अनुक्रियाओं (responses) या विषयों (tasks) का प्रत्याह्वान (recall) किया जाता है, तो उस समय उन सभी अनुभूतियों एवं विषयों जिसे व्यक्ति मौलिक विषय के पहले एवं बाद में सीखे होता है, से उत्पन्न स्मृति-चिह्न आपस में अंतक्रिया (interaction) करते हैं। इस अंतक्रिया का दो परणिाम होता है—सरलीकरण (facilitation) तथा बाधा (interference)। विस्मरण (forgetting) इसी बाधक प्रभावों (interfering effects) का परिणाम है। इस तरह का बाधक प्रभाव जितना अधिक होगा, विस्मरण की मात्रा भी उतनी ही अधिक होगी। बाधक सिद्धान्त की इस व्याख्या से स्पष्ट हो जाता है कि इसमें विस्मरण का कारण मौलिक विषय के पहले सीखे गये विषय से उत्पन्न बाधा या अवरोध (अग्रलक्षी अवरोध) तथा मौलिक विषय के बाद में सीखे गये विषय से उत्पन्न बाधाएँ (पूर्वलक्षी अवरोध) होती है। अतः विस्मरण का कारण पूर्वलक्षी अवरोध (retroactive inhibition) तथा अग्रलक्षी अवरोध (proactive inhibition) दोनों ही होते हैं। अतः इस सिद्धान्त की व्याख्या निम्नांकित दो पक्षों में बाँट कर की गयी है—

(क) बाधक सिद्धान्त : पूर्वलक्षी अवरोध *(Interference theory : Retroactive Inhibition)*—पूर्वलक्षी अवरोध (retroactive inhitbition) की व्याख्या बाधक सिद्धान्त के अनुसार सबसे पहले मैकग्यू (McGeoch, 1932) ने किया। इस तरह के अवरोध की व्याख्या करने के लिए मैकग्यू ने *स्वतंत्रता-प्राक्कल्पना* (independence hypothesis) का प्रतिपादन किया। इस प्राक्कल्पना के अनुसार मौलिक विषय (original task) के सीखने से उत्पन्न स्मृति-चिह्न तथा अवरोधक पाठ (interfering task) को सीखने से उत्पन्न स्मृति-चिह्न एक ही साथ स्मृति संचयन (memory storage) में कायम रहते है। अतः लोगों की यह सामान्य धारणा कि अवरोधक पाठ (interfering task) के सीखने से उत्पन्न स्मृति-चिह्न मौलिक विषय के स्मृति-चिह्न पर आघात पहुँचते हैं और इसे नष्ट कर देते हैं जिसके कारण विस्मरण हो जाता है, गलत है। स्वतंत्रता-प्राक्कल्पना (independence hypothesis) के अनुसार मौलिक विषय तथा अवरोधक विषय के स्मृति-चिह्न स्वतंत्र रूप से बिना एक-दूसरे को प्रभावित किये सुरक्षित रहते हैं। इस प्राक्कल्पना के अनुसार विस्मरण का कारण प्रत्याह्वान (recall) के समय मौलिक पाठ तथा अवरोधक पाठ के स्मृति-चिह्न द्वारा आपस में प्रत्याह्वानित होने के लिए प्रतियोगिता (competition) या संघर्ष का होना है। इस प्रतियोगिता का परिणाम यह होता है कि मौलिक विषय का प्रत्याह्वान कुछ कम हो जाता है यानी मौलिक विषय के कुछ अंश का विस्मरण हो जाता है, हालाँकि उनकी स्मृति-चिह्न सुरक्षित होती है। मैकग्यू ने यह बतलाया कि जब मौलिक विषय तथा अवरोधक विषय (interfering task) के बीच समानता (similarity) अधिक होती है, तो प्रत्याह्वान (recall) के समय दोनों विषयों के स्मृति-चिह्न में प्रतियोगिता (competition) काफी तीव्र होती है। फलस्वरूप, विस्मरण की मात्रा अधिक होती है। चूँकि यहाँ विस्मरण की व्याख्या स्मृति-चिह्न की प्रतियोगिता (competition) के आधार पर होती है। अतः इसे *अनुक्रिया-की-प्रतियोगिता सिद्धान्त* (Competition-of-Response theory) भी कहा जाता है। मैकग्यू (McGeoch) ने यह भी बतलाया है कि इस तरह की प्रतियोगिता के कारण ऋणात्मक अंतरण (negative transfer) होता है जो मौलिक विषय के प्रत्याह्वान को कम कर देता है और इसे ही विस्मरण कहा जाता है। अतः इसे *अंतरण सिद्धान्त* (transfer theory) भी कहा जाता है।

मैकग्यू (McGeoch) के इस सिद्धान्त में मौलिक विषय तथा अवरोधक विषय के स्मृति-चिह्नों के बीच प्रत्याह्वान (recall) के समय हुई प्रतियोगिता (competition) या संघर्ष का स्पष्टीकरण (manifestation) निम्नांकित सूचांकों (index) के रूप में होते पाया गया है—

(i) **प्रकट अन्त:सूची बलप्रवेश या घुसपैठ** *(Overt interlist intrusion)*—मौलिक विषय या सूची (original list) का प्रत्याह्वान (recall) करते समय अवरोधक विषय या अन्तर्वेशित सूची (interpolated list) के कुछ पद (term) या अंश प्रत्याह्वानित हो जाते हैं जिसके कारण मौलिक सूची के कुछ अंशों या पदों का प्रत्याह्वान नहीं हो पाता है, यानी, उसका विस्मरण (forgetting) हो जाता है। इस तरह के घुसपैठ को प्रकट अन्तःसूची घुसपैठ (overt interlist intrustion) कहा जाता है।

(ii) **प्रकट अंतरा सूची बलप्रवेश या घुसपैठ** *(Overtintralist intrusion)*—मौलिक सूची (original list) के प्रत्याह्वान (recall) करते समय जिस पद (syllable) या एकांश (items) का प्रत्याह्वान जिस समय करना चाहिए था उसे न करके उसकी जगह पर उसी सूची का दूसरा एकांश (items) या पद (syllable) का प्रत्याह्वान कभी-कभी व्यक्ति कर देता है। इसे प्रकट अंतरा सूची बलप्रवेश (overt intralist intrusion) कहा जाता है और विशेष कर वैसे सूची के प्रत्याह्वान में अधिक होता है जिसके एकांशों (items) या पदों में समानता (similarity) अधिक होती है तथा प्रयोज्य (object) को एक खास क्रम (sequence) में ही पदो का प्रत्याह्वान करना होता है।

(iii) **अप्रकट या गुप्त बलप्रवेश या घुसपैठ** *(Covert intrusion)*—इस तरह के घुसपैठ में मौलिक विषय या सूची का प्रत्याह्वान करते समय अन्तर्वेशित विषय या सूची के एकांशों (item) या पद (syllable) व्यक्ति के मन में अपने आप आ जाता है, फिर उसे गलत समझकर प्रत्याह्वान न करके चुप रह जाता है। यही कारण है कि इसे अप्रकट या गुप्त बलप्रवेश या घुसपैठ कहा जाता है। इस तरह के बलप्रवेश को ऑसगुड (Osgood, 1953) ने भावशून्य (blank) भी कहा है क्योंकि प्रयोज्य प्रायः इस तरह के बलप्रवेश को गलत समझकर चुप रह जाता है और भावशून्यता दीखता है।

इन तीन तरह के बल प्रवेश या घुसपैठ में से प्रकट बलप्रवेश (overt intrusion) द्वारा प्रत्याह्वान (recall) में कमी अधिक होती है, यानी इससे विस्मरण (forgetting) अधिक होता है तथा ऑसगुड (Osgood, 1953) ने प्रकट घुसपैठ को प्रतियोगिता कारक (competition factor) का सबसे महत्त्वपूर्ण प्रत्यक्ष सूचक (direct index) माना है।

मनोवैज्ञानिकों ने मैग्यू (McGeoch) के इस सिद्धान्त की कुछ आलोचनाएँ भी किया है। प्रमुख आलोचनाएँ निम्नांकित हैं—

(i) मैग्यू (McGeoch) के प्रतियोगिता सिद्धान्त की आलोचना मेल्टन तथा इर्विन (Melton & Irwin, 1940) द्वारा की गयी है। इन लोगों ने अपने प्रयोगात्मक अध्ययन में यह स्पष्ट रूप से पाया है कि पूर्वलक्षी प्रावरोध (retroactive inhibition) की मात्रा पर यानी पहली सूची सीखकर दूसरी सूची सीखने के बाद पहली सूची के प्रत्याह्वान (recall) की मात्रा पर सिर्फ इन दोनों सूचियों के स्मृति-चिह्नों के बीच हुई प्रतियोगिता (competition) का ही प्रभाव नहीं पड़ता है बल्कि एक और कारक जिसे 'कारक एक्स' (factor X) या अशिक्षण या अनाधिगम कारक (unlearning factor) जिसकी उत्पत्ति दूसरी सूची यानी अवरोधक सूची (interfering list) सीखने के समय होती है, का भी प्रभाव पड़ता है। अतः मेल्टन तथा इर्विन ने पूर्वलक्षी प्रावरोध (retroactive inhibition) की व्याख्या अनुक्रियाओं की प्रतियोगिता (competition) तथा अनाधिगम या अप्रशिक्षण (unlearning) दोनों कारकों के रूप में करके मैकग्यू (McGeoch) के सिद्धान्त को अधूरा बतलाया है। मेल्टन तथा इर्विन की इस विचारधारा को *द्विकारक सिद्धान्त* (two-factor theory) कहा जाता है जिसकी विस्तृत चर्चा आगे की गयी है।

(ii) मैकग्यू के प्रतियोगिता सिद्धान्त के प्रतिकूल कुछ अप्रत्यक्ष सबूत (indirect evidence) भी हैं। इस सिद्धान्त के अनुसार सीखे जाने वाले विषय या सूची की लम्बाई का सीधा प्रभाव पूर्वलक्षी प्रावरोध (retroactive inhibition) पर पड़ता है। अगर सूची की लम्बाई अधिक है तो इसमें किसी पद या एकांश (items) के प्रत्याह्वान (recall) के कम होने की सम्भावना अधिक इसलिए होती है क्योंकि उस पद या एकांश के बाद या पहले कई पद या एकांश आते हैं। अतः अधिक लम्बी सूची या लम्बे विषय का विस्मरण मैकग्यू के प्रतियोगिता सिद्धान्त के अनुसार, छोटी सूची के विस्मरण की अपेक्षा अधिक होनी चाहिए। परन्तु शिफ्रिन

(Shiffrin, 1970) ने अपने अध्ययन में ठीक इसके विपरीत परिणाम पाया है। इन्होने इस तरह के प्रयोग के परिणाम में यह दिखलाया है कि 5 तथा 20 शब्दों वाली सूची को यदि अवरोधक सूची (interfering list) के रूप में प्रयोग किया जाता है तो इन दोनों परिस्थितियों में मूल पाठ या सूची के विस्मरण की मात्रा में कोई सार्थक अन्तर होते नहीं देखा गया। प्रतियोगिता सिद्धान्त के अनुसार 20 शब्दों वाली अवरोधक सूची दिये जाने पर विस्मरण की मात्रा अपेक्षाकृत अधिक होनी चाहिए थी।

(ख) बाधक सिद्धान्त : अग्रलक्षी प्रावरोध *(Interference theory : Proactive Inhibition)*—बाधक सिद्धान्त द्वारा सिर्फ पूर्वलक्षी प्रावरोध (retroactive inhibition) की नहीं बल्कि अग्रलक्षी प्रावरोध (proactive inhibition) की भी व्याख्या होती है। जब मौलिक विषय या सूची के प्रत्याह्वान में कमी वैसी विषय या सूची के कारण होती है जिसे व्यक्ति मौलिक विषय या सूची से पहले सीख चुका होता है तो इस तरह के प्रावरोध (inhibition) को अग्रलक्षी प्रावरोध (proactive inhibition) की संज्ञा दी जाती है। ग्रीनवर्ग तथा अंडरवुड (Greenberg & Underwood, 1950) ने एक प्रयोग किया जिसमें 10-10 विशेषण (adjectives) की चार सूचियाँ तैयार कर प्रयोज्य को एक-एक करके सीखने के लिए दिया गया। पहली सूची को सीख लेने के 48 घंटे के बाद उसका प्रत्याह्वान (recall) लिया गया। फिर एक दिन के बाद दूसरी सूची को सीखा गया और उसके 48 घंटे के बाद उसका प्रत्याह्वान (recall) लिया गया। इसी तरह से तीसरी सूची तथा चौथी सूची को सिखलाकर उसका प्रत्याह्वान (recall) 48-48 घंटों के बाद लिया गया। परिणाम में देखा कि प्रयोज्य (subjects) ने पहली सूची का प्रत्याह्वान (recall) 69% किया जबकि अन्तिम सूची का प्रत्याह्वान मात्र 25% किया। दूसरे शब्दो में, पहली सूची का विस्मरण 31% हुआ जबकि अन्तिम सूची का विस्मरण 75% हुआ। इस तरह के विस्मरण की व्याख्या ग्रीनवर्ग तथा अडरवुड ने प्रतियोगिता कारक (competition factor) के रूप में किया। इन लोगों के अनुसार अन्तिम सूची यानी चौथी सूची मे विस्मरण इसलिए अधिक हुआ क्योंकि इसके पहले प्रयोज्य 3 और सूचियों को सीख चुका था जिससे उत्पन्न स्मृति-चिह्न (memory traces) चौथी सूची के सीखने से उत्पन्न स्मृति-चिह्न के साथ प्रतियोगिता या संघर्ष करते हैं जिसके फलस्वरूप चौथी सूची का प्रत्याह्वान (recall) कम हो जाता है।

अंडरवुड (Underwood, 1948) ने अग्रलक्षी प्रावरोध (proactive inhibition) की व्याख्या प्रतियोगिता कारक के ही रूप में दूसरे ढंग से, यानी पुनर्लाभ (spontaneous recovery) का सहारा लेकर भी किया है। अग्रलक्षी प्रावरोध के प्रयोगात्मक डिजाइन (experimental design) में सामान्यतः दो अवस्थाएँ होतीं हैं—प्रयोगात्मक अवस्था तथा नियंत्रित अवस्था। प्रयोगात्मक अवस्था में सूची 'A' के सीखने के बाद व्यक्ति सूची 'B' सीखता है और फिर एक निश्चित समय के विश्राम (rest) के बाद सूची 'B' का प्रत्याह्वान (recall) करता है। ऐसा देखा गया है कि सूची 'A' के सीखने के तुरंत बाद सूची 'B' सीखने के दौरान सूची 'A' के एकांशों (items) का प्रत्याह्वान व्यक्ति यदा-कदा कर देता है। परन्तु इस तरह के गलत एकांशों का तुरंत ही विलोपन (extinction) हो जाता है क्योंकि उस समय सूची 'B' को वह सीखते रहता है। परंतु सूची 'B' को सीख लेने से क्या इसका (यानी सूची B का) विस्मरण (forgetting) नहीं होता है ? सच्चाई यह है कि इसका भी विस्मरण होता है जो इस प्रकार है—जब सूची 'B' के सीखने के दाद व्यक्ति को एक निश्चित समय तक आराम (rest) दिया जाता है तो इस समय अंतराल में सूची 'A' के कुछ पद या एकांश (item) जो सूची 'B' के सीखने के दौरान विलोपित (extinguished) हो गये थे, उनका पुनर्लाभ (spontaneous recovery) होता है और यह पुनर्लाभ जितना ही अधिक होता है, सूची 'B' के एकांशों (items) या अनुक्रियाओं (responses) के साथ प्रतियोगिता (competition) अधिक होता है। फलस्वरूप, सूची 'B' के एकांशों का प्रत्याह्वान (recall) कम होता है, यानी उसका विस्मरण (forgetting) हो जाता है। पोस्टमैन, स्टॉक और फ्रेजर (Postman, Stark & Fraser, 1968) तथा सिरासो तथा हेण्डरसन (Ceraso & Henderson, 1965) ने अपने-अपने प्रयोगात्मक अध्ययनों में पाया है कि मौलिक सूची (original list) यानी सूची 'B' के सीखने तथा इसकी धारण की जाँच करने के बीच का समय (जिसे धारण अंतराल कहा जाता है) जितना ही बड़ा होता है, अवरोधक सूची (interfering list) यानी सूची 'A' के एकांशों (items) का पुनर्लाभ (spontaneous recovery) उतना ही अधिक होता है फलस्वरूप, मौलिक सूची के एकांशों के साथ प्रतियोगिता (competition) अधिक होता है जिसका परिणाम मौलिक सूची के प्रत्याह्वान पर बुरा पड़ता है और विस्मरण अर्थात अग्रलक्षी प्रावरोध (proactive inhibition) की मात्रा बढ़ जाती है।

कुछ मनोवैज्ञानिकों ने जैसे अंडरवुड तथा पोस्टमैन (Underwood & Postman, 1960) ने अग्रलक्षी प्रावरोध (Proactive inhibition) के सहारे अनियंत्रित विस्मरण (uncontrolled forgetting) की व्याख्या करने की कोशिश की है। इन लोगों के अनुसार अनियंत्रित विस्मरण से तात्पर्य वैसे विस्मरण से होता है जिसके कारण प्रयोगात्मक परिस्थिति (experimental situation) के बाहर यानी दिन-प्रतिदिन की जिन्दगी में सीखे गये भिन्न-भिन्न प्रकार के साहचर्य

(associations) तथा भाषागत आदतें (linguistic habits) होती है। प्रयोज्य (subjects) को जब प्रयोगात्मक परिस्थिति में कोई सूची सीखने के लिए दिया जाता है तो प्रयोज्य द्वारा प्रयोगशाला में आने के पहले सीखे गये साहचर्यों एवं आदतों का प्रभाव प्रयोगशाला में सीखे जा रहे सूची के प्रत्याह्वान (recall) पर पड़ता है। इससे उत्पन्न विस्मरण को *अनियंत्रित विस्मरण* (uncontrolled forgetting) कहा जाता है। चूँकि इस तरह के साहचर्य एवं आदतों का विकास प्रयोगात्मक परिस्थिति से बाहर हाता है, अतः इसे विस्मरण का *बहिःप्रयोगात्मक स्रोत* (extra experimental source) माना गया है। परन्तु दुर्भाग्यवश अंडरवुड तथा पोस्टमैन (Underwood & Postman, 1960) द्वारा किये गये प्रयोग के परिणाम से इस तथ्य की पुष्टि नहीं हो पायी कि बहिःप्रयोगात्मक स्रोत (extraexperimental source) का महत्त्व अग्रलक्षी बाधा (proactive interference) के रूप में होकर विस्मरण पैदा करता है।

कुछ मनोवैज्ञानिकों का कहना है कि बाधा सिद्धान्त के अग्रलक्षी प्रावरोध (proactive inhibition) की व्याख्या एक और महत्त्वपूर्ण तथ्य को स्पष्ट करने में असमर्थ है। सामान्यतः अवरोधक पाठ (interfering task) विराम अभ्यास (distributed practice) से सीखने पर अविराम अभ्यास (massed practice) से सीखने की अपेक्षा अधिक मजबूत होती है। ऐसी हालत में अग्रलक्षी प्रावरोध की मात्रा विराम अभ्यास में अविराम अभ्यास की अपेक्षा अधिक होनी चाहिए। परन्त अंडरवुड तथा एकस्ट्रेएड (Underwood & Ekstrand, 1966) ने एक प्रयोग युग्मत-साहचर्य विधि (paired-associate method) से किया जिसमें प्रयोज्यों (subjects) को दो सूची यानी, A-B, A-D सिखलाया गया। प्रयोज्यों को A-B सूची दो तरह की अवस्थाओं में यानी अविराम अभ्यास (massed practices) तथा विराम अभ्यास (distributed practice) की अवस्था दोनों में सीखलाया गया। सूचों को चार स्तरों, यानी 12 प्रयास, 32 प्रयास, 48 प्रयास तथा 80 प्रयास के स्तर तक सीखा गया। अविराम अभ्यास में प्रत्येक स्तर के प्रयास लगातार दिये गये तथा विराम अभ्यास (distributed practice) में प्रत्येक स्तर के प्रयासों की संख्या तो उतनी ही थी परन्तु प्रयास (trials) लगातार न देकर थोड़ा विश्राम (rest) दे देकर दिया गया। इसके बाद A-D सूची को सिखलाया गया और उसके 24 घंटे के बाद फिर A-D सूची का प्रत्याह्वान (recall) किया गया। परिणाम में देखा गया कि अवरोधक सूची (interfering list) यानी A - B सूची को जब विराम अभ्यास (distributed practice) देकर सीखा गया था, तो अग्रलक्षी प्रावरोध (proactive inhibition) की मात्रा कम थी परन्तु जब उसे अविराम अभ्यास (massed practice) देकर सीखा गया था, तो अग्रलक्षी प्रावरोध की मात्रा अधिक थी। बाधा सिद्धान्त (interference theory) के अनुसार ऐसा नहीं होना चाहिए था।

इस तरह से हम पाते हैं कि बाधा या हस्तक्षेप सिद्धान्त के दोनों पक्षों यानी पूर्वलक्षी प्रावरोध (retroactive inhibition) तथा अग्रलक्षी प्रावरोध (proactive inhibition) की व्याख्याओं को कुछ प्रयोगात्मक तथ्य (experimental fact) उपस्थिति कर उसकी आलोचना भी की गयी है! इन आलोचनाओं में दिखायी गयी असंगतियाँ (inconsistencies) कुछ हद तक सही भी है, फिर भी आज बाधा सिद्धान्त विस्मरण का एक प्रमुख सिद्धान्त है जिसका विकल्प (alternative) नहीं है। अन्त में **हुल्स, इगेथ** तथा **डीज**[1] (Hulse, Egeth & Deese, 1980) के शब्दों में हम इस निष्कर्ष पर पहुँचते हैं, *''गत दर्जन वर्षों (dozen years) में बहुत से मनोवैज्ञानिक बाधा सिद्धान्त से असंतुष्ट हो गये हैं परन्तु इस सिद्धान्त के विकल्प के रूप में कोई भी एक संगत (coherent) एवं सर्वमान सिद्धान्त अभी तक प्रतिपादित नहीं किया गया है।''*

द्विकारक सिद्धान्त (Two-factor Theory)

इस सिद्धान्त का प्रतिपादित मेल्टन तथा इर्विन (Melton & Irwin, 1940) द्वारा कियां गया। इन दोनों मनोवैज्ञानिकों द्वारा बाधा या हस्तक्षेप सिद्धान्त के पूर्वलक्षी प्रावरोध (retroactive inhibition) की व्याख्या जो मैकग्यू (McGeoch) द्वारा की गई थी, की आलोचना की गयी। इन लोगों ने एक प्रयोग किया जिसमें यह स्पष्ट रूप से पाया कि पूर्वलक्षी प्रावरोध (retroactive inhibition) के कारण उत्पन्न विस्मरण (forgetting) की व्याख्या सिर्फ प्रतियोगिता कारक (competition factor) के रूप में नहीं की जा सकती है। इस प्रयोग में प्रयोज्यों (subjects) के दो समूह थे—एक प्रयोगात्मक समूह तथा दूसरा नियंत्रित समूह। दोनों समूह के सभी प्रयोज्यों ने क्रमिक पूर्वाभास विधि (serial anticipation method) द्वारा निरर्थक पदों की एक सूची को 5 प्रयासों (trials) तक अध्ययन किया। चूँकि इस प्रयोग का उद्देश्य यह

1. "During the past dozen or so years a growing number of psychologists have become dissatisfied with interference theory but no single, coherent, widely accepted alternative to that theory has yet been proposed."

—Hulse, Egeth & Deese : *The Psychology of Learning,* 1980, p. 328

देखना था कि अन्तर्वेशित सूची (interpolated list) पर किये गये अभ्यास की भिन्न-भिन्न मात्राओं का प्रभाव मौलिक सूची (original list) के धारण पर क्या पड़ता है, अतः प्रयोगात्मक समूह (experimental group) को अन्तर्वेशित सूची का अभ्यास 5, 10, 20 तथा 40 प्रयासों (trials) तक करवाया गया। नियंत्रित समूह को अंतर्वेशित सूची पर प्रयास नहीं दिया गया और उसने इस अवधि में विश्राम किया। अतर्वेशित सूची पर अभ्यास खत्म होने के 30 मिनट बाद दोनों समूहों के

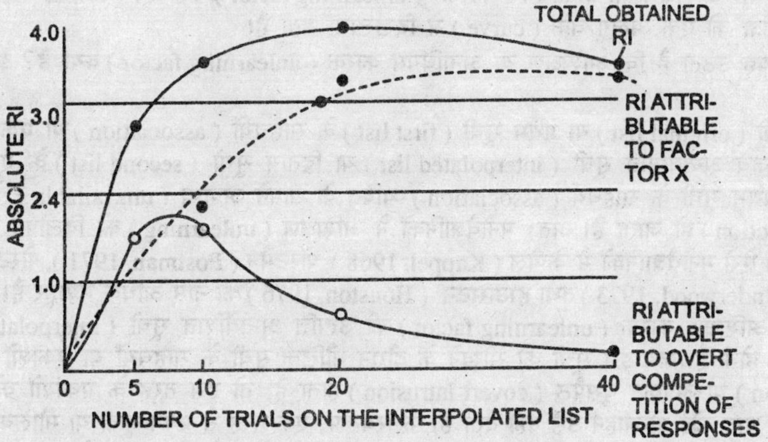

चित्र 6.2 : RI का द्विकारकीय व्याख्या

प्रयोज्यों (subjects) से मौलिक सूची (original list) के धारण की जाँच पुनः सीखने विधि (relearning method) से की गयी। इसके परिणाम बड़े रोचक थे। परिणाम में देखा गया कि सम्पूर्ण पूर्वलक्षी प्रावरोध की मात्रा (amount of total retroactive inhibition or RI) अन्तर्वेशित सूची (interpolated list) पर बढ़ते हुए अभ्यास (practice) के साथ प्रारम्भ में बढ़ता गया और 20 वें प्रयास (trial) में अधिकतम हो गया। इसके बाद के अभ्यास से (यानी 20वें प्रयास के बाद के अभ्यासों से) RI की मात्रा में हल्के ह्रास (decline) की प्रवृत्ति देखी गयी। (चित्र 6.2 देखें)। विशेषकर अन्तर्वेशित सूची पर किए गए अभ्यास के परिणामस्वरूप सम्पूर्ण RI (amount of RI as a function of practice on interpolated task) के वक्र पर ध्यान देने से यह बात बिल्कुल ही स्पष्ट हो जाती है। मेल्टन तथा इर्विन (Melton & Irwin) ने अपने अध्ययन में प्राप्त RI की सम्पूर्ण मात्रा में निम्नांकित दो कारकों का योगदान होते पाया—

(i) प्रतियोगिता कारक *(Competition factor)*—जब व्यक्ति मौलिक सूची (जैसे A-B सूची) को सीखकर अन्तर्वेशित सूची (interpolated list) जैसे A-C सूची को सीखता है और फिर मौलिक सूची का प्रत्याह्वान (recall) करता है तो बहुत से ऐसे एकांशों (items) का वह प्रत्याह्वान करता है जो मौलिक सूची के नहीं होकर अन्तर्वेशित सूची के होते हैं। एकांशों द्वारा इस तरह के घुसपैठ (intrusions) को अन्तःसूची घुसपैठ या बलप्रवेश (interlist intrusion) कहा जाता है और मेल्टन तथा इर्विन ने इसे प्रकट *प्रतियोगिता कारक* (overt competition factor) कहा है। चित्र 6.2 में प्रकट प्रतियोगिता कारक से बनने वाले वक्र (curve) को अलग दिखलाया गया है (जो सबसे नीचे वाला वक्र है)। इस वक्र पर ध्यान देने से स्पष्ट हो जाता है कि प्रकट प्रतियोगिता की मात्रा अन्तर्वेशित सूची (interpolated list) पर दिए गए 5वें प्रयास (trials) तक तो बढ़ता है परन्तु उसके बाद अभ्यास जारी रहने पर भी इस कारक से उत्पन्न घुसपैठ की मात्रा धीरे-धीरे कमने लगती है। इसका कारण मेल्टन तथा इर्विन ने यह बतलाया है कि अन्तर्वेशित सूची (interpolated list) पर अभ्यास की मात्रा बढ़ने से इस सूची के एकांशों का स्मृति-चिह्न अधिक स्पष्ट एवं विशिष्ट (differentiated) हो जाता है। फलस्वरूप, प्रत्याह्वान (recall) करते समय व्यक्ति अन्तर्वेशित सूची के एकांशों का प्रत्याह्वान न कर सिर्फ मौलिक सूची के ही एकांशों का प्रत्याह्वान करता है। अतः घुसपैठ की मात्रा अन्तर्वेशित सूची पर अभ्यास बढ़ने पर धीरे-धीरे कमती जाती है। मनोवैज्ञानिकों ने मौलिक सूची तथा अन्तर्वेशित सूची में सीखे गए विभिन्नता तथा विशिष्टता को *सूची विशिष्टता घटना* (list differentiation phenomenon) कहा है।

जैसा कि ऊपर कहा जा चुका है, प्रकट घुसपैठ या प्रकट प्रतियोगिता की मात्रा अन्तर्वेश्ति सूची पर 5वें प्रयास तक बढ़ता है और उसके बाद अभ्यास जारी रहने से घटता है। यदि मैकग्यू (McGeoch) का प्रतियोगिता सिद्धान्त पूर्णतः सही होता, यानी RI का कारण सिर्फ प्रकट प्रतियोगिता ही होता, तो वैसी परिस्थिति में 5वें प्रयास के बाद जैसे-जैसे प्रकट

प्रतियोगिता की मात्रा कमती जाती, वैसे-वैसे RI की मात्रा भी कमती जाती। परन्तु मेल्टन तथा इर्विन ने अपने प्रयोग में यह स्पष्ट रूप से पाया है कि सम्पूर्ण RI की मात्रा घटने के बजाय बढ़ते जाती है और 20वें प्रयास पर अधिकतम (maximum) हो जाती है। इससे तब स्पष्ट मतलब यह निकलता है कि विस्मरण का कारण अर्थात RI का कारण प्रकट प्रतियोगिता (overt competition) के अलावा कुछ दूसरा कारक भी है। इस नये कारक को मेल्टन तथा इर्विन ने *'कारक X'* (factor X) या *'अशिक्षण या अनाधिगम कारक'* (unlearning factor) कहा है। चित्र 6.2 में अशिक्षण कारक से उत्पन्न RI की मात्रा को एक अलग वक्र (curve) से दिखलाया गया है।

अब प्रश्न यह उठता है कि अशिक्षण या अनाधिगम कारक (unlearning factor) क्या है? इसकी उत्पत्ति कैसे होती है?

मौलिक सूची (original list) या प्रथम सूची (first list) के साहचर्यों (association) या एकांशों (items) को सीखने के बाद जब अन्तर्वेशित सूची (interpolated list) या द्वितीय सूची (second list) के एकांशों को व्यक्ति सीखता है, तो प्रथम सूची के साहचर्य (association) व्यक्ति के सामने अप्राप्य (unavailable) होते हैं और उनका विलोपन (extinction) हो जाता है। अतः मनोवैज्ञानिकों ने अशिक्षण (unlearning) को विलोपन (extinction) के तुल्य ही माना है। ऐसे मनोवैज्ञानिकों में केप्पेल (Kappel, 1968), पोस्टमैन (Postman, 1971), पोस्टमैन एवं अंडरवुड (Postman & Underwood, 1973) तथा हाऊसटन[1] (Houston, 1976) का नाम अधिक मशहूर है। ऊपर की व्याख्या से स्पष्ट है कि अशिक्षण कारक (unlearning factor) की उत्पत्ति अन्तर्वेशित सूची (interpolated learning) के सीखने के दौरान होती है। जब इस सूची को सीखने के दौरान मौलिक सूची के साहचर्यों या एकांशों का प्रकट घुसपैठ (overt intrusion) या अप्रकट घुसपैठ (covert intrusion) होता है, तो इस तरह के एकांशों को गलत समझकर प्रयोगकर्त्ता उसके बाद कोई प्रोत्साहन उसे नहीं देता है। फलस्वरूप, एक तरह से प्रथम-सूची या मौलिक सूची के एकांशों का प्रत्याह्वान वाचिक रूप से अपुनर्बलित (verbally unreinforced) होता है जो व्यक्ति में इस सूची के एकांशों का प्रत्याह्वान न करने की प्रवृत्ति को प्रबल बनाता है। इसका परिणाम यह होता है कि धीरे-धीरे मौलिक सूची के एकांशों (items) का विलोपन (extinction) होने लगता है जिसे हम *अशिक्षण* (unlearning) की संज्ञा देते हैं। इस तरह से अशिक्षण एक प्रकार का विलोपन के तुल्य प्रक्रिया (extinction equivalent process) है, और इसका प्रमाण हमें इस बात से भी मिल जाता है कि उसमें विलोपन से सम्बन्धित एक बहुत बड़ा गुण जिसे पुनर्लभि (spontaneous recovery) कहा जाता है, भी होता है। यही कारण है कि कुछ मनोवैज्ञानिकों ने जैसे फोरेस्टर (Forester, 1970) तथा शुलमैन और मार्टिन (Shulman & Martin, 1970) ने अपने प्रयोग में पाया है कि यदि अन्तर्वेशित सूची (interpolated list) के सीखने तथा मौलिक सूची के धारण की जाँच के बीच अधिक समय दिया जाता है तो वैसी अवस्था में मौलिक सूची के कुछ पदों का पुनर्लभि (spontaneous recovery) होता है। परन्तु कुछ मनोवैज्ञानिकों द्वारा इस तरह का पुनर्लभि (spontaneous recovery) होते नहीं भी पाया गया है।

इस तरह से हम देखते हैं कि मेल्टन तथा इर्विन (Melton & Irwin) ने विस्मरण (forgetting) की व्याख्या विशेषकर RI (retroactive inhibition) यानी पूर्वलक्षी प्रावरोध की व्याख्या सिर्फ प्रकट प्रतियोगिता (overt competition) के ही आधार पर नहीं बल्कि प्रकट प्रतियोगिता (overt competition) तथा अशिक्षण कारक (unlearning factor) दोनों के आधार पर किया है। यही कारण है कि इसे द्विकारक सिद्धान्त[2] (two-factor theory) कहा जाता है।

---

1. "Unlearning refers to the fact that first list associations are somehow made unavailable or extinguished during second list learning." —Houston : *The Psychology of learning;* 1976, p. 248
2. प्रतियोगिता कारक (competition factor) तथा अशिक्षण कारक (unlearning factor) के अर्थ को और भी अधिक स्पष्ट करने के लिए निम्नांकित समानताओं एवं विभिन्नताओं को छात्रों के समक्ष प्रस्तुत किया जा रहा है—

समानताएँ (Similarities) :

(i) प्रतियोगिता कारक का सूचक (index) अन्तःसूची घुसपैठ (interlist intrusion) होता है तथा अशिक्षण कारक (unlearning factor) की भी सूची अन्तःसूची घुसपैठ ही होता है।

(ii) दोनों कारकों अर्थात् प्रतियोगिता कारक तथा अशिक्षण कारक का प्रभाव समान अर्थात् मौलिक साहचर्यों के प्रत्याह्वान में बाधा (interference) पहुँचाना होता है।

असमानताएँ (Dissimilarities):

(i) प्रतियोगिता कारक (competition factor) मौलिक सूची के प्रत्याह्वान (recall) के समय होते पाया जाता है जबकि अशिक्षण कारक अन्तर्वेशित सूची (interpolated list) के सीखने के समय होते पाया जाता है।

(ii) प्रतियोगिता कारक का योगदान RI (reproactive inhibition) तथा PI (proactive inhibition) दोनों में होता है जबकि अशिक्षण कारक का योगदान सिर्फ RI में होता है।

द्विकारक सिद्धान्त की सबसे महत्त्वपूर्ण पूर्वकल्पना (assumption) यह है कि तुलनात्मक परिस्थिति (comparable conditions) में RI यानी पूर्वलक्षी प्रावरोध (retroactive inhibition) की मात्रा PI यानी अग्रलक्षी प्रावरोध (proactive inhibition) की मात्रा से अधिक होती है। इसका कारण यह है कि जब मौलिक सूची या विषय के सीखने के तुरंत बाद अन्तर्वेशित सूची सीखा जाता है और फिर तुरंत बाद मौलिक सूची का प्रत्याह्वान (यानी, RI का डिजाइन) किया जाता है, तो ऐसी परिस्थिति में प्रत्याह्वान में उत्पन्न कमी RI का संकेत करता है और उस कमी में प्रतियोगिता कारक (competition factor) तथा अशिक्षण कारक (unlearning factor) दोनों ही शामिल होते हैं। परन्तु PI के डिजाइन में अन्तर्वेशित सूची पहले सीख लिया जाता है और उसके बाद मौलिक सूची सीखा जाता है और फिर थोड़े समय अंतराल के बाद मौलिक सूची का प्रत्याह्वान किया जाता है। प्रत्याह्वान करते समय अन्तर्वेशित सूची के एकांशों द्वारा घुसपैठ (intrusion) होता है जिसे हम प्रतियोगिता कारक की संज्ञा देते हैं। परन्तु चूँकि मौलिक सूची के बाद कोई दूसरी सूची नहीं सीखी जाती है, अतः इसमें अशिक्षण कारक (unlearning factor) नहीं होता है। यही कारण है कि PI की मात्रा हमेशा RI की मात्रा से कम होती है।

मेल्टन तथा इर्विन के इस द्विकारक सिद्धान्त की आलोचना भी की गयी है जो इस प्रकार है—

(i) मेल्टन तथा इर्विन ने अपने इस सिद्धान्त में मौलिक सूची के प्रत्याह्वान के समय हुए अन्तःसूची घुसपैठ (interlist intrusion) को यानी अन्तर्वेशित सूची से किये गये प्रत्याह्वान को प्रतियोगिता कारक (competition factor) कहा है। फिर अन्तर्वेशित सूची (interlist intrusion) को सीखने के ही दौरान मौलिक सूची से हुए इसी तरह के अन्तः सूची घुसपैठ (interlist intrusion) अशिक्षण कारक (unlearning factor) कहा है। आलोचकों का मत है कि एक ही तरह के अन्तःसूची घुसपैठ को एक जगह प्रतियोगिता कारक (competition factor) कहा गया है तथा दूसरी जगह अशिक्षण कारक (unlearning factor) कहा जाता है। आखिर इन दोनों तरह की अन्तःसूची घुसपैठ (interlist interusion) में क्या अन्तर है जिसके कारण एक को प्रतियोगिता कारक तथा दूसरे को अशिक्षण कारक कहा गया है। इस तथ्य की व्याख्या मेल्टन तथा इर्विन के सिद्धान्त में कहीं नहीं की गयी।

(ii) मेल्टन तथा इर्विन की व्याख्या से यह भी स्पष्ट है कि अशिक्षण कारक (unlearning factor) की मात्रा अन्तर्वेशित सूची (interpolated list) पर दिये गये अभ्यास के साथ बढ़ती है। दूसरे शब्दों में, अन्तर्वेशित सूची पर दिये गये अभ्यास के साथ मौलिक सूची से होने वाले घुसपैठ (intrusions) की बारंबारता (frequencies) बढ़ती है। कुछ प्रयोगकर्त्ताओं जैसे—थ्यून एवं अंडरवुड (Thune & Underwood, 1943) तथा ऑसगुड (Osgood, 1948) द्वारा मेल्टन तथा इर्विन के प्रयोग के आँकड़ों का विश्लेषण किया गया और देखा गया कि मौलिक सूची से होने वाले घुसपैठों (intrusions) की बारंबारता तथा अन्तर्वेशित सूची पर दिये गये अभ्यास में कोई नियमितता (regularity) नहीं थी। इसका मतलब तब **ऑसगुड**[1] (Osgood, 1953) ही शब्दों में यह हुआ, *"या तो अशिक्षण कारक का सीमित महत्त्व है या प्रकट घुसपैठ (overt intrusions) इसका एक अवैध सूचक (invalid index) है।"*

ऑसगुड (Osgood, 1946) ने एक प्रयोग किया है जिसके परिणाम के आधार पर प्रतियोगिता कारक तथा अशिक्षण कारक दोनों की तीव्र आलोचना की गयी है। इन्होंने युग्मित सहचर विधि द्वारा प्रयोज्य को दो सूची यानी A-B तथा A-K को एक-एक करके सिखलाया। इन दोनों सूचियों के उद्दीपक पद (stimulus term) तो समान थे परन्तु अनुक्रिया पद (response term) की समानताओं की मात्रा में कुछ अन्तर था। अनुक्रिया पद के रूप में दोनों सूचियों में विशेषण (adjectives) का प्रयोग किया गया था जिसमें समानता के तीन स्तर (levels) थे। कुछ विशेषण एक-दूसरे के काफी समान (similar) थे, कुछ विशेषण एक-दूसरे के तटस्थ थे तथा कुछ एक-दूसरे के विपरीत (opposite) थे। बाद में मौलिक सूची यानी A-B सूची के अनुक्रिया पदों का प्रत्याह्वान (recall) करवाया गया। परिणाम में देखा गया कि समान पदों का विस्मरण तटस्थ तथा विपरीत पदों की अपेक्षा कम हुआ। इस परिणाम के अनुकूल ही तब मौलिक सूची के समान पदों के प्रत्याह्वान के समय अन्तर्वेशित सूची (interpolated list) से प्रकट घुसपैठ की मात्रा अन्य पदों जैसे तटस्थ एवं विपरीत पदों के प्रत्याह्वान के समय होने वाले घुसपैठ की मात्रा से कम होनी चाहिए। ठीक इसी प्रकार अन्तर्वेशित सूची को सीखते समय मौलिक सूची के समान पदों (similar terms) से घुसपैठ की मात्रा अन्य दोनों तरह के पदों से होने वाले घुसपैठ की मात्रा से कम होनी चाहिए। परन्तु वास्तव में मौलिक सूची के प्रत्याह्वान के समय समान पदों से घुसपैठ

1. "Either the unlearning factor is of limited importance or the overt intrusion is an invalid index of it."

—Osgood : *Method and Theory in Experimental Psychology* 1953, p. 545.

की बारंबारता (frequencies) अधिक थी। यह स्पष्ट हो जाता है कि ऑसगुड के प्रयोग के इस परिणाम की व्याख्या न तो प्रतियोगिता कारक और न ही अशिक्षण कारक से यानी प्रकट घुसपैठ (overt intrusion) से हो पाती है।

इन आलोचनाओं के बावजूद भी मेल्टन तथा इर्विन (Melton & Irwin) द्वारा प्रतिपादित द्विकारक सिद्धान्त एक महत्त्वपूर्ण सिद्धान्त है। **हाउस्टन**[1] (Houston, 1976) के शब्दों में हम इस निष्कर्ष पर पहुँचते हैं।

''यद्यपि द्विकारक सिद्धान्त स्मृति के कुछ हाल के तथ्यों से टकराता है, फिर भी अपने क्षेत्र का यह एक प्रमुख व्याख्यात्मक देन हैं।''

आत्मचरित स्मृति (Autobiographical Memory)

आत्मचरित स्मृति एक तरह का प्रासगिक स्मृति (episodic memory) है। आत्मचरित स्मृति से तात्पर्य उन घटनाओ के बारे में सूचनाओं की स्मृति से होती है जो व्यक्ति की जिंदगी में घटते हैं। आत्मचरित स्मृति का अध्ययन मनोवैज्ञानिकों ने *प्रश्नावली विधि* (questionnaire method) या *डायरी अध्ययन विधि* (diary studies method) से सामान्यतः किया है। वैड्डेली (Baddeley, 1990) ने एक प्रश्नावली तैयार किया जिसमें व्यक्ति के जिंदगी में घटने वाली घटनाओं से सम्बद्ध कुछ प्रश्न तैयार किये गए हैं। इनके उत्तरों के आधार पर आत्मचरित स्मृति का उन्होंने सफलतापूर्वक अध्ययन किया है। डायरी अध्ययन विधि में व्यक्ति अपने जीवन के दिन-प्रतिदिन की घटनाओं का विस्तृत रूप से उल्लेख डायरी मे लिखता है जिसका विश्लेषण करके आत्मचरित स्मृति का अध्ययन किया जाता है। इस डायरी विधि का उपयोग एक डच मनोवैज्ञानिक विलेम वेगन्नार (Willem Wagenaar, 1986) ने किया है। उसमें उन्होंने गत छह साल के भीतर प्रतिदिन घटने वाले घटनाओं में से एक या दो प्रमुख घटनाओं का रिकार्ड किया। प्रत्येक ऐसे घटना के साथ उत्पन्न सांवेगिक आवेष्टन (emotional involvement) को भी उन्होंने अभिलेखित किया। इस तरह से उन्होंने छह साल में 24,00 घटनाओं को अभिलेखित किया। इसके बाद उन्होंने अगले 12 महीनों में अपने प्रत्येक घटना के स्मृति की जाँच किया। परिणाम जटिल अवश्य थे परंतु यह स्पष्ट रूप से देखा गया कि आत्मचरित स्मृति उन्हीं चरों द्वारा अधिक प्रभावित होते हैं जिनसे अन्य चर प्रभावित होते हैं। इन चरों में पुनःप्राप्ति संकेत (retrieval cues) तथा सांवेगिक अवस्था (emotional states) प्रमुख है। चूँकि डायरी विधि द्वारा आत्मचरित स्मृति का अध्ययन एक स्वाभाविक परिस्थिति (natural situation) में किया जाता है, अतः इससे प्राप्त परिणाम को प्रयोगशाला अध्ययनों जिसमें शब्दों या निरर्थक पदों का उपयोग किया जाता है, से प्राप्त परिणामों की तुलना में अधिक विश्वास के साथ सामान्यीकृत (generalize) किया जाता है।

आत्मचरित स्मृति के अध्ययन में मनोवैज्ञानिकों ने मूलतः दो तरह के प्रश्नों पर मुख्य रूप से विचार किया है—

(1) आत्मचरित स्मृति की शुरूआत कब होती है ? (When does autobiographical memory begin ?)

(2) आत्मचरित स्मृति किस तरह संगठित होता है ? (How is autobiographical memory organized ?)

इन दोनों पर विचार अब हम इस प्रकार करेंगे—

(1) आत्मचरित स्मृति की शुरूआत कब होती है ? *(When does autobiographical memeory begin ?)*— प्रयोगों से प्राप्त परिणाम इस बात के सबूत हैं कि व्यक्ति अपने जीवन के बहुत ही आरम्भिक अवधि (2 से 3 साल की आयु) की घटनाओं का प्रत्याह्वान कर सकता है। परंतु सच्चाई यह है जैसा कि बाऊअर (Bauer, 1996) ने अपने अध्ययन के आधार पर बतलाया है, कि चूँकि इस अवस्था में भाषाई कौशल (languege skills) विकसित नहीं होता है, इसलिए व्यक्ति इन घटनाओं का प्रत्याह्वान (recall) नहीं कर पाता है। इस सिलसिले में मार्यस, क्लिफटन एवं क्लार्कसन (Myers, Clifton & Clarkson, 1987) ने एक अध्ययन कर स्थिति को स्पष्ट करने की कोशिश किया है। इस अध्ययन में छह सप्ताह से चालीस सप्ताह के आयु के कुछ बच्चों को चयनित किया गया और इन्हें प्रयोगशाला में कुछ खिलौना से खेलने को दिया गया। दो साल बाद इन्हीं बच्चों को पुनः उस प्रयोगशाला कमरे में लाया गया और उन्हें

1. "Although the two-factor formulation has come into sharp conflict with more recent conception of memory—it still stands as one of the major expalanatory developments within the field."

—Houston : *The Psychology of Learning* 1979, p. 247

उन्हीं खिलौनों से खेलने के लिए छोड़ दिया गया। साथ-ही-साथ एक नियंत्रित समूह (control group) भी था जिसने पहले कभी भी इन खिलौनों के साथ प्रयोगशाला कमरे में खेला नहीं था। परिणाम में देखा गया जिन बच्चों ने दो साल पहले इन खिलौने के साथ खेला था, वे खिलौने के साथ अधिक खेले तथा साथ-ही-साथ खेलने में नियंत्रित समूह की अपेक्षा अधिक अभिरुचि दिखलाये। स्पष्टतः प्रयोगात्मक समूह के बच्चों ने अपने आरम्भिक अनुभूतियों की स्मृति होने का सबूत प्रदान किया परंतु वे इसे शब्दों द्वारा अभिव्यक्त करने में असफल थे।

कुछ अध्ययनों में यह भी देखा गया कि भाषाई कौशलों की कमी के अलावा भी कुछ ऐसे कारक हैं जिनके चलते व्यक्ति अपनी जिंदगी के प्रथम दो साल की अनुभूतियों का प्रत्याह्वान नहीं कर पाता है। मोसकोविच (Moscovitch, 1985) ने अपने अध्ययन के आधार पर यह बतलाया है कि व्यक्ति इस अवस्था की स्मृति को इसलिए नहीं प्रत्याह्वान कर पाता है क्योंकि इस तरह की स्मृति के लिए आवश्यक मस्तिष्कीय संरचना (brain structure) की पर्याप्त कमी रहती है। हरवे एवं करेज (Harve & Courage, 1993) ने अपने अध्ययन के आधार पर यह बतलाया है कि व्यक्ति अपने जीवन के प्रथम दो तथा तीन साल के आयु के बीच में आत्म-सम्प्रत्यय (self-concept) विकसित करता है। इसके अभाव में आत्मचरित स्मृति के लिए आवश्यक फ्रेमवर्क व्यक्ति में नहीं बन पाता है। यही कारक है कि इस आयु का आत्मचरित स्मृति व्यक्ति में नहीं हो पाता है।

अतः निष्कर्ष यह हुआ कि इस अवधि के घटनाओं को भी हम अपने आत्मचरित स्मृति में संचित रखते हैं परंतु शाब्दिक रूप से बतलाने की क्षमता नहीं होने के कारण हम उसका प्रत्याह्वान नहीं कर पाते हैं।

(2) आत्मचरित स्मृति किस तरह संगठित होता है ? *(How is autobiographical memory organized ?)*— आत्मचरित स्मृति में संगठन का अध्ययन करने के लिए मनोवैज्ञानिकों ने संकेत-शब्द विधि (cue-word method) का प्रतिपादन किया है। इस प्रविधि में व्यक्ति को कुछ शब्द एक-एक करके दिये जाते हैं जो एक संकेत के रूप में कार्य करता है। जैसे, व्यक्ति को कुछ शब्द यथा झील, आम का बगीचा, अस्पताल, आदि दिये जा सकते हैं। इन शब्दों को सुनकर उसे अपने आत्मचरित स्मृति की घटनाओं को बतलाना होता है अर्थात् उन्हें अपनी जिंदगी की महत्त्वपूर्ण घटनाओं को बतलाना होता है। परिणाम में देखा गया कि जिंदगी के अधिकतर याद किये गए घटनाएँ हाल के थे और बढ़ते उम्र के साथ मन में याद आने वाले घटनाओं की आवृत्ति (frequency) में पर्याप्त कमी आती देखी। इसका मतलब यह हुआ कि प्रयोज्य 20 साल पहले की घटनाओं का प्रत्याह्वान 10 साल पहले की घटनाओं की तुलना में कम किया करते थे। परंतु यह भी देखा गया कि व्यक्ति अपने आरम्भिक वयस्कावस्था (early adulthood) से (यानी, 20 साल से 30 साल की अवस्था) अधिक घटनाओं का प्रत्याह्वान करते हैं। इस तथ्य की सम्पुष्टि रूबिन तथा स्कूलकाइन्ड (Rubin & Schulkind, 1997) रूबिन, वेटजलर तथा नेवेस (Rubin, Wetzler & Nebes, 1986) ने अपने-अपने अध्ययनों से किया है। इसका कारण बतलाते हुए शोधकर्त्ताओं ने कहा है कि चूँकि जिंदगी की इस अवधि में महत्त्वपूर्ण घटनाएँ घटती है जिनका सांवेगिक महत्त्व (emotional importance) काफी अधिक होता है, अतः इस अवधि से व्यक्ति अधिक-से-अधिक घटनाओं का प्रत्याह्वान करता है। शादी-विवाह, नौकरी पाना, भहत्त्वपूर्ण डिग्री या उपाधि पाना, कोई व्यवसाय प्रारम्भ करना आदि इस अवधि की कुछ महत्त्वपूर्ण घटनाएँ हैं।

इन तथ्यों से यह स्पष्ट हो जाता है कि व्यक्ति जिंदगी के कुछ विशेष अवधि से अन्य अवधि की तुलना में घटनाओं को स्पष्ट रूप से प्रत्याह्वान कर लेते हैं। इसका मतलब यह हुआ कि आत्मचरित स्मृति बीते अनुभूतियों का एक यादृच्छिक चयन (random assortment) नहीं होता है बल्कि वे जीवन की महत्त्वपूर्ण अवधि (lifetime periods) के अनुसार संगठित (organized) होते हैं। इस संगठन के पीछे कुछ सामान्य घटनाओं की स्मृति होती है। जैसे, कॉलेज का प्रथम दिन का अनुभव या नौकरी पर प्रथम दिन का अनुभव आदि ऐसी ही सामान्य घटनाओं की स्मृति की श्रेणी में है। कॉनवे (Conway, 1996) ने अपने अध्ययन के आधार पर यह बतलाया है कि आत्मचरित स्मृति में अन्त में कुछ विशिष्ट (specific) घटनाओं की स्मृति अधिक होती है।

कुछ मनोवैज्ञानिकों द्वारा यह प्रश्न उठाया गया है कि हमलोग आत्मचरित स्मृति के इस तरह के संगठन (organization) को किस तरह से जानते हैं ? इसका आधार यह बतलाया गया है कि जब व्यक्ति को आत्मचरित स्मृति की घटनाओं के बारे में बतलाने के लिए कहा जाता है, तो वह अपने जीवन के महत्त्वपूर्ण अवधि की घटनाओं का प्रत्याह्वान तेजी से करता है तथा उन अनुभूतियों का प्रत्याह्वान काफी कम एवं मंद गति से करता है, जो जीवन के बड़े घटनाओं से सम्बद्ध नहीं होते हैं।

उपर्युक्त तथ्यों को ध्यान में रखते हुए हम इस अंतिम निष्कर्ष पर पहुँचते हैं कि आत्मचरित स्मृति में हम अपने जीवन की घटनाओं की अनुभूतियों को संचित रखते हैं परंतु हम इन सबों का प्रत्याह्वान समान ढंग से नहीं करते हैं। वयस्कावस्था की अनुभूतियों का प्रत्याह्वान जीवन के अन्य अवधि की अनुभूतियों के प्रत्याह्वान से अधिक होता है।

पश्चोन्मुख स्मृति तथा अग्रोन्मुख स्मृति (Retrospective Memory and Prospective Memory)

पश्चोन्मुख स्मृति (Retrospective memory) तथा अग्रोन्मुख स्मृति (Prospective memory) दो ऐसे स्मृति के प्रकार हैं जो एक-दूसरे के विपरीत हैं और मनोवैज्ञानिकों ने इसके स्वरूप का अध्ययन किया है। पश्चोन्मुख स्मृति से तात्पर्य वैसी क्षमता से होता है जिसके माध्यम से व्यक्ति अपने जीवन की गत घटनाओं या सूचनाओं का स्मरण कर पाता है। जब व्यक्ति यह बतला पाता है कि वह अपना कोट कब खरीदा था, वह किसी मधुर संगीत को सबसे पहली बार कब सुना था, श्री अटल बिहारी वाजपेयी प्रथम बार कब भारत के प्रधानमंत्री बने, तो ये सभी पश्चोन्मुख स्मृति (retrospective memory) के उदाहरण होंगे।

यह कोई अस्वीकार नहीं कर सकता है कि पश्चोन्मुख स्मृति का महत्त्व व्यक्ति की जिंदगी में काफी अधिक है परंतु अग्रोन्मुख स्मृति (prospective memory) का भी महत्त्व व्यक्ति की जिंदगी में उससे कम नहीं है। अग्रोन्मुख स्मृति से तात्पर्य वैसी क्षमता से होती है जिसके सहारे व्यक्ति भविष्य के कार्यों का योजना बनाता है तथा उसे सम्पन्न करने के लिए याद रखता है। अगले दो वर्षों में एम॰ ए॰ कर लेना, उसके बाद एम॰ बी॰ ए॰ करके अच्छे नौकरी पाने की योजना बनाकर कार्य करना को याद रखना आदि अग्रोन्मुख स्मृति के कुछ उदाहरण हैं। कुछ लोग ऐसे होते हैं जो अपने भविष्य के कार्यों को अच्छे ढंग से सुनियोजित करके सम्पन्न करने की याद रखते हैं जबकि कुछ ऐसे लोग होते हैं जिनमें इस ढंग की क्षमता बहुत ही कम होती है। कुछ ऐसे भी सबूत प्राप्त हैं जिनसे यह पता चलता है कि व्यक्ति का व्यक्तित्व के आधार पर यह अनुमान लगाया जा सकता है कि उसमें अग्रोन्मुख स्मृति अधिक होगी या कम। जैसे, सरलीमैन तथा गोडुसेक (Searleman & Goydusek, 1989) ने अपने अध्ययन के आधार पर यह बतलाया है कि टाइप ए व्यक्तित्व वाले व्यक्ति में अग्रोन्मुखी स्मृति कार्य (prospective memory task) करने की क्षमता अन्य व्यक्तित्व जिसे टाईप ए की श्रेणी में नहीं रखा जा सकता है, की अपेक्षा अधिक होता है।

वर्तमान समय तक के शोधों पर यदि हम ध्यान दे, तो यह स्पष्ट होगा कि पश्चोन्मुख स्मृति की तुलना में अग्रोन्मुख स्मृति के अध्ययन पर मनोवैज्ञानिकों का ध्यान एवं प्रयास दोनों ही कम रहा है। अब प्रश्न उठता है कि ऐसा क्यों ? इसका उत्तर देते हुए इस क्षेत्र के मनोवैज्ञानिकों ने कहा है कि 1970 वाले दशक के मध्य तक अग्रोन्मुख स्मृति के अध्ययन का अवसर परिपक्व नहीं थे। परंतु उसके बाद कुछ ऐसे परिवर्तन हुए जिनसे मनोवैज्ञानिकों का ध्यान अग्रोन्मुख स्मृति के अध्ययन की ओर गया। इस दिशा में *प्रतिदिन/प्रयुक्त स्मृति आन्दोलन* (everyday/applied memory movement) तथा *जीवन अवधि स्मृति आन्दोलन* (life-span memory movemrnts) जिसमें विभिन्न तरह के स्मृति कार्यों (memory tasks) जिसे व्यक्ति को प्रतिदिन करने की आवश्यकता महसूस होती है, पर अधिक बल डाला गया था, का प्रयास सराहनीय है।

पश्चोन्मुख स्मृति तथा अग्रोन्मुख स्मृति में जहाँ तक अंतर का सवाल है, वह बहुत ही स्पष्ट नहीं है क्योंकि जैसा कि बैड्डेली तथा विलकिन्स (Baddeley & Wilkins, 1984) ने कहा है, ये दोनों तरह की स्मृतियाँ परस्पर आधृत हैं। उदाहरणस्वरूप, अधिकतर अग्रोन्मुख स्मृति कार्यों को करने के लिए यह आवश्यक है कि पश्चोन्मुख स्मृति की भी क्षमता व्यक्ति में पर्याप्त हो। जैसे, मान लिया जाय कि कोई व्यक्ति यह योजना बनाता है कि आज शाम में वह दूरदर्शन के किसी कार्यक्रम से अमुक संगीत को रेकार्ड करेगा। अब इस कार्य को याद रखने के अलावा (मुख्य अग्रोन्मुख कार्य) व्यक्ति को यह भी याद रखना होगा कि वह इसमें कौन-सा टेप (tape) का उपयोग करेगा तथा वह अपने इलेक्ट्रोनिक यंत्र को किस तरह से इस कार्य में लगायेगा। इन सभी कार्यों में पश्चोन्मुख स्मृति की जरूरत पड़ती है।

मनोवैज्ञानिकों ने यह आशंका जतायी है कि यदि अग्रोन्मुख स्मृति कार्य में पश्चोन्मुख स्मृति के तत्त्व सम्मिलित होते हैं, तो एक तरह के कार्य पर के निष्पादन का सम्बन्ध दूसरे तरह के कार्य पर के निष्पादन से अवश्य होगा। दूसरे शब्दों में, यदि कोई व्यक्ति पश्चोन्मुख स्मृति कार्य पर सामान्यतः अच्छा है, तो क्या इसका मतलब यह हुआ कि वह अग्रोन्मुख स्मृति के कार्यों पर भी अच्छा होगा? कई प्रयोगात्मक अध्ययनों जिसे आइन्सटीन एवं मैकडैनियल (Einstein &

McDaniel, 1990), मेयलोर (Maylor, 1990) द्वारा किया गया, ने इन दोनों तरह के स्मृति कार्यों के बीच धनात्मक सम्बन्ध (positive relation) नहीं पाया है। बल्कि विलकिन्स तथा वैड्डेले (Wilkins & Baddeley, 1978) ने इन दोनों तरह के स्मृति कार्यों के बीच नकारात्मक सम्बन्ध (negative relationship) पाया है।

यद्यपि यह सही है कि अग्रोन्मुख स्मृति कार्य तथा पश्चोन्मुख स्मृति कार्य अधिव्याप्त (overlap) हैं, फिर भी मनोवैज्ञानिकों द्वारा इन दोनों तरह की स्मृतियों के बीच अंतर करने का भरसक प्रयास किया गया है। ऐसे कुछ प्रमुख अंतर निम्नांकित हैं—

(i) इन दोनों तरह की स्मृतियों में सबसे महत्त्वपूर्ण अंतर यह है कि पश्चोन्मुख स्मृति में कुछ पहले की घटनाओं या अनुभूतियों से सम्बद्ध सूचनाएँ होतीं हैं जबकि अग्रोन्मुख स्मृति में भविष्य के कार्यों को करने तथा उसके बारे में एक योजना बनाने से सम्बद्ध सूचनाएँ होतीं हैं।

(ii) पश्चोन्मुख स्मृति का सम्बन्ध मूलतः इस बात से होता है कि क्या (what) याद किया गया है जबकि अग्रोन्मुख स्मृति का सम्बन्ध इस बात से होता है कि कब (when) या अगर (if) कोई चीज याद किया है या नहीं।

(iii) अग्रोन्मुख स्मृति कार्य पर पश्चोन्मुख स्मृति कार्य की तुलना में बदलते हालात का प्रभाव काफी पड़ता है। सफल होने के लिए यह आवश्यक है कि अग्रोन्मुख योजना बदलते समय या हालात के अनुसार अवश्य बदलें। जैसे, यदि आप अपने दोस्त को अगले रविवार को अपने साथ खाना खाने पर बुलाने का न्योता देते हैं और यदि आपका दोस्त यह कहता है कि वह अगला रविवार को अपना गाँव जानेवाला है, तो ऐसी परिस्थिति में आपकी योजना में परिवर्तन होना आवश्यक है।

मनोवैज्ञानिकों द्वारा किये गये अध्ययनों से यह स्पष्ट हुआ है कि अग्रोन्मुख स्मृति कार्य (prospective memory tasks) कई तरह के होते हैं जिनमें *आदतन कार्य* (habitual task) तथा *प्रासंगिक कार्य* (episodic task) प्रमुख हैं। आदतन कार्य वैसे कार्यों को कहा जाता हैं जिसे व्यक्ति लगातार प्रतिदिन करता है। जैसे सुबह उठने पर मुँह धोना एक आदतन कार्य का उदाहरण है। प्रासंगिक कार्य से तात्पर्य वैसे कार्य से होता है जिसे व्यक्ति यदा-कदा करता है। जैसे, अपने कुत्ते की देखभाल करने के लिए किसी पशु डाक्टर को बुलाने का याद रखना, प्रासंगिक कार्य का उदाहरण है। मीकाम तथा हीमैन (Meacham & Heiman, 1990) द्वारा किये गए अध्ययनों से यह स्पष्ट हुआ है कि व्यक्ति का आदतन कार्य ऐसी क्रियाओं में सन्निहित होता है, जिसे व्यक्ति एक निश्चित क्रम में करते रहता है और यही क्रम व्यक्ति को यह संकेत देता है कि आगे क्या करना है। कुछ मनोवैज्ञानिकों द्वारा किये गए अध्ययनों से यह भी स्पष्ट हुआ है कि बाह्य संकेतों (external cues), स्मरण पत्र (reminder), अनुपालन (compliance) के उच्च अभिप्रेरण स्तर तथा सार्वजनिक वचनबद्धता (public committment) दिखलाकर अग्रोन्मुख स्मृति कार्यों को अधिक सफलतापूर्वक सम्पन्न किया जा सकता है (लेवी एवं लोफ्टस, 1984, मीकाम एवं सिंगर, 1997) (Levy & Loftus, 1984; Meacham & Singer, 1997)।

स्मृति को उन्नत बनाने की विधि या स्मृति-प्रशिक्षण (Measures of Improving Memory or Memory-Training)

मनोवैज्ञानिकों के सामने यह समस्या रहती है कि वे व्यक्तियों की स्मृति शक्ति को कैसे उन्नत बनाएँ ताकि उनकी स्मृति अच्छी-से-अच्छी हो सके। इस सिलसिले में मनोवैज्ञानिकों द्वारा किये गये प्रयास सराहनीय है। वुडरो (Woodrow, 1927) ने स्मृति प्रशिक्षण (memory-training) या स्मृति को उन्नत बनाने से सम्बन्धित उपायों की प्रभावशीलता दिखलाने के लिए एक प्रयोग किया। इन प्रयोग में दो समूह थे—प्रयोगात्मक समूह तथा नियंत्रित समूह। दोनों को एक समान विषय तीन घंटे तक सीखने के लिए दिया गया। इसके अलावा प्रयोगात्मक समूह को अपनी स्मरण-शक्ति में सुधार लाने के सात तरीके बताए गए तथा नियंत्रित समूह को इन तरीकों के बारे में कुछ नहीं कहा गया। इसके बाद इन दोनों समूहों की स्मृति की जाँच (test) की गई और परिणाम में पाया गया कि प्रयोगात्मक समूह की स्मृति 36% पहले से उन्नत (improved) हो गई थी जबकि नियंत्रित समूह की स्मृति मात्र 4.5% ही अच्छी हो पाई थी। वुडरो (Woodrow) द्वारा स्मृति को उन्नत बनाने के वे सात तरीके निम्नांकित हैं—

(i) यथासम्भव पूर्ण विधि (whole method) और विराम विधि (distributed method) से सीखना चाहिए।

(ii) सीखते समय अपने-आपको जाँचते रहना चाहिए, अर्थात अपनी धारणा की जाँच करते रहनी चाहिए।
(iii) विषय के सदृश अंशों को संगठित करके तथा उनमें सामंजस्य (rhythm) स्थापित करके सीखना चाहिए।
(iv) विषय को उसका अर्थ समझकर सीखना चाहिए।
(v) सीखते समय मानसिक सतर्कता तथा एकाग्रता बनाए रखना चाहिए।
(vi) अपनी स्मरण-शक्ति पर विश्वास करनी चाहिए।
(vii) गौण साहचर्यों (secondary association) का प्रयोग करना चाहिए।

वुडरो (Woodrow) द्वारा स्मृति-प्रशिक्षण के लिए दिए गए उपर्युक्त सात क्लासिकी सुझावों (classical suggestion) के अलावा भी आधुनिक मनोवैज्ञानिकों ने कुछ विशेष प्रविधियों (techniques) का वर्णन किया है जिनके सहारे स्मृति को उन्नत बनाया जा सकता है। इन प्रविधियों में निम्नांकित प्रमुख हैं—

1. आधिक्य सीखना *(Over learning)*—किसी विषय या पाठ को जब पूरी तरह सीख लेने के बाद भी सीखने के लिए अभ्यास आगे जारी रखा जाता है, तो इसे आधिक्य सीखना (over learning) कहा जाता है। मनोवैज्ञानिक अध्ययनों से यह स्पष्ट हो गया है कि जब किसी पाठ या विषय को व्यक्ति आधिक्य सीखता (overlearnt) है, तो इससे उस पाठ का साहचर्य (association) काफी मजबूत हो जाता है और फलस्वरूप उसकी स्मृति काफी लम्बे समय तक बनी रहती है।

2. बाधा को कम करना *(Reducing interference)*—कुछ मनोवैज्ञानिक का मत है कि सीखने की परिस्थिति से बाधा (interference) उत्पन्न करनेवाले कारकों (factors) को यदि हटा दिया जाता है, तो इससे सीखे गए पाठ या विषय की स्मृति अपने आप अच्छी हो जाती है। जैसे, सीखने की विभिन्न परिस्थितियों एवं सामग्रियों (materials) के बीच समानता (similarity) को यदि कम कर दिया जाता है, तो इससे उत्पन्न होनेवाले बाधा अपने आप दूर हो जाएगी और उस विषय या पाठ की स्मृति उन्नत हो जाएगी। उसी ढंग से क्रुगर (Krueger, 1980) ने अपने अध्ययन के आधार पर यह बताया कि यदि पाठ या विषय को अर्थपूर्ण (meaningful) बना दिया जाता है तो इससे भी स्मृति (memory) उन्नत हो जाती है।

3. स्मृति-सहायक प्रविधियाँ *(Mnemonic devices)*—मनोवैज्ञानिकों ने कुछ ऐसी स्मृति-सहायक प्रविधियों (mnemonic devices) का वर्णन किया है जिनसे भी स्मृति उन्नत होती है। तुक (rhymes), चुँकिंग (chunking), परिवर्णी शब्द (acronyms) तथा परिवर्णी पंक्ति शब्द (acronym) आदि कुछ साधारण स्मृति सहायक प्रविधियाँ हैं जिनके उपयोग से स्मृति उन्नत हो जाती है। तुक में चूँकि दोहे की पंक्तियों का अन्तिम शब्द आवाज में मिलते-जुलते होते हैं, इसलिए उसे व्यक्ति जल्द याद कर लेता है। शायद यही कारण है कि छोटे-छोटे बालक अनेक ऐसे दोहे को तुरंत याद कर लेते हैं भले ही वे उसका अर्थ समझे या नहीं समझे। चुंकिंग में व्यक्ति लम्बी सूचनाओं को कम करके छोटी सूचना मे बदलकर उसे याद कर लेता है। जैसे टेलीफोन नम्बर 666322 को छः लाख छियासठ हजार तीन सौ बाईस कहने के बजाय यदि व्यक्ति उसे 'तीन छह', तीन एवं दो-दो (triple six, three & double two) के रूप मे संगठित कर लेता है, तो यह चुँकिग का उदाहरण होगा और इससे टेलीफोन नम्बर की स्मृति भी अधिक देर तक बनी हुई रहती है। परिवर्णी शब्द एक तरह का अक्षर संकेत (letter cues) होता है जिससे जटिल सूचनाओं को याद रखने एवं उनका प्रत्याह्वान करने में मदद मिलती है। जैसे, World Health Organization को WHO के रूप में, University Grants Commission को UGC के रूप में मस्तिष्क में रखने से उनके प्रत्याह्वान (recall) में तो सुविधा होती ही है, साथ-ही-साथ उनकी स्मृति भी अच्छी बनी रहती है। परिवर्णी पंक्तियाँ ऐसी पंक्तियाँ होती हैं जिसमें प्रथम कुछ अक्षर संकेत के रूप में कार्य करते है और उसे देखते ही या सुनते ही व्यक्ति शेष भागों का प्रत्याह्वान कर लेता है। जैसे 'सारे जहाँ से अच्छा' 'हिन्दोस्ताँ हमारा' में 'सारे' को सुनकर ही व्यक्ति पूरी पंक्ति का प्रत्याह्वान कर लेते हैं। यह एक परिवर्णी पंक्ति का उदाहरण है।

उपर्युक्त स्मृति-सहायक प्रविधियों (mnemonic devices) का दोष यह बताया गया है कि उन सभी से रटकर सीखने की प्रवृत्ति बालकों में तीव्र हो जाती है, परन्तु समझकर सीखने की प्रवृत्ति में कोई वृद्धि नहीं होती है। हिगबी (Higbee, 1977) ने कुछ विशेष स्मृति-सहायक प्रविधियों का वर्णन किया है जो उपर्युक्त सरल स्मृति सहायक-प्रविधियों से थोड़ा जटिल तो अवश्य हैं, परन्तु उससे स्मृति उन्नत (improved) होती है। इसमें योजक तंत्र (link system) तथा स्थान तंत्र (loci system) प्रधान हैं। योजक तंत्र में व्यक्ति विभिन्न एकांशों (items) की एक मानसिक प्रतिमा (mental image) बनाकर उन्हें एक-दूसरे से जोड़ता हैं जिससे उनका प्रत्याह्वान (recall) करने में सुविधा होती है तथा उनकी

स्मृति भी अच्छी बनी रहती है। जैसे यदि किसी बालक को 'आटा', 'चीनी', 'दाल', 'तेल', 'नमक' लाने के लिए दूकान भेजें, तो वह इन शब्दों की मानसिक प्रतिमा बनाकर उसे आपस में अर्थपूर्ण ढंग से जोड़कर सही-सही ढंग से याद रख सकता है। स्थान तंत्र में व्यक्ति याद किए जानेवाले एकांशों का सम्बन्ध उपयुक्त स्थान (appropriate place) से जोड़कर उसे याद रखता है। बोअर (Bower, 1973) ने अपने अध्ययन में पाया कि जिन छात्रों ने स्थान तंत्र की विधि को अपनाया था उन्होंने 72% शब्दों का सही प्रत्याह्वान किया और जिन छात्रों ने इस विधि को नहीं सीखा था, मात्र 28% शब्दों का ही सही-सही प्रत्याह्वान कर सके।

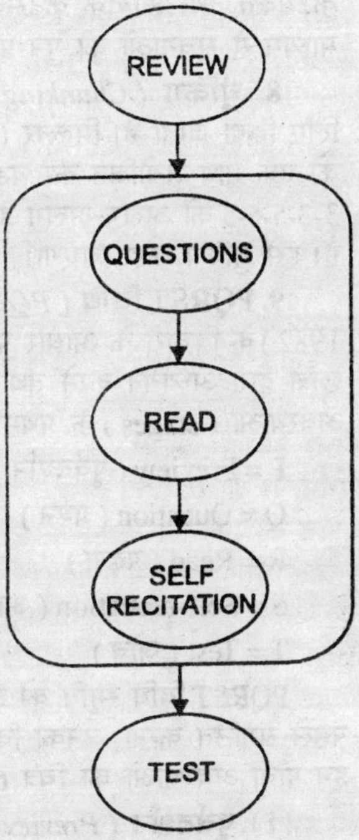

चित्र 6.3 : PQRST का चित्रण

4. विस्तरण एवं संकेतीकरण *(Elaboration and encoding)*—जब किसी पाठ या विषय की विस्तृत ढंग से व्याख्या की जाती है तो व्यक्ति उसे ठीक ढंग से याद करता है, क्योंकि उसमें एकांशों (items) के बीच बहुत सारे सम्बन्ध (connections) स्थापित किया जाना सम्भव हो पाता है। एकांशों के बीच बहुत सारे सम्बन्ध होने से मस्तिष्क में उनका संकेतीकरण (encoding) ठीक ढंग से होता है। फलस्वरूप, ऐसे विषय या पाठ को छात्र अधिक समय तक याद रखते हैं। जैसे यदि छात्र अखबार में 'दहेज प्रथा की बुराई' के बारे में एक लेख पढ़ता है और बाद में अपने साथियों के बीच या अपने मन में ही दहेज प्रथा से सम्बन्धित कई प्रश्नों पर विचार कर उसका विस्तरण (elaboration) करता है तो इससे उसे विषय, अर्थात 'दहेज प्रथा की बुराई' के अनेक पहलुओं की याद अधिक समय तक बनी रहेगी। परन्तु यदि वह उसका विस्तरण नहीं करता है, तो सम्भव है कि वह उसे कुछ ही समय में भूल जाए।

5. संदर्भ एवं पुन:प्राप्ति *(Context and retrieval)*—प्रयोगात्मक मनोवैज्ञानिकों के अनुसार संदर्भ (context) एक महत्त्वपूर्ण पुनः प्राप्ति संकेत (retrieval) होता है। अतः व्यक्ति उस संदर्भ का प्रयोग कर जिसमें सीखने की क्रिया सम्पन्न हुई हो, स्मृति को उन्नत बना सकता है। संदर्भ का प्रयोग व्यक्ति अक्सर मानसिक रूप से (mentally) करता है। जैसे कक्षा में पढ़ाए गए संस्कृत के श्लोक को यदि कोई छात्र बाद में याद करना चाहता है, तो वह सम्बन्धित शिक्षक एवं कक्षा की परिस्थिति को यदि सामने रखता है तो सम्भव है कि उसे वह श्लोक आसानी से याद आ जाए। यहाँ शिक्षक एवं कक्षा की परिस्थिति संदर्भ का उदाहरण है जो छात्र को प्रत्याह्वान (recall) करने में मदद कर रहा है, अर्थात जो एक पुनः प्राप्ति संकेत के रूप में कार्य कर रहा है।

6. संगठन *(Organization)*—अध्ययनों से यह स्पष्ट हो गया है कि यदि व्यक्ति सीखते समय एकांशों (items) को एक खास ढंग से संगठित (organized) कर लेता है, तो इससे उसकी स्मृति अच्छी हो जाती है और वह बहुत दिनों तक उसे याद भी रहता है। इसका उपयोग दीर्घकालीन स्मृति (long-term memory) को उन्नत बनाने में काफी किया जाता है। बोअर एवं क्लार्क (Bower & Clark, 1969) ने अपने अध्ययनों में पाया कि जब छात्रों को असम्बन्धित शब्दों (unrelated words) की एक सूची को एक कहानी के रूप में संगठित कर याद करने के लिए कहा जाता है, तो वे कुल शब्दों का 90% तक प्रत्याह्वान करने में समर्थ हो गए, परन्तु जब उन सूचियों को ऐसे ही याद करने के लिए कहा गया, अर्थात उन्हें कहानी में बिना किसी तरह के संगठन के ही याद करने के लिए कहा गया तो वह 20% का ही प्रत्याह्वान करने में समर्थ हो सका। स्पष्टतः संगठन (organization) से स्मृति उन्नत होती पाई गई।

7. प्रतिमावली *(Imagery)*—कुछ वर्षों तक मनोवैज्ञानिकों द्वारा स्मृति को उन्नत बनाने में प्रतिमावली के महत्त्व की उपेक्षा की गयी क्योंकि इसे कुछ लोगों द्वारा खासकर व्यवहारवादियों द्वारा एक पूर्णतः आत्मनिष्ठ सम्प्रत्यय माना जाता था। परंतु हाल में पैइभियों (Paivio, 1971, 1986) द्वारा किये गए अध्ययनों से यह स्पष्ट हुआ है कि प्रतिमावली से स्मृति उन्नत हो सकती है। इनके अनुसार स्मृति-चिह्न दो में से एक तरीका द्वारा संचित होते हैं—*शाब्दिक कूट संकेत* (verbal code) तथा *प्रतिमा कूटसंकेत* (image code)। जैसे, व्यक्ति किसी तस्वीर को उसके नाम या लेबल (label) के रूप में याद रख सकता है (शाब्दिक कूटसंकेतन) या उसकी मानसिक प्रतिमा बनाकर याद रख सकता है (प्रतिमा कूटसंकेत)। पैइभियो का मत है कि प्रतिमा कूटसंकेत जो काफी विस्तृत एवं विशिष्ट (distinctive) होता है, से स्मृति उत्तम होती है। इस सिलसिले में उन्होंने *द्वैय कूटसंकेत प्राक्कल्पना* (dual-code hypothesis) का प्रतिपादन भी किया है जो यह दावा करता है कि प्रतिमाओं की स्मृति उत्तम इसलिए होती है क्योंकि इस सम्प्रत्यय (या प्रतिमा) को प्रतिमा

कूटसंकेत तथा शब्दिक कूटसंकेत दोनों के ही रूप में संचित करके व्यक्ति दो सम्भावित मार्ग खोल रखता है जिनके माध्यम से सूचनाओं की पुनःप्राप्ति की जा सकती है।

8. चुंकिंग *(Chunking)*—चुंकिंग का उपयोग लघुकालीन स्मृति (short-term memory) को उन्नत बनाने के लिए किया जाता है। मिल्लर (Miller, 1956) के अनुसार चुंकिंग से तात्पर्य याद की जाने वाली छोटी-छोटी इकाइयों को एक साथ संयोजित कर बड़ा इकाई में बदलने से होता है ताकि उसे आसानी से प्रत्याह्वान किया जा सके। जैसे, 3-3-3-5-5-5 को अलग-अलग इकाइयों में न याद करके तीन-तीन, तीन पाँच के रूप में आसानी से याद रखा जा सकता है। इसे चुंकिंग कहा जाएगा।

9. PQRST विधि *(PQRST Method)*—इस विधि का प्रतिपादन थॉमस एवं रॉबिन्सन (Thomas & Robinson, 1982) के विचारों के आधार पर किया गया है। इस विधि का मूल उद्देश्य पाठ्यपुस्तक की सामग्रियों (materials) का छात्रों द्वारा अध्ययन करने तथा स्मरण करने की क्षमता (ability) को बढ़ाना है। इस विधि का नामकरण इसकी पाँच अवस्थाओं (stages) के प्रथम अक्षरों को मिला कर किया गया है—

P = Preview (पूर्वदर्शन)

Q = Question (प्रश्न)

R = Read (पढ़ना)

S = Self-recitation (आत्म-प्रपठन)

T = Test (जाँच)

PQRST विधि स्मृति को उन्नत (improved) बनाने के लिए मूलतः तीन नियमों का सहारा लेता है—सामग्रियों को पहले संगठित करना, उनका विस्तरण (elaboration) करना तथा उसकी पुनः प्राप्ति (retrieval) का अभ्यास करना। इन पाँचों अवस्थाओं का चित्र 6.3 में दिखलाया गया है। इन पाँचों अवस्थाओं का वर्णन इस प्रकार है—

(i) पूर्वदर्शन *(Preview)*—इस अवस्था में पाठ की विषय-सूची (contents) का अवलोकन व्यक्ति करता है। फिर पाठ के मुख्य शीर्षकों एवं चित्रों को ध्यान से वह देखता है एवं अन्त में दिए गए अध्याय-सारांश को पढ़कर किसी अध्याय में सम्मिलित किए गए प्रमुख सामग्रियों के बारे में अनुमान लगाता है।

(ii) प्रश्न *(Question)*—जैसा कि चित्र 6.3 से भी संकेत मिलता है, व्यक्ति Q, R एवं S अवस्थाओं को एक साथ पाठ के एक अनुच्छेद (section) पर लागू करता है और तब उस अध्याय के दूसरे अनुच्छेद में बढ़ता है। यही कारण है कि इन तीनों अवस्थाओं को एक बड़ा आयत के भीतर दिखाया गया है। Q अवस्था में व्यक्ति अनुच्छेद के शीर्षक तथा उस अनुच्छेद के भीतर के उपशीर्षक को पढ़कर उसे प्रश्न के रूप में बदल देता है। इस अवस्था में वह शीर्षक या उपशीर्षक के भीतर की सामग्री को पढ़ना नहीं शुरू करता है। जैसे अगर शीर्षक का नाम है 'सीखना तथा परिपक्वन' तो छात्र इसे प्रश्न के रूप में बदल देता है—'सीखना तथा परिपक्वता' एक-दूसरे से कैसे सम्बन्धित हैं ? आदि।

(iii) पढ़ना *(Read)*—इस अवस्था में व्यक्ति अनुच्छेद (section) की सामग्रियों (materials) को पढ़ना प्रारम्भ कर देता है और मुख्य शब्दों एवं वाक्यों को रेखांकित (underline) भी करना प्रारम्भ कर देता है। साथ-ही-साथ वह इसके पहले की अवस्था में बनाए गए प्रश्नों का उत्तर भी ढूँढ़ने का प्रयास करने लगता है।

(iv) आत्म-प्रपठन *(Self-recitation)*—इस अवस्था में व्यक्ति अनुच्छेद को पढ़ना समाप्त कर उसके मुख्य संप्रत्यय एवं विचारों को मन-ही-मन सुनाना (recite) प्रारम्भ कर देते हैं। इस तरह के आत्म-प्रपठन से व्यक्ति को अपने ज्ञान (knowledge) की रिक्तियों (blanks) का तो पता चलता ही है, साथ-ही-साथ वे स्मृति को अच्छी तरह से संगठित (organize) भी आसानी से कर पाता है।

एक अनुच्छेद इस तरह पूरा करके व्यक्ति दूसरे अनुच्छेद पर Q, R एवं S की प्रक्रिया को दोहराता है और इसी तरह के आगे के अध्यायों के अनुच्छेदों पर अपना अभ्यास जारी रखता है।

(v) जाँच *(Test)*—इस अवस्था में व्यक्ति अध्याय का पढ़ना समाप्त कर उसकी जाँच एवं समीक्षा (review) करता है। इसके मूल तथ्यों का प्रत्याह्वान (recall) करता है और पुनः उन तथ्यों को याद किए गए अध्याय के तथ्यों से मिलाता है।

कुछ अध्ययन जो थॉमस एवं रॉबिन्सन (Thomas & Robinson, 1982), रीडर एवं एण्डरसन (Reader & Anderson, 1980) द्वारा किए गए हैं, उनसे स्पष्ट हो गया है कि PQRST विधि से व्यक्तियों की अध्ययन-क्षमता तथा

स्मरण क्षमता दोनों ही काफी उन्नत हो जाती है। इन अध्ययनों से यह भी स्पष्ट हो गया है कि इम पाँच अवस्थाओं में आत्म-प्रपठन (self-recitation) की अवस्था सबसे अधिक प्रमुख है और व्यक्तियों को चाहिए कि वे अपने अध्ययन का 80% समय इसी अवस्था में व्यतीत करें।

10. लोकी विधि *(Method of Loci)*—यह एक ऐसी विधि है जिसमें किसी सूची के एकांशों को व्यक्ति अपने मन में तार्किक रूप से सम्बन्द्ध जगहों की एक शृंखला बना लेता है ताकि उनका प्रत्याह्वान या पुनःप्राप्ति आसानी से हो सके। ऐसी शृंखला बन जाने से व्यक्ति अपने लक्ष्य शब्द तक आसानी से पहुँच जाता है। वोअर (Bower, 1973) ने अपने अध्ययन में पाया है कि लोकी विधि का उपयोग करने वाले प्रयोज्य शब्दों की सूची से उन प्रयोज्यों की अपेक्षा तिगुना अधिक प्रत्याह्वान किये जो इस विधि का उपयोग नहीं किये थे।

इस तरह हम देखते हैं कि स्मृति को उन्नत बनाने के कई तरीके हैं जिनपर मनोवैज्ञानिकों ने काफी गम्भीरता से विचार किया है। इनमें PQRST विधि, आधिक्य सीखना (overlearning), संगठन (organization) तथा स्मृति-सहायक प्रविधियाँ (mnemonic devices) अधिक महत्त्वपूर्ण है।

अध्याय सारांश — CHAPTER SUMMARY

1. स्मृति एक सामान्य पद है जिससे तात्पर्य पूर्व अनुभूतियों को मस्तिष्क में इकट्ठा कर रखने की क्षमता से होती है। स्मृति के तीन तत्त्व बतलाये गए हैं—कूटसंकेतन (encoding) संचयन (storage) तथा पुनःप्राप्ति (retrieval)।
2. स्मृति के तीन प्रकार बतलाये गए हैं—संवेदी स्मृति (sensory memory), लघुकालीन स्मृति तथा दीर्घकालीन स्मृति।
3. संवेदी स्मृति (sensory memory) सबसे लघुतम अवधि की स्मृति होती है जो सामान्यतः दो प्रकार की होती है—प्रतिचित्रात्मक स्मृति (iconic memory) तथा प्रतिध्वनिक स्मृति (echoic memory)।
4. लघुकालीन स्मृति तथा दीर्घकालीन स्मृति के बीच आठ विंदुओं पर अंतर किया गया है।
5. स्मृति या धारण (retention) को मापने के लिए चार विधियों का प्रतिपादन किया गया है— प्रत्याह्वान विधि, प्रत्याभिज्ञान विधि, पुनः सीखना विधि तथा पुनर्निर्माण विधि।
6. स्मृति के प्रयोगात्मक अध्ययनों से यह स्पष्ट हुआ है कि इविंगहॉस ने इसे पुनरूत्पादक मानसिक प्रक्रिया माना है जबकि बार्टलेट ने उसे पुनर्सरचनात्मक (reconstructive) मानसिक प्रक्रिया है।
7. विस्मरण एक ऐसी मानसिक प्रक्रिया है जिसमें व्यक्ति अपने गत अनुभूतियों को वर्तमान चेतन में लाने से अपने आपको असमर्थ पाता है।
8. इविंगहॉस (Ebbinghaus) के अनुसार विस्मरण एक निष्क्रिय मानसिक प्रक्रिया (passive mental process) है जबकि बाद में किये गए शोधों से यह स्पष्ट हुआ है कि यह एक सक्रिय मानसिक प्रक्रिया है।
9. विस्मरण वक्र (forgetting curve) या जिसे इविंगहॉस वक्र भी कहा जाता है, एक ऐसा वक्र है जो यह बतलाता है कि किसी पाठ को सीखने के तुरंत बाद विस्मरण का दर काफी तीव्र होता है परंतु समय बीतने से उस दर में कमी आ जाती है हालांकि विस्मरण की मात्रा में वृद्धि हो जाती है।
10. विस्मरण कई कारकों से प्रभावित होता है जिन्हें मूलतः तीन भागों में बाँटा गया है— सीखना से सम्बद्ध कारक, धारण से सम्बद्ध कारक तथा सीखने वाले व्यक्ति से सम्बद्ध कारक।
11. विस्मरण की व्याख्या करने के लिए कई सिद्धांतों का प्रतिपादन किया गया है जिनमें ह्रास सिद्धान्त संतुलन-दृढ़ीकरण सिद्धान्त, बाधक या हस्तक्षेप सिद्धान्त तथा द्विकारक सिद्धान्त (two-factor theory) प्रमुख हैं।
12. आत्मचरित स्मृति से तात्पर्य उन घटनाओं के बारे में सूचनाओं की स्मृति से होती है जो व्यक्ति की जिंदगी में घटते हैं।
13. पश्चोन्मुख स्मृति (retrospective memory) तथा अग्रोन्मुख स्मृति (prospective memory) स्मृति के दो प्रमुख प्रकार हैं। पश्चोन्मुख स्मृति से तात्पर्य वैसी क्षमता से होता है जिसके माध्यम से व्यक्ति व्यक्तिगत घटनाओं या सूचनाओं का स्मरण कर पाता है। अग्रोन्मुख स्मृति से तात्पर्य वैसी क्षमता से होती है जिसके सहारे व्यक्ति भविष्य के कार्यों की योजना बनाता है तथा उसे संपन्न करने के लिए याद रखता है।
14. स्मृति को उन्नत बनाने की कई विधियाँ हैं जिनका भी विश्लेषण किया गया है।

□

अध्याय 7

बुद्धि
(INTELLIGENCE)

बुद्धि की परिभाषा एवं स्वरूप
(Definition and Nature of Intelligence)

बुद्धि एक ऐसा सामान्य शब्द है जिसका प्रयोग हम अपने दिन-प्रतिदिन के बोलचाल की भाषा में काफी करते हैं। तेजी से सीखने तथा समझने, अच्छे स्मरण तथा तार्किक चिन्तन आदि गुणों के लिए हम दिन-प्रतिदिन की भाषा में 'बुद्धि' शब्द का प्रयोग करते हैं।

मनोवैज्ञानिकों में 'बुद्धि' शब्द का प्रयोग इस सामान्य अर्थ से हटकर विशेष अर्थ में होता है। प्रारम्भ से ही मनोवैज्ञानिकों ने बुद्धि शब्द को परिभाषित करने में कोशिश की है। सबसे पहले बोरिंग (Boring, 1923) ने बुद्धि की एक औपचारिक परिभाषा (formal definition) दिया और कहा कि बुद्धि परीक्षण जो मापता है, वही बुद्धि *(Intelligence is what intelligence test measures)*। परन्तु इस परिभाषा से बुद्धि के स्वरूप (nature) के बारे में किसी निश्चित अर्थ का पता नहीं चलता है। फिर बुद्धि को मापने के लिए बहुत परीक्षण (tests) हैं। इनमें से किस परीक्षण द्वारा किये गये मापन (measurement) को बुद्धि कहा जायेगा। बोरिंग के बाद अनेकों मनोवैज्ञानिकों ने बुद्धि को भिन्न-भिन्न ढंग से परिभाषित करने की कोशिश की है। इस सभी परिभाषाओं को मूलतः तीन भागों में बाँटा जा सकता है—

1. पहले श्रेणी में उन परिभाषाओं को रखा जा सकता है जिसमें बुद्धि को वातावरण के साथ समायोजन (adjustment) करने की क्षमता के आधार पर परिभाषित किया गया है। जो व्यक्ति जितनी ही जल्दी से वातावरण के साथ समायोजन कर लेता है, उसे उतनी ही तीव्र बुद्धि का समझा जाता है।
2. दूसरे श्रेणी में उन परिभाषाओं को रखा गया है जिसमें बुद्धि को सीखने की क्षमता (ability reasoning) के रूप में परिभाषित किया गया है। जिस व्यक्ति में यह क्षमता जितनी ही अधिक होती है, उस व्यक्ति में बुद्धि भी उतनी ही होगी।
3. तीसरे श्रेणी में उन परिभाषाओं को रखा गया है जिसमें बुद्धि को अमूर्त्त चिन्तन (abstract reasoning) करने की क्षमता के रूप में परिभाषित किया गया है। यह क्षमता जिस व्यक्ति में जितनी ही अधिक होती है, उस व्यक्ति मे बुद्धि भी उतनी ही होगी।

परन्तु बाद में अधिकतर मनोवैज्ञानिकों द्वारा यह अनुभव किया गया कि इन तीनों श्रेणियों की परिभाषाओं का एक सामान्य दोष (common defect) है और वह यह है कि प्रत्येक श्रेणी की परिभाषाओं में बुद्धि के मात्र एक पहलू या पक्ष को आधार मानकर बुद्धि को परिभाषित किया गया है। वास्तव में, बुद्धि में सिर्फ एक ही तरह की क्षमता (या पहलू) सम्मिलित नहीं होती है बल्कि इसमें अनेक तरह की क्षमताएँ जिन्हें सामान्य क्षमता (general ability) कहा जाता है, सम्मिलित होता है। इस उद्देश्य को ध्यान में रखते हुए कुछ मनोवैज्ञानिकों ने बुद्धि को दूसरे ढंग से परिभाषित किया है। इस परिभाषाओं में से निम्नांकित तीन सर्वश्रेष्ठ परिभाषाओं को नीचे दिया जा रहा है—

1. वेक्सलर[1] (Wechsler, 1939) के अनुसार, *''बुद्धि एक समुच्चय या सार्वजनिक क्षमता है जिसके सहारे व्यक्ति उद्देश्यपूर्ण क्रिया करता है, विवेकशील चिन्तन करता है तथा वातावरण के साथ प्रभावकारी ढंग से समायोजन करता है।''*

1. "Intelligence is the aggregate or global capacity of the individual to act purposefuly, to think rationally, and to deal effectively with his environment." —Wechsler : *Measurement of Adult Intelligence,* 1939

2. **रॉबिन्सन** तथा **रॉबिन्सन**[1] (Robinson & Robinson, 1965) के अनुसार, *''बुद्धि से तात्पर्य संज्ञानात्मक व्यवहारों (cognitive behaviours) के सम्पूर्ण वर्ग से होता है जो व्यक्ति में सूझ द्वारा समस्या समाधान करने की क्षमता, नयी परिस्थितियों के साथ समायोजन करने की क्षमता, अमूर्त्त रूप से सोचने की क्षमता तथा अनुभवों से लाभ उठाने की क्षमता को दिखलाता है।''*

3. **स्टोड्डार्ड**[2] (Stoddard, 1941) के अनुसार, *''बुद्धि उन क्रियाओं को समझने की क्षमता है जिनकी विशेषताएँ—(1) कठिनता, (2) जटिलता, (3) अमूर्त्तता, (4) मितव्ययिता (economy), (5) किसी लक्ष्य के प्रति अनुकूलनशीलता, (6) सामाजिक मान (value) तथा (7) मौलिकता की उत्पत्ति होती है और कुछ परिस्थिति में वैसी क्रियाओं को जो शक्ति की एकाग्रता तथा सांवेगिक कारकों के प्रति प्रतिरोध (resistance) दिखलाता है, करने की प्रेरणा देती है।''*

इन सभी परिभाषाओं की एक सामान्य विशेषता यह है कि इन परिभाषाओं में बुद्धि को कई तरह की क्षमताओं का योग माना गया है। यही कारण है कि ऐसी परिभाषाएँ काफी प्रचलित तथा लोकप्रिय (popular) हैं। इस परिभाषाओं का एक सामान्य विश्लेषण (common analysis) करने पर हम निम्नांकित तथ्य पर पहुँचते हैं—

(i) बुद्धि विभिन्न क्षमताओं का सम्पूर्ण योग (aggregate) होता है। इसका मतलब यह हुआ कि बुद्धि में किसी एक प्रकार की क्षमता नहीं होती है। इसमें कई प्रकार की क्षमताएँ होतीं हैं। इन क्षमताओं का पूर्ण योग ही बुद्धि कहलाता है।

(ii) बुद्धि के सहारे व्यक्ति किसी समस्या के समाधान में सूझ (insight) का सहारा लेता है। इतना ही नहीं, किसी समस्या के समाधान में गत अनुभूतियों का लाभ वह इसी बुद्धि के कारण ही उठा पाता है।

(iii) बुद्धि के सहारे व्यक्ति उद्देश्यपूर्ण क्रियाएँ (purposeful act) करता है। जो व्यक्ति जितना ही अधिक उद्देश्यपूर्ण एवं सार्थक क्रियाएँ करता है, उसे उतना ही अधिक बुद्धिमान माना जाता है। निरर्थक तथा उद्देश्यहीन क्रियाएँ करने वाले व्यक्ति को कम बुद्धि का समझा जाता है। अतः बुद्धि का स्वरूप कुछ ऐसा होता है कि इसके सहारे व्यक्ति उद्देश्यपूर्ण क्रियाएँ करता है।

(iv) बुद्धि व्यक्ति को वातावरण के साथ प्रभावकारी ढंग से समायोजन (adjustment) या अनुकूलन (adaptation) करने में मदद करता है। अधिक बुद्धि वाले व्यक्ति अपने आप को किसी भी वातावरण में ठीक ढंग से समायोजन कर लेते हैं। इन व्यक्तियों के समायोजन की क्षमता देखकर अन्य लोग भी काफी प्रभावित होते हैं। कम बुद्धि वाले व्यक्ति में इस तरह के समायोजन की क्षमता कम होती है और व्यक्ति में वातावरण से सम्बन्धित समायोजन की कई समस्याएँ उत्पन्न हो जाती है।

(v) बुद्धि से व्यक्ति में विवेकशील चिन्तन (rational thinking) तथा अमूर्त्त चिन्तन करने में भी मदद मिलती है। इसका मतलब यह हुआ कि जो व्यक्ति बुद्धिमान होता है, उसके सोचने एवं चिन्तन करने का तरीका विवेकपूर्ण, तर्कपूर्ण एवं युक्तिसंगत होता है। ऐसे व्यक्तियों में अमूर्त्त चिन्तन की क्षमता भी अधिक होती है। कम बुद्धि वाले व्यक्ति का चिन्तन अविवेकपूर्ण तथा तर्कहीन होता है। ऐसे व्यक्ति में अमूर्त्त चिन्तन करने की क्षमता भी कम होती है। ऐसे व्यक्तियों में चिन्तन करने तथा कार्य करने में असंगति (inconsistency) अधिक पायी जाती है।

(vi) बुद्धिमान व्यक्ति प्रायः कठिन एवं जटिल कार्य को समझकर करते हैं। इनके कार्यों में मौलिकता अधिक होती है।

ऊपर के वर्णन से स्पष्ट है कि बुद्धि का स्वरूप (nature) कुछ ऐसा होता है जिसे किसी एक कारक (factor) या क्षमता के आधार पर नहीं समझा जा सकता है। इसमें भिन्न-भिन्न प्रकार की क्षमताएँ होतीं हैं। थर्स्टन (Thurstone, 1938) ने अपने अध्ययन के आधार पर बतलाया है कि बुद्धि में कुल 7 ऐसी क्षमताएँ (abilities) होती हैं जिन्हें प्रधान

---

1. "Intelligence refers to the whole class of cognitive behaviours, which reflect an individual's capacity to solve problems with insight, to adapt himself to new situations, to think abstractly and to profit from his experiences."
—Robbinson & Robinson : *The mentally retarded child,* 1965

2. "Intelligence is the ability to understand activities that are characterized by (1) difficulty (2) complexity (3) abstractness (4) economy (5) adaptiveness to goal (6) social value (7) the emergence of originals, and to maintain such activities under conditions that demand a concentration of energy and a resistance to emotional factors."
—Stoddard : *On the meaning of intelligence,* 1941

मानसिक क्षमताएँ (primary mental abilities) कहा जाता है। गिल्फोर्ड (Guilford, 1967) ने हाल ही में बतलाया है कि बुद्धि में कुल 150 ऐसी क्षमताएँ (abilities) होती हैं।

अभी हाल में वर्नन (P. E. Vernon, 1969) ने बुद्धि सम्प्रत्यय के तीन अर्थ बतलाये हैं जो लोकप्रिय होने के साथ-ही-साथ आकर्षक भी दिखता है। उनके द्वारा बतलाये गए बुद्धि के तीन अर्थ इस प्रकार हैं—

(i) जननिक क्षमता के रूप में बुद्धि *(Intelligence as genetic capacity)*—इस अर्थ में बुद्धि पूर्णतः वंशागत (inherited) होता है। इसे हेब्ब (Hebb, 1978) ने 'बुद्धि ए' (Intelligence 'A') कहा है जो स्पष्टतः बुद्धि का एक जीनोटाइपिक (genotypic) प्रकार है तथा इसमें बुद्धि को व्यक्ति का एक आनुवंशिक गुण माना जाता है।

(ii) प्रेक्षित व्यवहार के रूप में बुद्धि *(Intelligence as an observed behaviour)*—इस अर्थ में बुद्धि व्यक्ति के जीन्स एवं वातावरण की अन्तःक्रिया (interaction) का परिणाम होता है तथा जिस सीमा तक व्यक्ति बुद्धिमत्तापूर्ण ढंग से व्यवहार करता है, उस सीमा तक उसे बुद्धिमान समझा जाता है। बुद्धि का यह अर्थ फेनोटाइपिक (phenotypic) प्रारूप का है। इसे हेब्ब (Hebb) ने बुद्धि 'बी' (Intelligence B) कहा है।

(iii) परीक्षण प्राप्तांक के रूप में बुद्धि *(Intelligence as a test score)*—इस अर्थ से बुद्धि का एक क्रियात्मक परिभाषा (operational definition) दी गयी। इस अर्थ में बुद्धि वही है जो बुद्धि परीक्षण मापता है। इसे हेब्ब (Hebb) ने बुद्धि 'सी' (Intelligence 'C') की संज्ञा दिया है।

सैट्टलर (Sattler, 1974) के अनुसार बुद्धि 'A', 'B' तथा 'C' में से बुद्धि 'C' के साथ कई तरह की समस्याएँ सम्बन्धित होतीं हैं क्योंकि बहुत से ऐसे कारक हैं जो परीक्षार्थी (testee) के परीक्षण निष्पादन (test performance) को कम कर सकता है। इनमें परीक्षार्थी में अभिप्रेरण की कमी, परीक्षण के स्वरूप से अनभिज्ञ होना, परीक्षण के निर्देश को ठीक से न समझना, परीक्षक (examiner) का अविश्वास आदि प्रमुख हैं। जब परीक्षार्थी के परीक्षण निष्पादन में इन कारणों से कमी हो जाती है, तो उसे भी बुद्धि 'C' के अर्थ के अनुसार कम बुद्धि का समझा जाएगा जबकि सच्चाई यह है कि इन कारणों के न होने पर उसका निष्पादन अच्छा हो सकता है।

बुद्धि के प्रकार
(Types of Intelligence)

ई॰ एल॰ थॉर्नडाइक (E. L. Thorndike) ने बुद्धि के तीन प्रकार बतलाये हैं जो इस प्रकार हैं—

1. सामाजिक बुद्धि (social intelligence)
2. अमूर्त्त बुद्धि (abstract intelligence)
3. मूर्त्त बुद्धि (concrete intelligence)

इन तीनों का विवरण इस प्रकार है—

1. सामाजिक बुद्धि *(Social intelligence)*—सामाजिक बुद्धि से तात्पर्य वैसी सामान्य मानसिक क्षमता से होता है जिसके सहारे व्यक्ति अन्य व्यक्तियों को ठीक ढंग से समझता है तथा व्यवहार कुशलता से दिखलाता है। ऐसे लोगों का सामाजिक सम्बन्ध (social relationship) काफी अच्छा होता है तथा समाज में इनकी प्रतिष्ठा काफी होती है। इनमें सामाजिक कौशलता (social skill) काफी होता है। यही कारण कि ऐसे व्यक्ति एक अच्छे नेता बन जाते हैं।

2. अमूर्त्त बुद्धि *(Abstract intelligence)*—अमूर्त चिन्तन से तात्पर्य वैसी मानसिक क्षमता से होता है जिसके सहारे व्यक्ति शाब्दिक (verbal) तथा गणितीय संकेतों एवं चिह्नों के सम्बन्धों को आसानी से समझा जाता है तथा उसकी उचित व्याख्या कर पाता है। ऐसा व्यक्ति जिसमें अमूर्त्त बुद्धि अधिक होती है, एक सफल कलाकार (artist), पेन्टर (painter) तथा गणितज्ञ आदि होता है।

3. मूर्त्त बुद्धि *(Concrete intelligence)*—मूर्त्त बुद्धि से तात्पर्य वैसी मानसिक क्षमता से होता है जिसके सहारे व्यक्ति ठोस वस्तुओं के महत्त्व को समझता है तथा उसका ठीक ढंग से भिन्न-भिन्न परिस्थितियों में परिचालन करना सीखता है। इस तरह की बुद्धि की जरूरत व्यापार एवं भिन्न-भिन्न तरह के व्यवसायों में अधिकतर पड़ती है। ऐसे बुद्धि वाले व्यक्ति एक सफल व्यापारी (businessman) बन सकते हैं।

इस तरह से हम देखते हैं कि बुद्धि के मुख्य तीन प्रकार हैं। इन प्रकारों (types) के बीच कोई स्पष्ट रेखा नहीं है। ऐसा नहीं है कि जिसमें सामाजिक बुद्धि अधिक होगी, उसमें मूर्त बुद्धि तथा अमूर्त्त बुद्धि कम होगी और मूर्त्त बुद्धि अधिक होगी तो अमूर्त्त बुद्धि तथा सामाजिक बुद्धि कम होगी।

मानसिक आयु (Mental Age)

मनोवैज्ञानिकों ने व्यक्ति की आयु को दो भागों में बाँटकर अध्ययन किया है—

1. तैथिक आयु (chronological age) तथा 2. मानसिक आयु (mental age)।

तैथिक आयु (chronological age) से तात्पर्य व्यक्ति के जन्म से लेकर आज तक के समय से होता है। जैसे, मान लीजिए कि किसी व्यक्ति को पैदा हुए 15 वर्ष 3 महीना 7 दिन आज तक हुआ है तो उसकी तैथिक आयु 15 वर्ष 3 महीना 7 दिन की होगी। इस तरह से तैथिक आयु व्यक्ति की वास्तविक आयु होती है जिसे जन्म के दिन से प्रारम्भ माना जाता है।

मानसिक आयु (mental age या MA) एक-दूसरे तरह की आयु है जिसका प्रयोग बुद्धि मापने में मनोवैज्ञानिकों ने काफी किया है। इस सम्प्रत्यय (concept) का प्रतिपादन बिने (Binet) तथा साईमन (Simon) द्वारा किया गया था। **टुकमैन**[1] (Tuckman, 1975) ने मानसिक आयु को परिभाषित करते हुए कहा है कि *यह एक ऐसा प्राप्तांक (score) है जिसका निर्धारण अपने ही उम्र या अपने से कम या अधिक उम्र के बच्चों के औसत निष्पादन के साथ तुलना करके किया जाता है।* एक उदाहरण लीजिए—मान लिया जाय कि कोई बच्चा जिसकी तैथिक आयु या वास्तविक आयु 6 वर्ष की है, 8 वर्ष के बच्चे के लिए बने बुद्धि परीक्षण (intelligence test) पर या इस उम्र के लिए निर्धारित समस्या के समाधान में सफल हो जाता है, तो उस बच्चे की मानसिक आयु 8 वर्ष की होगी जबकि वास्तविक आयु 6 वर्ष की है। उसी तरह यह भी सम्भव है कि 6 वर्ष का बच्चा 4 वर्ष के बच्चों के लिए बने बुद्धि परीक्षण पर सफल हो परन्तु 6 वर्ष के बच्चों के लिए बने बुद्धि परीक्षण पर सफल न हो। ऐसी अवस्था में उस बच्चे की तैथिक आयु तो 6 वर्ष की अवश्य है परन्तु उसकी मानसिक उम्र 4 वर्ष की ही है। यदि 6 वर्ष का बच्चा सिर्फ अपने ही उम्र के बच्चों के लिए बने बुद्धि परीक्षण पर सफल होता है, तो ऐसा कहा जाता है कि इस बच्चे की तैथिक आयु तथा मानसिक आयु समान है, यानी बराबर-बराबर है।

ऊपर के उदाहरण से यह स्पष्ट है कि मानसिक आयु (mental age) वास्तविक आयु या तैथिक आयु (chronological age) से कम, अधिक या बराबर हो सकता है। जब मानसिक आयु तैथिक आयु से कम होता है, तो व्यक्ति मंद बुद्धि का समझा जाता है। जब मानसिक आयु तैथिक आयु से अधिक होता है, तो व्यक्ति तीव्र बुद्धि का समझा जाता है और जब मानसिक आयु तथा तैथिक आयु एक-दूसरे के बराबर होता है, तो व्यक्ति को सामान्य बुद्धि (normal intelligence) का समझा जाता है। इस तरह से हम देखते हैं कि मानसिक आयु के आधार पर व्यक्ति की बुद्धि के बारे में अंदाज लगाया जा सकता है।

बुद्धि लब्धि (Intelligence Quotient)

बुद्धि मापने के लिए सबसे पहला बुद्धि परीक्षण बिने (Binet) तथा साईमन (Simon) ने 1905 में विकसित किया। इस परीक्षण में बुद्धि को मानसिक आयु (mental age) के रूप में मापकर अभिव्यक्ति किया गया। परन्तु इससे मनोवैज्ञानिकों को अधिक संतुष्टि नहीं हुई। बुद्धि लब्धि के संप्रत्यय को पहली बार जर्मन मनोवैज्ञानिक विलियम स्टर्न (William Stern) ने 1912 में प्रतिपादित किया। स्टर्न के अनुसार बुद्धि लब्धि, मानसिक आयु, तैथिक आयु था। 1916 में बिने-साईमन परीक्षण का सबसे महत्त्वपूर्ण संशोधन टरमैन (Terman) ने स्टैनफोर्ड विश्वविद्यालय (Stanford University) ने किया। इसी संशोधन में बुद्धि लब्धि (intelligence quotient या IQ) के सम्प्रत्यय को अधिक तीक्ष्य, स्पष्ट एवं अर्थपूर्ण बनाने के ख्याल से टरमैन ने इसमें 100 से गुणा करके उसके दशमल भिन्न (decimal fraction) को हटाने का सुझाव दिया। इसके परिणामस्वरूप सब बुद्धि लब्धि को तैथिक आयु (chronological age) के प्रतिशत के रूप में व्यक्त करना संभव हो पाया।

---

1. "Mental age is a score that is determined by comparing a child's score with the average score of his or her age-mates and with the score obtained by younger and older children in the norming group."

—Tuckman : *Measuring Educational outcomes,* 1965, p. 259

बुद्धि लब्धि (IQ) मानसिक आयु (mental age) तथा तैथिक आयु (chronological age) का एक ऐसा अनुपात (ratio) है जिसमें 100 से गुणा कर प्राप्त किया जाता है। यही कारण है कि इस अनुपात को बुद्धि-लब्धि (ratio IQ) भी कहा जाता था।

सूत्र के रूप में इसे इस प्रकार व्यक्त किया जा सकता है—

बुद्धि लब्धि = मानसिक आयु/तैथिक आयु × 100

या, IQ = MA/CA × 100

इसका एक उदाहरण इस प्रकार है—मान लिया जाय कि किसी बुद्धि परीक्षण द्वारा मापने पर 6 साल के बच्चे की मानसिक आयु (mental age) 5 साल की आती है और एक 4 साल के बच्चे की मानसिक आयु 5 साल की आती है तो पहले बच्चे की बुद्धि लब्धि 5/6 × 100 = 83 आयेगी तथा दूसरे बच्चे की बुद्धि लब्धि 5/4 × 100 = 125 आयेगी। स्पष्टतः दूसरा बच्चा पहले बच्चे से बुद्धि में अधिक प्रखर है। इस तरह बुद्धि लब्धि द्वारा हमें प्रारम्भ के उम्रों में होने वाले तीव्र बौद्धिक विकास (rapid intellecutal growth) का स्पष्ट ज्ञान होता है। चूँकि बौद्धिक विकास कम उम्र में यानी 3–4 साल में अधिक तेजी से होती है और अधिक उम्र जैसे 15–16 साल की उम्र होने पर इसकी गति धीमी हो जाती है, अतः मानसिक आयु तथा तैथिक आयु में समान अन्तर होते हुए भी इन दो अवस्थाओं के बुद्धि लब्धि में अधिक अन्तर हो जायेगा। उदाहरणार्थ, मान लिया जाय कि एक 5 साल के बच्चे की मानसिक आयु 4 साल की है तथा एक 15 साल के बच्चे की मानसिक आयु 14 साल है। क्या इन दोनों बच्चों का बौद्धिक स्तर समान है? क्या इन दोनों की बुद्धि लब्धि समान है? कदापि नहीं। 15 साल के बच्चे की बुद्धि लब्धि 14/15 × 100 = 93 आता है जबकि 5 साल के बच्चे की बुद्धि लब्धि 4/5 – 100 = 80 आता है। स्पष्टतः मानसिक आयु तथा तैथिक आयु में समान अन्तर (अर्थात् एक-एक साल का) होने पर भी दोनों बच्चे की बुद्धि लब्धि में अन्तर हो जाता है। ऐसा क्यों? इसलिए कि कम उम्र में बौद्धिक विकास तीव्रता से होता है।

भिन्न-भिन्न बुद्धि लब्धि का अर्थ भिन्न-भिन्न होता है। मनोवैज्ञानिकों ने बुद्धि लब्धि के भिन्न-भिन्न मान (values) के अर्थ को स्पष्ट एवं वस्तुनिष्ठ (objective) करने के लिए एक सामान्य तालिका बनायी है जिसे तालिका 7–A में दिखलाया गया है—

तालिका 7–A : बुद्धि लब्धि के मान तथा उसका अर्थ

बुद्धि लब्धि के मान (Value of IQ)	**(Meaning)**
140 या इससे अधिक	प्रतिभाशाली (Genius)
120 से 139 तक	अति श्रेष्ठ (Very Superior)
110 से 119 तक	श्रेष्ठ (Superior)
80 से 109 तक	सामान्य (Normal)
80 से 89 तक	मन्द (Dull)
70 से 79 तक	सीमान्त मन्द बुद्धि (Borderline feebleminded)
60 से 69 तक	मंद बुद्धि (Moron)
20 से 59 तक	हीन बुद्धि (Imbecile)
20 का इससे कम	जड़ बुद्धि (Idiot)

इस तरह से हम देखते है कि बुद्धि लब्धि द्वारा हमें व्यक्ति के बौद्धिक स्तर का पता आसानी से चल जाता है।

यद्यपि बुद्धि लब्धि द्वारा व्यक्ति के बुद्धि की अभिव्यक्ति ठीक ढंग से होती है, फिर भी आधुनिक मनोवैज्ञानिकों ने बुद्धिलब्धि के इस अर्थ के प्रति असंतोष व्यक्त किया है। इन लोगों का कहना है कि व्यक्ति की मानसिक आयु (mental age) सामान्यतः 18-19 साल के उम्र के बाद नहीं बढ़ती है परंतु उसका तैथिक आयु (chronological age) में वृद्धि होती जाती है। ऐसी परिस्थिति में 19 साल के बाद के प्रत्येक उम्र के व्यक्तियों की बुद्धि लब्धि यदि उक्त सूत्र से ज्ञात किया जाए तो वह उतरोत्तर कमती जायेगी। अतः आधुनिक मनोवैज्ञानिकों ने बुद्धि लब्धि का आजकल एक नया अर्थ

बतलाया है। इस नये अर्थ में बुद्धिलब्धि प्राप्तांक (IQ scores) द्वारा किसी बुद्धि परीक्षण पर समान उम्र के अन्य व्यक्तियों की तुलना में व्यक्ति के निष्पादन (performance) का पता चलता है। दूसरे शब्दों में, व्यक्ति के प्राप्तांक (score) की व्याख्या उसके अपने उम्र के मानक (norms) से किया जाता है। प्रत्येक उम्र या आयु के माध्य प्राप्तांक को स्वेच्छा से 100 मान लिया जाता है और यदि किसी बुद्धि परीक्षण पर किसी व्यक्ति का प्राप्तांक अपने आयु के लिए निर्धारित माध्य अर्थात् 100 से अधिक होता है, तो उसे औसत से ऊपर बुद्धि का परंतु यदि प्राप्तांक निर्धारित माध्य से कम आता है तो उसे औसत से नीचे बुद्धि का समझा जाता है। दूसरे शब्दों में, किसी व्यक्ति का बुद्धि लब्धि प्राप्तांक से इस नये अर्थ में यह पता चलता है कि औसत जिसे *विचलन बुद्धि लब्धि* (deviation IQ) कहा गया है, से किसी बुद्धि परीक्षण पर व्यक्ति का निष्पादन कितना विचलित (deviate) होता है। स्पष्टतः तब बुद्धि लब्धि के नवीनतम अर्थ में मानसिक आयु (mental age) के सम्प्रत्यय को हटा दिया गया है।

अब प्रश्न उठता है कि विचलन बुद्धि लब्धि (deviation IQ) क्या है? सबसे पहले यहाँ यह बता देना उचित होगा कि विचलन बुद्धि लब्धि का सम्बन्ध बुद्धिलब्धि से कुछ नहीं होता है बल्कि यह एक मानक प्राप्तांक (standard score) है। अतः नाम अपने आप में भ्रामक (misleading) है। विचलन बुद्धि लब्धि ज्ञात करने के लिए पहले मानक प्राप्तांक (standard score) ज्ञात किया जाता है और फिर इस प्राप्तांक का एक मापनी (scale) जिसका माध्य (Mean) = 100 तथा मानक विचलन (standard deviation) = 15 होता है, में बदल दिया जाता है और उसी के अनुरूप उसकी व्याख्या की जाती है। इसे एक उदाहरण से इस प्रकार समझाया जा सकता है—

मान लिया जाए कि किसी व्यक्ति को एक बुद्धि परीक्षण पर 50 अंक है। उसी परीक्षण को उस व्यक्ति के समान उम्र के व्यक्तियों पर (N = 100) पर क्रियान्वयन करने पर माध्य = 30 तथा मानक विचलन 10 प्राप्त हुआ। अतः उस व्यक्ति का मानक प्राप्तांक (standard score) होगा—

$\frac{X-\overline{X}}{S} = \frac{50-30}{10} = 2.00$ यदि मानक प्राप्तांक को उस मापनी में बदल दिया जाता है जिसका माध्य = 100 तथा मानक विचलन = 15 है, तो उस पर उस व्यक्ति का प्राप्तांक 2 मानक विचलन माध्य से ऊपर होगा, अर्थात् 130 होगा। उसी तरह से यदि किसी व्यक्ति का मानक प्राप्तांक –1.0 है, तो इस मापनी पर उसका प्राप्तांक एक मानक विचलन माध्य से नीचे होगा अर्थात् 85 होगा। मापनी पर 100 से ऊपर प्राप्तांक आने पर उसे औसत से अधिक बुद्धि का तथा कम आने पर उसे औसत से निम्न बुद्धि का समझा जाता है। इस तरह से हम देखते हैं कि विचलन बुद्धि लब्धि के सम्प्रत्यय में मानसिक आयु बुद्धि लब्धि (mental age IQ) के बहुत से गुणों की झलक बिना किसी तरह के दोष या कठिनाई का मिलता है। कुछ ऐसे ही गुणों को इस प्रकार सारणीकृत (summarized) किया जा सकता है।

(i) 100 का प्राप्तांक से यह पता चलता है कि व्यक्ति औसत बुद्धि का है।

(ii) 100 से ऊपर का प्राप्तांक तथा 100 से नीचे का प्राप्तांक से क्रमशः औसत से ऊपर एवं औसत से नीचे के बुद्धि स्तर होने का पता चलता है।

(iii) औसत प्राप्तांक (अर्थात् 100) एवं व्यक्ति का बुद्धि लब्धि प्राप्तांक के बीच का अन्तर द्वारा उस व्यक्ति के प्राप्तांक का सापेक्ष स्थान (relative standing or position) का पता चलता है। बुद्धि परीक्षण प्राप्तांकों का स्वरूप लगभग प्रसामान्य वितरण के आकार (shape) का होता है। परिणामस्वरूप, प्रसामान्य वक्र की तालिका के सहारे विचलन बुद्धि लब्धि को आसानी से शततमक (percentile) में बदला जा सकता है जिससे यह पता चल जाता है कि जीवसंख्या (population) के कितने प्रतिशत से उच्च या निम्न परीक्षण प्राप्तांक की उम्मीद की जा सकती है।

फिल्न (Flynn, 1989) ने संसार के आठ प्रमुख देशों अर्थात् आस्ट्रेलिया, बेलजियम, कनाडा, फ्रांस, ग्रेट ब्रिटेन, जापान, नीदरलैंड एवं संघीय राज्य यानी अमेरिका से प्रतिदर्श लेकर एक अध्ययन किया और पाया कि हाल के दशकों में सभी उम्र के व्यक्तियों का औसत बुद्धि लब्धि प्राप्तांक में पर्याप्त वृद्धि हुई है जिस कारण विभिन्न बुद्धि परीक्षणों के मानकों (norms) को इसके साथ समायोजित करने की आवश्यकता है। इनके अध्ययन के अनुसार बुद्धिलब्धि प्राप्तांक में सबसे अधिक वृद्धि फ्रांस और उसके बाद जापान तथा नीदरलैंड में हुआ है। संघीय राज्य अमेरिका में ऐसी वृद्धि काफी कम हुई है।

बुद्धि की माप
(Measurement of Intelligence)

जेन्सन[1] (1969) ने ठीक ही कहा है, *"बुद्धि बिजली के समान है, जिसे परिभाषित करने की अपेक्षा मापना आसान है।"* यद्यपि यह थोड़ा विरोधाभासी (paradoxical) दीख पड़ता है, फिर भी यह सत्य है कि एक पूर्णतः संतोषजनक परिभाषा विना दिए हुए ही मनोवैज्ञानिकों ने बुद्धि मापने की भरपूर कोशिश की है। *नवम् मेन्टल मेजरमेन्ट इयरबुक* (The Ninth Mental Measurement Year-book, 1985) में 77 बुद्धि परीक्षणों के निर्माण एवं सम्बद्ध साहित्य की समीक्षा की गयी है। इसमें से 61 बुद्धि परीक्षण सामान्य बुद्धि स्तर (general intellectual level) को मापते हैं तथा 16 ऐसे परीक्षण हैं जिनके माध्यम से विशिष्ट मानसिक क्षमता (specific mental ability) का मापन होता है। 61 में से 32 बुद्धि परीक्षण ऐसे हैं जिनका क्रियान्वयन समूह में किया जाता है तथा उसे मशीन से या हाथ से प्राप्तांक लेखन (scoring) किया जा सकता है। बाकी 29 बुद्धि परीक्षण ऐसे हैं जिनका क्रियान्वयन वैयक्तिक रूप से (individually) हो सकता है तथा उनका प्राप्तांक लेखन किसी प्रशिक्षण विशेषज्ञ ही कर सकते हैं। जब किसी बुद्धि परीक्षण का उपयोग सामान्य शैक्षिक उपलब्धि (general academic achievement) के बारे में पूर्वकथन करने के लिए किया जाता है तो इसे शैक्षिक अभिवृत्ति परीक्षण (scholastic aptitude test) कहा जाता है। बुद्धि की माप बुद्धि परीक्षण (intelligence text) द्वारा की जाती है। सबसे पहला बुद्धि परीक्षण बिने (Binet) तथा साईमन (Simon) ने मिलकर 1905 में बनाया था। यह बुद्धि परीक्षण आने वाले वर्षों में मनोवैज्ञानिकों के बीच काफी लोकप्रिय (popular) हुआ। फलस्वरूप, इसका कई बार संशोधन (revision) भी किया गया। इस परीक्षण का सबसे महत्त्वपूर्ण संशोधन टरमैन (Terman) द्वारा 1916 में स्टैनफोर्ड विश्वविद्यालय (Stanford University) में किया गया। इस संशोधन में सबसे पहली बार बुद्धि लब्धि के सम्प्रत्यय को बुद्धि मापने के सूचक (index) के रूप में प्रयोग किया गया। इसके बाद अनेकों मनोवैज्ञानिकों जैसे वेक्सलर (Wechsler), अर्थर (Arthur), कैट्टेल्ल (Cattell), रेभेन (Raven), गुडएनफ (Goodenough) आदि ने भी बुद्धि परीक्षण बनाकर बुद्धि मापन के क्षेत्र में महत्त्वपूर्ण योगदान दिये हैं। भारत में भी कई मनोवैज्ञानिकों ने बुद्धि परीक्षण का निर्माण किया है। इसमें डॉ॰ एस॰ जलोटा, डा॰ मोहन चन्द्र जोशी, डा॰ एस॰ मोहसिन आदि प्रमुख हैं।

इस तरह से स्पष्ट है कि बुद्धि का मापन भिन्न-भिन्न बुद्धि परीक्षणों द्वारा किया जाता है। इनमें से कुछ बुद्धि परीक्षण ऐसे हैं जो शाब्दिक (verbal) हैं अर्थात् जिनके एकांशों (items), निर्देश (instruction) आदि में लिखित भाषा का प्रयोग किया गया है तथा कुछ ऐसे भी हैं जिनके एकांशों तथा निर्देश में लिखित भाषा का प्रयोग नहीं होता है और व्यक्ति को दिये गये वस्तुओं (objects) का परिचालन (manipulate) करके कुछ विशेष डिजाइन (design) बनाना होता है। इसके आधार पर ही व्यक्ति के बुद्धि की जाँच की जाती है। कुछ प्रमुख बुद्धि परीक्षणों का प्रयोग जिसका बुद्धि मापन में अधिकतर उपयोग किया गया है, निम्नांकित है—

1. बिने परीक्षण (Binet Test)
2. वेक्सलर मापनी (Wechsler Scales)
3. रेभेन प्रोग्रेसिव मैट्रीसेज (Raven's Progressive Matrices)
4. गुडएनफ ड्रॉ-ए-मैन परीक्षण (Goodenough Draw-a-man Test)
5. पीवॉडी चित्र शब्दावली परीक्षण (Peabody Picture Vocabulary Test)
6. कैट्टेल्ल संस्कृति मुक्त बुद्धि परीक्षण (Cattell's Culture-free intelligence Test)
7. बच्चों के लिए निर्मित कॉफमैन मूल्यांकन परीक्षणमाला (Kaufman Assessment Battery for Children or K-ABC)

इन परीक्षणों का वर्णन हम अलग-अलग अनुच्छेद में करेंगे।

1. बिने परीक्षण *(Binet Test)*

बुद्धि परीक्षण के इतिहास की अहमियत मनोवैज्ञानिक दृष्टिकोण से काफी अधिक बतलायी गयी है। इसका एक प्रमुख कारण यह है कि बिने परीक्षण (Binet test) ऐसा माननीकृत बुद्धि परीक्षण (standardized intelligence test) है

---

1. "Intelligence, like electricity, is easier to measure than to define." —Jensen : *Educational Review,* 1969, p. 5

जिसकी ओर मनोवैज्ञानिकों का ध्यान गया तथा इस परीक्षण को समय-समय पर संशोधन (revision) कर उसे और भी अधिक उत्तम बनाने का प्रयास जारी रखा गया।

इस परीक्षण का निर्माण फ्रेंच मनोवैज्ञानिक अलफ्रेड बिने (Alfred Binet) द्वारा थियोडोर साइमन (Theodore Simon) जो एक मेडिकल डॉक्टर थे, की सहायता से की गयी। फ्रेंच सरकार ने मानसिक रूप से दुर्बल (mentally retarded) बच्चों की पहचान करने के लिए एक बुद्धि परीक्षण का निर्माण का भार बिने पर सौंपा था। बिने ने साइमन की मदद से एक बुद्धि परीक्षण का निर्माण 1905 में किया जिसे तब *बिने-साइमन मापनी* (Binet-Simon Scale) के नाम से पुकारा गया। इस परीक्षण में कुल 30 एकांश (items) थे जिनके द्वारा मूलतः बच्चों में भाषा का प्रयोग, चिन्तन एवं बोध (comprehension) आदि का मापन होता था। ये सभी एकांश बढ़ते हुए क्रम में सुसज्जित थे। यह एक वैयक्तिक बुद्धि परीक्षण (individually administered intelligence test) है जिसका प्रथम संशोधन 1908 में किया गया। इस संशोधन की मुख्य विशेषता यह थी कि इसमें कुछ नये एकांशों को जोड़े गए थे तथा कुछ असंतोषजनक पुराने एकांशों को हटा दिया गया। 1908 के संशोधन के बाद इस परीक्षण में एकांशों की संख्या बढ़कर 58 हो गयी।

इस परीक्षण का अंग्रेजी रूपान्तर गोड्डार्ड (Goddard) द्वारा 1911 में अमेरिका में किया गया और विभिन्न मानसिक अस्पतालों एवं उपचार-गृहों में इसका प्रयोग मानसिक रूप से कमजोर बच्चों की पहचान में धड़ल्ले से किया जाने लगा। अमेरिका में इसके कई संशोधन (revision) फिर बाद में हुए। जैसे—कुह्लमान (Kuhlmann) ने इसका संशोधन 1912, 1922 तथा 1939 में किया। यर्क्स (Yerkes) ने इसका संशोधन 1915 एवं 1923 में किया तथा हेरिंग (Hering) ने इसका संशोधन 1922 में किया।

परंतु इस परीक्षण का सबसे गहत्त्वपूर्ण संशोधन एल॰ एम॰ टरमैन (L. M. Terman) द्वारा 1916 में स्टैनफोर्ड विश्वविद्यालय में किया गया। इस संशोधन ने परीक्षण में चार चाँद लगा दिये। इसकी लोकप्रियता दिन-दुनी तथा रात-चौगुनी ढंग से बढ़ी। इस संशोधन को स्टैनफोर्ड-बिने (Stanford-Binet) के नाम से पुकारा गया। इस संशोधन की प्रमुख विशेषता यह थी कि इसमें बुद्धि-लब्धि (intelligence quotient or I.Q.) के सम्प्रत्यय का सबसे पहली बार समावेश किया गया। इस परीक्षण के दो तुल्य फार्म थे—L फार्म तथा M फार्म। 1937 में इस परीक्षण का पुनः संशोधन किया गया और यह संशोधन टरमैन तथा मेरिल्ल (Terman & Merrill) द्वारा किया गया और इसे 'नया संशोधन स्टैनफोर्ड-बिने परीक्षण' या संक्षेप में 'दी 1937 बिने' (The 1937 Binet) कहा गया। इस संशोधन की खास विशेषता यह थी कि 1916 की तुलना में इसके माननीकरण को अधिक उन्नत बना दिया गया तथा इसकी वैधता (validity) को अधिक उत्तम किया गया। इसके अलावा परीक्षण के ऊपरी तथा निचली उम्र-सीमाओं का विस्तार किया गया।

स्टैनफोर्ड-बिने मापनी का तीसरा संशोधन 1960 में टरमैन तथा मेरिल द्वारा ही किया गया और इसके द्वारा 2 साल के बच्चों से लेकर 22 वर्ष 11 महीना तक के वयस्कों की बुद्धि मापने का दावा किया। इस संशोधन में परीक्षण के तुल्य फार्म (equivalent form) के स्वरूप को बनाये रखा गया। इस संशोधन में 1937 के संशोधन के उत्तम एकांशों को रखा गया तथा पुराने एवं अनुपयुक्त एकांशों को हटा दिया गया। अधिकतर चिकित्सकों का मत है कि 4 साल से 12 साल के बच्चों के लिए यह परीक्षण काफी प्रेरणात्मक है। इस परीक्षण का चौथा संशोधन 1986 में किया गया। इस संशोधन में स्टैनफोर्ड-बिने-मापनी को और भी अधिक सर्वोत्कृष्ट बना दिया।

स्टैनफोर्ड-बिने-मापनी का संशोधन वर्ष
(Revision years of Stanford-Binet Scale)

प्रथम	संशोधन	1916
द्वितीय	संशोधन	1937
तृतीय	संशोधन	1960
चतुर्थ	संशोधन	1986
पंचम	संशोधन	2003

स्टैनफोर्ड-बिने बुद्धि मापनी का पंचम संशोधन (S-B. 5) 2003 में प्रकाशित हुआ है जिसका मूल्यांकन शोधकर्त्ताओं द्वारा किया जा रहा है। इस संशोधित संस्करण की विशेषता यह है कि इसके एकांशों को यौन (sex), सांस्कृतिक (cultural) तथा सामाजिक-आर्थिक पूर्वाग्रहों (socio-economic biases) के संदर्भ में अर्थगत कर तैयार किया गया है। इस मापनी में पूर्ण मापनी बुद्धि लब्धि (full scale IQ), शाब्दिक बुद्धि लब्धि (verbal IQ), अशाब्दिक बुद्धि लब्धि

(nonverbal IQ) तथा पाँच मिश्रित सूचकांकों (composite indices) की प्राप्ति होती है। ये पाँच सूचकांकों के नाम हैं—तरल तर्कणा (fluid reasoning), ज्ञान (knowledge), परिमाणात्मक तर्कणा (quantitative reasoning), दृष्टि-स्थानिक प्रक्रिया (visual-spatial processing) तथा चलन स्मृति (working memory)। इस पंचम संस्करण में विभिन्न प्राप्तांकों (scores) के लिए मानक विचलन 15 रखा गया है (ध्यान रहे कि इस परीक्षण में पहले के अन्य संशोधनों में मानक विचलन को 16 रखा गया था।)

इस परीक्षण (अर्थात, SB5) का उपयोग 2 साल से 90 साल तक के व्यक्तियों की बुद्धि मापने में किया जाता है। रोइड (Roid, 2003) के अनुसार इस परीक्षण पर के प्राप्तांकों की विश्वसनीयता (reliability) काफी अधिक है। इस परीक्षण द्वारा मापे जाने वाले पाँचों संज्ञानात्मक कारक (cognitive factors) का वर्णन इस प्रकार है—

(1) तरल तर्कणा *(Fluid reasoning)*—इस कारक द्वारा व्यक्ति के तर्कणा क्षमता (reasoning ability) का मापन होता है। इसके लिये कई तरह के एकांशों (items) को इसमें सम्मिलित किया गया है। जैसे

(i) किस तरह से एक सेव तथा केला लाल शलगम से भिन्न है?

(ii) जिस तरह से रेलगाड़ी प्लेटफॉर्म से संबंधित होता है, उसी तरह से समुद्री जहाज का संबंध ...... होता है?

इसके अलावा कुछ एकांश ऐसे होते हैं जिनमें व्यक्ति को विभिन्न आकारों (shapes) में से जो लुप्त आकार है, उन्हें बतलाना होता है तथा उन्हें एक कहानी बतलाना होता है जिससे तस्वीरों के एक क्रमों (series) द्वारा होने वाली घटनाओं के बारे में पता चल पाये।

(2) ज्ञान *(Knowledge)*—इस कारक द्वारा विभिन्न क्षेत्रों में व्यक्ति के ज्ञान को मापा जाता है। इस कारक को कुछ इस प्रकार के एकांशों द्वारा मापा जाता है।

(i) एक साइकिल जिसका पहिया वर्गाकार है, में क्या चीज विचित्र या असंभव आपको दिखता है?

(ii) क्रिपटोग्राम (Cryptogram) का क्या अर्थ होता है?

(3) परिमाणात्मक तर्कणा *(Quantities reasoning)*—इस कारक द्वारा संख्याओं (numbers) से संबंधित समस्याओं का समाधान करने की क्षमता का मापन होता है। इसमें निम्नांकित तरह के कुछ एकांशों को सम्मिलित किया गया है।

(i) अगर किसी क्रम (series) में 3, 6, 9, 12 हो तो उसके ठीक बाद की संख्या बतलावें।

(ii) अगर किसी व्यक्ति की आय 10% बढ़ जाती है और फिर 10% घट जाती है, तो उस व्यक्ति को कुल लाभ होगा या हानि?

(4) दृष्टि-स्थानिक प्रक्रिया *(Visual-spatial processing)*—इस कारक की प्रचुरता वाले व्यक्ति किसी चीज के आकार (shape) को ध्यान में रखते हुए उसके परिणाम के बारे में बतलाने की पर्याप्त क्षमता दिखलाते हैं। जैसे, यदि उनसे यह पूछा जाय कि कागज का यह टुकड़ा को इस तरह से मोड़ देने से यह कैसा दिखेगा, तो ऐसा कहने में वह प्रायः सफल होता है, तो ऐसा समझा जाता है कि व्यक्ति में उक्त कारक की प्रचुरता है। इस कारक का मापन कुछ निम्न तरह के शाब्दिक एकांश (verbal item) द्वारा भी हो सकता है।

मान लिया जाए कि आज पूरब दिशा में जा रहे हैं, फिर दायें मुड़ जाते हैं और उसके बाद बायें मुड़ जाते हैं और फिर दायें मुड़ जाते हैं तो अब आप किस दिशा में जा रहे होते हैं?

(5) चलन स्मृति *(Working memory)*—इस कारक द्वारा लघुकालीन स्मृति (short-term memory) का उपयोग करने की क्षमता का मापन होता है। इसमें कुछ इस ढंग के एकांश होते हैं।

(i) अंकों के एक बोले गए क्रम (series) को उल्टी दिशा में बोलें?

(ii) कई वाक्यों को सुनने के बाद आप प्रत्येक वाक्य से अंतिम शब्द को बोलें?

SB5 के क्रियान्वयन के बाद सामान्य बुद्धि (general intelligence), शाब्दिक बुद्धि (verbal intelligence), अशाब्दिक बुद्धि (non-verbal intelligence) तथा उपर्युक्त पाँचों संज्ञानात्मक कारकों में से प्रत्येक के लिए प्राप्तांक (score) प्राप्त होते हैं। SB5 एक वैयक्तिक बुद्धि परीक्षण (individual intelligence test) है।

स्टैनफोर्ड-बिने का मूल्यांकन *(Evaluation of Stanford-Binet)*

स्टैनफोर्ड-बिने परीक्षण के कुछ गुण (merits) तथा परिसीमाएँ (limitations) है जिनपर मनोवैज्ञानिकों ने बल डाला है। इसके प्रमुख गुण निम्नांकित हैं—

(i) स्टैनफोड बिने परीक्षण की सबसे आमूल गुण जो अन्य बुद्धि परीक्षणों में प्रायः देखने को नहीं मिलता है, वह यह है कि परीक्षण का वर्तमान प्रारूप द्वारा मौलिक परीक्षण में प्रस्तावित बुद्धि के मूल अर्थ को परिवर्तित नहीं किया गया है। मौलिक परीक्षण के दोनों गुणों अर्थात् बुद्धि को चिन्तन (reasoning), बोध (comprehension) तथा निर्णय (judgement) के रूप में परिभाषित करना एवं बुद्धि के आयु-संदर्भीय मापन (age-referenced measurement) को स्टैनफोर्ड-बिने परीक्षण (1986) द्वारा कायम रखा गया। अन्य बुद्धि परीक्षणों के संशोधन में देखा गया है कि परीक्षण के मूल अर्थ एवं संरचना को पूर्णतः परिवर्तित कर दिये जाते हैं। ऐसी बात स्टैनफोर्ड-बिने मापनी के साथ नहीं है।

(ii) अनेकों अध्ययनों से यह स्थापित हो चुका है कि स्टैनफोर्ड-बिने परीक्षण एक विश्वसनीय (reliable) तथा वैध (valid) परीक्षण है।

(iii) इस परीक्षण द्वारा बच्चों एवं वयस्कों दोनों की बुद्धि की माप होती है।

उपर्युक्त गुणों के कारण मनोवैज्ञानिकों द्वारा इस परीक्षण का उपयोग काफी अधिक किया जा रहा है।

स्टैनफोर्ड-बिने की कुछ परिसीमाएँ (limitations) भी हैं जिनमें निम्नलिखित प्रमुख हैं—

(i) 2½ वर्ष से 5½ वर्ष के बच्चों की बुद्धि मापन के लिए इस परीक्षण को कुछ लोगों ने अधिक विश्वसनीय नहीं पाया है।

(ii) उसी तरह से कुछ मनोवैज्ञानिकों का मत है कि वैसे बच्चे जिनकी बुद्धिलब्धि 140 या इससे भी अधिक है, उसके लिए भी यह परीक्षण अधिक विश्वसनीय नहीं है।

(iii) इस परीक्षण में बुद्धि के शाब्दिक पहलुओं पर सर्वाधिक बल डाला गया है तथा क्रियात्मक पहलू की उपेक्षा की गयी है।

इन हल्के-फुल्के परिसीमाओं के बावजूद स्टैनफोर्ड-बिने मापनी की लोकप्रियता काफी अधिक है तथा मनोवैज्ञानिकों के बीच इस परीक्षण की लोक प्रसिद्धि अधिक है। विने-साइमन मापनी (1960) का भारतीय अनुकूलन भी एस॰ के॰ कुल श्रेष्ठ (S. K. Kulshresth) द्वारा किया गया है।

2. वेक्सलर बुद्धि मापनी *(Wechsler Intelligence Scales)*

डेविड वेक्सलर (David Wechsler) जो अमेरिका के न्यूयार्क सिटी के बेलेभ्यू अस्पताल (Bellevue Hospital) में एक मनश्चिकित्सक (psychiatrist) थे, स्टैनफोर्ड-बिने मापनी से बहुत संतुष्ट नहीं थे। यह बात 1935–38 की है जब स्टैनफोर्ड-बिने परीक्षण अपने दूसरे संशोधित रूप में (The Binet, 1937) प्रकाशित हो गया था। उस समय के इस स्टैनफोर्ड-बिने परीक्षण का एक प्रमुख दोष यह था कि उसके द्वारा वयस्कों की बुद्धि की माप नहीं होती थी। फलस्वरूप, वेक्सलर ने वयस्कों की बुद्धि की माप करने के लिए 1939 में अलग से एक वैयक्तिक परीक्षण (individual test) का निर्माण किया जिसका नाम *वेक्सलर-बेलेभ्यू बुद्धि मापनी* (Wechsler-Bellevue intellience scale) रखा गया। इस मापनी द्वारा वयस्क की बुद्धि की माप आसानी से की जाती थी। इस मापनी के दो भाग थे—शाब्दिक मापनी (Verbal Scale) तथा क्रियात्मक मापनी (Performance Scale)। 1955 ई॰ में इस परीक्षण का संशोधित संस्करण (revised edition) प्रकाशित किया गया जिसका नाम *वेक्सलर वयस्क बुद्धि मापनी* (Wechsler Adult Intelligence Scale या WAIS) रखा गया। इस परीक्षण को 1981 में पुनः संशोधित किया गया जिसे 'WAIS-R' कहा गया। 'WAIS-R' के भी दो भाग थे—शाब्दिक मापनी (Verbal scale) तथा क्रियात्मक मापनी (Performance Scale)। 1997 में WAIS-R का संशोधित संस्करण प्रकाशित हुआ जिसे WAIS-III कहा गया। इस परीक्षण में कुल 14 उपपरीक्षण हैं जिसमें 7 शाब्दिक परीक्षण हैं तथा 7 अशाब्दिक परीक्षण है।

'WAIS-II' के शाब्दिक मापनी (verbal scale) के सात उपपरीक्षणों का वर्णन निम्नांकित हैं—

(i) सूचना परीक्षण *(Information test)*—इनके एकांशों द्वारा कुछ ऐसी सामान्य सूचनाओं के बारे में ज्ञान (knowledge) का मापन होता है जिसे एक सामान्य वयस्क से उम्मीद की जाती है।

(ii) बोध परीक्षण (*Comprehension test*)—इनके एकांशों द्वारा व्यक्ति से यह पूछा जाता है कि क्यों किसी चीज को किया जाना चाहिए या उसे अमुक परिसिथति में क्या करना चाहिए? इससे व्यक्ति में समझ या सूझ की स्तर का मापन होता है।

(iii) अंक विस्तार परीक्षण (*Digit Span test*)—इसमें तीन अंकों से लेकर नौ अंकों तक के क्रम को परीक्षक पढ़ता है जिसे सुनकर उसी क्रम में तथा विलोम क्रम में उन अंकों को परीक्षार्थी या व्यक्ति बोलता रहता है। इस परीक्षण द्वारा लघुकालीन स्मृति (short-term memory) का मापन होता है।

(iv) शब्दावली परीक्षण (*Vocabulary test*)—इनके एकांशों में कुछ शब्द होते हैं जिन्हें पढ़कर तथा लिखकर परीक्षक व्यक्ति को देता है। व्यक्ति को उन शब्दों को परिभाषित करना होता है या उसका अर्थ बतलाना होता है।

(v) अंकगणितीय परीक्षण (*Arithematic test*)—इसमें कुछ साधारण गणितीय समस्याएँ होतीं हैं जिन्हें बिना कागज एवं पेंसिल की मदद से व्यक्ति को समाधान करना होता है। इससे व्यक्ति के परिमाणात्मक चिन्तन का मापन होता है।

(vi) समानता परीक्षण (*Similarities test*)—इसमें 14 प्रश्न होते हैं और रोगी को प्रत्येक प्रश्न में दिए गए वस्तुओं के बीच समानता (similarity) बतलाना होता है।

(vii) अक्षर-अंक क्रम (*Letter-Number Sequencing*)—इसके द्वारा चलन स्मृति (working memory) का मापन होता है। इसमें परीक्षणकर्त्ता अंकों तथा अक्षरों के यादृच्छिक क्रम को पढ़कर सुनाता है जिसे परीक्षार्थी को सही क्रम में करके बतलाना होता है। WAIS-III में यह एक नया उपपरीक्षण है।

WAIS-III का 2008 में पुनः संशोधित प्रारूप प्रकाशित किया गया जिसे WAIS-IV कहा गया। इसका प्रकाशन पियर्सन ऐस्समेन्ट्स् (Pearson Assessments) द्वारा किया गया। नये WAIS-IV में 10 हीर या मुख्य उपपरीक्षण (10 core subtests) हैं तथा 5 पूरक उपपरीक्षण (supplemental subtests) हैं इन सभी 10 उपपरीक्षण के प्राप्ताकों के आधार पर सम्पूर्ण मापनी बुद्धि लब्धि (Full scale Intelligence components or FSIQ) ज्ञात किया जाता है। इस मापनी में चार सूचकांक प्राप्तांक (Index Scores) द्वारा बुद्धि के चार घटकों (components) के बारे में पता चलता है। ये चार सूचकांक प्रांप्ताक इस प्रकार हैं:

शाब्दिक बोध सूचकांक (*Verbal Comprehension Index or VCI*)— इसमें तीन मुख्य (core) तथा एक पूरक उपपरीक्षण हैं। तीन मुख्य परीक्षण के नाम है, समानता परीक्षण (Similarities Test), शब्दावली (Vocabalary Test) तथा सूचना परीक्षण (Information Test) पूरक परीक्षण का नाम बोध परीक्षण (Comprehension Test) है। समानता परीक्षण द्वारा अमूर्त शाब्दिक तर्कजा (abstract verbal reasoning) तथा अर्थगत ज्ञान (semantic knowledge) का मापन होता है। शब्दावली परीक्ष्य द्वारा इस बात की जाँच होती है कि लब्धि किस सीमा तक शब्दों को समझता है तथा उसकी अभिलब्धि करता है। सूचना परीक्षण द्वारा समाज में लब्धि द्वारा अर्जित सामान्य ज्ञान (general knowledge) का पता चलता है। बोध परीक्षण (comprehension test) लब्धि में अमूर्त सामाजिक परम्परा (abstract social convention), नियम (rules) आदि का मापन होता है।

प्रत्यक्षज्ञानात्मक तर्कजा सूचकांक (*Perceptual Reasoning Index or PRI*)—इस सूचकांक में तीन मुख्य (core) उपरीक्षण तथा दो पूरक परीक्षण (supplemental tests) हैं। तीन मुख्य उपपरीक्षण के नाम हैं : ब्लाक डिजाइन परीक्षण (block design test)-मैट्रीक्स तकर्जा परीक्षण (matrix reasoning test) तथा चाक्षुष पहेली परीक्षण (visual puzzle test) पूरक परीक्षण के नाम हैं: चित्र पूर्त्ति परीक्षण (picture completion test) तथा आकृति भार परीक्षण (figure weights test) । ब्लाक डिजाइन परीक्षण द्वारा दृष्टि-देशिक प्रक्रिया (visual spatial problem) तथा समस्या समाधान क्षमता, मैट्रीक्स तर्कजा परीक्षण द्वारा अशाब्दिक अमूर्त समस्या समाधान (nonverbal abstract problem solving) क्षमता, तथा चाक्षुष पहेली परीक्षण द्वारा चाक्षुष देशिक तर्कजा (visual spatial reasoning) का मापन होता है। चित्रपूर्त्ति परीक्षण द्वारा चाक्षुष विस्तृति (visual details) को प्रत्क्षय करने की क्षमता तथा आकृति भार परीक्षण द्वारा परिणात्मक तर्कजा (quantitative reasoning) का मापन होता है।

चलन स्मृति सूचकांक (*Working-Memory index or WMI*)—इस सूचकांक में दो मुख्य या हीर (core) परीक्षण है तथा एक पूरक परीक्षण है। दो मुख्य परीक्षण हैं : अंक विस्तार परीक्षण (digit span test) तथा अकंगणितीय परीक्षण (reasoning arithmatic test) तथा एक पूरक परीक्षण का नाम है पल-अंक अनुक्रमण परीक्षण (hecto-digit sequencing test).

WAIS-III के क्रियात्मक परीक्षण (performance test) के सात उपपरीक्षण (subtest) निम्नांकित हैं—

(i) चित्र-पूर्ति परीक्षण (*Picture completion test*)—इसमें 20 चित्र होते हैं और प्रत्येक चित्र से कुछ महत्त्वपूर्ण अंश गायब होता है। व्यक्ति को यह बतलाना होता है कि कौन-सा अंश गायब है। इसके द्वारा एकाग्रता तथा असंगतता (incongruity) के समझ की माप होती है।

(ii) चित्र व्यवस्था परीक्षण (*Picture arrangement test*)—इस परीक्षण में 10 समस्याएँ होतीं हैं। प्रत्येक समस्या में 3 से 6 कार्ड होते हैं जिन्हें खास क्रम में सज्जित करने से एक कहानी बन जाती है। प्रत्येक समस्या के कार्डों को उल्टे-पुल्टे क्रम में दिया जाता है तथा व्यक्ति को उसे समय सीमा के भीतर अर्थपूर्ण ढंग से सज्जित करना होता है। इससे निर्णय करने की क्षमता, पूर्वाभास करने की क्षमता तथा योजना बनाने की क्षमता का मापन होता है।

(iii) ब्लॉक डिजाइन परीक्षण (*Block Design test*)—इस परीक्षण में 9 कार्ड पर 9 आकार-चित्र बने होते हैं। दिये गए ब्लॉक़ जिसके विभिन्न भाग (sides) लाल, उजला तथा उजला और लाल दोनों ही रंग से रंगे होते हैं, की मदद से व्यक्ति को विशिष्ट आकार चित्र के समान बनाना होता है। इस परीक्षण द्वारा अशाब्दिक बुद्धि (non-verbal intelligence) जैसे दृष्टि-गति समन्वय (visual-motor coordination) तथा विश्लेषण-संश्लेषण क्षमता (analytic-synthetic ability) का मापन होता है।

(iv) वस्तु-सज्जीकरण परीक्षण (*Object assembly test*)—इसमें चार ऐसी समस्याएँ होतीं हैं जिनके अंश सभी कटे होते हैं। व्यक्ति को प्रत्येक समस्या के सभी कटे हुए अंशों को जोड़ते हुए सुव्यवस्थित कर दिये गए समस्या की वस्तु (object) को बनाना होता है। यह अत्यन्त ही सरल कार्य होता है और इसके द्वारा व्यक्ति के बोध (comprehension) क्षमता का मापन होने के साथ-ही-साथ दृष्टि-पेशीय समन्वय (visual-motor coordination) का भी मापन होता है।

(v) अंक प्रतीक परीक्षण (*Digit Symbol test*)—इस परीक्षण में व्यक्ति को संकेत-प्रतिस्थापन कार्य (code-substitution test) करना पड़ता है जिसमें संख्याओं की एक लम्बी कतार होती है जिसके नीचे के खाली स्थानों को व्यक्ति को भरना पड़ता है। इस कार्य के लिए संकेत (symbol) दिये रहते हैं जिसमें 1 से 9 तक अंक होते हैं और प्रत्येक अंक के साथ एक चिह्न (symbol) होता है। अंकों के नीचे की खाली जगह में उपयुक्त चिह्न को लिखना होता है। व्यक्ति 90 सेकेण्ड के भीतर जितने संकेतों को भर सकता था, भरता है।

(vi) मैट्रीक्स तर्कणा (*Matrix Reasoning*)—इस उपपरीक्षण द्वारा अशाब्दिक तरल तर्कणा (nonverbal fluid reasoning) का मापन होता है। इस परीक्षण में 3 × 3 ग्रिड में कुछ चित्रीय समस्याएँ (figural problems) होतीं हैं जिनका अंतिम चित्र लुप्त होता है। इन चित्रों में छिपे सम्बन्धों की पहचान करके दिये हुए पाँच चित्रों के उत्तरों में से एक को चुनना होता है। WAIS-III में यह एक नया उपपरीक्षण है।

(vii) संकेत खोज (*Symbol search*)—यह उपपरीक्षण भी WAIS-III में एक नया उपपरीक्षण है जिसके माध्यम से परीक्षार्थी द्वारा कार्य की गति (speed) का मूल्यांकन होता है। इसमें परीक्षार्थी संकेतों का एक समूह जो लक्ष्य-संकेत (target symbol) होता है, को देखकर संकेतों का एक खोज समूह (search group) में उसकी खोज करता है और तदनुरूप 'हाँ' या 'नहीं' में चिह्न लगता है।

इस तरह से हम देखते हैं कि WAIS-III में 7 शाब्दिक परीक्षण तथा 7 क्रियात्मक परीक्षण होते हैं। 7 शाब्दिक परीक्षणों पर व्यक्ति द्वारा प्राप्त मानक अंकों (standard scores) को तथा 7 क्रियात्मक परीक्षणों पर प्राप्त मानक अंकों को जोड़कर इन दोनों मापनियों पर अलग-अलग प्राप्तांक (scores) प्राप्त किया जाता है। शाब्दिक मापनी तथा क्रियात्मक मापनी पर आये प्राप्तांकों को जोड़कर सम्पूर्ण मापनी प्राप्तांक (full scale score) प्राप्त किया जाता है। इन प्राप्तांकों को *विचलन बुद्धि लब्धि* (Deviation I.Q.) में बदल दिया जाता है जहाँ माध्य 100 तथा मानक विचलन 15 होता है। इस मापनी पर तीन तरह के बुद्धि लब्धि ज्ञात किया जाता है— शाब्दिक बुद्धि लब्धि (verbal intelligence quotient), क्रियात्मक बुद्धि लब्धि (performance intelligence quotient) तथा सम्पूर्ण मापनी बुद्धि लब्धि (full scale intelligence quotient)। कई अध्ययनों से स्पष्ट हुआ है कि WAIS-III की विश्वसनीयता (reliability) तथा वैधता (validity) का स्तर काफी संतोषजनक है।

वेक्सलर ने बच्चों की बुद्धि मापने के लिए भी दो अलग-अलग मापनी (Scale) का निर्माण किया है जो निम्नांकित हैं—

(क) Wechsler Intelligence Scale for Children (WISC) तथा

(ख) Wechsler Preschool and Primary Scale of Intelligence (WPPSI)

WISC का निर्माण 1949 में 5 साल के बच्चों की बुद्धि मापने के लिए किया गया। 1974 में WISC को संशोधित कर और अधिक उन्नत बनाया गया तथा उसे WISC-R कहा गया है जिसे पुनः 1991 में संशोधित किया गया और WISC-III कहा गया जिसमें 10 उपपरीक्षण हैं तथा 3 पूरक (supplementary) उपपरीक्षण हैं। WISC-III में भी दो तरह के मापनी थे—शाब्दिक मापनी (Verbal Scale) तथा क्रियात्मक मापनी (Performance Scale)। शाब्दिक मापनी के 6 उपपरीक्षण (subtest) हैं जो निम्नांकित हैं—

1. सूचना परीक्षण (Information test)
2. समानता परीक्षण (Similarities test)
3. अंकगणितीय परीक्षण (Arithmetic test)
4. शब्दावली परीक्षण (Vocabulary test)
5. बोध परीक्षण (Comprehension test)
6. अंक विस्तार परीक्षण (Digit Span test)

क्रियात्मक परीक्षण (Performance Scale) के भी 7 उपपरीक्षण (subtest) हैं जो निम्नांकित हैं—

1. चित्र-पूर्ति परीक्षण (Picture Completion test)
2. चित्र-व्यवस्था परीक्षण (Picture arrangement test)
3. ब्लॉक डिजाइन परीक्षण (Block Design test)
4. वस्तु सज्जीकरण परीक्षण (Object Assembly test)
5. संकेतीकरण परीक्षण (Coding test)
6. भूलभुलैया परीक्षण (Maze test)
7. संकेत खोज (Symbol Search)

इन परीक्षणों में अंक विस्तार (Digit spain), संकेत खोज (Symbol search) तथा भूलभुलैया (Mazes) पूरक परीक्षण है जिनपर के प्राप्तांकों को बुद्धिलब्धि के परिकलन में सम्मिलित नहीं किया जाता है।

स्पष्ट हुआ कि WISC-III के उपपरीक्षण बहुत हद तक WAIS-III के उपपरीक्षण के समान (similar) है और इसमें वैसे प्रश्न तथा कार्य होते हैं जो बच्चों के लिए उपयुक्त होता है। इस परीक्षण में भी शाब्दिक परीक्षण पर के प्राप्तांक तथा क्रियात्मक परीक्षण पर के प्राप्तांक को जोड़कर सम्पूर्ण मापनी प्राप्तांक (Full Scale Score) ज्ञात किया जाता है तथा उन्हें फिर विचलन बुद्धि लब्धि (deviation I.Q.) में बदल दिया जाता है। WISC को पुनः 1991 में संशोधित किया गया है जिसे 'WISC-III' कहा गया है। इसकी विशेषता यह है कि इसमें शाब्दिक बुद्धि लब्धि प्राप्तांक, क्रियात्मक बुद्धि लब्धि प्राप्तांक तथा सम्पूर्ण मापनी बुद्धि लब्धि प्राप्तांक के अलावा इस परीक्षण के प्राप्तांकों को चार अन्य कारकों के रूप में भी व्याख्या की जा सकती है— शाब्दिक बोध (verbal comprehension), प्रत्यक्ष-ज्ञानात्मक संगठन, ध्यानभंगता (distractibility) से मुक्ति तथा संसाधन गति (processing speed)। WISC का चौथा संस्करण उपलब्ध हो गया है। यह एक गोल्ड मानक (gold standard) है जिसे भारत समेत पूरे विश्व में बच्चों की बुद्धि मापने के लिये किया जाता है। WISC का चौथा संस्करण भारतीय मानकों (Indian norms) के साथ उपलब्ध है जो 6 साल से 16 साल 11 महीने के बच्चों के लिए है। इसका प्रकाशन *पियरसन क्लिनिकल एण्ड टैलेंट एस्समेन्ट*, बंगलोर (Banglore) द्वारा 2012 में किया गया है।

WPPSI का निर्माण 1968 में वेक्सलर द्वारा 4 साल से लेकर 6½ साल के बच्चों की बुद्धि को मापने के लिए किया गया। इस परीक्षण के करीब-करीब आधे एकांश (items) WISC-III से लिए गए हैं तथा इस परीक्षण में भी शाब्दिक परीक्षण (verbal scale) तथा क्रियात्मक मापनी (performance scale) हैं। इसका संशोधन 1989 में हुआ जिसे WPPSI-R कहा गया। इस परीक्षण के शाब्दिक परीक्षण में 6 उपपरीक्षण (subtests) हैं तथा क्रियात्मक मापनी में 6 उपपरीक्षण हैं। इस तरह से कुल मिलाकर 12 उपपरीक्षण हैं। शाब्दिक मापनी (Verbal Scale) के 6 उपपरीक्षण इस प्रकार हैं—

1. सूचना परीक्षण (Information test)

2. शब्दावली परीक्षण (Vocabulary test)
3. अंकगणितीय परीक्षण (Arithematic test)
4. समानता परीक्षण (Similarities test)
5. बोध परीक्षण (Comprehension test)
6. वाक्य परीक्षण (Sentence test)—यह एक वैकल्पिक परीक्षण (alternative test) है जिसका उपयोग किसी भी शाब्दिक मापनी के बदले में किया जा सकता है।

क्रियात्मक मापनी (Performance Scale) के छह उपपरीक्षण निम्नांकित हैं—

1. पशु पेग परीक्षण (Animal Pegs test)
2. चित्र-पूर्ति परीक्षण (Picture Completion test)
3. भूलभुलैया परीक्षण (Mazes test)
4. ज्यामितीय डिजाइन परीक्षण (Geometric design test)
5. ब्लॉक डिजाइन परीक्षण (Block Design test)
6. वस्तु सज्जीकरण परीक्षण (Object Assembly test)

WPPSI में तीन परीक्षणों को छोड़कर बाकी सभी परीक्षण वही हैं जो WISC के थे। वे तीन नये परीक्षण हैं—पशु पेग परीक्षण (Animal Peg Test), वाक्य परीक्षण (Sentence test) तथा ज्यामितीय डिजाइन परीक्षण (Geometric Design test)। वाक्य परीक्षण में बच्चों को परीक्षक (examiner) द्वारा बोले गए वाक्य को बोलकर ही दोहराना होता है। पशु पेग परीक्षण में रंगीन सिलिंडर को पशुओं के चित्र से बच्चा को सम्बन्धित करना पड़ता है। पशुपेग परीक्षण एक तरह का वैकल्पिक परीक्षण है जिसका उपयोग किसी भी क्रियात्मक परीक्षण के बदले किया जा सकता है। ज्यामितीय डिजाइन परीक्षण में बच्चा किसी तरह की ज्यामितीय डिजाइन एवं आकारों (shapes) को दिये गए कागज पर पेंसिल के सहारे बनाना होता है।

प्रत्येक उपपरीक्षण पर आये प्राप्तांक को एक मानक प्राप्तांक (Standard score) में जिसका माध्य (Mean) = 10 तथा मानक विचलन (Standard deviation) = 3 होता है, में बदल दिया जाता है। फिर उसके आधार पर शाब्दिक क्रियात्मक एवं सम्पूर्ण मापनी प्राप्तांक ज्ञात किया जाता है और उसे विचलन बुद्धि लब्धि (deviation I.Q.) में जिसका माध्य = 100 एवं मानक विचलन = 15 होता है, बदल दिया जाता है। WAIS-R तथा WISC-III के समान WPPSI भी एक काफी विश्वसनीय (reliable) एवं वैध बुद्धि मापनी है। शाब्दिक एवं क्रियात्मक परीक्षण की औसत विश्वसनीयता .90 पाया गया है तथा वैधता गुणांक .75 से .80 तक पाया गया है।

वेक्सलर द्वारा प्रतिपादित तीनों मापनियों (WAIS-R, WISC-III तथा WPPSI) एक तरह का बिन्दु मापनी (point-scale) है जिसमें प्रत्येक विषय क्षेत्र (content area) के लिए एक अलग प्राप्तांक दिये जाते हैं।

3. रैवेन प्रोग्रेसिव मैट्रीसेज (*Raven's Progressive Matrices*)

इस परीक्षण का निर्माण जे॰ सी॰ रैवेन (J. C. Raven) द्वारा 1930 के दशाब्दी (decade) के लगभग मध्य में अर्थात 1936 में किया गया। इस परीक्षण द्वारा स्पीयरमैन के बुद्धि सिद्धान्त के G-कारक (G-factor) का मापन होता है। यह एक तरह का अशाब्दिक (non-verbal) बुद्धि परीक्षण है तथा इसका स्वरूप भाषारहित (non-language) होने के कारण इसका उपयोग विभिन्न संस्कृतियों के व्यक्तियों के बुद्धि मापन में सफलतापूर्वक किया गया है। अतः यह एक तरह का *संस्कृति-मुक्त बुद्धि परीक्षण* (culture-free intelligence test) है।

रैवेन प्रोग्रेसिव मैट्रीसेज (Raven's Progressive Matrices) में बहुविकल्पी एकांश (multiple choice items) होते हैं। प्रत्येक एकांश में मैट्रीक्स (matrix) के रूप में प्रत्यक्षज्ञानात्मक अनुरूपता (perceptual analogy) का कार्य सम्पन्न होता है। सामान्यतः प्रत्येक मैट्रीक्स में तीन कॉलम (column) एवं दो (row) होते हैं। मैट्रीक्स के चित्र कुछ ऐसे होते हैं कि प्रत्येक कॉलम एवं प्रत्येक रो के चित्रों से वे अर्थपूर्ण ढंग से सम्बन्धित होते हैं। प्रत्येक मैट्रीक्स का एक अंश जो नीचे दायाँ-हाथ के कोने में होता है, लुप्त (missing) होता है। व्यक्ति को कई वैकल्पिक चित्रों में से चुनकर यह बतलाना होता है कि कौन-सा चित्र मैट्रीक्स के लुप्त स्थान पर अर्थपूर्ण ढंग से बैठेगा। (चित्र 7.2 देखें)। इस परीक्षण का मूल उद्देश्य विभिन्न अशाब्दिक सामग्रियों (non-verbal materials) जैसे ज्यामितिक चित्रों में छिपे तार्किक सम्बन्धों (logical relationship) को ढूँढ़ने की क्षमता का मापन करना है।

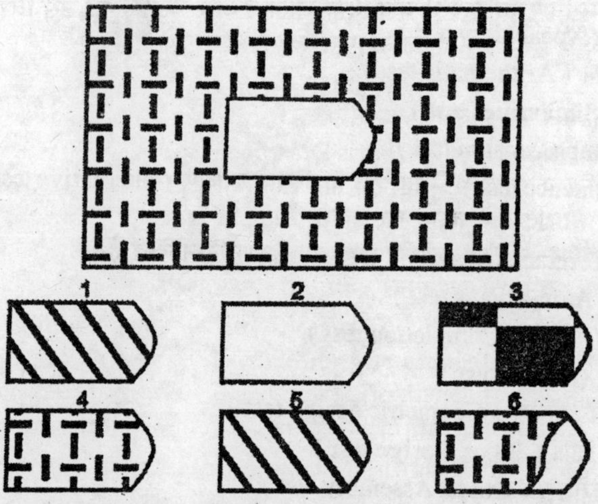

चित्र 7.2 : रैवेन प्रोग्रेसिव मैट्रीसेज के एकांशों के समान एक एकांश

रैवेन प्रोग्रेसिव (Raven's Progressive Matrices) के निम्नांकित तीन प्रारूप (form) हैं—

1. स्टैण्डर्ड प्रोग्रेसिव मैट्रीसेज (Standard Progressive Matrices या SPM)
2. रंगीन प्रोग्रेसिव मैट्रीसेज (Coloured Progressive Matrices या CPM)
3. उच्चतर प्रोग्रेसिव (Advanced Progressive Matrices या APM)

इन तीनों का वर्णन निम्नांकित हैं—

स्टैण्डर्ड प्रोग्रेसिव मैट्रीसेज में कुल 60 मैट्रीसेज हैं जिन्हें 5 सेटों में बाँटा गया है। प्रत्येक सेट में 12-12 मैट्रीसेज हैं जिनके समाधान के लिए करीब-करीब एक ही तरह के नियम (principles) की जरूरत पड़ती है। इन मैट्रीसेज की कठिनाई स्तर अलग-अलग होती है। मैट्रीसेज के इन पाँच सेटों के समाधान में प्रत्यक्षज्ञानात्मक विभेद (perceptual discrimination), परिभ्रमण (rotation) तथा पैटर्नस का क्रमपरिवर्तन (permutation) आदि से सम्बन्धित क्षमताओं की जरूरत पड़ती है। SPM द्वारा 5 साल से ऊपर के बच्चों तथा वयस्कों की बुद्धि का मापन होता है।

CPM में 12–12 मैट्रीसेज के तीन सेट होते हैं। ये सभी मैट्रीसेज रंगीन होते हैं और SPM के मैट्रीसेज की तुलना में काफी आसानी होते हैं। इसके द्वारा 4 साल से 10 साल के बच्चों की बुद्धि की माप होती है तथा 10 साल के ऊपर के वैसे बच्चों की बुद्धि की भी माप होती है जो मानसिक रूप से दुर्बल (mentally retarded) होते हैं।

APM का प्रयोग उन व्यक्तियों के लिए किया जाता है जो बौद्धिक रूप से थोड़ा श्रेष्ठ होते हैं और जिनके लिए SPM के मैट्रीसेज काफी आसानी मालूम पड़ते हैं। APM में भी 12–12 मैट्रीसेज के तीन सेट होते हैं और इन मैट्रीसेज की कठिनता स्तर अधिक होती है जिसके समाधान के लिए सूक्ष्म प्रत्यक्षज्ञानात्मक विभेदीकरण की क्षमता की जरूरत पड़ती है।

रैवेन प्रोग्रेसिव मैट्रीसेज का उपयोग नैदानिक परिस्थिति में उतना नहीं हुआ है जितना कि स्टैनफोर्ड-बिने परीक्षण (Stanford-Binet test) तथा वेक्सलर मापनियों (Wecshler Scales) का हुआ है। कुछ मनोवैज्ञानिकों का मत है कि रैवेन प्रोग्रेसिव मैट्रीसेज खासकर के SPM तथा CPM का प्रयोग उन बच्चों की बुद्धि मापने में उपयोगी सिद्ध होता है जो मानसिक रूप से दुर्बल होते हैं तथा जिनमें तार्किक चिन्तन (logical thinking) की कमी होती है।

4. गुडएनफ ड्रा-ए-मैन परीक्षण *(Goodenough Draw-a-Man Test)*

मनोवैज्ञानिकों द्वारा इस परीक्षण का प्रयोग बुद्धि मापने में तब किया जाता है जब उन्हें कम समय में रोगी के बुद्धि के बारे में एक स्थूल (rough) सूचना की जरूरत पड़ती है। इसे कुछ मनोवैज्ञानिकों ने बिने-साइमन परीक्षण के सम्पूरक (supplement) के रूप में भी प्रयोग किया है। इस परीक्षण का निर्माण गुडएनफ जो एक महिला मनोवैज्ञानिक थी, द्वारा 1926 में किया गया था। व्यक्ति जिसकी बुद्धि की माप होनी है, को एक पुरुष का चित्र बनाने को कहा जाता है। इस परीक्षण द्वारा बच्चों की बुद्धि की माप की जाती है। चूँकि 'पुरुष' का चित्र एक ऐसा चित्र है, जिससे सभी बच्चे परिचित होते हैं, अतः गुडएनफ ने इसे उपयुक्त समझकर अपने परीक्षण में समावेश किया था। पुरुष का चित्र बनाने में कलात्मक कौशलों (artistic skill) को महत्त्व नहीं दिया जाता है परन्तु बच्चों के सम्प्रत्यात्मक चिन्तन (conceptual thinking) तथा प्रेक्षण

(observation) की क्षमता पर निश्चित रूप से बल दिया जाता है और इसके लिए उसे विशेष अंक भी मिलते हैं। इसके अलावा चित्र में शरीर के अंगों को दर्शन, अंगों का अनुपात, वस्त्र आदि गुणों के लिए भी उसे साख (credit) प्रदान किया जाता है।

1963 में हैरिस (Harris) ने इस परीक्षण का संशोधन (revision) किया, जिसके कारण इसका नाम बदलकर *गुडएनफ-हैरिस ड्राइंग परीक्षण* (Goodenough-Harris Drawing Test) रखा गया। इस नये परीक्षण की विशेषता यह थी कि इसमें बच्चा जिसकी बुद्धि की माप होती थी, को तीन चित्र बनाना होता था—एक पुरुष का, एक स्त्री का और एक स्वयं अपना। इस परीक्षण के द्वारा KG से लेकर 9th वर्ग के बच्चों की बुद्धि मापी जाती थी। इस तरह से गुडएनफ-हैरिस ड्राइंग परीक्षण के तीन उपमापनी थे— *पुरुष मापनी* (Male-Scale), *महिला मापनी* (Female-Scale) तथा *आत्म-मापनी* (Self-Scale)। आत्म-मापनी सचमुच में व्यक्तित्व का एक प्रक्षेपण माप (projective measure) के रूप में विकसित किया गया था हालाँकि इसके समर्थन में जो आँकड़े उपस्थित किये गए थे, वे अधिक दुरुस्त (sound) नहीं थे।

इस परीक्षण की विश्वसनीयता (reliability) तथा वैधता (validity) के सम्बन्धित अध्ययनों से स्पष्ट हुआ कि ये दोनों ही गुण काफी संतोषजनक मात्रा में उपलब्ध हैं। डन्न (Dunn, 1967) तथा हैरिस (Harris, 1963) के अनुसार विश्वसनीयता गुणांक .68 से .90 तक पाया गया है तथा वैधता गुणांक .50 तक पाया गया है।

गुडएनफ परीक्षण चूँकि एक संस्कृति-मुक्त परीक्षण (culture-free test) है, अतः इसका प्रयोग सभी संस्कृतियों में हुआ है। नैदानिक परिस्थितियों में भी विशेषकर उपचारगृह (clinic) में इस परीक्षण का उपयोग स्टैनफोर्ड-बिने परीक्षण तथा अन्य शाब्दिक बुद्धि मापनी (verbal intelligence scale) के सम्पूरक (supplement) के रूप में काफी किया गया है। इस तथ्य की पुष्टि **एनासटेसी**[1] (Anastasi, 1968) ने भी इन शब्दों में किया है, *''मौलिक ड्रा-ए-मैन परीक्षण स्टैनफोर्ड-बिने तथा अन्य शाब्दिक मापनियों के संपूरक के रूप में उपचारगृहों में काफी क्रियान्वित किया गया है।''*

5. पीबॉडी चित्र शब्दावली परीक्षण *(Peabody Picture Vocabulary Test or PPVT)*

इस परीक्षण का निर्माण डन्न (Dunn, 1959, 1965) द्वारा 2½ साल के बच्चों से लेकर 18 साल के वयस्कों तक की बुद्धि मापने के लिए की गयी है। इस परीक्षण में चार-चार चित्र के 150 सेट होते हैं। व्यक्ति को यह बतलाना होता है कि परीक्षक द्वारा बोले गए शब्द का चार चित्रों में से किससे सही-सही ढंग से वर्णन होता है। स्पष्टतः यह एक शाब्दिक परीक्षण (verbal test) है और उपचारग्रहों (clinics) में इसका प्रयोग मात्र एक स्क्रीनिंग उद्देश्यों (screening purposes) से ही किया जाता है।

स्पष्ट हुआ कि मनोवैज्ञानिकों द्वारा कई तरह के बुद्धि परीक्षणों का उपयोग किया जाता है। इन बुद्धि परीक्षणों में स्टैनफोर्ड-बिने परीक्षण (Stanford-Binet Test) तथा वेक्सलर बुद्धि मापनी (Wechsler Intelligence Scale) का प्रयोग अन्य बुद्धि परीक्षणों की तुलना में अधिक किया गया है।

6. कैट्टेल्ल संस्कृति-मुक्ति बुद्धि परीक्षण *(Cattell's Culture-Free Intelligence Test)*

जैसा कि नाम से ही स्पष्ट है कि इस तरह के बुद्धि परीक्षण का उद्देश्य सांस्कृतिक कारकों (cultural factors) के प्रभाव को नियंत्रित कर बुद्धि मापना है। इस परीक्षण के एकांश (items) कुछ ऐसे होते हैं कि उनका उत्तर देने के लिए किसी तरह के विशिष्ट सांस्कृतिक ज्ञान (specific cultural knowledge) की आवश्यकता नहीं होती है और व्यक्ति चाहे किसी भी तरह की संस्कृति में जन्मा हो या उसका पालन-पोषण किया गया हो, उनका उत्तर देने में वह सफल हो पाता है। इस परीक्षण में व्यक्ति विभिन्न वस्तुओं के बीच सम्बन्धों एवं अमूर्त्त चित्रों से सम्बन्धित समस्याओं का उत्तर ढूँढ़ने की कोशिश करता है। ये सभी समस्याएँ कुछ ऐसी होतीं हैं जो सांस्कृतिक कारकों (cultural factors), सामाजिक श्रेष्ठता (social advantages) एवं पर्यावरणी प्रभावों से मुक्त होता है। इस परीक्षण द्वारा सामान्य मानसिक क्षमता कारक जिसे स्पीयरमैन (Spearman) ने 'g' कारक कहा है, का मापन होता है।

निश्चित रूप से मनोवैज्ञानिकों ने कैट्टेल्ल (Cattell, 1940) को इस बात के लिए श्रेय (credit) दिया है कि वे सबसे पहले मनोवैज्ञानिक थे जिन्होंने संस्कृति-मुक्त बुद्धि परीक्षण विकसित किया परंतु वे लोग कैट्टेल्ल द्वारा उपयुक्त इस पद के लिए उनकी आलोचना किया है। इन मनोवैज्ञानिकों का मत है कि सचमुच में कोई भी ऐसा परीक्षण नहीं हो सकता है जो संस्कृति के प्रभाव से पूर्णतः मुक्त हो। कोई भी सीखा गया व्यवहार पर संस्कृति का प्रभाव निश्चित रूप से पड़ता ही है।

---

1. "The original Draw-a-Man test has been administered widely in clinics as a supplement to the Stanford-Binet and other verbal scales."
—Anastasi : *Psychological Testing,* 1968, p. 250

अतः किसी परीक्षण को पूर्णतः *संस्कृति-मुक्त* (culture free) कहना उचित नहीं है। बाद में कैट्टेल्ल ने उक्त पद में कुछ संशोधन किया और इसका नाम *संस्कृति-स्वच्छ बुद्धि परीक्षण* (Culture-fair intelligence test) दिया। परन्तु उसमें भी लगभग वहीं दोष पाये गए। आलोचकों ने कहा कि विभिन्न संस्कृति या उपसंस्कृति के सदस्यों के लिए किसी विशिष्ट एकांश में कितनी स्वच्छता (fairness) हो सकती है, इस बारे में उनमें अर्थात् सदस्यों में कोई सहमति नहीं है। इतना ही नहीं, परीक्षण निर्माणकर्त्ता इस बात का ठीक निर्णायक (judge) नहीं भी हो सकते हैं कि वास्तव में कौन एकांश स्वच्छ है या होगा। अतः आजकल मनोवैज्ञानिकों ने संस्कृति मुक्त बुद्धि परीक्षण के जगह पर *संस्कृति-ह्रास बुद्धि परीक्षण* (Culture-reduced intelligence test) का उपयोग करना प्रारम्भ कर दिया है। जैन्सन (Jensen, 1980) के अनुसार इस तरह के परीक्षण की कुछ मुख्य विशेषताएँ इस प्रकार हैं—

(i) ऐसे बुद्धि परीक्षण का स्वरूप क्रियात्मक (performance) होता है।

(ii) इनके एकांशों में चित्र, आकृति आदि का प्रयोग किया जाता है।

(iii) ऐसे बुद्धि परीक्षण में व्यक्ति को मौखिक अनुक्रिया (oral response) भी करना पड़ता है।

(iv) ऐसे बुद्धि परीक्षण शक्ति या क्षमता परीक्षण (power test) होते हैं।

(v) ऐसे बुद्धि परीक्षण के एकांश मे अशाब्दिक एकांश (non-verbal content) होते हैं।

(vi) ऐसे बुद्धि परीक्षण में व्यक्ति नयी-नयी समस्याओं का समाधान करते हैं।

7. बच्चों के लिए निर्मित कॉफमैन मूल्यांकन परीक्षणमाला (*The Kaufman Assessment Battery for Children or K-ABC*)

इस परीक्षण का निर्माण कॉफमैन तथा कॉफमैन (Kaufman & Kaufman, 1983) द्वारा किया गया है और यह मानसिक क्षमता (mental ability) का एक वैयक्तिक माप (individual measure) है। यह एक काफी लोकप्रिय परीक्षण सिद्ध हुआ है। इसकी लोकप्रियता का अंदाज इसी से लगाया जा सकता है कि 1987 तक इसका उपयोग करके करीब दस लाख बच्चों की बुद्धि मापी जा चुकी थी। मनोवैज्ञानिकों ने इसकी लोकप्रियता के निम्नांकित तीन मुख्य कारण बतलाये हैं—

(i) K-ABC, स्टैनफोर्ड-बिने परीक्षण के चौथे संस्करण के समान बुद्धि के एक वैज्ञानिक एवं उत्तम सिद्धान्त (अर्थात् कैट्टेल्ल द्वारा प्रतिपादित सिद्धान्त) पर आधृत है।

(ii) K-ABC में सांस्कृतिक पूर्वाग्रहों (cultural biases) को काफी नियंत्रित कर रखा गया है। फलतः इसके सहारे विभिन्न संस्कृति के बच्चों की बुद्धि की माप आसानी से किया जाता है।

(iii) K-ABC में ठोस बुद्धि (crystallized intelligence) तथा तरल बुद्धि (fluid intelligence) को एक-दूसरे से अलग करने की कोशिश की गयी है और साथ-ही-साथ कुछ इस तरह की नैदानिक सूचना (diagnostic information) भी प्रदान करने की कोशिश की गयी है जो यह निश्चित कर पाता है कि क्यों बच्चे कुछ कार्य पर उत्तम निष्पादन दिखाते हैं तथा कुछ कार्य पर खराब निष्पादन दिखाते हैं।

K-ABC का उपयोग 2½ साल से 12½ साल के बच्चों की बुद्धि मापने के लिए किया जाता है। परीक्षण के एकांशों (items) में अशाब्दिक चीजों जैसे चित्र एवं आकृतियों का अधिकतर उपयोग किया जाता है जिसके माध्यम से बच्चों को विभिन्न तरह का सूचना संसाधन कार्य (information processing task) करना पड़ता है। इस परीक्षण के मुख्य दो भाग हैं—मानसिक संसाधन खंड (mental processing section) तथा उपलब्धि खंड (achievement section)। मानसिक संसाधन खंड द्वारा तरल बुद्धि (fluid intelligence) का मापन होता है जबकि उपलब्धि खंड द्वारा ठोस बुद्धि या अर्जित बुद्धि का मापन होता है। मानसिक संसाधन मापनी (mental processing scale) को दो भागों में बाँटा गया है—*क्रमिक संसाधन* (sequential processing) तथा *समकालिक संसाधन* (simultaneous processing)। क्रमिक संसाधन में समस्याओं को एक-एक करके बच्चे समाधान करते हैं जैसा कि हम दिन-प्रतिदिन की जिन्दगी में गणितीय समस्याओं का समाधान करते हैं। समकालिक संसाधन में बच्चों को दिये गए भिन्न-भिन्न सूचनाओं को एक साथ संगठित करना पड़ता है और तब वह समस्या का समाधान करता है जैसा कि हम एक अनुच्छेद (paragraph) के अर्थ को समझने में करते हैं। उपलब्धि मापनी (achievement scale) द्वारा शब्दावली (vocabulary), सामान्य ज्ञान (general knowledge), अंकगणित का ज्ञान आदि का मापन होता है।

कई प्रयोगात्मक अध्ययनों से यह स्पष्ट हो चुका है कि K-ABC एक विश्वसनीय (reliable) तथा वैध (valid) परीक्षण है। कॉफमैन तथा कैमफॉस (Kaufman & Kamphaus, 1984) ने K-ABC का कारक विश्लेषण (factor analysis) किया जिससे यह पता चलता है कि मानसिक प्रक्रिया परीक्षणों (mental processing tests) अर्थात् क्रमिक संसाधन तथा समकालिक संसाधन का मौलिक संगठन (fundamental organization) आनुभाविक रूप से (empirically) बिलकुल ही सही है। इससे परीक्षण में रचनात्मक वैधता (construct validity) होने का सबूत मिलता है।

जैसा कि ऊपर कहा जा चुका है, K-ABC का सबसे प्रमुख लाभ यह है कि इसके द्वारा तरल बुद्धि तथा ठोस बुद्धि का मापन अलग-अलग होता है तथा तरल बुद्धि को परीक्षण में दो भागों में अर्थात् क्रमिक तथा समकालिक प्रक्रियाओं में बाँटा गया है। मर्ज (Merz, 1984) ने परीक्षण के इस दावे पर आशंका व्यक्त किया है और कहा है कि यह स्पष्ट नहीं है कि मानसिक संसाधन द्वारा वास्तव में तरल बुद्धि का ही मापन होता है। गिलफोर्ड (Guilford, 1980) ने तो यहाँ तक कह दिया है कि क्या तरल बुद्धि नाम की कोई चीज सचमुच में होती है? फिर भी K-ABC को आधुनिक समय में बुद्धि परीक्षण के क्षेत्र में एक महत्त्वपूर्ण उपलब्धि माना गया है।

कुछ प्रमुख भारतीय बुद्धि परीक्षण
(Some Important Indian Intelligence Tests)

बुद्धि मापने का प्रयास भारतीय मनोवैज्ञानिकों द्वारा भी काफी अधिक किया गया है। इसके परिणामस्वरूप भारतीय मनोवैज्ञानिकों द्वारा भी कई बुद्धि परीक्षण बनाये गये हैं जिनमें प्रमुख हैं— डॉ॰ एम॰ सी॰ जोशी द्वारा निर्मित मानसिक योग्यता परीक्षण (1960), डॉ॰ प्रयाग मेहता द्वारा निर्मित सामूहिक बुद्धि परीक्षण (1962), डॉ॰ आर॰ के॰ टण्डन द्वारा सामूहिक मानसिक योग्यता परीक्षण (1961), प्रो॰ आर॰ के॰ ओझा तथा प्रो॰ राय चौधरी द्वारा निर्मित वाचिक बुद्धि परीक्षण (1971), डॉ॰ एस॰ एस॰ जलोटा द्वारा निर्मित मानसिक योग्यता की संशोधित सामूहिक परीक्षण (1971) तथा डॉ॰ एस॰ एम॰ मुहसिन द्वारा निर्मित सामान्य बुद्धि परीक्षण (1983)। ये सभी बुद्धि परीक्षण शाब्दिक बुद्धि परीक्षण (verbal intelligence tests) हैं जिनका उपयोग सिर्फ उन्हीं व्यक्तियों की बुद्धि मापने में किया जाता है जो पढ़े-लिखे हैं तथा जिन्हें भाषा का ज्ञान है क्योंकि इनके एकांशों तथा निर्देश (instruction) हिन्दी भाषा में एक पुस्तिका के रूप में प्रकाशित होते हैं जिन्हें परीक्षार्थी को पढ़कर समझना होता है। इन परीक्षणों के आधार पर व्यक्ति को एक कुल प्राप्तांक (total score) प्राप्त होता है जिसके आधार पर बुद्धि लब्धि (intelligence quotient) या इसी तरह का कोई दूसरा सूचक (index) जैसे कुशाग्रता का सूचक (index of brightness) आदि ज्ञात किया जाता है जिसकी तुलना मानक तालिकाओं (norms table) से करके हम व्यक्ति की बुद्धि के बारे में एक निश्चित निष्कर्ष पर पहुँचते हैं।

प्रो॰ जे॰ पाण्डेय (J. Pandey, 1977) ने 'दी फर्स्ट मेन्टल हैंडबुक फॉर इण्डिया' (The First Mental Measurement Handbook for India) जिसे लांग एवं मेहता (Long & Mehta, 1966) द्वारा प्रकाशित किया गया था, बतलाया कि विभिन्न भारतीय भाषाओं में करीब 103 बुद्धि परीक्षणों का निर्माण किया गया। भारत में बुद्धि परीक्षण कार्य (testing) की स्थिति (status) के बारे में ए॰ के॰ श्रीवास्तव, त्रिपाठी एवं मिश्रा (A. K. Shrivastava, Tripathi & Mishra, 1996) ने एक स्थिति रिपोर्ट (status report) तैयार किया। भारत में बने विभिन्न परीक्षणों का प्रलेखन (documentation) *'नेशनल लाइब्रेरी ऑफ एडुकेशनल एण्ड साइकोलॉजीकल टेस्ट्स* (National Library of Educational and Psychological Test or NLEPT) द्वारा राष्ट्रीय शैक्षिक शोध एवं प्रशिक्षण परिषद (National Council of Educational Research and Training or NCERT) में किया जाता है। के॰ कुमार (K. Kumar, 1991) ने भारतवर्ष में विकसित एवं निर्मित बुद्धि परीक्षणों का दशक-बार (decade-wise) विश्लेषण किया और पाया कि 1960 से 1970 वाले दशक में सबसे ज्यादा संख्या में बुद्धि परीक्षण अर्थात् लगभग 70 प्रतिशत परीक्षणों का निर्माण किया गया। परन्तु 1980 वाले दशक में इसकी संख्या में कुछ कमी आयी। इन परीक्षणों में से अधिकतर परीक्षणों का स्वरूप शाब्दिक (verbal) था। सांख्यिकी विश्लेषण से यह पता चला कि इन परीक्षणों में से 67 प्रतिशत शाब्दिक (verbal) था, 23 प्रतिशत अशाब्दिक (nonverbal) था तथा मात्र 10 प्रतिशत क्रियात्मक (performance) था। भाषा के खयाल से विश्लेषण करने पर यह देखा गया कि इसके 51 प्रतिशत परीक्षण हिन्दी भाषा में विकसित किये गए थे और ये एक तरह का समूह परीक्षण था जिसके द्वारा 13-17 साल के व्यक्तियों की बुद्धि मुख्य रूप से मापी जाती है।

इस तरह से हम देखते हैं कि व्यक्ति के बुद्धि की माप भिन्न-भिन्न तरह के परीक्षणों के आधार पर किया जाता है। परीक्षक अपनी आवश्यकताओं एवं परीक्षार्थी की उम्र तथा योग्यता के अनुसार किसी खास परीक्षण का चयन कर लेता है और उसके आधार पर व्यक्ति के बुद्धि का मापन करता है।

बुद्धि परीक्षणों का अनुप्रयोग (Uses of Intelligence Tests)

मनोवैज्ञानिक मानसिक अस्पताल या उपचारगृहों में नैदानिक मूल्यांकन (clinical assessment) करने में तथा शोध कार्यों में प्रायः बुद्धि परीक्षणों का प्रयोग करते हैं। बुद्धि परीक्षणों में वे वैयक्तिक बुद्धि परीक्षण (individual intelligence tests) का ही अधिक प्रयोग करते हैं। स्टैनफोर्ड-बिने परीक्षण (Stanford-Binet test), वेक्सलर मापनी (Wechsler scales), गुडएनफ-हैरिस ड्राईंग परीक्षण (Goodenough-Harris Drawing test) आदि परीक्षणों का उपयोग काफी किया जाता है। प्रश्न यहाँ यह उठता है कि क्या वे इन परीक्षणों का उपयोग व्यक्ति के बौद्धिक स्तर को मापने में सिर्फ करते हैं या इनसे उसे कुछ और भी फायदा होता है? आधुनिक मनोवैज्ञानिकों का मत है कि नैदानिक अन्तःक्रिया (clinical interaction) बुद्धि परीक्षणों की उपयोगिता से कुछ विस्तृत हो जाती है। आधुनिक मनोवैज्ञानिकों के अनुसार बुद्धि परीक्षणों की कुछ प्रमुख उपयोगिताएँ निम्नांकित हैं—

1. **सामान्य बौद्धिक स्तर का आकलन** *(Estimation of general intellectual level)*—बुद्धि परीक्षणों की सबसे स्पष्ट उपयोगिता व्यक्ति के सामान्य बौद्धिक स्तर (general intellectual level) का आकलन करने में है। मनोवैज्ञानिक बुद्धि परीक्षणों का उपयोग करके व्यक्ति के वर्तमान अन्तःशक्ति (current potential) का पता लगाते हैं और उसे आधार रेखा (base line) मानकर उनकी वर्तमान उपलब्धियों का मूल्यांकन करते हैं। इससे चिकित्सक को अन्तःशक्ति एवं उपलब्धियों में होने वाले अन्तर के स्तर का पता चलता है। इससे व्यक्ति की समस्याओं को समझने एवं उसके बारे में प्राक्कल्पना (hypothesis) बनाने में काफी मदद मिलती है।
2. **शैक्षिक सफलता का पूर्वकथन** *(Prediction of academic success)*—चाहे स्टैनफोर्ड-बिने परीक्षण हो या वेक्सलर मापनी हो या अन्य कोई बुद्धि परीक्षण हो, उसके आधार पर छात्रों की शैक्षिक सफलता के बारे में पूर्वकथन (prediction) किया जाता है। यद्यपि बुद्धि परीक्षण के प्राप्तांकों तथा स्कूल के शैक्षिक निष्पादन (academic performance) सम्प्रत्यात्मक रूप से (conceptually) समरूप (identical) नहीं है, फिर भी इन दोनों के बीच काफी घनिष्ठ धनात्मक सहसम्बन्ध (positive correlation) है। अतः यदि बौद्धिक क्षमता का स्तर ऊँचा है, तो यह उम्मीद की जाती है कि उसके शैक्षिक निष्पादन का स्तर भी ऊँचा होगा। परन्तु कभी-कभी ऐसा देखा जाता है कि किसी छात्र की बौद्धिक क्षमता ऊँचा होने पर शैक्षिक निष्पादन का स्तर नीचा ही रहता है। इस तरह के अन्तर को मनोवैज्ञानिक समझने की कोशिश करते हैं तथा उसके सम्भावित कारणों के बारे में कुछ प्राक्कल्पना (hypotheses) बनाते हैं, फिर उसका अध्ययन करते हैं।
3. **व्यक्तित्व का मूल्यांकन** *(Appraisal of personality)*—आधुनिक मनोवैज्ञानिकों का मत है कि बुद्धि परीक्षणों पर के प्राप्तांकों (scores) से व्यक्ति की बुद्धि के अलावा उसके व्यक्तित्व समस्याओं का भी अंदाज लगता है। फलतः बुद्धि परीक्षणों की एक उपयोगिता व्यक्तित्व का मूल्यांकन करने में भी है। आधुनिक मनोवैज्ञानिकों का मत है कि सिर्फ यह नहीं महत्त्वपूर्ण है कि व्यक्ति को बुद्धि परीक्षण के एकांशों पर सफलता मिली या असफलता बल्कि उससे सम्बन्धित कई प्रश्नों का उत्तर जानना भी आवश्यक है। जैसे, क्या व्यक्ति को असफलता थोड़े अंकों से प्राप्त हुई या अधिक अंकों से? क्या व्यक्ति अपने खराब निष्पादन (poor performance) के लिए कोई बहाना ढूँढ़ता है? क्या वह आसान एकांशों पर असफल हो जाता है और कठिन एकांशों पर सफल हो जाता है? विभिन्न उपपरीक्षणों (subtests) पर व्यक्ति के निष्पादन का पैटर्निंग (patterning) किस तरह का है? क्या व्यक्ति शब्दावली परीक्षण (vocabulary test) पर अच्छा करता है तथा चित्र-व्यवस्था परीक्षण (picture arrangement test) एवं अंक-विस्तार परीक्षण (Digit span test) पर उसका निष्पादन खराब हो जाता है? क्या शाब्दिक बुद्धि लब्धि क्रियात्मक बुद्धि लब्धि से अधिक है? क्या व्यक्ति को परीक्षण के एकांशों का उत्तर देने के लिए बीच-बीच में प्रोत्साहन जरूरी हो जाता है? आदि-आदि। इन प्रश्नों के उत्तर से व्यक्ति के व्यक्तित्व-सम्बन्धी समस्याओं के बारे में आसानी से अंदाजा लगाया जाता है। रॉब्बिन

(Robbin, 1965), फ्रैंक (Frank, 1970, 1976) द्वारा किए गए अध्ययनों से ऐसे प्रश्नों के उत्तर के आधार पर मनोविदालिता (schizophrenia), विषाद (depression), मस्तिष्कीय क्षति (brain damage), मद्यव्यसनता (alcoholism) आदि प्रवृत्तियों का पता चलता है।

बुद्धि परीक्षण के प्रकार
(Types of Intelligence Test)

मनोवैज्ञानिकों ने बुद्धि की माप करने के लिए अनेकों तरह के परीक्षण का निर्माण किया है। इन सभी परीक्षणों को मूलरूप से निम्नांकित दो कसौटियों (criterion) के आधार पर वर्गीकरण किया गया है—

1. क्रियान्वयन (*administration*) के तरीकों के आधार पर—क्रियान्वयन (administration) के आधार पर बुद्धि परीक्षण दो प्रकार का होता है— एक तो वे परीक्षण हैं जिनका क्रियान्वयन (administration) एक समय में एक ही व्यक्ति पर किया जा सकता है। इस प्रकार के बुद्धि परीक्षण को मनोवैज्ञानिकों ने वैयक्तिक बुद्धि परीक्षण (individual intelligence test) की संज्ञा दी है। सबसे पहला वैयक्तिक बुद्धि परीक्षण बिने (Binet) तथा साइमन (Simon) द्वारा 1905 में विकसित किया गया है। इसे *बिने-साइमन परीक्षण* (Binet-Simon test) कहा जाता है। कोह ब्लॉक डिजाइन परीक्षण (Kohs Block Design Test), पास अलाँग परीक्षण (Pass Along Test) तथा घन रचना परीक्षण (Cube construction test) भी वैयक्तिक बुद्धि परीक्षण के उदाहरण हैं। क्रियान्वयन (administration) के आधार पर दूसरे प्रकार के बुद्धि परीक्षण वे हैं जिनको एक समय में एक से अधिक व्यक्ति यानी जिनको व्यक्तियों के समूह में दिया जा सकता है। इस प्रकार के परीक्षण को *सामूहिक बुद्धि परीक्षण* (group intelligence test) की संज्ञा दी गयी है। सबसे पहला सामूहिक बुद्धि परीक्षण विश्व युद्ध के दौरान अमेरिका में बनाया गया। युद्ध के समय कम-से-कम समय में बहुत-से सैनिकों के बुद्धि की मापन करने की आवश्यकता महसूस की गयी। चूँकि वैयक्तिक बुद्धि परीक्षण से इस तरह की आवश्यकता की पूर्ति नहीं की जा सकती थी, फलतः मनोवैज्ञानिकों ने कुछ सामूहिक बुद्धि परीक्षण जैसे आर्मी अल्फा परीक्षण (Army Alpha test) तथा आर्मी वीटा परीक्षण (Army Beta test) आदि का निर्माण किया।

भारतीय मनोवैज्ञानिकों ने भी कई सामूहिक बुद्धि परीक्षण (group intelligence test) का निर्माण किया है जिसमें प्रयाग मेहता : सामूहिक बुद्धि परीक्षण 1962), आर॰ के॰ टण्डन : सामूहिक मानसिक योग्यता परीक्षण (1961), एस॰ सी॰ जोशी : मानसिक योग्यता परीक्षण (1960), एस॰ एम॰ मोहसिन सामान्य बुद्धि परीक्षण प्रमुख हैं।

2. एकांशों (Items) के स्वरूप के आधार पर—बुद्धि परीक्षगों को एकांश (item) के स्वरूप के आधार पर निम्नांकित चार भागों में बाँटा गया है—

1. शाब्दिक बुद्धि परीक्षण (Verbal intelligence test)
2. अशाब्दिक बुद्धि परीक्षण (Non-verbal intelligence test)
3. क्रियात्मक बुद्धि परीक्षण (Performance intelligence test)
4. अभाषाई बुद्धि परीक्षण (Non-language intelligence test)

इन चार परीक्षणों का उदाहरणसहित मूल्यांकन नीचे प्रस्तुत किया जा रहा है—

1. शाब्दिक-बुद्धि परीक्षण (*Verbal intelligence test*)—इस तरह का बुद्धि परीक्षण उन परीक्षणों को कहा जाता है जिसमें लिखित शब्दों (words) अर्थात् लिखित भाषा का प्रयोग निर्देश (instruction) देने तथा परीक्षण के एकांशों या प्रश्नों में किया जाता है। इस तरह से यह स्पष्ट है कि इस तरह का बुद्धि परीक्षण के क्रियान्वयन (administration) के लिए व्यक्ति को पढ़ा-लिखा होना चाहिए ताकि वह पढ़कर सभी बातों को समझ जाय और फिर प्रश्नों का उत्तर लिख कर दे सके। शाब्दिक बुद्धि परीक्षण (verbal intelligence test) को निम्नांकित दो भागों में बाँटा गया है—

(i) शाब्दिक वैयक्तिक बुद्धि परीक्षण (verbal individual intelligence test)
(ii) शाब्दिक समूह बुद्धि परीक्षण (verbal group intelligence test)

इन दोनों परीक्षणों के स्वरूप की व्याख्या निम्नांकित है—

(i) शाब्दिक वैयक्तिक बुद्धि परीक्षण (*Verbal individual intelligence test*)—इस तरह के परीक्षण में लिखित शब्दों एवं वाक्यों का प्रयोग होता है तथा साथ-ही-साथ इसका स्वरूप कुछ ऐसा होता है कि इसे एक समय में

एक से अधिक व्यक्ति पर क्रियान्वयन (administer) नहीं किया जा सकता है। दूसरे शब्दों में, इस तरह के परीक्षण द्वारा एक समय में किसी एक ही पढ़े-लिखे व्यक्ति के बुद्धि का मापन किया जा सकता है। सबसे पहला बुद्धि परीक्षण जिसका निर्माण फ्रेंच मनोवैज्ञानिक बिने (Binet) तथा साइमन (Simon) दो व्यक्तियों द्वारा किया गया था, शाब्दिक वैयक्तिक बुद्धि परीक्षण (verbal individual intelligence test) ही था। इस परीक्षण में कुल तीस एकांश (items) थे जिनके उत्तर के आधार पर स्कूल के बच्चों की बुद्धि मापी जाती थी। इसका अनुवाद अंग्रेजी में गोड्डार्ड (Goddard) ने 1911 में किया तथा मानसिक रूप से मंदित बच्चों की बुद्धि मापनी में इसका काफी प्रयोग किया गया। शाब्दिक वैयक्तिक बुद्धि परीक्षणों के प्रमुख अवगुण (demerits) निम्नांकित हैं—

(a) इस परीक्षण का प्रयोग बुद्धि मापने में तभी किया जाता है जब व्यक्ति पढ़ा-लिखा हो। अनपढ़ व्यक्तियों या बहुत छोटे शिशुओं, जिनमें भाषा का विकास अधूरा रहता है, की बुद्धि की माप इस परीक्षण द्वारा नहीं किया जा सकता है।

(b) ऐसे परीक्षणों द्वारा एक समय में एक ही व्यक्ति की बुद्धि मापी जा सकती है। अतः जब कई व्यक्तियों के बुद्धि की माप एक ही साथ करनी होती है, तो इस तरह के परीक्षण का प्रयोग समय के विचार से कठिन हो जाता है क्योंकि स्वभावतः बुद्धि परीक्षक के पास इतना समय नहीं होता है कि एक-एक करके वह सभी व्यक्तियों के बुद्धि की माप कर सके।

(ii) वाचिक या शाब्दिक समूह बुद्धि परीक्षण *(Verbal group intelligence test)*—शाब्दिक या वाचिक समूह बुद्धि परीक्षण वैसे परीक्षण को कहा जाता है जिसमें शब्द, वाक्य, संख्या (number) आदि का प्रयोग एकांश (item) तथा निर्देश में होता है तथा जिसे एक समय में एक से अधिक व्यक्तियों पर क्रियान्वयन (administer) किया जा सकता है। दूसरे शब्दों में, इन परीक्षणों द्वारा एक समय में एक से अधिक व्यक्तियों की बुद्धि मापी जा सकती है। इस तरह से शाब्दिक समूह बुद्धि परीक्षण द्वारा शाब्दिक वैयक्तिक बुद्धि परीक्षण (verbal individual intelligence test) का एक महत्त्वपूर्ण दोष (जो इस बात से सम्बन्धित है कि इससे बुद्धि मापने में समय बहुत अधिक लगता है) समाप्त हो जाता है। इस तरह के बुद्धि परीक्षणों की जरूरत प्रथम विश्वयुद्ध के समय सैनिकों की बुद्धि मापने के लिए काफी महसूस की गयी। इसके फलस्वरूप अमेरिका में कुछ महत्त्वपूर्ण परीक्षण जैसे आर्मी अल्फा परीक्षण (Army Alpha test), आर्मी जेनरल क्लासिफिकेशन परीक्षण (Army general classification test) आदि का निर्माण हुआ। बाद में और भी कई बुद्धि परीक्षण का निर्माण किया गया है जिसे शाब्दिक बुद्धि परीक्षण की श्रेणी में रखा गया। भारत में भी कई मनोवैज्ञानिकों ने शाब्दिक समूह बुद्धि परीक्षण का निर्माण किया है जिसमें एम॰ सी॰ जोशी का मानसिक योग्यता परीक्षण, प्रयाग, मेहता का सामूहिक बुद्धि परीक्षण, आर॰ के॰ टण्डन का सामूहिक योग्यता परीक्षण, आर॰ के॰ ओझा तथा राय चौधरी का वाचिक बुद्धि परीक्षण एस॰ एस॰ जलोटा का मानसिक योगता का सामूहिक परीक्षण, एस॰ एम॰ मोहसिन का सामान्य बुद्धि परीक्षण आदि प्रमुख हैं।

शाब्दिक बुद्धि परीक्षण (verbal intelligence test) चाहे वैयक्तिक (individual) हो या सामूहिक (group), इसके एकांशों (items) का उत्तर देने के लिए व्यक्ति को पेंसिल तथा पेपर (उत्तर पत्र) का प्रयोग करना पड़ता है। अतः शाब्दिक परीक्षण (verbal tests) को पेपर-पेंसिल परीक्षण (paper-pencil test) भी कहा जाता है।

शाब्दिक समूह बुद्धि परीक्षण (verbal group intelligence test) के प्रमुख दोष (demerits) निम्नांकित हैं—

(a) शाब्दिक सामूहिक बुद्धि परीक्षण द्वारा कई व्यक्तियों को एक साथ बैठाकर उनकी बुद्धि की जाँच की जाती है। ये एक ही कमरे में बैठकर बुद्धि परीक्षण के एकांशों (items) का उत्तर देते हैं। फलतः एक-दूसरे का नकल आसानी से कर लेते हैं जिसके परिणामस्वरूप व्यक्ति की बुद्धि का सही मापन नहीं हो पाता है।

(b) जब कोई व्यक्ति एक साथ बैठकर बुद्धि परीक्षण के एकांशों (items) का जवाब देते हैं तो परिस्थिति कुछ इस प्रकार की हो जाती है कि अकेला बुद्धि परीक्षक उसे ठीक ढंग से नियंत्रित नहीं कर पाता है। इसका प्रभाव व्यक्ति के उत्तर पर पड़ता है जिससे उसके बुद्धि की जाँच ठीक से नहीं हो पाती है।

(c) बुद्धि परीक्षक के लिए इस तरह के परीक्षण में यह सम्भव नहीं हो पाता है कि वह प्रत्येक व्यक्ति पर वैयक्तिक रूप से (individually) ध्यान दें। ऐसी परिस्थिति में यदि कोई व्यक्ति प्रश्नों को देखकर घबड़ा जाता है या किसी अन्य कारण से वह परीक्षण के प्रश्नों का उत्तर नहीं दे पाता है तो इसका सही-सही पता परीक्षक को नहीं लग पाता है। फलस्वरूप, उस व्यक्ति के बुद्धि की माप ठीक ढंग से नहीं हो पाती है।

(d) वैयक्तिक शाब्दिक बुद्धि परीक्षण (individual verbal intelligence test) के समान ही परीक्षार्थी (testee) इसमें कभी-कभी एकांशों के उत्तर अंदाज (guessing) से ठीक कर लेते हैं। खासकर जब किसी एकांश (item) की कठिनता स्तर अधिक होती है, तो इस तरह के अंदाज का उपयोग परीक्षार्थी अधिक करते हैं। ऐसी परिस्थिति में उनकी बुद्धि जाँच इस परीक्षण द्वारा सही-सही नहीं हो पाती है।

2. अशाब्दिक या अवाचिक बुद्धि परीक्षण *(Non-verbal intelligence test)*—अशाब्दिक बुद्धि परीक्षण वैसे परीक्षण को कहा जाता है जिसमें भाषा (language) अर्थात् शब्दों, वाक्यों तथा संख्या (number) का प्रयोग निर्देश (instruction) में निश्चित रूप से होता है परन्तु उनके एकांशों (items) में भाषा का प्रयोग नहीं होता है और साथ-ही-साथ व्यक्ति जिसकी बुद्धि मापी जा रही है, को वस्तुओं (objects) का वास्तविक परिचालन का जोड़-तोड़ (manipulation) भी नहीं करना पड़ता है। यहाँ व्यक्तियों को वास्तवविक जोड़-तोड़ इसलिए नहीं करना पड़ता है क्योंकि वास्तव में प्रत्येक एकांश (item) में कुछ वस्तुओं का चित्र बना होता है। अतः जब वस्तुएँ सचमुच में उपस्थित ही नहीं होती है, तो उनमें जोड़-तोड़ (manipulation) करने का प्रश्न ही नहीं उठता है। फ्रीमैन (Freeman, 1965) ने रैवेन प्रोग्रेसिव मैट्रिसीज (Raven's Progressive Matrices) को अशाब्दिक बुद्धि परीक्षण (non-verbal intelligence test) का एक उत्तम उदाहरण बतलाया है।

अशाब्दिक बुद्धि परीक्षण का सबसे बड़ा गुण यह है कि चूँकि इसमें भाषा का प्रयोग एकांशों (items) में नहीं होता है, इसलिए इसका प्रयोग छोटे बच्चों, कम पढ़े-लिखे व्यक्तियों तथा मानसिक रूप से मंदित बच्चों के लिए आसानी से किया जा सकता है। ऐसे परीक्षणों का एक सामान्य दोष (demerits) यह है कि इसमें बुद्धि परीक्षक को प्रशिक्षित होना आवश्यक है। साधारण व्यक्ति को या अप्रशिक्षित व्यक्ति को ऐसे परीक्षणों द्वारा बुद्धि मापने में कठिनाई हो सकती है।

3. क्रियात्मक बुद्धि परीक्षण *(Performance intelligence test)*—फ्रीमैन[1] (Freeman, 1965) के अनुसार, क्रियात्मक बुद्धि परीक्षण वैसे परीक्षण को कहा जाता है जिसमें भाषा का प्रयोग निर्देश (instruction) में हो भी सकता है या चित्राभिनय (pantomime) तथा हाव-भाव (gesture) द्वारा निर्देश देने पर भाषा का प्रयोग नहीं भी हो सकता है। परन्तु ऐसे परीक्षणों के एकांशों (items) में भाषा का प्रयोग बिलकुल ही नहीं होता है और परीक्षार्थी (testees) के सामने कुछ वस्तुएँ वास्तविक रूप में (न कि चित्र के रूप में) उपस्थित की जाती है जिनका परिचालन या जोड़-तोड़ (manipulation) कर परीक्षार्थी को उसे सही करना पड़ता है। परीक्षार्थी द्वारा किये गये जोड़-तोड़ में परिशुद्धता (accuracy), त्रुटियाँ तथा लगे समय के आधार पर व्यक्ति के बुद्धि की माप की जाती है। ऊपर के विवरण से स्पष्ट है कि क्रियात्मक बुद्धि परीक्षण (performance intelligence test) की निम्नांकित तीन विशेषताएँ (characteristics) होती है।

(a) इस परीक्षण के निर्देश (instruction) में भाषा या संख्या का प्रयोग कभी होता है और कभी नहीं भी होता है।

(b) इस परीक्षण के एकांश (items) में भाषा का प्रयोग बिलकुल ही नहीं होता है।

(c) इस परीक्षण में व्यक्ति के सामने वस्तुओं को वास्तविक रूप में (न कि उनका चित्र बनाकर) उपस्थित किया जाता है और उसमें उसे जोड़-तोड़ करना पड़ता है।

ऊपर की विशेषताओं से यह स्पष्ट हो जाता है कि क्रियात्मक बुद्धि परीक्षण (performance intelligence test) अशाब्दिक बुद्धि (non-verbal intelligence test) से भिन्न (different) है। अशाब्दिक बुद्धि परीक्षण (non-verbal intelligence test) में वस्तुओं (objects) को वास्तविक रूप में नहीं बल्कि उनका चित्र बनाकर व्यक्ति के सामने उपस्थित किया जाता है जबकि क्रियात्मक बुद्धि परीक्षण (performance intelligence test) में वस्तुओं को वास्तविक रूप में परीक्षार्थी के सामने उपस्थित किया जाता है जिसमें वह जोड़-तोड़ (manipulation) करता है। चूँकि अशाब्दिक बुद्धि परीक्षण के एकांश (items) में भी भाषा का प्रयोग नहीं होता है, अतः इस कसौटी पर वह क्रियात्मक बुद्धि परीक्षण के समान हो जाता है।

मनोवैज्ञानिकों ने कई तरह के क्रियात्मक बुद्धि परीक्षण का निर्माण किया है। सबसे पहला क्रियात्मक बुद्धि परीक्षण सेगुइन (Saguine) ने 1866 में निर्मित किया था। इस परीक्षण का नाम सेगुइन फार्म बोर्ड (Saguine Farm Board) था जिसका प्रयोग मानसिक रूप से मंदित बच्चों (mentally retarded children) की बुद्धि मापने में किया गया था। इसके बाद कई

1. "A performance scale is one in which language is used only in the instructions or not at all when directions are given in pantomime." —Freeman : *Theory and practice of Psychological testing,* 1965, p. 280

क्रियात्मक बुद्धि परीक्षणों का निर्माण किया गया जिसमें निम्नांकित तीन काफी प्रसिद्ध हैं तथा जिनका प्रयोग मनोवैज्ञानिकों द्वारा काफी हुआ है।

(a) कोह ब्लॉक डिजाइन परीक्षण *(Kohs Block Design test)*—इस परीक्षण का निर्माण एस० सी० कोह (S. C. Kohs) द्वारा 1923 में किया गया। इस परीक्षण में लकड़ी के एक-एक वर्ग इंच के 16 ब्लॉक (blocks) होते हैं तथा 10 रंगीन डिजाइन अलग-अलग कार्ड पर छपे होते हैं। परीक्षार्थी को इन ब्लॉकों की सहायता से एक-एक करके सभी डिजाइनों को बनाना होता है। डिजाइन बनाने में लगे समय तथा त्रुटियों के आधार पर बुद्धि की माप की जाती है।

(b) पास-एलाँग परीक्षण *(Pass-Along test)*—इस परीक्षण में 9 डिजाइन अलग-अलग कार्ड पर बने होते हैं। इस परीक्षण में कुल मिलाकर नीले रंग के आयताकार तथा वर्गाकार 13 ब्लॉक (blocks) होते हैं और चार भिन्न-भिन्न आकार के छोटे-छोटे बक्स होते हैं। कार्ड पर बने डिजाइन के विपरीत डिजाइन को बनाकर बुद्धि परीक्षक परीक्षार्थी के सामने रख देता है जिसे एक निर्दिष्ट समय (specified time) में परीक्षार्थी को कार्ड पर दी गयी डिजाइन के समान बनाना होता है। डिजाइन बनाने में लगे समय तथा की गयी त्रुटियों (errors) के आधार पर बुद्धि की माप की जाती है।

(c) घन रचना परीक्षण *(Cube constructoin test)*—इस परीक्षण की व्याख्या सर्वप्रथम गॉ (Gaw) ने की थी। इसमें 3 मॉडल (model) होते हैं और कुल 26 घन (cube) होते हैं जो सिर्फ दो रंगों में अर्थात् उजला तथा भूरे रंग में होते हैं। दिये गये मॉडल की आकृति के अनुसार परीक्षार्थी को घनों की सहायता से आकृति बनाना पड़ता है। मॉडल बनाने में लगे समय एवं त्रुटियों के आधार पर व्यक्ति के बुद्धि की माप की जाती है।

क्रियात्मक बुद्धि परीक्षण का स्वरूप ही कुछ ऐसा होता है जिसे एक समय में एक ही व्यक्ति पर क्रियान्वयन किया जा सकता है। क्रियात्मक बुद्धि परीक्षण के प्रमुख गुण (merits) निम्नांकित हैं—

(a) इस तरह के परीक्षण में चूँकि भाषा का प्रयोग नहीं होता है, अतः इसका प्रयोग पढ़े-लिखे व्यक्तियों के अलावा अनपढ़, गूंगे, छोटे बच्चों एवं मानसिक रूप से मंदित बच्चों की बुद्धि मापने में आसानी से किया जाता है।

(b) भाषा का प्रयोग नहीं होने से इन परीक्षणों से एक और लाभ होता है। इनके द्वारा किसी भी देश तथा संस्कृति (culture) के व्यक्तियों की बुद्धि मापी जा सकती है।

क्रियात्मक बुद्धि परीक्षण के प्रमुख अवगुण (demerits) निम्नांकित हैं—

(a) इस तरह के परीक्षण द्वारा एक समय में एक ही व्यक्ति के बुद्धि की माप की जा सकती है। फलतः जब कई व्यक्तियों के बुद्धि की माप करनी होती है तो समय के विचार से इस तरह के परीक्षण का प्रयोग सम्भव नहीं हो पाता है क्योंकि किसी बुद्धि परीक्षक को शायद इतना समय तथा धैर्य नहीं होता कि वह एक-एक करके कई व्यक्तियों के बुद्धि की जाँच कर सके।

(b) क्रियात्मक बुद्धि परीक्षण का निर्माण शाब्दिक बुद्धि परीक्षण (verbal intelligence test) के निर्माण से सामान्यतः अधिक कठिन है।

4. अभाषाई बुद्धि परीक्षण *(Non-language intelligence test)*—अभाषाई बुद्धि परीक्षण, जैसा कि नाम से ही स्पष्ट है, पूर्णतः भाषा के बन्धन से मुक्त होता है। अभाषाई बुद्धि परीक्षण वैसे परीक्षण को कहा जाता है जिसमें भाषा का प्रयोग न तो एकांश (items) में और न ही निर्देश (instruction) में होता है। प्रायः इस तरह के परीक्षण में निर्देश हाव-भाव (gesture), निर्देशन (demonstration) तथा चित्राभिनय (pantomime) द्वारा दिया जाता है। साथ-ही-साथ इस तरह के परीक्षण में परीक्षार्थी (testee) को वस्तुओं का वास्तविक जोड़-तोड़ (manipulation) भी नहीं करना होता है। इस तरह से अभाषाई बुद्धि परीक्षण के निम्नांकित गुण (merits) है—

(a) ऐसे परीक्षणों में निर्देश (instruction) हाव-भाव (gesture), चित्राभिनय (pantomime) तथा निर्देशन (demonstration) द्वारा दिया जाता है न कि किसी प्रकार की भाषा द्वारा।

(b) इन परीक्षणों के एकांश में भाषा का प्रयोग बिलकुल ही नहीं होता है।

(c) इन परीक्षणों में परीक्षार्थी (testees) को कुछ वस्तुएँ (objects) जैसा कि क्रियात्मक बुद्धि परीक्षण में दिया जाता है, नहीं दिया जाता है। फलतः इस तरह के परीक्षणों में परीक्षार्थी को वास्तविक जोड़-तोड़ (actual manipulation) नहीं करना पड़ता है।

---

1. हालांकि किसी-किसी क्रियात्मक बुद्धि परीक्षण के निर्देश (instruction) में भाषा का प्रयोग होता है। ऐसी परिस्थिति में अभाषाई परीक्षण का सिर्फ दूसरा ही गुण क्रियात्मक बुद्धि परीक्षण के समान होगा।

ऊपर के गुणों के आधार पर यह निश्चित रूप से कहा जा सकता है कि इसके तीन गुण में प्रथम दो गुण[1] क्रियात्मक बुद्धि परीक्षण के समान है। गुडएनफ ड्रा-ए-मैन परीक्षण (Goodenough Draw-a-man test) तथा कैट्टेल्ल संस्कृति-मुक्त बुद्धि परीक्षण (Cattell Culture Free intelligence test) इसके प्रमुख उदाहरण हैं। चूँकि अभाषाई बुद्धि परीक्षण बहुत हद तक क्रियात्मक बुद्धि परीक्षण से मिलता-जुलता है, अतः इसका गुण (merits) तथा दोष (demerits) दोनों ही क्रियात्मक बुद्धि परीक्षण के समान है।

इस तरह से स्पष्ट है कि बुद्धि परीक्षण के कई प्रकार हैं जिनमें चार प्रमुख हैं—शाब्दिक या वाचिक बुद्धि परीक्षण, अशाब्दिक बुद्धि परीक्षण, क्रियात्मक बुद्धि परीक्षण तथा अभाषाई बुद्धि परीक्षण। इन चारों परीक्षणों में कुछ समानताएँ (similarities) तथा कुछ विभिन्नताएँ (dissimilarities) हैं।

बुद्धि के सिद्धान्त
(Theories of Intelligence)

बुद्धि के स्वरूप (nature) की पूर्णरूपेण व्याख्या तब हो पाती है जब हम बुद्धि के सिद्धान्तों की ओर ध्यान देते हैं। सचमुच में मनोवैज्ञानिकों का प्रारम्भ से ही यह प्रयास रहा है कि बुद्धि की व्याख्या करने के लिए एक वैज्ञानिक सिद्धान्त (scientific theory) का प्रतिपादन किया जाय। इस प्रयास का परिणाम यह हुआ है कि आज हमारे सामने बुद्धि के कई सिद्धान्त प्राप्य (available) हैं। इन सभी सिद्धान्तों को मूल रूप से निम्नांकित दो प्रमुख श्रेणियों (categories) में बाँटा गया है—

(क) कारकीय सिद्धान्त (Factorial theories)

(ख) प्रक्रिया-उन्मुखी सिद्धान्त (Process-oriented theories)

इन दोनों तरह के सिद्धान्तों की व्याख्या निम्नांकित हैं—

(क) कारकीय सिद्धान्त *(Factorial theories)*—इस श्रेणी में उन मनोवैज्ञानिकों के सिद्धान्तों को रखा गया है जिन्होंने बुद्धि के संगठन (organisation) की व्याख्या कुछ कारकों (factors) के रूप में किया है। इन कारकों को आपस में मिलाकर व्यक्ति के बुद्धि की व्याख्या की गयी है। प्रायः इन कारकों को विशेष सांख्यिकीय विधि (statistical analysis) जिसे कारक विश्लेषण (factor analysis) कहा जाता है, के आधार पर ज्ञात किया गया है। इस श्रेणी में मनोवैज्ञानिकों के दो समूह है— एक समूह में वैसे मनोवैज्ञानिक हैं जिन्हें *पिण्डक* (lumpers) कहा जाता है तथा दूसरे श्रेणी में वैसे मनोवैज्ञानिक हैं जिन्हें *विभाजक* (splitters) कहा जाता है। पिण्डक (lumpers) की श्रेणी में वैसे मनोवैज्ञानिकों को रखा गया है जिनका मत है कि बुद्धि समस्या समाधान करने, तर्क करने तथा ज्ञान प्राप्त करने की एक सामान्य (general) एवं संगठित क्षमता (united capacity) है। स्पीयरमैन (Spearman) इस समूह के अग्रणी मनोवैज्ञानिक हैं जिनका मत है कि किसी भी संज्ञानात्मक कार्य के निष्पादन का आधार प्राथमिक सामान्य कारक (primary general factor) होता है। विभाजक के समूह में उन मनोवैज्ञानिकों को रखा गया है जिनका यह मत है कि बुद्धि बहुत सारे पृथक मानसिक क्षमताओं जो करीब-करीब स्वतंत्र रूप से क्रियाशील होते हैं, का एक योग होता है। इसमें थर्स्टन (Thurstone), कैट्टेल्ल (Cattell), थॉर्नडाइक (Thorndike), वर्नन (Vernon), गिलफोर्ड (Guilford) तथा गार्डनर (Gardner) आदि के नाम मशहूर है। हम यहाँ पिण्डक (lumpers) तथा विभाजक (splitters) दोनों समूह के मनोवैज्ञानिकों के सिद्धान्तों की चर्चा स्वतंत्र रूप से करेंगे।

1. स्पीयरमैन का द्विकारक सिद्धान्त (Spearman's two-factor theory)
2. थर्स्टन का समूह कारक सिद्धान्त (Thurstone group factor theory)
3. बहुकारक सिद्धान्त (Multi-factor theory)
4. कैट्टेल्ल का सिद्धान्त (Cattell's theory)
5. गार्डनर का बहु बुद्धि सिद्धान्त (Gardner's theory of Multiple intelligence)
6. पदानुक्रमिक सिद्धान्त (Hierachical theory)

इन सिद्धान्तों का वर्णन निम्नांकित है—

1. स्पीयरमैन का द्विकारक सिद्धान्त *(Spearman's Two-factor Theory)*

इस सिद्धान्त का प्रतिपादन ब्रिटेन के मनोवैज्ञानिक स्पीयरमैन (Spearman) ने 1904 में किया। इन्होंने कारक विश्लेषण (factor analysis) की प्रविधि (technique) द्वारा कई प्रयोगात्मक अध्ययनों से प्राप्त आँकड़ों का विश्लेषण किया और

बतलाया कि बुद्धि की संरचना में मूल रूप से दो कारक (factor) निहित होते हैं—सामान्य कारक (general factor या G factor) तथा विशिष्ट कारक (specific factor या S-factor)।

स्पीयरमैन के अनुसार 'G' कारक से तात्पर्य यह होता है कि प्रत्येक व्यक्ति में कोई भी मानसिक कार्य करने की एक सामान्य क्षमता (general capacity) भिन्न-भिन्न मात्रा में मौजूद होती है। यही कारण है कि 'G' कारक को स्पीयरमैन ने मानसिक ऊर्जा (mental energy) की संज्ञा दी है। स्पीयरमैन के अनुसार जिस व्यक्ति में 'G' कारक जितना ही अधिक होगा वह व्यक्ति उतना ही अधिक सभी तरह के मानसिक कार्यों को करने में प्रवीण होगा। स्पीयरमैन के अनुसार 'G' कारक की दो प्रमुख विशेषताएँ हैं। पहला तो यह कि इस कारक पर सचमुच में किसी तरह के शिक्षण, प्रशिक्षण (training), पूर्व अनुभूति (past experiences) आदि का प्रभाव नहीं पड़ता है। यही कारण है कि इस 'G' कारक को एक जन्मजात कारक (innate factor) माना गया है। दूसरा प्रत्येक व्यक्ति में 'G' कारक की मात्रा निश्चित (fixed) होती है। परन्तु इसका अर्थ यह नहीं है कि सभी व्यक्तियों में इसकी मात्रा समान होती है। वास्तव में, प्रत्येक व्यक्ति में प्रत्येक मानसिक कार्य करने की जो क्षमता होती है, वह निश्चित नहीं होती है। किसी में इस क्षमता की मात्रा अधिक हो सकती है तथा किसी में इसकी मात्रा कम हो सकती है।

स्पीयरमैन (Spearman) का यह भी विचार था कि प्रत्येक मानसिक कार्य करने में कुछ विशिष्टता (specificity) की भी जरूरत पड़ती है क्योंकि प्रत्येक मानसिक कार्य एक-दूसरे से कुछ-न-कुछ भिन्न होते हैं। स्पीयरमैन ने इस कारक को 'S' कारक की संज्ञा दी है। 'S' कारक की तीन विशेषताएँ बतलायी गयी हैं—

(i) पहला, 'S' कारक का स्वरूप परिवर्तनशील होता है। एक मानसिक क्रिया में एक तरह के 'S' कारक की जरूरत होती है तो दूसरे तरह की मानसिक क्रिया में दूसरे तरह के 'S' कारक की आवश्यकता होती है।

(ii) दूसरा, एक ही व्यक्ति में 'S' कारक की मात्रा भिन्न-भिन्न कार्यों के लिए निश्चित नहीं होती है। एक कार्य के लिए एक व्यक्ति में 'S' कारक की मात्रा अधिक हो सकती है परन्तु उसी व्यक्ति में दूसरे कार्य के लिए 'S' कारक की मात्रा कम हो सकती है। जैसे, एक व्यक्ति में गाना गाने का 'S' कारक अधिक हो सकता है परन्तु उसी व्यक्ति में पेन्टिंग की क्रिया के लिए जिस 'S' कारक की जरूरत है, उसकी मात्रा कम हो सकती है।

(iii) तीसरा, 'S' कारक पर व्यक्ति के प्रशिक्षण (training), पूर्व अनुभूतियों (past experiences) आदि का काफी प्रभाव पड़ता है। प्रशिक्षण देकर हम किसी खास मानसिक कार्य के लिए आवश्यक 'S' कारक की मात्रा को बढ़ा सकते हैं। दूसरे शब्दों में, प्रशिक्षण देकर हम किसी को अच्छा 'तबला मास्टर' बना सकते हैं या अच्छा 'पेन्टर' बना सकते हैं।

स्पीयरमैन ने 'G' कारक तथा 'S' कारक के समर्थन में सहसम्बन्ध विधि (correlational method) के सहारे कुछ सबूत भी प्रदान किया है। इन्होंने भिन्न-भिन्न तरह की मानसिक क्षमता मापने वाले परीक्षणों (tests) जैसे शाब्दिक-बोध, स्मृति परीक्षण (memory test), तर्कणा परीक्षण (reasoning test) आदि को व्यक्तियों के एक बड़े समूह पर क्रियान्वयन (administer) किया और इन परीक्षणों के बीच सहसम्बन्ध (correlation) ज्ञात किया। परिणाम में देखा गया कि सहसम्बन्ध गुणांक (correlation coefficient) धनात्मक (positive) एवं ऊँचा (high) था जो 0.62 से लेकर 0.85 तक का था। इस तरह का उच्च धनात्मक सहसम्बन्ध से क्या पता चलता है? स्पीयरमैन के अनुसार निश्चित रूप से प्रत्येक व्यक्ति में कोई ऐसी मानसिक ऊर्जा या शक्ति होती है जो व्यक्ति को भिन्न-भिन्न परीक्षणों (tests) में समान रूप से मदद करती है। इसी मानसिक शक्ति को स्पीयरमैन ने 'G' कारक कहा है। ऊपर वर्णन किये गये सहसम्बन्ध गुणांकों (correlation coefficients) से अपने आप ही 'S' कारक का भी प्रमाण प्राप्त हो जाता है। भिन्न-भिन्न परीक्षणों (tests) को आपस मे सहसम्बन्धित करने पर सहसम्बन्ध गुणांक धनात्मक तो था परन्तु पूर्ण (perfect) अर्थात् 1.00 नहीं था। ऐसा क्यों? सहसम्बन्ध पूर्ण नहीं होना अपने आप में इस बात की सूचना देता है कि प्रत्येक परीक्षण (test) द्वारा मापी गयी मानसिक क्षमता में कुछ विशिष्टता (specificity) की जरूरत होती है। यदि इन सभी परीक्षणों द्वारा मापी गयी मानसिक क्षमता (mental capacity) में सिर्फ 'G' कारक (G-factor) ही होता है तो सहसम्बन्ध पूर्ण (perfect) यानी 1.00 होता। परन्तु 1.00 से कम सहसम्बन्ध इस बात का द्योतक हो जाता है कि प्रत्येक मानसिक क्षमता या कार्य को करने में कुछ ऐसी विशिष्टता (specificity) की जरूरत होती है, जो अन्य मानसिक कार्य या क्षमता की विशिष्टता से भिन्न होती है।

स्पीयरमैन के द्विकारक सिद्धान्त की उपयुक्त व्याख्या से स्पष्ट है कि स्पीयरमैन के अनुसार बौद्धिक कार्य

(intellectual work) में 'G' कारक तथा 'S' कारक दोनों ही सम्मिलित होते हैं। इन दोनों कारकों में 'G' कारक की महत्ता अधिक दी गयी है। 'G' कारक कम होने से व्यक्ति को किसी भी बौद्धिक कार्य करने में पूर्ण सफलता नहीं मिलेगी। इसलिए स्पीयरमैन के बुद्धि सिद्धान्त को G-कारक सिद्धान्त (G-factor theory) भी कहा गया है।

स्पीयरमैन के G कारक सिद्धान्त जिसे राजतंत्रीय सिद्धान्त (monarchic theory) भी कहा जाता है, के कई महत्त्वपूर्ण आशय (implication) हैं, जिनमें निम्नांकित प्रमुख हैं—

(i) चूँकि विशिष्ट कारक (speicific factor or S factor) बुद्धि परीक्षण के लिए एक तरह का अनोखा कारक होता है, अतः परीक्षण निष्पादन (test performance) में जो वैयक्तिक विभिन्नता होती है, उसका मुख्य कारण सामान्य बुद्धि (general intelligence) या 'G' कारक की वैयक्तिक विभिन्नता ही है।

(ii) इस सिद्धान्त के अनुसार एक उत्तम बुद्धि परीक्षण सिर्फ G कारक को ही अधिक मात्रा में मापेगा। दूसरे शब्दों में ऐसे बुद्धि परीक्षण में विशिष्ट कारक या S कारक का महत्त्व कम रहेगा।

(iii) इस सिद्धान्त का तीसरा महत्त्वपूर्ण आशय यह है कि G कारक का जो बुद्धि परीक्षण उत्तम ढंग से माप करेगा, वह सभी संज्ञानात्मक कार्यों (cognitive functions) पर के निष्पादन (performance) को उत्तम ढंग से पूर्वकथन करेगा।

स्पीयरमैन के द्विकारक सिद्धान्त की कुछ आलोचनाएँ भी की गयी है जो निम्नांकित हैं—

(a) स्पीयरमैन के सिद्धान्त में बुद्धि की व्यारव्या सिर्फ दो कारकों यानी 'G' कारक तथा 'S' कारक के आधार पर की गयी है। थर्स्टन (Thurstone, 1938) एवं गिलफोर्ड (Guilford, 1967) ने स्पीयरमैन के इस तथ्य की आलोचना की है और कहा है कि बुद्धि की व्याख्या दो तत्त्वों या कारकों से सम्भव नहीं है। सचमुच में बुद्धि की व्याख्या करने के लिए अनेक कारकों की जरूरत पड़ती है जिसकी स्पीयरमैन ने कल्पना तक भी नहीं की है।

(b) जैसा कि स्पीयरमैन के सिद्धान्त से स्पष्ट है, स्पीयरमैन ने भिन्न-भिन्न मानसिक कार्यों या क्षमताओं के परीक्षणों के बीच उच्च धनात्मक सहसम्बन्ध की व्याख्या 'G' कारक के आधार पर की है। उन्होंने बतलाया है कि उच्च सहसम्बन्ध का कारण इन परीक्षणों (tests) द्वारा मापे गये क्षमताओं के बीच अधिक समानता है जिसे उन्होंने 'G' कारक की संज्ञा दी है। आलोचकों का मत है कि विभिन्न परीक्षणों के बीच उच्च धनात्मक सहसम्बन्ध 'G' कारक के अलावा भी कुछ ऐसे कारक हैं जिनके कारण हो सकता है। आलोचकों का कहना है कि 'G' कारक के अलावा कुछ समूह कारक (group-factor) भी हैं जिसे मनोवैज्ञानिकों ने *मध्यवर्ती कारक* (intermediate factors) कहा है, और इसके कारण भी उच्च धनात्मक सहसम्बन्ध हो सकता है। स्पीयरमैन ने अपने सिद्धान्त में इन समूह कारकों पर प्रकाश नहीं डाला है।

इन आलोचनाओं के बावजूद स्पीयरमैन का बुद्धि सिद्धान्त बहुत ही महत्त्वपूर्ण सिद्धान्त है और इसे मनोवैज्ञानिकों द्वारा बुद्धि के अन्य कारक सिद्धान्तों (factor theories) की एक नींव (foundation) माना गया है।

2. थर्स्टन का सामूहिक कारक सिद्धान्त (*Thurstone's Group Factor Theory*)

इस सिद्धान्त का प्रतिपादन थर्स्टन (Thurstone, 1938) द्वारा किया गया है जो कई वर्षों तक किये गये कारक विश्लेषण (factor analysis) से प्राप्त तथ्यों (facts) पर आधारित हैं। अतः यह बिलकुल ही स्वाभाविक है कि इस सिद्धान्त का प्रतिपादन थर्स्टन ने धीरे-धीरे किया और फिर बाद में इसमें संशोधन होता गया।

इस सिद्धान्त के अनुसार, जैसा कि नाम से ही स्पष्ट है, बुद्धि की व्याख्या कई कारकों के आधार पर की जाती है न कि सिर्फ दो कारकों के आधार पर (जैसा कि स्पीयरमैन के सिद्धान्त में कहा गया है)। इस सिद्धान्त के अनुसार किसी बुद्धिमत्तापूर्ण कार्य (intellectual work) में अनेक छोटे-छोटे विशिष्ट कारक या तत्त्व नहीं पाये जाते हैं (जो अलग-अलग मानसिक क्षमता के द्योतक होते हैं) और साथ-ही-साथ किसी बुद्धिमत्तापूर्ण कार्य में 'G' कारक की भी प्रधानता (predominance) नहीं होती है (जैसा कि स्पीयरमैन ने कहा था)। इससे स्पष्ट है कि थर्स्टन ने स्पीयरमैन के 'G' कारक की मान्यता अस्वीकृत किया है। थर्स्टन के *सामूहिक-कारक* सिद्धान्त के अनुसार मानसिक प्रक्रियाओं या क्षमताओं (mental abilities) का एक सामान्य प्रधान कारक (common primary factor) होता है जो उन सभी मानसिक प्रक्रियाओं को

आपस में एक सूत्र में बाँधे रखता है तथा साथ-ही-साथ इन मानसिक क्रियाओं को अन्य मानसिक क्रियाओं से भिन्न रखता है। ऐसी सभी मानसिक प्रक्रियाएँ जिनका एक प्रधान कारक होता है, आपस में सहसम्बन्धित (correlated) होते हैं तथा एक साथ मिलकर एक समूह का निर्माण करते हैं। इस समूह का प्रतिनिधित्व करने वाले कारक को *प्रधान क्षमता* (primary ability) की संज्ञा दी जाती है। इसी तरह से दूसरे तरह की मानसिक प्रक्रियाओं को एक सूत्र में बाँधने वाला एक अन्य प्रधान कारक या क्षमता (primary factor or ability) होता है। ऐसी सभी प्रक्रियाओं का एक अन्य समूह होता है। फिर तीसरे तरह की मानसिक क्षमताओं का एक तीसरा प्रधान कारक (primary factor) होता है जो उन सभी क्षमताओं को आपस में बाँधकर रखता है। इस तरह से थर्स्टन के सिद्धान्त के अनुसार भिन्न-भिन्न मानसिक प्रक्रियाएँ अपने अलग-अलग प्रधान कारकों (primary factors) द्वारा एक सूत्र में बँधकर अलग-अलग समूह (group) का निर्माण करती है। अतः बुद्धि में मानसिक क्षमताओं के कई समूह होते हैं जिनमें से प्रत्येक समूह का अपना अलग-अलग कारक (primary factor) होता है जो उन सभी मानसिक क्षमताओं को एक सूत्र में बाँधे रहता है। ऐसे प्रधान कारक एक-दूसरे से स्वतंत्र (independent) हुआ करते हैं अर्थात् उनमें नाम मात्र का ही सहसम्बन्ध (correlation) होता है। परन्तु किसी एक प्रधान कारक के अन्तर्गत आने वाली सभी तरह की मानसिक क्षमताएँ (mental abilities) आपस में काफी सहसम्बन्धित (correlate) होतीं हैं।

चित्र 7.3 : स्थानिक क्षमता की जाँच

थर्स्टन ने अपने सिद्धान्त में सात प्रधान क्षमताओं (primary mental abilities) (मूलतः 6 ही क्षमताएँ थीं) का स्पष्टीकरण किया है। उन्होंने सात प्रधान क्षमताओं को मापने के लिए एक परीक्षणमाला (battery) तैयार किया जिसे *प्रधान मानसिक क्षमताओं का परीक्षण* (Test of Primary mental abilities या PMA tests) की संज्ञा दी गयी है। उन सात प्रधान मानसिक क्षमताओं का वर्णन निम्नांकित है—

(a) शाब्दिक अर्थ क्षमता (*Verbal meaning ability or V*)—शब्दों तथा वाक्यों के अर्थ समझने की क्षमता को शाब्दिक अर्थ क्षमता कहा गया है जिसे अक्षर V द्वारा सम्बोधित किया गया।

(b) शब्द-प्रवाह क्षमता (*Word-fluency ability or W*)—दिये हुए शब्दों से असम्बन्धित या अलग शब्दों को सोचने की क्षमता को शब्द-प्रवाह कहा गया है। इसे अक्षर W से सम्बोधित किया गया।

(c) स्थानिक क्षमता (*Spatial ability or S*)—किसी दिये हुए स्थान (space) में काल्पनिक रूप से वस्तुओं के परिचालन (manipulate) करने की क्षमता को दैशिक क्षमता कहा गया। इसे अक्षर 'S' से सम्बोधित किया गया। इसे चित्र 7.3 में दिखलाया गया है। चित्र में यह बताना है कि लक्ष्य चित्र (target form) A, B, C तथा D में से किसमें छिपा कर रखा गया है।

(d) आंकिक क्षमता (*Numerical ability or N*)—परिशुद्धता (accurately) तथा तीव्रता के साथ आंकिक परिकलन (numerical calculation) करने की क्षमता को आंकिक क्षमता (numerical ability) कहा गया और इसे अक्षर N द्वारा सम्बोधित किया गया।

(e) तर्क क्षमता (*Reasoning ability or R*)—वाक्यों के समूह या अक्षरों के समूह में छिपे नियम (principle) की खोज करने की क्षमता को तर्क क्षमता कहा गया। इसे अक्षर R द्वारा सम्बोधित किया गया।

(f) स्मृति क्षमता (*Memory ability or M*)—किसी पाठ, विषय या घटना को जल्दी-से-जल्दी याद कर लेने की क्षमता को स्मृति क्षमता (memory ability) कहा गया। इसे अक्षर M द्वारा सम्बोधित किया गया।

(g) प्रत्यक्षज्ञानात्मक गति क्षमता (*Perceptual speed ability or P*)—किसी घटना या वस्तु की विस्तृतता (details) को तेजी से प्रत्यक्षण करने की क्षमता को प्रत्यक्षज्ञानात्मक गति क्षमता कहा गया। इसका सम्बोधन 'P' अक्षर द्वारा किया गया।

इस तरह से हम देखते हैं कि थर्स्टन ने अपने सिद्धांत में सात प्रधान क्षमताओं के आधार पर बुद्धि की व्याख्या की है। ये सभी क्षमताएँ एक-दूसरे से स्वतंत्र (independent) होतीं हैं, यानी, आपस में सहसम्बन्धित नहीं होतीं हैं।

एटकिन्सन, एटकिन्सन तथा हिलगार्ड (Atkinson, Atkinson & Hilgard, 1983) ने थर्स्टन के सिद्धान्त की समीक्षा की ओर बतलाया कि इस सिद्धान्त में कुछ दोष भी हैं, जो इस प्रकार हैं—

(a) थर्स्टन ने इस बात पर काफी बल डाला है कि उनके द्वारा प्रतिपादित सात प्रधान क्षमताएँ (seven primary mental abilities) एक-दूसरे से स्वतंत्र (independent) हैं अर्थात् उनमें सहसम्बन्ध (correlation) नहीं है। परन्तु कई मनोवैज्ञानिकों ने यह स्पष्ट रूप से पाया है कि ये सभी क्षमताएँ आपस में पूर्णतः स्वतंत्र नहीं हैं बल्कि वे बहुत हद तक सहसम्बन्धित (correlated) है।

(b) थर्स्टन के अनुसार चूँकि ये सभी सात क्षमताएँ आपस में स्वतंत्र होती हैं, अतः 'G' कारक के समान कोई कारक (factor) वास्तव में नहीं होता है। इसी आधार पर थर्स्टन ने स्पीयरमैन के 'G' कारक को अस्वीकृत किया था। लेकिन जब सचमुच में ये सात क्षमताएँ स्वतंत्र न होकर आपस में सहसम्बन्धित पाये गये तो ऐसी परिस्थिति में स्पीयरमैन के 'G' कारक को ही समर्थन मिल जाता है। थर्स्टन ने भी इस आलोचना को एक तरह से स्वीकार किया है और कहा है कि वे अर्थात् सात क्षमताएँ प्रथम क्रम (first-order) के 'G' कारक नहीं है बल्कि द्वितीय क्रम के 'G' कारक (second-order g factor) हैं।

(c) थर्स्टन के सिद्धान्त का आधार कारक विश्लेषण (factor analysis) था। कारक विश्लेषण (factor analysis) द्वारा कितनी तरह की क्षमताएँ (abilities) की पहचान की जा सकतीं हैं, यह तो निश्चित (fixed) नहीं है। सचमुच में, यह परीक्षण (tests) के एकांशों (items) के स्वरूप (nature) पर निर्भर करता है। अतः थर्स्टन द्वारा यह निश्चित कर देना कि बुद्धि में मूलतः सात ही तरह की प्रधान मानसिक क्षमताएँ (primary mental abilities) होतीं हैं, न तो उचित है और न ही वैज्ञानिक। यही कारण है कि अन्य कार्यकर्त्ताओं (investigators) जैसे गिलफोर्ड (Guilford, 1967) एकस्ट्रोम तथा सहयोगियों (Ekstrom et al., 1976) ने बुद्धि में 20 से 150 तरह की क्षमताओं (abilities) की पहचान की है।

इन आलोचनाओं के बावजूद भी थर्स्टन (Thurstone) का यह सिद्धान्त काफी लोकप्रिय सिद्धान्त है तथा स्पीयरमैन के सिद्धान्त से अधिक श्रेष्ठ (superior) माना गया है।

3. बहुकारक सिद्धान्त (*Multi-Factor Theory*)

बहुकारद सिद्धान्त में थॉर्नडाइक (Thorndike) तथा गिलफोर्ड (Guilford) के सिद्धान्तों को रखा गया है।

थॉर्नडाइक ने स्पीयरमैन के सिद्धान्त का खण्डन करते हुए कहा कि बुद्धि सिर्फ दो कारकों (factor) या तत्त्वों के मिलने से नहीं होता है बल्कि बुद्धि की रचना बहुत से छोटे-छोटे तत्त्वों (elements) या कारकों (factors) के मिलने से होता है। प्रत्येक कारक या तत्त्व एक विशिष्ट मानसिक क्षमता (specific mental ability) का प्रतिनिधित्व करता है तथा साथ-ही-साथ एक-दूसरे से स्वतंत्र (independent) होता है। ऐसे ही बहुत से कारकों के आपस में मिलने से बुद्धि की रचना होती है, ठीक वैसे ही जैसे अनेक ईंटों के मिलने से एक मकान का निर्माण होता है। जिस तरह प्रत्येक ईंट एक-दूसरे से स्वतंत्र होते हुए भी अपना योगदान करके एक मकान का निर्माण करता है, ठीक उसी तरह से अनेक विशिष्ट मानसिक क्षमताएँ जो एक-दूसरे से स्वतंत्र होतीं हैं, मिलकर बुद्धि का निर्माण करती है। अतः थॉर्नडाइक के इस सिद्धान्त के अनुसार कोई सामान्य बुद्धि (general intelligence) नाम की चीज नहीं होती है जैसा कि स्पीयरमैन ने दावा किया था। बुद्धि कई विशेष मानसिक क्रियाओं या क्षमताओं का एक योग (aggregate) है। जैसा कि **फ्रीमैन**[1] (Freeman, 1965) ने कहा है, *"इस सिद्धान्त के अनुसार, तब सामान्य बुद्धि के समान कोई चीज नहीं होती है, सिर्फ इसमें बहुत-सी विशिष्ट क्रियाएँ (highly specific acts) होतीं हैं।"*

थॉर्नडाइक के इस सिद्धान्त के अनुसार व्यक्ति के भिन्न-भिन्न मानसिक क्रियाओं (mental acts) के बीच सहसम्बन्ध (correlation) का कारण 'G' कारक नहीं होता है बल्कि उन मानसिक प्रक्रियाओं में कई उभयनिष्ठ तत्त्व (common elements) पाये जाते हैं। दिये हुए मानसिक क्रियाओं में जितने ही अधिक उभयनिष्ठ तत्त्व (common elements) होंगे, उनके बीच सहसम्बन्ध (correlation) उतना ही अधिक होगा। उदाहरणार्थ, मान लिया जाय कि मानसिक कार्य 'x' तथा 'y' में अलग-अलग 10-10 तत्त्वों या कारकों की जरूरत है। इन तत्त्वों या कारकों में से 8 ऐसे तत्त्व हैं, जो इन दोनों तरह की मानसिक क्रियाओं को पूरा करने में उभयनिष्ठ (common) हैं। ऐसी परिस्थिति में इन दोनों कार्यों के बीच उच्च धनात्मक

1. "According to this theory, then, there is really no such factor as general intelligence, there are only many highly specific acts," —Freeman : *Theory and Practice of Psychological Testing*, 1965, p. 160

सहसम्बन्ध होगा। दूसरी तरफ थोड़ी देर के लिए मान लिया जाय कि इन दोनों मानसिक कार्यों के बीच मात्र दो-दो ही तत्त्व ऐसे हैं जिन्हें उभयनिष्ठ (common) कहा जा सकता है। ऐसी परिस्थिति में इन दोनों कार्यों के बीच धनात्मक सम्बन्ध तो होगा, परन्तु काफी कम। इस तरह से थॉर्नडाइक ने तत्त्वों या कारकों की उभयनिष्ठता (cmmonness) के आधार पर स्पीयरमैन के G कारक (G-factor) की (एक तरह से) आलोचना की है।

थॉर्नडाइक का यह भी विचार था कि कुछ मानसिक कार्य ऐसे होते हैं जिनके तत्त्वों या कारकों में उभयनिष्ठता (commonness) कम होती है। ऐसा इसलिए होता है क्योंकि प्रत्येक ऐसे मानसिक कार्य का स्वरूप भिन्न-भिन्न होता है। उदाहरणार्थ, यदि कार्य 'A' तथा कार्य 'B' ऐसे हैं जिनको पूरा करने में अलग-अलग 20-20 कारकों या तत्त्वों की जरूरत पड़ती है और उसमें से 15-15 कारक ऐसे हैं जो उभयनिष्ठ न होकर अउभयनिष्ठ (uncommon) हैं, तो ऐसी परिस्थिति में इन दोनों कार्यों के बीच धनात्मक सहसम्बन्ध की मात्रा कम होगी, तत्त्वों या कारकों के बीच इस तरह की उभयनिष्ठता के कारण ही दो मानसिक कार्यों या उनके मापने के लिए बने परीक्षणों (tests) के बीच सहसम्बन्ध पूर्ण (perfect) नहीं होता है। इस तरह की व्याख्या देकर थॉर्नडाइक ने स्पीयरमैन के 'S' कारक की भी आलोचना की है क्योंकि इस व्याख्या से स्पष्ट हो जाता है कि दो मानसिक कार्यों या उन्हें मापने के लिए बने परीक्षणों (tests) के बीच कम सहसम्बन्ध 'S' कारक के कारण नहीं होता है बल्कि इसलिए होता है क्योंकि इन दोनों मानसिक कार्यों के तत्त्वों (elements) या कारकों के बीच अउभयनिष्ठता (uncommonness) होती है।

लेकिन यदि ध्यानपूर्वक देखा जाय तो थॉर्नडाइक का सिद्धान्त स्पीयरमैन के सिद्धान्त से मौलिक रूप से भिन्न नहीं है। सचमुच में थॉर्नडाइक ने 'G' कारक को एक तरह से स्वीकार किया क्योंकि स्पीयरमैन ने जिसे सामान्य कारक या तत्त्व (general factor or element) कहा है उसे थॉर्नडाइक ने उभयनिष्ठ तत्त्व (common element) कहा है तथा जिसे स्पीयरमैन ने विशिष्ट कारक (specific factor) या 'S' कारक कहा है उसे थॉर्नडाइक ने अउभयनिष्ठ तत्व (uncommon element) कहा है। अगर इन दोनों सिद्धान्तों में अन्तर है तो सिर्फ इतना कि स्पीयरमैन ने 'G' कारक को छोटी-छोटी इकाइयों (units) या उपकारकों (subfactors) में नहीं बाँटा है जबकि थॉर्नडाइक ने इसे कई उपकारकों (subfactors) का योग (aggregate) माना है।

बहुकारक सिद्धान्त (multifactor theory) में थॉर्नडाइक का सिद्धान्त अब एक पुराना सिद्धान्त माना जाने लगा है। अतः मनोवैज्ञानिकों ने इस श्रेणी के एक-दूसरे सिद्धांत, जिसे गिलफोर्ड (Guilford) ने 1967 में प्रतिपादित किया है, पर अधिक ध्यान देने लगे हैं। गिलफोर्ड के इस सिद्धान्त को *त्रिविमीय सिद्धान्त* (three dimensional theory) या *बुद्धि-संरचना सिद्धान्त* (Structure-of-intellect theory) भी कहा जाता है। गिलफोर्ड का यह सिद्धान्त थर्स्टन, थॉर्नडाइक तथा स्पीयरमैन के सिद्धान्तों से काफी भिन्न है। इस सिद्धान्त में गिलफोर्ड ने मौलिक रूप से बुद्धि में 120 कारकों की पहचान किया था। परंतु अपने मृत्यु के कुछ समय पहले यानी 1988 में इस सिद्धान्त को विस्तारित किया और इसमें कुल 180 कारकों को समावेशित किया।

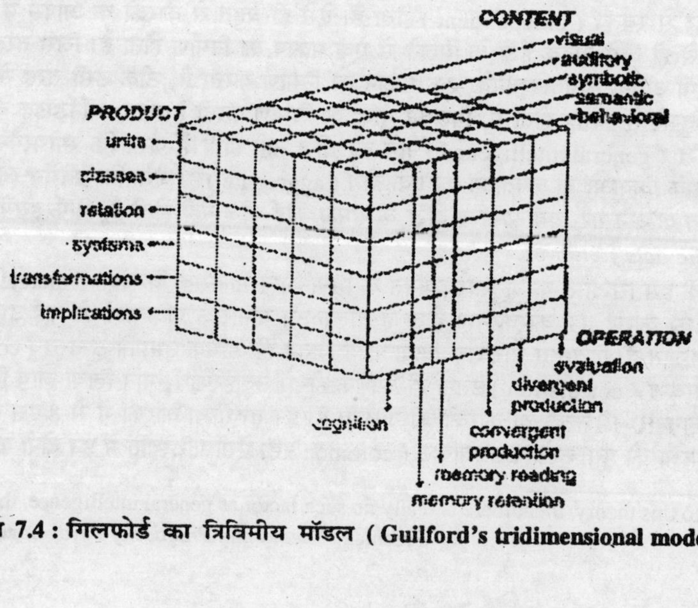

चित्र 7.4 : गिलफोर्ड का त्रिविमीय मॉडल (Guilford's tridimensional model)

गिलफोर्ड का विचार था कि बुद्धि के सभी तत्त्वों (elements) को तीन विमाओं (dimensions) में सुसज्जित किया जा सकता है। वे तीन विमाएँ (dimensions) निम्नांकित हैं—

(i) संक्रिया (Operation)

(ii) विषय-वस्तु (Content)

(iii) उत्पादन (Products)

इन तीनों विमाओं का वर्णन निम्नांकित हैं—

(i) संक्रिया *(Operation)*—संक्रिया से तात्पर्य व्यक्ति द्वारा किये जाने वाले मानसिक प्रक्रिया के स्वरूप (nature) से होता है। दिये गये कार्य को करने में व्यक्ति द्वारा की गयी मानसिक क्रियाओं का स्वरूप (nature) क्या है, की व्याख्या संक्रिया में होती है। गिलफोर्ड ने संक्रिया के आधार पर मानसिक क्षमताओं (mental abilities) को छह भागों में बाँटा है—*मूल्यांकन* (Evaluation), *अभिसारी चिन्तन* (Covergent thinking), *अपसारी चिन्तन* (Divergent thinking), *स्मृति धारण* (Memory retention), *स्मृति अभिलेखन* (Memory recording), *संज्ञान* (Cognition)। (चित्र 7.4 देखें)। एक उदाहरण लें—मान लिया जाय कि किसी व्यक्ति को सहशिक्षा (co-education) के गुण दोष को बतलाये हुए एक छोटा लेख लिखने को कहा जाता है। इस उदाहरण में उपयुक्त पाँच मानसिक क्षमताओं में से मूल्यांकन (evaluation) की संक्रिया (operation) होते पायी जायेगी। उसी तरह यदि किसी व्यक्ति को *'ईंट'* (brick) का असाधारण प्रयोग बतलाने के लिए कहा जाय तो इन पाँच में से कौन-सी संक्रिया (operation) का उपयोग अधिकतम होगा? बतलाइए। निश्चित रूप से इस अवस्था में होने वाली संक्रिया को अपसारी चिन्तन (divergent thinking) कहा जाता है।

(ii) विषय-वस्तु *(Content)*—इस विमा से तात्पर्य उस क्षेत्र (area) से होता है जिनके एकांशों (items) या सूचनाओं (information) के आधार पर संक्रियाएँ (operations) किये जाते हैं। गिलफोर्ड के अनुसार ऐसे एकांशों या सूचनाओं को पाँच भागों में बाँटा गया है। वे भाग हैं—दृष्टि (visual), *श्रवण* (Auditory), *सांकेतिक* (Symbolic), *अर्थगत* (Semantic) तथा व्यवहारपरक (Behavioural)। जैसे ऊपर के उदाहरण में जिसमें मूल्यांकन की संक्रिया तथा अपसारी चिन्तन की संक्रिया सम्मिलित थी, का विषय-वस्तु स्पष्टतः अर्थगत (Semantic) की श्रेणी का था। ऐसा भी हो सकता है कि व्यक्ति को दिये गये सूचनाओं एवं एकांशों जिसके आधार पर उसे कोई संक्रिया (operation) करना हो, अर्थगत न होकर चित्र (figure) के रूप में हो। ऐसी परिस्थिति में विषय-वस्तु का स्वरूप आकृतिक (Figural) कहा जायेगा।

(iii) उत्पादन *(Products)*—इस विमा से तात्पर्य किसी विशेष प्रकार की विषय-वस्तु (contents) द्वारा की गयी संक्रिया (operation) के परिणाम (product) से होता है। इस तरह के परिणाम को गिलफोर्ड ने 6 भागों में बाँटा है जो इस प्रकार हैं— इकाई (Units), *वर्ग* (Classes), *सम्बन्ध* (Relations), *पद्धतियाँ* (Systems), *रूपान्तरण* (Transformatios) तथा *आशय* (Implication)। ऊपर के उदाहरण में *'ईंट'* का असाधारण प्रयोग के रूप में बताये गये उत्तरों को 'उत्पादन' (product) की विशेष श्रेणी अर्थात् 'सम्बन्ध उत्पादन' (relation production) की श्रेणी में रखा जायेगा।

इस तरह से स्पष्ट है कि गिलफोर्ड ने अपने सिद्धान्त में बुद्धि की व्याख्या तीन विमाओं (dimensions) के आधार पर की है और प्रत्येक विमा के कई कारक हैं। संक्रिया (operation) विमा के 6 कारक, विषय-वस्तु (contents) विमा के 5 कारक तथा उत्पादन (product) विमा के 6 कारक हैं। इस तरह गिलफोर्ड के अनुसार बुद्धि में कुल मिलाकर $6 \times 5 \times 6 = 180$ कारक (factors) होते हैं।

गिलफोर्ड के इस सिद्धान्त की आलोचना करते हुए फेर्यस (Phares, 1984) ने कहा है कि गिलफोर्ड का सिद्धान्त वास्तव में एक सिद्धान्त के रूप में नहीं लगता है बल्कि इसे बुद्धि का वर्गीकरण (classification or taxonomy) करने की एक पद्धति (system) यदि कहा जाय, तो यह अधिक उचित होगा। ब्रौडी एवं ब्रौडी (Brody & Brody, 1976) ने अपने अध्ययन में पाया कि गिलफोर्ड द्वारा बताये गये अलग-अलग कारक संरचनाएँ (factor structures) बहुत ही स्पष्ट नहीं दीख पड़ते हैं।

4. पदानुक्रमिक सिद्धान्त *(Hierarchical Theory)*

ऊपर में बुद्धि के मूलतः तीन तरह के सिद्धान्तों का वर्णन किया गया है—स्पीयरमैन का G-कारक सिद्धान्त (G-factor theory), थर्स्टन का समूह कारक सिद्धान्त तथा बहुकारक सिद्धान्त (multifactor theories)। चूँकि तीनों तरह के सिद्धान्तों के पक्ष में सबूत मिलते हैं, अतः कुछ मनोवैज्ञानिकों जैसे वर्ट (Burt, 1979), वर्नन (Vernon, 1960), हम्फ्रेज (Humphreys, 1962) तथा कैट्टेल्ल (Cattell, 1971) आदि मनोवैज्ञानिकों ने स्पीयरमैन के G-कारक सिद्धान्त के तत्त्वों (elements), थर्स्टन के समूह कारक सिद्धान्त के तत्त्वों तथा बहुकारक सिद्धान्त (multifactor theories) के तत्त्वों को एक साथ मिलाकर बुद्धि के एक नये सिद्धान्त का प्रतिपादन किया है जिसे *पदानुक्रमिक सिद्धान्त* (hierarchical theory) की संज्ञा दी गयी है।

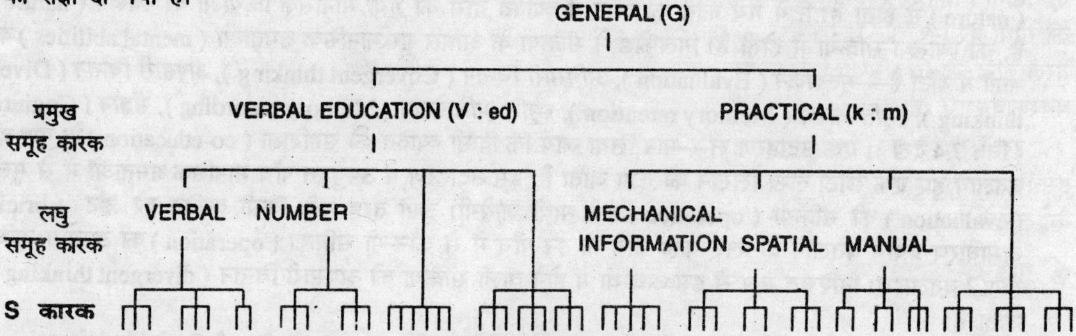

चित्र 7.5 : पदानुक्रमिक मॉडल

पदानुक्रमिक सिद्धान्त में बुद्धि को एक पिरामिड (pyramid) से तुलना किया गया जिसमें बुद्धि के भिन्न-भिन्न तत्त्वों या कारकों (factors) को एक पदानुक्रम (hierarchy) के रूप में व्यक्त किया गया। पिरामिड के सबसे ऊपरी भाग में यानी, पदानुक्रम के सबसे ऊपरी स्तर पर स्पीयरमैन के G-कारक (G-factor) को रखा गया जिसकी जरूरत सभी तरह के बौद्धिक या मानसिक कार्य को करने में होती है (चित्र 7.5 देखें)। पदानुक्रम (hierarchy) के दूसरे स्तर पर थर्स्टन के समूह कारक (Thurstone's group factor) के समान दो विस्तृत समूह कारक (broad group factors) होते हैं— एक शाब्दिक-शैक्षिक कारक (Verbal-educational factor or V : ed) तथा दूसरा व्यवहारिक-यांत्रिक कारक (Practical Mechanical factor or K : m)। फिर इन दो प्रमुख समूह कारकों (major group factors) को तीसरे स्तर पर अन्य छोटे-छोटे समूह कारकों (minor group factor) में बाँटा गया है जो गिलफोर्ड (Guilford) के बहुकारक (multi factors) के समान हैं। जैसे शाब्दिक शैक्षिक कारक को शाब्दिक कारक (verbal factor), संख्या कारक (number factor) आदि में बाँटा गया है। उसी तरह व्यवहारिक-यांत्रिक (Practical mechanical factor or K : m) कारक को यांत्रिक कारक (mechanical factor), स्थानिक कारक (spatial factor), मैन्युअल कारक (manual factor) आदि में बाँटा गया है। आगे विश्लेषण करके फिर इन कारकों (factors) को भी छोटे-छोटे उपकारकों (sub-factors) में बाँटा जा सकता है। पदानुक्रम सिद्धान्त के सबसे निचले स्तर पर स्पीयरमैन का एस-कारक (S-factor) होता है जिसके द्वारा एक ऐसी क्षमता का बोध होता है जिसकी जरूरत सिर्फ एक खास मानसिक कार्य में ही होती है।

इस तरह से हम देखते हैं कि बुद्धि के पदानुक्रमिक सिद्धान्त में बुद्धि को एक ऐसा पदानुक्रम मॉडल (hierarchical model) के रूप में व्यक्त किया गया है जिसका आकार एक वंश-वृक्ष (genealogical tree) के समान होता है जहाँ G-कारक सबसे ऊपरी सतह पर तथा S कारक सबसे निचली सतह पर तथा अन्य संकीर्ण समूह कारकों (narrower group factors) को इन दोनों के बीच में रखा गया है।

5. कैट्टेल्ल का सिद्धान्त *(Cattell's Theory)*

कैट्टेल्ल (Cattell, 1963, 1987) ने बुद्धि के एक सिद्धान्त का प्रतिपादन किया है जिसके अनुसार बुद्धि में दो महत्त्वपूर्ण तत्त्व (components) होते हैं—

तरल बुद्धि (Fluid intelligence) एवं *ठोस बुद्धि* (Crystallized intelligence)। कैटेल के अनुसार तरल बुद्धि

स्पीयरमैन के सिद्धान्त के 'G' कारक के समान है और इसका निर्धारण वंशानुगत कारकों (genetic factors) द्वारा होता है। इसमें वस्तुओं के बीच सम्बन्ध का प्रत्यक्षण करने की क्षमता जैसा कि दृश्यता परीक्षण (analogies test) एवं अक्षर तथा संख्या शृंखला परीक्षण में जरूरत पड़ती है, सम्मिलित होता है। दूसरे शब्दों में, तरल बुद्धि का सम्बन्ध तर्कणा-क्षमता (reasoning ability) से होता है। ठोस बुद्धि (crystallized intelligence) से तात्पर्य व्यक्ति के अर्जित (acquired) तथ्यात्मक ज्ञान (factual knowledge) से होता है। दूसरे शब्दों में, ठोस बुद्धि में उन क्षमताओं को रखा जाता है जिसे व्यक्ति अपने जिन्दगी की अनुभूतियों में तरल बुद्धि का उपयोग करके उसे अर्जित करता है। इस तरह की अनुभूतियों में स्कूल की अनुभूतियाँ मुख्य रूप से शामिल होतीं हैं। कैट्टेल्ल का मत था कि तरल बुद्धि द्वारा ठोस बुद्धि के विकास पर एक सीमा (limits) का निर्धारण होता है। इसका मतलब यह हुआ कि अपनी अनुभूतियों से सीखने की क्षमता के विकास की सीमा का निर्धारण आनुवंशिक कारकों (hereditary factors) द्वारा होता है। कैटेल ने यह भी मत जाहिर किया कि तरल बुद्धि का विकास किशोरावस्था में अधिकतम होता है परंतु ठोस बुद्धि का विकास उसके बाद की अवस्था अर्थात् वयस्कावस्था (adulthood) में भी होता रहता है।

इस सिद्धान्त की आलोचना गिलफोर्ड (Guilford, 1980) द्वारा किया गया है। इन्होंने स्पष्ट रूप से यह कहा है कि इस सिद्धान्त पर पूर्णतः यह विश्वास नहीं किया जा सकता है कि तरल बुद्धि नाम की कोई चीज सचमुच में होती है। फिर कैट्टेल्ल ने तरल बुद्धि तथा ठोस बुद्धि के बीच जो अन्तर किया है, उसका कोई स्पष्ट वैज्ञानिक आधार नहीं दीखता है।

6. गार्डनर का बहुबुद्धि का सिद्धान्त *(Gardner's Theory of Multiple Intelligence)*

गार्डनर (1983) ने बुद्धि का एक नया सिद्धान्त का विकास किया है जिसे *बहुबुद्धि का सिद्धान्त* (theory of mulitple intelligence) कहा है। अपने इस सिद्धान्त में गार्डनर ने महत्त्वपूर्ण बात जो बतलायी है, वह यह है कि बुद्धि का स्वरूप एकाकी (singular) न होकर बहुकारकी होता है। उन्होंने यह बतलाया है कि सामान्य बुद्धि में सात तरह की क्षमताएँ या बुद्धि (अब दस तरह की क्षमताएँ) सम्मिलित होतीं हैं। इन सभी तरह की बुद्धि का विशेष गुण यह है कि प्रत्येक बुद्धि एक-दूसरे से स्वतंत्र (independent) होता है तथा मस्तिष्क में प्रत्येक के संचालन के नियम अलग-अलग है। इन सभी दस प्रकार के बुद्धि का वर्णन निम्नांकित हैं—

(i) भाषाई बुद्धि (Linguistic intelligence)
(ii) तार्किक-गणितीय बुद्धि (Logical-mathematical intelligence)
(iii) स्थानिक बुद्धि (Spatial intelligence)
(iv) शारीरिक-गतिक बुद्धि (Body-kinesthetic intelligence)
(v) संगीतिक बुद्धि (Musical intelligence)
(vi) व्यक्तिगत-आत्मन बुद्धि (Personal-self intelligence)
(vii) व्यक्तिगत-अन्य बुद्धि (Personal-others intelligence)
(viii) प्रकृतिवादी बुद्धि (Naturalist intelligence)
(ix) अस्तित्ववादी बुद्धि (Existentialist intelligence)
(x) अध्यात्मिक बुद्धि (Spiritual intelligence)।

इन सबों का वर्णन निम्नांकित है—

(i) भाषाई बुद्धि *(Linguistic intelligence)*—इस तरह की बुद्धि में वाक्यों या शब्दों की बोध क्षमता (comprehension ability), शब्दावली (vocabulary) शब्दों के क्रमों के बीच के सम्बन्धों को पहचानने की क्षमता आदि सम्मिलित होता है।

(ii) तार्किक-गणितीय बुद्धि *(Logical mathematical intelligence)*—इस बुद्धि में तर्क करने की क्षमता, गणितीय समस्याओं का समाधान करने की क्षमता, अंकों के क्रम (sequence) के पीछे छिपे सम्बन्ध को पहचानने की क्षमता, सादृश्यता क्षमता (analogical ability) आदि सम्मिलित होते हैं।

(iii) स्थानिक बुद्धि *(Spatial intelligence)*—इसमें स्थानिक चित्र (spatial figures) को मानसिक रूप से

परिवर्तन करने की क्षमता तथा स्थानिक कल्पना-शक्ति (spatial visualization) करने की क्षमता आदि सम्मिलित होता है।

(iv) शारीरिक-गतिक बुद्धि *(Body-kinesthetic intelligence)*—इस तरह की बुद्धि में अपने शारीरिक गति पर नियंत्रण रखने की क्षमता तथा वस्तुओं को सावधानीपूर्वक एवं प्रवीण ढंग से (skillfully) घुमाने तथा उपयोग करने की क्षमता सम्मिलित होती है। इस तरह की बुद्धि नर्तकी में तथा व्यायामी (gymnast) में अधिक होता है जिन्हें अपने शरीर की गति पर पर्याप्त नियंत्रण रहता है। साथ-ही-साथ इस तरह की बुद्धि की आवश्यकता क्रिकेट खिलाड़ी, टेनिस खिलाड़ी, न्यूरोसर्जन तथा शिल्पकारियों (artisan) आदि में अधिक होता है क्योंकि इन्हें वस्तुओं का उपयोग प्रवीणतापूर्वक (skillfully) करना पड़ता है।

(v) संगीतिक बुद्धि *(musical intelligence)*—इस बुद्धि में तारत्व (pitch) तथा लय (rhythm) को प्रत्यक्षण करने की क्षमता सम्मिलित होता है एवं संगीतिक सामर्थ्यता (musical competence) एवं निपुणता विकसित करने की क्षमता होती है। इस तरह की बुद्धि संगीत देने वालों एवं गीत गाने वालों में अधिक होता है।

(vi) व्यक्तिगत-आत्मन् बुद्धि *(Personal-self intelligence)*—इस तरह की बुद्धि में अपने भावों एवं संवेगों को मॉनीटर करने की क्षमता, उनमें विभेद करने की क्षमता तथा मानव व्यवहार को निर्देशित करने में उन सूचनाओं को उपयोग करने की क्षमता आदि सम्मिलित होता है। इसे *अंतरावैयक्तिक बुद्धि* (intrapersonal intelligence) भी कहा जाता है। इसकी जरूरत उन व्यक्तियों को अधिक होती है जिनकी जीवन-वृत्ति (career) जनोमुखी (people-oriented) होता है।

(vii) व्यक्तिगत-अन्य बुद्धि *(Personal-others intelligence)*—इस तरह की बुद्धि में दूसरे व्यक्तियों की प्रेरणाओं, इच्छाओं एवं आवश्यकताओं को समझने की क्षमता तथा उनकी मनोदशाओं (moods) एवं चितप्रकृति को मॉनीटर करके किसी नयी परिस्थिति में किस तरह से व्यवहार करेगा, के बारे में पूर्वकथन करने की क्षमता आदि से होता है। इसे *अन्तर्वैयक्तिक बुद्धि* (interpersonal intelligence) भी कहा जाता है। इस तरह की बुद्धि की जरूरत मनोवैज्ञानिकों तथा प्रबंधकों (managers) को अधिक होती है।

गार्डनर (Gardner, 1999) में बुद्धि के मौलिक सात प्रकारों में तीन और तरह की बुद्धि को जोड़ा है जिसकी व्याख्या इस प्रकार है—

(viii) प्रकृतिवादी बुद्धि *(Naturalist intelligence)*—इससे तात्पर्य प्रकृति (nature) में निहित स्वाभाविक पैटर्न की पहचान करने की क्षमता से होती है। इस तरह की क्षमता किसान, जीव वैज्ञानिक (biologist) तथा वनस्पतिज्ञों (botanists) में अधिक होती है।

(ix) अस्तित्ववादी बुद्धि *(Existentialist intelligence)*—इसमें मानव अस्तित्व की वास्तविकता, प्यार (love) जिन्दगी, मृत्यु आदि के बारे में तथ्यों को जानने की क्षमता एवं रुचि से होती है। इस तरह की बुद्धि दार्शनिक (philosopher) तथा दार्शनिक विचारकों (philosophical thinkers) में अधिक होती है। अरस्तू (Aristotle), कनफ्यूसियस (Confucious), प्लेटो, सुकरात में ऐसी बुद्धि अधिक थी।

(x) आध्यात्मिक बुद्धि *(Spiritual intelligence)*—आध्यात्मिक बुद्धि से तात्पर्य ऐसी क्षमता से होती है जिसमें व्यक्ति अपने व्यक्तित्व की विकास में कॉस्मिक (cosmic) तथा आध्यात्मिक समस्याओं (spiritual problems) तथा उनके समाधान के बारे में सोचता है। ऐसी बुद्धि की जरूरत साधु-संतों एवं फकीरों आदि को अधिक होती है।

गार्डनर का मत है कि प्रत्येक सामान्य व्यक्ति में उपर्युक्त तरह की बुद्धि होती है परंतु कुछ विशेष कारणों जैसे आनुवंशिकता (heredity) या प्रशिक्षण के कारण किसी व्यक्ति में कोई बुद्धि अधिक विकसित हो जाती है। ये सभी दस तरह के बुद्धि एक-दूसरे के साथ अन्तःक्रिया (interaction) करते हैं फिर भी प्रत्येक बुद्धि एक अर्द्ध-स्वाग्रत्त तंत्र (semi-autonomous system) के रूप में कार्य करता है। मस्तिष्क में प्रत्येक बुद्धि एक सम्पुटित मापांक (encapsulated module) के समान होता है जो अपने-अपने नियमों एवं कार्य विधियों द्वारा संचालित होते हैं। कुछ खास तरह के मस्तिष्कीय क्षति (brain damage) होने पर एक तरह की बुद्धि क्षतिग्रस्त हो सकती है परंतु उसका प्रभाव दूसरे तरह की बुद्धि पर नहीं पड़ेगा।

गार्डनर के इस सिद्धान्त का एक आशय (implication) यह है कि इससे इस तथ्य की व्याख्या करने में मदद मिलती है कि क्यों कुछ लोग जिनका कॉलेज का शैक्षिक रिकार्ड काफी प्रखर था बाद की जिन्दगी में उन्हें असफलता हाथ लगी तथा क्यों वैसे लोग जिनका कॉलेज का शैक्षिक रिकार्ड काफी मंद तथा घटिया रहा, बाद की जिन्दगी में उन्हें काफी सफलता मिल पायी। इसका स्पष्ट कारण यह है कि पहले तरह के व्यक्ति में व्यक्तिगत बुद्धि (personal intelligence) की कमी

थी परंतु दूसरे तरह के व्यक्ति में व्यक्तिगत बुद्धि की अधिकता थी।

गार्डनर के सिद्धान्त में अन्तिम तीन प्रकार के बुद्धि पर कुछ मनोवैज्ञानिक ने टीका-टिप्पणी किया है। फिर भी यह सिद्धान्त से तो यह बिल्कुल ही स्पष्ट हो गया है कि बुद्धि को सिर्फ शाब्दिक एवं परिमाणात्मक कौशलों (quantitative skills) के रूप में व्याख्या करना उचित नहीं है और बुद्धि के इस विस्तृत अर्थ को ध्यान में रखकर ही हम समाज के साथ न्याय कर सकते हैं।

गार्डनर के सिद्धान्त के कुछ आलोचकों का कहना है कि बुद्धि के सभी दस प्रकार व्यक्ति की जिन्दगी तथा शिक्षा में समान महत्व के नहीं होते हैं। **स्टर्नवर्ग**[1] (Sternberg, 1985) ने तो यहाँ तक कह दिया है कि बहुबुद्धि को बहुनिपुणता (multi talents) कहना ज्यादा उत्तम होगा।

अब कारक सिद्धान्त (factor theories) के बारे में किसी निष्कर्ष पर पहुँचने के पहले स्वभावतः मन में एक प्रश्न उठता है कि *पिण्डक-विभाजक समस्या* (lumpers-splitter issue) पर दोलन (pendulum) किस ओर है? उत्तर के रूप में यही कहा जा सकता है कि इस समस्या पर दोलन (pendulum) बीचोबीच है। वर्तमान समय में अधिकतर मनोवैज्ञानिकों का यह मत है कि बुद्धि में दोनों तरह की क्षमताएँ अर्थात् विभिन्न तरह के संज्ञानात्मक कार्यों (cognitive tasks) एवं समस्याओं की ठीक ढंग से करने की एक सामान्य क्षमता (general ability) तथा अन्य कई विशिष्ट क्षमताएँ (specific abilities) सम्मिलित होती हैं।

(ख) प्रक्रिया-उन्मुखी सिद्धान्त *(Process-oriented theories)*—करीब-करीब 1960 तक बुद्धि के स्वरूप (nature) की व्याख्या कारक सिद्धान्तों (factor theories) द्वारा काफी प्रभावित रही। परन्तु इसके बाद के वर्षों में जब संज्ञानात्मक मनोविज्ञान (Cognitive psychology) पर अधिक बल दिया जाने लगा, तो वैसी परिस्थिति में बुद्धि के स्वरूप की व्याख्या नये-नये सिद्धान्तों द्वारा अधिक की जाने लगी। इन सिद्धान्तों को *प्रक्रिया-उन्मुखी सिद्धान्त* (process-oriented theories) कहा गया। इस सिद्धान्त की मुख्य विशेषता यह है कि इसके द्वारा बुद्धि के स्वरूप की व्याख्या उसके भिन्न-भिन्न कारकों (factors) के रूप में न करके उन बौद्धिक प्रक्रियाओं (intellectual processes) के रूप में की गयी है जिसे व्यक्ति किसी समस्या के समाधान करने में या सोच-विचार करने में (reasoning) लगाता है। इन सिद्धान्तवादियों (theories) द्वारा बुद्धि (intelligence) के लिए संज्ञान (cognition) तथा संज्ञानात्मक प्रक्रिया (cognitive processes) शब्द का प्रयोग अधिक किया गया है। इन सिद्धान्तवादियों की मूल अभिरुचि निम्नांकित दो तथ्यों की व्याख्या करने से सम्बन्धित है—

(a) व्यक्ति किसी दिये हुए समस्या का समाधान करने में किन-किन प्रक्रियाओं (processes) का सहारा लेता है?
(b) व्यक्ति में बौद्धिक प्रक्रियाओं (intellectual processes) का विकास (development) कैसे होता है? जैसे-जैसे व्यक्ति में परिपक्वता (maturation) बढ़ते जाता है, वैसे-वैसे इन प्रक्रियाओं में किस ढंग का परिवर्तन आता है?

प्रक्रिया-उन्मुखी सिद्धान्त में अनेक मनोवैज्ञानिकों के सिद्धान्तों को रखा गया है जिसमें पियाजे (Piaget, 1970), ब्रुनर (Bruner, 1973) स्टर्नवर्ग (Sternberg, 1984), जूआन पासकुएल-लियोनी (Juan Pascual-Leone, 1983), जेन्सन (Jenson, 1969) आदि के सिद्धान्त प्रमुख हैं। इन व्यक्तियों के सिद्धान्तों में से सिर्फ दो व्यक्तियों के सिद्धान्तों की विस्तृत व्याख्या यहाँ की जायेगी क्योंकि इन दोनों व्यक्तियों का सिद्धान्त काफी महत्त्वपूर्ण है। ये दो व्यक्ति हैं—पियाजे (Piaget) तथा स्टर्नवर्ग (Sternberg)।

1. पियाजे का सिद्धान्त *(Piaget theory)*—यद्यपि पियाजे (Piaget) ने अपने इस सिद्धान्त का प्रतिपादन 1920–30 तक कर लिया था परन्तु बुद्धि के स्वरूप की व्याख्या करने में उनके सिद्धान्त की गहरी छाप उस समय पड़ी जब उन्होंने इस सिद्धान्त को काफी विस्तृत (comprehensive) किया और उसका संशोधित रूप 1970 में प्रकाशित किया। पियाजे ने अपने सिद्धान्त का नाम *संज्ञानात्मक विकास का सिद्धान्त* (Theory of cognitive development) रखा।

पियाजे के अनुसार बुद्धि एक प्रकार की अनुकूली प्रक्रिया (adaptive process) है जिसमें जैविक परिपक्वता (biological maturation) तथा वातावरण के साथ होने वाली अन्तःक्रियाएँ (interactions) दोनों ही सम्मिलित होतीं हैं। इनके अनुसार जैसे-जैसे बच्चों में संज्ञानात्मक प्रक्रियाओं का विकास होते जाता है, वैसे-वैसे उनका बौद्धिक विकास

1. "The multi-Intelligence might better be termed as multiple talents"
—Sternberg : *Human Intelligence*, 1985, p. 1114

(intellectual development) भी होते जाता है। **मार्गन, किंग, विस्ज** तथा **स्कौपलर**[1] (Morgan, King, Weisz & Schopler, 1986) ने ठीक ही कहा है, *''पियाजे के विचार में बुद्धि एक ऐसी अनुकूली प्रक्रिया है जिसमें जैविक परिपक्वता का पारस्परिक प्रभाव (interplay) तथा वातावरण के साथ की गयी अन्तःक्रिया (interaction) दोनों ही सम्मिलित होतीं हैं। उनके अनुसार बौद्धिक विकास (intellectual development) कुछ संज्ञानात्मक प्रक्रियाओं (cognitivie processes) जैसे प्रकृति के नियम को समझना, व्याकरण के नियम को समझना तथा गणितीय नियमों को समझना आदि के विकास पर निर्भर करता है।''*

इस व्याख्या से सष्ट है कि पियाजे ने बुद्धि को संज्ञानात्मक प्रक्रियाओं के विकास का दूसरा रूप माना है। उनके अनुसार इन संज्ञानात्मक प्रक्रियाओं का विकास निम्नांकित चार अवस्थाओं में होता है—

(i) ज्ञानात्मक-क्रियात्मक अवस्था (Sensory-motor stage)
(ii) प्राक्-प्रचलनात्मक अवस्था (Preoperational stage)
(iii) मूर्त्त प्रचलनात्मक अवस्था (Concrete operational stage)
(iv) औपचारिक प्रचलनात्मक अवस्था (Formal operational stage)

इन अवस्थाओं का वर्णन निम्नांकित हैं—

(i) ज्ञानात्मक-क्रियात्मक अवस्था *(Sensory-motor stage)*—संज्ञानात्मक प्रक्रियाओं के विकास की यह पहली अवस्था है जो जन्म से लेकर 2 वर्षों तक की होती है। इस अवस्था के अनेक विशेषताओं में से दो विशेषताएँ प्रमुख हैं। पहला यह कि इस अवस्था में बच्चा अपने व्यवहारों या क्रियाओं (activities) तथा उसके परिणामों (consequences) के बीच सम्बन्ध कायम करने की कोशिा करता है। उदाहरणस्वरूप, जब वह किसी छोटे बर्तन जैसे चम्मच, थाली आदि को अपने हाथ से पीटता है और उसका परिणाम यानी आवाज सुनता है तो वह इन दोनों क्रियाओं में सम्बन्ध स्थापित करता है और इस तरह से बच्चों में एक विशेष संज्ञानात्मक प्रक्रिया (cognitive process) का विकास होता है जो इस बात से सम्बन्धित होता है कि बर्तन पर हाथ पटकने से आवाज होती है। धीरे-धीरे बच्चा यह भी समझने लगता है कि उसका हाथ तथा पैर उसके शरीर के विशेष अंग हैं परन्तु उसके हाथ का कंगन उसके शरीर का अंग नहीं है।

दूसरी विशेषता यह है कि इस अवस्था में बच्चा अपने आप को वातावरण (environment) के वस्तुओं से अलग करने की क्षमता भी विकसित कर लेता है। अपने आप को वातावरण के अन्य वस्तुओं से वह भिन्न एवं अलग समझने लगता है। कुछ खास-खास क्रियात्मक व्यवहार (motor behaviour) जैसे किसी वस्तु को पकड़ना (catching) तथा छीनना (grasping) आदि द्वारा उसे वस्तुओं का स्थानिक सम्बन्धों (spatial relationship) का भी ज्ञान हो जाता है। बच्चा उन व्यक्तियों के व्यवहारों का भी नकल करना प्रारम्भ कर देता है जो अनुपस्थित होते हैं। इस तरह से बच्चे अपने व्यवहार में नियतता (intentionality) दिखाना प्रारम्भ कर देते हैं। इस अवस्था का सबसे मुख्य गुण यह है कि बच्चे में वस्तु-स्थायित्व (object permanance) का सम्प्रत्यय विकसित हो जाता है। वस्तु-स्थायित्व से तात्पर्य इस बात से होता है कि बच्चे यह समझते हैं कि उनकी नजर (senses) के सामने नहीं होने पर भी किसी वस्तु का अस्तित्व बना रहता है। वस्तु स्थायित्व का गुण इस अवस्था के अन्त में यानी 20-24 महीना के बीच में विकसित होता है। 20 महीने से छोटा शिशु यही समझता है कि जब कोई वस्तु उनकी नजर से ओझल हो गया तो वह वस्तु भी समाप्त हो गया। जैसे, 8 महीने का बच्चा यदि किसी खिलौना को लेने के लिए आगे बढ़ रहा है, परन्तु उस खिलौना को यदि किसी कपड़े से ढँक दिया जाय तो बच्चा यह सोचते हुए तुरंत रूक जायेगा कि अब खिलौना नहीं है। स्पष्ट है कि इस अवस्था तक बच्चे में वस्तु स्थायित्व का गुण अभी विकसित नहीं हुआ होता है।

(ii) प्राक्-प्रचलनात्मक अवस्था *(Preoperational stage)*—2 से 7 साल की अवस्था को पियाजे (Piaget) ने प्राक्-प्रचलनात्मक अवस्था कहा है। इसे उन्होंने दो भागों में बाँटा है— *प्राक्-सम्प्रत्यात्मक अवधि* (preconceptual period) जो 2 से 4 साल का होता है तथा *अन्तर्दर्शी अवधि* (intuitive period) जो 4 से 7 साल का होता है। प्राक्-सम्प्रत्यात्मक अवधि में बच्चा भिन्न-भिन्न प्रकार के संकेत (symbols), प्रतिमाएँ (images), शब्द (words) तथा उसके

1. "In Piaget's view, intelligence is an adaptive process that involves an interplay of biological maturation and interaction with the environment. He views intellectual development as an evolution of cognitive processes such as understanding the laws of nature, the principles of grammar and mathematical rules."

—Morgan, King, Weisz & Schopler : *Introduction to Psychology,* 1986, p. 528

अर्थों को सीखता है। इस तरह से बच्चों में भाषा का विकास प्रारम्भ होता है। इन प्रतिमाओं, संकेतों (symbols) आदि के सहारे बच्चों को उचित ढंग से चिन्तन करने में मदद भी मिलती है। इस अवधि में संज्ञानात्मक प्रक्रियाओं (cognitive processes) का विकास मूलतः अनुकरण (imitation) तथा खेल (play) द्वारा होता है। इस अवधि के संज्ञानात्मक चिन्तन (cognitive thought) के दो प्रमुख दोष पाये गये हैं— *जीववाद* (animism) तथा *अहंभाव* (egocentrism)। इस अवधि में बच्चे प्रायः निर्जीव चीजों को जीवित समझने लगते हैं। जैसे, पंखा को एक सजीव चीज मानना, कार को एक सजीव चीज मानना, बादल तथा हवा को सजीव चीज मानना आदि कुछ इस तरह के उदाहरण हैं। चिन्तन में इस तरह के दोष को जीववाद (animism) कहा जाता है। अहंभाव (egocentrism) से तात्पर्य चिन्तन में वैसे दोष से होता है जिसमें बच्चा यह सोचता है कि वस्तुएँ उसका पीछा कर रही है क्योंकि वह एक काफी महत्त्वपूर्ण चीज है। प्रायः बच्चे ऐसा कहते हैं कि चाँद, सूर्य, बादल या हवा उनके पीछे-पीछे चलते रहते हैं।

अन्तर्दर्शी अवधि (intuitive period) में बच्चे अन्तर्दर्शी चिन्तन (intuitive thinking) करते हैं जिसमें कोई क्रमबद्ध तर्क (systematic logic) नहीं होता है। इस अवधि में बच्चे प्रचालन (operation) या नियम के अर्थ को नहीं समझते हैं क्योंकि प्रत्येक प्राचलन या नियम की कुछ तार्किक विपरीतता (logical opposite) होती है, जिसे बच्चे नहीं समझ पाते हैं। जैसे, $3 \times 3 = 9$ होता है और इसका विपरीत, 9 का वर्गमूल 3 होता है। वर्ग तथा वर्गमूल में तार्किक विपरीतता (logical opposite) का जो सम्बन्ध है, इसे बच्चे नहीं समझते हैं। इस तरह से अर्न्तदर्शी अवधि के चिन्तन में अनपलटन (irreverisbility) का गुण होता है। पियाजे ने कई प्रयोग संरक्षण (conservation) के सम्प्रत्यय पर करके चिन्तन में होनेवाले इस तरह के दोष को साबित कर दिया है। संरक्षण सम्प्रत्यय (conservation concept) से सम्बन्धित प्रयोगों में संख्या (number), तत्त्व (elements) तथा भार (weight) से सम्बन्धित समस्याओं का समाधान बच्चे ढूँढ़ते हैं।

(iii) मूर्त्त प्रचलनात्मक अवस्था *(Concrete operational stage)*—यह अवस्था 7 से 11 साल की होती है और इसमें बच्चों में तार्किक चिन्तन (logical thinking), उनके विचारों में क्रमबद्धता (systematization) तथा जटिलता (complexity) आदि बढ़ जाती है। अब इनके चिन्तन में अनपलटन (irreversibility) का गुण हटकर उसके जगह पर पलटन (irreversibility) का गुण विकसित होने लगता है। बच्चा अब समझने लगता है कि 5 रुपया या उसके विपरीत 500 पैसा बराबर ही होते हैं। इस अवस्थाओं में वस्तुओं को उसके विमाओं (dimensions) यानी, ऊँचाई (height), भार (weight), आकार (shape), रंग (colour) आदि के आधार पर वर्गीकृत करने में बच्चे काफी अभिरुचि दिखलाने लगते हैं। इस तरह से इस अवस्था की मूल विशेषता यह होती है कि बच्चों की संज्ञानात्मक प्रक्रियाएँ पहले से अधिक जटिल एवं तार्किक हो जाती है।

(iv) औपचारिक प्रचलनात्मक अवस्था *(Formal operational stage)*—इस अवस्था की शुरुआत 12 साल से हो जाती है और करीब 15 साल तक बनी रहती है। इस अवस्था में बच्चों में अमूर्त्त चिन्तन (abstract thinking), अपसारी चिन्तन (divergent thinking) आदि का गुण सही अर्थ में विकसित होता है। वे अब सामान्य नियमों (general aws) का अर्थ सही अर्थ में समझने लगते हैं और उससे जो सम्भव हो सकता है, प्राक्कल्पना (hypothesis) के रूप में वे सोचकर निकाल लेते हैं। 15 वर्ष की उम्र समाप्त होते-होते वे एक वयस्क (adult) के समान किसी समस्या के समाधान में तार्किक नियमों (logical rules) का प्रयोग करने लगते हैं।

इस तरह से हम देखते हैं कि पियाजे के संज्ञानात्मक विकास सिद्धान्त (cognitive development theory) में बुद्धि को भिन्न-भिन्न अवस्थाओं में होने वाले संज्ञानात्मक प्रक्रियाओं में हुए परिवर्तन के रूप में व्याख्या की गयी है।

मनोवैज्ञानिकों ने इस सिद्धान्त की कुछ आलोचनाएँ भी किये हैं जो निम्नांकित हैं—

(i) कुछ मनोवैज्ञानिकों का कहना है कि पियाजे (Piaget) द्वारा बच्चों के व्यवहारों का अध्ययन करने की जो कार्यविधि (method) अपनायी गयी थी, वह काफी आत्मनिष्ठ (subjective) थी। इतना ही नहीं, उनके द्वारा किये गये प्रयोगों में बच्चों को ऐसे कार्य करने के लिए दिये जाते थे जिनमें उम्र के अनुसार संज्ञानात्मक क्षमता होने पर भी वे उसे ठीक ढंग से नहीं कर सकते थे। ऐसी परिस्थिति में पियाजे द्वारा प्राप्त निष्कर्षों की वैधता कहाँ तक सही हो सकती है, इसका अंदाज कोई भी व्यक्ति आसानी से लगा सकता है।

(ii) पियाजे अपने इस सिद्धान्त में यह पूर्वकल्पना (assumption) करके चलते हैं कि यदि कोई बच्चा उस कार्य को नहीं कर पाता है जिस अवस्था (stage) के लिए वह कार्य निर्धारित होता है तो इसका मतलब यह हुआ कि उस कार्य से सम्बन्धित संज्ञानात्मक क्षमता (cognitive capacity) की उसमें कमी है *(Lack of response equals lack of cognitive competence*)। गेलमैन (Gelman, 1978, 1979) ने इस आलोचना को विशेषकर प्राक्-प्रचलनात्मक अवस्था (preoperational stage) के लिए अधिक उपयुक्त बतलाया है। इस अवस्था की एक विशेषता संरक्षण (conservation) का गुण है। उन्होंने अपने अध्ययन में पाया कि 3-4 साल के बच्चे प्रायः संख्या (number) से सम्बन्धित उन समस्याओं का समाधान नहीं कर पाते हैं जिनमें अधिक संख्याओं का प्रयोग किया जाता है परन्तु उन समस्याओं का समाधान अच्छी तरह कर लेते हैं जिनमें कम संख्याओं का प्रयोग किया जाता है। इससे स्पष्ट है कि ऐसा कहना कि जो बच्चे समस्या का समाधान नहीं कर पाते हैं, उनमें संज्ञानात्क क्षमता शून्य होती है, सर्वथा उचित नहीं है। कुछ मनोवैज्ञानिकों जैसे ब्राऊन तथा कुक (Brown & Cook, 1986) ने कहा है कि प्राक्-स्कूली छात्र (preschool children) के चिन्तन में उतना अहंकेन्द्रिता (egocentrism) नहीं होता जितना कि पियाजे ने अनुमान किया था।

(iii) पियाजे (Piaget) का विचार था कि प्रत्येक अवस्था के भीतर होने वाले संज्ञानात्मक विकास (cognitive growth) में निरन्तरता (continuity) होती है परन्तु एक अवस्था से दूसरी अवस्था में होने वाले संज्ञानात्मक विकास में अनिरन्तरता (discontinuity) होती है। दूसरे शब्दों में, प्रत्येक अवस्था के भीतर होने वाले संज्ञानात्मक परिवर्तन एक-दूसरे से सम्बन्धित होते हैं तथा एक क्रम में होते हैं परन्तु एक अवस्था से दूसरी अवस्था में होने वाले परिवर्तन स्वतंत्र होते हैं और उनका कोई निश्चित क्रम भी नहीं होता है। परन्तु आलोचकों का मत है कि जिस तरह प्रत्येक अवस्था के भीतर संज्ञानात्मक विकास में होने वाले परिवर्तन क्रमिक (gradual), धीरे-धीरे तथा निरंतर होते हैं, ठीक उसी प्रकार एक अवस्था से दूसरी अवस्था के बीच संज्ञानात्मक विकास में परिवर्तन क्रमिक एवं निरन्तर होता है। 2 वर्ष के बच्चे में अचानक वस्तु स्थायित्व (object permanence) का सम्प्रत्यय नहीं विकसित हो जाता है। प्राक्-प्रचलनात्मक अवस्था शुरू होते ही उसके सभी गुण अपने आप बच्चे में नहीं आ जाते हैं बल्कि इसके लिए इससे पहले की अवस्था यानी ज्ञानात्मक-क्रियात्मक अवस्था (sensory-motor stage) में बच्चों को उपयुक्त अनुभवों का होना अनिवार्य होता है।

(iv) आलोचकों का मत है कि पियाजे ने अपने सिद्धान्त में बच्चों में भिन्न-भिन्न प्रकार के सम्प्रत्यय (concept) तथा चिन्तन (reasoning) के प्रकार का मात्र वर्णन (description) किया है, उसकी व्याख्या (explanation) नहीं की है। यही कारण है कि उनके सिद्धान्त में कुछ प्रश्नों का जवाब हमें नहीं मिल पाता है। जैसे, वस्तु स्थायित्व (object permanence) के संप्रत्यय (concept) के विकास में दृष्टि उद्दीपकों (visual stimuli) से उत्पन्न अनुभवों का कितना महत्त्व होता है? औपचारिक शिक्षा (formal education) का महत्त्व मूर्त्त (concrete) तथा औपचारिक प्रचलनात्मक चिन्तन (formal operational thinking) के विकास में कितना होता है? आदि-आदि। इन प्रश्नों का उत्तर हमें पियाजे के सिद्धान्त में इसलिए नहीं मिल पाता है क्योंकि उन्होंने किसी भी ऐसे सम्प्रत्ययों (concept) की व्याख्या नहीं की है, मात्र उनका वर्णन किया है।

इन आलोचनाओं के बावजूद पियाजे का सिद्धान्त काफी महत्त्वपूर्ण एवं प्रभावकारी (influential) रहा है। पियाजे के सिद्धान्त के सम्प्रत्ययों (concepts) की जाँच करने के लिए बाद में जो बहुत से प्रयोग किये गये हैं, उनमें से अधिकतर प्रयोगों में पियाजे के विचारों की पुष्टि की गयी है। जैसा कि **ब्राउन तथा कुक**[1] (Brown & Cook, 1986) ने निष्कर्ष तौर पर कहा है, *"बहुत से प्रतिकृति अध्ययनों (replication studies) में जिसमें पियाजे की कार्यविधि से अधिक तीक्ष्ण कार्यविधि (rigorous method) का उपयोग किया गया है, पियाजे द्वारा प्रस्तावित विचारों का समर्थन मिलता है।"*

2. स्टर्नवर्ग का त्रितन्त्र सिद्धान्त (*Sternberg's Triarchic theory*)—बुद्धि के सूचना संसाधन सिद्धान्त का दूसरा नमूना स्टर्नवर्ग (Sternberg, 1984) का सिद्धान्त है। एक संज्ञानात्मक मनोवैज्ञानिक (congitive psychologist) के रूप में स्टर्नवर्ग का यह दावा है कि बुद्धि को आलोचनात्मक ढंग से सोचने की क्षमता के रूप में समझा जा सकता है। इन्होंने बुद्धि के सिद्धान्त के प्रतिपादन में इस बिन्दु पर अधिक ध्यान केन्द्रित किये हैं कि जब व्यक्ति तर्क करता है या प्रभावी ढंग से किसी सूचना को संसाधित करता है, तो उस समय उसके मन में क्या होता है? इस तथ्य का प्रेक्षण वे कई व्यक्तियों में किये और उसके बाद वे इस निष्कर्ष पर पहुँचे कि सचमुच में मानव बुद्धि (human intelligence) में कई तत्त्व सम्मिलित होते हैं—

1. "Many replication studies, using methods rigorous than Piaget's, have generally confirmed the pattern described by Piaget."
—Brown & Cook : *Introductory Psychology,* 1986, p. 376

स्टर्नवर्ग (Sternberg) के इस सिद्धान्त में निम्नांकित चरणों के आलोक में व्यक्ति किसी सूचना को संसाधित करता है—

(i) कूटसंकेतन *(encoding)*—इस चरण में व्यक्ति अपने मस्तिष्क में संगत प्राप्य सूचनाओं (relevant available information) की पहचान करता है।

(ii) अनुमान *(inferring)*—प्राप्त सूचनाओं के आधार पर वह कुछ अनुमान लगाता है।

(iii) व्यवस्था *(mapping)*—इस चरण में गत (past) परिस्थिति तथा वर्तमान परिस्थिति के बीच प्राणी सम्बन्ध जोड़ता है।

(iv) उपयोग *(application)*—इस चरण में व्यक्ति अनुमानित सम्बन्ध का वास्तविक उपयोग करता है।

(v) अनुक्रिया *(response)*—इस अंतिम चरण में व्यक्ति समस्या का सम्भावित सबसे उत्तम समाधान ढूँढ़ता है।

किसी मानसिक कार्य को करने में व्यक्ति जिस ढंग से सूचनाओं को संसाधित करता है, उसे ध्यान में रखते हुए स्टर्नवर्ग (Sternberg) ने तीन पहलू (aspects) के आधार पर बुद्धि के जिस सिद्धान्त का प्रतिपादन किया उसे *त्रितन्त्र सिद्धान्त* (triarchic theory) कहा जाता है।

वे तीन पहलूँ निम्नांकित है—

(i) संदर्भात्मक बुद्धि *(Contextual intelligence)*—इसे *व्यवहारिक बुद्धि* (practical intelligence) भी कहा जाता है। यह पहलू का सम्बन्ध व्यक्ति के उस क्षमता से होता है जिसके सहारे वह विशिष्ट परिस्थितियों में समस्या समाधान के लिए तैयार होता है। त्रितंत्र सिद्धान्त (triarchic theory) का यह पहलू इस बात पर बल डालता है कि व्यक्ति अपने वातावरण को किस ढंग से मोड़ता है ताकि उसकी क्षमताओं का उत्तम उपयोग हो सके तथा वह उस परिवर्तित उद्दीपक के साथ ठीक ढंग से अपने आप की समायोजित कर सके। जिन व्यक्तियों में संदर्भात्मक बुद्धि अधिक होती है, वे वातावरण के साथ उत्तम ढंग से समायोजित दिखते हैं, वातावरण में परिवर्तन लाकर अपनी सफलता को निश्चित कर ले हैं तथा अगर जरूरत हुई तो एक नया वातावरण भी अपने मन के अनुकूल उत्पन्न कर देते हैं। अपनी तंगी एवं कठिनाईयों के बावजूद जिन लोगों ने जिंदगी में सफलता पायी है, उनमें यही संदर्भात्मक बुद्धि या व्यवहारिक बुद्धि की अधिकता होती है।

(ii) अनुभवजन्य बुद्धि *(Experiential intelligence)*—इसे *सर्जनात्मक बुद्धि* (creative intelligence) भी कहा जाता है। इस बुद्धि में व्यक्ति में नयी एवं भिन्न संप्रत्ययों (concepts) को समझने की क्षमता होती है तथा यहाँ व्यक्ति समस्या के समाधान के नये तरीकों को ढूँढ़ने की क्षमता दिखलाता है।

(iii) संघटकीय बुद्धि *(Componential Intelligence)*—इसे दिश्लेषणात्मक बुद्धि (analytical intelligence) भी कहा जाता है। इस तरह की बुद्धि में अमूर्त चिन्तन (abstract reasoning) करने तथा सूचनाओं को संसाधित करने की क्षमता सम्मिलित होती है। जिन व्यक्तियों में ऐसी बुद्धि अधिक होती है, वे विश्लेषणात्मक ढंग से (analytically) एवं आलोचनात्मक ढंग से (critically) सोचने में निपुण होते हैं। ऐसे व्यक्तियों का प्राप्तांक किसी शैक्षिक उपलब्धि परीक्षण पर अधिक आता है और इस तरह से ऐसे व्यक्ति कुशाग्र व्यक्ति या छात्र के रूप में जाने जाते हैं। स्पष्ट हुआ कि यह पहलू उन मानसिक प्रक्रमों (mental mechanisms) पर बल डालता है जो उस व्यवहार जिसे हम सामान्यतः बुद्धिमत्ता व्यवहार (intelligent behaviour) कहते हैं, के पीछे छिपा होता है। इस तरह की बुद्धि की माप बुद्धि परीक्षणों तथा शैक्षिक उपलब्धि परीक्षण (academic achievement test) द्वारा किया जाता है।

स्टर्नवर्ग के इस सिद्धान्त पर अभी शोध जारी है जिसके कारण इसके कई पहलुओं का सत्यापन अभी बाकी है। अतः यह अभी निश्चितपूर्वक नहीं कहा जा सकता है कि स्टर्नवर्ग का सिद्धान्त अपने उद्देश्य की पूर्ति में सफल है या असफल। परंतु इतना तो अवश्य कहाजा सकता है कि स्टर्नवर्ग का विचार बुद्धि लब्धि के मात्र मापन के सम्प्रत्यय से अलग हटकर संज्ञान (cognition) या समस्या समाधान जैसे व्यवहारिक क्षमता के रूप में बुद्धि की व्याख्या की पुष्टि करता है।

बुद्धि के सिद्धान्तों के बारे में सामान्य निष्कर्ष
(General Conclusions Regarding Theories of Intelligence)

बुद्धि के विभिन्न सिद्धान्तों को ऊपर में दो श्रेणियों (categories) में बाँटकर प्रस्तुत किया गया है— कारक सिद्धान्त (Factor theories) तथा प्रक्रिया-उन्मुखी सिद्धान्त (Process-oriented theories)। बुद्धि के स्वरूप की व्याख्या करने में यद्यपि इन दोनों तरह के सिद्धान्तों का आधार (base) अलग-अलग है, फिर भी मनोवैज्ञानिकों ने इन दोनों तरह के सिद्धान्तों को एक-दूसरे का विरोधी नहीं बल्कि पूरक (supplementary) माना है। कारक सिद्धान्त जैसे थर्स्टन का प्रधान मानसिक क्षमताओं (primary mental abilities) द्वारा बुद्धि के खास-खास क्षेत्र में व्यक्ति कितना मजबूत या कमजोर है, यह पता चल जाता है। उदाहरणस्वरूप, इन क्षमताओं के आधार पर यह आसानी से पता चल जाता है कि एक व्यक्ति शब्द-प्रवाह (word fluency) तथा शाब्दिक बोध (verbal comprehension) में बहुत मजबूत है परन्तु तर्क या विवेचना (reasoning) में बहुत कमजोर है। इतना ज्ञात हो जाने के बाद यदि कोई मनोवैज्ञानिक प्रक्रिया-उन्मुखी सिद्धान्त (process-oriented theories) का सहारा लेकर आगे उसका विश्लेषण करता है तो उसे स्पष्ट रूप से यह पता चल जायेगा कि व्यक्ति में विभिन्न घटकों (components) में से कौन-कौन से घटक (component) की कमी के कारण व्यक्ति की तर्कणा या विवेचना की शक्ति कमजोर पड़ रही है और किस-किस घटक की अधिकता के कारण उसका शाब्दिक बोध (verbal comprehension) अधिक मजबूत हो रहा है। इससे स्पष्ट हो जाता है कि कारक सिद्धान्त (Factor theories) तथा प्रक्रिया उन्मुखी सिद्धान्त (process-oriented theories) एक-दूसरे के पूरक हैं।

अध्याय सारांश — CHAPTER SUMMARY

1. बुद्धि एक सामान्य क्षमता (general ability) है जिसके सहारे व्यक्ति उद्देश्यपूर्ण क्रिया करता है, विवेकशील चिंतन करता है तथा वातावरण के साथ प्रभावकारी ढंग से समायोजन करता है।
2. बुद्धि के तीन प्रकार बतलाये गए हैं—सामाजिक बुद्धि, अमूर्त्त बुद्धि एवं मूर्त्त बुद्धि।
3. मानसिक आयु (mental age) एक ऐसा सम्प्रत्यय है जिसके सहारे व्यक्ति की बौद्धिक क्षमता का पता चलता है तथा व्यक्ति की बुद्धि लब्धि ज्ञात किया जाता है।
4. बुद्धि की माप के लिए कई तरह के परीक्षणों का विकास किया गया है। ऐसे सात परीक्षणों का वर्णन इस अध्ययन में किया गया है।
5. बुद्धि परीक्षणों के कई उपयोगिताएँ (uses) हैं। जैसे, इसके द्वारा सामान्य बौद्धिक स्तर का आकलन होता है, शैक्षिक सफलता के बारे में पूर्वानुमान लगाया जाता है तथा व्यक्तित्व का मूल्यांकन भी किया जाता है।
6. बुद्धि परीक्षण को विभिन्न कसौटियों पर कई भागों में बाँटा गया है। शाब्दिक बुद्धि परीक्षण, अशाब्दिक बुद्धि परीक्षण, क्रियात्मक बुद्धि परीक्षण तथा अभाषाई बुद्धि परीक्षण आदि कुछ मुख्य प्रकार है।
7. बुद्धि के कई सिद्धान्त हैं जिन्हें मोटे तौर पर दो भागों में बाँटा गया है—कारकीय सिद्धान्त (factor theories) तथा प्रक्रिया-उन्मुखी सिद्धान्त (process-oriented theories)। कारक सिद्धान्त में स्पीयरमैन, थर्स्टन, कैट्टेल्ल, गार्डनर आदि का सिद्धान्त तथा प्रक्रिया-उन्मुखी सिद्धान्त में पियाजे का सिद्धान्त काफी महत्त्वपूर्ण है।

□

अध्याय 8

चिन्तन, समस्या समाधान व्यवहार, सम्प्रत्यय निर्माण तथा संज्ञानात्मक विकास

(THINKING, PROBLEM SOLVING BEHAVIOUR, CONCEPT FORMATION AND COGNITIVE DEVELOPMENT)

चिन्तन की परिभाषा एवं स्वरूप
(Definition and Nature of Thinking)

चिन्तन एक ऐसी मानसिक प्रक्रिया है जो सभी प्राणियों (organisms) में होती है। इसे मनोवैज्ञानिकों ने भिन्न-भिन्न ढंग से परिभाषित किया है। कुछ लोगों ने इसे वातावरण से मिलने वाली सूचनाओं (information) का मानसिक जोड़-तोड़ (mental manipulation) बतलाया है तो कुछ लोगों ने इसे एक ऐसी मध्यस्थ प्रक्रिया (mediating process) माना है जो किसी समस्या (या उद्दीपक) तथा उसके समाधान (यानी, सही अनुक्रिया) के मध्य या बीच में होती है। चिन्तन चाहे जिस तरह की भी मानसिक प्रक्रिया क्यों न हो, इतना तो स्पष्ट है कि इसे सीधे देखा नहीं जा सकता है और इसके बारे में हम व्यवहारों के आधार पर परोक्ष रूप से जान पाते हैं। यही कारण है कि चिन्तन को एक अव्यक्त मानसिक प्रक्रिया (implicit mental process) कहा गया है।

कागन तथा **हेभमैन**[1] (Kagan & Haveman, 1976) ने चिन्तन की एक सर्वश्रेष्ठ एवं व्यापक परिभाषा दी है। इनके अनुसार, *''प्रतिमाओं, प्रतीकों, सम्प्रत्ययों, नियमों एवं अन्य मध्यस्थ इकाइयों के मानसिक जोड़-तोड़ को चिन्तन कहा जाता है।''* **सिलभरमैन**[2] (Silverman, 1978) ने भी चिन्तन की एक संक्षिप्त परन्तु सटीक परिभाषा दी है। इनके अनुसार, *''चिन्तन एक ऐसी मानसिक प्रक्रिया है जो हमलोगों को उद्दीपक तथा घटनाओं के प्रतीकात्मक प्रतिनिधित्व द्वारा किसी समस्या का समाधान करने में मदद करती है।''* **बेरोन**[3] (Baron, 1992) के अनुसार, *''चिन्तन में सम्प्रत्ययों, प्रतिज्ञाप्ति तथा प्रतिमाओं का मानसिक जोड़-तोड़ होता है।''* इन परिभाषाओं का विश्लेषण करने पर हमें चिन्तन प्रक्रिया के बारे में कुछ ठोस तथ्य प्राप्त होते हैं, जो निम्नांकित हैं—

(i) चिन्तन में प्रतीकों (symbols), प्रतिमाओं (images) आदि का मानसिक जोड़-तोड़ (mental manipulation) होता है। इसका स्पष्ट मतलब यह हुआ कि चिन्तन में वस्तुओं की वास्तविक उपस्थिति आवश्यक नहीं है। पूर्व ज्ञान के आधार पर हम उन वस्तुओं का कुछ प्रतीक (image) मन में बना लेते हैं और उसी के आधार पर चिन्तन की प्रक्रिया होती है। चूँकि चिन्तन में मानसिक जोड़-तोड़ (mental manipulation) होता है जिसे बाहर से देखा नहीं जा सकता है, अतः चिन्तन एक प्रकार का *अप्रकट व्यवहार* (covert behaviour) है।

---

1. "Thinking can best be described as the mental manipulation of images, symbols, concepts, rules and other mediational units." —Kagan & Haveman : *Psychology : An Introduction,* 1976, p. 138
2. "Thinking is a process that enables us to find solutions to problems by using symbolic representations of stimuli and events." —Silverman : *Psychology,* 1978, p. 269
3. "Thinking involves mental manipulation of concepts, propositions and images." —Baron : *Psychology,* 1992, p. 250

(ii) चिन्तन एक मध्यस्थ प्रक्रिया (mediating process) होती है। इसका मतलब यह हुआ कि चिन्तन एक ऐसी प्रक्रिया है जो उद्दीपक (या कोई समस्या) तथा उसके प्रति की गयी सही अनुक्रिया (अर्थात् उसके समाधान) के बीच में होने वाली प्रक्रिया होती है। इससे स्पष्ट है कि चिन्तन की प्रक्रिया में किसी-न-किसी समस्या का समाधान होता है। यही कारण है कि चिन्तन को कुछ मनोवैज्ञानिकों ने जैसे विट्टेकर (Whittaker, 1970, p. 375) ने *समस्या-समाधान व्यवहार* (problem-solving behaviour) कहा है। विटेकर ने यह भी बतलाता है कि चिन्तन में या समस्या-समाधान व्यवहार में व्यक्ति प्रायः प्रयत्न तथा भूल (trial and error) करता पाया जाता है।

ऊपर वर्णन किये गये तथ्यों (facts) से चिन्तन के स्वरूप की एक झलक तो अवश्य मिल जाती है परन्तु इसके स्वरूप के बारे में विस्तृत रूप से जानने के लिए हमें उन निष्कर्षों (conclusions) पर भी ध्यान देना होगा जिसे हम्फ्रे (Humphrey, 1963) ने चिन्तन पर व्यक्त किये गये अनेकों मनोवैज्ञानिकों के विचारों का विश्लेषण करके बतलाया है। हम्फ्रे ने चिन्तन के स्वरूप (nature) के बारे में निम्नांकित तथ्यों को हमलोगों के सामने रखा है।

(i) चिन्तन प्रक्रिया की शुरुआत उस समय होती है, जब मनुष्य या पशु के सामने कोई ऐसी समस्या आती है जिसका समाधान वह करना चाहता है। समस्या (problem) से तात्पर्य एक ऐसी परिस्थिति या घटना से होता है जिसमें जीव (पशु या मनुष्य) को लक्ष्य (goal) पर पहुँचने का रास्ता नहीं दिखलाई पड़ता है।

(ii) चिन्तन में समस्या के भिन्न-भिन्न पहलुओं को जो समाधान के पहले अलग-अलग होते हैं, एक साथ संयोजित किया जाता है।

(iii) चिन्तन में गत अनुभूति (past experience) सम्मिलित होता है। लेकिन व्यक्ति वास्तव में गत अनुभूति का उपयोग चिन्तन में किस प्रकार करता है, इसे मनोवैज्ञानिक सही-सही ढंग से पता नहीं लगा पाए हैं।

(iv) चाहे मानव चिन्तन हो या पशु चिन्तन, चाहे जीव को (यानी मनुष्य को अथवा पशु को) अप्रकट व्यवहार (covert behaviour) करना हो या प्रकट व्यवहार (overt behaviour) चिन्तन की प्रक्रिया में प्रयत्न तथा भूल (trial and error) की प्रक्रिया होती है। प्रत्येक चिन्तन का उद्देश्य किसी समस्या को सुलझाना होता है। सामान्यतः समस्या एक ही बार के प्रयास में सुलझ नहीं जाती है। इसके लिए कुछ अभ्यास (practice) करना होता है। इसमें त्रुटियाँ (errors) होती है। दूसरे शब्दों में, जब हम किसी समस्या का समाधान करते हैं तो मन में बहुत तरह की अनुक्रियाएँ एक-एक करके आती हैं। इसमें गलत अनुक्रिया को हम छोड़ते जाते है तथा सही अनुक्रिया को दुहराते जाते हैं। किसी समस्या के समाधान में गलत अनुक्रियाओं को छोड़ते जाना तथा सही अनुक्रिया को दोहराते जाना प्रयत्न एवं भूल के उदाहरण हैं।

(v) चिन्तन में अभिप्रेरण (motivation) का भी विशेष महत्त्व होता है। सच्चाई यह है कि चिन्तन में व्यक्ति का व्यवहार एक निश्चित उद्देश्य की ओर होता है। यही कारण है कि विट्टेकर (Whittaker, 1970) ने कहा है, *''सभी चिन्तन लक्ष्य निर्देशित होते है''* (*All thinking is goal-directed*)।

(vi) चिन्तन में भाषा (language) का भी काफी महत्त्व होता है। चिन्तन करते समय मन में या कभी-कभी प्रकट रूप से या जोर से भी हम कुछ बोलते हैं अर्थात् भाषा का प्रयोग करते हैं। यही कारण है कि कुछ मनोवैज्ञानिकों ने चिन्तन को एक प्रकार का आंतरिक संभाषण (internal speech) कहा है।

(vii) चिन्तन में भाषा (language) के अलावा प्रतीक (images) का भी उपयोग काफी होता है। अनेक प्रयोगों से यह स्पष्ट हो गया है कि चिंतन में दृष्टि प्रतिमा (visual images) तथा श्रवण प्रतिमा (auditory images) अन्य दूसरे तरह की प्रतिमाओं की अपेक्षा अधिक होते हैं।

हम्फ्रे (Humphrey, 1963) द्वारा प्रस्तुत किये गये उपर्युक्त तथ्यों से चिन्तन के स्वरूप का प्रत्येक पहलू स्पष्ट हो जाता है। इसके आधार पर मनोवैज्ञानिकों ने यह स्पष्ट रूप से बतलाया है कि चिन्तन एक जटिल मानसिक प्रक्रिया (complex mental process) है जिसके सहारे प्राणी किसी समस्या का समाधान करता है।

चिन्तन के प्रकार
(Types of Thinking)

मनोवैज्ञानिकों ने चिन्तन को कई भागों में बाँटकर अध्ययन किया है। जिम्बार्डो तथा रूच (Zimbardo & Ruch.

1977) ने चिन्तन को निम्नांकित दो भागों में बाँटा है—

1. स्वली चिन्तन (autistic thinking)
2. यथार्थवादी चिन्तन (realistic thinking)

इन दोनों का विवरण निम्नांकित है—

1. स्वली चिन्तन *(Autistic thinking)*—स्वली चिन्तन वैसे चिन्तन को कहा जाता है जिसमें व्यक्ति अपनी काल्पनिक विचारों एवं इच्छाओं की अभिव्यक्ति करता है। स्वप्न (dream), स्वप्न-चित्र (fantasy) तथा अभिलाषा आदि सभी स्वली चिन्तन के उदाहरण हैं। यदि कोई छात्र कल्पना करता है कि पढ़ाई खत्म करने के बाद वह एक बड़ा ऑफिसर बनेगा, उसके पास एक सुन्दर बंगला होगा जिसमें एक चमचमाती कार होगी और उस कार में वह अपनी सुंदर बीबी के साथ बैठकर सैर करेगा तो यह निश्चय ही स्वली चिन्तन का उदाहरण होगा। इस तरह के चिन्तन की एक खास विशेषता यह है कि इससे किसी समस्या का समाधान नहीं हो पाता है।

2. यथार्थवादी चिन्तन *(Realistic thinking)*—यथार्थवादी चिन्तन वैसे चिन्तन को कहा जाता है जिसका सम्बन्ध वास्तविकता (reality) से होता है और इसके सहारे व्यक्ति किसी समस्या का समाधान कर पाता है। उदाहरणार्थ, यदि कोई व्यक्ति कार में बैठकर सफर कर रहा है। कार अचानक रुक जाती है। ऐसी समस्या के उत्पन्न होने पर व्यक्ति तरह-तरह की बातें सोचना प्रारंभ कर देता है। जैसे, कहीं पेट्रोल तो खत्म नहीं हो गया है, कहीं इंजन में कोई खराबी तो नहीं आ गयी है, कहीं चक्के का टायर तो नहीं फट गया आदि आदि। इस तरह का चिन्तन यथार्थवादी चिन्तन (realistic thinking) का उदाहरण है।

मनोवैज्ञानिकों ने यथार्थवादी चिन्तन को निम्नांकित तीन भागों में बाँटा है—

(i) अभिसारी चिन्तन (Convergent thinking)
(ii) सर्जनात्मक चिन्तन (Creative thinking)
(iii) आलोचनात्मक चिन्तन (Evaluative thinking)

इन तीनों तरह के चिन्तन का विवरण निम्नांकित हैं—

(i) अभिसारी चिन्तन *(Convergent thinking)*—इस तरह के चिन्तन को *निगमनात्मक चिन्तन* (deductive thinking) भी कहा जाता है। अभिसारी चिन्तन में व्यक्ति दिये गये तथ्यों (facts) के आधार पर किसी सही निष्कर्ष पर पहुँचने की कोशिश करता है। उदाहरणार्थ, यदि आप से पूछा जाय कि 5 में 2 से गुणा करने पर क्या उत्तर आयेगा तो इसके उत्तर देने में निहित चिन्तन अभिसारी चिन्तन (convergent thinking) का उदाहरण होगा। स्पष्ट है कि इस तरह के चिन्तन में व्यक्ति अपनी जिन्दगी के भिन्न-भिन्न क्षेत्रों में प्राप्त अनुभवों (experiences) को एक साथ मिलाकर उसके आधार पर एक समाधान खोजता है।

(ii) सर्जनात्मक चिन्तन *(Creative thinking)*—इस तरह के चिन्तन को *अगमनात्मक चिन्तन* (inductive thinking) कहा जाता है। इस तरह के चिन्तन में व्यक्ति दिये गये तथ्यों में अपनी ओर से नया तथ्य जोड़कर एक निश्चित निष्कर्ष पर पहुँचता है। जबतक व्यक्ति इन नये तथ्यों को अपनी ओर से उसमें नहीं जोड़ता है, अर्थात् इन तथ्यों का सर्जन (create) नहीं करता है, समस्या का समाधान नहीं हो पाता है। उदाहरणार्थ, यदि किसी व्यक्ति से 'कलम' का असाधारण उपयोग (unusual uses) बतलाने को कहा जाय तो वह व्यक्ति चिन्तन करके अपनी ओर से कुछ असाधारण बात कलम के उपयोग के बारे में बतलायेगा। इस तरह के चिन्तन को *सर्जनात्मक चिन्तन* (creative thinking) कहा जाता है। 'कलम' का साधारण उपयोग तो लिखने में होता है अब इसका असाधारण उपयोग क्या हो सकता है? थोड़ा सोचिए। इसी तरह का चिन्तन सर्जनात्मक चिन्तन कहलाता है।

(iii) आलोचनात्मक चिन्तन *(Evaluative thinking)*—इस तरह के चिन्तन में व्यक्ति किसी वस्तु, घटना या तथ्य की सच्चाई को स्वीकार करने के पहले उसके गुण-दोष की परख कर लेता है। हमारे समाज में कुछ व्यक्ति तो ऐसे होते हैं जिन्हें किसी घटना या वस्तु के बारे में जो कुछ भी कहा जाता है, उसे वे सही समझकर मान लेते हैं। तब ऐसा कहा जाता है कि इस तरह के व्यक्ति में आलोचनात्मक चिन्तन की शक्ति कम है। दूसरी तरफ कुछ व्यक्ति ऐसे होते हैं जिन्हें कुछ घटना या वस्तु के बारे में कहने पर उसका गुण-दोष परखते हैं और तब उसे सही या गलत मानते हैं। व्यक्ति में इस तरह के चिन्तन को *आलोचनात्मक चिन्तन* (evaluative thinking) कहा जाता है।

इस तरह हम देखते हैं कि मनोवैज्ञानिकों ने चिन्तन के कई प्रकार बतलाये हैं। इन विभिन्न प्रकारों में अभिसारी चिन्तन (convergent thinking) तथा सर्जनात्मक चिन्तन (creative thinking) के अध्ययन पर मनोवैज्ञानिकों ने अधिक बल डाला है।

चिन्तन एवं कल्पना
(Thinking and Imagination)

चिन्तन तथा कल्पना दोनों ही उच्चतर मानसिक प्रक्रियाएँ हैं। कल्पना को परिभाषित करते हुए **रेबर**[1] (Reber, 1985) ने कहा है, *"गत अनुभूतियों की यादों और गत प्रतिमाओं (images) को पुनर्गठित कर एक नयी संरचना करने की प्रक्रिया को कल्पना कहा जाता है।"* इस परिभाषा से यह स्पष्ट हो जाता है कि कल्पना एक ऐसी मानसिक प्रक्रिया है जिसमें पूर्व अनुभूति (past experiences) के आधार पर व्यक्ति कुछे नये विचारों का निर्माण करता है। यह निर्माण (construction) सर्जनात्मक (creative) भी हो सकता है तथा अनुकृत (imitative) भी। जब व्यक्ति अपनी ओर से किसी नये विचार की रचना करता है तो इस तरह की कल्पना को सर्जनात्मक कल्पना (creative imagination) कहा जाता है और जब व्यक्ति किसी ऐसे विचार (thought) को सामने प्रस्तुत करता है जिसे वह वास्तव में दूसरे व्यक्तियों से प्राप्त किये होता है, तो इस तरह की कल्पना को अनुकृत कल्पना (imitative imagination) कहा जाता है।

चिन्तन भी एक ऐसी प्रक्रिया है जिसमें व्यक्ति अपने गत अनुभूतियों का सहारा लेता है और इस बिन्दु पर चिन्तन तथा कल्पना (imagination) दोनों ही प्रक्रियाएँ समान है। इस समानता के बावजूद भी चिन्तन (thinking) तथा कल्पना की प्रक्रिया एक-दूसरे से निम्नांकित अर्थों में भिन्न है—

(i) चिन्तन की प्रक्रिया लक्ष्य-निर्देशित (goal-directed) होता है। जब हमारे सामने कोई समस्या आती है तो हम उसके समाधान के लिए प्रयत्नशील हो जाते हैं और चिन्तन करना शुरू कर देते हैं। चिन्तन के समय व्यक्ति का सारा प्रयास (effect) एक निश्चित लक्ष्य (goal) यानी, उस समस्या के समाधान की ओर होता है। कल्पना में ऐसी बातें नहीं होतीं हैं। कल्पना करते समय हमारे सामने कोई निश्चित या अनिश्चित समस्या नहीं होती है। फलस्वरूप, हमारा प्रयास (effect) किसी खास समस्या या लक्ष्य की ओर नहीं होता है। प्रायः यही देखा गया है कि कल्पना करते समय हमारे सामने कोई निश्चित या अनिश्चित समस्या नहीं होती है। फलस्वरूप, हमारा प्रयास (effect) किसी खास समस्या या लक्ष्य की ओर नहीं होता है। प्रायः यह देखा गया है कि कल्पना करते समय व्यक्ति भिन्न-भिन्न वस्तुओं एवं घटनाओं से सम्बन्धित विचार अपने में यादृच्छिक रूप से (randomly) लाता है।

(ii) चिन्तन में, खासकर यर्थाथवादी चिन्तन (realistic thinking) में तर्क होता है परन्तु कल्पना (imagination) में सही अर्थ में कोई तर्क नहीं होता है। चिन्तन करते समय व्यक्ति किसी विषय या घटना के पक्ष या विपक्ष में तर्क करता है। उदाहरणार्थ, कोई छात्र अपने कमरे में टेबुल लैम्प की रोशनी में पढ़ रहा है। अचानक रोशनी बुझ जाती है। अब छात्र के सामने यह समस्या उठ खड़ी होती है कि रोशनी कैसे आये कि पढ़ाई जारी रखी जा सके। छात्र अपने मन में कई तरह के तर्क करते हुए चिन्तन कर सकता है। वह सोच सकता है कि सम्भवतः बिजली के मीटर के बगल का फ्यूज तार (fuse wire) जल गया हो। फिर वह सोच सकता है कि चूँकि बगल के कमरे का बल्ब जल रहा है, अतः जरूर ही लैम्प का बल्ब फ्यूज कर गया होगा। अतः छात्र बल्ब की जाँच करेगा और उसके बाद यदि वह यह पाता है कि बल्ब भी ठीक है तो स्पष्टतः वह इस निष्कर्ष पर पहुँचेगा कि टेबुल लैम्प का स्विच (switch) खराब हो गया है। इस उदाहरण से स्पष्ट है कि चिन्तन में क्रमबद्ध (systematic) रूप से व्यक्ति तर्क करता है। कल्पना में ऐसी बात नहीं होती है। कल्पना में कभी एक वस्तु से सम्बन्धित प्रतिमाएँ या पूर्व अनुभूतियाँ मन में आतीं हैं तो कभी दूसरे वस्तु से सम्बन्धित प्रतिमाएँ या पूर्व अनुभूतियाँ। इसमें कोई क्रमबद्धता तथा तर्क सम्मिलित नहीं होता है।

(iii) प्रायः चिन्तन का सम्बन्ध वास्तविकता (reality) से होता है, हालाँकि कुछ चिन्तन का सम्बन्ध वास्तविकता से न होकर काल्पनिक वस्तुओं से भी होता है। जैसे, यदि कोई छात्र गणित की समस्या का समाधान कर रहा

---

1. "The process of recombining memories of past experiences and previously formed images into novel constructions" is called imagination, —Reber : *The penguin Dictionary of Psychology*, 1985, p. 345

है और साथ-ही-साथ सोच रहा है कि कल की पार्टी काफी अच्छी थी तो इसमें उसके द्वारा किये गये चिन्तन का सम्बन्ध वास्तविकता एवं काल्पनिक वस्तुओं दोनों से होता है। परन्तु ऐसा कम होता है। ज्यादातर चिन्तन का सम्बन्ध वास्तविकता (reality) से ही होता है। कल्पना (imagination) का सम्बन्ध वास्तविक चीजों, वस्तुओं एवं घटनाओं से कम तथा अवास्तविक चीजों या वस्तुओं से अधिक होता है। जैसे, एक बच्चा आकाश में काले-काले बादल को उड़ते देख कर उसके साथ वह भी उड़ने की बात सोचता है, तो यह उसकी कल्पना का उदाहरण है।

(iv) चिन्तन में प्रयत्न तथा त्रुटि (trial and error) की प्रक्रिया होती है। ऐसा इसलिए होता है क्योंकि चिन्तन के सहारे व्यक्ति किसी समस्या का समाधान करता है। कल्पना में प्रयत्न तथा त्रुटि की प्रक्रिया नहीं होती है क्योंकि इसका सम्बन्ध किसी समस्या के समाधान से नहीं होता है।

(v) चिन्तन में स्पष्ट रूप से कोई-न-कोई समस्या होती है। सच्चाई यह है कि किसी समस्या के उत्पन्न होने पर ही चिन्तन की प्रक्रिया प्रारम्भ होती है। अतः चिन्तन की प्रक्रिया में स्पष्ट रूप से एक निश्चित समस्या होती है। परन्तु कल्पना के साथ ऐसी बात नहीं होती है। कल्पना का सम्बन्ध किसी निश्चित वस्तु, व्यक्ति या घटना से नहीं होता है। हम चुपचाप बैठे रहते हैं। हमारे सामने कोई समस्या नहीं होती है, फिर भी कुछ-न-कुछ हम कल्पना करते रहते हैं।

चिन्तन में भाषा का महत्त्व
(Role of Language in Thinking)

चिन्तन (thinking) में भाषा का महत्त्व क्या है, यह एक विवादास्पद विषय (controversial issue) है। इस सम्बन्ध में भिन्न-भिन्न मनोवैज्ञानिकों के विचार भिन्न हैं। मनोवैज्ञानिकों के इन सभी विचारों को निम्नांकित तीन भागों में बाँटा जा सकता है—

1. कुछ मनोवैज्ञानिकों का विचार है कि चिन्तन के लिए भाषा आवश्यक है। भाषा के अभाव में चिन्तन की प्रक्रिया नहीं हो सकती है। अतः चिन्तन की प्रक्रिया भाषा द्वारा प्रभावित (influenced) होती है तथा निर्धारित (determined) भी होती है। इस तरह के विचार व्यक्त करनेवाले मनोवैज्ञानिकों में सापिर (Sapir), उनके शिष्य ओर्फ (Whorf, 1956) तथा ब्रुनर (Bruner, 1964), वर्नस्टीन (Bernstein, 1958) आदि का नाम अधिक प्रसिद्ध है।

सापिर (Sapir) की प्राक्कल्पना यह थी कि भाषा (language) द्वारा चिन्तन की प्रक्रिया काफी हद तक प्रभावित होती है। इस प्राक्कल्पना का समर्थन ब्रुनर (Bruner, 1964) के प्रयोगात्मक सबूतों द्वारा होता है। इन्होंने शिशुओं (infants) तथा प्राक्-स्कूली छात्रों (pre-school children) पर प्रयोग किया और पाया कि इन बच्चों के चिन्तन की प्रक्रिया तथा संज्ञानात्मक विकास अधिक सीमित इसलिए होता है क्योंकि इनमें भाषा पूर्ण रूप से दिकसित नहीं होती है। इनके अध्ययन के अनुसार 6-7 साल की उम्र में बच्चे सोचने के लिए अच्छी तरह से भाषा का उपयोग प्रारम्भ कर देते हैं। चूँकि प्राक्-स्कूली बच्चों की उम्र 6 साल से नीचे होती है और उनमें भाषा का विकास पूर्ण नहीं रहता, अतः उनका संज्ञानात्मक विकास विशेषकर चिन्तन की प्रक्रिया ठीक ढंग से नहीं हो पाती है। इस प्रयोग से स्पष्ट है कि भाषा द्वारा चिन्तन की प्रक्रिया प्रभावित होती है। बर्नस्टीन (Bernstein, 1958) ने गरीब तथा धनी परिवार के बच्चों के चिन्तन का एक तुलनात्मक अध्ययन किया। इनके अनुसार गरीब परिवार के बच्चों की भाषा सीमित एवं अविकसित होती है तथा धनी परिवार के बच्चों का संज्ञानात्मक विकास (cognitive development) भी अधूरा एवं अपूर्ण होते पाया। ऐसे बच्चों के चिन्तन एवं तर्क करने की क्षमता धनी परिवार के बच्चों की ऐसी क्षमता की अपेक्षा हमेशा कम होते पायी गयी।

पशुओं पर भी कुछ अध्ययन इस तरह के किये गये हैं जिनसे यह पता चलता है कि भाषा द्वारा चिन्तन (thinking) प्रभावित होता है। प्रीमैक (Premack, 1983) ने एक इस तरह का अध्ययन 'साराह' (Sarah) नाम वनमानुष पर किया। इस वनमानुष को प्लास्टिक के बने भिन्न-भिन्न आकारों (shapes) तथा रंगों के वस्तुओं के सहारे कई शब्दों (words) को सीखलाया गया। प्लास्टिक के बने प्रत्येक वस्तु का अर्थ एक खास 'शब्द' (word) होता था। ढाई साल के इस तरह के प्रशिक्षण के बाद 'साराह' ने 100 शब्दों को सीख लिया और इन शब्दों के सहारे वह अपनी आवश्यकताओं (needs) की भी अभिव्यक्ति करना सीख लिया। बाद में प्रीमैक ने 'साराह' को अन्य वनमानुषों, जिन्हें ऐसा प्रशिक्षण नहीं दिया गया था, के साथ प्रयोगशाला में कई कठिन एवं जटिल समस्याओं (complex problem) का समाधान ढूँढ़ने के

लिए दिया। इस समस्याओं के समाधान में उच्च चिन्तन (high thinking) जरूरत थी। परिणाम में देखा गया कि 'साराह' ने अन्य वनमानुषों (chimpanzees) की अपेक्षा इन समस्याओं का समाधान जल्दी कर लिया। प्रीमैक के अनुसार ऐसा इसलिए हुआ क्योंकि 'साराह' को भाषा का प्रशिक्षण दिया गया था। इस अध्ययन से यह भी स्पष्ट हो जाता है कि भाषा द्वारा चिन्तन की प्रक्रिया प्रभावित होती है।

ओर्फ (Whorf, 1956) ने अपने गुरु सापिर (Sapir) के इस कथन कि भाषा द्वारा चिन्तन प्रभावित होती है, और भी अधिक तीक्ष्ण (sharpen) करते हुए कहा कि भाषा द्वारा चिन्तन प्रभावित (influenced) ही नहीं बल्कि निर्धारित (determined) भी होती है। सचमुच में ओर्फ के योगदान (contribution) को मनोवैज्ञानिकों द्वारा अधिक मान्यता मिली है। ओर्फ (Whorf) की प्राक्कल्पना (hypothesis) यह थी कि भाषा का विकास चिन्तन की प्रक्रिया से पहले होता है तथा चिन्तन की प्रक्रिया का निर्धारण पूर्णरूपेण भाषा (language) द्वारा ही होता है। इसे *'भाषाई नियतिवाद'* (linguistic determinism) कहा गया तथा साधारण रूप से 'ओर्फ प्रावकल्पना' (Whorf hypothesis) के नाम से मशहूर हुआ। इस प्राक्कल्पना के अनुसार सभी उच्चस्तरीय चिन्तन भाषा द्वारा ही निर्धारण होता है *(All higher levels of thinking are determined by language)*।

ओर्फ प्राक्कल्पना (Whorf hypothesis) के समर्थन में उन अध्ययनों (studies) का उल्लेख किया जाता है जो भिन्न-भिन्न तरह के भाषा प्रयोग करने वाले व्यक्तियों के प्रत्यक्षज्ञानात्मक (perceptual) एवं संज्ञानात्मक अन्तर (cognitive difference) से सम्बन्धित है। ओर्फ (Whorf, 1956) ने अपने एक ऐसे ही अध्ययन में ग्रीनलैंड के जाति एस्किमो (Eskimo) तथा अंग्रेजी भाषा बोलने वाले व्यक्तियों के प्रत्यक्षण (perception) एवं चिन्तन की प्रक्रियाओं का तुलनात्मक अध्ययन किया। एस्किमो की भाषा में 'बर्फ' (snow) के लिए कम-से-कम 12 शब्द और है जिनका अर्थ 'बर्फ' ही होता है परन्तु उसका प्रयोग भिन्न-भिन्न प्रकार के बर्फों को समझने तथा प्रत्यक्षण करने में होता है। अंग्रेज़ी भाषा में 'बर्फ' के लिए सिर्फ एक या दो शब्द है। ओर्फ (Whorf) ने अपने अध्ययन में पाया कि जितने स्पष्ट रूप से भिन्न-भिन्न प्रकार के बर्फों का प्रत्यक्षण (perception) एवं उसके बारे में चिन्तन एस्किमो (Eskimo) द्वारा किया जाता है, उतना स्पष्ट प्रत्यक्षण एवं चिन्तन अंग्रेजी बोलने वाले व्यक्तियों द्वारा नहीं किया जाता है। इस अध्ययन से स्पष्ट है कि भाषा विकसित होने पर प्रत्यक्षण एवं चिन्तन भी स्पष्ट होते हैं।

ओर्फ प्राक्कल्पना (Whorf hypothesis) का समर्थन उन अध्ययनों से भी होता है जिसे कुछ ऐसी जनजातियों (tribes) पर किया गया है जिनमें भिन्न-भिन्न प्रकार के रंगों के लिए अलग से कोई नाम नहीं होता है। दानी (Dani), न्यू गिनिया (New Guinea) की एक ऐसी जाति है जिसमें भिन्न-भिन्न रंगों को ज्ञात करने के लिए मात्र दो 'शब्द' हैं— 'मिली' (Mili) जिसका अर्थ काला (black) से होता है तथा 'मोला' (Mola) जिसका अर्थ उजला से होता है। के (Kay, 1975) एवं बर्लिन तथा के (Berline & Kay, 1969) ने जब 'दानी' जनजाति एवं अंग्रेजी भाषा बोलने वाले कुछ व्यक्तियों को (जिन्हें भिन्न-भिन्न रंगों के लिए अलग-अलग 'शब्द' प्रयोग करने की आदत है) भिन्न-भिन्न प्रकार के रंगों के अन्तर का प्रत्यक्षण तथा उसके बारे में सोचकर कुछ बताने के लिए कहा, तो दानी जनजाति के व्यक्तियों में ऐसा करने की असमर्थता पायी गयी जबकि अंग्रेजी भाषा बोलने वाले व्यक्ति ऐसा करने में समर्थ रहे। इसका कारण बतलाते हुए प्रयोगकर्त्ताओं ने कहा कि ऐसा इसलिए हुआ क्योंकि दानी के भाषा में भिन्न-भिन्न रंगों के लिए मात्र दो ही शब्द थे जबकि अंग्रेजी भाषा में भिन्न-भिन्न रंगों के लिए ग्यारह अलग-अलग शब्द हैं।

यद्यपि ओर्फ प्राक्कल्पना (Whorf hypothesis) एक काफी महत्त्वपूर्ण प्राक्कल्पना है फिर भी मनोवैज्ञानिकों ने इसकी आलोचना निम्नांकित ढंग से की है—

(i) ओर्फ प्राक्कल्पना (Whorf hypothesis) के अनुसार भाषा में विभिन्नता (differences) से चिन्तन क्षमता में भी विभिन्नता आती है। डेल[1] (Dale, 1976) ने इस प्राक्कल्पना की आलोचना करते हुए कहा है कि भाषा में विभिन्नता से यह तो स्पष्ट रूप से पता चलता है कि भाषाएँ एक-दूसरे से भिन्न होतीं हैं परन्तु इसके आधार पर बिना किसी स्वतंत्र माप (independent measure) के यह कह देना कि इसके कारण चिन्तन क्षमता में भी अन्तर होता है, उचित नहीं है। वोर्फ प्राक्कल्पना (Whorf hypothesis) में ऐसा ही किया गया है जिसका कोई वैज्ञानिक औचित्य नहीं दीख पड़ता है।

---

1. "...differences in language prove only that languages differ. Without an independent measure of the thought pattern themselves, no conclusions can be drawn." —Dale : *Language Development,* 1976, p. 241

(ii) ओर्फ प्राक्कल्पना (Whorf hypothesis) की दूसरी आलोचना इस आधार पर भी की गयी है कि भिन्न-भिन्न भाषाओं में विभिन्नता के बावजूद काफी अधिक समानता (similarities) होती हैं। जैसे, प्रत्येक भाषा में संज्ञा (noun) तथा क्रिया (verbs) होते हैं और प्रत्येक भाषा में कुछ नियम (rules) होते हैं जिनके अनुसार शब्दों के क्रम (sequence) का निर्धारण होता है। इतना ही नहीं, भाषा की किसी विशेष संरचना जैसे शब्द मिलाकर बोलना, पूरा-पूरा शुद्ध वाक्य बोलना आदि प्रत्येक भाषा बोलने वाले बच्चों में करीब-करीब एक ही समय में विकसित होती है। ब्राउन तथा कूक (Brown & Cook, 1986) के अनुसार ऐसी परिस्थिति में भिन्न-भिन्न भाषा बोलने वाले एक उम्र के सभी बच्चों की चिन्तन क्षमता (thinking ability) एक समान होनी चाहिए थी। यदि ऐसा होता तो ओर्फ प्राक्कल्पना को पूर्ण समर्थन मिलता। परन्तु भाषा में इस समानता के बावजूद भी उनकी चिन्तन क्षमता समान नहीं होती।

2. मनोवैज्ञानिकों का एक दूसरा समूह ऐसा भी है जिसने उपर्युक्त विचार के ठीक विपरीत विचार व्यक्त किया है। इसमें पियाजे (Piaget, 1923) तथा क्लार्क (Clark, 1973) का नाम अधिक प्रसिद्ध है। इन मनोवैज्ञानिकों का कहना है कि चिन्तन की प्रक्रिया व्यक्ति में पहले होती है और बाद में उससे सम्बन्धित शब्दों (या भाषा) का विकास होता है। दूसरे शब्दों में चिन्तन की प्रक्रिया के लिए भाषा आवश्यक नहीं है क्योंकि चिन्तन पहले होता है और भाषा का प्रयोग बाद में। इस तरह से चिन्तन की प्रक्रिया भाषा द्वारा प्रतिबिम्बित (reflect) होती है न कि निर्धारित (determined) होती है। पियाजे ने अपने प्रयोग में पाया कि कुछ शब्द जैसे बड़ा (bigger), छोटा (smaller), लम्बा (longer), दूर (farther) आदि का अर्थ बच्चा तबतक नहीं समझता है जबतक कि उसमें इन शब्दों से सम्बन्धित तार्किक सम्प्रत्ययों (logical concepts) का विकास नहीं होता है।

3. कुछ मनोवैज्ञानिक ऐसे भी हैं जो इन दो विपरीत विचारों के बीचों-बीच अपना विचार रखते हैं। ऐसे मनोवैज्ञानिकों का कहना है कि भाषा तथा चिन्तन दो ऐसी प्रक्रियाएँ हैं जो प्रारम्भ में अलग-अलग तथा स्वतंत्र रूप से विकसित होतीं हैं। किसी एक का विकास दूसरे द्वारा प्रभावित नहीं होता है। रूसी मनोवैज्ञानिक वाइगोस्टकाई (Vygostsky, 1962) का ऐसा ही विचार है। इनके अनुसार दो साल तक की अवस्था में चिन्तन तथा भाषा का विकास बिना एक-दूसरे को प्रभावित किये हुए होता है। परन्तु उसके बाद चिन्तन की अभिव्यक्ति शब्दों में होने लगती है तथा बच्चे शब्दों का प्रयोग भी विवेकी (rational) ढंग से करने लगते हैं।

ऊपर वर्णन किये गए तथ्यों (facts) के आधार पर हम इस निष्कर्ष पर पहुँचते हैं कि इसमें कोई संदेह नहीं है कि भाषा द्वारा चिन्तन की प्रक्रिया प्रभावित अथवा निर्धारित होती है। परन्तु इसके आधार पर यह कह देना कि सभी उच्चतर चिन्तन (higher thinking) भी निश्चित रूप से भाषा पर ही निर्भर होते हैं, उचित नहीं है।

चिन्तन में वृत्ति या तत्परता का महत्त्व
(Role of Set in Thinking)

मनोवैज्ञानिकों ने चिन्तन (thinking) या समस्या समाधान (problem solving) व्यवहार में मानसिक तत्परता (mental set) के महत्त्व को काफी गहन रूप से अध्ययन किया है। मानसिक तत्परता या संक्षेप में तत्परता से तात्पर्य प्राणी की ऐसी मानसिक स्थिति (mental state) से होती है जिसके सहारे वह दिये गये समस्या का समाधान करने की कोशिश करता है। प्रत्येक समस्या का समाधान करने के पहले व्यक्ति एक प्रकार की मानसिक तैयारी (mental preparedness) करता है कि इसके समाधान के लिए वह किस तरह की अनुक्रिया (response) करेगा। इसे ही मानसिक तत्परता या वृत्ति (mental set) की संज्ञा दी जाती है।

मनोवैज्ञानिकों द्वारा किये गये भिन्न-भिन्न प्रयोगों से यह स्पष्ट हो गया है कि तत्परता से समस्या के समाधान में मदद (facilitation) भी मिलती है तथा बाधा (interference) भी पहुँचती है। तत्परता के इन दोनों तरह के प्रभावों को दिखालने के लिए मनोवैज्ञानिकों ने सहभागियों (participants) के तत्परता (set) को दो तरीकों (ways) से प्रभावित कर प्रयोग किये हैं—पहला तरीका वह है जिसमें सहभागियों को कुछ खास-खास शाब्दिक निर्देश (verbal instruction) देकर उसके तत्परता को प्रभावित करने की कोशिश की जाती है तथा दूसरा तरीका वह है जिसमें सहभागियों की पूर्व अनुभूतियों (past experiences) को नियंत्रित करके उसके तत्परता को प्रभावित करने की कोशिश की गयी है। पहले तरीके द्वारा अधिकतर ऐसे प्रयोग किये गये हैं जिनसे यह पता चलता है कि तत्परता से किसी समस्या के समाधान में

किस तरह की मदद मिलती है। तत्परता (set) के इस प्रभाव (effect) को *गुणकारी* या *लाभकारी प्रभाव* (advantageous effect) कहा गया है। दूसरे तरीके से अधिकतर वैसे प्रयोग किये गए हैं जिनसे यह पता चलता है कि तत्परता, विशेषकर गलत तत्परता से समस्या के समाधान में किस तरह की बाधा पहुँचती है या इसका समाधान विलम्बित हो जाता है। मनोवैज्ञानिकों ने तत्परता के इस प्रभाव को *अगुणकारी प्रभाव* (disadvantageous effect) कहा है। इन दोनों तरह के प्रभावों (effects) की चर्चा अलग-अलग निम्नांकित है—

1. समस्या समाधान में तत्परता का लाभकारी प्रभाव *(Advantageous effect of set in problem solving)*— किसी समस्या के समाधान में तत्परता (set) का गुणकारी या लाभकारी प्रभाव होता है। दूसरे शब्दों में, जब किसी समस्या के समाधान में हम सही तत्परता विकसित करते हैं, तो इससे उस समस्या का समाधान या हल जल्द कर लेते हैं। तत्परता के इस गुणकारी या लाभकारी प्रभाव को दिखलाने के लिए कई प्रयोग भिन्न-भिन्न मनोवैज्ञानिकों द्वारा किया गया है। इसमें मायर (Maier, 1930) द्वारा किया गया प्रयोग काफी महत्त्वपूर्ण है। मायर ने तत्परता के लाभकारी प्रभाव को दिखलाने के लिए कई प्रयोग किये हैं जिनमें तीन प्रयोग प्रमुख हैं। इन तीनों प्रयोग में इन्होंने यह दिखलाया कि तत्परता को किस तरह से शाब्दिक निर्देश (verbal instruction) द्वारा प्रभावित किया जा सकता है जो बाद में व्यक्ति को समस्या के समाधान में मदद करता है। इनके तीन प्रयोग निम्नांकित हैं—

(i) पेण्डुलम समस्या पर प्रयोग *(Experiment on pendulum problem)*—यह प्रयोग कॉलेज के छात्रों पर किया गया। इन छात्रों को दो पेण्डुलम या दोलक (pendulum) बनाना था। इसके लिए छात्रों को एक-एक करके कमरे में बुलाया जाता था। इस कमरे में बहुत तरह की सामग्रियाँ (materials) जैसे, छोटी लग्गी (small pole), बड़ी लग्गी (large pole), बिजली का तार, शिकंजा (clamp), खल्ली (chalk) आदि बिखरे थे। इन सभी सामग्रियों की जरूरत दो दोलन बनाने में नहीं थी, परन्तु इस बात को सहभागियों (participants) से नहीं कहा गया था। इस प्रयोग में सहभागी को दो दोलक इस ढंग से बनाना था कि प्रत्येक दोलक कमरे में एक निर्धारित स्थल (designated spot) पर होकर झूले। इस समस्या के तीन अंश प्रदर्शन (part demonstrations) थे जिन्हें एक साथ मिला देने से समस्या का समाधान आसानी से हो जा सकता था (अंश प्रदर्शन में समस्या के समाधान के किसी एक पहलू को परोक्ष रूप से दर्शाया जाता था)। इसके अलावा मायर (Maier) सहभागियों (participants) को एक निश्चित शाब्दिक निर्देश (fixed verbal instruction) भी दिया करते थे जिसका उद्देश्य सहभागियों में एक ऐसी तत्परता कायम करना था जिससे समस्या का समाधान आसानी से हो सके। इस प्रयोग में निम्नांकित पाँच समूहों ने भाग लिया—

समूह I : इसे सिर्फ समस्या दिया गया।

समूह II : इसे समस्या के अलावा अंश प्रदर्शन (part demonstration) भी दिया गया परन्तु यह भी कह दिया गया कि इस तरह के प्रदर्शन से समस्या का समाधान नहीं होगा।

समूह III : इसे समस्या के अलावा अंश प्रदर्शन यह कहकर दिया गया कि इससे समस्या के समाधान में उसे मदद मिलेगी।

समूह IV : इसे समस्या के अलावा निश्चित शाब्दिक निर्देश भी दिया गया।

समूह V : इसे समस्या, निश्चित शाब्दिक निर्देश तथा अंश प्रदर्शन यह कहकर दिया गया कि यदि इन प्रदर्शनों को एक साथ संयोजित कर लिया जाय, तो इससे समस्या के समाधान में काफी मदद मिलेगी।

इस प्रयोग के परिणाम बड़े रोचक थे। परिणाम में देखा गया कि प्रथम चार समूह में से जिसमें सहभागियों की कुल संख्या 62 थी, केवल एक सहभागी ने समस्या का समाधान निर्धारित समय के भीतर किया। पाँचवें समूह के 22 सहभागी में से 8 ने समस्या का समाधान किया। इस परिणाम के आधार पर मायर ने निष्कर्ष के रूप में यह बतलाया कि प्रयोज्य को समस्या के समाधान के लिए सिर्फ अंश प्रदर्शन (part demonstration) की ही जरूरत नहीं थी बल्कि एक खास प्रकार की तत्परता (set) की भी जरूरत थी जो उनके सहभागी में एक निश्चित शाब्दिक निर्देश (verbal instruction) देने से उत्पन्न हुआ था। शायद यही कारण है कि पाँचवें समूह के अधिकतर सहभागियों ने समय का सही-सही समाधान किया। जो सहभागी असफल रहे, उनमें गलत तत्परता (wrong set) उत्पन्न हो गयी थी।

(ii) रस्सी बाँधने की समस्या पर प्रयोग *(Experiment on string tying)*—मायर (Maier, 1930) का यह दूसरा महत्त्वपूर्ण प्रयोग था जिसमें कॉलेज के छात्र प्रयोज्य थे। इस प्रयोग का उद्देश्य यह दिखलाना था कि जब प्रयोग में शाब्दिक संकेत (verbal hints) तथा अशाब्दिक संकेत (non-verbal hints) किसी समस्या का समाधान करते समय दे दिया जाता है तो इससे सहभागी में विशेष तत्परता (set) उत्पन्न हो जाती है जिससे उसे समस्या का समाधान करने में मदद मिलता है। प्रयोज्यों (subjects) को बारी-बारी से एक ऐसे कमरे में लाया जाता था जिसकी छत (ceiling) से दो रस्सी लटक रही थी। रस्सी इतनी छोटी तथा उसके आपस की दूरी इतनी अधिक थी कि प्रयोज्य के लिए एक ही साथ दोनों को छूना सम्भव नहीं था (देखें चित्र 8.1)। समस्या यह थी कि इन दोनों रस्सी को एक-दूसरे से कैसे बाँधा जा सकता है? कमरे में इस बार भी काफी सामग्रियाँ (materials) उपस्थित थीं परन्तु मायर (Maier) एक निश्चित समाधान ही चाहते थे। वे चाहते थे कि प्रयोज्य किसी एक रस्सी के लटकते छोर से कोई भारी चीज (जो कमरे में था) को बाँध दे ताकि वह एक दोलक (pendulum) के समान झूलने लगे। फिर इसे जोर से झूला दे और झुलते-झुलते जब दूसरे की ओर अधिकतम दूरी पर वह पहुँच जाय, तो प्रयोज्य इसे पकड़कर दूसरे लटकती रस्सी से बाँध दे (देखें चित्र 8.1 का निचला भाग)।

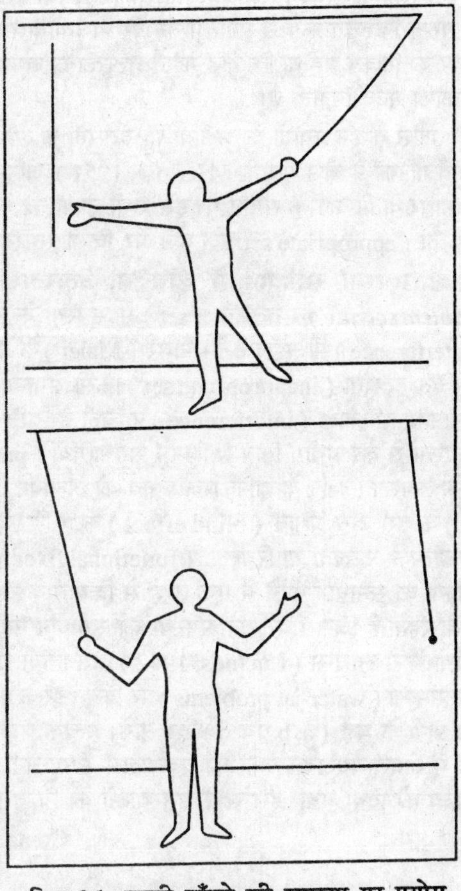

चित्र 8.1 : रस्सी बाँधने की समस्या पर प्रयोग

प्रत्येक सहभागी को समस्या के समाधान के लिए मात्र 10 सेकेण्ड का समय दिया जाता था। कुछ लोगों ने तो इस समय के भीतर निर्दिष्ट समाधान (specified solution) कर लिया परन्तु कुछ लोग असफल भी रहे। असफल रहने पर मायर (Maier) ने दो तरह के संकेत (hints) दिये। परिणाम में यह देखा गया कि बिना संकेत के 39% प्रयोज्य ने समस्या का समाधान किया। संकेत (hints) देने के बाद और 38% प्रयोज्यों (subjects) ने समस्या का समाधान किया। और बाकी 23% इस तरह के संकेत के बावजूद भी असफल रहे। मायर ने इस प्रयोग के परिणाम के आधार पर यह बतलाया कि संकेत देने से प्रयोज्य में कुछ विशेष तत्परता (set) उत्पन्न हो गयी जिसके कारण 38% अतिरिक्त प्रयोज्यों ने समस्या का समाधान किया।

(iii) मायर का तीसरा प्रयोग *(Maier's third experiment)*—मायर का तीसरा प्रयोग दो प्रयोगों में किये गए एक विशेष प्रेक्षण (observation) पर आधारित था। मायर ने इन दोनों प्रयोगों में पाया कि कुछ सहभागियों द्वारा समस्या के समाधान में जो असफलता प्राप्त हुई उसका प्रधान कारण यह था कि उनमें एक गलत तत्परता (wrong set) विकसित कर पाया था। क्या यह सम्भव नहीं है कि इस तरह के तत्परता को परिवर्तन करके सहभागी दूसरी ऐसी तत्परता विकसित करे जिससे उसे समस्या के समाधान में मदद मिले? मायर (Maier) ने तीसरा प्रयोग इसी उद्देश्य की पूर्ति के लिए किया। इस प्रयोग में प्रयोज्यों (subject) के दो समूह लिए गये—प्रयोगात्मक समूह (experimental group) तथा नियंत्रित समूह (control group)। दोनों समूह के प्रयोज्य (subject) को अलग-अलग तीन समरूप समस्या (identical problems) का समाधान करने को कहा गया। प्रयोगात्मक समूह (experimental group) को समस्या का समाधान प्रारम्भ करने के पहले 20 मिनट का एक भाषण (lecture) दिया था जिसमें विशेष रूप से इस बात पर बल डाला गया था कि किसी तरह किसी समस्या के समाधान में जब गलत तत्परता (set) विकसित हो जाता है, तो इसे बदलकर उसकी जगह पर दूसरी तत्परता विकसित की जा सकती है ताकि समस्या का समाधान आसानी से हो सके। परिणाम में देखा गया कि प्रयोगात्मक समूह तथा नियंत्रित समूह द्वारा तीनों समस्याओं के सही समाधान की प्रतिशतता में अधिक अन्तर तो नहीं

था परन्तु निश्चित रूप से कम अन्तर पर ही प्रयोगात्मक समूह के सही समाधान का प्रतिशत अपेक्षाकृत अधिक था। अतः मायर का निष्कर्ष यह था कि यदि गलत तत्परता के जगह पर सही तत्परता विकसित हो जाती है, तो इससे समस्या के समाधान में काफी मदद मिलती है।

मायर के इन प्रयोगों के अलावा भी तत्परता के लाभकारी प्रभाव (advantageous effect) को दिखलाने के लिए अनेक मनोवैज्ञानिकों ने जैसे हारलो (Harlow, 1951), जॉनसन (Johnson, 1944) आदि ने प्रयोग किये हैं और इनके निष्कर्ष भी मायर के निष्कर्ष के समान थे। इस सभी तथ्यों को ध्यान में रखते हुए हम इस निष्कर्ष पर पहुँचते हैं कि सही एवं उचित तत्परता (appropriate set) के होने पर किसी समस्या का समाधान करने में काफी मदद मिलती है।

2. समस्या समाधान में वृत्ति या तत्परता का हानिकारक प्रभाव *(Disadvantageous effect of set in problem solving)*—तत्परता (set) से समस्या के समाधान में हमेशा मदद ही नहीं मिलती है बल्कि कभी-कभी बाधा (interference) भी पहुँचती है। मायर (Maier) के प्रयोगों से हमें इस बात का भी पूर्णरूपेण संकेत मिल ही जाता है कि अनुचित तत्परता (inappropriate set) किसी समस्या का समाधान करने में जब विकसित हो जाता है, तो इससे समस्या के समाधान में बाधा (interference) पहुँचती है। वृत्ति के सिर्फ इस हानिकारक प्रभाव को दिखलाने के लिए मनोवैज्ञानिकों ने अलग से कई प्रयोग किये हैं जिनमें सहभागियों (participants) के गत अनुभूतियों (past experiences) को नियंत्रित करके तत्परता (set) के हानिकारक प्रभाव का अध्ययन किया गया है। डंकर (Duncker, 1945) ने गलत तत्परता (wrong set) के इस अंध प्रभाव (blind effect) को (जिसके कारण व्यक्ति उपस्थित समस्या का समाधान नहीं कर पाता है) *'क्रियात्मक अटलता या स्थिरता'* (functional fixedness) कहा जाता है। ऐसा इसलिए कहा गया है क्योंकि व्यक्ति नयी समस्या का समाधान करने में एक तरह से क्रियात्मक रूप से स्थिर (fixed) हो जाता है, यानी, बार-बार एक ही अनुक्रिया करता रहता है जिससे वर्तमान समस्या का समाधान नहीं हो पाता है। वृत्ति के हानिकारक प्रभाव को दिखलाने के लिए कई प्रयोगों में से लूचिन्स (Luchins, 1942) द्वारा किया गया प्रयोग सबसे अधिक उल्लेखनीय है। इन्होंने अनेक प्रयोग पानी-घड़ा समस्या (water-jar problems) पर किया। इसके एक विशेष प्रयोग में प्रयोज्यों को काल्पनिक रूप से (hypothetically) तीन पानी के घड़े (a, b एवं c) दिये गये। प्रत्येक घड़े में कुछ पानी था और इन्हीं तीन घड़ों के सहारे एक घड़े से दूसरे घड़े में अदल-बदलकर पानी का एक खास स्तर लाना होता था। इस तरह की कुल 9 समस्याएँ थीं जिन्हें एक-एक करके प्रयोज्य को दिया गया। इस सभी समस्याओं का विस्तृत स्वरूप (प्रथम अभ्यास समस्या को छोड़कर) निम्नांकित हैं—

	Containers (घड़ा)			घड़ा में वांछित पानी का स्तर (इकाई में)
	a	b	c	
समस्या संख्या 2	21	127	3	100
समस्या संख्या 3	14	163	25	99
समस्या संख्या 4	18	43	10	5
समस्या संख्या 5	9	42	6	21
समस्या संख्या 6	20	59	4	31
समस्या संख्या 7	23	49	3	20
समस्या संख्या 8	15	39	3	18
समस्या संख्या 9	28	76	3	25

यदि हम उपर्युक्त समस्याओं पर ध्यान दें तो समस्या संख्या 2 से 6 तक का समाधान सूत्र b–a–2c से हो सकता है अर्थात् b घड़ा को पूर्णतः दिखाये गये इकाई की मात्रा में भरकर उसमें से a घड़ा की क्षमता को घटा कर पानी निकाल कर फिर b घड़ा से ही c घड़ा की क्षमता के बराबर पानी दो बार निकाल लेने से सबसे बड़े घड़ा में (अर्थात b में) निर्दिष्ट पानी की मात्रा प्राप्त हो जाएगा। इस तथ्य को चित्र 8.2 दिखलाने की कोशिश की गयी है। समस्या संख्या 7 और 8 का समाधान भी इसी सूत्र से किया जा सकता है परंतु इसका समाधान और भी आसानी से अर्थात् बिना b घड़ा के उपायोग के ही वांछित स्तर का पानी प्राप्त किया जा सकता है। समस्या संख्या 9 का समाधान सिर्फ एक लघु विधि (अर्थात् 28–3) से ही किया जा सकता है और किसी भी अन्य विधि से उसका समाधान नहीं किया जा सकता है। समस्या 9 के समाधान की प्रक्रिया को भी चित्र 8.2 में दिखलाया गया है।

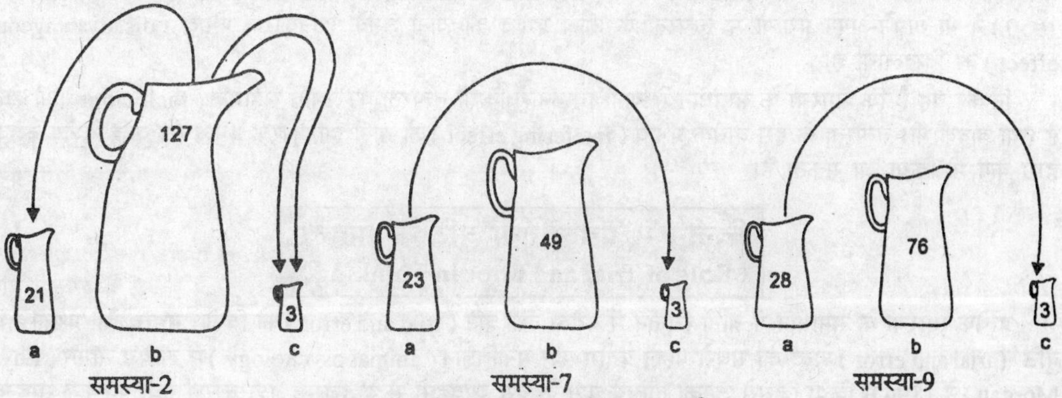

चित्र 8.2 : लूचिन्स का पानी-घड़ा प्रयोग

इस प्रयोग में सहभागियों (participants) के कई समूह (groups) थे जिन्हे मूल रूप से दो भागों में बाँटा गया था—नियंत्रित समूह (control group) तथा प्रयोगात्मक समूह (experimental group) पहली समस्या एक तरह की अभ्यास समस्या (practice problem) थी जिसका समाधान दोनों समूहों ने किया। इसके बाद नियंत्रित समूह को हटा दिया गया और प्रयोगात्मक समूह समस्या संख्या 2 से 6 तक का समाधान किया। इसके बाद पुनः नियंत्रित समूह को भी बुला लिया गया और दोनों समूहों को अलग-अलग समस्या संख्या 7, 8 तथा 9 दिया गया। समस्या 7 और 8 कुछ ऐसा था जिसे पहले की विधि (यानी जिस विधि द्वारा समस्या संख्या 1 से 6 तक का समाधान किया गया था) से तो समाधान किया ही जा सकता था परन्तु और भी आसानी से इसे अन्य विधि जैसे '6' को पूर्णत हटाकर भी समाधान किया जा सकता था। समस्या संख्या 9 का समाधान पहले भी किसी विधि से सम्भव नहीं था। इसका समाधान बिलकुल ही नयी विधि से अर्थात् 1-8 द्वारा हो सकता था। परिणाम में यह देखा गया कि प्रयोगात्मक समूहों के 70 से 100% प्रयोज्यों ने समस्या संख्या 7 और 8 का समाधान पुरानी विधि से किया (यानी, उस विधि में जिसके सहारे समस्या संख्या 1 से 6 तक का समाधान किया गया था।) ऐसा इसलिए हुआ क्योंकि इन समस्याओं का समाधान करने से प्रयोज्य में एक खास तत्परता उत्पन्न हो गयी थी। नियंत्रित समूह के किसी भी प्रयोज्य ने समस्या संख्या 7 और 8 के समाधान में पुरानी विधि (जिसका अनुभव समस्या संख्या 1 के समाधान में हुआ था) का उपयोग नहीं किया। समस्या संख्या 9 के समाधान में प्रयोगात्मक समूहों के अधिकतर प्रयोज्य नियंत्रित समूहों की अपेक्षा असफल रहे हालांकि इसका समाधान कम समय में ही आसानी से किया जा सकता था। लुचिन्स के इस परिणाम से स्पष्ट है कि समस्या के समाधान करने से उत्पन्न तत्परता हमेशा बाद के समस्या के समाधान में सहायक ही नहीं होती है। शायद यही कारण है कि समस्या संख्या 9 के समाधान में प्रयोगात्मक समूह के अधिकतर सदस्य असफल रहे। इन सदस्यों में समस्या संख्या 1 से 8 तक एक ही विधि से समाधान करने की तत्परता उत्पन्न हो गयी थी जो समस्या संख्या 9 के समाधान के लिए अनुचित (inappropriate) थी।

रीज तथा इंजरियल (Rees & Isreal, 1935) के प्रयोग से भी तत्परता के अन्ध प्रभाव (blind effect) का पता चलता है। समस्या समाधान में उन्होंने तत्परता के अन्ध प्रभाव को दिखलाने के लिए एनाग्राम (anagram) के सहारे प्रयोग किया (अर्थपूर्ण शब्दों के अक्षरों के क्रम को बदलने से जो अर्थहीन शब्द बनता है, एसे एनाग्राम कहा जाता है, जैसे CAMEL से ELAMC बन सकता है या और भी कोई अर्थहीन शब्द बन सकता है जिसे एनाग्राम कहा जाता है) प्रयोगकर्ताओं ने 30 एनाग्राम की एक सूची बनायी जिसमें से प्रथम 15 एनाग्राम को एक निश्चित नियम से समाधान करने पर अर्थपूर्ण शब्द बन जाता था अन्तिम 15 एनाग्राम में अन्य वैकल्पिक समाधान भी सम्भव था। परिणाम में देखा गया अधिकतर प्रयोज्यों ने प्रथम 15 एनाग्राम के समाधान में जिस नियम का उपयोग किया था, उसी नियम द्वारा अन्तिम 15 एनाग्राम का भी समाधान किया। दूसरे शब्दों में, प्रथम 15 एनाग्राम के समाधान में उत्पन्न तत्परता (set) प्रयोज्यों को अन्तिम 15 एनाग्राम के वैकल्पिक समाधान (alternative solutions) ढूँढ़ने में एक तरह से बाधित किया क्योंकि प्रयोज्य उस तत्परता के कारण वैकल्पिक समाधान की बात सोच ही नहीं पा रहे थे।

लूचिन्स (Luchins) तथा रीस और इजरियल (Rees & Isreal) के प्रयोगों के परिणाम से यह स्पष्ट हो जाता है कि तत्परता के अनुचित तथा गलत होने पर उससे समस्या के समाधान में काफी बाधा पहुँचती है। इसके अलावा अन्य

मनोवैज्ञानिकों जैसे केन्डलर, ग्रीनवर्ग तथा रिचमैन (Kendler, Greenberg & Richman, 1952), रोकीच (Rokeach, 1950) ने भी अपने-अपने प्रयोगों में तत्परता के अन्ध प्रभाव को यानी उसके हानिकारक प्रभाव (disadvantageous effect) को दिखलाया है।

निष्कर्ष यह है कि समस्या के समाधान में यानी चिन्तन में किसी तत्परता का प्रभाव सहायक (facilitating) भी होता है तथा बाधक भी। तत्परता के इस बाधक प्रभाव (intefering effect) को यानी हानिकारक प्रभाव को कुछ विशेष तरीकों द्वारा कम भी किया जा सकता है।

चिन्तन में प्रयत्न तथा त्रुटि का महत्त्व (Role of Trial and Error in Thinking)

प्रत्येक समस्या के समाधान में यानी चिन्तन में प्रयत्न तथा त्रुटि (trial and error) का विशेष महत्त्व है। 'प्रयत्न तथा त्रुटि' (trial and error) शब्द का सबसे पहले प्रयोग पशु मनोविज्ञान (animal psychology) में लायड मॉर्गन (Loyd Morgan) ने 1894 में किया जिससे उनका तात्पर्य पशु के वैसे व्यवहारों से था जिसमें पशु कारण तथा परिणाम सम्बन्धों (cause-and-effect-relationship) को बिना समझे ही किसी समस्या का समाधान करने की कोशिश करता था। आज भी इस शब्द का प्रयोग इसी अर्थ में किया जाता है।

मनोवैज्ञानिकों ने पशुओं एवं मानव पर अनेक प्रयोग करके यह दिखला दिया है कि जब भी प्राणी (organism) किसी समस्या का समाधान करता है तो वह अचानक नहीं कर लेता है। प्रारम्भ में वह किसी एक विधि का उपयोग करता है। असफल रहने पर फिर दूसरी विधि का उपयोग करता है। इस पर भी असफल रहने पर वह तीसरी विधि का उपयोग करता है। इस तरह से अनेकों प्रयासों (trials) में अपनी त्रुटियों (errors) को सुधारते हुए अन्त में वह उस समस्या का समाधान करने में सफल हो जाता है। इसका सबसे स्पष्ट समर्थन हमें थॉर्नडाइक (Thorndike) द्वारा एक भूखी बिल्ली का पहेली बक्स (puzzle box) में रखकर किये गये प्रयोग से मिलता है। भूखी बिल्ली के सामने समस्या यह थी कि किसी तरह वह उस बक्स का दरवाजा खोलकर बाहर आ जाय ताकि बाहर रखे गये मछली को वह खा सके। इस समस्या के समाधान में बिल्ली ने भिन्न-भिन्न प्रकार के अनुक्रियाएँ (responses) कीं। जैसे, कभी वह पंजे से बक्स को नोंच-खसोट कर दरवाजा खोलना चाहती थी तो कभी मात्र उछल-कूद कर ही दरवाजा खोल लेना चाहती थी। ये सभी क्रियाएँ त्रुटिपूर्ण कियाएँ थीं क्योंकि इससे समस्या का समाधान नहीं हो पा रहा था फिर बिल्ली का पंजा अचानक सिटकिनी पर पड़ जाता है और दरवाजा खुल जाता है। बाद के प्रयासों में धीरे-धीरे त्रुटिपूर्ण क्रियाएँ कमती गयी और बिल्ली दरवाजे को खोलना अर्थात् समस्या का समाधान करना सीख गयी। इस प्रयोग में बिल्ली द्वारा भिन्न-भिन्न प्रयासों (trials) में उछल-कूद तथा नोंच-खसोट की क्रियाएँ करना प्रयत्न तथा त्रुटि के उदाहरण हैं।

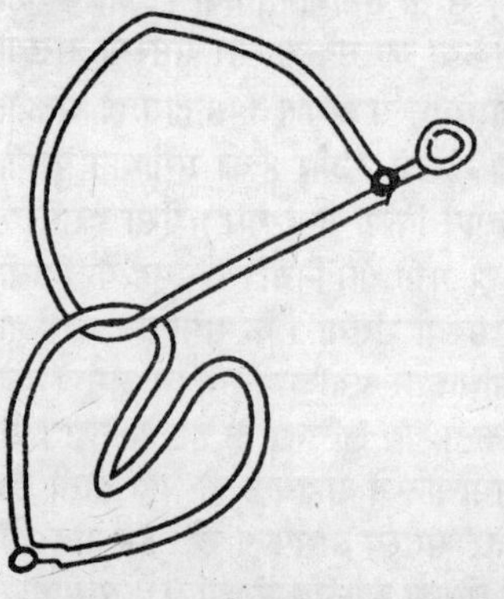

चित्र 8.3 : हृदय-एवं-धनुष पहेली

मनुष्यों पर भी कुछ प्रयोग किये गये जिनके परिणाम थॉर्नडाइक के परिणाम के समान थे। रूजर (Ruger, 1910) ने हृदय-एवं-धनुष (heart-and-bow) नामक एक पहेली (puzzle) तैयारी किया जिसे चित्र 8.3 में दिखलाया गया है। यह पहेली मानव प्रयोज्य (human subject) को दे दिया गया और उन्हें 'धनुष की आकृति' को 'हृदय की आकृति' से अलग करने को कहा गया। प्रयोज्यों द्वारा किये सभी प्रयासों (efforts) में अनुक्रियाओं (responses) को रूजर (Ruger) ठीक ढंग से लिखते गये और बाद में उनका विश्लेषण कर बतलाया कि मनुष्य भी थॉर्नडाइक की बिल्ली के समान ही समस्या के समाधान में प्रयत्न तथा त्रुटि का व्यवहार करते हैं। गेल्डार्ड[1] (Geldard, 1963) के अनुसार, *''इन सभी आँकड़ों को रूजर द्वारा विश्लेषण करने पर एक महत्त्वपूर्ण निष्कर्ष निकला—समस्या समाधान की परिस्थिति में मनुष्य वैसी अनुक्रियाएँ करता है जिसे थॉर्नडाइक की बिल्ली द्वारा की गयी अनुक्रिया से अधिक भिन्न नहीं माना जा सकता है।''*

1. "His analysis (Ruger's analysis) of all these data led to one important generality—humans in problem-solving situations adopt an attack that is not very different from that of Thorndike's cats."

—Geldard : *Fundamentals of Psychology,* 1963 p. 227

कुछ मनोवैज्ञानिकों ने उपर्युक्त प्रयोगों (experiments) की आलोचना की है। जैसे, हाब्हाऊस (Hobhouse, 1910) तथा कोहलर (Kohler, 1927) ने थॉर्नडाईक के पहेली बकस (puzzle box) समस्या की आलोचना करते हुए यह कहा है कि इस समस्या का कुछ भाग बिल्ली के सामने स्पष्ट न होकर छिपा हुआ था। ऐसी परिस्थिति में समस्या के समाधान के लिए यह स्वाभाविक ही था कि बिल्ली प्रयत्न तथा त्रुटि का सहारा लेती। अतः थॉर्नडाईक द्वारा प्रतिपादित समस्या कृत्रिम या अस्वाभाविक था। कोहलर ने 'सुलतान' नामक वनमानुष (chimpanzee) पर कई प्रयोग किये जिसमें उसे एक ऐसी परिस्थिति में रखा गया जो बिलकुल वास्तविक एवं स्वाभाविक था तथा जिसका कोई भी अंश वनमानुष से छिपा हुआ नहीं था। उन्होंने सुलतान को एक बड़े कमरे में बन्द कर दिया जिसकी छत से केला लटक रहा था। वनमानुष भूखा था। अतः उसका ध्यान तुरंत ही केले पर गया और उछल-कूद कर उसे प्राप्त कर लेने में असमर्थ रहने के बाद कमरे के एक कोने में पड़े तीन बक्सों की ओर दौड़ पड़ा और केले के ठीक नीचे तीन बक्सों को एक-दूसरे पर रखकर उस पर चढ़ गया और केला प्राप्त कर लिया। इस समस्या में वनमानुष द्वारा किये गये व्यवहार का कोहलर ने जो विश्लेषण किया उसे तो यह स्पष्ट होता है कि सुलतान ने समस्या का समाधान करने में प्रयत्न तथा त्रुटि (trial and error) का सहारा नहीं लेकर अन्तर्दृष्टि (insight) का सहारा लिया। कोहलर के अनुसार सुलतान ने समस्या का समाधान अन्तर्दृष्टि के आधार पर किया जिसका सबूत यह था कि उसने अचानक (adruptly) 'केला' तथा उसके प्राप्त करने के उपायों (means) के बीच के सम्बन्ध का प्रत्यक्षण (perception) किया था।

परन्तु यदि ध्यानपूर्वक देखा जाय, तो कोहलर के 'सुलतान' द्वारा भी समस्या के समाधान में प्रत्यन तथा त्रुटि (trial and error) का सहारा लिया गया। सुलतान ने पहले केले को उछल-कूद कर प्राप्त करने की बार-बार कोशिश की थी जिससे स्पष्टतः प्रयत्न तथा त्रुटि की श्रेणी में रखा जा सकता है। हाब्हाऊस (Hobhouse, 1910) ने भी कई तरह की समस्याओं जैसे रस्सी खींचना (string pulling), रस्सी-विभेदीकरण समस्या (string discrimination) आदि पर प्रयोग किया जिसमें कुत्ता, बिल्ली, हाथी, बन्दर आदि प्रयोज्य (subject) थे और पाया कि इन पशुओं द्वारा भी समस्या के समाधान में प्रयत्न तथा त्रुटि (trial and error) का सहारा लिया जाता है।

निष्कर्ष यह है कि पशु हो या मनुष्य, किसी मनुष्य का समाधान या चिन्तन करने में प्रयत्न तथा त्रुटि (trial and error) का सहारा वह निश्चित रूप से लेता है। इतना अवश्य है कि मनुष्यों में प्रयत्न तथा त्रुटि व्यवहार पशुओं की अपेक्षा कम होती हैं।

चिन्तन में प्रतिमा का महत्त्व
(Role of Images in Thinking)

चिन्तन में प्रतिमा (image) का अधिक महत्त्व है। जब भी हम किसी समस्या का समाधान करते हैं, तो गत अनुभूतियाँ कुछ प्रतिमा (image) के रूप में आ कर या तो उस समाधान में मदद करती है या बाधा पहुँचाती है।

चिन्तन में प्रतिमा के महत्त्व का वर्णन करने के पहले यह बतला देना उचित होगा कि प्रतिमा किसे कहते हैं। मॉर्गन, किंग तथा रॉबिन्सन[1] (Morgan, King & Robinson, 1981) के अनुसार, ''सामान्यतः गत अनुभूतियों की कुछ विशेषताओं के पृथक्करण को प्रतिमा कहा जाता है।'' इससे स्पष्ट है कि अनुभूतियों की कुछ खास-खास विशेषताओं को जब हम मानसिक रूप से अलग करने में समर्थ हो जाते हैं, तो इसे ही हम प्रतिमा कहते हैं। उदाहरणार्थ, कल पार्टी में अपने मित्र के विचित्र वेश-भूषा की याद को या गुणों को मस्तिष्क में जब हम लाने में समर्थ हो पाते हैं, तो उस गुण या विशेषता को ही प्रतिमा की संज्ञा दी जाएगी।

प्रतिमा कई प्रकार के होते हैं। ज्ञानेन्द्रियों (sense organ) के आधार पर इसे पाँच भागों में बाँटा गया है—दृष्टि प्रतिमा (visual image), श्रवण प्रतिमा (auditory image), स्वाद-प्रतिमा (taste image), गन्ध प्रतिमा (olfactory image) तथा स्पर्श प्रतिमा (tactual image)। इन विभिन्न प्रतिमाओं में से दृष्टि प्रतिमा तथा श्रवण प्रतिमा अधिक सामान्य (common) है। इन प्रतिमाओं के अलावा एक और प्रतिमा भी होती है जिसे *समूर्त्त प्रतिमा* (eidetic image) कहा जाता है। समूर्त्त प्रतिमा वैसी प्रतिमा को कहा जाता है जिसमें उस वस्तु का जिसकी वह प्रतिमा है, बिलकुल ही हू-

1. In general, the images are abstractions of certain features of previous experience."
—Morgan, King & Robinson : *Introduction to Psychology*. 1981. p. 179

ब-हू या वास्तविक (exact) निरूपण होता है। इस तरह की प्रतिमा बनने पर व्यक्ति को ऐसा लगता है कि वस्तु उसके सामने रखा हुआ है।

चिन्तन में प्रतिमा के महत्त्व को दिखलाने के लिए कई प्रयोग किए गए हैं। इनमें से कुछ तो ऐसे हैं जिनसे यह स्पष्ट रूप से पता चलता है कि चिन्तन में प्रतिमाओं का काफी महत्त्व है। प्रतिमा के अभाव में चिन्तन की प्रक्रिया स्पष्ट रूप से नहीं हो पाती है। दूसरी तरफ, इसके ठीक विपरीत परिणाम भी पाये गए हैं जिसमें यह दिखलाया गया है कि चिन्तन में प्रतिमा का कोई स्थान नहीं होता है। इस तरह के विचार को प्रतिमाहीन चिन्तन (imageless thought) की संज्ञा दी गयी है। इन दोनों तरह के परस्पर विरोधी विचारों का वर्णन निम्नांकित है—

चिन्तन में प्रतिमा (image) के महत्त्व को दिखलाने के लिए कई मनोवैज्ञानिक द्वारा प्रयोग किये गये हैं। 1900 के लगभग में अनेक मनोवैज्ञानिकों जिसमें वुण्ट (Wundt) तथा टिचेनर (Titchener) का काम मशहूर है, मनोवैज्ञानिक प्रयोगशालाओं में कई सरल प्रयोग किये जिनका उद्देश्य चिन्तन में या समस्या समाधान में प्रतिमा के महत्त्व को दिखलाना था। इन प्रयोगकर्त्ताओं की प्रयोग विधि काफी सरल थी—सहभागी को एक समस्या दे दी जाती थी जिसका समाधान उन्हें करना होता था। समाधान करने के बाद सहभागी को अन्तर्निरीक्षण (introspection) करके यह बतलाना होता था कि समस्या के देने तथा उसका समाधान करने के बीच किस तरह की चेतन अनुभूतियाँ (conscious experiences) उसके मन में आयी थीं। परिणाम में देखा गया कि अधिकतर सहभागियों द्वारा चेतन अनुभूतियों के रूप में भिन्न-भिन्न प्रकार की मानसिक प्रतिमाओं (images) की झलक आते बतलायी गयी। इस प्रतिमाओं से उन्हें समस्या का समाधान में काफी मदद मिलती थी। प्रयोज्यों ने बतलाया कि प्रतिमाएँ भिन्न-भिन्न प्रकार की थीं—कुछ दृष्टि प्रतिमा थीं, कुछ श्रवण प्रतिमा थीं, कुछ गतिक प्रतिमा (kinesthetic image) थीं। इसमें कुछ प्रतिमाएँ काफी स्पष्ट थीं तथा कुछ तुलनात्मक रूप से कम स्पष्ट थीं। इस तरह के परिणाम के आधार पर इन मनोवैज्ञानिकों ने बतलाया कि चिन्तन में प्रतिमा (images) का काफी महत्त्व होता है। इसके अभावें में चिन्तन की प्रक्रिया स्पष्ट रूप से नहीं हो सकती है। मैककेल्लर (Mckeller, 1972) ने 500 व्यस्कों पर एक अध्ययन किया और पाया कि करीब 97% प्रयोज्यों ने कहा कि समस्या समाधान के दौरान इनमें दृष्टि प्रतिमा बने थे, 93% ने श्रवण प्रतिमा की बात कही, 74% ने पेशीय प्रतिमा (motor imagery) की बात कही, 70% ने स्पर्श प्रतिमा की बात कही। स्पष्ट हुआ कि किसी समस्या का समाधान करते समय चिंतन में तरह-तरह की प्रतिमाएँ मन में बनती हैं जिनमें दृष्टि प्रतिमा की अधिकता होती है। कहा जाता है कि महान वैज्ञानिक अलवर्ट आईस्टीन (Albert Einstein) के अधिकतर चिंतन प्रतिमाओं के ही रूप में होते थे।

संमूर्त्त प्रतिमा (eidetic images) के अध्ययनों से भी इस बात का समर्थन मिलता है कि चिन्तन में प्रतिमा का महत्त्व काफी है। जैसा कि कहा जा चुका है, इस तरह की प्रतिमा बनने पर व्यक्ति को ऐसा महसूस होता है कि वस्तु उसके सामने रखा हुआ है और वह उसका प्रत्यक्षण (perception) करके उसका वर्णन कर रहा है। दूसरे शब्दों में, संमूर्त्त प्रतिमा में मन में किसी वस्तु की बननेवाली प्रतिमा वास्तविक एवं अतिस्पष्ट होती है। मनोवैज्ञानिकों के प्रयोग से स्पष्ट हो गया है कि बच्चों के चिन्तन में इस तरह की संमूर्त्त प्रतिमाएँ अधिक बनती हैं। परन्तु जैसे-जैसे उम्र बढ़ते जाता है, इस तरह की प्रतिमाओं का बनना कमते जाता है। संमूर्त्त प्रतिमा की दो विशेषताएँ होतीं हैं—व्यक्ति इस प्रतिमा के किसी भी भाग पर अपनी इच्छानुसार अधिक या कम बल (emphasis) डाल सकता है तथा दूसरा जैसा कि आलपोर्ट (Allport, 1924) ने बतलाया है, संमूर्त्त चिन्तन का कम या अधिक होना वस्तु में व्यक्ति की अभिरुचि पर भी निर्भर करता है।

कुछ मनोवैज्ञानिकों जैसे जिम्बार्डो तथा रूच[1] (Zimbrado & Ruch, 1977) का कहना है कि जिन लोगों में संमूर्त्त प्रतिमा (eidetic image) बनाने की क्षमता होती है, वे पहले देखें गये घटनाओं एवं वस्तुओं को आसानी से पुनरुत्पादन (reproduce) तो कर लेते हैं परन्तु उनका प्रयोग नये ढंग से करने में असमर्थ होते हैं। इसका मतलब तब यह हुआ कि संमूर्त्त प्रतिमा से सिर्फ पुनरुत्पादन (reproduction) में मदद मिलता है। इससे व्यक्ति को अमूर्त्त चिन्तन (abastract reasoning) या सर्जनात्मक कल्पना (creative imagination) करने में कोई मदद नहीं मिलता है। इस तथ्य का प्रयोगात्मक समर्थन रूसी मनोवैज्ञानिक लूरिया (Luria, 1968) के अध्ययनों से मिलता है। अतः निष्कर्ष यह है कि समूर्त्त

1. "Individuals with eidetic imagery can reproduce what they have seen, but it is difficult for them to use this information in new ways. Thus eidetic imagery does not appear to play a role in abstract thinking or creative imagination."
—Zimbardo & Ruch : *Psychology and Life, 1977*, p. 208

प्रतिमा का महत्त्व अमूर्त्त चिन्तन में गौण होता है। कुछ ऐसे और भी मनोवैज्ञानिक हैं जिन्होंने यह दिखलाया है कि चिन्तन की प्रक्रिया में प्रतिमा का कोई स्थान नहीं होता है। फ्रैन्सिस गाल्टन (Francis Galton) ने 1883 में बतलाया कि कुछ महान वैज्ञानिकों (scientists) जैसे डाक्टर व इंजीनियर आदि का चिन्तन बिना प्रतिमा (images) के ही होता है। इन लोगों के चिन्तन प्रक्रिया का विश्लेषण करने पर किसी प्रकार की कोई प्रतिमा (images) का सबूत नहीं मिलता है। गाल्टन के इस विचार से प्रेरित होकर करीब-करीब 1900 के लगभग में ही कुछ मनोवैज्ञानिकों ने कई प्रयोग किये और पाये कि सचमुच में बहुत सहभागियों द्वारा समस्या के समाधान में किसी प्रकार की कोई प्रतिमा (images) के नहीं होते बतलाया गया। इसके परिणामस्वरूप *'प्रतिमाहीन चिन्तन'* (imageless thought) विवाद का जन्म हुआ। इस विवाद पर सबसे अधिक अध्ययन एक विशेष सम्प्रदाय (school) के सदस्यों द्वारा किया गया। इस सम्प्रदाय (school) को उर्जवर्ग सम्प्रदाय (Wurzburg school) के नाम से जाना जाता है। इस सम्प्रदाय के मुख्य सदस्य कुल्पे (Kulpe), मार्बे (Marbe), वाट्ट (Watt) तथा बुहलर (Buhler) आदि हैं। यद्यपि कुल्पे, वुण्ट (Wundt) के शिष्य थे, फिर भी वे वुण्ट के इस विचार से सहमत नही थे कि चिन्तन में प्रतिमा का महत्त्व काफी है। उन्होंने अपने प्रयोगात्मक अध्ययन के आधार पर यह स्पष्ट रूप से बतलाया है कि चिन्तन में न तो कोई संवेदन (sensation) होता है और न ही किसी प्रकार की कोई प्रतिमा (image) ही होती है। मार्बे (Marbe) ने वजन-उठाने की प्रक्रिया (weight-lifting process) पर अध्ययन किया। इन्होंने प्रयोज्य (subjects) को दो दिये गये वजन में से कौन-सा भारी (heavier) है, बतलाने को कहा। उत्तर दे देने के बाद प्रयोज्यों से उसका उत्तर ढूँढ़ते समय में आने वाली अनुभूतियों का अन्तर्निरीक्षण (introspection) करने को कहा गया। अधिकतर प्रयोज्यों से उसका उत्तर ढूँढ़ते समय में आने वाली अनुभूतियों का अन्तर्निरीक्षण (introspection) करने को कहा गया। अधिकतर प्रयोज्यों ने यह बतलाया कि वे किस तरह से उत्तर ढूँढ़ कर निर्णय कर पाये, इसका वर्णन करना सम्भव नहीं है। उनके मन में किसी प्रकार की कोई प्रतिमा भी नहीं आयी थी। उस समय का चिन्तन बिलकुल ही प्रतिमारहित (imageless) था जिसका वर्णन अन्तर्निरीक्षण (introspection) करके करना सम्भव नहीं था। बुहलर (Buhler) तथा वाट्ट (Watt) के भी परिणाम इसी प्रकार के थे। इन उर्जवर्गवादी मनोवैज्ञानिकों के अनुसार चिन्तन में प्रयोज्यों की मानसिक वृत्ति (attitude) अधिक महत्त्वपूर्ण होती है क्योंकि समस्या के समाधान में इसका ही काफी प्रभाव पड़ते देखा गया न कि प्रतिमाओं का।

निष्कर्ष यह है कि प्रतिमाएँ चिन्तन में कभी-कभी बिलकुल ही स्पष्ट होती है और समस्या के समाधान में महत्त्वपूर्ण भूमिका अवश्य निभाती है। परन्तु चिन्तन कभी-कभी बिना प्रतिमा के भी होता है।

चिन्तन के सिद्धान्त
(Theories of Thinking)

करीब-करीब सभी मनोवैज्ञानिक इस बात से सहमत है कि चिन्तन की शुरूआत उस समय होती है जब व्यक्ति के सामने समस्या (problem) उत्पन्न होती है और चिन्तन का अंत उस समय होता है जब समस्या का समाधान हो जाता है। परन्तु चिन्तन की इस पूरी प्रक्रिया में यानी, समस्या उत्पन्न होने तथा उसका समाधान होने तक कौन-कौन-सी प्रक्रियाएँ होतीं हैं तथा उसकी व्याख्या कैसे की जा सकती है, इसे लेकर मनोवैज्ञानिकों में मतभेद रहा है। इन प्रक्रियाओं की व्याख्या करने के लिए मनोवैज्ञानिकों ने कुछ सिद्धान्तों का वर्णन किया है जिसमें निम्नांकित दो प्रमुख हैं—

1. केन्द्रीय सिद्धान्त (Central theory) तथा
2. परिधीय सिद्धान्त या गति सिद्धान्त (Peripheral theory or Motor theory)

इन दोनों सिद्धांतों का वर्णन निम्नांकित है—

1. केन्द्रीय सिद्धान्त (*Central Theory*)

इस सिद्धान्त के अनुसार चिन्तन का आधार केन्द्रीय तंत्रिका तंत्र (central nervous system) होता है। जब व्यक्ति किसी समस्या का समाधान करता है, तो केन्द्रीय तन्त्रिका तन्त्र में विशेषकर मस्तिष्क में बहुत तरह की अंतक्रियाएँ (interactions) होतीं हैं जिसका परिणाम यह होता है कि व्यक्ति उस समस्या का समाधान कर लेता है। जबतक व्यक्ति समस्या का समाधान नहीं कर पाता है, तबतक मस्तिष्क में अन्तक्रियाएँ (interactions) चलतीं रहतीं हैं। इस आशय से यह भी स्पष्ट हो जाता है कि केन्द्रीय सिद्धान्त में शरीर की पेशीय क्रियाओं (motor activities) का महत्त्व नहीं है।

दूसरे शब्दों में, चिन्तन की प्रक्रिया में या किसी समस्या में शरीर के पेशीय अंगों (motor organs) या प्रभावक (effectors) द्वारा की गयी क्रियाओं का कोई महत्त्व नहीं होता है।

औसगुड (Osgood, 1953) के अनुसार चिन्तन के अध्ययन में दी गयी समस्या एक प्रकार का उद्दीपक (stimulus) होता है। अतः यह व्यक्ति को उत्तेजित (stimulate) करता है जिसके परिणामस्वरूप संवेदी तन्त्रिका (sensory neuron) द्वारा तन्त्रिका आवेग मस्तिष्क के एक खास क्षेत्र विशेषकर साहचर्य क्षेत्र (association area) में पहुँचता है। फलस्वरूप, व्यक्ति के मस्तिष्क में भिन्न-भिन्न प्रकार की प्रतिमाएँ (images) एवं विचार (ideas) उत्पन्न होने लगते हैं जिनके सहारे व्यक्ति समस्या का समाधान कर लेता है। इस सिद्धान्त की व्याख्या का समर्थन कुछ संरचनावादियों (structuralists) तथा गेस्टाल्ट मनोवैज्ञानिकों द्वारा व्यक्त किये गये विचारों से मिलता है।

केन्द्रीय सिद्धान्त की आलोचना इस प्रकार की गयी है—

(i) केन्द्रीय सिद्धान्त चिन्तन की व्याख्या का एक पुराना सिद्धान्त है जिसके समर्थन में कोई ठोस प्रयोगात्मक तथ्य (experimental facts) प्राप्त नहीं है। फलस्वरूप, मनोवैज्ञानिकों ने इस सिद्धान्त को एक कामचलाऊ सिद्धान्त कहा है जिसकी व्याख्या के आधार पर किसी प्रकार का सामान्यीकरण (generalization) नहीं किया जा सकता है। यह सिद्धान्त मात्र सामान्य बोध (common sense) का समर्थन करता है कि चिन्तन व्यक्ति के मस्तिष्क में होनेवाली एक क्रिया है।

(ii) इस सिद्धान्त में शरीर के पेशीय अंगों (motor organs) द्वारा की गयी क्रियाओं (activities) के महत्त्व को स्वीकृति नहीं दी गयी है। अनेकों सबूत (experimental evidences) आज मनोवैज्ञानिकों के सामने इस तरह के उपस्थित हैं जिनके आधार पर यह आसानी से दिखलाया गया है कि चिन्तन में पेशीय क्रियाओं (motor activities) का भी महत्त्व होता है।

2. परिधीय सिद्धान्त या गति सिद्धान्त *(Peripheral Theory or Motor Theory)*

इस सिद्धान्त की बुनियाद वाटसन (Watson) की विचारधारा है। वाटसन, जो व्यवहारवाद (Behaviourism) के जनक (father) हैं, के अनुसार चिन्तन एक प्रकार का उपवाचिक बातचीत (sub-vocal talking) है। दूसरे शब्दों में, चिन्तन में हमलोग धीरे-धीरे अपने से ही बातचीत करते हैं। इस तरह से चिन्तन में वागेन्द्रियों (vocal organs) में पेशीय क्रियाएँ (muscular activites) होतीं हैं और व्यक्ति अपने आप से बातचीत करना प्रारम्भ कर देता है। बाद में वाटसन (Watson) ने यह भी बतलाया कि सभी तरह के चिन्तन में वागेन्द्रियों की ही मांसपेशियों में क्रियाएँ नहीं होतीं हैं बल्कि अन्य अंगों जैसे हाथ एवं पैर की मांसपेशियों में भी क्रियाएँ होतीं हैं जैसे, एक बहरे एवं गूंगे व्यक्ति के चिन्तन में हाथ की अंगुलयों की मांसपेशियों में अधिक क्रियाएँ होते पायीं गयीं। इस तरह से वाटसन (1914) ने कहा, *''हमलोग पूरे शरीर के सहारे चिन्तन क्रिया करते हैं'' (We think with our whole body)*

वाटसन के उपर्युक्त विचारों से प्रेरित होकर परिधीय सिद्धान्त (peripheral theory) या गति सिद्धान्त का प्रतिपादन किया गया। इस सिद्धान्त के अनुसार जब व्यक्ति के सामने कोई उद्दीपक (stimulus) यानी, समस्या (problem) दिया जाता है, तो उससे उत्पन्न स्नायुप्रवाह मस्तिष्क (brain) में पहुँचता है जो एक रिले स्टेशन (relay station) के समान कार्य करता है। यहाँ से स्नायु प्रवाह को तुरंत उपयुक्त (appropriate) प्रभावक (effector) यानी मांसपेशियों में भेज दिया जाता है जिसके फलस्वरूप व्यक्ति कोई अनुक्रिया करता है। मांसपेशियों की इस अनुक्रिया से पुनः एक स्नायु प्रवाह उत्पन्न होता है जो मस्तिष्क में वापस जाता है।

इस तरह की पूरी प्रक्रिया जिसमें वापसी की प्रक्रिया भी सम्मिलित है, तब तक होते रहती है जबतक कि समस्या का समाधान नहीं हो जाता है। इस वापसी प्रक्रिया को मनोवैज्ञानियों ने *पुनर्निवेशन* (feedback) की संज्ञा दी है। इस व्याख्या से स्पष्ट है कि परिधीय सिद्धान्त में मस्तिष्क में होने वाली अन्तःक्रियाओं (interactions) को भी प्रधानता दी गयी है और साथ-ही-साथ परिधीय सिद्धान्त की व्याख्या केन्द्रीय सिद्धान्त से भिन्न भी है। परिधीय सिद्धान्त में पेशीय क्रियाओं (muscular activities) को अधिक महत्त्वपूर्ण माना गया है।

परिधीय सिद्धान्त या गति सिद्धान्त के समर्थन में कुछ प्रयोगात्मक सबूत (experimental evidences) मौजूद हैं। जैकोवसन (Jacobson, 1932) ने अपने सहभागी (participant) को कभी बाएँ हाथ से तथा कभी दायें हाथ से 10 पौण्ड का वजन उठाने की कल्पना (चिन्तन) करने को कहा। साथ-ही-साथ जैकोवसन सहभागी के बायें हाथ तथा दायें

हाथ के पेशीय क्रियाओं (muscular activities) को विशेष उपकरण (apparatus) द्वारा रिकार्ड (record) करते गये। उन्होंने पाया कि जब सहभागी दायें हाथ से 10 पौण्ड वजन उठाने की बात सोचता था, तो उसके दायें हाथ की पेशीय क्रियाएँ पहले से बढ़ जाती थी। इस अध्ययन से स्पष्ट हो जाता है कि चिन्तन की प्रक्रिया में पेशीय क्रियाएँ (muscular activities) होती हैं। टोट्टेन (Totten, 1935) ने उसी तरह एक अध्ययन किया जिसमें सहभागी को कुछ ज्यामितीय डिजाइन (gemoetric design) के बारे में सोचने के लिए कहा गया। परिणाम में देखा गया कि ऐसा करते समय सहभागी के आँख एवं पलकों की मांसपेशियों की क्रियाएँ (activities) पहले से तीव्र हो गयी। मैक्स (Max, 1937) ने गति सिद्धान्त की जाँच के लिए एक प्रयोग किया जिसमें 18 बहरे (deaf) तथा 16 सामान्य (यानी जो अच्छी तरह सुन सकते थे) सहभागी थे। इन दोनों तरह के सहभागियों को एक ऐसी बात सोचने को कहा गया जिसमें मानों वे अपने हाथ के सहारे कुछ भारी वजन उठा रहे हैं। ऐसा सोचते समय इन सभी सहभागियों के बाँहों की मांसपेशियों (muscles) की क्रियाओं (activities) का भी रिकार्ड तैयार किया गया। परिणाम में यह देखा गया कि बहरे सहभागियों के बाँह की मांसपेशियों की क्रियाएँ (activities) सामान्य सहभागियों के बाँह की मांसपेशियों की क्रियाओं (activities) के लगभग बराबर थे। इस परिणाम से यह साबित होता है कि सामान्य व्यक्ति के समान बहरे व्यक्ति के चिन्तन में भी मांसपेशीय क्रियाएँ (muscular activities) होतीं हैं। अमूर्त्त चिन्तन (abstract reasoning) करते समय जैसे, मन में जोड़, घटाव, गुणा, भाग आदि की क्रियाएँ करते समय बहरों में उनके बाँह की मांसपेशीय क्रियाएँ 84% हुई जबकि इसी परिस्थिति में सामान्य व्यक्ति में ऐसी मांसपेशीय क्रियाएँ 31% हुई। इससे साबित होता है कि अमूर्त्त चिन्तन करते समय सामान्य व्यक्तियों की अपेक्षा बहरे व्यक्तियों की पेशीय क्रियाएँ और भी अधिक होती हैं।

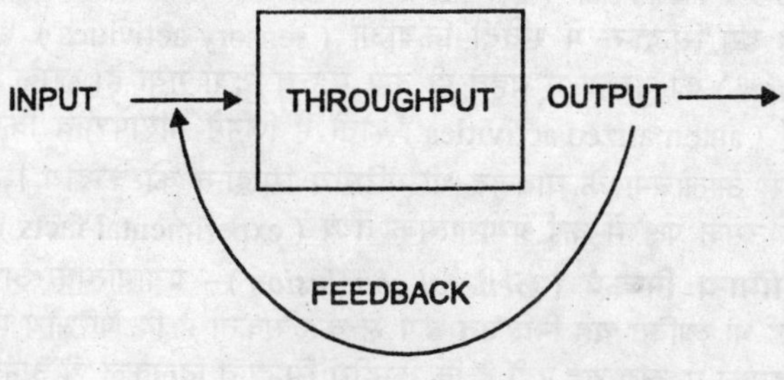

चित्र 8.4 : सर्वो मैकनिज्म

इन विभिन्न प्रयोगों से यह स्पष्ट हो जाता है कि चिन्तन करते समय व्यक्ति में मांसपेशीय क्रियाएँ (muscular activities) होतीं है। मनोवैज्ञानिकों ने यह भी दिखलाया है कि इस तरह से होनेवाले मांसपेशीय क्रियाओं का पुनर्निवेशन (feedback) द्वारा व्यक्ति को ज्ञान होता है। यही कारण है कि चिन्तन में मांसपेशीय क्रियाओं में एक क्रम (sequence) पाया जाता है। परन्तु चूँकि इस तरह का पुनर्निवेशन (feedback) आन्तरिक (intrinsic) होता है, अतः व्यक्ति को इसका प्रत्यक्ष बोध नहीं होता है और इससे व्यक्ति सीधे अवगत नहीं हो पाता है। इस तरह के पुनर्निवेशन प्रक्रम (feedback mechanism) को जिम्बार्डो तथा रूक (Zimbardo & Ruch, 1977) ने सर्वो मैकनिज्म (Servo-mechanism) की संज्ञा दी जिसकी एक झलक हमें चित्र 8.4 में मिलती है। सर्वो मैकनिज्म के चार भाग (parts) होते हैं जिसके द्वारा चिन्तन में किये गये मांसपेशीय क्रियाओं का ज्ञान व्यक्ति को होता है और जिसके फलस्वरूप इन क्रियाओं में एक क्रमबद्धता (systematization) भी आती है। वे चार भाग निम्नांकित है—

(i) **संसाधक निवेश** *(Processing input)*—संसाधक निवेश से तात्पर्य वैसे उद्दीपकों (stimuli) से होता है जो व्यक्ति में आवेग (impulse) उत्पन्न करते हैं।

(ii) **थ्रुपुट** *(Throughput)*—उद्दीपक से आवेग (impulse) उत्पन्न होकर थ्रुपुट (throughput) पहुँचता है जिसे तन्त्रिका तन्त्र (nervous system) कहा जाता है। इन आवेगों को तन्त्रिका तन्त्र में संगठित (organise) किया जाता है।

(iii) **निर्गत** *(Output)*—तन्त्रिका आवेग थ्रुपुट या तन्त्रिका में संगठित होने के बाद मांसपेशियों को उत्तेजित करते हैं जिसके फलस्वरूप व्यक्ति मांसपेशीय क्रियाओं को (muscular activities) करता है।

(iv) **पुनर्निवेशन** *(Feedback)*—किये गये मांसपेशीय क्रियाओं की क्रमबद्धता (systematization) का निर्धारण उन सूचनाओं के आधार पर होता है जिसका पुनर्निवेशन (feedback) व्यक्ति को पुनः होता है।

ये चारों प्रक्रियाएँ चिन्तन के प्रमुख चरण (steps) माने गये हैं। कुछ मनोवैज्ञानिकों का यह कहना है कि इन चारों कदमों में अन्तर करना हमेशा सम्भव नहीं है क्योंकि उनमें अतिव्याप्ति (overlapping) का गुण होता है।

कुछ मनोवैज्ञानिकों ने इस परिधीय सिद्धान्त की आलोचना की है। इसकी आलोचना करते हुए मनोवैज्ञानिकों ने यह कहा है इस सिद्धान्त में संवेदी क्रियाओं (sensory activities) एवं मस्तिष्क को मांसपेशीय क्रियाओं (muscular activities) की तुलना में बहुत ही कम महत्त्व दिया गया है। इसके अलावा कुछ ऐसी भी क्रियाएँ खासकर स्वचालित क्रियाएँ (automatized activities) होतीं हैं जिनमें मांशपेशीय क्रियाएँ करने का समय ही नहीं होता है।

इस आलोचना के बावजूद भी परिधीय सिद्धान्त को केन्द्रीय सिद्धान्त से अधिक श्रेष्ठ (superior) माना गया है क्योंकि उसके पक्ष में कई प्रयोगात्मक तथ्य (experimental facts) मौजूद है।

सामान्य निष्कर्ष *(General conclusion)*—प्रयोगात्मक अध्ययनों द्वारा उपस्थित किये गये तथ्यों के आधार पर कोई भी व्यक्ति यह निश्चित रूप से कह सकता है कि परिधीय सिद्धान्त, केन्द्रीय सिद्धान्त से श्रेष्ठ (superior) है। परन्तु इसका मतलब यह नहीं है कि केन्द्रीय सिद्धान्त बिलकुल ही अनुपयुक्त एवं गलत है तथा परिधीय सिद्धान्त बिलकुल ही सही है। अतः सबसे उपयुक्त तथा तर्कपूर्ण निष्कर्ष, जैसा कि औसगुड (Osgood, 1953) ने कहा भी है, वह होगा जो इन दोनों सिद्धान्तों के बीच एक प्रकार का मध्यम मार्ग (compromise) तैयार करता है। औसगुड के अनुसार दोनों सिद्धान्तों की व्याख्या सही है क्योंकि चिन्तन में संवेदी क्रियाएँ तथा पेशीय क्रियाएँ दोनों ही होती है। जैसे, एक बच्चे के चिन्तन में पेशीय क्रियाएँ (motor or muscular activities) अधिक तथा संवेदी क्रियाएँ (sensory activities) या केन्द्रीय क्रियाएँ (central activities) कम होतीं हैं। परन्तु एक वयस्क के चिन्तन में ठीक इसके विपरीत संवेदी क्रियाएँ अधिक तथा पेशीय क्रियाएँ कम होती है। उसी तरह तीव्र बुद्धि के व्यक्ति के चिन्तन में संवेदी क्रियाएँ तथा मस्तिष्कीय क्रियाएँ (brain activities) अधिक होतीं हैं तथा कम बुद्धि के व्यक्ति के चिन्तन में पेशीय क्रियाएँ (motor activities) अधिक होती है। **औसगुड**[1] (Osgood, 1953) के शब्दों में हम इस निष्कर्ष पर पहुँचते हैं।

''शायद सबसे तर्कपूर्ण विचार एक मध्यमार्ग (compromise) है। प्रतीकात्मक प्रक्रियाओं के विकास में परिधीय मध्यस्थता की आवश्यक है जो किसी परिपक्व व्यक्ति के केन्द्रीय प्रतिनिधित्व (central representation) में घुसा होता है।''

संज्ञानात्मक विकास का सिद्धान्त
(Theories of Cognitive Development)

संज्ञानात्मक विकास (cognitive development) से तात्पर्य संज्ञान (cognitive) के विकास के अध्ययनों से होता है। संज्ञान से तात्पर्य संवेदी सूचनाओं को ग्रहण करके उसका रूपान्तरण (transformation), विस्तरण (eleboration), संग्रहण (storage) पुनर्लाभ तथा उसका समुचित प्रयोग करने से होता है। संज्ञानात्मक विकास से तात्पर्य व्यक्तियों में किसी संवेदी सूचनाओं को ग्रहण करके उस पर चिंतन करने तथा क्रमिक रूप से (gradually) उसे इस लायक बना देने से होता है जिसका प्रयोग विभिन्न परिस्थितियों में करके वे तरह-तरह की समस्याओं का समाधान आसानी से कर सकते हैं। स्पष्टतः इस ढंग का विकास का सीधा सम्बन्ध व्यक्ति में विशेषकर बच्चों में होने वाले बौद्धिक विकास (intellectual development) से ज्यादा होता है। संज्ञानात्मक विकास के स्वरूप की व्याख्या करने के लिए कई तरह के सिद्धान्तों का प्रतिपादन किया गया है जिनमें निम्नांकित प्रमुख हैं—

(अ) पियाजे के संज्ञानात्मक विकास सिद्धान्त (Piaget's theory of cognitive development)

(ब) ब्रुनर के संज्ञानात्मक विकास का सिद्धान्त (Bruner's theory of cognitive development)

(स) वाइगोटस्की के संज्ञानात्मक विकास का सिद्धान्त (Vygotsky's theory of cognitive development)

(द) संज्ञानात्मक विकास का सूचना संसाधन सिद्धान्त (Information processing theory of cognitive development)

इन सबों का वर्णन इस प्रकार है—

(अ) जीन पियाजे के संज्ञानात्मक विकास का सिद्धान्त *(Jean Piaget's of Cognitive development)*—जीन पियाजे (1896-1980) एक प्रमुख स्विस मनोवैज्ञानिक (Swiss psychologist) है जिनका प्रशिक्षण प्राणि-विज्ञान

1. "Perhaps the most reasonable view is a compromise : the development of symbolic process may require peripheral mediation which becomes telescoped to a largely central representation in the mature individual."

—Osgood : *Method & Theory in Experiment Psychology,* 1953. p. 655

(Zoology) में हुआ था। वे अल्फ्रेड बिने (Alfred Binet) के प्रयोगशाला में बुद्धि परीक्षणों (intelligence tests) के साथ जब कार्य कर रहे थे, उसी समय बालकों के संज्ञानात्मक विकास (cognitive development) पर कार्य शुरू किये थे। यह अवधि 1922-23 की थी। उन्होंने 1923 और 1932 के बीच में पाँच पुस्तकें प्रकाशित की जिसमें संज्ञानात्मक विकास के सिद्धान्त का प्रतिपादन किया गया। पियाजे के संज्ञानात्मक विकास के सिद्धान्त से जो सबसे महत्त्वपूर्ण बात का पता चलता वह है कि पियाजे के अनुसार बालकों में वास्तविकता के स्वरूप के बारे में चिन्तन करने तथा उसे खोज करने की शक्ति न तो सिर्फ बालकों के परिपक्वता स्तर (maturational level) पर और न सिर्फ उसके अनुभवों पर निर्भर करता है, बल्कि इस दोनों की अन्तःक्रिया (interaction) द्वारा निर्धारित होती है। स्पष्टतः संज्ञानात्मक विकास की व्याख्या में पियाजे ने जो विचारधारा व्यक्त किया है, वह एक अन्तःक्रियावादी विचारधारा (interactionists viewpoints) का उदाहरण है।

पियाजे के संज्ञानात्मक विकास के सिद्धान्त की पूर्णरूपेण व्याख्या करने के पहले इस सिद्धान्त के कुछ महत्त्वपूर्ण संप्रत्यय (important concepts) हैं, जिनकी व्याख्या करना उचित है। इन संप्रत्ययों (concepts) में निम्नांकित प्रमुख हैं—

1. अनुकूलन *(Adaptation)*—पियाजे के अनुसार बालकों में वातावरण के साथ समंजन (adjustment) करने की एक जन्मजात प्रवृत्ति (innate tendency) होती है जिसे अनुकूलन कहा जाता है। उन्होंने अनुकूलन की प्रक्रिया की दो उपक्रियाएँ (subprocesses) बताई हैं— *आत्मसात्करण* (assimilation) तथा *समायोजन* (accommodation)। इन दोनों उपप्रक्रियाओं में समानता यह है कि वे दोनों ही स्वयं एवं वातावरण की वस्तुओं के बारे में सूचना प्राप्त करने की मूल योजना (strategy) हैं। आत्मसात्करण एक ऐसी प्रक्रिया है जिसमें बालक समस्या के समाधान के लिए या वास्तविकता से समंजन करने के लिए पूर्व सीखी गयी योजनाओं या मानसिक प्रक्रियाओं (mental operations) का सहारा लेता है। जैसे, यदि शिशु किसी वस्तु को उठाकर अपने मुँह में रख लेता है, तो यह एक आत्मसात्करण (assimilation) का उदाहरण होगा क्योंकि वह वस्तु को एक परिचित क्रिया अर्थात खाने की क्रिया के साथ आत्मसात कर रहा है। कभी-कभी ऐसा होता है कि वास्तविकता से समंजन करने में पहले की परिचित योजना या मानसिक प्रक्रिया से काम नहीं चलता है। ऐसी स्थिति में बालक अपनी योजना, संप्रत्यय (concept) या व्यवहार में परिवर्तन लाता है ताकि वह नए वातावरण के साथ अनुकूलन या समंजन (adjustment) कर सके। जैसे यदि कोई बालक यह जानता है कि 'कुत्ता' क्या होता है परन्तु एक 'बिल्ली' को देखकर जब वह अपने मानसिक संप्रत्यय (mental concept) में परिवर्तन कर बिल्ली की अलग कुछ विशेषताओं पर गौर करता है, तो यह समायोजन का उदाहरण होगा।

2. साम्यधारण *(Equilibration)*—साम्यधारण का संप्रत्यय अनुकूलन (adaptation) के संप्रत्यय से मिलता-जुलता है। साम्यधारण एक ऐसी प्रक्रिया है जिसके द्वारा बालक आत्मसात्करण (assimilation) तथा समायोजन (adaptation) की प्रक्रियाओं के बीच एक संतुलन (balance) कायम करता है। इस तरह से साम्यधारण एक तरह के आत्म-नियन्त्रक (self-regulatory) प्रक्रिया है। पियाजे का कहना था कि जब बालक के सामने ऐसी परिस्थिति या समस्या आती है, जिसका उसे कभी अनुभव नहीं हुआ था तो इससे उसमें एक तरह का संज्ञानात्मक असंतुलन (cognitive disequilibrium) उत्पन्न होता है जिसे दूर करने के लिए या जिसमें संतुलन (balance) लाने के लिए वह आत्मसात्करण या समायोजन या दोनों ही प्रक्रियाएँ करना प्रारंभ कर देता है।

3. संरक्षण *(Conservation)*—पियाजे के सिद्धान्त में यह एक महत्त्वपूर्ण संप्रत्यय है। संरक्षण से तात्पर्य वातावरण में परिवर्तन (change) तथा स्थिरता (constancy) दोनों को पहचाने एवं समझने की क्षमता तथा किसी वस्तु के रूप-रंग में परिवर्तन को उस वस्तु के तत्त्व (substance) में परिवर्तन से अलग करने की क्षमता से होता है। पियाजे के सिद्धान्त का यह एक महत्त्वपूर्ण संप्रत्यय है जिसपर मनोवैज्ञानिकों ने सबसे अधिक शोध किया है।

4. संज्ञानात्मक संरचना *(Cognitive structures)*—किसी बालक के मानसिक संगठन या मानसिक क्षमताओं के सेट को संज्ञानात्मक संरचना कहा जाता है। **रिली, लेविस** तथा **टैन्नर**[3] (Reilly, Lewis & Tanner, 1983) के शब्दों

---

1. "Concept is a set of features connected by some rule."
—Hulse, Egeth & Deese : *The Psychology of Learning,* 1980, p. 214

2. "Concepts are mental categories for objects, events, experiences or ideas that are similar to one another in one or more respects."
—Baron : *Psychology,* 1992, p. 297

3. "The mental organizations or abilities of any particular child are his cognitive structures."
—Reilly, Lewis & Tanner : *Educational Psychology,* 1983, p. 62

में, *''किसी बालक के मानसिक संगठन या क्षमताओं को ही संज्ञानात्मक संरचना कहा जाता है।''* संज्ञानात्मक संरचना के ही आधार पर (उदाहरण के रूप में) एक 7 साल के बालक को 3 साल के बालक से भिन्न समझा जाता है।

5. मानसिक संक्रिया *(Mental operations)*—जब भी बालक किसी समस्या के समाधान पर चिन्तन करता है, वह मानसिक संक्रिया (mental operation) करते समझा जाता है। अतः पियाजे के सिद्धान्त में मानसिक संक्रियाचिन्तन का एक प्रमुख साधन (tool) है। इस तरह से कहा जा सकता है कि संज्ञानात्मक संरचना (cognitive structure) की सक्रियता (action) ही मानसिक संक्रिया (mental operation) है।

6. स्कीम्स *(Schemes)*—व्यवहारों के संगठित पैटर्न (organized pattern) को जिसे आसानी से दोहराया जा सकता है, स्कीम्स कहा जाता है। जैसे बालक स्कूल जाने के लिए जब अपना किताब-कॉपी वर्ग रूटिन के अनुसार लेता है, स्कूल-ड्रेस पहनता है, जूता पहनता है तो व्यवहारों के ये सभी संगठित पैटर्न को स्कीम्स (schemes) कहा जाता है। स्कीम्स (schemes) का संबंध मानसिक संक्रिया (mental operation) से स्पष्ट है। स्कीम्स मानसिक संक्रिया (mental operation) का अभिव्यक्ति रूप (expressed form) होता है।

7. स्कीमा *(Schema)*—स्कीमा सुनने में स्कीम्स से काफी मिलता-जुलता लगता है, परन्तु सच्चाई यह है कि इसका अर्थ उससे भिन्न है। पियाजे (Piaget) का स्कीमा से तात्पर्य एक ऐसी मानसिक संरचना से होता है जिसका सामान्यीकरण (generalization) किया जा सके। स्कीमा इस तरह मानसिक संक्रिया (mental operation) तथा संज्ञानात्मक संरचना (cognitive structure) से काफी संबंधित संप्रत्यय है।

8. विकेन्द्रण *(Decentering)*—पियाजे के अनुसार विकेन्द्रण (decentering) से तात्पर्य किसी वस्तु या चीज के बारे में वस्तुनिष्ठ या वास्तविक ढंग से सोचने की क्षमता से होता है। इनका कहना था कि 3-4 महीने के उम्र के बालक में ऐसी क्षमता नहीं होती है बल्कि वह किसी वस्तु या चीज के बारे में आत्मकेन्द्रित (egocentric) ढंग से सोचता है। परन्तु कुछ उम्र बीतने पर जैसे जब वह 23-24 महीने का हो जाता है, तो उसमें वस्तु या चीज के बारे में वास्तविक ढंग से या वस्तुनिष्ठ ढंग से सोचने की क्षमता विकसित हो जाती है।

जीन पियाजे (Jean Piaget) ने बालकों के चिन्तन या संज्ञानात्मक विकास (cognitive development) की व्याख्या करने के लिए एक चार-अवस्था (four-stage) सिद्धान्त का प्रतिपादन किया है। इस सिद्धान्त में पियाजे ने संज्ञानात्मक विकास की व्याख्या चार प्रमुख अवस्थाओं (stages) में बाँटकर किया है। वे अवस्थाएँ निम्नांकित हैं—

1. संवेदी-पेशीय अवस्था (Sensory-motor stage)
2. प्राक् संक्रियात्मक अवस्था (Preoperational stage)
3. ठोस संक्रिया की अवस्था (Stage of concrete operation)
4. औपचारिक संक्रिया की अवस्था (Stage of formal operation)

इन अवस्थाओं का वर्णन करने के पहले यह आवश्यक है कि इस सिद्धान्त की प्रमुख पूर्वकल्पनाओं (assumptions) पर विचार कर लिया जाए। इस सिद्धान्त की निम्नांकित चार प्रमुख पूर्वकल्पनाएँ हैं—

(i) मानव शिशु जन्म से ही वातावरण की अनिश्चितता (uncertainty) को दूर करने के लिए अनुकूलन (adaptation) करता है तथा संबंधित एवं समन्वित (coordinated) ढंग से इस क्षमता को विकसित करने की कोशिश करता है।

(ii) जब बालकों के सामने कोई ऐसी घटना घटती है जिसे उसका पहले कभी अनुभव नहीं हुआ है तो इससे उसमें एक तरह का संज्ञानात्मक असंतुलन (cognitive disequilibrium) उत्पन्न हो जाता है जिसे वह आत्मसात्करण (assimilation) तथा समायोजन (accomodation) के माध्यम से संतुलित (equilibrate) करता है।

(iii) साम्यधारण (equilibration) की प्रक्रिया सिर्फ बालकों की गत अनुभूतियों (past experiences) पर ही निर्भर नहीं करता है बल्कि उनकी शारीरिक परिपक्वता (physical maturation) के स्तर पर भी यानी उसके स्नायुमंडल (nervous system), संवेदी अंगों (sensory organs), पेशी अंगों (motor organs) के विकास पर भी निर्भर करता है।

(iv) साम्यधारण (equilibration) का प्रभाव यह होता है कि बालकों की संज्ञानात्मक संरचना (cognitive structures) अधिक विकसित हो जाती है जिसके कारण संज्ञानात्मक विकास (cognitive development) की चारों अवस्थाओं में उनका विकास समरेखित (smoothed) होता है।

संज्ञानात्मक विकास (cognitive development) की चार अवस्थाओं (stages) का वर्णन निम्नांकित है—

1. संवेदी-पेशीय अवस्था *(Sensory-motor stage)*—यह अवस्था जन्म से दो साल तक की होती है। इस अवस्था में शिशुओं में अन्य क्रियाओं के अलावा शारीरिक रूप से चीजों को इधर-उधर करना, वस्तुओं की पहचान करने की कोशिश करना, किसी चीज को पकड़ना और प्रायः उसे मुँह में डालकर उसका अध्ययन करना आदि प्रमुख हैं। पियाजे ने यह बतलाया है कि इस अवस्था में शिशुओं का बौद्धिक विकास (intellectual development) या संज्ञानात्मक विकास (cognitive development) निम्नांकित छह उप-अवस्थाओं (substages) से होकर गुजरता है—

(i) पहली अवस्था को *प्रतिवर्त क्रियाओं की अवस्था* (stage of reflex activities) कहा जाता है जो जन्म से 30 दिन तक की होती है। इस अवस्था में बालक मात्र प्रतिवर्त क्रियाएँ (reflex activities) करता है। इन प्रतिवर्त्त क्रियाओं में चूसने का प्रतिवर्त्त (sucking reflex) सबसे प्रबल होता है।

(ii) दूसरी अवस्था प्रमुख *वृत्तीय प्रतिक्रियाओं की अवस्था* (stage of primary circular reaction) है जो 1 महीने से 4 महीने की अवधि का होता है। इस अवस्था में शिशुओं की प्रतिवर्त्त क्रियाएँ (reflex activities) उनकी अनुभूतियों द्वारा कुछ हद तक परिवर्तित होतीं हैं, दोहराई जाती है और एक-दूसरे के साथ अधिक समन्वित (coordinated) हो जातीं है। इन व्यवहारों को प्रधान (primary) इसलिए कहा जाता है क्योंकि वे उनके शरीर की प्रमुख प्रतिवर्त्त क्रियाएँ होतीं हैं एवं उन्हें वृत्तीय (circular) इसलिए कहा जाता है क्योंकि उन्हें दोहराई जातीं है।

(iii) तीसरी अवस्था गौण *वृत्तीय प्रतिक्रियाओं की अवस्था* (stage of secondary circular reactions) होती है जो 4 से 8 महीने तक की अवधि की होती है। इस अवस्था में शिशु वस्तुओं को उलटने-पुलटने (manipulation) तथा छूने पर अपना अधिक ध्यान देता है न कि अपने शरीर की प्रतिवर्त्त क्रियाओं पर। इसके अलावा वह जान-बूझकर कुछ ऐसी अनुक्रियाओं (responses) को दोहराता है जो उसे सुनने या करने में रोचक एवं मनोरंजक लगता है।

(iv) *गौण स्कीमैटा के समन्वय की अवस्था* (stage of coordination of secondary schemata) चौथी प्रमुख अवस्था है जो 8 महीने से 12 महीने की अवधि की होती है। इस अवधि में बालक उद्देश्य (goal) तथा वहाँ तक पहुँचने के साधन (means) में अन्तर करना प्रारंभ कर देता है। जैसे यदि किसी खिलौना को छिपा दिया जाता है, तो वह उसके लिए वस्तुओं को इधर-उधर हटाते हुए खोज जारी रखता है। इस अवधि में शिशु वयस्कों द्वारा किए जानेवाले कार्यों का अनुकरण (imitation) भी प्रारंभ कर देता है। इस अवधि में शिशु जो स्कीमा (schema) सीखते हैं, उनका वे एक परिस्थिति से दूसरी परिस्थिति में सामान्यीकरण (generalize) करना भी प्रारंभ कर देते हैं।

(v) *तृतीय वृत्तीय प्रतिक्रियाओं की अवस्थाओं* (stage of tertiary circular reactions) 12 महीने से 18 महीने की अवधि की होती है। इस अवस्था में बालक वस्तुओं के गुणों को प्रयास एवं त्रुटि (trial and error) विधि से सीखने की कोशिश करता है। इस अवस्था में उनकी शारीरिक क्रियाओं में अभिरुचि कम हो जाती है और वे स्वयं कुछ वस्तुओं को लेकर प्रयोग करते हैं। बालकों में उत्सुकता अभिप्रेरक (curiosity motive) अधिक प्रबल हो जाता है तथा उनमें वस्तुओं को ऊपर से नीचे गिराकर अध्ययन करने की प्रवृत्ति अधिक होती है।

(v) *मानसिक संयोग द्वारा नए साधनों की खोज की अवस्था* (stage of the invention of new means through mental combination) अन्तिम अवस्था है जो 18 महीने से 24 तक की अवधि की होती है। यह वह अवस्था होती है जिसमें बालक वस्तुओं के बारे में चिन्तन प्रारंभ कर देता है। इस अवधि में बालक उन वस्तुओं के प्रति भी अनुक्रिया करना प्रारम्भ कर देता है जो सीधे दृष्टिगोचर (observable) नहीं होती है। इस गुण को *वस्तु स्थायित्व* (object permanence) कहा जाता है। दूसरे शब्दों में, बालक 3-4 महीने की उम्र में जो यह सोचते थे कि जब कोई वस्तु उनके सामने होती है तब उसका अस्तित्व बना होता है परन्तु जब वस्तु उनके सामने से हट जाती है तब उसका अस्तित्व भी खत्म हो जाता है, को अब वे गलत समझने लगते हैं। परन्तु अब उसका चिन्तन अधिक वास्तविक हो जाता है और अब वह यह सोचता है कि जब वस्तु उसके सामने नहीं भी होता है तो उसका अस्तित्व (existence) बना होता है। इसे ही वस्तु स्थायित्व का गुण कहा जाता है।

2. प्राक्संक्रियात्मक अवस्था *(Preoperational stage)*—संज्ञानात्मक विकास (cognitive development) की यह अवस्था 2 साल से 7 साल की होती है। दूसरे शब्दों में, यह वह अवस्था होती है जो प्रारम्भिक बाल्यावस्था (early childhood) की होती है। इस अवस्था को पिगाजे ने दो भागों में बाँटा है— *प्राक्संप्रत्ययात्मक अवधि* (preconceptual period) तथा *अन्तर्दर्शी अवधि* (intuitive period)।

(i) प्राक्संप्रत्ययात्मक अवधि *(preconceptual period)*—यह अवधि 2 साल से 4 साल की होती है। इस अवस्था में बालक सूचकता (signifiers) विकसित कर लेते हैं। सूचकता (signifiers) से तात्पर्य इस बात से होता है कि बालक यह समझने लगते हैं कि वस्तु, शब्द प्रतिमा तथा चिन्तन (thoughts) किसी चीज के लिए किया जाता है। उन्होंने दो तरह की सूचकता पर बल डाला है— संकेत (symbol) तथा चिह्न (sign)। किसी ठोस वस्तु के मानसिक चिन्तन (mental representation) का दूसरा नाम संकेत है। संकेत में तथा उस ठोस वस्तु में अधिक सादृश्यता होती है। जैसे जब बालक अपनी माँ की आवाज को सुनता है, तब उसके मन में माँ की एक प्रतिमा बनती है जो संकेत का उदाहरण है। चिह्न में वस्तुओं (objects) जिनका वे मानसिक चिन्तन (mental representation) करते है, इतनी अधिक सादृश्य (resemblance) नहीं होती है। चिह्न में वस्तुओं या घटनाओं का एक अमूर्त्त चिन्तन (abstract representation) होता है। शब्द या भाषा के अन्य पहलू सबसे सामान्य चिह्न के उदाहरण हैं।

पियाजे ने संकेत (symbols) तथा चिह्न (sign) को प्राक्संक्रियात्मक चिन्तन (preoperational thoughts) का महत्त्वपूर्ण साधन (tool) माना है। इस अवस्था में बालकों को इन सूचकता (signifiers) का अर्थ समझना होता है तथा साथ-ही-साथ उसे अपने चिन्तन एवं कार्य में उसका प्रयोग करना सीखना होता है। इसे पियाज़े ने लाक्षणिक कार्य (semiotic function) की संज्ञा दी है। उन्होंने यह भी बताया है कि बालकों में लाक्षणिक कार्य मूलतः दो तरह की क्रियाओं (activities) अर्थात अनुकरण (imitation) एवं खेल (play) द्वारा होता है। अनुकरण (imitation) की प्रक्रिया द्वारा बालक सूचकता को सीखते हैं। उदाहरणस्वरूप, बालक जब माँ के 'फूल' को फूल कहने का अनुकरण करता है, तो वह धीरे-धीरे फूल एवं उसके अर्थ को समझा जाता है। खेल के माध्यम से भी बालक सूचकता के अर्थ को समझता हैं तथा उसका सही-सही प्रयोग अपने चिन्तन एवं क्रियाओं में करना सीखता है।

पियाजे ने प्राक्संक्रियात्मक चिन्तन (preoperational thoughts) की दो परिसीमाएँ (limitations) भी बतलाया है जो इस प्रकार हैं—

(a) जीववाद *(animism)*—जीववाद बालकों के चिन्तन में एक ऐसी परिसीमा की ओर बताता है जिसमें बालक निर्जीव वस्तुओं को सजीव समझता है। जैसे कार, पंखा, हवा, बादल सभी उसके लिए सजीव होते हैं।

(b) आत्मकेन्द्रिता *(egocentrism)*—इसमें बालक सिर्फ अपने ही विचार को सही मानता है। उसे कुछ इस तरह का विश्वास हो जाता है कि दुनिया की अधिकतर चीजें इसके इर्द-गिर्द घूमने रहती हैं। जैसे, वह तेजी से दौड़ता है, तो सूर्य भी तेजी से चलना प्रारंभ कर देता है, उसकी गुड़िया वही देखती है जो वह देख रहा है आदि-आदि। पियाजे ने यह भी बताया है कि जैसे-जैसे बालकों का सम्पर्क अन्य बालकों एवं भाई-बहनों से बढ़ता जाता है, उसके चिन्तन में आत्मकेन्द्रिता की शिकायत कम होती जाती है।

(ii) अन्तर्देशीय अवधि *(Intuitive period)*—यह अवधि 4 साल से 7 साल की होती है। इस अवधि में बालकों का चिन्तन एवं तर्कणा (reasoning) पहले से अधिक परिपक्व (mature) हो जाते हैं जिसके परिणामस्वरूप वह साधारण मानसिक प्रक्रियाएँ जो जोड़, घटाव, गुणा तथा भाग (division) आदि में सम्मिलित होती हैं, उन्हें वह कर पाता है। परन्तु, इन मानसिक प्रक्रियाओं के पीछे छिपे नियमों (principles) को वह नहीं समझ पाता है। अन्तर्दर्शी चिन्तन (intuitive thinking) एक ऐसा चिन्तन होता है जिसमें कोई क्रमबद्ध तर्क (systematic logic) नहीं होता है। पियाजे ने अन्तर्दर्शी चिन्तन (intuitive thinking) का भी एक दोष (limitation) बताया है और वह यह है कि इस उम्र के बालकों के चिंतन में पलटावी गुण (trait or reversibility) नहीं होता है। जैसे बालक यह तो समझता है कि 2 $\times 2 = 4$ हुआ परन्तु $4 \div 2 = 2$ कैसे हुआ, यह नहीं समझ पाता है।

3. ठोस संक्रिया की अवस्था *(Stage of concrete operation)*—यह अवस्था 7 साल से प्रारंभ होकर 12 साल तक चलती है। इस अवस्था की विशेषता यह है कि बालक ठोस वस्तुओं (concrete objects) के आधार पर आसानी से मानसिक संक्रियाएँ (mental operations) करके किसी समस्या का समाधान कर लेते हैं। परन्तु उन वस्तुओं को न

देकर यदि उसके बारे में शाब्दिक कथन (verbal statement) तैयार कर समस्या उपस्थित की जाती है, तो वे ऐसी समस्याओं पर मानसिक संक्रियाएँ (mental operations) कर कोई निष्कर्ष पर पहुँचने में असनर्थ रहते हैं। जैसे यदि उन्हें तीन वस्तुएँ A, B, C दी जाएँ तो उन्हें देखकर वे यह आसानी से कह देंगे कि इनमें 'A' 'B' से बड़ा है और 'B', 'C' से बड़ा है। अतः सबसे बड़ा 'A' हुआ। परन्तु यदि उनसे यह कहा जाय कि अंजु मंजु से बड़ी है और मंजु बड़ी है रंजु से तो तीनों में सबसे बड़ी कौन हैं, तो वे इसका उत्तर देने में असमर्थ रहते हैं। इसका कारण यह है कि इस समस्या में ठोस संक्रिया (concrete operation) सम्भव नहीं है क्योंकि समस्या शाब्दिक कथन (verbal statement) के रूप में उपस्थित की गई है। इस उदाहरण से यह भी स्पष्ट है कि इस अवस्था में बालकों का चिन्तन एवं तर्कणा (reasoning) प्राक्संक्रियात्मक अवस्था (preoperational stage) की तुलना में अधिक क्रमबद्ध (systematic) एवं तर्कसंगत हो जाती है। इस अवस्था के चिन्तन की एक विशेषता यह भी है कि इसमें पलटावी गुण (trait of reversibility) आ जाता है। जैसे अब बालक यह समझने लगते हैं कि $2 \times 2 = 4$ हुआ तो $4 \div 2 = 2$ होगा।

इस अवस्था में बालकों में तीन महत्त्वपूर्ण संप्रत्यय (concepts) विकसित हो जाते हैं— संरक्षण (conservation), संबंध (relations) तथा वर्गीकरण (classification)। इस अवस्था में बालक तरल (liquid), लम्बाई (length), भार (weight) तथा तत्त्व (substance) के संरक्षण से संबंधित समस्याओं (problems) का समाधान करते पाए जाते हैं। वे क्रमिक संबंधों (ordinal relations) से संबंधित समस्याओं का भी समाधान करते पाए जाते हैं। दूसरे शब्दों में, दी गई वस्तुओं को उसकी लंबाई या वजन के अनुसार घटती क्रम या बढ़ती क्रम में सजाने की क्षमता उनमें विकसित हो जाती है। इसे *पंक्तिबद्धता* (seriation) की संज्ञा दी जाती है। उसी तरह इस अवस्था में बालकों में वस्तुओं के गुण के अनुसार उसे किसी एक वर्ग या उपवर्ग में छाँटने की क्षमता भी विकसित हो जाती है।

इतना होने के बावजूद ठोस संक्रियात्मक चिन्तन (concrete operational thinking) के दो प्रमुख दोष बताए गए हैं। पहला दोष यह बताया गया हे कि इस अवस्था में बालक मानसिक संक्रियाएँ (mental operations) तभी कर पाते हैं जब वस्तु ठोस (concrete) रूप में उपस्थित की गई हो। दूसरा दोष यह बताया गया है कि इस अवस्था में चिन्तन पूर्णतः क्रमबद्ध (systematic) नहीं होता है क्योंकि बालक दी गई समस्या के तार्किक रूप से संभावित सभी समाधानों के बारे में नहीं सोच पाता है। जैसा कि **ब्राऊन तथा कूक**[1] (Brown & Cook, 1986) ने कहा है, *''ठोस संक्रियात्मक चिन्तन की दूसरी परिसीमा यह है कि यह बहुत क्रमबद्ध नहीं होती है। किसी समस्या के तार्किक रूप से संभावित सभी समाधानों के बारे में बालक नहीं सोच पाता है।''*

4. औपचारिक संक्रिया की अवस्था (*Stage of formal operation*)—यह अवस्था 11 साल से प्रारंभ होकर वयस्कावस्था (adulthood) तक चलती है। इरा अवस्था में किशोरों (adolescents) का चिन्तन अधिक लचीला (flexible) हो जाता है। अब वे किसी समस्या का समाधान काल्पनिक रूप से (hypothetically) सोचकर एवं चिन्तन करके करने में सक्षम हो जाते हैं। इस अवस्था में समस्या के समाधान के लिए समस्या के एकांशों (items) को ठोस रूप से (in a concrete form) उसके सामने उपस्थित होना अनिवार्य नहीं है। इस तरह किशोरों के चिन्तन में वस्तुनिष्ठता (objectivity) तथा वास्तविकता (reality) की भूमिका अधिक बढ़ जाती है। दूसरे शब्दों में बालकों में विकेन्द्रण (decentering) पूर्णतः विकसित हो जाता है।

पियाजे (Piaget) का मत है कि औपचारिक संक्रिया की अवस्था (stage of formal operation) अन्य अवस्थाओं की तुलना में अधिक परिवर्त्य (variable) होती है तथा यह किशोरों के शिक्षा के स्तर (level of education) से सीधे प्रभावित होता है। जिन बालकों का शिक्षा-स्तर काफी नीचा होता है, उनमें औपचारिक संक्रियात्मक चिन्तन (formal operational thought) भी काफी कम होता है। परन्तु जिस बालक का शिक्षा-स्तर काफी ऊँचा होता है, उनमें औपचारिक संक्रियात्मक चिन्तन अधिक मात्रा में होता है।

इस तरह हम देखते हैं कि पियाजे ने अपने चार-स्तरीय सिद्धान्त (four-stage theory) में इस बात पर डाला है कि बालकों में संज्ञानात्मक विकास चार विभिन्न अवस्थाओं में होता है।

---

1. "Another limitation associated with concrete operational thought is that it is not very systematic. A child in this stage is not likely to consider all of the logically possible solutions to a problem."

—Brown & Cook : *Introductory Psychology*, 1986, p. 377

पियाजे का यह सिद्धान्त जबकि एक प्रबल सिद्धान्त है, फिर भी मनोवैज्ञानिकों ने इसकी आलोचना अग्रलिखित कारकों के आधार पर की है—

(i) आलोचकों का मत है कि पियाजे द्वारा बालकों के व्यवहारों के प्रेक्षण (obsevation) की जो विधि अपनाई गई थी, वह अधिक आत्मनिष्ठ (subjective) है। इनकी विधि में कभी-कभी बालकों को ऐसी अनुक्रियाएँ करनी पड़ती है, जिसे वे अपने में संज्ञानात्मक सम्पन्नता (cognitive competence) होने के बावजूद उनका उत्तर नहीं दे पाते हैं।

(ii) कुछ आलोचकों ने बालकों द्वारा दिए गए उत्तरों की व्याख्या जो पियाजे (Piaget) ने की है, उसकी आलोचना किया है, पियाजे के अनुसार जब बालक दी गई समस्या का समाधान नहीं कर पाता है, तो इसका सीधा मतलब यह लगा लिया जाता है कि उस बालक में संज्ञानात्मक सम्पन्नता (cognitive competence) की कमी है। आलोचकों ने पियाजे की इस व्याख्या की आलोचना की है। गेलमैन (Gelman, 1978) ने अपने अध्ययन के आधार पर यह बताया कि जब बालकों से पियाजे द्वारा पूछे गए संरक्षण (conservation) से संबंधित समस्या को सुधार कर एवं साधारण भाषा में पूछा गया तो वे उसका सही-सही समाधान करने में सफल हो गए। इससे पता चलता है कि पियाजे (Piaget) द्वारा की गई व्याख्या अधिक निर्भर योग्य नहीं थी।

(iii) पियाजे (Piaget) का ऐसा विश्वास था कि संज्ञानात्मक विकास (cognitive development) सतत (continuous) एवं असतत (discontinuous) दोनों ही होता है। उनका कहना था कि किसी एक अवस्था में संज्ञानात्मक विकास की प्रक्रिया सतत (continuous) तथा उत्तरोत्तर बढ़ने वाली (incremental) होती है परन्तु एक अवस्था से दूसरी अवस्था में यह विकास असतत (discontinuous) एवं गुणात्मक रूप से भिन्न (qualitatively distinct) होता है। आलोचकों का मत है कि पियाजे का यह विश्वास वैज्ञानिक नहीं था क्योंकि जो भी हम संज्ञानात्मक विकास (cognitive development) दूसरी, तीसरी या चौथी अवस्था में देखते हैं वह ठीक पहले की अवस्था या अवस्थाओं से पूर्णतः अलग नहीं रहता है। उदाहरणस्वरूप, बालकों के चिन्तन में तीसरी अवस्था में अचानक पलटावी का गुण (trait of reversibility) नहीं आ जाता है। पहले उसमें अपलटावी का गुण (trait of irreversibility) संज्ञानात्मक विकास की दूसरी अवस्था में विकसित होता है और तब परिपक्वता एवं अनुभव में वृद्धि होने से अगली अवस्था में पलटावी का गुण विकसित होता है। अतः संज्ञानात्मक विकास की विभिन्न अवस्थाओं को एक-दूसरे से पूर्णतः स्वतंत्र मानना उचित नहीं होगा।

(iv) हालाँकि पियाजे ने संज्ञानात्मक विकास (cognitive development) के लिए बालकों की जैविक परिपक्वता (biological maturation) तथा अनुभव (experience) दोनों को ही महत्त्वपूर्ण माना है, लेकिन वे यह नहीं बताए पाए कि किसी अमुक संज्ञानात्मक संरचना (cognitive structure) के विकास में अनुभव या परिपक्वता की किस मात्रा में जरूरत पड़ती है। जैसे, उन्होंने यह नहीं बताया है कि वस्तु स्थायित्व (object permanence) की संरचना विकसित करने में दृष्टि उद्दीपक (visual stimulation) किस मात्रा में बालकों को दिया जाना चाहिए। उसी ढंग से औपचारिक संक्रियात्मक चिन्तन (formal operational thought) को संतोषजनक स्तर के लिए किशोरों को कहाँ तक शिक्षित होना चाहिए आदि-आदि।

इन आलोचनाओं के बावजूद पियाजे के संज्ञानात्मक विकास का सिद्धान्त काफी महत्त्वपूर्ण सिद्धान्त माना गया है। इस सिद्धान्त के तथ्यों की उपयोगिता बालकों के लिए काफी अधिक बताई गई है क्योंकि इससे उनके बौद्धिक विकास (intellectual development) की व्याख्या संतोषजनक ढंग से हो पाती है।

(ब) ब्रुनर के संज्ञानात्मक विकास का सिद्धान्त *(Bruner's theory of cognitive development)*—संज्ञानात्मक विकास का अध्ययन जे॰ एस॰ ब्रुनर (J. S. Bruner, 1964, 1966) द्वारा किया गया है। इन्होंने पियाजे के सिद्धान्त की अपेक्षा अपने सिद्धान्त को अधिक उन्नत बनाने की कोशिश की है। ब्रुनर ने मूलतः दो प्रश्नों के उत्तर ढूँढ़ने में अधिक रुचि दिखाई है—

(i) शिशु किस ढंग से अपनी अनुभूतियों (experience) को मानसिक रूप से बताते हैं, तथा

(ii) शैशवावस्था तथा बाल्यावस्था (childhood) में बालकों का मानसिक चिन्तन (mental representation) कैसे होता है?

इन दोनों प्रश्नों का उत्तर ब्रुनर (Bruner) ने अपने सिद्धान्त में देने की कोशिश की है। ब्रुनर (Bruner, 1966) के अनुसार शिशु अपनी अनुभूतियों को मानसिक रूप से (mentally) तीन तरीकों (modes) द्वारा बताता है—

(i) सक्रियता (enactive), (ii) दृश्य प्रतिमा (iconic) तथा (iii) सांकेतिक (symbolic)।

सक्रियता (enactive) एक ऐसा तरीका (mode) हैं जिसमें शिशु अपनी अनुभूतियों को क्रिया (action) द्वारा व्यक्त करता है। जैसे दूध का बोतल देखकर शिशु द्वारा मुँह चलाना हाथ-पैर फेंकना एक सक्रियता विधि (enactive mode) का उदाहरण है जिसके द्वारा दूध पीने की इच्छा की अभिव्यक्ति कर रहा है। दृश्य प्रतिमा विधि (iconic mode) में बालक अपने मन में कुछ प्रतिमाएँ (visual images) बनाकर अपनी अनुभूतियों की अभिव्यक्ति करता है तथा सांकेतिक विधि (symbolic mode) में बालक भाषा (language) के व्यवहार द्वारा अपनी अनुभूतियों की अभिव्यक्ति करता है। ब्रुनर (Bruner, 1966) ने अपने अध्ययनों के आधार पर बताया है कि इन तीनों संप्रत्यय (concepts) का विकास एक क्रम (sequence) में होता है। जन्म से करीब 18 महीनों तक सक्रियता (enactive) विधि की प्रधानता देखी गई है। 1½ वर्ष या 2 साल की उम्र में दृश्य प्रतिमा (iconic) विधि की प्रधानता होती है और करीब 7 साल की उम्र में सांकेतिक विधि की होती है। ब्रुनर तथा केन्नी (Bruner & Kenney, 1966) ने एक प्रयोग कर यह दिखाया है कि बालकों में पहले दृश्य प्रतिमा विधि (iconic mode) की प्रबलता होती है और बाद में सांकेतिक विधि (symbolic mode) की। प्रयोगकर्त्ताओं ने 3 × 3 मैट्रिक्स (matrix) में 9 प्लास्टिक के गिलास को चित्र-8.5 के अनुसार संजाकर बालकों के सामने रखा। बालकों के समूह में पाँच से सात साल तक की उम्र के बालक थे। इस मैट्रिक्स की विशेषता यह थी कि खड़े किनारों (vertical edge) पर के गिलास नीचे से ऊपर की दिशा में लम्बाई में बढ़ते थे तथा पड़े किनारों पर के गिलास बाईं ओर से दाईं ओर बढ़ने में चौड़ाई में बढ़ते थे। (चित्र-8.5 देखें)। कुछ मिनट तक मैट्रिक्स को दिखाने के बाद सभी गिलासों को इधर-उधर बिखेर दिया जाता था। बालकों को देखे गए मैट्रिक्स के समान गिलासों को सुव्यवस्थित (arrange) कर डिजाइन को हू-ब-हू दोबारा बनाना होता था। इसके बाद फिर प्रयोगकर्त्ताओं द्वारा सभी 9 गिलासों से बननेवाले मैट्रिक्स का एक नया डिजाइन बनाया गया जिसमें दाईं ओर के तीनों सबसे अधिक चौड़े, गिलासों को बाईं ओर तथा बाईं ओर के तीनों सबसे कम चौड़े गिलास को दाईं ओर रखा गया और बालकों से पहले देखे गए मूल डिजाइन (original design) के समान मैट्रिक्स तैयार करने को कहा गया। इस तरह इस दूसरी बार में बालकों को एक तरह से गिलासों को पक्षान्तरित (transpose) करना था। प्रयोग के परिणाम में देखा गया कि पहला कार्य में अर्थात हू-ब-हू दोबारा बनाने के कार्य में अधिक बालकों (जिनकी उम्र 5 से 7 साल की थी) को सफलता मिली। परन्तु, दूसरे कार्य में अर्थात पक्षान्तरण कार्य (transposition task) में 5 साल की उम्र के सभी बालक असफल रहे तथा 6 साल की उम्र के कुछ ही बालकों की सफलता मिल पाई परन्तु 7 साल के अधिकतर बालकों को अच्छी सफलता मिली। ब्रुनर के अनुसार 5 सल के बालकों में असफलता का मूल कारण यह था कि उनमें सांकेतिक विधि

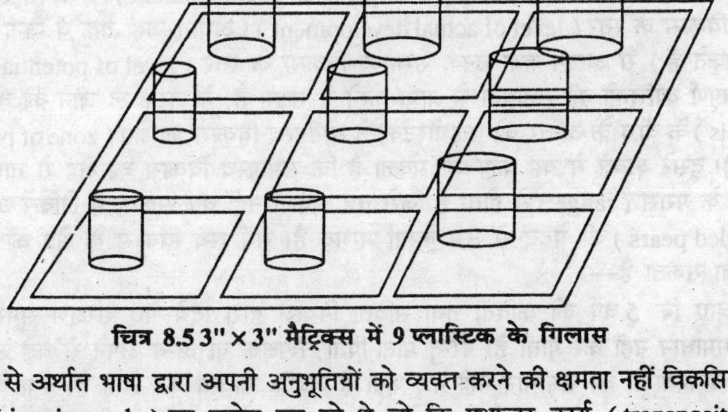

चित्र 8.5 3" × 3" मैट्रिक्स में 9 प्लास्टिक के गिलास

(symbolic mode) से अर्थात भाषा द्वारा अपनी अनुभूतियों को व्यक्त करने की क्षमता नहीं विकसित हुई थी। वे मूलतः दृश्य प्रतिमा विधि (iconic mode) का प्रयोग कर रहे थे जो कि पक्षान्तर कार्य (transposition task) के लिए

अनुपयुक्त (indequate) था, परन्तु दृश्य प्रतिमा से उन्हें हु-ब-हू दोबारा मैट्रिक्स बनाने में काफी मदद मिल रही थी। शायद यही कारण है कि उन्हें इस कार्य में सफलता हाथ लगी। 6 साल के कुछ ही बालकों को पक्षान्तरण कार्य में सफलता मिली। स्पष्टतः ऐसे बालकों में अपनी अनुभूतियों को भाषा के माध्यम से अभिव्यक्ति (expression) की क्षमता काफी विकसित हो गई थी। परन्तु 7 साल के सभी बालकों में चूँकि भाषा प्रयोग की क्षमता काफी विकसित हो गई थी अर्थात सांकेतिक विधि द्वारा उनमें अपनी अनुभूतियों की अभिव्यक्ति की क्षमता हो गई थी, इसलिए उन्हें पक्षान्तरण कार्य (transposition task) पर पूर्ण सफलता मिल रही थी। इस उम्र के बालकों के मन में एक शाब्दिक नियम (verbal rule) उत्पन्न हो गया था कि, "सभी लम्बे गिलास एक तरह से रखे गए हैं और सभी चौड़े गिलास दूसरी तरह से रखे गए हैं।" इस ढंग का शाब्दिक नियम पाँच साल के बालकों में नहीं था तथा 6 साल के सिर्फ कुछ ही बालकों में था। अध्ययन से स्पष्ट हो जाता है कि बालकों के संवेगात्मक विकास (cognitive development) में दृश्य प्रतिमा (iconic) पहले विकसित होती है तथा सांकेतिक (symbolic) प्रतिमा का प्रयोग बाद में होता है।

ब्रुनर के सिद्धान्त के उपर्युक्त वर्णन से यह स्पष्ट है कि ब्रुनर ने भी पियाजे के समान ही संज्ञानात्मक विकास (cognitive development) को एक क्रमिक प्रक्रिया (sequential process) माना है तथा बालकों के चिन्तन में संकेत (symbol) तथा प्रतिमा (images) को महत्त्वपूर्ण माना है। ब्रुनर के सिद्धान्त की व्याख्या पियाजे के सिद्धान्त की प्रथम तीन अवस्थाओं की व्याख्या के समानान्तर (parallel) है। इसके बावजूद ब्रुनर ने संज्ञानात्मक विकास में भाषा (language) को पियाजे की तुलना में अधिक महत्त्वपूर्ण बताया है। ब्रुनर के अनुसार बालकों के चिन्तन (thinking) में भाषा की अहमियत अधिक होती है। पियाजे के सिद्धान्त में बालकों के चिन्तन में उसकी परिपक्वता एवं अनुभूतियाँ (experiences) की तुलनात्मक रूप से अधिक महत्त्वपूर्ण होती हैं।

(स) वाइगोटस्की के संज्ञानात्मक विकास का सिद्धान्त ***(Vygotsky's Theory of Cognitive Development)*** —रूसी मनोवैज्ञानिक लेभ वाइगोटस्की (Lev Vygotsky, 1978) का मत था कि पियाजे ने संज्ञानात्मक विकास के अपने सिद्धान्त में बच्चों द्वारा वातावरण को स्वतंत्र रूप से खोज-बीन (exploration) करके संज्ञानात्मक विकास करने की प्रक्रिया पर बल डाला है। इसमें पियाजे ने परिपक्वता (meturation) को भी महत्त्वपूर्ण माना था। परन्तु सामजिक-सांस्कृतिक संदर्भ (socio-cultural perspective) जिसके समर्थक लेभ वाइगोस्टकी है, ने इसे स्वीकार नहीं किया है। इन्होंने बच्चों के संज्ञानात्मक विकास में सामाजिक कारकों (social factors) एवं भाषा (language) को महत्त्वपूर्ण बतलाया है। इसलिए वाइगोस्टकी के संज्ञानात्मक विकास के सिद्धान्त को *सामाजिक-सांस्कृतिक सिद्धान्त* (socio-cultural theory) भी कहा जाता है।

पियाजे ने यह स्पष्ट किया था कि बच्चों के संज्ञानात्मक विकास में संस्कृति (culture) तथा शिक्षा (education) की भूमिका महत्त्वपूर्ण नहीं होती है। वाइगोस्टकी ने इसे अस्वीकृत करते हुए कहा है कि हकीकत ऐसा नहीं है और बच्चे जिस उम्र में भी किसी संज्ञानात्मक कौशल को सीखते हैं, उनपर इस बात का अधिक प्रभाव पड़ता है कि क्या संस्कृति से उन्हें संगत सूचना तथा निर्देश प्राप्त हो रहा है या नहीं। वाइगोस्टकी ने यह बतलाया है कि सचमुच में संज्ञानात्मक विकास एक अर्न्वैयक्तिक सामाजिक परिस्थिति (interpersonal social context) में सम्पन्न होता है जिसमें बच्चों को अपने *वास्तविक विकास के स्तर* (level of actual development) (अर्थात् जहाँ तक वे बिना किसी मदद के अपने ही कोई कार्य कर सकते हैं) से अलग तथा उनके *सम्भाव्य विकास के स्तर* (level of potential level) अर्थात् जिसे वे सार्थक एवं महत्त्वपूर्ण व्यक्तियों की सहायता से प्राप्त करने में सक्षम हैं, के तरफ ले जाने की कोशिश की जाती है। इन दोनों स्तरों (levels) के बीच के अन्तर को वाइगोस्टकी ने *समीपस्थ विकास का क्षेत्र* (zone of proximal development or ZPD) कहा है। दूसरे शब्दों में यह कहा जा सकता है कि समीपस्थ विकास का क्षेत्र से तात्पर्य बच्चों के लिए एक ऐसे कठिन कार्यों के परास (range) से होता है जिसे वह अकेले नहीं कर सकता है लेकिन अन्य व्यस्कों तथा कुशल सहयोगियों (skilled pears) की मदद से उसे करना सम्भव है। समीपस्थ विकास के क्षेत्र को एक उदाहरण द्वारा इस प्रकार समझाया जा सकता है—

मान लिया जाए कि 5 वर्ष की कविता तथा सविता पियाजे द्वारा दिये गए संरक्षण समस्याओं (conservation problems) का समाधान नहीं कर पाती है। परन्तु माता-पिता, शिक्षक या अन्य अपने से बड़े उम्र के बच्चों से निर्देशन पाकर कविता इन समस्याओं का समाधान नहीं कर पाती है जबकि सविता कर लेती है। क्या ये दोनों बच्चियाँ एक ही संज्ञानात्मक स्तर (cognitive level) पर है? वाइगोस्टकी का उत्तर होगा कदापि नहीं क्योंकि दोनों के समीपस्थ विकास

का क्षेत्र (zone of proximal development) अर्थात् बच्चे स्वतंत्र रूप से क्या कर सकते हैं तथा व्यस्कों से सहायता प्राप्त करके वे क्या और कर सकते हैं, में अंतर है।

अब प्रश्न उठता है कि वाइगोस्टकी के सिद्धान्त में समीपस्थ विकास का क्षेत्र इतना क्यों महत्त्वपूर्ण है? इसके दो कारण बतलाये गए हैं—

(i) इससे यह पहचान करने में मदद मिलती है कि बच्चे क्या जल्द ही अपने स्तर से कुछ कर सकते हैं।

(ii) इससे यह भी पता चलता है कि हमलोग बच्चों के जैविक परिपक्वता (biological maturation) के आलोक में एक सीमा या क्षेत्र (zone) के भीतर बच्चों के संज्ञानात्मक विकास को आगे बढ़ा सकते हैं। टेनेनबाम तथा लीपर (Tenenbaum & Leeper, 2003) ने अपने अध्ययन के आधार पर इस तथ्य की सम्पुष्टि करते हुए कहा है कि जो माता-पिता अपने बच्चों को वैज्ञानिक कार्य (scientific task) में उम्र के अनुरूप परन्तु संज्ञानात्मक रूप से उत्तेजित करने वाले भाषा का उपयोग करते हैं, तो इनसे उनके बच्चों का संज्ञानात्मक विकास थोड़ा मजबूत हो गया।

वाइगोस्टकी ने इस प्रश्न पर भी विचार किया है कि व्यस्कों के साथ की गयी सामाजिक अंतक्रिया (social interaction) किस तरह से मदद बच्चों के संज्ञानात्मक विकास में करता है। अध्ययनों से यह स्पष्ट हुआ है कि प्रायः यह *पारस्परिक शिक्षण* (reciprocal teaching) के प्रारूप में होता है जिसमें शिक्षक (या अन्य व्यस्क) तथा बच्चा बारी-बारी से किसी क्रिया इस ढंग से करते हैं जिसमें शिक्षक (या अन्य व्यस्क) बच्चे के लिए एक मॉडल के रूप में कार्य करते हैं। इसके अतिरिक्त इन विभिन्न अन्तक्रियाओं के दौरान व्यस्क एक तरह से पाड़ या पाइट (scaffolding) प्रदान करते हैं जिससे भी उनका संज्ञानात्मक विकास प्रभावित होता है। पाड़ या पाइट से तात्पर्य एक ऐसी मानसिक संरचना (mental structures) से होता है जिसे बच्चे नये कार्यों को करते समय या नये प्रकार का चिंतन करते समय उनका उपयोग कर सकते हैं। सचमुच में यह एक ऐसी सामाजिक अन्तःक्रिया (social interaction) है, जिसमें शिक्षण सत्र (teaching session) के दौरान दिये गए समर्थन (support) को छात्रों के निष्पादन के वर्तमान स्तर के साथ फिट करने की कोशिश की जाती है ताकि बच्चे फिर धीरे-धीरे बिना समर्थन के ही निष्पादन को उत्तम बना कर रख सके। टप्पन (Tappan, 1998) तथा जान-स्टीनर एवं मोह्न (John-Steiner & Mohn, 1996) द्वारा किये गये अध्ययनों से यह स्पष्ट हुआ है कि ZPD (Zone of personnel development) में पाड़ या पाइट (scaffolding) का एक महत्त्वपूर्ण साधन (tool) संवाद या वार्तालाप (dialouge) होता है। वाइगोटस्की का मत था कि बच्चों में उत्तम परन्तु अक्रमबद्ध (unsystematic), असंगठित (disorganized) तथा स्वतः प्रवर्तित (spontaneous) सम्प्रत्यय (concept) होते हैं। जब ऐसे बच्चों का संवाद या वार्तालाप अधिक निपुण एवं प्रवीण व्यक्तियों के साथ होता है, तो उनका सम्प्रत्यय एक क्रमबद्ध, तार्किक (logical) एवं तर्कसंगत (rational) सम्प्रत्यय में बदल जाता है।

वाइगोटस्की (Vygotsky, 1962) ने सामाजिक विकास में बच्चों की भाषा (language) एवं चिन्तन (thinking) को भी महत्त्वपूर्ण साधन बतलाया है। इनका मत है कि छोटे बच्चों द्वारा भाषा का उपयोग सिर्फ सामाजिक संचार (social communication) के लिये ही नहीं किया जाता है बल्कि इसका उपयोग वे लोग अपने व्यवहार को नियोजित एवं निदेशित करने के लिए भी करते हैं। जब आत्म-नियमन (self-regulation) के लिये भाषा का उपयोग किया जाता है, तो इसे *आंतरिक सम्भाषण* (inner speech) या *निजी सम्भाषण* (private speech) कहा जाता है। इस बिन्दु पर वाइगोटस्की का मत पियाजे (Piaget) के मत से भिन्न है। पियाजे के लिये यह निजी सम्भाषण (private speech) अपरिपक्व एवं आत्मकेन्द्रित (egocentric) होता है जबकि वाइगोस्टकी ने इसे आरम्भिक वाल्यावस्था में चिन्तन का एक महत्त्वपूर्ण साधन (tool) माना है।

वाइगोटस्की (Vygotsky) के सिद्धान्त के अनुसार प्रारम्भ में बच्चों में चिन्तन (thinking) एवं भाषा (language) दोनों ही स्वतंत्र रूप से पहले विकसित होते हैं और बाद में वे आपस में फिर मिल जाते हैं। उनका मत था कि सभी मानसिक कार्य (mental function) के बाह्य (external) या सामाजिक उद्भव (social origin) होते हैं। अपने चिंतन पर ध्यान केन्द्रित करने के पहले बच्चों को दूसरों के साथ बातचीत करने के लिए भाषा को सीखना अनिवार्य होता है। इस तरह से बच्चों को लम्बे समय तक बाहरी दुनिया के साथ संचार स्थापित करने के लिए भाषा का उपयोग करना आवश्यक रूप से सीखना होता है और इसके बाद ही वे ठीक ढंग से बाह्य (external) से भीतरी सम्भाषण (internal speech) की ओर अंतरित हो पाते हैं। यह अंतरण सामान्यतः 3 साल से 7 साल के बीच होता है और इसमें बच्चे अपने आप से बात-चीत करना सीख लेते हैं। इसके बाद आत्म-बातचीत (self-talk) बच्चों का एक स्वभाव-सा हो जाता है और वे बिना स्पष्ट रूप से बाले ही कोई कार्य करने की क्षमता विकसित कर लेते हैं। जब ऐसा हो जाता है, तो यह कहा जाता है कि बच्चे अपने आत्मकेन्द्रित सम्भाषण (egocentric speech) को *आंतरिक सम्भाषण* (inner speech) के रूप में आंतरीकृत (internalized) कर लिये हैं जो आगे चलकर उनके चिन्तन के रूप में दिखलाई देते हैं। वाइगोटस्की का यह भी मत है कि ऐसे बच्चे जो अधिक-से-अधिक निजी सम्भाषण (private speech) का उपयोग करते हैं, वे सामाजिक रूप से उन बच्चों की अपेक्षा अधिक दक्ष होते हैं, जो ऐसे सम्भाषण का उपयोग नहीं करते हैं या बहुत कम करते हैं। इस तरह से उनके अनुसार निजी सम्भाषण सचमुच में सामाजिक रूप से अधिक अभिव्यक्तिशील (communicative) बनने की दिशा में बच्चों में एक उत्तम आरंभिक कदम होता है। अधिकतर शोधकर्त्ताओं ने बच्चों के विकास में निजी सम्भाषण (private speech) के इस धनात्मक भूमिका को समर्थन प्रदान किया है।

एजमिटिया (Azmitia, 1988) ने अपने अध्ययन के आधार पर यह स्पष्ट कर दिया है कि ऐसे सामाजिक अंतक्रियाओं (social interactions) से बच्चे विशिष्ट तरह के कौशलों को आसानी से सीख लेते हैं तथा उससे उनका संज्ञानात्मक विकास में मदद मिलती है। एस्टीनगटन (Astington, 1985) तथा पास्सर एवं स्मीथ (Passer & Smith, 2007) द्वारा इस क्षेत्र में किये गए अध्ययनों की समीक्षा से यह स्पष्ट हुआ है कि बच्चे अपने सहपाठियों के साथ भी अन्तःक्रिया करके बहुत कुछ सीखते हैं।

मनोविज्ञान में वाइगोस्टकी का यह सिद्धान्त धीरे-धीरे लोकप्रिय हो चला है क्योंकि जैसा कि रोवी तथा वर्टस्क (Rowe & Wertsch, 2004) ने कहा है, इसमें अन्य कुशल व्यक्तियों (skilled persons) के साथ अन्तःक्रिया के माध्यम से सहयोगात्मक अधिगम (collaborative learning) पर तुलनात्मक रूप से अधिक बल डाला गया है जो अपने आप में महत्त्वपूर्ण एवं विशेष है।

(द) संज्ञानात्मक विकास के सूचना संसाधन सिद्धान्त (*Information processing theories of cognitive development*)—संज्ञानात्मक विकास की व्याख्या करने के लिए सूचना संसाधन उपागम (information processing approach) की व्याख्या प्रयोगात्मक मनोविज्ञान की देन है। उसे **संज्ञानात्मक संसाधन उपागम** (cognitive processing approach) भी कहा जाता है। इस उपागम में मनोवैज्ञानिकों की अभिरुचि मूलतः उन्हीं तथ्यों में होता है जिनके अध्ययन में पियाजे की अभिरुचि थी परंतु इनके शब्दकोष तथा प्रणाली विधि (methodologies) में मानव चिंतन में कम्प्यूटर मॉडल को आधार बनाया जाता है। इस सिद्धान्त में मनोवैज्ञानिकों को रूचि विशिष्ट तरह की समस्याओं के समाधान में बच्चों के निष्पादन एवं क्षमताओं का अध्ययन करने के लिए एक विशेष मॉडल तैयार करने में होता न कि पियाजे के सिद्धान्त के समान संज्ञानात्मक विकास के लिए एक समग्र सम्मिलित (all encompassing) सिद्धान्त का विकास करने में होता है। सूचना संसाधन सिद्धान्त में बौद्धिक कार्य करते समय उसमें निहित संज्ञानात्मक चरणों (cognitive steps) के क्रम (sequence) का अध्ययन करने की कोशिश की जाती है। इसमें मनोवैज्ञानिक विशेष रूप से यह अध्ययन करते हैं कि बौद्धिक कार्य करते समय सूचनाओं को किस ढंग से ग्रहण किया जाता है, उसे किस तरह से संचित किया जाता है और जब उसकी जरूरत समस्या के समाधान में होती है, तो किस तरह से उसे दोबारा प्राप्त किया (retrieve) किया जाता है। मनोवैज्ञानिकों की रूचि यहाँ विशेष रूप से विभिन्न परिस्थितियों में विभिन्न आयु के बच्चों द्वारा संज्ञानात्मक प्रक्रियाओं एवं उपायों (stategies) के अध्ययन में होता है। पियाजे के विपरीत संज्ञानात्मक संसाधन मनोवैज्ञानिक (cognitive processing psychologist) की अभिरुचि इस बात में होती है कि बच्चे कब, कैसे और किन परिस्थितियों में अपनी क्षमताओं का उपयोग समस्या के समाधान में करते हैं। इन क्षमताओं की उन्नति को ही विकास (development) की संज्ञा दी जाती है। जब बच्चे एक समय में ढेर सारे सूचनाओं को निपटाने लगते हैं, या फिर वे सूचनाओं को संसाधित करने का उत्तम तरीका अपनाते हैं, तो इनसे उनकी समस्या समाधान क्षमता में विकास होती है।

अब प्रश्न यह उठता है कि संज्ञानात्मक संसाधन मॉडल किस ढंग से उन संज्ञानात्मक प्रक्रियाओं का वर्णन करता है जिनका उपयोग करके व्यक्ति किसी समस्या का समाधान करते हैं तथा फिर जिनसे उनका संज्ञानात्मक विकास भी होता है। संज्ञानात्मक संसाधन मनोवैज्ञानिकों के अनुसार निम्नांकित चरणों (steps) के माध्यम से व्यक्तियों में संज्ञानात्मक विकास होता है।

(i) पहली अवस्था में व्यक्ति समस्या या कार्य से संबद्ध तथ्यों का प्रत्यक्षण करता है अर्थात उन्हें देखता है, या सुनता है या अनुभव करता है। अतः इन तथ्यों का ग्रहण किया जाना व्यक्ति के प्रत्यक्षज्ञानात्मक एवं अवधान संबद्ध क्षमताओं पर निर्भर करता है।

(ii) जब व्यक्ति तथ्यों को ग्रहण कर लेता है तो फिर उस पर आगे की क्रिया होती है। व्यक्ति विभिन्न तरह के उपायों एवं योजनाओं (strategies) तथा जोड़-तोड़ (manipulates) आदि को उनपर लागू करता है। यह कार्य व्यक्ति में लघुकालीन स्मृति (short term memory) में होता है जो सचमुच में मन का कार्य-स्थल (work space) होता है। प्रश्न अब यह उठता है कि इस कार्य-स्थल पर उपयोग में आने वाले ऐसी योजनाएँ कहाँ से आतीं हैं? संज्ञानात्मक संसाधन मनोवैज्ञानिकों के अनुसार ऐसी योजनाएँ दीर्घकालीन स्मृति में संचित होती हैं और वे वहीं से कार्य-स्थल में आतीं हैं। सचमुच में दीर्घकालीन स्मृति व्यक्ति के मन का विश्वकोश (enclyopedia) होता है जिसमें व्यक्ति के मन में अन्य समस्याओं के समाधान से उत्पन्न अनुभूतियाँ, समस्या समाधान के नियम, प्रविधियाँ तथा अन्य सामान्य ज्ञान संचित होते हैं। यहाँ तक कि वर्त्तमान समस्या के समाधान से उत्पन्न अनुभूति भी इसी दीर्घकालीन स्मृति में संचित होती है।

(iii) संज्ञानात्मक विकास का ठीक ढंग से मजबूत होने के लिए यह आवश्यक है कि लघुकालीन स्मृति तथा दीर्घकालीन स्मृति के बीच द्विपक्षीय प्रवाह (two-way flow) का होना अनिवार्य होता है। लघुकालीन स्मृति में समस्या का जो समाधान होता है, उसका आधार समस्याओं के समाधान में निहित कौशल होता है जो दीर्घकालीन स्मृति में होता है और पुनः वर्तमान समस्या के समाधान से उत्पन्न अनुभूति भी दीर्घकालीन स्मृति में ही संचित हो जाती है।

संज्ञानात्मक विकास के सूचना संसाधन उपागम (information processing approach) के कुछ लाभ (advantages) बतलाये गए हैं—

(i) संज्ञानात्मक विकास के इस उपागम का एक विशेष लाभ यह है कि इसमें विशेष कार्य या समस्या के तार्किक आवश्यकताओं का यथार्थ विश्लेषण किया जाता है। इसका परिणाम यह होता है कि व्यक्ति यह आसानी से समझ लेता है कि कोई विशेष संप्रत्यय (concept) का कुछ अनुप्रयोग (application) जैसे संरक्षण (conservation) अन्य संप्रत्ययों से आसान होता है।

(ii) संज्ञानात्मक विकास के इस उपागम का दूसरा लाभ यह है कि इसके द्वारा किसी समस्या पर व्यक्तियों के आंशिक क्षमताओं (partial competencies) का एक पूर्ण तस्वीर उपस्थित होता है। इसका एक लाभ यह होता है कि हम सिर्फ यही नहीं जान पाते हैं कि व्यक्ति क्या नहीं कर सकता है बल्कि यह भी जान पाते हैं कि वह क्या कर पाता है।

संज्ञानात्मक विकास के इस उपागम को पियाजे के सिद्धान्त का एक विकल्प (alternative) के रूप में नहीं देखा जाना चाहिए बल्कि उसका एक परिशुद्ध (refined) एवं उन्नत प्रारूप के रूप में देखा जाना चाहिए।

संज्ञानात्मक संसाधन उपागम को मान्यता देने वाले मनोवैज्ञानिकों ने व्यक्ति के अवधान एवं प्रत्यक्षज्ञानात्मक तंत्र, स्मृति, समस्या समाधान क्षमता, संज्ञानात्मक नियंत्रण (cognitive monitoring) तथा मेटासंज्ञान के क्षेत्रों में विशेष रूप से अध्ययन किया है जिनके आधार पर इन क्षेत्रों में होनेवाले संज्ञानात्मक विकास के क्रमों को आसानी से जाना जा सका है। मेटासंज्ञान (metacognition) का शाब्दिक अर्थ है— संज्ञान के बारे में ज्ञान (knowledge about cognition)। मेटासंज्ञान (metacognition) से तात्पर्य संज्ञानात्मक क्रियाओं के ज्ञान (knowledge) एवं नियंत्रण (control) से होता है। मेटासंज्ञान का यह दोनों पहलू अर्थात ज्ञान एवं नियंत्रण एक-दूसरे से संबंधित हैं तथा एक-दूसरे के साथ अंतर्क्रिया करते हैं। व्यक्ति की अपनी संज्ञानात्मक क्षमता एवं प्रक्रियाओं तथा दूसरों की ऐसी क्षमताओं के बारे में जो ज्ञान होता है, उनसे वैसे कौशल (strategies) प्रभावित होते हैं जिनका उपयोग वे नयी-नयी चीजों को सीखने में करते हैं। फिर, इन उपायों को कार्यरूप देने में तथा उसमें कुछ यथाप्रस्तावित परिमार्जन करने में व्यक्ति का संज्ञान के बारे में सिर्फ ज्ञान ही नहीं बढ़ता है बल्कि उससे यह भी समझ में आ जाता है कि बौद्धिक कार्यों पर किन कारकों से उसे सफलता या असफलता हाथ लगा है।

समस्या समाधान का अर्थ एवं स्वरूप
(Meaning and Nature of Problem Solving)

समस्या समाधान एक प्रमुख संज्ञानात्मक व्यवहार (cognitive behaviour) है। समस्या समाधान उस समय आवश्यक हो जाता है जब व्यक्ति किसी लक्ष्य (goal) पर पहुँचना चाहता है परन्तु लक्ष्य आसानी से उपलब्ध नहीं होता है। जब लक्ष्य आसानी से उपलब्ध हो जाता है, तो कोई समस्या नहीं उत्पन्न होती है और तब समस्या-समाधान का प्रश्न ही नहीं उठता है। जैसे, यदि हम कुछ लिखना चाहते हैं, परन्तु कलम या पेंसिल उपलब्ध नहीं है तो यह व्यक्ति के लिए

समस्या होगी परन्तु यदि उसके पास कलम उपलब्ध है तो कोई समस्या नहीं होगी। इसका स्पष्ट मतलब तब यह हुआ कि समस्या समाधान (problem solving) एक ऐसी परिस्थिति होती है जिसमें लक्ष्य तक पहुँचने में कुछ चीजें बाधा उत्पन्न करतीं हैं। समस्या समाधान को मनोवैज्ञानिकों ने कुछ इसी संदर्भ में परिभाषित किया है।

वेरान[1] (Baron, 2001) के अनुसार, *''समस्या समाधान में विभिन्न अनुक्रियाओं को करने या उनमें से चुनने का प्रयास सम्मिलित होता है ताकि वांछित लक्ष्यों की प्राप्ति की जा सके।''*

विट्टिंग्स तथा **विल्लियम्स**[2] III (Witting & Williams III, 1984) के अनुसार, *''समस्या का समाधान का अर्थ होता है बाधाओं को दूर करने तथा लक्ष्यों की ओर पहुँचने के लिए चिन्तन प्रक्रियाओं का उपयोग करना।''*

इन परिभाषाओं में सम्मिलित तथ्य पर विचार करने से यह स्पष्ट हो जाता है कि समस्या समाधान एक ऐसी प्रक्रिया है जिसमें व्यक्ति समस्या के वर्तमान अवस्था (given state) से लक्ष्य अवस्था (goal state) की ओर जाता है। समस्या से तात्पर्य एक ऐसी अवस्था से होती है जिसमें व्यक्ति कुछ (लक्ष्य) चाहता है परन्तु वह आसानी से प्राप्त नहीं होता है।

मैटलिन (Matlin, 1983) के अनुसार समस्या समाधान के तीन महत्त्वपूर्ण पहलू बतलाए गए हैं—

(i) **मौलिक अवस्था** *(Original state)*—मौलिक अवस्था से तात्पर्य उस अवस्था से होता है जो समस्या के सामने आने पर प्रारम्भ में उत्पन्न होती है।

(ii) **लक्ष्य अवस्था** *(Goal state)*—लक्ष्य अवस्था से तात्पर्य उस अवस्था से होता है जो लक्ष्य पर पहुँचने अर्थात समस्या समाधान होने के बाद उत्पन्न होती है।

(iii) **नियम** *(Rules)*—नियम से तात्पर्य उन कार्य विधि (procedures) से होता है जिसे व्यक्ति समस्या की मौलिक अवस्था से लक्ष्य अवस्था तक पहुँचने में अपनाता है।

जैसे, मान लिया जाय कि आपको तीन किलोमीटर की दूरी तय करके सब्जी लाने जाना है। इस उदाहरण में समस्या की मौलिक अवस्था (original state) यह चिन्तन हो सकता है कि अभी हम तीन किलोमीटर उस स्थान से दूर हैं, जहाँ हमें अभी पहुँचना है परन्तु जाने का साधन भी कुछ नहीं है। लक्ष्य अवस्था में यह हो सकता है कि हम आखिर सब्जी बाजार पहुँच जाएँ। नियम में कई तरह की कार्य विधियाँ हो सकतीं हैं—जैसे पैदल चलकर आना, दूसरे की गाड़ी में लिफ्ट लेकर आना आदि, आदि।

कुछ समस्याएँ आसान होतीं हैं जिनका समाधान आसानी से हो जाता है। परन्तु कुछ समस्या काफी जटिल होती हैं जिनका समाधान आसानी से नहीं हो पाता है। फलतः इनके समाधान के लिए व्यक्ति को कुछ विशेष तरह के उपाय (strategy) ढूँढ़ना पड़ता है।

समस्या समाधान की विधियाँ या उपाय
(Methods or Strategies of Solving the Problem)

किसी समस्या का समाधान करने के लिए व्यक्ति कई तरह की विधियों या उपायों को अपनाता है। इनमें से कुछ विधि ऐसी है जिसमें समय तो अधिक लगता है परन्तु इससे समाधान निश्चित रूप से होता है। कुछ विधि ऐसी है जिसमें समय तो कम लगता है परन्तु उनसे समस्या का समाधान होना निश्चित नहीं होता है। इस क्षेत्र में किये गये अध्ययनों के आलोक में यह कहा जा सकता है कि समस्या समाधान के निम्नांकित दो विधियाँ हैं जो काफी महत्त्वपूर्ण हैं—

(क) यादृच्छिक अन्वेषण विधि (Random search method or strategies)

(ख) स्वतः शोध अन्वेषण विधि (Heuristic search method or strategies)

स्वतः शोध अन्वेषण विधि के तहत निम्नांकित तीन प्रविधियों पर सर्वाधिक डाला गया है—

1. साधन-साध्य विश्लेषण (means-ends analysis)

---

1. "Problem solving involves efforts to develop or choose among various responses in order to attain desired goals."
—Baron : *Psychology,* 2001, p. 267

2. "Problem solving means the use of thought processes to overcome obstacles and work towards goals"
—Witting & Williams III : *Psychology* : *An introduction,* 1984, p. 239

2. पश्चगामी अन्वेषण (backward search)
3. योजना विधि (planning strategy or method)

इन सबों का वर्णन निम्नांकित है—

(क) यादृच्छिक अन्वेषण विधि (*Random search method or strategies*)—इस विधि में व्यक्ति समस्या के समाधान के लिए प्रयत्न एवं त्रुटि (trial and error) उपायों का सहारा लेता है। दूसरे शब्दों में, समस्या के समाधान के लिए वह एक तरह का यादृच्छिक अन्वेषण (random search) करता है जो दो प्रकार का होता है—*अक्रमबद्ध यादृच्छिक अन्वेषण* (unsystematic random search) तथा *क्रमबद्ध यादृच्छिक अन्वेषण* (systematic random search)। अक्रमबद्ध यादृच्छिक अन्वेषण में व्यक्ति समस्या के समाधान के लिए सभी तरह के सम्भावित अनुक्रियाओं को करता है परन्तु ऐसा करने में वह कोई निश्चित क्रम (sequence) को नहीं अपनाता है और ना ही पहले किये गये प्रयासों का कोई रेकार्ड ही रखता है। क्रमबद्ध यादृच्छिक अन्वेषण में व्यक्ति समस्या के समाधान के लिए सम्भावित अनुक्रियाओं को एक क्रम में करता है तथा पहले किये गये अनुक्रियाओं का एक रेकार्ड भी रखता है ताकि वह पहले की गलत अनुक्रियाओं को पुनः दोहरा न सके। क्रमबद्ध यादृच्छिक अन्वेषण द्वारा समस्या के समाधान में तुलनात्मक रूप से समय अधिक लगता है परन्तु यह विधि अक्रमबद्ध यादृच्छिक अन्वेषण से अधिक प्रभावी (efficient) है। जैसे, मान लिया जाय कि व्यक्ति को NSO वर्णविपयर्य (anagram) देकर उसके क्रम को ठीक करके सार्थक शब्द बनाने के लिए कहा जाय, तो क्रमबद्ध अन्वेषण विधि के अनुसार वह 'SNO', फिर 'ONS' और अन्त में 'SON' बना लेगा और इस तरह से समस्या का समाधान कर लेगा। इससे इस बात का अंदाज लग ही जाता है कि यदि कोई लम्बा वर्ण विपयर्य (anagram) जैसे सात या उससे अधिक अक्षरों का हो, तो क्रमबद्ध यादृच्छिक अन्वेषण द्वारा उसका समाधान करने में काफी मदद लगेगा।

यादृच्छिक अन्वेषण चाहे क्रमबद्ध हो या अक्रमबद्ध हो, यह एल्गोरिद्म (algorithm) का उदाहरण है। एल्गोरिद्म एक ऐसी विधि है जो तुरन्त या थोड़े समय के बाद किसी समस्या का समाधान पाने की गारंटी दिलाता है। एल्गोरिद्म में समय तो थोड़ा अवश्य लगता है परन्तु समस्या का समाधान निश्चित रूप से होता है। गुणा के नियम या कोई गणितीय सूत्र एल्गोरिद्म के ही उदाहरण है जिनसे समस्या का समाधान या तो तुरन्त या कुछ समय के बाद ही होता है, परन्तु होता है अवश्य।

(ख) स्वतः शोध अन्वेषण विधि (*Heuristic search strategies or method*)—इस विधि में व्यक्ति समस्या का समाधान करने के लिए सभी विकल्पों को नहीं ढूँढ़ता है बल्कि सिर्फ उन्हीं विकल्पों का चयन करके समस्या समाधान करने की कोशिश करता है जो उन्हें संगत (relevant) प्रतीत होते हैं। रिटमैन (Reitman, 1964) के अनुसार ऐसा अन्वेषण विधि एक लघु नियम (short-cut rule) के समान होते हैं जिससे किसी समस्या का समाधान जल्द हो जाता है। एल्गोरिद्म की तुलना में इसमें कम समय लगता है। परंतु जहाँ एल्गोरिद्म में समस्या समाधान की गारंटी होती है, वहाँ स्वतः शोध विधि में समाधान की गारंटी तो नहीं होती है परन्तु समाधान निकल आने की सम्भावना अधिक बनी होती है। इसे एक उदाहरण द्वारा इस प्रकार समझाया जा सकता है। मानलिया जाय कि कोई व्यक्ति को पाँच अक्षरों का एक वर्ण विपयर्य (anagram) के अक्षरों को ठीक करके शब्द बनाने के लिए कहा जाता है। थोड़े देर के लिए मान लिया जाये कि वह वर्ण विपयर्य 'LEPAP' है। यदि इसे एल्गोरिद्म से समाधान किया जाये तो काफी समय लगेगा क्योंकि इसमें अक्षरों के प्रत्येक संयोग (combination) को एक-एक करके सार्थक शब्द ढूँढ़ने का प्रयास किया जायेगा। अतः व्यक्ति किसी लघु या सरल उपाय (short-cut method) को अपनायेगा। इसमें वह उन अक्षर संयोगों पर पहले ध्यान देगा जो अंग्रेजी भाषा में अधिक प्रयोग किये जाते हैं और तब अन्य अक्षर संयोगों पर। इस तरह से वह कोशिश करके उसका समाधान अपेक्षाकृत जल्द ढूँढ लेगा—(APPLE) यह स्वतः शोध अन्वेषण (heuristic research) का उदाहरण होगा।

स्वतः शोध अन्वेषण विधि के तहत तीन प्रविधियों का वर्णन निम्नांकित हैं—

(1) साधन-साध्य विश्लेषण (*Means-ends analysis*)—साधन-साध्य विश्लेषण एक लोकप्रिय उपाय या विधि है जिसका उपयोग व्यक्ति किसी समस्या के समाधान में प्रायः करता है। इस तरह की विधि में व्यक्ति समस्या को कई छोटी-छोटी उपसमस्या (subproblems) में बाँट देता है। इनमें से प्रत्येक उपसमस्या का समाधान करके समस्या की मौलिक अवस्था (original state) तथा लक्ष्य अवस्था (goal state) के बीच के अन्तर को कम कर दिया जाता है

अर्थात समस्या एवं समाधान की दूरी को कम कर दिया जाता है। इस विधि की उपयोगिता कई क्षेत्रों जैसे शतरंज की समस्या का समाधान में, गणितीय समस्याओं के समाधान में एवं कम्प्यूटर द्वारा किसी समस्या का समाधान करने के लिए कार्यक्रम तैयार करने में सिद्ध हो चुकी है। नीवेल्ल एवं सांईमन (Newell & Simon, 1972) द्वारा साधन-साध्य विश्लेषण का उपयोग कम्प्यूटर अनुरूपण (computer simulation) उपागम में काफी किया गया है।

(2) पश्चगामी अन्वेषण *(Backward search)*—यह एक ऐसा स्वतः शोध अन्वेषण (heuristic search) है जिसमें समस्या समाधान करने के ख्याल से व्यक्ति लक्ष्य अवस्था (goal state) से अपना प्रयास प्रारम्भ करता है और पश्चगामी दिशा में कार्य करते हुए प्रारम्भिक मौलिक अवस्था तक आता है। इस तरह का अन्वेषण निम्नांकित दो परिस्थितियों में अधिक लाभप्रद साबित हुआ है—

(a) जब समस्या का स्वरूप कुछ ऐसा होता है जहाँ उसका लक्ष्य अवस्था में मौलिक अवस्था की तुलना में अधिक सूचनाएँ सम्मिलित होतीं है।

(b) जब समस्या का स्वरूप कुछ ऐसा होता है कि उसके समाधान के लिए प्रयास अग्रगामी (forward) तथा पश्चगामी (backward) दोनों ही दिशा में सम्भव है।

पश्चगामी अन्वेषण शैक्षिक समस्याओं एवं मनोरंजक समस्याओं के समाधानों में अक्सर किया जाता है। जैसे, मानलिया जाय कि कोई व्यक्ति मानव भूलभुलैया (human maze) में सही पथ की खोज कर रहा है। ऐसी परिस्थिति में वह लक्ष्य बिन्दु से सही पथ की ओर आगे बढ़ते हुए कुछ दूर तक आने पर वहाँ उसे छोड़कर वह फिर प्रारम्भ बिन्दु से सही पथ की ओर आगे बढ़ते हुए उस बिन्दु पर आकर रूक सकता है जहाँ वह लक्ष्य बिन्दु से आगे चलते हुए आकर रूका था। इस तरह से वह भूलभुलैया में सही पथ की खोज निकाल सकने में समर्थ हो पायेगा। यह पश्चगामी अन्वेषण का उदाहरण होगा।

(3) योजना विधि *(Planning strotegy method)*—इस विधि द्वारा समस्या के समाधान में व्यक्ति समस्या को मुख्य रूप से दो भागों में बाँट देता है—साधारण पहलू (simple aspect) तथा जटिल पहलू (complex aspect)। पहले व्यक्ति साधारण पहलू का समाधान करता है तथा जटिल पहलू को छोड़ देता है। उसके बाद वह जटिल पहलू की ओर अग्रसर होता है और फिर उसका समाधान करता है। योजना विधि का एक सामान्य प्रकार सादृश्यता (analogy) है। सादृश्यता में पहले की समस्या के समाधान को ही वर्तमान समस्या के समाधान में एक मदद के रूप में उपयोग किया जाता है। जैसे, मान लिया जाय कि एक शिशु ने हिन्दी के शब्द 'समर्थ' का उच्चारण करना सीखा है। यदि वह बाद में 'असमर्थ' शब्द को कहीं देखता है और उसे भी वह 'समर्थ' ही कहता है। स्पष्टतः यहाँ शिशु दूसरी समस्या के समाधान में सादृश्यता (analogy) का उपयोग कर रहा है जो एक तरह की योजना विधि है। कई मनोवैज्ञानिकों ने सादृश्यता की उपयोगिता का प्रयोगात्मक अध्ययन किया है और कहा है कि सादृश्यता की योजना कुछ विशेष अवस्था में ही सफल हो पाती है। रीड (Read, 1977) ने अपने अध्ययन के आधार पर यह बतलाया है कि सादृश्यता द्वारा किसी समस्या का समाधान होना निम्नांकित शर्तों पर आधृत होता है—

(a) व्यक्ति को यह महसूस हो कि वर्तमान समस्या पहले की समस्या का सादृश्य है।

(b) व्यक्ति को यंह याद हो कि पहले की समस्या का समाधान किस तरह किया था।

(c) व्यक्ति पहली समस्या के समाधान के कदमों (steps) को वर्तमान समस्या के समाधान में उपयोग करने की समझ रखता है।

(d) सादृश्यता में सम्मिलित सूचना की पुनः प्राप्ति (retrieve) करने, अनुवादित (translate) करने तथा उनका उपयोग करने में लगा समय उस समय से कम हो जो उसी तरह की सूचना को प्रारम्भ से खोज करने में लगा हो।

स्पष्ट हुआ कि समस्या समाधान की कई विधियाँ हैं जिनका उपयोग करके व्यक्ति समस्या का समाधान करता है तथा समस्या की मौलिक अवस्था तथा लक्ष्य अवस्था की बीच की दूरी को कम करता है।

समस्या समाधान को प्रभावित करने वाले कारक
(Factors Influencing Problem Solving)

मनोवैज्ञानिकों द्वारा किये गये अध्ययनों से यह स्पष्ट हुआ कि कई ऐसे कारक (factors) हैं जिनका समस्या समाधान पर स्पष्ट प्रभाव पड़ता है। ऐसे कारकों में निम्नांकित प्रमुख हैं—

1. कार्यात्मक अटलता (functional fixedness)
2. मानसिक वृत्ति (mental set)

3. प्रशिक्षण (training)
4. समस्या का स्वरूप (nature of problem)
5. दुश्चिंता (anxiety)
6. अवधान विस्तार (span of attention)
7. उद्भवन (incubation)
8. विक्षिप्तिकरण (brain storming)

इन सभी कारकों का वर्णन निम्नांकित हैं—

1. कार्यात्मक अटलता (*Functional fixedness*)—कार्यात्मक अटलता से समस्या समाधान में बाधा होती है। कार्यात्मक अटलता से तात्पर्य किसी वस्तु के एक विशेष उपयोगिता या कार्य के बारे में एक अटल विचार या चिन्तन से होता है जिसके कारण व्यक्ति उस वस्तु का उपयोग दूसरे ढंग से समस्या समाधान में नहीं कर पाता है। इसका मतलब यह हुआ कि कार्यात्मक अटलता में वस्तु का कोई विशेष उपयोग या कार्य एक अटल (fixed) प्रारूप धारण कर लेता है जिसके कारण व्यक्ति उस वस्तु का उपयोग हमेशा उसी ढंग से करता है। यदि समस्या का स्वरूप ऐसा होता है कि वहाँ उस वस्तु को नये ढंग से कार्यरूप देना है तो उसे उसमें सफलता नहीं मिल पाती है। स्पष्टतः कार्यात्मक अटलता से यह पता चलता है कि व्यक्ति का गत अनुभूति (past experience) किस तरह से किसी समस्या के समाधान में बाधक होता है। समस्या समाधान में कार्यात्मक अटलता के इस महत्त्व को डंकर (Dunker, 1945) ने अपने प्रयोग में स्पष्टतः दिखलाया है। इनके प्रयोग में दो समूह लिए गये—प्रयोगात्मक समूह (experimental group) तथा नियन्त्रित समूह (control group)। प्रयोगात्मक समूह को तीन छोटे-छोटे कार्ड बोर्ड बक्स दिये गये जिसमें एक में दियासलाई की काँटी, दूसरे में मोमबत्ती तथा तीसरे में कील (tacks) रखे गये थे। नियन्त्रित समूह को भी तीन वैसे कार्ड बोर्ड दिये गये थे परन्तु वे खाली थे। इसके अलावा इन्हें भी दियासलाई की काँटी, भोमबत्ती तथा कुछ कील दिये गये परन्तु वे किसी बक्स में नहीं रखे हुए थे। दोनों समूह के सामने एक ही समस्या थी—मोमबत्ती को दिवाल पर इस तरह रखना था कि वह सीधे खड़ी अवस्था (vertical position) में जलता रहे। इसका समाधान यह था कि मोमबत्ती को जला लिया जाय, किसी एक कार्ड बोर्ड बक्स पर थोड़ा पिघलते मोम को गिरा दें, इस पर जलते हुए मोमबत्ती को खड़ी स्थिति में स्थिर कर लिया जाए तथा इस बक्स को दो काँटी पर रखकर उन काँटियों को दिवाल में अँटका दें या ठोक दिया जाए। परिणाम में देखा गया कि प्रयोगात्मक समूह को इस समस्या का समाधान करने में नियन्त्रित समूह की अपेक्षा अधिक कठिनाई हुई। डंकर के अनुसार ऐसा इसलिए हुआ क्योंकि विभिन्न वस्तुओं को कार्ड बोर्ड बक्सों में रखकर दिये जाने से प्रयोगात्मक समूह के सहभागियों के मन से बक्सों को एक डब्बा (container) के रूप में होने की स्थिरता या अटलता (fixedness) उत्पन्न हो गयी। फलतः ऐसे सहभागियों ने बक्सों को दूसरे रूप में व्यवहृत करने जैसे मोमबत्ती को खड़ा करने में, उसे एक समर्थन के रूप में उपयोग करने में और फिर दिवाल में कील ठोक कर उसपर रखने की बात सोच ही नहीं पाते थे। नियन्त्रित समूह के सहभागियों में ऐसी बात या ऐसी कार्यात्मक अटलता (functional fixedness) नहीं थी इसलिए उन्हें समस्या का समाधान करने में आसानी हुई। ठीक इसी ढंग का एक अन्य प्रयोग ऐडमसन (Adamson, 1952) द्वारा किया गया और डंकर के प्रयोग के परिणाम की सम्पुष्टि की गयी।

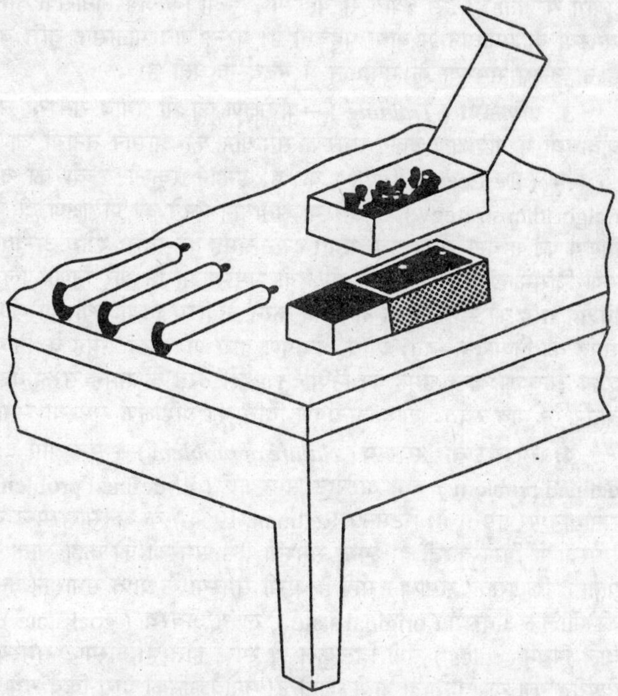

चित्र 8.6 कार्यात्मक अटलता पर किया गया प्रयोग

2. मानसिक वृत्ति *(Mental set)*—मानसिक वृत्ति का भी प्रभाव समस्या समाधान पर पड़ता है। समस्या समाधान में कार्यात्मक अटलता (functional fixedness) वस्तु की एक खास विशेषता से सम्बन्धित होता है, जबकि मानसिक वृत्ति व्यक्ति की एक खास विशेषता से सम्बन्धित होता है। जब व्यक्ति किसी समस्या का समाधान करता है, तो उसमें एक खास तरह की मानसिक वृत्ति उत्पन्न हो जाती है, जो समस्या समाधानकर्त्ता (problem solver) को किसी दूसरी समस्या के समाधान में भी वही तरीका अपनाने की प्रेरणा देता है हालाँकि इस समस्या का समाधान का नया तरीका पहले से अधिक सुलभ एवं सरल रहता है। इस तरह की मानसिक वृत्ति से समस्या के समाधान में बाधा पहुँचती है। इसका प्रयोगात्मक समाधान लुचिंस[1] (Luchins, 1942) के द्वारा पानी-घड़ा समस्या (Water-jar problem) पर किये गये प्रयोग से होता है। इस प्रयोग से यह स्पष्ट हुआ कि जब मानसिक वृत्ति अनुपयुक्त (inappropriate) होती है, तो इससे समस्या के समाधान में बाधा पहुँचती है। परन्तु जब मानसिक वृत्ति वर्तमान समस्या के समाधान के लिए उपयुक्त होती है तो उससे समस्या के समाधान में मदद पहुँचती है।

3. प्रशिक्षण *(Training)*—प्रशिक्षण का भी प्रभाव समस्या समाधान पर पड़ता है। समस्या समाधान की उपयुक्त प्रविधियों में प्रशिक्षण देकर समस्या समाधान को आसान बनाया जा सकता है। इस सिलसिले में एक मशहूर अध्ययन डी ल्यू (De Leeuw, 1978) का है। इन्होंने स्कूली बच्चों का दो समूह लिया—एक समूह को एल्गोरिद्म विधि (algorithm strategy) से समस्या समाधान करने की प्रशिक्षण दी गयी जिसमें उन्हें समस्या के बारे में कुछ महत्त्वपूर्ण निर्णय पर पहुँचना सीखलाया गया। दूसरे समूह को स्वतः शोध अन्वेषण (heuritstic exploration) द्वारा प्रशिक्षण दिया गया जिसमें छात्रों ने स्वयं ही दी गयी समस्याओं के बारे निर्णय लिया। प्रशिक्षण समाप्त होने के बाद दोनों समूहों को विशेष तरह की समस्या का समाधान करने के लिए दिया गया। परिणाम में पाया गया कि एल्गोरिद्म विधि द्वारा प्रशिक्षित समूह का निष्पादन स्वतः शोध अन्वेषण द्वारा प्रशिक्षित समूह के निष्पादन से उत्तम था। परन्तु कुछ दिनों के बाद स्वतः शोध अन्वेषण वाले समूह का निष्पादन पहले तरह के समूह से अधिक श्रेष्ठ हो गया। इसका मतलब यह हुआ कि समय बीतने के साथ स्वतः शोध अन्वेषण विधि का प्रशिक्षण समस्या समाधान में अधिक गुणकारी होता है।

4. समस्या का स्वरूप *(Nature of problem)*—समस्याएँ दो प्रकार की हो सकती है—स्पष्ट समस्याएँ (well-defined problem) तथा अस्पष्ट समस्याएँ (ill-defined problem)। समस्या के इस स्वरूप का भी प्रभाव समस्या समाधान पर पड़ता है। रिटमैन (Reitman, 1964) के अनुसार स्पष्ट समस्या की कई विशेषताएँ होतीं हैं जो इन्हें अस्पष्ट समस्या से भिन्न करतीं हैं। स्पष्ट समस्या वैसे समस्या को कहा जाता है जिसमें व्यक्ति क्रमबद्ध ढंग से यह निश्चित कर पाता है कि इसका समाधान सही है; ऐसी समस्या के प्राप्त समाधान के बारे में लोगों में सहमति होती है तथा ऐसी समस्या की मौलिक अवस्था (original state), लक्ष्य अवस्था (goal state) तथा मौलिक अवस्था को लक्ष्य अवस्था में बदलने वाले नियम (rules) सभी बिलकुल ही स्पष्ट होते हैं। अस्पष्ट समस्या (ill-defined problem) में इन विशेषताओं के विपरीत गुण या विशेषता पायी जाती है। मनोवैज्ञानिकों द्वारा किये गये अध्ययनों से यह स्पष्ट हुआ है कि अस्पष्ट समस्या का समाधान स्पष्ट समस्या के समाधान की तुलना में कठिन होता है। लेकिन इसका मतलब यह नहीं है कि अस्पष्ट समस्या का समाधान व्यक्ति कर ही नहीं पाता है। सच्चाई यह है कि कुछ विशेष उपायों (strategies) को अपनाकर जैसे ऐसी समस्या के मौलिक अवस्था, लक्ष्य अवस्था तथा मौलिक अवस्था को लक्ष्य अवस्था में बदलने वाले नियमों का संरचित (structured) कर बहुत हद तक उनका समाधान किया जा सकता है।

5. दुश्चिंता *(Anxiety)*—कुछ समस्याएँ ऐसी होतीं हैं जिनका लक्ष्य अवस्था (goal state) व्यक्ति में चिन्ता उत्पन्न कर देता है। जब अधिक मात्रा में व्यक्ति में चिन्ता उत्पन्न हो जाती है तो इसका असर समस्या समाधान पर बुरा पड़ता है और व्यक्ति समस्या समाधान ठीक ढंग से नहीं कर पाता है। मनोवैज्ञानिकों द्वारा किये गये अध्ययनों से यह स्पष्ट हुआ है कि किसी भी समस्या के लिए व्यक्ति में साधारण स्तर की चिन्ता आवश्यक है। इससे सचमुच में समस्या समाधान में एक तरह की मदद मिलती है क्योंकि इससे समस्या समाधान की प्रेरणा प्रबल होती है। परन्तु यदि इसका स्तर बहुत अधिक हो जाता है तो इससे समस्या समाधान में बाधा होने लगती है क्योंकि ऐसी स्थिति में व्यक्ति में संज्ञानात्मक अन्यमनस्कता (cognitive distraction) उत्पन्न होने लगता है।

6. अवधान विस्तार *(span of attention)*—समस्या समाधान व्यक्ति के अवधान विस्तार से भी प्रभावित होता है। यदि व्यक्ति एक साथ समस्या के कई पहलुओं पर अवधान देने में समर्थ हो पाता है तो इससे वह समस्या के

1. ''लूचिंन्स (Lunchins, 1942) के इस प्रयोग की चर्चा 'चिन्तन में वृत्ति या तत्परता का महत्त्व' के शीर्षक के तहत किया गया है।

महत्त्वपूर्ण एवं महत्त्वहीन पहलुओं के बीच अन्तर करने में सफल हो जाता है। ऐसी परिस्थिति में वह समस्या समाधान ठीक ढंग से करने में सफल हो पाता है। परन्तु यदि कुछ कारणों से वह समस्या के अधिक पहलुओं पर अवधान नहीं दे पाता है, तो इस तरह का अंतर वह नहीं कर पाता है और ऐसी परिस्थिति में उसे समस्या समाधान में अधिक सफलता नहीं मिल पाती है। ऐसे तो प्रत्येक व्यक्ति का अवधान विस्तार सीमित होता है परन्तु व्यक्ति अपने विशेष प्रयास के द्वारा अवधान विस्तार को कुछ हद तक बढ़ा सकता है और ऐसी स्थिति में उसे समस्या समाधान में कुछ और अधिक सफलता प्राप्त हो सकती है।

7. उद्भवन *(Incubation)*—समस्या समाधान पर उद्भवन का भी प्रभाव पड़ता है। जब व्यक्ति किसी समस्या का समाधान करते समय कुछ बिन्दु पर अपने आप को असमर्थ पाता है, तो वह थोड़े समय के लिए उस बिन्दु पर से ध्यान हटाकर आराम करने लगता है। इस अवस्था को उद्भवन कहा जाता है। सच्चाई यह है कि व्यक्ति जब आराम की अवस्था में होता है, जहाँ वह चेतन रूप से भले ही समस्या समाधान पर से अपना ध्यान हटा लेता है, परन्तु अचेतन रूप से वह समस्या के समाधान के बारे में सोचता रहता है। परिणामतः उसे समस्या समाधान करने में विशेष मदद मिलती है। फलतः उद्भवन का प्रभाव समस्या समाधान पर अनुकूल पड़ता है।

8. विक्षिप्तिकरण *(Brainstorming)*—समस्या समाधान पर विक्षिप्तकरण का भी प्रभाव पड़ता है। विक्षिप्तिकरण से तात्पर्य एक ऐसी प्रक्रिया से होती है जिसमें व्यक्ति को एक साथ समस्या के सभी सम्भावित समाधानों के बारे में बतलाना होता है। इस तरह से एक सीमित समय के भीतर सहभागी समस्या का जितना समाधान बतला सकता है, बतलाने के लिए कहा जाता है। इस तरह के विक्षिप्तिकरण का फायदा यह होता है कि व्यक्ति द्वारा बतलाये गये विभिन्न समाधानों में कुछ उत्तम समाधान निकल आते हैं और इस तरह से समस्या का समाधान हो जाता है। मनोवैज्ञानिकों का मत है कि विक्षिप्तिकरण की प्रक्रिया दो ढंग से कार्य करती है। पहला, इसमें व्यक्ति द्वारा समस्या समाधान के लिए किये गये विशेष व्यवहार या क्रिया के सम्भावित परिणाम की पहचान हो पाती है तथा दूसरा, इसमें कुछ वैसे चरण (steps) भी प्रकाश में आते हैं जिनका अनुसरण करके समाधान या लक्ष्य की प्राप्ति की जा सकती है। थाम्पसन (Thompson, 1975) ने अपने अध्ययन में पाया है कि विक्षिप्तिकरण उत्पन्न होने पर करीब 40% सहभागियों ने पहले से अधिक समस्या का समाधान कर पाये।

स्पष्ट हुआ कि समस्या समाधान कई कारकों द्वारा प्रभावित होता है। इन कारकों के बारे में जान लेने से समस्या समाधान कार्य के स्वरूप को समझने में काफी मदद मिलती है।

समस्या समाधान के कदम
(Steps of Problem Solving)

समस्या समाधान में कई तरह के कदम होते हैं। मनोवैज्ञानिकों द्वारा इस बिन्दु पर व्यक्त किए गये विचारों में विभिन्नता रही है। फिर भी यदि हम उन सबों द्वारा व्यक्त किये गए तथ्यों को ध्यान में रखें तो यह स्पष्ट होगा कि समस्या समाधान में निम्नांकित पाँच स्पष्ट कदम होते हैं—

1. समस्या के स्वरूप समझना (Understanding the nature of problem)
2. समाधान के बारे सोचना (Generating solutions)
3. समस्या समाधान के विभिन्न उपायों में से उत्तम उपाय के बारे में निर्णय करना (Judging the best among the likely solutions)
4. उत्तम उपाय को कार्यान्वित करना (Carrying out the best solution)
5. कार्यान्वित समाधान का मूल्यांकन करना (Evaluation of solution carried out)

इन पाँचों कदमों का वर्णन निम्नांकित हैं—

1. समस्या के स्वरूप को समझना *(Understanding the nature of problem)*—किसी भी समस्या में सबसे पहली अवस्था समस्या के स्वरूप को समझने की होती है। यहाँ व्यक्ति यह समझने की कोशिश करता है कि समस्या सुस्पष्ट (well-defined) है या अस्पष्ट (ill-defined) है, उसका समाधान के लिए किन चीजों एवं किन-किन व्यक्तियों की जरूरत पड़ सकती है, आदि-आदि। कहने का तात्पर्य यह है कि इस अवस्था में व्यक्ति समस्या के विभिन्न

पहलुओं की पहचान करता है तथा उसके स्वरूप को समझने की अक्सर कोशिश करता है ताकि वह उसके समाधान के सम्भावित तरीकों को अपना सके।

2. समाधान के बारे में सोचना *(Generating solution)*—समस्या समाधान की यह दूसरी अवस्था होती है जिसमें समस्या समाधानकर्त्ता (problem solver) समस्या के स्वरूप निश्चित कर लेने के बाद उसके सम्भावित समाधान के बारे में सोचता है। इसके लिए वह अपने गत अनुभूतियों (past experiences) का भी सहारा लेता है तथा वर्त्तमान समय में उपलब्ध स्रोतों को टटोलता है। इस तरह से वह किसी समस्या के समाधान के बारे में कई तरह के उपायों के बारे में सोच लेता है। वह प्रत्येक ऐसे समाधान की एक सूची तैयार कर लेता है। सम्भव है कि किसी समस्या के समाधान के दो तरीकों या उससे भी अधिक उसके सामने उपलब्ध हों।

3. समस्या समाधान के विभिन्न उपायों में से उत्तम उपाय के बारे में निर्णय करना *(Judging the best among the likely solutions)*—समस्या समाधान की इस अवस्था में समस्या समाधान-कर्त्ता दूसरी अवस्था में तय किये गये विभिन्न उपायों में से सबसे उत्तम एवं वैज्ञानिक उपाय का चयन करता है। दूसरे शब्दों में, वह यह निश्चित करता है कि इन विभिन्न उपायों में से किस उपाय से सबसे कम समय में तथा बिना किसी तरह के त्रुटि किये ही समस्या का समाधान वह कर पायेगा। इसके लिए वह दूसरी अवस्था में चयनित प्रत्येक उपाय की उपयोगिता का तुलनात्मक अध्ययन करने के बाद इस निष्कर्ष पर पहुँचता है कि अमुक उपाय ही समस्या समाधान का सबसे प्रमुख एवं उपयुक्त उपाय है।

4. उक्त उपाय को कार्यान्वित करना *(Carrying out the best solution)*—इस अवस्था में व्यक्ति चयनित उपाय को कार्य रूप देता है। दूसरे शब्दों में, वह उससे समस्या का समाधान करता है। अगर चयनित उपाय के बहुत सारे कदम नहीं है, तथा उपाय सरल है तो समस्या का समाधान आसानी से हो जाता है। परन्तु अगर चयनित उपाय जटिल है और उसमें बहुत सारे कदम सम्मिलित हैं तो समस्या का समाधान थोड़ा कठिन हो जाता है। कभी-कभी यह भी देखा गया है कि सावधानीपूर्वक चयनित उपाय को जब कार्यरूप दिया जाता है तो भी समस्या का समाधान नहीं हो पाता है और समस्या समाधान में त्रुटियाँ होती रहती हैं। इसका कारण यह है कि सम्बन्धित उपाय या चयन करने में ही कुछ त्रुटि या गलती हो जाती है।

5. कार्यान्वित समाधान का मूल्यांकन करना *(Evaluation of solution carried out)*—इस अवस्था में व्यक्ति समस्या समाधान के परिणाम का मूल्यांकन करता है। इस अवस्था में व्यक्ति समाधान में सम्मिलित कदमों के गुण-दोष का परख करता है तथा इन चरणों या कदमों के महत्त्वपूर्ण तथ्यों या बातों को पुनः प्राप्ति संकेतों (retrieval cues) के रूप में संचित करके रखता है ताकि उसका उपयोग वह अन्य समान समस्याओं के समाधान में भविष्य कर सके।

स्पष्ट हुआ है कि समस्या समाधान में कई कदम या चरण होते हैं। इन कदमों या चरणों की जरूरतों को यदि ठीक ढंग से व्यक्ति उपयोग करता है तो समस्या का समाधान करने में उसे काफी सफलता मिलती है।

समस्या-समाधान क्षमता में यौन विभिन्नताएँ (Sex differences in Problem Solving ability)

मनोवैज्ञानिकों द्वारा किये गये अध्ययनों से विशेषकर 1940 एवं 1950 वाले दशकों में किये गए अध्ययनों से यह स्पष्ट हुआ है कि समस्या-समाधान व्यवहार में यौन अन्तर होता है। मैक्कोवाई एवं जैकलिन (Maccoby & Jacklin, 1974) द्वारा इस अवधि में किये गए अध्ययनों की समीक्षा से यह स्पष्ट हुआ है कि कुछ समस्याओं जैसे पानी-घड़ा समस्या (water-jar problem) तथा द्वय-रस्सी समस्या (two-string problem) के समाधान में पुरुष, महिलाओं से श्रेष्ठ निष्पादन दिखाते हैं। इससे यह संकेत मिलता है कि पुरुष, अशाब्दिक समस्याओं (non-verbal problems) के समाधान में महिलाओं से श्रेष्ठ होते हैं। फिर बाद में मैक्कोवाई एवं जैकलिन ने 1960 एवं 1970 वाले दशकों में किये गये 10 ऐसे प्रमुख अध्ययनों की समीक्षा किया जिसमें समस्या के रूप में वर्ण विपर्यय (anagram) का उपयोग किया गया और इन्हें सहभागियों को एक निर्धारित समय के भीतर समाधान किया था। स्पष्टतः इस समस्या का स्वरूप अशाब्दिक न होकर शाब्दिक (verbal) था। इन दस अध्ययनों में से छह अध्ययनों के परिणाम में कोई यौन अन्तर (sex difference) नहीं पाया गया और चार अध्ययनों में महिलाओं का निष्पादन पुरुषों से अच्छा पाया गया। इससे स्पष्ट होता है कि जब समस्या का स्वरूप शाब्दिक होता है, तो महिलाओं का निष्पादन उत्तम होता है। बाद में केसलर, डेन्नी एवं ह्वाईली (Kesler, Denny & Whitely, 1976) ने एक अध्ययन किया जिसमें बुजुर्गों को तीन तरह की समस्याओं को समाधान करने के लिए दिया गया—लिखित समस्याएँ (written problems), बीस-प्रश्नीय कार्य (twenty-questions task) तथा एक समस्या जिसमें एक प्रभावी स्वत:शोध योजना (heurisitic strategy) विकसित हो सके। इस अध्ययन के परिणाम में देखा गया कि पुरुष महिलाओं से श्रेष्ठ थीं। बाद में प्रयोकर्त्ताओं ने इन्हीं प्रयोज्यों में से शिक्षा, पेशा एवं अशाब्दिक बुद्धि के आधार पर एक नया उन्नत प्रतिदर्श तैयार किया और इस बार पाया गया कि उक्त तीनों समस्याओं पर समस्या-समाधान क्षमता में महिला में कोई अन्तर नहीं था।

मनोवैज्ञानिकों ने विशेष तरह के समस्या-समाधान क्षमता जिसे सर्जनात्मकता (creativity) कहा जाता है, में भी यौन अन्तरों के पड़ने वाले प्रभावों का अध्ययन किया है। मैक्कोवी तथ जैकलिन (Maccoby & Jacklin, 1974) ने सर्जनात्मकता के क्षेत्र में किये गये अध्ययनों को दो प्रमुख श्रेणियों में बाँटा गया है—सर्जनात्मकता के शाब्दिक मापन वाले अध्ययन तथा सर्जनात्मकता के अशाब्दिक (non-verbal) मापन वाले अध्ययन। इन अध्ययनों की समीक्षा से यह पता चला है कि प्राक्-स्कूल अवस्था या आरम्भिक स्कूल अवस्था में शाब्दिक सर्जनात्मकता के क्षेत्र में कोई यौन अन्तर (sex differences) नहीं होता है। परन्तु सात साल के अवस्था के बाद लड़कियाँ, लड़कों से अधिक उत्तम सर्जनात्मकता दिखाते पायीं गयीं। किसी भी उम्र पर सर्जनात्मकता के अशाब्दिक मापनों पर कोई यौन अन्तर नहीं पाया गया। सात अध्ययनों में कोई यौन अन्तर नहीं पाया गया; आठ अध्ययनों में लड़कियाँ लड़कें से श्रेष्ठ पाये गए तथा आठ अध्ययनों में लड़के लड़कियों से श्रेष्ठ पाये गए। अलपाध एवं बिर्रेन (Alpough & Birren, 1975) ने वयस्कों के सर्जनात्मकता में यौन अंतरों का अध्ययन किया। इस अध्ययन में प्रयोज्यों को सात सर्जनात्मकता परीक्षण दिये गए जिनमें से छह सर्जनात्मकता परीक्षणों में पुरुष तथा महिलाओं का निष्पादन समान रहा परन्तु उस सर्जनात्मकता परीक्षण में जिसमें आरेखीय या आकृतिक क्षमता (figural ability) का मापन होता है, पुरुष महिला से श्रेष्ठ पाये गये।

उक्त तथ्यों को ध्यान में रखते हुए यह कहा जा सकता है कि सर्जनात्मकता में यौन अन्तर (sex difference) नाम मात्र का होता है परन्तु थोड़ा सबूत इस बात का अवश्य मिलता है कि शाब्दिक सर्जनात्मकता में महिलाएँ पुरुष से उत्तम होतीं हैं परन्तु आकृतिक सर्जनात्मकता की स्थिति में पुरुष का निष्पादन महिलाओं से श्रेष्ठ होता है।

संज्ञानात्मक शैली में वैयक्तिक विभिन्नता
(Individual differences in Cognitive style)

संज्ञानात्मक शैली में तात्पर्य उस सतत वैयक्तिक विभिन्नता (consistent individual differences) से होता है जिसके माध्यम से लोग सूचनाओं को संसाधित करते हैं तथा संगठित करते हैं। यहाँ इस तथ्य को विशेष रूप से उजागर करना आवश्यक है कि संज्ञानात्मक शैली, संज्ञान (cognition) या कौशल के स्तर पर बल नहीं डालता है बल्कि यह व्यक्ति की उन मनोवृत्ति, पसंद (preferencers) तथा विभिन्न तरह के उपायों (strategies) की ओर इशारा करता है जिसे व्यक्ति अपने चिन्तन में उपयोग करता है। संज्ञानात्मक शैली के विभिन्न प्रकारों का वर्णन मनोवैज्ञानिकों द्वारा किया गया है। जैसे, मेस्सिक (Messick, 1976) उन्नीस विभिन्न प्रकार के संज्ञानात्मक शैलियों का वर्णन किये हैं; लोगन (Logan, 1976) ने चार तरह के संज्ञानात्मक शैलियों का वर्णन किये हैं। उसी तरह से स्मीथ (Smith, 1979) ने कानून के छात्रों एवं प्रोफेसरों में कई तरह के संज्ञानात्मक शैलियों को होते पाया है। इस पुस्तक में हम यहाँ सिर्फ दो अति सामान्य संज्ञानात्मक शैलियों का वर्णन करेंगे जो इस प्रकार है—

(क) क्षेत्र निर्भरता-स्वतन्त्रता शैली (Field dependence-independence style)

(ख) विमर्श-आवेगशीलता शैली (Reflection-impulsivity style)

(क) क्षेत्र निर्भरता-स्वतन्त्रता शैली (*Field dependence-independence style*)—यह एक सबसे प्रमुख संज्ञानात्मक शैली हैं जिसका अध्ययन विटकिन, मूर्रे, गुडएनफ तथा कौक्स (Witkin, Moore, Goodenough & Cox, 1977) द्वारा अधिक किया गया है। विटकिन तथा इनके इन सहयोगियों ने मौलिक रूप से क्षेत्र निर्भरता-स्वतन्त्रता का उपयोग वस्तुओं के प्रत्यक्षण में होने वाले वैयक्तिक विभिन्नताओं के संदर्भ में किया है। इसका उपयोग बाद में सामाजिक

अंत:क्रियाओं एवं संज्ञानात्मक कार्यों के अध्ययन में सफलतापूर्वक किया गया है। क्षेत्र-निर्भर व्यक्ति वैसे व्यक्ति को कहा जाता है जो घटनाओं का अनुभव सम्पूर्ण रूप से करते हैं तथा ऐसे लोग किसी वस्तु को उसकी पृष्ठभूमि (background) से अलग नहीं कर पाते हैं। दूसरे तरफ, क्षेत्र-स्वतन्त्र व्यक्ति अपने अनुभूतियों को नये ढंग से विश्लेषित कर सकते हैं एवं पुनर्संरचित कर सकते हैं तथा ऐसे लोग वस्तुओं को आसानी से उसकी पृष्ठभूमि से अलग कर सकते हैं।

क्षेत्र-निर्भरता के स्वरूप को अधिक स्पष्ट रूप से समझने के लिए इस बात पर भी विचार करना आवश्यक है कि उनका मापन (measurement) किस तरह से किया जाता है। सामान्यतः इनका मापन निम्नांकित दो तरह के परीक्षणों (tests) द्वारा किया जाता है जो इस प्रकार है—

(i) **सन्निहित या अंत:स्थापित आकृति परीक्षण** (*Embedded figure test*)—इस परीक्षण में व्यक्ति एक सरल आकृति को जो एक जटिल आकृति में छिपा होता है, से अलग करने की कोशिश करता है। जो व्यक्ति क्षेत्र-निर्भर (field dependent) होता है, उसे इस कार्य को पूरा करने में अधिक समय लगता है क्योंकि ऐसे लोगों को किसी वस्तु के पृष्ठभूमि से अलग करने में कठिनाई का अनुभव होता है।

(ii) **शलाका-एवं-फ्रेम परीक्षण** (*Rod-and-frame test*)—इस परीक्षण में व्यक्ति को किसी अंधेरे कमरे में एक चमकीले शलाका (rod) जो एक झुके हुए चमकीला वर्गाकार फ्रेम के भीतर होता है, उस स्थिति में पहचान करनी होती है जब वह सीधा खड़ा की स्थिति में होती है। जब व्यक्ति क्षेत्र-आश्रित या क्षेत्र-निर्भर होता है तो वह प्रायः शलाका के उस स्थिति की पहचान करता है जब वह सीधा न होकर पृष्ठभूमि के समान होता है अर्थात वह झुके हुए वर्गाकार फ्रेम के समान होता है। परन्तु क्षेत्र-स्वतन्त्र व्यक्ति प्रायः शलाका की पहचान उस परिस्थिति में भी कर लेता है जब वह ठीक सीधे की स्थिति में होता है।

विटकिन (Witkin, 1976) ने अपने अध्ययनों के आधार पर यह स्पष्ट किया है कि इस संज्ञानात्मक शैली का यह अर्थ कदापि नहीं लेना चाहिए कि व्यक्ति के दो अलग-अलग समूह हैं, अर्थात व्यक्ति या तो क्षेत्र-आश्रित होगा या क्षेत्र-स्वतन्त्र होगा। बल्कि सच्चाई यह है कि इन दोनों छोरों के बीच प्राप्तांकों का एक सतत वितरण (continuous distribution) होता है। बहुत से लोगों का प्राप्तांक लगभग बीच में होता है अर्थात ऐसे लोग क्षेत्र-स्वतन्त्र होने के बजाय थोड़ा क्षेत्र-निर्भर भी होते हैं। इन्होंने अपने अध्ययन के आधार पर यह भी बतलाया है कि क्षेत्र निर्भरता-स्वतन्त्रता परीक्षण पर का निष्पादन कई तरह के व्यवहारों से सम्बन्धित होता है। जैसे, क्षेत्र निर्भर व्यक्तियों पर साथियों के समूहों या प्राधिकारिक (authority) व्यक्तियों का अधिक प्रभाव पड़ता है। ऐसे लोग उन व्यक्तियों के चेहरे पर अधिक देर तक देखते हैं जिनके साथ वे अंतक्रिया करते हैं। ऐसे लोगों में सामाजिक कौशल (social skills) अधिक होता है। गुडएनफ (Goodenough, 1976) ने कई तरह के संज्ञानात्मक कार्यों के निष्पादन पर क्षेत्र निर्भरता-स्वतन्त्रता को सम्बन्धित किया और कुछ महत्वपूर्ण निष्कर्ष पर इस तरह पहुँच गया है—

(i) क्षेत्र-निर्भर व्यक्ति सम्प्रत्यय निर्माण कार्यों के उन गुणों या विशेषताओं से अधिक प्रभावित होते हैं जो अधिक स्पष्ट होते हैं तथा क्षेत्र-स्वतन्त्र लोग कम स्पष्ट विशेषताओं से ही ज्यादा प्रभादित होते हैं। जैसे, सम्प्रत्यय निर्माण कार्य में पहले तरह के व्यक्ति स्पष्ट गुण जैसे रंग पर आधृत करके कोई प्राक्कल्पना बना सकता है जबकि क्षेत्र स्वतन्त्र व्यक्ति कम स्पष्ट वस्तुओं पर अर्थात वस्तुओं के गहरे या पहले किनारों पर ध्यान देकर कोई प्राक्कल्पना तैयार कर सकता है।

(ii) सीखने की परिस्थिति में क्षेत्र-निर्भर व्यक्ति अपना दृष्टिकोण निष्क्रिय (passive) रखता है जबकि क्षेत्र-स्वतन्त्र व्यक्ति ऐसी परिस्थिति में अपना एक सक्रिय दृष्टिकोण रखते हुए उसमें मनन (meditation) आदि का भी उपयोग करता है।

(iii) क्षेत्र-स्वतन्त्र व्यक्ति की तुलना में क्षेत्र-निर्भर व्यक्ति सामाजिक रूप से संगत वस्तुओं की याद अधिक रखता है।

(iv) क्षेत्र-स्वतन्त्र व्यक्ति तथा क्षेत्र-निर्भर व्यक्ति दोनों ही तरह के लोग धनात्मक पुनर्बलन (positive reinforcement) जैसे, प्रशंसा के प्रति समान रूप से अनुक्रिया करते हैं परन्तु क्षेत्र-निर्भर व्यक्ति पर आलोचना का प्रभाव तुलनात्मक रूप से अधिक पड़ता है।

(v) ऐसे शिक्षक जो क्षेत्र-निर्भर होते हैं, वर्ग में मात्र भाषण (lecture) की तुलना में विचार-विमर्श (discussion) को अधिक पसंद करते हैं जबकि ऐसे शिक्षक जो क्षेत्र-स्वतन्त्र होते हैं, वे वर्ग में भाषण को तुलनात्मक रूप से अधिक अहमियत देते हैं।

चित्र 8.7 : मिलान सुविदित आकृति परीक्षण के एकांशों का एक नमूना

(ख) विमर्श-आवेगशीलता शैली *(Reflection-Impulsivity style)*—इस शैली से तात्पर्य समस्या समाधान में किस गति (speed) एवं यथार्थता (accuracy) से व्यक्ति विभिन्न वैकल्पिक प्राक्कल्पनाओं का उपयोग करता है, से होता है। मेस्सिक (Messick, 1976) इसे *सम्प्रत्यात्मक शैली* (conceptual tempo) कहा है। विमर्शी (reflective) व्यक्ति वैसा व्यक्ति होता है जो विभिन्न वैकल्पिक प्राक्कल्पनाओं पर सावधानीपूर्वक विचार-विमर्श करता है। सामान्यतः वह अनुक्रिया करने में अधिक समय लेता है तथा आवेगशील (impulsive) व्यक्ति की तुलना में अधिक सोच-समझकर अनुक्रिया करने वाला होता है। आवेगशील व्यक्ति (impulsive person) वैसे व्यक्ति को कहा जाता है जो बहुत तेजी से बिना अधिक सोचे-समझे अनुक्रिया करता है। फलस्वरूप, उससे त्रुटियाँ (errors) भी अधिक होतीं हैं। मेस्सर (Messer, 1976) का मत है कि विमर्श-आवेगशीलता शैली को अनुक्रिया करने में लगे समय एवं त्रुटि दोनों के आधार पर मापा जाता है। मेस्सर (Messer, 1976) के अध्ययन के अनुसार छोटे-छोटे बच्चे अधिक आवेगशील (impulsive) हुआ करते हैं। जैसे-जैसे उनकी आयु बढ़ते जाती है, वे अधिक विमर्शी (reflective) होते जाते हैं। वे अनुक्रिया करने में अधिक समय लेते हैं और वे अधिक यथार्थ (accurate) स्वरूप भी हो जाते हैं।

कागन एवं उनके सहयोगियों (Kagan et al., 1964) ने विमर्श-आवेगशीलता शैली को मापने के लिए एक विशेष परीक्षण जिसे *मिलान सुविदित आकृति परीक्षण* (matching familiar figures test) कहा जाता है, का निर्माण किया है। इस परीक्षण में लक्ष्य चित्र (target figure) के समान मिलते-जुलते कई चित्र होते हैं जिनमें से व्यक्ति को लक्ष्य चित्र का पता लगाना होता है। जैसे, चित्र 8.7 में सबसे ऊपर के चित्र के समरूप (identical) चित्र दिये गए पाँच चित्रों में से एक है। व्यक्ति को यह पता लगाना होता है कि समरूप चित्र (identical figure) कौन-सा है।

विभिन्न संज्ञानात्मक कार्यों (cognitive tasks) पर विमर्शी एवं आवेगशील व्यक्ति का निष्पादन अलग-अलग होता है। जैसे, विमर्शी व्यक्ति सादृश्यता (analogies) से सम्बन्धित प्रश्नों का उत्तर अधिक सही-सही ढंग से करते हैं परन्तु आवेगशील व्यक्ति ऐसे प्रश्नों का चिर-परिचित एवं गलत साहचर्य बनाकर देते हैं। एकेनबैक (Achenbach, 1969) के अनुसार बीस-प्रश्नीय परीक्षण (twenty-question tests) पर विमर्शी बच्चे आवेगशील बच्चों की तुलना में अधिक समस्या-समाधान वाले उपायों (problem-solving strategies) को अपनाते हैं। कोगन (Kogan, 1976) के अनुसार आवेगशील बच्चे स्कूल में असफल अधिक होते हैं।

स्पष्ट हुआ कि संज्ञानात्मक शैली का प्रभाव काफी व्यापक होता है।

सम्प्रत्यय का स्वरूप एवं महत्त्व
(Nature and Improtance of Concept)

चिन्तन एक जटिल मानसिक प्रक्रिया है तथा इसका एक महत्त्वपूर्ण पक्ष सम्प्रत्यय या संकल्पना (concept) का विकास (formation) है। सम्प्रत्यय एक ऐसे प्रतीक को कहा जाता है जिससे वस्तुओं की सामान्य विशेषताओं का

पता चलता है। अतः इसका महत्त्व सिर्फ चिन्तन (thinking) में ही नहीं है बल्कि व्यक्ति के भाषा विकास में भी काफी अधिक है।

मनोवैज्ञानिकों ने सम्प्रत्यय (concept) को चिन्तन का एक प्रमुख साधन (tool) माना है क्योंकि इससे समस्या के समाधान में यानी चिन्तन में काफी मदद मिलती है। अब प्रश्न यह उठता है कि सम्प्रत्यय को वैज्ञानिक अर्थ में कैसे परिभाषित किया जा सकता है। ऐसे तो भिन्न-भिन्न मनोवैज्ञानिकों ने सम्प्रत्यय को अपने-अपने ढंग से परिभाषित किया है परन्तु इनमें से सबसे उपयुक्त एवं विस्तृत परिभाषा हुल्स तथा उनके सहयोगियों एवं वेरोन द्वारा किया गया है। **हुल्स, इगेथ एवं डीज**[1] (*Hulse, Egeth & Deese,* 1980) के अनुसार, *''कुछ नियम द्वारा गुणों का आपस में मिलना ही सम्प्रत्यय कहलाता है।''* **बैरोन**[2] (*Baron,* 2001) के अनुसार, *''सम्प्रत्यय उन वस्तुओं, घटनाओं, अनुभूतियों या विचारों जो एक से अधिक अर्थ में एक-दूसरे से समान होते हैं, के लिए एक तरह का मानसिक श्रेणी होती है।''*

यदि हम इन परिभाषाओं का विश्लेषण करें तो हमें निम्नांकित दो महत्त्वपूर्ण तथ्य मिलते हैं—

1. गुणों का समुच्चय या समूह *(Set of features)*—इस तथ्य से स्पष्ट है कि सम्प्रत्यय (concept) का निर्माण तभी हो सकता है जब वस्तु में कुछ गुण (features) या विशेषताएँ हों। इस तरह के 'गुण या विशेषता' के दो लक्षण होते हैं—पहला यह कि गुण ऐसा हो जिसका पृथक्करण (abstraction) क्रिया जा सके तथा दूसरा यह कि गुण ऐसा हो जो विषमता (contrast) दिखलावें। अगर ये दो लक्षण नहीं है, तो उसे गुण (feature) की संज्ञा नहीं देंगे। उदाहरणार्थ, 'घास हरा होता है।' इस वाक्य में घास का 'गुण' हरापन (greenish) है जिसमें ऊपर के दोनों लक्षण पाये जाते हैं। घास के हरापन के गुण को स्पष्टतः घास के अन्य गुणों से पृथक किया जा सकता है। 'हरापन' में विषमता भी स्पष्ट रूप से है, यानी यह रंग अन्य रंगों से बिलकुल ही विषम या अलग है। थोड़ी देर के लिए मान लिया जाय कि दुनिया की हर वस्तु हरे ही रंग की हो जाती है, तो ऐसी अवस्था में इसकी विषमता (contrast) की क्षमता समाप्त हो जायेगी और तब इसे 'गुण' की श्रेणी में नहीं रखा जायेगा।

सम्प्रत्यय (concept) के निर्माण में प्रायः इसी तरह के कई गुणों का एक समूह होता है। जैसे, निम्नांकित गुणों के आधार पर आपके मन में कौन-सा सम्प्रत्यय (concept) उत्पन्न होता है—'चार पैर, एक पूँछ, भौंकना। इन गुणों को मिलाने पर आप सामान्य निष्कर्ष पर पहुँचेंगे 'कुत्ता'। यहाँ 'कुत्ता' सम्प्रत्यय का उदाहरण हुआ।

2. नियम *(Rule)*—सम्प्रत्यय (concept) का बोध होने के लिए सिर्फ यही आवश्यक नहीं है कि व्यक्ति के सामने कई गुण (features) उपस्थित हों बल्कि यह भी आवश्यक है कि ये सभी गुण कुछ विशेष नियम (rule) द्वारा आपस में सम्बन्धित हों। मॉर्गन, किंग, विस्ज तथा स्कौपलर (Morgan, King, Weisz & Schopler, 1986) के अनुसार इन नियमों को दो भागों में बाँटा गया है—*एल्गोरिद्म या गणितीय नियम* (algorithmic rule) तथा *स्वतः शोध नियम* (heuristic rule)। गणितीय नियम से तात्पर्य उस नियम से होता है जिसके लागू करने से व्यक्ति को सफलता निश्चित रूप से प्राप्त होती है। जैसे, किसी अंक में शून्य (zero) से गुणा करने पर उत्तर हमेशा शून्य होगा, एक गणितीय नियम का उदाहरण होगा। स्वतःशोध नियम (heuristic rule) में व्यक्ति को सफलता की कोई गारंटी नहीं होती है। परिस्थिति के अनुसार इन दोनों नियमों में से किसी एक का प्रयोग कर व्यक्ति चिन्तन करता है तथा सम्प्रत्यय को सीखता है। ऊपर के उदाहरण में व्यक्ति तीन गुणों अर्थात 'चार पैर', 'एक पूँछ' तथा भौंकना' को एक साथ मिलाकर एक सम्प्रत्यय यानी 'कुत्ता' होने का निर्णय लेता है जो एक तरह का समुच्चय बोधक नियम (conjunctive rule) हैं क्योंकि इसमें तीन गुणों को एक साथ बाँधा जा रहा है। परिस्थिति के अनुसार समुच्चय बोधक नियम (conjunctive rule) को हम गणितीय नियम की श्रेणी में भी रख सकते हैं या स्वतः शोध नियम (heuristic rule) के श्रेणी में रख सकते हैं। इस उदाहरण में इसे एक गणितीय नियम की श्रेणी में रखा जायेगा क्योंकि ये तीनों गुण सिर्फ एक ही जानवर, यानी 'कुत्ता' ही पाया जाता है। इसका कोई दूसरा उत्तर नहीं हो सकता है। तीन गुणों में से 'भौंकना' के जगह पर 'दो सींग' का गुण जोड़ दिया जाता है तो इस परिस्थिति का समुच्चय बोधक नियम (conjunctive rule) स्वतः शोध नियम (heuristic rule) की

---

1. "Concept is a set of features connected by some rule."
—Hulse, Egeth & Deese : *The Psychology of Leariningं,* 1980, p. 214
2. "Concepts are mental categories for objects, events, experiences or ideas that are similar to one another in one or more respects."
—Baron, : *Psychology,* 2001, p. 297

श्रेणी में आ जाएगा क्योंकि इसका उत्तर निश्चित नहीं है और इस नियम में व्यक्ति की अपनी इच्छा का महत्त्व अधिक हो जाता है। कोई 'गाय' का सम्प्रत्यय बना सकता है तो कोई 'भैंस' का तो कोई 'भेंड़' का। इस व्याख्या से यह स्पष्ट है कि जब किसी वस्तु के कई गुण एक खास नियम द्वारा आपस में सम्बन्धित कर लिए जाते हैं, तो इससे उत्पन्न स्थिति को सम्प्रत्यय (concepts) की संज्ञा दी जाती है।

अब प्रश्न उठता है कि सम्प्रत्यय का महत्त्व क्या है? दूसरे शब्दों में, सम्प्रत्यय किस तरह चिन्तन के लिए या समस्या समाधान के लिए उपयोगी एवं मददगार सिद्ध होता है। मनोवैज्ञानिकों द्वारा किये गये शोधों से यह स्पष्ट हुआ है कि निम्नांकित पाँच ऐसे कारक हैं जिनसे सम्प्रत्यय की उपयोगिता सिद्ध होती है—

(i) कुछ मनोवैज्ञानिकों जैसे जॉन्सन-लायर्ड एवं वाटसन (Johnson-Laired & Watson, 1977) का मत है कि सम्प्रत्यय (concept) के बिना प्रत्येक वस्तु या घटना अनोखा होगा और उसके बारे में चिन्तन करना या किसी तरह का सामान्यीकरण (generalization) करना सम्भव नहीं हो पायेगा। चिन्तन में अक्सर व्यक्ति को विभिन्न वस्तुओं एवं घटनाओं को एक समान समझना होता है और सम्प्रत्यय व्यक्ति को विभिन्न वस्तुओं एवं घटनाओं को जो एक-दूसरे के समान होते हैं, को सम्बन्धित करने में मदद करता है। जैसे, सम्प्रत्यय के अभाव में 'आम' (mango) एक अलग एवं अनोखा वस्तु के समान होगा क्योंकि यह उन सभी वस्तुओं से असम्बन्धित होगा जिसे हम जानते हैं।

(ii) साकेल (Sakal, 1977) के अनुसार सम्प्रत्यय से स्मृति में एक तरह की मितव्ययिता (economy) उत्पन्न होती है। जब व्यक्ति विभिन्न समान वस्तुओं (similar object) को एक सम्प्रत्यय के रूप में समूहन (grouping) करता है, तो व्यक्ति सम्प्रत्यय के मात्र गुणों को ही याद करके उन सभी वस्तुओं का गुण बतला सकने में समर्थ होता है। उसे कभी वस्तुओं के अलग-अलग गुणों को स्मृति में याद नहीं रखना पड़ता है। जैसे 'पक्षी' एक सम्प्रत्यय है जिसमें सभी तरह के पक्षियों का गुण संचित हैं। अतः जब हमें किसी विशेष 'पक्षी' जैसे 'कोयल' का कभी वर्णन करना होता है, तो इसके गुणों को अलग से याद नहीं करना पड़ता है।

(iii) ब्रुनर, गुडनाऊ एवं अस्टीन (Bruner, Goodnow & Austin, 1956) का मत है कि सम्प्रत्यय का एक विशेष फायदा यह है कि इसके चलते व्यक्ति को सतत सीखना (constant learning) की आवश्यकता नहीं रह जाती है। सचमुच में सम्प्रत्यय की यह उपयोगिता पहले की उपयोगिताओं से सम्बन्धित है।

(iv) ब्रुनर, गुडनाऊ एवं अस्टीन (Bruner, Goodnow & Austin, 1956) का मत है कि सम्प्रत्यय से यह भी पता चलता है कि किसी वस्तु के प्रति किस तरह से प्रतिक्रिया किया जाए। दूसरे शब्दों में, सम्प्रत्यय के कारण व्यक्ति पहले से ही यह समझ जाता है कि उसे किस तरह से अनुक्रिया करनी चाहिए। जैसे कहीं 'आग' देखकर हम उससे दूर हटने की अनुक्रिया करते हैं क्योंकि 'आग' के सम्प्रत्यय को हम पहले से जानते हैं।

(v) ब्रुनर, गुडनाऊ एवं अस्टीन (Bruner, Goodnow & Austin, 1956) ने यह भी मत जाहिर किया है कि सम्प्रत्यय की उपयोगिता इसलिए भी है क्योंकि इससे वस्तुओं एवं घटनाओं को सम्बन्धित करने में मदद मिलती है। हम विभिन्न वस्तुओं के श्रेणियों को जानते हैं जो एक संरचित पैटर्न द्वारा एक-दूसरे से सम्बन्धित हैं। ऐसा इसलिए हो जाता है क्योंकि हमें उनका सम्प्रत्यय (concept) मालूम है। जैसे, हम जानते हैं कि 'मालदह' एक तरह का आम है जो एक 'फल' है। जैसे ही हम उसे 'मालदह' के रूप में श्रेणीकृत करते हैं तो हम इस श्रेणी से आगे जाकर उसे 'फल' के श्रेणी से आसानी से सम्बन्धित भी कर बैठते हैं।

स्पष्ट हुआ कि सम्प्रत्यय जिसका प्रयोग हम समान वस्तुओं या एकांशों को एक साथ समूहन करने में करते हैं, की कई उपयोगिताएँ हैं। इसकी सबसे बड़ी उपयोगिता यह है कि यह चिन्तन का एक प्रमुख साधन (tool) के रूप में कार्य करता है जिससे चिन्तन के स्वरूप में स्पष्टता एवं विशिष्टता आती हैं।

सम्प्रत्यय के प्रकार
(Types of Concept)

जैसा कि हम जानते हैं, समान वस्तुओं, घटनाओं एवं अनुभूतियों के मानसिक श्रेणी (mental category) को सम्प्रत्यय (concept) कहा जाता है। सामान्यतः सम्प्रत्यय (concept) के दो मुख्य प्रकार हैं—*कृत्रिम सम्प्रत्यय*

(artificial concept) तथा *स्वाभाविक सम्प्रत्यय* (natural concept) कृत्रिम सम्प्रत्यय वैसे सम्प्रत्यय को कहा जाता है जिसे नियमों (rules) या गुणों (properties) के सेट द्वारा स्पष्टतः परिभाषित किया जाता है। जैसे, एक वर्ग (square) उस चित्र को कहा जाता है जिसके चार भुजा हों तथा जिसके चारों कोण (angles) 90° का हो। इसी तरह से त्रिभुज उसे कहा जाता है जिसके तीन भुजा हों तथा तीनों कोण का योग 180° हो। ये दोनों ही कृत्रिम सम्प्रत्यय के उदाहरण हैं जिनका गणित एवं विज्ञान के क्षेत्र में विशेष महत्त्व है। रोश्च (Rosch, 1973) के अनुसार स्वाभाविक सम्प्रत्यय (natural concept) वैसे सम्प्रत्यय को कहा जाता है जिसके कोई स्पष्ट परिभाषिक गुण (definining features) नहीं होते है, इनका कोई स्पष्ट सीमा-रेखा या किनारा नहीं होता है तथा जिनमें सम्मिलन (inclusiveness) का गुण साधारण स्तर का होता है। सम्मिलन से तात्पर्य सम्प्रत्यय में सम्मिलित किये जाने वाले सदस्यों की संख्या से होती हैं। स्वाभाविक सम्प्रत्यय को एक उदाहरण द्वारा इस प्रकार समझाया जा सकता है। क्या मुर्गी एक जानवर है? यहाँ 'जानवर' एक स्वाभाविक सम्प्रत्यय का उदाहरण है। परन्तु 'जानवर' कहलाने के लिए कौन-कौन परिभाषिक गुणों का होना अनिवार्य है, इसकी कोई निश्चित सीमा नहीं है। स्पष्ट है कि स्वाभाविक सम्प्रत्यय की सीमा रेखा (boundaries) अस्पष्ट होती है। स्वाभाविक सम्प्रत्यय (natural concept) का आधार एक आदिप्ररूप (prototype) होता है। आदिप्ररूप की उत्पत्ति का आधार व्यक्ति की अपनी गत अनुभूतियाँ (experiences) होतीं हैं और कोई भी नया एकांश (items) जो इस श्रेणी के योग्य है, की तुलना व्यक्ति उन अनुभूतियां के साथ करता है। इस तरह के एकांश के गुण अधिक संख्या में यदि आदिप्ररूप (prototype) के साथ मिलते हैं तो बहुत सम्भावना इस बात की होती है कि उसे व्यक्ति 'सम्प्रत्यय' (concept) में शामिल कर लेगा। जैसे, एक स्वाभाविक सम्प्रत्यय (natural concept) 'वस्त्र' को ही लिया जाए। इसमें अधिकतर लोग कमीज, पैजामा, पैन्ट, साड़ी आदि को रखते हैं। लेकिन ऊनी कोर्ट, स्वेटर आदि को इसमें रखे जाने की सम्भावना कम है। ऐसा इसलिए होता है क्योंकि पहली परिस्थिति में सम्मिलित किए गए एकांशों की अधिक-से-अधिक विशेषताएँ 'वस्त्र' के बारे में मौजूद आदिप्ररूप (prototype) में मिलती है परन्तु दूसरी परिस्थिति में सम्मिलित किए गए एकांशों की कम विशेषताएँ 'वस्त्र' के बारे में मौजूद आदिप्ररूप से मिलते हैं। इस उदाहरण से तब यह स्पष्ट होता है कि इस बात का तय किया जाना कि कोई भी एकांश एक दिए हुए स्वाभाविक सम्प्रत्यय (natural concept) में सम्मिलित किया जायेगा या नहीं, एक प्रसम्भाव्य युक्ति (probabilistic strategy) जिसे व्यक्ति अपनाता है, पर निर्भर करता है। जब कोई भी नये एकांश (new items) की समानता किसी श्रेणी के आदिप्ररूप (prototype) से अधिक होती है, तो उस नये एकांश को एक स्वााभाविक सम्प्रत्यय (natural concept) में सम्मिलित किये जाने की सम्भावना तीव्र हो जाती है। अतः यह कहा जाता है कि कोई भी एकांश (item) कम या अधिक मात्रा में किसी श्रेणी के योग्य समझा जाता है और इसी मात्रा के आधार पर इसे एक स्वाभाविक सम्प्रत्यय (natural concept) में सम्मिलित किये जाने की सम्भावना बनी होती है।

उपर्युक्त सामान्य प्रकार के अलावा सम्प्रत्यय (concept) के दो और विशिष्ट प्रकार हैं—साधारण प्रकार (simple concept) तथा जटिल सम्प्रत्यय (comlex concept)। साधारण सम्प्रत्यय वैसे सम्प्रत्यय को कहा जाता है जिसकी एक विशेषता (feature or property) होता है। जैसे, पीला, लाल आदि। जटिल सम्प्रत्यय वैसे सम्प्रत्यय को कहा जाता है जिसे दो या दो से अधिक विशेषताओं के रूप में परिभाषित किया जाता है। जैसे लाल गाय, हरा बल्ब आदि-आदि जटिल सम्प्रत्यय के उदाहरण हैं। इन दोनों में मनोवैज्ञानिकों का ध्यान जटिल सम्प्रत्यय (complex concept) पर अधिक गया है। जिसे उन्होंने निम्नांकित पाँच भागों में बाँटा है—

1. समुच्चयबोधक सम्प्रत्यय *(Conjunctive concept)*—जब किसी वस्तु के दो या दो से अधिक गुणों को जोड़ने पर कोई सम्प्रत्यय (concept) बनता है, तो इसे समुच्चय बोधक सम्प्रत्यय कहा जाता है। **मॉर्गन, किंग** तथा **रॉबिन्सन**[1] (Morgan, King & Robinson, 1981) के अनुसार, *''जब वस्तु या घटना के दो या दो से अधिक गुणों या विशेषताओं के आधार पर किसी सम्प्रत्यय को परिभाषित किया जाय, तो इसे समुच्चयबोधक सम्प्रत्यय कहा जाता है।''* जैसे, भारतीय राष्ट्रपति के पद के उम्मीदवार को (i) भारत का नागरिक होना चाहिए (ii) उसकी उम्र 35 वर्ष से कम नहीं होना चाहिए तथा (iii) उसे किसी कानून की अदालत द्वारा सजा नहीं होनी चाहिए। यहाँ हम पाते हैं कि भारतीय राष्ट्रपति के उम्मीदवार के सम्प्रत्यय को तीन विशेषताओं से जोड़कर परिभाषित किया गया है। अतः यह समुच्चयबोधक सम्प्रत्यय का उदाहरण है।

1. "Conjunctive concepts are defined by a the joint presence of two or more features of objects or events."
—Morgan, King & Robinson : *Inroduction to Psychology,* 1981

2. वियोजक सम्प्रत्यय (*Disjunctive concept*)—जब वस्तुओं की कई विभिन्नताओं के बावजूद भी कोई एक विशेषता ऐसी होती है जिसके कारण उसे एक वर्ग में रखा जाता है, तो ऐसी परिस्थिति में उत्पन्न सम्प्रत्यय को वियोजक सम्प्रत्यय (disjunctive concept) कहा जाता है। **मॉर्गन, किंग** तथा **रॉबिन्सन**[1] (*Morgan, King & Robinson,* 1981) के अनुसार, *''वियोजक सम्प्रत्यय में कई विशेषताओं में से किसी एक विशेषता के कारण ही वस्तु को सम्प्रत्यय के वर्ग में रखा जाता है।''* जैसे, बाघ, चीता, सिंह, भेड़िया चार अलग-अलग पशु हैं और प्रत्येक की अलग-अलग विशेषताएँ हैं। परन्तु इस विभिन्नता के बावजूद भी उनमें एक ऐसी विशेषता है जो समान है और उसके आधार पर उन्हें एक वर्ग यानी जंगली जानवर की श्रेणी में रखते हैं। यहाँ जंगली जानवर का सम्प्रत्यय एक वियोजक सम्प्रत्यय का उदाहरण है।

3. सम्बन्धात्मक सम्प्रत्यय (*Relational concept*)—जैसा कि नाम से ही स्पष्ट है, विशेषताओं के बीच सम्बन्धों (relationship) के आधार पर जो सम्प्रत्यय (concept) बनते हैं उसे सम्बन्धात्मक सम्प्रत्यय (relationship) कहा जाता है। मॉर्गन, किंग तथा रॉबिन्सन (Morgan, King & Robinson, 1981) के शब्दों में, *''सम्बन्धात्मक सम्प्रत्यय गुणों या विशेषताओं के सम्बन्धों के आधार पर बनते हैं।''* दिन प्रतिदिन की जिन्दगी में 'नजदीक', 'दूर', 'छोटा', 'बड़ा', 'भारी', 'हल्का', 'लम्बा' आदि का सम्प्रत्यय सम्बन्धात्मक सम्प्रत्यय का उदाहरण है। उदाहरणार्थ, 'प्रिन्सिपल' कॉलेज में सबसे बड़ा पद है, यहाँ 'बड़ा' एक सम्बन्धात्मक सम्प्रत्यय का उदाहरण है।

4. प्रतिबंधित सम्प्रत्यय (*Conditional concept*)—प्रतिबंधित सम्प्रत्यय से तात्पर्य वैसे सम्प्रत्यय से होता है जो ''अगर...तब'' (If ... then) जैसे वाक्य संरचनाओं से घिरे होते हैं। स्पष्टतः इसका मतलब यह हुआ कि ऐसे सम्प्रत्यय का निर्माण तब होता है जब इसमें उल्लेखित शर्त पूरा हों। जैसे, यदि कोई प्रयोगकर्ता अपने प्रयोग में यह शर्तबद्ध कथन देता है कि सम्प्रत्यय कहलाने के लिए अगर कोई वस्तु काला है तब उसे आयताकार भी होना आवश्यक है तो ऐसा सम्प्रत्यय, प्रतिबंधित सम्प्रत्यय (conditional concept) का उदाहरण होगा।

5. द्विप्रतिबंधित सम्प्रत्यय (*Biconditional concept*)—जैसा कि नाम से ही स्पष्ट है, इस तरह के सम्प्रत्यय का निर्माण दोहरे शर्त वाले वाक्य संरचनाओं से होता है। प्रायः ऐसे वाक्य की शुरूआत (If and only if) (अगर और सिर्फ अगर) से प्रारम्भ होते हैं। जैसे, यदि कोई प्रयोगकर्त्ता प्रयोग के दौरान यह दोहरा शर्त्त रखते हुए कहता है कि कोई भी काला वस्तु को सम्प्रत्यय (concept) तभी कहा जाएगा जब वह वस्तु सिर्फ कैवल आयताकार हो तो यह द्विप्रतिबंधित सम्प्रत्यय का उदाहरण होगा। इस उदाहरण से तब यह भी स्पष्ट हो जाता है कि सभी काले वस्तु जो वर्गाकार (square) नहीं हैं, तथा सभी वर्गाकार वस्तुएँ जो काला नहीं हैं, सम्प्रत्यय के श्रेणी से बाहर होंगे।

स्पष्ट हुआ कि सम्प्रत्यय के कई प्रकार हैं। इनमें से साधारण तथा समुच्चयबोधक सम्प्रत्यय का सीखना काफी आसान है तथा प्रतिबन्धित एवं द्विप्रतिबन्धित सम्प्रत्यय का सीखना काफी कठिन है। इस तथ्य का प्रयोगात्मक सत्यापन बोर्न (Bourne, 1974) के अध्ययन से हो चुका है।

सम्प्रत्यय निर्माण को प्रभावित करने वाले कारक
(Factors Influencing Concept Formation)

जैसा कि हम जानते हैं, विशेषताओं या गुणों का किसी विशेष नियम द्वारा सम्बन्धित होने से जो संकल्पना उत्पन्न होती है उसे सम्प्रत्यय (concept) कहा जाता है। अतः सम्प्रत्यय निश्चित रूप से वस्तुओं के सामान्य गुणों या विशेषताओं का एक प्रतीकात्मक संरचना (symbolic construction) है। जैसे, चार पैर, पूँछ तथा भौंकना गुणों से एक विशेष सम्प्रत्यय यानी कुत्ता बनता है जिसमें इस तीनों गुणों का एक प्रतीक (symbol) मिलता है।

सम्प्रत्यय के निर्माण में या इसे सीखने में मनोवैज्ञानिकों ने दो तरह की प्रक्रियाओं (processess) को महत्त्वपूर्ण बतलाया है—पृथक्करण (abstraction) तथा सामान्यीकरण (generalization)। पृथक्करण की प्रक्रिया एक तरह की विश्लेषणात्मक प्रक्रिया (analytical process) है जिसके आधार पर भिन्न-भिन्न वस्तुओं का एक ऐसे सामान्य गुण अलग कर लिया जाता है जिसके आधार पर सम्प्रत्यय (concept) विकसित हो जाता है। उदाहणार्थ, सेब, नारंगी, लीची तथा आम सभी एक ही वर्ग अर्थात 'फल' के सदस्य हैं। अतः इन चारों वस्तुओं से एक सामान्य गुण का पृथक्करण

1. "In a disjunctive concept, any one of the several properties puts an object in the class of an object."
—Morgan, King & Robinson : *Ibid*

(abstraction) करके 'फल' का सम्प्रत्यय विकसित किया गया। मनुष्यों तथा पशुओं दोनों ही द्वारा सम्प्रत्यय के सीखने में इस प्रक्रिया के सहारा लिया जाता है। सम्प्रत्यय सीखने में एक दूसरी प्रक्रिया जिसे सामान्यीकरण (generalization) की प्रक्रिया कहा जाता है, भी होता है। यह प्रक्रिया पृथक्करण की प्रक्रिया के बाद उत्पन्न होती है। इस प्रक्रिया में व्यक्ति अलग किये गये गुण या विशेषता को उन सभी वस्तुओं में होने की उम्मीद करता है, जो उस वर्ग के होते हैं। जैसे, यदि किसी बच्चे को कुत्ता काट लेता है तो बच्चा प्रत्येक कुत्ता में 'काटने' का गुण होने की उम्मीद करता है।

सम्प्रत्यय का विकास या उसके सीखने में इन दोनों प्रक्रियाओं का सक्रिय योगदान होता है। मनोवैज्ञानिकों ने अपने प्रयोगों के आधार पर इस तरह के कई कारकों (factors) को बतलाया है, जिससे सम्प्रत्यय सीखने (concept learning) की प्रक्रिया प्रभावित होती है। ऐसे कुछ कारकों का वर्णन निम्नांकित हैं—

1. स्थानान्तर *(Transfer)*—सम्प्रत्यय विकास (concept development) पर स्थानान्तरण (transfer) का काफी प्रभाव पड़ता है। वर्तमान सम्प्रत्यय को सीखने में पहले सीखे गये सम्प्रत्यय के प्रभाव को स्थानान्तरण (transfer) कहा जाता है। इस तरह का स्थानान्तरण दो तरह का होता है—धनात्मक स्थानान्तरण (positive transfer) तथा **ऋणात्मक स्थानान्तरण** (negative transfer)। पहले सीखे गये सम्प्रत्यय के समान सम्प्रत्यय को यदि व्यक्ति सीख रहा है तो वैसी परिस्थिति में वर्तमान सम्प्रत्यय को सीखने में मदद मिलती है और इसे धनात्मक स्थानान्तरण कहा जाता है। जैसे, यदि व्यक्ति पहले कई वियोजक नियम (disjunctive rule) द्वारा सम्प्रत्यय सीख चुका है। (यानी, पहले वह वियोजक सम्प्रत्यय सीख चुका है) और वर्तमान सम्प्रत्यय भी उसी प्रकार का है तो उसे इसे सीखने में मदद मिलेगी। दूसरी तरफ यदि पहले सीखे गये सम्प्रत्ययों से वर्तमान सम्प्रत्यय को सीखने में बाधा पहुँचती है तो इसे ऋणात्मक स्थानान्तरण कहा जाता है। खासकर जब किसी वस्तु की विशेषताएँ पहले सीखी गयी सम्प्रत्यय की विशेषताओं के समान लगती है परन्तु वास्तव में वे आपस में किसी दूसरे नियम (rule) से सम्बन्धित होते हैं तो ऐसी परिस्थिति में व्यक्ति को नये सम्प्रत्यय सीखने में बाधा पहुँचती है।

2. विभिन्नता *(Distinctiveness)*—कुछ वस्तुएँ ऐसी होतीं हैं जिनसे किसी सामान्य विशेषता (common feature) को ढूँढ़ निकालना आसान होता है क्योंकि वे बहुत ही स्पष्ट एवं भिन्न (distinct) होते हैं। इस तरह की सामान्य विशेषता के आधार पर किसी सम्प्रत्यय को सीखना काफी आसान हो जाता है। दूसरी तरफ कुछ वस्तुएँ ऐसी होती हैं जिनसे किसी सामान्य विशेषता (common feature) का पृथक्करण (abstract) आसानी से नहीं किया जा सकता है क्योंकि सामान्य विशेषता अन्य विशेषताओं के साथ इस तरह घुले-मिले होते हैं कि उन्हें अलग करना कठिन होता है। दूसरे शब्दों में, इस तरह की सामान्य विशेषता में विभिन्नता (distinctiveness) का गुण अधिक नहीं होता है। फलस्वरूप, इसके आधार पर किसी सम्प्रत्यय (concept) को सीखना कठिन हो जाता है। **मॉर्गन, किंग** तथा **रॉबिन्सन**[1] (Morgan, King & Robinson, 1981) ने कहा है, *''कोई भी चीज जो सम्प्रत्यय की सामान्य विशेषताओं को स्पष्ट करता है, से सम्प्रत्यय सीखने में मदद मिलती है। कोई भी चीज जो इन सामान्य विशेषताओं को छिपा लेता है या असंगत विस्तृति (irrelevant details) में छिपा लिया जाता है, से सम्प्रत्यय सीखने की प्रक्रिया मंदित हो जाती है।''*

3. सामग्रियों में जोड़-तोड़ करने की क्षमता *(Ability to manipulate materials)*—यदि व्यक्ति में सामान्य विशेषताओं (common features) से सम्बन्धित सामग्रियों को पहचानने तथा पुनर्व्यवस्थित करने (rearrange) की क्षमता अधिक होती है, तो इससे सम्प्रत्यय सीखने की प्रक्रिया तेजी से होती है। दूसरी तरफ यदि किसी व्यक्ति में ऐसी क्षमता नहीं होती है तो सम्प्रत्यय सीखने की प्रक्रिया मंदित हो जाती है। ब्रुनर, गुडनाऊ तथा अस्टीन (Bruner, Goodnow & Austin, 1956) ने 81 उद्दीपकों के आधार पर सम्प्रत्यय सीखने का जो प्रयोग किया है, इससे यह बिलकुल ही स्पष्ट हो जाता है। उनके जिन सहभागियों में उक्त क्षमता थी, वे काफी कम समय में सम्प्रत्यय को असानी से सीख गये थे। परन्तु जिन सहभागियों में ऐसी क्षमता नहीं थी, उन्होंने सम्प्रत्यय सीखने में काफी समय लिया।

4. निर्देशात्मक वृत्ति *(Instructional set)*—मनोवैज्ञानिकों ने अपने प्रयोगों के आधार पर यह साबित कर दिया है कि जब सहभागी को दी गयी सामग्रियों में सामान्य तत्त्व (common element) की खोज करने का निर्देश

1. "Anything that makes the common properties of the concept stand out aids concept attainment; anything that obscured these properties or embeds them in irrelevant details retards concept attainment."

—Morgan, King & Robinson : *Introduction to Psychology,* 1981, p. 182

(instruction) दिया जाता है, तो इससे सम्प्रत्यय को सीखने में काफी मदद मिलती है और व्यक्ति इसे जल्दी सीख लेता है। दूसरी तरफ जब सहभागी को इस तरह का निर्देशन नहीं दिया जाता है तो सम्प्रत्यय को सीखने में काफी कठिनाई होती है और व्यक्ति बहुत धीरे-धीरे सम्प्रत्यय को सीखता है। सच्चाई यह है कि इस तरह के निर्देश देने से व्यक्ति में एक विशेष तत्परता या वृत्ति (set) उत्पन्न हो जाती है जो उसे समस्या का समाधान करने में मदद करती है।

5. संगत उपलब्ध सूचनाएँ *(Relevant available information)*—लॉघलिन (Laughlin 1973) ने अपने प्रयोगों के आधार पर बतलाया है कि सम्प्रत्यय को सीखते समय यदि सभी उचित एवं संगत सूचनाएँ (relevent information) व्यक्ति के सामने एक साथ रखी जाती है, तो इससे व्यक्ति सम्प्रत्यय (concept) को जल्द सीख लेता है। परन्तु ऐसी सूचनाओं को यदि एक-एक करके व्यक्ति के सामने दिया जाता है तो वैसी परिस्थिति में सम्प्रत्यय सीखने में उसे कठिनाई होती है। उदाहरणार्थ, यदि किसी व्यक्ति को कोयल का सम्प्रत्यय सीखने के लिए संगत सूचनाएँ जैसे, 'दो पैर', 'दो डायना', 'एक चोंच', 'काला रंग', 'गाने की क्षमता' आदि को एक साथ दे दें, तो वह आसानी से इस सम्प्रत्यय को सीख लेगा। दूसरी तरफ जब इन्हीं सूचनाओं को एक साथ न देकर बारी-बारी से दें तो स्वभावतः 'कोयल' का सम्प्रत्यय सीखने में कठिनाई होगी। सम्प्रत्यय निर्णय पर असंगत गुणों (irrelevant attribute) का भी प्रभाव पड़ता है। जब असंगत गुणों की संख्या बढ़ जाती है, तो व्यक्ति इसी पर अधिक ध्यान देने लगता है तथा संगत गुणों की उपेक्षा करने लगता है। अतः वह एक अधिक अर्थहीन प्राक्कल्पना विभूषित कर लेता है।

6. नियम का स्वरूप *(Nature of rule)*—जैसा कि हम जानते हैं, भिन्न-भिन्न विशेषताएँ जब आपस में किसी नियम द्वारा सम्बन्धित हो जाते हैं, तो इससे सम्प्रत्यय का निर्माण होता है। मनोवैज्ञानिकों ने अपने प्रयोगों के आधार पर यह दिखलाया है कि इन विशेषताओं को आपस में सम्बन्धित करनेवाले नियम जब सरल (simple) होते हैं, तो सम्प्रत्यय को जल्द सीख लिया जाता है। दूसरी तरफ जब ऐसे नियम जटिल (complex) होते हैं, तो इससे सम्प्रत्यय का सीखना कठिन हो जाता है। निस्सर तथा विनी (Neisser & Weene, 1962) ने अपने अध्ययन के आधार पर यह बतलाया है कि सरल सम्प्रत्यय (simple concept) का सीखना समुच्चयबोधक सम्प्रत्यय (conjunctive concept) को सीखने से इसी कारण आसान होता है। बोर्न (Bourne, 1967) ने नियम की जटिलता के कारण ही वियोजक सम्प्रत्यय (disjunctive concept) का सीखना समुच्चयबोधक सम्प्रत्यय (conjunctive concept) के सीखने से आसान माना है। अतः मनोवैज्ञानिकों का सामान्य निष्कर्ष यही रहा है कि जैसे-जैसे विशेषताओं को अर्थपूर्ण ढंग से आपस में जोड़ने वाले नियम जटिल होते चले जाते हैं वैसे-वैसे सम्प्रत्यय सीखने में कठिनाई बढ़ती जाती है।

7. शब्द भंडार *(Vocabulary)*—सम्प्रत्यय सीखने की प्रक्रिया व्यक्ति के शब्द-भण्डार द्वारा भी प्रभावित होती है। जब किसी व्यक्ति का शब्द-भण्डार बड़ा होता है, तो वह आसानी से भिन्न-भिन्न शब्दों का अर्थ समझ जाता है और इन शब्दों के आधार पर सामान्य विशेषताओं को आसानी से वह पृथक्करण (abstraction) कर लेता है। अतः जिन व्यक्तियों का शब्द-भण्डार बड़ा होता है, वह किसी सम्प्रत्यय (concept) को आसानी से सीख लेता है। दूसरी तरफ जिन व्यक्तियों में शब्द-भण्डार कम होता है, उन्हें शब्दों को समझने तथा उससे सामान्य विशेषताओं को पृथक्करण करने में काफी कठिनाई होती है। अतः ऐसे व्यक्तियों द्वारा सम्प्रत्यय सीखना मंदित गति से होता है।

8. धनात्मक एवं ऋणात्मक उदाहरण *(Positive and Negative instances)*—सम्प्रत्यय निर्माण धनात्मक उदाहरण तथा ऋणात्मक उदाहरण द्वारा भी प्रभावित होता है। धनात्मक उदाहरण से तात्पर्य वैसे उदाहरण से होता है जो सीखे जाने वाले सम्प्रत्यय (concept) का एक सही उद्धरण होता है। ऋणात्मक उदाहरण से तात्पर्य वैसे उदाहरण से होता है जो सीखे जाने वाले सम्प्रत्यय का एक गलत एवं अनुपयुक्त उद्धरण होता है। स्मोक (Smoke, 1932) ने सबसे पहले एक प्रयोग कर यह दिखलाया कि सम्प्रत्यय निर्माण में ऋणात्मक उदाहरण बिलकुल ही अर्थहीन साबित होता है। प्रश्न यह उठता है कि ऋणात्मक उदाहरण सम्प्रत्यय निर्माण में इतना बेकार एवं महत्त्वपूर्ण क्यों साबित होता है। होभलैंड एवं विस्स (Hovland & Weiss, 1953) का मत है कि ऐसा इसलिए होता है क्योंकि धनात्मक उदाहरण (positive examples) ऋणात्मक उदाहरण (negative examples) की तुलना में संप्रत्यय निर्माण में सीखने वाले व्यक्ति को अधिक संगत सूचनाएँ प्रदान करता है। होभलैंड एवं विस्स (Hovland & Weiss, 1953) ने अपने प्रयोग में यह कोशिश किया कि धनात्मक एवं ऋणात्मक उदाहरणों द्वारा समान ढंग की सूचना सीखने वालों की दी जाय। इस तरह की समानता की परिस्थिति होने के बावजूद भी धनात्मक उदाहरण वाले परिस्थिति के 100% प्रयोज्यों या सहभागियों ने सम्प्रत्यय को सीख लिया जबकि ऋणात्मक उदाहरण वाले परिस्थिति के मात्र 17% प्रयोज्यों ने ही सम्प्रत्यय को सीखा। होभलैण्ड एवं विश के अनुसार ऋणात्मक उदाहरण इसलिए कठिन होता है क्योंकि व्यक्ति ऐसी सूचनाओं का सही उपयोग नहीं कर पाते हैं।

फ्रिवर्गस एवं दुलभिग (Friebergs & Tulving, 1961) ने अपने प्रयोग में पाया कि व्यक्ति नकारात्मक या ऋणात्मक उदाहरण (negative examples) से सम्प्रत्यय सीखना (concept learning) में फायदा तब उठाता है जब उसे इसमें कुछ प्रशिक्षण दिया जाता है।

9. पर्यावरणी चर (*Environmental variables*)—मनोवैज्ञानिकों द्वारा किये गये अध्ययनों से यह स्पष्ट हुआ कि सम्प्रत्यय निर्माण पर पर्यावरणी चरों का भी प्रभाव पड़ता है। मनोवैज्ञानिकों ने यह प्रश्न उठाया कि जब व्यक्ति सम्प्रत्यय (concept) को अकेले में नहीं बल्कि अन्य लोगों की उपस्थिति में सीखने की कोशिश करता है तो इसका प्रभाव सम्प्रत्यय सीखने पर काफी पड़ता है। प्रायः सम्प्रत्यय सीखने के प्रयोग में प्रयोज्य को कुछ आकृति दिया जाता है और उनके प्रति वह एक अनुक्रिया करता है और प्रयोगकर्त्ता उसे यथार्थता के अनुसार 'सही' या 'गलत' कहता है। प्रायः यह एकान्त परिस्थिति होती है। परन्तु जब उसे यही कार्य अन्य व्यक्तियों के बीच में यदि करना होता है तो इसका प्रभाव सम्प्रत्यय सीखना पर क्या पड़ता है? इस सिलसिले में कुछ अध्ययन हैं जो इस पर प्रकाश डालते हैं। लॉघलिन तथा उनके सहयोगियों (Laughlin et al, 1972) ने एक प्रयोग किया जिसमें प्रयोज्यों के दो समूह लिए गए—प्रयोगात्मक समूह (experimental group) तथा नियन्त्रित समूह (control group)। प्रयोगात्मक समूह के प्रयोज्य जब सम्प्रत्यय सीखने की समस्या का समाधान कर रहे थे तो उनका विडियो रेकॉर्डिंग किया गया। प्रयोगकर्त्ताओं के अनुसार ऐसी परिस्थिति प्रयोज्यों में तनाव उत्पन्न करने वाली थी क्योंकि सम्प्रत्यय सीखते समय अन्य लोगों की उपस्थिति उसमें एक तरह का विकर्षण (distraction) उत्पन्न कर रहा था। नियंत्रित परिस्थिति में प्रयोज्यों द्वारा सम्प्रत्यय सीखने से सम्बन्धित समस्या का समाधान करते समय उनका विडियो रेकार्डिंग नहीं किया गया। प्रयोगकर्त्ताओं ने प्रयोग में दो तरह के आश्रित चरों (dependent variables) का उपयोग किये थे—समाधान करने में लगे प्रयासों (trials) की संख्या तथा प्रयोज्यों द्वारा गलत प्राक्कल्पनाओं (incorrect hypothesis) का निर्माण। परिणाम में पाया गया कि यद्यपि दोनों समूह के प्रयोज्यों द्वारा सम्प्रत्यय सीखने में लगभग एक समान ही प्रयास लिए गये परन्तु प्रयोगात्मक समूह के प्रयोज्यों द्वारा नियन्त्रित समूह के प्रयोज्यों की तुलना में गलत प्राक्कल्पना अधिक संख्या में बनाये गए जिससे उनका सम्प्रत्यय विकास अधिक प्रभावित हुआ।

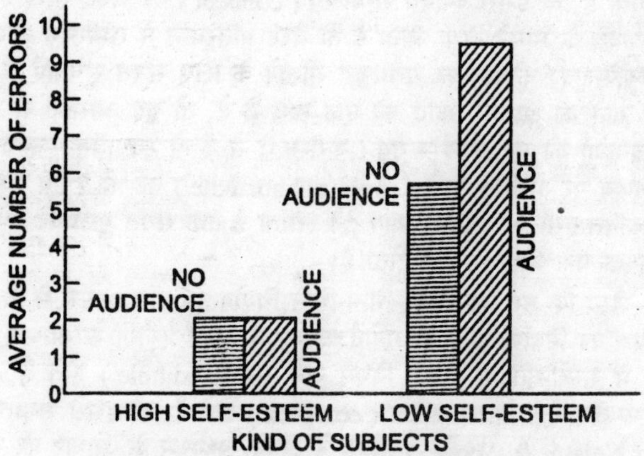

चित्र 8.8 : सम्प्रत्यय निर्माण पर पर्यावरणी चरों के प्रभाव का अध्ययन (शराऊगर पर आधृत)

सम्प्रत्यय निर्माण में पर्यावरणी चरों के महत्त्व को दिखलाने के लिए शराऊगर (Sharugar, 1972) ने भी एक महत्त्वपूर्ण प्रयोग किया है। इस प्रयोग में सम्प्रत्यय निर्माण कार्य (concept formation task) दो तरह की परिस्थिति में किया गया। कुछ प्रयोज्यों ने सम्प्रत्यय निर्माण कार्य एकान्त परिस्थिति में किये तथा कुछ प्रयोज्यों ने यही कार्य अन्य लोगों की उपस्थिति में किये। प्रयोगकर्त्ता ने सहभागियों के आत्म-सम्मान (self-esteem) को मापकर उनके दो श्रेणी किये—उच्च आत्म सम्मान (high self-esteem) वाले सहभागी या प्रयोज्य तथा निम्न आत्म-सम्मान (low self-esteem) वाले प्रयोज्य। अतः इस प्रयोग में दो तरह के स्वतन्त्र चर (independent variable) थे—अन्य व्यक्तियों की उपस्थिति तथा अनुपस्थिति (एकान्त) की अवस्था एवं उच्च-आत्म सम्मान तथा निम्न-आत्म सम्मान वाले सहभागी। परिणाम में जैसा कि चित्र 8.8 में दिखलाया गया है, उच्च आत्म-सम्मानी प्रयोज्यों द्वारा निम्न आत्म-सम्मानी प्रयोज्यों की तुलना में उत्तम निष्पादन (performance) दिखलाया गया क्योंकि इनके द्वारा की गयी त्रुटियों की औसत संख्या कम थी। परन्तु अन्य लोगों की उपस्थिति तथा अनुपस्थिति का प्रभाव इन दोनों तरह के प्रयोज्यों पर निम्न पाया गया। (चित्र 8.8 में देखें)। ऐसे प्रयोज्य जिनमें आत्म-सम्मान अधिक था, पर इस बात का कोई प्रभाव नहीं पड़ा कि सम्प्रत्यय की समस्या का समाधान करते समय कोई दूसरा व्यक्ति उन्हें देख रहा है या नहीं। परन्तु वैसे प्रयोज्य जिनमें आत्म-सम्मान की कमी थी, द्वारा सम्प्रत्यय की समस्या का समाधान करने में अधिक त्रुटियाँ उस परिस्थिति की गयी जब उन्होंने यह देखा कि उनके कार्य को अन्य लोगों द्वारा देखा जा रहा है।

स्पष्ट हुआ कि सम्प्रत्यय सीखना या उनका निर्माण कई कारकों द्वारा प्रभावित होता है। इन कारकों पर ध्यान देकर सम्प्रत्यय सीखने की प्रक्रिया को अधिक प्रभावी बनाया जा सकता है।

सम्प्रत्यय सीखना की विधि
(Methods or Procedures of Concept Learning)

सम्प्रत्यय सीखना के क्षेत्र में किये गए प्रयोगों का अवलोकन करने से यह स्पष्ट होता है कि सम्प्रत्यय सीखना या निर्माण में मुख्यतः दो तरह की विधियों का उपयोग किया जाता है जो निम्नांकित हैं—

1. प्राप्ति या ग्रहण विधि (Method of reception)
2. चयन विधि (Method of selection)

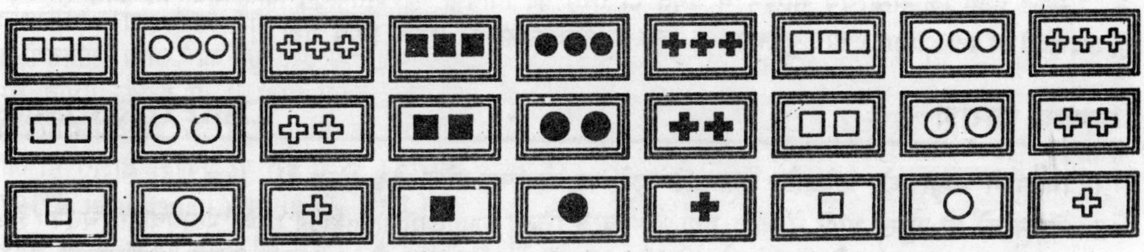

चित्र 8.9 : सम्प्रत्यय सीखना कार्य में व्यवहृत उद्दीपक (ब्रुनर, गुडनाऊ एवं अस्टीन पर आधृत)

इन दोनों विधियों का वर्णन निम्नांकित है—

1. प्राप्ति या ग्रहण विधि (*Method of reception*)—इस विधि में सहभागियों या प्रयोज्यों को एक-एक करके उन सारे उद्दीपकों या वस्तुओं को दिये जाते हैं जिनके आधार पर उन्हें सीखना है। प्रत्येक बार उद्दीपक या वस्तु के देने के तुरन्त बाद प्रयोज्य को यह बतलाना होता है कि क्या वह वस्तु सम्प्रत्यय का उदाहरण है या नहीं। प्रयोज्य द्वारा किये गये निर्णय के बाद प्रयोगकर्त्ता उन्हें यह बतला देता है कि उनके द्वारा लिया गया निर्णय सही था या गलत। इस तरह से प्रयास तब तक दिये जाते हैं जबतक कि वह सही सम्प्रत्यय (correct concept) को विकसित नहीं कर लेता है। इस विधि का सफलतापूर्वक उपयोग लेभाईन (Levine, 1963) तथा कोल्थाहार्ट (Coltharart, 1971) के प्रयोगों में देखने को मिलता है।

प्राप्ति या ग्रहण विधि की सबसे प्रमुख विशेषता यह है कि जो उद्दीपक या वस्तु के आधार पर सम्प्रत्यय विकसित होना है उस पर एक मात्र नियन्त्रण सिर्फ प्रयोगकर्त्ता (experiments) का होता है। क्योंकि प्रत्येक बार वह अपनी स्वेच्छा से कोई भी उद्दीपक को व्यक्ति के सामने उपस्थित कर सकता है। उसका विशेष फायदा यह होता है कि यदि प्रयोज्य को सीखे जाने वाले सम्प्रत्यय के बारे में पहले से मन में कोई प्राक्कल्पना (hyptotheses) हो, तो वह उसकी जाँच करने में असमर्थ रहता है क्योंकि संगत वस्तु या उद्दीपक (relevant object or stimulus) को उपस्थित करना तो उनके हाथ में न होकर प्रयोगकर्त्ता के हाथ में होता है।

2. चयन विधि (*Method of selection*)—इस विधि द्वारा सम्प्रत्यय निर्माण या सम्प्रत्यय सीखने में प्रयोज्यों को सारे उद्दीपक या वस्तु जिनके आधार पर सम्प्रत्यय सीखना होता है, प्रयोज्य या सहभागी को दिया जाता है और प्रयोज्य उनमें से उन वस्तुओं या उद्दीपकों का चयन करता है जिन्हें वह सम्प्रत्यय का एक संगत उदाहरण (relevant example) समझता है। प्रयोगकर्त्ता इसके बाद उन्हें यह बतला देता है कि उनके द्वारा चयनित वस्तु सही है या गलत है। इस तरह के चयन की प्रक्रिया से इस विधि द्वारा व्यक्ति सम्प्रत्यय को सीखता है। इस विधि का उत्तम उपयोग ब्रुनर, गुडनाऊ एवं अस्टीन (Bruner, Goodnow & Austin, 1956) द्वारा किया गया एक बहुचर्चित प्रयोग में मिलता है। इस प्रयोग में जो उद्दीपक का उपयोग किया गया था, वे आपस में चार गुणों के ख्याल से एक-दूसरे से भिन्न थे—आकार (shape), रंग (colour), वस्तुओं की संख्या (number of objects) तथा किनारा की संख्या (number of boarders)। प्रत्येक गुण (feature) के तीन-तीन प्रकार थे। अतः इस प्रयोग में कुल उद्दीपकों की संख्या $3 \times 3 \times 3 \times 3 = 81$ थे (देखें चित्र 8.9)। इस तरह से तीन आकार (shape) के वस्तुएँ थीं—वर्गाकार, वृत्तीय एवं जोड़ आकारीय। रंगों के तीन प्रकार थे—लाल, काला तथा हरा; वस्तुओं की संख्या भी तीन तरह से परिवर्तित होती थी—किसी आकृति में तीन वस्तु, किसी में दो तथा

किसी में एक वस्तु होती थी; किनारा की संख्या भी तीन तरह से परिवर्तित होती थी—किस आकृति में तीन किनारा की रेखा थी, किसी में दो तथा किसी में एक। इस प्रयोग में प्रयोज्यों से यह कहा गया कि इन सभी उद्दीपकों में से विभिन्न उद्दीपकों के संयोग (combination) से मिलाकर कुछ सम्प्रत्यय का निर्माण होता है। उन्हें इनमें से ऐसे उद्दीपकों का चयन करके उन सम्प्रत्ययों का पता लगाना था। इस तरह से प्रयोज्य इन सभी 81 उद्दीपकों में से अपनी समझ से ऐसे उद्दीपक को चुनता था और चयन के बाद प्रयोगकर्त्ता उनके द्वारा चयनित उद्दीपक को 'सही' या 'गलत' (जैसा भी हो) कहता था।

इस विधि द्वारा सम्प्रत्यय सीखने का विशेष लाभ यह है कि इसमें प्रयोज्य अपनी समझ से वैसे वस्तुओं का चयन कर सकता है जिससे वह सम्प्रत्यय के बारे में विभिन्न प्राक्कल्पनाओं (hypotheses) की जाँच कर सकता है। इससे प्रयोगकर्त्ता को भी प्रयोज्य द्वारा चयनित उद्दीपक के आधार पर यह पता चल जाता है कि उसके (प्रयोज्य) के मन में सम्प्रत्यय के बारे में किस तरह का प्राक्कल्पना (hypotheses) विकसित हुआ है।

स्पष्ट हुआ कि सम्प्रत्यय सीखने में उक्त दो तरह की विधियों का प्रतिपादन किया गया है। इनमें से चयन विधि (method of selection) द्वारा तुलनात्मक रूप से अधिक सफल प्रयोग किये गये हैं।

अध्याय सारांश — CHAPTER SUMMARY

1. चिंतन में सम्प्रत्ययों, प्रतिज्ञप्ति तथा प्रतिमाओं का मानसिक जोड़-तोड़ होता है।
2. चिंतन को दो प्रमुख भागों में बाँटा गया है—स्वली चिंतन (autistic thinking) तथा यथार्थवादी चिंतन (realistic thinking)। यथार्थवादी चिंतन को भी तीन प्रकारों में बाँटा गया है—अभिसारी चिंतन, सर्जनात्मक चिंतन तथा आलोचनात्मक चिंतन।
3. चिन्तन एवं कल्पना दोनों ही एक उच्चतर मानसिक प्रक्रिया है फिर भी इन दोनों में कम-से-कम पाँच बिंदुओं पर अंतर अवश्य है।
4. चिंतन में भाषा का महत्त्व स्पष्ट रूप से दिखलाया गया है। इस सिलसिले में ओर्फ (Whorf, 1956) तथा ब्रुनर (Bruner, 1964) एवं वर्नस्टीन (Bernstein, 1958) का योगदान काफी प्रशंसनीय है।
5. चिंतन में वृत्ति (set) या मानसिक तत्परता का विशेष महत्त्व होता है। मनोवैज्ञानिक अध्ययनों से यह स्पष्ट हुआ है कि समस्या समाधान या चिंतन में मानसिक तत्परता का लाभकारी (advantageous) तथा अलाभकारी (disadvantageous) दोनों ही प्रभाव पड़ता है।
6. चिंतन में प्रयत्न एवं त्रुटि (trial and error) का भी महत्त्व बतलाया गया है। चिंतन में प्रतिमाओं (images) की भी पर्याप्त भूमिका होती है।
7. चिंतन के सिद्धान्त मुख्य रूप से दो हैं—केन्द्रीय सिद्धान्त (central theory) तथा परिधीय सिद्धान्त या गति सिद्धान्त (periphery theory or motor theory)।
8. मनोवैज्ञानिकों ने सम्प्रत्यय (concept) को परिभाषित करते हुए कहा है कि कुछ नियम द्वारा गुणो का आपस में मिलना ही सम्प्रत्यय कहलाता है।
9. सम्प्रत्यय के कई प्रकार हैं जिनमें पाँच प्रकार अधिक लोकप्रिय है।
10. सम्प्रत्यय निर्माण कई कारकों द्वारा प्रभावित होता है जिनमें नौ कारकों को अधिक महत्त्वपूर्ण बतलाया गया है।
11. सम्प्रत्यय सीखना की दो विधियाँ (methods) हैं—प्राप्ति या ग्रहण विधि तथा चयन विधि।

❑

अध्याय 9

सर्जनात्मकता तथा निर्णय प्रक्रिया
(CREATIVITY AND DECISION-MAKING)

सर्जनात्मकता तथा निर्णय प्रक्रिया (Definition and Nature of Creativity)

सर्जनात्मकता चिन्तन (creative thinking) चिन्तन का एक प्रमुख पहलू है। सर्जनात्मक चिन्तन को कई अर्थों में प्रयोग किया गया है। हरलॉक (Hurlock) ने सर्जनात्मक चिन्तन के क्षेत्र में किये गये शोधों (researches) एवं अध्ययनों की समीक्षा (review) करके बतलाया कि सर्जनात्मक चिन्तन को मनोवैज्ञानिकों ने आठ अर्थों में प्रयोग किया है। सर्जनात्मक चिन्तन (creative thinking) का सबसे लोकप्रिय अर्थ (popular meaning) गिलफोर्ड (Guilford, 1967) द्वारा बतलाया गया है। इन्होंने चिन्तन को दो भागों में बाँटा है—

अभिसारी चिन्तन (Convergent thinking) एवं अपसारी चिन्तन (Divergent thinking)।

अभिसारी चिन्तन में व्यक्ति दिये गये तथ्यों के आधार पर किसी सही निष्कर्ष पर पहुँचने की कोशिश करता है। इस तरह के चिन्तन में व्यक्ति एक रूढ़िवादी तरीका (conventional path) अपना कर अर्थात् समस्या-सम्बन्धी दी गयी सूचनाओं के आधार पर उसका समाधान करता है। अपसारी चिन्तन (divergent thinking) में व्यक्ति भिन्न-भिन्न दिशाओं में चिंतन कर समस्या का समाधान करने-सा कोशिश करता है। जब वह भिन्न-भिन्न दिशाओं में चिन्तन करता है तो स्वभावतः वह समस्या के कई सम्भावित उत्तरों पर सोचता है और अपनी ओर से कुछ नये एवं मूल (original) चीजों को जोड़ने की कोशिश करता है। इस तरह के चिन्तन की एक और विशेषता यह है (जो इसे अभिसारी चिन्तन से अलग करता है) कि इसमें व्यक्ति आसानी से एक पूर्व सुनिश्चित कदमों के अनुसार चिन्तन नहीं कर पाता है (क्योंकि उसे कुछ नया एवं मूल चिन्तन करना होता है)। परन्तु अभिसारी चिन्तन (convergent thinking) में व्यक्ति बहुत आसानी से एक पूर्व निश्चित क्रम (sequence) में चिन्तन कर लेता है। मनोवैज्ञानिकों ने अपसरण चिन्तन (divergent thinking) को सर्जनात्मक चिन्तन (creative thinking) के तुल्य माना है। ऐसे तो सर्जनात्मक चिन्तन को कई मनोवैज्ञानिकों ने परिभाषित किया है परन्तु अधिकतर परिभाषाएँ संक्षिप्त होने के कारण सर्जनात्मक चिन्तन की व्याख्या ठीक ढंग से नहीं कर पायी है। सर्जनात्मक चिन्तन की सबसे उचित एवं विस्तृत (comprehensive) परिभाषा ड्रेवडाल[1] (Drevdohl, 1956) ने दी है जो इस प्रकार है—

"सर्जनात्मक चिन्तन या सर्जनात्मकता व्यक्तियों की उस क्षमता को कहा जाता है जिससे वह कुछ ऐसी नयी चीजों, रचनाओं (compositions) या विचारों को पैदा करता है जो नया होता है एवं जो पहले से उसे ज्ञात नहीं होता है। यह एक काल्पनिक क्रिया या चिन्तन संश्लेषण (thought synthesis) हो सकता है... इसमें गत अनुभूतियों से उत्पन्न सूचनाओं का एक नया पैटर्नस और सम्मिश्रण (combination) सम्मिलित हो सकता है...यह निश्चित रूप से उद्देश्यपूर्ण या लक्ष्य निर्देशित होता है न कि एक निराधार स्वप्न चित्र (idle fantasy) होता है...यह कलात्मक, साहित्यिक या वैज्ञानिक रचना के रूप में हो सकता है।"

1. "Creative thinking or creativity is the capacity of persons to produce compositions, products or ideas of any sort which are essentially new or novel and previously unknown to the producer. It can be imaginative activity or thought synthesis....it may involve the information of new patterns and combination of informations derived from past experiences...it must be purposeful or goal-directed, not idle fantasy...it may take the form of an artistic, literary or scientific production." —Drevdol : *Journal of Clinical Psychology,* 1951, 6, p. 22

सर्जनात्मक चिन्तन या सर्जनात्मकता के इस विस्तृत परिभाषा (comprehensive definition) का विश्लेषण करने पर हमें कुछ ऐसी विशेषओं का पता चलता है जिससे सर्जनात्मक चिन्तन के स्वरूप (nature) पर स्पष्ट रूप से प्रकाश पड़ता है। इनमें से प्रमुख विशेषताएँ निम्नांकित हैं—

(i) सर्जनात्मक चिन्तन एक ऐसी प्रक्रिया है जो लक्ष्य-निर्देशित (goal-directed) होता है। इसमें व्यक्ति को लक्ष्य निश्चित रूप से पता होता है और उसका प्रत्येक व्यवहार इसी लक्ष्य से सम्बन्धित होता है। व्यक्ति इस ढंग का व्यवहार अपने व्यक्तिगत या समूहिक लाभ के लिए भी करता है।

(ii) सर्जनात्मक चिन्तन में व्यक्ति नया एवं भिन्न चीजों की रचना करता है इसलिए यह उस व्यक्ति के लिए भी अनूठा (unique) होता है। इस तरह की अनूठी रचना शाब्दिक (verbal), अशाब्दिक (nonverbal), मूर्त्त (concrete) या मूर्त्त (abstract) कुछ भी हो सकती है तथा यह व्यक्ति के लिए लाभदायक भी होता है। इस विशेषता के आलोक में मैटलिन[1] (Matlin, 1983) ने सर्जनात्मकता को परिभाषित करते हुए कहा है, ''सर्जनात्मकता में एक ऐसा नया समाधान ढूँढ़ा जाता है जो असाधारण एवं लाभदायक दोनों ही होता है।''

(iii) सर्जनात्मक चिन्तन में व्यक्ति समस्या के भिन्न-भिन्न पहलुओं पर भिन्न-भिन्न दिशाओं (divergent directions) में चिन्तन करता है। इस तरह से भिन्न-भिन्न दिशाओं में चिन्तन करने की क्षमता को अपसारी चिन्तन (divergent thinking) भी कहा जाता है। यही कारण है कि सर्जनात्मक चिन्तन में अपसारी चिन्तन भी संम्मिलित हुआ माना जाता है। मॉर्गन, किंग, विस्ज तथा स्कोपलर[2] (Morgan, King, Weisz & Schopler, 1986) ने कहा है, *''सर्जनात्मक रूप से सोचते समय लोग भिन्न-भिन्न दिशाओं में सोचते हैं और इस तरह से समस्या के बारे में उनमें बहुत सारे विचार आते हैं।''*

(iv) सर्जनात्मक चिन्तन, चिन्तन का एक विशेष तरीका है। यह बुद्धि (intelligence) से एक अलग सम्प्रत्यय है क्योंकि बुद्धि में सर्जनात्मक चिन्तन के अलावा भी अन्य मानसिक क्षमताएँ सम्मिलित होतीं हैं।

(v) सर्जनात्मक चिन्तन करने की क्षमता व्यक्ति द्वारा पहले से प्राप्त सार्थक ज्ञान पर निर्भर करती है। यह सार्थक ज्ञान (accepted knowledge) जितना ही अधिक होगा, सर्जनात्मक चिन्तन की क्षमता उतनी ही अधिक होगी।

(vi) सर्जनात्मक चिन्तन में स्वली चिन्तन (autistic thinking) नियंत्रित ढंग से (controlled way) सम्मिलित होती है। दूसरे शब्दों में, सर्जनात्मक रूप से सोचते समय व्यक्ति कुछ अर्थपूर्ण कल्पनाएँ करता है। इसी अर्थपूर्ण कल्पना का ही परिणाम होता है कि व्यक्ति कुछ वैज्ञानिक, कलात्मक तथा साहित्यिक रचना कर पाता है।

(vii) सर्जनात्मक चिन्तन में एक सीमा तक अभिसारी चिन्तन (convergent thinking) भी सम्मिलित होता है। अभिसारी चिन्तन करके व्यक्ति कुछ इस तरह की सूचनाएँ एवं सामग्रियों को इकट्ठा करता है जिनसे उसे रचनात्मक या सर्जनात्मक समाधान (creative solution) में मदद मिलती है। मॉर्गन, किंग, विस्ज तथा स्कोपलर (1988) ने कहा है, *''अन्तिम सर्जनात्मक समाधान के लिए रचनात्मक रूप से सोचनेवाला व्यक्ति अभिसारी चिन्तन द्वारा महत्त्वपूर्ण सूचनाओं (information) एवं विचारों को एकत्रित करता है।''*

ऊपर के विवरण से स्पष्ट हो जाता है कि सर्जनात्मक चिन्तन एक जटिल प्रक्रिया है। इस तरह के चिन्तन करने की क्षमता सभी व्यक्तियों में अधिक हो ही, यह आवश्यक नहीं है।

सर्जनात्मक चिन्तन की अवस्थाएँ
(Stages of Creative Thinking)

सर्जनात्मक चिन्तन का स्वरूप काफी जटिल होता है। इसमें व्यक्ति किसी समय के भिन्न-भिन्न पहलुओं पर भिन-भिन्न दिशाओं (divergent directions) में चिन्तन कर कुछ नये विचारों एवं तथ्यों की रचना या सर्जन (creation) करता है। मनोवैज्ञानिकों ने सर्जनात्मक चिन्तन तथा समस्या समाधान व्यवहार के विश्लेषण करने पर यह बतलाया है कि इसमें

1. "Creativity involves finding a solution that is both unusual and useful." —Matlin : *Cognition,* 1983, p. 249
2. "When thinking creatively, people tend to think in a divergent manner, thus having many varied thoughts about a problems." —Morgan, King, Weise & Schopler : *Introduction to Psychology,* 1986, p. 246

कुछ अवस्थाएँ (stages) सम्मिलित होतीं हैं। वालास (Wallas, 1926), पैट्रीक (Patrick, 1937), विनाके (Vinacke, 1952) तथा कोफर (Cofer, 1957) के अनुसार चाहे व्यक्ति सामान्य चिन्तन द्वारा किसी समस्या का समाधान कर रहा हो या वह सर्जनात्मक रूप से चिन्तन कर रहा हो, उसमें निम्नांकित पाँच अवस्थाएँ (stages) होती हैं—

1. उन्मुखता *(Orientation)*—सर्जनात्मक चिंतन की यह प्रथम अवस्था होती है जिसमें व्यक्ति समस्या को सुस्पष्ट एवं परिभाषित करने की कोशिश करता है एवं उसकी प्रमुख विशेषताओं की पहचान करने की भी सफल कोशिश करता है।

2. आयोजन *(Preparation)*—सर्जनात्मक चिन्तन में या किसी समस्या के समाधान में आयोजित यह दूसरी अवस्था होती है। इस अवस्था में समस्या से सम्बन्धित आवश्यक तथ्यों एवं प्रमाणों को एकत्रित करने की तैयारी या आयोजन किया जाता है। समस्या को ठीक ढंग से परिभाषित करके उसके पक्ष-विपक्ष में प्रमाण एकत्रित किया जाता है। ऐसा करने में व्यक्ति प्रयत्न तथा त्रुटि (trial and error) का भी सहारा लेता है। आइन्सटिन (Einstein) को यदि भौतिकी (Physics) तथा गणित (Mathematics) का विस्तृत ज्ञान नहीं होता तो वे सापेक्षता का सिद्धान्त (theory of relativity) का प्रतिपादन नहीं कर पाते। अपने इस विस्तृत ज्ञान के आधार पर समस्या से सम्बन्धित तथ्यों तथा प्रमाणों को उन्होंने पहले जमा करने की तैयारी की। उसी तरह से राईट भाइयों (Wright brothers) द्वारा जब हवा में उड़ने की बात सोची गयी तो उन्होंने पहले भौतिक विज्ञानों (physicsl sciences) के ज्ञान के आधार पर इस समस्या से सम्बन्धित तथ्यों एवं प्रमाणों को एकत्रित करने का आयोजन किया होगा। इस तरह से प्रत्येक रचनात्मक चिन्तक विभिन्न प्रकार के तथ्यों एवं प्रमाणों को एकत्रित करने का आयोजन करता है। समस्या के स्वरूप तथा व्यक्ति के ज्ञान के अनुसार यह अवस्था लम्बे या कम समय तक के लिए होता है। यदि समस्या जटिल है तथा व्यक्ति का ज्ञान सीमित है तो वह अवस्था लम्बे समय तक जारी रह सकता है। परन्तु यदि समस्या में जटिलता कम है तथा व्यक्ति का ज्ञान भंडार अधिक परिपक्व है, तो यह अवस्था कम समय तक ही जारी रहता है। जिम्बार्डो तथा रूच (Zimbardo & Ruch, 1977) के अनुसार इस अवस्था पर व्यक्ति की आयु तथा बुद्धि का भी प्रभाव पड़ता है।

3. उद्‌भवन *(Incubation)*—किसी भी सर्जनात्मक चिन्तन या समस्या व्यवहार की तीसरी अवस्था उद्‌भवन (incubation) की होती है। इस अवस्था में व्यक्ति में निष्क्रियता बढ़ जाती है और थोड़े समय के लिए समस्या के बारे में वह चिन्तन करना छोड़ देता है। जब कई ढंग से कोशिश करने के बाद भी किसी समस्या का समाधान नहीं हो पाता है, तो इस अवस्था की उत्पत्ति होती है। इस अवस्था में व्यक्ति समस्या के समाधान के बारे में चिन्तन करना छोड़कर या तो सो जाता है या विश्राम करने लगता है। पैट्रीक (Patrick, 1935) ने कवियों (poets) तथा कलाकारों (artists) पर अध्ययन करके इस बात की पुष्टि की है कि सर्जनात्मक चिन्तन में उद्‌भवन (incubation) की अवस्था होती है। मनोवैज्ञानिकों का कहना है कि इस अवस्था में यद्यपि व्यक्ति अपना ध्यान समस्या की ओर से पूर्णतः हटा लेता है, फिर भी अचेतन रूप से उसके बारे में सोचते रहता है। इस तरह से इस अवस्था में चेतन रूप से (consciously) व्यक्ति समस्या के बारे में चिन्तन करना छोड़ देता है परन्तु अचेतन रूप से (unconsciously) उसके समाधान के बारे में चिन्तन जारी रखता है।

4. प्रबोधन *(Illumination)*—इस अवस्था में अचानक व्यक्ति को समस्या का समाधान दीख पड़ता है। सिलभरमैन[1] (Silverman, 1978) के अनुसार, *''समाधान के अकस्मात अनुभव को प्रबोधन कहा जाता है।''* यह अवस्था प्रत्येक रचनात्मक चिन्तन या सर्जनात्मक चिन्तन में पायी जाती है। उद्‌भवन (incubation) अवस्था में जब व्यक्ति अचेतन रूप से (unconsciously) समस्या के भिन्न-भिन्न पहलुओं (aspects) को पुनर्संगठित (reorganise) करते रहता है, तो अचानक उसे उस समस्या का समाधान नजर आ जाता है। प्रबोधन की यह घटना सूझ (insight) के समान है। मनोवैज्ञानिकों के अनुसार व्यक्ति में उद्‌भवन की अवस्था के बाद प्रबोधन (illumination) की अवस्था में कभी भी उत्पन्न हो सकती है। यहाँ तक कि कभी-कभी व्यक्ति को स्वप्न (dream) में भी प्रबोधन का अनुभव होते पाया गया है।

5. प्रमाणीकरण या संशोधन *(Verification or Revision)*—प्रमाणीकरण या संशोधन सर्जनात्मक चिन्तन या समस्या समाधान व्यवहार की पाँचवीं अवस्था है। इस अवस्था में प्रबोधन की अवस्था से प्राप्त समाधान या निष्कर्ष की जाँच या मूल्यांकन किया जाता है। इस अवस्था में व्यक्ति यह देखने की कोशिश करता है कि उसे जो समाधान प्राप्त हुआ है वह ठीक है या नहीं। जाँच करने के बाद जह व्यक्ति इस निष्कर्ष पर पहुँचता है कि समाधान या निष्कर्ष सही नहीं था तो वह सम्पूर्ण कार्यविधि का संशोधन (revision) करता है और पुनः एक-दूसरे समाधान की खोज करता है।

1. "The sudden realisation of a solution is known as illumination." —Silverman : *Psychology,* 1978, p. 252

ऊपर के विवरण से स्पष्ट है कि सर्जनात्मक चिन्तन की पाँच अवस्थाएँ हैं जो एक निश्चित क्रम (sequence) में होती हैं। कुछ मनोवैज्ञानिकों ने इन अवस्थाओं की आलोचना की है और कहा है कि सभी सर्जनात्मक चिन्तन में (creative thinking) ये सभी अवस्थाएँ नहीं होती हैं। दूसरे शब्दों में, कुछ अवस्थाओं के नहीं होने पर भी व्यक्ति में सर्जनात्मक चिन्तन होता है। मन, फर्नेल्ड तथा फर्नेल्ड (Munn, Fernald & Fernald, 1969) के अनुसार सर्जनात्मक चिन्तन की इन अवस्थाओं की दो प्रमुख आलोचनाएँ हैं, जो इस प्रकार है—

(i) सभी सर्जनात्मक चिन्तन में चारों अस्थाएँ मौजूद रहे, यह आवश्यक नहीं है। जैसे, सर एलेक्जेण्डर फ्लेमिंग (Sir Alexander Fleming) जिन्होंने पेन्सिलिन की खोज की, के इस खोज के सर्जनात्मक चिन्तन में न तो उद्भवन (incubation) और न ही प्रबोधन (illumination) की हीं कोई अवस्था पायी गयी थी।

(ii) इन चारों अवस्थाओं द्वारा सर्जनात्मक प्रक्रिया (creative process) का विस्तृत ज्ञान हमें नहीं हो पाता है। इन अवस्थाओं से सिर्फ यह पता चलता है कि सर्जनात्मक चिन्तन किस क्रम (sequence) में होता है। परन्तु सर्जनात्मक प्रक्रिया के अन्य पहलुओं के बारे में हमें इससे कुछ ज्ञान प्राप्त नहीं होता है।

यद्यपि सर्जनात्मक चिन्तन की इन अवस्थाओं की आलोचना की गयी है, फिर भी हमारे दिन प्रतिदिन का अनुभव तथा अधिकतर वैज्ञानिकों, कलाकारों एवं कवियों के सर्जनात्मक चिन्तन का विश्लेषण इस बात का सबूत है कि इस प्रकार का चिन्तन उपर्युक्त अवस्थाओं के अनुसार ही होता है।

सर्जनात्मक विचारक के गुण (Characteristics of Creative Thinker)

मनोवैज्ञानिकों ने सर्जनात्मक व्यक्तियों (creative individuals) के चिन्तन का विस्तृत अध्ययन किया है। केट्टनर तथा उसके सहयोगियों (Kettner et. al, 1959) ने कारक विश्लेषण (factor analysis) करके सर्जनात्मक विचारकों (creative thinker) के कुछ गुणों (characteristics) का निर्धारण किया है। इसमें से कुछ प्रमुख गुण निम्नांकित हैं—

1. बुद्धि (*Intelligence*)—सर्जनात्मक (creativity) का बुद्धि के साथ गहरा सम्बन्ध है। मनोवैज्ञानिकों ने अपने प्रयोगों के आधार पर यह दिखलाया है कि कम बुद्धि वाले व्यक्ति में सर्जनात्मक चिन्तन नहीं के बराबर होता है। परन्तु उसका मतलब यह नहीं है कि सभी अधिक बुद्धि वाले व्यक्ति में सर्जनात्मकता (creativity) हो ही। 110-120 की बुद्धि लब्धि (intelligence quotient) तक सर्जनात्मकता (creativity) तथा बुद्धि (intelligence) में धनात्मक सहसम्बन्ध (positive correlation) पाया गया है। दूसरे शब्दों में, इस स्तर तक बुद्धि बढ़ने से सर्जनात्मकता भी बढ़ी है। परन्तु इससे ऊपर जाने पर जैसे बुद्धि लब्धि का स्तर 140 या इससे भी ऊपर होने पर व्यक्ति में सर्जनात्मकता (creativity) नहीं के बारबर होते देखा गया है। गेजेल्स तथा जैक्सन (Getzels & Jackson, 1962) ने तीव्र बुद्धि के स्कूली छात्रों में पाया कि उनमें सर्जनात्मकता तथा बुद्धि के बीच सहसम्बन्ध (correlation) मात्र .11 से .49 तक ही था। बेरोन (Baron, 1961) ने भी अपने अध्ययन में पाया कि बुद्धि लब्धि के 120 से अधिक होने पर सर्जनात्मकता के साथ बुद्धि का रिश्ता समाप्त होने लगता है। इन अध्ययनों से हम इस तथ्य पर पहुँचते हैं कि सर्जनात्मक चिन्तन के लिए बुद्धि का एक साधारण स्तर (moderate level) जैसे बुद्धि लब्धि का 100-120 तक होना अनिवार्य है। परन्तु सभी तीव्र बुद्धि वाले व्यक्ति जिनका बुद्धि स्तर 120 से भी ऊपर है, सर्जनात्मक चिन्तन (creative thinking) करनेवाले होंगे, जरूरी नहीं है, बल्कि अधिकतर केसेज में वे सर्जनात्मक चिन्तन नहीं ही करनेवाले होते हैं।

2. स्वतंत्रता (*Independence*)—सर्जनात्मक विचारक (creative thinker) के विचार (thought) तथा क्रियाओं में स्वतंत्रता देखी जाती है। ऐसे व्यक्ति इस बात की परवाह नहीं करते हैं कि उनके विचार या उनके द्वारा की जा रही क्रियाएँ (activities) अन्य व्यक्तियों के विचार या क्रियाओं से मिलती-जुलती है या नहीं। दूसरे शब्दों में, सर्जनात्मक विचारक व्यक्तिपरक (individualistic) होते हैं। मैकिन्नौन (Mackinnon, 1962) ने अधिक सर्जनात्मक व्यक्तियों एवं कम सर्जनात्मक व्यक्तियों के गुणों का एक तुलनात्मक अध्ययन (comparative study) किया और पाया कि अधिक सर्जनात्मक व्यक्ति अधिक आविष्कारशील (more inventive), अधिक स्वतंत्र more independent) तथा अधिक व्यक्तिपरक (more individualistic) होते हैं जबकि कम सर्जनात्मक व्यक्ति विश्वसनीय (reliable) आश्रित (dependent) तथा सहनशील (tolerant) होते हैं।

3. हास्य भाव *(Sense of humor)*—सर्जनात्मक विचारक (creative thinker) की एक विशेषता यह भी पायी गयी है कि वे किसी घटना, चीज या वस्तु को गम्भीरतापूर्वक नहीं लेते हैं बल्कि उसकी व्याख्या हास्यकर ढंग (humorous way) से करते हैं। दूसरे शब्दों में, ऐसे व्यक्तियों में मनोविनोद एवं हास्य का अंदाज तीव्र होता है। मन, फर्नेल्ड तथा फर्नेल्ड (Munn, Fernald & Fernald, 1969) ने एक अध्ययन किया जिसमें अधिक सर्जनात्मक व्यक्तियों (highly creative people) तथा अधिक बुद्धिमान व्यक्तियों (highly intelligent people) को व्यक्तित्व के कई शीलगुणों को उनके अपने लिए महत्त्व (importance) के क्रम (order) में सजाने (arrange) के लिए कहा गया। परिणाम में देखा गया कि अधिक सर्जनात्मक व्यक्तियों द्वारा हास्य के शीलगुण को दूसरे कोटि (rank) में रखा गया जबकि इस शीलगुण को अधिक बुद्धिमान व्यक्ति द्वारा अन्तिम कोटि (last rank) में रखा गया। इस अध्ययन से स्पष्ट है कि सर्जनात्मक विचारक में हास्य भाव अधिक होता है परन्तु अधिक बुद्धिमान व्यक्तियों में इस तरह का भाव कम होता है।

4. नवीनता तथा जटिलता में अभिरुचि *(Interest in novelty and complexity)*—सर्जनात्मक विचारक हमेशा किसी नवीन जटिल समस्या के समाधान में अधिक अभिरुचि दिखलाते हैं। ऐसे लोगों को किसी रूढ़िवादी समाधान (conventional solution) में आनन्द नहीं आता है। वे हमेशा यह कोशिश करते हैं कि अपने चिन्तन के आधार पर किसी नयी चीज या घटना की खोज करें। इस तरह के शीलगुण (trait) को वेल्श (Welsh, 1975) ने 'मौलिकता' (origience) की संज्ञा दी है। इसका मतलब यह हुआ है कि सर्जनात्मक विचारकों में मौलिकता का गुण होता है न कि रूढ़िवादी विचारों को ग्रहण करने का। बेरोन (Baron, 1961) ने अपने अध्ययन में पाया कि जब प्रयोज्यों को चित्रांकन (drawings) तथा रंगसाजी (painting) करने की पूरी स्वतंत्रता दी गयी तो प्रायः रचनात्मक या सर्जनात्मक विचारकों द्वारा एक नया बेढंगा (irregular) तथा जटिल चित्रांकन किया गया जिससे सामान्य व्यक्तियों को किसी प्रकार का अर्थ निकालना सम्भव नहीं था। बाद में, वे अपनी मूल रचनाओं (productions) में भी इस तरह की नवीनता एवं जटिलता का समावेश करते पाये गये।

5. स्वग्राही तथा प्रबल *(Self-assertive and dominance)*—सर्जनात्मक विचारक काफी स्वग्राही (self-assertive) होते हैं। दूसरे शब्दों में, ऐसे व्यक्ति अपने विचारों की अभिव्यक्ति खुलकर करते हैं तथा काफी जोरदार शब्दों में उसके लिए तर्क प्रस्तुत करते हैं। वे तनिक भी इस बात की परवाह नहीं करते हैं कि इस विचार का लोग हँसी भी उड़ा सकते हैं। इतना ही नहीं, इनमें प्रबलता (dominance) का गुण होता है। ऐसे व्यक्ति हमेशा अपने विचारों एवं व्यवहारों का प्रभुत्व दूसरों पर दिखलाते हैं क्योंकि तार्किक क्षमता (logical ability) अधिक विकसित होती है।

6. दमन का कम-से-कम प्रयोग *(Least use of suppression)*—जिन लोगों में सर्जनात्मक चिन्तन की क्षमता अधिक होती है, वे लोग अपनी इच्छाओं को दमन (supperssion) द्वारा कम-से-कम नियंत्रित करते पाये गये हैं। जैसा कि हम जानते हैं, दमन (suppression) एक ऐसी प्रक्रिया है जिसमें जान-बूझकर व्यक्ति अपनी इच्छाओं एवं आवेगों (impulses) को अचेतन में भेजता है। इस विशेषता का स्पष्ट अर्थ यह हुआ कि ऐसे व्यक्ति अपनी प्रत्येक इच्छाओं एवं आवेग का आदर करते हैं तथा उसका एक ठोस मूर्त्त रूप (concrete form) जल्द-से-जल्द देना चाहते हैं। बेरोन (Baron, 1961) ने अपने अध्ययन में पाया कि कम बुद्धिवाले व्यक्ति अपनी इच्छाओं (wishes) एवं आवेगों (impulses) का नियंत्रण इस दमन प्रक्रिया द्वारा अधिक करते हैं जबकि अधिक सर्जनात्मक क्षमता वाले व्यक्ति ऐसा नहीं करते हैं।

इस तरह से हम देखते हैं कि अधिक सर्जनात्मक चिन्तन करनेवाले व्यक्तियों को उनके शीलगुणों (traits) के आधार पर समझा जा सकता है। अब आप स्वयं ही निर्णय कर सकते हैं कि क्या आप भी एक सर्जनात्मक विचार (creative thinker) हैं?

सर्जनात्मकता की माप
(Measurement of Creativity)

सर्जनात्मकता के स्वरूप की व्याख्या पहले की जा चुकी हैं। अतः यहाँ पर हम इसके मापन की प्रविधियों पर विचार करेंगे तथा साथ-ही-साथ इस क्षेत्र के कुछ प्रमुख मनोवैज्ञानिकों जैसे गिलफोर्ड, टॉरेन्स (Torrance) आदि के विचारधाराओं पर भी प्रकाश डालेंगे।

1. गिलफोर्ड प्रविधि (*Guilford technique*)—गिलफोर्ड (Guilford, 1967) ने सर्जनात्मकता के क्षेत्र में महत्त्वपूर्ण कार्य किये हैं। इनका मत हैं कि सर्जनात्मकता की माप करने के लिए जो भी परीक्षण बनाया जाता है, वह मानसिक प्रक्रिया (mental process) के एक खास पहलू का मापन करता है। इनका आगे कहना है कि सर्जनात्मकता में अपसारी चिन्तन (divergent thinking) न कि अभिसारी चिन्तन (convergent thinking) सम्मिलित होता है। अपसारी चिन्तन में व्यक्ति दी गयी सूचनाओं के आधार विभिन्न दिशाओं में चिन्तन करके किसी निष्कर्ष पर पहुँचता है। इस तरह के चिन्तन में समस्या का समाधान व्यक्ति तभी कर पाता हैं जब वह अपनी ओर से कुछ नया तत्त्व या सूचनाओं को परिस्थिति में ला पाता है। इन्होंने सर्जनात्मकता को मापने के लिए दो तरह के परीक्षणों पर अधिक बल डाला है—असाधारण उपयोग परीक्षण (Unusual uses test) तथा परिणाम परीक्षण (Consequences test)।

इन दोनों तरह के परीक्षणों का वर्णन निम्नलिखित है—

(i) असाधारण उपयोग परीक्षण (*Unusual uses test*)—इस तरह के परीक्षण में परीक्षार्थी (testee) को सामान्य वस्तु (common object) का उपयोग बतलाने के लिए कहा जाता है। ठसे इस बात का निर्देश दिया जाता है कि वे प्रत्येक दिये गये वस्तु का जितना अधिक-से-अधिक उपयोग बतला सकते हैं, बतलावें। इसके बाद उनमें से यह तय किया जाता है कि कितना उपयोग ऐसा है जो असाधारण (unusual) परंतु उपयुक्त (appropriate) हैं। ऐसे ही उपयोग को सर्जनात्मकता का सही माप मान लिया जाता है। ऐसे उपयोगों की संख्या जितनी ही अधिक होती है, व्यक्ति में सर्जनात्मकता का गुण उतना ही अधिक समझा जाता है। जैसे, किसी परीक्षार्थी को ईंट का उपयोग बतलाने के लिए कहा जा सकता है। यहाँ कुछ सम्भावित उत्तर दिये जा रहे हैं—

(क) मकान बनाने के काम आना।
(ख) किसी को मारने के काम आना।
(ग) कुत्ता या बिल्ली को भगाने के काम आना।
(घ) काँटी ठोकने के काम आना।
(ङ) खिड़की का शीशा तोड़ने में काम आना।
(च) पेपरवेट (paperweight) के रूप में उपयोग करना।
(छ) लाल पाउडर (red powder) बनाने के काम आना।

इस तरह से दिए गए उत्तरों में असाधारण परन्तु उपयुक्त उत्तर के आधार पर सर्जनात्मकता (creativity) का माप किया जाता है।

(ii) परिणाम परीक्षण (*Consequence test*)—इस तरह के परीक्षण में परीक्षार्थी को कुछ परिवर्तन (changes) के परिणाम (consequences) के बारे में बतलाने के लिए कहा जाता है। उसे यह विशेष रूप से कहा जाता है कि बतलाए गए परिवर्तनों के अधिक-से-अधिक परिणामों के बारे में बतलावें। उन उत्तरों में से नवीन परंतु उपयुक्त उत्तरों की पहचान विशेषज्ञों द्वारा की जाती है और ऐसे ही उत्तरों को सर्जनात्मकता (creativity) का सूचक माना जाता है। जैसे, परीक्षार्थी (testee) से यह प्रश्न पूछा जा सकता है—

क्या परिणाम होगा जब अचानक सभी लोग अपना सन्तुलन खो बैठे और सीधे अपने पैर पर खड़ा रखने में अपने आप को असमर्थ पायें?

इस प्रश्न के कुछ निम्नांकित सम्भावित उत्तर हो सकते है—

(क) जूता बिकना बन्द हो जाएगा।
(ख) हेलियम बैलून को लोगों के सिरे से बाँध दिया जाएगा ताकि वे खड़ा रहकर सन्तुलन बनाये रखें।
(ग) राजनैतिक पार्टियों में स्टैंडिंग कमेटी (standing committee) नहीं होगा।
(घ) सभी व्यक्तियों की औसत ऊँचाई लगभग 2½ फीट ही होगी।
(ङ) डाक्टरों के यहाँ रोगियों की संख्या में अधिक वृद्धि हो जाएगी।

इस तरह से दिए गए उत्तरों में से नये परंतु उपयुक्त उत्तरों के आधार पर सर्जनात्मकता (creativity) का आकलन किया जाता है। ऐसे उत्तरों की संख्या जितनी ही अधिक होती है, व्यक्ति में सर्जनात्मकता उतनी ही अधिक समझी जाती है।

2. टॉरेन्स प्रविधि *(Torrance technique)*—सर्जनात्मकता को मापने के लिए टॉरेन्स (Torrance, 1566) ने भी एक परीक्षण का निर्माण किया है, जो काफी लोकप्रिय साबित हुआ है। इस परीक्षण के दो भाग हैं—शाब्दिक भाग (verbal section) तथा आकृतिक भाग (Figural section)। शाब्दिक भाग के तीन उपभाग हैं जिनका वर्णन इस प्रकार है—

(i) पूछना और अनुमान करना *(Ask and Guess)*—इस उपभाग में व्यक्ति को एक तस्वीर या आकृति (figure) दी जाती है और यह अनुमान लगाने के लिए कहा जाता है कि देखे गये आकृति किस तरह से या किन कारकों के कारण बना होगा तथा आगे इस तस्वीर में क्या होने वाला है।

(ii) उत्पादन उन्नति *(Product improvement)*—इसमें व्यक्ति को एक खिलौना दिखाया जाता है और उन्हें कुछ ऐसा सुझाव देने के लिए कहा जाता है जिससे खिलौना कुछ अजूबा दिखाई पड़े।

(iii) असाधारण उपयोग *(Unusual uses)*—इसमें व्यक्ति साधारण वस्तु जैसे टेबुल, कुर्सी, टीन आदि का जितना असाधारण उपयोग उसके मन में आ सकता है, बतलाने के लिए कहा जाता है।

आकृतिक भाग (Figural section) में व्यक्ति को जिसकी सर्जनात्मकता (creativity) को मापा जा रहा है, कुछ ऐसा रेखांकन (drawings) करने के लिए कहा जाता है, जिसमें किसी वस्तु का प्रतिनिधत्व हो। इसके प्रत्येक उपपरीक्षण (subject) में एक वृत्त (circle) दिया जाता है तथा उस वृत्त को केन्द्र मानकर जितना तस्वीर वह बनाना चाहे, उसे एक निर्धारित समय सीमा के भीतर बनाना होता है। शाब्दिक भाग (verbal esction) तथा आकृतिक भाग (Figural section) के लिए प्रत्येक में 45-45 मिनट लगता है।

टॉरेन्स परीक्षण में सर्जनात्मकता (creativity) के तीन पहलुओं के मापन पर जोर डाला जाता है—प्रवाहिता (fluency), लचीलापन (flexibility) तथा मौलिकता (originality)। यह एक कसौटी-संदर्भित परीक्षण (criterion-reference test) है।

3. रिमोट एसोसियेट टेस्ट *(Remote Associate Test or RAT)*—इस परीक्षण का प्रतिपादन मेडनिक एवं मेडनिक (Mednic & Mednick, 1971) द्वारा किया गया है। इस परीक्षण में कुल 40 एकांश हैं। प्रत्येक एकांश में छात्रों को विशेषकर उच्च विद्यालय (high school) के छात्रों को तीन-तीन शब्द दिये जाते हैं और उन्हें चौथा सम्बन्ध जो इन तीनों से सम्बन्धित होता है, बतलाना होता है। ये तीनों शब्द आपस में एक तरह का दूरस्थ साहचर्यात्मक गुच्छ (remote associative clusters) का निर्माण करते हैं तथा चौथा शब्द उनमें एक तरह का मध्यस्थ सम्बन्ध (mediating link) की स्थापना करता है। उदहारण के रूप में इसके कुछ एकांशों को उद्धृत किया जा रहा है।

एकांश (Items)			उत्तर
1. Cookies	Sixteen	Heart	Sweet
2. Base	Snow	Dance	Ball
3. Rat	Blue	Cottage	Cheese

ऊपर दिये गए तीन उदाहरण में जो पहला तीन-तीन शब्द दिए गए हैं, उनमें आपस में सम्बन्ध उत्तर के रूप में दिए गए शब्द से स्थापित किया गया है। सचमुच में उत्तर के रूप में दिए गए शब्द वैसे शब्द नहीं हैं जो मन में सबसे पहले आये हों। वे निश्चित रूप से असामान्य (uncommon) हैं या वे तीनों शब्दों का एक दूरस्थ साहचर्य (remote association) कायम करते हैं। पहला एकांश का सही उत्तर Sweet है जो इस तरह से पहले एकांश के तीनों शब्दों के साथ साहचर्यित होते हैं—Sweet cookies, Sweet Sixteen, Sweet Heart; उसी तरह से दूसरे एकांश का सही उत्तर 'ball' है जो इस तरह से अपने एकांश के साथ साहचर्यित होता है—Baseball, Snowball तथा Danceball। इसी तरह से Cheese शब्द अन्य एकांशों के तीनों शब्दों के साथ इस प्रकार सम्बन्धित है—Rat cheese, blue cheese, cottage cheese।

RAT द्वारा सर्जनात्मकता मापने के पीछे एक महत्त्वपूर्ण पूर्वकल्पना यह है कि व्यक्ति दूरस्थ तत्त्वों (distant elements) के आधार पर नये संयोग (new combination) का निर्माण करता है तथा यह बनने वाला नया संयोग निश्चित रूप से अर्थपूर्ण होता है।

4. वर्णविपर्यय परीक्षण *(Anagrams test)*—सर्जनात्मकता की माप के लिए मनोवैज्ञानिकों ने वर्णविपयर्य का निर्माण किया है। वर्णविपयर्य से तात्पर्य उस स्थिति से होता है जिसमें शब्दों के अक्षरों के सही क्रम (sequence) को

उलट-पुलट दिया जाता है ताकि उससे बनने वाला शब्द अर्थहीन एंव बिलकुल ही नया हो जाता है। इस परीक्षण में व्यक्ति को एक शब्द जैसे 'ENVIRONMENT' दे दिया जाता है और इनमें व्यवहृत अक्षरों के आधार पर जितना अधिक-से-अधिक नया शब्द वे बना सकते हैं, उन्हें बनाने के लिए कहा जाता है। इन बनाये गए शब्दों का मूल्यांकन उनके सापेक्ष असाधारणता (relative infrequency) के रूप में की जाती है। दिये गए शब्द के अक्षरों से व्यक्ति जितनी ही अधिक असाधारण शब्द बना पाता है, उसमें सर्जनात्मकता की मात्रा उतनी ही अधिक होते समझी जाती है।

5. कुछ भारतीय परीक्षण *(Some Indian tests)*—सर्जनात्मकता को मापने के लिए भारतीय मनोवैज्ञानिकों द्वारा भी कुछ परीक्षण विकसित किये गये हैं। वॉकर मेंहदी (Baquer Mehdi) ने सर्जनात्मकता को मापने के लिए शाब्दिक परीक्षण (verbal test) तथा अशाब्दिक परीक्षण (non-verbal test) दोनों ही विकसित किया है। शाब्दिक परीक्षण हिन्दी तथा अंग्रेजी दोनों ही भाषाओं में उपलब्ध है। इसके द्वारा सर्जनात्मकता के तीन पहलुओं का मापन होता है—धाराप्रवाहिता (fluency), लचीलापन (flexibility) तथा मौलिकता (originality)। बी॰ के॰ पास्सी (B. K. Passi) ने भी सर्जनात्मकता को मापने के लिए परीक्षण का निर्माण किया है। यह अंग्रेजी तथा हिन्दी दोनों भाषाओं में उपलब्ध है। इस परीक्षण के शाब्दिक उपपरीक्षण में चार भाग हैं तथा अशाब्दिक उपपरीक्षण के दो भाग हैं। वीं॰ पी॰ वर्मा एवं जे॰ पी॰ शुक्ला (V. P. Verma & J. P. Shukla) ने वैज्ञानिक सर्जनात्मकता (scientific creativity) मापने के लिए एक परीक्षण का निर्माण किया है। इससे 12 एकांश (items) हैं जिसे चार उप परीक्षणों में बाँटा गया है—परिणाम (consquences), असाधारण (unusual), नया सम्बन्ध (new relationship) तथा सोचिए ऐसा क्यों? प्रत्येक एकांश को धारा प्रवाहिता (fluency), लचीलापन (flexibility) तथा मौलिकता (originality) के लिए प्राप्तांक लेखन (scoring) किया जाता है। सातवीं से आठवीं कक्षा के छात्रों के लिए मानक (norms) भी उपलब्ध है। के॰ एन॰ शर्मा (K. N. Sharma, 1987) ने भी सर्जनात्मक चिन्तन को मापने के लिए एक परीक्षण का निर्माण किया है। इसका नाम है—डाइवरजेन्ट प्रोडक्शन एविलिटिज टेस्ट (Divergent Production Abilities Test)। इसके द्वारा सर्जनात्मक चिन्तन का मापन चार तरह के विभिन्न विमाओं द्वारा होता है। वे चार विमा हैं—धाराप्रवाहिता (fluency), मौलिकता (originality), लचीलापन (flexibility) तथा विस्तरण (elaboration)।

स्पष्ट हुआ कि सर्जनात्मकता को मापने के लिए कई परीक्षण उपलब्ध हैं। इन परीक्षणों में टॉरेन्स परीक्षण सबसे अधिक लोकप्रिय हुआ है। भारतीय परीक्षणों में वॉकर मेंहदी द्वारा निर्मित परीक्षण अन्य परीक्षणों से अधिक लोकप्रिय हुआ है।

सर्जनात्मकता के पहलू : परस्परविरोधी विचारधारा
(Aspects of Creativity : A Contrasting View)

सर्जनात्मकता के विभिन्न पहलुओं या तत्त्वों या विमाओं का अध्ययन गिलफोर्ड (Guilford, 1967) तथा टॉरेन्स (Torrance), मेडनिक (Mednick), वर्नन (Vernon) आदि मनोवैज्ञानिकों द्वारा काफी विस्तृत रूप से किया गया है जिनसे यह स्पष्ट हुआ है कि सर्जनात्मकता के सामान्यतः निम्नांकित प्रमुख चार पहलू हैं—

1. धाराप्रवाहिता *(Fluency)*—इससे तात्पर्य अनेक तरह के विचारों की खुली अभिव्यक्ति (unrestricted expression) से होता है। उक्त मनोवैज्ञानिकों के अनुसार धाराप्रवाहिता का सम्बन्ध शब्द (words) साहचर्य स्थापित करने तथा शब्दों की अभिव्यक्ति करने से सम्बन्धित होता है।

2. लचीलापन *(Flexibility)*—लचीलापन से तात्पर्य समस्या के समाधान के लिए विभिन्न ढंगों एवं तरीकों को अपनाये जाने की क्षमता से होता है। इससे यह पता चलता है कि व्यक्ति समस्या को कितने तरीकों से समाधान करता है। मात्रात्मक रूप से (quantatively), लचीलापन एक तरह से बहुमुखता (variety) का मापन करता है।

3. मौलिकता *(Originality)*—मौलिकता से तात्पर्य समस्या समाधान के लिए व्यक्ति द्वारा दी गई अनुक्रियाओं में निहित अनोखापन (uniqueness) से होता है। जब व्यक्ति समस्या के समाधान के रूप में एक बिलकुल ही नया अनूठा एंव उपयुक्त अनुक्रिया करता है तो ऐसा समझा जाता है कि उसमें मौलिकता का गुण हैं।

4. विस्तारण *(Elaboration)*—विचारों को सार्थक रूप से बढ़ा-चढ़ाकर विस्तार करने की क्षमता को विस्तारण कहा जाता है। इसमें व्यक्ति ऊँचे-ऊँचे विचारों को एक साथ संगठित कर उसका अर्थपूर्ण ढंग से विस्तार करता है और पुनः नये विचारों को जन्म देता है।

स्पष्ट हुआ कि सर्जनात्मकता के कई तत्त्व हैं। जब भी मनोवैज्ञानिकों द्वारा सर्जनात्मकता को मापने का प्रयास किया जाता है, तो इन्हीं पहलुओं पर ध्यान दिया जाता है।

अभी हाल में प्रयोगात्मक मनोवैज्ञानिकों (cognitive psychologists) ने इस प्रश्न पर विचार करते हुए कि सर्जनात्मकता की उत्पत्ति में कौन-कौन कारक सम्मिलित होते हैं, यह स्पष्ट किया है कि इसमें संज्ञानात्मक चिन्तन के दौरान व्यक्ति में होने वाली प्रक्रियाएँ (process) काफी महत्त्वपूर्ण होतीं हैं। इनके द्वारा किये गए शोधों से यह स्पष्ट हुआ है कि सर्जनात्मकता की उत्पत्ति में कुछ विशेष प्रक्रियाएँ जैसे स्मृति से सूचनाओं की पुनःप्राप्ति (retrieval), साहचर्य, परिवर्तन (transformation), संश्लेषण (synthesis), मानसिक रूप से विभिन्न वस्तुओं को कुछ श्रेणियों में रखने आदि की प्रक्रिया महत्त्वपूर्ण भूमिका निभाता है। इन शोधों में वार्ड, स्मीथ तथा वैद्य (Ward, Smith & Vaid, 1997) द्वारा किया कया अध्ययन महत्त्वपूर्ण है। कुछ प्रयोगात्मक मनोवैज्ञानिकों का मत है कि सर्जनात्मकता व्यक्ति की दिन-प्रतिदिन की जिंदगी का हिस्सा होता है। जब-जब व्यक्ति किसी नये शब्द को बोलता है या नया वाक्य बोलता है, वह सर्जनात्मक क्षमता का प्रदर्शन करता है। दिन-प्रतिदिन के इस तरह की सर्जनात्मकता को *सांसारिक सर्जनात्मकता* (mundane creativity) कहा जाता है जो *अपवादात्मक सर्जनात्मकता* (exceptional creativity) से भिन्न है। अपवादात्मक सर्जनात्मकता उसे तात्पर्य एक ऐसी मानसिक क्षमता से होती है जिसमें व्यक्ति अबतक से बिलकुल ही भिन्न एवं नया विचार प्रतिपादित करता है।

सांसारिक सर्जनात्मकता तथा अपवादात्मक सर्जनात्मकता में क्या अंतर है? परकिन्स (Perkins, 1997) ने इस बिन्दु पर टिप्पणी करते हुए कहा है कि इस दोनों में मुख्य अन्तर यह है कि सांसारिक सर्जनात्मकता उन समस्याओं के समाधान में प्रतिबिम्बित होता है जिसके बारे में व्यक्ति का गत ज्ञान (past knowledge) तथा अनुभूति से कुछ मदद मिलता है क्योंकि इसमें व्यक्ति को यह पता होता है कि उन्हें समाधान के लिए क्या करना चाहिए। परंतु अपवादात्मक सर्जनात्मकता में व्यक्ति को समस्या का समाधान नाटकीय (dramatic) ढंग से करना होता है तथा इसमें चिंतन का स्वरूप नया एवं अनोखा होने के कारण उसके गत अनुभूति तथा ज्ञान से उसे कोई मदद नहीं मिलता है।

सर्जनात्मकता का यह संज्ञानात्मक उपागम निश्चित रूप में मनोविज्ञान में प्रबल रहा है परंतु इसका मतलब यह नहीं कि अन्य उपागम निष्क्रिय रहे हैं। जैसे, समाज मनोवैज्ञानिकों का दृष्टिकोण, व्यक्तित्व के शीलगुणों जो व्यक्ति को सर्जनात्मक बनाता है तथा वैसे पर्यावरणी अवस्थाएँ जो सर्जनात्मकता को प्रोत्साहित करते हैं, पर बल डालता है। इस विचारधारा के प्रमुख समर्थक सिमोनटोन (Simonton, 1994) हैं। कुछ अन्य लोगों द्वारा आन्तरिक अभिप्रेरण (intrinsic motivation) को सर्जनात्मकता का/एक प्रमुख कारक माना गया।

अभी हाल के वर्षों में सर्जनात्मकता का एक नया उपागम (approach) जिसे *सम्मिलन उपागम* (confluence approach) कहा जाता है, को मनोवैज्ञानिकों द्वारा अधिक मान्यता दी जाने लगी है। ऐमावईल (Amabile, 1983) का मत है कि सर्जनात्मकता उत्पन्न होने के लिए बहुत सारे तत्त्वों को अभिमुख (converge) होना अनिवार्य है। लुवार्ट (Lubart, 1994) के अनुसार सर्जनात्मकता में निम्नांकित छह तरह के कारकों को अभिमुख होना अनिवार्य है—

1. बौद्धिक क्षमता *(Intellectual abilities)*—इसमें कई तरह की क्षमताएँ सम्मिलित होतीं हैं जिनमें समस्याओं को नये ढंग से देखने की क्षमता, विभिन्न विचारों में से उत्तम विचार को स्वीकृत करने की क्षमता, नये विचारों को दूसरों द्वारा स्वीकार कराने की क्षमता आदि सम्मिलित होते हैं।

2. ज्ञान *(Knowledge)*—दिये गये क्षेत्र में आगे बढ़ने के लिये पर्याप्त ज्ञान भंडार का होना।

3. विशेष तरह का चिंतन *(Certain types of thinking)*—इसमें किसी बिन्दु या समस्या पर नये ढंग से सोचने तथा उसपर व्यापक रूप से (globally) चिन्तन करने की क्षमता सम्मिलित होती है।

4. व्यक्तित्व शीलगुण *(Personality traits)*—सर्जनात्मकता में कुछ विशेष तरह के व्यक्तित्व शीलगुणों का होना अनिवार्य है। इन शीलगुणों में जोखिम उठाने की इच्छा (willingness to take risk) तथा अस्पष्टता (ambiguity) को बर्दाश्त करने का शीलगुण आदि मुख्य रूप से शामिल किये गए हैं।

5. आंतरिक कार्य-केन्द्रित अभिप्रेरण *(Intrinsic task-focused motivation)*—सर्जनात्मक व्यक्ति में आंतरिक अभिप्रेरण (intrinsic motivation) अधिक होता है। ऐसे व्यक्ति जिस कार्य को करते हैं, उनमें उन्हें आंतरिक अभिप्रेरण (intrinsic rewards) अधिक महसूस करते हैं। परिणामस्वरूप, वे ऐसे कार्य को अधिक पसंद करते हैं।

6. पर्यावरण *(Environment)*—सर्जनात्मकता उत्पन्न होने के लिए यह आवश्यक है कि उससे सर्जनात्मक विचार उत्पन्न होने में प्रोत्साहन मिले।

स्टर्नवर्ग तथा लुवार्ट (Sternberg & Lubart, 1996) का मत है कि व्यक्ति में सर्जनात्मकता की उच्च स्तर की प्राप्ति तभी हो सकती है जब उपर्युक्त सभी कारक व्यक्ति में उपस्थित हों। दूसरे शब्दों में यह कहा जा सकता है कि सचमुच में सर्जनात्मकता की उत्पत्ति के लिए बहुत से कारकों का अभिमुख होना आवश्यक है। सर्जनात्मकता के इस सम्मिलन उपागम का समर्थन कई आधुनिक अध्ययनों से हुआ है जिसमें लुवार्ट तथा स्टर्नवर्ग (Lubart & Sternberg, 1995) द्वारा किया गया अध्ययन विशेष रूप से उल्लेखनीय है। इस अध्ययन में 18 साल से लेकर 65 वर्ष की आयु के 48 प्रयोज्यों से चार क्षेत्रों में सर्जनात्मक प्रस्तुति (creative product) तैयार करने के लिए कहा—लेखन (writing), कला (art), विज्ञापन (advertisement) तथा विज्ञान (science)। इन सभी क्षेत्रों में उनके द्वारा की गयी प्रस्तुति का रेटिंग समग्र सर्जनात्मकता (overall creativity), नवीनता (novelty) तथा प्रत्यक्षित प्रयास (perceived effort) आदि पर किया गया। इसके अतिरिक्त इन प्रयोज्यों पर दो व्यक्तित्व परीक्षणों, चिंतन शैली का परीक्षण तथा बुद्धि का परीक्षण भी क्रियान्वयन किये गए। परिणाम में निम्नांकित तीन बातें स्पष्ट रूप से पायीं गयीं—

(i) चारों क्षेत्र में रेटर द्वारा किये गए रेटिंग में आपस में काफी सहमति थी। वे इस बात पर सहमत थे कि कौन-सा प्रस्तुति को सर्जनात्मक माना जाना चाहिए तथा कौन-सा प्रस्तुति को सर्जनात्मक नहीं माना जाना चाहिए। इससे यह पता चलता है कि सर्जनात्मकता का वैज्ञानिक अध्ययन सम्भव है।

(ii) किसी एक क्षेत्र की सर्जनात्मकता दूसरे क्षेत्र की सर्जनात्मकता से मात्र साधारण ढंग से ही सम्बन्धित थी जिससे यह पता चलता है कि व्यक्ति एक क्षेत्र में सर्जनात्मक हो सकता परंतु दूसरे क्षेत्र में नहीं।

(iii) बौद्धिक क्षमता, चिंतन शैली तथा व्यक्तित्व शीलगुण सभी सर्जनात्मकता से सार्थक रूप से सम्बन्धित पाये गए।

सर्जनात्मकता को प्रोत्साहन देना
(Encouraging or Fostering Creativity)

सर्जनात्मकता व्यक्ति का एक प्रमुख धनात्मक गुण होता है। अतः मनोवैज्ञानिकों ने इसे प्रोत्साहित करने या बढ़ाने का भरसक प्रयास किया है। उनके प्रयासों को हम निम्नांकित ढंग से सुसज्जित कर उपस्थित कर सकते हैं।

ऑसवार्न (Osborn, 1957) ने सर्जनात्मकता को उन्नत बनाने के लिए विक्षिप्तिकरण (brainstorming) की प्रविधि को महत्त्वपूर्ण बतलाया है जिसे प्रायः एक समूह में किया जाता है तथा जिसमें निम्नांकित चार प्रमुख दिशा-निर्देश (guideline) होते हैं—

(a) किसी विचार का मूल्यांकन थोड़े समय के लिए रोक कर रखना और इस तरह से उसे आलोचना से वर्जित रखना।

(b) जितना ही अधिक-से-अधिक नये-नये विचार आ सकते हैं, का आने देना।

(c) अधिक-से-अधिक संख्या में विचारों को देना।

(d) यदि चाहें तो लोग अन्य लोगों द्वारा दिये गए दो या दो से अधिक विचारों को एक साथ संयोजित कर सके।

ऑसवोर्न (Osborn) का मत है कि विक्षिप्तिकरण सूत्र को सफल बनाने के लिए यह भी आवश्यक है कि लोग अपने आप को तथा एक-दूसरे को प्रोत्साहित करें। लोगों में दोस्ताना सम्बन्ध विकसित हो तथा उनका मानसिक लगाव आपस में ठीक-ठाक हो। बेरोन (Baron, 1969) ने अपनी समीक्षा के आधार पर यह बतलाया है कि कुछ अध्ययन ऐसे हुए हैं, जो विक्षिप्तिकरण के महत्त्व को समर्थन नहीं देते हैं, जबकि अधिक नियंत्रित अनुसंधान (controlled investigations) से पता चला है कि विक्षिप्तिकरण से विचारों की गुणवत्ता (quality) तथा मात्रा (quantity) दोनों में ही बढ़ोत्तरी होती है।

सर्जनात्मकता को उन्नत बनाने के अन्य उपायों को *साइनेक्टिस* (Synectics) कहा जाता है। साइनेक्टिस विधि का प्रतिपादन गोर्डन (Gordon, 1961) द्वारा किया गया है। यह एक ऐसी प्रविधि है, जिसमें सर्जनात्मक चिंतन को उन्नत बनाने के लिए सादृश्यता (analogies) का उपयोग किया जाता है। इस प्रविधि में अपरिचित (strange) चीजों को परिचित (familiar) तथा परिचित चीजों को अपरिचित करने पर अधिक बल डाला जाता है और इसके लिए निम्नांकित तरह की सादृश्यता (analogies) पर सर्वाधिक बल डाला जाता है—

(a) व्यक्तिगत सादृश्यता *(Personal analogy)*—इस तरह की सादृश्यता में व्यक्ति को अपने आप को प्रत्यक्ष रूप से किसी परिस्थिति में रखने के लिए प्रोत्साहित किया जाता है। जैसे, यदि आप यह चाहते हैं कि कोई खास मशीन अधिक ठीक ढंग से कार्य करें, तो आप कल्पना करें कि आप खुद ही एक मशीन है।

(b) प्रत्यक्ष सादृश्यता *(Direct analogy)*—प्रत्यक्ष सादृश्यता में व्यक्ति को कुछ ऐसी चीजें पाने या खोजने के लिए प्रोत्साहित किया जाता है, जो समस्या के समाधान में मदद करता है। जैसे, एलेक्जेण्डर ग्राहम बेल (Alexander Graham Bell) ने इस तरह के सादृश्यता का उपयोग कर दूरभाष (telephone) की खोज किया क्योंकि इन्होंने पाया कि मानव कान के कई हड्डियों (bones) को जब आसानी से एक कोमल झिल्ली (delicate membrane) में गति उत्पन्न कर प्रभावित किया जा सकता है, तो उनके मन में स्टील के छोटे टुकड़े में झिल्ली द्वारा गति उत्पन्न करने का विचार मन में आया जो अन्ततः दूरभाष की खोज में सहायक हुआ।

(c) सांकेतिक सादृश्य *(Symbolic analogy)*—इस तरह की सादृश्यता में वस्तुनिष्ठ (objective), अवैयक्तिक (impersonal) या पद्यात्मक प्रतिमाओं (poetic images) का उपयोग करके सर्जनात्मकता को बढ़ाने का प्रयास किया जाता है। गौर्डन ने अपने अध्ययन में यह पाया कि जब व्यक्तियों के एक समूह को इस तरह की सांकेतिक सादृश्यता की अभिव्यक्ति कार्टूनों (cartoons) के माध्यम से करने का प्रशिक्षण दिया गया, तो उसकी सर्जनात्मकता (creativity) में पहले की तुलना में वृद्धि हो गयी।

(d) कल्पनाचित्र सादृश्यता *(Fantasy strategy)*—यह एक ऐसी प्रविधि है जिसमें व्यक्ति किसी घटना/वस्तु पर सामान्य सीमाओं से स्वतंत्र होकर कल्पना करता है। जैसे, इस सादृश्यता में व्यक्ति यह कल्पना कर सकता है कि उसमें पंख उग आये हैं और वह सैकड़ों मील दूर उड़कर किसी पहाड़ की चोटी पर बैठकर वहाँ से प्राकृतिक दृश्य का अवलोकन कर रहा है।

गौर्डन ने यह बतलाया है कि साइनोविटकस विधि का उपयोग उद्योग, व्यवसाय एवं शिक्षा में करके लोगों की सर्जनात्मकता को काफी बढ़ाया गया है।

सर्जनात्मकता को उन्नत बनाने के लिए डी बोनो (De Bono, 1970) ने पार्श्विक चिंतन (lateral thinking) को मजबूत करने की सिफारिश किया है। डी बोनो का मत है कि जब किसी वस्तु या विचार के बारे में अधिक जानना हो और इस समस्या के समाधान के लिए पारम्परिक (conventional), स्वीकृत (accepted) एवं अभिसारी (convergent) समाधान पर यदि पहुँचना हो तो इसके लिए ऊर्ध्वाधर चिंतन (vertical thinking) की आवश्यकता होती है। परन्तु यदि किसी समस्या, घटना आदि का असाधारण (unusual), अपसारी (divergent) तथा सर्जनात्मक समाधान चाहिए तो इसके लिए पार्श्विक चिंतन की आवश्यकता पड़ती है। विक्षिप्तिकरण (brainstroming) से भिन्न, डी बोने के इस उपागम में व्यक्तियों को विशिष्ट समस्या का समाधान करने के लिए नहीं कहा जाता है बल्कि उन्हें प्रत्येक समस्या के समाधान के लिए नये-नये तरीकों को अपनाने के लिए प्रोत्साहित किया जाता है और इस तरह उसे एक पार्श्विक दृष्टिकोण (lateral viewpoint) अपनाने के लिए प्रोत्साहित किया जाता है। पार्श्विक चिंतन में व्यक्ति नये-नये तथ्यों एवं विचारों को उत्पन्न करता है तथा पुराने विचारों को चुनौती देता है।

स्पष्ट हुआ कि सर्जनात्मकता को उन्नत बनाने के मुख्य तीन तरह की प्रविधियाँ उपलब्ध हैं। कई क्षेत्र में व्यक्तियों के द्वारा इन प्रविधियों को अपनाकर सर्जनात्मकता को उनन्त बनाने का सफल प्रयास किया गया है।

कृत्रिम बुद्धि
(Artificial Intelligence)

1956 में जॉन मैकार्थी (John McCarthy) ने सबसे प्रथम बार कृत्रिम बुद्धि (antificial intelligence) जैसे पद का उपयोग कम्प्यूटर के लिये किया जिन्हें मानव मस्तिष्क के समान सोचने के लिए कार्यक्रमित (programmed) किया जाता है। कृत्रिम बुद्धि का क्षेत्र एक अन्तरशास्त्री क्षेत्र (interdisplinary field) है जिसमें मनोवैज्ञानिक अन्य वैज्ञानिकों (scientists) के साथ मिलकर कम्प्यूटर की उस क्षमता का अध्ययन करते हैं जिसे यदि कोई एक मानव दिखलावे तो उसे हम बुद्धि कहते हैं। जब कोई व्यक्ति जटिल मानसिक प्रक्रियाओं (mental operations) को करता है, तो इसके इस गुण को हम सामान्यतः बुद्धि कहते हैं। परन्तु इसी तरह की जटिल मानसिक प्रक्रियाएँ जब कम्प्यूटर (computer) द्वारा

किया जाता है, तो इसे कृत्रिम बुद्धि (artificial intelligence) की संज्ञा दी जाती है। जैसे, अगर किसी कम्पयूटर को शतरंज खेलने के लिए कार्यक्रमित (programme) किया जाता है तो यह समझा जाएगा कि इसमें कम्पयूटर की सम्मिलित मानसिक प्रक्रियाएँ कृत्रिम बुद्धि (artificial intelligence) का उदाहरण होगा।

करीब-करीब सभी तरह की बौद्धिक क्षमताएँ जिसे मनुष्य कर सकता है, का कम्पयूटर कार्यक्रम (computer programme) बनाकर उसे सफलतापूर्वक कम्प्यूटर द्वारा अध्ययन किया जाने लगा है। सेलफ्रिज एवं निस्सेर (Selfridge & Neisser, 1960) के अनुसार, पैटर्न प्रत्यभिज्ञान (pattern recognition) का प्रयोग कम्प्यूटर कार्यक्रम द्वारा काफी उत्तम ढंग से किया गया है। विनोग्राड (Winograd, 1972) के अनुसार कुछ ऐसे कम्प्यूटर कार्यक्रम हैं जिनके द्वारा मनुष्यों में भाषा उपयोग एवं बोध (understanding) में सम्मिलित मानसिक प्रक्रियाओं का यचेष्ट अध्ययन किया गया है। इन अध्ययनों से यह स्पष्ट हुआ कि मनुष्य तथा कम्प्यूटर दोनों ही सूचना-संसाधन तंत्र (information processing system) हैं। दोनों ही द्वारा सूचनाओं को ग्रहण किया जाता है, उनमें विभिन्न ढंगों या तरीकों से जोड़-तोड़ (manipulate) किया जाता है, उन्हें संचित करके रखा जाता है तथा आवश्यकता पड़ने पर उनकी पुनः प्राप्ति (retrieval) भी किया जाता है। सचमुच में मनोवैज्ञानिकों द्वारा कृत्रिम बुद्धि को अध्ययन करने का मात्र उद्देश्य कम्प्यूटर को एक माडल मानकर मानव संज्ञान के बारे में अतिरिक्त सूझ एवं समझ विकसित करना होता है।

कम्प्यूटर का प्रयोग विभिन्न तरह के समस्या समाधान में काफी किया गया है। इसके लिए कई तरह के कार्यक्रम (programme) भी विकसित किये गये हैं जिनमें नीवेल्ल तथा साईमन (Newell & Simon, 1964) द्वारा विकसित कार्यक्रम *सामान्य समस्या साधक* (General Problem Solver or GPS) अधिक लोकप्रिय हुआ है। GPS का आधार वैसी सूचनाएँ थीं जिसे विभिन्न तरह की समस्याओं का समाधान करते समय किये गये चिन्तन से प्राप्त किये गये थे। वालड्रौप (Waldrop, 1988) के अनुसार यद्यपि GPS विभिन्न तरह की समस्याओं का समाधान करने में निश्चित रूप से सफल था, परन्तु इसकी भी कुछ स्पष्ट परिसीमाएँ थीं। GPS विभिन्न तरह की समस्याओं का समाधान के लिए एक ही तरह के सामान्य उपायों (general strategies) का उपयोग करता था। अतः इसमें लचीलापन (flexibility) का गुण कम था। GPS द्वारा उस तरह के सूझ (insight) तेजी से नहीं विकसित होता था जिसे एक मानव वैज्ञानिक विकसित करके समस्या का समाधान कर लेते हैं। इस सभी परिसीमाओं के आलोक में कम्प्यूटर के लिए *विशेषज्ञ तंत्र* (expert system) का विकास किया गया जो कभी उस कार्य को भी आसानी से कर लेता है जिसे मानव विशेषज्ञ भी उतना ठीक ढंग से नहीं करते हैं। विशेषज्ञ तंत्र बहुत सारे अन्तर सम्बन्ध नियमों (interelated rules) जिसे अगर/तब (If/then) कथनों के रूप में तैयार किया गया है, पर आधारित है। वालड्रौप (Waldrop, 1985) के अनुसार इन नियमों के अनुसार बीमारियों की पहचान करने, मेडिकल परीक्षाओं की व्याख्या करने तथा भूगर्भ शास्त्रियों को उचित जगह पर तेल आदि के लिए जमीन खोदने के उपर्युक्त कार्यक्रम (programme) तैयार किये गए हैं। परन्तु विशेषज्ञ तंत्र की भी अपनी कुछ परिसीमाएँ (limitations) हैं। जब इस तंत्र को किसी ऐसी अवस्था का सामना करना पड़ता है जिसे कार्यक्रम (programme) में सम्मिलित नहीं किया गया है तो यह तंत्र कुछ भी काम नहीं करता है। ऐसा इसलिए होता है क्योंकि इस तंत्र को वह निर्देश नहीं दिया गया होता है कि किस तरह से मौलिक नियमों की ओर मुड़ा जा सकता है और एक सामान्य ज्ञाता (generalist) के रूप में तर्कण (reasoning) किया जा सकता है। इस समस्या को दूर करने का उपाय एक ऐसा कम्पयूटर कार्यक्रम (computer programme) विकसित करना था जो एक विशेषज्ञ (expert) तथा सामान्य ज्ञाता (generalist) दोनों के रूप में कार्य कर सके। नीवेल, लायर्ड एवं रोजेन-ब्लूम (Newell, Laird & Rosenbloom, 1976) ने एक दूसरा कार्यक्रम (programme) विकसित किया है जिसे SOAR कहा गया है। इसकी खास विशेषता यह है कि वह नयी परिस्थिति में भी ठीक ढंग से कार्य करता है। जब इसे कोई ऐसी परिस्थिति का सामना करना पड़ता है जहाँ अगर/तब कथन सही ढंग से लागू नहीं होता है, तब यह अपने आप मौलिक नियमों की ओर मुड़ जाता है और उस गतिरोध को दूर करता है। SOAR की यह भी एक विशेषता है कि वह अपनी गत अनुभूतियों से कुछ नयी चीजों को सीखता भी है।

इन सबों के बावजूद SOAR में वह लचीलापन (flexibility) नहीं होता है जो एक मानव मस्तिष्क में होता है। SOAR की प्रत्यक्षज्ञानात्मक क्षमता भी सीमित होती है और इसमें मानसिक संवेग, अभिप्रेरण एवं आत्म-चेतन (self-awareness) जैसे गुणों की कमी होती है। इतना ही नहीं, जब सर्जनात्मकता (creativity) तथा असाधारण सूझ (unusual insight) जैसी चीजों की अचानक जरूरत पड़ जाती है, तो अभी तक कोई भी ऐसा कम्पयूटर कार्यक्रम नहीं विकसित किया गया है जो मानव मस्तिष्क के समान लचीलापन दिखाकर ऐसी समस्याओं से निपट सके। अतः अभी भी मानव बुद्धि की श्रेष्ठता कृत्रिम बुद्धि (artificial intelligence) से अधिक हैं।

कृत्रिम बुद्धि के क्षेत्र में नवीनतम अभिरुचि *'एक्सपर्ट तंत्र'* (expert system) का डिजाइन है। स्कस्पर्ट तंत्र एक ऐसा समस्या समाधान कम्प्यूटर कार्यक्रम है जो विशिष्ट क्षेत्र अर्थात् मेडिकल विकृतियों (medical disorders) के निदान एवं उपचार में कार्य करता है। MYCIN एक ऐसा ही कार्यक्रम है जो डाक्टरों को रक्त संबंद्ध बिमारियों तथा मेनिनगाइटिस (meningitis) आदि की पहचान करने तथा उनका उपचार करने में मदद करता है। यह कार्यक्रम रोगी के उम्र एवं मेडिकल इतिहास के आलोक में दवाईयों की भी अनुशंसा करता है। यह सफलता के सांख्यिकीय प्रसम्भावनाओं तथा लिये गए निर्णय की तर्कसंगत पर भी विचार करता है। अध्ययनों में यह पाया गया है कि MYCIN मानव मेडिकल विशेषज्ञों से 72 प्रतिशत तक अपना सहमति दिखलाता है।

उपर्युक्त विवरण से यह स्पष्ट है कि कम्पयूटर तंत्र (computer system) मानव मस्तिष्क को निम्नांकित तीन तरह की क्षमताओं (abilities) में पीछे छोड़ दिया है—

(i) किसी डाटाबेस (database) से सामग्रियों (materials) को अधिक-से-अधिक मात्रा में सही-सही पुनःप्राप्ति (retieve) करने की क्षमता में।

(ii) तंत्र (system) में कार्यक्रमित नियम एवं विशिष्ट तथ्यों पर आधारित आंकड़ों (data) के बारे में निर्णय करने में।

(iii) बहुत धुतगति से जटिल गणितीय प्रक्रियाओं (mathematical operations) से करने की क्षमता में।

प्रश्न यह है कि यह किस तरह से सम्भव हो पाता है? पारम्परिक कम्पयूटर (conventional computer) में एक *केन्द्रीय संसाधन इकाई* (Central Processing Unit or CPU), होता था जिसके माध्यम से एक समय में एक ही समस्या का समाधान किया जाता था। परन्तु अब समानान्तर सुपर कम्पयूटर (parallel super computer) में कई संसाधक इकाई (processer units) होते हैं। किसी भी समस्या को कई भागों में बाँटकर उनका समाधान एक साथ इन संसाधक इकाईयों के सहारे किया जा सकता है जिससे कोई कार्य बहुत ही कम समय में आसानी से संपन्न हो जाता है। मानव मस्तिष्क यह समानान्तर कम्प्यूटर (parallell computer) से बहुत कुछ मिलता है क्योंकि एह ही समय में बहुत सारे कार्यों को वह कर सकता है। अभी शोधकर्त्ताओं द्वारा ऐसा कम्पयुटर तंत्र (computer system) विकसित किया जा रहा है जो इस बात पर आधारित है कि मस्तिष्क के विशेष भाग में न्यूरोन्स (neurons) किस तरह से सम्बन्धित होते हैं और यह सम्बन्ध (connection) किस तरह से विकसित होता है। ऐसे कम्पयूटर तंत्र जो मानव मस्तिष्क का नकल करने की कोशिश करता है, उसे *तंत्रकीय नेटवर्क* (neural netwroks) की संज्ञा दी जाती है। मस्तिष्क के ही समान कम्पयूटर तंत्रकीय नेटवर्क में सम्बन्ध (connection) को अनुभूतियों (experience) के परिणामस्वरूप मजबूत या कमजोर किया जा सकता है। तंत्रकीय नेटवर्क का उपयोग करके मनोवैज्ञानिक आसानी से यह जाँच कर सकते हैं कि मस्तिष्क किस तरह से कार्य करता है तथा कम्पयूटर वैज्ञानिक इस ज्ञान का उपयोग करके तंत्र को और भी मजबूत कर सकते हैं। जैसे, मशहूर कम्यूटर वैज्ञानिक एलेक्स वाइवेल (Alex Waibel) तथा उनके सहयोगियों ने *सम्भाषण पहचान* (speech recognition) पर अपने शोध में एक *तंत्रकीय नेटवर्क* (neural network) का उपयोग किया है जो काफी लाभदायक सिद्ध हुआ है।

कम्पयूटर के माध्यम से सामाजिक अंतक्रिया (social interaction) को भी समझने की कोशिश की गयी है। अमेरीका के *मास्साशुटे इन्टीच्यूट ऑफ टेकनोलोजी* (Massachusetts Institute of Technology or MIT) *कौग प्रोजेक्ट* (Cog project) द्वारा किये गए शोध में इस क्षेत्र में काफी सफलता मिली है। इस प्रोजेक्ट द्वारा एक रोबोट (Robot) तैयार किया गया है जिसका नाम *'किसमेट'* (Kismet) है जो बहुत ही अच्छे ढंग से मनुष्यों के साथ सामाजिक अंतक्रिया करता है। ऐसी सामाजिक अंतक्रियाएँ किस तरह से विकसित होतीं हैं, को ठीक से समझने के लिए MIT के वैज्ञानिकों ने 'किसमेट' में एक अभिप्रेरणात्मक तंत्र (motivational system) को भी विकसित किया है जिसके माध्यम से उसकी अपनी क्रियाओं एवं सोच का प्रतिबिम्बन होता है। अभिप्रेरणात्मक तंत्र से समस्थिति (homeostasis) बनाकर रखी जाती है और रोबोट को वैसे व्यवहारों को सीखने के लिए अभिप्रेरित करता है जिनके माध्यम से उसकी आवश्यकताओं की तुष्टि की जाती है। किसमेट सामाजिक अंतक्रियाओं के दौरान कई तरह के आनन अभिव्यक्ति (facial expression) दिखलाने में सक्षम होता है और एक मानव के समान बहुत ज्यादा उत्तेजनों से घिर जाने पर वह अंतक्रिया बन्द कर देता है ताकि उसका *समस्थिति संतुलन* (homeostatic balance) बना रहे। ऐसा करके किसमेट अपना आँख बन्द कर लेता है और सोने चला जाता है। जब संतुलन की प्राप्ति हो जाती है, किसमेट फिर से अंतक्रिया करना प्रारम्भ कर देता है।

उक्त तथ्यों के आधार पर हम किस निष्कर्ष पर पहुँचते है? अधिकतर वैज्ञानिकों एवं मनोवैज्ञानिकों का मत है कि कम्पयूटर वास्तव में मानव संज्ञान को अध्ययन करने का एक बहुत उपयोगी यंत्र है और बहुत सारी परिस्थिति में यह ऐसा निष्पादन दिखलाता है जो एक बुद्धिमान मानव द्वारा दिखलाया जाता है।

तर्कणा के अर्थ एवं स्वरूप
(Meaning and Nature of Reasoning)

तर्कणा एक प्रकार का वास्तविक चिन्तन (realistic thinking) है। व्यक्ति तर्कणा के माध्यम से अपने चिन्तन को क्रमबद्ध (systematic) बनाता है तथा तर्क-वितर्क के आधार पर एक निश्चित निष्कर्ष पर पहुँचता है। रेबर[1] (Reber, 1985) ने तर्कणा के दो अर्थ बताए हैं—सामान्य अर्थ में, तर्कणा एक प्रकार का चिन्तन है जिसकी प्रक्रिया तार्किक (logical) तथा संगत (coherent) होती है। विशिष्ट अर्थ में (specifically) तर्कणा समस्या-समाधान व्यवहार है जहाँ अच्छी तरह से निर्मित प्राक्कल्पनाओं की क्रमबद्ध रूप से जाँच की जाती है तथा समाधान तार्किक ढंग से निगमित (deduce) किया जाता है। रेबर के इस विचार से यह स्पष्ट हो जाता है कि तर्कणा में व्यक्ति किसी घटना या विषय के पक्ष तथा विपक्ष में तर्क करते हुए एक परिणाम पर पहुँचता है। उदाहरणार्थ, मान लिया जाए कि कोई छात्र कमरे में टेबुल लैम्प की रोशनी में पढ़ रहा है। अचानक रोशनी बुझ जाती है। अब छात्र के सामने यह समस्या उठ खड़ी होती है कि रोशनी कहाँ से आए कि पढ़ाई जारी रखी जा सके। छात्र अपने मन में कई तरह के तर्क करते हुए चिन्तन कर सकता है। यह सोच सकता है कि सम्भवतः बिजली मीटर के बगल का फ्यूज तार (fuse-wire) जल गया हो। फिर वह सोच सकता है कि चूँकि बगल के कमरे का बल्ब जल रहा है, अतः जरूर ही लैम्प का बल्ब फ्यूज कर गया होगा। अतः छात्र बल्ब की जाँच करेगा और उसके बाद यदि वह यह पाता है कि बल्ब भी ठीक है तो स्पष्टतः वह इस निष्कर्ष पर पहुँचेगा कि टेबुल लैम्प का स्विच (switch) खराब हो गया है। परन्तु जब वह यह पाता है कि स्विच भी ठीक है तो इस निष्कर्ष पर पहुँचता है कि टेबुल लैम्प का होल्डर (holder) जिसमें बल्ब लगा है, वहीं कुछ खराबी होगी। इस उदाहरण में तर्कणा की प्रक्रिया स्पष्ट रूप से झलकती है। छात्र क्रमबद्ध रूप से तर्क करते हुए एक खास परिणाम पर पहुँचता है। इससे तर्कणा के स्वरूप (nature) के बारे में हमें निम्नांकित तथ्य प्राप्त होते हैं—

(i) तर्कणा चिन्तन की एक प्रक्रिया है।
(ii) तर्कणा में क्रमबद्धता (systematization) पाई जाती है।
(iii) तर्कणा में व्यक्ति पक्ष-विपक्ष में तर्क करते हुए एक निश्चित निष्कर्ष पर पहुँचता है।

तर्कणा के प्रकार
(Kinds of Reasoning)

मनोवैज्ञानिकों ने तर्कणा के निम्नांकित चार प्रकार बताए हैं—

(i) निगमनात्मक तर्कणा (Deductive reasoning)
(ii) आगमनात्मक तर्कणा (Inductive reasoning)
(iii) आलोचनात्मक तर्कणा (Evaluative reasoning)
(iv) सादृश्यवाची तर्कणा (Analogical reasoning)

इन चारों तरह की तर्कणाओं का वर्णन निम्नांकित है—

(i) निगमनात्मक तर्कणा *(Deductive reasoning)*—निगमनात्मक तर्कणा वैसी तर्कणा को कहा जाता है जिसमें व्यक्ति पहले से ज्ञात नियमों एवं तथ्यों के आधार पर एक निश्चित निष्कर्ष पर पहुँचने की कोशिश करता है। इस ढंग की तर्कणा मानव एवं पशु दोनों ही द्वारा की जाती है। निगमनात्मक तर्कणा इस तरह के न्यायवाक्यों (syllogism) के आधार पर निकाले गए परिणाम में स्पष्ट रूप से सम्मिलित होते हैं—

1. Reasoning, in general, refers to "thinking with the implication that the process is logical and coherent. More specifically, it is problem-solving where well-formed hypotheses are tested systematically and solutions are logically deduced."
—Reber : *Psychology*, 1985, p. 617

जहाँ जहाँ धुआँ होता है, आग होती है।
पहाड़ पर धुआँ है।
∴ पहाड़ पर आग है।
सभी मनुष्य मरणशील हैं।
मोहन एक मनुष्य है।
∴ मोहन मरणशील है।

(ii) आगमनात्मक तर्कणा *(Inductive reasoning)*—आगनात्मक तर्कणा वैसी तर्कणा को कहा जाता है जिसमें व्यक्ति दिए गए तथ्यों में अपनी ओर से तथ्य जोड़कर एक निश्चित निष्कर्ष पर पहुँचता है। जबतक व्यक्ति इन नए तथ्यों को अपनी ओर से उसमें नहीं जोड़ता, अर्थात् इन तथ्यों का सर्जन (create) नहीं करता, समस्या का समाधान नहीं हो पाता है। रूच[1] (Ruch, 1967) ने आगनात्मक चिन्तन को परिभाषित करते हुए कहा है, ''आगमनात्मक चिन्तन में चिन्तक अपनी कल्पना के आधार पर कुछ ऐसी नयी चीजों को जोड़ता है जो प्रस्तुत आँकड़ों से सीधे ज्ञात नहीं कर लिए जा सकते थे।'' इस तरह की तर्कणा सर्जनात्मक चिन्तक (creative thinker) द्वारा अधिक प्रयोग में लाई जाती है।

(iii) आलोचनात्मक तर्कणा *(Evaluative reasoning)*—इस प्रकार की तर्कणा में व्यक्ति किसी वस्तु, घटना के बारे में सोचते समय या किसी समस्या का समाधान करते समय प्रत्येक उपाय के गुण एवं दोष की परख कर लेता है। वह प्रत्येक विचार (idea) की प्रभावशीलता (effectiveness) को ठीक ढंग से जाँच करके ही एक अन्तिम निर्णय लेता है। दूसरों द्वारा किसी तथ्य या विचार को दिए जाने पर भी उसे वह हू-ब-हू स्वीकार नहीं करता। उसके गुण-दोष की परख के बार ही वह किसी निश्चित निष्कर्ष पर पहुँचता है।

(iv) सादृश्यवाची तर्कणा *(Analogical reasoning)*—इस तरह की तर्कणा में उपमा के आधार पर तर्क-वितर्क करते हुए चिन्तक किसी निष्कर्ष पर पहुँचता है। जैसे, मान लिया जाय कि शिक्षक छात्र से यह प्रश्न पूछते हैं कि रानी लक्ष्मीबाई राणा प्रताप के समान एक वीरांगना कैसे थी? इस समस्या के समाधान के लिए छात्र यह सोच सकता है कि रानी लक्ष्मीबाई ने अँगरेजों से हार नहीं मानी थी और ठीक उसी तरह राणा प्रताप ने भी सम्राट अकबर से हार स्वीकार करना अपने मान के खिलाफ समझा था। सचमुच राणा प्रताप, जैसे वीर पुरुष के समान ही रानी लक्ष्मीबाई भी एक मशहूर वीरांगना थी। इस तरह के चिंतन को सादृश्यवाची तर्कणा कहा जाता है।

इस तरह हम देखते हैं कि तर्कणा (reasoning) के कई प्रकार हैं। शिक्षकों को चाहिए कि वे छात्रों में इस ढंग से शिक्षा दें कि उनमें उपर्युक्त तरह की तर्कणा (reasoning) का स्वस्थ विकास (health development) जल्द हो जाए।

तर्कणा में महत्त्वपूर्ण कदम या सोपान (Important Steps in Reasoning)

तर्कणा (reasoning) की एक प्रमुख विशेषता यह बताई गई है कि इसमें क्रमबद्धता (systematization) होती है। चिन्तक कुछ खास-खास सोपानों या चरणों से होते हुए क्रमबद्ध ढंग से किसी समस्या के समाधान के लिए चिन्तन करता है। अध्ययनों से यह पता चलता है कि तर्कणा में निम्नांकित प्रमुख सोपान (steps) होते हैं—

(i) समस्या का पहचान (Recognition of a problem)
(ii) आँकड़ों का संग्रहण (Collection of data)
(iii) अनुमान पर पहुँचना (Drawing inference)
(iv) अनुमान के अनुसार प्रयोग करना (To do experiment according to inference)
(v) निर्णय करना (Decision-making)

इस सोपानों का वर्णन उदाहरणसहित निम्नांकित है—

1. "In inductive reasoning the thinker, through imagination, adds something new, something not directly derivable from the data on hand." —Ruch : *Psychology and Life,* 1968, p. 333

(i) समस्या की पहचान *(Recognition of a problem)*—प्रत्येक तर्कणा (reasoning) की शुरूआत तभी होती है जब व्यक्ति के सामने कोई समस्या उत्पन्न होती है। समस्या के नहीं रहने पर व्यक्ति में चिन्तन या तर्कणा का कोई प्रश्न ही नहीं उठता। अतः पहला सोपान व्यक्ति द्वारा समस्या की पहचान है। उदाहरणस्वरूप, मान लिया जाए कि छात्र अपने कमरे में 'उच्चतर मनोवैज्ञानिक प्रयोग एवं परीक्षण' नामक पुस्तक की खोज कर रहा है, क्योंकि आज उसे कक्षा में मनोवैज्ञानिक प्रयोग से सम्बन्धित महत्त्वपूर्ण तथ्यों को पढ़ाया जानेवाला है। अतः समस्या यहाँ यह है कि उसने अमुक किताब कहाँ रख दी है।

(ii) आँकड़ों का संग्रहण *(Collection of data)*—इस दूसरे सोपान में व्यक्ति समाधान से सम्बन्धित तथ्यों को एकत्र करता है। तथ्यों को एकत्र करने में वह अपनी गत अनुभूतियों का सहारा लेता है। जैसे उपर्युक्त उदाहरण में इस दूसरे सोपान पर व्यक्ति यह देखने की कोशिश करेगा कि वह पुस्तक कहाँ-कहाँ रखा करता था। उसके भाई-बहन भी प्रायः उस पुस्तक को काम में लाते थे। अतः उसके मन में यह बात आएगी कि उनसे भी पूछ लेना चाहिए कि उन्होंने तो पुस्तक कहीं रख दी नहीं है।

(iii) अनुमान पर पहुँचना *(Drawing inference)*—जब व्यक्ति हर तरह के सम्भावित आँकड़ों का संग्रह कर लेता है तब किसी-न-किसी अनुमान पर पहुँचने की कोशिश करता है। जैसे उपर्युक्त उदाहरण में छात्र इस अनुमान पर पहुँच सकता है कि लगता है कि "हम इस पुस्तक को अपने दोस्त सोहन को 10 दिन पहले दिये थे।"

(iv) अनुमान के अनुसार प्रयोग करना *(To do experiment according to inference)*—इस सोपान में व्यक्ति द्वारा लगाए गए अनुमान के अनुसार कार्य किये जाते हैं। जैसे उपर्युक्त उदाहरण में छात्र का यह अनुमान था कि उसने पुस्तक को अपने दोस्त सोहन को 10 दिन पहले ही दे दिया था। अतः वह सोहन के घर पर आकर सोहन से उक्त किताब के बारे में पूछताछ करेगा।

(v) निर्णय करना *(Decision making)*—तर्कणा का यह अन्तिम सोपान होता है कि जहाँ चिन्तक (thinker) एक निश्चित निष्कर्ष पर पहुँच जाता है। उसके द्वारा लिए गए निर्णय से समस्या का समाधान हो भी सकता है या नहीं भी। यदि समस्या का समाधान नहीं होता है, तो वह पुनः दूसरे तरह का अनुमान लगाकर उसपर कार्य करना प्रारम्भ कर देता है। उक्त उदाहरण में सोहन के घर जाने से यदि अमुक किताब मिल जाती है, तब तो समस्या का समाधान हो जाता है। परन्तु, यदि सोहन यह कहता है कि उसने तो पाँच दिन पहले ही कितब उसे लौट दी थी, तो अब ऐसी परिस्थिति में छात्र अपने संग्रह किए गए आँकड़ों के आधार पर कोई नया अनुमान लगायेगा और उसी के अनुकूल कार्य करेगा।

इस तरह हम देखते हैं कि तर्कणा एक ऐसी मानसिक प्रक्रिया है जिसमें क्रमबद्धता (systematization) अधिक होती है तथा जिसमें तर्क-वितर्क के सहारे व्यक्ति किसी अनुमान पर और फिर उसके आधार पर अन्तिम निष्कर्ष पर पहुँचता है।

निर्णय-प्रक्रिया एवं निर्णयन
(Decision-process and Judgement)

निर्णयन (judgement) तथा निर्णय प्रक्रिया (decision making) दोनों ही अंतरसम्बन्ध प्रक्रियाएँ हैं। निर्णयन एक ऐसी प्रक्रिया है जिसमें व्यक्ति किसी वस्तु या घटना के बारे में प्राप्त सूचनाओं के आधार पर एक निष्कर्ष पर पहुँचता है तथा उसका आलोननात्मक मूल्यांकन (critical evaluation) करता है। निर्णयन की प्रक्रिया प्रायः स्वचालित (automatic) तथा स्वतः (spontaneous) होता है। कुछ निर्णयन तो ऐसे होते हैं, जिनमें गत अनुभूतियों का सहारा व्यक्ति नहीं लेता है। अतः वे आदतन होते हैं। जैसे, भोजन करने के बाद मिठाई खाने का निर्णयन एक आदतन निर्णयन है। परंतु यदि किसी शिक्षक की गुणवत्ता के बारे में कोई निर्णयन छात्र को लेना हो, तो उसे अन्य शिक्षकों से प्राप्त गत अनुभूतियों एवं उनके गुणों की तुलना करते हुए उसे किसी निष्कर्ष पर पहुँचना होगा।

निर्णय प्रक्रिया (decision making) जो ऊपर से निर्णयन के समान लगता है, सचमुच में इनसे भिन्न है। निर्णय प्रक्रिया (decision making) एक तरह का समस्या समाधान व्यवहार (problem solving behaviour) होता है जिसमें व्यक्ति के सामने कई विकल्प (alternatives) होते हैं जिनमें से उसे किसी एक को चुनना होता है। निर्णय प्रक्रिया की कुछ परिभाषाएँ मनोवैज्ञानिक द्वारा इस प्रकार दी गयी है।

सैन्ट्रोक[1] (Santrock, 2000) के अनुसार, *''निर्णय प्रक्रिया में विकल्पों का मूल्यांकन किया जाता है और उनमें से कुछ को चुन लिया जाता है।''*

मॉर्गन, किंग, विस्ज एवं स्कौपलर[2] (Morgan, King, Weisz & Schopler, 1986) के अनुसार, *''निर्णय प्रक्रिया एक तरह का समस्या समाधान है जिससे हमलोगों को कई विकल्प दिये जाते हैं, जिसमें से हमलोगों को चुनना होता है।''*

मैटलिन[3] (Matlin, 1953) के अनुसार, *''निर्णय प्रक्रिया में अनिश्चित घटनाओं की सम्भावनाओं से सम्बद्ध पसंदगी सम्मिलित होती है। निर्णय प्रक्रिया वैसी परिस्थिति में होती है जिसमें हमलोग भविष्य के बारे में पूर्वकथन करते हैं, दो या दो से अधिक विकल्पों के बीच सुनते हैं या सीमित सबूतों के आधार पर उसकी बारंबारता के बारे में अनुमान लगाते हैं।''*

इन परिभाषाओं का यदि हम विश्लेषण करें, तो हमें निर्णय प्रक्रिया के स्वरूप के बारे में निम्नलिखित तथ्य सामने आते हैं—

(i) निर्णय-प्रक्रिया एक समस्या-समाधान (problem solving) प्रक्रिया है।

(ii) निर्णय प्रक्रिया में व्यक्ति के सामने कई विकल्प (alternatives) उपलब्ध होते हैं।

(iii) निर्णय प्रक्रिया में उपलब्ध सूचनाओं की अनिश्चितता (uncertainty) होती है न कि सूचनाओं का स्वरूप ऐसा होता है कि वे या तो सिर्फ सही होंगे या सिर्फ गलत। इस अनिश्चितता का मुख्य कारण यह होता है कि उपलब्ध सूचना के कई पहलू गायब होते हैं।

(iv) निर्णय प्रक्रिया में कुछ ऐसा स्पष्ट नियम नहीं होता है, जो व्यक्ति को यह बता सके कि उपलब्ध सूचना से निष्कर्ष (conclusion) की ओर किस तरह से बढ़ा सकता है। इसके बावजूद व्यक्ति एक विकल्प को अंदाज से चुनकर समस्या का समाधान करता है। इस तरह का प्रसम्भाव्य आकलन (probability estimate) को *आत्मगत प्रसम्भाव्यता* (subjective probability) कहा जाता है।

स्पष्ट हुआ कि निर्णय प्रक्रिया एक ऐसी प्रक्रिया होती है, जिसमें व्यक्ति विभिन्न विकल्पों में से किसी एक का चयन कर मौजूद समस्या का समाधान करता है। निर्णय प्रक्रिया की एक विशेषता यह है कि इसमें लोग ऐसे निर्णय लेने की कोशिश करते हैं जो आत्मनिष्ठ रूप से प्रत्याशित उपयोगिता (subjectively expected utility) को अधिक-से-अधिक बढ़ाता है। दूसरे शब्दों में, यह कहा जा सकता है कि इस प्रक्रिया में विभिन्न विकल्पों में से एक का चयन करके, उसकी उपयोगिता (utility) एवं आत्मनिष्ठ प्रसम्भाव्यता (subjective probability) को ध्यान में रखते हुए उन्हें एक साथ गुणा (multiply) करते हैं और उस विकल्प (alternative) को स्वीकार करने का निर्णय लेते हैं, जिसका उत्पाद (product) सबसे अधिक होता है। अतः यह निर्णय प्रक्रिया का एक तरह से गणितीय मॉडल (mathematical model) है। इस तरह का मॉडल का उपयोग पणक्रिया परिस्थितियों (betting situations) में अधिक होता है। परंतु जिन्दगी की वास्तविक परिस्थिति में निर्णय करने में स्वतः शोध प्रणाली (heuristics) का ही अधिक प्रयोग करते हैं।

---

1. "Decision making involves evaluating alternatives and making choices among them."
—Santrock : *Psychology,* 2000, p. 264

2. "Decision making is a kind of problem solving in which we are presented with several alternatives among which we must choose."
—Morgan, King, Weisz & Schopler : *Introduction to Psychology,* 1986, p. 236

3. "Decision making involves choice concerning the likelihood of uncertain events. Decision making occurs in situations in which we make predictions about the future, select among two or more alternatives or make estimates about frequency on the basis of scanty evidence."
—Matlin : *Cognition,* 1983, p. 289

तर्कणा एवं निर्णय प्रक्रिया में अंतर
(Difference between Reasoning and Decision making)

तर्कणा (reasoning) तथा निर्णय प्रक्रिया (decision making) दोनों में समानता है, क्योंकि दोनों में ही समस्या समाधान करने की कोशिश की जाती है। परंतु दोनों में अन्तर है। तर्कणा (reasoning) में निश्चितता (certainity) अधिक होती है। आधार वाक्य (premises) या तो सच (true) होते है या गलत तथा निष्कर्ष ज्ञात करने के नियम बिलकुल ही स्पष्ट होते हैं। निर्णय प्रक्रिया में दूसरे तरफ सूचनाएँ अनिश्चित (uncertain) होतीं हैं न कि सच (true) या गलत (false)। इसमें बहुत सारी सूचनाएँ गायब (missing) भी होती हैं। इतना ही नहीं, इसमें कोई स्पष्ट नियम नहीं होता है, जो व्यक्ति को यह बतला सके कि दिये गये सूचनाओं से निष्कर्ष की ओर किस तरह से बढ़ा जा सकता है। वास्तविक जिन्दगी में निर्णय प्रक्रिया में सम्मिलित अनिश्चितता (uncertainty) तर्कणा में सम्मिलित निश्चितता (certainty) से अधिक सामान्य रूप से देखने को मिलता है।

निर्णय-प्रक्रिया एवं निर्णयन में अंतर
(Difference between Decision making and Judgement)

मनोवैज्ञानिकों द्वारा निर्णयन (judgement) तथा निर्णय-प्रक्रिया (decision-making) दोनों में अंतर किया जाता है, हालांकि ये दोनों ही काफी सम्बन्ध प्रक्रियाएँ (related processes) है। निर्णय एक ऐसी प्रक्रिया है जिसमें व्यक्ति उपलब्ध सूचनाओं के आधार पर घटनाओं एवं अन्य लोगों के बारे में एक मत (opinion) बनाता है, किसी निष्कर्ष पर पहुँचता है तथा उनका आलोचनात्मक मूल्यांकन (critical evaluation) करता है। दूसरे तरफ निर्णय-प्रक्रिया (decision making) एक ऐसी प्रक्रिया है, जिसमें व्यक्ति विकल्पों (alternatives) के बीच अपना पसंदगी (choice) दिखलाता है तथा प्राप्त विकल्पों में से कुछ को चुनता है तथा कुछ का परित्याग कर देता है। ये दोनों प्रक्रियाओं के अंतर एवं सम्बन्ध को हम एक उदाहरण द्वारा इस प्रकार दिखला सकते हैं। मान लिया जाय कि एक जलसा में किसी व्यक्ति के साथ आपकी मुलाकात होती है और आप उनके साथ बातचीत करके तथा भोजन करने के बाद यह निर्णयन (judgement) करते हैं कि व्यक्ति बुद्धिमान, ईमानदार तथा योग्य हैं। इसके बाद आप यह निर्णय (decide) कर सकते हैं कि अपने घर पर अगला होने वाला पार्टी में वे उस व्यक्ति को बुलायेंगे तो यह एक निर्णय प्रक्रिया का उदाहरण होगा।

निर्णय प्रक्रिया में प्रमुख स्वतः शोध
(Major Heuristics in Decision Making)

निर्णय प्रक्रिया में स्वतः शोध उपागम (heuristic approach) की शुरुआत मूलतः दो मनोवैज्ञानिकों अर्थात् काहनीमैन एवं टभर्स्की (Kahneman & Tversky, 1982) द्वारा किया गया। स्वतः शोध से तात्पर्य वैसे काम चलाऊ उपायों (rule-of thumb strategies) से होता है, जिससे सही समाधान पाने की उम्मीद तो होती है परंतु ऐसे समाधान की कोई गारंटी नहीं होता है। काहनीमैन एवं टभर्स्की ने अपने अध्ययन के आधार पर यह बतलाया है कि निर्णय प्रक्रिया में कुछ ऐसे स्वतः शोध प्रणाली (heuristics) हैं, जो व्यक्ति को दिशा-निर्देश प्रदान करते हैं। ऐसे स्वतः शोध प्रणाली निम्नलिखित तीन हैं—

1. निरूपक स्वतः शोध प्रणाली (representative heuristics)
2. उपलब्धता स्वतः शोध प्रणाली (availability heuristics)
3. स्थिरण एवं समायोजन (anchoring and adjustment)

इन तीनों को वर्णन निम्नांकित हैं—

1. निरूपक स्वतः शोध प्रणाली *(Representative heuristics)*—निरूपक स्वतः शोध प्रणाली एक सामान्य एवं लाभदायक स्वतः शोध विधि है जिसका उपयोग व्यक्ति निर्णयन (judgement) में करता है और किसी सही निर्णय पर पहुँचने की कोशिश करता है। इस स्वतः शोध में व्यक्ति यह तय करता है कि वर्तमान परिस्थिति कहाँ तक उस परिस्थिति या घटना को निरूपित करता है, जिससे व्यक्ति पहले परिचित है और तब उसी के अनुरूप वह कोई निर्णय

ले पाता है। दूसरे शब्दों में, व्यक्ति यह निश्चित करने की कोशिश करता है कि वर्तमान परिस्थिति कहाँ तक उस परिस्थिति का उदाहरण या प्रतिनिधित्व कर रहा है जिसे वह पहले ही अनुभव कर चुका होता है। कहने का तात्पर्य यह है कि इस तरह के स्वतः शोध प्रणाली में व्यक्ति का निर्णय इस बात पर आधारित रहता है कि कितना अच्छा ढंग से वर्तमान सूचनाएँ एक आदिप्ररूप (prototype) जो सबसे सामान्य एवं निरूपक (representative) उदाहरण होता है, से सुमेलित होता है। जैसे, मान लिया जाए कि किसी व्यक्ति को इन विशेषताओं के आधार पर यह निर्णय लेना है कि व्यक्ति पुरुष है या स्त्री। गठीले मांसपेशियाँ, पाँच फीट आठ ईंच की लम्बाई, स्कूटर से आना जाना, छोटे-छोटे बाल, गहरे रंग का वस्त्र पहनना तथा पुलिस की नौकरी करना। इन विशेषताओं के आधार पर 90 प्रतिशत इस बात की सम्भावना है कि वह इस आदमी को पुरुष होने का ही निर्णय लेगा। यहाँ दिया गया वर्णन एक पुरुष के आदिप्ररूप से अधिक मिल रहा है।

2. उपलब्धता स्वतः शोध प्रणाली *(Availability heuristics)*—उपलब्धता (availability) एक दूसरा निर्णयन स्वतः शोध (heuristics) है जिसमें व्यक्ति आसान एवं बार-बार (frequent) होने वाले घटनाओं के आलोक में ही किसी समस्या के समाधान के बारे में निर्णय लेता है। वह कठिन एवं कम होने वाले घटनाओं की प्रायः उपेक्षा करता है और अधिक होने वाले घटनाओं के आलोक में कुछ निर्णय कर बैठता है। दूसरे शब्दों में यह कहा जा सकता है कि इस स्वतः शोध प्रणाली में व्यक्ति किसी घटना की प्रसम्भाव्यता (probability) के बारे में उस घटना का गत समय में होने वाले बारंबारता (frequency) के आधार पर कोई निर्णय लेता है। काहनीमैन एवं टभर्स्की (Kahneman & Tversky, 1973) ने यह बतलाया है कि जब भी कोई व्यक्ति किसी घटना की प्रसम्भाव्यता या बारंबारता के बारे में यह सोचकर निर्णय लेता है कि वह कितना आसान है या आसानी से उससे सम्बन्ध तथ्यों को मन में याद किया जा सकता है, तो यहाँ उपलब्धता स्वतः शोध का उपयोग हुआ समझा जाता है। जैसे, यदि किसी मनोविज्ञान के छात्र से यह पूछा जाये कि दस मनोवैज्ञानिक और दस अर्थशास्त्री के नाम बतलावें तो 90% उम्मीद यही है कि वह छात्र 10 मनोवैज्ञानिक का नाम आसानी से तुलनात्मक रूप से बतला देगा, क्योंकि मनोवैज्ञानिक का नाम उसे अर्थशास्त्रियों के नाम की तुलना में मन में आसानी से उपलब्ध है। इस उदाहरण में व्यक्ति के निर्णयन (judgement) में उपलब्धता स्वतःशोध (availability heuristics) स्पष्ट रूप से उपयोग हो रहा है।

उपलब्धता (availability) स्वतःशोध तथा निरूपक स्वतःशोध (representative heuristics) में अन्तर इस प्रकार किया जा सकता है—

निरूपक स्वतः शोध में व्यक्ति के सामने विशिष्ट उदाहरण (जैसे गुणों का सेट) उपस्थित रहता है और तब उसे यह निर्णय करना होता है कि विशिष्ट उदाहरण क्या उस सामान्य प्रक्रिया के समान है जिस पर वह आधारित है। उपलब्धता स्वतःशोध (availability heuristics) में व्यक्ति को विशिष्ट उदाहरण दे दिया जाता है और व्यक्ति का निर्णय इस बात पर आधारित होता है कि दिये गये उदाहरण कितनी आसानी से मन में उपलब्ध हो जाते हैं।

3. स्थिरण एवं समायोजन *(Anchoring and Adjustment)*—इस तरह के स्वतः शोध प्रणाली पर आधारित निर्णय-प्रक्रिया में व्यक्ति पहले अंदाज से एक आकलन (estimate) तय कर लेता है। इस आकलन को *स्थिरण* (anchor) कहा जाता है। इसके बाद कुछ अतिरिक्त सूचनाओं के आधार पर व्यक्ति उस आकलन में कुछ समायोजन (adjustment) अर्थात् घटाकर या बढ़ाकर अपना अंतिम निर्णय सुनाता है। इस स्वतः शोध प्रणाली का अध्ययन टभर्स्की एवं काहनीमैन (Tversky & Kahneman, 1974) द्वारा एक अध्ययन में किया गया। इस अध्ययन में प्रयोज्यों से यह पूछा गया कि संयुक्त राष्ट्र संघ (United Nation Organizations) में अफ्रीकी देशों (African countries) का प्रतिशत कितना है? इस प्रश्न का उत्तर देने के पहले प्रयोज्यों के सामने एक भाग्य चक्र (wheel of fortune) को कसकर घुमा दिया जाता था जिसमें 0 से 100 के भीतर किसी अंक पर आकर भाग्य चक्र की सूई रूक जाती थी। प्रयोज्य रूकी सूई को देखकर फिर प्रश्न का उत्तर उस चयनित संख्या में समायोजन अर्थात् उसे घटाकर या बढ़ाकर करते थे। प्रयोगकर्त्ताओं ने इस अध्ययन में पाया कि भाग्य चक्र द्वारा यथेष्ट रूप से (arbitrarily) से चयनित संख्या आगे के आकलन के लिए एक स्थिरण (anchor) का कार्य करता था। उदाहरणस्वरूप, अगर भाग्य चक्र का सूई 10 पर रूका, तो प्रयोज्यों ने संयुक्त राष्ट्र संघ में अफ्रिकन देशों की संख्या का आकलन 25 प्रतिशत पर किये। अगर सूई 65 पर रुकी, तो लोगों ने इसका आकलन 45 प्रतिशत पर भी किये। दूसरे शब्दों में यह कहा जा सकता है कि यथेष्ठ संख्या जिसका पूछे गये प्रश्न से कोई वास्तविक सम्बन्ध नहीं था, उत्तर के लिए एक स्थिरण (anchor) के रूप में कार्य कर रहे थे। प्रयोज्यों द्वारा कुछ अतिक्ति सूचनाओं के आधार पर उस स्थिरण अंक से समायोजन कर अंतिम निर्णय लिया जा रहा था।

स्पष्ट हुआ कि निर्णय-प्रक्रिया में व्यक्ति कई तरह के स्वतः शोध प्रणाली (heuristics) का उपयोग कर दी गयी समस्या का समाधान करता है तथा किसी अंतिम निर्णय पर पहुँचता है। इन तीन तरह के स्वतः शोध प्रणाली में प्रथम दो का उपयोग वास्तविक परिस्थिति तथा प्रयोगात्मक परिस्थिति में भी तुलनात्मक रूप से अधिक हुआ है।

निर्णय प्रक्रिया में पूर्वाग्रह एवं त्रुटियाँ
(Biases and Errors in Decision-making)

कई शोधकर्त्ताओं एवं मनोवैज्ञानिकों द्वारा निर्णय प्रक्रिया में होनेवाले कई तरह के पूर्वाग्रहों (biases) तथा त्रुटियों का विशेष रूप से अध्ययन किया है, क्योंकि इनसे निर्णयन सीधे प्रभावित होता पाया गया है। ऐसे पूर्वाग्रहों एवं सम्बद्ध त्रुटियों को निम्नांकित चार प्रमुख भागों में बाँटा गया है—

(a) संपुष्टि पूर्वाग्रह (confirmation bias)

(b) विश्वास दृढ़ता (belief perseverance)

(c) पश्चदृष्टि पूर्वाग्रह (hindsight bias)

(a) सम्पुष्टि पूर्वाग्रह *(Confirmation bias)*—निर्णय-प्रक्रिया में सम्पुष्टि पूर्वाग्रह एक सामान्य पूर्वाग्रह है जिससे तात्पर्य एक ऐसी प्रवृत्ति से होती है जिसमें व्यक्ति उन सूचनाओं की खोज करता है, जो उनके विचार को समर्थन देता है तथा उनका परित्याग करता है, जो उनके विचार का समर्थन नहीं करते हैं। इस तरह का सम्पुष्टि पूर्वाग्रह अक्सर लोग दिखलाते हैं। जैसे, राजनीतिक लोग प्रायः उन्हीं समाचारों को स्वीकार करते हैं, जो उनके विचारधारा का समर्थन देता है तथा उन सबूतों या विचारों का परित्याग कर देते हैं, जो उनके विचारधारा को समर्थन नहीं करते हैं। डॉक्टर लोग भी इस तरह की सम्पुष्टि पूर्वाग्रह अपने निर्णय-प्रक्रिया में प्रायः दिखलाते हैं। डॉक्टर प्रायः किसी रोग का गलत निदान (diagnosis) इसलिए कर बैठते हैं क्योंकि रोगी का एक या दो लक्षण उनके द्वारा पहले किये गए निदान के साथ सही बैठता है। अपने निदान की सम्पुष्टि करने की इच्छा से डॉक्टर उन लक्षणों पर जान-बूझकर ध्यान ही नहीं देते हैं, जो उनके निदान में फिट नहीं बैठता है। कुह्न तथा उनके सहयोगियों (Kuhn et. al., 1994) ने एक प्रयोग किया जिसमें सहभागियों या प्रयोज्यों को वास्तविक में हुए हत्या के मुकदमा का एक टेप सुनाया गया और उनसे इसके बारे में अपना फैसला कारण सहित बतलाने के लिए कहा गया। परिणाम में देखा गया कि अधिकतर प्रयोज्यों ने फैसला लिखते समय एक ऐसी कहानी तैयार किया जिसका आधार सिर्फ वैसे सबूत थे, जो उनके विचारधारा के अनुकूल थे तथा उसमें उन चीजों का उल्लेख नहीं किया गया जो उनके विचारधारा के अनुकूल नहीं थे। स्पष्टतः प्रयोज्यों द्वारा यहाँ सम्पुष्टि पूर्वाग्रह दिखलाया जा रहा था।

(b) विश्वास दृढ़ता *(Belief perseverance)*—विश्वास दृढ़ता एक ऐसा पूर्वाग्रह है, जो पूर्वाग्रह से काफी मिलता-जुलता है तथा इसमें व्यक्ति परस्पर विरोधी सबूतों के बावजूद व्यक्ति अपने विश्वास पर अडिग बना रहता है। इसमें व्यक्ति जब किसी युक्ति या साधन को अपना लेते हैं, तो वे उसके प्रतिकूल सबूत के बाद भी उसका परित्याग नहीं करते हैं और उसे ही सही मानकर कोई निर्णय लेते हैं।

(c) अतिविश्वास पूर्वाग्रह *(Overconfidence bias)*—यह एक ऐसा पूर्वाग्रह है जिसमें व्यक्ति लिए जाने वाले निर्णय में अधिक विश्वास दिखलाता है और उसका यह निर्णय सही उत्तरों के सापेक्ष बारंबारता (relative frequency) पर आधारित नहीं होता है। जैसे, व्यक्तियों में यह अतिविश्वास (overconfidence) होता है कि कोई घातक बीमारी (fatal disease) होने पर कितना दिन जीवित रह पायेंगे, या लोगों में इसका भी अतिविश्वास होता है कि कोई व्यवसाय कितने दिनों के बाद मंदा हो जायेगा, आदि-आदि। इस तरह के पूर्वाग्रह में व्यक्ति को किसी कारण से अपने निर्णय में जरूरत से ज्यादा विश्वास उत्पन्न हो जाता है और परिणामतः वह उन पूर्वकथन या पूर्वानुमान (prediction) जो सांख्यिकीय रूप से वस्तुनिष्ठ तथ्यों पर आधारित होते हैं, की पूर्णतः उपेक्षा करता है। इस तरह का अतिविश्वास का परिणाम दूसरे व्यक्तियों की जिंदगी के लिए भी खतरनाक साबित होता है। मैटलिन (Matilin, 1998) ने इसकी पुष्टि अपने एक प्रेक्षण से किया है। इन्होंने अपने इन प्रेक्षण में बतलाया है कि 1988 में कैप्टन विल रोजर्स (Will Rogers) परसियन गल्फ (Persian Gulf) में अमेरिकी जहाजी बेड़ा के कैप्टन थे। इस जहाज के रेडार ने एक ऊपर से उड़ते हुए एक अज्ञात हवाई जहाज की पहचान किया। अब रोजर्स को यह निर्णय करना था कि वह हवाई जहाज एक असैनिक हवाई जहाज था या शत्रु हवाई जहाज था। उन्होंने अन्तोगत्वा उसे दुश्मन का हवाई जहाज मानकर उनपर दो मिसाइल दागे। परिणामतः सभी 290 यात्री मारे गये। उसके तुरंत बाद रोजर्स को यह पता चला कि वह एक असैनिक हवाई जहाज

(civilian air plane) था। निर्णय प्रक्रिया विशेषज्ञों (decision making experts) के एक पैनेल ने घटना के विश्लेषण के बाद इस निष्कर्ष पर पहुँचे कि रोजर्स अपने मौलिक निर्णय में अतिविश्वास कर रखे थे तथा परिस्थिति के क्रान्तिक कारकों (critical factors) की जाँच नहीं कर पाये थे।

(d) पश्चदृष्टि पूर्वाग्रह *(Hindsight bias)*—ऐसा देखा गया है कि निर्णय प्रक्रिया में व्यक्ति इस बात का ही सिर्फ अतिविश्वास नहीं करते हैं कि वे जानते हैं कि भविष्य में क्या होगा (अतिविश्वास पूर्वाग्रह) बल्कि वे उन परिस्थितियों के बारे में भी अतिविश्वास दिखलाते हैं, जो पहले ही हो चुका होता है। पश्चदृष्टि पूर्वाग्रह से तात्पर्य ऐसी प्रवृत्ति (tendency) से होती है जिससे व्यक्ति घटना घटने के बाद गलत ढंग से यह विश्वास के साथ कहता है कि वह पहले ही इस तरह की घटना के बारे में पूर्वकथन कर चुके थे। भारतीय क्रिकेट टीम जब किसी विदेशी टीम के साथ क्रिकेट खेल कर हार जाता है (या जीत जाता है) तो कुछ लोग प्रायः यह कहते हुए पाये जाते हैं कि वह पहले ही कह चुका था कि इस क्रिकेट खेल में भारतीय टीम हार (या जीत) जायेगा।

स्पष्ट हुआ कि निर्णय-प्रक्रिया (decision making) तथा निर्णय (judgement) में कई तरह के पूर्वाग्रह उत्पन्न होते हैं जिनसे सही निर्णय लेना सम्भव नहीं हो पाता है और लिया गया निर्णय त्रुटिपूर्ण हो जाता है।

फ्रेमिंग एवं निर्णय प्रक्रिया (Framing and Decision Making)

निर्णय प्रक्रिया का फ्रेमिंग से गहरा सम्बन्ध बतलाया गया है। जिस तरह से सूचनाओं या तथ्यों को व्यक्ति के सामने रखा जाता है अर्थात् उसे फ्रेम (frame) किया जाता है, उसका गहरा प्रभाव निर्णय प्रक्रिया पर पड़ता है। इस तरह के प्रभाव को *फ्रेमिंग प्रभाव* (framing effect) कहा जाता है। इस तरह के प्रभाव का प्रयोगात्मक अध्ययन सबसे पहले काहनीमैन तथा टर्भस्की (Kahneman & Tversky, 1982) ने किया था। स्पष्ट हुआ कि तब फ्रेमिंग (framing) से तात्पर्य सूचनाओं को उपस्थित करने का तौर-तरीका से होता है ताकि होने वाले सम्भावित लाभ (potential gain) या सम्भावित हानि (potential loss) पर बल डाला जा सके।

निर्णय प्रक्रिया पर फ्रेमिंग के पड़ने वाले प्रभाव को दिखलाने के लिए काहनीमैन तथा टभर्स्की (Kahneman & Tversky, 1982) ने बहुचर्चित प्रयोग किया जिसमें निम्नांकित विकल्प (option) को प्रयोज्यों के एक समूह के सामने रखा और इनसे किसी एक सबसे उत्तम विकल्प को चुनने के लिए कहा गया। विकल्प इस प्रकार थे।

अमेरिकी सरकार एक खतरनाक रोग उत्पन्न होने से रोकने के लिए एक कार्यक्रम बना रही है। इस रोग से करीब 600 लोगों की मृत्यु हो सकती है। इस रोग को रोकने के लिए दो तरह का कार्यक्रम तैयार किया गया है—अगर कार्यक्रम 'अ' को लागू किया जाता है, तो लंगभग 200 लोगों की जान बच सकती है अगर कार्यक्रम 'ब' को लागू किया जाता है, तो एक-तिहाई सम्भावना यह है कि सभी 600 व्यक्ति बच जाय तथा दो तिहाई सम्भावना यह है कि एक भी व्यक्ति न बच पाये।

प्रयोगकर्त्ताओं ने अपने प्रयोग के परिणाम में यह पाया कि 72% प्रयोज्यों ने कार्यक्रम 'अ' का चयन किया क्योंकि इसमें निश्चितता का तत्त्व था, जबकि मात्र 28% लोगों ने ही कार्यक्रम 'ब' का चयन किया। इसका कारण यह था कि कार्यक्रम 'ब', कार्यक्रम 'अ' की तुलना में अधिक जोखिम भरा हुआ दीख पड़ रहा था।

अब इन विकल्पों को पुनःफ्रेम (reframe) करके इस प्रकार उपस्थित किया गया।

अगर कार्यक्रम 'स' को लागू किया जाता है, तो 400 व्यक्ति मर जायेंगे। अगर कार्यक्रम 'द' को लागू किया जाता है, तो एक-तिहाई सम्भावना यह है कि किसी भी व्यक्ति की मृत्यु नहीं होगी तथा दो-तिहाई सम्भावना यह है कि सभी 600 व्यक्ति मर जायेंगे।

जब कार्यक्रम को पुनःफ्रेम (reframe) करके उक्त प्रकार से दिया गया तो देखा गया कि 78% प्रयोज्यों ने कार्यक्रम 'द' को चुना। अगर काफी गौर से देखें तो यह स्पष्ट होगा कि कार्यक्रम 'द' का प्रभाव हू-ब-हू वही है, जो आरम्भिक अवस्था में कार्यक्रम 'ब' के थे। स्पष्ट हुआ कि एक सूचना को दो ढंग से फ्रेम करने से उसके प्रभाव अलग-अलग होते हैं। उक्त प्रभाव की व्याख्या यहाँ इस प्रकार किया जायेगा।

समस्या की आरम्भिक प्रारूप मूलतः इस तथ्य पर बल डालता था कि कितने लोगों को बचाया जा सकता था। जब

व्यक्ति इस लाभ को (जीवित लोगों को) देखना पसंद करते थे, तो वे एक जोखिम भरा विकल्प (कार्यक्रम 'ब') को न चुनकर सुरक्षित विकल्प (कार्यक्रम 'अ') को चुने जैसा कि 72% प्रयोज्यों ने किया। समस्या का दूसरा प्रारूप ने 400 व्यक्तियों के जान गवाँ देने की सम्भावना पर बल डालते हुए फ्रेम किया गया था। जब व्यक्ति इस तरह के होने वाले हानि या क्षति से दूर रहने की इच्छा दिखलाता था, तो वे जोखिम भरा विकल्प (कार्यक्रम 'द') को चुनने का फैसला किये जैसा कि 78% प्रयोज्यों ने किया।

फ्रेमिंग प्रभाव के कई व्यवहारिक उपयोग (practical applications) स्पष्ट रूप से देखने को मिलते हैं। प्रायः यह देखा गया कि उपभोक्ता वैसे उत्पाद को खरीदने के लिए अधिक लालायित रहते हैं जिसे बट्टा (discount) करके बेचा जाता है। परंतु उसी उत्पाद (product) को यदि अन्य समान उत्पादों से थोड़ा कम मूल्य पर भी रखकर बेचना प्रारम्भ किया जाय, तो उसके प्रति उपभोक्ताओं का सम्मान उतना अच्छा नहीं होता है।

स्पष्ट हुआ कि फ्रेमिंग प्रभाव एक महत्त्वपूर्ण प्रभाव है जिससे व्यक्ति का निर्णय प्रक्रिया प्रभावित होता है।

उत्तम निर्णय लेने के लिए कुछ दिशा-निर्देश
(Some Guidelines for Taking better decisions)

उत्तम निर्णय लेने की प्रक्रिया में यह आवश्यक है कि व्यक्ति इस प्रक्रिया में होने वाले पूर्वाग्रहों एवं त्रुटियों से अपने आप को अवगत करें। परंतु मात्र इन पूर्वाग्रहों एवं त्रुटियों को ध्यान में रखने से काम नहीं चल पायेगा और निर्णयकर्त्ता को उसके अतिरिक्त निम्नांकित धनात्मक उपायों पर भी विचार करना होगा—

(i) **तथ्यों पर ध्यान केन्द्रित करना** *(Concentrating on facts)*—निर्णयकर्त्ता को चाहिए कि वह किसी विकल्प के बारे में अंतिम निर्णय करने के पहले उससे सम्बद्ध सभी तथ्यों को इकट्ठा कर ले। यहाँ निर्णयकर्त्ता को विशेष रूप से इस बिन्दु पर ध्यान देना चाहिए कि उनका अपना विश्वास तथा कोई दृढ़ विचार तो संगत तथ्य को इकट्ठा करने में कहीं बाधक तो सिद्ध नहीं हो रहा है।

(ii) **वैकल्पिक विचारधारा को ध्यान में रखना** *(Considering alternative views)*—जब निर्णयकर्त्ता द्वारा आवश्यक सूचनाओं को एकत्रित कर लिया जाता है, तो इसे चाहिए कि उन सूचनाओं की व्याख्या करने के विभिन्न तरीकों पर वह विचार करे न कि सबों का अनदेखी करके वह किसी अंतिम निष्कर्ष पर पहुँच जाय।

(iii) **सभी विकल्पों का मूल्यांकन** *(Evaluation of all options)*—सामान्यतः यह देखा गया कि एक लक्ष्य पर पहुँचने के कई वैकल्पिक रास्ते हो सकते हैं। उनमें से कोई एक रास्ता ऐसा हो सकता है, जो अन्य रास्तों की तुलना में कम खर्चीला, कम तनावपूर्ण तथा कम समय लेने वाला हो सकता है। निर्णयकर्त्ता को इस बात का मूल्यांकन करना चाहिए कि सभी विकल्पों में से कौन विकल्प सबसे अधिक उत्तम होगा।

(iv) **लचीला दृष्टिकोण** *(Flexibile approach)*—निर्णयकर्त्ता को लचीला दृष्टिकोण रखना चाहिए। जब वह यह देखे कि उसके द्वारा लिया गया गत निर्णय कुछ कारणों से अब उत्तम नहीं रह गया और उसका पुनर्मूल्यांकन की जरूरत है तो ऐसी अवस्था में यद्यपि निर्णयकर्त्ता को यह महसूस हो सकता है कि वह अपनी गलती को स्वीकार करें या नहीं, फिर भी उसे एक लचीला दृष्टिकोण अपनाते हुए अपने निर्णय को बदलने में हिचकिचाना नहीं चाहिए।

(v) **विभिन्न तरह के संवेगों से घिर जाने से बचना चाहिए** *(Avoid being trapped by various emotions)*—कभी-कभी ऐसा होता है कि निर्णयकर्त्ता द्वारा उत्तम एवं वस्तुनिष्ठ निर्णय किये जाने के मार्ग में कुछ ऐसे संवेग जैसे डर या कुछ विशेष तरह की इच्छा उत्पन्न हो जाती हैं, जिससे वह चाहकर भी वैसा निर्णय नहीं कर पाता है। निर्णयकर्त्ता को चाहिए कि वह ऐसे संवेगों से जहाँ तक सम्भव हो अपने को दूर रखें तथा तथ्यों पर वस्तुनिष्ठ ढंग से नजर रखें।

स्पष्ट हुआ कि उत्तम निर्णय लेने की दिशा में कुछ ऐसे निर्देश हैं जिनका पालन करने से निर्णयकर्त्ता वस्तुनिष्ठ निर्णय ले सकता है तथा दुःखद परिस्थिति के उत्पन्न होने से अपने आप को बचा सकता है। यदि हम गौर से देखें तो जिन्दगी में अधिकतर दुःख का कारण व्यक्ति द्वारा किया गया गलत निर्णय ही होता है।

अध्याय सारांश CHAPTER SUMMARY

1. सर्जनात्मक या रचनात्मक चिंतन (creative thinking) से तात्पर्य एक ऐसा चिंतन से होता है जो असाधारण नवीन एवं लाभदायक होता है।
2. सर्जनात्मक चिंतन की पाँच अवस्थाएँ (stages) होतीं हैं— उन्मुखता, आयोजन, उद्भवन, प्रबोधन तथा प्रमाणीकरण या संशोधन।
3. सर्जनात्मक विचारक की छह विशेषताओं पर प्रकाश डाला गया है।
4. सर्जनात्मकता की माप की कई विधियाँ हैं जिनमें गिलफोर्ड प्रविधि, टारेन्स प्रविधि, रिमोट एसोशियेशन टेस्ट तथा वर्णविपयर्य परीक्षण मशहूर हैं।
5. सर्जनात्मकता के कई पहलू हैं जिनमें धाराप्रवाहिता, लचीलापन, मौलिकता तथा विस्तारण प्रमुख हैं। इस सिलसिले में सम्मिलन मॉडल (confluence model) की भी उपयोगिता काफी अधिक है।
6. सर्जनात्मकता को प्रोत्साहित करने की कई विधियाँ हैं। ऐसे तीन तरह की विधियों की चर्चा की गयी है।
7. कृत्रिम बुद्धि मानव मस्तिष्क की बुद्धि के समान कम्प्यूटर द्वारा दिखलाये गये बुद्धि का नाम है। इसके तहत कई प्रकार के कार्यक्रम भी तैयार किये गये हैं।
8. तर्कणा एक प्रकार का वास्तविक चिन्तन है जिसके चार प्रकार बतलाये गए हैं।
9. निर्णय प्रक्रिया में तीन तरह के स्वतः शोध प्रणाली (heuritstics) है तथा चार तरह की त्रुटियाँ तथा पूर्वाग्रह होते हुए पाया जाता है।
10. निर्णय प्रक्रिया फ्रेमिंग से प्रभावित होता है।
11. उत्तम निर्णय लेने के लिए कुछ महत्त्वपूर्ण दिशा-निर्देश हैं। ऐसे पाँच दिशा-निर्देशों को महत्त्वपूर्ण माना गया है।

❑

(शब्दावली)
(GLOSSARY)

[A]

Ablation *(उच्छेदन)* —शारीरिक उत्तकों (bodily tissues) को सर्जिकल तरीकों से निकाल देने की प्रक्रिया।

Absolute threshold *(निरपेक्ष दहेली)*—कुल उपस्थित किये गये प्रयासों में 50 प्रतिशत प्रयासों या बारी में किसी उद्दीपक (stimulus) को पहचानने के लिये न्यूनतम संवेदी उत्तेजन (sensory stimulation)।

Abstract principle *(अमूर्त्त नियम)*—किसी मूर्त्त परिस्थिति तथा विशिष्ट उदाहरणों से विचारों (ideas) एवं संप्रत्ययों (concepts) को हटा देना।

Accomodation (vision) *(अनुकूलन-चाक्षुस)*—दूर तथा नजदीक की चीजों को देखते समय नेत्र के लेंस के आकार में परिवर्तन।

Accomodation (Piaget) *(अनुकूलन-पियाजे)*—पियाजे के सिद्धान्त में वर्त्तमान मानसिक पैटर्न में एक ऐसा परिवर्तन या परिमार्जन जो नये माँग में बिलकुल ही फिट बैठ जाता है। जैसे, वर्त्तमान मानसिक स्कीमा (mental schemas) में इस ढंग से परिवर्तन ला देना कि व्यक्ति नई सूचना या अनुभूतियों को समायोजित कर ले।

Acculturation stress *(संस्कृति-संक्रमण प्रतिबल या दबाव)*—एक दबाव या प्रतिबल जिसकी उत्पत्ति तब होती है जब व्यक्ति किसी विदेशी संस्कृति में कुछ समय के लिये चला जाता है जहाँ उसे कई तरह के परिवर्तनों एवं समायोजनों का सामना करना पड़ता है।

Acetylcholine *(ऐसिटलकोलाईन)*—एक ऐसा न्यूरोट्रासमीटर (neurotransmitter) जिसे न्यूरोन्स द्वारा मांसपेशियों को उत्तेजित करने के लिये निर्मुक्त (release) किया जाता है।

Action potential *(क्रिया विभव)*—तंत्रिका आवेग को क्रिया विभव कहा जाता है जिसकी उत्पत्ति तब होती है जब न्यूरोन के उत्तेजित हो जाने पर कोशिका झिल्ली (cell membrane) के भीतर का आवेश या चार्ज (charge) बाहर के चार्ज की अपेक्षा अधिक धनात्मक (positive) हो जाता है।

Activity theory *(क्रिया सिद्धान्त)*—एक ऐसा सिद्धान्त जो यह बतलाता है कि उम्र बीतने के साथ सबसे उत्तम समायोजन वह होता है जब व्यक्ति मानसिक, सामाजिक एवं शारीरिक रूप से सक्रिय रहता है।

Adaptation level *(अनुकूलन स्तर)*—एक आंतरिक या मानसिक औसत (average) या मध्यम (medium) बिन्दु जिसका उपयोग व्यक्ति द्वारा अन्य चीजों की मात्रा (amounts) के बारे में निर्णय करने के लिये किया जाता है।

Adolescence *(किशोरावस्था)*—एक ऐसी विकासात्मक अवस्था (developmental stage) जो तरुणावस्था (puberty) से प्रारम्भ होकर वयस्कावस्था (adulthood) के आरंभ के पहले तक की होती है। सामान्यतः 13 से 19 साल की आयु को इसके अन्तर्गत रखा जाता है।

Adoption method *(दत्तक-ग्रहण विधि)*—शोध की एक ऐसी विधि जिसमें शोधकर्त्ता वैसे बच्चों जिन्हें जन्म के बाद उनके जैविक माता-पिता द्वारा पालन-पोषण न करके दत्तक माता-पिता द्वारा पालन-पोषण किया जाता है, को सम्मिलित करता है, तथा जिसका उद्देश्य बच्चों के व्यवहार तथा क्षमता पर आनुवंशिकता (heredity) तथा पर्यावरण (environment) के पड़नेवाले सापेक्ष प्रभाव का अध्ययन करना होता है।

Adrenal gland *(एड्रीनल ग्रन्थि)*—अंतस्रावी ग्रन्थि (endocrine gland) का एक ऐसा जोड़ा (pairs) जो व्यक्ति को तनावग्रस्त एवं दबावपूर्ण परिस्थितियों से निपटने के लिए शरीर में हारमोन्स (hormones) निर्मुक्त करता है तथा कम मात्रा में यौन हारमोन्स (Sex hormones) का भी स्राव करता है।

Affectional need *(भावात्मक आवश्यकता)*—ऐसी सांवेगिक आवश्यकताएँ जिनका संबंध प्यार (love) एवं स्नेह (affection) से होता है।

Afterimage *(अनुबिम्ब)*—उद्दीपक (stimulus) के हटा दिये जाने के बाद भी व्यक्ति में उसका चाक्षुष संवेदन (visual sensation) का बना रहना।

Ageism *(ऐजिज्म)*—उम्र के आधार पर विभेदन (discriminate) करने की प्रवृत्ति।

Aggression *(आक्रामकता)*—किसी अन्य व्यक्ति या वस्तु को चोट पहुँचाने के ख्याल से किया गया व्यवहार।

Aggression Cue *(आक्रामकता संबद्ध संकेत)*—ऐसा उद्दीपक या संकेत जो आक्रामकता से संबंधित हो या उसे उत्पन्न करने में सहायक हो।

Agnosia *(एग्नोसिया)*—किसी उद्दीपक जैसे शब्द, वस्तु या तस्वीर के अर्थ को समझने की अक्षमता।

Alarm Stage *(अलार्म अवस्था)*—हंस सेल्ये (Hans Selye) द्वारा प्रतिपादित सामान्य अनुकूलन संलक्षण (General Adaptation Syndrome or GAS) की पहली अवस्था जहाँ व्यक्ति में सांवेगिक उत्तेजन (emotional arousal) होती है और शरीर का सुरक्षात्मक प्रक्रियाएँ (defences forces) उससे भिड़ो (fight) या भागों (flight) की अनुक्रिया के लिये तैयार रहता है।

Alcohol *(अल्कोहल या मदिरा)*—एक ऐसा तत्त्व जिससे केन्द्रीय तंत्रिका तंत्र (central nervous system) मंदित हो जाता है।

Algorithm *(अल्गोरिद्म)*—एक क्रमबद्ध (systematic) एवं चरणबद्ध (step-by-step) कार्य विधि जो एक विशेष तरह की समस्या के समाधान की गारंटी प्रदान करता है। गणितीय सूत्र (mathematical formula) अल्गोरिद्म के उत्तम उदाहरण है।

Alpha wave *(अल्फा तरंग)*—ऐसा मस्तिष्कीय तरंग (brain waves) जो गहरी विश्राम या विश्रांति (deep relaxation) के फलस्वरूप उत्पन्न होता है।

Altered stage of consciousness *(चेतन की परिवर्तित अवस्था)*—एक ऐसी मानसिक अवस्था जो सामान्य चेतन की अवस्था से भिन्न होती है। जैसे, नींद, मनन (meditation), सम्मोहन तथा द्रव्य-उत्पन्न अवस्था (drug-induced state) चेतन की परिवर्तित अवस्था के अन्तर्गत आते हैं।

Altruism *(परोपकारिता)*—एक ऐसा व्यवहार जिसका उद्देश्य दूसरों को बिना किसी तरह के लाभ की उम्मीद किये ही मदद करना होता है।

Alzheimer's disease *(अल्झीमर रोग)*—एक ऐसा उम्र-आधृत रोग है जिसमें उम्र बीतने के साथ ही साथ व्यक्ति में स्मृति लोप (memory loss), मानसिक संभ्रान्ति (mental confusion) आदि अधिक प्रभावी हो जाते हैं तथा बाद की अवस्था में मानसिक क्षमताओं का सम्पूर्ण ह्रास (total loss) हो जाता है।

Ambivalence *(द्वैधवृत्ति)*—एक ऐसी अवस्था जिसमें व्यक्ति को धनात्मक (positive) या ऋणात्मक (negative) दोनों तरह का भाव या एक ही साथ आकर्षण (attraction) तथा विकर्षण (repulsion) दोनों ही होते हैं।

Amygdala *(एमिगडाला)*—मस्तिष्क के भीतर में लिम्बिक तंत्र (limbic system) का एक ऐसा हिस्सा जो संवेग (emotion) विशेषकर डर (fear) का संवेग तुलनात्मक रूप से अधिक उत्पन्न होता है।

Anal stage *(गुदावस्था)*—मनोलैंगिक विकास (psychosexual stage) की दूसरी अवस्था (1 साल से 3 साल सामान्यतः) होती है जिसमें बच्चे मल (feces) त्यागने (expulsion) तथा रोकने (retention) की क्रिया से आनन्दित होते हैं।

Anal-explusive Personality *(गुदा बहिष्कार व्यक्तित्व)*—ऐसे व्यक्तित्व वाले ध्वंसात्मक (destructive), क्रूर, अस्त-व्यस्त व्यवहार दिखलाने वाले होते हैं।

Anal-retentive Personality *(गुदा धारणशील व्यक्तित्व)*—ऐसे व्यक्तित्व वाले व्यक्ति अधिक कंजूस, जिद्दी तथा अपने विचारों में अडिगता दिखलाने वाले होते हैं।

Androgen *(एण्ड्रोजेन)*—पुरुष यौन हारमोन्स (male sex hormones) जैसे टेस्टोस्ट्रोन (testosterone) को इसके अन्तर्गत रखा जाता है।

Androgyny *(एण्ड्रोगिनी)*—एक ही व्यक्ति में पुरुष तथा स्त्री दोनों के गुणों की उपस्थिति की अवस्था।

Andropause *(एण्ड्रोपाऊज)*—वृद्ध पुरुषों में उम्र बीतने के साथ ही साथ धीरे-धीरे पुरुष यौन हारमोन्स विशेष टेस्टोस्ट्रोन (testosterone) की कमी होना।

Anhedonia *(एनहीडोनिया)*—सुख (pleasure) अनुभव करने की अक्षमता।

Anterograde Amnesia *(एंटीरोग्रेड स्मृतिलोप)*—किसी मस्तिष्कीय क्षति (brain injury) या मस्तिष्कीय सर्जरी (brain surgery) के बाद की घटनाओं की अनुभूतियों को याद न रख पाना हालांकि क्षति या सर्जरी की पहले की अनुभूतियाँ ठीक-ठाक याद रहती हैं।

Antidepressants *(विषादविरोधी)*—ऐसा औषध (drugs) जिसका उपयोग विषाद या अवसाद (depression) तथा अन्य दुश्चिंता विकृतियों (anxiety disorders) के प्रभाव को कम करना होता है।

Antipsychotic drugs *(विक्षिप्तिता विरोधी औषध)*—ऐसा औषध (drugs) जिसका उपयोग गंभीर मनोविक्षिप्ति (severe psychosis) जैसे मनोविदालिता (schizophrenia) में पाये जानेवाले विभ्रम (hallucination) तथा व्यामोह (delusion) आदि को नियंत्रित करने में किया जाता है। इसे **मुख्य प्रशांतक** (major tranquilizers) या **न्यूरोलेप्टिक** (neuroleptics) भी कहा जाता है।

Aphasia *(ऐफासिया)*—मस्तिष्कीय क्षति के कारण उत्पन्न संभाषण क्षुब्धता (speech disturbances)।

Applied Psychology *(अनुपयुक्त मनोविज्ञान)*—मनोविज्ञान की एक ऐसी शाखा जो शास्त्र (discipline) की विधि तथा ज्ञान का उपयोग व्यावहारिक (practical) एवं दिन प्रतिदिन की समस्याओं के अध्ययन में करता है।

Apparent motion *(आभासी गति)*—किसी वस्तु या व्यक्ति में कोई गति (movement) नहीं होने पर भी गति का प्रत्यक्षण करना जैसा कि फाई घटना (phi-phenomenon) में होता है।

Applied research *(अनुपयुक्त शोध)*—वैसा शोध जो किसी व्यावहारिक समस्या (applied problem) के समाधान के लिये किया गया हो।

Anima *(एनिमा)*—एक ऐसा आदिरूप (archetype) जो स्त्रैण सिद्धान्तों (female principles) को बतलाता है।

Animal model *(पशु मॉडल)*—शोध में एक ऐसा पशु जिसके व्यवहार का उपयोग कुछ ऐसे नियमों को व्युत्पन्न (derive) करने के लिये किया जाता है जिनका उपयोग मानव व्यवहार के लिये किया जा सकता है।

Animus *(एनिमस)*—एक ऐसा आदिरूप जो पौरुष गुणों (male principles) को बतलाता है।

Antecedents *(पूर्ववर्त्ती)*—ऐसी घटना जो किसी अनुक्रिया के पहले हो गयी होती है।

Anthropomorphic error *(मानवतारोपी त्रुटि)*—पशु व्यवहारों की व्याख्या करने में मानवीय चिंतनों (thoughts), भावों या अभिप्रेरणों आदि का पशुओं में गुणारोपण करना।

Approach-Approach conflict *(उपागम-उपागम द्वन्द्व)*—एक ही समय में दो धनात्मक (positive) या वांछनीय लक्ष्यों की प्राप्ति करने की कोशिश से उत्पन्न मानसिक द्वन्द्व।

Approach-Avoidance conflict *(उपागम-परिहार द्वन्द्व)*—एक ऐसी परिस्थिति से उत्पन्न मानसिक द्वन्द्व जिसमें एक ही लक्ष्य वस्तु में धनात्मक तथा ऋणात्मक दोनों ही गुण मौजूद हों। ऐसी परिस्थिति में व्यक्ति कभी लक्ष्य वस्तु में आकर्षकता तो कभी अनाकर्षकता का गुण देखता है।

Architectual Psychology *(वास्तुशिल्पीय मनोविज्ञान)*—एक ऐसा मनोविज्ञान जिसमें मकानों एवं उनकी संरचनाओं का व्यक्ति के व्यवहार एवं मनोदशा (mood) पर पड़नेवाले प्रभावों का अध्ययन किया जाता है।

Arousal theory *(उत्तेजन सिद्धान्त)*—एक ऐसा सिद्धान्त जो इस बात की पूर्वकल्पना करता है कि अभिप्रेरण (motivation) का उद्देश्य उत्तेजन (arousal) का एक आदर्श स्तर बनाकर रखना होता है।

Artificial intelligence *(कृत्रिम बुद्धि)*—कम्प्यूटर तंत्र (computer system) जो किसी समस्या के समाधान में तथा निर्णय लेने में मानव जैसा चिन्तन दिखलाता है।

Assimilation *(आत्मसात्करण)*—पियाजे के सिद्धान्त में एक ऐसी प्रक्रिया (process) जिसके द्वारा किसी नई वस्तु, घटना, अनुभूति या सूचना को वर्त्तमान स्कीमा (schema) में आत्मसात्कृत (assimilate) कर लिया जाता है।

Association cortex *(साहचर्य कार्टेक्स)*—प्रमष्तिष्कीय कार्टेक्स (cerebral cortex) के सभी क्षेत्र जिनका कार्य न तो मुख्य रूप से संवेदी (sensory) है और न ही पेशीय (motor)।

Attatchment *(आसक्ति)*—एक ऐसा स्नेहमयी संबंध (affectionate bond) जिसका निर्माण बच्चे द्वारा अपनी माता या देखरेख कर्त्ता (care giver) के साथ किया जाता है।

Authoritarian parents *(सत्तावादी माता-पिता)*—ऐसे माता-पिता जो सख्त नियम को लागू करते हैं, अपने बच्चों से प्रश्नरहित आज्ञापालन (unquestioned obedience) की उम्मीद करते हैं, अतिक्रमण (transgression) को दंडित करते हैं तथा अधिकारी (authority) के प्रति आज्ञापालन में विश्वास करते हैं।

Authoritative parents *(प्रामाणिक माता-पिता)*—ऐसे माता-पिता जो अपने बच्चों के लिये उच्च परंतु वास्तविक मानक (realistic standard) सेट करते हैं, बच्चों के साथ तर्कसंगत व्यवहार करते हैं, तथा स्वतंत्रता (independence) एवं खुला संप्रेषण (open communication) बनाकर रखते हैं।

Authoritarian personality *(सत्तावादी व्यक्तित्व)*—एक ऐसा व्यक्तित्व पैटर्न जिसमें आरोध (inhibition), दृढ़ता (rigidity), पूर्वाग्रह (prejudice), आज्ञापालन (obedience), अधिकार (authority) तथा सत्ता (power) के साथ अत्यधिक लगाव पाया जाता है।

Autonomic nervous system *(स्वायत्त तंत्रिका तंत्र)*—तंत्रिका तंत्र का एक ऐसा प्रकार जो मस्तिष्क को आंतरिक अंगों (internal organs) एवं ग्रन्थियों (glands) के साथ संबंधित करता है।

Automatic thought *(स्वचालित चिन्तन)*—ऐसा अतर्कसंगत (unreasoned) एवं प्रश्नरहित विचार (unquestioned ideas) जो व्यक्ति की जिंदगी को प्रभावित करता है तथा उसमें दुश्चिंता (anxiety) एवं अवसाद (depression) उत्पन्न करता है।

Autonomy versus shame and doubt *(स्वायत्तता बनाम लज्जा तथा शक)*—एक ऐसा द्वन्द्व (conflict) जो इरिक्सन सिद्धान्त की दूसरी अवस्था (1 साल से 3 साल) में उत्पन्न होता है तथा जिसमें बढ़ता आत्म-नियंत्रण (growing self control) या स्वायत्तता, लज्जा (shame) या शक के भाव से टकराता है। दूसरे शब्दों में, यहाँ बच्चों द्वारा स्वतंत्र रूप से किसी कार्य को करने की प्रवृत्ति के प्रति माता-पिता की प्रतिक्रिया से द्वन्द्व की उत्पत्ति होती है।

Axon *(एक्सान)*—न्यूरोन (neuron) का पूंछ-आकारीय संरचना (tailed-shaped structure) जो दूसरे न्यूरोन की शाखिका (dendrite) या कोश शरीर (cell body) को सूचना देता है।

[B]

Bait Shyness *(चारा लज्जापन)*—पशुओं द्वारा कुछ विशेष तरह के भोजन (food) को लेने की अनिच्छा या हिचकिचाहट (hesitation)।

Barnum effect *(वारनुम प्रभाव)*—वैसे व्यक्तिगत वर्णन (personal description) को सही एवं यथार्थ मानने की प्रवृत्ति जो सामान्य ढंग से उल्लिखित किया गया है।

Barbiturates *(वारविटुरेट्स)*—एक ऐसा औषध (drug) जिसके सेवन से केन्द्रीय तंत्रिका तंत्र (central nervous system) मंदित (depressed) हो जाता है। इसका उपयोग नींद की गोली (sleeping pills) तथा अन्य शामक (sedatives) के रूप में किया जाता है। अधिक मात्रा में इस तरह के औषध को लेने से व्यक्ति में बेहोशी (coma) या कभी-कभी मृत्यु भी हो जाती।

Basal Metabolic Rate or BMR *(आधारीय चयापचयी दर)*—वह दर (rate) जिसपर प्राणी का शरीर आराम करते समय अपनी ऊर्जा (energy) को खपाता या जलाता (burn) है।

Basic anxiety) *(मौलिक संवेग)*—उन संवेगों को मौलिक संवेग कहा जाता है जो विभिन्न संस्कृतियों (cultures) में पाये जाते हैं, एवं जो विभिन्न संस्कृतियों में एक ही तरह की आनन अभिव्यक्ति (facial expression) से व्यक्त होते हैं तथा बच्चों में जैविक समय सारणी (biological timetable) के अनुसार स्वतः दिखलाई पड़ते हैं। क्रोध (anger), खुशी (happiness), उदासी (sadness), दुःख (distress) घृणा (disgust) आदि मौलिक संवेग के उदाहरण हैं।

Basic research) *(मौलिक शोध)*—वैसा शोध जो ज्ञान को विस्तारित करने के लिये न कि उसका व्यावहारिक उपयोग के लिये किया गया हो, **शुद्ध शोध** (pure research) कहलाता है।

Basic need *(मौलिक आवश्यकता)*—मैसलो द्वारा प्रतिपादित आवश्यकता पदानुक्रम (need hierarchy) में प्रथम पहले चार तरह की आवश्यकताएँ।

Basic suggestion effect *(मौलिक सुझाव प्रभाव)*—सम्मोहित व्यक्ति (hypnotized person) द्वारा किसी प्रस्तावित क्रिया (suggested actions) को इस ढंग से करना मानों वे अनैच्छिक (involuntary) हो।

Basic trust vs. Basic mistrust *(मौलिक विश्वास बनाम मौलिक अविश्वास)*—इरिक्सन (Erikson) द्वारा प्रस्तावित पहली अवस्था (जन्म से 1 साल तक की अवधि) जिसमें बच्चों में माता-पिता द्वारा किये गए प्यार (love), देख-रेख (care) तथा स्नेह के आधार पर उनमें विश्वास या अविश्वास का भाव विकसित होता है।

Behaviourism *(व्यवहारवाद)*—मनोविज्ञान का एक ऐसा स्कूल जिसकी स्थापना जे॰ वी॰ वाटसन (J. B. Watson) द्वारा किया गया तथा जिसके द्वारा स्पष्ट एवं प्रक्षेणीय व्यवहार (observable behaviour) के अध्ययन पर काफी जोर दिया गया।

Behavioural Genetics *(व्यवहारपरक आनुवंशिकी)*—शोध का एक ऐसा क्षेत्र जो व्यवहार एवं क्षमता पर आनुवंशिकता (heredity) एवं पर्यावरण के पड़नेवाले सापेक्ष प्रभाव का अध्ययन करता है।

Behavioural perspective *(व्यवहारपरक संदर्भ)*—एक ऐसा संदर्भ (perspective) जो व्यवहार के निर्धारण में पर्यावरण की महत्ता पर बल डालता है।

Beta waves *(वीटा तरंग)*—जब व्यक्ति जागृतावस्था में सचेत (alert) रहता है, तो उस समय मस्तिष्क में छोटा (small) परंतु तेजी से एक विशेष तरह का तरंग बनता है जिसे वीटा तरंग कहा जाता है।

Binocular cues *(द्विनेत्री संकेत)*—गहराई एवं दूरी के प्रत्यक्षण में ऐसा संकेत जो एक साथ ही दोनों आँखों का उपयोग करता है। अभिबिन्दुता (covergence) तथा द्विनेत्री भिन्नता (binocular disparity) द्विनेत्री संकेत के उदाहरण हैं।

Binocular disparity *(द्विनेत्री भिन्नता)*—एक द्विनेत्री गहराई संकेत (depth cue) जिसकी उत्पत्ति लगभग 20 फीट की दूरी तक के वस्तुओं द्वारा दोनों आँख के अक्षिपटलीय प्रतिमाओं (retinal images) में उत्पन्न अंतर से होता है।

Biofeedback *(बायोफिडबैक)*—एक ऐसा संवेदनशील यंत्र का उपयोग जो व्यक्ति को अपनी आंतरिक दैहिक प्रक्रियाओं (internal physiological processes) के बारे में पर्याप्त पुनर्निवेशन (feedback) देता है ताकि व्यक्ति उन पर निमंत्रण स्थापित करना यदि चाहे, तो सीख सकता है।

Biological perspective *(जैविक संदर्श)*—एक ऐसा संदर्श जो व्यवहार को समझने में आनुवंशिकता (heredity) तथा जैविक प्रक्रियाओं पर पर्याप्त बल डालता है।

Biological rhythm *(जैविक लय)*—किसी जैविक क्रिया जैसे नींद एवं जागृत चक्र (sleep and waking cycle) या शरीर के तापक्रम में परिवर्तन आदि को स्वतः दोहराया जाना।

Bisexual *(द्विलैंगिकता)*—ऐसा व्यक्ति जो पुरुष एवं स्त्री दोनों के प्रति लैंगिक आकर्षण दिखलाता है।

Blind spot *(अंध स्थान)*—अक्षिपटल (retina) का वह क्षेत्र जहाँ चाक्षुष ग्राहक (visual receptor) नहीं पाये जाते हैं।

Bottom-up processing *(आधारिक-ऊपरी प्रक्रिया)*—सूचना संसाधन की ऐसी प्रक्रिया जिसके द्वारा प्रदत्त या आँकड़ों (data) के सभी वैयक्तिक तत्वों (individual elements) को तब तक संयोजित किया जाता है जब तक पूर्ण प्रत्यक्षण हो नहीं जाता है।

Brain stem *(मस्तिष्कीय डंठल)*—मस्तिष्क की निचली संरचना जिसमें मेडुल्ला, सेतु (pons), लघुमस्तिष्क (cerebellum) तथा रेटिकुलर फारमेसन (reticular formation) आदि सम्मिलित होते हैं।

Brainstorming *(विक्षिप्तिकरण)*—सर्जनात्मक चिंतन (creative thinking) की एक ऐसी विधि जो विचारों की उत्पत्ति (production) तथा मूल्यांकन (evaluation) को अलग करता है।

Brainwashing *(मत आरोपण)*—एक तरह का ऐसी मनोवृत्ति परिवर्तन जो बहुत ही दवाब देकर उत्पन्न किया गया हो।

Brightness constancy *(दीप्ति स्थिरता)*—रोशनी के स्तर में परिवर्तन होने के बावजूद वस्तुओं के दीप्ति स्तर को एक समान प्रत्यक्षण करने की प्रवृत्ति।

Broca's area *(ब्रोका क्षेत्र)*—अग्रपालि (frontal lobe) का वह क्षेत्र जो प्रायः बायाँ गोलार्द्ध (left hemisphere) में होता है तथा जिससे संभाषण आवाज (speech sound), व्याकरण तथा उच्चारण (pronunciation) आदि का नियंत्रण होता है।

Broca's aphasia *(ब्रोका एफाशिया)*—ब्रोका क्षेत्र में क्षति उत्पन्न होने से ब्रोका एफाशिया उत्पन्न होता है जिसमें व्यक्ति ठीक से शुद्ध-शुद्ध बोल नहीं पाता है या फिर अपने विचारों को संगठित करके अभिव्यक्त नहीं कर पाता है।

Burnout *(वर्नआऊट)*—कार्य-संबंधित एक ऐसी अवस्था जिसमें व्यक्ति मानसिक, शारीरिक एवं सांवेगिक रूप से पूर्णतः निःशक्त (exhausted) अनुभव करता है।

Bystander effect *(दर्शक प्रभाव)*—एक ऐसी घटना जिसमें आपातकालीन परिस्थिति में जितना ही अधिक व्यक्ति या दर्शक वहाँ एकत्रित हो जाते है, उतना ही कम संभावना इस बात की होती है कि पीड़ित (victim) को मदद मिलेगी।

[C]

कैफ्फिन *(Caffeine)*—चाय, काफी तथा अन्य पौधा-आधृत तत्त्वों (plant-based substances) में पाया जानेवाला हलका उत्तेजक (mild stimulant)।

कैफ्फिनिज्म *(Caffeinism)*—एक ऐसी स्थिति जिसमें व्यक्ति कैफ्फिन (caffeine) का उपयोग अधिक करता है जिसके कारण निर्भरता (dependence) विकसित हो जाता है और तरह-तरह के दैहिक एवं मानसिक शिकायतें व्यक्त करते पाया जाता है।

कैनन-वार्ड सिद्धांत *(Cannon-Bard theory)*—संवेग का एक ऐसा सिद्धान्त जो यह बतलाता है कि थैलमस या हापोथैलमस के स्राव से व्यक्ति में सांवेगिक अनुभूति (emotional feelings) तथा शारीरिक उत्तेजन (bodily arousal) दोनों ही एक साथ उत्पन्न होते हैं।

कार्डिनल शीलगुण *(Cardinal trait)*—आल्लपोर्ट (Allport) द्वारा बतलाया गया व्यक्ति का ऐसा शीलगुण जो इतना महत्त्वपूर्ण एवं व्यापक (pervasive) होता है कि उसकी सारी क्रियाएँ या व्यवहार उन्हीं शीलगुणों से प्रभावित होता है। सभी व्यक्तियों में कार्डिनल शीलगुण नहीं होता है, परंतु जिनमें होता है, वे उसी शीलगुण से ही अधिक जाने जाते हैं।

केस अध्ययन *(Case study)*—एक या कुछेक (a few) व्यक्तियों का गहराई (in-depth) से किया गया विश्लेषण जिसमें सूचनाओं को प्रेक्षण (observation), साक्षात्कार (interview) तथा कभी-कभी मनोवैज्ञानिक परीक्षणों से भी संग्रहित किया जाता है।

कोशिका शरीर *(Cell body)*—न्यूरोन का एक भाग जिसमें न्यूक्लियस (neucleus) होता है तथा जो न्यूरोन का चयापचयी कार्यों (metabolic functions) को संपन्न करता है।

केन्द्रीय तंत्रिका तंत्र (*Central nervous system or CNS*)—मस्तिष्क (brain) तथा सुषुम्ना (spinal cord) को एक साथ मिलाकर केन्द्रीय तंत्रिका तंत्र कहा जाता है।

केन्द्रिता (*Centration*)—पियाजे के सिद्धान्त में प्राकसंक्रियात्मक अवस्था (pre-operational stage) के बच्चों में उद्दीपक के एक विमा पर ध्यान देने तथा उसके अन्य विमाओं पर उपेक्षा करने की प्रवृत्ति।

केन्द्रीय शीलगुण (*Central trait*)—आल्लपोर्ट (Allport) द्वारा बतलाया गया ऐसे शीलगुणों का सेट जिसे प्रायः एक व्यक्ति अनुशंसा पत्र (letter of recommendation) लिखते समय करता है। दूसरे शब्दों में, व्यक्ति का हीर शीलगुण (core traits) जिसके आधार पर किसी के व्यक्तित्व को सामान्यतः जाना जाता है।

लघु मस्तिष्क (*Cerebellum*)—मस्तिष्क की ऐसी संरचना जिसके द्वारा मृदु (smoothed) तथा प्रवीण पेशीय क्रियाओं का संचालन होता है तथा शरीर की मुद्रा (posture) तथा पेशीय सामंजस्य (muscle tone) का नियमन (regulate) होता है।

प्रमस्तिष्कीय कार्टेक्स (*Cerebral cortex*)—प्रमस्तिष्कीय गोलार्द्धों (cerebral hemispheres) को चारो तरफ से ढकने वाला धूसर (gray) तथा कुण्डलित (convoluted) चादर जो उच्चतर मानसिक प्रक्रियाओं जैसे भाषा, स्मृति एवं चिन्तन के लिए उत्तरदायी होता है।

वृहत मस्तिष्क (*Cerebrum*)—मानव मस्तिष्क का सबसे बड़ी संरचना जिसमें दोनों प्रमस्तिष्कीय गोलार्द्ध (cerebral hemispheres) जो कारपस कैलोजन (corpus callosum) से जुड़े होते हैं, अवस्थित होते हैं तथा जो प्रमस्तिष्कीय कार्टेक्स (cerebral cortex) से ढ़का होता है।

प्रमस्तिष्कीय गोलार्द्ध (*Cerebral cortex*)—कार्टेक्स का दो भाग जो मस्तिष्क के दायें भाग में तथा एक बायें भाग में होता है। दायें भाग में अवस्थित गोलार्द्ध को दायाँ गोलार्द्ध (right hemisphere) तथा बायाँ भाग में अवस्थित गोलार्द्ध को बायाँ गोलार्द्ध (left hemisphere) कहा जाता है।

गुणसूत्र (*Chromosome*)—शरीर की कोशिकाओं की केन्द्रक (nuclei) में शलाका-आकारीय संरचना (rod-shaped structure) जिसमें सभी जीन्स (genes) तथा आनुवंशिक सूचनाएँ (hereditary information) संचित होते हैं।

तैथिक आयु (*Chronological age*)—जन्म से लेकर आज तक का व्यक्ति की आयु।

सरकाडियन लय (*Circadian rhythm*)—प्रत्येक 24 घंटे में शारीरिक कार्यों एवं उसके उत्तेजन स्तरों में होनेवाला चक्रीय परिवर्तन (cyclical changes) जो एक क्रम में परिवर्तित होता हो।

क्लासिकी अनुबंधन (*Classical conditioning*)—अधिगम (learning) की एक ऐसी प्रक्रिया जिसमें एक अनुक्रिया जो सिर्फ विशिष्ट उद्दीपक के प्रति की जाती थी, अब एक ऐसे उद्दीपक के प्रति भी की जाती है जो मौलिक उद्दीपक के साथ-साथ कई बार उपस्थित किया गया होता है।

नैदानिक मनोवैज्ञानिक (*Clinical psychologist*)—एक मनोवैज्ञानिक जिन्हें सामान्यतः पी-एच॰ डी॰ की उपाधि होती है तथा जिन्हें मनोवैज्ञानिक तथा व्यवहारपरक विकारों (behavioural disorders) के शोध, उपचार तथा निदान (diagnosis) में विशिष्ट प्रशिक्षण प्राप्त होता है।

सहक्रिया प्रभाव (*Coaction effect*)—एक ही कार्य में लगे अन्य सभी व्यक्तियों की उपस्थिति से निष्पादन (performance) पर पड़ने वाला प्रभाव।

कोकेन (*Cocaine*)—उत्तेजक (stimulant) का एक ऐसा प्रकार जिससे व्यक्ति में उल्लास (euphoria) तथा खुशी उत्पन्न होता है।

कोक्लिया (*Cochlea*)—अन्तकर्ण (inner ear) में घोंघे के आकार (snail shaped) की संरचना जिसमें तरल पदार्थ भरा होता है तथा जिसमें केश-कोशिकाएँ (hair cells) मौजूद होतीं हैं। केश कोशिकाएँ ध्वनि ग्राहक (sound receptors) होती हैं।

सहसंबंध गुणांक (*Coefficient of correlation*)—एक ऐसा सांख्यिकीय सूचक (statistical index) जो –1.00 से +1.00 तक के परास (range) में होता है तथा जिससे सहसंबंध की दिशा (direction) तथा मात्रा (degree) का पता चलता है।

संज्ञानात्मक प्रक्रियाएँ (*Cognitive processes*)—मानसिक प्रक्रियाएँ जैसे चिन्तन, स्मरण, समस्या-समाधान, निर्णयन प्रक्रिया (decision making) आदि को संयुक्त रूप से संज्ञानात्मक प्रक्रियाएँ की संज्ञा दी जाती है।

संज्ञानात्मक नक्शा (*Cognitive map*)—किसी क्षेत्र का मानसिक प्रतिनिधित्व (mental representation)।

संज्ञानात्मक संदर्भ (*Cognitive perspective*)—एक ऐसा संदर्भ जो किसी व्यवहार के पीछे छिपे मानसिक प्रक्रियाओं (mental processes) की भूमिका पर बल डालता है।

संज्ञानात्मक अधिगम (*Cognitive learning*)—ऐसा उच्च-स्तरीय अधिगम जिसमें चिन्तन, बोध (understanding),

अनुमान (anticipation) जानना (knowing) आदि की अहम भूमिका होती है।

सामूहिक अचेतन *(Collective unconscious)*—युंग (Jung) के सिद्धान्त में अचेतन का एक ऐसा अप्राप्य स्तर (inaccessible level) जिसमें प्रत्येक व्यक्ति में अंतरित (transmitted) मानवता का सार्वत्रिक अनुभूतियाँ (universal experiences of humankind) संयोजित होतीं है।

वर्णान्धता *(Colour blindness)*—शंकु (cones) में दोष के परिणामस्वरूप कुछ या सभी रंगों के बीच अन्तर करने की असमर्थता।

वर्ण स्थिरता *(Colour constancy)*—**रोशनी** के स्तर में बदलाव के बावजूद भी व्यक्ति द्वारा किसी वस्तु का रंग एक समान देखने की प्रवृत्ति।

संप्रत्यय *(Concept)*—एक ऐसा नाम (label) जिससे उन वस्तुओं व्यक्तियों या घटनाओं के समूह या वर्ग (class) का पता चलता है जिसकी विशेषताएँ या गुण सामान्य (common) होता है।

कम्प्यूटर अनुरूपण *(Computer simulation)*—ऐसा कम्प्यूटर कार्यक्रम (Computer programme) जो मानव चिंतन, निर्णयन प्रक्रिया (decision-making) या समस्या समाधान जैसी मानसिक प्रक्रियाओं की नकल करता है।

संप्रत्यय निर्माण *(Concept formation)*—अर्थपूर्ण श्रेणियों (meaningful categories) में सूचनाओं को वर्गीकृत करने की प्रक्रिया।

संप्रत्ययात्मक नियम *(Conceptual rule)*—एक ऐसा औपचारिक नियम (formal rule) जो यह निर्णय करता है कि कोई वस्तु या घटना किसी संप्रत्यय (concept) का उदाहरण है या नहीं।

ठोस संक्रिया अवस्था *(Concrete operations stage)*—पियाजे द्वारा प्रतिपादित संज्ञानात्मक विकास की तीसरी अवस्था (7 साल से 11 साल) जिसमें बच्चा संरक्षण (conservation) तथा पलटाव (reversibility) का संप्रत्यय विकसित करता है तथा वह ठोस वस्तुओं पर तार्किक चिन्तन (logical thinking) का उपयोग कर पाता है।

अनुबंधित प्रतिवर्त *(Conditioned reflex)*—एक अर्जित या सीखी गयीं प्रतिक्रिया न कि स्वाभाविक रूप से सीखा गया प्रतिक्रिया।

अनुबंधित अनुक्रिया *(Conditioned response)*—एक ऐसी अनुक्रिया जो किसी अनुबंधित उद्दीपक (conditional stimulus) द्वारा तब उत्पन्न होता जब उसे किसी स्वाभाविक उद्दीपक (unconditioned stimulus) के साथ युग्मित करके बार-बार उपस्थित किया जाता है।

अनुबंधित उद्दीपक *(Conditioned stimulus)*—एक ऐसा तटस्थ उद्दीपक (neutral stimulus) जो किसी स्वाभाविक उद्दीपक (unconditioned stimulus) के साथ बार-बार युग्मित (paired) किये जाने पर उसके साथ साहचर्यित होकर एक अनुबंधित अनुक्रिया (conditioned response) उत्पन्न करता है।

शंकु *(Cones)*—रेटीना या अक्षिपटल में पाया जानेवाला ऐसा ग्राहक कोशिका (receptor cell) जो रोशनी में रंग तथा अन्य विस्तृति (detail) को देखने में मदद करता है परंतु धुंधला रोशनी में यह कार्य नहीं करता है।

सहयोगी *(Confederate)*—एक ऐसा व्यक्ति जो मनोवैज्ञानिक प्रयोगों में अपने आप को एक प्रयोज्य (subject) के रूप में पेश करता है परंतु सचमुच में वह प्रयोगकर्त्ता को मदद पहुँचाने के ख्याल से प्रयोग में सम्मिलित होता है।

चेतन *(Conscious)*—किसी भी क्षण में वैसा चिन्तन, भाव, संवेदन या स्मृति जिससे व्यक्ति अवगत होता है।

चेतना *(Consciousness)*—संवेदन, भाव, चिन्तन एवं प्रत्यक्षणों की सतत सरिता (continuous stream) जिससे व्यक्ति एक क्षण से दूसरे क्षण में अवगत रहता है।

अनुबंधन चैम्बर *(Conditioning chamber)*—एक ऐसा उपकरण जिसे पशुओं में क्रियाप्रसूत अनुबंधन (operant conditioning) का अध्ययन करने के लिए निर्माण किया जाता है। स्कीन्नर बक्स (skinner box) इसका उत्तम उदाहरण है।

जन्मगत समस्या *(Congenital problem)*—ऐसी समस्या या दोष जो व्यक्ति में माँ के गर्भ में ही उत्पन्न होता है।

संयोजक संप्रत्यय *(Conjunctive concept)*—वस्तुओं का ऐसा वर्ग (class) जिसमें दो या दो से अधिक विशेषताएँ (features) उभयनिष्ठ (common) होते हैं। जैसे कोई प्रयोगकर्त्ता यह कहता है कि किसी वस्तु को संप्रत्यय कहलाने के लिए वस्तु का लाल रंग का तथा उसे त्रिकोण होना जरूरी है, तो यह संयोजक संप्रत्यय का उदाहरण होगा।

गुणार्थक अर्थ *(Connotative meaning)*—किसी शब्द या संप्रत्यय का आत्मनिष्ठ (subjective), व्यक्तिगत (personal) या सांवेगिक (emotional) अर्थ।

सुदृढ़ीकरण *(Consolidation)*—एक ऐसी प्रक्रिया जिससे स्थायी स्मृति बनती है तथा जिसमें हिप्पोकैम्पस (hippocampus) की भूमिका अहं होती है।

सतत पुनर्बलन (*Continuous reinforcement*)—एक ऐसा पुनर्बलन अनुसूची (reinforcement schedule) जिसमें प्रत्येक अनुक्रिया के बाद व्यक्ति को पुनर्बलन (reinforcement) दिया जाता है।

नियंत्रित समूह (*Control group*)—किसी प्रयोग में प्रयोज्यों का एक ऐसा समूह जिसे स्वतंत्र चर (independent variable) छोड़कर अन्य सभी प्रयोगात्मक अवस्थाओं (experimental conditions) या चरों से अवगत कराया जाता है।

रूढ़िगत नैतिक तर्कणा (*Conventinal moral reasoning*)—एक ऐसा नैतिक चिन्तन जो दूसरों को खुश करने की इच्छा या स्वीकृत नियम एवं मूल्यों (values) के अनुरूप चिन्तन करने पर बल डालता है।

अभिसारी चिन्तन (*Convergent thinking*)—ऐसा चिन्तन जिसमें व्यक्ति का चिन्तन किसी एक स्थापित सही उत्तर की खोज की ओर निर्देशित होता है।

सहसंबंधात्मक अध्ययन (*Correlational study*)—एक ऐसा अप्रयोगात्मक अध्ययन (nonexperimental study) जिसमें दो चरों या घटनाओं के बीच संबंध की मात्रा की माप की जाती है।

कार्टेकिलाइजेसन (*Corticalization*)—प्रमस्तिष्कीय कार्टेक्स के सापेक्ष आकार (relative size) में वृद्धि।

परामर्श मनोवैज्ञानिक (*Counselling psychologist*)—एक ऐसा मनोवैज्ञानिक जिसे साधारण सांवेगिक (emotional) एवं व्यवहारपरक विकारों (behavioural disorders) के उपचार में विशिष्टीकरण प्राप्त होता है।

अस्पष्ट पुनर्बलन (*Covert reinforcement*)—वांछित व्यवहार (desired behaviour) को पुनबर्लित करने के लिए धनात्मक प्रतिमाओं (positive imagery) का उपयोग करना।

अस्पष्ट संवेदीकरण (*Covert sensitization*)—किसी अवांछित अनुक्रिया के होने की प्रबलता को कम करने के लिए विमुख प्रतिमावली (aversive imagery) का उपयोग करना।

क्रैनियल तंत्रिका (*Cranial nerves*)—कुछ ऐसे प्रमुख तंत्रिकाएँ जो मस्तिष्क से निकलकर सुषुम्ना (spinal cord) से बिना गुजरे हुए ही शरीर के अन्य हिस्सों में पहुँच जाते हैं।

सर्जनात्मकता (*Creativity*)—किसी समस्या के समाधान में मौलिक (original) उचित (appropriate) तथा मूल्यवान (valuable) विचारों का प्रतिपादन करना।

क्रान्तिक अवधि (*Critical period*)—विकास (development) की एक ऐसी अवधि (period) जो इतना महत्त्वपूर्ण होता है कि अगर इस अवधि में कोई हानिकर प्रभाव (harmful effect) से यदि व्यक्ति अनावृत्त (exposure) होता है तो उसका व्यवहार या शारीरिक संरचना का विकास सामान्य नहीं हो पाता है।

क्रास-वर्गीय अध्ययन (*Cross-sectional study*)—एक ऐसा विकासात्मक अध्ययन (cross-sectional study) जिसमें शोधकर्त्ता किसी विशेष गुण पर विभिन्न उम्र के प्रयोज्यों (subjects) का तुलनात्मक अध्ययन करता है ताकि उम्र संबंधी अंतरों के बारे में जाना जा सके।

ज़नसंकुलन (*Crowding*)—एक ऐसा आत्मनिष्ठ प्रत्यक्षण (subjective perception) जिसमें व्यक्ति को यह अनुभव होता है कि दिये हुए जगह में जरूरत से ज्यादा लोग उपस्थित हैं।

क्रिस्टलाईजड् बुद्धि (*Crystallized intelligence*)—ऐसी बुद्धि जिसमें शाब्दिक क्षमता (verbal ability) तथा संकलित ज्ञान (accumulated knowledge) सम्मिलित होता है तथा जो उम्र बीतने के साथ ही साथ व्यक्ति में बढ़ता जाता है।

संकेत (*Cue*)—एक ऐसा बाह्य उद्दीपक (external stimulus) जो अनुक्रिया को निर्देशित इस बात के कारण करता है कि उससे पुनर्बलन (reinforcement) की उपस्थिति या अनुपस्थिति का पता चलता है।

सांस्कृतिक सापेक्षता (*Cultural relativity*)—एक ऐसी प्राक्कल्पना (hypothesis) या विचार जो इस बात पर बल डालता है कि किसी व्यवहार को उस संस्कृति के मूल्यों (values) के आलोक में आकलन करना चाहिए जिसमें वह घटित होता है।

संस्कृति-निष्पक्ष बुद्धि परीक्षण (*Culture-fair intelligence test*)—एक ऐसा बुद्धि परीक्षण जो सांस्कृतिक पूर्वाग्रह (culture bias) को कम करने के लिए बनाया गया होता है तथा जिसमें वैसे प्रश्नों का उपयोग किया जाता है जो उन्हें दंडित नहीं करता है जिनकी संस्कृति या भाषा भिन्न है।

विस्मरण वक्र (*Curve of forgetting*)—एक ऐसा वक्र जो यह दिखलाता है कि विभिन्न समय अंतरालों पर याद की गयी सूचनाओं में से कितना प्रत्याह्वान (recall) या पहचान की गयी है।

वक्ररेखी संबंध (*Curvilinear relationship*)—एक ऐसा संबंध जिसे आलेख (graph) पर दिखलाने से एक वक्र रेखा का रूप दिखता हो।

[D]

अन्धकारपूर्ण अनुकूलन (*Dark adaptation*)—धुँधले रोशनी में आँखों द्वारा धीरे-धीरे देखे जाने की बढ़ती क्षमता।

दिवास्वप्न (*Daydream*)—जागृतावस्था में स्पष्ट स्वप्नचित्त (fantasy)।

अपक्षय सिद्धान्त (*Decay theory*)—विस्मरण का ऐसा सिद्धान्त जो यह स्पष्ट रूप से बतलाता है कि स्मृति-चिह्न (memory traces) का यदि उपयोग नहीं किया जाता है, तो समय बीतने के साथ स्वतः वह समाप्त हो जाता है।

डेसिवेल (*Decibel*)—ध्वनि तरंग की मात्रा (amplitude) पर आधृत आवाज की तीव्रता या प्रबलता (loudness) को मापने की इकाई।

घोषणात्मक स्मृति (*Declarative memory*)—दीर्घकालीन स्मृति का वैसा हिस्सा जिसमें सूचना, तथ्य (facts) जिंदगी की व्यक्तिगत अनुभूतियाँ (personal experiences) आदि संचित होतीं हैं। इसे **स्पष्ट स्मृति** (explicit memory) भी कहा जाता है।

निगमनात्मक चिंतन (*Deductive thought*)—एक ऐसा सोच जो विशिष्ट परिस्थिति में नियमों के सामान्य सेट का अनुप्रयोग करता है।

गहरा चोट या घाव (*Deep lesioning*)—किसी इलेक्ट्रोड (electrode) के माध्यम से मस्तिष्क के भीतर के उत्तकों को क्षतिग्रस्त कर देना।

गहरी नींद (*Deep sleep*)—सामान्य नींद का गहरा स्तर जो नींद की चौथी अवस्था में पायी जाती है।

रक्षा प्रक्रम (*Defence mechanism*)—अहं (ego) द्वारा उपयोग में लाया जानेवाला अचेतन एवं अतार्किक (irrational) तरीका जिसके सहारे वह अपने आप को चिंता (anxiety) से बचाता है। इसमें आत्म-छल (self-deception) तथा वास्तविकता की विकृति (distortion of reality) सम्मिलित होता है।

डेल्टा तरंग (*Delta wave*)—बड़ा एवं मंद गति से बनने वाला मस्तिष्कीय तरंग जो गहरी नींद अर्थात् नींद की तीसरी एवं चौथी अवस्था में उत्पन्न होता है।

व्यामोह (*Delusion*)—एक गलत विश्वास जो सभी विरोधी सबूतों के बावजूद भी व्यक्ति मन में बनाये रखता है।

शाखिका (*Dendrites*)—न्यूरोन का शाखाआकारीय विस्तार (branchlike extension) जो अन्य न्यूरोन्स से सूचनाओं को ग्रहण करता है।

अस्वीकरण (*Denial*)—अपने आप को किसी ऐसी दुःखद वास्तविकता (unpleasant reality) से उसमें अस्वीकार करके या उसमें विश्वास नहीं करके अपने आप को बचा लेना।

आश्रित चर (*Dependable variable*)—प्रयोग का वह चर जो प्रयोग के अंत में मापा जाता है तथा जिसमें स्वतंत्र चर में जोड़-तोड़ के परिणामस्वरूप अंतर होने की पूर्वकल्पना की जाती है। सचमुच में आश्रित चर ही वह चर होता है जिसके बारे में प्रयोगकर्त्ता पूर्वकथन करना चाहता है।

शमक (*Depressants*)—औषध की एक ऐसी श्रेणी जो केन्द्रीय तंत्रिका तंत्र की क्रियाओं को मंदित करता है, शारीरिक कार्यों को धीमा कर देता है तथा बाह्य उत्तेजनों के प्रति संवेदनशीलता को कम कर देता है।

गहराई संकेत (*Depth cue*)—वैसी प्रत्यक्षज्ञानात्मक विशेषताएँ (perceptual features) जो दूरी (distance) तथा त्रिविमीय स्थान (three dimensional space) के बारे में व्यक्ति को ज्ञान देता है।

गहराई प्रत्यक्षण (*Depth perception*)—त्रिविमीय स्थान को देखने की क्षमता तथा दूरी का निर्णय सही-सही करने की क्षमता।

विवरणात्मक शोध विधियाँ (*Descriptive research methods*)—वैसी शोध विधियाँ जो व्यवहारों का करणत्व व्याख्या (causal explanation) न करके मात्र उनका वर्णन करता हो।

विकासात्मक मनोविज्ञान (*Developmental psychology*)—मनोविज्ञान की एक ऐसी शाखा जिसमें पूरी जीवन अवधि (life span) में व्यक्ति किस तरह वर्द्धित (grow) होता है, विकसित होता है तथा परिवर्तित होता है, का अध्ययन किया जाता है।

विकासात्मक कार्य (*Developmental task*)—एक आदर्श विकास (optimal development) के लिए किसी कौशल को सीखना या किसी व्यक्तिगत परिवर्तन (personal change) का होना।

विचलन प्राप्तांक (*Deviation score*)—एक ऐसा परीक्षण प्राप्तांक (test score) जिसे किसी व्यक्ति के प्राप्तांक (score) को उसी के उम्र के अन्य व्यक्तियों जिसपर परीक्षण का मानक (norms) विकसित हुआ है, से तुलना करके ज्ञात किया जाता है।

विचलन बुद्धिलब्धि *(Deviation Intelligence Quotient)*—एक लब्धि जिसकी प्राप्ति किसी व्यक्ति के उसकी आयु समूह में सापेक्ष स्थान (relative position) को सांख्यिकीय रूप से ज्ञात करके की जाती है।

विभेद दहेली *(Difference threshold)*—किसी भौतिक उद्दीपक (physical stimulus) में वह न्यूनतम बढ़ोत्तरी (increase) या घटोत्तरी (decrease) जिसे संवेदन में अंतर (difference) उत्पन्न करने के लिए 50 प्रतिशत समय (time) या प्रयास (trial) में प्रत्यक्षित (perceive) किया जाता है।

अन्वेषणात्मक अधिगम *(Discovery learning)*—वैसा अधिगम जो प्राणी के सूझ (insight) तथा बोध (understanding) पर आधृत होता है।

विभेदात्मक उद्दीपक *(Discriminative stimulus)*—ऐसा उद्दीपक जो क्रियाप्रसूत अनुबंधन (operant conditioning) में पुरस्कृत या अपुरस्कृत (non-rewarded) अनुक्रियाओं के पहले दिया जाता है।

वियोजक संप्रत्यय *(Disjunctive concept)*—एक ऐसा संप्रत्यय जिसे कई संभावित विशेषताओं में से कम से कम एक की उपस्थिति द्वारा परिभाषित की जाती है।

विस्थापित आक्रामकता *(Displaced aggression)*—आक्रामकता को एक ऐसे लक्ष्य की ओर पुनर्निदेशित करना (redirect) जो मौलिक लक्ष्य जिससे आक्रामकता उत्पन्न हुई है, से भिन्न होता है।

प्रदर्शन नियम *(Displaced rule)*—ऐसा नियम जो यह बतलाता है कि संवेग को किस तरह से अभिव्यक्त करना चाहिए तथा **कब** (when) और **कहाँ** (where) उनकी अभिव्यक्ति उचित है।

अपसारी उत्पाद *(Divergent production)*—किसी समस्या का एक या एक से अधिक उत्तर, समाधान या उससे संबंध विचारों को देना।

प्रबल जीन *(Dominant gene)*—ऐसा जीन जिसकी अभिव्यक्ति व्यक्ति के व्यवहारों से होती है।

विभक्त ध्यान *(Divided attention)*—एक ऐसा ध्यान जिसमें व्यक्ति मानसिक प्रयास (mental efforts) को एक साथ कई वस्तुओं या एक ही वस्तु के विभिन्न पहलुओं पर देता है।

डी एन ए *(DNA or Deoxyribonueleic acid)*—एक ऐसी आणविक संरचना (molecular structure) जिसमें कूटसंकेतिक आनुवंशिक सूचना (coded genetic information) सम्मिलित होता है।

प्रबल गोलार्द्ध *(Dominant hemisphere)*—यह पद प्रायः मस्तिष्क के उस गोलार्द्ध (hemisphere) के लिये किया जाता है जिससे भाषा (language) का नियंत्रण होता है। अधिकतर व्यक्तियों में यह बायाँ गोलार्द्ध (left hemisphere) होता है।

द्वि-अंध प्रयोग *(Double-blind experiment)*—एक ऐसा प्रयोग या प्रयोगात्मक विधि जिसमें परिणाम (results) आने तक न तो प्रयोज्यों (subjects) को और न ही प्रयोगकर्त्ताओं (experimenters) को यह पता होता है कि कौन प्रयोगात्मक समूह (experimental group) में है और कौन नियंत्रित समूह (control group) में है। इस तरह की प्रविधि का उपयोग **प्रयोगात्मक पूर्वाग्रह** (experimenter bias) को नियंत्रित करने के लिये किया जाता है।

डाऊन संलक्षण *(Down syndrome)*—एक जन्मजात विकार (genetic disorder) जिसमें गुणसूत्र के 21वें जोड़े में एक अतिरिक्त गुणसूत्र मौजूद होता है। इससे मानसिक मंदता (mental retardation) उत्पन्न होता है तथा इसे **ट्रीजोमी 21** (Trisomy 21) भी कहा जाता है।

अधोगामी तुलना *(Downward comparison)*—अपने आप को एक ऐसे व्यक्ति के साथ तुलना करना जो किसी विमा पर आपसे निम्न कोटि का हो।

प्रणोद *(Drive)*—उत्तेजन (arousal) की एक ऐसी अवस्था जिसकी उत्पत्ति आवश्यकता (need) से होती है तथा जो व्यक्ति को एक ऐसा कार्य करने के लिए बाध्य करता है जिससे आवश्यकता की संतुष्टि (satisfaction) होती है तथा उत्तेजन को स्तर में कमी आ जाती है।

प्रणोद-ह्रास सिद्धान्त *(Drive reduction theory)*—अभिप्रेरण (motivation) का एक ऐसा सिद्धान्त जो यह बतलाता है कि व्यक्ति में आवश्यकता (need), उत्तेजन (arousal) या तनाव (tension) की एक दुःखद अवस्था (unpleasant state) उत्पन्न करती है जिसे प्रणोद (drive) कहा जाता है तथा यह अवस्था व्यक्ति को ऐसा व्यवहार करने के लिये प्रेरित करती है जिससे आवश्यकता (need) की तुष्टि हो जाती है तथा उत्तेजन में कमी हो जाती है।

औषध अंतर्क्रिया *(Drug interaction)*—दो औषधों का संयोजित प्रभाव (combined effect) जो किसी एक औषध के प्रभाव से अधिक होता है।

औषध सहिष्णुता *(Drug tolerance)*—किसी औषध के प्रति शरीर की अनुक्रिया म कमी।

औषध निर्भरता : दैहिक *(Drug dependence : Physical)*—औषध लेने का एक वाध्यता पैटर्न (compulsive pattern) जिसमें व्यक्ति में औषध सहिष्णुता (drug tolerance) के साथ ही साथ औषध लेना बन्द कर देने पर दुःखद प्रत्याहार लक्षण (unpleasant withdrawal symptom) विकसित हो जाते हैं।

औषध निर्भरता : मनोवैज्ञानिक *(Drug dependence : Psychological)*—औषध लेने से उत्पन्न सुखद प्रभाव को प्राप्त करने की तीव्र लालसा (craving)।

[E]

शिक्षा मनोविज्ञान *(Educational psychology)*—मनोविज्ञान की एक ऐसी शाखा जो यह अध्ययन करने की कोशिश करता है कि छात्र किस तरह से सीखता है तथा शिक्षक किस ढंग से उसके साथ अंतर्क्रिया (interaction) करते है।

अहं *(Ego)*—फ्रायड के सिद्धान्त में व्यक्तित्व का तर्कसंगत (rational) तथा मूलतः सचेत तंत्र (conscious system) जो वास्तविकता के नियम (reality principle) से नियंत्रित होता है।

अहं आदर्श *(Ego ideal)*—पराहं (super ego) का एक ऐसा हिस्सा जिससे आदर्श व्यवहार (ideal behaviour) का प्रतिनिधित्व होता है। जब इसके मानकों (standards) को व्यक्ति पूरा करता है, तो इससे व्यक्ति में गर्व (pride) का भाव विकसित होता है।

अहंकेन्द्रित चिंतन *(Egocentric throught)*—ऐसा चिंतन जो आत्म-केन्द्रित (self-centred) होता है तथा जो दूसरों के विचारों को नजरअंदाज करता है।

अहं सम्पूर्णता बनाम निराशा *(Ego integrity vs Despair)*—वृद्धावस्था के लिये इरिक्सन (Erickson) द्वारा प्रतिपादित एक ऐसी अवस्था जिसमें व्यक्ति अपनी गत जिंदगी (past life) को संतुष्टि (satisfaction) या फिर पश्चाताप (regret) के साथ देखता है।

स्पष्ट प्रतिमावली *(Eidetic imagery)*—किसी उद्दीपक की प्रतिमा को व्यक्ति के सामने से हटा देने के कई मिनट बाद तक उस उद्दीपक की दृष्टि प्रतिमा (visual image) का बना रहना।

विस्तारित रिहर्सल *(Elaborative rehearsal)*—ऐसा रिहर्सल जो नयी सूचनाओं को मौजूद स्मृति एवं ज्ञान से जोड़ता है।

एल्कट्रा कम्पलेक्स *(Electra complex)*—लड़कियों में पिता के प्रति लैंगिक आकर्षण (sexual attraction) तथा माँ के प्रति ईर्ष्या (rivalry) का पाया जानेवाला भाव।

इल्कट्रोकनवलसिभ आघात *(Electroconvulsive shock)*—विद्युत धारा (electric current) जिसे मस्तिष्क में सीधे प्रवाहित करके व्यक्ति में आक्षेप (convulsion) पैदा किया जाता है।

इलैक्ट्रोड *(Electrode)*—एक ऐसा उपकरण जैसे तार (wire), सूई (needle) या धातु प्लेट (metal plate) जिसका उपयोग तंत्रिका तंतु (nerve texture) को उत्तेजित करने या इसकी क्रियाओं को रेकार्ड करने के लिये किया जाता है।

एलेक्ट्रोइनसिफेलोग्राफ *(Electroencephalogram or EEG)*—एक ऐसा उपकरण जिसके माध्यम से मस्तिष्क की वैद्युतीय क्रियाओं (Electrical activity) की पहचान की जाती है, उसे प्रवर्धित (amplify) की जाती है तथा रिकार्ड की जाती है।

प्रतीक *(Emblem)*—किसी विशेष संस्कृति के भीतर पूर्णतः लोकप्रिय तथा समझा जानेवाले कृत्य (gesture)।

संवेग *(Emotion)*—भाव (feeling) की एक ऐसी अवस्था जिसमें दैहिक उत्तेजन (physiological arousal), परिस्थिति जिसने इस अवस्था को उत्पन्न किया है, का संज्ञानात्मक मूल्यांकन (cognitive appraisal) तथा उसकी बाह्य अभिव्यक्ति (outward expression) सम्मिलित होता है।

संवेगात्मक बुद्धि *(Emotional intelligence)*—ऐसी स्थिति जिसमें संवेगात्मक सामर्थ्यता (emotional competency) सम्मिलित होता है तथा जिसमें परानुभुति (empathy), आत्म-नियंत्रण (self-control), आत्म-सचेतता (self-awareness) तथा अन्य कौशल (skills) भी सम्मिलित होते हैं।

संवेग-केन्द्रित सामना या समायोजन *(Emotion-focused coping)*—ऐसी अनुक्रियाएँ जिनका उद्देश्य दबाव कारकों (stressors) के सांवेगिक प्रभाव (emotional impact) को कम करना होता है।

परानुभूतिक उत्तेजन *(Empathic arousal)*—ऐसा सांवेगिक उत्तेजन (emotional arousal) जो व्यक्ति में तब उत्पन्न होता है जब वह दूसरों को दुःख दर्द आदि को समझता है।

कूटसंकेतन *(Encoding)*—सूचनाओं को इस प्रारूप में बदल देना ताकि उसे लघुकालीन स्मृति या दीर्घकालीन स्मृति में बदला जा सके।

कूटसंकेतन असफलता *(Encoding failure)*—ऐसा विस्मरण (forgetting) जिसका कारण सामग्रियों का दीर्घकालीन स्मृति में कभी संचित नहीं किया जाना होता है।

अन्तःस्रावी तंत्र *(Endocrine system)*—शरीर के विभिन्न हिस्सों में पथहीन ग्रन्थियों (ductless gland) का एक ऐसा तंत्र जिनका स्राव (secretion) रक्त में सीधे मिल जाता है और शरीर के हिस्सों की कोशिकाओं (cells) को प्रभावित करता है।

अन्तर्जात विषाद या अवसाद *(Endogenous depression)*—ऐसा अवसाद या विषाद जो बाहरी घटनाओं के प्रति किये गए प्रतिक्रियाओं (reactions) के फलस्वरूप न होकर शरीर के भीतर संभवतः मस्तिष्क में रासायनिक असंतुलन (chemical imbalance) के परिणामस्वरूप उत्पन्न होता है।

अभियांत्रिकी मनोविज्ञान *(Engineering psychology)*—मनोविज्ञान की एक ऐसा शाखा जिसमें मशीन तथा कार्य वातावरण को व्यक्ति के प्रत्यक्षज्ञानात्मक (perceptual) तथा दैहिक (physical) क्षमताओं के अनुकूल करने पर बल डाला जाता है।

इनग्राम *(Engram)*—मस्तिष्क का स्मृति-चिह्न (memory trace)।

इन्ड्रोर्फिन *(Endorphin)*—मस्तिष्क विशेषकर पीयूष ग्रन्थि (Pituitary gland) द्वारा उत्सर्जित रसायन (chemicals) जिनसे दर्द कमता है तथा उत्तम मनोदशा (mood) का निर्माण होता है।

पर्यावर्णी मनोविज्ञान *(Environmental psychology)*—मनोविज्ञान की एक ऐसी शाखा जिसमें यह अध्ययन किया जाता है कि पर्यावरण जिसमें स्वाभाविक (natural) तथा निर्मित (constructed) पर्यावरण दोनों ही सम्मिलित होते हैं, किस तरह से मानव व्यवहार को प्रभावित करता है।

इपानफ्राईन *(Epinephrine)*—ऐसा हार्मोन जिससे शरीर उत्तेजित होता है। इसे ऐड्रीनालाईन (adrenaline) भी कहा जाता है।

प्रासंगिक स्मृति *(Episodic memory)*—घोषणात्मक स्मृति (declarative memory) का ऐसा हिस्सा जिसमे व्यवित की वैसी अनुभूतियाँ (experiences) संचित होतीं हैं जो खास समय तथा स्थान से संबंधित होते हैं।

इरोजेनस क्षेत्र *(Erogenous zone)*—शरीर का ऐसे क्षेत्र (areas) जो व्यक्ति में लैंगिक इच्छा (erotic desire) उत्पन्न करते हैं।

इरोस *(Eros)*—फ्रायड (Freud) ने प्राण मूलप्रवृत्ति (life instinct) को **इरोस** कहा है।

उन्मुक्ति अधिगम *(Escape learning)*—किसी विमुख उद्दीपक (aversive stimulus) को दूर करने या हटाने के लिये किसी अनुक्रिया को सीखना।

इस्ट्रोजेन *(Estrogen)*—स्त्री यौन हारमोन (female sex hormone) जिससे महिलाओं में गौण यौन गुण (secondary sex characteristics) का विकास होता है तथा जिससे महावारी चक्र (menstrual cycle) का नियंत्रण होता है।

एथनोसेन्ट्रीज्म *(Ethnocentrism)*—अपने समूह या प्रजाति को केन्द्र (centre) में रखना तथा अन्य सभी समूहों या प्रजाति को अस्वीकृत कर देना।

इथोलोजिस्ट *(Ethologist)*—ऐसा विज्ञानी (scientist) जो पशु के स्वाभाविक व्यवहार पैटर्नस (natural behaviour patterns) का अध्ययन करता है।

विकासवादी मनोविज्ञान *(Evolutionary psychology)*—मनोविज्ञान की ऐसी शाखा जिसमें मानव व्यवहार पैटर्नस (human behaviour patterns) की विकासवादी उत्पत्ति (evolutionery origin) का अध्ययन किया जाता है।

उत्तेजन अवस्था *(Excitement phase)*—लैंगिक अनुक्रिया (sexual response) की पहली अवस्था जिसमें लैंगिक उत्तेजना के कुछ आरम्भिक लक्षण उत्पन्न होते हैं।

उदाहरण *(Examplars)*—किसी संप्रत्यय का वैयक्तिक उदाहरण (individual examples) जिसे व्यक्ति अपनी अनुभूति के आधार पर स्मृति में संचित करता है।

परिश्रांति अवस्था *(Exhaustion phase)*—सामान्य अनुकूलन संलक्षण (General Adaptation Syndrome or GAS) की अंतिम अवस्था जो तब उत्पन्न होती है जब व्यक्ति दवाबकारकों (stressors) के प्रभाव को रोकने में असफल हो जाता है।

प्रयोगात्मक समूह *(Experimental group)*—प्रयोग (experiment) में व्यवहृत वह समूह (group) जिसे स्वतंत्रत चर (independent variable) के प्रभाव से अनावृत्त किया जाता है।

प्रयोगात्मक विधि *(Experimental method)*—ऐसी शोध विधि (research method) जिसमें शोधकर्त्ता (researchers) प्रयोज्यों को यादृच्छिक रूप से (randomly) विभिन्न समूहों में आवंटित करता है और सभी अवस्थाओं को नियंत्रित करते हुए किसी एक या एक से अधिक स्वतंत्र चरों (independent variables) में जोड़-तोड़ (manipulation) करके उनका प्रभाव आश्रित चर (dependent variable) पर अध्ययन करता है।

अनुभवजन्य बुद्धि *(Experiential intelligence)*—ऐसा विशिष्ट ज्ञान एवं कौशल (skill) जिसे व्यक्ति अपनी अनुभूति (experience) तथा अधिगम से प्राप्त करता है।

प्रयोगात्मक प्रभाव (*Experimenter effect*)—प्रयोगकर्त्ता के व्यवहारों या क्रियाओं का अविचारित प्रभाव (unintended effect) द्वारा प्रयोज्यों के व्यवहार में परिवर्तन।

स्पष्ट स्मृति (*Explicit memory*)—घोषणात्मक स्मृति (declarative memory) का एक ऐसा उपभाग जिसमें व्यक्ति इस बात से अवगत होता है कि वह किस सूचना का प्रत्याह्वान कर रहा है।

विलोपन (*Extinction*)—पुनर्बलन (reinforcement) को हटा दिये जाने के बाद अनुबंधित अनुक्रिया (conditioned response) का शनैः शनैः कमज़ोर होना।

बहिकोशकीय प्यास (*Extracellular thirst*)—शरीर की कोशिकाओं (cells) के बीच पाये जानेवाले तरल (fluids) की मात्रा में कमी के कारण उत्पन्न प्यास।

बहिरंग चर (*Extraneous variables*)—वैसी अवस्था या चर (variables) जो प्रयोग के परिणाम को प्रभावित कर सकने में सक्षम होता है, परंतु उसे नियंत्रित करके रखा जाता है।

असाधारण संवेदी प्रत्यक्षण (*Extrasensory perception*)—किसी वस्तु, घटना या दूसरों के विचारों से ज्ञात संवेदी चैनलों (known sensory channels) से भिन्न चैनेलों के माध्यम से उसके बारे में ज्ञान प्राप्त करना।

बहिर्मुखता (*Extroversion*)—सामाजिक, स्पष्ट एवं अनुकूलशील (adaptable) प्रवृत्ति का होना।

बाह्य अभिप्रेरण (*Extrinsic motivation*)—किसी पुरस्कार को पाने के लिये किये जानेवाले व्यवहार को करने या अवांछित परिणाम (undesirable consequences) से दूर हटने का अभिप्रेरण।

[F]

आनन एगनोसिया (*Facial agnosia*)—जाना-पहचाना चेहरा को भी पहचानने की असमर्थता।

आनन पुनर्निवेशन प्राक्कल्पना (*Facial feedback hypothesis*)—यह प्राक्कल्पना इस बात पर बल डालता है कि विशेष तरह की आनन अभिव्यक्ति (facial expression) में सम्मिलित पेशीय गति (muscular movements) से सम्बन्धित संवेग की उत्पत्ति होती है। जैसे, हँसने (smiling) से हमें खुशी के संवेग का अनुभव होता है।

धनात्मक उदाहरणों का दोष (*Fallacy of positive instances*)—उन सूचनाओं को जो व्यक्ति की प्रत्याशा (expectation) में फिट बैठता है, को प्रत्याह्वान करने तथा इन सूचनाओं को जो उनकी प्रत्याशा से भिन्न होती है, की उपेक्षा करने या भूल जाने की प्रवृत्ति।

वसा कोशिका (*Fat cells*)—ऐसी कोशिकाएँ जिनकी संख्या शरीर में 30 से 40 अरब (billion) होता है और जो द्रवित वसा (liquified fat) का भंडार होता है। व्यक्ति के शरीर के वजन में कमी होने पर उनका आकार (size) में ह्रास हो जाता है परंतु उनकी संख्या ज्यों का त्यों बनी होती है।

विशेषता संसूचक (*Feature detectors*)—मस्तिष्क में पाये जाने वाले ऐसे न्यूरोन्स (neurones) जो संवेदी उद्दीपकों (sensory stimulus) के विशिष्ट विशेषता (specific features) के प्रति अनुक्रियाशील होता है।

पुनर्निवेशन (*Feedback*)—किसी अनुक्रिया का व्यक्ति पर पड़नेवाले प्रभाव के बारे में उस व्यक्ति को सूचना देना जिसने अनुक्रिया किया था। इसे **परिणाम ज्ञान** (knowledge of results) भी कहा जाता है।

भ्रूण (*Fetus*)—माँ के गर्भ में पल रहा विकासशील मानव जीव जो 9 सप्ताह से जन्म तक की अवधि में होता है तथा जिस अवधि में शरीर के विभिन्न अंगों की संरचनाओं (structures) का तीव्र विकास होता है।

आकृति-पृष्ठभूमि संगठन (*Figure-ground organization*)—प्रत्यक्षज्ञानात्मक संगठन (perceptual organization) का ऐसा नियम (principle) जिसके अनुसार दृष्टि क्षेत्र (visual field) को व्यक्ति एक स्पष्ट वस्तु जिसे आकृति (figure) कहा जाता है, के रूप में प्रत्यक्षित करता है और यह आकृति दृष्टि क्षेत्र के कुछ अस्पष्ट भागों (vague parts) जिसे पृष्ठभूमि कहा जाता है, पर दीखता है।

प्रथम-डिग्री संबंधी (*First degree relatives*)—व्यक्ति का माता-पिता (parents), बच्चे (children) एवं भाई-बहन।

पंच कारक मॉडल या सिद्धान्त (*Five-factor model or theory*)—एक ऐसा शीलगुण सिद्धान्त जो व्यक्तित्व की व्याख्या पाँच सार्वित्रिक आयामों (universal dimensions) के आधार पर करता है। प्रत्येक विमा व्यक्तित्व शीलगुणों (personality traits) का एक पुंज (constellation) होता है।

स्थायीकरण (*Fixation*)—समस्या समाधान (problem solving) में गलत समाधान या दोषपूर्ण तरीका को बार-बार दोहराना क्योंकि व्यक्ति किसी कारणवश वैकल्पिक समाधान की ओर से नजर हटा लेता है।

स्थायीकरण (*Fixation*)—फ्रायड द्वारा प्रतिपादित मनोलैंगिक विकास (psychosexual development) के सिद्धान्त में

किसी भी अवस्था पर अवरुद्ध विकास (arrested development) जो उस अवस्था में अत्यधिक संतुष्टि (excessive satisfaction) या अत्यधिक कुंठा (excessive frustration) के परिणामस्वरूप उत्पन्न होता है।

निश्चित-अंतरण अनुसूची (*Fixed interval schedule*)—एक ऐसी अनुसूचि जिसमें सही अनुक्रिया होने के बाद पुनर्बलन तब दिया जाता है जब गत पुनर्बलित अनुक्रिया (reinforced response) से एक पूर्व निश्चित समय बीत चुका होता है। इस अवधि में किये गये अन्य सही अनुक्रिया के बाद कोई पुनर्बलन नहीं दिया जाता है।

निश्चित अनुपात अनुसूची (*Fixed ratio schedule*)—एक ऐसी अनुसूची (schedule) है जिसमें प्राणी को पुनर्बलन (reinforcement) औसतन तभी ही दिया जाता है जब उसके द्वारा सही अनुक्रिया एक निश्चित संख्या में कर दिया गया हो।

पूर्वस्मृति (*Flashback*)—व्यंक्ति द्वारा औषध (drug) एल एस डी (LSD) लेने पर उसका संक्षिप्त प्रभाव अचानक व्यक्ति पर पड़ना।

कौंधवल्ब स्मृति (*Flashbulb memory*)—उच्च स्तरीय संवेग के समय उत्पन्न स्मृति जो बिलकुल ही स्पष्ट (vivid) होता है।

तरल बुद्धि (*Fluid intelligence*)—बुद्धि का एक ऐसा पहलू (aspect) जिसमें अमूर्त्त तर्कणा (abstract reasoning) तथा मानसिक नम्यता (mental flexibility) सम्मिलित होता है। ऐसी बुद्धि 20-25 साल की आयु में अपनी ऊपरी स्तर पर होता है तथा फिर आयु बीतने के साथ ही साथ घटते चला जाता है।

न्यायिक मनोविज्ञान (*Forensic psychology*)—मनोविज्ञान की एक ऐसी शाखा जो कानून-संबंधी (law-related) होता है तथा जिसमें मूलतः कानूनी न्याय तंत्र (legal justice system) के रूप में मनोवैज्ञानिक अपना योगदान विशेषज्ञ साक्ष्य (expert witness) की भूमिका में या फिर न्यायाधीशों (judges), पुलिस, प्रतिवादी (defendents) के परामर्शक (consultants) की भूमिका में होकर देते हैं।

औपचारिक संक्रियात्मक अवस्था (*Formal operational stage*)—पियाजे द्वारा प्रतिपादित संज्ञानात्मक विकास (cognitive development) की चौथी एवं अंतिम अवस्था जिसमें बच्चों में काल्पनिक परिस्थितियों (hypothetical situations) तथा अमूर्त्त समस्याओं (abstract problems) के समाधान में तार्किक चिन्तन (logical thinking) करने की क्षमता विकसित हो जाती है।

फोविया (*Fovea*)—अक्षिपटल (retina) के केन्द्र में अवस्थित एक ऐसा क्षेत्र जिसमें सिर्फ शंकु (cones) ही होते हैं।

फ्रेगाइल-एक्स संलक्षण (*Fragile-X syndrome*)—मानसिक मंदता (mental retardation) का एक ऐसा प्रारूप (form) जिसकी उत्पत्ति एक्स गुणसूत्र (X chromosome) में दोष के कारण होता है।

भ्रात्रीय जुड़वा (*Fraternal twin*)—ऐसा जुड़वा बच्चा जिसका जन्म अण्डोत्सर्ग (ovulation) के दौरान माँ से दो अण्डे (eggs) एक साथ निकलने और उनका पिता के दो अलग-अलग शुक्राणु (sperm) से गर्भित होने के परिणामस्वरूप होता है। इन्हें **द्वियुग्मनज जुड़वा** (dizygotic twin) भी कहा जाता है।

स्वतंत्र साहचर्य (*Free association*)—मनोविश्लेषण की एक ऐसी प्रविधि जिसमें क्लायंट या रोगी को मन में आ रहे विचारों चाहे वे तर्कसंगत हो या अतर्कसंगत हो, की अभिव्यक्ति करने के लिये कहा जाता है।

बारंबारता सिद्धान्त (*Frequency theory*)—यह सिद्धान्त यह बतलाता है कि केश कोशिका ग्राहक (hair cell receptor) उतनी ही बार कम्पित (vibrate) होती है जितनी बार आवाज (sounds) उन तक पहुँचता है और इस तरह से इस बात की व्याख्या होती है कि तारतत्व (pitch) में उत्पन्न कम्पन किस तरह मस्तिष्क में पहुँचता है।

अग्रपालि (*Frontal lobe*)—मस्तिष्क का एक ऐसा क्षेत्र या पालि (lobe) जो ऐच्छिक शारीरिक गति (voluntary bodily movement), संभाषण (speech) तथा उच्चतर मानसिक प्रक्रिया (higher mental processes) को नियंत्रित करता है।

कुंठा (*Frustration*)—किसी लक्ष्य पर पहुँचने में उत्पन्न बाधा से उत्पन्न नकारात्मक सांवेगिक स्थिति।

कुंठा-आक्रामकता सिद्धान्त (*Frustration-aggression hypothesis*)—यह प्राक्कल्पना कि सभी तरह की आक्रामकता का कारण कुंठा होता है परंतु सभी तरह की कुंठा से आक्रामकता नहीं होती है।

कार्यात्मक अटलता या आबद्धता (*Functional fixedness*)—समस्या समाधान में उत्पन्न ऐसी अनम्यता (rigidity) जिसकी उत्पत्ति परिचित वस्तुओं (familiar objects) के नये-नये उपयोगों के बारे में सोचने की अक्षमता से होती है।

प्रकार्यवाद (*Functionalism*)—मनोविज्ञान का एक आरंभिक स्कूल (early school) जो इस बात पर बल डालता है कि किस तरह से मानसिक प्रक्रियाएँ (mental processes) मनुष्य एवं पशुओं को अपने-अपने वातावरण के साथ अनुकूलित होने में मदद करता है।

मौलिक गुणारोपण त्रुटि (*Fundamental attribution error*)—दूसरों के व्यवहारों का गुणारोपण करने में भीतरी कारणों या कारकों पर अत्यधिक बल डालने तथा बाह्य कारकों या परिस्थितिजन्य कारकों (situational factors) को नजरअंदाज करने की प्रवृत्ति।

[G]

g-कारक (*g-factor*)—स्पीयरमैन (Spearman) द्वारा प्रतिपादित एक सामान्य बौद्धिक क्षमता (general intellectual ability) जो बुद्धि के विभिन्न मापकों (measures) के बीच उच्च सहसंबंध के लिए उत्तरदायी होता है।

ग्लवैनिक त्वचा अनुक्रिया (*Galvanic skin response*)—पसीना (sweating) के कारण त्वचा के वैद्युतीय प्रतिरोध (electrical resistance) या इसका प्रतिलोम चालकत्व (conductance) में परिवर्तन होना।

द्वार-नियंत्रण सिद्धान्त (*Gate control theory*)—एक ऐसा सिद्धान्त जो यह बतलाता है कि मंद-उत्तेजन तंत्रिका तन्तु (slow-firing nerve fibers) द्वारा भेजे गए दर्द संकेतों (pain signals) को सुषुम्ना (spinal cord) के द्वार पर ही तीव्र-उत्तेजन तंत्रिका तन्तु (fast-firing nerve fibers) द्वारा रोक दिया जाता है बशर्ते कि तीव्र-उत्तेजन तंत्रिका तन्तु द्वारा भेजे गए संकेत उससे पहले ही पहुँच जाते हैं या यदि मस्तिष्क स्वयं ही दर्द सूचनाओं के संचरण (transmission) पर रोक लगा देता है।

जेण्डर या लिंग (*Gender*)—पुरुष या स्त्री होने के नाते मनोवैज्ञानिक (psychological) तथा सामाजिक (social) विशेषताएँ।

लिंग पूर्वाग्रह (*Gender bias*)—शोध (research) में स्त्री तथा स्त्रैण समस्याओं (female issues) का कम प्रतिनिधित्व होना।

लिंग भूमिका (*Gender role*)—पुरुष या स्त्री से संबंधित उचित व्यवहार के बारे में सांस्कृतिक प्रत्याशा (cultural expectations)।

सामान्य अनुकूलन संलक्षण (*General Adaptatioi Syndrome or GAS*)—विभिन्न तरह के दबावकारकों (stressors) के प्रति व्यक्ति द्वारा किया गया शारीरिक अनुक्रियाएँ (bodily responses) जो तीन क्रमबद्ध चरणों में होतीं हैं— **अलार्म की अवस्था** (stage of alarm), **प्रतिरोध की अवस्था** (stage of resistance) तथा **परिश्रांति की अवस्था** (stage of exhausation)।

सामान्यीकरण (*Generalization*)—क्लासिकी अनुबंधन (classical conditioning) में प्राणी में अनुबंधित उद्दीपक (conditioned stimulus) के समान उद्दीपक के प्रति अनुबंधित अनुक्रिया (conditioned response) करने की प्रवृत्ति तथा क्रियाप्रसूत अनुबंधन (operant conditioning) में एक ऐसे उद्दीपक (stimulus) के प्रति सीखी गयी अनुक्रिया को करने की प्रवृत्ति जो मौलिक रूप से पुनर्बलित उद्दीपक (reinforced stimulus) के समान होता है।

उत्पादकता बनाम प्रगतिरोध (*Generativity vs Stagnation*)—इरिक्सन (Erikson) द्वारा प्रतिपादित मध्य आयु (middle age) जहाँ व्यक्ति का अधिक से अधिक चिन्ता अगली पीढ़ी के लोगों को निर्देशित करने न कि उसे यथास्थिति में छोड़ देने से संबंधित होता है।

जीन्स (*Genes*)—गुणसूत्र (Chromosomes) के भीतर डी एन ए (DNA) का खंड (segment) जो वंशानुगत शीलगुणों (hereditary traits) का मौलिक इकाई (units) होता है।

जनेन्द्रिय अवस्था (*Genital stage*)—फ्रायड द्वारा प्रतिपादित मनोलैंगिक विकास (psychosexual stage) की अंतिम अवस्था जिसमें अधिकतर लोगों के लिए लैंगिक ऊर्जा (sexual energy) का केन्द्र विपरीत लिंग (opposite sex) का व्यक्ति होता है तथा जिसमें एक परिपक्व व्यस्क लैंगिकता (mature adult sexuality) पूर्णतः विकसित हो जाती है।

गेस्टाल्ट मनोविज्ञान (*Gestalt psychology*)—मनोविज्ञान का एक ऐसा जर्मन स्कूल (German school) जो इस बात पर बल डालता है कि व्यक्ति किसी वस्तु का प्रत्यक्षण एक सम्पूर्ण इकाई (whole unit) के रूप में करता है तथा प्रत्यक्षित सम्पूर्णता (perceived whole) अपने अंशों (parts) जिसके मिलने से सम्पूर्णता बनती है, के योग (sum) से भिन्न होता है।

ग्लियल कोशिका (*Glial cell*)—ऐसी कोशिकाएँ जो मस्तिष्क को कई तरह से अधिक प्रभावी (efficient) बनाती है। इन तरीकों में न्यूरोन्स को एक साथ रखना, मृत न्यूरोन (dead neuron) को हटाना, एक्सान (axon) के माइलिन परत (mylein coating) को बनाना तथा अन्य कार्य जैसे पोषण प्रदान करना, उत्पादन करना आदि प्रमुख है।

गोनाड्स (*Gonads*)—यौन ग्रन्थि (sex gland) जो पुरुषों में अण्ड-ग्रन्थि (testicle) तथा महिलाओं में डिम्बग्रन्थि (ovary) के नाम से जाना जाता है।

वर्द्धन हारमोन्स (*Growth hormones*)—पीयूष ग्रन्थि (pituitary gland) द्वारा स्रावित एक ऐसा हारमोन जो शारीरिक वर्द्धन में अहम् भूमिका निभाता है।

वर्द्धन आवश्यकता (*Growth need*)—मैसलो द्वारा प्रतिपादित आवश्यकता पदानुक्रम (need hierarchy) में वैसे उच्च स्तरीय आवश्यकताएँ जो आत्मसिद्धि (self-actualization) से संबंधित होते हैं।

निर्देशित प्रतिभावली (*Guided imagery*)—वैसी प्रतिभाओं (images) का सौद्देश्य मानसदर्शन (intentional visualization) जो शांत, आरामदेय तथा अन्य दृष्टिकोणों से लाभदायक होता है।

[H]

आदत *(Habit)*—व्यवहार का एक ऐसा पैटर्न जिसे व्यक्ति गहराई से सीखा होता है।

अभ्यास *(Habituation)*—जैसे-जैसे शिशु किसी उद्दीपक का अभ्यस्त (accustomed) होता जाता है, उसके प्रति कम ध्यान देता है या फिर उसके प्रति कम अनुक्रियाएँ करता है।

केश कोशिकाएँ *(Hair cells)*—कोकल्या (cochlea) में पाये जानेवाले संवेदी ग्राहक (sensory receptor) जो श्रवण के प्रति संवेदनशील होते हैं।

विभ्रम *(Hallucination)*—एक ऐसा काल्पनिक संवेदन (imagery sensation) जिसमें कोई उद्दीपक (stimulus) नहीं होता है।

विभ्रामक *(Hallucinogen)*—एक ऐसा तत्त्व (substance) जो संवेदी विचारों (sensory impressions) को विकृत कर देता है।

परिवेश प्रभाव *(Halo effect)*—किसी व्यक्ति के एक धनात्मक (positive) या ऋणात्मक (negative) शीलगुण (trait) के आधार पर उसके बारे में समग्र मूल्यांकन (overall evaluation) करना।

तगड़ापन *(Hardiness)*—तीन तरह के मनोवैज्ञानिक गुणों (psychological qualities) के मिलने से उत्पन्न एक विशेष तरह की व्यक्तित्व शैली (personality style) जो व्यक्ति को उच्च दबाव (high stress) की स्थिति में भी उनमें शांति एवं स्थिरता बनाकर रखती है। वे तीन मनोवैज्ञानिक गुण हैं : वचनबद्धता (committment), नियंत्रण (control) एवं चुनौती (challenge) को स्वीकार करना। इन्हें तीन सी (three C's) भी कहा जाता है।

हस्सल *(Hassle)*—दिन-प्रतिदिन के छोटे-छोटे दवाबकारक (little stressors) जो व्यक्ति में चिड़चिड़ापन तथा खीझ (annoyance) पैदा करता है। ऐसे दवाब कारकों को **सूक्ष्म दवाबकारक** (microstressors) भी कहा जाता है जो लेजारस (Lazarus) के अनुसार जीवन में बड़े परिवर्तनों की तुलना में अधिक दबाव (stress) उत्पन्न कर सकते हैं।

स्वास्थ्य मनोविज्ञान *(Health psychology)*—मनोविज्ञान की एक ऐसी शाखा जिसमें उन मनोवैज्ञानिक कारकों एवं सिद्धान्तों का अध्ययन किया जाता है जिनके माध्यम से स्वास्थ्य (health), बीमारी (illness) तथा प्रतिलाभ (recovery) के क्षेत्रों में पर्याप्त योगदान होता है।

आनुवंशिकता *(Heredity)*—इसे मनोविज्ञान में *प्रकृति* (nature) भी कहा जाता है। जीन्स (genes) के माध्यम से माता-पिता के दैहिक (physical) एवं मनोवैज्ञानिक (psychological) शीलगुणों को उनके सन्तान (offspring) में अंतरण (transmission) होना।

वंशागति *(Heritability)*—उस सीमा या मात्रा का सूचक (index) जहाँ तक कोई विशेषता (characteristic) आनुवंशिकता (heredity) से प्रभावित होता है।

हेरोइन *(Heroin)*—एक उच्च स्तरीय लत या व्यसन (addictive) जो मार्फिन (morphine) से उत्पन्न अंशतः सांश्लेपिक (synthetic) एवं नारकोटिक (narcotic) होता है।

उच्चतर क्रम अनुबंधन *(Higher order conditioning)*—क्लासिकी अनुबंधन जिसमें अनुबंधित उद्दीपक (Conditional Stimulus or CS) को आगे के अधिगम (further learning) में उपयोग किया जाता है। दूसरे शब्दों में, CS को आगे के प्रयासों में UCS (Unconditioned Stimulus) के रूप में उपयोग कर प्राणी को नयी अनुक्रिया सीखलाया जाता है।

हिप्पोकैम्पस *(Hippocampus)*—लिम्बिक तंत्र (limbic system) में पाये जानेवाला एक विशेष संरचना (structure) जो संवेग में तथा सूचनाओं को लघुकालीन स्मृति (short-term memory) से दीर्घकालीन स्मृति (long-term memory) में स्थानान्तरण करने में महत्त्वपूर्ण भूमिका निभाता है।

एच आई वी *(HIV or Human Immunodeficiency virus)*—ऐसा वायरस जिससे व्यक्ति में एड्स (AIDS) का रोग उत्पन्न होता है।

समस्थिति *(Homeostatis)*—ऑक्सीजन स्तर, शरीर का तापक्रम, रक्त में चीनी का स्तर, जल स्तर आदि के संबंध में शरीर में एक संतुलित आंतरिक स्थिति बना रहना।

हारमोन *(Hormone)*—अन्तःस्रावी ग्रन्थियों (endocrine glands) से निकलने वाला स्राव (secretion) जो शारीरिक वर्द्धन (bodily growth) तथा व्यवहार को प्रभावित करता है।

मानव वर्द्धन क्रम *(Human growth sequence)*—गर्भाधारण से मृत्यु तक दैहिक विकास (physical development) का पैटर्न।

रंग *(Hue)*—रोशनी की वह विशेषता (property) जिसे सामान्यतः रंग (colour) जैसे लाल, हरा, पीला आदि कहा जाता है तथा जो सतह से प्रतिबिम्बित रोशनी के तरंगदैर्ध्य (wavelength) से निर्धारित होती है।

मानवतावादी संदर्भ *(Humanistic perspective)*—मनोविज्ञान का एक ऐसा संदर्भ जो मानव व्यवहार को समझने में व्यक्ति की आत्मनिष्ठ अनुभूतियों (subjective experiences) के महत्त्व पर बल डालता है।

मानवतावादी मनोविज्ञान *(Humanistic psychology)*—मनोविज्ञान का एक ऐसा स्कूल (school) जो मनुष्यों की अपूर्वता (uniqueness) पर बल डालते हुए उसके मनोवैज्ञानिक स्वास्थ्य (psychological health), वर्द्धन (growth) तथा चयन (choice) की क्षमता पर बल डालता है।

सम्मोहन *(Hypnosis)*—चेतना की एक ऐसी परिवर्तित अवस्था (altered state of consciousness) जिसमें व्यक्ति में सुझाव ग्रहणशीलता (suggestibility) अधिक पायी जाती है, ध्यान किसी बिन्दु या वस्तु पर केन्द्रित अधिक होता है तथा बाह्य उद्दीपकों के प्रति ह्रासित अनुक्रियाएँ (diminished response) होतीं हैं।

हाइपोथैलेमस *(Hypothalamus)*—एक छोटा परंतु बहुत ही अधिक महत्त्वपूर्ण मस्तिष्कीय संरचना जो पीयूष ग्रन्थि (pituitary gland) को नियंत्रित करता है तथा भूख, प्यास, लैंगिक व्यवहार (sexual behaviour) शारीरिक तापक्रम तथा अन्य कई तरह के सांवेगिक व्यवहारों (emotional behaviours) को नियमित करता है।

प्राक्कल्पना *(Hypothesis)*—दो या दो से अधिक चरों के बीच एक जाँचनीय संबंध (testable relationship) या विशेष संबंध के बारे में पूर्वकथन (prediction)।

[I]

आइकन *(Icon)*—एक मानसिक प्रतिमा या चाक्षुस प्रतिनिधित्व (visual representation)।

उपाहं *(Id)*—व्यक्तित्व का एक ऐसा अपरिष्कृत भाग (primitive part) जो अचेतन (unconscious) में होता है, ऊर्जा की आपूर्त्ति करता है तथा आनन्द के नियम (pleasure principle) से निर्देशित होता है।

एकांडी जुड़वाँ *(Identical twin)*—ऐसे जुड़वा बच्चे जिनके जीन्स (genes) बिल्कुल ही एक समान होते हैं और ऐसे बच्चे का जन्म एक अंडा (egg) का एक शुक्राणु (sperm) से गर्भित होने से होता है परंतु बाद में किसी कारण से युग्मनज (zygote) दो भाग में विभाजित हो जाता है।

तादात्म्य *(Identification)*—किसी व्यक्ति से सांवेगिक रूप से संबंधित महसूस करना तथा अपने आप को उन्हीं की तरह देखना।

अभिज्ञान बनाम भूमिका संभ्रान्ति *(Identity versus Role confusion)*—इरिक्सन (Erikson) द्वारा प्रतिपादित पाँचवा मनोसामाजिक अवस्था (psychosocial stage) जहाँ किशोरों में अपनी पहचान स्थापित करने की होड़ बनी रहती है तथा अपनी जिंदगी के लिये स्वयं मूल्यों (value) को निर्धारित करने में वे लगे रहते हैं। इस कार्य में असफलता मिलने से उनमें अभिज्ञान संकट (identity crisis) उत्पन्न हो सकता है।

भ्रम *(Illusion)*—वास्तविक उद्दीपकों (actual stimuli) का गलत प्रत्यक्षण (false perception)।

प्रतिमावली *(Imagery)*—संवेदी अनुभूतियों यथा दृष्टि (visual), श्रवण (auditory), पेशीय (motor), स्वादन (gustatory), घ्राण (olfactory) या स्पर्श (tactile) अनुभूतियों का मन में प्रतिनिधित्व।

अनुकरण *(Imitation)*—किसी दूसरे व्यक्ति के व्यवहार से अपने व्यवहार को मिलाने का प्रयास करना।

असंक्राम्य तंत्र *(Immune system)*—ऐसा तंत्र जो शारीरिक सुरक्षा (bodily defences) जैसे श्वेत रक्तकण (white blood cells) को कार्यप्रवृत्त (mobilize) करता है ताकि शरीर को माइक्रोब्स (microbes) तथा अन्य रोगाणुओं से बचाया जा सके।

अस्पष्ट स्मृति *(Implicit memory)*—ऐसी स्मृति जिसके बारे में व्यक्ति को यह पता नहीं होता है कि वह वास्तव में है। ऐसी स्मृति की सूचनाओं को व्यक्ति अचेतन रूप से (unconsciously) स्मरण या पुनःप्राप्त (retrieve) करता है।

इमप्रिन्टिंग *(Imprinting)*—जीवन के आरंभिक दिनों में एक सीमित अवधि में होने वाला तीव्र एवं सापेक्ष रूप से स्थायी प्रकार का अधिगम (learning)।

काल्पनिक श्रोता *(Imaginary audience)*—किशोरों का एक ऐसा विश्वास कि किसी भी सामाजिक परिस्थिति में अधिकतर लोगों का ध्यान उन्हीं पर होगा तथा अन्य लोग अपने जैसा ही उनके व्यवहारों की या तो आलोचना करेंगे या प्रशंसा करेंगे।

प्रोत्साहन *(Incentive)*—एक बाह्य उद्दीपक जैसे रुपया, इज्जत, प्रशंसा आदि जिससे व्यक्ति अभिप्रेरित होता है।

असंगत व्यक्ति *(Incongruent person)*—ऐसा व्यक्ति जिसकी आत्म-प्रतिमा (self-image) गलत होती है या जिनका आत्म-प्रतिमा आदर्श-आत्मन् (ideal self) से बहुत ही भिन्न होता है।

बर्द्धित समस्या समाधान *(Incremental problem solving)*—ऐसा चिन्तन जिससे कई छोटे-छोटे कदम होते है तथा जिससे मौलिक समाधान निकलता है।

स्वतंत्र चर *(Independent variable)*—एक प्रयोग (experiment) में वह कारक या अवस्था जिसमें शोधकर्त्ता जोड़-तोड़ (manipulation) करता है ताकि दूसरा चर या व्यवहार जिसे आश्रित चर (dependent variable) कहा जाता है, पर पड़ने वाले प्रभाव को निर्धारित किया जा सके।

औद्योगिक/संगठनात्मक मनोविज्ञान *(Industrial/Organizational psychology)*—मनोविज्ञान की ऐसी शाखा जो कार्य (work) का मनोविज्ञान तथा संगठन के भीतर कर्मचारियों के व्यवहारों पर अपना ध्यान केन्द्रित करता है।

वैयक्तिक शीलगुण *(Individual trait)*—वैसा व्यक्तित्व शीलगुण (traits) जो व्यक्ति के अपूर्व वैयक्तिक गुणों (unique individual traits) को परिभाषित करता है।

वैयक्तिकतापूर्ण सूचना *(Individuating information)*—वैसी सूचना जो आदमी को एक व्यक्ति न कि समूह या समाज के सदस्य के रूप में परिभाषित करता है।

आगमनात्मक चिन्तन *(Inductive thought)*—एक ऐसा चिन्तन जिसमें विशिष्ट तरह के उदाहरणों के क्रम (series) से एक सामान्य नियम या सिद्धान्त के बारे में अनुमान लगाया जाता है।

परिश्रम बनाम हीनता *(Industry versus Inferiority)*—इरिक्सन द्वारा प्रतिपादित मनोसामाजिक विकास (psychosocial development) की चौथी अवस्था जिसमें माता-पिता तथा शिक्षकों द्वारा बच्चों के विभिन्न प्रयासों (efforts) के प्रति की गयी प्रतिक्रिया (reactions) के आधार पर उनमें परिश्रम (industry) या हीनता (inferiority) का भाव विकसित होता है।

शैशव स्मृतिलोप *(Infantile amnesia)*—बड़े बच्चों एवं वयस्कों द्वारा जीवन की आरंभिक अनुभूतियों को प्रत्याह्वान करने की असमर्थता।

अन्त:समूह *(In-group)*—एक ऐसा सामाजिक समूह (social group) जिसमें एक साथ होने या मैत्री (togetherness) का भाव होता है तथा जिससे दूसरे लोगों को अलग रखा जाता है।

पहल बनाम दोष *(Imitiative versus Guilt)*—इरिक्सन द्वारा प्रतिपादित मनोसामाजिक विकास की तीसरी अवस्था (third stage) जिसमें बच्चों द्वारा खेले जानेवाले खेल, किये जानेवाले पेशीय क्रियाओं तथा उनके द्वारा पूछे जाने वाले प्रश्नों के प्रति माता-पिता की प्रतिक्रियाओं (reactions) पर आधृत उनमें विकसित होनेवाला पहल (initiativeness) या दोष (guilt) का भाव।

सूझ *(Insight)*—किसी समस्या का अचानक मानसिक पुनर्संगठन (mental recognization) जिससे उसका समाधान स्पष्ट हो जाता है।

अनिद्रा *(Insomnia)*—नींद आने में कठिनाई की स्थिति।

मूलप्रवृत्ति *(Instinct)*—व्यवहार का एक जन्मजात (inborn), अनार्जित (unlearned) तथा आबद्ध (fixed) पैटर्न जो पूरी प्रजाति की विशेषता होती है।

मूल प्रवृत्ति सिद्धान्त *(Instinct theory)*—यह सिद्धान्त इस तथ्य पर बल डालता है कि मानव व्यवहार कुछ विशेष जन्मजात प्रवृत्तियों या मूलप्रवृत्ति जो सभी व्यक्तियों में पाया जाता है, द्वारा अभिप्रेरित होता है।

बौद्धिकीकरण *(Intellectualization)*—दुश्चिंता उत्पन्न करने वाले किसी परिस्थिति से संवेग (emission) को उसके बारे में अवैयक्तिक (impersonal) एवं बौद्धिक ढंग से सोचकर या बातचीत करके दूर करना।

बुद्धि *(Intelligence)*—एक समग्र क्षमता (overall capacity) जिसके सहारे व्यक्ति तार्किक ढंग से सोचता है, उद्देश्यपूर्ण ढंग से व्यवहार करता है तथा वातावरण के साथ प्रभावी ढंग से निबटता है।

आंतरिक प्रतिमा *(Internal images)*—मानसिक प्रतिमा या दृष्टि चित्रण (visual depiction) जिसका उपयोग स्मृति तथा चिन्तन में होता है।

अन्त:लैंगिक व्यक्ति *(Intersexual person)*—ऐसा व्यक्ति जिसका जनेन्द्रिय (genital) स्त्री और पुरुष दोनों के ही समान दिखता थे।

साक्षात्कार *(Interview)*—एक आमने-सामने की भेंट जिसका उद्देश्य व्यक्ति के वैयक्तिक इतिहास, व्यक्तित्व शीलगुण (personality traits) तथा वर्तमान मनोवैज्ञानिक अवस्था (current psychological state) आदि के बारे में सूचना एकत्रित करना होता है।

बाधा (*Interference*)—स्मृति में ऐसा ह्रास (loss) जिसका कारण एक विशेष घटना से पहले या बाद में संचित सूचना होता है।

घनिष्ठता बनाम अलगाव (*Intimacy versus Isolation*)—इरिक्सन द्वारा प्रतिपादित मनोलैंगिक विकास की छठी अवस्था जहाँ कमसिन वयस्क (young adult) को अपने संबंध में घनिष्ठता कायम करना आवश्यक होता है ताकि उसमें अलगाव या अकेलापन का भाव समाप्त हो जाए।

अंतराकोशकीय प्यास (*Intracellular thirst*)—ऐसी प्यास जिसकी उत्पत्ति तब होती है जब कोशिका (cells) के बाहर में नमक (salts) तथा मिनरल (mineral) अधिक मात्रा में इकट्ठा हो जाने के कारण कोशिका से तरल पदार्थ अधिक मात्रा में निकल जाता है।

आंतरिक अभिप्रेरण (*Intrinsic motivation*)—ऐसा अभिप्रेरण जो व्यक्ति के भीतर से न कि किसी बाह्य पुरस्कार से उत्पन्न होता है। दूसरे शब्दों में, वैसा अभिप्रेरण जिसकी उत्पत्ति व्यक्ति के किसी कार्य से हुई खुशी से होती है।

अन्तर्मुखता (*Introversion*)—अपने भीतर झाँकने की प्रवृत्ति तथा गैरसामाजिक (unsocial), चिन्तनशील (reflective) आदि की ओर तीव्र उन्मुखता दिखलाने की प्रवृत्ति।

बुद्धिलब्धि (*Intelligence Quotient or IQ*)—बुद्धि का एक ऐसा सूचक (index) जिसे व्यक्ति की मानसिक आयु (mental age) को उसके तैथिक आयु से विभाजित करके तथा उसे 100 से गुणा करके ज्ञात किया जाता है।

आविष्कारिका (*Inventory*)—एक ऐसा पेपर-एवं-पेंसिल परीक्षण जिसमें व्यक्ति के चिन्तन (thought), भाव (feelings) एवं व्यवहार (behaviours) के बारे में प्रश्न होते हैं तथा जिनके उत्तरों को एक मानक तरीके (standard procedure) द्वारा प्राप्तांक-लेखन (scoring) किया जा सकता है।

अन्तर्ज्ञानी चिन्तन (*Intuitive thought*)—ऐसा चिन्तन जिसमें तर्क (logic) तथा तर्कणा (reasoning) का उपयोग नहीं के बराबर या बहुत थोड़ा होता है।

[J]

जेम्स-लाजें सिद्धान्त (*James-Lange theory*)—संवेग का एक ऐसा सिद्धान्त जो यह बतलाता है कि सांवेगिक अनुभूतियाँ (emotional experience) सांवेगिक व्यवहार (emotional behaviour) के बाद होती हैं। दूसरे शब्दों में यह कहा जा सकता है कि जब व्यक्ति संवेग उत्पन्न करनेवाले उद्दीपकों के प्रति किये गये दैहिक व्यवहारों (physiological behaviours) से अदगत होता है, तो व्यक्ति में सांवेगिक अनुभूति होती है। जैसे, हमलोग भालू देखते है, भाग जाते हैं, (सांवेगिक व्यवहार), इसलिए डर (सांवेगिक अनुभूति) जाते हैं।

न्यूनतम ज्ञेय भेद (*Just Noticeable Difference or JND*)—उद्दीपक (stimulus) में वह न्यूनतम परिवर्तन (smallest change) जिसे व्यक्ति 50 प्रतिशत प्रयासों या समय में पहचान कर पाता है।

न्यायोचित सांसारिक विश्वास (*Just-world belief*)—एक ऐसा विश्वास कि लोग सामान्यतः संसार में उतना ही पाते हैं जितना के वे लायक होते हैं।

[K]

संकेत शब्द विधि (*Keyword method*)—स्मृति को उन्नत बनाने की एक ऐसी विधि जिसमें कोई परिचित शब्द या प्रतिमा देकर दो एकांशों (items) को जोड़ा जाता है।

काइनेसिक्स (*Kinesics*)—शारीरिक गतियों (bodily movements), आनन अभिव्यक्ति (facial expression), मुद्रा (posture), हाथ का हाव-भाव आदि के अर्थ का अध्ययन। इसे **शारीरिक भाषा** (body language) भी कहा जाता है।

गतिबोधक ज्ञान (*Kinesthetic sense*)—शारीरिक गति (body movement) तथा उसका रूख आदि का ज्ञान।

परिणाम ज्ञान (*Knowledge of results*)—किसी अनुक्रिया का पड़नेवाले प्रभाव के बारे में सूचना मिलना।

[L]

अव्यक्तता अवधि (*Latency period*)—फ्रायड द्वारा प्रतिपादित मनोलैंगिक विकास की चौथी अवस्था जिसमें लिंग मूलप्रवृत्ति (sex instinct) मूलतः दमित होता है तथा स्कूल की क्रियाओं तथा खेल (play) की क्रियाओं के रूप में उदात्तीकृत (sublimate) होता है।

अस्पष्ट अधिगम (*Latent learning*)—वैसा अधिगम (learning) जो बिना स्पष्ट पुनर्बलन (obvious reinforcement) के

ही होता है तथा जो जबतक पुनर्बलन न दिया जाए छिपा रहता है।

लेटरल हाइपोथैलमस (*Lateral hypothalamus*)—हाइपोथैलेमस का एक हिस्सा जो संभवतः एक पोषक केन्द्र (feeding centre) के रूप में कार्य करता है। जब उसे उत्तेजित किया जाता है, तो वह पशुओं को भोजन करने का संकेत प्रदान करता है तथा जब उसे नष्ट कर दिया जाता है तो पशु भोजन करने से इनकार कर देता है।

पार्श्विकता (*Lateralization*)—दोनों मस्तिष्कीय गोलार्द्धों में से किसी एक को विशेष तरह के कार्य करने की विशिष्टता (specialization)। दूसरे शब्दों में, दोनों गोलार्द्धों की क्षमताओं के बीच अन्तर।

प्रभाव नियम (*Law of effect*)—थार्नडाइक (Thorndike) द्वारा प्रतिपादित अधिगम का एक ऐसा नियम जो यह बतलाता है कि उद्दीपक (stimulus) तथा अनुक्रिया (response) के बीच संबंध उस परिस्थिति में मजबूत होते हैं जब उस अनुक्रिया का परिणाम व्यक्ति में संतुष्टि उत्पन्न करता है और उस परिस्थिति में कमजोर होते हैं जब उस अनुक्रिया का परिणाम व्यक्ति में खीझ (annoyance) उत्पन्न करता है।

अर्जित निःसहायता (*Learned helplessness*)—किसी विरूचिकर परिस्थिति (aversive condition) से बार-बार अनावृत्त (expose) होने पर उसे निष्क्रिय रूप से (positively) स्वीकृत करके उसमें रहने की प्रवृत्ति। इसमें प्राणी उस परिस्थिति को परिवर्तित करने या उससे दूर रहने की कोई इच्छा नहीं दिखलाता है।

अधिगम या सीखना (*Learning*)—व्यवहार में सापेक्ष रूप से (relatively) वैसा स्थायी परिवर्तन जो अभ्यास (practice) या अनुभूति (experience) के फलस्वरूप उत्पन्न हुआ होता है तथा ऐसे परिवर्तनों में परिपक्वता (maturation), औषध (drug), बीमारी (iilness) आदि के कारण होनेवाले परिवर्तनों को सम्मिलित नहीं किया जाता है।

बायाँ गोलार्द्ध (*Left hemisphere*)—मस्तिष्क का वह गोलार्द्ध (hemisphere) जो शरीर के दायाँ भाग का नियंत्रण करता है, जटिल गतियों (complex movements) को समन्वित करता है, तथा करीब 95 प्रतिशत लोगों में लिखित भाषा (written language) तथा संभाषण (speech) का भी नियंत्रण करता है।

लेन्स (*Lens*)—आँख में परितारिका (iris) के पीछे एक पारदर्शी संरचना (transparent structure) जो अक्षिपटल (retina) पर प्रतिमाओं (images) को फोकस करते समय अपना आकृति (shape) में परिवर्तन करता है।

संसाधन-का-स्तर मॉडल (*Level-of-processing model*)—एकल स्मृति तंत्र (single memory system) जिसमें धारण (retention) इस बात पर आधृत होता है कि कितनी गहराई से सूचनाओं को संसाधित किया गया है।

लिबिडो (*Libido*)—फ्रायड के सिद्धान्त में वैसा बल (force) जो मुख्यतः आनन्द-उन्मुख (pleasure-oriented) होता है तथा जो व्यक्तित्व को ऊर्जा प्रदान करता है।

जीवन कौशल प्रशिक्षण (*Life skill training*)—एक ऐसा कार्यक्रम (programme) जो दवाब (stress) को कम करने, आत्म-सुरक्षा, निर्णयन-प्रक्रिया (decision-making), आत्म-नियंत्रण (self-control) तथा सामाजिक कौशल (social skill) की प्रशिक्षण देता है।

जीवन-अवधि संदर्श (*Life span perspective*)—एक ऐसा परिप्रेक्ष्य जो पूरी जीवन-अवधि में व्यवहार में होने वाले परिवर्तन तथा सांत्यता (continuity) का अध्ययन करता है।

हल्का नींद (*Light sleep*)—अवस्था I की नींद जिसमें अन्य बातों के अलावा अनियमित मस्तिष्कीय तरंग (irregular brain waves) तथा कुछ अल्फा तरंग (alpha wave) सम्मिलित होते हैं।

लिम्बिक तंत्र (*Limbic system*)—मस्तिष्क में संरचनाओं (structures) का एक ऐसा समूह जिसमें एमिंगडाला (amygdala) तथा हिप्पोकैम्पस (hippocampus) आदि सम्मिलित होते हैं तथा जो सामूहिक रूप से संवेग (emotion), अभिप्रेरण (motivation) तथा स्मृति (memory) के नियंत्रण एवं नियमन के लिए उत्तरदायी होता है।

रेखीय संबंध (*Linear relationship*)—दो चरों के बीच एक ऐसा संबंध जिसे आलेख (graph) पर दर्शाने से एक सीधी रेखा का निर्माण होता है।

भाषाई सापेक्षता प्राक्कल्पना (*Linguistic relativity hypothesis*)—इस प्राक्कल्पना के अनुसार वह भाषा जिसका उपयोग व्यक्ति बहुत करता है, से ही उसका चिन्तन (thoughts) निर्धारित होता है।

लॉक-एण्ड-की सिद्धान्त (*Lock-and-key theory*)—यह सिद्धान्त बतलाता है कि गंध (odor) रासायनिक परमाणु (chemical molecules) की आकृति (shape) से संबंधित होता है।

नियंत्रण बिन्दु (*Locus of control*)—एक ऐसा संप्रत्यय जिसका उपयोग करके व्यक्ति अपने जीवन में होनेवाली घटनाओं की व्याख्या करता है। नियंत्रण बिन्दु दो तरह का होता है— आंतरिक (internal) एवं बाह्य (external)। आंतरिक नियंत्रण बिन्दु वाले व्यक्ति अपने प्रत्येक व्यवहार तथा उसके परिणाम पर अपना नियंत्रण बनाकर रखते हैं और बाह्य नियंत्रण बिन्दु वाले व्यक्ति यह

नहीं सोचते हैं कि उनके जीवन में जो घटनाएँ घट रही हैं, उनपर उनका कोई नियंत्रण नहीं है क्योंकि उसका कारण भाग्य या संयोग (chance) है।

अनुदैर्घ्य अध्ययन (*Longitudinal study*)—एक तरह का विकासात्मक अध्ययन (developmental study) जिसमें प्रयोज्यों के एक ही समूह को विभिन्न समय अंतरालों (time intervals) जैसे, कुछ महीना या कुछ वर्ष के बाद कई बार अध्ययन किया जाता है तथा उनकी अनुक्रियाएँ प्राप्त की जातीं हैं।

दीर्घकालीन स्मृति (*Long-term memory*)—सापेक्ष रूप से एक स्थायी स्मृति जिसकी क्षमता असीमित होती है तथा जिसमें अर्थपूर्ण सूचनाओं को संचित किया जाता है।

सुबोध स्वप्न (*Lucid dream*)—एक ऐसा स्वप्न जिसमें स्वप्नद्रष्टा (dreamer) अपने को जगा हुआ पाता है तथा सामान्य चिन्तन एवं क्रियाएँ करने के योग्य होता है।

दीर्घकालीन प्रभावकारिता (*Long-term potentiation or LTP*)—संधियुग्मों (synapses) पर तंत्रकीय अंतरण (neural transmission) की प्रभावशीलता (efficiency) में लम्बे समय के लिए स्थायी वृद्धि।

एल एस डी (*LSD or Lysergic acid diethylamide*)—एक ऐसा शक्तिशाली भ्रमात्मक औषध (hallucinogen) जिसके अपूर्वकथनीय प्रभाव (unpredictable effect) जो प्रत्यक्षज्ञानात्मक परिवर्तन तथा स्पष्ट विभ्रम (vivid hallucinations) से लेकर दर्द (pain) तथा त्रास (terror) तक के परास (range) में होता है, व्यक्ति में उत्पन्न करता है।

लिम्फोसाइट्स (*Lymphocytes*)—श्वेत रक्तकण (white blood cell) जो असंक्राम्य तंत्र (immune system) का मुख्य तत्त्व जैसे बी कोशिका (B cell), टी कोशिका (T cells) मैक्रोफेजेस (macrophages) आदि में सम्मिलित होते हैं।

[M]

संपोषक रिहर्सल (*Maintenance Rehearsal*)—मन ही मन किसी सूचना को दोहराना ताकि वह लघुकालीन स्मृति (short-term memory) में तरो-ताजा बना रहे।

मैरिजुआना (*Marijuana*)—एक भ्रमात्मक औषध (hallucinogen) जिसका प्रभाव व्यक्ति में शिथिलीकरण (relaxation) तथा घुमड़ी (giddiness) से लेकर प्रत्यक्षज्ञानात्मक विकृति (perceptual) एवं विभ्रम (hallucination) की उत्पत्ति तक होती है।

लम्बित अभ्यास (*Massed practice*)—एक ऐसा लम्बा अधिगम सत्र (long learning session) जिसमें व्यक्ति दिये हुए पाठ या कार्य पर सतत अभ्यास जारी रखता है।

परिपक्वता (*Maturation*)—शरीर एवं तंत्रिका तंत्र (nervous system) का शारीरिक वर्द्धन (physical growth) तथा विकास (development)।

मिलान प्राक्कल्पना (*Matching hypothesis*)—यह प्राक्कल्पना इस बात पर बल डालता है कि व्यक्ति अपना दोस्त, पति-पत्नी, प्रेमी-प्रेमिका उसी व्यक्ति को बनाता है जो सामाजिक गुण जैसे दैहिक आकर्षकता (physical attractiveness) में लगभग समान होते हैं।

साधन-साध्य प्राक्कल्पना (*Means-ends hypothesis*)—एक स्वतः शोध समस्या समाधान युक्ति (heuristic problem solving strategy) जिसमें वर्त्तमान स्थिति (current position) की तुलना व्यक्ति वांछित लक्ष्य (desired goal) से करता है तथा इन दोनों के बीच रिक्तियों (gap) को कम करने के लिए कई चरणों का एक क्रम (series) तैयार करके क्रिया किया जाता है।

मनन (*Meditation*)—कई तरह की प्रविधियों का एक ऐसा समूह जिसमें व्यक्ति किसी एक शब्द, वस्तु (object), अपनी साँस या शारीरिक गति पर ध्यान केन्द्रित करता है ताकि सभी तरह के विकर्षण (distraction) को रोककर चेतन का एक परिवर्तित अवस्था (altered state of consciousness) की प्राप्ति की जा सके।

मेडुल्ला (*Medulla*)—मस्तिष्क स्तंभ (brain stem) का वह हिस्सा जो हृदयगति (heartbeat), रक्तचाप (blood pressure), श्वसनगति (breathing rate), खाँसना (coughing) तथा निगलना (swallowing) आदि क्रियाओं को नियंत्रित करता है।

मानसिक मंदता (*Mental retardation*)—एक अधोसामान्य बुद्धि (subnormal intelligence) जिसमें 70 से कम बुद्धिलब्धि होती है तथा व्यक्ति की समानुकूलन क्षमता (adaptative ability) उम्र के अनुसार काफी कम होता है और यह समग्र तस्वीर 16 साल के आयु के भीतर ही दृष्टिगोचर हो जाता है।

मानसिक सेट (*Mental set*)—एक विशेष तरह से अनुक्रिया करने या प्रत्यक्षण करने की पूर्ववृत्ति (predisposition)।

स्मृति संकेत (*Memory cue*)—कोई भी उद्दीपक जो विशेष स्मृति से संबंधित होता है। ऐसे संकेत प्रायः स्मृति को मजबूत कर देते हैं तथा पुनः प्राप्ति (retrieval) को उन्नत बना देते हैं।

स्मृति चिह्न *(Memory traces)*—जब व्यक्ति किसी सूचना को अपने मस्तिष्क में संचित करता है, तो उस समय मस्तिष्क की क्रियाओं या तंत्रिका कोशिकाओं (nerve cells) में होने वाले दैहिक परिवर्तन (physical changes)।

मानसिक आयु *(Mental age)*—किसी विशेष उम्र के व्यक्ति द्वारा दिखलाये गए औसत मानसिक क्षमता (average mental ability)।

सिर्फ-अनावरण प्रभाव *(Mere-exposure effect)*—जब बार-बार किसी व्यक्ति, वस्तु या उद्दीपक से व्यक्ति को अनावृत्त (expose) किया जाता है, तो उसमें उस व्यक्ति या वस्तु या उद्दीपक का एक धनात्मक मूल्यांकन करने की प्रवृत्ति विकसित हो जाना।

मेटा-विश्लेषण *(Meta analysis)*—एक ऐसा सांख्यिकीय विधिं (statistical method) जिसका उपयोग करके शोधकर्त्ता एक ही विषय पर हुए बहुत सारे अध्ययनों को संयोजित करता है ताकि किसी विशेष प्राक्कल्पना (hypothesis) का समर्थन दिया जा सके।

मेटा आवश्यकता *(Meta needs)*—मैसलो द्वारा प्रतिपादित आवश्यकता पदानुक्रम (need hierarchy) में आत्म-सिद्धि (self-actualization) से संबंधित आवश्यकताएँ।

मेटासंज्ञानात्मक कौशल *(Metacognitive skill)*—अपनी चिंतन एवं समस्या समाधान प्रयासों (problem-solving efforts) को प्रबंधित करने की क्षमता।

चयापचय दर *(Metabolic rate)*—वह दर जिस पर शरीर कैलोरी (calorie) को खर्च कर ऊर्जा (energy) प्राप्त करता है।

माइक्रोएल्क्ट्रोड *(Microelectrode)*—एक सूक्ष्म वैद्युतीय तार (electrical wire) जिसका उपयोग किसी विशेष न्यूरोन (neuron) की वैद्युतीय क्रियाओं (electrical activities) को मानीटर (monitor) करने के लिये या फिर उसमें क्रिया उत्पन्न करने के लिए किया जाता है।

माइक्रोनींद *(Microsleep)*—क्षण भर के लिए चेतनावस्था (wakefulness) से नींद की अवस्था में आ जाना जो प्रायः तब होता है जब व्यक्ति कुछ दिनों से नींद से वंचित रहा हो।

मध्यकर्ण *(Middle ear)*—कान का वह भाग जिसमें ओस्सिकल्स (ossicles) होते हैं तथा जो कर्णपटल (eardrum) को अण्डाकार खिड़की (oval window) से जोड़ता है तथा ध्वनि द्वारा उत्पन्न कम्पन को बढ़ाकर भीतर अन्तःकर्ण (inner ear) में भेज देता है।

मिन्नेसोटा मल्टीफेजिक परसनालिटी इन्वेन्ट्री-2 *(Minnesota Multiphasic Personality Inventory or MMPI-2)*—एक बहुत ही लोकप्रिय एवं सबसे अधिक उपयोग से आने वाला वस्तुनिष्ठ व्यक्तित्व प्रश्नावली। मनोरोग समस्याओं (psychiatric problems) की पहचान एवं निदान के लिए प्रायः इस प्रश्नावली का उपयोग किया जाता है।

नेमोनिक *(Mnemonic)*—स्मृति को उन्नत बनाने की युक्ति (strategy)।

चाँद भ्रम *(Moon illusion)*—चाँद के आकार में आभासी परिवर्तन (apparent change) जो तब होता है जब चाँद क्षितिज (horizon) (अर्थात् बड़ा चाँद) से उठकर सिर के ऊपर (अर्थात् छोटा चाँद) आ जाता है।

मॉडल *(Model)*—व्यक्ति जो कोई खास व्यवहार दिखलाता है या प्रेक्षणात्मक अधिगम (observational learning) में एक उदाहरण के रूप में कार्य करता है।

मॉडलिंग—प्रेक्षणात्मक अधिगम (observational learning) का दूसरा नाम।

एकनेत्रीय गहराई संकेत *(Monocular depth cues)*—गहराई संकेत जिसे मात्र एक आँख से ही देखा जा सकता है।

मार्फिम *(Morphemes)*—भाषा (language) में अर्थ का सबसे छोटी इकाई।

अभिप्रेरित विस्मरण *(Motivated forgetting)*—बहुत दुःखद एवं दुश्चिंता उत्पन्न करनेवाली सामग्रियों (materials) से अपने आप को बचाने के लिए दमन (repression) या प्रतिबन्ध (suppression) के माध्यम से भूलना।

अभिप्रेरण *(Motivation)*—दैहिक (physiological) या मनोवैज्ञानिक आवश्यकताओं (psychological need) को संतुष्ट करनेवाले व्यवहार को उत्पन्न करने, निर्देशित करने तथा बनाये रखने की प्रक्रिया।

अभिप्रेरण *(Motives)*—आवश्यकता या इच्छा जो व्यवहार को लक्ष्य (goal) की ओर बल प्रदान (energies) तथा निर्देशित करता है।

पेशीय कार्टेक्स *(Motor cortex)*—एक ऐसा मस्तिष्कीय-क्षेत्र जिसका संबंध गति के नियंत्रण से होता है।

पेशीय कौशल *(Motor skill)*—क्रियाओं (actions) की एक ऐसा शृंखला (series) जिसके सहारे प्रभावी (efficient) एवं अबाध (smooth) निष्पादन संभव हो।

एम आर आई स्कैन (*MRI Scan*)—एक चुम्बकीय क्षेत्र (magnetic field) के प्रति शरीर की अनुक्रियाओं पर आधृत मस्तिष्क या शरीर का कम्प्यूटर वर्द्धित त्रिविमीय (computer-enhanced three dimensional) प्रतिनिधित्व।

मूलर-लायर भ्रम (*Muller-lyer illusion*)—दो समान लम्बाई की रेखा जिसमें एक रेखा भीतर की ओर के चिह्न से तथा दूसरी रेखा बाहर की ओर होने के चिह्न से बना होता है, को व्यक्ति भिन्न लम्बाई के होने का प्रत्यक्षण करता है। सामान्यतः तीर रेखा (भीतर की ओर चिह्नवाली रेखा) को पंख रेखा (feather-headed line) से वह छोटा समझता है।

बहुसांस्कृतिकवाद (*Multiculturalism*)—विभिन्न प्रजातीय (ethnic) एवं सांस्कृतिक (cultural) समूहों को समान प्रतिष्ठा एवं स्वीकृति (acceptance) देना।

मल्टीमीडिया कम्प्यूटराइज्ड परीक्षण (*Multimedia computerized test*)—एक ऐसा परीक्षण जिसमें कम्प्यूटर का उपयोग जिन्दगी की परिस्थितियों को उपस्थित करने के लिए किया जाता है। परीक्षार्थी (testee) को इन परिस्थितियों के प्रति अपनी प्रतिक्रिया देनी होती है।

बहुबुद्धि (*Multiple intelligence*)—होवार्ड गार्डनर (Howard Gardner) का सिद्धान्त जो यह बतलाता है कि बौद्धिक क्षमता (intellecutal ability) के कई विशिष्ट प्रकार (specialized type) होते हैं।

पारस्परिक अन्तनिर्भरता (*Mutual interdependence*)—एक ऐसी स्थिति जिसमें दो या दो से अधिक व्यक्ति किसी आवश्यकता की पूर्त्ति करने के लिए निश्चित रूप से एक-दूसरे पर निर्भर करते हों।

माइलिन सीथ (*Myelin sheath*)—कुछ न्यूरोन्स के कुछ एक्सान्स (axons) को चारों तरफ से घेरे हुए उजला एवं मोटा परत (fatty coating) जो पृथक्करण (insulation) के रूप में कार्य करता है तथा तंत्रिका आवेग (nerve impulses) को अधिक तीव्र गति से आगे बढ़ने में मदद करता है।

माइयोपिया (*Myopia*)—दूर की वस्तु पर देखने में असमर्थता।

[N]

सहज या अकृत्रिम प्रयोज्य (*Naive subject*)—एक ऐसा प्रयोज्य (subject) जो प्रयोग में भाग लेने के लिए सहमत तो हो गया है परंतु उसे यह पता नहीं है प्रयोग के वास्तविक उद्देश्य को छिपाने के लिए कुछ छल-कपट (deception) का उपयोग किया जा रहा है।

नैलोक्सोन (*Nalóxane*)—एक ऐसा औषध (drug) जो इण्डोमार्फिन (endomorphin) के प्रभाव को रोक देता है।

निद्रारोग (*Narcoplepsy*)—एक गंभीर नींद विकार (sleep disorder) जिसमें व्यक्ति दिन में भी काफी सोता है और जिसमें तीव नेत्र गतिक नींद (rapid eye movement or REM sleep) का अचानक एवं अनियंत्रण योग्य (uncontrollable) प्रहार होता है।

नारकोटिक्स (*Narcotics*)—एक ऐसा शमक औषध (depressant drug) जो अफीम (opium) से तैयार होता है तथा जो दर्द-निवारक (pain relieving) कार्य एवं व्यक्ति में शांति उत्पन्न करता है।

स्वाभाविक प्रेक्षण (*Naturalistic observation*)—एक ऐसी शोध विधि जिसमें शोधकर्त्ता व्यवहार का प्रेक्षण एवं रिकॉर्डिंग एक स्वाभाविक परिस्थिति (natural setting) में करता है तथा जहाँ न तो वह उस व्यवहार को प्रभावित करने या फिर नियंत्रित करने का प्रयास करता है।

स्वाभाविक या प्राकृतिक चयन (*Natural selection*)—डार्विन का सिद्धान्त (Darwin's theory) जो इस बात पर बल डालता है कि क्रमविकास (evolution) वैसे पौधा (plants) एवं पशुओं (animals) का होता है जो अपनी हालातों में उत्तम ढंग से अनुकूलित होते हैं।

प्रकृति-प्रशिक्षण विवाद (*Nature-nurture controversy*)—विकास (development) बुद्धि तथा अन्य शीलगुणों (traits) पर आनुवंशिकता (heredity) (अर्थात् प्रकृति) एवं पर्यावरण (environment) (अर्थात् प्रशिक्षण) का पड़नेवाला सापेक्ष प्रभाव से संबंधित वाद-विवाद।

उपलब्धि आवश्यकता (*Need for achievement*)—अच्छा करने या उत्कृष्टता (excellance) का कोई अन्तरीकृत मानक (internalized standard) प्राप्त करने की इच्छा।

शक्ती आवश्यकता (*Need for power*)—दूसरे लोगों पर सामाजिक प्रभाव (social impact) तथा नियंत्रण रखने की इच्छा।

संबंधन की आवश्यकता (*Need for affiliation*)—अन्य लोगों या समूह से साहचर्यित होने की इच्छा।

ऋणात्मक उत्तर अन्तःशक्ति (*Negative after-potential*)—विश्राम विभव (resting potential) से नीचे वैद्युतीय निवेश (electrical charge) का चला जाना।

ऋणात्मक सहसंबंध *(Negative correlation)*—दो चरों के बीच एक ऐसा संबंध होता है जिसमें जब एक चर में वृद्धि होती है तो दूसरी चर में कमी या ह्रास (decrease) होता है।

ऋणात्मक उदाहरण *(Negative instance)*—संप्रत्यय अधिगम (concept learning) में एक ऐसा वस्तु (object) या घटना (event) जो सीखे जानेवाले संप्रत्यय (concept) की श्रेणी में नहीं आता है।

ऋणात्मक पुनर्बलन *(Negative reinforcement)*—किसी अनुक्रिया के होने के बाद दुखद (unpleasant) या विरूचिकर (aversive) उद्दीपक का हट जाना ताकि उस अनुक्रिया का भविष्य में होने की संभावना प्रबल रहे।

ऋणात्मक अंतरण *(Negative transfer)*—जब पहले सीखा गया पाठ या कार्य से बाद के सीखे जानेवाले कार्य या पाठ को सीखने में बाधा पहुँचती है, तो इसे ऋणात्मक अंतरण कहा जाता है।

नवजात शिशु *(Neonate)*—जन्म से एक महीना तक का शिशु।

तंत्रिका *(Nerve)*—न्यूरोन एक्सान (neuron axon) का बंडल।

नेटवर्क मॉडल *(Network model)*—स्मृति का ऐसा मॉडल जो स्मृति को संबंधित सूचनाओं (linked information) का एक संगठित तंत्र (organized system) मानता है।

तंत्रकीय बुद्धि *(Neural intelligence)*—किसी व्यक्ति के मस्तिष्क एवं तंत्रिका तंत्र (nervous system) की जन्मजात गति (speed) एवं कुशलता (efficiency)।

न्यूरिलेम्मा *(Neurilemma)*—कोशिकाओं (cells) की ऐसी परत जो बहुत सारे एक्सान को अपने भीतर समेटे होता है।

न्यूरोन *(Neuron)*—एक विशिष्ट कोशिका (specialized cell) जो तंत्रिका तंत्र (nervous system) में तंत्रिका आवेग (nerve impulse) को संचालित करता है तथा जिसके मुख्य तीन भाग होते हैं— **कोश शरीर** (cell body), **शाखिका** (dendrites) तथा **एक्सान** (axon)।

न्यूरोपेपटाइड *(Neuropeptides)*—ऐसा मस्तिष्कीय रसायन (brain chemicals) जो न्यूरोन्स (neurons) की क्रियाओं का नियमन (regulate) करता है।

न्यूरोट्रांसमीटर *(Neurotransmitter)*—एक ऐसा रसायन जो सूत्रयुग्मन दरार (synaptic left) पर सूचना देने वाले न्यूरोन (sending neuron) के एक्सान सिरा (axon terminals) द्वारा स्रावित होकर सूत्रयुग्मन (synapse) को पार करता है, तथा सूचना प्राप्त करनेवाले न्यूरोन (receiving neuron) की शाखिका (dendrites) या कोशिका शरीर (cell body) के उचित ग्राहक कोशिका (receptor cells) से मिलता है जिसके परिणामस्वरूप तंत्रिका या तो उत्तेजित (fire) होते हैं या फिर उत्तेजित नहीं होता है।

तटस्थ उद्दीपक *(Neutral stimulus)*—एक ऐसा उद्दीपक जो वांछित अनुक्रिया उत्पन्न नहीं करता हो।

रतौंधी *(Nightblindness)*—कम रोशनी (low illumination) की अवस्था में कुछ नहीं दीखना।

रात्रि संत्रास *(Night terror)*—तीव्र नेत्र गतिक नींद (Rapid Eye Movement or REM sleep) के दौरान संत्रास या भीषिका (panic) की अवस्था।

दुःस्वप्न *(Nightmare)*—तीव्र नेत्रगतिक नींद (REM sleep) के दौरान एक बुरा स्वप्न।

अघोषणात्मक स्मृति *(Nondeclarative memory)*—दीर्घकालीन स्मृति का एक ऐसा उपतंत्र (subsystem) जिसमें आवर्त्ती अभ्यास (repetitive practice), आदत (habit) तथा साधारण क्लासिकी अनुबंधित अनुक्रिया (classically conditioned response) के माध्यम से अर्जित किया गया कौशल (skills) संचित होता है। इसे **अस्पष्ट स्मृति** (implicit memory) भी कहा जाता है।

असमस्थितिक प्रणोद *(Nonhomeostatic drive)*—एक ऐसा प्रणोद जो दैहिक वंचन चक्र (physical deprivation cycle) या शारीरिक आवश्यकता अवस्था (bodily need stages) से सापेक्ष रूप से (relatively) स्वतंत्र होता है।

अतीव्र नेत्र गतिक नींद *(Non-Rapid Eye Movement or Non-REM sleep)*—नींद की दूसरी, तीसरी एवं चौथी अवस्था में पायी जानेवाली नींद। इसमें व्यक्ति का श्वसन धीमा एवं नियमित होता, तीव्र नेत्र गतिक (rapid eye movement) अनुपस्थिति होता है तथा व्यक्ति का रक्तचाप एवं मस्तिष्कीय क्रियाएँ (brain activities) 24 घंटा के निम्नतम स्तर पर होता है। व्यक्ति सामान्यतः नींद के गहरे स्तर पर होता है।

नोरइपाईनफ्राइन *(Norepinephrine)*—एक ऐसा न्यूरोट्रांसमीटर (neurotransmitter) जिससे व्यक्ति की नींद (sleep) एवं भोजन करने की इच्छा प्रभावित होती है। नोरइपाइनफ्राईन की कमी से व्यक्ति में अवसाद (depression) उत्पन्न होता है।

निरर्थक पद *(Nonsense syllable)*—तीन अक्षरों का एक ऐसा संयोग (combination) जिसमें पहला व्यंजन अक्षर (consonant letter), दूसरा स्वर अक्षर (vowel letter) तथा तीसरा व्यंजन अक्षर (consonant letter) होता है। इसका हिज्जे

(spelling) संभव नहीं होता है तथा इसका कोई अर्थ नहीं होता है। जैसे, KVT। इसे **सी भी सी** पद (CVC syllable) भी कहा जाता है।

अतीव्र नेत्रगतिक स्वप्न *(Non Rapid Eye Movement or NREM dream)*—अतीव नेत्र गतिक नींद (Non REM sleep) के दौरान पायी जानेवाली मानसिक क्रियाएँ (mental activities) जो गुणवत्ता (quality) में अधिक सार्थक प्रतीत होतीं हैं।

प्रसामान्य वक्र *(Normal curve)*—एक घंटा-आकारीय वितरण (bell-shaped distribution) जिसमें अधिक से अधिक प्राप्तांक वितरण के बीच में तथा दोनों किनारों पर बहुत ही कम प्राप्तांक अवस्थित होते हैं।

[O]

वस्तु स्थायीत्व *(Object permanance)*—शैशवावस्था में सीखा गया संप्रत्यय (concept) जो इस बात पर बल डालता है कि आँखों से ओझल होने के बावजूद भी किसी वस्तु का अस्तित्व बना रहता है।

वस्तुनिष्ठ परीक्षण *(Objective test)*—एक ऐसा परीक्षण जिसका विभिन्न लोगों द्वारा प्राप्तांक-लेखन (scoring) करने पर भी एक ही प्राप्तांक (same score) आता हो।

प्रेक्षणात्मक अधिगम *(Observational learning)*—किसी दूसरे व्यक्ति के व्यवहार का अनुकरण करने से उत्पन्न सीखना।

प्रेक्षणात्मक रिकार्ड *(Observational record)*—प्रेक्षित व्यवहार (observed behaviour) का एक विस्तृत व्योरा।

प्रेक्षक पूर्वाग्रह *(Observer bias)*—प्रेक्षक की वह प्रवृत्ति जिसके कारण वह प्रेक्षण को विकृत (distort) कर देता है या फिर अपनी प्रत्याशा (expectation) के अनुरूप प्रेक्षण में परिवर्तन कर देता है।

प्रेक्षक प्रभाव *(Observer effect)*—व्यक्ति के व्यवहार में हुए वैसा परिवर्तन जो तब उत्पन्न होता है जब वह यह समझता है कि उसके व्यवहार को अन्य लोगों द्वारा प्रेक्षित (observe) किया जा रहा है।

पश्चकपाल पालि *(Occipital lobe)*—मस्तिष्क का वह पालि जिसमें मुख्य दृष्टि कार्टेक्स (visual cortex) होता है तथा जो व्यक्ति में दृष्टि प्रत्यक्षण (visual perception) के लिए उत्तरदायी होता है।

इडिपस मनोग्रन्थि *(Oedipus complex)*—यह मनोग्रन्थि फ्रायड द्वारा प्रतिपादित मनोलैंगिक विकास की तीसरी अवस्था में पायी जाती है जिसमें पुरुष बच्चा (male child) अपनी माँ से लैंगिक तुष्टि चाहता है तथा पिता से ईर्ष्या एवं विद्वेष (hostility) दिखलाता है।

घ्राण *(Olfaction)*—गंध का संवेदन।

घ्राणेन्द्रिय बल्ब *(Olfactory bulb)*—नाक के छेद के ऊपर में दो विशेष तरह की लम्बी संरचनाएँ। यहाँ गन्ध संवेदन सबसे पहली बार अंकित (register) किया जाता है।

क्रियाप्रसूत अनुबंधन *(Operant conditioning)*—ऐसा अनुबंधन या सीखना (learning) जो अनुक्रिया के परिणाम पर आधृत होता है। इसे **साधनात्मक अनुबंधन** (instrumental conditioning) भी कहा जाता है।

संक्रियात्मक परिभाषा *(Operational definition)*—किसी वैज्ञानिक संप्रत्यय को उसके मापे जानेवाले विशिष्ट क्रियाएँ या विधि (procedures) के रूप में परिभाषित करना। जैसे, भूख को भोजन वंचन (food deprivation) के घंटों (hours) की संख्या के रूप में परिभाषित करना।

विरोधी-प्रक्रिया सिद्धान्त *(Opponent-process theory)*—(सांवेगिक) : सिद्धान्त यह बतलाता है कि तीव्र सांवेगिक अवस्था (strong emotional state) के बाद ठीक उसके विरोधी सांवेगिक अवस्था (opposite emotional state) उत्पन्न होती है। दोनों ही सांवेगिक अवस्थाएँ की शक्ति समय बीतने से परिवर्तित होती रहती है।

विरोधी-प्रक्रिया सिद्धान्त *(Opponent-process theory)*—(संवेदन) : सिद्धान्त यहाँ यह बतलाता है कि दृष्टि तंत्र (visual system) की विशेष कोशिकाएँ (cells) किसी एक रंग के प्रति अपना उत्तेजन बढ़ा देती हैं तथा उसी युग्म के दूसरे विरोधी रंग के प्रति अपना उत्तेजन घटा देती है। जैसे— लाल-हरा, पीला-नीला एवं श्वेत-श्याम।

चक्षु तंत्रिका *(Optic nerve)*—वह तंत्रिका जो दृष्टि सूचना को अक्षिपटल (retina) से मस्तिष्क तक ले जाता है।

मुखावस्था *(Oral stage)*—फ्रायड द्वारा प्रतिपादित मनोलैंगिक विकास (psychosexual development) की पहली अवस्था जब शिशु मुँह को ही आनन्द का स्रोत मानता है।

मुख्य-आक्रामक व्यक्तित्व *(Oral-aggressive personality)*—एक ऐसा व्यक्तित्व जो अपनी विद्वेष (hostility) की अभिव्यक्ति चिल्लाकर, दूसरों को शापित करके (cursing) तथा दाँत काटकर व्यक्त करता है। ऐसे लोग दूसरों का काफी शोषण करते हैं।

मुखा-आधृत व्यक्तित्व (*Oral dependent personality*)—एक ऐसा व्यक्तित्व जो निष्क्रिय रूप से (passively) दूसरों का ध्यान, प्यार, उपहार आदि प्राप्त करना चाहता है।

आर्गन ऑफ कोर्टी (*Organ of corti*)—कोक्लिया के बीच का हिस्सा जिसमें केश कोशिकाएँ (hair cells), झिल्ली (membranes), नलिकाएँ (canals) आदि सम्मिलित होतीं हैं।

कामोत्ताप (*Orgasm*)—लैंगिक उत्तेजन (sexual excitement) की चरम सीमा (climax) तथा उसकी मुक्ति (release)।

बाह्य-समूह (*Out-group*)—एक ऐसा समूह जिसके साथ व्यक्ति का कोई तादात्म्य (identification) नहीं होता है।

अतिसीखना (*Overlearning*)—किसी सामग्री को उस बिन्दु के बाद भी अभ्यास करना जहाँ उसे बिना त्रुटि के ही दोहराया जा सकता है।

[P]

परामनोविज्ञान (*Parapsychology*)—अतिसामान्य मनोवैज्ञानिक घटनाओं (extranormal psychological events) जैसे अतीन्द्रिय प्रत्यक्षण (extrasensory perception) का अध्ययन।

उपअनुकम्पी तंत्रिका तंत्र (*Parasympathetic nervous system*)—स्वायत्त तंत्रिका तंत्र का एक ऐसा भाग जो ऊर्जा को संरक्षित करता है तथा शरीर को शांत रखता है।

भित्तीय पालि (*Parietal lobe*)—वह पालि जिसमें कायिक संवेदी कार्टेक्स (Somatosensory cortex) तथा अन्य क्षेत्र अवस्थित होते हैं तथा जो शारीरिक चेतना (body awareness) तथा स्थानिक उन्मुखता (spatial orientation) के लिए उत्तरदायी होता है।

आंशिक पुनर्बलन (*Partial reinforcement*)—एक ऐसा पुनर्बलन पैटर्न (reinforcement pattern) जिसमें कुल अनुक्रियाओं (responses) में से कुछ ही अनुक्रियाओं को पुनर्बलित किया जाता है।

आंशिक पुनर्बलन प्रभाव (*Partial reinforcement effect*)—जिन अनुक्रियाओं को आंशिक पुनर्बलन द्वारा सीखा जाता है, वे विलोपन (extinction) के प्रति अधिक प्रतिरोध (resistant) दिखलाते हैं, अर्थात् उनका विलोपन तेजी से नहीं होता है।

प्रत्यक्षण (*Perception*)—एक ऐसी संज्ञानात्मक मानसिक प्रक्रिया जिसके सहारे संवेदी सूचनाओं (sensory information) को मस्तिष्क द्वारा संगठित एवं व्याख्या किया जाता है।

प्रत्यक्षज्ञानात्मक सुरक्षा (*Perceptual defence*)—धमकीपूर्ण उद्दीपकों या ऐसे उद्दीपक (stimulus) जो व्यक्ति को क्षुब्ध (disturb) कर देते हैं, का प्रत्यक्षण करने में प्रतिरोध (resistance)।

प्रत्यक्षज्ञानात्मक स्थिरता (*Perceptional constancy*)—वस्तुओं का अस्थिरता के बावजूद भी उसके गुणों जैसे आकार (size), चमकीलापन (brightness), रंग आदि को स्थिर प्रत्यक्षण करने की प्रवृत्ति।

प्रत्यक्षज्ञानात्मक सेट (*Perceptual set*)—तीव्र प्रत्याशा (expectation) के कारण किसी वस्तु, परिस्थिति आदि को खास ढंग से प्रत्यक्षण करने की तत्परता। इसे **प्रत्यक्षज्ञानात्मक प्रत्याशा** (perceptual expectancy) की भी संज्ञा दी जाती है।

प्रत्यक्षज्ञानात्मक अधिगम (*Perceptual learning*)—प्रत्यक्षण में वैसा परिवर्तन जिसका कारण पूर्व अनुभूति (prior experience) होता है।

पूर्व ऋणात्मक संबंध (*Perfect negative relationship*)—एक ऐसा गणितीय संबंध जिसमें दो चरों के बीच का सहसंबंध –1.00 होता है।

पूर्ण धनात्मक संबंध (*Perfect positive relationship*)—एक ऐसा गणितीय संबंध (mathematical relationship) जिसमें दो चरों के बीच का सहसंबंध +1.00 होता है।

परिधीय तंत्रिका तंत्र (*Peripheral nervous system*)—तंत्रिका तंत्र (nervous system) का सभी हिस्सा जो केन्द्रीय तंत्रिका तंत्र अर्थात् मस्तिष्क तथा सुषुम्ना (spinal cord) से बाहर होता है। दूसरे शब्दों में वे सारी तंत्रिकाएँ (nerves) जो केन्द्रीय तंत्रिका तंत्र को शरीर के बाकी अन्य भागों से जोड़ता है।

व्यक्तिगत दूरी (*Personal distance*)—निकट दोस्तों (close friends) से अंतर्क्रिया करते समय एक न्यूनतम दूरी जैसे 18" इंच से 4' फीट की दूरी को बनाकर रखना।

व्यक्तिगत अचेतन (*Personal unconscious*)—युग के सिद्धान्त में अचेतन का वह स्तर जिसमें वैसे विचार एवं अनुभूतियाँ होतीं हैं जो चेतन तथा दमित स्मृति (memories) एवं आवेगों (impulses) दोनों के ही पहुँच में होता है।

व्यक्तित्व (*Personality*)—व्यवहारों एवं विशेषताओं का एक अनोखा एवं स्थिर पैटर्न (stable pattern)।

व्यक्तित्व प्रश्नावली (*Personality questionnaire*)—एक ऐसी प्रश्नावली या पेपर-एवं-पेंसिल परीक्षण जिसमें वैसे प्रश्न होते हैं जिनके द्वारा व्यक्तित्व के विभिन्न पहलुओं को मापा जाता है।

व्यक्तित्व सिद्धान्त *(Personality theory)*—नियमों (principles), विचारों (ideas) पूर्वकल्पनाओं (assumptions) एवं संप्रत्ययों (concepts) का एक ऐसा तंत्र (system) जिसके द्वारा व्यक्तित्व को समझा जाता है तथा उसकी व्याख्या की जाती है।

व्यक्तित्व प्रकार *(Personality type)*—व्यक्तित्व की एक शैली (style) जो संबंधित शीलगुणों (related traits) के समूह द्वारा परिभाषित किया जाता है।

अनुनयन *(Persuasion)*—दूसरों के व्यवहार एवं मनोवृत्ति को प्रभावित करने की सोची-समझी कोशिश।

लैंगिक अवस्था *(Phallic stage)*—फ्रायड द्वारा मनोलैंगिक विकास की तीसरी अवस्था (लगभग 3 से 6 साल की अवस्था) जहाँ बच्चा अपने जनेन्द्रियों (genitals) के साथ विचारमग्न (preoccupied) होता है।

लैंगिक व्यक्तित्व *(Phallic personality)*—एक ऐसा व्यक्ति जो संवेदनशील (sensitive), आत्ममोही (narcissistic), गर्वीला (vain) एवं प्रदर्शनोन्मादी (exhibtionistic) होता है।

फेरोमोन *(Pheromone)*—एक वायुजनित (airborne) रासायनिक संकेत (chemical signal)।

फोनिम्स *(Phonemes)*—भाषा का एक मौलिक संभाषण आवाज (basic speech sound)।

फाई घटना *(Phi-phenomenon)*—गति (movement) का एक ऐसा भ्रम (illusion) जिसकी उत्पत्ति तब होती है जब दो या दो से अधिक स्थिर रोशनी या बल्व (bulb) को एक खास क्रम में जलाया या बुझाया जाता है जिसके देखने से लगता है कि रोशनी वास्तव में एक जगह से दूसरी जगह घूम रही है। शादी-विवाह या अन्य शुभ अवसरों के मौके पर प्रायः बिजली के बल्वों से घर को ऐसे ही ढंग से सजाया जाता है।

दैहिक निर्भरता *(Physical dependence)*—दैहिक व्यसन (physical addiction) जैसा कि प्रत्याहार लक्षणों (withdrawal symptoms) एवं औषध सहिष्णुता (drug tolerance) द्वारा लक्षित होता है।

चित्रीय गहराई संकेत *(Pictorial depth cue)*—पेंटिंग, आरेखण (drawing) तथा फोटोग्राफ (photograph) आदि की विशेषताएँ जो स्थान (space), गहराई (depth) एवं दूरी (distance) की सूचना देतीं हैं।

पिनियल ग्रन्थि *(Pineal gland)*—मस्तिष्क में पायी जानेवाली ऐसी ग्रन्थि जो शरीर के लय (rhythm) एवं नींद चक्र (sleep cycle) को नियमित करती है।

पीयूष ग्रन्थि *(Pituitary gland)*—मस्तिष्क में अवस्थित ऐसा अन्तःस्रावी ग्रन्थि (endocrine gland) जिसे प्रायः **मास्टर ग्रन्थि** (Master gland) कहा जाता है तथा इससे निकलने वाला स्राव से अन्य अन्तःस्रावी ग्रन्थियाँ नियंत्रित होतीं हैं तथा जिससे वर्द्धन हारमोन (growth hormone) भी स्रावित होता है।

स्थान सिद्धान्त *(Place theory)*—श्रवण का एक ऐसा सिद्धान्त जो यह बतलाता है कि उच्च एवं निम्न आवाज से कोक्लिया (Cochlea) का विशिष्ट क्षेत्र (specific area) उत्तेजित होता है।

प्लेसबो *(Placebo)*—मनोवैज्ञानिक प्रयोग में नियंत्रित समूह (control group) को किसी औषध की जगह एक निष्क्रिय तत्त्व (inert substance) जैसे चीनी की गोली (sugar pills) या लवण घोल (saline solution) का सूई देना ताकि प्लेसबो प्रभाव (placebo effect) को नियंत्रित किया जा सके।

प्लेसबो प्रभाव *(Placebo effect)*—किसी प्रयोग में आश्रित चर (dependent variable) पर अनुक्रिया में निरूपण या विवेचन (treatment) के बारे में प्रत्याशा (expectation) के कारण न कि निरूपण या विवेचन प्रभाव (treatment effect) के कारण परिवर्तन।

सुनम्यता *(Plasticity)*—मस्तिष्कीय क्षति (brain damage) की क्षतिपूर्त्ति एवं पुर्नसंगठित (reorganize) करने की मस्तिष्क की क्षमता।

आनन्द नियम *(Pleasure principle)*—यह नियम जिसके सहारे उपाहं (Id) आनन्द की प्राप्ति करना चाहता है तथा दुःख अथवा दर्द से दूर रहता है एवं तात्कालिक संतुष्टि (immediate gratification) चाहता है।

पोलिग्राफ *(Polygraph)*—एक ऐसा उपकरण जो व्यक्ति के हृदय गति, रक्तचाप (blood pressure), श्वसन तथा गलवैनिक त्वक् अनुक्रिया (galvanic skin response) को रिकार्ड करता है तथा जो अक्सर व्यक्ति में उस समय होता है जब वह झूठ बोलने की दुश्चिंता से ग्रसित होता है। सामान्यतः इसे **झूठ संसूचक** (Lie detector) भी कहा जाता है।

सेतु *(Pons)*—मस्तिष्क स्तंभ (brain stem) का एक ऐसा क्षेत्र जो मेडुल्ला (Medulla) एवं अन्य संरचनाओं (structures) के बीच एक पुल (bridge) का कार्य करता है।

धनात्मक सहसंबंध *(Positive correlation)*—दो चरों के बीच एक ऐसा सांख्यिकीय संबंध (statistical relationship) जिसमें एक चर पर बढ़ोत्तरी दूसरे चर पर की बढ़ोत्तरी तथा एक चर पर कमी दूसरे चर पर की कमी से साहचर्यित होता है।

धनात्मक उदाहरण *(Positive instance)*—संप्रत्यय अधिगम (concept learning) में एक ऐसा वस्तु या घटना जो संप्रत्यय वर्ग (concept class) का ही होता है।

धनात्मक मनोविज्ञान *(Positive psychology)*—मानव शक्ति (human strength), गुणों (virtues) एवं प्रभावी-कार्यवाही (effective functioning) का अध्ययन करने वाला मनोविज्ञान।

धनात्मक अंतरण *(Positive transfer)*—जब एक कार्य की स्मृति दूसरे कार्य के निष्पादन में सहायता पहुँचाती हो।

धनात्मक पुनर्बलन *(Positive reinforcement)*—किसी अनुक्रिया के बाद मिलने वाला पुरस्कार या सुखद अनुभूति जिससे भविष्य में उस अनुक्रिया के होने की संभावना बढ़ जाती है।

अवचेतन *(Preconscious)*—वैसे विचार, भाव एवं स्मृतियाँ जिनसे व्यक्ति वर्तमान में अवगत नहीं होता है परंतु चाहने पर या कोशिश करने पर वह इनसे अवगत हो सकता है।

पोस्टमार्टम अवसाद *(Postpartum depression)*—महिलाओं में साधारण से गंभीर प्रकार का विषाद या अवसाद जो सामान्यतः बच्चा जन्म देने के तीन महीने बाद उत्पन्न होता है।

प्रीमैक नियम *(Premack principle)*—यह नियम बतलाता है कि उच्च आवृत्ति वाली अनुक्रिया (high frequency response) को निम्न-आवृत्तिवाली अनुक्रिया को पुनर्बलित करने के लिए उपयोग किया जा सकता है।

प्रेजवायोपिया *(Presbyopia)*—मध्य वयस्कावस्था में पायी जानेवाली एक ऐसी अवस्था जिसमें मानव नेत्र का लेंस नजदीक की चीजों को देखने के लिये ठीक से समायोजित (accomodate) नहीं कर पाता है। इसलिए पर्याप्त दृष्टि के लिए वाइफोकल शीशा (bifocal glass) का उपयोग किया जाता है।

प्राथमिकी प्रभाव *(Primacy effect)*—अधिगम (learning) एवं स्मृति (memory) के क्षेत्र में सूची के प्रथम कुछ एकांशों को मध्य भाग के एकांशों की तुलना में अधिक प्रत्याह्वान करने की संभावना।

प्राथमिकी मूल्यांकन *(Primary appraisal)*—इस तरह के मूल्यांकन में व्यक्ति परिस्थिति, घटना या कारक में दबाव या प्रतिबलक (stress) उत्पन्न करने की अन्तःशक्ति (potentiality) को इस बात के रूप में मूल्यांकन करता है कि इससे उसका तंदुरुस्ती या कुशल-क्षेम (well-being) कितना अधिक प्रभावित होगा अर्थात् व्यक्ति यह देखता है कि कहाँ तक इससे उसे हानि (loss) होगा या उसके लिए घटना सचमुच में अर्थहीन या असार्थक है।

मुख्य श्रवण कार्टेक्स *(Primary auditory cortex)*—शंखपालि (temporal lobe) का वह हिस्सा जहाँ प्रमस्तिष्कीय कार्टेक्स (cerebral cortex) में सुनने की प्रक्रिया को अभिलेखित किया जाता है।

प्राथमिक संवेग *(Primary emotion)*—रोबर्ट प्लूटचिक (Robert Plutchik) के अनुसार सबसे प्रमुख या प्राथमिक संवेग है : डर, आश्चर्य (surprise), उदासी (sadness), क्रोध, विरक्ति (disgust), उम्मीद (anticipation), खुशी (joy) एवं स्वीकृति (acceptance)।

प्राथमिक अभिप्रेरण *(Primary motive)*—प्राणी का जन्मजात अभिप्रेरण जो जैविक आवश्यकताओं (biological needs) पर आधृत होता है।

प्राथमिक लैंगिक विशेषताएँ *(Primary sexual characteristics)*—व्यक्ति के जननेन्द्रिय (genitals) तथा आंतरिक पुनरूत्पादक अंग (internal reproductive organs) के रूप में परिभाषित यौन (sex)।

प्रिमिंग *(Priming)*—आंतरिक स्मृति (implicit memory) से कुछ ऐसे संकेतों (cues) का उपयोग करना जिनसे छिपी हुई स्मृति उत्तेजित होतीं हैं तथा पुनःप्राप्ति (retrieval) भी उन्नत हो जाता है।

प्राथमिक मानसिक क्षमता *(Primary mental ability)*—थर्स्टन (Thurstone) के अनुसार सात तरह की विभिन्न क्षमताएँ जो अकेले या एक-दूसरे के साथ संयोजित होकर सभी तरह की बौद्धिक क्रियाओं (intellectual activities) में संयोजित होती हैं।

प्राथमिक पुनर्बलक *(Primary reinforcer)*—एक ऐसा पुनर्बलक (reinforcer) जो उत्तरजीविता (survival) के लिए मौलिक दैहिक आवश्यकताओं (basic psychological needs) की संतुष्टि करता है और यह किसी प्रकार के अधिगम (learning) पर आधृत नहीं होता है। भोजन, पानी, नींद आदि प्राथमिक पुनर्बलक के उदाहरण हैं।

प्राथमिक दृष्टि कार्टेक्स *(Primary visual cortex)*—दृष्टि पालि (occipital lobe) के पीछे का क्षेत्र जहाँ प्रमस्तिष्कीय कार्टेक्स (cerebral cortex) में दृष्टि अभिलेखित होता है।

अग्रलक्षी अवरोध *(Proactive inhibition)*—जब मौलिक विषय के प्रत्याह्वान में कमी वैसा कार्य या पाठ के कारण होता है जिसे व्यक्ति मौलिक विषय के पहले सीखा होता है, तो इस तरह की घटना को अग्रलक्षी प्रावरोध कहा जाता है।

समस्या-केन्द्रित युक्ति *(Problem-focused strategy)*—एक ऐसी अनुक्रिया जिसका उद्देश्य प्रतिबल या दबाव (stress) के स्रोत (source) को हटा देना या दूर कर देना या परिमार्जित कर देना होता है।

कार्यविधि स्मृति *(Procedural memory)*—अनुबंधित अनुक्रियाओं (conditioned responses) एवं अर्जित कौशलों (acquired skills) का दीर्घकालीन स्मृति (long-term memory)।

प्रोजेस्ट्रोन *(Progesterone)*—एक महिला यौन हार्मोन (female sex hormone) जो मासिक चक्र (menstrual cycle) के नियमन में भूमिका निभाता है तथा संभावित गर्भ (possible pregnancy) के लिये गर्भाशय (uterus) में एक दैहिक आधार तैयार करता है।

क्रमिक शिथिलीकरण *(Progressive relaxation)*—शरीर के सभी भागों में गहरा शिथिलीकरण (deep relaxation) उत्पन्न करने की विधि।

प्रक्षेपण *(Projection)*—अपनी कमियों (shortcomings), भावों एवं अस्वीकार्य आवेगों (unacceptable impulses) को दूसरों पर थोपना।

प्रक्षेपण परीक्षण *(Projective test)*—एक ऐसा व्यक्तित्व परीक्षण जिसमें व्यक्ति स्याही धब्बे (inkblots), अस्पष्ट आरेखण (vague drawings), अधूरे वाक्यों (incomplete sentences) एवं अन्य समान परिस्थितियों के प्रति अपनी भावनाओं, इच्छाओं आशंकाओं एवं द्वन्द्वों (conflicts) आदि को प्रक्षेपित करते हुए अनुक्रिया करता है।

प्रसामाजिक व्यवहार *(Prosocial behaviour)*—अन्य व्यक्तियों के प्रति किया गया ऐसा व्यवहार जो रचनात्मक हो तथा जिससे दूसरों को मदद मिलती हो।

आदिप्रारूप *(Prototype)*—किसी विशेष संप्रत्यय के मुख्य उदाहरण के रूप में व्यवहृत किया गया एक आदर्श मॉडल (ideal model)।

प्रोक्सेमिक्स *(Proxemics)*—स्थान (space) विशेषकर सामाजिक संदर्भ (social setting) के मानव उपयोग का क्रमबद्ध अध्ययन।

समीपता *(Proximity)*—भौगोलिक समीपता (geographical closeness) जो आकर्षण (attraction) या प्रत्यक्षज्ञानात्मक संगठन (perceptual organization) में महत्त्वपूर्ण भूमिका निभाता है।

मनोरोगविज्ञानी *(Psychiatrist)*—एक मेडिकल डॉक्टर जिसे मानसिक रोगों के निदान एवं उपचार में महारथ प्राप्त होता है।

मिथ्यामनोविज्ञान *(Pseudopsychology)*—व्यवहार की व्याख्या करने के लिए दिया गया विश्वासों एवं परम्पराओं का एक गलत एवं अवैज्ञानिक तंत्र (unscientific system)।

पीएसआई घटना *(PSI phenomena)*—ऐसी घटना जो स्वीकृत वैज्ञानिक नियमों (accepted scientific lens) के क्षेत्र से बाहर प्रतीत होती हो।

मनोसक्रिय औषध *(Psychoactive drug)*—एक ऐसा औषध (drug) या तत्व (substance) जो अवधान, स्मृति, निर्णय, समय का ज्ञान, आत्म-नियंत्रण, मनोदशा (mood) तथा प्रत्यक्षण (perception) में परिवर्तन करने की क्षमता रखता हो।

मनोगत्यात्मक सिद्धान्त *(Psychodynamic theory)*—व्यवहार का एक ऐसा सिद्धान्त जो आंतरिक द्वन्द्व (internal conflict), अभिप्रेरण तथा अचेतन बलों (unconscious forces) पर बल डालता है।

मनोजनिक *(Psychogenic)*—जिसका मनोवैज्ञानिक (psychological) न कि दैहिक (physical) कारण हो।

साइकोकाइनेसिस *(Psychokinesis)*—किसी वस्तु या घटना को मानसिक रूप से परिवर्तित या प्रभावित करने की आभासी क्षमता (purported ability)।

मनोवैज्ञानिक निर्भरता *(Psychological dependence)*—ऐसी औषध निर्भरता (drug dependance) जो मूलतः सांवेगिक या मनोवैज्ञानिक आवश्यकताओं पर आधृत होता है।

मनोभाषाविज्ञान *(Psycholinguistics)*—एक ऐसा अध्ययन जो यह बतलाता है कि भाषा किस तरह अर्जित की जाती है, उत्पन्न किया जाता है एवं उपयोग में लाया जाता है तथा किस तरह से भाषा की आवाज एवं संकेत (symbols) अर्थ में अनुवादित किया जाता है।

मनोविज्ञान *(Psychology)*—व्यवहार एवं संज्ञानात्मक प्रक्रियाओं (cognitive processes) का वैज्ञानिक अध्ययन।

साइकोन्यूरोईम्यूनोलोजी *(Psychoneuroimmunology)*—एक ऐसा क्षेत्र जिसमें मनोवैज्ञानिक, जीवविज्ञानी (biologists)

तथा मेडिकल शोधकर्त्ताओं द्वारा प्रतिरक्षक या असंक्राम्य तंत्र (immune system) पर मनोवैज्ञानिक कारकों का पड़ने वाले प्रभावों का अध्ययन किया जाता है।

मनोलैंगिक अवस्थाएँ *(Psychosexual stages)*—फ्रायड द्वारा प्रतिपादित कई अवस्थाओं का एक शृंखला जिसके माध्यम से लैंगिक मूलप्रवृत्ति (sexual intinct) विकसित होता है। प्रत्येक अवस्था में (अव्यक्तावस्था को छोड़कर) एक कामुकता क्षेत्र (erogenous zone) उत्पन्न होता है जो नये आनन्द एवं द्वन्द्व (conflict) का केन्द्र होता है।

मनोभौतिकी *(Psychophysics)*—दैहिक उद्दीपकों (physical stimuli) एवं उससे उत्पन्न होनेवाले संवेदनों (sensations) के बीच संबंध का अध्ययन।

मनोसामाजिक अवस्थाएँ *(Psychosocial stages)*—इरिक्सन (Erikson) द्वारा प्रतिपादित एक व्यक्ति की पूरी जीवन-अवधि (life-span) की आठ विकासात्मक अवस्थाएँ। प्रत्येक अवस्था में एक द्वन्द्व (conflict) होता जिसका समाधान एक स्वस्थ व्यक्तित्व विकास (healthy personality development) के लिए अनिवार्य होता है।

मनोसामाजिक द्विविधा *(Psychosocial dilemma)*—व्यक्तिगत इच्छाओं एवं आवेगों (impulses) तथा सामाजिक वातावरण के बीच ऐसा द्वन्द्व (conflict) जो विकास (development) को प्रभावित करता है।

साइकोसर्जरी *(Psychosurgery)*—मस्तिष्क का एक ऐसा सर्जिकल बदलाव (surgical alternation) जो व्यवहार या संवेग में वांछित परिवर्तन लाता हो।

मनोचिकित्सा *(Psychotherapy)*—कोई भी मनोवैज्ञानिक प्रविधि जिसका उपयोग करके व्यक्ति के व्यक्तित्व, व्यवहार एवं समायोजन (adjustment) में धनात्मक परिवर्तन लाया जाता हो।

साईइनफो *(Psyc INFO)*—एक खोजबीन योग्य (searchable) आनलाइन डाटा बेस (online data base) जो मनोविज्ञान में वैज्ञानिक एवं विद्वत्तापूर्ण (scholarly) साहित्य का संक्षिप्त विवरण प्रदान करता हो।

यौवनारंभ *(Puberty)*—जैविक रूप से (biologically) परिभाषित अवधि जिसमें व्यक्ति लैंगिक रूप से परिपक्व हो जाता है तथा पुनरूत्पादन (reproduction) के योग्य हो जाता है।

जन दूरी *(Public distance)*—एक ऐसी दूरी जिसपर औपचारिक अंतर्क्रिया (formal interaction) जैसे संभाषण देना (giving lecture) संपन्न होता है। यह दूरी व्यक्ति से लगभग 12 फीट की होती है।

दंड *(Punishment)*—सुखद उद्दीपक (pleasant stimulus) को हटा देना या दुखद उद्दीपक को उपस्थित करना जो किसी अनुक्रिया को समर्थन देता हो।

[Q]

क्वालिटी केन्द्र *(Quality circle)*—कर्मचारियों का एक छोटा समूह जो आपस में प्रयास करके कार्य निष्पादन तथा उत्पाद (products) को उन्नत बनाने के लिए सुझाव देता है।

[R]

यादृच्छिक आवंटन *(Random assignment)*—प्रयोग (experiment) में प्रयोज्यों (subjects) को प्रयोगात्मक समूह (experimental group) तथा नियंत्रित समूह (control group) में संयोग (chance) प्रविधि का उपयोग करके आवंटित करना ताकि प्रत्येक प्रयोज्य को किसी समूह में रखे जाने की बराबर-बराबर संभावना मौजूद हो।

यादृच्छिक खोज युक्ति *(Random search strategy)*—किसी समस्या के समाधान के लिए करीब-करीब एक यादृच्छिक कम (random sequence) का उपयोग करना।

यादृच्छिक प्रतिदर्श *(Random sample)*—प्रयोज्यों (subjects) का एक ऐसा चयनित समूह जिसमें जीवसंख्या (population) के प्रत्येक सदस्य को समूह में सम्मिलित किये जाने की संभावना बराबर-बराबर होती है। इसका उद्देश्य एक ऐसे प्रतिदर्श का चयन करना होता है जो अपनी अभिरुचि की जीवसंख्या (population) का प्रतिनिधित्व कर सके।

यादृच्छिक चयन *(Random selection)*—एक ऐसे प्रतिदर्श (sample) को चुनना जिसमें जीवसंख्या के प्रत्येक सदस्य को प्रतिदर्श में शामिल किये जाने की संभावना बराबर-बराबर हो।

परास *(Range)*—प्राप्तांकों (scores) के समूह में न्यूनतम तथा उच्चतम प्राप्तांक के बीच अंतर।

बलात्कार भ्रम *(Rape myth)*—एक गलत विश्वास जो यह बतलाता है कि महिला जिसके साथ बलात्कार किया गया हो, वह खुद इसके लिये कही है, वह उसके योग्य है तथा उससे आनन्दित भी हुई है।

तीव्र नेत्र गति *(Rapid Eye Movement or REM)*—नींद के दौरान नेत्र-गोलक (eye ball) का तेजी से इधर-उधर होना।

रेटिंग मापनी *(Rating scale)*—व्यवहार के पहलू या व्यक्तित्व शीलगुणों की सूची जिसपर व्यक्ति का रेटिंग किया जाता है।

यौक्तिकीकरण *(Rationalization)*—किसी कार्य या व्यवहार के लिए वास्तविक कारण के जगह पर तार्किक (logical) एवं सामाजिक रूप से स्वीकार्य (socially accepted) कारणों को देना।

प्रतिक्रिया निर्माण *(Reaction fornation)*—किसी अस्वीकार्य इच्छा या आवेग (unacceptable desire or impulse) जैसे किसी लैंगिक (sexual) एवं आक्रामक (aggressive) इच्छा के विपरीत इच्छा की अभिव्यक्ति।

वास्तविकता का नियम *(Reality principle)*—किसी कार्य या आनन्द को तब तक विलंबित करके रखना जबतक कि उचित अवसर न आ जाय।

प्रत्याह्वान *(Recall)*—धारण (retention) की एक ऐसी जाँच जिसमें व्यक्ति कुछ पुनःप्राप्ति संकेत (retrieval cues) की मौजूदगी या उसकी पूर्ण अनुपस्थिति में ही पाठ या कार्य के विभिन्न पहलुओं का स्मरण करता है।

ग्राहक क्षेत्र *(Receptor sites)*—न्यूरोन्स (neurones) तथा अन्य कोशिकाओं (cell) के सतह पर का क्षेत्र जो न्यूरोट्रांसमीटर (neurotransmitter) या हारमोन्स (hormones) के प्रति संवेदनशील होता है।

अप्रबल जीन्स *(Recessive genes)*—एक ऐसा जीन जिसके प्रभाव की अभिव्यंक्ति तभी होती है जब वह कोई दूसरा अप्रबल जीन (recessive gene) के साथ युग्मित होता है।

अन्योन्यता अवरोध *(Reciprocal inhibition)*—एक सांवेगिक अवस्था (emotional state) जैसे खुशी (joy) द्वारा दूसरे सांवेगिक अवस्था की उत्पत्ति को अवरूद्ध हो जाना।

अन्योन्यता नियतिवाद *(Reciprocal determinism)*—वैण्डुरा द्वारा प्रतिपादित एक ऐसा संप्रत्यय (concept) जो यह बतलाता है कि व्यवहार, संज्ञानात्मक कारक (cognitive factor) तथा वातावरण (environment) सभी प्राणी को प्रभावित करने तथा एक-दूसरे से प्रभावित होते हैं जैसा कि चित्र में दिखलाया है—

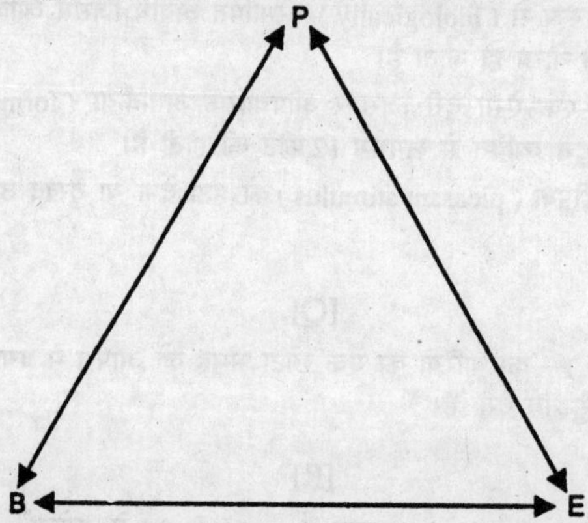

पुनर्कूटसंकेतन *(Recoding)*—स्मृति में संचयन (storage) को मजबूत करने के लिए सूचनाओं को पुनर्संगठित करना या परिमार्जित करना।

प्रत्यभिज्ञान स्मृति *(Recognition memory)*—पहले सीखे गए पाठ या सूचनाओं की सही-सही पहचान करना।

पुनर्संरचना *(Reconstruction)*—एक ऐसी स्मृति जो किसी घटना का वास्तविक प्रतिकृति (exact replica) तो नहीं होती परंतु कुछ सूचनाओं को जो सही हो सकते या नहीं भी सही हो सकते हैं, के आधार पर उसे थोड़ा-थोड़ा करके एक साथ संगठित की गयी हो।

पुनर्गठित स्मृति *(Redintegrative memory)*—ऐसी स्मृति (memory) जो किसी एक स्मृति से संरचित या विकसित होती है तथा फिर अन्य स्मृतियों की शृंखला (chain) से साहचर्यित होती चली जाती है।

संदर्भ समूह *(Reference group)*—ऐसा समूह जिसे व्यक्ति एक आदर्श (standard) के रूप में सामाजिक तुलना (social comparison) के लिए करता है।

प्रतिवर्त *(Reflex)*—किसी खास पर्यावरणीय उद्दीपक (environmental stimulus) के प्रति एक जन्मजात, अनार्जित (unlearned) एवं स्वायत्त (automatic) अनुक्रिया।

चिन्तनशील बुद्धि *(Reflective intelligence)*—अपने ही चिन्तन आदतों (thinking habits) के बारे में अवगत होने की क्षमता (ability)।

प्रतिवर्त्त वृत्तांश *(Reflex arc)*—एक सरलतम व्यवहार जिसमें उद्दीपक एक स्वायत्त अनुक्रिया (automatic response) उत्पन्न करता है।

दुर्गलनीय अवधि *(Refractory period)*—कामोत्ताप (orgasm) के बाद एक ऐसा लघु अवधि जिसके दौरान दोबारा कामोत्ताप की अवस्था में आने से व्यक्ति असफल रहता है।

प्रतिगमन *(Regression)*—विकास (development) की आरंभिक अवस्था में किये गए व्यवहार की विशेषताओं के अनुरूप व्यवहार करने लग जाना।

पुनर्बलन *(Reinforcement)*—एक घटना (event) जो अनुक्रिया के बाद होती है और अनुक्रिया की शक्ति को बढ़ा देती है या इस संभावना को बढ़ा देती है कि भविष्य में उस अनुक्रिया को दोहराया जाएगा।

पुनर्वलक *(Reinforcer)*—कोई भी चीज जो अनुक्रिया को मजबूत करती है या इस बात की संभावना को बढ़ा देती है कि वह भविष्य में फिर किया जाएगा।

संबंधात्मक संप्रत्यय *(Relational concept)*—एक ऐसा संप्रत्यय (concept) जिसे किसी वस्तु की विशेषताओं के संबंधों (relationship) या वस्तुओं एवं उनके इर्द-गिर्द की चीजों के संबंध (relationship) के रूप में परिभाषित किया जाता है।

पुनर्सीखना विधि *(Relearning method)*—पुनर्सीखना द्वारा पहले सीखे गए पाठ की स्मृति की माप की जाती है। इसमें पहले की सीखी गयी अनुभूतियों या पाठों को दोबारा सीखा जाता है। दूसरी बार सीखने में जितना अधिक समय या प्रयास की बचत होती है, उतना ही व्यक्ति मौलिक रूप से सीखे गए पाठ को धारण किये हुए समझा जाता है। इसे **बचत विधि** (saving method) भी कहा जाता है।

विश्वसनीयता *(Reliability)*—किसी परीक्षण (test) का एक ही प्रतिदर्श (sample) पर कई बार दोहराने से उसके द्वारा एक ही तरह का प्राप्तांक (score) उत्पन्न करने की क्षमता।

आर ई एम स्वप्न *(REM dream)*—एक ऐसा स्वप्न प्रकार जो प्रत्येक आइ ई एम अवधि (REM period) में होता है तथा जिसमें तुलनात्मक रूप से अधिक स्पष्टता, अधिक सांवेगिकता (emotionality) तथा जिसका स्वरूप अधिक चाक्षुष (visual) होता है।

आर ई एम नींद *(REM sleep)*—एक ऐसी नींद जिसमें तीव्र नेत्र गति (rapid eye movement), मांसपेशियों की गतिहीनता (paralysis), तीव्र एवं अनियमित हृदय गति तथा श्वसन गति, स्पष्ट स्वप्न तथा मस्तिष्कीय तरंग की क्रियाओं में बढ़ोत्तरी आदि स्पष्ट रूप से पाये जाते हैं।

आर ई एम धमाका *(REM Rebound)*—आर ई एम वंचन (REM deprivation) के बाद आर ई एम नींद (REM sleep) का अधिक मात्रा में उत्पन्न होना। प्रायः इसका संबंध दुःखद स्वप्न (unpleasant dream) या दुःस्वप्न (nightmare) से होता है।

प्रतिकृति *(Replication)*—किसी शोध परिणाम की जाँच करने के लिए किसी अन्य शोधकर्त्ता द्वारा भिन्न प्रयोज्यों (subjects) पर उसी शोध को दोहराना।

निरूपक प्रतिदर्श *(Representative sample)*—किसी बड़े जीवसंख्या (population) से प्रयोज्यों के प्रतिदर्श को इस ढंग से चयनित करना कि जीवसंख्या के भीतर के उपसमूहों (subgroups) का प्रतिनिधित्व ठीक उसी अनुपात में हो जिस अनुपात में वे बड़े जीवसंख्या में पाये जाते हैं।

निरूपक स्वतःशोध *(Representative heuristic)*—गलत उत्तर चुनने की प्रवृत्ति क्योंकि वे पहले से पाये जाने वाले मानसिक श्रेणियों से मिलते-जुलते प्रतीत होते हैं।

दमन *(Repression)*—अचेतन की प्रक्रिया जिसके सहारे स्मृतियाँ, चिन्तन या आवेगों (impulses) को व्यक्ति चेतन से बाहर रखता है। इसे **अभिप्रेरित विस्मरण** *(motivated forgetting)* भी कहा जाता है।

अनुक्रिया *(Response)*—कोई भी पेशीय क्रिया, ग्रन्थीय क्रिया या व्यवहार का अन्य पहचानने योग्य पहलू।

अनुक्रिया लागत *(Response cost)*—किसी अनुक्रिया के होने के बाद धनात्मक पुनर्बलक (positive reinforcer) को हटा देना।

विश्राम विभव *(Resting potential)*—विश्राम (rest) की अवस्था में न्यूरोन का वैद्युतीय विभव (electrical potential) जो करीब 70 मिलिवोल्ट (Millivolt) का होता है।

रेटिकुलर फारमेशन *(Reticular formation)*—मस्तिष्कीय स्तंभ (brain stem) में पायी जाने वाली संरचना (structure) जो अवधान (attention) एवं उत्तेजन (arousal) में महत्त्वपूर्ण भूमिका निभाता है तथा मस्तिष्क में प्रवेश करने वाले संवेदी सूचनाओं का स्क्रिनिंग भी करता है।

अक्षिपटल *(Retina)*—नेत्र के पीछे की संरचना जिसमें सूचियाँ (cones) तथा शलाकाएँ (rods) दोनों ही पाये जाते हैं तथा जिनपर अक्षिपटलीय प्रतिबिम्ब (retinal image) प्रक्षेपित होती है।

रेटिकुलर एकटिवेटिंग तंत्र *(Reticular Activating System or RAS)*—रेटिकुलर फारमेशन का हिस्सा जो प्रमस्तिष्कीय कार्टेक्स (cerebral cortex) को उत्तेजित करता है।

पुनःप्राप्ति *(Retrieval)*—स्मृति के संचयन (storage) से सूचनाओं की प्राप्ति करना।

पुनःप्राप्ति संकेत *(Retrieval cue)*—कोई भी उद्दीपक या सूचना का अंश जो दीर्घकालीन स्मृति से सूचनाओं की पुनःप्राप्ति में मदद करता हो।

पूर्वलक्षी अवरोध *(Retroactive inhibition or RI)*—नयी स्मृतियों (new memories) द्वारा पहले की स्मृतियों की पुनःप्राप्ति में बाधा उत्पन्न होना।

पश्चगामी स्मृतिलोप *(Retrograde amnesia)*—मस्तिष्कीय आघात (brain trauma) जिससे व्यक्ति में चेतन (consciousness) की क्षय (loss) हुई है, से पहले हुई घटनाओं की स्मृतिलोप।

पुनर्वापसी *(Reuptake)*—एक ऐसी प्रक्रिया जिसके सहारे न्यूरोट्रांसमीटर (neurotransmitter) के अणु (molecules) को संधियुग्मन दरार (synaptic cleft) के एक्सान अन्तःस्थों (axon terminals) द्वारा भविष्य में उपयोग किये जाने के ख्याल से वापस ले लिया जाता है।

दायाँ गोलार्द्ध *(Right hemisphere)*—मस्तिष्क का वह गोलार्द्ध जो शरीर के बायें तरफ के अंगों के संचालन का नियंत्रण करता है तथा अधिकतर लोगों में दृष्टि-स्थानिक प्रत्यक्षण (visual-spatial perception) के लिए एवं अशाब्दिक व्यवहार (nonverbal behaviour) के लिये विशिष्टता प्राप्त होता है।

चिन्तन का पलटाव *(Reversibility of thought)*—इस बात से अवगत होना कि समानता के संबंध में पलटाव संभव है। जैसे अगर A = B तो B = A होगा।

रोडोप्सीन *(Rhodopsin)*—शलाकाओं (rods) में पाये जानेवाले रोशनी-संवेदनशील रंगद्रव्य (light-sensitive pigment)।

शलाका *(Rods)*—धीमी रोशनी (dim light) का दृष्टि ग्राहक (visual receptor) जिससे सिर्फ श्वेत एवं श्याम संवेदन उत्पन्न होती है।

रोशार्क स्याही धब्बा परीक्षण *(Rorschach inkblot test)*—हरमान्न रोशार्क (Hermann Rorschach) द्वारा निर्मित एक ऐसा प्रक्षेपी परीक्षण (projective test) जिसमें 10 स्याही का धब्बा जैसी आकृति होती है और उसके प्रति प्रयोज्य अपनी प्रतिक्रिया (reaction) देता है।

[S]

प्रतिदर्श *(Sample)*—अध्ययन या शोध के लिए जीवसंख्या (population) से चयनित एक छोटा भाग जिसके आधार पर पूरे जीवसंख्या के बारे में सामान्यीकरण (generalization) किया जाता है।

संतृप्ति *(Saturation)*—रंग की शुद्धता (purity) अर्थात् रोशनी तरंग (light wave) जो रंग उत्पन्न करते हैं, एक ही तरंगदैर्ध्य (wavelength) के हैं।

बचत प्राप्तांक *(Saving scores)*—किसी पाठ के मौलिक सीखना (original learning) में लगे समय या प्रयास (trials) की तुलना में दोबारा उसी पाठ को फिर से सीखने में लगे समय या प्रयास में बचत (saving)।

बलि का बकरा बनाना *(Scape goating)*—किसी ऐसे व्यक्ति या समूह पर दोष मढ़ना जो सचमुच में उसके लिए उत्तरदायी नहीं है।

स्कैक्टर-सिंगर सिद्धान्त *(Schachter Singer theory)*—संवेग का एक दो स्तरीय सिद्धान्त जो यह बतलाता है कि संवेग उत्पन्न होने के लिए (1) दैहिक उत्तेजन (physiological stimulation) तथा (2.) उस उत्तेजन की संज्ञानात्मक व्याख्या (cognitive appraisal) की जरूरत होती है।

पुनर्बलन अनुसूची *(Schedule of reinforcement)*—पुनर्बलन देने का एक क्रमबद्ध कार्यक्रम (systematic programme) जिसका व्यवहार पर एक पूर्वकथनीय प्रभाव (predictable behaviour) होता है।

स्कीमा *(Schema)*—पियाजे (Piaget) ने इस पद का उपयोग एक ऐसी संज्ञानात्मक संरचना (cognitive structure) के लिए किया था जिसके माध्यम से सूचनाओं की पहचान करके उसकी व्याख्या की जाती है। सामान्यतः इस पद से तात्पर्य किसी घटना, वस्तु या व्यक्ति के बारे में ज्ञान एवं पूर्वकल्पनाओं (assumptions) का एक समन्वित ढाँचा (integrated framework) से होता है।

गौण मूल्यांकन *(Secondary appraisal)*—सामना करने या निबटने की अपनी युक्तियों (strategies) का मूल्यांकन करते हुए यह निश्चित करना कि किसी तनावपूर्ण घटना (stressful event) से किस तरह से सामना किया जा सकता है।

गौण पुनर्बलक *(Secondary reinforcer)*—एक ऐसा तटस्थ उद्दीपक (neutral stimulus) जो अन्य पुनर्बलकों (reinforcer) के साथ बार-बार युग्मित किये जाने पर अनुक्रिया को पुनबर्लित करने लगता है।

गौण यौन विशेषता *(Secondary sex characteristics)*—ऐसी दैहिक विशेषताएँ (physical characteristics) जो पुनरुत्पादन (reproduction) में प्रत्यक्ष रूप से तो सम्मिलित नहीं होते हैं परंतु परिपक्व पुरुष (mature male) को एक परिपक्व स्त्री (mature female) से निश्चित रूप से अलग करने में सहायक होते हैं।

गौण अभिप्रेरण *(Secondary motive)*—ऐसे अभिप्रेरक (motive) जो अर्जित आवश्यकताओं, प्रणोद (drive) तथा लक्ष्य (goals) पर आधृत होते हैं।

गौण शीलगुण *(Secondary trait)*—ऐसे शीलगुण (trait) जो असंगत (inconsistent) होते हैं तथा सापेक्ष रूप से सतही (superficial) होते है।

चयनात्मक अवधान *(Selective attention)*—किसी विशेष संवेदी सूचना (sensory message) को जानबूझकर अधिक महत्व देना।

चयनात्मक प्रत्यक्षण *(Selective perception)*—एक बड़े संभावनाओं के बीच सिर्फ कुछ खास उद्दीपक को ही प्रत्यक्षण करना।

आत्मन् *(Self)*—अपने व्यक्तिगत पहचान (personal identify) के बारे में एक सतत विचारधारा (conception)।

चयन पूर्वाग्रह *(Selection bias)*—प्रयोगात्मक समूह (experimental group) तथा नियंत्रित समूह (control group) में प्रयोज्यों का इस ढंग से आवंटन किया जाना कि प्रयोग के प्रारम्भ में ही दोनों समूहों के बीच क्रमबद्ध अंतर (systematic difference) मौजूद हो।

आत्म-सिद्धि *(Self-actualization)*—अपने विभद या अंतःशक्ति (potential) को पूर्णतः विकसित करना। मैसलो की आवश्यकता पदानुक्रम (need hierarchy) में उच्चतम आवश्यकता (highest need)।

आत्म-क्षमता या प्रभावोत्पादकता *(Self-efficacy)*—अपनी क्षमता में एक वांछित परिणाम उत्पन्न करने का विश्वास (belief)।

आत्म-संप्रत्यय *(Self-concept)*—अपने व्यक्तित्व शीलगुणों (personality trait) के बारे में व्यक्ति का खुद का प्रत्यक्षण।

आत्म-सम्मान *(Self-esteem)*—अपने आपको एक धनात्मक मूल्यांकन या अपने आपको एक योग्य एवं सार्थक व्यक्ति मानना।

आत्म-पूरक भविष्यवाणी *(Self-fulfilling prophecy)*—एक ऐसी उम्मीद जो व्यक्ति को इस ढंग से कार्य करने के लिए प्रेरित करता है जिससे उसकी प्रत्याशा सच हो।

आत्म-पुनर्बलन *(Self-reinforcement)*—कोई विशेष अनुक्रिया करके अपने आपको पुनर्बलित करना या प्रशंसा करना।

अर्थगत स्मृति *(Semantic memory)*—घोषणात्मक स्मृति (declarative memory) का एक उपभाग जो वातावरण के बारे में अवैयक्तिक ज्ञान (impersonal knowledge) को अभिलेखित करता है।

अर्थविज्ञान *(Semantics)*—भाषा में अर्थ (meaning) के अध्ययन का विज्ञान।

संवेदन *(Sensation)*—संवेदी अंग (sensory organ) के उत्तेजन से मस्तिष्क में उत्पन्न तात्कालिक अनुक्रिया (immediate response)।

संवेदनशील अवधि *(Sensitive period)*—मानव विकास के दौरान एक ऐसी अवधि जिसमें सामान्य विकास के लिए कुछ घटनाओं का होना या घटना आवश्यक होता है।

अर्द्धचन्द्राकार नलिकाएँ *(Semi-circular canals)*—अन्तःकर्ण (inner ear) में तीन द्रव्य-भरी नलिकाकार नलिकाएँ (tubular canals) जो घुमते हुए सिर की गति (rotating head movement) के बारे में संबंधित सूचना प्रदान करती हैं।

संवेदी-पेशीय अवस्था *(Sensory-motor stage)*—पियाजे द्वारा प्रतिपादित संज्ञानात्मक विकास (cognitive development) की पहली अवस्था जो जन्म से 2 साल तक की होती है जिसमें वस्तु स्थायित्व (object permanance) जैसे गुण का विकास होता है।

संवेदी अनुकूलन *(Sensory adaptation)*—धीरे-धीरे अपरिवर्तनशील संवेदी उद्दीपक (sensory stimulus) के प्रति कम संवेदनशील होते जाना।

संवेदी विश्लेषण *(Sensory analysis)*—संवेदी सूचनाओं को महत्त्वपूर्ण तत्त्वों में विभाजित करना।

संवेदी कूटसंकेतन *(Sensory coding)*—ज्ञानेन्द्रियों (sense organs) द्वारा सूचनाओं को मस्तिष्क तक भेजने के लिए व्यवहृत कूटसंकेतन (codes)।

संवेदी वंचन *(Sensory deprivation)*—एक ऐसी अवस्था जिसमें संवेदी उत्तेजन (sensory stimulation) को न्यूनतम स्तर तक कम कर दिया जाता है या पूर्णतः उसे हटा ही दिया जाता है।

संवेदी गेटिंग *(Sensory gating)*—सुषुम्ना (spinal cord) में संवेदी सूचनाओं में बदलाव होना।

संवेदी स्मृति (*Sensory memory*)—एक ऐसी स्मृति तंत्र जिसमें ज्ञानेन्द्रियों से आनेवाली सूचनाओं को कुछ मिलिसेकेंड से कुछ सेकंड तक की अवधि के लिए संचित करके रखा जाता है।

संवेदी ग्राहक (*Sensory receptor*)—प्रत्येक ज्ञानेन्द्रिय में विशिष्ट कोशिकाएँ (specialized cells), जो विभिन्न संवेदी उद्दीपकों यथा रोशनी, आवाज, गंध आदि की पहचान करके उसके प्रति अनुक्रिया करता है तथा उत्तेजन को तंत्रकीय आवेगों (neural impulses) में बदल देता है।

अलगाव दुश्चिंता (*Separation anxiety*)—शिशुओं द्वारा उस समय दिखलाये जानेवाले डर तथा घबराहट जब माता-पिता उनसे अलग होने लगते हैं। प्रायः यह 8 से 24 महीनों में होता है तथा 12 से 18 महीनों में अपने चोटी पर होता है।

क्रमिक स्थान प्रभाव (*Serial position effect*)—एकांशों (items) की सूची की उपस्थिति पर व्यक्तियों में आरंभ (beginning) एवं अंत के एकांशों को मध्य के एकांशों की अपेक्षा स्मरण करने की प्रवृत्ति।

सिरोटोनिन (*Serotonin*)—एक न्यूरोट्रांसमीटर (neurotransmitter) जो व्यक्ति की मनोदशा (mood), नींद, आक्रामकता (aggression) एवं भूख (hunger) के नियमन में महत्त्वपूर्ण भूमिका निभाता है। इसकी कमी से व्यक्ति में दुश्चिंता, विषाद (depression) एवं आत्म-हत्या (suicide) की प्रवृत्ति तीव्र हो जाती है।

सेट बिन्दु (*Set point*)—शरीर में वसा (fat) का वह अनुपात जो भूख (hunger) एवं भोजन करने की प्रवृत्ति में हुए परिवर्तन द्वारा संपोषित (maintained) होता है।

यौन गुणसूत्र (*Sex chromosome*)—गुणसूत्र का वह युग्म (pair) जो व्यक्ति में यौन (sex) का निर्धारण करता है। महिलाओं में XX एवं पुरुषों में XY गुणसूत्र का जोड़ा।

यौन-संबंधी शीलगुण (*Sex-linked trait*)—यौन के अतिरिक्त शीलगुण जो एक्स गुणसूत्र (X chromosome) या शायद कभी Y गुणसूत्र पर के जीन्स (genes) द्वारा प्रभावित होते हैं।

लिंगवाद (*Sexism*)—किसी यौन के व्यक्ति के प्रति सिर्फ उसके यौन के होने के आधार पर दिखलाया गया पूर्वाग्रह (prejudice)।

लैंगिक उन्मुखता (*Sexual orientation*)—लैंगिक पसंदगी (sexual liking) की दिशा—विपरीत लिंग के व्यक्ति के प्रति जिसे विषम लैंगिकता (heterosexuality) कहा जाता है, अपने ही लिंग के व्यक्ति के प्रति जिसे समलैंगिकता (homosexuality) कहा जाता है तथा दोनों यौनों के व्यक्ति के प्रति जिसे उभयलैंगिकता (bisexuality) कहा जाता है।

लैंगिक अनुक्रिया चक्र (*Sexual response cycle*)—मास्टर्स एवं जोनसन (Masters & Johnson) द्वारा पाया गया मानव लैंगिक अनुक्रिया (human sexual response) जो पुरुषों एवं स्त्रियों दोनों में ही होता है, की चार अवस्थाएँ : **उत्तेजन** (excitement), **अधित्यका**, (plateau), **कामोत्ताप** (orgasm) एवं **नियताप्ति** (resolution)।

आकृति स्थिरता (*Shape constancy*)—किसी वस्तु का प्रत्यक्षित आकार (perceived shape) उस वस्तु के अक्षिपटलीय प्रतिबिम्ब (retinal image) में परिवर्तन से प्रभावित नहीं होना।

लघुकालीन स्मृति (*Short-term memory*)—ऐसी स्मृति तंत्र जिसमें बिना रिहर्सल किए सामान्यतः पाँच से नौ एकांशों को 30 सेकंड से कम समय के लिए संचित किया जाता है।

संकेत पहचान सिद्धान्त (*Signal detection theory*)—एक ऐसा सिद्धान्त जिसमें संवेदी उद्दीपक (sensory stimulus) की पहचान में पृष्ठभूमि की आवाज (sound) से उद्दीपक को भिन्न करना तथा इस बात का निर्णय करना कि वास्तव में उद्दीपक उपस्थित है, दोनों ही सम्मिलित होते हैं।

समकालिक रंग विरोधाभास (*Simultaneous color contrast*)—प्रत्यक्षित रंग (perceived hue) में परिवर्तन जो व्यक्ति को तब महसूस होता है जब एक रंगीन उद्दीपक को विभिन्न रंगों की पृष्ठभूमि पर दिखलाया जाता है।

एकाकी अंध प्रयोग (*Single-blind experiment*)—एक ऐसी अवस्था जिसमें प्रयोज्यों (subjects) को यह पता नहीं होता है कि वे प्रयोगात्मक समूह या नियंत्रित समूह के सदस्य हैं।

परिस्थितिजन्य माँग (*Situational demand*)—ऐसी अव्यक्त प्रत्याशा (unstated expectation) जो विभिन्न सामाजिक परिस्थितियों में वांछित या उचित व्यवहार को परिभाषित करती है।

परिस्थितिजन्य परीक्षण (*Situational test*)—एक ऐसा परीक्षण जिसमें वास्तविक जिन्दगी की अवस्थाएँ अनुकृत (simulate) की जातीं हैं ताकि व्यक्ति की अनुक्रियाओं को प्रत्यक्ष रूप से प्रेक्षित किया जाएँ।

आकार स्थिरता (*Size constancy*)—किसी वस्तु का प्रत्यक्षित आकार उस परिस्थिति में भी स्थिर रहता है जब उसका अक्षिपटलीय प्रतिबिम्ब (retinal image) परिवर्तित हो जाता है।

आकार-दूरी अपरिवर्तनशीलता (*Size-distance invariance*)—किसी वस्तु की व्यक्ति के नेत्र से दूरी तथा उसके प्रतिबिम्ब के आकार (size) के बीच सख्त संबंध (strict relationship)।

त्वक् ग्राहक (*Skin receptor*)—स्पर्श, दबाव (pressure), दर्द, ठंडा (cold) एवं गर्मी (warmth) के लिये ज्ञानेन्द्रिय (sense organ)।

नींद एपनिया (*Sleep apnea*)—एक ऐसी नींद विकृति (sleep disorder) जिसमें व्यक्ति के श्वसन (respiration) में नींद के दौरान पुनरावृत्त बाधा (repeated interruption) होता है। कभी-कभी व्यक्ति को नींद से उठना साँस लेने के लिए जरूरी हो जाता है। इस विकृति का मुख्य लक्षण दिन में नींद जैसी अवस्था का बना रहना तथा जोर-जोर का खर्राटा (loud snoring) मारना है।

नींद हारमोन (*Sleep hormone*)—मस्तिष्क एवं सुषुम्ना में पाये जानेवाले नींद को बढ़ाने एवं उन्नत बनाने वाले तत्त्व।

नींद तकला (*Sleep spindle*)—मस्तिष्कीय तरंग क्रिया (brain-wave activity) का विशिष्ट लहर या प्रस्फोट (distinctive brust) जो यह बतलाता है कि व्यक्ति नींद में सोया है।

नींद की अवस्थाएँ (*Sleep stages*)—नींद का स्तर जिसे मस्तिष्कीय तरंग पैटर्न तथा व्यवहारपरक परिवर्तनों (behavioural changes) द्वारा पहचान किया जाता है।

निद्राबोली (*Sleep talking*)—अतीव्र गतिक नींद (non-rapid eye movement sleep) के दौरान व्यक्ति द्वारा कुछ-कुछ बोलना।

नींद त्रास (*Sleep terror*)—एक ऐसी निद्रा विकृति (sleep disorder) जिसमें व्यक्ति नींद की चौथी अवस्था से आंशिक रूप से (partially) संत्रस्त (panic) होकर उठकर खुली-खुली आँख से एकटक देखने लगता है। प्रायः हृदय की गति भी ऐसी अवस्था में काफी तीव्र हो जाती है।

मन्द तरंग नींद (*Slow wave sleep*)—नींद की तीसरी एवं चौथी अवस्था के दौरान उत्पन्न होनेवाले मस्तिष्कीय तरंग। इसे गहरी नींद (deep sleep) भी कहा जाता है।

स्कीन्नर बक्स (*Skinner box*)—'स्कीन्नर द्वारा निर्मित आवाज-नियंत्रित क्रियाप्रसूत अनुबंधन चैम्बर (sound proof operant conditioning chamber) जिसमें पशुओं को भोजन देने के लिए एक यन्त्र (device) भी लगा होता है। स्कीन्नर के शिष्यों ने इस चैम्बर का नाम बाद में अपने गुरु के सम्मान में स्कीन्नर बक्स रख दिया गया और आज इसी नाम से यह चैम्बर प्रचलित है।

सामाजिक संज्ञान (*Social cognition*)—व्यक्तियों द्वारा व्यवहृत मानसिक प्रक्रियाएँ जिसके सहारे वे अपनी सामाजिक वातावरण का प्रत्यक्षण करते हैं, उसे समझते हैं तथा उसकी व्याख्या करते हैं।

सामाजिक तुलना (*Social comparision*)—दूसरों के साथ तुलना करते हुए अपने बारे में निर्णय करना।

सामाजिक दूरी मापनी (*Social distance scale*)—एक ऐसा मापनी (scale) जो यह मापता है कि किस सीमा तक व्यक्ति दूसरे समूह के व्यक्तियों के साथ सम्पर्क रखने के लिए इच्छुक होता है।

समाजीकरण (*Socialization*)—सामाजिक रूप से स्वीकार्य व्यवहारों, मनोकृतियों एवं मूल्यों को सीखने की प्रक्रिया।

सामाजिक अधिगम सिद्धान्त (*Social learning theory*)—व्यक्तित्व की एक ऐसी सैद्धान्तिक व्याख्या जिसमें अधिगम के नियमों (learning principles), संज्ञान (cognition) एवं सामाजिक संबंधों के प्रभावों को संयोजित किया जाता है।

सामाजिक अभिप्रेरण (*Social motive*)—वैसा अर्जित अभिप्रेरक (learned motive) जिसे व्यक्ति अपनी अनुभूति एवं दूसरों के साथ अंतर्क्रिया (interaction) के फलस्वरूप अर्जित करता है।

समाज या सामाजिक मनोविज्ञान (*Social psychology*)—मनोविज्ञान की एक ऐसी शाखा जो यह अध्ययन करता है कि किस तरह से दूसरों की वास्तविक (actual) या काल्पनिक उपस्थिति से व्यक्ति का व्यवहार, चिन्तन एवं भाव आदि प्रभावित होता है।

सामाजिक पुनर्समायोजन रेटिंग मापनी (*Social Readjustment Rating Scale or SRRS*)—होलम्स तथा राहे (Holmes & Rahe) द्वारा निर्मित दबाव मापनी (Stress scale) जो जिंदगी की 43 घटनाओं को अधिक से कम दबावपूर्ण (stressful) होने की दिशा में रेटिंग करता है तथा प्रत्येक को एक बिन्दु मूल्य (point value) आवंटित करता है।

सोमा (*Soma*)—न्यूरोन या अन्य कोशिकाओं का मुख्य शरीर (main body)।

कायिक तंत्र (*Somatic system*)—तंत्रिकाओं का एक ऐसा तंत्र (system) जो सुषुम्ना (spinal cord) को शरीर एवं ज्ञानेन्द्रियों (sense organs) से जोड़ता है।

कायिक संवेदी कार्टेक्स (*Somatosensory cortex*)—भित्तीय पालि (parietal lobe) की अग्र संरचना जहाँ दबाव, स्पर्श, तापक्रम एवं दर्द आदि को अभिलेखित किया जाता है।

स्रोत शीलगुण (*Source trait*)—कैट्टेल्ल (Cattell) द्वारा प्रतिपादित एक ऐसा पद जो उन शीलगुणों को बतलाता है जो सतही शीलगुणों (surface traits) के पीछे होते हैं। इनसे मौलिक व्यक्तित्व संरचना का निर्माण होता है। प्रत्येक स्रोत शीलगुण कई सतही शीलगुणों के माध्यम से प्रतिबिम्बित होते हैं।

निद्राभ्रमण *(Somnaombulism)*—नींद के दौरान चलना जो प्रायः चौथी अवस्था के नींद से आंशिक रूप से उठने के फलस्वरूप होता है।

सुषुम्ना *(Spind cord)*—मस्तिष्क का विस्तार जो मस्तिष्क के निचली हिस्से से प्रारंभ होकर गर्दन एवं रीड़ की हड्डी (spinal column) तक होता है एवं मस्तिष्क तथा परिधीय तंत्रिका तंत्र (peripheral nervous system) के बीच सूचनाओं का संरचना करता है।

खंडित-मस्तिष्क ऑपरेशन *(Split-brain operation)*—एक मस्तिष्कीय आपरेशन जो प्रायः मिरगी रोग के उपचार में किया जाता है तथा जिसमें बायाँ गोलार्द्ध तथा दायाँ गोलार्द्ध को जोड़ने वाले तंत्रिका तंतु, जिसे कारपस केलौजम (corpus callosum) कहा जाता है, को बीच से काट दिया जाता है जिससे मिरगी रोग की गंभीरता कुछ कम हो जाती है।

स्वतः पुनर्लाभ *(Spontaneous recovery)*—विश्राम अवधि के बाद जब प्राणी के सामने मौलिक अनुबंधित उद्दीपक (original conditioned stimulus) उपस्थित किया जाता है, तो विलोपित अनुक्रिया (extinguised response) का कम मात्रा में स्वतः होने लगना।

क्रीड़ा मनोविज्ञान *(Sports psychology)*—क्रीड़ा निष्पादन (sports performance) का मनोवैज्ञानिक एवं व्यवहारपरक विमाओं (behavioural dimensions) के अध्ययन करने वाले मनोविज्ञान की शाखा।

चौथी अवस्था की नींद *(Stage 4 sleep)*—अतीव्र नेत्र गतिक नींद (Non Rapid Eye Movement sleep or NREM sleep) की सबसे गहरी अवस्था जिसमें 50 प्रतिशत से अधिक डेल्टा तरंगें (delta waves) मस्तिष्क में बनते दीखती हैं।

एस क्यू फोर आर विधि *(SQ4R method)*—एक सक्रिय अध्ययन (active study) एवं पठन प्रविधि (reading technique) जो इन कदमों पर आधृत होती है— सर्वे (Survey), प्रश्न (Question), पठन (Read), सुनाना (Recite), चिन्तन करना (Reflect) एवं समीक्षा करना (Review)।

समापन की अवस्था *(Stage of exhausation)*—हंस सेल्ये (Hans selye) द्वारा प्रतिपादित सामान्य अनुकूलन संलक्षण (General Adaptation Syndrome) की तीसरी अवस्था जिसमें शारीरिक संसाधन (bodily resources) लगभग समाप्त हो जाता है और जिसके गंभीर स्वास्थ्य परिणाम (severe health consequences) उत्पन्न हो जाते हैं।

मानकीकरण *(Standardization)*—किसी परीक्षण के लिए मानक (norms) का निर्माण करना ताकि उस परीक्षण पर आये प्राप्तांकों (scores) की तुलना मानक से करके कोई निश्चित निष्कर्ष पर पहुँचा जाए।

स्टैनफोर्ड-बिने बुद्धि मापनी *(Standford-Binet intelligence scale)*—वैयक्तिक रूप से क्रियान्वित बुद्धि परीक्षण जिसका क्रियान्वयन 2 से 23 साल के व्यक्तियों पर किया जाता था।

अवस्था-आधृत स्मृति प्रभाव *(State-dependent memory effect)*—किसी सूचना या पाठ को उस परिस्थिति में उत्तम ढंग से प्रत्याह्वान करने की प्रवृत्ति जब सूचना या पाठ को सीखते समय की मनोदशा (mood) तथा उसका प्रत्याह्वान करते समय की मनोदशा (mood) एक समान होता है।

स्टिरियोस्कोपिक दृष्टि *(Stereoscopic vision)*—स्थान एवं गहराई का प्रत्यक्षण जो मूलतः इस बात से उत्पन्न होता है कि मानव आँख भिन्न-भिन्न प्रतिमाओं को ग्रहण करता है।

उत्तेजक *(Stimulant)*—ऐसा तत्त्व या औषध (drug) जो शरीर एवं तंत्रिका तंत्र (nervous system) को उत्तेजित कर देता है।

उद्दीपक *(Stimulus)*—वातावरण का एक वस्तु या घटना जिसके प्रति प्राणी अनुक्रिया करता है।

उद्दीपक अभिप्रेरक *(Stimulus motive)*—ऐसा अभिप्रेरक जो व्यक्ति को उत्तेजित करता है तथा जो अनार्जित (unlearned) प्रतीत होता है। जैसे, उत्सुकता (curiosity) तथा वस्तुओं को इधर-उधर करने या उनका अन्वेषण करने की आवश्यकता आदि।

उद्दीपक विभेदन *(Stimulus discrimination)*—समान उद्दीपकों (learned stimuli) के प्रति भिन्न ढंग से अनुक्रिया करने की अर्जित क्षमता (learned ability)।

उद्दीपक सामान्यीकरण *(Stimulus generalization)*—उन उद्दीपकों के प्रति अनुक्रिया करने की प्रवृत्ति जो अनुबंधित उद्दीपक (conditioned stimulus) के समान होते हैं।

दबाव *(Stress)*—एक ऐसी परिस्थिति या घटना के प्रति दैहिक एवं मनोवैज्ञानिक अनुक्रिया जो व्यक्ति को चुनौती देता है या उसे धमकी देता है।

दबावकारक *(Stressors)*—कोई भी घटना या उद्दीपक जिसमें दैहिक या सांवेगिक दबाव उत्पन्न करने की क्षमता हो।

दबाव प्रबन्धन *(Stress management)*—व्यवहारपरक युक्तियों (behavioural strateges) का उपयोग करके दबाव को कम करना तथा समायोजी कौशल (coping skill) को उन्नत बनाना।

श्रेष्ठता का प्रयास *(Striving for superiority)*—एडलर (Adler) द्वारा प्रस्तावित पद जो यह बतलाता है कि व्यक्ति में एक मौलिक प्रणोदन (drive) होता है जो उसे उत्कृष्टता तथा श्रेष्ठता की ओर ले जाता है।

स्ट्रोबोस्कोपिक गति *(Stroboscopic movement)*—गति का एक ऐसा भ्रम (illusion) जिसमें व्यक्ति को देखे जानेवाले वस्तु में गति प्रतीत होता है जबकि वस्तु अपने जगह पर स्थिर रहता है।

संरचनावाद *(Structuralism)*—मनोविज्ञान का पहला औपचारिक स्कूल (formal school) जो अन्तर्निरीक्षण विधि (introspection method) का उपयोग करते हुए चेतन मानसिक अनुभूति के मूल तत्त्वों का विश्लेषण करने पर बल डालता है।

बुद्धि की संरचना मॉडल *(Structure-of-intellect model)*—गिलफोर्ड द्वारा प्रतिपादित मॉडल जिसमें 180 भिन्न बौद्धिक क्षमताएँ (intellectual abilities) होती हैं तथा जिसमें बुद्धि की तीन विमाओं (dimensions) के सभी संभावित संयोग (possible combinations) होते हैं। वे तीन विमा है : मानसिक संक्रिया (mental operation), अन्तर्वस्तु (content) तथा उत्पाद (product)।

जीवन शैली *(Style of life)*—एडलर द्वारा प्रतिपादित एक ऐसा पद जिससे व्यवहार एवं व्यक्तित्व के ऐसे पैटर्न का पता चलता है जिसे प्रत्येक व्यक्ति द्वारा अपनी जिंदगी में अपनाया जाता है।

उपकार्टेक्स *(Subcortex)*—सभी मस्तिष्कीय संरचनाएँ जो प्रमस्तिष्कीय कार्टेक्स (cerebral cortex) के नीचे होते हैं।

उदात्तीकरण *(Sublimation)*—अपूरित इच्छाओं या अस्वीकार योग्य आवेगों (unacceptable impulses) को उन क्रियाओं या व्यवहारों के रूप में पूरा करना जो रचनात्मक एवं स्वीकार्य होते हैं।

अवचेतन प्रत्यक्षण *(Subliminal perception)*—वैसे उद्दीपक का प्रत्यक्षण जिसकी तीव्रता चेतन पहचान (conscious recognition) की दहेली (threshold) से नीचे होता है।

आनुक्रमिक उपगमन *(Successive approximation)*—क्रमिक प्रशिक्षण चरणों (gradual training steps) की एक शृंखला (services) जिसमें प्रत्येक चरण अंतिम वांछित अनुक्रिया (final desired step) के समान होता चला जाता है।

पराहं *(Super ego)*—व्यक्तित्व का नैतिक तंत्र (moral system) जो अन्तकरण या विवेक (conscience) तथा अहं आदर्श (ego ideal) से बना होता है।

सतही शीलगुण *(Surface trait)*—कैट्टेल्ल ने इस पद का प्रतिपादन उन शीलगुणों के लिए किया है जिसे व्यक्ति आसानी से अंतर्क्रिया के दौरान प्रेक्षण करता है। जैसे, प्रफुल्लता (cheerfulness) एक सतही शीलगुण है।

अतिकोटि लक्ष्य *(Superordinate goal)*—एक ऐसा लक्ष्य (goal) जो अन्य लक्ष्यों को महत्त्वहीन बना देता है।

दलन *(Suppression)*—सचेत कोशिश करके कुछ बातों या विचारों को मन से अलग रखना।

सतही शीलगुण *(Surface trait)*—व्यक्तित्व का प्रेक्षणीय (observable) या दृश्य (visible) शीलगुण।

अनुकम्पी तंत्रिका तंत्र *(Sympathetic nervous system)*—स्वायत्त तंत्रिका तंत्र का वह उपभाग जो दबाव (stress), आपातकालीन परिस्थिति, भारी कार्य-भार के दौरान शारीरिक संसाधनों (bodily resources) को कार्यप्रवृत्त करके (mobilize) व्यक्ति को कार्य करने लायक बनाता है।

सूत्रयुग्मन या संधिस्थल *(Synapse)*—दो न्यूरोन के बीच का वह स्थान जहाँ सूचना देने वाला न्यूरोन के एक्सान (axon) सूचना प्राप्त करने वाला न्यूरोन की शाखिका (dendrites) को सूत्रयुग्मित दरार (synaptic left) पर कुछ संचारित करता है।

वाक्य रचना *(Syntax)*—वाक्य का निर्माण करते समय शब्दों (words) को सुव्यवस्थित क्रम में रखने संबंधित नियम।

[T]

कार्य विश्लेषण *(Task analysis)*—जटिल कौशल को उपभागों में बाँटना।

स्वाद कलियाँ *(Taste buds)*—स्वाद संवेदन का ग्राहक (receptor)।

दूरबोध *(Telepathy)*—किसी दूसरे व्यक्ति के विचारों एवं अनुभूतियों को जानने की आभासी क्षमता (purported ability)।

चित्तप्रकृति *(Temperament)*—वातावरण के प्रति व्यक्ति द्वारा अनुक्रिया करने का व्यवहारपरक या विशेष शैली (style)।

शंखपालि *(Temporal lobe)*—मस्तिष्क की वह पालि जिसमें मुख्य श्रवण कार्टेक्स (primary auditory cortex), वर्निक क्षेत्र (Wernicke's area), श्रवण सूचनाओं की व्याख्या करने के लिए साहचर्य क्षेत्र (association area) अवस्थित होता है।

टेराटोजेन *(Teratogen)*—प्रसवपूर्व वातावरण (prenatal environment) के दौरान कुछ हानिकारक कारकों जैसे विकिरण (radiation), औषध या अन्य कोई तत्त्व जो प्रसवपूर्व विकास (prenatal development) पर नकारात्मक प्रभाव डालता है तथा जिनसे जन्म संबंधी दोष (birth defects) भी उत्पन्न हो जाते हैं।

परीक्षण दुश्चिंता (*Test anxiety*)—उच्च स्तरीय चिन्ता एवं उत्तेजन (arousal) जो परीक्षण निष्पादन को गंभीर रूप से प्रभावित कर देता है।

टेस्टोस्टेरोन (*Testosterone*)—यह पुरुषों में अण्ड ग्रन्थि (testicle) तथा एड्रीनल ग्रन्थि (adrenal gland) से निकलने वाला सबसे शक्तिमान एड्रोजेन (androgen) है। यह महिलाओं में सिर्फ एड्रीनल ग्रन्थि से निकलता है। यह पुरुष यौन गुणों (male sex characteristics) को विकसित करता है तथा पुरुष आक्रामकता (male aggressiveness) से साहचर्यित होता है।

थैलेमस (*Thalamus*)—मस्तिष्क की वह संरचना जो उच्च मस्तिष्कीय केन्द्रों में सूचनाओं को भेजने के लिए एक प्रसारण केन्द्र (relay centre) के रूप में कार्य करता है।

टी एच सी (*THC or Tetrahydrocannabinol*)—मैरीजुआना (Marijuana) तथा हाशिष (hashiss) में पाया जानेवाला मुख्य मनोसक्रिय तत्त्व (psychoactive ingradient)।

थैनेटोस (*Thanatos*)—फ्रायड द्वारा पहचान की गयी मृत्यु मूलप्रवृत्ति (death instinct)।

कथानक संप्रत्यक्षण परीक्षण (*Thematic Appreception Test or TAT*)—एक ऐसा प्रक्षेपण परीक्षण (projective test) जिसमें अस्पष्ट मानव परिस्थितियों का आरेखण (drawing) होता है एवं जिसके आधार पर प्रयोज्य कहानी लिखता है। इस परीक्षण द्वारा प्रयोज्य के आंतरिक द्वन्द्व, अभिप्रेरण (motive) तथा आंतरिक भावों की अभिव्यक्ति होती है।

ध्वनिरूप (*Timbre*)—आवाज का विशिष्ट गुण (distinctive quality) जो इसे उस आवाज से भिन्न करता है जिसका तारत्व (pitch) तथा प्रबलता (loudness) एक समान होता है।

कंठ ग्रन्थि (*Thyroid gland*)—एक ऐसी अंतःस्रावी ग्रन्थि (endocrine gland) जो चयापचय (metabolism) की दर को नियमित (regulate) करता है।

जिह्वा-की-नोक-की अवस्था (*Tip-of-the-tongue state*)—व्यक्ति में उपस्थित ऐसा सोच या भाव जिसके माध्यम से वह अमुक चीज/घटना या सूचना को जानता है परंतु उसकी पुनःप्राप्ति (retrieval) करने में असमर्थ रहता है।

ऊपरी-निचली संसाधन (*Top-down processing*)—गत अनुभूतियों (previous experience) तथा संप्रत्यात्मक ज्ञान (conceptual knowledge) के आलोक में एक संवेदी सूचनाओं को एक अर्थपूर्ण प्रत्यक्षण (meaningful perception) में संगठित करना।

शीलगुण प्रोफाइल (*Trait profile*)—कई व्यक्तित्व शीलगुणों पर आये प्राप्तांकों का एक आलेख।

शीलगुण (*Trait*)—एक व्यक्तिगत विशेषता जो व्यक्ति द्वारा सतत (consistently) ढंग से दिखलाया जाता है तथा उसके आधार पर उसके व्यक्तित्व की व्याख्या की जाती है।

शीलगुण सिद्धान्त (*Trait theories*)—व्यक्तित्व का वैसा सिद्धान्त जो व्यक्तित्व को तथा व्यक्तियों के बीच भिन्नता (differenes) को शीलगुण के रूप में व्याख्या करता है।

शीलगुण-परिस्थिति अंतर्क्रिया (*Trait-situation interaction*)—बाह्य वातावरण द्वारा व्यक्तित्व के शीलगुणों की अभिव्यक्ति पर पड़नेवाला प्रभाव।

प्रशांतक (*Tranquilizer*)—ऐसा औषध जो केन्द्रीय तंत्रिका तंत्र (Central nervous system) को शांत करता है।

अन्यारोपण (*Transference*)—एक तीव्र सांवेगिक परिस्थिति (emotional state) जो मनोविश्लेषण (psychoanalysis) में तब होता है जब क्लायंट या रोगी विश्लेषक (analyst) के प्रति ठीक उसी ढंग से व्यवहार करने लगता है जैसे वह अपने गत जीवन में महत्त्वपूर्ण व्यक्ति के साथ व्यवहार किया था।

संक्रान्ति काल (*Transition period*)—एक ऐसी जीवन अवधि (life span) जिसके दौरान अपने मौजूदा जीवन पैटर्न को छोड़कर एक नये पैटर्न को ग्रहण करने की ओर व्यक्ति बढ़ता है।

प्रयत्न एवं त्रुटि (*Trial and error*)—समस्या समाधान का एक ऐसा उपागम (approach) जिसमें प्राणी एक समाधान के बाद दूसरा समाधान का उपयोग किसी क्रमबद्ध क्रम में न करते हुए प्रयास तबतक जारी रखता है जबतक कि एक कार्य योग्य समाधान (workable solution) प्राप्त न हो जाए।

बुद्धि का त्रितंत्र सिद्धान्त (*Triarchic theory of intelligence*)—स्टर्नवर्ग (Sternberg) द्वारा प्रतिपादित बुद्धि का सिद्धान्त जिसमें तीन भाग होते हैं— घटक बुद्धि (componential intelligence), संदर्भात्मक बुद्धि (contextual intelligence) तथा अनुभवजन्य बुद्धि (experiential intelligence)।

त्रिवर्ण सिद्धान्त (*Trichromatic theory*)—रंग दृष्टि का सिद्धान्त जो यह बतलाता है कि शंकु (cones) के तीन प्रकार होते हैं जो लाल (red) हरा (green) एवं नीला (blue) के प्रति अधिक से अधिक संवेदनशील होते हैं तथा इन ग्राहकों (receptors) में उत्तेजन के विभिन्न स्तरों से सभी तरह के रंगों की उत्पत्ति हो सकती है।

जुड़वा अध्ययन विधि *(Twin study method)*—एकांडी जुड़वाँ (identical twin) तथा भ्रात्रीय जुड़वा (fraternal twin) बच्चों को इस ख्याल से अध्ययन करना जिसमें विभिन्न मानव गुणों पर पर्यावरण तथा आनुवंशिकता (heredity) के पड़नेवाले सापेक्ष प्रभावों का अध्ययन किया जा सके।

विश्वास बनाम अविश्वास *(Trust versus Mistrust)*—इरिक्सन के मनोसामाजिक विकास के सिद्धान्त (theory of psychosocial development) में जीवन के आरंभिक अवधि में पाया जानेवाला द्वन्द्व (conflict) जो दूसरों एवं संसार पर विश्वास करने या न करने से सम्बन्धित होता है।

टाइप ए व्यवहार पैटर्न *(Type A behaviour pattern)*—एक ऐसा व्यवहार पैटर्न जिसमें अधैर्यता, प्रतियोगिता का तीव्र भाव, ईर्ष्या, तुरंत क्रोधित हो जाना तथा समय अत्यावश्यकता (time urgency) आदि मुख्य रूप से पाये जाते हैं। ऐसे व्यक्तियों में चक्रीय हृदय रोग (Coronary Heart Disease or CHD) उत्पन्न होने की संभावना अधिक होती है।

टाईप बी व्यवहार पैटर्न *(Type B behaviour pattern)*—एक ऐसा व्यवहार पैटर्न जिसमें व्यक्ति शांत स्वभाव बनाये रखता है तथा जीवन के प्रति एक सामान्य दबावरहित दृष्टिकोण अपनाता है। ऐसे व्यवहार पैटर्न में टाइप ए व्यवहार पैटर्न में पाये जानेवाली विशेषताएँ अनुपस्थित रहती हैं। ऐसे व्यक्ति में CHD उत्पन्न होने की संभावना बहुत कम होती है।

[U]

शर्त्तहीन धनात्मक सम्मान *(Unconditional positive regards)*—किसी दूसरे व्यक्ति को बिना किसी शर्त्त को स्वीकार करना तथा बिना किसी प्रतिबन्ध के सम्मान देना।

स्वाभाविक अनुक्रिया *(Unconditional response)*—एक जन्मजात, अनार्जित (unlearned) अनुक्रिया जो स्वाभाविक उद्दीपक (unconditioned stimulus) द्वारा उत्पन्न होता है।

स्वाभाविक उद्दीपक *(Unconditioned stimulus)*—एक ऐसा उद्दीपक जो स्वाभाविक रूप से कोई अनुक्रिया उत्पन्न करता हो।

अचेतन *(Unconscious)*—फ्रायड (Freud) के अनुसार व्यवहार का प्रमुख अभिप्रेरक बल (primary motivating force) जिसमें दमित स्मृतियाँ (repressed memories) होती है तथा साथ ही साथ कुछ ऐसी इच्छाएँ एवं मूलप्रवृत्तियाँ (instincts) होतीं हैं जो कभी चेतन में नहीं थीं।

ऊपरी तुलना *(Upward comparison)*—अपने आप को किसी ऐसे व्यक्ति से तुलना करना जिसमें समान विमा पर अधिक गुणवत्ता हो।

[V]

वैधता *(Validity)*—परीक्षण (test) की वह क्षमता जिसके सहारे वह उन चीजों को सही-सही मापता है जिसे मापने के लिए उसे बनाया गया था।

वैधता मापनी *(Validity scale)*—वैधता मापनी से तात्पर्य वैसे मापनी (scale) से होता है जो यह बतलाता है कि कहाँ तक परीक्षण के प्राप्तांक विभिन्न तरह की अनुक्रिया पूर्वाग्रहों (response biascs) जैसे झूठ बोलना, असंगतता (inconsistency) आदि से प्रभावित हुआ है।

चर *(Variable)*—कोई भी अवस्था *(condition)* जो परिवर्तित होता है या जिसमें परिवर्तन लाना संभव हो।

परिवर्त्य-अंतराल अनुसूची *(Variable interval schedule)*—एक ऐसी अनुसूची जिसमें प्रथम सही अनुक्रिया के बाद कुछ समय तक अपुनर्बलन (non-reinforcement) की स्थिति के औसत समय पर आधृत कर पुनर्बलन (reinforcement) दिया जाता है।

परिवर्त्य अनुपात अनुसूची *(Variable ratio schedule)*—एक ऐसी अनुसूची जिसमें औसत अनुपात पर आधृत भिन्न-भिन्न संख्या में किये गए अपुनर्बलित अनुक्रियाओं (nonreinforced responses) के आधार पर पुनर्बलन दिया जाता है।

शाब्दिक बुद्धि *(Verbal intelligence)*—ऐसी बुद्धि जिसे शब्दावली (vocabulary), सामान्य सूचना (general information), अंकगणित तथा अन्य भाषाई-आधृत कार्यों से सम्बद्ध प्रश्नों के दिये गए उत्तरों के आधार पर मापा जाता है।

भेन्ट्रोमेडियल हाइपोथैलमस *(Ventromedial hypothalamus or VMH)*—हाइपोथैलमस का वह हिस्सा जो एक संतुष्टि केन्द्र (satisfy centre) के रूप में कार्य करता है। जब उस क्षेत्र को उत्तेजित किया जाता है, तो पशु भोजन करना बन्द कर देता है और जब इस क्षेत्र को नष्ट कर दिया जाता है तो पशु अत्यधिक खाना खाना प्रारम्भ कर देता है।

वेस्टीब्युलर ज्ञानेन्द्रिय *(Vestibular senses)*—ऐसा ज्ञानेन्द्रिय जो गति (movement) तथा स्थान (space) में व्यक्ति की अवस्थिति (position) के बारे में सूचना अर्द्धचन्द्राकार नलिका (semicircular canal) तथा वेस्टीब्युलर पुटिकाएँ (vestibular sacs) में स्थित संवेदी ग्राहक (sensory receptor) जो सिर की गति एवं उन्मुखता में परिवर्तन की पहचान करता है, द्वारा देता है।

दृष्टि भृगु (*Visual cliff*)—शिशुओं तथा छोटे-छोटे पंशुओं में गहराई प्रत्यक्षण की जाँच करने वाला उपकरण (apparatus)।

स्थानापन्न क्लासिकी अनुबंधन (*Vicarious classical conditioning*)—वैसा क्लासिकी अनुबंधन जो दूसरे व्यक्ति द्वारा किसी उद्दीपक के प्रति प्रतिक्रिया करते हुए देखने के फलस्वरूप उत्पन्न होता है।

दृष्टि तीक्ष्णता (*Visual acuity*)—दृष्टि प्रत्यक्षण की तीक्ष्णता या स्पष्टता।

[W]

जागृतावस्था की चेतन (*Waking consciousness*)—एक सामान्य एवं सतर्कतापूर्ण चेतन की अवस्था।

हथियार प्रभाव (*Weapon effect*)—यह बतलाता है कि मात्र हथियार की उपस्थिति से ही व्यक्ति में आक्रामकता का स्तर बढ़ जाता है।

वेबर नियम (*Weber's law*)—यह नियम बतलाता है कि सभी तरह के संवेदनों के लिए न्यूनतम ज्ञेय भेद (Just Noticeable Difference or JND) निश्चित मात्रा पर आधृत न होकर उद्दीपक में परिवर्तन का एक अनुपात (proportion) या प्रतिशत पर निर्भर करता है।

वेक्सलर वयस्क बुद्धि परीक्षण (*Wechsler Adult Intelligence Scale or WAIS*)—वेक्सलर (Wechsler) द्वारा विकसित वयस्कों की बुद्धि मापने के लिए एक वैयक्तिक बुद्धि परीक्षण (individual intelligence test) जो तीन तरह की बुद्धि लब्धि (intelligence quotient) प्राप्तांक देता है— शाब्दिक बुद्धिलब्धि प्राप्तांक (Verbal IQ scores), क्रियात्मक बुद्धिलब्धि प्राप्तांक (Performance IQ scores) तथा एक समग्र बुद्धिलब्धि प्राप्तांक (Overall IQ scores)।

वर्निक क्षेत्र (*Wernicke area*)—शंखपालि (temporal lobe) में पाया जाना वाला भाषा क्षेत्र (language area) जो बोले गये शब्दों को समझने में तथा लिखित भाषा तथा संभाषण (speech) में एक अर्थपूर्ण संगठन प्रदान करने के लिए उत्तरदायी होता है।

वर्निक एफासिया (*Wernick's aphasia*)—वर्निक क्षेत्र में क्षति होने से इस तरह की एफासिया उत्पन्न होती है जिसमें व्यक्ति द्वारा बोला गया शब्द, वाक्य आदि में तो प्रवाहित होती है परंतु सुनने वाला व्यक्ति उसे समझ नहीं पाता है।

प्रत्याहार लक्षण (*Withdrawal symptom*)—किसी औषध को लगातार सेवन के बाद उसे लेना बन्द कर देने से उत्पन्न दैहिक बीमारी तथा होनेवाली तकलीफ।

चलन स्मृति (*Working memory*)—ऐसी स्मृति जिसकी अवधि कुछ सेकंड की होती है तथा साथ ही साथ उसे विभिन्न सक्रिय खोज प्रक्रियाओं द्वारा संसाधित भी किया जाता है।

वर्ल्ड वाइड वेब (*World Wide Web or WWW*)—इन्टरनेट के माध्यम से सूचनाओं के साईट्स (sites) तक पहुँचने का एक तंत्र (system)।

पश्चगामी दिशा में कार्यरत होना (*Working backward*)—एक ऐसा स्वतः शोध अन्वेषण (heuristic search) जिसमें समस्या समाधान के लिए व्यक्ति लक्ष्य अवस्था (goal state) से अपनी कोशिश प्रारंभ करता है तथा पश्चगामी दिशा में कार्य करते हुए प्रारंभिक मौलिक अवस्था तक आता है।

[X]

एक्स गुणसूत्र (*X Chromosome*)—एक महिला गुणसूत्र है जो बच्ची को अपने माता से प्राप्त होता है। जब पिता का एक्स गुणसूत्र माता के एक्स गुणसूत्र से संयोजित होता है तो पुत्री का जन्म होता है और जब माता का एक्स गुणसूत्र पिता के वाई गुणसूत्र से मिलता है, तो इसमें पुत्र का जन्म होता है।

[Y]

वाई गुणसूत्र (*Y Chromosome*)—पुरुष गुणसूत्र जो पिता से प्राप्त होता है। जब वाई गुणसूत्र माता के एक्स गुणसूत्र से मिलता है, तो पुत्र का जन्म होता है।

यर्क्स-डोडसन नियम (*Yerkes-Dodson law*)—यह नियम बतलाता है कि किसी कार्य पर निष्पादन उस परिस्थिति में उत्तम होता है जब उत्तेजन स्तर कार्य की कठिनता के अनुकूल होता है। दूसरे शब्दों में सरल कार्य (simpler task) के लिए उच्चतर उत्तेजक (higher arousal), साधारण कार्य (moderate task) के लिए साधारण उत्तेजन (moderate arousal) तथा जटिल कार्य (complex task) के लिए निम्नतर उत्तेजन (lower arousal) उचित एवं अनुकूल होता है।

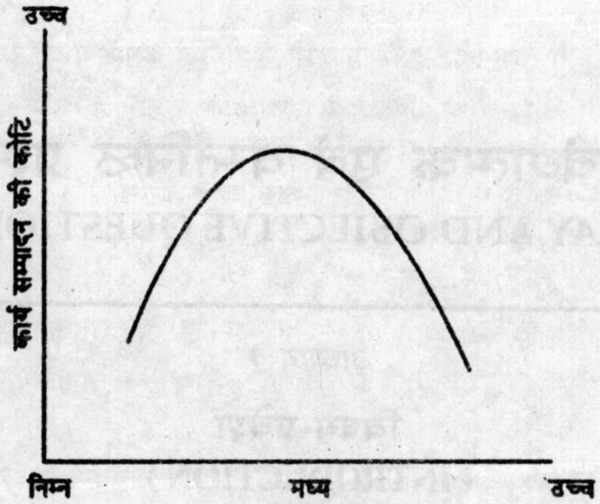

चित्र

[Z]

शून्य सहसंबंध (*Zero correlation*)—दो चरों के बीच रेखीय गणितीय संबंध (linear mathematical relationship) की कमी।

जेड प्राप्तांक (*Z-score*)—एक ऐसा व्युत्पन्न प्राप्तांक (derived score) जो यह बतलाता है कि कितना मानक विचलन (standard deviations) कोई प्राप्तांक (score) माध्य (mean) से ऊपर है या नीचे।

युग्मनज (*Zygote*)—अंडाणु (ovum) एवं शुक्राणु (sperm) के मिलने से उत्पन्न गर्भित कोशिका (fertilized cell)।

□

निबंधात्मक एवं वस्तुनिष्ठ प्रश्न
(ESSAY AND OBJECTIVE QUESTIONS)

अध्याय 1

विषय-प्रवेश
(INTRODUCTION)

निबंधात्मक या दीर्घ-उत्तरीय प्रश्न *(Essay or Long Answer Questions)*

1. संज्ञानात्मक मनोविज्ञान की परिभाषा दें। संज्ञानात्मक प्रक्रियाओं की विशेषताओं पर प्रकाश डालें।
   Define cognitive psychology. Throw light upon the nature of cognitive processes.
2. संज्ञानात्मक मनोविज्ञान के इतिहास पर संक्षिप्त रूप से प्रकाश डालें।
   Throw light upon the history of the cognitive psychology.
3. टीओटीई मॉडल क्या है? इसके द्वारा मानव व्यवहार की व्याख्या किस तरह से की गयी है?
   What is TOTE ? How is human behaviour explained with the help of this model ?
4. संज्ञानात्मक मनोविज्ञान के विभिन्न उपागमों का वर्णन करें।
   Describe the different approaches of cognitive psychology.
5. निम्नलिखित पर संक्षिप्त नोट लिखें—Write short notes on the following.
   (a) संज्ञानात्मक मनोविज्ञान की विधियाँ (Methods of cognitive psychology)
   (b) परिस्थितिपरक वैधता (Ecological validity)

वस्तुनिष्ठ प्रश्न *(Objective Questions)*

1. निम्नलिखित में से किसे संज्ञानात्मक प्रक्रिया (Cognitive process) में सम्मिलित नहीं किया जा सकता है?
   (क) चिंतन (thinking) (ख) प्रत्यक्षण (perception)
   (ग) स्मृति (memory) (घ) संधि स्थल (synapse)
2. "संज्ञानात्मक प्रक्रियाएँ कुछ ऐसे कूटसंकेत (codes) उत्पन्न करते हैं जिसे लोगों द्वारा उपयोग किया जाता है।" इस तरह के विचार पर सबसे अधिक बल किसने डाला है?
   (क) निस्सर (Neisser) (ख) बेस्ट (Best)
   (ग) टुलविंग (Tulving) (घ) इनमें से कोई नहीं
3. TOTE मॉडल द्वारा मानव व्यवहार को समझने का प्रयास सबसे पहले किसने किया?
   (क) मिल्लर (Miller) (ख) गाल्लन्टर (Gallanter)
   (ग) प्रिब्राम (Pribram) (घ) उपर्युक्त तीनों ने
4. संज्ञानात्मक मनोविज्ञान का सूचना संसाधन उपागम (information processing approach) निम्नांकित में से किन पर बल नहीं डालता है?
   (क) प्रवाह निरंतरता (flow continuity) (ख) आवर्त्ती अपघटन (recurrent decomposition)
   (ग) सूचनात्मक वर्णन (informational description) (घ) तात्कालिक लक्ष्य (immediate goal)
5. संज्ञानात्मक प्रक्रिया की विशेषताओं में किसे सम्मिलित नहीं किया जा सकता है?
   (क) संज्ञानात्मक प्रक्रियाएँ सक्रिय होतीं हैं (ख) संज्ञानात्मक प्रक्रियाएँ दक्ष एवं विशुद्ध होतीं हैं

(ग) संज्ञानात्मक प्रक्रियाएँ प्रत्यक्ष रूप से प्रेक्षणीय होती हैं
(घ) संज्ञानात्मक प्रक्रियाएँ सभी एक-दूसरे से सम्बन्धित होती हैं

6. सूचना संसाधन उपागम का सम्बन्ध निम्नांकित में से किससे है?
(क) कम्प्यूटर प्रोग्रामिंग (computer programming)
(ख) सूचनात्मक वर्णन (informational description)
(ग) प्रवाह निरंतरता (flow continuity)
(घ) प्रवाह गत्यात्मकता (flow dynamics)

7. सम्बन्धवादी उपागम (Connectionist approach) में मानसिक प्रक्रियाओं का विश्लेषण किसके द्वारा होता है?
(क) क्रमिक संसाधन (serial processing)
(ख) समानान्तर संसाधन (parallel processing)
(ग) तंत्रकीय संसाधन (neural processing)
(घ) प्रमाणीय संसाधन (modular processing)

8. मस्तिष्कीय रूपक (brain metaphor) के दृष्टिकोण का सम्बन्ध निम्नांकित में से किससे है?
(क) सूचना संसाधन उपागम (ख) सम्बन्धवादी उपागम
(ग) गिब्सोनियन (Gibsonian) उपागम (घ) इनमें से कोई नहीं

9. संज्ञानात्मक मनोविज्ञान की जड़ें (roots) निम्नांकित में से किनके योगदानों में *नहीं* मिलता है?
(क) ऑस्वाल्ड कुल्पे (Oswald Kulpe) (ख) विलहेलम वुण्ट (Wilhelm Wundt)
(ग) नाइस्सेर (Neisser) (घ) स्कीन्नर (Skinner)

10. किसी उद्दीपक (stimulus) को इंगित करने वाला संज्ञानात्मक कूटसंकेत (cognitive code) को एक ऐसे कूटसंकेत में बदलने की प्रक्रिया जिसके द्वारा उद्दीपक का श्रेणीकरण (categorization) होता है, को कहा जाता है—
(क) परोक्ष सम्भाषण क्रिया (indirect speech act) (ख) हॉफडिंग कदम[1] (Hoffding step)
(ग) समानान्तर संसाधन (parallel processing) (घ) होलोफ्रेजिक अवस्था (holophrasic stage)

11. संज्ञानात्मक मनोविज्ञान मनोविज्ञान की एक अनुप्रयुक्त शाखा है। सही/गलत
12. संज्ञानात्मक मनोविज्ञान की जड़ें (roots) बेवर तथा फेकनर के योगदानों में सम्मिलित हैं। सही/गलत
13. TOTE मॉडल का प्रतिपादन निस्सर (Neisser) द्वारा किया गया है। सही/गलत
14. संज्ञानात्मक मनोविज्ञान के सूचना संसाधन मॉडल का आधार कम्प्यूटर प्रोग्रामिंग है। सही/गलत
15. संज्ञानात्मक प्रक्रियाएँ निष्क्रिय (passive) होती हैं। सही/गलत

उत्तर

1. (घ) 2. (क) 3. (घ) 4. (घ) 5. (ग) 6. (क) 7. (ख)
8. (ख) 9. (घ) 10. (ख) 11. गलत 12. गलत 13. गलत 14. सही
15. गलत

अध्याय 2

मूल मनोभौतिकी एवं मनोभौतिकी विधियाँ
(BASIC PSYCHOPHYSICS AND PSYCHOPHYSICAL METHODS)

निबंधात्मक या दीर्घ-उत्तरीय प्रश्न *(Essay or Long Answer Questions)*

1. मनोभौतिकी से आप क्या समझते हैं? इसके प्रमुख समस्याओं का वर्णन करें।
What do you mean by psychophysics ? Discuss its major problems.

1. हॉफडिंग कदम संवेदन एवं प्रत्यक्षण के बीच का एक कदम है।

2. सीमा विधि के अनुप्रयोग का एक उदाहरण देते हुए अपने प्रयोज्य के भार संवेदन के लिए RL तथा DL ज्ञात करें।
Calculate RL and DL for weight sensitivity of your subject using method of limits.
3. सतत उद्दीपक विधि के अनुप्रयोग का एक उदाहरण देते हुए ध्वनि की तीव्रता के लिए RL तथा DL ज्ञात करें।
Calculate RL and DL for intensity of sound by using method of constant stimuli.
4. औसत त्रुटि विधि के अनुप्रयोग का एक उदाहरण देते हुए मूलर लायर भ्रम की मात्रा का निर्धारण करें।
Determine the extent of Muller-Lyer illusion by using method of average error.
5. संकेत अभिज्ञान सिद्धान्त की संक्षिप्त व्याख्या प्रस्तुत करें। इसकी प्रमुख उपयोगिताओं का वर्णन करें।
Explain, in brief, Signal detection theory. Describe its major applications.
6. ROC वक्र किसे कहते हैं? इसकी कुछ विशेषताओं का वर्णन करें।
What do you mean by ROC curve ? Describe the major characteristics.
7. निम्नलिखित पर संक्षिप्त नोट लिखें : (Write short notes on the following):
(a) उद्दीपक सीमान्त (stimulus thershold)
(b) विभेदक सीमान्त (differential threshold)
(c) वेबर का नियम (Weber's law)
(d) फेकनर का नियम (Fechner's law)
(e) स्टीभेन्स का घात नियम (Steven's power low)
(f) सीमा विधि (Method of limits)
(g) सतत उद्दीपक विधि (Method of Constant Stimuli)
(h) औसत त्रुटि विधि (Method of average error)

वस्तुनिष्ठ प्रश्न (*Objective Questions*)

1. मनोभौतिकी से क्या तात्पर्य होता है?
(क) एक ऐसा विज्ञान जिसमें सीखना तथा स्मृति का अध्ययन किया जाता है।
(ख) एक ऐसा विज्ञान जिसमें उद्दीपक तथा उससे उत्पन्न संवेदन के सम्बन्ध का अध्ययन किया जाता है।
(ग) एक ऐसा विज्ञान जिसमें सभी तरह के मानसिक प्रक्रियाओं का वर्णन भौतिकी के अनुसार किया जाता है।
(घ) एक ऐसा विज्ञान जिसमें सभी तरह के दैहिक प्रक्रियाओं के विश्लेषण पर बल डाला जाता है।
2. निम्नांकित में से किसे मनोभौतिकी की समस्याओं में सम्मिलित नहीं किया जा सकता है?
(क) अल्पतम उद्दीपकों (minimal stimuli) की पहचान से सम्बन्धित समस्या।
(ख) अल्पतम उद्दीपक अन्तर (minimal stimulus difference) की पहचान से सम्बन्धित समस्या।
(ग) उद्दीपकों के बीच सम्बन्धों के निर्णयों से सम्बन्धित समस्या।
(घ) उद्दीपकों को सुव्यवस्थित (arrange) करने से सम्बन्धित समस्या।
3. मनुष्यों के लिए श्रवण उद्दीपकों की सीमा कितनी होती है?
(क) 100 Hz से 200Hz ध्वनि तरंग (ख) 20 Hz से 5000 Hz ध्वनि तरंग
(ग) 20 Hz से 20,000 Hz ध्वनि तरंग (घ) 40 Hz से 40,000 Hz ध्वनि तरंग
4. RL (Reiz limen) का प्रयोग निम्नांकित में से किसके लिए किया जाता है?
(क) सीमान्त (threshold) (ख) निरपेक्ष सीमान्त (absolute threshold)
(ग) विभेदक सीमान्त (differnetial threshold) (घ) ऊपरी सीमान्त (upper threshold)
5. किसी उद्दीपक का वह मान या मूल्य जिसका व्यक्ति 50% प्रयासों (trials) में प्रत्यक्षण करता है तथा 50% प्रयासों में प्रत्यक्षण नहीं करता है, उसे कहा जाता है—
(क) निरपेक्ष सीमान्त (absolute threshold) (ख) विभेदक सीमान्त (differential threshold)
(ग) न्यूनतम ज्ञेय भेद (just noticeable difference) (घ) न्यूनतम अज्ञेय भेद (just not noticeable differences)
6. DL ज्ञात करने के लिए निम्नांकित में से किसका होना आवश्यक है?
(क) एक प्रयोगशाला
(ख) मानक उद्दीपक (standard stimulus)

(ग) मानक उद्दीपक तथा तुलनात्मक उद्दीपक (comparable stimulus)
(घ) तुलनात्मक उद्दीपक

7. यदि किसी मनोभौतिकी प्रयोग में PSE (point of subjective quality) तथा मानक उद्दीपक (standard stimulus) का मान (value) बराबर-बराबर हो तो सतत त्रुटि (constant error) की मात्रा निम्नांकित में से कौन-सा होगा?
(क) 2.56 (ख) 0 (zero) (ग) – 2.56 (घ) 3.0

8. अभ्यसन त्रुटि (error of habituation) निम्नांकित में से किस विधि में उत्पन्न होती है?
(क) सीमा विधि (method of limits)
(ख) सतत उद्दीपक विधि (method of constant stimulus)
(ग) औसत त्रुटि विधि (method of average error)
(घ) मात्रा आकलन विधि (magnitude estimation method)

9. सीमा विधि में जब अवरोही शृंखला (descending series) का माध्य (mean) आरोही शृंखला (ascending series) के माध्य से अधिक होता है, तो निम्नांकित में से किसका संकेत मिलता है?
(क) स्थान त्रुटि (space error) के होने का
(ख) गति त्रुटि (movement error) के होने का
(ग) प्रत्याशा त्रुटि (error of expectation) के होने का
(घ) अभ्यसन त्रुटि (error of habituation) के होने का

10. निम्नांकित में से किस नियम में उद्दीपक की तीव्रता तथा उससे उत्पन्न संवेदन की तीव्रता में लघुगणकीय सम्बन्ध (logarithmic relationship) होने का दावा किया गया है?
(क) वेबर नियम (Weber's law) (ख) फेकनर नियम (Fechner law)
(ग) स्टीभेन्स नियम (Steven's law) (घ) यर्क्स-डोडसन नियम (Yerkes-Dodson law)

11. स्टीभेन्स नियम के अनुसार निम्नांकित में कौन-सा कथन असत्य है?
(क) घातांक (exponent) 1 होने से उद्दीपक की मात्रा में कम तीव्रता संवेदन की अधिक मात्रा उत्पन्न करेगा।
(ख) घातांक 1 से कम होने पर घात फलन (power function) का वक्र नीचे की दिशा में अवतल (concave downward) हो जाता है।
(ग) घातांक 1 से अधिक होने पर घात फलन का वक्र ऊपरी दिशा में अवतल (concave upward) होता है।
(घ) घातांक 1 होने से घात फलन का वक्र रेखीय (liner) होता है।

12. निम्नांकित में से किस विधि को क्रमिक खोज विधि (method of serial exploration) कहा जाता है?
(क) सीमा विधि (method of limits)
(ख) सतत उद्दीपक विधि (method of constant stimuli)
(ग) औसत त्रुटि विधि (method of average error)
(घ) मात्रा आकलन विधि (method of magnitude estimation)

13. अगर किसी कमरे में 10 मोमबत्ती जल रहा हो तथा उसमें एक और मोमबत्ती जला देने से व्यक्ति न्यूनतम ज्ञेय भेद (just noticeable difference) का प्रत्यक्षण कर लेता है तो वेबर नियम के अनुसार यदि कमरे में 50 मोमबत्ती जल रहा हो तो न्यूनतम ज्ञेय भेद उत्पन्न करने के लिए उसमें कितनी मोमबत्ती जलाना होगा?
(क) 10 मोमबत्ती (ख) 15 मोमबत्ती (ग) 5 मोमबत्ती (घ) 3 मोमबत्ती

14. स्टीभेन्स घात नियम (Steven's power law) का आधार निम्नांकित में से कौन था?
(क) सीमा विधि (method of limits)
(ख) मात्रा आकलन विधि (magnitude estimation method)
(ग) सही तथा गलत केसेज की विधि (method of right and wrong cases)
(घ) समायोजन विधि (method of adjustment)

15. संकेत अभिज्ञान सिद्धान्त (Signal detection theory) का मुख्य उद्देश्य क्या है?
(क) प्रयोज्य में संकेत या उद्दीपक के सही-सही पहचान करने की क्षमता को विकसित करना।
(ख) उद्दीपक या संकेत की पहचान में संवेदी कारकों (sensory factors) के महत्त्व का असंवेदी कारकों (nonsensory factors) के महत्त्व से दूर करना।

(ग) प्रयोज्य को सही उद्दीपकों की पहचान करने के लिए पर्याप्त संकेत उपस्थित करना

(घ) प्रयोज्य को सही उद्दीपकों की पहचान करने के लिए विशेष उपाय ढूँढ़ने में मदद करना

16. ROC वक्र यदि धनुषाकार अधिक होता है तो इससे निम्नांकित में किसका संकेत मिलता है?

(क) प्रयोज्य में संवेदनशीलता (sensitivity) अधिक है।

(ख) प्रयोज्य में संवेदनशीलता बहुत ही कम है।

(ग) प्रयोज्य एक आदर्श प्रेक्षक (ideal observer) है।

(घ) प्रयोज्य में संवेदनशीलता शून्य है।

17. हेल्सन के संवेदी अनुकूलन स्तर सिद्धान्त (sensory-adaptation level theory) के अनुसार व्यक्ति द्वारा तय किया गया अनुकूलन स्तर में निम्नांकित में से किस उद्दीपक का योगदान नहीं होता है?

(क) केन्द्रीय उद्दीपक (focal stimulus)

(ख) पृष्ठिका उद्दीपक (background stimuli)

(ग) अपशिष्ट उद्दीपक (residual stimuli)

(घ) तुलनात्मक उद्दीपक (comparable stimuli)

18. हेल्सन द्वारा प्रतिपादित संवेदी अनुकूलन स्तर सिद्धान्त के समर्थन में जितने भी प्रयोग किये गए हैं, उनमें से अधिकांश प्रयोगों में निम्नांकित में से किस विधि का उपयोग किया गया है?

(क) श्रेणी निर्णय की विधि (method of category judgement)

(ख) समायोजन विधि (method of adjustment)

(ग) सीमा विधि (method of limits)

(घ) औसत त्रुटि विधि (method of average error)

19. हेल्सन द्वारा प्रतिपादित संवेदी अनुकूलन स्तर सिद्धान्त के आलोक में निम्नांकित में से कौन-सा कथन असत्य है?

(क) अनुकूलन स्तर के निर्धारण में केन्द्रीय उद्दीपक, पृष्ठिका उद्दीपक तथा अवशिष्ट उद्दीपक तीनों का संयुक्त योगदान होता है।

(ख) संवेदी अनुकूलन स्तर सिद्धान्त में अनुकूलन स्तर के निर्धारण की व्याख्या गुणात्मक तथा परिमाणात्मक दोनों ढंग से होती है।

(ग) व्यक्ति अनुकूलन स्तर का निर्धारण उद्दीपकों की तीव्रता के मध्य बिन्दु से सदा ऊपर करता है।

(घ) इस सिद्धान्त के समर्थन में किये गए प्रयोगों का आधार श्रेणी निर्णय की विधि है।

20. रिक्त स्थानों की पूर्ति करें—

(i) ....को मनोभौतिकी का जनक कहा जाता है।

(ii) ....नियम के अनुसार उद्दीपक की तीव्रता तथा संवेदन की मात्रा के बीच लघुगणकीय सम्बन्ध (logarithmic relationship) होता है।

(iii) संवेदी अनुकूलन स्तर का स्थान उद्दीपकों के मान का .... बिन्दु होता है।

(iv) आदर्श प्रेक्षक का सम्प्रत्यय .... सिद्धान्त का एक महत्त्वपूर्ण सम्प्रत्यय है।

(v) जो उद्दीपक मान व्यक्ति में 50% प्रयासों में अनुक्रिया उत्पन्न करता है तथा बाकी 50% प्रयासों में अनुक्रिया उत्पन्न नहीं करता है, उसे .... सीमान्त कहा जाता है।

(vi) अभ्यसन त्रुटि .... विधि में होता पाया जाता है।

(vii) स्थान त्रुटि तथा गति त्रुटि की समस्या .... विधि में अक्सर उत्पन्न होती है।

(viii) न्यूनतम ज्ञेय भेद विधि (method of just noticeable difference) को .... विधि भी कहा जाता है।

(ix) सीमा विधि में जब आरोही शृंखला का माध्य अवरोही शृंखला के माध्य से अधिक होता है तो, इससे .... त्रुटि का संकेत मिलता है।

(x) सीमा विधि में जब अवरोही शृंखला का माध्य आरोही शृंखला के माध्य से अधिक होता है, तो इससे .... त्रुटि का संकेत मिलता है।

उत्तर

1. (ख)	2. (घ)	3. (ख)	4. (ख)	5. (क)	6. (ग)	7. (ख)
8. (क)	9. (ग)	10. (ख)	11. (क)	12. (क)	13. (ग)	14. (ख)
15. (ख)	16. (क)	17. (घ)	18. (क)	19. (ग)		

20. (i) जी॰ टी॰ फेकनर (ii) वेबर-फेकनर (iii) माध्य
(iv) संकेत पहचान सिद्धान्त (v) उद्दीपक या निरपेक्ष (vi) सीमा
(vii) औसत त्रुटि (viii) सीमा (ix) अभ्यसन
(ix) प्रत्याशा

अध्याय 3

अवधान या ध्यान
(ATTENTION)

निबंधात्मक या दीर्घ-उत्तरीय प्रश्न *(Essay or Long Answer Questions)*

1. ध्यान की प्रमुख विशेषताओं का वर्णन करें।
Describe the major characteristics of attention.
2. ध्यान के प्रमुख प्रकारों का सोदाहरण वर्णन करें।
Describe, with examples, major types of attention.
3. ध्यान भंग का प्रभाव निष्पादन पर कैसा होता है? क्या ध्यान भंग को रोका जा सकता है?
How does distraction of attention influence performance? Can distration of attention be overcomed?
4. ''उद्दीपक का गुण व्यक्ति के ध्यान अपनी ओर खींचती है।'' क्या आप इस कथन से सहमत हैं?
"The characteristics of stimulus attracts the attention of person." Do you agree with the statement.
5. ''व्यक्ति अपनी आदत एवं प्रशिक्षण के अनुसार ही उद्दीपकों पर ध्यान देता है।'' क्या यह कथन सत्य है?
"Person pays attention according to his training and habit." Is the statement true?
6. चयनात्मक अवधान से आप क्या समझते हैं? मार्गरोधी सिद्धान्तों द्वारा इसकी व्याख्या किस तरह से होती हैं?
What do you mean by selective attention? How do bottleneck theories explain it.
7. नॉरमैन एवं बोबरो मॉडल तथा नाईसर मॉडल द्वारा चयनात्मक अवधान की व्याख्या किस प्रकार की जाती है? उदाहरण सहित वर्णन करें।
How do Norman & Bobrow model and Neisser model explain selective attention? Describe with examples.
8. उदाहरण देते हुए चयनात्मक अवधान तथा दीर्घीकृत अवधान के बीच अन्तर करें।
Citing examples make distinction between selective attention and sustained attention.
9. दीर्घकृत अवधान को प्रभावित करने वाले मनोदैहिक कारकों का वर्णन करें।
Describe the psychophysical determinants of sustained attention.
10. दीर्घीकृत अवधान को न्यूरोदैहिक सिद्धान्तों की आलोचनात्मक समीक्षा करें।
Make a critical review of neurophysiological theories of sustained attention.
11. दीर्घीकृत अवधान के किसी दो संज्ञानात्मक सिद्धान्तों की आलोचनात्मक समीक्षा करें।
Make a critical review of any two cognitive theories of sustained attention.

वस्तुनिष्ठ प्रश्न *(Objective Questions)*

1. निम्नांकित में से कौन-सा गुण अवधान में नहीं पाया जाता है?
(क) अवधान में विशेष प्रकार का शारीरिक अभियोजन (bodily adjustment) होता है।
(ख) अवधान का विस्तार सीमित होता है।
(ग) अवधान में विभाजन का गुण पाया जाता है।
(घ) अवधान का स्वरूप भावात्मक (affective) होता है।
2. नाइसर एवं बेकलेन (Neisser & Becklen) द्वारा हाथ का खेल (hand game) एवं गेंद का खेल (ball game) द्वारा निम्नांकित में से किस तथ्य का सत्यापन होता है?
(क) अवधान में विभाजन का गुण होता है।

(ख) अवधान का विस्तार (span of attention) सीमित होता है।
(ग) अवधान में अस्थिरता तथा उच्चलन का गुण पाया जाता है।
(घ) अवधान में भंगता (distraction) का गुण पाया जाता है।

3. रोगी का अवधान दवा की दुकान की ओर जाना को आप निम्नांकित में से किस श्रेणी का अवधान कहेंगे?
(क) ऐच्छिक अवधान (voluntary attention) (ख) अनैच्छिक अवधान (involuntary attention)
(ग) स्वाभाविक अवधान (habitual attention) (घ) अस्थिर अवधान (fluctuated attention)

4. अखबार के पृष्ठों पर मोटे एवं बड़े अक्षरों में छपे खबरों पर अन्य दूसरे अक्षरों में छपे खबरों की तुलना में हमारा अवधान जल्द चला जाता है। इसका कारण निम्नांकित में से कौन-सा हो सकता है?
(क) उद्दीपक में परिवर्तन (ख) उद्दीपक का आकार
(ग) व्यक्ति की इच्छा (घ) उद्दीपक की नवीनता

5. एक नाई (barber) का अवधान लोगों के सिर के बाल की ओर अक्सर चला जाता है। इसका कारण निम्नांकित में से कौन-सा हो सकता है।
(क) उद्दीपक में नवीनता (ख) आदत (ग) प्रशिक्षण (घ) अभिरुचि

6. चेरी (Cherry) द्वारा चयनात्मक अवधान (selective attention) के क्षेत्र में महत्त्वपूर्ण प्रयोग किया गया। इनके प्रयोग में किस तरह के कार्य करने के लिए प्रयोज्यों को दिया गया था ?
(क) चित्रांकन (drawing) का अर्थ
(ख) द्विभाजित सुनने (diachotic listening) का कार्य
(ग) द्विभाजित स्पर्श (diachotic touching) का कार्य
(घ) दिये हुए कागज के टुकड़ों से विशेष आकृति बनाने का कार्य

7. छायाभासी प्रविधि (shadowing technique) क्या है?
(क) एक वस्तु की छाया दूसरे वस्तु पर देकर दोनों के बीच अन्तर को अध्ययन करने की प्रविधि।
(ख) इस प्रविधि में प्रयोज्य प्रयोगकर्ता द्वारा कहे हुए बातों को सुनकर उसे दोहराता है।
(ग) इस प्रविधि में प्रयोज्य किसी वस्तु की छाया में दूसरे वस्तु की तस्वीर बनाता है।
(घ) इस प्रविधि में प्रयोगकर्त्ता प्रयोज्य को अपने पीछे-पीछे चलना सीखाता है।

8. चयनात्मक अवधान के मार्गविरोधी सिद्धान्त के अनुसार निम्नांकित में से कौन-सा कथन सत्य है?
(क) चयनात्मक अवधान (selective attention) का कारण सूचना संसाधन (information processng) के क्षेत्र में एक तरह का उत्पन्न रुकावट होता है।
(ख) चयनात्मक अवधान का कारण साधन-सीमित कार्य (resource-limited task) होता है।
(ग) चयनात्मक अवधान का कारण आँकड़े-सीमित कार्य (data-limited task) होता है।
(घ) चयनात्मक अवधान का कारण व्यक्ति में सूचनाओं को संसाधित करने की एक सीमित क्षमता (limited capacity) होती है।

9. चयनात्मक अवरोध के सिद्धान्तों में सबसे पहला सिद्धान्त किनके द्वारा प्रतिपादित किया गया था?
(क) ट्रीसमैन (Triesman) द्वारा (ख) ब्रौडबेन्ट (Broadbent) द्वारा
(ग) नॉरमैन एवं बोबरो (Norman & Bobrow) द्वारा (घ) नाईसर (Neisser) द्वारा

10. फिल्टर-तनुकरण मॉडल (Filter-attenuation model) के अनुसार निम्नांकित में से कौन कथन सत्य है?
(क) सूचना संसाधन में अवरुद्धता प्रारम्भ में उत्पन्न न होकर बाद में उत्पन्न होता है।
(ख) सूचना संसाधन में अवरुद्धता बाद में उत्पन्न न होकर प्रारम्भ में उत्पन्न होता है।
(ग) अवधान प्रत्यक्षण (perception) को नियंत्रित करता है।
(घ) किसी कार्य पर ध्यान देने के लिए मानसिक प्रयास करने की शक्ति सीमित होती है।

11. नॉरमैन एवं बोबरो मॉडल (Norman & Bobrow model) के अनुसार निम्नांकित में कौन कथन सत्य है?
(क) आँकड़े-सीमित कार्य (data-limited task) पर अभ्यास का प्रभाव काफी पड़ता है।
(ख) साधन-सीमित कार्य (resource-limited task) पर अभ्यास का प्रभाव काफी पड़ता है।
(ग) अवधान प्रत्यक्षण को नियंत्रित करता है।
(घ) प्रत्यक्षण अवधान को नियंत्रित करता है।

12. दीर्घीकृत अवधान (sustained attention) के क्षेत्र में किये गए प्रयोगों के आलोक में निम्नांकित में से कौन कथन सत्य है?
(क) दीर्घीकृत अवधान एक तीव्र क्रिया (intense activity) है जिसमें व्यक्ति को काफी मानसिक प्रयास करना पड़ता है।

(ख) दीर्घीकृत अवधान में व्यक्ति में सर्तकता स्तर निम्न होता है।

(ग) दीर्घीकृत अवधान एक तरह विभाजित अवधान होता है।

(घ) दीर्घीकृत अवधान में अस्थिरता नहीं पायी जाती है।

13. मनोवैज्ञानिक अध्ययनों के आलोक में उत्तेजन स्तर तथा निष्पादन स्तर के सम्बन्ध का आलेख किस तरह दिखता है?

(क) विलोमित यू (inverted U) के समान (ख) एक सीधी रेखा के समान

(ग) भी (V) अक्षर के समान (घ) सी (C) अक्षर के समान

14. निम्नांकित में से किस परिस्थिति में विवेचित उद्दीपक (critical stimulus or signal) की पहचान व्यक्ति स्पष्ट रूप से कर सकता है।

(क) जब विवेचित उद्दीपक 60 dB का हो तथा 200 मिली सेकंड के लिए उपस्थित किया गया हो।

(ख) जब विवेचित उद्दीपक 40dB का हो तथा 200 मिली सेकंड के लिए उपस्थित किया गया हो।

(ग) जब विवेचित उद्दीपक 60dB का हो तथा 400 मिली सेकंड के लिए उपस्थित किया गया हो।

(घ) जब विवेचित उद्दीपक 70dB का हो तथा 250 मिली सेकंड के लिए उपस्थित किया गया हो।

15. मनोवैज्ञानिक अध्ययनों के आलोक में निम्नांकित में से कौन-सा कथन सत्य हैं?

(क) विवेचित संकेत (critical signal) की पहचान की प्रतिशत मंद घटना गति (slow event rate) में अधिक होती है।

(ख) विवेचित संकेत की पहचान की प्रतिशत तीव्र घटना गति (fast event rate) में अधिक होती है।

(ग) विवेचित संकेत की पहचान की प्रतिशत मंद घटना गति तथा तीव्र घटना गति में बराबर-बराबर होती है।

(घ) विवेचित संकेत की पहचान उद्दीपक की तीव्रता पर अधिक निर्भर करती है।

16. जेरीसन मॉडल के अनुसार दीर्घीकृत अवधान की व्याख्या किस तरह की गयी है?

(अ) उत्पन्न प्रेक्षण दर प्राक्कल्पना (elicited observing rate hypothesis) के रूप में

(ब) ऐकिक एकाग्र कार्य (unitary attentive act) के रूप में

(स) व्यक्ति के प्रत्याशा (expectancy) के रूप में

(द) व्यक्ति के निर्णय प्रक्रियाओं (decision processes) के रूप में

दिये गए कूटसंकेतों (codes) के आधार पर उत्तर दें।

(क) अ तथा द (ख) ब तथा स (ग) अ तथा ब (घ) अ तथा स

17. संकेत पहचान सिद्धान्त (signal detection theory) के अनुसार निम्नांकित में से कौन कथन सत्य हैं?

(क) निगरानी कार्य में विवेचित संकेत (critical signal) की पहचान व्यक्ति के संवेदनशीलता (sensitivity) पर निर्भर करता है।

(ख) निगरानी कार्य में विवेचित संकेत की पहचान की अनुक्रिया कसौटी (response criterion) पर निर्भर करता है।

(ग) निगरानी कार्य में विवेचित संकेत की पहचान उद्दीपक की स्पष्टता पर निर्भर करती है।

(घ) निगरानी कार्य में विवेचित संकेत की पहचान पृष्ठभूमि घटना दर (background event rate) पर निर्भर करता है।

नीचे दिये गए कूट संकेतों (codes) के आधार पर उत्तर दें—

(क) अ तथा ब (ख) ब तथा द (ग) स तथा द (घ) अ तथा द

18. दीर्घीकृत अवधान के न्यूरोदैहिक सिद्धान्तों के अनुरूप निम्नांकिर्त में से कौन कथन सत्य है?

(अ) RAS (Reticular activating system) की सक्रियता पर दीर्घीकृत अवधान निर्भर करता है।

(ब) कारपस कैलोजम (corpus callosum) की उत्तेजनशीलता दीर्घीकृत अवधान को प्रभावित करता है।

(स) प्रमस्तिष्कीय अभ्यास (cortical habituation) के कारण निगरानी कार्य का निष्पादन में ह्रास होता है।

(द) प्रमस्तिष्कीय संचरण (cortical transmission) की आवेगशीलता दीर्घीकृत अवधान को प्रभावित करता है।

दिये गए कूटसंकेतों (codes) के आधार पर उत्तर दें—

(क) अ तथा द (ख) ब तथा स (ग) स तथा द (घ) अ तथा स

19. दीर्घीकृत अवधान के विभिन्न सिद्धान्तों के बारे में कुछ सामान्य कथन नीचे दिये गए हैं। निम्नांकित में से कौन कथन सत्य हैं?

(क) दीर्घीकृत अवधान के सिद्धान्तों में सैद्धान्तिक विश्लेषण नहीं है।

(ख) दीर्घीकृत अवधान के सिद्धान्तों द्वारा उत्साहपूर्ण खोज की गयी है।

(ग) दीर्घीकृत अवधान के सिद्धान्तों द्वारा विस्तृत सूचना संग्रहण (accumulation of detailed information) की गयी है।

(घ) दीर्घीकृत अवधान के सिद्धान्तों द्वारा ऐसे अवधान के स्वरूप के बारे में गहरी समझ एवं छान-बीन की जा चुकी है।

20. रिक्त स्थानों की पूर्ति करें—

(i) चयनात्मक अवधान में कुछ खास उद्दीपक पर मानसिक............अधिक होती है।

(ii) चयनात्मक अवधान के अध्ययन में प्रायः प्रयोज्यों द्वारा...............सुनने का कार्य किया जाता है।

(iii) ब्रौडबेन्ट (Broadbent) द्वारा प्रतिपादित चयनात्मक अवधान के सिद्धान्त को.........सिद्धान्त भी कहा जाता है।

(iv) फिल्टर ततुकरण मॉडल में सूचनाएँ संसाधित होने से पूर्णतः..............नहीं होती है।

(v) नॉरमैन तथा बोबरो मॉडल में..........कार्य तथा...............कार्य के बीच अन्तर किया जाता है।

(vi) दीर्घीकृत अवधान का पहला प्रयोगात्मक अध्ययन.............द्वारा किया गया।

(vii) पृष्ठभूमि घटना दर दीर्घीकृत अवधान का एक..............निर्धारक हैं।

(viii) दीर्घीकृत अवधान के प्रत्यक्षण सिद्धान्त का आधार पृष्ठभूमि सम्बन्ध सूचनाओं का..............होना होता है।

(ix) दीर्घीकृत अवधान के जेरीसन मॉडल को एक..............सिद्धान्त हैं।

(x) दीर्घीकृत अवधान के अभ्यसन सिद्धान्त एक...............सिद्धान्त हैं।

उत्तर

1. (घ) 2. (क) 3. (क) 4. (ख) 5. (ग) 6. (ख) 7. (ख)
8. (क) 9. (ख) 10. (क) 11. (ख) 12. (क) 13. (क) 14. (घ)
15. (क) 16. (ग) 17. (क) 18. (घ) 19. (क)
20. (i) एकाग्रता (ii) द्विभाजित (iii) फिल्टर (iv) अवरुद्ध (v) साधन सीमित, आँकड़े सीमित
(vi) मैकवर्थ (vii) मनोदैहिक (viii) एकत्रित (ix) संज्ञानात्मक (x) न्यूरोदैहिक

अध्याय 4

संवेदन एवं प्रत्यक्षण
(SENSATION AND PERCEPTION)

निबंधात्मक या दीर्घ-उत्तरीय प्रश्न (*Essay or Long Answer Questions*)

1. प्रत्यक्षण एक चयनात्मक प्रक्रिया है। व्याख्या करें।
   Perception is a selective process. Explain.
2. प्रत्यक्षण की परिभाषा दें। प्रत्यक्ष तथा संवेदन में अंतर करें।
   Define perception. Make distinction between sensation and perception.
3. मानव आँख की संरचना तथा कार्य का वर्णन करें। क्या मानव आँख की तुलना एक फोटो खीचने वाला कैमरा से किया जा सकता है?
   Describe the structure and function of human eye. Can human eye be compared with that of a lens of a photocamera.
4. मानव की संरचना तथा कार्य का वर्णन करें।
   Describe the structure and function of human ear.
5. मानव कान के अन्त भाग (inner part) की संरचना तथा कार्य का वर्णन करें।
   Describe the structure and function of inner part of human ear.
6. प्रत्यक्षण के गेस्टाल्टवादी सिद्धान्त का आलोचनात्मक व्याख्या करें।
   Present a critical explanation of Gestaltistic approach to perception.
7. प्रत्यक्षण के निदेश-अवस्था सिद्धान्त का वर्णन करें।
   Describe the directive state theory of perception.

8. प्रत्यक्षज्ञानात्मक संगठन जन्मजात है या अर्जित ? प्रत्यक्षज्ञानात्मक संगठन के नियम की आलोचनात्मक व्याख्या करें।
Are the factors of perceptual organisation innate or acquired? Critically examine the laws of perceptual organisation.
9. आकृति पृष्ठभूमि प्रत्यक्षण से आप क्या समझते हैं? उदाहरण देकर प्रत्यक्षज्ञानात्मक संगठन के नियमों का वर्णन करें।
What do you understand by figure-ground perception? Describe, with examples, the principles of perceptual organisation.
10. दूरी तथा गहराई के प्रत्यक्षण में एकनेत्री संकेत तथा द्विनेत्री संकेत के महत्त्व का वर्णन करें।
Describe the role of monocular cues and binocular cues in perception of depth and distance.
11. दृष्टि दिक् या स्थान प्रत्यक्षण में गतिविहीन एक-नेत्री संकेतों के महत्त्व का वर्णन करें।
Describe the importance of movementless monocular cues in visual space perception.
12. गहराई एवं दूरी के प्रत्यक्षण के सिद्धान्तों का वर्णन करें।
Describe the theories of perception of distance and depth.
13. प्रत्यक्षण में मानसिक वृत्ति के महत्त्व का वर्णन करें।
Describe the role of mental set in perception.
14. प्रत्यक्षण में व्यक्तिगत कारकों की भूमिका का वर्णन करें
Describe the role of personal factors in perception.
15. प्रत्यक्षण में सामाजिक एवं सांस्कृतिक कारकों के महत्त्व का वर्णन करें।
Describe the importance of social and cultural factors in perception.
16. गति प्रत्यक्षण कितने प्रकार के होते हैं? वास्तविक गति प्रत्यक्षण की व्याख्या मनोवैज्ञानिकों द्वारा किस प्रकार की गयी है?
Discuss the types of perception of movement? How do psychologists explain the perception of real movement?
17. आभासी प्रत्यक्षण के प्रमुख प्रकारों का उदाहरण सहित वर्णन करें।
(Describe, with examples, the major types of apparent motion.
18. क्या प्रत्यक्षण में सुघटता होती है? क्या ऐसी सुघट्ता अर्जित होती है?
Is perception plastic in nature? Is such plasticity acquired ?
19. ''हमलोग किसी वस्तु का प्रत्यक्षण अपने अनुसार करते हैं न कि वस्तु के अनुसार'' इस कथन की समीक्षा करें।
"We perceive objects not as they are but as we are" critically examine the statement.
20. रंग दृष्टि के यंग-हेमहोल्ज सिद्धान्त की समीक्षा करें।
Critically examine Young-Helmholtz theory of colour vision.
21. रंग दृष्टि के हेरिंग सिद्धान्त की समीक्षा करें।
Critically examine Hering's theory of colour vision.
22. ''रंग दृष्टि की पूर्ण व्याख्या न तो यंग-हेमहोल्ज सिद्धान्त से होती है न ही हेरिंग सिद्धान्त द्वारा।'' इस कथन की समीक्षा करें।
"The complete explanation of colour vision is done neither by Young-Helmholtz theory nor by Hering theory." Examine the statement critically.
23. श्रवण प्रत्यक्षण के स्थान सिद्धान्त की आलोचनात्मक समीक्षा करें।
Critically review the place theory of auditory perception.
24. श्रवण प्रत्यक्षण की बारंबारता सिद्धान्त की आलोचनात्मक समीक्षा करें।
Critically reveiw the frequency theory of auditory perception.
25. भ्रम तथा प्रत्यक्षण में अन्तर बतलावें । भ्रम के प्रमुख प्रकारों का वर्णन करें।
Distinguish between illusion and perception. Describe the major types of illusion.
26. भ्रम के प्रमुख सिद्धान्तों का वर्णन करें।
Describe the major theories of illusion.
27. निम्नलिखित पर संक्षिप्त नोट लिखें (Write short notes on the following)
(a) प्रत्यक्षण में सीखने की भूमिका (role of learning in perception)

(b) अवचेतन प्रत्यक्षण (Subliminal perception)
(c) भ्रम तथा विभ्रम में अन्तर (Difference between illusion and hallucination)
(d) प्रत्यक्षण का केन्द्रीय निर्धारक (Central determinants of perception)

वस्तुनिष्ठ प्रश्न (*Objective Questions*)

1. जिस प्रक्रिया के द्वारा ज्ञानेन्द्रियाँ सूचनाओं को ग्रहण करतीं हैं तथा मस्तिष्क को फिर सूचित करतीं हैं, को प्रत्यक्षण (perception) कहा जाता है। सही/गलत
2. अधिकतर लोग जिनमें वर्णान्धता (colour blindness) होती है, कोई भी रंग नहीं देखते हैं। सही/गलत
3. अक्षिपटल का वह ग्राहक कोश जो हमें धीमी रोशनी में भी देखने में मदद करता है, को शलाकाएँ (rods) कहा जाता है। सही/गलत
4. प्रत्यक्षण के गेस्टाल्ट सिद्धान्त के अनुसार निम्नांकित में कौन कथन असत्य है?
(क) व्यक्ति किसी वस्तु का प्रत्यक्षण अलग-अलग न करके सम्पूर्ण रूप से (as a whole) करता है।
(ख) प्रत्यक्षण संगठन का स्वरूप अर्जित होता है।
(ग) व्यक्ति जिस वस्तु या घटना का प्रत्यक्षण करता है, उसके मस्तिष्क में सम्बन्धित क्षेत्र में भी कुछ परिवर्तन हो जाता है।
(घ) दृष्टि क्षेत्र में ससंजक बल (cohesive force) तथा अवरोधक बल (restraining force) दोनों ही मौजूद रहते हैं।
5. प्रत्यक्षण के व्यवहारवादी उपागम या सिद्धान्त के अनुसार प्रत्यक्षण का आधार निम्नांकित में से कौन-सा होता है?
(क) केवल कालिक अन्तःक्रिया (temporal interaction)
(ख) केवल स्थानिक अन्तःक्रिया (spatial interaction)
(ग) कालिक अन्तःक्रिया तथा स्थानिक अन्तःक्रिया दोनों ही
(घ) उद्दीपन पैटर्न (stimulus pattern)
6. निम्नांकित में से किस उपागम में प्रत्यक्षण का आधार व्यक्ति की आवश्यकता, मूल्य (value) आदि को माना गया है?
(क) गिब्सोनियन उपागम (Gibsonian approach)
(ख) गेस्टाल्ट उपागम (Gestalt approach)
(ग) निदेश-अवस्था उपागम (Directive state approach)
(घ) सूचना संसाधन उपागम (Information processing approach)
7. रेखीय परिदृश्य (linear perspective) को निम्नांकित में से किस तरह का संकेत आप मानेंगे?
(क) गतिविहीन एकनेत्री संकेत (motionless monocular cue)
(ख) गतिपूर्ण एकनेत्री संकेत (monocular cue with motion)
(ग) द्विनेत्रीय संकेत (binocular cue)
(घ) यति बोधक गहराई संकेत (kinetic depth cue)
8. गिब्सन के दूरी एवं गहराई के प्रत्यक्षण में निम्नांकित में से किसे सबसे अधिक महत्त्वपूर्ण माना है?
(क) व्यक्ति के अनुभव एवं प्रशिक्षण को। (ख) उद्दीपक में निहित सूचना को।
(ग) एकनेत्री संकेत (monoculer cues) को। (ग) द्विनेत्री संकेत (binocular cues) को।
9. प्रत्यक्षज्ञानात्मक रक्षा (Perceptual defence) का प्रतिलोम क्या होता है?
(क) प्रत्यक्षज्ञानात्मक निगरानी (perceptual vigilance)
(ख) प्रत्यक्षज्ञानात्मक दहेली (perceptual thershold)
(ग) अवचेतन प्रत्यक्षण (subliminal perception)
(घ) अतिन्द्रिय प्रत्यक्षण (extrasensory perception)
10. कभी-कभी व्यक्ति को कुछ ऐसा प्रत्यक्षण होता है जो ज्ञानेन्द्रिय (sense organ) में होने वाले ज्ञात दैहिक प्रक्रियाओं से स्वतंत्र होता है। इस तरह के प्रत्यक्षण को कहा जाता है—
(क) अवचेतन प्रत्यक्षण (ख) अतिन्द्रिय प्रत्यक्षण
(ग) प्रत्यक्षज्ञानात्मक निगरानी (घ) भ्रम (illusion)
11. आकाशमिता (levitation) का अर्थ क्या होता है?
(क) दूसरे के मन में उत्पन्न विचारक को बिना उपर्युक्त संचार के ही बतला देने की क्षमता।
(ख) अपने साथ भविष्य में होने वाले घटनाओं का ज्ञान होने की क्षमता।

(ग) ऐसी वस्तुओं एवं घटनाओं का प्रत्यक्षण की क्षमता जो ज्ञानेन्द्रिय को किसी प्रकार का उद्दीपक नहीं प्रदान करता है।
(घ) अपनी मानसिक शक्ति या इच्छा से बाह्य वस्तुओं में बिना किसी तरह के शारीरिक बल का उपयोग किये परिवर्तन लाने की क्षमता।

12. जिस ग्राहक कोश द्वारा व्यक्ति को रंग का प्रत्यक्षण होता है, उसे सूचियाँ (causes) कहा जाता है। सही/गलत

13. जब व्यक्ति आम के फल को देखता है, तो वह उसमें पंखुड़ियां, पत्तों आदि का अलग प्रत्यक्षण न करके सबों का एक साथ प्रत्यक्षण करता है। इसे कहा जाता है—

(क) प्रत्यक्षज्ञानात्मक स्थिरता (ख) प्रत्यक्षज्ञानात्मक रक्षा
(ग) प्रत्यक्षज्ञानात्मक संगठन (घ) प्रत्यक्षज्ञानात्मक निगरानी

14. मानव शरीर का सबसे बड़ा ज्ञानेन्द्रिय किसके प्रति संवेदनशील होता है—

(क) रसायनिक सांद्रता (chemical concentation) (ख) स्पर्श (touch)
(ग) आवाज (sound) (घ) रोशनी (light)

15. प्रत्यक्षज्ञानात्मक संगठन का सबसे मौलिक नियम (fundamental principle) कौन है?

(क) भॉली नियम (Volley principle)
(ख) अंधेरा समायोजनशीलता घटना (dark adaptation phenomenon)
(ग) आकृति-पृष्ठभूमि सम्बन्ध (figure-ground relationship)
(घ) समानता का नियम (similarity principle)

16. स्थान सिद्धान्त (place theory) तथा बारंबारता सिद्धान्त (frequency theory) से किसकी व्याख्या होती है?

(क) आवाज अवस्थीकरण (sound localization) (ख) श्रवण दहेली परिवर्तन (auditory threshold shift)
(ग) तारत्व प्रत्यक्षण (pitch perception) (घ) इनमें से किसी का कोई नहीं

17. …………… का तंत्रिका बहरापन (nerve deafness) में सबसे बड़ी भूमिका होती है—

(क) रोग (disease)
(ख) जन्मदोष (birth defects)
(ग) उम्र प्रभाव (aging)
(घ) अत्यधिक आवाज से जिन्दगी भर अनावृत्त होते रहना

18. श्रवण संवेदन का ग्राहक कोक्किलिया (Cochlea) में पाया जाता है। सही/गलत

19. तारत्व (pitch) का मापन इकाई हर्ज (Hertz) तथा प्रबलता (loudness) का मापन इकाई डेसिबल (decibel) होता है। सही/गलत

20. तारत्व का निर्धारण मुख्यतः आवाज की बारंबारता (frequency) द्वारा तथा प्रबलता का निर्धारण मुख्यतः आवाज ऊँचाई (amplitude) द्वारा होता है। सही/गलत

21. गन्ध संवेदन (smell sensation) का तकनीकी नाम घ्राण (olfaction) है। सही/गलत

22. उत्तम स्वादी (super tastes) में स्वाद कलियों (taste buds) की संख्या उतनी ही होती है जितनी की अस्वादी (non-tastes) तथा मध्यम स्वादी (medium tasters) में होती है। सही/गलत

23. प्रत्येक स्वाद कली में करीब 1000 ग्राहक होते हैं। सही/गलत

24. स्वाद ग्राहक कोशिकाओं का जीवन-अवधि छोटा होता है और वे सतत प्रतिस्थापित होते रहतीं हैं। सही/गलत

25. घ्राण संवेदन का ग्राहक घ्राण इपिथेलियम (olfactory epithelium) में अवस्थित होता है। सही/गलत

26. रिक्त स्थानों की पूर्ति करें—

(i) प्रत्यक्षज्ञानात्मक स्थिरता एक तरह का प्रत्यक्षज्ञानात्मक ………………है।
(ii) ध्वनि प्रत्यक्षण के स्थान सिद्धान्त के अनुसार ध्वनि का प्रत्यक्षण का आधार…………होता है।
(iii) मानव कर्ण अधिक-से-अधिक…………..की ध्वनि ग्रहण कर सकता है।
(iv) पड़ा-खड़ा भ्रम में खड़ी रेखा पड़ी रेखा से……….प्रतीत होती है।
(v) जब नेत्र गोलक किसी वस्तु को देखते समय नाक की ओर गति उत्पन्न करता है तो इस तरह के व्यवहार को…………कहा जाता है।

(vi) ऊँचाई संकेत (height cue) एक तरह का....................संकेत है।

(vii) गेस्टाल्ट मनोवैज्ञानिकों के अनुसार प्रत्यक्षज्ञानात्मक संगठन का स्वरूप..................होता है।

(viii) प्रत्यक्षज्ञानात्मक निगरानी (perceptual vigilance) का प्रतिलोम..............होता है।

(ix) उपयुक्त संचार के अभाव में दूसरों के मन की बात को बतला देने के व्यवहार को ....कहा जाता है।

(x) ....में व्यक्ति उन उद्दीपकों की भी पहचान कर लेता है जिनकी तीव्रता चेतन पहचान की देहली से कम होती है।

उत्तर

1. गलत 2. गलत 3. सही 4. (ख) 5. (ग) 6. (ग) 7. (क)
8. (ख) 9. (क) 10. (ख) 11. (घ) 12. सही 13. (ग) 14. (ख)
15. (ग) 16. (ग) 17. (घ) 18. सही 19. सही 20. सही 21. सही
22. गलत 23. गलत 24. सही 25. गलत

20. (i) विकृति (ii) बेसीलर झिल्ली (iii) 20,000 Hz (iv) बड़ी (v) अभिबिन्दुता
(vi) एकनेत्री (vii) जन्मजात (viii) प्रत्यक्षज्ञानात्मक रक्षा (ix) दूरबोध (x) अवेचतन प्रत्यक्षण

अध्याय 5

अधिगम या सीखना

(LEARNING)

निबंधात्मक या दीर्घ-उत्तरीय प्रश्न (*Essay or Long Answer Questions*)

1. "अधिगम या सीखना की संक्रियात्मक परिभाषाएँ वैज्ञानिकों की क्रियाओं के लिए सहायक होती है।" विवेचना कीजिए।
"Operational definitions of learning facilitate scientist's activity." Discuss.
2. सीखना का अनुबन्धित अनुक्रिया सिद्धान्त क्या है? क्लासिकी अनुबन्धन तथा क्रियाप्रसूत अनुबन्धन में अन्तर बतलायें।
What is conditioned response theory of learning? Distinguish between classical conditioning and operant conditioning.
3. प्रयोगात्मक सबूत देते हुए सीखने की प्रक्रिया में अभिप्रेरण के महत्त्व पर प्रकाश डालें।
Citing experimental evidences throw light upon the role of motivation in learning.
4. साधनात्मक अनुबन्धन से आप क्या समझते हैं ? साधनात्मक अनुबन्धन के विभिन्न प्रकारों का उदाहरण सहित वर्णन करें।
What do you mean by instrumental conditioning ? Describe, with examples, the different types of instrumental conditioning.
5. परिवर्जन सीखना तथा मुक्ति सीखना में उदाहरणसहित अन्तर करें।
With examples, make distinction between avoidance learning and escape learning.
6. उदाहरण देते हुए सूझ द्वारा सीखना तथा प्रेक्षण सीखना में अन्तर बतलावें।
Citing examples make distinctions between insinghtful learning and observational learning.
7. थॉर्नडाइक द्वारा प्रतिपादित सीखने के सिद्धान्त की आलोचनात्मक वर्णन करें।
Critically describe Thorndike's theory of learning.
8. 1930 के पहले तथा बाद के थॉर्नडाइक के अधिगम सिद्धान्त का तुलनात्मक अध्ययन प्रस्तुत करें।
Present a comparative study of Thorndike's theory of learning before and after 1930.
9. प्रभाव नियम तथा संक्षिप्त प्रभाव नियम के अन्तर पर प्रकाश डालें।
Throw light upon the difference between law of effect and the truncated law of effect.
10. प्रभाव प्रसार से आप क्या समझते हैं? क्या यह प्रभाव नियम को समर्थन प्रदान करता है।?
What is spread of effect? Does it extend support to the law of effect?
11. उदाहरण देकर प्रतिवादी अनुक्रिया तथा क्रियाप्रसूत अनुक्रिया में अन्तर बतलावें।
Citing examples make distinction between respondent and operant response.

12. स्कीन्नर द्वारा प्रतिपादित सीखने के सिद्धान्त की आलोचनात्मक वर्णन करें।
Critically describe Skinner's theory of learning.
13. क्रियाप्रसूत अनुबंधन के नियमों पर प्रकाश डालें। क्रियाप्रसूत अनुक्रिया के सीखने में पुनर्बलन अनुसूची का महत्त्व बतलावें।
Throw light upon the principles of operant conditioning? Discuss the importance of schedule of reinforcement in learning of operant response.
14. मैगजिन प्रशिक्षण क्या है? अनुक्रिया के सीखने में इसकी भूमिका बतलावें।
What is magazine training? Duscuss its role in learning of operant response.
15. सूझ सिद्धान्त की आलोचनात्मक व्याख्या करें।
Critically explain insight theory learning.
16. सूझ द्वारा सीखने की विशेषताओं का वर्णन करें।
Describe the characteristics of insightful learning.
17. इस कथन का अर्थ बतलावें, ''गेस्टाल्ट मनोवैज्ञानिकों के लिए अधिगम मूलतः एक प्रत्यक्षज्ञानात्मक घटना है।''
Give the meaning of statement, "For Gestalt psychologists, learning is basically a perceptual phenomenon."
18. क्रम परिवर्तन से आप क्या समझते हैं ? सूझ द्वारा सीखने में इसकी भूमिका पर प्रकाश डालें।
What do you mean by transposition ? Throw light upon its role in learning by insight.

वस्तुनिष्ठ प्रश्न (*Objective Questions*)

1. अनुबन्धन प्रयोगों (conditioning experiences) में अनुबंधित अनुक्रियाओं का विलोपन (extinction) किस कारण होता है?
(क) अन्तोर्द (drive) की कमी। (ख) पुनर्बलन (reinforcement) की अनुपस्थिति।
(ग) अवरोध (inhibition) में वृद्धि (घ) प्रत्याशा (expectancy) में कमी।
2. निम्नलिखित में किसे सीखना की श्रेणी में सम्मिलित किया जाएगा?
(क) सिर्फ अभ्यास के कारण व्यवहार में होने वाला परिवर्तन।
(ख) अभ्यास एवं अनुभूति दोनों के कारण व्यवहार में होने वाला परिवर्तन।
(ग) अभ्यास, अनुभूति एवं अन्तोर्द (drive) के कारण व्यवहार में होने वाला परिवर्तन।
(घ) उपर्युक्त में सभी तरह के परिवर्तन को।
3. शाब्दिक सीखना (verbal learning) में निम्नांकित में से किस विधि का उपयोग प्रयोज्यों को प्रेरित करने में नहीं किया जा सकता है?
(क) दुश्चिंता (anxiety) (ख) भोजन एवं पानी से वंचन (deprivation)
(ग) दंड (punishment) (घ) पुरस्कार (reward)
4. अधिकतम नकारात्मक अंतरण (negative transfer) निम्नांकित में से किस रूपावली (paradigm) में होता है।
(क) A-B, A-C (ख) A-B, A-B, (ग) A-B, A-B' (घ) A-B, B-A
5. क्लासिकी अनुबंधन के क्षेत्र में सबसे ज्यादा मौलिक शोध पैवलव द्वारा किया गया था। सही/गलत
6. आई॰पी॰ पैवलव एक रूसी मनोवैज्ञानिक थे। सही/गलत
7. स्कीन्नर बक्स में पशु के व्यवहार का लेखा-जोखा का पता निम्नांकित में से किससे चलता है?
(क) मैगजीन प्रशिक्षण (magazine training) (ख) शेपिंग (shaping)
(ग) संचयी रेकार्डिंग (cumulative recording) (घ) लीभर दबाना (lever pressing)
8. निम्नांकित में से शेपिंग का तत्त्व कौन है?
(क) विभेदी पुनर्बलन (differential reinforcement) तथा अनुक्रमिक उपगमन (successive approximation)
(ख) प्राथमिक पुनर्बलन (primary reinforcement) तथा गौण पुनर्बलन (secondary reinforcement)
(ग) नकारात्मक पुनर्बलन (negative reinforcement) तथा धनात्मक पुनर्बलन (positive reinforcement)
(घ) विलोपन (extinction) तथा स्वतः पुनर्लभ (spontaneous recovery)
9. सीखने की परिस्थिति में प्राणी उस अनुक्रिया को करना चाहता है जो कम प्रयास में किया जा सके तथा जिसके बाद पुनर्बलन तेजी से मिल जाय। इस तथ्य का सम्बन्ध निम्नांकित में से किससे है?
(क) लक्ष्य प्रवणता प्राक्कल्पना (goal-gradient hypothesis)

(ख) प्रणोद-ह्रास प्राक्कल्पना (drive reduction hypothesis)
(ग) आदत परिवार अनुक्रम (habit family hierarchy)
(घ) उद्दीपक तीव्रता गत्यात्मकता (stimulus-intensity dynamism)

10. पुनर्बलन के आकार (size) में वृद्धि होने से निष्पादन स्तर (performance level) में तेजी से परिवर्तन आता है। इस तथ्य का सम्बन्ध निम्नांकित में से किससे है।
(क) क्रेस्पी प्रभाव (Crespi effect)
(ख) प्रभाव नियम (law of effect)
(ग) उद्दीपक सामान्यीकरण (stimulus generalization)
(घ) रोजेनेथल प्रभाव (Rosenthal effect)

11. पैवलव ने अनुबन्धन सिद्धान्त (conditioning theory) में निम्नांकित में से किसे सर्वोच्च स्थान दिया?
(क) पुनर्बलन (reinforcement) (ख) प्रासंगिकता (contingency)
(ग) सामीप्यता (contiguity) (घ) निष्प्रमन (overshadowing)

12. किसी भी उद्दीपक (stimulus) को एक प्रभावी CS होने के लिए यह आवश्यक है कि वह UCS के आने के बारे में सही एवं सार्थक (nonredundant) सूचना दे। इस प्रकार के कथन पर कौन अधिक बल डाले हैं?
(क) पैवलव (Pavlov) (ख) रेसकोलरा (Rescolra)
(ग) वैगनर (Wagner) (घ) कामीन (Kamin)

13. निम्नांकित में से किस परिस्थिति में प्राणी में निष्क्रियता (passivity) सबसे अधिक पायी जाती है?
(क) परिवर्तन सीखना (avoidance learning) (ख) मुक्ति सीखना (escape learning)
(ग) अर्जित निस्सहायता (learning helplessness) (घ) दंड प्रशिक्षण (punishment training)

14. पैवलव द्वारा कुत्ता पर किये गए प्रयोग में आवाज (tone) एक अनुबंधित उद्दीपक (conditioned stimulus) था।
सही/गलत

15. सुनीता को पुल पार करते समय सड़क दुर्घटना हो गयी। अब जब भी उसे कोई पुल पार करना होता है तो वह काफी घबड़ा जाती है। उसके इस भाव (feeling) की व्याख्या निम्नांकित में से किससे उपयुक्त ढंग से होती है?
(क) विलोपन (extinction) (ख) सामान्यीकरण (generalization)
(ग) विभेदन (discrimination) (घ) स्वतः पुनर्लाभ (spontaneous recovery)

16. जब अनुबंधित उद्दीपक (conditioned stimulus) को बार-बार स्वाभविक उद्दीपक (unconditioned stimulus) उपस्थित किये बिना ही दिया जाता है तो इससे अनुबंधित अनुक्रिया (conditioned response) की शक्ति धीरे-धीरे क्षीण होते चली जाती है और अन्त में बिलकुल ही समाप्त हो जाती है। इस प्रक्रिया को कहा जाता है—
(क) सामान्यीकरण (ख) विभेदन (ग) विलोपन (घ) स्वतः पुनर्लाभ

17. दिन-प्रतिदिन की जिंदगी में निम्नांकित में से किसे क्लासिकी अनुबंधन द्वारा ग्रहण नहीं किया जाता है?
(क) कौशल (skills) (ख) धनात्मक भाव (positive feelings)
(ग) ऋणात्मक भाव (negative feelings) (घ) डर एवं दुर्भीति (phobias)

18. क्लासिकी अनुबंधन होने के लिए यह आवश्यक है कि स्वाभाविक उद्दीपक (unconditioned stimulus) अनुबंधित उद्दीपक (conditioned stimulus) के तुरंत बाद दिया जाए तथा इन दोनों का युग्मित उपस्थिति (paired presentation) कई बार किया जाए। परंतु इस कथन का एक अपवाद भी है जो निम्नांकित में से कौन है—
(क) अनुबंधित लार अनुक्रिया (conditioned salivation response)
(ख) अनुबंधित क्रियाप्रसूत अनुक्रिया (conditioned operant response)
(ग) अनुबंधित स्वाद विरुचि (conditioned taste aversion)
(घ) अनुबंधित औषध सहनशीलता (conditioned drug tolerance।

19. प्रयास एवं त्रुटि अधिगम पर बिल्ली को पहेली बकस में रखकर किसने अधिक शोध किया?
(क) वाटसन (ख) स्कीन्नर
(ग) थॉर्नडाइक (घ) पैवलव

20. यद्यपि सोनू ने अक्षर 'B' को इस ढंग से लिखा कि वह देखने में 'D' जैसा था। फिर भी उसके शिक्षक ने उसकी प्रशंसा यह कहकर किया कि उसके पहले प्रयास से यह अधिक सफल प्रयास था। यहाँ उसके शिक्षक द्वारा किस प्रविधि का उपयोग किया जा रहा है?

(क) पुनर्वर्लन प्रविधि (ख) क्रियाप्रसूत (operant) सीखना

(ग) शेपिंग (shaping) (घ) उपर्युक्त सभी का

21. निम्नांकित में से किसमें क्रियाप्रसूत अनुक्रिया (operant response) के होने का दर (rate) अधिकतम होता है?

(क) निश्चित अनुपात अनुसूची (fixed ratio schedule)

(ख) परिवर्त्य अनुपात अनुसूची (variable ratio schedule)

(ग) निश्चित अन्तराल अनुसूची (fixed interval schedule)

(घ) परिवर्त्य अंतराल अनुसूचि (variable interval schedule)

22. नकारात्मक पुनर्बलन (negative reinforcement) से किसी अनुक्रिया के होने की सम्भावना कम जाती है। सही/गलत

23. दंड (punishment) स्थूल तौर पर नकारात्मक दंड (negative reinforcement) के समान है। सही/गलत

24. प्रायः दंड अवांछित व्यवहार को विलोपित नहीं करता है। सही/गलत

25. खंड I में दिये गए मनोवैज्ञानिक के नामों को खंड II में दिये गए उनके सिद्धांतों/नियमों से सुमेलित करें तथा दिये गये कूट संकेत (code) के आधार पर उत्तर दें—

खण्ड I	खण्ड II
(A) पैवलव	(W) प्रभाव नियम (law of effect)
(B) स्कीन्नर	(X) पुनर्वलन अनुसूचि (schedule of reinforcement)
(C) थॉर्नडाइक	(Y) सूझपूर्ण सीखना (insightful learning)
(D) कोहलर	(Z) लारस्रावी अनुबंधन (salivary conditioning)

कूट संकेत (codes)

(क) A-Z, B-X, C-W, D-Y (ख) A-C, B-X, C-Z, D-W

(ग) A-X, B-Z, C-W, D-Y (घ) A-Y, B-W, C-Z, D-X

21. रिक्त स्थानों की पूर्ति करें—

(i) माऊर्र (Mowrer) के अनुसार परिवर्जन सीखना में............अनुबन्धन तथा ....अनुबन्धन दोनों ही सम्मिलित होते हैं।

(ii) प्रेक्षणात्मक सीखना एक तरह का ....सीखना है।

(iii) जिस अनुबन्धन (conditioning) में UCS पहले तथा CS बाद में आता है, उसे............अनुबन्धन कहा जाता है।

(iv) अव्यक्त विलोपन (latent extinction) का सम्प्रत्यय अनुक्रिया-अवरोध सिद्धान्त (response inhibition theory) के ....जाता है।

(v) ....में दो या दो से अधिक अनुसूची को लगातार एक-दूसरे के बाद पूरा होने पर ही पुनर्बलन दिया जाता है।

(vi) ....में पुनर्बलन प्राणी की अनुक्रिया से स्वतंत्र होता है।

(vii) ....से तात्पर्य इस बात से होता है कि प्रत्येक प्राणी में खतरा से बचाव का एक जन्मजात तरीका होता है।

(viii) ....में प्राणी यह सीखता है कि परिस्थिति का नियंत्रण उसकी शक्ति से परे हैं।

(ix) लगातार कई समस्याओं के समाधान करने से प्राणी के ....में वृद्धि हो जाती हैं।

(x) विसकोनसीन जेनरल टेस्ट उपकरण का प्रयोग...............सीखना के प्रयोग में होता है।

उत्तर

1. (ख)	2. (ख)	3. (ख)	4. (ख)	5. (क)	6. (ग)	7. (ग)
8. (क)	9. (ग)	10. (क)	11. (ग)	12. (ख)	13. (ग)	14. सही
15. (ख)	16. (ग)	17. (क)	18. (ग)	19. (ग)	20. (ग)	21. (ख)
22. गलत	23. गलत	24. सही	25. (क)			

26. (i) क्लासिकी; साधनात्मक (ii) संज्ञानात्मक (iii) पश्चगामी
(iv) विरुद्ध (v) शृंखला अनुसूची (vi) स्वतः शेपिंग (autoshaping)
(vii) प्रजाति विशिष्ट रक्षा क्रिया (species-secific defense reaction)
(viii) अर्जित निस्सहायता (ix) अधिगमन प्रवृत्ति (leaning set) (x) विभेदन

अध्याय 8

स्मृति
(MEMORY)

निबंधात्मक या दीर्घ-उत्तरीय प्रश्न (Essay or Long Answer Questions)

1. स्मृति के स्वरूप पर प्रकाश डालें। स्मृति के प्रमुख तत्त्वों का वर्णन करें।
Discuss the nature of memory. Describe the major elements of memory.
2. संवेदी स्मृति क्या है? इसके प्रमुख प्रकारों का उदाहरण सहित वर्णन करें।
What is sensory memory ? Describe, with examples, its major types.
3. प्रतिमा-सम्बन्धी स्मृति तथा प्रतिध्वनिक स्मृत्ति में अन्तर बतलावें।
Make distinction between iconic memory and echoic memory.
4. लघुकालीन स्मृति की विशेषताओं पर प्रकाश डालें। लघुकालीन स्मृति में रिहर्सल की भूमिका बतलावें।
Throw light upon the characteristics of short-term memory? Dicuss the role of rehearsal in short-term memory.
5. क्या मनोवैज्ञानिकों ने मिलर द्वारा प्रतिपादित जादूगरी संख्या को मान्यता दी है? लघुकालीन स्मृति का आदर्श अवधि क्या होता है?
Do psychologists have given acceptance to magical number of Miller? What is the ideal duration of short-term memory?
6. दीर्घकालीन स्मृति की विशेषताओं पर प्रकाश डालें। दीर्घकालीन स्मृति से सूचनाओं की पुनः प्राप्ति किस तरह होती है?
Throw light upon the characteristics of long-term memory? How is information retrieved from long-term memory.
7. प्रासंगिक स्मृति तथा अर्थगत स्मृति का अर्थ बतलावें। इन दोनों में अन्तर के प्रमुख बिन्दुओं पर प्रकाश डालें।
Give the meaning of episodic memory and semantic memory. Thorw light upon its major distinction.
8. क्या दीर्घकालीन स्मृति पर अभिप्रेरणात्मक कारकों का प्रभाव पड़ता है? प्रयोगात्मक सबूत देते हुए उत्तर दें।
Do motivational factors affect long-term memory? Answer giving experimental evidences.
9. निम्नलिखित पर संक्षिप्त नोट लिखें (Write short notes on the following):
(क) फ्लैशबल्ब स्मृति (flashbulb memory)
(ख) पोलियाना नियम (Pollyanna principle)
(ग) ध्वनिग्रामीय लूप मॉडल (phonological loop model)
10. स्मृति में संरचनात्मक एवं पुनर्संरचनात्मक प्रक्रियाओं का प्रयोगात्मक सबूतों के साथ वर्णन प्रस्तुत करें।
Present with experimental evidences, the description of constructive and reconstructive process in memory.
11. स्मृति के मापने की विधियों का वर्णन करें।
Describe the methods of measuring memory.
12. विस्मरण के सन्तनन-दृढ़ीकरण सिद्धान्त की आलोचनात्मक व्याख्या करें।
Critically explain the Preservation-consolidition theory of forgetting.
13 पृष्ठोन्मुख अवरोध के द्विकारक सिद्धान्त की आलोचनात्मक व्याख्या करें।
Critically explain the two-factor theory of retroactive inhibition.
14. विस्मरण के बाधक सिद्धान्त या हस्तक्षेप सिद्धान्त की आलोचनात्मक समीक्षा प्रस्तुत करें।
Present a critical review of interference theory of forgetting.

15. विस्मरण के उद्दीपक-कूटसंकेतन सिद्धान्त की आलोचनात्मक वर्णन करें।
    Critically describe the stimulus-encoding theory of forgetting.
16. आप अपने स्मृति को उन्नत कैसे बनायेंगे?
    How will you improve your memory?

वस्तुनिष्ठ प्रश्न (*Objective Questions*)

1. निम्नांकित में से कौन सही क्रम में हैं?
   (क) पुनः प्राप्ति (retrieval)—संचयन (storage)—कूटसंकेतन (encoding)
   (ख) संचयन—पुनः प्राप्ति—कूटसंकेतन
   (ग) कूटसंकेतन—पुनः प्राप्ति—संचयन
   (घ) कूटसंकेतन—संचयन—पुनः प्राप्ति
2. निम्नांकित में से किसे संवेदी स्मृति (sensory memory) में रखा जा सकता है?
   (क) प्रासंगिक स्मृति (episodic memory) (ख) अर्थगत स्मृति (semantic memory)
   (ग) प्रतिध्वनि स्मृति (echoic memrory) (घ) कार्य विधि स्मृतिं (procedural memory)
3. निम्नांकित में से किनकी अवधि (duration) सबसे कम होती है?
   (क) प्रतिमा सम्बन्धी स्मृति (iconic memory) (ख) प्रतिध्वनि स्मृति (echoic memory)
   (ग) लघुकालीन स्मृति (short-term memory) (घ) आत्मचरित स्मृति (autobiographical memory)
4. निम्नांकित में से कौन कथन असत्य (false) है?
   (क) प्रतिमा-सम्बन्धी स्मृति (iconic memory) साहचर्यात्मक (associative) होती है।
   (ख) प्रतिमा-सम्बन्धी स्मृति पर अभ्यास का प्रभाव नहीं पड़ता है।
   (ग) प्रतिमा-सम्बन्धी स्मृति की अवधि प्रतिध्वनि स्मृति (echoic memory) से छोटी होती है।
   (घ) प्रतिमा-सम्बन्धी स्मृति संवेदी स्मृति (sensory memory) का एक प्रकार है।
5. उस परिस्थिति में जहाँ व्यक्ति निश्चित रूप से यह महसूस करता है कि अमुक एकांश (item) को वह जान रहा है परंतु उसे तुरन्त प्रत्याह्वान करने में असमर्थ पाता है, को कहा जाता है—
   (क) धारण असफलता (retention failure) (ख) विस्मरण (forgetting)
   (ग) संकेत आधारित विस्मरण (cue-dependent forgetting)
   (घ) जिह्वा की नोंक की घटना (tip-of-the-tongue phenomenon)
6. निम्नांकित में से किन दो को आप संवेदी स्मृति (sensory memory) की श्रेणी में रखेंगे?
   (A) प्रतिध्वनिक स्मृति (B) प्रतिमा-सम्बन्धी स्मृति
   (C) आत्मचरित स्मृति (घ) प्रक्रियात्मक स्मृति
   नीचे दिये गये कूटसंकेतों (codes) के आधार पर उत्तर दें—
   (क) A तथा C (ख) B तथा D (ग) D तथा C (घ) A तथा B
7. अक्सर आपके मन में वह स्मृति ताजी हो उठती हैं जो आपको यह याद दिलाती है कि आपके पिता को कैसे बेरहमी से बदमाशों ने कुछ साल पहले पीटा था। इस तरह की स्मृति को आप निम्नांकित में से किस श्रेणी में रखेंगे?
   (क) प्रासंगिक स्मृति (episodic memory) (ख) अर्थगत समृति (semantic memory)
   (ग) प्रक्रियात्मक स्मृति (procedural memory) (घ) फ्लैशबल्ब स्मृति (flashbulb memory)
8. सबसे लघुत्तम स्मृति को लघुकालीन स्मृति (short-term memory) कहा जाता है। सही/गलत
9. पेटरसन एवं पेटरसन के अध्ययन के अनुसार STM की सही अवधि (duration) निम्नांकित में से कौन है?
   (क) 6 सेकेण्ड (ख) 10 सेकेण्ड (ग) 18 सेकेण्ड (घ) 30 सेकेण्ड
10. निम्नांकित में सें किस तरह के कूटसंकेतीकरण (coding) से STM सबसे अधिक प्रभावित होता है?
    (क) दृष्टि कूटसंकेतीकरण (visual coding) (ख) अर्थगत कूटसंकेतीकरण (semantic coding)
    (ग) ध्वनिक कूटसंकेतीकरण (acoustic coding) (घ) उपर्युक्त में से कोई भी नहीं
11. STM से LTM में सूचनाओं के अंतरण में निम्नांकित में सें किसकी भूमिका सबसे प्रधान होती हैं?
    (क) सम्पोषण रिहर्सल (maintenance rehearsal) (ख) विस्तृत रिहर्सल (elaborative rehearsal)

(ग) अवधान (attention) (घ) मानसिक समीक्षा (mental review)

12. STM में किसी एक एकांश (item) को संसाधित (processing) करने में लगभग कितना समय लगता है?
(क) 250 मिलीसेकण्ड (ख) 500 मिलीसेकेण्ड (ग) 750. मिलीसेकेण्ड (घ) 950 मिलीसेकेण्ड

13. स्मृति का एक प्रमुख तत्त्व (component) विस्मरण (forgetting) होता है। सही/गलत

14. सूची I को सूची II से सुमेलित करें—

सूची I	सूची II
(A) ह्रास सिद्धान्त (Decay theory)	(i) मेल्टन (Melton)
(B) द्विकारक सिद्धान्त (Two-factor theory)	(ii) इबिंगहास (Ebbinghaus)
(C) स्वतंत्रता प्राक्कल्पना (Independence hypothesis)	(iii) क्रेक एवं लॉकहार्ट (Craik & Lochart)
(D) संसाधन-के-स्तर विचारधारा (Level-of-Processing viewpoints)	(iv) मैकग्यू (Mc Geoch)
	(v) ब्रौडवेन्ट (Broadbent)

दिये गये कूट संकेतों (codes) के आधार पर उत्तर दें—

	A	B	C	D
(क)	I	V	IV	III
(ख)	I	II	III	IV
(ग)	II	I	IV	III
(घ)	II	III	V	IV

15. विस्मरण के स्वतंत्रता प्राक्कल्पना (independence hypothesis) का निर्माण मूलर तथा पिलजेकर द्वारा किया गया था। सही/गलत

16. अर्थगत स्मृति (semantic memory) घोषणात्मक स्मृति (declarative memory) का एक प्रकार है। सही/गलत

17. व्यक्तिगत रूप से अनुभव की गयी अनुभूतियों की स्मृति को प्रासंगिक स्मृति (episodic memory) कहा जाता है। सही/गलत

18. मनोवैज्ञानिक शोधों से यह स्पष्ट हुआ है कि अधिक सुखद एकांशों (pleasant items) का प्रत्याह्वान कम सुखद एकांशों की अपेक्षा अधिक होता है। इस तथ्य का सम्बन्ध निम्नांकित में से किससे है?
(क) पोलियाना नियम (Pollyanna principle)
(ख) संकेत-आधृत प्रत्याह्वान (cue-dependent recall)
(ग) चिह्न आधृत प्रत्याह्वान (trace-dependent recall)
(घ) वार्ड-होभलैंड घटना (Ward-Hovland Phenomenon)

19. व्यक्ति के पेशीय कौशलों (motor skills) तथा आदतों (habits) से सम्बद्ध स्मृति को अघोषणात्मक स्मृति (nondeclarative memory) कहा जाता है। सही/गलत

20. स्मृति के स्वरूप को संरचनात्मक (constructive) तथा पुनर्संरचनात्मक मानने में निम्नांकित में से किसकी भूमिका अधिक महत्त्वपूर्ण है?
(क) स्कीमा (schema) (ख) सांकेतिक प्रत्याह्वान (cued recall)
(ग) प्रत्यभिज्ञान (recognition) (घ) पुनरुत्पादन (reproduction)

21. विस्मरण की प्रक्रिया में निम्नलिखित सामग्रियों का सही क्रम (order) क्या है?
A. कविता (poems) B. निरर्थक पद (nonsense syllables)
C. गद्यांश (passage) D. सूझ-आधृत सीखना (insight based learning)
दिये गये कूटसंकेतों के आधार पर उत्तर दें—
(क) B, C, A, D (ख) B, A, C, D (ग) A,C, D, B (घ) D, C, B, A

22. दीर्घकालीन स्मृति (long term memory) के कौन उपतंत्र में चेतन रूप की गयी सचेतता (conscious awareness) की जरूरत नहीं पड़ती है?
(क) प्रासंगिक स्मृति (episodic memory) (ख) अर्थगत स्मृति (semantic memory)
(ग) अघोषणात्मक स्मृति (non-declarative memory) (घ) घोषणात्मक स्मृति (declarative memory)

23. निम्नांकित में कौन विधि धारण या स्मृति को मापने का एक संवेदनशील माप (sensitive measure) है?
(क) प्रत्याच्छान (recall) (ख) पुनःसीखना (relearning)
(ग) प्रत्यभिज्ञान (retrieval) (घ) पुनःप्राप्ति (retrieval)

24. निम्नांकित में से किसने अर्थहीन पद (nonsense syllable) का आविष्कार किया तथा विस्मरण वक्र रेखांकित किया?
(क) स्पर्लिंग (Sperling) (ख) वार्टलेट (Bartlett)
(ग) वर्ट (Brutt) (घ) इबिंगहॉस (Ebbinghaus)
25. वृद्ध लोगों के दीर्घकालीन स्मृति में विस्मरण का मुख्य कारण स्मृति चिह्नों का ह्रास (decay) होता है। सही/गलत
26. विस्मरण का मुख्य कारण हस्तक्षेप (interference) होता है। सही/गलत
27. हस्तक्षेप को कम करने का सबसे उत्तम तरीका यह है कि सीखने के बाद मनोरंजन किया जाय। सही/गलत
28. रिक्त स्थानों की पूर्ति करें—
(i) लघुकालीन स्मृति में सूचनाओं का बना रहना...............रिहर्सल पर निर्भर करता है।
(ii) LTM से विस्मरण का मुख्य कारण ....प्रक्रम है।
(iii) उद्दीपक-कूटसंकेतन सिद्धान्त का विकास.............के शोधों से हुआ है।
(iv) मिल्लर (Miller) के जादुई संख्या के अनुसार STM की क्षमता.............तक सीमित होती है।
(v) प्रासंगिक स्मृति का दूसरा नाम..................स्मृति है।
(vi) प्रक्रियात्मक स्मृति एक तरह का ....स्मृति है।
(vii) स्वतंत्रता प्राक्कल्पना का प्रतिपादन................द्वारा किया गया था।

उत्तर

1. (ख)	2. (ग)	3. (क)	4. (क)	5. (घ)	6. (घ)	7. (घ)
8. गलत	9. (ग)	10. (ग)	11. (ख)	12. (क)	13. गलत	14. (ग)
15. (ख)	16. (क)	17. (क)	18. (क)	19. सही	20. (क)	21. (क)
22. (ग)	23. (ख)	24. (घ)	25. गलत	26. सही	27. गलत	

28. (i) सम्पोषक (ii) बाधा (iii) टुलविंग (iv) 7±2
(v) आत्मचरित (vi) दीर्घकालीन (vii) मैग्यू

अध्याय 7

बुद्धि
(INTELLIGENCE)

निबंधात्मक या दीर्घ-उत्तरीय प्रश्न (*Essay or Long Answer Questions*)

1. बुद्धि की एक परिभाषा दें। इसके प्रमुख प्रकारों का वर्णन करें।
Define intelligence. Describe its major types.
2. अमूर्त बुद्धि तथा मूर्त बुद्धि में क्या अंतर है? बुद्धि का मापन कैसा होता है?
What is the difference between abstract intelligence and concrete intelligence? How is intelligence measured?
3. बुद्धि लब्धि तथा विचलन बुद्धि लब्धि के अन्तर को सोदाहरण समझावें।
With examples, make distinction between intelligence quotient and deviation intelligence quotient.
4. उदाहरण के साथ स्पीयरमैन द्वारा प्रस्तावित बुद्धि के द्विकारक सिद्धान्त की आलोचनात्मक व्याख्या करें।
With examples, present a critical explanation of Spearman's two-factor theory of intelligence.
5. थर्सटन द्वारा प्रस्तावित बुद्धि के समूह कारक सिद्धान्त की आलोचनात्मक व्याख्या करें।
Critically explain Thurstone's group factory of intelligence.
6. उदाहरण के साथ तरल बुद्धि तथा ठोस बुद्धि में अन्तर करें।
With examples, make distinction between liquid intelligence and crystallized intelligence.
7. गिलफोर्ड के त्रिविमिय मॉडल की आलोचनात्मक व्याख्या करें।
Critically explain the tridimensional model of Guilford.

8. गार्डनर द्वारा प्रस्तावित बहु-बुद्धि के सिद्धान्त की आलोचनात्मक व्याख्या करें।
Critically explain the Multi-intelligence theory proposed by Gardner.
9. स्टर्नवर्ग द्वारा प्रस्तावित बुद्धि के सिद्धान्त की आलोचनात्मक व्याख्या करें।
Critically explain the theory of intelligence proposed by Sternberg.

वस्तुनिष्ठ प्रश्न (Objective Questions)

1. वेशलर ने बुद्धि को परिभाषित करने में किस उपागम (approach) का सहारा लिया है?
   (क) आणविक उपागम (atomistic approach)
   (ख) सार्वजिक उपागम (global approach)
   (ग) मोलर उपागम (molar approach)
   (घ) मनोमितिक उपागम (psychometric approach)
2. एक सफल पेन्टर (painter) में किस तरह की बुद्धि की प्रबलशीलता होता है?
   (क) अमूर्त्त बुद्धि (abstract intelligence) की। (ख) मूर्त्त बुद्धि (concrete intelligence) की।
   (ग) सामाजिक बुद्धि (social intellignece) की। (घ) तरल बुद्धि (liquid intelligence) की।
3. मानसिक आयु के सम्प्रत्यय को किसमें महत्त्वहीन समझा गया है?
   (क) बुद्धि लब्धि (intelligence quotient) में।
   (ख) विचलन बुद्धि लब्धि (deviation intelligence quotient) में।
   (ग) कुशलता सूचंकांक (index of brightness) में।
   (घ) मानक प्राप्तांक (standard score) में।
4. अगर किसी व्यक्ति का बुद्धि मानक प्राप्तांक (intelligence standard score)+2σ हो, तो उसका विचलन बुद्धि लब्धि (deviation IQ) यदि माध्य = 100 तथा मानक विचलन =15 हो, तो कितना होगा?
   (क) 85 (ख) 115 (ग) 130 (घ) 145
5. "बुद्धि का स्वरूप बिजली के समान होता है जिसे मापना आसान है परन्तु परिभाषित करना मुश्किल है।" यह उक्ति किनका है?
   (क) स्पीयर मैन (Spearman) (ख) जेनसन (Jenson)
   (ग) बिने (Binet) (घ) गार्डनर (Gardner)
6. सबसे पहला बुद्धि परीक्षण निम्नांकित में से कौन है?
   (क) वेक्सलर बुद्धि परीक्षण (Wechsler intelligence scale)
   (ख) बिने साइमन परीक्षण (Binet-Simon test)
   (ग) रैवेन प्रोग्रेसिव मैट्रिसेज (Raven's Progressive Matrices)
   (घ) गुडएनफ ड्रा-मैन-परीक्षण (Goodenough Draw-A-Man test)
7. वेक्सलर बुद्धि परीक्षण को आप किस तरह की श्रेणी में रखेंगे?
   (क) शाब्दिक परीक्षण (verbal test)
   (ख) क्रियात्मक परीक्षण (performance test)
   (ग) अशाब्दिक परीक्षण (non-verbal test)
   (घ) शाब्दिक क्रियात्मक परीक्षण (verbal performance test)
8. सही सुमेल बतलाये—

परीक्षण	*प्रकार*
(अ) रैवेन प्रोग्रेसिव मैट्रीसेज	(च) शाब्दिक परीक्षण
(ब) बिने साइमन परीक्षण	(छ) अशाब्दिक परीक्षण
(द) पास अलॉग परीक्षण	(ज) क्रियात्मक परीक्षण

दिये गए कूटसंकेतों (codes) के आधार पर उत्तर दें—
   (क) अ तथा ज (ख) ब तथा छ
   (ग) स तथा च (घ) अ तथा छ

निर्देशः एकांश संख्या 9 से 13 तक में एक-एक कथन (assertion) दिया गया है तथा उनका एक-एक तर्क (reasoning) भी दिया गया। प्रत्येक एकांश के दिये गए कूटसंकेतों (codes) में से सही उत्तर का चयन करें।

9. कथन (assertion)—अधिक बुद्धि वाले व्यक्ति सभी तरह के परिस्थितियों में उत्तम निष्पादन (performance) दिखाते है।
तर्क (reasoning)—बुद्धि के निर्धारण में G-कारक का वर्चस्व होता है।
उत्तर संकेत (Answer codes)
(क) कथन और तर्क दोनों ही सही है। (ख) कथन सही है परंतु तर्क गलत है।
(ग) तर्क सही है परन्तु कथन गलत है। (घ) कथन तथा तर्क दोनों ही गलत है।

10. कथन (assertion)—कुशाग्र बुद्धि वाले व्यक्ति सर्जनात्मक (creative) होते हैं।
तर्क (reasoning)—बुद्धि तथा सर्जनात्मकता में धनात्मक सम्बन्ध होता है।
उत्तर संकेत (Answer codes)
(क) कथन और तर्क दोनों ही सही है। (ख) कथन सही है परंतु तर्क गलत है।
(ग) तर्क सही है परंतु कथन गलत है। (घ) कथन और तर्क दोनों ही गलत है।

11. कथन (assertion)—कुशाग्र बुद्धि वाले माता-पिता के बच्चे भी तीव्र बुद्धि के होते हैं।
तर्क (reasoning)—बुद्धि का निर्धारिण आनुवंशिक (hereditary) कारकों से होता है।
उत्तर संकेत (Answer codes)
(क) कथन और तर्क दोनों ही सही है। (ख) कथन सही है परंतु तर्क गलत है।
(ग) तर्क सही है परंतु कथन गलत है। (घ) कथन और तर्क दोनों ही गलत है।

12. कथन (assertion)—प्रथम जन्मक्रम वाले बच्चे की बुद्धि बाद के जन्मक्रम वाले बच्चों की अपेक्षा प्रखर होती है।
तर्क (reasoning)—व्यक्ति के बुद्धि पर पर्यावरण का प्रभाव पड़ता है।
उत्तर संकेत (Answer codes)
(क) कथन और तर्क दोनों ही सही है। (ख) कथन सही है परंतु तर्क गलत है।
(ग) तर्क सही है परंतु कथन गलत है। (घ) कथन और तर्क दोनों ही गलत है।

13. कथन (assertion)—संगीतज्ञ (musician) तीव्र बुद्धि के होते हैं।
तर्क (reasoning)—व्यक्ति की बुद्धि में S कारक की प्रधानता होती है।
उत्तर संकेत (Answer codes)
(क) कथन और तर्क दोनों ही सही है। (ख) कथन सही है परंतु तर्क गलत है।
(ग) तर्क गलत हैं और परंतु कथन सही है। (घ) कथन और तर्क दोनों ही गलत है।

14. पहला वैध (valid) बुद्धि परीक्षण स्टेनफोर्ड विने परीक्षण था। सही/गलत
15. वेक्सलर ने वयस्कों एवं बच्चों दोनों के लिए बुद्धि परीक्षण विकसित किये। सही/गलत
16. अंक विस्तार परीक्षण (digit span test) को वेक्सलर एक क्रियात्मक परीक्षण मानते हैं। सही/गलत
17. यदि किसी व्यक्ति का समायोजी कार्यवाही (adaptive functioning) असंतोषजनक है और उसकी बुद्धि लब्धि 70 से नीचे, है तो उसे मानसिक रूप से दुर्बल (retarded) कहा जाता है। सही/गलत

18. नर्तकी में निम्नांकित में किसकी प्रधानता अधिक होती है?
(क) सांगीतिक बुद्धि (musical intelligence)
(ख) व्यक्तिगत बुद्धि (personal intelligence)
(ग) शारीरिक-गतिक बुद्धि (body-kinetic intelligence)
(घ) तरल-बुद्धि (liquid intelligence)

19. कैटेल के अनुसार निम्नांकित में से कौन कथन सत्य है?
(क) बुद्धि में 'G' एवं 'S' दो प्रधान कारक होते हैं।
(ख) बुद्धि का स्वरूप तरल (liquid) एवं ठोस (crystallized) दोनों ही होता है।
(ग) बुद्धि अंशतः जनमजात तथा अंशतः अर्जित होती है।
(घ) बुद्धि सिर्फ दो प्रकार का होता है—भाषीय (linguistic) तथा स्थानिक (spatial)

20. दिये गये आकृतियों या चित्रों को मानसिक रूप से परिवर्तन करने की क्षमता को कहा जाता है—
   (क) अमूर्त्त क्षमता (abstract ability) (ख) स्थानिक क्षमता (spatial ability)
   (ग) प्रत्यक्षज्ञानात्मक गति क्षमता (perceptual speed ability)
   (घ) तर्क क्षमता (reasoning ability)
21. बुद्धि-लब्धि परीक्षण स्कूल में सफलता का उत्तम भविष्यवाणी है। सही/गलत
22. रिक्त स्थानों की पूर्ति करें—
   (i) गिलफोर्ड मॉडल में बुद्धि के कुल................कारक होते हैं।
   (ii) 'G' कारक एक..................है।
   (iii) ठोस बुद्धि (crystallized intelligence) का स्वरूप...............होता है।
   (iv) पदानुक्रमिक मॉडल में सबसे ऊपरी स्तर पर ....कारक को रखा गया है।
   (v) गार्डनर के अनुसार बुद्धि के ....कारक होते हैं।
   (vi) रैवेन प्रोग्रेसिव मैट्रिसेज एक तरह का ....बुद्धि परीक्षण है।
   (vii) एकांड़ी जुडुवाँ बच्चों की आनुवंशिकता................प्रतिशत समरूप होती है।

उत्तर

1. (ख)	2. (क)	3. (ख)	4. (ग)	5. (ख)	6. (ख)	7. (घ)
8. (घ)	9. (क)	10. (ख)	11. (घ)	12. (क)	13. (घ)	14. सही
15. सही	16. गलत	17. सही	18. (ग)	19. (ख)	20. (ख)	21. सही

22. (i) 180 (ii) जन्मजात (iii) अर्जित (iv) G (v) छह
   (vi) अशाब्दिक (vii) शत-प्रतिशत

अध्याय 8

चिन्तन, समस्या समाधान व्यवहार एवं सम्प्रत्यय निर्माण
(THINKING, PROBLEM SOLVING BEHAVIOUR AND CONCEPT FORMATION)

निबंधात्मक या दीर्घ-उत्तरीय प्रश्न *(Essay or Long Answer Questions)*

1. चिन्तन की परिभाषा दें। इसकी प्रमुख विशेषताओं का वर्णन करें।
   (Define thinking. Discuss its major characteristics.
2. चिन्तन में भाषा के महत्त्व की व्याख्या करें।
   Explain the importance of language in thinking.
3. चिन्तन में वृत्ति या तत्परता की भूमिका का वर्णन प्रयोगात्मक सबूतों के साथ करें।
   (Discuss, with experimental evidences, the role of set in thinking.
4. चिन्तन में प्रयत्न एवं त्रुटि की प्रक्रिया का वर्णन करें।
   Discuss the importance of trial and error in thinking.
5. चिन्तन में प्रतिमाओं की भूमिका पर प्रकाश डालें।
   Throw light upon the role of images in thinking.
6. चिन्तन के किस सिद्धान्त को आप अधिक उपयुक्त मानते हैं? अपने उत्तर का प्रयोगात्मक समर्थन दें।
   Which theory of thinking do you consider most suitable? Support your answer with experiments.
7. चिन्तन के विभिन्न सिद्धान्तों की आलोचनात्मक व्याख्या करें।
   Present a critical explanation of different theories of thinking.

8. सम्प्रत्यय की परिभाषा दें। इसकी उपयोगिताओं पर प्रकाश डालें।
Define concept. Throw light upon its utilities.
9. उदाहरण देते हुए सम्प्रत्यय के प्रमुख प्रकारों का वर्णन करें।
Describe, with examples, the major types of concept.
10. सम्प्रत्यय सीखना को प्रभावित करने वाले कारकों का वर्णन करें। सम्प्रत्यय का मापन किस तरह से किया जाता है?
Describe the factors that influence concept learning. How is concept measured ?
11. उदाहरण के साथ सम्प्रत्यय सीखना में सम्मिलित प्रमुख योजनाओं का वर्णन करें।
Describe, with examples, the strategies involved in concept learning.

वस्तुनिष्ठ प्रश्न *(Objective Questions)*

1. निम्नांकित में से कौन चिन्तन में हमेशा सम्मिलित नहीं होता है?
(क) भाषा (language) (ख) सम्प्रत्यय (concept) (ग) प्रतिमा (symbol) (घ) प्रतीक (sign)
2. स्वप्न चित्र (fantasy) को किस श्रेणी का चिन्तन माना गया है?
(क) अभिसारी चिन्तन (convergent thinking) (ख) सर्जनात्मक (creative thinking)
(ग) आलोचनात्मक चिन्तन (evaluative thinking) (घ) चिन्तन (autistic thinking)
3. वोर्फ प्राक्कल्पना (Whorf hypothesis) के संदर्भ में निम्नांकित से कौन कथन सत्य है?
(क) भाषा द्वारा चिन्तन प्रभावित होता है।
(ख) भाषा का चिन्तन पर कोई प्रभाव नहीं पड़ता है।
(ख) भाषा चिन्तन को प्रभावित ही नहीं बल्कि निर्धारित भी करता हैं।
(घ) चिन्तन भाषा को प्रभावित एवं निर्धारित करता है।
4. निम्नांकित में से किस ने चिन्तन या समस्या समाधान में कार्यात्मक अटलता (functional fixedness) पर अधिक बल डाला हैं?
(क) डंकर (Duncker) ने (ख) डंकर एवं लूचिन्स (Duncker & Luchins) दोनों ही
(ग) डंकर तथा मायर ने (घ) मायर (Maier) ने
5. किसी समस्या समाधान कार्य में समस्या समाधानकर्त्ता (porblem solver) निम्नांकित विधियों का उपयोग कर सकता है—
(a) साधन-लक्ष्य विश्लेषण (means-end analysis) (b) प्राक्कल्पना जाँच (hypothesis testing)
(c) एल्गोरिथमिक (algorithmic) (d) स्वतः शोध या अन्वेषात्मक मुक्ति (heuristic)
इनके उपयोग में न्यूनतम से अधिकतम कठिनाई स्तरों का सही क्रम निम्नांकित में से कौन-सा है?
(क) b, c, d, a (ख) a, b, d, c (ग) b, a, c, d (घ) d, a, b, c
6. कार्यात्मक अटलता (functional fixedness) का सम्बन्ध निम्नांकित में से किससे होता है?
(क) समस्या समाधान के कार्य की विशेषताओं से। (ख) समस्या समाधानकर्त्ता की विशेषताओं से।
(ग) समस्या समाधान की प्रयोगात्मक परिस्थिति से। (घ) उपर्युक्त में से किसी से भी नहीं
7. ब्रुनर, गुडनाऊ तथा अस्टीन द्वारा सम्प्रत्यय सीखने पर किये गए प्रयोगों में निम्नांकित में से किस पर बल डाला गया है?
(क) रिक्त प्रयास प्रविधि (blank trial procedure) पर।
(ख) ग्रहण विधि (method of reception) पर।
(ग) चयन विधि (method of selection) पर।
(घ) फोकस जुआ (focus gambling) पर।
8. समस्या समाधान में डंकर (Duncker) के प्रयोग से क्या पता चलता है?
(क) समस्या समाधान में व्यक्ति में एक मानसिक वृत्ति उत्पन्न हो जाती है।
(ख) समस्या समाधान में कार्यात्मक अटलता (functional fixedness) एक महत्त्वपूर्ण तथ्य है।
(ग) समस्या समाधान यादृच्छिक (random) न होकर एक सुनियोजित योजना के अनुसार होता है।
(घ) समस्या समाधान में स्वली चिन्तन (autistic thinking) की भूमिका प्रधान होती है।
9. सम्प्रत्यय निर्माण (concept formation) की एक योजना (strategy) में सहभागी या प्रयोज्य सम्प्रत्यय (concept) के धनात्मक उदाहरण (positive example) पर ही ध्यान देता हैं परन्तु भविष्य की प्रयासों में वह इनके साथ दो या दो से अधिक गुणों में एक साथ परिवर्तन करते हुए उपस्थित आकृतियों में से किसी आकृति का चयन करता है। यह योजना निम्नांकित में से कौन-सा हैं?
(क) समकालिक योजना (simultaneous strategy) (ख) क्रमिक अवलोकन (successive scanning)

(ग) रूढ़िवादी फोकसिंग (conservating focusing) (घ) फोकस जुआ (focus gambling)

10. निम्नांकित कथनों पर ध्यान दें—
(i) कुछ सम्प्रत्यय (concept) गुणों या विशेषताओं के सेट पर आधारित नहीं होते हैं।
(ii) ऐसे सम्प्रत्ययों की कोई स्पष्ट सीमा रेखा भी नहीं होता है
(iii) ऐसे सम्प्रत्ययों को एक आदिप्ररूप (prototype) द्वारा आसानी से परिभाषित की जा सकती हैं।
उक्त सभी विशेषताएँ निम्नांकित में से किसमें पायी जाती है?
(क) कृत्रिम सम्प्रत्यय (artificial concept) (ख) स्वाभाविक सम्प्रत्यय (natural concept)
(ग) वियोजक सम्प्रत्यय (disjunctive concept) (घ) समुच्चयबोधक सम्प्रत्यय (conjunctive concept)

11. हमारी प्रतिमाएँ (images) सामान्यतः उतनी स्पष्ट होतीं हैं जितना कि वास्तविक चीजें। सही/गलत

12. चिंतन में सबसे सामान्य दो प्रतिमाएँ दृष्टि एवं श्रवण प्रतिमाएँ होतीं हैं। सही/गलत

13. सम्प्रत्यय (concept) का सबसे खास उदाहरण आदिप्ररूप (prototype) होता है। सही/गलत

14. ऐसा नाम जिसके माध्यम से वस्तुओं, लोग, घटनाओं का एक ऐसे वर्ग का प्रतिनिधित्व होता है जिसके कुछ उभयनिष्ठ गुण (common attribute) होते हैं, निम्नांकित में से कौन है?
(क) प्रतिमा (ख) धनात्मक उदाहरण (positive instance)
(ग) सम्प्रत्यय (घ) आदिप्ररूप (prototype)

15. किसी समस्या के समाधान में निम्नांकित में से किसके द्वारा पूर्ण गारंटी प्रदान किया जाता है?
(क) एल्गोरिद्म (algorithm) (ख) प्रयत्न एवं त्रुटि
(ग) स्वतः शोध (घ) पूर्व ज्ञान का उपयोग

16. मानसिक वृत्ति (mental set) उत्तम विचारक का एक गुण होता है। सही/गलत

17. भाषाई सापेक्ष प्राक्कल्पना (linguistic relativity hypothesis) का समर्थन शोध द्वारा नहीं किया गया है। सही/गलत

18. स्वप्नचित्र बनाना स्वली चिंतन (autistic thinking) का एक उदाहरण है। सही/गलत

19. $5\times 2\times \frac{1}{2}\times 0$ जैसी अंकगणितीय समस्या के समाधान में अगमनात्मक चिह्न (inductive thinking) की भूमिका सबसे प्रधान होती है। सही/गलत

20. मायर (Maier) द्वारा पेंडुलम समस्या समाधान पर प्रयोग किया गया था। सही/गलत

21. रिक्त स्थानों की पूर्ति करें—
(i) रिक्त प्रयास प्रविधि का प्रतिपादन.................द्वारा किया गया था।
(ii) समस्या समाधान के अंतिम पहलू (aspect) को......................अवस्था कहा जाता है।
(iii) पश्चगामी अन्वेषण (backward search) एक तरह का..............अन्वेषण करता है।
(vi) कार्यात्मक अटलता (functional fixedness) से समस्या समाधान में ....उत्पन्न होता है।
(v) मानसिक वृत्ति से समस्या समाधान में.............तथा.............दोनों ही होता है।
(vi) न्यायवाक्यों (syllogism) के आधार पर निकाले गये परिणाम में.............तर्कणा सम्मिलित होता है।
(vii) तर्कणा ....चिन्तन का एक विशिष्ट रूप है।
(viii) उद्भवन (incubation) में समस्या समाधानकर्त्ता की भूमिका काफी.............होती है।

उत्तर

1. (ग) 2. (घ) 3. (ग) 4. (ख) 5. (क) 6. (क) 7. (ग)
8. (ख) 9. (घ) 10. (ख) 11. (क) 12. (ख) 13. (घ) 14. (ख)
15. (घ) 16. (घ) 17. (घ) 18. (घ) 19. (ग) 20. (ख) 21. (क)
22. (ख)
23. (i) लेभाईन (ii) लक्ष्य अवस्था (iii) स्वतः शोध (iv) बाधा
(v) मदद, बाधा (vi) निगमनात्मक (xii) यथार्थवादी (viii) निष्क्रिय

अध्याय 9

सर्जनात्मकता तथा निर्णय-प्रक्रिया
(CREATIVITY AND DECISION MAKING)

निबंधात्मक या दीर्घ-उत्तरीय प्रश्न (*Essay or Long Answer Questions*)

1. सर्जनात्मकता को परिभाषित करें। सर्जनात्मक चिंतन की विभिन्न अवस्थाओं का बतलावें।
   Define creativity. Discuss the different stages of creative thinking.
2. सर्जनात्मक विचारक के प्रमुख गुणों का उल्लेख करें।
   Point out the major characteristics of a creative thinker.
3. सर्जनात्मकता की माप करने की विभिन्न प्रविधियों का वर्णन करें।
   Describe the different techniques of measuring creativity.
4. सर्जनात्मकता के स्वरूप का वर्णन करें। सर्जनात्मकता के विभिन्न पहलुओं की भी व्याख्या करें।
   Discuss the nature of creativity. Also explain the different aspects of creativity.
5. सर्जनात्मकता को प्रोत्साहित करने या उन्नत बनाने की एक योजना तैयार करें।
   Outline a plan for encouraging or fostering creativity.
6. तर्कणा से आप क्या समझते हैं? इसके विभिन्न प्रकारों को बतलावें।
   What do you mean by reasoning. Discuss its different types.
7. तर्कणा में सम्मिलित महत्त्वपूर्ण कदमों या चरणों की विवेचना करें।
   Discuss the important steps involved in reasoning.
8. निर्णय प्रक्रिया तथा निर्णय में अंतर करें। निर्णय प्रक्रिया में सम्मिलित प्रमुख स्वतः शोध प्रणाली का वर्णन करें।
   Make distinction between decision making and judgement. Also discuss the major heuristics involved in decision making.
9. निर्णय प्रक्रिया में सम्मिलित प्रमुख त्रुटियाँ एवं पूर्वाग्रहों का वर्णन करें।
   Discuss the major biases and errors in decision-making.
10. फ्रेमिंग क्या है? निर्णय प्रक्रिया में इसकी भूमिका बतलावें।
    What is framing ? Discuss its role in decision making.
11. कुछ वैसे दिशा-निर्देशों को उपस्थित करें जिनसे निर्णय को उत्तम बनाने में ध्यान में रखा जाना होता है।
    Give some guidelines to be kept in making better decision.

वस्तुनिष्ठ प्रश्न (*Objective Questions*)

1. निम्नांकित में से किनका योगदान सर्जनात्मकता में होता है?
   (क) मौलिकता (originality) (ख) निर्भरता (dependability)
   (ग) अनुपालन (creativity) (घ) अवरोध (inhibition)
2. कृत्रिम बुद्धि (artificial intelligence) क्या है?
   (क) मस्तिष्क में लगाया गया पेसमेकर (Pacemaker)
   (ख) समस्या समाधान में मानव चिंतन को अनुकृत (simulate) करने के लिए लगाया गया कम्प्यूटर
   (ग) चिंतन का वह स्वरूप जिसके माध्यम से व्यक्ति किसी समस्या का एक-या-एक से अधिक उत्तर ढूँढता है।
   (घ) उपर्युक्त सभी
3. किसी ऐसे नये समाधान ढूँढ़ने की क्षमता जिसमें मौलिकता, लचीलापन तथा प्रवीणता (ingenuity) हो, को कहा जाता है—
   (क) सर्जनात्मकता (creativity) (ख) बुद्धि (intelligence)
   (ग) एल्गोरिदमिक (algorithmic activities) (घ) स्वतःशोध चिंतन (heuristic thinking)

4. सर्जनात्मक समस्या समाधान (creavtive problem solving) प्रक्रिया में सम्मिलित विभिन्न चरणों (stages) का सही क्रम (sequence) कौन है?
   (क) प्रबोधन (illumination), उद्भवन (inchubation), तैयारी (preparation) एवं प्रमाणीकरण (verification)
   (ख) प्रबोधन, उद्भवन, तैयारी एवं प्रमाणीकरण
   (ग) तैयारी, उद्भवन, प्रबोधन तथा प्रमाणीकरण
   (घ) प्रमाणीकरण, तैयारी, उद्भवन तथा प्रबोधन
5. अपसारी-उत्पाद परीक्षण (divergent production test) तथा रिमोट साहचर्य परीक्षण (remote association test) द्वारा मापा जाता है—
   (क) सांवेगिक बुद्धि (emotional intelligence) (ख) सामाजिक बुद्धि (social intelligence)
   (ग) अमूर्त्त बुद्धि (abstract intelligence) (घ) इनमें से कुछ भी नहीं (None of these)
6. सर्जनात्मकता को उन्नत बनाने की प्रविधि को कहा जाता है—
   (क) पीक्यूआरएसटी (PQRST method) (ख) साइनेटिक्स (Synectics)
   (ग) साइबरनेटिक्स (Cybernetics) (घ) इनमें से कुछ भी नहीं
7. जब निर्णय प्रक्रिया में व्यक्ति सिर्फ वैसी सूचनाओं की खोज करता है जो उनके विचार की सम्पुष्टि करें, तो इसे कहा जाता है—
   (क) विश्वास दृढ़ता (Belief perseverance) (ख) अतिविश्वास पूर्वाग्रह (Overconfidence bias)
   (ग) सम्पुष्टि पूर्वाग्रह (Confirmation bias) (घ) पश्चदृष्टि (Hindsight bias)
8. प्रायः निर्णय प्रक्रिया इस तथ्य से प्रभावित होते देखी जाती है कि सूचनाओं को किस ढंग से उपस्थित किया जा रहा है। इसे मनोविज्ञान में कहा जाता है—
   (क) उपस्थित पैटर्न (Presentation pattern) (ख) फ्रेमिंग (Framing)
   (ग) अतिविश्वास (Overconfidence) (घ) अभिसारी चिंतन (Convergent thinking)
9. जब व्यक्ति किसी समस्या के समाधान में तर्क-वितर्क करते हुए उसके कई उत्तरों को ढूँढ़ता है, तो इस तरह के चिंतन को कहा जाता है—
   (क) मूल्यांकित चिंतन (evaluative thinking) (ख) अपसारी चिंतन (divergent thinking)
   (ग) अभिसारी चिंतन (convergent thinking) (घ) इनमें से कुछ भी नहीं
10. प्रतिभासम्पन्न व्यक्ति (genius) सर्जनात्मक (creative) होते हैं। सही/गलत

उत्तर

1. (क) 2. (ख) 3. (क) 4. (ग) 5. (घ) 6. (ख) 7. (ग)
8. (ख) 9. (ख) 10. गलत

□